煤矿安全质量标准化优秀企业风采录

2010—2011

中国煤炭工业协会　编

中国财富出

图书在版编目（CIP）数据

煤矿安全质量标准化优秀企业风采录．2010—2011/中国煤炭工业协会编．—北京：中国财富出版社，2012.10

ISBN 978－7－5047－4256－8

Ⅰ.①煤… Ⅱ.①中… Ⅲ.①煤矿企业－企业管理－介绍－中国－2010～2011 Ⅳ.①F426.21

中国版本图书馆 CIP 数据核字（2012）第 083653 号

策划编辑	黄 华	**责任印制**	方朋远
责任编辑	陈 莎 丰 虹	**责任校对**	孙会香 梁 凡

出版发行	中国财富出版社（原中国物资出版社）		
社 址	北京市丰台区南四环西路 188 号 5 区 20 楼	**邮政编码**	100070
电 话	010－52227568（发行部）		010－52227588 转 307（总编室）
	010－68589540（读者服务部）		010－52227588 转 305（质检部）
网 址	http://www.clph.cn		
经 销	新华书店		
印 刷	北京鑫富华彩色印刷有限公司		
书 号	ISBN 978－7－5047－4256－8/F·1844		
开 本	889mm×1194mm 1/16	**版 次**	2012 年 10 月第 1 版
印 张	36.25	**印 次**	2012 年 10 月第 1 次印刷
字 数	1067 千字	**定 价**	580.00 元

编 委 会

前　　言

我国煤炭行业推行的安全质量标准化达标工作，是贯彻落实国家安全生产法律法规、执行行业标准、规范企业基础管理的一项长期性工作，是构建煤矿安全生产长效机制的重要措施，是我国煤炭行业借鉴国外先进的安全质量管理理念、方法和技术，经过多年实践探索，逐步发展完善而形成的一套完整的安全质量管理体系和方法。它要求煤矿各生产系统和环节达到安全质量标准，始终处于安全生产的良好状态，突出了安全生产的重要地位，强调了安全生产工作的规范化、标准化。坚持开展煤矿安全质量标准化达标创建工作，是我国煤矿在长期生产实践中形成的共识，是煤矿的基础工程、生命工程和效益工程。

20世纪60年代，原煤炭工业部提出“煤矿质量标准化”概念和“严把毫米关”要求。经过多年探索实践，全国煤炭行业对质量标准化内涵的认识不断深化，形成了“质量标准化，安全创水平”的理念，将其内涵从“以井下为主”延伸到井上各个方面，并实行“动态达标、质量否决”。进入新世纪，随着《安全生产法》的颁布实施，国家煤矿安全监察局将质量标准化拓展为“安全质量标准化”，更加强调安全，突出体现了安全生产基础工作的重要地位。截至2011年12月31日，全国25个产煤省（区、市）生产煤矿6851处，达标煤矿为6339处，达标率92.53%，北京、江苏、安徽、宁夏、重庆和新疆兵团实现了达标率100%。

推进煤矿安全质量标准化工作，就是要求企业在生产经营和管理过程中，要落实主体责任，自觉贯彻执行国家和地区、部门的安全生产法律、法规、规程等，以此制定本企业安全生产方面的规章、制度和办法。在企业生产经营管理工作中，全过程、全方位地切实得到贯彻实施，保证动态达标，通过工程质量、安全状况、经济效益、劳动效率来体现工作推进的效果，不断加强并持续改进企业的安全生产工作，使人、机、环境始终处于和谐状态下运行，进而保证和促进企业在安全的前提下得到又好又快的发展。

中国煤炭工业协会自成立以来，始终坚持为企业、为行业、为政府服务的宗旨，充分发挥联系政府、服务企业的桥梁和纽带作用。2004年我会制定了《煤矿安全质量标准化标准及考核评级办法》，2012年年我会受国家煤监局的委托，制修订了《煤矿安全质量标准化基本要求和评分方法》，并将此上升为安全生产AQ行业标准。今后我会将继续配合国家煤监局，共同做好煤矿安全质量标准化达标创建工作。

这本《煤矿安全质量标准化优秀企业风采录》，收录了我国主要产煤省区煤矿管理部门以及部分国家级煤矿安全质量标准化企业的管理经验和优秀事迹，这些典型经验，既反映了煤矿质量标准化建设所取得的成果，也反映了煤炭管理部门和企业对安全质量标准化工作的认识不断深化。先进典型是时代精神的化身，一个先进典型就是一面旗帜，指引和激励着人们不断奋发前进。认真学习、借鉴，推广先进经验，通过政策激励、典型引路，进一步提高认识，增强深入开展煤矿安全质量标准化工作的责任感、使命感和紧迫感，切实树立安全发展的理念，按照与时俱进的要求，深入开展安全质量标准化矿井达标建设，强化措施、狠抓落实、扎实推进、夯实基础，促进全国煤矿安全生产形势持续稳定地不断好转。

编　者

2012年9月

CONTENTS 目录

2010-2011

煤矿安全质量标准化优秀企业风采录

CONTENTS 目录

2010-2011
煤矿安全质量标准化优秀企业风采录

CONTENTS 目录

2010-2011 煤矿安全质量标准化优秀企业风采录

CONTENTS 目录

2010-2011

煤矿安全质量标准化优秀企业风采录

CONTENTS 2010-2011 煤矿安全质量标准化优秀企业风采录

目录

管理篇

国务院关于进一步加强企业安全生产工作的通知

国发〔2010〕23号

各省、自治区、直辖市人民政府，国务院各部委、各直属机构：

近年来，全国生产安全事故逐年下降，安全生产状况总体稳定、趋于好转，但形势依然十分严峻，事故总量仍然很大，非法违法生产现象严重，重特大事故多发频发，给人民群众生命、财产安全造成重大损失，暴露出一些企业重生产轻安全、安全管理薄弱、主体责任不落实，一些地方和部门安全监管不到位等突出问题。为进一步加强安全生产工作，全面提高企业安全生产水平，现就有关事项通知如下：

一、总体要求

1.工作要求。深入贯彻落实科学发展观，坚持以人为本，牢固树立安全发展的理念，切实转变经济发展方式，调整产业结构，提高经济发展的质量和效益，把经济发展建立在安全生产有可靠保障的基础上；坚持“安全第一、预防为主、综合治理”的方针，全面加强企业安全管理，健全规章制度，完善安全标准，提高企业技术水平，夯实安全生产基础；坚持依法依规生产经营，切实加强安全监管，强化企业安全生产主体责任落实和责任追究，促进我国安全生产形势实现根本好转。

2.主要任务。以煤矿、非煤矿山、交通运输、建筑施工、危险化学品、烟花爆竹、民用爆炸物品、冶金等行业（领域）为重点，全面加强企业安全生产工作。要通过更加严格的目标考核和责任追究，采取更加有效的管理手段和政策措施，集中整治非法违法生产行为，坚决遏制重特大事故发生；要尽快建成完善的国家安全生产应急救援体系，在高危行业强制推行一批安全适用的技术装备和防护设施，最大程度减少事故造成的损失；要建立更加完善的技术标准体系，促进企业安全生产技术装备全面达到国家和行业标准，实现我国安全生产技术水平的提高；要进一步调整产业结构，积极推进重点行业的企业重组和矿产资源开发整合，彻底淘汰安全性能低下、危及安全生产的落后产能；以更加有力的政策引导，形成安全生产长效机制。

二、严格企业安全管理

3.进一步规范企业生产经营行为。企业要健全完善严格的安全生产规章制度，坚持不安全不生产。加强对生产现场监督检查，严格查处违章指挥、违规作业、违反劳动纪律的“三违”行为。凡超能力、超强度、超定员组织生产的，要责令停产停工整顿，并对企业和企业主要负责人依法给予规定上限的经济处罚。对以整合、技改名义违规组织生产，以及规定期限内未实施改造或故意拖延工期的矿井，由地方政府依法予以关闭。要加强对境外中资企业安全生产工作的指导和管理，严格落实境内投资主体和派出企业的安全生产监督责任。

4.及时排查治理安全隐患。企业要经常性开展安全隐患排查，并切实做到整改措施、责任、资金、时限和预案"五到位"。建立以安全生产专业人员为主导的隐患整改效果评价制度，确保整改到位。对隐患整改不力造成事故的，要依法追究企业和企业相关负责人的责任。对停产整改逾期未完成的不得复产。

5.强化生产过程管理的领导责任。企业主要负责人和领导班子成员要轮流现场带班。煤矿、非煤矿山要有矿领导带班并与工人同时下井、同时升井，对无企业负责人带班下井或该带班而未带班的，对有关责任人按擅离职守处理，同时给予规定上限的经济处罚。发生事故而没有领导现场带班的，对企业给予规定上限的经济处罚，并依法从重追究企业主要负责人的责任。

6.强化职工安全培训。企业主要负责人和安全生产管理人员、特殊工种人员一律严格考核，按国家有关规定持职业资格证书上岗；职工必须全部经过培训合格后上岗。企业用工要严格依照劳动合同法与职工签订劳动合同。凡存在不经培训上岗、无证上岗的企业，依法停产整顿。没有对井下作业人员进行安全培训教育，或存在特种作业人员无证上岗的企业，情节严重的要依法予以关闭。

7.全面开展安全达标。深入开展以岗位达标、专业达标和企业达标为内容的安全生产标准化建设，凡在规定时间内未实现达标的企业要依法暂扣其生产许可证、安全生产许可证，责令停产整顿；对整改逾期未达标的，地方政府要依法予以关闭。

三、建设坚实的技术保障体系

8.加强企业生产技术管理。强化企业技术管理机构的安全职能，按规定配备安全技术人员，切实落实企业负责人安全生产技术管理负责制，强化企业主要技术负责人技术决策和指挥权。因安全生产技术问题不解决而产生重大隐患的，要对企业主要负责人、主要技术负责人和有关人员给予处罚；发生事故的，要依法追究责任。

9.强制推行先进适用的技术装备。煤矿、非煤矿山要制定和实施生产技术装备标准，安装监测监控系统、井下人员定位系统、紧急避险系统、压风自救系统、供水施救系统和通信联络系统等技术装备，并于3年之内完成。逾期未安装的，依法暂扣安全生产许可证、生产许可证。运输危险化学品、烟花爆竹、民用爆炸物品的道路专用车辆，旅游包车和三类以上的班线客车要安装使用具有行驶记录功能的卫星定位装置，于2年之内全部完成；鼓励有条件的渔船安装防撞自动识别系统，在大型尾矿库安装全过程在线监控系统，大型起重机械要安装安全监控管理系统；积极推进信息化建设，努力提高企业安全防护水平。

10.加快安全生产技术研发。企业在年度财务预算中必须确定必要的安全投入。国家鼓励企业开展安全科技研发，加快安全生产关键技术装备的换代升级。进一步落实《国家中长期科学和技术发展规划纲要(2006—2020年)》等，加大对高危行业安全技术、装备、工艺和产品研发的支持力度，引导高危行业提高机械化、自动化生产水平，合理确定生产一线用工。"十二五"期间要继续组织研发一批提升我国重点行业领域安全生产保障能力的关键技术和装备项目。

四、实施更加有力的监督管理

11.进一步加大安全监管力度。强化安全生产监管部门对安全生产的综合监管，全面落实公安、交通、国土资源、建设、工商、质检等部门的安全生产监督管理及工业主管部门的安全生产指导职责，形成安全生产综合监管与行业监管指导相结合的工作机制，加强协作，形成合力。在各级政府统一领导下，严厉打击非法违法生产、经营、建设等影响安全生产的行为，安全生产综合监管和行业管理部门要会同司法机关联合执法，以强有力的措施查处、取缔非法企业。对重大安全隐患治理实行逐级挂牌督办、公告制度，重大隐患治理由省级安全生产监管部门或行业主管部门挂牌督办，国家相关部门加强督促检查。对拒不执行监管监察指令的企业，要依法依规从重处罚。进一步加强监管力量建设，提高监管人员专业素质和技术装备水平，强化基层站点监管能力，加强对企业安全生产的现场监管和技术指导。

12.强化企业安全生产属地管理。安全生产监管监察部门、负有安全生产监管职责的有关部门和行业管理部门要按职责分工,对当地企业包括中央、省属企业实行严格地安全生产监督检查和管理,组织对企业安全生产状况进行安全标准化分级考核评价,评价结果向社会公开,并向银行业、证券业、保险业、担保业等主管部门通报,作为企业信用评级的重要参考依据。

13.加强建设项目安全管理。强化项目安全设施核准审批,加强建设项目的日常安全监管,严格落实审批、监管的责任。企业新建、改建、扩建工程项目的安全设施,要包括安全监控设施和防瓦斯等有害气体、防尘、排水、防火、防爆等设施,并与主体工程同时设计、同时施工、同时投入生产和使用。安全设施与建设项目主体工程未做到同时设计的一律不予审批,未做到同时施工的责令立即停止施工,未同时投入使用的不得颁发安全生产许可证,并视情节追究有关单位负责人的责任。严格落实建设、设计、施工、监理、监管等各方安全责任。对项目建设生产经营单位存在违法分包、转包等行为的,立即依法停工停产整顿,并追究项目业主、承包方等各方责任。

14.加强社会监督和舆论监督。要充分发挥工会、共青团、妇联组织的作用,依法维护和落实企业职工对安全生产的参与权与监督权,鼓励职工监督举报各类安全隐患,对举报者予以奖励。有关部门和地方要进一步畅通安全生产的社会监督渠道,设立举报箱,公布举报电话,接受人民群众的公开监督。要发挥新闻媒体的舆论监督,对舆论反映的客观问题要深查原因,切实整改。

五、建设更加高效的应急救援体系

15.加快国家安全生产应急救援基地建设。按行业类型和区域分布,依托大型企业,在中央预算内基建投资支持下,先期抓紧建设7个国家矿山应急救援队,配备性能可靠、机动性强的装备和设备,保障必要的运行维护费用。推进公路交通、铁路运输、水上搜救、船舶溢油、油气田、危险化学品等行业(领域)国家救援基地和队伍建设。鼓励和支持各地区、各部门、各行业依托大型企业和专业救援力量,加强服务周边的区域性应急救援能力建设。

16.建立完善企业安全生产预警机制。企业要建立完善安全生产动态监控及预警预报体系,每月进行一次安全生产风险分析。发现事故征兆要立即发布预警信息,落实防范和应急处置措施。对重大危险源和重大隐患要报当地安全生产监管监察部门、负有安全生产监管职责的有关部门和行业管理部门备案。涉及国家秘密的,按有关规定执行。

17.完善企业应急预案。企业应急预案要与当地政府应急预案保持衔接,并定期进行演练。赋予企业生产现场带班人员、班组长和调度人员在遇到险情时第一时间下达停产撤人命令的直接决策权和指挥权。因撤离不及时导致人身伤亡事故的,要从重追究相关人员的法律责任。

六、严格行业安全准入

18.加快完善安全生产技术标准。各行业管理部门和负有安全生产监管职责的有关部门要根据行业技术进步和产业升级的要求,加快制定修订生产、安全技术标准,制定和实施高危行业从业人员资格标准。对实施许可证管理制度的危险性作业要制定落实专项安全技术作业规程和岗位安全操作规程。

19.严格安全生产准入前置条件。把符合安全生产标准作为高危行业企业准入的前置条件,实行严格的安全标准核准制度。矿山建设项目和用于生产、储存危险物品的建设项目,应当分别按照国家有关规定进行安全条件论证和安全评价,严把安全生产准入关。凡不符合安全生产条件违规建设的,要立即停止建设,情节严重的由本级人民政府或主管部门实施关闭取缔。降低标准造成隐患的,要追究相关人员和负责人的责任。

20.发挥安全生产专业服务机构的作用。依托科研院所,结合事业单位改制,推动安全生产评价、技术支持、安全培训、技术改造等服务性机构的规范发展。制定完善安全生产专业服务机构管理办法,保证专业服务机构从业行为的专业性、独立性和客观性。专业服务机构对相关评价、鉴定结论承担法律责任，对违法违规、弄虚作假的，要依法依规从严追究相关人员和机构的法律责任，并降低或取消相关资质。

七、加强政策引导

21.制定促进安全技术装备发展的产业政策。要鼓励和引导企业研发、采用先进适用的安全技术和产品，鼓励安全生产适用技术和新装备、新工艺、新标准的推广应用。把安全检测监控、安全避险、安全保护、个人防护、灾害监控、特种安全设施及应急救援等安全生产专用设备的研发制造，作为安全产业加以培育，纳入国家振兴装备制造业的政策支持范畴。大力发展安全装备融资租赁业务，促进高危行业企业加快提升安全装备水平。

22.加大安全专项投入。切实做好尾矿库治理、扶持煤矿安全技改建设、瓦斯防治和小煤矿整顿关闭等各类中央资金的安排使用，落实地方和企业配套资金。加强对高危行业企业安全生产费用提取和使用管理的监督检查，进一步完善高危行业企业安全生产费用财务管理制度，研究提高安全生产费用提取下限标准，适当扩大适用范围。依法加强道路交通事故社会救助基金制度建设，加快建立完善水上搜救奖励与补偿机制。高危行业企业探索实行全员安全风险抵押金制度。完善落实工伤保险制度，积极稳妥推行安全生产责任保险制度。

23.提高工伤事故死亡职工一次性赔偿标准。从2011年1月1日起，依照《工伤保险条例》的规定，对因生产安全事故造成的职工死亡，其一次性工亡补助金标准调整为按全国上一年度城镇居民人均可支配收入的20倍计算，发放给工亡职工近亲属。同时，依法确保工亡职工一次性丧葬补助金、供养亲属抚恤金的发放。

24.鼓励扩大专业技术和技能人才培养。进一步落实完善校企合作办学、对口单招、订单式培养等政策，鼓励高等院校、职业学校逐年扩大采矿、机电、地质、通风、安全等相关专业人才的招生培养规模，加快培养高危行业专业人才和生产一线急需技能型人才。

八、更加注重经济发展方式转变

25.制定落实安全生产规划。各地区、各有关部门要把安全生产纳入经济社会发展的总体布局，在制定国家、地区发展规划时，要同步明确安全生产目标和专项规划。企业要把安全生产工作的各项要求落实在企业发展和日常工作之中，在制定企业发展规划和年度生产经营计划中要突出安全生产，确保安全投入和各项安全措施到位。

26.强制淘汰落后技术产品。不符合有关安全标准、安全性能低下、职业危害严重、危及安全生产的落后技术、工艺和装备要列入国家产业结构调整指导目录，予以强制性淘汰。各省级人民政府也要制订本地区相应的目录和措施，支持有效消除重大安全隐患的技术改造和搬迁项目，遏制安全水平低、保障能力差的项目建设和延续。对存在落后技术装备、构成重大安全隐患的企业，要予以公布，责令限期整改，逾期未整改的依法予以关闭。

27.加快产业重组步伐。要充分发挥产业政策导向和市场机制的作用，加大对相关高危行业企业重组力度，进一步整合或淘汰浪费资源、安全保障低的落后产能，提高安全基础保障能力。

九、实行更加严格的考核和责任追究

28.严格落实安全目标考核。对各地区、各有关部门和企业完成年度生产安全事故控制指标情况进行严格考核，并建立激励约束机制。加大重特大事故的考核权重，发生特别重大生产安全事故的，要根据情节轻重，追究地市级分管领导或主要领导的责任；后果特别严重、影响特别恶劣的，要按规定追究省部级相关领导的责任。加强安全生产基础工作考核，加快推进安全生产长效机制建设，坚决遏制重特大事故的发生。

29.加大对事故企业负责人的责任追究力度。企业发生重大生产安全责任事故，追究事故企业主要负责人责任；触犯法律的，依法追究事故企业主要负责

人或企业实际控制人的法律责任。发生特别重大事故，除追究企业主要负责人和实际控制人责任外，还要追究上级企业主要负责人的责任；触犯法律的，依法追究企业主要负责人、企业实际控制人和上级企业负责人的法律责任。对重大、特别重大生产安全责任事故负有主要责任的企业，其主要负责人终身不得担任本行业企业的矿长(厂长、经理)。对非法违法生产造成人员伤亡的，以及瞒报事故、事故后逃逸等情节特别恶劣的，要依法从重处罚。

30.加大对事故企业的处罚力度。对于发生重大、特别重大生产安全责任事故或一年内发生2次以上较大生产安全责任事故并负主要责任的企业，以及存在重大隐患整改不力的企业，由省级及以上安全监管监察部门会同有关行业主管部门向社会公告，并向投资、国土资源、建设、银行、证券等主管部门通报，一年内严格限制新增的项目核准、用地审批、证券融资等，并作为银行贷款等的重要参考依据。

31.对打击非法生产不力的地方实行严格的责任追究。在所辖区域对群众举报、上级督办、日常检查发现的非法生产企业(单位)没有采取有效措施予以查处，致使非法生产企业(单位)存在的，对县(市、区)、乡(镇)人民政府主要领导以及相关责任人，根据情节轻重，给予降级、撤职或者开除的行政处分，涉嫌犯罪的，依法追究刑事责任。国家另有规定的，从其规定。

32.建立事故查处督办制度。依法严格事故查处，对事故查处实行地方各级安全生产委员会层层挂牌督办，重大事故查处实行国务院安全生产委员会挂牌督办。事故查处结案后，要及时予以公告，接受社会监督。

各地区、各部门和各有关单位要做好对加强企业安全生产工作的组织实施，制订部署本地区本行业贯彻落实本通知要求的具体措施，加强监督检查和指导，及时研究、协调解决贯彻实施中出现的突出问题。国务院安全生产委员会办公室和国务院有关部门要加强工作督查，及时掌握各地区、各部门和本行业(领域)工作进展情况，确保各项规定、措施执行落实到位。省级人民政府和国务院有关部门要将加强企业安全生产工作情况及时报送国务院安全生产委员会办公室。

国务院

二〇一〇年七月十九日

国务院安委会关于深入开展企业安全生产标准化建设的指导意见

安委〔2011〕4号

各省、自治区、直辖市人民政府，新疆生产建设兵团，国务院安全生产委员会各有关成员单位：

为深入贯彻落实《国务院关于进一步加强企业安全生产工作的通知》(国发〔2010〕23号，以下简称《国务院通知》)和《国务院办公厅关于继续深化“安全生产年”活动的通知》(国办发〔2011〕11号，以下简称《国办通知》)精神，全面推进企业安全生产标准化建设，进一步规范企业安全生产行为，改善安全生产条件，强化安全基础管理，有效防范和坚决遏制重特大事故发生，经报国务院领导同志同意，现就深入开展企业安全生产标准化建设提出如下指导意见：

一、充分认识深入开展企业安全生产标准化建设的重要意义

(一)是落实企业安全生产主体责任的必要途径。国家有关安全生产法律法规和规定明确要求，要严格企业安全管理，全面开展安全达标。企业是安全生产的责任主体，也是安全生产标准化建设的主体，要通过加强企业每个岗位和环节的安全生产标准化建设，不断提高安全管理水平，促进企业安全生产主体责任落实到位。

(二)是强化企业安全生产基础工作的长效制度。安全生产标准化建设涵盖了增强人员安全素质、提高装备设施水平、改善作业环境、强化岗位责任落实等各个方面，是一项长期的、基础性的系统工程，有利于全面促进企业提高安全生产保障水平。

(三)是政府实施安全生产分类指导、分级监管的重要依据。实施安全生产标准化建设考评，将企业划分为不同等级，能够客观真实地反映出各地区企业安全生产状况和不同安全生产水平的企业数量，为加强安全监管提供有效的基础数据。

(四)是有效防范事故发生的重要手段。深入开展安全生产标准化建设，能够进一步规范从业人员的安全行为，提高机械化和信息化水平，促进现场各类隐患的排查治理，推进安全生产长效机制建设，有效防范和坚决遏制事故发生，促进全国安全生产状况持续稳定好转。

各地区、各有关部门和企业要把深入开展企业安全生产标准化建设的思想行动统一到《国务院通知》的规定要求上来，充分认识深入开展安全生产标准化建设对加强安全生产工作的重要意义，切实增强推动企业安全生产标准化建设的自觉性和主动性，确保取得实效。

二、总体要求和目标任务

(一)总体要求。深入贯彻落实科学发展观，坚持“安全第一、预防为主、综合治理”的方针，牢固树立以人为本、安全发展理念，全面落实《国务院通知》和《国办通知》精神，按照《企业安全生产标准化基本规范》(AQ/T 9006—2010，以下简称《基本规范》)和相关规

定，制订完善安全生产标准和制度规范。严格落实企业安全生产责任制，加强安全科学管理，实现企业安全管理的规范化。加强安全教育培训，强化安全意识、技术操作和防范技能，杜绝“三违”。加大安全投入，提高专业技术装备水平，深化隐患排查治理，改进现场作业条件。通过安全生产标准化建设，实现岗位达标、专业达标和企业达标，各行业（领域）企业的安全生产水平明显提高，安全管理和事故防范能力明显增强。

（二）目标任务。在工矿商贸和交通运输行业（领域）深入开展安全生产标准化建设，重点突出煤矿、非煤矿山、交通运输、建筑施工、危险化学品、烟花爆竹、民用爆炸物品、冶金等行业（领域）。其中，煤矿要在2011年年底前；危险化学品、烟花爆竹企业要在2012年底前；非煤矿山和冶金、机械等工贸行业（领域）规模以上企业要在2013年底前；冶金、机械等工贸行业（领域）规模以下企业要在2015年前实现达标。要建立健全各行业（领域）企业安全生产标准化评定标准和考评体系；进一步加强企业安全生产规范化管理，推进全员、全方位、全过程安全管理；加强安全生产科技装备，提高安全保障能力；严格把关，分行业（领域）开展达标考评验收；不断完善工作机制，将安全生产标准化建设纳入企业生产经营全过程，促进安全生产标准化建设的动态化、规范化和制度化，有效提高企业本质安全水平。

三、实施方法

（一）打基础，建章立制。按照《基本规范》要求，将企业安全生产标准化等级规范为一、二、三级。各地区、各有关部门要分行业（领域）制订安全生产标准化建设实施方案，完善达标标准和考评办法，并于2011年5月底以前将本地区、本行业（领域）安全生产标准化建设实施方案报国务院安委会办公室。企业要从组织机构、安全投入、规章制度、教育培训、装备设施、现场管理、隐患排查治理、重大危险源监控、职业健康、应急管理以及事故报告、绩效评定等方面，严格对应评定标准要求，建立完善安全生产标准化建设实施方案。

（二）重建设，严加整改。企业要对照规定要求，深入开展自检自查，建立企业达标建设基础档案，加强动态管理，分类指导，严抓整改。对评为安全生产标准化一级的企业要重点抓巩固、二级企业着力抓提升、三级企业督促抓改进，对不达标的企业要限期抓整顿。各地区和有关部门要加强对安全生产标准化建设工作的指导和督促检查，对问题集中、整改难度大的企业，要组织专业技术人员进行“会诊”，提出具体办法和措施，集中力量，重点解决；要督促企业做到隐患排查治理的措施、责任、资金、时限和预案“五到位”，对存在重大隐患的企业，要责令停产整顿，并跟踪督办。对发生较大以上生产安全事故、存在非法违法生产经营建设行为、重大隐患限期整顿仍达不到安全要求，以及未按规定要求开展安全生产标准化建设且在规定限期内未及时整改的，取消其安全生产标准化达标参评资格。

（三）抓达标，严格考评。各地区、各有关部门要加强对企业安全生产标准化建设的督促检查，严格组织开展达标考评。对安全生产标准化一级企业的评审、公告、授牌等有关事项，由国家有关部门或授权单位组织实施；二级、三级企业的评审、公告、授牌等具体办法，由省级有关部门制定。各地区、各有关部门在企业安全生产标准化创建中不得收取费用。要严格达标等级考评，明确企业的专业达标最低等级为企业达标等级，有一个专业不达标则该企业不达标。

各地区、各有关部门要结合本地区、本行业（领域）企业的实际情况，对安全生产标准化建设工作作出具体安排，积极推进，成熟一批、考评一批、公告一批、授牌一批。对在规定时间内经整改仍不具备最低安全生产标准化等级的企业，地方政府要依法责令其停产整改直至依法关闭。各地区、各有关部门要将考评结果汇总后报送国务院安委会办公室备案，国务院安委会办公室将适时组织抽检。

四、工作要求

（一）加强领导，落实责任。按照属地管理和“谁主管、谁负责”的原则，企业安全生产标准化建设工作由地方各级人民政府统一领导，明确相关部门负责组织实施。国家有关部门负责指导和推动本行业(领域)企业安全生产标准化建设，制定实施方案和达标细则。企业是安全生产标准化建设工作的责任主体，要坚持高标准、严要求，全面落实安全生产法律法规和标准规范，加大投入，规范管理，加快实现企业高标准达标。

(二)分类指导，重点推进。对于尚未制订企业安全生产标准化评定标准和考评办法的行业(领域)，要抓紧制订；已经制订的，要按照《基本规范》和相关规定进行修改完善，规范已达标企业的等级认定。要针对不同行业(领域)的特点，加强工作指导，把影响安全生产的重大隐患排查治理、重大危险源监控、安全生产系统改造、产业技术升级、应急能力提升、消防安全保障等作为重点，在达标建设过程中切实做到“六个结合”，即与深入开展执法行动相结合，依法严厉打击各类非法违法生产经营建设行为；与安全专项整治相结合，深化重点行业(领域)隐患排查治理；与推进落实企业安全生产主体责任相结合，强化安全生产基层和基础建设；与促进提高安全生产保障能力相结合，着力提高先进安全技术装备和物联网技术应用等信息化水平；与加强职业安全健康工作相结合，改善从业人员的作业环境和条件；与完善安全生产应急救援体系相结合，加快救援基地和相关专业队伍标准化建设，切实提高实战救援能力。

(三)严抓整改，规范管理。严格安全生产行政许可制度，促进隐患整改。对达标的企业，要深入分析二级与一级、三级与二级之间的差距，找准薄弱点，完善工作措施，推进达标升级；对未达标的企业，要盯住抓紧，督促加强整改，限期达标。通过安全生产标准化建设，实现“四个一批”：对在规定期限内仍达不到最低标准、不具备安全生产条件、不符合国家产业政策、破坏环境、浪费资源，以及发生各类非法违法生产经营建设行为的企业，要依法关闭取缔一批；对在规定时间内未实现达标的，要依法暂扣其生产许可证、安全生产许可证，责令停产整顿一批；对具备基本达标条件，但安全技术装备相对落后的，要促进达标升级，改造提升一批；对在本行业(领域)具有示范带动作用的企业，要加大支持力度，巩固发展一批。

(四)创新机制，注重实效。各地区、各有关部门要加强协调联动，建立推进安全生产标准化建设工作机制，及时发现解决建设过程中出现的突出矛盾和问题，对重大问题要组织相关部门开展联合执法，切实把安全生产标准化建设工作作为促进落实和完善安全生产法规规章、推广应用先进技术装备、强化先进安全理念、提高企业安全管理水平的重要途径，作为落实安全生产企业主体责任、部门监管责任、属地管理责任的重要手段，作为调整产业结构、加快转变经济发展方式的重要方式，扎实推进。要把安全生产标准化建设纳入安全生产“十二五”规划及有关行业(领域)发展规划。要积极研究采取相关激励政策措施，将达标结果向银行、证券、保险、担保等主管部门通报，作为企业绩效考核、信用评级、投融资和评先推优等的重要参考依据，促进提高达标建设的质量和水平。

(五)严格监督，加强宣传。各地区、各有关部门要分行业(领域)、分阶段组织实施，加强对安全生产标准化建设工作的督促检查，严格对有关评审和咨询单位进行规范管理。要深入基层、企业，加强对重点地区和重点企业的专题服务指导。加强安全专题教育，提高企业安全管理人员和从业人员的技能素质。充分利用各类舆论媒体，积极宣传安全生产标准化建设的重要意义和具体标准要求，营造安全生产标准化建设的浓厚社会氛围。国务院安委会办公室以及各地区、各有关部门要建立公告制度，定期发布安全生产标准化建设进展情况和达标企业、关闭取缔企业名单；及时总结推广有关地区、有关部门和企业的经验做法，培育典型，示范引导，推进安全生产标准化建设工作广泛深入、扎实有效开展。

国务院安全生产委员会

二〇一一年五月三日

国务院关于坚持科学发展安全发展促进安全生产形势持续稳定好转的意见

国发〔2011〕40号

各省、自治区、直辖市人民政府，国务院各部委、各直属机构：

安全生产事关人民群众生命财产安全，事关改革开放、经济发展和社会稳定大局，事关党和政府形象和声誉。为深入贯彻落实科学发展观，实现安全发展，促进全国安全生产形势持续稳定好转，提出以下意见：

一、充分认识坚持科学发展安全发展的重大意义

（一）坚持科学发展安全发展是对安全生产实践经验的科学总结。多年来，各地区、各部门、各单位深入贯彻落实科学发展观，按照党中央、国务院的决策部署，大力推进安全发展，全国安全生产工作取得了积极进展和明显成效。"十一五"期间，事故总量和重特大事故大幅度下降，全国各类事故死亡人数年均减少约1万人，反映安全生产状况的各项指标显著改善，安全生产形势持续稳定好转。实践表明，坚持科学发展安全发展，是对新时期安全生产客观规律的科学认识和准确把握，是保障人民群众生命财产安全的必然选择。

（二）坚持科学发展安全发展是解决安全生产问题的根本途径。我国正处于工业化、城镇化快速发展进程中，处于生产安全事故易发多发的高峰期，安全基础仍然比较薄弱，重特大事故尚未得到有效遏制，非法违法生产经营建设行为屡禁不止，安全责任不落实、防范和监督管理不到位等问题在一些地方和企业还比较突出。安全生产工作既要解决长期积累的深层次、结构性和区域性问题，又要应对不断出现的新情况、新问题，根本出路在于坚持科学发展安全发展。要把这一重要思想和理念落实到生产经营建设的每一个环节，使之成为衡量各行业领域、各生产经营单位安全生产工作的基本标准，自觉做到不安全不生产，实现安全与发展的有机统一。

（三）坚持科学发展安全发展是经济发展社会进步的必然要求。随着经济发展和社会进步，全社会对安全生产的期待不断提高，广大从业人员"体面劳动"意识不断增强，对加强安全监管监察、改善作业环境、保障职业安全健康权益等方面的要求越来越高。这就要求各地区、各部门、各单位必须始终把安全生产摆在经济社会发展重中之重的位置，自觉坚持科学发展安全发展，把安全真正作为发展的前提和基础，使经济社会发展切实建立在安全保障能力不断增强、劳动者生命安全和身体健康得到切实保障的基础之上，确保人民群众平安幸福地享有经济发展和社会进步的成果。

二、指导思想和基本原则

（四）指导思想。坚持以邓小平理论和"三个代表"重要思想为指导，深入贯彻落实科学发展观，牢固树立以人为本、安全发展的理念，始终把保障人民群众生命财产安全放在首位，大力实施安全发展战略，紧紧围绕科学发展主题和加快转变经济发展方式主线，自觉坚持"安全第一、预防为主、综合治理"方针，坚持速度、质

量、效益与安全的有机统一,以强化和落实企业主体责任为重点,以事故预防为主攻方向,以规范生产为保障,以科技进步为支撑,认真落实安全生产各项措施,标本兼治、综合治理,有效防范和坚决遏制重特大事故,促进安全生产与经济社会同步协调发展。

(五)基本原则。——统筹兼顾,协调发展。正确处理安全生产与经济社会发展、与速度质量效益的关系,坚持把安全生产放在首要位置,促进区域、行业领域的科学、安全、可持续发展。——依法治安,综合治理。健全完善安全生产法律法规、制度标准体系,严格安全生产执法,严厉打击非法违法行为,综合运用法律、行政、经济等手段,推动安全生产工作规范、有序、高效开展。——突出预防,落实责任。加大安全投入,严格安全准入,深化隐患排查治理,筑牢安全生产基础,全面落实企业安全生产主体责任、政府及部门监管责任和属地管理责任。——依靠科技,创新管理。加快安全科技研发应用,加强专业技术人才队伍和高素质的职工队伍培养,创新安全管理体制机制和方式方法,不断提升安全保障能力和安全管理水平。

三、进一步加强安全生产法制建设

(六)健全完善安全生产法律制度体系。加快推进安全生产法等相关法律法规的修订制定工作。适应经济社会快速发展的新要求,制定高速铁路、高速公路、大型桥梁隧道、超高层建筑、城市轨道交通和地下管网等建设、运行、管理方面的安全法规规章。根据技术进步和产业升级需要,抓紧修订完善国家和行业安全技术标准,尽快健全覆盖各行业领域的安全生产标准体系。进一步建立完善安全生产激励约束、督促检查、行政问责、区域联动等制度,形成规范有力的制度保障体系。

(七)加大安全生产普法执法力度。加强安全生产法制教育,普及安全生产法律知识,提高全民安全法制意识,增强依法生产经营建设的自觉性。加强安全生产日常执法、重点执法和跟踪执法,强化相关部门及与司法机关的联合执法,确保执法实效。继续依法严厉打击各类非法违法生产经营建设行为,切实落实停产整顿、关闭取缔、严格问责的惩治措施。强化地方人民政府特别是县乡级人民政府责任,对打击非法生产不力的,要严肃追究责任。

(八)依法严肃查处各类事故。严格按照“科学严谨、依法依规、实事求是、注重实效”的原则,认真调查处理每一起事故,查明原因,依法严肃追究事故单位和有关责任人的责任,严厉查处事故背后的腐败行为,及时向社会公布调查进展和处理结果。认真落实事故查处分级挂牌督办、跟踪督办、警示通报、诫勉约谈和现场分析制度,深刻吸取事故教训,查找安全漏洞,完善相关管理措施,切实改进安全生产工作。

四、全面落实安全生产责任

(九)认真落实企业安全生产主体责任。企业必须严格遵守和执行安全生产法律法规、规章制度与技术标准,依法依规加强安全生产,加大安全投入,健全安全管理机构,加强班组安全建设,保持安全设备设施完好有效。企业主要负责人、实际控制人要切实承担安全生产第一责任人的责任,带头执行现场带班制度,加强现场安全管理。强化企业技术负责人技术决策和指挥权,注重发挥注册安全工程师对企业安全状况诊断、评估、整改方面的作用。企业主要负责人、安全管理人员、特种作业人员一律经严格考核、持证上岗。企业用工要严格依照劳动合同法与职工签订劳动合同,职工必须全部经培训合格后上岗。

(十)强化地方人民政府安全监管责任。地方各级人民政府要健全完善安全生产责任制,把安全生产作为衡量地方经济发展、社会管理、文明建设成效的重要指标,切实履行属地管理职责,对辖区内各类企业包括中央、省属企业实施严格的安全生产监督检查和管理。严格落实地方行政首长安全生产第一责任人的责任,建立健全政府领导班子成员安全生产“一岗双责”制度。省、市、县级政府主要负责人要定期研究部署安全生产工作,组织解决安全生产重点难点问题。

(十一)切实履行部门安全生产管理和监督职责。健全完善安全生产综合监管与行业监管相结合的工作机制,强化安全生产监管部门对安全生产的综合监管,全面落实行业主管部门的专业监管、行业管理和指导职责。相关部门、境内投资主体和派出企业要切实加强对境外中资企业安全生产工作的指导和管理。要不断探索创新与经济运行、社会管理相适应的安全监管模式，建立健全与企业信誉、项目核准、用地审批、证券融资、银行贷款等方面相挂钩的安全生产约束机制。

五、着力强化安全生产基础

（十二）严格安全生产准入条件。要认真执行安全生产许可制度和产业政策，严格技术和安全质量标准，严把行业安全准入关。强化建设项目安全核准，把安全生产条件作为高危行业建设项目审批的前置条件，未通过安全评估的不准立项；未经批准擅自开工建设的，要依法取缔。严格执行建设项目安全设施"三同时"（同时设计、同时施工、同时投产和使用）制度。制定和实施高危行业从业人员资格标准。加强对安全生产专业服务机构管理，实行严格的资格认证制度，确保其评价、检测结果的专业性和客观性。

（十三）加强安全生产风险监控管理。充分运用科技和信息手段，建立健全安全生产隐患排查治理体系，强化监测监控、预报预警，及时发现和消除安全隐患。企业要定期进行安全风险评估分析，重大隐患要及时报安全监管监察和行业主管部门备案。各级政府要对重大隐患实行挂牌督办，确保监控、整改、防范等措施落实到位。各地区要建立重大危险源管理档案，实施动态全程监控。

（十四）推进安全生产标准化建设。在工矿商贸和交通运输行业领域普遍开展岗位达标、专业达标和企业达标建设，对在规定期限内未实现达标的企业，要依据有关规定暂扣其生产许可证、安全生产许可证，责令停产整顿；对整改逾期仍未达标的，要依法予以关闭。加强安全标准化分级考核评价，将评价结果向银行、证券、保险、担保等主管部门通报，作为企业信用评级的重要参考依据。

（十五）加强职业病危害防治工作。要严格执行职业病防治法，认真实施国家职业病防治规划，深入落实职业危害防护设施"三同时"制度，切实抓好煤（矽）尘、热害、高毒物质等职业危害防范治理。对可能产生职业病危害的建设项目，必须进行严格的职业病危害预评价，未提交预评价报告或预评价报告未经审核同意的，一律不得批准建设；对职业病危害防控措施不到位的企业，要依法责令其整改，情节严重的要依法予以关闭。切实做好职业病诊断、鉴定和治疗，保障职工安全健康权益。

六、深化重点行业领域安全专项整治

（十六）深入推进煤矿瓦斯防治和整合技改。加快建设"通风可靠、抽采达标、监控有效、管理到位"的瓦斯综合治理工作体系，完善落实瓦斯抽采利用扶持政策，推进瓦斯防治技术创新。严格控制高瓦斯和煤与瓦斯突出矿井建设项目审批。建立完善煤矿瓦斯防治能力评估制度，对不具备防治能力的高瓦斯和煤与瓦斯突出矿井，要严格按规定停产整改、重组或依法关闭。继续运用中央预算内投资扶持煤矿安全技术改造，支持煤矿整顿关闭和兼并重组。加强对整合技改煤矿的安全管理，加快推进煤矿井下安全避险系统建设和小煤矿机械化改造。

（十七）加大交通运输安全综合治理力度。加强道路长途客运安全管理，修订完善长途客运车辆安全技术标准，逐步淘汰安全性能差的运营车型。强化交通运输企业安全主体责任，禁止客运车辆挂靠运营，禁止非法改装车辆从事旅客运输。严格长途客运、危险品车辆驾驶人资格准入，研究建立长途客车驾驶人强制休息制度，持续严厉整治超载、超限、超速、酒后驾驶、高速公路违规停车等违法行为。加强道路运输车辆动态监管，严格按规定强制安装具有行驶记录功能的卫星定位装置并实行联网联控。提高道路建设质量，完善安全防护设施，加强桥梁、隧道、码头安全隐患排查治理。加强高速铁路和城市轨道交通建设运营安全管理。继续强化民航、农村和山区交通、水上交通的安全监管，特别要抓紧完善校车安全法规和标准，依法强化校车安全监管。

（十八）严格危险化学品安全管理。全面开展危险化学品安全管理现状普查评估，建立危险化学品安全管理信息系统。科学规划化工园区，优化化工企业布局，严格控制城镇涉及危险化学品的建设项目。各地区要积极研究制定鼓励支持政策，加快城区高风险危险化学品生产、储存企业搬迁。地方各级人民政府要组织开展地下危险化学品输送管道设施安全整治，加强和规范城镇地面开挖作业管理。继续推进化工装置自动控制系统改造。切实加强烟花爆竹和民用爆炸物品的安全监管，深入开展“三超一改”(超范围、超定员、超药量和擅自改变工房用途)和礼花弹等高危产品专项治理。

(十九)深化非煤矿山安全整治。进一步完善矿产资源开发整合常态化管理机制，制定实施非煤矿山主要矿种最小开采规模和最低服务年限标准。研究制定充填开采标准和规定。积极推行尾矿库一次性筑坝、在线监测技术，搞好尾矿综合利用。全面加强矿井安全避险系统建设，组织实施非煤矿山采空区监测监控等科技示范工程。加强陆地和海洋石油天然气勘探开采的安全管理，重点防范井喷失控、硫化氢中毒、海上溢油等事故。

(二十)加强建筑施工安全生产管理。按照“谁发证、谁审批、谁负责”的原则，进一步落实建筑工程招投标、资质审批、施工许可、现场作业等各环节安全监管责任。强化建筑工程参建各方企业安全生产主体责任。严密排查治理起重机、吊罐、脚手架等设施设备安全隐患。建立建筑工程安全生产信息系统，健全施工企业和从业人员安全信用体系，完善失信惩戒制度。建立完善铁路、公路、水利、核电等重点工程项目安全风险评估制度。严厉打击超越资质范围承揽工程、违法分包转包工程等不法行为。

(二十一)加强消防、冶金等其他行业领域的安全监管。地方各级人民政府要把消防规划纳入当地城乡规划，切实加强公共消防设施建设。大力实施社会消防安全“防火墙”工程，落实建设项目消防安全设计审核、验收和备案抽查制度，严禁使用不符合消防安全要求的装修装饰材料和建筑外保温材料。严格落实人员密集场所、大型集会活动等安全责任制，严防拥挤踩踏事故。加强冶金、有色等其他工贸行业企业安全专项治理，严格执行压力容器、电梯、游乐设施等特种设备安全管理制度，加强电力、农机和渔船安全管理。

七、大力加强安全保障能力建设

(二十二)持续加大安全生产投入。探索建立中央、地方、企业和社会共同承担的安全生产长效投入机制，加大对贫困地区和高危行业领域倾斜。完善有利于安全生产的财政、税收、信贷政策，强化政府投资对安全生产投入的引导和带动作用。企业在年度财务预算中必须确定必要的安全投入，提足用好安全生产费用。完善落实工伤保险制度，积极稳妥推行安全生产责任保险制度，发挥保险机制的预防和促进作用。

(二十三)充分发挥科技支撑作用。整合安全科技优势资源，建立完善以企业为主体、以市场为导向、产学研用相结合的安全技术创新体系。加快推进安全生产关键技术及装备的研发，在事故预防预警、防治控制、抢险处置等方面尽快推出一批具有自主知识产权的科技成果。积极推广应用安全性能可靠、先进适用的新技术、新工艺、新设备和新材料。企业必须加快国家规定的各项安全系统和装备建设，提高生产安全防护水平。加强安全生产信息化建设，建立健全信息科技支撑服务体系。

(二十四)加强产业政策引导。加大高危行业企业重组力度，进一步整合浪费资源、安全保障低的落后产能，加快淘汰不符合安全标准、职业危害严重、危及安全生产的落后技术、工艺和装备。地方各级人民政府要制定相关政策，遏制安全水平低、保障能力差的项目的建设和延续。对存在落后技术设备、构成重大安全隐患的企业，要予以公布，责令其限期整改，逾期未整改的依法予以关闭。把安全产业纳入国家重点支持的战略产业，积极发展安全装备融资租赁业务，促进企业加快提升安全装备水平。

(二十五)加强安全人才和监管监察队伍建设。加强安全科学与工程学科建设，办好安全工程类高等教育和职业教育，重点培养中高级安全工程与管理人才。鼓励高等院校、职业学校进一步落实完善校企合作办学、对口单招、订单式培养等政策，加快培养高危行业专业人才和生产一线急需技能型人才。加快建设专业化的安全监管监察队伍，建立以岗位职责为基础的能力评价体系，加强在岗人员业务培训。进一步充实基层监管力量，改善监管监察装备和条件，创新安全监管监察机制，切实做到严格、公正、廉洁、文明执法。

八、建设更加高效的应急救援体系

(二十六)加强应急救援队伍和基地建设。抓紧7个国家级、14个区域性矿山应急救援基地建设，加快推进重点行业领域的专业应急救援队伍建设。县级以上地方人民政府要结合实际，整合应急资源，依托大型企业、公安消防等救援力量，加强本地区应急救援队伍建设。建立紧急医学救援体系，提升事故医疗救治能力。建立救援队伍社会化服务补偿机制，鼓励和引导社会力量参与应急救援。

（二十七）完善应急救援机制和基础条件。健全省、市、县及中央企业安全生产应急管理体系，加快建设应急平台，完善应急救援协调联动机制。建立健全自然灾害预报预警联合处置机制，加强安监、气象、地震、海洋等部门的协调配合，严防自然灾害引发事故灾难。建立完善企业安全生产动态监控及预警预报体系。加强应急救援装备建设，强化应急物资和紧急运输能力储备，提高应急处置效率。

（二十八）加强预案管理和应急演练。建立健全安全生产应急预案体系，加强动态修订完善。落实省、市、县三级安全生产预案报备制度，加强企业预案与政府相关应急预案的衔接。定期开展应急预案演练，切实提高事故救援实战能力。企业生产现场带班人员、班组长和调度人员在遇到险情时，要按照预案规定，立即组织停产撤人。

九、积极推进安全文化建设

（二十九）加强安全知识普及和技能培训。加强安全教育基地建设，充分利用电视、互联网、报纸、广播等多种形式和手段普及安全常识，增强全社会科学发展、安全发展的思想意识。在中小学广泛普及安全基础教育，加强防灾避险演练。全面开展安全生产、应急避险和职业健康知识进企业、进学校、进乡村、进社区、进家庭活动，努力提升全民安全素质。大力开展企业全员安全培训，重点强化高危行业和中小企业一线员工安全培训。完善农民工向产业工人转化过程中的安全教育培训机制。建立完善安全技术人员继续教育制度。大型企业要建立健全职业教育和培训机构。加强地方政府安全生产分管领导干部的安全培训，提高安全管理水平。

（三十）推动安全文化发展繁荣。充分利用社会资源和市场机制，培育发展安全文化产业，打造安全文化精品，促进安全文化市场繁荣。加强安全公益宣传，大力倡导“关注安全、关爱生命”的安全文化。建设安全文化主题公园、主题街道和安全社区，创建若干安全文化示范企业和安全发展示范城市。推进安全文化理论和建设手段创新，构建自我约束、持续改进的长效机制，不断提高安全文化建设水平，切实发挥其对安全生产工作的引领和推动作用。

十、切实加强组织领导和监督

（三十一）健全完善安全生产工作格局。各地区要进一步健全完善政府统一领导、部门依法监管、企业全面负责、群众参与监督、全社会广泛支持的安全生产工作格局，形成各方面齐抓共管的合力。要切实加强安全生产工作的组织领导，充分发挥各级政府安全生产委员会及其办公室的指导协调作用，落实各成员单位工作责任。县级以上人民政府要依法健全完善安全生产、职业健康监管体系，安全生产任务较重的乡镇要加强安全监管力量建设，确保事有人做、责有人负。

（三十二）加强安全生产绩效考核。把安全生产考核控制指标纳入经济社会发展考核评价指标体系，加大各级领导干部政绩业绩考核中安全生产的权重和考核力度。把安全生产工作纳入社会主义精神文明和党风廉政建设、社会管理综合治理体系之中。制定完善安全生产奖惩制度，对成效显著的单位和个人要以适当形式予以表扬和奖励，对违法违规、失职渎职的，依法严格追究责任。

（三十三）发挥社会公众的参与监督作用。推进安全生产政务公开，健全行政许可网上申请、受理、审批制度。落实安全生产新闻发布制度和救援工作报道机制，完善隐患、事故举报奖励制度，加强社会监督、舆论监督和群众监督。支持各级工会、共青团、妇联等群众组织动员广大职工开展群众性安全生产监督和隐患排查，落实职工岗位安全责任，推进群防群治。

国务院
二〇一一年十一月二十六日

国家安全监管总局关于进一步加强企业安全生产规范化建设严格落实企业安全生产主体责任的指导意见

安监总办〔2010〕139号

各省、自治区、直辖市及新疆生产建设兵团安全生产监督管理局，各省级煤矿安全监察机构，各中央企业：

近年来，随着企业安全生产保障能力不断增强，生产安全事故逐年减少，全国安全生产状况总体稳定、趋于好转。但是，一些企业安全生产主体责任不落实、管理机构不健全、管理制度不完善、基础工作不扎实、安全管理不到位等问题仍然比较突出，生产安全事故总量仍然很大，重特大事故多发频发，安全生产形势依然十分严峻。为认真贯彻落实《国务院关于进一步加强企业安全生产工作的通知》（国发〔2010〕23号）精神，进一步加强企业安全生产规范化建设，严格落实企业安全生产主体责任，提高企业安全生产管理水平，实现全国安全生产状况持续稳定好转，提出以下指导意见：

一、总体要求

深入贯彻落实科学发展观，坚持安全发展理念，指导督促企业完善安全生产责任体系，建立健全安全生产管理制度，加大安全基础投入，加强教育培训，推进企业全员、全过程、全方位安全管理，全面实施安全生产标准化，夯实安全生产基层基础工作，提升安全生产管理工作的规范化、科学化水平，有效遏制重特大事故发生，为实现安全生产提供基础保障。

二、健全和完善责任体系

（一）落实企业法定代表人安全生产第一责任人的责任。法定代表人要依法确保安全投入、管理、装备、培训等措施落实到位，确保企业具备安全生产基本条件。

（二）明确企业各级管理人员的安全生产责任。企业分管安全生产的负责人协助主要负责人履行安全生产管理职责，其他负责人对各自分管业务范围内的安全生产负领导责任。企业安全生产管理机构及其人员对本单位安全生产实施综合管理；企业各级管理人员对分管业务范围的安全生产工作负责。

（三）健全企业安全生产责任体系。责任体系应涵盖本单位各部门、各层级和生产各环节，明确有关协作、合作单位责任，并签订安全责任书。要做好相关单位和各个环节安全管理责任的衔接，相互支持、互为保障，做到责任无盲区、管理无死角。

三、健全和完善管理体系

（一）加强企业安全生产工作的组织领导。企业及其下属单位应建立安全生产委员会或安全生产领导小组，负责组织、研究、部署本单位安全生产工作，专题研究重大安全生产事项，制订、实施加强和改进本单位安全生产工作的措施。

（二）依法设立安全管理机构并配齐专（兼）职安全生产管理人员。矿山、建筑施工单位和危险物品的生产、经营、储存单位及从业人员超过300人的企业，要设置安全生产管理专职机构或者配备专职安全生产管理人员。其他单位有条件的，应设置安全生产管理机构，或者配备专职或兼职的安全生产管理人员，或者委托注册安全工程师等具有相关专业技术资格的人员提供安全生产管理服务。

（三）提高企业安全生产标准化水平。企业要严格执行安全生产法律法规和行业规程标准，按照《企业安全生产标准化基本规范》（AQ/T 9006-2010）的要求，加大安全生产标准化建设投入，积极组织开展岗位达标、专业达标和企业达标的建设活动，并持续巩固达标成果，实现全面达标、本质达标和动态达标。

四、健全和完善基本制度

（一）安全生产例会制度。建立班组班前会、周安全生产活动日，车间周安全生产调度会，企业月安全生产办公会、季安全生产形势分析会、年度安全生产工作会等例会制度，定期研究、分析、布置安全生产工作。

（二）安全生产例检制度。建立班组班前、班中、班后安全生产检查（即"一班三检"）、重点对象和重点部位安全生产检查（即"点检"）、作业区域安全生产巡查（即"巡检"），车间周安全生产检查、月安全生产大检查，企业月安全生产检查、季安全生产大检查、复工复产前安全生产大检查等例检制度，对各类检查的频次、重点、内容提出要求。

（三）岗位安全生产责任制。以企业负责人为重点，逐级建立企业管理人员、职能部门、车间班组、各工种的岗位安全生产责任制，明确企业各层级、各岗位的安全生产职责，形成涵盖全员、全过程、全方位的责任体系。

（四）领导干部和管理人员现场带班制度。企业主要负责人、领导班子成员和生产经营管理人员要认真执行现场带班的规定，认真制订本企业领导成员带班制度，立足现场安全管理，加强对重点部位、关键环节的检查巡视，及时发现和解决问题，并据实做好交接。

（五）安全技术操作规程。分专业、分工艺制订安全技术操作规程，并当生产条件发生变化时及时重新组织审查或修订。对实施作业许可证管理的动火作业、受限空间作业、爆破作业、临时用电作业、高空作业等危险性作业，要制订专项安全技术措施，并严格审批监督。企业员工应当熟知并严格执行安全技术操作规程。

（六）作业场所职业安全卫生健康管理制度。积极开展职业健康安全管理体系认证。依照国家有关法律法规及规章标准，完善现场职业安全健康设施、设备和手段。为员工配备合格的职业安全卫生健康防护用品，督促员工正确佩戴和使用，并对接触有毒有害物质的作业人员进行定期的健康检查。

（七）隐患排查治理制度。建立安全生产隐患全员排查、登记报告、分级治理、动态分析、整改销号制度。对排查出的隐患实施登记管理，按照分类分级治理原则，逐一落实整改方案、责任人员、整改资金、整改期限和应急预案。建立隐患整改评价制度，定期分析、评估隐患治理情况，不断完善隐患治理工作机制。建立隐患举报奖励制度，鼓励员工发现和举报事故隐患。

（八）安全生产责任考核制度。完善企业绩效工资制度，加大安全生产挂钩比重。建立以岗位安全绩效考核为重点，以落实岗位安全责任为主线，以杜绝岗位安全责任事故为目标的全员安全生产责任考核办法，加大安全生产责任在员工绩效工资、晋级、评先评优等考核中的权重，重大责任事项实行"一票否决"。

（九）高危行业（领域）员工风险抵押金制度。根据各行业（领域）特点，推广企业内部全员安全风险抵押金制度，加大奖惩兑现力度，充分调动全员安全生产的积极性和主动性。

（十）民主管理监督制度。企业安全生产基本条件、安全生产目标、重大隐患治理、安全生产投入、安全生产形势等情况应以适当方式向员工公开，接受员工监督。充分发挥班组安全管理监督作用。保障工会依法组织员工参加本单位安全生产工作的民主管理和民主监督，维护员工安全生产的合法权益。

（十一）安全生产承诺制度。企业就遵守安全生产法律法规、执行安全生产规章制度、保证安全生产投入、持续具备安全生产条件等签订安全生产承诺书，向企业员工及社会作出公开承诺，自觉接受监督。同时，员工就履行岗位安全责任向企业作出承诺。

各类企业均要建立以上基本制度，同时要依照国家有关法律法规及规章标准规定，结合本单位实际，建立健全适合本单位特点的安全生产规章制度。

五、加大安全投入

（一）及时足额提取并切实管好用好安全费用。煤矿、非煤矿山、建筑施工、危险化学品、烟花爆竹、道路交通运输等高危行业（领域）企业必须落实提取安全费用税前列支政策。其他行业（领域）的企业要根据本地区有关政策规定提足用好安全费用。安全费用必须专项用于安全防护设备设施、应急救援器材装备、安全生产检查评价、事故隐患评估整改和监控、安全技能培训和应急演练等与安全生产直接相关的投入。

（二）确保安全设施投入。严格落实企业建设项目安全设施"三同时"制度，新建、改建、扩建工程项目的安全设施投资应纳入项目建设概算，安全设施与建设项目主体工程同时设计、同时施工、同时投入生产和使用。高危行业（领域）建设项目要依法进行安全评价。

（三）加大安全科技投入。坚持"科技兴安"战略。健全安全管理工作技术保障体系，强化企业技术管理机构的安全职能，按规定配备安全技术人员。切实落实企业负责人安全生产技术管理负责制，针对影响和制约本单位安全生产的技术问题开展科研攻关，鼓励员工进行技术革新，积极推广应用先进适用的新技术、新工艺、新装备和新材料，提高企业本质安全水平。

六、加强安全教育培训

（一）强化企业人员素质培训。落实校企合作办学、对口单招、订单式培养等政策，大力培养企业专业技术人才。有条件的高危行业企业可通过兴办职业学校培养技术人才。结合本企业安全生产特点，制订员工教育培训计划和实施方案，针对不同岗位人员落实培训时间、培训内容、培训机构、培训费用，提高员工安全生产素质。

（二）加强安全技能培训。企业安全生产管理人员必须按规定接受培训并取得相应资格证书。加强新进人员岗前培训工作，新员工上岗前、转岗员工换岗前要进行岗位操作技能培训，保证其具有本岗位安全操作、应急处置等知识和技能。特种作业人员必须取得特种作业操作资格证书方可上岗。

（三）强化风险防范教育。企业要推进安全生产法律法规的宣传贯彻，做到安全宣传教育日常化。要及时分析和掌握安全生产工作的规律和特点，定期开展安全生产技术方法、事故案例及安全警示教育，普及安全生产基本知识和风险防范知识，提高员工安全风险辨析与防范能力。

（四）深入开展安全文化建设。注重企业安全文化在安全生产工作中的作用，把先进的安全文化融入到企业管理思想、管理理念、管理模式和管理方法之中，努力建设安全诚信企业。

七、加强重大危险源和重大隐患的监控预警

（一）实行重大隐患挂牌督办。企业应当实行重大隐患挂牌督办制度，并及时将重大隐患现状、可能造成的危害、消除隐患的治理方案报告企业所在地相关政府有关部门。对政府有关部门挂牌督办的重大隐患，企业应按要求报告治理进展、治理结果等情况，切实落实企业重大隐患整改责任。

（二）加强重大危险源监控。企业应建立重大危险源辨识登记、安全评估、报告备案、监控整改、应急救援等工作机制和管理办法。设立重大危险源警示标志，并将本单位重大危险源及有关管理措施、应急预案等信息报告有关部门，并向相关单位、人员和周边群众公告。

（三）利用科学的方法加强预警预报。企业应定期进行安全生产风险分析，积极利用先进的技术和方法建立安全生产监测监控系统，进行有效的实时动态预警。遇重大危险源失控或重大安全隐患出现事故苗头时，应当立即预警预报，组织撤离人员、停止运行、加强监控，防止事故发生和事故损失扩大。

八、加强应急管理，提高事故处置能力

（一）加强应急管理。要针对重大危险源和可能突发的生产安全事故，制订相应的应急组织、应急队伍、应急预案、应急资源、应急培训教育、应急演练、应急救援等方案和应急管理办法，并注重与社会应急组织体系相衔接。加强应急预案演练，及时分析查找应急预案及其执行中存在的问题并有针对性地予以修改完善，防止因撤离不及时或救援不适当造成事故扩大。

（二）提高应急救援保障能力。煤矿、非煤矿山和危险化学品企业，应当依法建立专职或兼职人员组成的应急救援队伍；不具备单独建立专业应急救援队伍的小型企业，除建立兼职应急救援队伍外，还应当与邻近建有专业救援队伍的企业或单位签订救援协议，或者联合建立专业应急救援队伍。根据应急救援需要储备一定数量的应急物资，为应急救援队伍配备必要的应急救援器材、设备和装备。

（三）做好事故报告和处置工作。事故发生后，要按照规定的报告时限、报告内容、报告方式、报告对象等要求，及时、完整、客观地报告事故，不得瞒报、漏报、谎报、迟报。发生事故的企业主要负责人必须坚守岗位，立即启动事故应急救援预案，采取措施组织抢救，防止事故扩大，减少人员伤亡和财产损失。

（四）严肃事故调查处理。企业要认真组织或配合事故调查，妥善处理事故善后工作。对于事故调查报告提出的防范措施和整改意见，要认真吸取教训，按要求及时整改，并把落实情况及时报告有关部门。

各地区要根据本指导意见，结合本地区的实际，制订具体实施办法，进一步强化对企业安全生产规范化建设的指导、督促和检查，严格落实企业安全生产主体责任，促进全国安全生产形势实现根本好转。

国家安全生产监督管理总局

二〇一〇年八月二十日

北京市

一、全市煤矿安全生产标准化工作开展情况

2010年,全市煤矿能够认真贯彻落实《关于深入持久开展煤矿安全质量标准化工作的指导意见》、《国家级安全质量标准化煤矿考核办法(试行)》及《关于深入开展煤矿安全生产标准化活动的通知》(京安监发〔2010〕116号)、《关于印发北京市煤矿安全生产标准化标准及考评办法的通知》(京安监发〔2010〕117号)等文件精神,积极开展煤矿安全生产标准化达标工作,不断夯实煤矿安全基础管理,取得了一定的成效。

按照《关于深入开展煤矿安全生产标准活动的通知》(京安监发〔2010〕116号)要求,2010年年底前,全市煤矿70%以上达到三级以上标准。经煤矿自评和北京煤监分局联合市发改委现场审核,全市4个煤矿有3个煤矿达到了三级标准化矿井,达标率为75%。

二、所做的工作及取得的成效

(一)制订北京市安全质量标准化考评办法。为认真贯彻落实《国务院关于进一步加强企业安全生产工作的通知》(国发〔2010〕23号)和《国家安全监管总局国家煤矿安监局关于深入持久开展煤矿安全质量标准化工作的指导意见》(安监总煤行〔2009〕117号)文件精神,我局联合市发展改革委制定下发了《关于深入开展安全生产标准化活动的通知》(京安监发〔2010〕116号)和《关于印发北京市煤矿安全生产标准化标准及考评办法的通知》(京安监发〔2010〕117号),要求京煤集团昊华公司、煤矿(矿井)、科段、班组和各岗位全面开展安全生产标准化活动。市有关部门定期组织开展安全生标准化矿井达标活动的评选工作,定期对煤矿安全生产标准化达标情况进行公布,接受社会监督。

(二)落实责任。按照《关于深入开展煤矿安全生产标准活动的通知》要求,北京煤监分局成立煤矿安全生产标准化达标领导小组,落实专门机构和人员,落实监管责任,派出督导组,指导煤矿企业达标工作的开展,科学制定达标规划,督促煤矿企业限期达标。要求京煤集团所属煤矿也应成立专门部门和人员负责安全生产标准化达标工作的开展,凡在国家规定时间内未实现安全生产达标的煤矿,依法暂扣其生产许可证、安全生产许可证,责令停产整顿;整改逾期未达标的,地方政府依法予以关闭,有力地促进了煤矿安全生产标准化工作责任的落实。

(三)广泛宣传。为进一步做好煤矿安全生产标准化工作,组织煤矿企业部分管理人员赴山东省参观学习安全生产标准化工作的先进经验;召开煤矿安全生产标准化矿井现场工作会传达讲解国家总局及北京市煤矿标准化工作的有关要求;多次深入到煤矿企业进行督促、指导,提高对煤矿安全生产标准化工作的认识。大力宣传煤矿安全生产标准化达标工作的重要性和必要性,努力营造煤矿安全生产标准化建设工作的良好氛围,提高煤矿企业安全生产标准化达标工作的积极性和主动性。

(四)严格标准、认真考评。按照《关于印发北京市煤矿安全生产标准化标准及考评办法的通知》要求,煤矿每月开展一次安全生产标准化煤矿(矿井)的考评。此次申报的3个煤矿每月按照安全管理、采煤、掘进等十个方面进行3次考核打分,严要求、高标准,进一步促进了煤矿安全生产标准化工作的深入开展。

(五)加大投入。北京煤监分局加大了煤矿安全生产标准化达标矿井的监管工作力度,督促应达标矿井完善煤矿生产系统,重点加强矿井"一通三防"安全设备设施、采煤方法和支护方式改革、运输巷道的改造、矿井地质预测预报、探放水设施的配备、基础资料的建档立卡等安全生产条件改善的投入。据不完全统计,2010年以来,全市安全生产标准化建设共投入资金9000多万元。

(六)成效明显。一是到2010年年底,全市验收达标矿井3家,完成目标任务的107%;二是已达标矿井安全条件和管理水平进一步提升,矿井防灾抗灾能力进一步增强,有效地防止了煤矿较大安全事故的发生。

三、存在的主要问题

（一）部分煤矿企业对煤矿安全生产标准化达标工作缺乏主动性、积极性和长期性，对开展煤矿安全生产标准化工作就是夯实煤矿企业安全基础管理工作，提升煤矿保障能力的重要性认识不足。

（二）部分煤矿安全生产标准化机构设置不合理，创建达标工作体系不健全。

（三）煤矿企业安全生产标准化考核评分不规范，存在随意性和不严肃性，没有对考评工作进行监督考核。

四、下一步工作措施

（一）继续贯彻国务院及国家安全监管总局等关于煤矿安全生产标准化的文件要求，将煤矿安全生产标准化工作作为一项长期工作来抓，稳步推进煤矿标准化各项工作。

（二）进一步加强对煤矿安全生产标准化工作的领导，加大宣传和培训力度，督促煤矿企业加大科技投入，强力推进采煤方法和支护方式的改革，努力提升煤矿安全生产条件，全面推进煤矿安全生产标准化工作的深入开展。

（三）以"物联网"建设为契机，进一步加大煤矿信息化建设的投入，实现煤矿安全管理工作从被动防范向科技化、规范化方面的转变，不断提高煤矿的安全生产管理水平。

河北省

一、煤矿质量标准化建设基本情况

目前，河北省正常生产煤矿共有70处。其中：国有重点煤矿65处，地方国有煤矿4处，乡镇煤矿1处。分布在石家庄、邯郸、邢台、唐山、承德、张家口六个设区市。经省、市、县（集团公司）进行逐级验收，67处煤矿保持或达到了质量标准化矿井标准。一级安全质量标准化矿井39处（含申报国家级煤矿质量标准化矿井23处）；二级安全质量标准化矿井16处；三级安全质量标准化矿井12处，3处矿井因2010年发生生产安全事故，没有实现安全目标，不具备安全质量标准化煤矿的核准条件，不能评定为安全质量标准化矿井。

二、煤矿安全质量标准化工作开展情况

（一）高度重视，措施有力，煤矿安全质量标准化工作全面再上新台阶。河北省历来对煤矿安全质量标准化工作非常重视，特别是成立河北省煤炭工业安全管理局以来，根据国家安监总局、国家煤监局《关于深入持久开展煤矿安全质量标准化工作的指导意见》（安监总煤行〔2009〕117号）要求，我们结合河北煤矿安全质量标准化实际情况，以国家标准为依据，借鉴其他省标准化标准，结合国家新的政策要求，编订了《河北省煤矿安全质量标准化标准及考核评级办法》，经过讨论修改，统一印制1万册下发，目前正在试行。该煤矿安全质量标准化标准范围更广、标准更高、要求更严、考核操作性更强。为进一步提高煤矿企业对安全质量标准化工作的认识，2010年9月，组织召开了河北省煤矿安全质量标准化管理部门主要领导、二大产煤集团公司（子公司）领导、所有生产煤矿代表参加的河北省煤矿安全质量标准化建设工作会议，会议表彰了2009年获得国家级安全质量标准化矿井的煤矿企业，总结了河北省煤矿安全质量标准化工作情况，交流了质量标准化建设经验，参观学习了质量标准化样板矿，提出了河北煤矿企业标准化建设规划。同时，为进一步落实《指导意见》和《考核办法》，制订下发了河北省煤炭工业安全管理局《关于进一步加强煤矿安全质量标准化建设的实施意见》，采取更加有力的措施推动煤矿安全质量标准化工作再上新台阶。

（二）制订规划，稳步推进，完成安全质量标准化矿井建设目标。我省煤矿质量标准化工作规划是到2010年大型煤矿安全质量标准化达标率达到95%以上，中型煤矿达到85%以上，小型煤矿达到60%以上。但是，由于我省正在进行煤矿整顿关闭和整合重组工作，煤矿建设和生产一直都不正常，对全省年生产能力30万吨以下的乡镇煤矿全部实施了停产停建措施，不具备考核条件。因此，2010年我省煤矿安全质量标准化达标工作主要在省属煤矿和部分30万吨/年以上的地方煤矿中开展。目前生产的70处矿井中，除由于发生安全事故未核准的3个煤矿外，67处煤矿全部达到三级以上标准。生产矿井总的达标率95.7%，其中大型煤矿达标率95.8%，中型煤矿达标率92.5%，小型煤矿达标率100%，并且2010年拟报国家级标准化矿井23处，比较2009年上报的14处煤矿，新增64%，生产煤矿标准化工作全面完成了规划目标。

（三）层层考核，兑现奖惩，提高煤矿搞好标准化工作的主动性。去年以来，根据省标准化工作会议要求，河北各级各单位加强了煤矿标准化管理组织机构建设，省、市、县以及各产煤集团公司、分公司和各个煤矿企业分别成立了以单位主要负责同志参加，专人负责的标准化管理组织。明确主管部门和主要达标责任单位，层层考核，分级管理，严格按照标准检查、验收、考核，把安全质量标准化达标工作纳入各单位和各级管理人员绩效质量工资考核和安全抵押考核的范畴，严格兑现奖惩。2010年河北省对获得2009年度国家级安全质量标准化矿井称号的煤矿给予每个矿50万元的奖励政策，冀中能源集团、开滦集团拿出数百万元用于奖励标准化工作优秀的矿井，极大地提高了煤矿搞好标准化工作的积极性。通过2010年省级抽查考核表明，煤矿自评、集团验收、市级考核的结果基本一致，各煤矿企业的标准化工作取得了较大的进步。

（四）应用先进技术，加大投入，为提高安全质量标准化水平提供有效手段。煤矿生产面临多种自然灾害的威胁，提高安全质量标准化水平，就必须保证必要的安全投入，必须要有先进的技术、装备做后盾。几年来，各煤矿企业不断加大科技投入，广泛采用新技术、新工艺、新设备解决安全生产中出现的新问题、新矛盾。特别是在安全质量标准化建设工作上，相关企业做了大量扎实有效的工作。通过煤矿专项整治、安全监测监控系统推广、“三推行”工作开展以及机电运输、“一通三防”专项治理等，我省煤矿安全生产装备水平有了一定提高，为进一步全面开展安全达标提供了有力条件和技术支撑。冀中能源梧桐庄矿通过引进和推广使用先进设备、工艺和技术，实施科技创新和技术改造，促进了煤矿安全质量标准化水平的提高，长期以来杜绝了重伤和二级以上非伤事故，截至12月31日，已实现连续安全生产3531天。开滦集团荆各庄矿业公司完成井下四大辅助运输系统治理，为实现安全生产营造良好环境，安全基础越来越扎实，安全长效机制正在形成。

（五）明确重点，以点带面，矿井安全质量标准化工作全面提高。安全质量标准化工作是一项复杂的系统工程，涉及煤矿的全方位各个专业安全管理。冀中能源、开滦集团两大集团从实际出发，针对煤矿地质条件复杂，水、火、瓦斯等自然灾害严重的特点，明确提出安全质量标准化工作的重中之重是“一通三防”及水害防治，在开展达标工作中集中主要力量实现重点突破，优先抓好“一通三防”和地测防治水专业达标，带动其他专业达标，实现煤矿的全面达标。他们依靠典型引路，把安全质量标准化与瓦斯治理工作示范矿井建设相结合，集中开展了瓦斯治理专业达标。冀中能源张矿集团宣东二号煤矿、开滦集团荆各庄矿和钱家营矿，已于2009年底全部完成瓦斯治理示范矿井建设；冀中能源峰峰集团大淑村、邯矿集团陶二煤矿，开滦集团范各庄矿、唐山矿也于2010年底建成瓦斯治理示范矿井。同时，冀中能源峰峰集团新三矿从细节入手，实施编码管理，提高标准严格验收，使全矿职工上标准岗、干标准活的质量意识进一步增强。冀中能源峰峰集团大淑村矿大力开展精品工程创建活动，集中人力、物力，在薄弱环节寻求突破，努力建设安全质量标准化“精品硐室”“精品巷道”“精品工作面”，有效地提高了现场管理水平，实现了重点专业有巩固，领先项目有创新。

三、存在问题

尽管我省煤矿安全质量标准化工作有明显进步，取得了一些成绩，但工作还有很多不足，依然存在诸多突出问题，需要我们在今后的工作中着力解决。

一是对煤矿安全质量标准化工作的认识有待进一步提高，特别是部分地方煤矿缺乏主动性和积极性，工作进展缓慢，与先进单位相比差距很大。

二是随着矿井向深部延深，通风、瓦斯、排水、巷道支护等问题日益突出，安全生产不利因素增多，安全质量标准化工作难度进一步加大，突出表现在国有重点煤矿尤其是一些建矿时间早、资源枯竭的老矿井。

三是安全基础工作依然薄弱。突出表现在地方煤矿安全装备水平低，从业人员素质偏低的问题仍然比较突出，煤矿技术人员不足，煤矿技术力量薄弱。

四、采取措施

为进一步加强质量标准化工作，解决存在的问题，在今后工作中我们要着力抓好以下工作：

（一）加强标准化标准的培训工作，严格考核执行标准。

河北省煤矿质量标准化标准经过讨论修改，目前正在试行，2011 年通过煤矿实际的检验执行，我们将修改不足，确定正式执行。为做好新标准的贯彻落实，一方面要组织各级各单位负责煤矿标准化工作人员的培训工作，另一方面要求各级标准化管理部门严格按照新标准考核，争取使煤矿的安全基础工作更加扎实。

（二）打好煤矿安全质量标准化会战。

组织开展煤矿安全质量标准化会战，强化各煤矿企业责任主体的地位，建立健全各项规章制度，制订奖罚措施，建立安全质量与工资、效益挂钩的激励机制，层层落实安全质量标准化工作的责任，要强制推行先进可靠的技术装备，特别是要按照国家安监总局关于建设完善煤矿井下安全避险“六大系统”的通知要求，从人、财、物等各方面保证建设进度，确保按时限要求完成既定任务。

（三）坚持“三个结合”，强力推进安全质量标准化与安全生产各项工作同步实施、整体提高。

第一，要与深入贯彻《国务院关于进一步加强企业安全生产工作的通知》相结合。《通知》对安全生产标准化达标建设作了进一步完善，提出了新的具体要求。对各单位的安全生产工作进行全面整顿规范，健全完善各项规章制度，依法规范安全操作规程和标准，将煤矿企业各方面、各岗位的安全质量行为纳入法律化、制度化、规范化管理轨道。

第二，要与煤矿执法检查相结合。各级煤矿安全监管部门在煤矿安全质量标准化工作中担负着重要监督检查职责，要把检查指导煤矿安全质量标准化作为一项重要任务来抓。各级安全管理人员要进一步转变作风，加大检查执法力度，深入煤矿企业，搞好监督检查。对存在严重安全质量问题，以及组织开展安全质量标准化工作不力、进展缓慢的企业，要提出整改意见，促进安全质量标准化工作的顺利进行；对不能按计划达到质量标准化要求的矿井要下达停产指令，限期达标；对达标无望的煤矿要列入关闭计划，由当地政府及时予以关闭。

第三，要与煤炭生产许可证管理工作相结合。《煤炭生产许可证管理办法》规定，企业必须依照规定的条件取得煤炭生产许可证，方可从事生产活动。这些规定的条件，很多是涉及安全质量标准化的内容。2009 年国家安监总局、国家煤监局下发的《关于深入持久开展煤矿安全质量标准化工作的指导意见》（安监总煤行〔2009〕117 号）要求，煤矿安全质量标准化要与新建、改扩建、资源整合矿井竣工验收相结合，工程投产验收时，安全质量必须达标。

山西省

一、落实国家局《指导意见》（安监总煤行〔2009〕117 号）和《考核办法》（安监总煤行〔2009〕150 号）情况

（一）按照《国家安全监管总局、国家煤矿安监局关于深入持久开展煤矿安全质量标准化工作的指导意见》（安监总煤行〔2009〕117 号）精神，山西省煤炭厅及时进行了安排部署。为认真贯彻落实文件精神，我厅 2009 年 8 月以晋煤安发〔2009〕99 号转发到各市及各国有重点煤炭集团公司，要求各单位一要充分认识新形势下开展煤矿安全质量标准化工作的重要性，增强深入开展煤矿安全质量标准化的责任感、使命感和紧迫感，以煤矿安全质量标准化为主线，进一步建立健全相关制度，精心组织，强力推进，加大安全投入，强化现场管理，扎实开展安全质量标准化建设工作。二要制订工作目标和达标规划。以国家确定的大、中、小型矿井达标率，结合本单位实际，制订达标规划。三要结合实际制订全省煤矿安全质量标准化标准及考核评级办法。

按照安监总煤行〔2009〕117 号文件精神，我省从 2009 年 7 月份开始，组织专门起草小组，起草了《山西省煤炭工业厅煤矿安全质量标准化标准及考核评级办法》，经过各市、各国有重点煤炭集团公司的专家和管理部门的多次审查修改和完善，于 2009 年 11 上旬正式出台了全省煤矿安全质量标准化标准及考核评级办法，并以晋煤安发〔2009〕269 号文件下发执行，同时翻印成册发放各单位。为适应新形势下煤矿安全质量标准化要求，2010 年 6 月，省煤炭厅对 2009 年《山西省煤矿安全质量标准化标准及考核评级办法》进行了再次修订，进一步完善了煤矿安全质量标准化标准及考核评级办法。在此基础上，各市、各国有重点煤炭集团公司结合部门和企业实际，制订了本单位的安全质量标准化实施细则，强化了煤矿安全质量标准化工作的深入开展。

按照 2010 年 2 月初步确定的全省煤矿安全质量标准化矿井达标规划要求，2010 年度全省建成安全质量标准化矿井 279 处。由于全省 2009 年开始集中开展煤矿企业兼并重组整合工作，多数煤矿处于兼并重组后的基本建设期，安全质量标准化矿井规划数存在不完全确定因素，导致 2010 年度全省建成安全质量标准化矿井 243 处，其中一级安全质量标准化矿井 145 处，二级安全质量标准化矿井 98 处，基本完成年初确定的建设目标。

(二)按照《国家安全监管总局、国家煤矿安监局关于印发国家级安全质量标准化煤矿考核办法(试行)的通知》(安监总煤行〔2009〕150 号)精神，2009 年 8 月山西省煤炭厅及时进行了安排部署，以晋煤安发〔2009〕116 号转发到各市及各国有重点煤炭集团公司，要求各单位强化煤矿安全基础管理，提升安全质量标准化矿井建设水平，在每年度末对本辖区内符合国家标准的安全质量标准化矿井审核后按程序逐级申报，积极推进国家级安全质量标准化煤矿的创建工作。

我厅高度重视国家级安全质量标准化矿井创建工作，在认真抓好全省煤矿安全质量标准化工作的基础上，按照国家颁发的《国家级安全质量标准化的煤矿评定考核办法(试行)》，精心组织审查、验收和上报工作。2009 年度全省达到国家级安全质量标准化的煤矿共 54 处。按照建设目标，2010 年全省将建成 60 处国家级安全质量标准化煤矿，现通过各单位初审后上报的国家级安全质量标准化煤矿共 70 处；我厅通过审查、现场抽查验收后，以晋煤安发〔2011〕317 号文上报国家煤矿安监局。

二、开展煤矿安全质量标准化工作情况

近年来，在国家局指导下，我省认真贯彻落实“安全第一、预防为主、综合治理”的安全生产方针，始终把安全质量标准化作为煤矿企业安全发展的重要途径，构建安全质量标准化管理体系，狠抓安全基础管理，深入开展煤矿安全质量标准化矿井创建工作，极大地改善了煤矿安全生产条件和作业环境。

一是完善组织体系。2005 年，省煤炭厅成立了安全质量标准化工作领导组，厅长任组长，分管副厅长任副组长，有关职能处室负责人为成员。随后，各市、各国有重点煤炭集团公司也成立了相应的机构，明确了相关部门的工作职责，层层落实责任，并明确了奋斗目标。2009 年以来，在各级煤炭管理部门、各煤矿企业建立健全部门安全质量标准化工作机构加强安全质量标准化工作组织领导的同时，重点督促兼并重组主体企业和煤矿建立完善安全质量标准化工作机构，明确分管负责人和分管业务部门，配足各专业技术人员。按照省厅要求制订本部门本单位的安全质量标准化规划、目标以及实施方案与措施，不断创新管理方法，落实工作职责，做到层层有人抓、事事有人管，形成一套行之有效的安全质量标准化组织保障体系。

二是健全制度体系。制度建设是安全质量标准化矿井建设的保证。2010 年 6 月，我省按照《煤矿安全质量标准化标准及考核评级办法》要求，修订出台了新的煤矿安全质量标准化检查、评比、考核、奖惩等一系列制度体系，并将“一通三防”和水害治理作为全省煤矿安全质量标准化工作的重点。各级煤炭管理部门按照省厅要求，结合实际，相继制订了本部门的煤矿安全质量标准化检查、评比、培训、考核、奖惩等一系列

制度，健全和完善了各岗位职责，形成以制度管人、管事，奖惩分明的工作机制。

随着煤矿安全质量标准化工作的深入开展，按照《山西省煤矿安全质量标准化标准及考核评级办法》要求，各级煤炭管理部门及各煤矿企业明确了组织验收程序，严格组织验收，严格验收标准，确保验收质量。2010 年 8 月，省煤炭厅建立了全省煤矿安全质量标准化检查验收专家库，专家库由各市和省属国有重点七大煤炭集团公司的各专业技术人员 442 人组成，代表我厅对全省安全质量标准化矿井进行检查验收。省厅明确规定，各市和各国有重点煤炭企业每季度必须检查验收 1 次，县(市、区)煤炭部门每两个月检查 1 次，煤矿每旬自检 1 次；省厅每年度末，对各煤炭管理部门上报的安全质量标准化矿井组织专家进行现场检查验收。

三是建立标准体系。2009 年 7 月，按照《国家安全监管总局、国家煤矿安监局关于深入持久开展煤矿安全质量标准化工作的指导意见》(安监总煤行〔2009〕117 号)精神，省煤炭厅组织专门起草小组，在原山西省煤炭局 2005 年出台的《山西省煤矿标准化标准及考核评级办法》基础上，经过各市、各国有重点煤炭集团公司的专家和管理部门的多次审查修改和完善后，正式出台了《山西省煤矿安全质量标准化标准及考核评级办法》，2009 年 11 月以晋煤安发〔2009〕269 号文件下发执行。为适应新形势下煤矿安全质量标准化要求，2010 年 6 月，省煤炭厅对 2009 年《山西省煤矿安全质量标准化标准及考核评级办法》进行了再次修订，进一步完善了煤矿安全质量标准化标准及考核评级办法。

四是强化培训体系。从事煤矿安全质量标准化工作需要专业技术知识，而我省部分地方煤矿专业技术人员少，职工文化素质低，开展煤矿安全质量标准化建设有一定难度。针对实际，各级煤炭管理部门按照省厅制定的《煤矿安全质量标准化标准及考核评级办法》，完善培训机制，创新优化培训方法，进行了煤矿安全质量标准化专项培训，2010 年全省各市、各国有重点煤炭集团公司为从业人员组织的安全质量标准化专项培训就多达 12000 人次。通过专业标准化标准的培训，使每个员工掌握标准、上标准岗、干标准活，不断增强员工自主保安意识和操作技能，为煤矿安全生产建设奠定坚实基础。

五是严格考核体系。我省始终把安全质量标准化工作作为强化煤矿安全基础工作的主要手段。一要严格考核。每年年初确定各市、各国有重点煤矿安全质量标准化矿井达标指标，并与各单位主要负责人签订目标责任书，纳入安全目标责任考核的主要内容之一。对完成下达指标的，给予奖励；对完不成下达指标的，年底扣除相应的考核分，并给予相应的处罚。2010 年 3 月我厅下发了《关于深入开展煤矿安全质量标准化矿井和安全高效矿井建设的通知》(晋煤安发〔2010〕150 号)，对 2010 年煤矿安全质量标准化工作进行了全面安排部署，要求在全面提升全省安全质量标准化矿井建设水平的基础上建成 279 座省级安全质量标准化矿井的建设目标，全省国有重点煤矿 99 处生产矿井要全部建成安全质量标准化矿井，地方煤矿 180 处生产矿井要建成安全质量标准化矿井。二要严格验收。按照年初下达的安全质量标准化目标，各煤矿企业每月，各集团公司、各市煤炭局每季度进行验收，省厅在各单位验收上报的基础上，每半年进行检查验收。

为稳步推进 2010 年全省煤矿安全质量标准化矿井建设工作，省煤炭厅紧紧围绕年初制订的工作目标，于 2010 年 11 月下旬至 12 月中旬抽调各专业 37 名专家分两个检查验收组，对全省 11 个市和 10 个集团公司共 21 个单位初验的安全质量标准化矿井进行了检查验收。两个省级检查验收组共抽查验收煤矿 25 座，对抽查的矿井进行了现场井上下全面检查验收，并对检查中发现的 626 条隐患均与被检查煤矿下达了“三定表”，由被检查煤矿进行整改，责成各市、县和各集团公司监督落实。

2010 年度各单位上报安全质量标准化矿井 269 个，省厅经过审核和现场验收，取消了 26 个矿井的评级资格，全省达标矿井共 243 处；经过初审，达到国家级安全质量标准化煤矿共 70 处，有效地促进了煤矿安全质量标准化工作的深入开展。

三、加大安全投入，兼顾专项整治，全面提升安全质量标准化建设水平

为提高煤矿安全质量标准化矿井建设质量，近年来省煤炭厅出台了相关的政策措施。一是各煤矿企业要严格按规定提取、使用安全费用，加大对煤矿安全质量标准化建设的投入，二是积极推广使用新技术、新工艺、新装备，不断提升矿井安全质量标准化基础装备水平。“十一五”以来，全省各煤炭管理部门非常重视煤矿安全生产投入。长治市先后投入80多亿元进行采煤方法改革和机械化升级改造，加快淘汰落后采煤工艺。晋城市也投入大笔资金重点进行地方煤矿通风系统的大规模改造。省属五大煤炭集团公司不断提高安全费用的提取标准，吨煤平均提取达到40元以上，从2006年到目前为止，已累计提取的安全费用就多达400多亿元。

近年来，我省把安全质量标准化工作纳入每次安全生产检查、专项整治的主要内容，贯穿于煤矿安全生产的各个环节，成为一项日常监管的具体工作内容。特别是今年开展的全省煤矿安全专项整治、春季全省煤矿安全大检查，把安全质量标准化开展情况纳入专项整治检查的主要内容。对安全质量标准化工作滑坡、或者开展不力的煤矿责令停产整顿，进一步促进了煤矿安全质量标准化工作，为煤矿安全生产形势的持续稳定好转发挥了积极的重要作用。

四、结合实际，认真抓好兼并重组煤矿的安全质量标准化工作

近年来，省煤炭厅按照国家要求，结合我省实际，每年年初都下发关于开展煤矿安全质量标准化工作的相关文件，对当年的工作进行具体安排和部署。特别是今年，结合全省煤矿兼并重组工作的深入开展，按照晋煤安发〔2010〕150号文件要求，对煤矿企业兼并重组整合期间的安全工作周密部署，要求煤矿兼并重组主体把兼并重组工作与安全质量标准化矿井建设工作紧密结合。将安全质量标准化建设作为强化煤矿安全基础的主要手段，以煤矿安全质量标准化建设为主线，建立和完善煤矿安全质量标准化工作体系，明确分管负责人和分管业务部门，配备足够的专业技术人员，健全完善相关规章制度，明确岗位职责、加大安全投入、强化现场管理。凡兼并重组后需要技术改造或重新建设的矿井，必须把安全质量标准化建设作为主要内容，从设计、施工、竣工验收等各个环节把关，在竣工验收的同时，按照兼并重组后的隶属关系，由相关市煤炭部门、国有重点煤炭集团公司出具安全质量标准化验收意见，并报省厅备案。对未达到安全质量标准化标准的矿井，不得通过竣工验收，不得领取煤炭生产许可证。今年，各市和各国有重点煤炭集团公司对投产验收的部分兼并重组煤矿，组织专家进行了安全质量标准化验收，并出具验收报告上报省煤炭厅。通过验收把关，有效地提升了兼并重组煤矿安全质量标准化建设水平。

五、我省煤矿安全质量标准化矿井建设的典型经验

（一）省属五大煤炭集团公司基本上都能按照年初签订的安全质量标准化矿井建设目标，深入开展安全质量标准化矿井建设工作，并且在实施过程中有许多好的做法，具体亮点如下：

同煤集团稳步推进安全质量标准化矿井建设，将安全生产工作放在各项工作的首位，强化矿井各大系统、环节基础设施建设，实现矿井现场动态达标，推行标准模式化管理，以“一通三防”管理为重点，形成了以“人人都是通风员”为核心的安全工作管理体系，强化安全管理，不断提高安全生产水平，狠抓安全质量标准化建设，主要体现出“三个转变、三个强化”六个方面的特点。三个转变是：安全质量标准化工作实现了从静态管理向动态管理转变；从满足达标向打造精品转变；从部分矿井先进向整体水平提升转变。三个强化是：思想认识强化，形成了主要负责人亲自牵头、员工全员参与的良好氛围；工程质量强化，提高了工程质量的优秀品率；管理考核强化，保证了各项安全质量标准化制度、措施得到有效落实。

山西焦煤集团为继续深入开展煤矿安全质量标准化工作，集团公司所属各分公司实行煤矿领导带班、班组长素质准入、手指口述和岗位描述、应急预案

演练的“四个按钮”安全管理办法，大力推进安全质量标准化建设水平。西山煤电集团公司大力推行“手指口述”安全确认法，实行手口示意、口手心三统一，规范职工的操作行为，消灭违章，实现本质安全。汾西矿业集团公司在安全质量标准化执行过程中，以“落实一个责任、执行一个标准、创建一项工程、完成一项规划、实施六项制度、抓好四项建设”的总体工作思路，立足抓管理，依据标准抓落实，促进安全质量标准化由静态达标向动态达标转化。霍州煤电集团公司大力推行精细化、数字化、程序化和定位管理，细化安全质量标准化责任，规范现场操作行为，以现场“岗位确认、岗位描述、手指口述”为突破口，使现场安全管理水平不断提高。

阳煤集团在瓦斯治理方面实行瓦斯超限分级分析管理制度，严格通风瓦斯管理措施，制定了《瓦斯超限管理规定》，一是对所有采掘面的瓦斯传感器断电值下调 0.2%，复电值下调 0.3%；二是严格瓦斯超限逐级分析追查制度，对同一采掘工作面连续 7 天内出现 3 次以上瓦斯超限的，必须停产，矿长组织分析；三是严格瓦斯超限分级分析制度和处罚规定，并纳入安全绩效考核。所有高瓦斯和突出矿井的煤巷、半煤岩巷及高抽巷全部配备了“智能瓦斯引排装置”，实现安全排放。

潞安矿业集团着力打造质量精品矿井，构建超前管理体系，倡导树立“把问题变成课题、将课题变成从根本上改进”的理念，推行实施质量标准化一票否决以及红线管理，以质量标准化水平的提升带动矿井安全管理水平的提升，实现安全质量标准化矿井建设的全方位立体化提升。为提高重组整合矿井的安全质量标准化管理水平，实行“以矿带矿、以科带科、以队带队”制；为落实抓好煤矿领导带班下井，实行“三必到，三走到”管理办法。

晋煤集团为深入推动安全质量标准化工作，在总结以往经验的基础上，制订了详细的安全质量标准化企业标准，形成了包含采煤、掘进、机电、运输、通风、地测防治水、安全管理、综合管理、调度、人力资源管理、财务管理、矿容矿貌、环保节能、矿区铁路、洗选、煤机、供电、通信累计 18 个专业标准的煤矿企业标准化体系。在对薄弱和特殊作业环节的监控管理上，采取有效的管理措施，通过重点突击与全面覆盖检查的有机结合，使各生产系统和环节始终处于安全生产的最佳状态，实现了安全质量标准化由点、线、面达标向全过程、全方位动态达标的根本转变。

（二）各市和各国有重点煤炭集团公司的多数达标矿井实行安全质量标准化绩效考核，将安全质量标准化工作分解落实到人，推行安全质量标准化结构工资，质量结构工资比重占 10%~40%，从根本上调动了员工抓好安全质量标准化工作的积极性，有力地推动了矿井安全质量标准化工作向纵深发展。

（三）潞安矿业集团公司、霍州煤电集团公司等单位推行问题隐患收购机制，将隐患排查治理落实到人，规范员工的安全管理、安全操作行为，有力地提升了矿井安全管理水平。如店坪煤矿全面推行“隐患市场化管理办法”，所有隐患具体落实到人，实行“隐患刷卡消费”，将隐患和职工收入直接挂钩，对安全工作做得好的按月给予奖励。该矿在隐患排查治理方面努力实现矿井向“五个零隐患”目标迈进：生产现场零隐患、生产过程零隐患、工程质量零隐患、岗位操作零隐患、管理过程零隐患，把隐患排查治理群众基础抓扎实、夯牢固，实现矿井长周期安全生产。

六、下一步工作思路和工作重点

按照省煤炭厅晋煤安发〔2011〕1 号文件要求，2011 年我省要大力实施“煤矿安全质量标准化建设”工程，要把煤矿安全质量标准化建设作为今后几年的重点任务来抓。一是要在总结多年来省内外安全质量标准化建设经验和做法的基础上，结合各地、各煤矿企业的实际，制订本辖区、本单位“煤矿安全质量标准化建设”达标规划。对已达到国家级安全质量标准化的矿井，要向安全高效型、本质安全型和世界一流矿井迈进；对已达到省级安全质量标准化的矿井，要向国家级标准化矿井迈进；对建设改造矿井必须按照安全质量标准化标准建设，投产前至少要达到省级二级标准。2011 年底所有生产矿井和建设改造投产矿井必须达到省级二级以上标准。未达标的矿井,一律停产整改,限期达标。2011 年要有 60 座以上的矿井达到国家级标准。二是各煤矿企业要加强领导,完善制度、健全机构,落实责任,落实专项资金,严格内部考核,按照全员参与、全面管理、全程控制的要求,实现岗位达标、专业达标、企业达标。三是各级煤炭部门要加大监督检查力度,督促煤矿企业按照规划目标强力推进安全质量标准化建设。并组织力争完成全省《煤矿井下岗位操作标准和流程手册》编制工作。四是继续强力推进煤矿基层班组建设，以落实岗位安全责任为核心,以提升班组安全管理水平为重点,切实发挥班组长安全生产前沿阵地作用,坚决抵制违章指挥、违章作业和违反劳动纪律的行为。

七、存在的主要问题

(一）我省煤矿安全质量标准化工作虽然取得了一些成绩,但也存在一些问题和不足,与兄弟省市相比还有很大差距。一是市与市之间、企业与企业之间发展还不平衡;二是一些地方煤矿对安全质量标准化的认识存在一定差距;三是目前对安全质量标准化矿井达标的考核奖惩手段还需进一步加强等。

(二)由于山西省兼并重组后的煤矿到 2012 年才能逐步建成投产,有 600 多处矿井正在建设、改造,现有生产矿井占的比重较低,所以现阶段全省煤矿安全质量标准化矿井总体达标率较低。

(三）我省煤矿兼并重组整合后的 1053 处煤矿，在未来 2~3 年内将有 600 多座煤矿处于基本建设期，随着兼并重组工作的到位，全省将不存在年产 30 万吨以下的小煤矿,安全质量标准化矿井达标规划数将存在一定的不完全确定因素。

八、工作建议

(一）建议国家进一步加大对煤矿安全质量标准化建设的推进力度，制订和完善相关政策和措施,促进安全质量标准化工作扎实开展。

(二)建议国家考虑今后对矿井性质分类的问题,如我省兼并重组完成后,分为国有重点、中央企业、地方国有和其他类型煤矿共四种类型,但国家规划表中有乡镇煤矿,无法完全按表对应填报。

(三)建议国家多层次、多渠道地组织开展煤矿安全质量标准化知识培训和参观学习,每年召开 1~2 次安全质量标准化会议,提供相互学习交流、取长补短的机会。

内蒙古自治区

一、明确达标规划目标落实责任到位

2010 年年初,自治区、煤炭局组织盟市、旗县煤炭管理部门召开专门会议，研究制订达标目标和规划，确定达标企业和数量，排出达标进度和验收时间,落实煤矿企业、旗县、盟市煤炭管理部门具体责任人和部门,提出考核奖惩措施,并以正式文件下发到有关企业和单位,实现了任务明确、责任清晰、奖惩分明。

二、保持制度化督查,保障动态达标

为推动煤矿安全质量标准化建设扎实、健康发展,防止一些煤矿出现滑坡现象,我区制订了对各个煤矿企业达标情况进行经常性的督查制度,规定煤矿企业要将安全质量标准化达标情况纳入安全生产日常检查考核范围,旗县煤炭管理部门每月对辖区内煤矿达标情况逐个进行检查,盟市煤炭管理部门每季度对辖区内煤矿进行抽查小结,自治区煤炭管理部门每半年对全区煤矿达标情况进行重点抽查并汇总通报,以坚持煤矿企业经常处于动态达标状态。从全年的督查情况看,全区大部分煤矿企业都能针对动态达标过程中发现的问题和不足加快整改,及时达标,个别企业也有滑坡降级现象。

同时,我区还根据各地煤矿安全质量标准化工作的实际情况,拟定了《内蒙古自治区关于加强煤矿安全质量标准化建设日常管理办法》，提出了将安全质量标准化工作纳入企业各级领导实绩考核、安全生产责任制的主要内容,加强班组现场检查考核、奖惩等一系列措施。

三、及时贯彻新的政策要求，不断完善达标标准

去年以来，我区根据《国务院关于进一步加强企业安全生产工作的通知》和《煤矿安全规程》有关修改条文，以及自治区政府进一步加强煤矿安全生产新的政策措施，及时对《内蒙古自治区井工煤矿安全质量标准化标准及考核办法》进行了修订，增加了新的内容。一是按国务院23号文件要求，增补了煤矿企业建设、完善安全避险“六大系统”；二是严格落实煤矿领导带班下井制度；三是认真进行煤矿职工安全培训教育，坚持持证上岗；四是加强对新建煤矿和改扩建煤矿的安全监管，防止边建设边生产和超能力、超定额、超强度生产；五是对水、火、瓦斯、有害气体等隐患防治坚持“有掘必探、先探后掘、不探不掘不采、不抽不掘不采”等内容。

四、强有力推动政策，确保任务完成

为加快推进煤矿安全质量标准化的建设进度，提高安全生产保障能力，各级煤炭管理部门和煤矿企业认真贯彻执行自治区出台的各项政策措施。一是新建、整合、技改等煤矿建设工程与安全质量标准化同时设计，同时施工，同时达标，同时竣工；二是列入达标的煤矿未按期达标，停产整顿限期达标；三是达标工作与煤炭生产许可证发放与年检紧密结合，未达标煤矿不予办理申领或年检煤炭生产许可证手续。

通过全区煤炭行业职工共同努力，经过企业自查，旗县、盟市初审初验，自治区验收评级，截止目前，全区安全质量标准化达标矿井374处，其中达到一级标准矿井143处，达到二级标准矿井142处，达到三级标准矿井89处，其中达到国家级的标准化煤矿46处。

五、2011年的工作计划

（一）总体思路。

以科学发展观为指导，认真贯彻落实国务院《通知》精神，牢固树立安全发展的理念，以“抓大企业，治大隐患，防大事故”为重点，以安全质量标准化建设为中心，以建设完善煤矿井下安全避险“六大系统”为抓手，严格企业安全管理，强化煤矿安全基础建设，加大防治瓦斯、水、火、有害气体等自然灾害力度，建立安全生产长效机制，全面提升我区煤矿安全保障能力和安全生产水平。

（二）工作任务。

2011年，我区继续全力推进煤矿安全质量标准化建设。各盟市、旗县煤矿行业管理和煤矿安全监管部门将把煤矿安全质量标准化建设作为2011年主要工作任务，按照新修订的《内蒙古自治区煤矿安全质量标准化标准及考核评级办法》和《内蒙古自治区关于加强煤矿安全质量标准化工作日常监督管理的意见》要求，督促检查煤矿企业加强现场管理，严格按设计、按规程、按标准施工、生产和管理，不得降低材料、设备、施工质量等标准，保证投入，确保2011年底前全区所有生产煤矿全部达标。同时，我局还对达标煤矿进行不定期地检查考核，防止出现松劲滑坡和走过场现象，促使其经常处于动态达标状态。对达不到相应标准的煤矿，要进行降级、停产整改直至关闭的行政处罚处理。

辽宁省

辽宁省各地区、各煤炭企业，都能够高度重视煤矿安全质量标准化建设工作，对国家和省政府下达的有关煤矿安全方面的文件和指示精神能够认真贯彻落实，始终把安全质量标准化工作落实在安全生产过程中。坚持高境界定位、高标准动作、高起点创新，全员参与，规范和落实安全生产责任，对安全质量标准化工作严格进行验收考核，不断强化矿井安全基础管理，使全省煤矿安全质量标准化水平有了明显提升，促进了矿井的持续、稳定、健康发展。

一、高度重视，落实责任

各地区、各煤炭企业都能够以安全发展为指导，坚持安全第一，质量为本，始终把安全质量标准化作为头等大事来抓。成立了安全质量标准化工作领导小组，以主要负责人为组长，层层落实责任，形成网格状安全质量标准化管理格式，实现了安全标准化工作在建设上的规范化、管理上的动态化。在这次安全质量标准化检查验收暨安全大检查过程中，各省属煤炭企业及个别地方重点煤矿都派出了专业技术人员参与互检互验，达到了互相学习互相借鉴的目的，必将对今后煤矿安全质量标准化工作的进一步深化起到有力的推动作用。

二、完善制度，加强学习

各地区、各煤炭企业都能够及时修编完善安全生产、安全质量标准化建设相关制度，全面完善矿井安全质量标准化各项措施，以质量标准化建设为窗口，以提高全体干部职工的思想认识为首要任务，采取走出去请进来的学习方法，不断开阔视野，虚心学习其他煤矿企业的好做法、好经验。同时，组织全体干部职工在重点学习《煤矿安全规程》、质量标准化相关制度、细则、安全知识等的基础上，有针对性地进行培训，并把学习与实践有机结合，不断提高员工综合素质；规范员工行为，实行准军事化管理，着力提高了员工的安全行为意识；建立科学创新机制，不断提高了员工的科技创新积极性，形成了学技术、求创新的浓厚氛围。

三、突出重点，全面推进

采取标本兼治、整体推进的方法，坚持改善井上下作业环境，改善人的行为。坚持严细管理，实现精细化、程序化、闭合式管理。以建设精品工程、精品岗位为重点和基础，以点带面，不断扩大精品岗位的覆盖面，实现处处有亮点、处处有精品，使职工素质不断提升。把质量标准化建设同隐患排查治理相结合，以“一通三防”瓦斯治理为重点，同时围绕不同时期的安全工作重点，严格执行安全隐患排查治理，严格追究安全隐患责任，及时落实整改排查出的各类隐患。

四、严格考核，奖罚分明

各煤矿企业每月开展各专业的安全质量标准化检查，并严格对各工作面、各专业进行质量评级，将安全质量与工资挂钩，各专业验收结果与各单位及单位领导工资挂钩，实现了全方面全过程的考核与检查。

五、加大投入，完善安全设施，改善环境

各煤矿企业都能够加大安全费用的投入，用于完善安全监控、防尘消尘等系统建设，淘汰落后设备；绿化工业广场，清洁工作场所；加大安全教育投入，更新学习设施，很大程度地提高了装备技术水平。

六、全面贯彻落实了《国务院关于进一步加强企业安全生产工作的通知》(国发〔2010〕23号)、《煤矿领导带班下井及安全监督检查规定的通知》(国家安全生产监督管理总局33号令)，落实了安全生产责任，强化了现场管理

各煤矿企业都制订了带班下井管理制度和规定，带班领导与工人同上同下，保证了24小时都有干部在现场指挥生产，真正树立了领导干部“解决问题在井下，工作重点在现场”的观念。

虽然各地区、各企业在安全质量标准化工作中都取得了很大进步，但是仍存在一些问题。

本次共检查验收了46处煤矿，检查出隐患问题644条。其中主要问题有：

采掘方面：个别煤矿工作面超前支护强度不够、缺少防滑措施、局部片帮严重；支护不及时，有局部空顶现象；巷道中高不足；工作面缺少顶板离层仪。

“一通三防”方面：个别煤矿局部巷道风速有超限现象；瓦斯传感器悬挂位置不正确或没有按时调校；个别工作面开采层残余瓦斯压力和含量没有测定；工作面甲烷传感器故障闭锁失效。

个别矿井防灭火系统不健全；部分煤矿个别地点未设置防火门墙；防火观测记录没有及时填写。

机电运输方面：个别煤矿个别机车闸瓦磨损超限；个别煤矿井下阻车器、防跑车防护栏、缓冲木等防护装置缺失或失效；部分煤矿仍存在淘汰型电气设备；个别煤矿井底车场没有安设甩车警示信号装置；主井井口、井底摇台和罐座与提升信号没有实现联锁；个别机电设备缺少后备保护或后备保护失效、闭锁功能失效；个别煤矿人车未做重载脱钩试验。

安全管理及其他方面：部分煤矿安全管理制度个别内容未及时修订，部分制度未以文件形式下发；个别煤矿未按规定设专职地质副总工程师；个别矿井技术措施、地质报告编制后未审批；操作规程中防突部分无指标检测内容；井下人员定位系统调试维护不及时。

七、下一步的工作思路、工作重点、相关意见和建议

（一）工作思路。

以党的十七届五中全会精神为指针，以科学发展观为统领，坚持“安全第一、预防为主、综合治理”的安全生产方针，牢固树立以人为本、安全发展的理念。全面落实《国务院关于进一步加强企业安全生产工作的通知》（国发〔2010〕23号）、《国家安全监管总局国家煤矿安监局关于认真贯彻落实国务院〈通知〉精神切实加强煤矿安全生产工作的实施意见》（安监总煤监〔2010〕152号）及相关配套文件。强基固本，深化整治，强化监管，创建安全生产长效机制，杜绝10人以上重特大事故，事故死亡人数控制在国家下达的控制指标之内。到2011年年底，辽宁省生产矿井安全质量标准化达标率达到60%。

（二）工作重点。

1. 全面贯彻《国务院关于进一步加强企业安全生产工作的通知》精神，强化责任，狠抓落实，进一步完善安全生产各项规章制度，建立健全安全管理机构和责任体系，严格标准，强化安全准入工作，不断深化安全质量标准化创建工作，全面提升煤矿安全基础管理水平。

2. 深化隐患排查整治，继续开展“一通三防”、防治水、机电提升系统的三个专项整治。对排查出的不安全隐患，要做到整改责任、措施、时间、资金、预案“五落实”，确保隐患及时整改。对难以立即整改的隐患，要制订切实可行的安全措施，防止事故发生。对重大隐患跟踪督办，及时依法采取停产整顿、暂扣证照直至关闭等措施。

3. 加快推进“六大系统”建设步伐。2013年6月底前全省所有煤矿全部完成“六大系统”的建设完善工作。

4. 保障投入，提高采掘工艺和安全装备水平。及时淘汰落后的生产工艺和装备。针对我省地方小煤矿采掘工艺比较落后的实际，以推行采煤、掘进和运输机械化为重点，采取有效的激励和推动措施，全面推进小煤矿机械化开采方法改革，提升开采技术水平。

5. 深化安全质量标准化创建工作，实施精细管理。深入开展以岗位达标、专业达标和企业达标为内容的安全生产标准化活动，要建立完善安全质量标准化工作体系，健全检查考核制度，明确负责人和业务部门，构建推动煤矿安全质量标准化建设工作的长效机制，提倡煤矿企业建立煤矿标准化建设专项投入基金和奖励基金，鼓励省属国有煤炭企业和产煤市管理部门建立标准化工作激励机制，以此激励煤矿深化标准化创建工作的积极性。要把安全质量标准化建设贯穿于煤矿安全生产全过程，落实到安全管理的每一个环节，要大力推广“安全确认”“手指口述”“岗位描述”“安全整理”等经验做法，并不断深化、细化，打造精品岗位、精品工程，全面提升企业标准化水平。从现在开始，凡技改整合及新建煤矿的验收，必须同时进行安全质量标准化验收，达不到省级安全质量标准化最低标准的，一律不准投入生产。

6. 严把“三关”：生产煤矿的安全关、小煤矿技改关、停产整顿煤矿的安全关。进一步落实监管责任，把强化监管与小煤矿的整顿关闭结合起来，分类监管，以加强小煤矿安全生产的监督管理。

7. 加强班组安全建设和企业安全文化建设，强化班组管理，落实职工保障权益，把安全生产工作的重心下移至现场、关口前移至班组，通过班组人人平安实现煤矿安全生产，夯实安全基础管理。

（三）建议。

国家局多组织各省之间质量标准化工作交流，多组织到先进煤矿参观、学习。

吉林省

一、吉林省煤矿基本情况

我省煤矿分布在长春、吉林、四平、辽源、通化、白山、延边、白城等8个市（州）所属的25个县（市、区）。

我省2个行政区(松原市、长白山管委会)没有煤矿。

到2010年底,我省有各类煤矿242处,年初核定能力4989万吨(年初矿井数量263处的核定能力),“五证一照”齐全正常生产矿井159处。2010年实际产量4280万吨,同比增加6.20%。其中,吉煤集团生产2808万吨,小煤矿生产1472万吨。

年产120万吨及以上矿井11处,核定生产能力为2079万吨;年产120万吨以下30万吨以上矿井16处,核定能力1006万吨;年产30万吨及以下矿井236处,核定能力1904万吨。

我省煤矿煤层赋存条件复杂,顶板、瓦斯、煤尘、水、火等自然灾害严重。全省高瓦斯矿井27处,煤与瓦斯突出矿井1处,辽源、通化两个矿业集团公司(原国有重点煤矿)被国家列为45个瓦斯防治重点监控单位;我局重点监管的受水害威胁矿井52处,其中受水害严重威胁矿井11处,吉煤集团所属原省属煤矿占9处。我省煤矿普遍具有煤尘爆炸危险,煤尘爆炸指数均在40%左右。我省小煤矿残采、复采产量占很大比重。

二、吉林省煤炭管理体制情况

2009年政府机构改革后,我省撤销省煤炭工业局,煤矿安全生产监管职能和小煤矿整顿关闭工作划转到省安全生产监督管理局;原省煤炭工业局负责的煤炭生产许可证、矿长资格证以及由吉林煤矿安全监察局负责的煤矿特种作业人员操作资格证、矿长安全资格证的管理职责,交由省安全生产监督管理局承担。

成立省能源局,煤炭行业管理是其职能之一。省能源局参与煤炭生产许可证和矿长资格证的相关管理工作。

在安全质量标准化的管理上,“三定”方案规定,省安全生产监督管理局“负责组织煤矿安全质量标准化工作”;省能源局“负责指导煤矿安全质量标准化工作”。所以在工作的实际开展中,存在一些问题。

我省8个产煤市(州),有7个市(州)设有煤炭行业管理和煤矿安全监管机构,只有白城市由于辖区内仅在洮南市有1处煤矿企业,因此白城市没有专门设立煤炭行业管理和安全监管机构,由我局直接负责。除长春市、通化市外,其他产煤市(州)的煤炭行业管理、煤矿安全监管职能都在安全生产监督管理局。长春市、通化市煤炭行业管理职能在市发改委,煤矿安全监管职能在安全生产监督管理局,安全质量标准化管理职能划在安全监管职能中,成为安全监管职能的一部分。

三、煤矿安全质量标准化工作开展情况

2010年,我省各级煤矿安全监管、煤炭行业管理部门以及吉林省煤业集团等各类煤矿企业认真贯彻落实国家和省政府关于搞好煤矿安全质量标准化工作的一系列指示和部署,积极开展煤矿安全质量标准化工作。2007年,全省333处矿井中有33处矿井达标,其中一级19处,二级12处,三级2处。2008年全省303处矿井中有64处矿井达标,其中一级24处,二级14处,三级26处。2009年,全省263处矿井中有61处矿井达标,其中一级19处,二级15处,三级27处。2010年,全省242处(“五证一照”齐全生产矿井159处)矿井中有75处矿井达标,达标率48%,同比增加了23%。其中一级24处,二级12处,三级39处,申报国家级安全质量标准化矿井6处。2011年,通化市、辽源市、白城市、四平市小煤矿都处于停产整顿、技改状态及发生死亡事故等原因,不符合煤矿安全质量标准化达标矿井评比条件,因此没有参加安全质量标准化考核评级。

2010年,我省推进煤矿安全质量标准化建设,主要做了以下工作:

(一)全面部署,推动煤矿安全质量标准化工作。3月,我局下发了《关于2010年进一步做好煤矿安全质量标准化建设工作的通知》(吉安监管煤监〔2010〕78号),通报了2009年全省煤矿安全质量标准化达标情况,对2010年的标准化工作提出了八项要求。制订了2010年煤矿安全质量标准化矿井达标规划,对全省煤矿安全质量标准化工作提出要求。将国家安全监管总局国家煤矿安监局《关于认真贯彻落实国务院〈通知〉精神切实加强煤矿安全生产工作的实施意见》(安监总煤监〔2010〕152号)和省政府关于煤矿安全质量标准化工作的要求直接贯彻到基层一线。同时按照省政府关

于促进全省煤炭工业健康发展的指导意见，逐年提高安全质量标准化矿井达标率和达标水平的总体要求，自下而上层层制定安全质量标准化达标规划，企业制订达标实施计划。

(二)部门履行职责,切实加强煤矿安全质量标准化的指导和验收。一是各级煤矿安全质量标准化管理部门坚持开展经常性的安全质量标准化指导,及时解决安全质量标准化工作开展中出现的问题。二是各级煤矿安全监管部门把隐患排查治理和质量标准化工作紧密结合，促进安全质量标准化工作全面动态达标。在排查安全隐患的同时,把矿井质量达标工作纳入到检查范围,严格对照《煤矿安全质量标准化标准及考核评级办法》查找问题,进行整改,实现了矿井质量达标工作常态化、动态化的管理,使矿井质量达标活动不断强化,效果明显。三是各级煤矿安全质量标准化管理部门强化对检查、整改工作的管理,促进质量达标。在日常的安全检查、隐患排查同安全质量达标检查有机结合的同时,把安全质量标准化工作中存在的问题同安全隐患列为同等重视程度进行整改,加强了矿井安全质量标准化的动态管理。克服了在安全质量标准化细小环节上的麻痹思想,使安全质量标准化工作也得到了提高。四是各级管理部门强化了对安全质量标准化验收的管理。省里年底验收一次,市(州)坚持每季验收一次,县(市)、区坚持每月验收一次。验收中,各级管理部门由主要领导带队,配齐专业技术人员,严格依据安全质量标准化验收标准,现场打分,综合评级,确保了安全质量标准化验收的客观性和公平性。

(三)企业强化管理,完善了达标管理体系。一是煤矿企业把安全质量标准化工作纳入重要议事日程。强化管理,确保安全质量标准化工作全面、有序地向纵深推进。辽源矿业集团(公司)制定了《关于加强矿井压风自救系统和各种管路系统管理规定》《关于执行矿井巷道标设里程等指示标志的通知》。辽源市小煤矿虽然都在停产整顿,但是,安全质量标准化管理部门根据本地区矿井实际情况,制订了煤矿安全质量标准化标准及考核评级办法、煤矿安全质量标准化标准及考核表，为 2011 年全市小煤矿安全质量标准化全面达标奠定了基础。二是狠抓关键环节,强化考核,实现全面动态达标。通化矿业集团(公司)注重过程控制,明确岗位职责,坚持定期检查和随机抽查相结合,严格考核,建立奖惩机制。各矿把每旬质量标准化验收结果做为考核井口干部收入的主要依据,不断完善安全质量标准化奖罚工作长效机制,使矿井生产系统和环节始终处于安全生产的良好状态,实现由管结果向管过程转变,静态达标向动态达标提升,点线达标向全面达标拓展,实现安全质量标准化达标,推进创建本质安全型矿井进程。三是开展业务部门专项检查,单项达标,促进安全质量标准化工作的整体达标。通化矿业集团(公司)和珲春矿业集团(公司)各矿井、各专业建立了标准化达标样板试点，根据各矿井、各专业、各工种的业务性质和工作特点,将每项工作流程划分若干道工序作出标准规范进行考核。通风部坚持月份例会,开展“一通三防”系统单项检查;机电运输开展了“专项达标整治活动月”重点整治安全供电和运输治乱;技术部开展锚网支护技术比武竞赛。通过开展各种活动,促进了单项质量达标。从而实现各专业互相学习,齐头并进,全面提高。四是突出重点,狠抓关键环节。在开展安全质量标准化工作中,突出抓好“一通三防”、机电运输、顶板管理三个重点环节,以狠抓薄弱环节为突破口，促进安全质量标准化建设。在“一通三防”方面,按照质量标准化的要求,辽源市小煤矿先后改造和更换主扇 12 台，全省其他地区小煤矿也加强了改造更新步伐,进一步加大了对矿井进、回风系统和巷道通风设施的整改力度,有效地降低了通风系统阻力,增强通风系统防灾抗灾能力。长春市羊草沟煤矿在创建安全质量标准化工作中,总结出抓住“两个重点”、夯实“三项基础”、搞好“三个建设”、做到“四严”和落实“四项措施”的经验,推动长春市各煤矿深入开展安全质量标准化创建工作。五是加大安全投入,夯实达标基础。煤矿安全资金投入力度有所加大,安全技术装备水平有所改善。辽源市小煤矿近两年投入资金 1700 多万元，用于完善通风、机电、运输、提升、排水等设施装备和翻新巷道、改造水沟等生产环境。吉林市小煤矿投入 6000 多万元用于完善设施、更新装备、改造永久水仓和峒室。通化市 5

对重点达标矿井投入资金3100万元，强化矿井安全基础设施和质量标准化建议。长春市各类煤矿仅2006年就投入4900多万元用于创建质量标准化建设和打造本质安全型矿井。延边州、白山市、四平市等地区小煤矿也都加大了投入，加强了本地区煤矿安全质量标准化安全建设。

四、安全质量标准化工作存在的主要问题

一是安全质量标准化矿井建设进展不平衡。煤矿安全质量标准化工作在某些企业特别是乡镇企业还存在认识不深、组织不力、投入不足，两个主体责任落实不到位，发展不平衡，一些煤矿现场管理、技术管理不到位，安全质量标准修订滞后等问题。

二是安全基础管理仍然需要进一步加强。在安全质量标准化工作的各项管理中，部分企业特别是乡镇煤矿企业存在很多基础不到位的地方，有的矿在内业管理上存在内容不全，针对性不强、不规范的现象；现场管理上存在文明生产水平低等现象。部分乡镇小煤矿存在巷道高度不符合规定、没有制定淘汰木支护计划、非壁式开采没有制定切实可行的整改措施等问题，煤矿防治水基础工作落后。

三是安全质量标准化投入仍然不足。这主要体现在乡镇小煤矿上，由于安全质量标准化建设是一项行业指标，不能纳入到执法系列，煤炭行业指导弱化，所以有些政策、措施在乡镇小煤矿不能及时有效地得以贯彻实施，造成质量标准化工作近年来没有实质性进展。

煤矿安全质量标准化工作是一项长期工作，吉林省下步工作要通过深入开展安全质量标准化工作实现乡镇小煤矿安全生产条件明显改善，从业人员素质明显提高，生产安全事故明显下降，安全生产水平明显提升。实现安全质量标准化工作常抓不懈，持之以恒。

五、安全质量标准化工作建议

一是建议国家在对强化基层安全管理的政策制定时，在进行充分调研的基础上，制定出力度较大的相对稳定的行业规范和标准，必要时将煤矿安全质量标准化工作纳入到行业执法范畴。

二是建议国家对特殊地质条件复杂矿区给予政策上扶持，尤其是45户国有重点煤矿企业中10个特困企业(含通化矿业集团公司)和资金能力较差而资源发展后劲很足的乡镇小煤矿，在安全质量标准化工作中，对安全装备、安全投入、优惠政策等方面给予扶持，使其对地方经济的发展起到支持作用。

三是加大鼓励、刺激乡镇小煤矿开展矿井质量标准化建设的力度，不断增加资金投入，夯实安全生产基础，进一步强化“双基”建设，保证安全生产。

黑龙江省

一、2010年煤矿安全质量标准化工作情况

按照国家安全监管总局、国家煤矿安监局《关于深入持久开展煤矿安全质量标准化工作的指导意见》(安监总煤行〔2009〕117号)和《关于印发国家级安全质量标准化煤矿考核办法(试行)的通知》(安监总煤行〔2009〕150号)要求，省煤管局以科学发展观为统领，以“一通三防”为重点，以建设本质安全型煤矿为目标，扎实有效地推进了煤矿安全质量达标工作。国有重点煤矿企业集团公司质量标准化工作稳步提高，实现了“基础管理精细化、技术装备现代化、人员培训制度化”。地方煤矿质量标准化工作有了长足的发展，煤矿机械化水平不断提高，抗灾能力不断增强。2010年，全省达标矿井719处，达标率82%，同比提高9%。其中：申报国家级8处，同比提高33%；一级13处，同比略有提高；二级126处，同比提高77%；有572处矿井达到了三级标准。

主要开展了以下工作：

(一)调查研究，科学制定达标规划。年初，按照国家和省有关煤矿安全质量标准化建设要求，组织召开了安全质量标准化建设工作会议，认真学习和领会国家有关文件精神，进一步明确了我省开展煤矿安全质量标准化工作的方向、基本原则，提高了管理人员的素质和政策水平。组织各市(地)及集团公司层层调查摸底，研究制定了《推进煤矿安全质量标准化工作方

案》，为我省煤矿安全质量标准化建设工作打下了良好的基础。

(二)完善标准化内容，提高建设标准。省煤管局组织各市(地)行业管理部门相关人员和有关专家，针对煤矿安全质量标准化工作中存在的主要问题进行了专题研究，提出了进一步深化质量标准化工作的方法和措施，借鉴内蒙古、江苏等省份煤矿安全质量标准化的典型经验和先进做法，对原有标准进行了必要的删改和补充，补充完善了有利于安全生产、新技术推广和推进标准化建设的新内容，进一步提高了质量标准化的建设标准。

(三)充分利用各种宣传媒体，加大宣传力度。结合开展安全生产宣传教育行动，通过会议、报纸、广播、电视、宣传材料等各种途径和手段，大力宣传开展煤矿安全质量标准化工作的重大意义，对安全质量标准化政策、标准等进行广泛宣传、解释、指导和答疑，引导煤矿企业改变观念，由被动达标向主动达标转变，提高了煤矿企业开展安全质量标准化工作的积极性和主动性，有力推进了全省煤矿质量标准化达标工作进程。

(四)研究和推广急倾斜煤层开采工艺技术，促进开采急倾斜煤层矿井达标工作进程。上半年，组织召开了急倾斜采煤方法论证会与推广会，部分市(地)、县(区)煤炭行业管理部门总工程师、煤矿技术负责人进行了现场参观学习，会议论证并通过了龙煤集团七台河分公司薄煤层急倾斜薄煤层走向长壁分带仰斜采煤方法，同时对急倾斜厚煤层巷道放顶采煤方法、急倾斜薄煤层水平长钻孔巷道放顶煤采煤法、钢丝绳据等采煤方法进行讲解和推广，为开采急倾斜煤层实现质量标准化奠定了技术基础。

(五)典型引路，全力推进我省煤矿安全质量标准化工作。我省树立了黑河市兴边煤矿、龙煤集团公司七台河分公司新建煤矿等典型煤矿，省煤管局定期组织全省各级煤炭行业管理部门和煤矿企业相关人员，分期分批地到典型煤矿去参观学习。下半年，在七台河分公司召开了“龙煤集团煤矿安全质量标准化现场会”，推广和学习七台河分公司煤矿质量标准化建设先进经验。通过学习典型经验，进一步激发了煤矿企业的安全质量标准化建设热情，提高了质量达标的信心和决心。

(六)加强现场监管，全力推进煤矿质量标准化建设工作。省煤管局把建设质量标准化矿井，作为深化隐患排查治理工作的重要内容，以煤矿质量标准化建设推动隐患排查治理工作向纵深发展，利用专项检查和安全督查相结合的方式，开展经常性质量达标现场监管。省局每次组织安全生产督查时，都把质量标准化工作作为一项重要督查内容。各市(地)及集团公司坚持每季组织检查考评，生产技术处上、下半年各组织专家进行了质量达标专项检查验收。通过不间断地现场监督管理，提高了煤矿企业质量达标意识，推动了煤矿企业实现动态达标。

二、存在的主要问题

(一)认识不足。

部分煤矿企业对煤矿安全质量标准化达标工作缺乏主动性、积极性和长期性，存在搞好标准化就是花钱的思想，对开展煤矿安全质量标准化工作就是夯实煤矿企业基础安全管理工作，提升煤矿保障能力的重要性认识不足，还没有完全实现由被动达标向主动达标、由静态达标向动态达标的根本转变。

(二)发展不平衡。

我省大部分地方煤矿基础差、底子薄弱，开采国有重点煤矿弃采煤层，矿井类型复杂多样，新建矿井基础较好，老井改造比较困难，还有整合矿井、技术改造矿井等，有待督促煤矿企业进一步强化此项工作，确保我省煤矿安全发展。

(三)缺乏人才。

煤矿工程技术人员配备不足，特别是机电、通风技术人员匮乏，部分地方煤矿矿井没有编制供电设计，矿井“一通三防”工作按要求还有一定差距，机械化水平相对较低。不少矿井虽然制订了达标规划，建立了机构和制度，但人员少，制度落实不到位、执行不严，存在应付现象。

三、2011 年煤矿安全质量标准化工作安排

(一)工作目标。

2011 年国有重点煤矿全部实现二级及以上安全质量标准化矿井、地方煤矿 25%以上达到二级标准、75%以上达到三级标准。正常生产的煤矿必须达到三级以上标准,新建、改建、改造、资源整合竣工投产时,达到二级以上标准。通过抓好安全质量标准化工作,切实改善煤矿安全生产条件和煤矿工业总体面貌,有效地防范和遏制重特大事故。

(二)重点工作。

1. 从源头抓起并贯穿设计、建设、生产全过程。新建、扩建、改建、改造及资源整合的煤矿,从矿井设计编制、设计审批、开工建设到正式生产全过程,要坚持高起点、高标准、高要求。对建设项目要加强动态监管,确保矿建工程、机电设备安装工程及主要配套辅助工程等各项工程按照质量达标施工,竣工验收时必须达到二级以上标准。

2. 加强领导,协调配合,共同推进煤矿质量达标工作。各级煤炭行业管理部门切实履行职责,强化对质量达标工作的日常监督管理,开展经常性的监督、检查和指导工作,对煤矿有关标准的制订和实施进行严格审查。运用各种方式、方法和途径,进行宣传普及、推广先进经验等服务协调工作,在全行业营造创建质量达标的良好氛围,引导和推动煤矿企业开展质量达标创建工作,把此项工作抓出成效。

3. 严格准入门槛,努力提高从业人员的素质。对煤矿的矿长、总工程师、管理人员及从业人员必须实行强制性集中培训并持证上岗;井下工人岗前进行不少于 72 学时的安全教育和培训,考试合格并在有经验的职工带领实习满 4 个月后方可上岗作业;小煤矿"五职矿长"必须具有煤炭相关专业中专以上(含中专)学历;总工程师必须是煤炭相关专业中专以上(含中专)学历,并具有工程师以上资格证书;工程技术人员必须具有技术员以上资格证书;特殊工种技术工人,必须具有高中及以上文化程度,通过培训和宣传教育,保证煤矿从业人员遵章守纪、爱岗敬业,上标准岗、干标准活、出标准果。

4. 优先抓好关键环节的率先达标。质量达标包括了煤矿生产活动的全过程,特别是起步阶段,必须抓住对矿井生产安全具有制约作用的关键环节,抓好直接影响煤矿安全生产、极易造成事故、引发重大灾害的薄弱环节的达标工作。"采掘机运通"是重点,其中的"一通三防"、防治水及提升运输是重中之重。各类煤矿,特别是基础工作比较薄弱的煤矿,区分轻重缓急,集中力量实现重点突破。由重点到非重点,循序渐进,最终建立全过程、全方位的质量达标工作体系。

5. 结合煤矿瓦斯治理工作和井下安全避险"六大系统"建设完善工作,全面加强煤矿安全质量标准化建设。煤矿搞安全质量标准化,要在瓦斯治理和"六大系统"建设上首先达标:优化巷道布置,简化生产系统,严格按规定控制采掘工作面和下井人员数量;通风系统复杂、通风阻力大的,必须实施通风系统改造;安全监控系统运行不可靠、传感器数量不足的,必须实施安全监控系统改造;改造不达标的,实施停产整顿,经验收合格后,方可恢复生产。加强煤矿安全避险"六大系统"的日常管理,整理完善各系统图纸等基础资料,根据井下采掘系统变化情况,及时补充建设完善安全避险"六大系统"。定期对各系统完好情况进行检查,加强系统维护,保证系统灵敏可靠。

6. 对照标准,强化质量达标工作精品意识。集中人力、物力对薄弱环节进行高标准整治,做到薄弱环节有突破,优势环节有巩固,领先项目有创新。从管线吊挂、巷道维修、安全设施、材料码放、图牌板管理等基础工作和"点滴小事"入手,建设"精品硐室""精品巷道""精品工作面"及至"精品矿井",建设"标准工程""放心工程",促进质量达标工作的不断深入。

(三)保障措施。

1. 强化三个意识。一是责任意识。安全质量达标工作,是夯实煤矿安全基础的重要基础工作。要通过广泛宣传,切实提高各级行业管理人员对此项工作重要性的认识,增强抓好质量达标的责任感和使命感。二是"生命工程"意识。要把质量达标工作作为事关煤矿职工生命安全的大事,作为煤矿企业生存和发展的命脉所在,作为企业强基固本的根本途径,抓

住不放，一抓到底。三是创新意识。创新是质量达标工作始终保持生机和活力的关键所在。要在继承发扬以往好传统、好做法的基础上，注重研究市场经济条件下出现的新情况、解决新问题、探索新途径，推动质量达标工作在思路、内容、政策、措施、方式及方法等方面的创新。

2. 从体制和机制上切实保证质量达标工作顺利开展。监督指导各级煤炭行业管理部门配备专职领导、设置专门机构并配齐各专业工程技术人员，负责推进质量达标工作；各类煤矿要配备懂安全、会搞质量达标的工程技术人员和管理人员。国有企业继续推行党政工团齐抓共管。在机制上，建立健全质量达标的各项工作制度，加强监督检查，把进展情况与收入分配、干部政绩考核等挂钩，形成强有力的约束机制。抓好“两头”，及时表彰先进，批评后进。

3. 加大安全投入，提升煤矿系统、装备本质安全程度。所有煤矿按照有关规定提取安全费用，主要用于改善煤矿安全基础条件和质量达标工作。要保证规定的装备、器材、设施及工程等投入到位，补齐欠账，不符合规定的要坚决整改。井下机电设备必须取得煤安标志，消灭电气设备和器材失爆，确保安全运转。

4. 施行优惠政策，形成激励机制。对国家级及一、二级安全质量标准化煤矿，由当地政府给予适当奖励，对市(地)、县(市、区)、煤炭集团公司及煤矿企业在安全质量标准化建设工作中有突出贡献的人员给予表彰及适当奖励；有关市(地)、县(市、区)、国有重点煤矿集团公司结合实际情况，制订相应的奖励政策；安全质量标准化县(市、区)及集团公司，由省煤管局给予一定的奖励，并优先安排其申报国家及省政府政策支持的有关项目；对达不到三级及以上安全质量标准化的矿井，责令其停产整改、整顿，对限期整改、整顿不达标的矿井，提请当地政府(煤炭集团公司)实施关闭。

四、建议

(一)建议国家组织修改《煤矿安全质量标准化考核评级办法及标准》及《露天煤矿质量标准化标准》。

(二)每年组织1~2次评比检查或省际之间互验活动，增加省与省之间的交流，推动安全质量标准化活动的深入开展。

(三)每年召开2~3次先进煤矿安全质量标准化典型示范推广工作会议，充分发挥典型示范和引路作用，以点带面，促进煤矿安全质量标准化工作提档升级。

(四)制定出台鼓励开展煤矿质量标准化的法律法规与政策，及时汇编和推广全国各省(市、自治区)开展煤矿质量标准化达标工作的好的政策及文件。

安徽省

一、加强领导，完善安全质量标准化创建机制

根据省政府的安排，省经信委煤炭办负责全省煤矿安全质量标准化工作的日常管理，达标规划工作的协调、指导，以及达标评定和竞赛评比活动的监督检查等。我省淮南、淮北、皖北、新集四个重点煤炭企业和重点产煤市成立了组织机构，加强对达标工作的领导，落实各级达标创建责任。淮南矿业集团公司从企业生存和发展的高度，抓安全质量标准化工作，成立了达标工作领导小组，对集团公司安全质量标准化工作统一领导、统一布置、统一考评。淮北矿业集团强化达标工作领导，严格执行领导干部下井带班、值班制度，促进了安全责任的落实。坚持每月召开一次安全工作会议，公司领导及机关处室共同分析、研究、部署安全工作，推动了安全形势稳定好转。各煤矿健全完善了以区队管理、技术人员和班组长为核心的安全质量标准化建设保障体系和以安全监管员、工会群监员和青年监督岗为主的安全质量标准化建设监管体系。

二、明确目标，健全煤矿安全质量标准化制度保证机制

按照国家安全监管总局、国家煤矿安监局《关于深入持久开展煤矿安全质量标准化工作的指导意见》(安监总煤行〔2009〕117号和《国家级安全质量标准化煤矿考核办法(试行)》要求，我省及时制定了2009—

2012年达标规划。2010年全省大中型以上煤矿全部达标;2011年,达标率为79.8%;2012年达标率为83.8%。在2010年2月初召开的全省煤矿安全生产工作会议上指出"年底前煤矿安全质量标准化没有启动或通风质量没有达标的煤矿,一律停产整顿,预期仍未达标的,提请地方政府依法予以关闭"。新目标的确定,对全省乡镇煤矿达标起到一定的推动作用,提升了全省煤矿达标水平。

为扭转小煤矿担心迟早被关闭而导致达标工作进展缓慢的局面,结合《国务院关于进一步加强淘汰落后产能工作的通知》(国发〔2010〕7号)、《国务院关于进一步加强企业安全生产工作的通知》(国发〔2010〕23号),配套制定了《关于印发加强地方煤矿安全基础管理深化整顿关闭工作规定的通知》(皖经信煤炭〔2010〕174号)和《安徽省煤矿安全质量标准化"十二五"规划》,对煤矿企业安全技术管理机构设置、现场管理、安全投入、安全教育培训、深化煤矿整顿关闭等方面提出更加严格更加具体更加细致的要求。小煤矿为了生存,真正意识到唯有认真开展安全质量标准化创建工作,否则,发生安全事故只有被关闭的命运。

三、结合实际,进一步修改完善煤矿安全质量标准

为实现煤矿安全生产形势进一步稳步好转,更好地指导全省煤矿安全质量标准化建设竞赛活动,提高安全质量标准化建设水平,我们对《煤矿安全质量标准化标准及考核评级办法(试行)》《安徽省煤矿安全质量标准化建设实施意见》试行几年来所遇到的问题、存在的不足进行认真总结分析。在此基础上,我们组织四大矿业集团公司和主要产煤市煤炭管理部门达标办负责人结合"十一五"我省煤矿安全质量标准化开展的实际,对《安徽省煤矿安全质量标准化标准及考核评级办法实施细则(试行)》进行了认真修订,经多次修改和征求意见建议,2010年底正式印发了《安徽省煤矿安全质量标准化标准及考核评级办法实施细则和安徽省煤矿安全质量标准化标准及检查评分办法》(皖经信煤炭〔2010〕344号)。国有重点煤矿考核内容为七大项,地方乡镇煤矿考核内容为八大项。新标准比原标准更加严格、更加细化,规定所有煤矿考核年度内发生死亡1人事故,即取消一级矿井评比资格;发生死亡3人事故,集团公司(产煤市)取消评比资格,新标准引入了动态达标机制,规定季度达标检查时动态分占50%的比例,彻底堵住了"突击"达标的漏洞。各矿业集团公司结合实际,健全完善安全质量标准化标准,增强达标针对性。淮北矿业根据国家、省标准化标准及近期新下发的法律法规,结合集团公司实际,组织对公司安全质量标准化标准及考核评级办法进行了修订,将设备管理、瓦斯电厂等纳入安全质量标准化建设考核内容,重新设定了单位、专业达标否决项目和降级条件。继续推行专业检查、动态检查和季度验收相结合的检查方式,严格检查考核,实行末位处罚机制,着力推进过程控制和动态达标,推动安全质量标准化建设向采区内部、向边角块段、向人的行为延伸,实现安全质量标准化由点、线、面达标向全员、全过程、全方位动态达标的转变。

四、加大投入,提供达标建设资金保障

为推动煤矿安全质量标准化工作,安徽省政府专门设立了每年2284万元的煤矿安全专项资金,支持煤矿安全技术改造。设立5000万元的煤矿瓦斯治理专项资金,重点用于"一通三防"。近两年,两项资金共引导煤矿相关投入50亿元,促进了安全质量标准化工作的开展。同时,自2008年起,全省国有重点煤矿吨煤提取安全费用标准提高为50元,主要用于"一通三防"综合治理、系统改造、技术装备、设备更新、安全隐患整治等,年均提取安全费用近50亿元,确保了生产系统的稳定、可靠。同时,四大矿业集团还注重研究解决制约安全质量标准化建设的难点问题,成立了多个跨专业、跨部门的研究课题组,积极与科研院所合作开展科技攻关,积极引进先进的技术和装备,加大新技术、新工艺、新产品的推广利用,如沿空留巷Y型通风技术、人员定位系统等,为创建"本质安全矿井"打下良好的基础。淮南矿业集团装备10套机械运人装置,降低了工人的劳动强度,在15个岩巷综掘作业线安装了除尘风机,改善了作业环境。淮南、淮北、宿

州等市的地方煤矿投入资金3亿余元，淘汰落后工艺，完善安全设施、设备，购进安全仪器仪表等，有力地推动了标准化建设的创新和发展。目前，壁式采煤工作面全部改用了单体液压支柱，井下基本淘汰了木支护和国家明令淘汰的机电设备，按要求安装了机械运送人员设备，大部分煤矿井下采用了电瓶车运输，个别煤矿还对职工澡堂、更衣室进行了全面改造，改善了工作的洗浴条件等。

五、落实奖惩，激发煤矿达标建设积极性

在《安徽省煤矿安全质量标准化建设实施意见》的指导下，有关产煤市、各煤矿企业都加大了奖惩力度，完善激励机制，促进安全质量标准化建设，把安全质量标准化建设进展情况与收入分配、干部政绩考核和使用等挂钩，形成强有力的约束机制，将安全质量标准化建设的考核列入安全生产考核内容，实行一票否决制。各集团公司还把激励约束机制的建立作为安全质量标准化创建工作的重要手段，职工收入与安全质量标准化工作挂钩、实行了安全质量保证金制度，每月从各单位当月工资基金中抵押一定比例的总额，作为安全质量标准化保证金，季度考核达到考核目标的单位和专业，保证金予以返还；达不到考核目标，保证金不予返还。提高了干部职工投入安全质量标准化建设的积极性、主动性，推动安全质量标准化建设的深入开展。

六、突出重点，开展特色突出的达标活动

一是积极推行精细化管理。淮南矿业集团建立了“专业管理、安全监督、综合考核”的安全质量标准化精细化管理体制，推行以“全员安全教育培训硬性化、安全管理准军事化、质量标准精细化”为内容的安全“三化”工作，建立了五级安全培训机构，将全员培训延伸到区队、班组，全面夯实安全质量标准化工作基础。淮北矿业集团坚持把安全质量标准化建设视为煤矿的生命工程、效益工程、形象工程、治本工程、基础工程来抓，不断创新安全质量标准化新思路、新手段、新途径。各矿按照集团公司“三步走”战略，制定了近期任务和长远规划，确立了“先易后难，突出重点，以点带面、树立样板，总体推进”的创建思路，积极开展安全质量标准化建设，做到装备现代化、操作自动化、管理精细化、监测数字化、信息网络化和培训制度化的“六化”工程；对工程质量、职工行为、设备设施等标准进一步精确、细化、量化。二是坚持动态检查和综合检查结合，加大检查力度。各煤炭集团公司每月组织一次动态检查，每季度组织一次验收。检查前，检查人员认真学习标准；检查中，严格规范检查行为，做到一把尺子，一个标准，公开、公正、公平的原则，认真使用检查仪器和工具，进行布点、上线、测量，逐条逐项进行检查，杜绝缺项、漏项，并按照“谁检查，谁签字，谁负责”的原则，落实检查责任，认真填写安全质量标准化检查表。三是统筹安排，突出重点。坚持把“一通三防”达标工作作为安全质量标准化的重中之重，实行“一通三防”一票否决，做到四个坚持：技术上坚持应抽尽抽，可保尽保；管理上坚持先抽后采，监测监控，以风定产；培训上坚持应知尽会，规范操作；投入上坚持不欠账。严格执行工作面回风流瓦斯浓度0.8%断电、瓦斯超限分级追查处理、瓦斯治理“一矿一策”和瓦斯治理工程“三同时”等制度。淮南矿业集团针对采煤面上下端头、炮采工作面和锚网掘进头支护质量、安全供电和立(斜)井提升运输，抓好巷道贯通、采面安装、初放及拆除、过断层和异常区等关键环节的安全质量标准化工作，认真开展整治活动。

七、参加、迎接达标工作省际互查活动

按照《国家煤矿安全监察局办公室关于开展煤矿安全质量标准化工作检查的通知》(煤安监司办〔2010〕23号)统一部署，内蒙古自治区煤炭工业局与新疆生产建设兵团安监局组成联合检查组，于2010年10月11日~10月15日对我省开展煤矿安全质量标准化工作情况进行了现场检查。检查组现场检查了皖北煤电集团公司及其五沟煤矿、淮北矿业集团公司及其朔里煤矿的安全质量标准化情况。

随后，我省组织检查组一行8人于2010年10月19日~24日对河北省煤矿安全质量标准化工作进行了检查。检查组听取了河北省关于煤矿安全质量标准化工作情况的汇报，检查了冀中能源集团公司和开滦集团公司，现场抽查了东庞煤矿和范各庄煤矿。10 月 25 日~28 日对辽宁省煤矿安全质量标准化工作进行了检查。检查组听取了辽宁省关于煤矿安全质量标准化工作情况的汇报，检查了铁法能源公司和抚顺矿业集团公司，现场抽查了晓南煤矿、东露天矿和西露天矿。

通过开展这种形式的互查，加深了不同省份煤矿业界之间的联系，开阔了视野，学习到了外省在达标工作中新的理念、经验、做法等，达到了真正意义上的取长补短的目的。

2011 年，我们将继续坚持科学发展和安全发展观，致力于建立煤矿安全生产长效机制，执行新标准，以打造本质安全型矿井、构建和谐矿区为目标，以精细化管理为抓手，巩固提高煤矿安全标准化建设成果，创新标准化工作思路，促进煤炭工业健康发展。

江西省

一、贯彻落实《指导意见》和《考核办法》情况

(一)加大《指导意见》和《考核办法》的宣传贯彻力度。针对由于我省煤矿企业和部分煤炭管理部门对《国家安全监管总局、国家煤矿安监局关于深入持久开展煤矿安全质量标准化工作的指导意见》(安监总煤行〔2009〕117 号)和《江西省煤矿安全质量标准化考核评级办法》不够熟悉的情况，于 2010 年 4~6 月在组织全省范围开展了《考评办法》的宣传贯彻培训工作，由我办业务人员对《指导意见》和《考评办法》进行详细地讲解，共分级培训 7300 余人次，覆盖了全省各级煤炭行业管理部门和所有煤矿企业。

(二)严格日常检查、考核。严格执行上年修改制定的《考评办法》。坚持以矿井基础建设和技术改造促进达标，明确要求所有新建、改扩建矿井竣工验收时必须达标。在对各地、各煤矿企业的日常监管检查中，将煤矿安全标准化工作开展情况作为检查的主要内容之一。建立健全了标准化检查、考核、验收、奖惩制度，加大投入力度，促进了煤矿安全质量标准化工作的稳步提高。2010 年 10 月，由陕西省煤炭局、宁夏煤监局组成的国家煤矿安全质量标准化工作检查组对江西省贯彻落实《指导意见》和《考评办法》情况等进行了检查，通过对照《国家煤矿安全监察局办公室关于开展煤矿安全质量标准化工作检查的通知》(煤安监司办〔2010〕23 号)要求，听取汇报、现场检查和查阅有关资料，国家检查组对我省的煤矿安全质量标准化工作给予了充分肯定。

二、达标规划完成和考核达标情况

(一)2010 年度规划达标情况。根据江西省《煤矿安全质量标准化达标规划》，到 2010 年底全省预计矿井数量 600 处，煤矿达标率目标为：中型煤矿达标率要达到 60%以上，小型煤矿达标率要达到 30%以上。2010 年度，全省煤矿安全质量标准化具体目标为：1 级达标矿井 3 处，2 级达标矿井 16 处，3 级达标矿井 165 处。

(二)2010 年度考核达标情况。截至 2010 年底，我省共有各类煤矿 601 处，其中，中型煤矿 10 处，小型煤矿 591 处。经考核评定，2010 年度全省共有 119 处矿井煤矿安全质量标准化 3 级及以上达标。其中，2 级达标矿井 18 处，3 级达标矿井 101 处。达标矿井数占全省矿井总数的 19.80%，其中，省属煤矿达标率为 65.71%，市县属煤矿达标率为 36.11%，乡镇煤矿达标率为 14.17%。

三、存在的问题及采取的措施

目前存在的主要问题是煤矿与煤矿之间在安全质量标准化工作方面发展不平衡，存在着一定差距，国有重点煤矿重视程度高、投入大、标准高、效果明显，其他煤矿相对较薄弱。国家局要求对 2011 年底达不到省级安全质量标准化最低等级的煤矿，一律停产整改。对此，我办将采取措施进一步深化煤矿安全质量标准化建设，力争 2011 年底绝大多数矿井安全质量标准化达标。

山东省

一、贯彻落实《关于深入持久开展煤矿安全质量标准化工作的指导意见》和《国家级安全质量标准化煤矿评定考核办法(试行)》情况

按照国家安监总局、国家煤矿安监局《关于深入持久开展煤矿安全质量标准化工作的指导意见》(安监总煤行〔2009〕117号),我们在研究制定《煤矿安全质量标准化标准及考核评级办法》基础上,紧紧围绕安全质量标准化煤矿参加评级的七个专业,即采煤、掘进、机电、运输、通风、地测防治水、安全管理,深入开展达标创建活动。为切实加大安全质量标准化工作开展的广度、深度和力度,我们把新建、改扩建及列入煤炭资源整合的煤矿,纳入安全质量标准化矿井建设范围,规定竣工验收时必须达到安全质量标准化的标准,否则不予投产验收;并将矿井安全质量标准化达标情况作为煤炭生产许可证年检的主要内容,凡考核不达标的煤矿,当年煤炭生产许可证年检不合格;考核为三级的矿井,当年煤炭生产许可证年检定为基本合格;经整顿逾期仍未达标的,依法予以关闭,促进了安全质量标准化工作开展的制定化、规范化。

按照《国家级安全质量标准化煤矿评定考核办法(试行)》,督促煤矿企业积极争创达标,发挥示范引领作用,促进全省煤矿安全基础管理上水平。在2009年全省47处煤矿达到国家级安全质量标准化矿井标准基础上,2010年1月份,我们召开专门会议,对照申报国家级标准化矿井的13个必备条件,对全省61处申报国家级安全质量标准化矿井逐一进行了认真审核。经审核,兖矿集团兴隆庄煤矿等47处矿井符合国家级安全质量标准化井工煤矿标准,并正式申报。

二、安全质量标准化考核验收及达标情况

2010年12月份,我们召开专门会议,对全省223处生产矿井安全质量标准化达标情况逐矿进行了审查,并组织五个专业组,对40处重点矿井进行了抽查验收。经审查验收,全省223处生产矿井中,134处达到安全质量标准化一级矿井标准,64处达到安全质量标准化二级矿井标准,13处达到安全质量标准化三级矿井标准,其余12处未达标矿井为技术改造矿井,达标率为95%,达到了规划目标,并专门进行了命名表彰。

从达标煤矿总体情况看,134处一级安全质量标准化矿井中,中央企业2处,国有重点煤矿48处,地方国有煤矿84处;64处二级安全质量标准化矿井中,国有重点煤矿3处,地方国有煤矿61处;13处三级安全质量标准化矿井中,国有重点煤矿2处,地方国有煤矿11处。

三、安全质量标准化工作的主要做法

(一)抓安全质量标准化,重在工作目标和责任落实。为确保安全质量标准化规划目标完成,我们在年初安全生产一号文件中明确规定,安全质量标准化工作"一把手"负总责,亲自抓,分管领导靠上抓,具体抓,将安全质量标准化工作目标和责任分解落实到各个部门、岗位,形成层层把关负责、配套联动的责任体系。各单位根据不同专业特点,都制订了安全质量标准化工作制度,强化监督检查,做到了"凡事有人管,凡事有标准,凡事有责任人,凡事有监督"的工作格局。结合实际,进一步健全了煤矿月自查、矿业集团公司和县(区)煤炭管理部门季检查、市煤炭管理部门半年检查和省煤炭局半年抽查、年度命名表彰制度。

(二)抓安全质量标准化,重在健全工作机制。为突出抓好安全质量标准化工作,按照国家和省政府有关规定,我们着力构建"四项"机制。一是投入保障机制。为解决安全费用不足的问题,继续按照省政府要求,煤炭企业按吨煤有关标准,从成本费用中提取安全费用,专项用于煤矿安全设施的投入,重点解决安全质量标准化建设中遇到的问题。二是激励和制约机制。要求各煤矿按吨煤不低于1元的标准提取安全质量标准化奖励资金,制定并严格执行安全质量标准化奖惩办法。特别建议要求企业给予达到安全质量标准化一级矿井标准的煤矿矿长3万元奖励、矿级班子10万元奖励,连续三年及以上达到安全质量标准化一级

矿井标准的煤矿矿长8万元奖励、矿级班子20万元奖励。三是监督检查机制。健全完善安全质量标准化各级检查制度，严格落实检查、整改、复查责任制，努力实现“四个转变”，即：由依靠突击检查，向技术性、信息化检查转变；由习惯于传统管理手段解决问题，向以法律为依据，依法行政和执法服务转变；由注重对现场管理检查，向对安全决策层、管理层、技术层履行职责检查转变；由没事等事、有事忙于应付的被动式检查，向主动积极和预防性检查转变，保障了安全质量标准化活动的顺利开展。四是压力传递机制。年初，省煤炭局分别与7家省属煤炭企业、10家煤炭管理部门签订了安全生产目标责任书，明确了安全质量标准化工作责任、目标和任务，加大考核力度，严格责任追究，形成了横到边、纵到底的安全保证体系。

（三）抓安全质量标准化，重在深化“双基”建设内涵。通过大量事故案例表明，煤矿安全工作的重点和难点在基层、基础，抓住了基层和基础，就抓住了安全工作的关键。从2002年起，我们就在全省煤矿组织开展了安全生产“双基”建设活动，突出解决被动抓安全的问题，立足抓“双基”就相当于把路修好，把红绿灯安装好，把交通规则制定好，引导司机遵章行车的工作思路，把安全质量标准化作为“双基”建设的重要组成部分来抓，进一步丰富“双基”建设内涵。工作过程中，我们把安全质量标准化达标由井下向井上延伸，由生产向生活延伸，由工程质量向工作质量延伸，注重人与环境和谐发展，努力创建“井下是工厂、井上是花园”的生态本质安全型企业，使安全质量标准化工作在广度、深度和力度上得以拓展和延伸。实践证明，往往“双基”建设开展得好的单位，基础工作就比较扎实，工作就主动，安全周期就较长。

（四）抓安全质量标准化，重在提高干部职工队伍素质。不断探索新形势下安全教育培训的新机制。2009年以来，我们把抓管理人员任职资格和班组长教育培训作为搞好安全生产，特别是搞好安全质量标准化工作的关键，下发了《关于加强全省煤矿班组长安全培训工作的意见》，全年共培训6000名以上煤矿班组长。《煤矿安全质量标准化标准及考核评级办法》出台后，全省煤炭企业先后订购10000余套，认真组织学习、培训，遵循反复学、学反复，反复考、考反复的原则，使各级管理人员对安全质量标准化标准达到应知应会。积极开展安全文化建设，倡导文化育人，在全省煤炭系统精心提炼了安全压倒一切，重于一切，高于一切的“三个一”和没有安全就没有干部的政治生命，就没有职工的家庭幸福，就没有企业的经济效益，就没有矿井的可持续发展的“四个没有”及“‘双基’不搞、矿无宁日”等安全文化理念。坚持环境育人，实施了“五个一”安全教育工程，即：以采掘头面为主的安全教育“一条线”，从井口到井下运输大巷为主的安全教育“一条龙”，以地面工业广场、生活区街道为主的安全教育“一条街”，以区队、班组学习室为主的安全教育“一园地”，以广播、电视、板报为主的安全教育“一阵地”。采取了环境熏陶、榜样激励、评先树优、反面警示等方法，树立职工的安全生产意识和事故防范意识。

（五）抓安全质量标准化，重在抓典型、树样板。为促进安全质量标准化工作的开展，近年来，我们通过现场参观、交流经验等方式，用典型实例教育和引导各部门各单位借鉴好的经验做法，推广了枣矿集团在“双基”建设中突出安全质量标准化建设，实施“安全装备现代化、管线吊挂标准化、施工牌板规范化、作业环境优美化”的成功经验，大力推广肥矿集团开展“精品采区”、“精品车间”、“精品火药库”创建和“七小”设备整治活动经验，以及淄矿集团工会的“四级两线一站”（四级：集团公司工会、各生产单位工会、区队、班组；两线：群监会、协管会；一站：群监员井口接待站）等安全管理模式和经验。

四、安全质量标准化工作开展中存在的主要问题

尽管在安全质量标准化工作方面做了一些工作，也取得了比较明显的效果，但存在的问题仍然不少，安全基础还不牢固。主要表现在：一是部分煤矿在用人机制和人才培养上滞后，专业技术人员短缺，尤其是缺少在实践中锻炼成长起来的专门人才，成为制约安全质量标准化工作的“瓶颈”；二是一些老矿区煤炭开采历史悠久，地质采矿条件复杂，采深大，系统复杂，开采条件逐年恶化，给安全生产埋下隐患；三是目

前年产 30 万吨及以下的煤矿仍占全省煤矿总数的 50%以上，这些矿与大矿相比开采方式落后，技术装备水平较差，采掘机械化程度低，安全质量标准化基础工作相对较弱。

五、下一步工作重点

下一步，我们将认真贯彻全国安全生产会议精神，以“安全生产年”为总抓手，继续将安全质量标准化作为搞好安全生产的一项重要举措，严格落实“两个主体责任”，强化安全基础管理，实施科技兴安，认真开展安全隐患排查整治，健全应急管理体系，强化现场执法检查，狠抓考核和责任追究，确保煤矿安全生产形势持续稳定好转。

（一）强化安全考核和责任追究。建立全省煤矿安全目标考核办法，继续实行省属企业和市煤炭管理部门安全风险抵押、安全考核和安全奖惩“三项制度”，促进安全责任落实。依法履行对破产改制、基本建设、整合技改煤矿监管检查职责，防止责任悬空。严格矿领导带班下井制度落实，狠抓现场隐患查处和问题解决，提高带班下井的质量和实效性。严禁以提拔“矿长助理”等形式替代矿领导带班下井，严禁矿领导无安全资格证带班下井。

（二）强化安全基础管理。持续深化安全质量标准化达标创建活动，凡考核不达标的煤矿，当年煤炭生产许可证年检不合格。考核为三级的矿井，当年煤炭生产许可证年检定为基本合格。加强以安全为核心的区队班组建设，督促区队班组自主抓现场管理、查处隐患和“三违”，提高自主管理能力。抓好煤矿专业技术力量配备，要求所有煤矿必须设立总工程师和安全、生产、机电副矿长，配置机电、通防、防治水专业专职副总工程师及部门技术负责人，有冲击地压倾向的矿井配备防冲副总工程师，矿井工程技术人员必须达到矿井生产定员总数 5%以上。

（三）强化科技装备建设。坚持“综采为主、高档为辅、控制炮采”的原则，逐步优化开采工艺和设备配置，加大技术改造力度，推进煤矿采掘机械化和现代化装备水平的提高。其中厚煤层矿井严格控制综采放顶煤，逐步推广使用一次采全高采煤工艺；煤层厚度≥0.8 米，地质条件简单到中等的煤层，逐步实现机械化开采，逐步淘汰炮采。主运实现连续化，大力推广辅运无轨化，最大限度减少轨道运输，消灭人力推车。运输长度超过 1000 米的平巷、垂深超过 50 米的斜巷大力推行人行车架空乘人装置运送人员。加快矿井紧急避险系统建设，制订全省煤矿紧急避险系统建设实施意见，坚持试点先行，分批施行、整体推行，确保 2011 年底前建成一批示范工程。

（四）强化隐患排查治理。继续坚持“查大系统、治大隐患、防大事故”，围绕瓦斯、水害、冲击地压等重大灾害和 A 级隐患，逐矿开展专家“会诊”，研究制订针对性措施，确保不出大问题。对存在国务院《特别规定》中所列十五项重大安全隐患的，下达《重大安全隐患整改指令》，实行停产整顿。严格执行安全生产岗位责任制，大力推行跟班队长、班组长、安全员“三位一体”现场管理模式，从严查处“三超”“三违”和超层越界盗采等违法违规行为，保证责任落实进头面。

（五）突出重大灾害技术防治。针对“一通三防”、防治水、冲击地压防治、机电运输管理等专业，制订具体方案，深入开展专项整治和技术防治。通防专业继续开展瓦斯专项整治，推进抽采利用；防治水专业重点推进一矿一水平一面集中生产，健全地下水动态观测系统和水闸墙在线监测系统，对高吊水矿井采取有效措施进行疏放；冲击地压专业重点推进现场解危措施落实及先进监测手段实施，优化矿井开拓布局，严格控制开采深度，合理控制推进速度，降低冲击地压威胁；顶板管理重点加强巷道支护和管理，严控裸体、顶板无支护巷道；机电专业围绕矿井供电、主提升、主排水、主通风、采掘设备等，研究建立全省煤矿机电运输安全管理制度，开展以辅助运输、设备管理等为重点的专项整治，努力减少零打碎敲事故。

（六）加大安全执法检查力度。进一步落实执法责任制，加大执法处罚力度，严格监管，从严执法，特别是把矿领导带班下井、“三超” 和非法违法违规生产、从业人员安全培训等作为执法检查的重点，突出重点时段安全执法检查。重大节日和重要活动期间，开展对重点区域、重点矿井的拉网式检查和“回头看”，及时发现和解决突出问题，消除事故隐患。

河南省

一、河南煤炭工业基本概况

河南是全国的重要产煤省份和国家规划的13个大型煤炭基地之一。现有中平能化集团、河南煤化集团(永煤、焦煤、鹤煤公司)、义煤集团、郑煤集团、河南省煤层气开发利用有限公司、神火集团6家省骨干煤炭企业,12个产煤市,34个产煤县(市、区),共有各类矿井797处,核定生产能力2.5亿吨。

2010年初,按照省委、省政府的安排部署,我省全面启动了煤炭企业兼并重组工作,并在省委、省政府和兼并重组领导小组的统一组织和协调下,积极行动,攻坚克难,取得了显著成效。参与兼并重组的466处年生产规模15~30万吨的小煤矿,456处与省骨干煤炭企业签订了兼并重组正式协议,440处小煤矿完成资产评估,369处办理了新的工商营业执照,317处变更了采矿许可证。已经签订正式协议的小煤矿,省骨干煤炭企业已全部派驻了管理团队,正逐步按照“三真”(真控股、真投入、真管理)原则实施全面接管。同时,加强煤炭行业管理,实施管理强矿。116处矿井达到省一级、二级标准化标准,其中一级达标矿井106处,占达标矿井的91%;4家省骨干煤炭企业(河南煤业化工集团、义煤集团、郑煤集团、神火集团)达到安全质量标准化集团公司标准;43处矿井获得全国安全高效矿井称号,占全国井工煤矿的12%;38处矿井已被命名表彰“五优”矿井称号,99处矿井实现安全生产1000天以上。

全省共生产原煤1.8亿吨,同比下降20%。发生伤亡事故35起、死亡266人,同比事故起数减少17起,下降32.7%,死亡人数增加117人,上升78.5%。百万吨死亡率1.49%,同比增加0.73%。

二、主要做法和措施

近年来,在国家安全监管总局、国家煤监局和河南省委、省政府的正确领导下,我省煤炭工业以科学发展观为统领,认真贯彻落实《国家安全监管总局国家煤矿安监局关于深入持久开展煤矿安全质量标准化工作的指导意见》(安监总煤行〔2009〕117号)》,坚持安全发展原则,以“五优”(安全零死亡、工效超十吨、一级标准化、科技有创新、矿区文明化)矿井创建为总抓手,抓基层打基础,深入开展煤矿安全质量标准化达标活动,大力推广准军事化管理和手指口述工作法,提升了煤矿基础基层管理,推动了煤炭工业持续健康发展。我省加强煤矿基层基础管理的一些做法得到了国家安全监管总局和煤监局主要领导的高度肯定,推广了义煤集团加强煤矿安全管理的经验做法,总结提炼了河南煤化集团安全创新管理的方法,2007年、2009年全国小煤矿安全基础管理工作现场会和全国煤矿学习推广“白国周班组管理法”推进班组安全基础建设工作会议分别在我省召开。我们的主要做法是:

(一)加强领导,构建达标和“五优”矿井创建长效机制。

一是加强组织领导。领导重视是开展一切工作的重要保障。我省成立了以厅长为组长的安全质量标准化和“五优”矿井创建领导小组,领导小组下设办公室负责全省综合协调和日常管理工作,各级煤炭管理部门和煤炭企业相应成立了主要负责人任组长的领导小组,并配齐专业技术和管理人员,为有效开展达标和创建工作提供了坚强的组织保证。

二是完善制度标准。2007年率先修订印发了《河南省国有煤矿生产矿井和地面厂(处)安全质量标准化标准及考评评级办法(试行)》,出台了《河南省“五优”井创建标准及考核评级办法》,2010年又修订并印发了《河南省“五优”井创建标准及考核评级办法》,进一步健全完善了各项检查评比和考核奖惩体系,保障了达标工作开展的有章可循。

三是建立奖惩制度体系。率先对省属骨干煤炭企业实施经营责任目标考核,每年制订下发经营责任目标考核细化指标,重点从社会贡献率、年实际死亡人数、国有资产保值增值率、利税总额、在岗职工人均收入、煤矿安全质量标准化建设、“五优”矿井建设、财会升级创优等方面进行综合考核。尤其把煤矿安全质量标准化建设、“五优”矿井建设纳入考核指标体系，增强了上下狠抓安全质量标准化的自觉性，有力地推动了安全质量标准化工作向纵深发展。

(二)分类指导，推动达标和创建工作多层次全方位深入持久开展。

坚持分类指导、分步实施的原则，全方位、多层次地开展达标和“五优”矿井创建工作。第一层面是标准化。分层次推进不同类型、不同井型矿井的达标工作。国有重点煤矿实现矿矿达标；国有重点煤炭企业整合和兼并重组的小煤矿，做到投产一个，达标一个；地方国有煤矿和小煤矿达标率达到80%和50%以上。到2012年底，全省大型煤矿达标率实现100%，中型煤矿80%以上，小型煤矿50%以上。第二个层面是安全高效。大力推广新技术、新设备和新工艺，着力提高采掘机械化水平，做到减人提效，争创全国安全高效矿井；第三个层面是“五优”矿井创建。“五优”矿井创建是加强煤矿基层基础管理的一项重要举措，所创建煤矿必须在安全、高效、达标、科技与文明建设等5个方面都创优，且实现安全零死亡、工效超十吨、一级标准化、科技有创新、矿区文明化。通过开展“五优”矿井创建，打造一批有实力、有竞争力的矿井，带动全省整个煤炭企业安全基层基础管理再上新台阶。力争3~5年时间，“五优”矿井数量占全省国有重点矿井1/3，促进煤炭工业安全形势的持续稳定好转。

(三)精细管理，提升安全质量达标水平。

一是大力推广准军事化管理和手指口述工作法。形成了“三描述一口诀一确认”的安全工作操作规范体系，规范了职工操作行为。全面实施了准军事化管理，强化了全体职工的责任感，提高了全体干部职工的执行力和推动力，促进了整个行业精神风貌焕然一新。

二是着力推行精细化管理。建立完善了管理程序、工作环节和岗位标准，做到人人、事事、时时、处处有标准，有考核，实现作业行为、设备运行、工程质量、作业环境的全面达标。推行编码管理，做到“有物必有位，有位必有类，有类必有码”，实现了质量标准化四个转变，即由点—线—面达标向全方位达标转变；由阶段性达标向持久性达标转变；由表面美观型向本质安全型达标转变；由单项达标向每道工序达标转变。

三是积极实施井上下“精品工程”战略。大力提升标准化达标层次和水平，使全省煤矿企业的生产现场安全质量面貌得到了持续改善。义煤集团2010年投入质量标准化资金9000余万元，完成质量标准化项目830项，创建精品工程53项，逐步实现了井下环境本安化、电缆吊挂规范化、轨道运输地铁化、设备设施明净化，为职工创造了一个更加舒适、安全的工作环境。郑煤集团裴沟煤矿推行三三整理(每班整理三次，每次整理包括整理隐患、整理环境、整理情绪)、四级安全确认(个人、小组长、班组长、值班队长确认措施落实)、实施“毫米、秒、克、里”精确管理，创建了一批五精示范岗、段、面，矿井安全生产面貌焕然一新。

(四)创新班组管理，夯实安全生产第一道防线。

班组是是煤矿安全生产的第一道防线。制定出台了加强班组建设的一系列举措，逐步建立了“党委主导、行政主管、工会协调、部门联动、职工参与”的班组建设新格局。班组管理建设呈现出竞相发展、各具特色的良好局面，率先涌现出了可学可用、符合煤矿实际的“白国周班组管理法”，在全国推广学习。郑煤集团以班组网络建设为着力点，建立健全了“一个网络、两项选举、三级管理、四项挂钩”的班组安全网络新机制，即编织一个安全小组网络(按照岗位、工作内容相近的原则，将区队中每个生产班按6~10人规模细分成若干各安全网络小组)，每个职工是网上的一个节点，形成小组成员之间互帮互学、相互监督安全联保机制；实行“两项选举”(对安全网络小组组长和小组成员实行选举制)，保证安全网络顺利运行；对问题小组成员实行“三级管理”，由生产班长、区队支部书记、矿安监科逐级帮教，时刻把“不安人员”置于安全管理人员的监督之下；实行“四项挂钩”，与“违章”和安全指标挂钩，与小组安全活动挂钩，与日常安全培训成绩挂钩，与出勤挂钩。并制订了班组安全网络建设考核实施办法，对安全网络成员的责任、义务、奖励进行了详细规定，有力推进了安全文化进区队、进班组、到岗位，达到了企业自主创新、区队自治安全、班组自我管理、个人自律规范的目的,实现了矿井安全管理的关口前移,进一步夯实了安全管理的基础。同时,不断创新班组培训方式,增强实践性。在学习理论培训的同时,各煤炭企业积极利用自建的实操基地,现场模拟训练,学以致用、学用结合,增强了培训的实践性,提高了学习的效果。

(五)以人为本,着力提升矿井安全保障水平。

坚持"按需投入"和"多上设备少上人"的原则,加大对煤矿安全质量标准化建设的投入,不断提高煤矿的整体装备水平,提升安全保障能力。2010 年中平能化集团投入资金 7.5 亿元,用于购置综采、悬移支架等装备,新上综采设备 10 套、悬移支架 11 套,综采机械化程度达到 86%,减少了工人劳动强度,改善了环境,提高了效率。义煤集团着力打造"职工只走工作面上下巷",就是每个矿井所有大巷和斜巷全部安装机械运人装置,只让职工走工作面上下巷。先后对 12 条大巷人车进行了完善,新安装投入使用大巷人车和斜巷运人装置 46 套,为 2 万余名职工上、下班提供了便利。机械运人装置的投入使用,不仅大大缩短了职工的上下班时间,缓解了职工的劳动强度,而且改善了井下工作环境,提升了安全保障系数,为实现安全生产筑牢了坚实根基。这一举措也得到了一线职工的高度评价和赞扬。河南煤化集团焦煤公司是全国的大水和瓦斯突出严重矿区,近年来,坚持走机械化发展之路,2010 年投入 1.63 亿元,用于矿井机械化、支护改革和瓦斯、水害综合治理。两年来新增综采设备 4 套、综掘机 14 套、高档普采 5 套,安装井下乘人运输装置 10 套,机械化程度从 2008 年的 16.3%提高到 41.6%,降低了工人劳动强度,提高了生产效率。

(六)严格奖惩,建立完善约束激励新机制。

不断改进和完善约束激励机制,坚持考核目标、个人责任和经济利益相挂钩,推动"双基"工作向纵深发展。如河南煤化集团结合实际,把"双基"建设与安全结构工资挂钩,把工资分配机制引入了安全管理。制定下发了《河南煤业化工集团安全生产"双基"建设标准及考核暂行办法》和《关于开展安全生产基层和基础建设的意见》,把工资总额的 30%作为安全结构考核进行浮动,增强了全体干部职工的安全责任意识。中平能化集团对达到省"五优"矿井的单位,按吨煤成本奖励 2 元;对保持一级安全质量标准化标准的单位,在奖励标准的基础上,加奖 50%;对未实现安全质量标准化规划的单位,按照奖惩标准对等处罚。神火集团实行安全一票否决制,并与矿领导班子责任目标考核挂钩。凡矿井季度出现一人死亡事故,季度矿井降级,年度安全考核指标超控,矿井不达标,增强了全体上下狠抓安全质量标准化的自觉性,有力地推动了安全质量标准化工作深入开展。

(七)科技支撑,努力建设创新型企业。

注重解决制约安全质量标准化建设的难点问题,积极实施"科教兴煤"和"科技强企"发展战略,加大科技投入力度,建立完善技术工程中心创新平台,大力开展科技攻关,不断提高科技对安全生产的贡献率。2010 年,省骨干煤炭企业按照不少于销售收入 3%用于科技投入和技术开发费用,投入科研经费上百亿元,提高了科技贡献率,为安全生产提供了有力支撑。中平能化集团 2010 年科技投入达 30 亿元,科技项目和资金计划项目总数为 767 项。全省煤炭企业组建了 11 个省工程技术研究中心和 4 个企业博士后流动站,有力地促进了全省煤炭科技创新体系建设。同时,全省煤炭企业确定了重大灾害科技攻关的重点,努力在瓦斯抽采技术、软岩支护、矿井热害治理、水害防治、冲击地压等方面有所突破。中平能化集团六矿结合矿井实际,积极开展科研攻关,在全省煤矿企业中率先实现了自动化综采工作面开采。河南煤化集团焦煤公司朱村矿和鹤煤公司二矿采用膏体充填,实现了绿色开采,保护了矿区环境。

(八)构建和谐文明矿区。

注重企业文化建设的引领作用,把企业文化建设融入到安全生产、经营管理的全过程,不断培育和打造企业文化建设,以企业文化来引领创新理念,形成了在内涵、标识、外观等方面独具特色的企业安全文化。义煤集团杨村矿以夯实"三基"(打基础、抓基层、苦练基本功)和提升“十力”(文化力、亲和力、学习力、执行力、凝聚力、保障力、管控力、创新力、经营力、现场力)为着力点,实现全煤系统“五精”管理样板矿(精准安全管理、精益生产管理、精品质量管理、精细经营管理、精美人本管理),形成了独具的特色文化。河南煤化集团永煤公司推行“安全诚信单元”建设,为每名职工开设了“诚信账户”,并注入“诚信价值基金”,签订安全诚信单元做到“四同”,同一工种、同一岗位、同一班次、同一作业地点。每一个单元至少有3~7名职工组成,同时,为每位“诚信账户”每月注入200元“诚信基金”,单元内任何一名职工违章都将影响到本单元诚信基金,促使员工从“要我安全”到“我要安全”的转变。

三、存在问题及建议

(一)煤矿开采条件日益复杂。我省煤矿大多建于上世纪五六十年代,开采时间长,随着开采深度的延伸,开采条件不断恶化,瓦斯、冲击地压、煤尘、火灾、水害、地温地热等灾害威胁日益加剧,高瓦斯、煤与瓦斯突出矿井占国有重点煤矿总数的50%以上,且每年以8~10对矿井的速度增加,给达标创建带来一定难度。

(二)煤矿安全生产形势依然严峻。尽管我省小煤矿被省骨干煤炭企业所接管,但小煤矿的安全生产基础尚不稳固,安全长效机制仍需强化,重特大事故没有得到根本遏制,安全生产形势不容乐观。

(三)建议。建议国家安全监管局联合有关部门出台政策,明确标准化奖励标准,由主管单位予以奖励。

四、下一步工作打算

牢固树立科学发展观,坚持“安全第一,预防为主,综合治理”方针,把2011年定为煤炭基层基础建设年,坚持强基固本,深入开展煤矿安全标准化和“五优”矿井创建工作,进一步加大安全投入,提升矿井装备水平,全面推行准军事化管理,切实夯实煤矿安全基础管理,促进煤炭工业持续健康发展。

第一,进一步加强领导和提高认识。煤矿安全质量标准化是推动煤矿企业安全发展、科学发展和和谐发展的重要保障,要进一步加强组织领导,始终把煤矿安全质量标准化工作贯穿于安全生产工作的全过程,建立健全煤矿安全质量标准工作长效机制,落实工作职责,切实抓出成效。并以基层基础建设为重点,抓区队和班组建设,推动煤矿质量标准化向纵深发展,实现全省煤矿基础管理工作再上新台阶。

第二,继续深化“双基”建设,推动管理强矿。加强区队、班组建设管理,深入开展“区队创优胜,班组创五好、员工创星级”活动,规范现场作业行为,提高现场管理水平。推广“白国周班组管理法”,加强班组建设,培养1000名优秀班组长。进一步理顺市、县(市、区)煤炭管理体制,充实技术监管人员,加大财政资金扶持力度,充分发挥市、县煤炭管理部门作用,实现省、市、县三级联动,形成行业管理合力。

第三,健全完善考核奖惩体系。健全完善相关规章制度,明确岗位职责。进一步建立完善检查评比和考核奖惩体系,完善各级领导岗位安全生产责任制。继续推行“三描述一口诀一确认”的安全工作操作规范体系和准军事化管理,强化全体职工的责任感,提高全体干部职工的执行力和推动力。坚持定期检查和随机抽查相结合,严格考核,使煤矿各生产系统和环节始终处于安全生产的良好状态,实现安全质量标准化由点、线、面达标向全过程、全方位动态达标的提升。

第四,突出重点夯基础。“一通三防”是煤矿安全质量标准化工作的重中之重。一要优化通风系统。进一步优化采掘布局,健全完善“通风可靠、抽采达标、监控有效、管理到位”工作体系,增强矿井抗灾能力。二要深化瓦斯综合治理。坚持把煤矿瓦斯治理作为煤矿安全治本之策,健全瓦斯抽采系统,严格落实“四位一体”综合防突措施,切实实现“不掘突出头,不采突出面”。煤与瓦斯突出矿井具备开采解放层的,必须首先开采解放层,并健全完善煤矿安全生产监测监控系统。三要加强矿井防治水工作,坚持“预测预报、有疑必探、先探后掘、先治后采”的探放水原则和“探、防、堵、截、排”五项措施。各类矿井采掘工作面在开工、开采前必须进行水害预测评价分析,及时发出水情预报,坚决做到不评价不生产。

第五,进一步完善激励约束机制。在吨煤使用5元和奖励1元的基础上,进一步把煤矿安全质量标准化与收入分配、干部考核和提拔挂钩,形成长效的约束机制，调动开展标准化的主动性。同时，加大对省属煤炭企业班子的经营责任目标动态考核制度，增强全体班子真抓实干的主动性，提升达标水准和管理水平，推动煤炭工业持续健康发展。

湖南省

在省委、省政府的正确领导和国家局的悉心指导和支持下，我省煤矿安全质量标准化建设工作基本实现了预期目标，有力促进了全省煤矿安全生产形势稳定好转。截止2010年底，全省1002对矿井，有266对矿井达标，其中，一级21对，二级75对，三级170对。现将有关情况汇报如下：

一、加强领导，提高认识

我局切实履行行业管理职能，高度重视煤矿安全质量标准化工作，将达标工作作为基础工程、生命工程和效益工程来抓。研究制订了《关于全面开展煤矿安全质量标准化工作的通知》，明确了“统筹规划、突出重点、分步实施、逐级达标、以点带面、全面推进”24字的指导思想。成立了由主要领导任组长的领导小组，由行业管理处具体负责指导和考评全省煤矿安全质量标准化工作。2008年以来，我局坚持每年召开各市县煤炭管理部门和骨干企业负责人专题会议进行研究部署。各产煤市县和企业也将其作为“局长工程”、“矿长工程”，亲自布置，亲自抓点，明确了负责安全质量标准化工作的部门，建立了奖惩制度，严格监督检查和考核评级。各煤矿企业明确了分管负责人和分管业务部门，建立健全规章制度，制订工作计划和达标任务。

二、科学规划，明确目标

根据国家安全生产监督管理总局、国家煤矿安全监察局《关于深入持久开展煤矿安全质量标准化工作的指导意见》的要求，我局及时调整了《湖南省2010—2012年煤矿安全质量标准化工作规划》，明确三年规划672矿井达标，达标比例60%。其中：国家级28对，省一级100对，省二级240对，省三级304对。各煤炭管理部门、湘煤集团按要求及时制订并上报工作规划，确定了达标矿井及标准。

三、制定标准，逐级考核

根据国家要求，结合湖南实际，在广泛征求意见的基础上，重新制定并印发了《湖南省煤矿安全质量标准化标准及考核评级办法》，将达标内容分“地面、采煤、掘进、机电、运输、通风、安全管理、地测防治水”等8个专业进行考核评分，要求逐级考核，一级由省考评，二级由市州和集团公司考评，三级由县考评。

四、选树典型，以点带面

在开展达标建设过程中，我们注重培育先进典型，每年选树一批“示范矿井”以点带面。2009年全省选择10对矿，由行管处、规划处、监管处分别在郴州市永兴县、衡阳市耒阳市和娄底市新化县开展示范，每个示范矿安排20万元引导资金。

2010年，下发了《关于深入开展煤矿安全质量标准化工作的通知》，要求进一步突出重点，强化考核，重点抓好正规工作面建设、支护改革和提高采掘机械化水平，选树30个矿井为全省第一批示范典型。在整顿关闭补助资金中，安排5839万元用于引导矿井采掘机械化、正规工作面建设和支护改革，有力促进了达标工作。省煤业集团大力推进采掘机械化和质量达标，积极与三一重工等装备企业合作研发适合南方煤矿的采掘设备，全集团有10个机械化采掘工作面投产，有11个矿井达到一级质量标准，有3个矿井申报国家级质量标准，2011年末力争49对矿井达到省一级。娄底市政府高度重视达标工作，市政府出台了《关于加快推进煤矿“三化”建设的决定》，要求加快推进煤矿企业集团化、采掘机械化、安全质量标准化建设，市属资江矿业率先实现综合机械化采煤。冷水江市开展以“矿工平安、矿风文明、矿容整洁、矿区和谐”为主题的质量达标活动，矿容矿貌大为改观，矿井素质明显提高。耒阳市采取“领导联矿、专家驻矿、政府奖励”措施推进达标工作，凡达标的矿井市财政每矿补助10

万元,全市已建27个省级标准化矿井,开源煤业实现综采,枫树煤矿实现了综掘。自治州龙山县木龙湾兴旺煤矿克服资金、技术和人才等方面的困难实现了机械化采煤。

通过努力全省煤矿质量标准化取得了突破性进展,已建成547个正规回采工作面,有334个工作面实现单体液压支柱支护,有16个回采工作面实现了机械化开采,有20个掘进工作面实现了机械化掘进或机械装载。通过逐级考核评审,有266个矿井达标,宝源煤矿、资江矿业等21对矿井达到一级安全质量标准化矿井标准。

由于我省煤矿条件差、基础薄弱,安全质量标准化工作还处于起步阶段,虽然个别矿井取得了成效,但总体水平仍然偏低,与国家的要求还有较大差距。今年我们要坚持实施"整顿关闭、整合技改、管理强矿"三步走战略,重点抓好巩固整顿关闭成果,全面完成整合技改任务,推进标准化矿井建设、安全培训和管理强矿工作。我们要按照"质量标准化、采掘机械化、管理精细化、企业集团化、矿区园林化"的要求,强力推进标准化矿井建设。一是认真贯彻落实张德江副总理在全国煤矿班组安全建设促进会上的重要讲话精神,立足班组和岗位安全生产标准化,推动岗位达标、专业达标和企业达标。二是引导和督促煤矿企业采用新技术、新工艺、新装备,及时淘汰落后的装备和工艺,加快煤炭生产信息化建设,以正规工作面建设、采掘机械化和支护方式改革、安全避险"六大系统"建设为重点,夯实安全基础,提升全行业的技术装备水平。三是严格考核凡在今年底前达不到省级煤矿安全质量标准化三级标准的矿井,责令停产整顿,限期整改达标,逾期仍不能达标的依法关闭。

广西壮族自治区

一、贯彻落实《指导意见》和《考核办法》的情况

2010年,我们认真贯彻落实《国务院关于进一步加强企业安全生产工作的通知》(国发〔2010〕23号)、国家安全监管总局和国家煤矿安监局《关于深入持久开展煤矿安全质量标准化工作的指导意见》(安监总煤行〔2009〕117号)等文件精神,继续深入开展煤矿安全质量标准化工作。

一是及时组织认真学习国发〔2010〕23号文件精神,提高思想认识,增强企业开展煤矿安全质量标准化工作的紧迫感和信心。

二是经过充分调查研究,结合我区煤矿实际,组织制定了《广西煤矿安全质量标准化标准及考核评级办法》(试行),《考核评级办法》于12月份已正式印发全区贯彻执行。

三是完善煤矿安全质量标准化工作机构,确保全区煤矿安全质量标准化工作能有序地进行。

四是把安全质量标准化建设纳入日常监督管理的内容,经常深入现场监督、指导煤矿企业做好安全质量标准化工作,实现安全质量标准化工作的常态化。

五是开展煤矿安全质量标准化互检活动,企业间相互学习借鉴,有力地促进质量标准化工作的开展。

二、达标规划完成情况

按照《2010—2012年广西煤矿安全质量标准化达标工作规划》,2010年,全区达标煤矿合计20对,其中,中型煤矿7对,小型煤矿13对。目前,已完成了11对矿井的验收考核工作,其中中型煤矿4对,小型煤矿7对。预计2010年度达标煤矿16对,其中,中型煤矿6对,小型煤矿10对。

三、2010年考核验收和达标的情况

按照国家煤矿安全监察局煤安监司函办〔2010〕29号)及《关于印发〈广西煤矿安全质量标准化标准及考核评级办法(试行)〉的通知》(桂安监管 煤字〔2010〕29号)等文件的有关规定。自治区安监局组织广西煤炭工业协会的专家和各有关市县(市、区)安监局有关人员于1月中旬开始了2010年度煤矿安全质量标准化的验收、考评。截至目前,已完成了11对矿井的验收考核工作,其中,一级矿井6处,二级矿井5处(详见附件1、2)。2010年,我区预计有16对生产矿井达到煤矿安全质量标准化标准。

四、煤矿安全质量标准化工作成效

近年来，通过深入开展煤矿安全质量标准化建设，提升了煤矿安全保障能力，为实现煤矿本质安全创造条件。全区煤矿安全生产继续保持相对平稳的态势。2010 年全区煤矿共发生死亡事故 15 起，死亡 17 人（含非法盗采死亡 4 人），同比减少 10 起，少死亡 12 人，没有发生一次死亡 3 人以上事故。煤矿的面貌也得到了大大地改善。

（一）开展标准化工作的自觉性得到了提高。各煤矿企业领导重视安全质量标准化工作，认识到通过安全质量标准化矿井建设，可以改善煤矿作业环境，切实保障煤矿职工的生命安全和健康，让煤矿工人在井下作业有安全感，从事煤矿工作有自豪感。百色、右江矿务局的职工把安全质量标准化工作作为常态工作，做标准活、干标准工已经成为广大职工的自觉行为。

（二）安全技术管理得到了加强。通过加大安全质量标准化投入，积极推广实施新技术、新工艺，贯彻落实质量标准化的各项规章制度，矿井的管理水平上了一个档次，矿井抵御灾害的能力和水平得到了增强。

（三）安全生产有了保障。近年来，通过开展煤矿安全质量标准化，我区煤矿安全生产保持了相对平稳的态势，百色、右江矿务局长期坚持煤矿安全质量标准化工作，夯实煤矿安全基础管理，提升煤矿安全保障能力。

（四）煤矿企业的形象得到了改观。通过标准化建设，井下工作环境、矿容矿貌得到了改善，矿工自豪感、荣誉感得到了加强，在社会上，煤矿企业“脏、乱、差、黑”等形象得到了改变。如今百色矿务局东怀矿，右江矿务局塘内矿被列为工业旅游新景点，游人络绎不绝。

（五）推进机械化、信息化建设。我们提出开展煤矿机械化、信息化和安全质量标准化建设的要求后，煤矿“三化”等建设取得了初步成效。目前，全区建成机械化、信息化和安全质量标准化等“三化”示范矿井 5 对，正在建设 1 对。建成机械化矿井 14 对，机械化掘进装备达到了 24 套。信息化矿井建设也取得成效，全区生产矿井基本上建立了矿井安全监控系统，6 对矿井安装了井下人员跟踪定位系统，8 对矿井安装了视频监控系统，有 10 多对矿井采用安全生产综合信息管理系统。

五、开展煤矿安全质量标准化建设的一些做法

（一）注意总结经验，典型引路。

百色市右江矿务局是我区较早开展煤矿生产矿井质量标准化的企业，1997 年，就曾经获得国家煤炭工业部命名为质量标准化矿务局称号，对开展煤矿安全质量标准化，该局一样走在全区的前面，通过制订一系列措施开展安全质量标准化活动，提高广大职工积极参与安全生产、安全管理和安全活动的热情，夯实了安全基础。百色矿务局东怀煤矿原是一对设计生产能力仅 15 万吨/年的小型矿井，在引进和使用综合机械化采煤和掘进的同时，积极稳妥地开展安全高产高效，质量标准化矿井建设，制订和完善各级各类人员的岗位职责和行为规范，通过开展“标准化区队、标准化科室、标准化班组”和“干标准活、上标准岗、做标准事”等一系列活动，大大改善了作业环境，给职工营造了一个优美的工作环镜，矿井的生产能力也达到 90 万吨/年。2009 年该矿被命名为国家级安全质量标准化煤矿。近年来，我们注意总结这两个煤矿企业开展生产矿井质量标准化的成功经验，采取多种形式引导各煤矿的标准化建设，对部分一时不具备全面达标条件的煤矿，引导他们集中力量先抓好通风、机电等方面的单项达标，以点带面，最后实现全矿井达标。

（二）将煤矿安全质量标准化与煤矿机械化、信息化相结合。

2010 年我们继续开展煤矿机械化、信息化和安全质量标准化“三化”建设，加大煤矿安全的投入，淘汰落后工艺技术、装备，推动技术进步和科技兴安，积极推广应用先进适用工艺技术和装备的力度，夯实煤矿安全基础，提高矿井安全保障能力，为实现煤矿本质安全创造条件。煤矿“三化”等建设取得了初步成效。全国 20 多个产煤省煤炭行业管理部门、安全管理部门先后来参观学习借鉴。

（三）将安全质量标准化工作与安全风险抵押金

制度有机结合。

将煤矿安全质量标准化工作与安全生产风险抵押金制度有机结合，即煤矿企业安全生产风险抵押金的具体存储额按煤矿企业的各矿井安全质量标准化等级确定。对重视煤矿安全质量标准化工作，积极开展煤矿安全质量标准化活动，且各矿井均达到二级以上安全质量标准化的，其安全生产风险抵押金在同一存储额度内，可以按下限存储，这一措施大大提高了煤矿企业开展安全质量标准化的积极性。

（四）从机制和投入上切实保证安全质量标准化的顺利推进。

深入开展煤矿安全质量标准化工作，督促企业建立健全安全质量标准化各项工作制度，加强监督检查，把安全质量标准化工作进展情况与收入分配、干部政绩考核和使用等挂钩，形成强有力的约束机制。督促各煤矿安排资金重点用于改善煤矿安全基础条件和安全质量标准化工作，保证装备、设施、工程的投入到位。

六、主要存在的问题

（一）煤矿安全生产基本条件差，投入不足。由于企业安全投入不足，煤矿生产条件差，矿井装备水平还比较低，标准化工作基础差。

（二）部分企业不重视，发展不平衡。部分企业特别是乡镇煤矿企业对标准化工作认识不足，怕花钱，企业开展安全质量标准化工作积极性不高，达标进度缓慢。

七、下一步措施和建议

今后，我们将以贯彻落实国务院国发〔2010〕23号等文件精神为契机，继续按照国家安全监管总局、国家煤矿安全监察局的工作要求，通过采取加强领导、强化责任；加大宣传及培训工作力度，提高思想认识；督促企业落实主体责任、加大投入；积极开展煤矿机械化、信息化、安全质量标准化等“三化”建设，通过政策引导等，稳步推进煤矿安全质量标准化的工作，使煤矿安全质量标准化工作再上一个新台阶。建议：国家安全监管总局对获得国家级安全质量标准化矿井的煤矿，应给予适当的奖励。

四川省

一、基本情况

四川现有煤矿1313处，其中生产矿井439处，在建矿井103处，资源整合和独立扩能等矿井771处。2010年，煤矿安全质量标准化达标煤矿419处，其中国家级矿井2处，一级标准化矿井11处，二级标准化矿井168处，三级标准化矿井238处，因伤亡等指标考核取消定级矿井20处。

二、主要工作

（一）认真落实国家局《关于深入持久开展煤矿安全质量标准化工作的指导意见》等文件精神，努力抓好煤矿安全质量标准化工作。

国家局《关于深入持久开展煤矿安全质量标准化工作的指导意见》（安监总煤行〔2009〕117号）下发后，我省转发了《国家安监总局、国家煤矿安监局关于深入持久开展煤矿安全质量标准化工作的指导意见》（川安办〔2009〕52号），并结合实际，提出了工作要求。2010年，在全省煤矿有关管理部门、煤炭企业和煤矿中进一步落实《指导意见》各项要求，督促有关单位在提高认识上下工夫，坚持不懈地抓好煤矿安全质量标准化基础工作；在强化检查和指导上下工夫，坚持与煤矿安全监管、监察、服务有机结合，不断巩固达标成果；在建立长效机制上下工夫，抓重点，严考核，有效推进煤矿安全质量标准化工作；在煤矿安全质量标准化工作与安全高效矿井建设结合上下工夫，督促煤矿加大投入力度、采用新技术新工艺新装备、不断提升安全保障能力。

按照国家局要求，我局向国家局呈报了我省2009—2012年煤矿安全质量标准化达标规划。依据国家局《关于印发国家级安全质量标准化煤矿考核办法（试行）的通知》（安监总煤行〔2009〕150号）以及我省达标规划，我省下发了《关于进一步加强煤矿安全质量标准化工作的通知》（川安办〔2010〕62号）文件，对全省煤矿安全质量标准化工作目标进行了分解，对重点工作进行了安排，对安全达标评定、申报和备案进行了明确，要求有关单位进一步抓实煤矿安全质量标准化达标活动。为配合煤矿质量标准化工作，加强对小煤矿安全基础管理，根据国家局《关于加强小煤矿安全基础管理的指导意见》，结合我省实际，还下发了《关于加强小煤矿安全基础管理的实施意见》。

（二）严格执行煤矿安全质量标准化规定。

近年来，坚持抓好《四川煤矿安全管理标准（试行）》的学习和培训工作。一是资料印发各煤矿，要求煤矿企业及矿井学习和落实；二是要求有关管理单位组织验收人员吃透标准，在验收工作中执行到位；三是在全省煤矿基础管理现场会、工作会以及煤矿企业主要负责人安全资格培训期间都对煤矿安全质量标准化主要内容和要求进行专项讲解；四是不再对煤矿组织四级达标验收，要求生产矿井必须达到三级以上煤矿安全质量标准化基础条件。通过宣传贯彻，我省各煤矿企业和有关单位对煤矿安全质量标准化达标活动从理解、接受转变到必须落实上来，煤矿安全质量达标考核工作得到进一步规范和落实。

严格执行建设矿井安全达标有关规定。在煤矿安全质量标准化工作中，我省严格执行川府发电〔2007〕33号文件关于煤矿建设工程必须经安全质量标准化达标验收合格后方能进行竣工验收；煤矿安全生产许可证延期，也必须达到安全质量标准化标准，否则不予延续变更；加强对资源整合、独立扩能、技术改造等煤矿建设矿井的安全质量标准化工作管理等规定，强制推进煤矿安全标准化达标工作上台阶。

认真落实煤矿安全质量标准化建设有关规定。我省2010年《煤矿安全工作要点》要求进一步加强安全质量标准化工作，夯实煤矿安全基础。对生产矿井重新组织一次验收；煤矿安证延期前必须对安全质量标准化进行重新验收；对发生事故的矿井必须重新进行煤矿安全质量标准化验收，达到三级以上标准（其中通风质量标准化达二级以上、发生事故类别的专业必须达二级以上）后方能恢复生产。通过严格执行标准化建设有关规定，进一步推动了全省煤矿安全质量标准化达标建设工作。

（三）加强煤矿安全质量标准化工作督导。

省局、煤监分局、各市、县煤矿安全监督管理部门坚持日常检查与专项检查相结合，坚持督促与指导相结合，坚持检查与服务相结合，坚持不懈地抓好煤矿安全质量标准化检查督导工作。2010年春节后煤矿复产验收、八月全省安全大检查和九月迎接国家局组织的煤矿安全质量标准化专项检查中省局先后组织了十余个检查组深入各产煤市（州），在安全检查的同时督促煤矿企业搞好安全质量标准化工作，点面结合，督促市（州）、县（市）煤矿安全监管部门进一步落实煤矿安全质量标准化检查考核工作。

煤监分局按照省局要求，在做好区域煤矿安全达标指导工作的同时，每半年对区域达标煤矿组织一次抽检，全年抽检达标煤矿82处；各市（州）煤矿安全监管部门在完成二、三级达标煤矿验收任务的同时，每季度对所辖区域部分达标煤矿组织一次抽检，全年抽检达标煤矿200余处；省局对重点地区和重点煤矿不定期抽检，抽检煤矿30余处。通过动态抽检和面上指导，督促有关监管单位和煤矿企业及时整改煤矿达标建设方面存在的问题。

国有重点煤炭企业高度重视煤矿安全达标工作。川煤集团坚持主要领导亲自抓，各公司均成立了安全质量标准化领导小组，要求主要领导带头抓，分管领导亲自抓，业务部门具体抓，从组织管理、制度建设、考核奖惩等方面构建较完善的质量标准化建设管理体系，坚持在落实责任，坚持标准、严格考核上下功夫，不断强化矿井安全质量标准化基础管理工作。川煤集团对所辖24处生产矿井安全质量标准化达标情况进行了年度复查验收，对检查发现的问题进行了跟踪，并督促所辖公司及矿井整改到位。新组建的四川省古叙煤田开发公司制定了《安全质量标准化标准及考核评级办法》，安全质量标准化工作实行公司主要领导亲自抓，从公司到矿井落实了工作机构和专职人员，坚持安全高效与安全基础工程同步推进，建设矿井与生产矿井同步抓，煤矿安全质量标准化工作得到有效落实。

市(州)煤矿安全达标工作得到持续推进。乐山市建立了市、县(区)到煤矿安全质量标准化工作体系,把煤矿安全质量标准化完成情况纳入产煤(县、市、区)煤矿安全监管部门年度考核重要内容,坚持每季度召开标准化工作会议,督促煤矿持之以恒地抓好安全质量标准化建设工作,要求煤矿企业建立标准化奖励机制,实行全员和全过程抓,煤矿安全质量标准化工作得到较好落实。全市生产矿井63处达到安全质量标准化基本要求(其中二级12个、三级51个),30处生产矿井在全面推进安全高效矿井建设工作。宜宾市把煤矿安全质量标准化工作列入年度目标考核内容,在全市煤矿中大力开展"本质安全型、安全高效型"矿井建设活动,坚持抓好煤矿安全质量标准化建设工作,不断提升矿井本质安全水平和避灾抗灾能力,取得了较好成效。宜宾市对68处生产矿井进行了复查验收,其中安全质量标准化达二级矿井20处,达三级矿井44处。

三、存在不足

我省煤矿安全质量标准化工作,经过近几年的不懈努力,在取得明显成效的同时,还存在煤矿安全质量标准建设的基础不牢固,煤矿企业被动抓、突击性抓、局部性抓标准化工作的现象,总体上处于强制性推进阶段。另外部分煤矿业主的认识不到位,抓安全质量标准化工作缺乏主动性、积极性和长期性认识,甚至存在包袱认识。同时小煤矿存在专业技术力量严重不足问题,短时间内难以从根本上解决。乡镇煤矿安全达标建设资金投入也严重不足。这些问题对我省煤矿安全质量标准化上等升级存在明显制约作用,是我省不得不较长时间面对的难题。

四、下步工作

我省煤矿安全质量标准化建设任务艰巨、任重道远。对其工作的长期性、动态性以及反复性要有充分认识;对小煤矿安全投入和技术人员相对不足要有充分认识;对绝大多数煤矿资源赋存条件差,主要开采薄煤层、极薄煤层要有充分认识。我局将结合四川实际,进一步贯彻和落实国务院、国家安监总局、国家煤监局关于安全标准化建设文件精神,按已编报的2009—2012年煤矿安全质量标准化达标规划,在全省煤矿中大力开展安全质量达标活动,积极引导,强制推动,循序渐进,有效提升煤矿安全生产条件和安全基础管理水平,进一步促进煤矿安全生产形势的持续好转。2011年,我局将在以下五个方面持续给力,坚持不懈地抓好煤矿安全质量标准化建设工作。

一是提高认识,加强领导。主要是进一步落实各有关主管单位领导责任,工作机构和人员,工作方案和措施,做到领导落实和监管到位,确保煤矿安全质量标准化建设工作的持续推进。与此同时,采取多种形式,注重宣传,让小煤矿业主提高认识,由要我做真正转变为我要做,在各类煤矿企业中构建安全质量标准化建设长效机制,确保安全质量标准化建设工作得到全面落实。

二是突出重点,分类指导。我省国有重点煤矿、地方骨干煤矿、质量标准化严重滑坡的煤矿是我们动态监管的重点,省局、川煤集团、古叙开发公司和市(州)煤矿安全监管部门要上下协调,点面结合,围绕生产矿井安全质量标准化复查验收、建设矿井标准化建设和达标验收工作,增添措施,注重指导,确保达标质量。要求市(州)做好县(区)煤矿安全质量标准化建设指导工作,从上到下强化煤矿技术指导和服务,确保整体推进达标建设工作。

三是引导投入,标本兼治。引导煤矿引进和培训专业技术人才,逐步解决专业技术人才不足问题。引导煤矿合理采掘部署,逐步解决开拓煤量、准备煤量、回采煤量不合规定问题。引导煤矿走"安全高效矿井"路子,逐步实现"系统优化、生产集约、技术配套、管理到位"的安全高效矿井模式;引导煤矿深化瓦斯治理工作,有效消除通风瓦斯事故隐患。通过抓安全投入来夯实安全基础和提升本质安全,逐步实现矿井安全质量标准化建设上等升级目标。

四是严格考核,强化督导。认真落实安监总煤行〔2009〕117号文件精神,严格执行《四川省煤矿安全管理标准》各项规定,从严从细抓好安全质量标准化的考核验收工作。在安全质量标准化工作的检查和督导上下功夫，坚持动态监管模式，通过定期检查和不定期抽查方式，督促煤矿提早做好安全达标建设以及达标矿井的巩固和提高工作；对于安全达标现状严重滑坡的矿井，要责令停产整改，经复查验收合格后方能恢复生产；对于发生事故的矿井，要重新进行安全质量标准化的验收工作。

五是严格许可，严把条件关。通过严把行政许可来确保生产矿井做好安全达标基础工作。在煤矿达标建设工作中认真落实川府发电〔2007〕33号文件精神以及《四川省煤矿安全工作要点》有关要求，主要是严格执行煤矿建设项目安全质量标准化未达标不得组织竣工验收规定、煤矿安全质量标准化未达标安全生产许可证不得延续规定、严格执行事故矿井（水害、瓦斯、3人以上事故）安证延期专项安全现状评价规定以及事故矿井恢复生产重新组织安全达标验收规定等方面的强制要求。

贵州省

一、我省煤矿安全生产概况

我省作为西南煤炭资源大省，煤炭工业是重要的支柱产业之一。我省的煤炭资源储量虽然丰富，但由于煤层赋存条件差、自然灾害严重等客观因素，导致我省的煤炭产业结构不合理，高产高效煤矿比重较小，多数为产能在30万吨/年以下的小煤矿。在国家产业政策的调控下，经过2005—2010年持续的整顿关闭工作，我省共关闭了小煤矿达1550多对，煤矿数量大幅减少。按照发改能源〔2010〕1118号文件要求，我省继续通过技改扩能、大型煤矿企业兼并重组、收购、控股小煤矿等方式整合小煤矿，进一步加快煤炭产业结构调整，完成了“十一五”煤炭产业淘汰落后产能计划，使我省的小煤矿数量控制在1000对以内。随着煤炭产业逐步走向集约化、规模化的道路，在“十一五”期间，我省原煤年产量也随之逐年增加，原煤年产量超过亿吨，其中，2009年产原煤1.37亿吨，2010年产原煤1.6亿吨，同比增加16.79 %。

按照中央的统一部署，坚持“安全发展”的理念和“安全第一、预防为主、综合治理”的方针，我省采取了一系列强有力的措施，不断完善安全生产体制机制，逐步加大安全投入。2010年，以开展“安全生产年”和省人民政府提出的“本质安全年”活动为主线，抓好煤矿安全生产宣传教育、执法、治理“三项活动”和安全生产法制体制机制、保障能力、队伍“三项建设”为重点，继续深化安全专项整治和隐患排查治理，加大源头治理，强化全社会安全意识，强化企业主体责任，强化政府监管职责，全面开展安全质量标准化工作，努力提高煤矿安全技术水平，有效防范遏制重特大事故，全省煤矿安全生产状况稳定好转。

自2004年以来，我省煤矿安全事故起数和死亡人数，持续多年实现了“双下降”，保持在控制目标内。为遏制事故上升的趋势，以保证完成国家总局下达的控制考核指标，我局下发了《关于进一步转变安全监管工作方式对全省合法煤矿实施挂牌监管的指导意见》，将监管的力度和重心下移，强化政府监管，督促企业主体责任的落实，今年再次实现“双下降”。2010年度，全省煤矿事故起数250起，死亡人数388人，同比减少62起，少死亡46人，分别下降19.9%和10.62%，2010年百万吨死亡率为2.43%，百万吨死亡率首次降到3%以下。

二、贯彻落实《关于深入持久开展煤矿安全质量标准化工作的指导意见》的情况

（一）成立煤矿安全质量标准化工作机构，建立考核评级机制。

《指导意见》下发后，省安监局（贵州煤监局）立即向省人民政府进行了专题汇报。省人民政府高度重视，随即下发了《省人民政府办公厅关于进一步加强全省煤矿安全质量标准化工作的通知》（黔府办发电〔2009〕152号），成立了贵州省煤矿安全质量标准化领导小组（以下简称省标准化领导小组），由省标准化领导领导小组组织开展工作。同时，按照国家安全监管

总局、国家煤矿安监局和省人民政府的要求,我局向各市(州、地)安监局、各煤监分局、省属国有煤炭企业下发了《关于转发〈国家安全监管总局国家煤矿安监局关于深入持久开展煤矿安全质量标准化工作的指导意见〉的通知》(黔安监管煤矿字〔2009〕134号),并提出了三点要求,一是按照《指导意见》的要求,各级政府和省属国有煤炭企业要明确负责煤矿安全质量标准化工作的部门或机构,成立相应的工作领导小组,制订规章制度,配备专职管理人员,完善责任制;依据现行有关煤矿安全生产的法律法规、部门规章,结合本地的实际情况和煤矿安全生产监管工作,制订相应实施细则,积极开展煤矿安全质量标准化工作。二是抓住正在深入开展"三项行动"和"三项建设"的契机,对照煤矿安全质量标准化标准进行隐患排查治理,积极推动安全质量标准化的开展,特别是对在建矿井(新建、改建,整合技改矿井),要严格按安全质量标准化标准进行建设,为煤矿安全生产打下坚实的基础;各煤监分局同时做好督促指导工作,扎实有效推进辖区内煤矿安全质量标准化工作的深入开展。三是按照《指导意见》规定的工作目标,各地区和省属国有煤矿企业要结合实际,抓紧制定本地区、本企业的安全质量标准化达标规划,建立相应的考评办法及奖惩制度,结合日常监督检查,逐矿进行考核评估,确保年度达标规划的落实。

按照省人民政府《关于进一步加强全省煤矿安全质量标准化工作的通知》(黔府办发电〔2009〕152号)文件,明确我省煤矿安全质量标准化建设达标工作领导机构由省安监局、贵州煤监局和省能源局负责组织全省煤矿安全质量标准化工作,同时要求各市(州、地)、各产煤县(市、区)要成立相应工作机构,完善责任制,建立考核评级机制。省标准化领导小组办公室设在省安监局(贵州煤监局),承担全省煤矿安全质量标准化的具体工作。工作机构成立后,即刻开展工作:一是转发了《国家安全监管总局关于推进煤矿安全质量标准化工作的指导意见》(安监总煤〔2009〕117号);二是起草并下发了《关于编制贵州省煤矿安全质量标准化标准及考核评级办法等有关事项的通知》(黔安办〔2009〕66号)。

(二)组织编制《贵州省煤矿安全质量标准化达标规划和标准及考核评级办法(试行)》。

省标准化领导小组从全省有关市、县两级政府部门、煤矿企业和省煤矿设计研究院聘请了18位长期在一线从事安全管理、地质测量、采掘、机电运输、通风管理、瓦斯治理、矿建的专家成立编制小组,历时20多天,编制了《贵州省煤矿安全质量标准化达标规划》和《贵州省煤矿安全质量标准化标准及考核评级办法(初稿)》。初稿编制完成后,先后在毕节地区、水矿集团公司、盘江煤电集团、永贵能源贵州公司、贵州新宜矿业投资有限公司召开了5次征求意见会,充分听取了各市(州、地)及重点产煤县的安全监管部门、行业主管部门、贵州大学矿业学院、省煤矿设计院、省属重点煤矿企业、外省入黔煤炭企业、省内其他煤炭企业和部分小煤矿企业的意见,并认真进行修改和完善;同时,通过网络向全社会征求意见。另外,在全省范围内,聘请煤炭行业的36名专家对《达标规划》和《标准及考评办法》进行了两次大规模评审和十数次小范围的征求意见,并及时补充、修订和完善。于2009年9月30日,《贵州省煤矿安全质量标准化达标规划》报国家煤矿安监局备案。《贵州省煤矿安全质量标准化标准及考核评级办法(试行)》(以下简称《标准及考评办法》)经省标准化领导小组审定后,2009年11月初呈报省人民政府,经省人民政府同意,我局与省能源局联合行文印发,并于2010年1月1日起实行。

《标准及考核评级办法》明确了安全质量标准化的等级,申报程序和工作机构,并提高了准入门槛,《标准及考评办法》中规定:建设煤矿竣工验收生产之前,必须达到三级及以上安全质量标准化标准的要求。考核内容根据我省煤矿安全的实际状况,设有安全管理、采煤、掘进、机电、运输、通风、防治瓦斯、防灭火、防治水、地质测量、职业危害、调度指挥及应急救援、工业场地及办公场所等13个专业项目,涵盖全矿井的各专业(项),项目内容及标准细化明确,具有较好的操作性。

(三)制定了《贵州省煤矿安全质量标准化"十二

五”规划目标》

2010年年初，为了强化煤矿企业安全基础管理，推动安全质量标准化工作，省安监局、贵州煤监局和省能源局共同下发了《关于进一步开展煤矿安全质量标准化工作切实强化煤矿安全基础管理的意见》(黔安监煤矿〔2010〕13号)，制定了《贵州省煤矿安全质量标准化“十二五”规划目标》，并提出了四点工作意见：一是加强领导，细化目标，强化考核。成立贵州省煤矿安全质量标准化领导小组，落实工作职责，制定近期和远期规划：2010年年底，全省安全质量标准化达标率为：大型煤矿达标20%；中型煤矿达标20%；小型煤矿达标10%，到2015年底，全省煤矿企业发须达标，并将这目标细化，层层分解到各市、县，从2010年起，省政府将达标完成情况纳入“安全生产目标责任书”的考核内容，对各市(州、地)政府及相关部门进行考核。二是全面落实煤矿企业是安全质量标准化工作达标主体责任，要求煤矿成立领导机构，配备足够的人员，保证资金投入到位，按照标准化的标准建设或技改矿井，建立相应的奖惩制度。三是进一步落实煤矿安全监管监察、行业管理职责，要建立建全煤矿安全质量标准化管理制度，构建激励约束机制，加强日常安全监管和行业指导，结合安全监管监察、行业管理的要求，强力推进标准化进程。四是坚持“五个结合”全力推进安全质量标准化工作，即：坚持与隐患排查治理相结合，坚持与瓦斯治理相结合，坚持与煤矿整顿关闭相结合，坚持与矿井竣工验收相结合，坚持与大矿带小矿产业体系建设相结合。全面深入地开展安全质量标准化工作，促使我省煤矿安全生产状况取得根本好转。

(四)2010年煤矿安全质量标准化目标规划完成情况。

按照省政府年初制定的目标，2010年度完成4对大型煤矿、10对中型煤矿和175对小型煤矿达标，共计189对达标煤矿。为完成2010年的煤矿安全质量标准化工作目标，省标准化工作领导小组按照赵铁锤局长在全国安全生产(季度)视频会议上提出的“深入扎实推进煤矿安全质量标准化工作，加快推进安全质量标准化示范矿井”的要求，加强领导，完善机制，强化措施，按照年度目标规划，把安全质量标准化与日常安全监管、瓦斯专项治理、煤矿整顿关闭和示范矿井的建设结合起来，集中力量建成一批示范矿井，让条件差的煤矿学有榜样，看有示范，逐步推广，稳步实施。通过当地政府的推荐，领导小组多次到煤矿现场检查指导，从全省小煤矿中选择5对煤矿作为省标准化示范矿井。贵州煤监局在资金紧张的情况下拿出150万元作为引导资金，同时所在的市、县二级政府给予相应的配套资金，通过省、市、县三级共同协作，树立样板，以点带面，全面推进，进一步加快煤矿安全质量标准化工作的开展。8月5~6日，省政府在毕节地区召开了“全省大矿带小矿产业体系建设暨煤矿安全质量标准化工作现场会”，通过现场参观和经验交流，取得了很好的成效。到2010年年底，全省共有达标的煤矿224对，比目标多35对，其中，大型煤矿达标13对，中型煤矿达标14对，小型煤矿达标197对。

三、存在的问题

(一)起步晚，基础工作较差，进展不平衡。我省煤矿安全质量标准化工作原由省煤炭管理局负责，由于机构改革，2009年6月，省政府才将此项工作明确为贵州省安监局负责。煤矿安全质量标准化的考评达标工作于2010年才开始。

(二)部分煤矿企业煤矿安全质量标准化工作是提升煤矿安全基础管理水平，确保煤矿安全生产的重要性认识不足，积极性不高，资金投入不足。

(三)我省小煤矿多，煤矿的管理人员、工程技术人员严重不足，从业人员的综合素质较差，对标准的理解、隐患的发现和整改治理不能按照标准的要求进行，对质量的把关不严。

(四)全省煤矿的煤炭赋存条件差，地质构造复杂，各类自然灾害严重，给煤矿保持达标状态带来很大的困难。由于历史原因等客观条件影响，矿井在基础工作工程和安全投入方面欠账很多，虽经近几年的整改，有的国有煤矿企业离安全质量标准化标准还有较大的差距，乡镇小煤矿更是相差甚远。

(五)在建矿井多。近几年，我省进行大规模的煤矿资源整合、扩能技改以及大型煤矿企业兼并重组、收购、控股小煤矿等方式调整煤炭产业结构。由于申办手续、投入不到位等原因，在建矿井进展缓慢，特别是小煤矿很多仍处于建设中。

四、下一步的工作

(一)做好申报国家级安全质量标准化煤矿的准备工作。帮助指导煤矿企业做好申报材料，并认真审查申报资料，按国家局的要求准时上报。争取获得国家级安全质量标准化煤矿，实现零的突破。

(二)严格按照《关于进一步开展煤矿安全质量标准化工作切实强化煤矿安全基础管理的意见》(黔安监煤矿〔2010〕13号)的要求，进一步落实煤矿安全生产的主体责任和监管责任，一方面要加大力宣传国发〔2010〕23号文，使企业认识到安全质量标准化工作是有效的安全生产管理，另一方面是各级安全质量标准化工作部门要督促企业按照达标的要求进行管理，同时积极做好指导服务，组织审批工作，全力以赴，克服困难共同完成2011年度的规划目标。

(三)经过这一时期的实践，不断总结经验，逐步使安全质量标准化工作规范化、常态化。通过完成安全质量标准化的“十二五”规划目标，夯实煤矿安全生产基础管理，提升煤矿的综合管理水平，有效遏制了较大和重大事故的发生，使我省煤矿安全生产形势出现根本好转。

陕西省

一、《指导意见》和《考核办法》贯彻落实情况

(一)加强学习宣传。《指导意见》和《考核办法》下发后，我局组织市、县煤炭管理、煤矿安全监管部门和煤矿企业分管安全质量标准化工作人员，认真学习了《指导意见》和《考核办法》，加深了对安全质量标准化工作的理解，增强了贯彻落实《指导意见》和《考核办法》的主动性和自觉性。我局在每期煤矿矿长培训班上都安排讲授安全质量标准化内容，组织去安全质量标准化工作开展好的矿井参观学习并座谈交流。各市、县和煤矿企业也分别将《指导意见》和《考核办法》作为日常安全培训的重要内容，认真组织学习。澄合矿业公司编印了100道安全质量标准化试题小册子，发放给职工，做到人手一册；黄陵矿业公司在井下设立了安全质量标准化培训基地，提高职工的感性认识，在职工中强力推行“岗位描述”和“手指口述”活动；蒲白矿业公司每月开展安全质量标准化“四个一”活动(一日一题、一周一案例、一旬一次班前知识问答、一月一考试)，进一步加强职工对煤矿专业知识的学习。渭南市组织所属煤矿矿长到安全质量标准化工作开展好的咸阳市参观学习，部分资源整合矿井负责人到省内国家级、一级标准化煤矿参观学习。通过学习交流和现场参观，为安全质量标准化工作打下了鉴定的基础。

(二)完善相关制度。我局成立了以局长为组长的安全质量标准化工作领导小组，设专人负责安全质量标准化工作，并下发了全省煤矿安全质量标准化工作安排意见和达标规划，同时要求各产煤市、县(市、区)和国有重点煤矿企业成立了相应工作机构，完善工作责任制，建立奖惩制度，认真组织辖区各煤矿企业开展安全质量标准化工作。2010年我局相继完善了质量标准化煤矿档案资料管理制度、检查验收考评制度、定期通报制度和年度表彰制度。2010年7月对达到国家级、一级、二级、三级安全质量标准的煤矿进行了表彰，对标准化工作开展不力的市县煤炭管理、煤矿安全监管部门提出了通报批评。咸阳市建立完善了安全质量标准化工作体系，制订了各专业《煤矿安全质量标准化实施办法》《创建安全质量标准化评比及奖惩制度》；榆林市建立了标准化基金抵押制度，即按煤矿隶属关系由市县标准化主管部门每年收取一定的标准化基金做抵押，作为奖励和处罚的资金来源；煤业化工集团制定和完善了《煤矿安全质量标准化管理办法》，规范了安全质量标准化检查验收、奖罚、责任追究制度、培训、例会制度等五项制度；澄合矿业公司王村煤矿制定了“线长负责制”“三验三考”“首末位现场讲评”等管理办法；神南矿业公司红柳林煤矿制定了《精品采掘工作面、机房硐室建设标准》及《井下无轨胶轮车辅助运输路面、照明、尾气排放标准》；铜川、黄陵矿业公司建立了标准化基金制度，分别按照4元/吨和1.5元/吨标准提取标准化基金，专项用于安全质量标准化重点工程建设和标准化先进单位的奖励。

（三）加强检查指导。按照《指导意见》和《考核办法》要求，我局每半年组织专业人员对全省安全质量标准化煤矿进行一次检查指导，市（集团公司）至少每季度、县（公司）至少每月，矿至少每旬进行一次安全质量标准化检查验收工作，加强动态检查，强化专业达标。日常安全检查将安全质量标准化内容纳入检查范围，针对煤矿在标准化建设方面存在的问题和薄弱环节，针对性地提出意见和建议。煤业化工集团公司专门下发文件，要求各子公司配备通风副总和地测副总，加强矿井"一通三防"和地测防治水技术力量，并将此作为矿井达标的前提条件。

二、考核验收达标及达标煤矿总体情况

（一）考核验收达标情况。按照《指导意见》和《考核办法》要求，2010年11月~12月，各市和省属煤炭企业对所属煤矿安全质量标准化进行了全面检查考核。2010年12月~2011年1月，我局组织专业技术人员对各市和省属煤炭企业申报的国家级安全质量标准化煤矿进行了初评，对一级和二级安全质量标准化煤矿进行了考核验收。从考核验收情况看，各市、县安全质量标准化工作主管部门和省属煤炭企业在检查考核中能认真按照《煤矿安全质量标准化达标考评办法》要求，严格把关，所申报的国家级、一级、二级安全质量标准化煤矿，经我局初评或检查验收，均达到标准要求。全省共有106处煤矿达标，其中26处煤矿达到一级标准（其中15处煤矿达到国家级标准），40处煤矿达到二级标准，40处煤矿达到三级标准。咸阳、铜川、渭南市和省属煤炭企业安全质量标准化完成情况较好，榆林、延安市因辖区内所属煤矿正在进行资源整合，未完成安全质量标准化达标规划，神华神东煤炭集团未按规定进行安全质量标准化煤矿申报验收工作，也是造成我省未完成达标规划的重要原因。

（二）达标煤矿总体情况。通过检查验收达标的106处煤矿，安全质量标准化制度完善，检查规范，并在安全基础管理、精细化管理、工程质量管理、文明生产管理以及本质安全型和数字化矿井建设等方面均有不同程度的创新和完善。国有重点煤矿以创建"精品采区""精品头面""精品工程"为抓手，针对各自煤矿灾害特点，采取针对性措施，推行岗位价值精细化管理，大力实施精品亮点工程建设。韩城矿业公司桑树坪煤矿在多煤层、双高矿井瓦斯治理方面的标准化建设，在全省具有示范意义，2010年韩城矿业公司实现了安全生产年。蒲白西固煤业公司通过持续开展安全质量标准化工作，至2010年5月20日实现安全生产八周年，至2010年12月底实现安全生产3143天。黄陵矿业公司一号、二号煤矿和咸阳市旬邑县黑沟煤矿完成了网络系统、视频监控及DLP大屏幕显示系统、调度通讯系统、一体化管理软件平台，基本达到数字化矿井标准。地方煤矿在安全质量标准化基础资料管理、文明生产管理和矿容矿貌方面均有较大提升。

三、下一步工作

（一）加强学习，强化领导。一是计划2011年4月份召开全省煤矿安全质量标准化表彰会，5月份举办全省安全质量标准化监管人员和业务人员培训班，认真学习国发23号《通知》精神和2011年全国煤矿安全质量标准化要求，并决定每季度召开全省安全质量标准化工作汇报会，进一步完善安全质量标准化有关制度，每年组织安全质量标准化检查不少于2次。二是切实加强对煤矿安全质量标准化工作的组织领导和动态检查。对列入达标规划的矿井，定期组织检查进展情况，及时提出整改措施。对组织开展安全质量标准化工作不力或未按期达标的生产煤矿，责令停产整顿，限期整改达标。三是将安全质量标准化达标任务纳入各市、煤炭企业集团公司年度安全责任考核内容进行认真考核。规定在年度安全先进集体、先进个人评比中，安全质量标准化未达标矿井不得评为安全先进集体，主要负责人不能评为安全先进个人。

（二）分类指导，科学规划。我省将认真按照《指导意见》（安监总煤行〔2009〕117号）要求，针对不同地区煤矿采煤方法、采煤工艺及辅助运输特点，坚持分类指导，科学制定全省煤矿安全质量标准化达标实施细则，规范达标标准。要求国有重点煤矿在全面开展矿井安全质量标准化建设的基础上，积极争创国家级安全质量标准化矿井，选择基础较好、安全质量标准化工作扎实的煤矿率先开展创建安全高效和本质安全型矿井工作。要求地方煤矿从配足专业人员、规范基础资料、强化现场安全管理和改善地面设施入手，在重点抓好通风专业达标同时，针对本矿灾害特点和管理薄弱环节，突出抓好1~2个专业达标，树立一批煤矿安全质量标准化 “示范矿”。要求2011年年底前，70%以上的国有重点煤矿必须达到一级安全质量标准化标准，其他煤矿必须至少达到三级及以上安全质量标准化标准。

（三）加强基础和基层管理，落实煤矿建设项目安全质量标准化达标责任。一是积极引导煤矿企业加强基础和基层工作，强化班组安全质量管理，开展“零隐患工作面”“标准化班组评选”等活动，调动班组抓标准、保安全的积极性，形成“上安全岗，干标准活”的良好氛围，引导安全质量标准化工作走向有利于确保安全生产、有利于改善作业环境和职工健康、有利于提高生产效率和减轻职工劳动强度、有利于全面提升职工操作技能和水平的正确发展轨道，避免安全质量标准化作表面文章、流于形式和一阵风现象，努力打造本质安全型煤矿。二是落实新建、改扩建和资源整合矿井安全质量标准化达标责任，将新建、改扩建和资源整合矿井的安全质量标准化工作纳入建设全过程进行监管，并将安全质量标准化达标作为竣工验收主要内容，确保投产一个、达标一个。

（四）选树典型，加强经验交流。在全省各类煤矿积极培育安全质量标准化先进典型，选树一批安全质量标准化工作“先进部门”“先进企业”“先进煤矿”“样板专业”“模范区队”，促进全省煤矿安全质量标准化工作深入开展，组织召开全省安全质量标准化工作现场会和推进会，介绍推广安全质量标准化煤矿的经验和做法，推动全省安全质量标准化工作全面深入开展。

四、存在问题与建议

（一）存在问题。

1. 安全质量标准化达标工作进展不平衡。国有重点煤矿安全质量标准化基础较好，工作积极性高，资金有保证，70%以上煤矿安全质量标准化能达到一级安全质量标准化矿井。地方煤矿对安全质量标准化达标工作缺乏主动性、积极性和长期性，存在搞好标准化就是花钱的思想，对开展煤矿安全质量标准化工作的重要性认识不足，煤矿专业技术人员普遍缺乏，标准化基础资料较差，矿井安全质量标准化水平提升缓慢。

2. 我省安康市辖区煤矿多为石煤矿，地质构造复杂、煤层赋存条件差，采矿地点变更频繁，达标有一定难度。

3.《指导意见》明确，中央企业煤矿安全质量标准化考核定级按照属地管理原则申报，但神华神东煤炭企业集团公司连续2年未按规定向我局申报安全质量标准化，影响了我省煤矿安全质量标准化的正常开展。

4. 煤矿安全监管部门对不按规定达标的煤矿缺乏应有的管理手段，工作比较被动。

（二）建议。

1. 为推动安全质量标准化工作持续深入开展，建议国家出台安全质量标准化相关政策，建立政府层面安全质量标准化奖惩制度及专项基金，并纳入地方政府年度安全考核内容。

2. 我省地方煤矿安全质量标准化基础较差，国家局要求“2011年年底达不到省级安全质量标准化最低等级的煤矿，一律停产整改；限期仍未达标的，要依法予以关闭”。建议国家局能按照煤矿性质、类型及灾害情况分类制定达标期限。

3. 为确保新建、改扩建和资源整合矿井安全质量标准化达标，建议将安全质量标准化达标作为煤矿竣工验收的前置条件，确保“投产一个，达标一个”的约束力。

甘肃省

一、2010年质量标准化达标计划及验收情况

2010年全省318处矿井，其中135处整合煤矿

(40 处资源整合矿井已基本完毕，待省政府公告后关闭；95 处因资源整合未进行完毕停产中)，14 处新建和改扩建矿井，生产煤矿共计 169 处，2010 年计划达标矿井 82 处，其中，一级 27 处、二级 17 处、三级 38 处。2010 年底，根据煤炭达标企业的申请，我局抽调相关专业技术人员组成验收组对申请煤矿企业进行了检查验收，经检查验收，煤矿达标 53 处，达标率为 31.36%，其中，一级 25 处、二级 9 处、三级 19 处。各类型煤矿达标情况见附件 1、附件 2。对验收合格的以上 53 处煤矿企业，我局计划将在召开的全省煤炭工作会议上进行命名表彰。

二、安全质量标准化工作情况

(一)加强领导，健全机构。为了加强对我省煤炭行业开展煤矿安全质量标准化工作的领导，协调和指导各类煤矿企业扎实有效的开展煤矿安全质量标准化工作，我局成立了甘肃省煤矿安全质量标准化工作领导小组，组长由局长担任。领导小组下设办公室，成员由相关业务处室人员组成，办公室主要职责是组织制定《考核标准》和《达标规划》；指导产煤市(州)开展煤矿安全质量标准化建设工作；组织进行煤矿安全质量标准化工作日常检查和专项检查；负责全省煤矿安全质量标准化工作年度考核、评比及全省煤矿安全质量标准化工作日常业务工作。

(二)统一思想，确定目标。煤矿安全质量标准化是在多年质量标准化工作实践基础上不断创新，逐步发展完善形成的一套行之有效的安全质量管理体系和方法，是促进煤炭企业持续发展的有效途径，是煤矿安全生产的基础，是建立煤矿安全生产长效机制和构建本质安全型矿井的主要内容和根本措施。通过深入开展煤矿安全质量标准化工作，提高安全质量基础管理水平，减少一般事故，遏制重特大事故发生，到 2012 年年底，全省小型煤矿(≤30 万吨/年)安全质量标准化达标率为 60%以上；中型煤矿(30~120 万吨/年)安全质量标准化达标率为 80%以上；大型煤矿(≥120 万吨/年)安全质量标准化达标率为 95%以上。

(三)制定标准，完善规划。按照《关于深入持久开展煤矿安全质量标准化工作的指导意见》(安监总煤行〔2009〕117 号)要求，我局于 2010 年年初制定下发了《甘肃省煤矿安全质量标准化工作实施意见》与《甘肃省煤矿安全质量标准化标准及考核评级办法（试行)》。7 月举办的甘肃省煤矿安全生产技术培训班上，设立专题讲座，邀请专家对《甘肃省煤矿安全质量标准化标准及考核评级办法(试行)》向参加培训的 300 多名煤矿安全管理人员进行详细讲解，取得了阶段性进展。

(四)狠抓考核落实，确保质量标准化工作稳步推进。我省平凉市煤矿安全质量标准化工作起步早，起点高，基础好，已坚持多年，所属煤矿达到一级的 5 处，已经走在全省各市(州)的前列。我局要求其他产煤市(州)学习平凉市安全质量标准化建设、从业人员培训、科技兴安等方面的经验。各集团公司在标准化工作中，坚持严格落实考核验收标准，明确规定，生产矿在安全质量标准化管理工作中，必须严格落实《煤矿安全质量标准化标准及考核评级办法》的规定，在“两型三化”矿井创建方面，必须严格落实集团公司制定的《安全高效矿井标准及考核评级办法》的规定；明确规定各集团公司有关二级单位，必须严格贯彻落实集团公司编制的安全质量标准和创建安全高效型单位标准。

(五)强化隐患排查治理，促进现场管理。根据企业实际情况，制订了安全隐患排查治理方案，不断探索隐患排查方式，坚持每周二、五安全检查、分组包井督查、合组检查和小组中夜班、双休日检查，检查人员走一路查一路，对检查人员检查路线和查出问题登记建档，现场下发隐患整改通知单，实行隐患销号管理。安监部门坚持每周一调度会汇报隐患和安全工作，为公司领导指挥安全生产提供了准确信息和可靠依据。

(六)落实全员培训，强化安全意识，提高职工素质。认真落实安全培训工作，不断创新安全培训教育方法，提升职工素质，将百日安全和安全生产月活动宣传教育与日常安全培训教育相结合，开展规程规范、安全知识学习考试活动，按规定派送安全培训人员参加安全资格培训和复训，做到了安全生产岗位人员和特种作业人员持证上岗。实施"三违"人员、调岗人员、新工人培训教育，增强员工安全素质。开展"两法一创建"活动，通过安全办公会议、党建例会部署"两法一创建"活动，各单位在学习先进经验的基础上，结合实际，制定"班组建设实施办法""手指口述安全确认法实施细则""星级员工创建标准"，注重班前会和学习会召开方法，强化职工应知应会、必知必会培训教育，收到良好效果。

三、存在的问题

(一)酒泉市(16处)、兰州市(17处)、金昌市(16处)共49处生产煤矿，因全部停产整顿未进行达标考评。

(二)安全投入不足。大部分年生产能力3万吨的小煤矿仍采用落后的采煤工艺，需要筹集资金进行采煤方法和支护方式改革，矿主投入不足。

四、下一步工作思路

(一)坚持抓好煤矿安全质量标准化工作信心不动摇。认真贯彻《安全生产法》《国务院关于进一步加强企业安全生产工作的通知》《甘肃省安监局关于切实加强煤矿安全生产工作的实施意见》的要求，切实加强对煤矿安全质量标准化工作的组织领导，做到机构不撤，人员不散，力度不减，建立煤矿安全长效机制，夯实煤矿安全基础，杜绝煤矿较大事故的发生。

(二)全面推进煤矿安全质量标准化建设工作。我省将认真按照《关于深入持久开展煤矿安全质量标准化工作的指导意见》和《甘肃省煤矿安全质量标准化标准及考核评级办法(试行)》的要求，科学制定煤矿安全质量标准化达标规划，加强煤矿安全质量标准化的宣传教育，督促煤矿企业加大科技投入，以"一通三防"为重点，抓好煤矿安全质量标准化各项工作。

(三)严格执行政策规定。落实《甘肃省安监局关于切实加强煤矿安全生产工作的实施意见》的要求，在规定时间内未达到省级安全质量标准化最低等级标准的，要暂扣煤炭生产许可证，责令停产整顿，生产矿井一律停产整改，新建、改扩建及兼并重组整合煤矿不能进行联合试运转。

青海省

一、煤矿安全质量标准化考核验收及达标总体情况

2010年，我局根据《实施办法》确定的煤矿安全质量标准化评定程序和考核办法，会同省经委、省安全生产协会组织有关专家和有关产煤州(市)、县(行委)安全监管、行业管理等部门，对安全基础较好、符合评级条件的的煤矿逐一进行了现场考核验收工作。截至2010年年底，全省有6处煤矿通过了安全质量标准化达标验收，其中1处达到一级标准，4处达到二级标准，另有1处达到三级标准。全省煤矿安全质量标准化达标率为19.4%，完成本年度达标计划的150%。

二、开展安全质量标准化考核验收的主要做法

一是强化领导，制定验收标准。为确保煤矿安全质量标准化考核验收工作的顺利开展，我局组织召开专题会议，研究制定了考核验收工作方案，确定了具体验收领导机构、程序和保障措施，并对照《实施办法》，制定了现场检查验收标准及考核评分表、验收评定表及各专业现场验收意见表等工作表格。二是规范程序，严格现场考核。坚持以专家为现场检查验收主体的工作机制，以评分方式对矿井进行现场考核，将验收情况和评分结果及时、准确地填入工作表格，并将验收结果通报给煤矿企业，对查出的问题和不足之处，提出整改意见。根据考核的分值，拟定达标级别，验收组集体审查通过后由验收组负责人签字并报省煤矿安全质量标准化领导小组审批。最后以通知形式公布达标矿井名单，实现了考核验收工作严格、规范、高效。三是注重实效，强化整改落实。针对现场考核验收组提出的验收意见，我局同时下达执法文书，责令煤矿企业限期整改并督促地方安全监管部门实施跟踪复查，促使煤矿企业继续投入专项资金，对不合格的项目进行整改完善。四是强

基固本，实现煤矿动态达标。我局结合开展“三项监察”，通过采取各种有效措施，对达标矿井进行严格巡查，及时查处矿井违反标准行为，督促煤矿企业建立持续符合安全质量标准化标准的长效机制，确保动态达标。

三、达标矿井的总体情况

近年来，煤矿企业不断改善煤矿安全生产基础条件，大力实施安全技术改造，提高从业人员安全责任意识和技能，积极开展安全质量标准化建设，确保矿井安全生产和设施安全管理向标准化转变。一是企业重视，目标明确。达标矿井均成立了以矿井主要负责人为核心的安全质量标准化领导机构，明确了责任，制定了安全质量标准化实施方案及细则，初步形成了从煤矿企业到矿井基层班组的严格标准、精细管理、明确责任、考核评分、整改问题、持续达标的安全质量标准化管理体系，为实现达标充实了制度基础。二是强化措施，狠抓落实。达标矿井针对安全质量标准化方面存在的差距和问题，着力在“采、掘、机、运、通”等重点环节上加大了技术改造和设备更新，强化矿井在“一通三防”和防治水等关键环节安全隐患的防范能力，实现主要生产系统安全、高效、可靠运行。三是细化管理，全面达标。煤矿企业在抓好生产系统达标建设的同时，通过执行政策要求和学习先进经验，落实专项资金，积极推进文明生产、企业文化、安全文化、矿容矿貌等方面的建设步伐，以“井下标准化、住宿公寓化、就餐餐馆化、矿区园林化、行动军事化”为基本目标，以高标准、严要求实现矿井全面达标。

四、存在的主要问题及建议

（一）部分煤矿特别是乡镇小煤矿受经济效益不高、矿井安全质量标准化认识不到位、工作主动性不强等原因，达标建设进度缓慢。

（二）建设矿井建成并通过安全设施竣工验收后，再组织进行安全质量标准化现场验收，存在大部分验收内容相同，重复审查问题。建议国家局完善相关规定。

五、下一步工作打算

（一）认真贯彻落实国发〔2010〕23号和国家安全监管总局、国家煤监局〔2010〕146号、152号文件精神，按照2011年底前所有矿井实现达标的要求，修改青海省达标规划，制定切实可行的措施，确保本年度内所有生产矿井实施安全质量标准化建设达标。

（二）完善达标矿井考核工作制度，对已通过考核验收实现达标的煤矿，按照《实施办法》要求，认真组织开展定期考核，认真分析研究达标矿井在安全生产方面存在的新问题、新难题，以确保安全质量标准化矿井持久达标。对安全基础条件扎实、安全生产水平不断得到提升的矿井，积极开展安全质量标准化晋级工作。

（三）进一步加大安全质量标准化工作宣传力度，组织召开全省煤矿安全生产工作会议，针对全省煤矿实现达标存在的差距，安排和部署本年度矿井达标措施。对已达标矿井进行适当鼓励，充分发挥具有典型经验的矿井的示范效应，大力督促和引导煤矿企业开展达标建设，全面加快全省煤矿达标进度。

宁夏回族自治区

一、宁夏煤矿基本情况

2010年，全区共有各类煤矿131处，其中国有重点煤矿28处，市县国有煤矿45处，乡镇煤矿58处。生产矿井98处（国有重点煤矿20处，市县乡镇煤矿78处），在建、技改、资源整合矿井33处（国有重点煤矿8处，市县乡镇国有煤矿25处）。

二、宁夏煤矿安全生产情况

2010年宁夏煤矿生产原煤6807.62万吨，同比增长20.08%；其中国有重点煤矿生产原煤6006.53万吨，同比增长19.53%；市县乡镇煤矿生产原煤801.09万吨，同比增长24.33%。全年共发生死亡事故4起，死亡15人，百万吨死亡率0.22%。同比事故起数减少10起，死亡人数减少9人。百万吨死亡率下降47.95%，安全生产形势持续稳定好转。

三、煤矿安全质量标准化工作情况

（一）广泛宣传，提出要求，制定达标规划。2010年年初，在全区煤矿安全生产工作会议上，我局对全区煤矿安全质量标准化工作做出了总体部署，提出了达标要求。提出“对新建矿井，投产验收时必须达到二级质量标准化矿井，对资源整合和改扩建矿井，投产验收时必须达到三级质量标准化矿井，对现有生产矿井年底必须达到三级质量标准化矿井”的目标。同时要求监察人员将辖区煤矿开展安全质量标准化工作情况进行监督检查。

为了使煤矿企业能够快速进入开展安全质量标准化的轨道，适应当前煤矿安全新形势，我局在开展监察执法活动的同时，大力宣讲煤矿开展安全质量标准化工作的重要性和现实意义，宣讲全区煤矿安全质量标准化达标规划，督促企业制定相应的制度和规定，加大此项工作的投入。

（二）制定标准和考核办法，下发执行。为了进一步加大标准化工作的指导力度，夯实安全生产基础，结合我区煤矿实际，我局组织编写了《宁夏回族自治区煤矿安全质量标准化标准及考核评级办法（试行）》及《宁夏回族自治区露天煤矿安全质量标准化标准和考核评级细则》等煤矿安全质量标准化标准，在征求自治区安全生产监督管理局、自治区经济和信息化委员会等相关部门意见后，自治区人民政府办公厅批转全区各类煤矿执行。我局同时将标准和考核评级办法印刷成册，下发给全区各煤矿以便参照执行。

2010年是我区市县乡镇煤矿资源整合、整顿关闭比较集中的一年，结合这一现实情况，我局针对各类建设、技改、资源整合矿井的安全质量标准化工作，为了在建设期间能够按安全质量标准化标准进行施工，在竣工验收时达标，我局聘请专家编写了《煤矿建设项目安全质量标准化标准及考核评级办法（试行）》，将中电投宁夏青铜峡能源铝业有限公司所属煤矿作为试点，跟踪试点意见和建议，及时修改、完善，待条件成熟后在全区执行。

（三）因势利导，不断推进安全质量标准化工作进程。神华宁煤集团所属煤矿开展本质安全体系考核与煤矿安全质量标准化双重考核制度。长期以来，神华宁煤集团以安全质量标准化工作为基础，以本质安全考核体系为准则，提出建设本质安全型矿井目标，细化考核评比办法，我局适时鼓励集团所属煤矿安全质量标准化向更高目标迈进，鼓励其积极向国家级标准化矿井迈进。

而我区市县乡镇煤矿底子薄、技术力量弱、职工队伍特别是技术人员不稳定，影响煤矿安全质量标准化工作进程。我局因势利导，组织有条件达标的煤矿企业技术人员到神华宁夏煤业集团所属煤矿学习先进经验，并以召开安全质量标准化现场会的形式，向市县乡镇煤矿介绍、推广先进经验和好的做法。

（四）以点带面，以优促劣，以先进经验为标准，促进市县乡镇煤矿深入开展此项工作。针对我区市县乡镇煤矿开展安全质量标准化工作进程慢、开展难度大的特点，我们找准突破口，即在一个矿区选择一个技术力量比较强或生产能力相对较大的矿井，出谋划策，重点帮扶，重点指导，从严要求，限期使其达到安全质量标准化三级矿井，从而在此矿区树立一个榜样，方便邻近矿井参照、学习，起到以点带面的作用，从而推进煤矿安全质量标准化工作的深入开展。

（五）结合监察执法工作，强化煤矿安全质量标准化工作。我局结合工作特点，在开展日常监察业务工作中，不断强调安全质量标准化工作，强调我区煤矿安全质量标准化工作规划以及2010年的工作目标，结合监察业务，根据《煤矿安全规程》《宁夏回族自治区煤矿安全质量标准化标准及考核评级办法（试行）》的标准，严格检查煤矿开展此项工作的程度，要求煤矿企业严格按照安全质量标准化的标准开展工作，从而促进此项工作的深入开展。

四、存在的问题

（一）市县乡镇煤矿安全质量标准化工作进展缓慢，原因主要是技术力量薄弱，职工队伍、特别是技术人员不稳定，职工培训工作不到位等。

(二)近年来,市县乡镇煤矿逐渐加大了矿井安全装备等方面的投入,但投入到安全质量标准化方面资金不够。

(三)国家对煤矿开展安全质量标准化工作的奖惩政策较少。

五、对煤矿安全质量标准化工作的意见和建议

(一)建议国家出台煤矿安全质量标准化方面的奖惩政策和有关资金提取使用的规定。

(二)建议修订《煤矿安全质量标准化标准及考核评级办法(试行)》(2004 版),将防治水、防灭火、瓦斯防治规定、"六大系统"建设、职业病危害防治等相关规定综合起来,补充进新标准里。

新疆维吾尔自治区

一、安全生产情况

2010 年,我区共生产原煤 9230 万吨(不包括新疆生产建设兵团所属煤矿,下同),发生事故 57 起,死亡 88 人,事故起数和死亡人数控制在国家下达指标之内;百万吨死亡率 0.94%,同比减少 0.19%,实现了安全生产明显好转的奋斗目标。

二、达标情况

通过全区各级煤炭管理部门和各煤矿企业的共同努力,2010 年煤矿安全质量标准化工作取得了较好成绩。经检查验收,全区各类生产矿井中,6 处煤矿达到国家级安全质量标准化标准,8 处煤矿达到国家一级标准,74 处煤矿达到国家二级标准,114 处达到了国家三级标准。生产能力为 9 万吨/年以下的保留煤矿中部分煤矿的通风、采煤、掘进等主要项目达到了县级以上标准。

三、主要工作

(一)结合实际,制定标准。按照国家煤矿安监局的指导意见,我局编制了《新疆维吾尔自治区煤矿安全质量标准化标准及考核评级办法(试行)》,目前正在修改中,预计 2011 年第一季度可印发执行。

(二)在全区各类煤矿全面推行安全质量标准化建设。将 2010 年确定为煤矿安全质量标准化推进年,要求全区各类煤矿企业必须在确定的期限内达标。按照国发〔2010〕23 号文件要求,凡未按期达标的,要暂扣煤炭生产许可证、煤矿企业安全生产许可证,责令停产整顿;对整改逾期未达标的,提请地方人民政府依法予以关闭。

(三)认真贯彻落实《国家安全监管总局 国家煤监局关于深入持久开展煤矿安全质量标准化的指导意见》,我区各级煤炭管理部门按照《关于在自治区深入开展煤矿安全质量标准化工作的指导意见》和《关于进一步做好煤矿安全质量标准化工作的通知》两个文件的要求,督促和指导生产、新建、改扩建煤矿按照煤矿安全质量标准化的标准进行生产和施工建设,煤矿的生产生活条件得到大幅度改善。

(四)将安全质量标准化工作与"安全生产年"活动和煤矿安全隐患排查治理工作密切结合。要求各级管理部门和煤矿企业在"三项行动""三项建设"和隐患排查治理中把安全质量标准化标准工作作为重要内容,从宣传、制度建设、现场管理等方面查找不足和问题,提高了各级煤矿企业狠抓质量标准化工作的自觉性,同时,要求各级煤炭管理部门协调、指导煤矿将更多资金用于安全质量标准化方面的投入。

(五)组织国有重点煤矿、地方国有煤矿、乡镇个体煤矿互相观摩学习,取长补短,共同提高。对历年的安全质量标准化工作进行认真分析总结,把安全质量标准化建设好做法和方法推广到各产煤地、州、市、县的骨干煤矿,进而扩大到各类煤矿,为从根本上改变煤矿安全生产状况、推进安全生产长效机制建设打下基础。

(六)进一步加大对申报国家级和自治区级安全质量标准化标准煤矿的现场检查、考核及监督管理力度。我局坚持定期检查和随机抽查相结合的方法, 对达标煤矿进行检查、考核和命名。2011 年 1 月我局组织专家

对达到国家级和自治区级的6处煤矿进行了检查，均达到了申报的相关等级。各地(州、市)、县(市、区)煤炭管理部门按照要求对辖区内各类煤矿进行安全质量标准化达标检查，并做到责任到人，深入到基层，深入到一线，现场检查指导煤矿企业安全质量标准化达标工作。

四、典型做法

(一)我区各地煤炭管理部门为了深入做好安全质量标准化建设工作，将煤矿安全质量标准化建设工作纳入各自工作职责范围内，制定年度达标计划、工作计划和保障措施。根据工作分工，将质量标准化工作分解落实到工作人员头上，并将工作完成情况作为部门年度评比和工作人员年终考核内容之一。

昌吉州煤炭工业管理局加大了安全质量标准化工作的宣传力度，利用多种宣传手段宣传安全质量标准化工作的重要性，根据煤矿实际，指导和帮助煤矿从解决制约安全质量标准化达标的主要矛盾、关键环节入手，制定达标方案，明确责任，落实资金，明确时间，稳步推进。一时全面达标有困难的煤矿可以从通风、采掘、机电运输等主要专业着手，实现重点专业、重要环节先达标，逐步实现矿井的全面达标。

乌鲁木齐市煤炭工业管理局为推动煤矿安全质量标准化深入开展，制定了市、县两级管理制度，完善管理体系，及时做好安全质量标准化检查验收工作，采取了新举措，树立标准化样板煤矿，以点带面，互帮、互学全面推进安全质量标准化工作，促进煤矿全面达标。主要做法：一是组织煤矿负责人到样板煤矿参观学习，相互促进，共同搞好质量标准化工作；二是邀请专家到煤矿企业现场指导，帮助企业解决在质量标准化工作中遇到问的题；三是由市局牵头组织各区县煤炭管理部门进行互检、互评活动，取长补短，营造抓好安全质量标准化不断进取的氛围。

(二)神华新疆能源有限责任公司引进先进的管理理念，将质量标准化工作与风险预控管理结合起来，积极创建本质安全型煤矿。根据安全质量标准化考核办法，每季度积极组织开展安全质量标准化检查和考核工作，将矿井现场安全管理、本安体系建设、班组建设、质量标准化建设等多个内容融为一体，进行联合检查、系统隐患排查和专家会诊活动。创新查处方式，实施不定时动态检查、各矿互检、驻矿督察等措施，并分专业细化重点检查内容，努力做到“精、严、细、实”，保证检查实效。

在现场风险预控管理中，抓好班前危险源辨识、班中风险预控、班后预控评估三个环节，实行班组长负责制。使每位员工清楚本岗位存在的危险源，掌握管理标准和措施，提高岗位风险预控的方法和能力，并加以严格考核。各矿由本质安全科组织，采用现场提问、笔试、实操等方式，对员工本岗位危险源、管理标准和措施掌握情况进行考核，考核结果与本人和直管领导工资挂钩。

(三)新疆焦煤集团有限责任公司上下形成了“要安全、先达标”等理念，加强了管理，提升了三个分公司下属煤矿安全生产条件和综合管理能力，预防和减少伤亡事故的发生，推动安全质量标准化活动建设，促进安全生产形势的稳定好转。一是把安全质量标准化工作与各单位班子的工作业绩和工资挂钩，作为年底考核生产单位领导班子工作业绩的重要依据，在质量标准化工作上进行重奖重罚，在工资考核中兑现；二是集团公司十分重视安全质量标准化管理制度的建立，把它作为搞好安全质量标准化的一项基础工作来对待。对照《国家煤矿安全质量标准化标准及考核评级办法》，结合实际，细化、量化、深化了检查考核标准内容，出台了《焦煤集团安全质量标准化管理考核办法》，形成了安全质量标准化检查评比、考核奖惩体系，为安全质量标准化建设提供了制度保证；三是建立激励机制，坚持对安全质量标准化工作进行评比，对优秀单位和落后单位分别给予奖励和处罚。全年划拨90万元作为安全质量标准化奖励及活动专项资金，用于标准化工作奖励及活动，鼓励安全质量标准化创新，对安全质量标准化工作方面的创新和亮点，具有推广价值的给予相关人员500~2000元奖励。

(四)塔城地区乌苏四棵树煤炭有限责任公司加强

领导，健全机构，以创新精神抓质量标准化，建立了以责任制为核心的规章制度，形成以目标、责任、标准、控制、考核、信息为内容的六大保障体系。多次派人到国有重点煤矿学习质量标准化的经验，学习神华集团本质安全管理经验，常年保持质量标准化工作先进煤矿企业。通过不断努力，经我局初验，2010年度，公司所属八号井达到了国家级质量标准化标准，成为我区首个达到国家级标准的地方井工煤矿。

五、存在的主要问题

（一）各地、县煤炭管理部门缺少技术管理人员，难以有效地指导、帮促煤矿企业积极开展安全质量标准化工作；个别煤矿业主对安全质量标准化工作的重要性认识不足，部分地区的煤矿安全质量标准化工作进展较为缓慢。

（二）对达标煤矿缺乏行之有效的激励机制。从国家到自治区都缺少对达标煤矿的奖罚办法和激励机制，使一些煤矿认为达不达标都无所谓，不达标反而能节省一部分投入。

（三）新疆经济尚不发达，经济基础薄弱，煤炭价格整体偏低，严重制约着质量标准化资金落实和安全投入；人员工资水平低，对技术人才缺乏吸引力，不能保证职工队伍的稳定，给培训、管理都带来了比较大的影响，难以持续稳定地开展质量标准化建设工作。

（四）质量标准化工作发展不平衡。个别地区和煤矿企业，对煤矿安全质量标准化重要性认识不足，工作不到位，措施不落实；不重视抓基础工作，认为标准化工作烦琐、费事，出现厌战情绪，个别已经达标的煤矿缺乏后劲，标准化工作出现了滑坡，甚至掉标；一些规模小、实力差、面临整合的煤矿及部分偏远缺煤地区保留的煤矿短期行为严重，忽视安全质量标准化工作，达标过级工作差距较大。

六、2011年安全质量标准化达标计划

2011年全区9万吨/年及以上煤矿达标率80%，国有重点煤矿推行本质安全型建设活动；其他煤矿的采煤、通风、机电、运输专业达标的不低于70%。

七、建议

（一）由国家安全监管总局牵头会同国家煤矿安监局、能源局和财政部等有关部门联合制定出台有关安全质量标准化奖罚办法，进一步细化落实国发〔2010〕23号文的政策措施，促进各地建立健全由政府引导、政策扶持，各有关部门参与的煤矿安全质量标准化工作体系。

（二）坚持以煤矿安全质量标准化建设作为夯实煤矿安全管理基础的抓手，国家煤矿安全监察局每年组织一次省级煤矿安全质量标准化互检或参观、学习活动，每两年组织召开一次全国煤矿安全质量标准化经验交流会议。通过相互学习借鉴，促进各地煤矿安全质量标准化工作水平的提高。

经验篇

神华宁夏煤业集团有限责任公司灵新煤矿

灵新煤矿是国家"八五"计划重点建设项目,是神华宁煤集团有限责任公司的主力生产矿井,始建于1989年,1999年10月23日正式投产。矿井有六个采区,目前,一、二、三采区已回采结束,四、五采区正在生产,矿井核定生产能力为320万吨。一直以来,灵新煤矿始终本着强化管理精细化、落实标准精品化、质量达标动态化、安全实现本质化的思路开展工作。

一、严格标准、认真落实,增强精品意识

2010年,灵新煤矿继续以"建设特级标准化矿井、做强做优做卓越灵新"为共同愿景,以实施和安全质量标准化"精品工程"的创建为契机,本着高起点规划、高标准建设、高效能管理、全方位创新和持续优化改进的工作原则,积极探索和改进安全质量标准化工作的新思路、新方法、新举措。紧密结合神宁集团公司《关于开展安全质量标准化"精品工程"评比活动的通知》精神,强化领导、明确责任、完善制度、制定措施。在全矿再一次掀起了全员学习《安全质量标准化标准及考核评级办法实施细则》的高潮,把学习标准、宣传标准、吃透标准作为贯彻落实标准和文件精神的重要环节来抓,举办专题培训班,严格落实人员、时间、内容、效果、考核"五到位"。同时,灵新煤矿还组织矿领导班子成员、机关职能部门和基层单位的党政一把手60多名同志先后深入区内外各单位参观,学习借鉴兄弟单位的好做法、好经验,取长补短。召开学习座谈讨论会,并要求每一名外出参观学习的同志撰写一篇以感悟为主题的学习体会,并要求学习感悟深刻、差距寻找准确、努力方向明确。通过内部抓质量标准学习培训,走出去参观学习、交流借鉴,克服了在不少干部中存在的自满情绪、畏难情绪、抵触情绪。思想得到了统一,境界得到了提升,抓安全质量标准化"精品工程"的信心更足、决心更大。灵新煤矿的认识是:"精品工程"是安全质量标准化工作的升华和提高,是安全生产的放心工程,是经营管理的效益工程,是员工身心健康的生命工程,是建设本质安全型矿井的重要举措;我们的理念是:要干就干精品,要做就做最优;我们的定位是:跳出灵新看灵新,立足宁煤抓灵新,俯下身子,甘当学子,走出路子,干出样子;我们的措施是:领导重视,全员参与,注重过程,精细管理,不断创新;我们的做法是:典型引路,以点带面,循序渐进,整体推进;我们的目标是:着力打造神宁第一采区,建设本质安全型矿井。

二、突出重点、全面整治,亮化美化环境

一是创新安全文化。灵新煤矿在全面落实神华集团提出的"两个安全理念"的基础上,紧密结合灵新煤矿实际,大力开展安全文化创建活动,提炼了"煤矿可以杜绝碰手碰脚事故发生"的安全核心理念。

以办公楼、福利楼为中心,制作了以反映"五型企业"和质量标准化工作总体要求的形象墙,安装了安全宣传橱窗,突出反映了企业核心价值观、企业精神、安全理念、共同愿景、质量标准等主要内容,在工业区道路上安装灯箱、宣传标语牌,形成了员工安全教育的"一个文化园地"。

以一、四、五采区工业广场为重点,安装制作了大型广告宣传牌,在护拦杆、井口墙面上安装了以领导嘱托、亲人叮咛、幼儿呼唤、工友关怀、法律法规、技能

培训、事故案例等为主题的安全宣传牌板,形成了员工安全教育的“一个文化阵地”。

以四、五采区运输上山为载体,对巷道进行了粉刷,安装了212幅员工安全谏言牌板,在巷道两边悬挂了480幅以作业规程、安全文化理念和感恩文化为主要内容的宣传标语牌,在架空乘人器上面安装了100块幽默风趣的安全故事,五采区建成了星光大道和平安岛,把广播、电视系统引入井下,形成了500米长的“一个文化长廊”。

通过图文并茂、声乐并举的安全文化宣传,形成了强有力的视觉和听觉冲击效果,为员工营造了一个宽松愉快的安全生产“软环境”,起到了潜移默化、润物无声的教育效果。

二是亮化、美化作业环境。灵新煤矿提出要把矿灯作为员工井下作业时的辅助工具,进一步亮化员工的作业环境。把采掘工作面、风机两巷、车场硐室的照明灯由原来的15米一盏调整到现在的10米一盏,对井筒、车场、石门、绕道墙面全部进行刷白,共喷涂巷道3700多米,对井下近千台高压设备、消防器材架、主付井筒、车场、采掘工作面的“一坡三挡”、所有的管路、金属支护、隔爆水槽等,刷漆亮化,粘贴反光膜,在风门上悬挂了精美的工艺品。为了便于员工井下行走,先后完成了+1234和+1177两个车场、绕道、联络巷等轨侧硬化工程;共铺花砖1952.58平方米,安装路牙石1600米,浇注排水沟及盖板702.3米,清理巷道3000多米,整修水沟1560米。统一标准、统一管理、统一色彩,达到了亮化、优化、美化三者的统一。

通过对工作环境的整治和对工作场所的亮化、美化,为员工从环境上创造了一个安全、舒适、温馨的工作条件,同时也增强了员工的安全意识、标准意识和精品意识。

三、精细管理、整体推进,打造“精品工程”

一是完善管理制度。灵新煤矿采取总体规划、分片治理、逐步优化、巩固提高的原则,完善了采煤、掘进、机电、运输、通风、地测防治水、安全管理等七个专业的检查验收实施细则及《灵新煤矿安全质量标准化检查管理制度》《安全质量标准化分片承包检查管理制度》《矿井文明生产执行标准及考核办法》《工程质量验收考核办法》《灵新煤矿安全质量标准化检查评比及奖惩办法》《灵新煤矿安全生产及质量标准化经济责任制考核办法》《灵新煤矿安全生产精细化管理考核办法》《灵新煤矿2010年质量标准化达标规划》。通过安全质量标准化各项考核制度的落实,严格按照2010年度质量标准化达标规划的实施步骤,实现了安全质量标准化由集中整治向动态达标过程转化,继续推行了SREM严格的精细化管理模式,形成了通过过程控制,实现动态达标的目的,通过深层次军事化管理、岗前危险源辨识、“手指口述”安全确认等有效措施设施,更进一步地规范了以岗位操作为重点的安全质量标准管理体系新框架。

二是细化质量标准。把标准化要求“一化变十化”,即:工程质量精品化、机电设备正常化、运输大巷规范化、安全管理数字化、安全装备系列化、管线吊挂艺术化、作业牌板统一化、安全监控即时化、作业环境整洁化、现场管理人本化。对采掘工作面的支架、金属支护、材料码放实行了定质定量管理,集中整治井下高低压线9650米,对乘人器井筒所有缆线实行盒装管理,其他缆线全部使用统一的电缆钩悬挂,保证了弧度,形成了直线;对顶板淋水大、底板有积水的地方,采取了蓄水桶、蓄水池集中排放;对车场及井筒轨道2700多米进行了重新调整,并对外表锈蚀的钢轨进行了除锈;对井下使用的各类管理牌板统一标准、统一制作,规范填写;安装使用了井下无线通信和人员定位系统。在工作面机巷及皮带运输大巷安装了透明防水罩和防尘罩,有效地解决了防尘问题;坚持开展了以安全隐患排查、安全质量标准化、安全量化考核为内容的“三位一体”检查,并依据检查结果,考核各单位的安全风险抵押金和安全结构工资;以动态过程控制来全面提升质量标准化工作,使员工每做一件事都有章法,每走一步都有规矩。

三是创新激励机制。坚持每月开展本质安全型红旗区队、本质安全型班组、本质安全型班组长、本质安全型员工、“手指口述”模范员工评比活动。对月度本质安全型红旗区队奖励2万元，连续两个月保持本质安全型红旗区队再加奖1万元；对当月本质安全型班组分别给予3000元奖励；对本质安全型班组长、本质安全型员工和“手指口述”模范员工分别给予1000元奖励；对推行深层次军事化管理的先进单位每季度给予3000元奖励，同时灵新煤矿于8月18日成功承办了宁煤集团公司“准军事化管理”推进会；对当月员工安全教育过关培训考试成绩在85分以上、无“三违”的员工举行广场安全大抽奖活动。对打造“精品工程”过程中创新创效成果突出的单位和个人给予重奖，针对各单位在质量标准化达标和精品工程创建过程中形成的一个个亮点，及时组织召开现场会，给予奖励，总结推广经验，使质量标准化工作得以持续提高。一年来，灵新煤矿对考核达到精品工程的两个综采工作面和三个综掘工作面，四、五采区轨道运输系统和四、五采区井下通风设施系统等精品工程累计现金奖励达26万元，并为“精品工程”颁发流动红旗，实现了“精品工程”创建全方位覆盖到井下各个现场，有力地推进了质量标准化工作上台阶、上水平。

四是狠抓现场管理。建立了矿、区队、班组三级工程质量现场监管体系，不断抓细节、攻难点、塑亮点，既抓专业达标，又抓点线升级。坚持不懈地开展“质量标准化、安全上台阶”和安全班评估活动。认真落实安监员、班工长、质检员“三人联锁验收制”。坚持“不提前通知、不打招呼、动态下检查”的方式，坚持“谁检查、谁承包、谁负责”的责任机制，坚持集中检查和单项检查相结合、日常检查和不定期检查相结合，实现了由管结果向管过程转变。认真推行了机关生产职能部门管理人员分片承包安全质量标准化的办法，强化了监督检查力度，坚持开展“质量标准化创水平”活动，实行了工程项目管理终身负责制，落实了“不合格工程”责任追究制，从掘进施工到工作面安装、从工作面回采到收尾搬家，所有关联工序都逐级实行联保责任制，出现质量问题实行逆向逐级追溯、层层分析、追究责任，从而使精品意识、优质工程在员工心中牢牢扎根。

四、建立本安体系，严格落实标准，确保本质安全

年初，在全矿干部、员工中强化学习“神华质量标准化”相关知识和内容，分层次、分专业开办了专题学习培训班，组织了全员理论考试，为全面落实本质安全管理体系及质量标准化工作奠定了理论基础。

在人的本质安全管理上。以“手指口述”为切入点，进行岗位风险预知、工序危险源辩识并进行“确认”，过程控制，消除隐患和危险，降低安全风险。同时，规范员工的操作行为，逐步消除人的不安全行为，纠正习惯性“三违”，从而达到人的本质安全。为把“手指口述”工作落到实处，灵新煤矿将此作为“一把手”工程来抓，明确了各岗位工种“手指口述”的内容，制作了“手指口述”胸牌，通过观看电视录像、实地参观、专人培训、现场演练等多种形式，要求党员干部在“手指口述”中带头落实，发挥先锋模范作用，强化员工对“手指口述”重要性的认识，掌握“手指口述”动作要领，加大了对“手指口述”的奖惩考核力度，开展了全员“手指口述”岗位竞赛活动。目前，灵新煤矿各岗位、工种的员工都能规范地执行“手指口述”，确保实现人的本质安全。

在机械机器本质安全管理上。灵新煤矿全面实现了综采、综掘，淘汰了明令禁止使用的设备，完善了各类保护和装备，强化了机电、运输和设备管理，保证了机械设备自身的本质安全。

在环境本质安全管理上。通过优化设计、技术创新，安全质量标准化整治和“精品工程”创建，实现工作场所的美化、亮化和安全文化氛围的营造，基本上达到了环境的本质安全。

在安全管理上。灵新煤矿在发挥职能部门作用的同时，重点突出班组建设，严格班组长的选拔使用，把选好、用好班组长作为抓好安全工作的关键，建立完善了《班组长安全管理工作条例》《班组长安全工作职责》《班组长管理考核实施细则》，采取了组织培养、待遇从优、精神激励等措施，激发班组长工作的积极性。

认真落实了“2208”法，规范班前会内容，强化班组培训效果，形成了个人保班组、班组保区队、区队保全矿的安全管理格局。

在具体组织实施上。以危险源辨识为核心，采取自下而上的方式，在全矿员工中开展危险源辨识和风险评估工作，统一制作表格，印发给每一个单位，基层区队组织每一名员工针对自己岗位的工序过程，查找危险源，经过区队评估、汇总后，统一上报安监处，进行归纳梳理。2010 年 1~2 月，灵新煤矿从采、掘、机、运、通、地测防治水、地面交通、检测监控、安全管理等方面共征集危险源 2100 条，安全管理科结合去年体系建立过程中收集的信息和资料，对体系文件进行了修改和完善。同时，把各岗位和工种的危险源印制到《灵新煤矿员工安全文化手册》，要求员工反复确认、反复辨识，提高风险预控能力。在日常的体系运行过程中，灵新煤矿采取 PDCA 循环闭环运行管理方式，保证体系持续运行。

2011 年，灵新煤矿进一步完善了安全责任体系，细化了各级安全生产责任制。除了通过每月一次的安全办公会议和安全生产例会落实有关责任外，还通过每周一、三、五的调度会来平衡解决各类安全生产问题，将生产中出现的各类安全问题逐一落实到人。对管理层从入井、抓“三违”、隐患排查、业务保安、技术管理、培训等 16 个方面进行严格的月度考核。同时，严格落实了矿领导入井带班制度和干部 24 小时现场跟班制度，安管、生产、动力、调度每周四次夜班查岗和党、政、工、团零点小分队凌晨查岗制度，要求所有查岗人员自现场不需对照质量标准进行检查。在每一项重点工程管理上，都成立了现场跟班领导小组，严格按照“十不准”切实做到措施落实到作业面、生产线，指挥生产靠前到现场，安全隐患整改不过班，实现了重点工程安全施工无事故。

一直以来，灵新煤矿在建设安全质量标准化矿井、打造精品工程方面做了一些有益探索，积累了一些经验，取得了一些成绩，主要有以下四个方面的体会。

一是安全质量标准化精品工程是抓好安全基础工作、拓宽和提升安全质量标准化建设行之有效的好方法，是构建本质安全型矿井的重要举措。

二是安全质量标准化精品工程必须建立和完善各级领导干部的责任制。只有建立和完善严格的奖惩制度和目标考核激励机制，只有领导高度重视了、考核措施严格了、各项制度落实了、精品工程就一定能够抓好、抓实、抓出成效。

三是安全质量标准化精品工程的创建提高了员工的文明行为，集中体现了人可以创造环境、环境可以改变人的目的，陶冶了情操，让员工可以用艺术和审美的眼光来欣赏自己的劳动成果。

四是安全质量标准化精品工程是一项常抓常新的系统工程，必须班班抓、时时抓、天天抓、月月抓、年年抓，持之以恒，常抓不懈。

总之，在建设安全质量标准化精品工程方面我矿做了大量的工作，形成了符合灵新煤矿标准化建设的机制，但与兄弟单位相比还有很大差距。我们将认真学习借鉴兄弟单位的经验，居安思危，反骄破满，大胆创新，精细管理，为建设本质安全型矿井，做强做优做卓越灵新作出新贡献。

神华宁夏宁鲁煤电有限责任公司任家庄煤矿

一、提高思想认识，强化组织领导，完善制度，保障安全质量标准化工作全面开展

一是全矿上下牢固树立“质量是安全的保证、是煤矿的命根子，干一辈子煤矿、管一辈子安全、抓一辈子质量标准化”的思想观念，突出安全质量标准化工作的重要性，在矿井本安体系全面运行的同时，继续强化对标准化的管理，使之与本安体系双轨运行，同部署、同检查、同考核；每月定期组织召开标准化工作专题会，研究分析问题，提出工作目标、措施及要求，保证了质量标准化工作的持续稳步发展。

二是加强对标准化工作的组织领导。成立了以矿长为组长、副总以上领导为成员的安全质量标准化领导小组，明确各级领导及各专业职能部门的责任，从而形成了从矿领导到每一名员工层层负责的标准化运行体系，为搞好质量标准化工作提供了组织保障。

三是健全安全质量标准化制度体系。对照《国家安全质量标准化标准及考核评级办法》，结合任家庄煤矿实际，细化、量化、深化了检查考核标准内容，出台了《任家庄煤矿安全质量标准化考核办法》，规定了采、掘、机、运、通、地测防治水及洗煤七个专业的实施细则，形成了安全质量标准化检查评比、考核、奖惩体系，为安全质量标准化建设提供了制度保证。

四是建立奖惩激励机制。任家庄煤矿一直坚持对安全质量标准化工作进行评比，每季度对达标的采掘工作面或专业给予一定奖励；对在月度标准化达标检查中出现不达标或降级的采掘工作面或专业，对责任区队或部门按照文件规定给予相应处罚；对作风扎实、检查到位、评级严细的检查人员给予一定奖励；对于工作作风飘浮、检查态度不端正、责任不落实、工作不到位的检查人员给予处罚。

二、抓培训，练内功，努力提高员工队伍素质，为质量标准化工作的开展奠定了坚实基础

关于培训我们认为：细节决定成败，素质决定细节，培训决定素质；培训很贵，也很费，但不培训会更费更贵；要坚持先培训人后生产煤的培训观，培训不过关坚决不允许上岗的规定。在素质提升方面我们的做法如下。

一是认真组织各级管理人员和全体职工学习集团标准化建设的安排意见、实施方案、考核标准及办法，并充分利用区队周二技术课和班前会时间以及教育科组织的周培训讲座，由技术人员或专业副总向职工讲解质量标准、技术要求，形成了人人学标准、人人懂标准、上标准岗、干标准活的浓厚氛围。

二是坚持“以人为本”原则，突出专业培训，突出岗位达标，组织开展多层次、多途径的强化安全教育培训，使员工的自主保安意识和正规操作努力不断提高，进一步夯实了安全基础。

三是精心组织、严格选拔各工种技术能手参加集团公司开展的各项职业技能鉴定活动，为高技能人才成长和储备奠定基础。通过开展技术比武、岗位练兵、师徒帮教等活动，提高员工的安全技术素质，规范员工操作行为。

四是狠抓现场教育培训工作，从2009年9月开始，每班安排3名管理人员到现场对作业人员进行危险源辨识、安全质量标准化等相关知识的培训以及“手指口述”的现场演练。

三、精细管理，加强检查，实现现场动态达标和过程达标

以实现全员、全方位、全过程“上标准岗、干标准活”为目的，坚持以人为本，推行精细化管理，通过安全质量标准化使现场安全管理水平得到提高。

一是明确责任，规范现场操作行为。从严从细分解指标，形成了从上到下逐级落实、从下到上层层负责的标准化管理体制，现场管理人员做到目标明确、分工细致、指导到位、考核严细，操作层责任清晰、工序到位、行为规范、操作熟练。从设备安装到物料码放、从设备维修到现场操作，通过人的规范操作，实现现场动态达标。

二是积极推行精细化管理，注重生产全过程的每个环节、每道工序的管理，把每项工作具体细化、量化到生产全过程，达到人人、事事、时时、处处有科学、严谨、规范的制度去约束，以精、细、化的制度去规范精、细、化的行为，促使精品工程的产出。

三是坚持定期检查和日常检查相结合，每月10日组织全矿各科室开展全方位的安全质量标准化综合大检查，覆盖率达到100%。在日常生产过程中，每班由安监员及排班的管理人员对当班进行安全质量班评估和检查，月底对各基层单位进行标准化综合评比时，检查分数和班评估检查分数各占60%和40%。

四是突出重点，强化隐患排查与治理，杜绝了各类重大事故的发生。根据上级一系列文件精神，任家庄煤矿及时制定和完善了任家庄煤矿隐患排查责任追究制度，并加大安全监督检查力度，从矿党政领导到分管副总和业务部门，及时排查分析管理范围内的重大隐患和薄弱环节，并对排查出的各类隐患实行分级管理。矿总工程师组织每月排查一次，各专业副总每旬排查一次，各生产科室每天排查一次，各生产区队每班排查一次。

四、典型引路、以点带面，安全质量标准化工作整体推进

按照“典型引路、以点带面、循序渐进、整体推进”的工作方法，促进了安全质量标准化工作的不断深入。

一是建精品，创品牌，标准化工作整体推进。精品工程是创建本质安全型煤矿、拓宽和提升安全质量标准化建设、提高员工文明行为的好办法和有效途径。

我们的要求是：要干就干精品，要做就做最优；我们的理念是：只有想不到，没有做不到。我们的目标是：力争一流，创建标准化特级矿井。我们的做法是：

第一，细化质量标准。把精细化管理理念引入质量标准化管理中，细化流程、严格标准，在执行标准上体现一个“高”字、在检查尺度上突出一个“严”字、在检查内容上突出一个“细”字、在问题整改上突出一个“实”字、在隐患处罚上突出一个“狠”字，形成抓细节、严过程、控动态的管理模式。

第二，狠抓现场管理。在细化管理、细化现场、细化工艺、细化操作上下工夫。定期组织“找差距、促整改、定目标、再超越”的现场办公会，分析问题，寻找差距，促进整改。及时总结推广基层单位中涌现出的好经验、好做法，鞭策推动问题多的单位改进工作，迎头赶上。把问题解决在现场，把隐患消灭在萌芽。

第三，亮化美化作业环境。通过一系列亮化美化作业环境等措施，提高作业场所的舒适度，通过营造良好舒适的工作环境氛围，进一步增强员工的主人翁精神，激发员工的标准化意识及创新精神，为安全质量标准化打下了良好的环境氛围。

二是抓重点，寻突破，促进质量标准化工作向纵深发展。

按照集团相关会议精神要求，任家庄煤矿修定了标准化工作的规划目标，转变以往工作思路，注重将点面达标向系统达标延伸，井下达标向井上达标延伸，硬件达标向软件达标延伸，推动了标准化工作整体提高。

五、依靠科技，加大投入，推动标准化建设稳步发展

以争创神华特级安全质量标准化矿井为目标，立足加大安全投入和“科技兴安”战略相结合，积极推广使用新技术、新装备，不断完善安全质量标准化基础设施，努力创建本质安全型矿井。

六、严格奖惩考核，坚决做到不达标不生产

在日常的安全管理工作中，任家庄煤矿始终坚持严格的安全质量标准化考核、评比、奖罚制度，突出对安全指标和安全工作任务完成情况的考核，做到月评比、季考核、季兑现。

一是严格执行安全一票否决制。凡是当月出现轻伤及一般非伤亡事故的责任区队，当月标准化总分扣10分后再进行评分定级，凡是出现重伤及非大伤亡事故的责任区队，当月标准化不予达标。

二是对安全工作实行定量控制和考核作为标准化工作的重要内容，通过签订《安全生产工作目标责任书》，将安全控制指标层层分解到各单位，将标准化责任层层落实到各岗位。对安全工作落实情况、质量情况和完成情况进行严格考核，按照制度规定奖罚兑现，每月对安全工作落实不力的单位和责任人在安全例会上进行亮相批评。

三是把安全质量标准化工作直接与安全奖罚挂钩。在制定《安全奖罚办法》《安全风险抵押办法》等文件时，把标准化作为重要考核指标，充分发挥管理制度的约束与激励作用，增强了员工抓安全质量标准化的自觉性，有力地推动了安全质量标准化工作的开展。

神华宁夏煤业集团有限责任公司白芨沟煤矿

2010年白芨沟煤矿未发生轻伤及以上安全事故，经上级考核验收安全生产周期1300天以上，已连续三年达到一级安全质量标准化煤矿。

(一)2010年以来，白芨沟煤矿实施“质量标准化提升年”。3月份专门制定下发了〔2010〕53号文件《白芨沟矿2010年安全质量标准化实施考核暂行办法》，提出了“标准化工作是效益工程、收入=安全+质量+任务”等5条指导思想。

(二)质量标准化工作实行周检、旬抽检和日常检查相结合的方式，考核比例为40%:40%:20%。检查由各小组组长带头，安全管理科人员做记录，各专业对存在的问题及隐患在生产平衡会上通报，并制定五定表限期整改。1~11月共组织安全质量标准化检查44次，参加人数1200多人次，采掘抽查440人次，采掘工作面每班坚持小班验收评估记录。

(三)考核以分阶段制定的规划得分为基准分，达到规划分为达标，按责、权、利相等的原则，分别给予采掘、辅助单位一定的奖惩兑现，分数每升降1分，人均奖罚10元，管理干部是普通员工的2~4倍。

(四)矿设立专项奖励基金用于质量标准化奖惩，通过3~10月的严格考核，共奖励110.69万元，共罚款45.31万元。经过有效实施，大大提高了广大干部员工搞好安全质量标准化工作的积极性和主动性。

(五)实行安检员、工长、验收员与现场工程质量、文明生产、隐患(问题)的整改和收入挂钩。小班工程质量由安检员、工长、验收员三人共同验收，对小班出现的不合格工程质量，追究相关人员的责任，并停工返修，合格后方可生产。

(六)强化机电、运输监督检查和安全管理。对工作面回收安装、重点工程施工、井下施焊、重大的检修项目，矿都指派专业管理人员现场蹲点把关，对不符合标准要求的施工项目及工程坚决予以制止。

(七)将“一通三防”管理作为重中之重。

1. 通风及瓦斯防治方面。白芨沟煤矿一直把采煤工作面瓦斯视为重大危险源进行管控，采取综合立体措施加强治理。针对2521㈡综采工作面煤层瓦斯预抽期短，生产期间上隅角瓦斯防治的危险源，矿对瓦斯进行升级管理，执行0.8%报警，1.3%断电。采取尾巷抽排、地表立孔抽放等措施降低上隅角通风负压，在上隅角形成引放系统，安装引排风机，连接引放风筒到上隅角，做好设置沙袋墙及风障引放的准备工作，当瓦斯涌出异常时，随时开启引放系统，调整风障处理瓦斯。经过对上隅角瓦斯来源的准确分析，采取得当的措施，自2521㈡综采工作面开采以来，已安全推过煤层瓦斯含量高的前300米，连续推进830多米，未发生瓦斯超限作业现象，上隅角瓦斯最大时保持在0.7%左右，现已停止了地面立孔抽放和上隅角引排系统，工作面生产正常。

2. 粉尘治理方面。针对2521㈡综采工作面煤质坚硬（硬度系数为3.8~5.2），煤亲水性差（煤层原始含水率仅为1.1%）生产其间粉尘超标情况。2011年7月经上级部门联系，引进了新材料DT-10降尘剂在2521㈡综采工作面试用后，降尘率提高了40%以上，效果良好，建议在今后的生产工作面投入使用。

3. 防灭火方面。针对2521、2621地表渣台高温火区隐患，白芨沟煤矿首先采取了平整渣台，覆盖1米黄土后压实，浇水灌浆等措施治理；对渣台边坡进行黄土覆盖，并在渣台高温区施工了44个钻孔，利用钻孔进行灌浆、注胶；同时又在钻孔周围掏槽，灌浆降温，经过近2年的治理，在2521㈠、2521㈡工作面开采过程中，上隅角采空区未检测到一氧化碳气体和出现温度异常情况。目前，经检测渣台钻孔内一氧化碳浓度从治理前的0.6485%降低到0.0380%，钻孔温度从最高230℃降低到94℃，相比以前整体有所下降，2521开切眼至工作面300米范围内较为稳定，2621开切眼处渣台温度有所上升，说明高温点向2621渣台转移。下一步继续进行2621渣台区域掏槽、灌浆治理。

（八）地测防治水管理方面重大危险源管控措施。

严格执行《煤矿防治水规定》，坚持预测预报、有疑必探、先探后掘、先治后采的防治水原则，采取防、堵、疏、排、截的综合治理措施进行矿井防治水。按照集团公司矿井防治水工作专题会议精神，调查探测了矿井周边老窑、采空区范围和积水量，并根据采掘情况，按照《煤矿防治水规定》的十六字原则，编制矿井探放水设计，按照审批设计进行探放水工作。

（九）加大隐患排查和整治力度，消除事故隐患，继续执行《白芨沟煤矿安全生产事故隐患排查分析会议规则》等四项制度和《白芨沟煤矿安全信息闭环管理规定》，进一步优化完善安全信息反馈闭环管理流程，建立安全信息分析制度，提高安全信息碰头会的质量和效率，落实干部治理隐患责任，落实隐患整改销号制度，形成良好的隐患（问题）排查整改机制。

矿自查共发现问题及隐患1300余条，经过监督检查，问题基本上全部得到整改，部分问题需要边生产边整改。

1~11月上级历次检查存在隐患（问题）共计242条，已整改203条，整改率为84%。

神华新疆能源有限责任公司碱沟煤矿

2010年碱沟煤矿的安全质量标准化工作主要结合矿井的本安体系建设，开展了矿井“六个一活动”、“狠反三违活动”、“顶板无事故活动”、“一通三防专项整治活动”、“防治水专项整治活动”和“规范达标活动”，狠抓现场安全质量标准化管理。围绕这一中心，碱沟煤矿做了如下的工作。

一、2010年年初碱沟煤矿对全年安全质量标准化达标工作进行了规划，成立考核评比小组，负责安全质量标准化评比工作

切实做到“有规划、有目标、有制度、有责任”的管理。碱沟煤矿每周不定期由安全质量标准化考核小组组织各专业人员，对矿井分专业进行动态的安全质量标准化检查，要求各单位实现动态达标，月度考核以各次动态检查问题为依据进行考核评分，将动态检查分数作为考核基础，按照各专业的等级和分数进行考评，并在月末对各单位安全质量标准化工作进行评优考核，实行动态检查、月考核、月兑现。评优按专业分为采（综采一队、综采二队）、机、运、通、煤质（洗选厂），每月根据考核结果对各单位进行奖惩，奖励前两名，处罚后两名，并在当月工资核算中进行兑现。各单位将每位职工的利益同标准化工作直接联系起来，极大地调动了职工开展标准化工作的积极性，促进了标准化工作的开展。

同时，碱沟煤矿每周开展至少两次矿井安全质量标准化不定期动态抽查，对井下分区域、分专业、分重点进行全面检查，并按照考核标准进行严格评分，对检查出的问题，下发“五定”整改通知单，要求各单位限期进行整改，随后由各专业管理组对各单位整改情况进行跟踪验收，对未按期整改的问题，本质安全管理办公室（以下简称本安办）根据管理规定进行相应的处罚，并对未整改的问题再次下发“五定”整改通知单，检查小组进一步跟踪落实，切切实实将检查的每项问题做到闭环管理。

二、提高领导重视程度，加强投入是做好安全质量标准化工作的重要保证

2010年年初，矿领导就安全质量标准化工作作了重要部署，将安全生产系统要素管理作为全矿本质安全管理工作的重中之重，以矿发二号文形式下达了全矿本安达标规划，从思想认识上将安全生产系统要素管理提到一个前所未有的高度，并且矿领导亲自参与有关制度的制定和全年的检查活动。

三、做好安全工作，确立了“支护失效就是事故”的思想理念

积极开展顶板专项活动。在顶板活动期间，碱沟煤矿每周组织一次顶板专项检查，对检查出现的问题以通报的形式下发给各单位，将查出的问题落实到人，并限期整改完毕。针对现场管理矿职能科室从小事抓起，认真开展隐患排查、现场整治，确保安全生产。

首先，矿领导和职能科室每天三个班都有跟班人员到各工作面现场进行督查指导，对生产中出现的问题及时发现、尽快解决；其次，矿每班安排一名质检人员对掘进工作面进行跟班验收，及时掌握现场情况，矿安全员对掘进工作面安全进行重点盯防；再次，由生产办牵头，每周组织一次专项工程质量验收，填写验收报告，对各工作面的一周质量工作进行全面总结，并对不合格工程提出整改意见，做到工程质量不合格就不予验收，在工程联签中不予签证。通过这些管理一方面保证了各项工程质量，另一方面逐渐使过去的事后管理转变为过程管理。同时，根据不同的煤层硬度和围岩情况，设计成熟的支护方式和支护间排距，施工队在掘进过程中如发现有局部变化较明显的地段，及时采取措施，确保了巷道的支护质量。

顶板检查与每周安全质量标准化的检查相结合，主要针对综采工作面的支护、尾巷处理、掘进工作面的支护质量、前探梁的使用等重点工作予以检查。安全、生产副矿长带领矿顶板管理小组成员，每周不少于一次上山观察地面顶板塌陷情况，每周不少于两次亲临现场检查顶板管理落实情况，随时掌握综采工作面及工作面上方地表的变化，以便指导工作面的安全回采。在生产区队干部跟班带班的基础上，矿领导及职能科室每班都跟班到现场协助处理各种安全隐患，检查发现问题，跟踪落实检查出的各种问题，真正做到全矿上下齐心协力把好安全关。在“顶板专项整治”活动中，矿加大了对职工的顶板安全教育工作，增强了职工对顶板安全管理的责任心，杜绝了矿井顶板事故的发生。

四、强化对“三违”和人员不安全行为的管理和教育

对违章人员实行教育和处罚相结合的原则，每抓到一起“三违”，绝对不放过，做到抓住一个教育一个，让“三违”人员从思想上真正认识到“三违”对自己和他人的危害性，做到“三违”人员从“三违”行为后到本安办接受学习教育，区队在班前会或安全学习会上以其为事例，分析其违章的原因，并让其他职工查找自己是否有类似的错误，做到防微杜渐。“三违”人员通过规定时间的学习教育，考试合格经矿领导和家属签字等过“五关”后，方准上岗作业。另外，在每季度末开展的“争做本质安全人”安全抽奖活动中将取消“三违”人员的抽奖资格，通过这一抽奖活动在思想上触动“三违”人员，从而提高职工的安全素质，规范作业的行为，让我们的职工提高争做本质安全人、争做本质安全事、争创本质安全集体的意识，从而确保碱沟煤矿的安全生产。

五、加强职工教育培训工作

矿认真坚持“每日一题、每月一考”这一行之有效的日常培训手段，使职工能够反复学习掌握本岗位要求和相关知识，强化职工对安全生产知识的学习。利用每天的班前会组织员工学习安全质量标准化考核标准、本质安全管理体系知识、安全管理等文件，每月底组织一次考试，考试成绩与员工工资的5%挂钩。通过开展“每日一题、每周一评、每月一考”的员工素质教育工程，员工的安全素质得到提高，技术创新能力得以提升。全年矿共举办入井培训、法律法规、新工艺、班组长、应急、急救、消防等各类培训班22期，共1950人次参加了培训。参加公司举办的本安体系建设、信息化建设、安全管理、特殊工种等培训班15期，共407人次参加了培训与复训。目前矿特殊工种持证人数501人次，持证率100%。

六、做好矿安全隐患自检工作

在月检、周检、复查基础上，做好安全质量标准化专项检查。2010年每月各专业小组都进行了专项检查，包括死角死面检查、一通三防专项检查、顶板及工程质量专项检查、机电运输专业检查、消防安全检查、三防专项检查等各类安全检查，通过各单位认真整治，跟班领导、带班领导检查和周四组织各职能科室人员复查及安全员班班督查，对查出的问题要求在整改时限内得到落实。

综上所述，碱沟煤矿安全质量标准化主要是以全矿性检查和区域性检查、专业性检查相结合，以静态检查和动态检查相结合的方式实施安全质量标准化检查，检查重点是现场安全管理和资料管理，在检查中严格按照标准，不留空白、不留死角、不走过场、不摆架子、实事求是、从严从细、现场实测，以现场检测数据为依据进行评定。实行动态检查，动态评定，逐步提高动态检查评定在安全质量标准化考核中的比例，最终达到以动态检查结果评定各专业安全质量标准化成果，实现矿井安全质量标准化动态达标。

神华新疆能源有限责任公司小红沟煤矿

一、加强组织领导，建立健全组织机构和制度

小红沟煤矿成立以矿长为组长的安全质量标准化工作领导小组，领导小组下设办公室，组成采掘、“一通三防”、机电运输、综合等四个专业工作组，具体负责日常的管理工作，重点检查各级人员的责任落实。各单位相应地成立以区队长、支部书记为组长的领导小组，行政领导抓具体落实，党务干部具体负责员工的安全思想宣传教育、规范员工的操作行为，重塑员工的思想认识。发挥党团员、群监员、青安岗在安全质量标准化工作中的作用，全矿形成了“矿领导督导、职能部门监管量、基层区队具体实施”，党政工团齐抓共管、全面覆盖的安全质量标准化管理网络。

为切实搞好煤矿安全质量标准化工作，从标准、目标、责任、措施、考核等环节入手，逐步建立了安全质量标准化工作体系，制定了《小红沟煤矿煤矿安全质量标准化检查实施办法》《小红沟煤矿创建安全质量标准化评比及奖惩制度》《员工安全质量标准化作业行为规范》《岗位作业标准》等制度和标准，结合现场实际，不断进行补充完善，保证每项工作都有严格的操作标准、操作程序。此外，建立完善了与之相配套的

各级领导安全生产责任制、职能部门安全生产责任制、职工安全培训制度等制度，明确了全矿所有岗位的安全责任，形成了一级抓一级、层层抓落实的安全目标责任保证体系。

二、坚持思想先行，用思想达标带动安全质量标准化达标

安全质量标准化工作必须坚持思想先行，用思想达标带动安全质量达标。

首先，从思想认识上入手，通过加大安全质量标准化工作的宣传力度，重点宣传安全质量标准化对煤矿安全生产的重要意义和作用，引导员工牢固树立起“干一辈子煤矿、抓一辈子安全质量标准化”的思想认识。通过参观学习、经验交流等方式，让广大员工认清在安全质量标准化工作方面的差距，增强抓好安全质量标准化工作的信心和抓好安全质量工作的责任感、使命感和紧迫感。

其次，加大安全质量标准化工作进程，营造安全质量标准化氛围，建立“三个一”的文化宣传教育阵地，即以采掘面为主的安全教育“一条线”、从井口到井下运输大巷为主的安全教育“一条龙”、以广播、电视、板报为主的安全教育“一载体”，强化安全质量标准化知识的灌输，努力营造安全质量标准化的氛围，用思想达标带动安全质量标准化达标。矿井制作了近百块安全质量标准化宣传牌板，在井下巷道、井口候车室布置安全文化宣传长方廊，让员工时时处处受到安全质量标准化知识的教育，印制了400本《神华集团安全质量标准化达标验收标准》下发到每位员工手中，每位员工结合自己的岗位进行认真学习领会，指导自己的实际工作。组织人员深入区队、井口宣讲安全质量标准化知识，开展了安全质量标准化知识竞赛。各单位充分利用班前会和每周五安全学习时间认真学习，使安全质量标准化学习制度化，职能部门主要领导与生产单位进行挂钩学习，让每一名职工都熟知安全质量标准化工作标准，在此基础上组织全员分层次进行了多次安全质量标准化知识考试。

最后，为搞好安全质量标准化工作，培育过硬的职工队伍，矿井充分发挥了各级培训机构的职能作用，加大安全质量标准化知识培训力度，坚持走出去与引进来相结合、脱产培训与在岗培训相结合、专业培训与综合培训相结合，定期对全矿各工种进行培训。2010年举办各种培训班54期，培训人数共计1567人次，特殊工种持证率100%。通过培训，提高了员工上标准岗、干标准活的能力，为矿井安全质量标准化工作的顺利开展奠定了坚实的思想基础。

三、坚持科技兴矿、科技兴安的管理理念，努力加大安全装备投入，大力开展科技创新活动，为矿井安全质量标准化工作奠定坚实的基础

矿井围绕建设装备精良、管理科学、高产高效的本质安全型矿井为目标，不断加大安全装备投入，夯实安全管理基础，加快高产高效矿井建设步伐，通过持久开展群众性的科技创新活动，不断提升矿井的安全质量标准化水平，促进矿井跨越式发展。

一是大力实施“科技兴矿”战略，推动生产技术更新换代，大幅度提高矿井的技术装备水平。

为实施“科技兴矿”战略，推动生产技术更新换代，大幅度提高矿井的技术装备水平。一是成立了小红沟煤矿技术委员会。二是建立完善了科技创新“三个体系”。成立了以矿长为组长的人才使用、资金投入的保障体系，以总工程师为组长的科技创新、技术攻关和技术改造网络体系，以全员参与小改小革的推广应用体系。三个体系联合运作，对制约矿井发展的各环节进行技术改造，先后投入近1200多万元，对采煤工艺、通风、运输提升、供电和排水等主要生产系统进行改造，不断引进新工艺和先进的设备。2010年，综采工作面在煤层注水软化的技术的基础上，引进超前爆破的技术，以实现“煤层注水软化为主、超前爆破为辅”的顶煤预裂方式，以取代传统的架后爆破处理顶煤工艺，实现工作面的连续安全高效生产。同时，矿井引进ZF6500/20/40型放顶煤支架，提高综采工作面支护强度；巷道掘进施工中引进等强锚杆、棱拔丝锚网等支护材料，提高巷道的支护质量。

二是大力开展群众性科技创新创造活动，以科技保安全质量标准化。

2006年以来，矿井倡导员工在本职岗位上创新，每年均有100多项成果，带来1000多万元的直接经济效益，同时很多小成果在规范员工操作、减轻劳动强度、提高矿井安全系数等方面起到了举足轻重的作用。

为推动群众性科技创新活动全面展开，矿积极鼓励职工群众开展“三小”创新活动，每月从超产工资拿出5000元作为小改革项目的奖励并及时召开科技表彰大会，重奖有功之人，让参与技术革新的同志在经济上得实惠。在召开的三次科技创新表彰大会共发放奖金30万元，获得奖励最多的个人奖金总额已经超过20000元。在此基础上，加大宣传力度，让革新能手红起来。将拥有60多项技术革新成果、被称为“矿区发明家”的杨述友同志事迹登上了《华夏能源报》、《新疆日报》等报刊，使他们成为矿区明星。此外，在矿区显著位置设有职工创新成果展示橱窗，专门介绍革新人员和他们的成果；矿每半年精选出一批好的项目成果，编辑成科技创新小改小革手册，发明成果人也会得到一本作为纪念。

鼓励员工参与小改革，为其提供实验平台，不论是从时间上、材料上，还是从资料、资金上都给予创新者必要的支持和帮助，允许失败，多渠道为创新者提供方便，解除创新者的后顾之忧。像综采工作面破碎机防护装置、水压自移串车装置等项目在研发过程中甚至允许停产几个小时搞试验。这两个项目研制成功后，破碎机防护装置解除了破碎机意外伤人的重大安全隐患，水压自移串车装置，使串车拉移方便、快捷、省时、省力，几乎不影响原煤生产的正常运行，年增加生产时间近100个小时，效益达400万元。矿井技术人员研发的副斜井智能型常闭式防跑车装置，通过与提升绞车电控系统连接，实现自动升降，有效防止了物料提升或下放过程中，由于设备失控或者人员误操作引发的跑车事故。目前综掘工作面使用的我矿员工制作的全液压前探梁支护系统，彻底代替了掘进工作面杆式前探梁，使综掘工作面超前支护有了历史性的变革，解决了老式前梁探需人工架设、安全性差的问题，综掘工作面顶板管理有了实质性的进展。

小红沟煤矿是一个在老矿井的基础上改造完成的现代化矿井，仍然有很多工作要靠人工完成。为解决这一问题，矿井通过小改革尽量减轻员工的劳动强度，能使用辅助工具的就想方设法设计制作。诸如单体运送架设车、油桶吊装装置、油桶车、全液压皮带回收装置等项目有效地减轻了员工的劳动强度，具有省时、省力的特点。为了给员工创造良好的工作环境，让员工心情舒畅地进入工作面，努力美化、亮化工作面环境，充分体现人性化管理理念。矿井在井下设置了垃圾桶、制作了小饭桌、布置了井下文化长廊、研发了皮带自动喷雾装置等。

四、坚持安全质量标准化是基础，以安全管理为重点，继续搞好“三个会战”、“十个一”达标活动，狠抓现场管理，促进安全文明生产，建设本质安全矿井

在安全管理上，矿井坚持合理组织生产，正规循环作业，坚决杜绝工人盲目蛮干、赶急图快、干部违章指挥，正确处理安全与生产、安全与质量、安全与效益的关系，坚持质量标准化是基础，持续开展“三个会战”、“十个一”达标活动、“六一六”工程，把“三个会战”、“十个一” 达标活动与加强现场管理紧密结合起来，严格检查验收标准，扎扎实实，不走过场；抓好井下零星工程、分散作业地点、节假日以及夜间的安全管理，做好自查自纠，认真排查隐患，坚决做到不安全不生产；大力提倡“一线工作法”(领导在一线指挥、干部在一线创业、工作在一线落实、问题在一线解决、经验在一线总结、作风在一线转变)，严格执行干部下井制度，抓质量、抓现场，靠前指挥，工作到位；党政工团齐抓共管，分工协作，形成合力，全方位发挥群监组织、青年安全岗和家属协管会等群众性安全协管网络的作用。班组是安全生产工作的第一道防线，也是安全质量标准化具体落实者，所以班组建设是安全质量标准化工作的关键点。不断加强班组文化建设，完善班组考核评比体系，认真做好班组评比工作，把强化班组建设活动落到实处，努力提高班组现场管理水平，认真组织开展了一日一题、一周一评、一月一考活动；健全完善了班组建设的各项规章制度，把安全质量标准化作为评选好班组、好班长、好员工的重要内容，加大对班组的考核力度，对评选出的好班组、好员工、好班长张榜公布，扩大影响，切实发挥班组在安全质量标准化工作中的作用。

在制定各项制度的基础上，矿井狠抓安全责任的现场落实，依法规范了安全生产行为，各岗位的安全质量行为都纳入了法制化、制度化的管理轨道。制定了年度、季度、月度质量标准化工作目标，并根据目标认真落实“三定”（定人员、定区域、定时间）“三包”（包区域、包质量、包进度）责任制，规定矿安全员全面负责矿井安全质量标准化工作的日常巡检。同时，在各班组员工中轮流开展“我做一天义务安全员”活动，义务安全员协助跟班领导搞好安全生产的同时，对当班的安全质量标准化工作进行监督，确保动态达标。

安全质量标准化检查考核是煤矿安全质量标准化管理工作的重要手段、确保动态安全的重要措施。矿井在坚持专项检查、突击检查、边缘地点检查以及党政工团大检查等多种有效检查的基础上，推行了一、三、五安全质量标准化检查、整改落实、总结考核“闭环”管理流程，并拿出工资的10%作为安全质量标准化的考核工资，增强了检查人员和被检查单位的责任心，有效地解决了检查中形式主义和走过场的问题。对安全质量标准化管理实施了责任追究制度，重点抓不落实的事，追究不落实的人，让安全质量标准化深入到矿井的各个角落。开展了有奖征集、区队领导花钱买安全质量标准化问题活动，鼓励员工积极参与安全质量标准化问题的整改，努力使安全质量标准化由动态达标向可持续达标转变，由形象型达标向本安型达标转变，由局部达标向全系统、全方位达标转变。

在“一通三防”方面，尽管矿井瓦斯等级为低瓦斯矿井，但矿井始终把瓦斯治理做为重中之重的工作，认真严格贯彻落实瓦斯治理十二字方针，在瓦斯传感器对矿井瓦斯24小时不间断监测的同时，为井下班组长、放炮员、电钳工以及管理人员配发了便携式瓦斯监测报警仪。在执行瓦检员巡回检查制的基础上，开展了义务瓦检员活动，带班副队长必须培训取得瓦斯检查证，每班不少于四次对工作面瓦斯进行检查记录。在机电运输方面，从整章建制，完善各类图纸、台帐上入手，狠抓基础管理。加强设备管理，强化生产设备的日常维护保养，强化设备定检、强检制度，提高设备完好率。认真落实包机制，坚持谁使用、谁维护、谁管理，基层区队要对设备实行计算机建卡管理。在顶板管理方面，制定采掘工作面顶板支护工艺和标准，安装检测仪器，加强顶板日常检查力度，开展“精品工程”活动，以打造精品工程，创建精品区队，通过区队自找差距的方式，促进顶板管理工作。

“十个一”达标活动是神华新疆公司对安全质量标准化工作的细化，要求以一个综采面、一条皮带等一个点去完善，逐步实现向全矿井推进的安全质量标准化达标工程。自实施“十个一”达标活动以来，矿井以“十个一”工作规范达标活动为切入点，出台了“十个一”规范管理标准。比如，创建一个标准串车巷，制定了串车上设备的摆放必须成直线、在串车上用彩钢板架设防尘防水棚、串车设备挂牌管理等一系列的规范标准。从一个点开始，以点带面，逐步推广，进而把安全质量标准化延深到矿井的各个方面、各个角落，把安全质量标准化是基础的安全管理理念贯彻到生产经营的全过程。

在矿井文明生产方面，实行区域化管理，分片包干，并保证不留死角死面。将作业区域文明卫生作为交接班内容，最大限度地降低矿井粉尘对员工身体的损害：一是在工作面易产生粉尘的位置和主要井回风大巷中设置了自行研制的扑尘网；二是要求员工上班时从进风巷进入，在行走的过程中对巷道两边的电缆、电器设备、管路上的灰尘进行清理，下班走回风巷，清理皮带H架、电缆、管路上的灰尘。为解决设备、材料摆放零乱的问题，根据不同的设备、材料专门制作了摆放架，做到了设施及各类管线摆放、悬挂整齐，施工物料做到了分类码放、挂牌管理。巷道杂物、淤泥、积水得到了有效控制。细节决定成败，在抓安全质量标准化工作中矿井十分注重细节管理，油脂作为设备的“血液”，对设备的正常运行至关重要，从建一个标准的油脂库入手，规范油脂的存放、取用程序。为保证供电安全，推行了开关上锁制度，员工利用工余时间自主发明了开关锁具，在井下消灭了铁丝捆扎现象。通过努力，目前矿井文明生产程度有了很大提高，员工能够心情舒畅地进入工作面进行生产。

五、以安全质量标准化为基础，推进本质安全型矿井建设

安全质量标准化是建设本质安全型矿井的基础，通过安全质量标准化工作着力解决人的不安全行为、物的不安全状态和管理无缺陷的本安目的。在此基础上，编制了本质安全管理手册，规范了各岗位工种的岗位规范、操作程序、危险源辨识等内容。为确保达到危险源辨识、风险预控、实现规范作业的目的，一是组织全员学习本质安全管理体系知识，针对各工种制作危险源卡片2000余张，下发到了作业人员手中，制作风险预控管理牌板156块，悬挂到各工作面作业场所，时刻提醒现场作业人员警惕作业场所存在的危险源。由安全管理办公室组织全员进行考试，考试成绩与安全结构工资挂钩，强制性灌输本质安全管理知识；二是要求区队班前会在安排布置当班工作时必须同时提示所从事工作存在的危险源；三是班组在工作面现场开展“手指口述”危险源辨识活动，保证让每位班组成员熟悉所在区域存在的危险源，规避风险，对没有开展危险源辨识的班组禁止开工作业。

在抓好以上几项工作的基础上，矿井还十分注意防止“为了标准化而搞标准化”的不良倾向，坚持干一点成一点，巩固一点，再拓展一点，逐步推进，把安全质量标准化工作摆上“生命工程”的高度，抓住不放、一抓到底。

神华新疆能源有限责任公司大洪沟煤矿

大洪沟煤矿始建于1951年，矿区范围2.17平方千米，井田范围1.88平方千米，该矿从建井投产至今不断进行技术改造演变成目前的国有大中型煤矿。近年来，大洪沟煤矿按照集团公司建设“五型”企业的总体要求，坚持科学发展观，以安全生产为重点，以安全质量标准化、矿井本质安全管理体系为基础，规范员工的操作行为、加快设备更新改造力度、更新安全质量标准化管理理念，以构建“安全、文明、和谐”矿区和本质安全型矿井为目标，在标准化革新创造上不断进步。

一、依靠科技、保证投入

先进的技术和设备，是提高安全质量标准化水平的重要途径。大洪沟煤矿本着“舍得一切、不舍安全”的管理理念，始终坚持优先保证安全质量标准化的投入，推广使用新技术、新装备，不断完善安全质量标准化基础设施。

2010年大洪沟煤矿不断改造完善矿井瓦斯监测监控、通风系统、防尘、防灭火系统、矿井供电系统、提升运输系统、防治水等各大系统，以及矿井地面供电线路的改造工程等一系列工程。例如，为井下掘进工作面增加移动变压器等供电设施，解决了掘进工作面远距离供电电压不稳的问题；更换主井提升机电机、重新铺设电路电缆、淘汰老旧设备等，保证“设备无故障”，为大洪沟煤矿的安全生产打好了坚实的基础。

从采掘设备方面来看，大洪沟煤矿矿井机械化装备水平逐年提高，目前掘进机械化水平和采煤机械化水平都达到100%。安全投入的增加，极大地提高了安全保障能力，有力地促进了标准化建设的创新和发展。

为激励和推进安全质量标准化的正常开展，大洪沟煤矿还从以下几方面加大了对安全质量标准化的资金投入。第一，从工资总额中拿出10万元作为安全质量标准化奖，由本安办组织每月进行一次专项检查，检查结果作为标准化奖金发放的依据，奖优罚劣，极大地提高了员工的积极性。到目前为止共奖励49余万元，处罚9.3余万元。第二，为促进矿井安全质量标准化工作，按照公司要求规范了安全质量标准化设施、牌板、标志牌、管线等的制作和安设标准。第三，大洪沟煤矿从吨煤提取16.5元作为安全和维检费用，本年度共提取2062万元。第四，为进一步提高员工“上标准岗、干标准活”的热情，对员工安全标准学习情况进行抽查，并对学习情况较好的员工进行物质奖励等激励措施。到目前为止，已累计奖励4040元，抽问人数累计达1578人次，为安全质量标准化工作的进一步提高营造了良好的氛围。第五，通过“六个一”活动来推动和促进安全质量标准化建设工作。2010年大洪沟煤矿共发放“六个一”奖励18000元，共征集新危险源26条、合理化建议22条、安全技术措施14项、规范工艺18项、小改小革30项、三违22人次，让职工真正参与到矿井的安全建设当中去，为安全质量标准化工作的进一步提高奠定了群众基础。

二、高度重视、完善制度

质量标准化搞不好，安全生产没有保证，企业就没有进入市场、参与竞争的能力，生存发展就是一句空话。要搞好安全质量标准化，就必须重视它，所以大洪沟煤矿从提高地位、加强领导、完善制度等方面对开展安全质量标准化工作给予了大力保障。

首先，加强了对标准化工作的组织领导。完善了矿井安全质量标准化领导小组，按照主要领导亲自抓、其他领导分工负责的原则，规定上到矿领导、下到区队班组长多层次地对安全质量标准化进行负责，由矿总工具体负责。同时明确各级部门的责任，规定本安办是综合检查和考核的主管部门，各职能部门负责考核、检查、指导本专业的标准化工作，从而形成了从负责人到职工层层负责的标准化责任体系，为搞好质量标准化工作提供了组织保障。

其次，健全安全质量标准化制度体系。搞好质量标准化工作的关键是有科学、严密的制度和对制度严格的落实，规范人的行为，促进物的规范管理，达到现场环境协调有序。因此，参照公司下发的《安全质量标准化标准及考核评级办法》以及《神华集团安全质量标准化及评级考核办法》，结合大洪沟煤矿实际，细化、量化、深化了检查考核标准内容，形成了安全质量标准化检查评比、考核奖惩体系，为安全质量标准化建设提供了制度保证。

三、精细管理、加强检查

全矿以实现全员、全方位、全过程“上标准岗、干标准活”为目的，坚持以人为本，推行精细化管理，通过质量标准化使现场安全管理水平得到提高。

一是明确责任，规范现场操作行为。从严从细分解指标，形成了从上到下逐级落实、从下到上层层负责的标准化管理体制，现场管理人员做到目标明确、分工细致、指导到位、考核严细；操作层责任清晰、工序到位、行为规范、操作熟练，做到“上标准岗、干标准活”；使每个岗位的作业人员主体责任更明确，行为更明确，杜绝了重伤以上事故。

二是认真做好员工操作规程、员工岗位标准、安全知识的学习，规范员工行为，提高员工的安全意识，并采取考试、现场抽问等方式进行督察。

三是积极推行精细化管理，注重生产全过程的每个环节、每道工序的管理，把每项工作具体细化、量化到生产全过程，达到人人、事事、时时、处处有科学、严谨、规范的制度去约束，以安全质量标准化的要求为标准，以精细化的制度去实现精细化的行为、精细化的产出。依据公司“十个一”，以煤矿采、掘、机、运、通专业为重点，狠抓基础管理，以点带面，提高了职工的技术素质，规范了职工的安全行为，提升了矿井机电设备管理水平，促进了安全质量标准化工作水平的不断提高。例如，工作面推进过程中，每推进一个循环都是用线绳去约束，工作面的每一次推进都能达到标准化的要求，并以此来规范每一道工序；每一道管线的铺设、每一台设备的安装从开始就按照标准化的要求去做，并使之成为员工的自觉行动。

四是坚持动态检查和综合检查结合，综合检查为矿每周组织“一四五”流程检查，重点是安全质量标准化、采掘工程质量、机电运输、顶板管理、“一通三防”、火工品、消防、地面“三防”等为主要内容，对所查出的安全隐患，均按照“五定”的形式下发了整改通知单，并由职能科室现场监督落实整改情况。动态检查为矿级领导跟班带班过程中，对当班发现的问题及时处理，升井后填写跟班带班汇报记录，根据所填的内容由本安办、生产指挥中心负责落实隐患整改情况，对安全隐患检查整改实行了闭环管理。同时，为了能在第一时间、第一现场检查、整改工作面存在的安全隐患，杜绝“三违”现象，防止安全事故的发生，大洪沟煤矿成立了标准化小组，对现场情况进行抽查，每月组织全方位的安全质量标准化综合大检查，并将检查考核及隐患整改情况及时、如实上报公司安监局，作为季度标准化考核的一项内容。

四、加强安全培训、深入开展班组建设

首先，加强安全教育培训，提高员工队伍整体素质。矿职教组织抓好职工的岗前培训、重复培训和新技术培训。区队通过班前学习、安全活动等形式，针对现场的实际组织职工学习安全质量标准化知识。其次，通过技术比武、岗位练兵等多种形式，开展岗位技能培训，全面提高员工的安全技术素质，规范员工操作行为，做到人人上标准岗、干标准活。

2010年共组织培训213期，全年共培训5484人次，培训范围覆盖全矿、各单位、各工种，安全培训的效果最终以安全生产为体现。2010年大洪沟煤矿无重伤、无轻伤、无机电运输事故发生，实现了安全生产无事故，矿井本质安全管理体系达到了预期目标。国家安监总局、神华集团、神新公司的历次检查，对大洪沟煤矿职工培训的做法和效果都予以肯定。

五、建设安全文化、群策群力

大洪沟煤矿根据公司建设安全文化的方针，从加强群众安全组织、工作职责、工作制度以及群监员、青安员、协管员的待遇等方面入手，进一步使群众安全工作向规范化、制度化发展。2010年大洪沟煤矿有群安员有31人、青安岗员20人、家属协管员5人，群监员、青安岗员累计汇报隐患1500条、整改1480条、整改率为98.6%。

大洪沟煤矿在安全文化建设上采取积极有效的措施：第一，加强安全文化建设宣传，矿分别在井底车场、运输大巷采掘面等地点创建了安全文化长廊，制作悬挂了富有人情味的安全警句、安全漫画、安全全家福、亲人安全寄语等牌板，在工作中自觉规范自己的行为；在井口棚设置黑板报宣传当月安全文化主题，使安全质量标准化与安全文化得到了很好的结合；第二，定期组织开展“好班组、好班长”评选，树立安全典范，以点带面；第三，开展周二安全活动日，组织全员学习各种安全知识、会议精神，讨论事故案例来举一反三，提高员工的安全生产意识。

六、严格奖惩、奖罚分明

大洪沟煤矿始终严格执行《安全质量标准化考核评分标准》，使安全质量标准化考核、评比、奖罚结果公开、公正。《安全奖罚办法》《安全风险个人抵押办法》都把标准化作为重要考核指标，每月定期开展全矿范围内的标准化检查，检查结果直接与标准化奖挂钩，增强了员工抓安全质量标准化的自觉性，有力地推动了安全质量标准化工作。

虽然大洪沟煤矿在安全质量标准化建设工作上做了一些工作，取得了一定成效，但我们也要清醒地认识到工作中还存在着不足。安全质量标准化工作是一项常抓不懈、持之以恒的系统工程，在今后的工作中，一定要努力发扬与时俱进、开拓创新的精神，真抓实干，不断进取，努力开创安全质量标准化新局面，不断提高企业的本质安全水平。

中煤太原煤气化集团有限责任公司东河煤矿

东河煤矿始终把安全质量标准化工作视为企业的形象工程、生命工程、效益工程和基础工程，从思想认识和具体的行动上都给以高度的重视，以提高装备水平、落实资金投入、严格工程质量的检查与考核、加强员工素质的再提高等方面作为重点突破口，在全矿上下形成了“干一辈子煤矿，搞一辈子标准化”的工作理念，建立了比较完善的安全质量标准化建设体系和一套严格的管理考核制度，并在实施中严格管理，严格检查，严格考核，狠抓落实，使东河煤矿标准化工作一年一个台阶，呈现出良好的发展势头，有力地促进了东河煤矿安全生产的稳定健康发展。具体的做法是：

一、研究标准寻找差距确定目标坚强领导

根据中华人民共和国安全生产行业标准 AQ/T 9006—2010“企业安全生产标准化基本规范”以及太煤化生字(2010)2号“关于下发集团公司2010年安全质量标准化工作安排的通知”，我们制定了《2010年东河煤矿安全质量标准化实施方案》，重新修订了《东河煤矿安全质量标准化考核细则》，完善了以矿长、书记为组长的标准化工作领导组，领导组下设质量标准化办公室，负责全矿安全质量标准化日常管理工作；设置了采煤、掘进、机电、运输、通风、地测、企业形象和基础管理八个专业组，对照国家级安全质量标准化矿井标准的具体要求，特别是十三条必备条件，逐项逐条地研究分析，并结合东河煤矿各个专业当前的实际，从调度通信生产管理计算机网络化管理、设备完好率、矿井作业人员管理系统、现场管理等方面制定了46项重点工作。并从完成时间、完成部门、具体负责人、保障措施等方面做了具体的规定，严格按照实施；本着“自我约束、自我加压、巩固提高”的原则，实行纵向到底、横向到边的网格式管理，从而形成了主要领导亲自抓、分管领导重点抓、专业组长具体抓、队组干部现场抓的班组保面保队、队组部室保专业、专业组保矿井的标准化组织管理责任体系，切实实现了安全质量标准化程序化管理。

二、强化岗位作业标准培训严格现场管理考核狠抓责任制落实提升工作执行力

4月，我们又一次在全矿掀起了学习《煤矿安全质量标准化标准》高潮，由标准办组织编写了“安全质量标准化标准知识竞赛提纲”，发动全员学习标准，汇编了《一通三防管理手册》《采煤作业标准和操作规程》《掘进作业标准和操作规程》《运输作业标准和操作规程》《地质测量规程》《机电设备完好标准》《东河煤矿机电岗位作业标准和操作规程》。发放到了每个生产班组，由专业技术人员负责利用班前会时间进行应知应会培训学习，并对班组长以上的队组干部和骨干进行了质量标准化标准培训。6月，结合安全月活动开展了以“安全发展，预防为主”为主题的安全、质量标准化知识竞赛。

为确保标准化的稳步发展，首先，我们一如既往地将标准化工作业绩纳入了目标责任制考核范围，使标准化的完成情况直接与收入相挂钩。其次，每月召开标准化工作例会，通报上月标准化工作完成情况，安排部署本月标准化重点工作，对不能按时完成的则给予一定的处罚，有效地激发了全体员工搞标准化的工作积极性；将各个阶段的标准化工作目标分解到每个班组，基本做到了责任到人、层层落实。最后是强化了标准化动态检查，每月的“逢五”(即5号、15号、25

号)定期检查,每周不定期地进行抽查,考核比例按照:旬检查占25%、月底检查占40%、重点工作占10%进行考核。使标准化工作真正做到了有安排、有落实、有评比、有奖惩,全年累计罚款17万元。奖励标准化先进个人、模范单位等110万元。

三、分解任务、稳固基础,不断推进标准化工作水平

2011年以来, 我们在认真总结2009年标准化工作经验的基础上, 虚心学习兄弟单位的先进经验,分派四批专业负责人和队干到大屯煤电公司观摩学习、组织28名中层干部到玉华煤业公司参观学习; 系统规划、精心组织、分步实施、层层落实,借鉴中有创新,巩固中有提高,尽管今年的改造任务繁重,但标准化工作依然有条不紊地进行着。

一是抓住源头。从设计、规程、措施的标准化做起, 严格按照设计规范设计每个工作面和每项工程; 依照作业规程指南编写规程和措施。二是主抓了施工过程标准化、岗位作业标准化和工作程序标准化,针对煤巷炮掘巷道成型质量难度较大的现实,我们采取了加打周边空眼、减少周边眼装药量等方法有效地保证了巷道的成型;综掘工作面着重是综掘机司机的操作技术技能培训以及岗位练兵,特别是截割部的弧线运行的及时调整, 提高了巷道的成型水平和掘进速度;回采的正规循环和支柱的拉线管理,有效地保持了优良品率的100%。三是重点考核生产过程中的岗位作业标准化,以每个岗位的规范的作业保证各个工序和环节的标准化,最终实现全过程的标准化;每天质量验收组成员巡查,每周业务部室抽查,每月的“逢五”的专业组旬检查、月终标准办组织的全矿性标准化检查验收;始终坚持把标准化监督检查作为日常性的重点来抓,使得标准化建设在我矿经常化、制度化,按照既定的目标整体推进。

采煤专业:严格推行正规循环,要求每道工序都必须按照作业标准作业,实行分段包干管理,从联网质量、支柱的排柱距、迎山角度、梁的接顶以及端面距等落实到每个职工;特别是在端头支护、泵站压力、支柱初撑力、矿压观测等管理上严格执行问责制;并且不定时地对每个班,特别是中、夜班作业点、线、面进行突击检查,突查结果在早调会及时通报,有效地促进了安全质量标准化管理。

掘进专业:重点抓三个综掘工作面的工程质量管理与考核,抽调5个专业技术人员组成工程质量验收组,定期对各个工作面的质量进行检查验收,杜绝了不合格品,从巷道的成型到锚杆的支护以及文明生产都有了显著提高。

机电专业:矿井实现双回路供电,两线路均可承载全矿井上、下供用电。

运输专业: 对主斜井356米进行了扩帮挑顶,有效地保证了机轨合一的运输安全距离, 更换30kg/m道轨360米;购置了具有煤安标志与合格证、生产许可证的“一坡三档”防跑车和跑车防护装置,并在运输上山安装使用;对副井底车场进行了硬化;完善了无机绳运输、绞车运输的各类保护,每天派专人对轨道进行维护;淘汰不完好车辆17辆,补充新车辆23个。

通风专业:井下各局部通风机全部完成了“双风机双电源”改造,实现了“三专两闭锁”;井下各用风地点风量充足,风速和有害气体浓度符合规定,不存在无风、微风、不合理串联通风现象;通风设施实行统一编号管理。

严格执行瓦斯巡检制度, 对每个作业地点每班检查瓦斯2次,并详细填写瓦斯牌板、记录手册、瓦斯班报表,并实现了牌板、报表、台账“三对口”;各装载点按照规定要求安设洒水喷雾装置, 按照标准要求在各巷道设置净化水幕和隔爆水棚;采煤机、综掘机完善了内、外喷雾装置,定期冲洗巷道,源头遏制煤尘的产生。

井下所有的甲烷传感器定期调试、标校、断电闭锁功能测试, 监控中心站实行全天24小时不间断值班,并与矿调度室值班联合职守,系统运行稳定。

地测防治水方面坚持有掘必探,在地质部设立专职探水队,负责全矿井每个掘进面的超前探水工作。

在安全基础管理方面,一是四级安全培训机构的基础设施和室内装潢全部结束,11月24日经过了临汾市煤监局验收；二是组织了全员安全培训，其中从业人员培训1025人、特殊工种170人、安全管理人员38人、新工人岗前培训46人；三是结合安全生产月活动组织了安全咨询日活动、“安全伴我行”演讲、第三届安全知识竞赛，并成功组织了井下水灾应急救援演练；完善了安全隐患排查治理，建立健全了排查治理台账，对安全隐患实行了闭合管理；建立健全了各级领导安全生产岗位责任制、矿级领导带班下井各项制度(8项制度)、安全办公会议制度等12类制度。

总之，煤矿安全质量标准化工作是一项常抓不懈、持之以恒的工作，必须认真落实“管理、装备、培训”三并重原则，严管理，上装备，强培训，抓落实，真抓实干，不断进取，才能取得实效。今后，我们将一如既往地开展好安全质量标准化工作，为把东河煤矿打造成本质安全型矿井而努力奋斗。

中煤太原煤气化集团有限责任公司嘉乐泉煤矿

2010年以来，我们坚持以系统化的理念，严格对照国家、中煤集团以及省市标准，加强标准化建设，使矿井实现了由行业标准向国家级标准的跨越。特别是自中煤集团8月14日进行上半年标准化检查以来，我们紧紧结合本矿实际，制定了“12246”标准化建设的总体工作思路，即：瞄准(国家级标准化矿井)一个目标，坚持“安全一公分、低质工程就是重大隐患”两个理念，把握(新建工程的一次达标和已有工程的改造达标)两条主线，强化(规划、实施、评级、整改)四项管理，推行(思想认识、员工素质、基础管理、工程质量、现场工作、督察考核)六达标工作法，使矿井的标准化整体水平明显提升，安全生产、经营管理稳定发展。

一、严格管理，全面提升矿井标准化建设的基础水平

基础管理是矿井标准化建设的保证。我们坚持“一公分”的安全理念(即：伤与不伤的差距是一公分；伤与亡的差距是一公分)，剖析存在问题，强化安全管理，不断推进员工思想、素质达标和企业基础管理达标，为标准化建设的顺利进行奠定了扎实基础。

一是构建了长效机制。为保证标准化规划目标的实现，我们按照“领导挂帅，切块管理，分工负责”的原则，对八个一线队组和全矿井年、季、月度目标，实行了矿领导、专业组、区队、班组负责人分别负责的四级责任制，形成了“班组保区队、部室保专业、专业负责人保矿井达标”的三保体系，使标准化工作的程序化管理责任落到了实处。

二是加强了安全执行力。我们对照国家、中煤集团以及省、市关于安全生产的一系列文件精神，不断加强安全和标准化执行力，坚持了安全生产会议制度，实行了全员安全风险抵押、安全目标管理、业务保安和个人安全技能账户考核、领导包片包队安全督导等制度，特别是于10月1日全面执行了领导带班下井规定，建立了井下调度站，采取了公示、举报、奖惩、交接班、跟踪追查、井下汇报和档案管理等7项措施，做到了班班有领导带班，与工人同上同下，未发现领导有违反下井制度行为。

三是加强了员工培训。我们实施班前班后、脱产培训等“六学”管理，不断增强员工的素质。重点加强了煤矿十大特殊工种的培训力度，保证了在岗持证率，尤其是加强了综采工艺理论知识和实践操作培训力度，先后分六批组织赴山东进行了学习。

四是强化了应急管理。我们编制了《煤矿事故应急预案》，完善了应急救援体系，实施了水灾避灾演练。同时报请太原市局进行了《应急预案》的审定，特别是为有效预防雨季异常天气、洪涝、雷电等带来的灾害，坚持“安全第一，常备不懈，以防为主，全力抢

救”的工作方针，确保全矿安全度汛。

五是营造了安全氛围，我们以“安全生产年”活动为契机，充分发挥宣传、形象、警示、温馨“四个阵地”，扎实开展了“学习白国周班组”“平安一季度”“机电设备达标升级”“安全生产月”“百日安全无事故”活动，举行了安全竞赛、征文、宣誓等安全系列活动，开辟了安全专栏，“三违”曝光台，实行了每日一题和党员、网员、岗员身边无事故竞赛，建立了亲情激励机制，形成了党政工团齐抓共管局面，进一步将安全文化理念渗透到每个职工作业过程中，贯穿到生产的各个环节上。

二、优化系统，全面提升矿井标准化建设的整体步伐

健全完善生产系统是推进矿井标准化建设的有效途径。

（一）矿井的主要生产系统完善可靠。

2010 年以来，我们不断加大落后工艺和淘汰设备改造力度，进一步完善了采、掘、机、运、通等生产系统。一是加强了回采工艺改造，9101 首采工作面由高档普采更换为机械化综采。二是进行了副井热风炉改造，由原型号为 ZRG—1.7 更换为型号为 QRWRK—2.8，自更换后热风量加大，达到了预期的效果。三是正更换下一采暗斜井提升绞车，将由原型号为 JD—2.5 调度绞车更换为型号为 JKB—2×1.5 的提升绞车，更换后可以提高运输载荷，满足综采设备的正常运输。四是更换了下一采集中材料巷运输设备，由原有型号为 JD—2.5 调度绞车更换为型号为 SQ—80—75WY 无极绳连续牵引绞车，更换后可以提高运输载荷，减小职工的劳动强度。五是正在实施矿灯房超市化改造，由一般的充电架更换为矿灯超市。六是加强了供水系统改造，污水处理厂静压水泵由 22kW 更换为 75kW，加大了水流量，满足了井下用水量。七是开拓了行人斜井，在行人斜井安设了型号为 RJHZ75 架空乘人装置。八是更换了二采主通风机，由原型号为 4—72—11NO20B 离心式主通风机，更换为型号为 FBCDZ18 轴流式主通风机，自更换后风量加大，操作方便，达到了预期效果。

（二）安全避险“六大”系统建设有序进行。

严格按照标准加快建设步伐，有效促进嘉乐泉煤矿安全避险“六大”系统健全完善，增强矿井的抗风险能力。

三、突出重点，全面提高矿井标准化建设的工程质量

工程质量是矿井标准化建设的重要组成部分。为推进现场工作，尤其是工程质量达标，我们坚持“低质工程就是重大隐患”的观念，在加强采掘等工程质量建设的同时，以 9# 煤延深工程建设为重点，认真对照《山西省人民政府办公厅关于进一步加强全省煤矿建设安全“十不准两严格”的通知》《煤矿建设安全规程》以及《煤矿井巷工程验收标准》，狠抓了四项工作：

一是完善手续。嘉乐泉煤矿严格按照程序委托有关单位完成了 9 号煤工程初步设计、瓦斯预测、安全专篇设计并按规程上报省煤炭厅、省煤监局审批。2010 年 12 月底，该项目各项审批手续齐全完备。省煤炭厅批准 9# 煤工程于 2009 年 12 月 26 日正式开工建设。二是加强管理。按照 9# 煤延深工程《管理办法》和《考核细则》，严格执行材料设备使用审批、质量验收和考核奖惩制度，及时召开专题会议，定期对工程进度、质量、造价和材料消耗予以通报，分析存在问题，落实整改措施，协调解决工程进度中存在的问题，为工程建设提供了组织和制度保障。三是精心组织。严格按照《煤矿安全质量标准化及考核评级办法》的规定和要求组织施工，实行班检、日检、旬检和月检的质量验收管理机制，并严格按验收程序进行质量验收，确保 9# 煤的所有井巷工程、设备安装工程质量。四是严格考核。按照《管理办法》的相关规定，严格按月考核，逐月予以兑现，力争将延深工程打造成精品、样榜工程。

四、严格标准，全面提升矿井标准化建设的创建水平

严格标准是搞好矿井标准化建设的重要保证。我

们严格对照国家、行业、尤其是中煤集团《煤矿安全质量标准化标准》，大力加强标准化现场工作，提升专业动态达标的水平，做到了优势专业有巩固、弱势专业有突破。

五、强化整治，全面提升矿井标准化建设的持续改进能力

持续改进是安全生产的重要举措，也是搞好矿井质量标准化建设的有效途径。我们采取“三项”整治等有效举措，不断加大隐患排除力度，促进督察考核达标。我们在开展“一通三防”、地测防治水、运输、顶板管理、火工品使用管理和排水系统专项整治的基础上，重点加大了隐患排查专项治理的力度，强化现场管理，做到了“三定、五落实”。截至目前，嘉乐泉煤矿共进行各类检查82次，累计查出各类隐患2064条。全部按要求进行了整改。

此外，为加强隐患整改力度，我们对安全、标准化工作不到位、隐患整改不及时的单位及个人实行了问责制度，特别是针对上级查出的隐患，进行严肃的责任追究，并将达标工作与队组月度考核工资总额的30%和各专业部室考核工资总额的20%进行挂钩考核。与此同时，严格了督察制度，对自检分数高于上级检查分数的，每高一分考核处罚专业负责人1000元；上级检查得分比规划目标低一分的，处罚专业部室和队组考核工资的5%。做到月月兑现，考核到人。1~11月份，共进行各类责任追究罚款178.56万元。

六、2011年矿井标准化建设的总体工作思路及重点工作

总体工作思路是：坚持用科学发展观统领标准化工作，创建并举，紧紧围绕一个目标（巩固国家级标准化矿井），树立两种观念（系统化、精细化的理念），突出两个重点（回采、运输专业）；实现四个突破（员工下井采区猴车化、综采面工况实时监控化、井下通信无线化、调度系统现代化），加强八项工作，全面提升矿井安全质量标准化整体水平。

重点工作：一是推广新工艺，做好综采工艺的使用；二是加强煤矿安全避险“六大系统”标准化建设；三是加强调度系统标准化建设；四是加强员工培训，提升安全素质；五是加强机电运输系统改造；六是加强以“一通三防”为重点的标准化建设；七是加大安全投入，提升装备水平；八是加强技术革新，重点在掘进设备推行风动化、顺槽运输无级绳、风门、阻车器实行风动闭锁、综掘推行附壁式风筒等方面进行科技攻关。此外，要搞好“矸石充填法”开采“三下压煤”的可行性研究，进一步提高资源回收率，延长矿井的服务年限。

煤矿安全质量标准化建设是一项常抓不懈的系统工程。我们虽然在标准化建设方面取得了一点成绩，但与上级部门的要求还有较大差距。我们将在今后的工作中进一步完善制度，落实责任，以强化管理、落实整改为手段，通过提升科技水平，促进标准化建设力度，为把嘉乐泉煤矿建设成中煤集团、煤气化公司的标准示范型矿井而努力！

中煤太原煤气化集团有限责任公司炉峪口煤矿

2010年以来，炉峪口煤矿认真贯彻落实中煤及集团公司有关安全质量标准化建设工作要求，以“科学发展观”为指导，以系统化、精细化理念为统领，大力提升标准化认识，落实责任，加大投入，强化考核，紧紧围绕“零死亡”的安全生产奋斗目标，以基层、基础建设为抓手，牢固树立“抓标准化促生产、抓标准化保安全”的思想理念，在完善管理、技术、工作、考核四大标准化体系的基础上，重点加强工程质量、工作质量管理，从人员思想、制度建设、装备投入、激励考核、责任落实、队伍建设全面入手，井上井下并举，提升创建质量，全矿干群一心，上下一致，实现由静态向动态达标的转变，扎实推进安全质量标准化建设健康、稳步发展，努力向国家级标准化矿井行列迈进。

一、抓思想，提高认识，为扎实推进安全质量标准化建设提供保证

安全质量标准化建设是煤矿各项工作的基础，是煤矿安全生产的保障，是煤矿一切安全生产工作的基础。年初，我们就明确目标，转变观念，靠标准化的思想促进标准化建设。中煤和集团公司安全质量标准化会议先后召开后，炉峪口煤矿通过班前会、广播、板报等形式大力宣传贯彻会议精神，落实省、市标准化工作要求，全面提高职工安全质量标准化认识，全力引导职工树立“抓标准化促生产、抓标准化保安全”的思想理念。根据公司标准化工作安排部署和达标要求，结合炉峪口煤矿标准化实际情况，我们进一步加强组织领导，成立了安全质量标准化工作领导组，由矿长、党委书记担任组长，其他副矿长任副组长。领导组下设办公室，负责安全质量标准化工作的日常管理工作，为标准化建设工作提供了组织保障。我们还进一步完善了安全质量标准化工作责任制和安全质量标准化管理考核标准，规范了标准化建设日常管理和检查、验收、考核评定程序，本着一级对一级负责、层层落实的原则，将指标任务落实到各个部室、区队和班组，建立了主管领导全面抓、分管部门专业抓、基层区队分片抓和班组人员现场抓的四级标准化建设体系。在此基础上，将月度、季度和全年的规划、考核目标层层分解，做到年度有计划，季度有安排，月月有重点，落实到了区队、班组和个人，使标准化工作规范化管理责任落到了实处。

二、抓基层夯基础，促进安全质量标准化实现动态达标

基础管理是搞好安全质量标准化工作的保证。我们以基础、基层为抓手，完善制度，强化措施，创新管理，通过规范化的管理促进标准化达标。首先，年初炉峪口煤矿以党政文件制定下发了《2010年安全质量标准化建设工作安排》，制订了安全质量标准化工作计划，对《安全质量标准化建设考核办法》进行了补充和完善，加强了区队、班组考核。二是在区队班组建设上，修订完善了《班组安全评估制度》《隐患排查治理制度》《安全质量标准化管理制度》等20项制度。三是汇编了包括区队班组管理标准、工作标准和考核标准等内容的《炉峪口煤矿区队班组建设标准》。四是将井下六大专业操作规程和作业标准印发成小册，便于职工携带和学习，对职工学习标准化知识、掌握操作标准和上标准岗干标准活起到了很大的推动作用。五是先后组织近50名采掘辅助队队长、优秀班组长及班组建设专管员到山东集中培训，学习先进企业理念和现场管理经验，促进班组建设。六是认真落实班组管理制度。采掘队组建立了班组考评制度，由班组长负责对当班工作质量进行考评，使安全质量标准化工作真正落到了生产的每一个岗位、每一个环节、每一道工序。通过以上措施，有效地促进了安全质量标准化建设从静态达标向动态达标的转变。

三、加大投入，加快工艺改革，大力提升安全质量标准化建设硬件水平

先进的技术和装备，是煤矿提高生产效率、实现安全生产的基础条件。一直以来，炉峪口煤矿把改善职工作业条件、降低劳动强度、提高安全保障系数作为实现矿井安全生产的前提，结合矿井实际，不断加大投入，提高装备水平，努力营造良好的安全生产环境。

四、抓培训，提高素质，为大力提升标准化建设水平提供有力支撑

近年来，炉峪口煤矿针对一线职工素质偏低、技术力量薄弱的情况，我们不等不靠，高度重视基层人才引进和培训教育工作，加大投入，全方位、多渠道地组织搞好职工教育培训，努力构建高素质的职工队伍，为标准化建设的深入开展提供素质保证。一是加大培训教育投入，充分发挥矿四级培训基地作用，紧紧围绕提高教学质量，认真组织进行强制性培训。二是突出岗位培训，目前炉峪口煤矿有6大专业11名专兼职教师，根据不同岗位不同工种的培训安排不同的教师，把必知、必会和必用的标准化知识作为培训重点，进行培训，考核合格，方可上岗作业。三是注重人才引进。我矿根据需要，从2007年至2010年累计引进大中专毕业生57名，技术工人41名，把符合条件、专业化、年轻化的专业技术人员充实到生产业务技术和一线技术工作岗位，优化了技术职工队伍，为职工队伍综合素质的提高创造了有力的技术力量保障。四是采取请进来和走出去的培训方式，先后组织分管标准化的领导和干部赴大屯公司参观、学习，引进兄弟单位先进管理经验，极大地促进了我矿标准化建设的快速提升。五是领导干部带头学标准，利用早调会时间坚持开展“每日一题”的学习活动，区队利用班前会时间坚持对相关专业标准化知识组织学习，在实现职工思想认识提升的基础上，做到上标准岗、干标准活。六是大力开展安全文化建设。通过广播、板报和安全文化长廊从井上下把安全质量标准化贯穿于安全管理和安全文化建设的全过程，充分发挥宣传舆论的阵地作用，为搞好安全质量标准化建设提供了强有力的人员素质保障，营造了一个人人关心、人人支持和人人参与标准化建设的良好氛围。

五、抓管理，严考核，不断提高安全质量标准化建设工作水平

加强安全质量标准化的检查与考核，是促进安全质量标准化不断进步的重要手段。年初，我矿根据公司要求重新制定完善标准化考核办法，细化标准化考核，加大考评力度，加强过程中的监督和考核，通过严格的考评带动标准化工作达标。我们坚持动静结合、点面结合、常规检查和重点专项检查相结合原则，实施作业的全过程监督考核。一是加强逢“八”安全质量标准化验收，标准化考核得分与队长、书记、技术员及分管专业组长的奖金挂钩；二是严格干部值班下井制度，干部下井必须到现场监督指导生产，发现问题及时提出整改要求并进行反馈；三是各生产业务部门在规程、措施的编制、审批、学习贯彻和执行过程中，进行全方位监管；四是各队组加强班组工程质量检查验收，严格把关，不合格及时进行整改；五是检查验收做到一个标准，公平、公正，落实检查责任，每次检查验收都由分管专业组组长严格把关、审核，有效避免了检查人员走过场现象，增强了检查工作的严肃性、时效性。六是狠反“三违”，规范个人作业行为。安全质量标准化建设重在基层和基础，个人作业行为是否规范对安全生产工作有着较大的影响。为此，我们不断加强现场监督检查，加大安全小分队的突查活动力度，强化中夜班、节假日的监控，查隐患，反“三违”，对行为不规范的人员从严进行查处。

六、抓落实，加强带班管理，大力推进安全质量标准化建设

煤矿是高危行业，煤矿领导干部工作作风极大地影响着广大职工，对标准化建设的提升至关重要。为认真贯彻落实国务院23号文、国家安监总局33号令及省市有关矿领导带班下井的要求，炉峪口煤矿制定了矿领导带班下井制度、交接班制度和档案管理制度。并根据公司要求，从10月1日起矿领导根据月初计划开始下井带班，加强作业现场的监督管理，发挥领导带班到现场抓安全、促管理的现场监督管理作用。同时严格执行交接班制度，做好交接班记录，真正将矿领导带班下井要求落到实处，有效地加强了现场监督管理，为促进标准化建设提供了有力的组织保障。

总之，安全质量标准化建设是构建安全生产长效机制、打造本质安全型矿井的基础和根本保证，也是一项常抓不懈、持之以恒的工作。2011年以来，我们虽然在安全质量标准化建设方面下了很大工夫，取得了一些成绩，但我们也清醒地认识到，我们的工作离上级领导的要求还有一定的差距和不足，我们还需进一步努力，在“精细”上下工夫、做文章。同时，我们也相信，通过各位领导、各位专家这次莅临检查指导，炉峪口煤矿的标准化建设工作一定能再上新台阶，有所新发展。

中煤太原煤气化集团山西神州煤业有限责任公司

2010年以来,煤矿始终把安全质量标准化工作视为企业的形象工程、生命工程、效益工程和基础工程,给予了高度的重视,在全矿上下形成了“搞一辈子煤矿,抓一辈子标准化”等理念,建立了比较完善的安全质量标准化建设体系和一套严格的管理考核制度,并在实施中严格管理,严格检查,严格考核,狠抓落实,使我矿标准化工作一年一个台阶,呈现出良好的发展势头,有力促进了我矿安全生产的稳定健康发展。

一、广泛宣传,提高广大职工抓好煤矿安全质量标准化工作的认识

安全质量标准化工作是企业的基础工程、生命工程和效益工程,是强化安全基础管理的重要手段,是构建安全生产长效机制的有效措施,搞好安全质量标准化必须坚持思想先行,用思想达标带动安全质量达标,为此宣传发动是提高认识的主要途径,我公司充分利用广播、画廊等宣传阵地,利用井下班前会,安全活动日,百日安全活动等各种机会广泛宣传,使广大职工群众深刻理解安全质量标准化工作的重要性和必要性,树立标准化工作就是“生命工程”,是强根固本的根本途径,是关系职工生命安全健康大事的意识,坚持以人为本,突出“本质安全、珍爱生命”理念的渗透力和影响力,从硬环境和软环境两个方面着手,在改善生产条件,工作环境,加强基础建设方面狠下工夫,投入资金,建立井上、下安全文化长廊、区队安全文化室,引导职工牢固树立“干一辈子煤矿,搞一辈子标准化”的理念。

二、加强组织,明确目标,进一步完善安全质量标准化工作机制

为进一步强化公司安全质量标准化工作的组织领导,确保安全质量标准化工作能够扎实有效地开展。我公司不断完善健全标准化工作机制,2010年6月,根据山西省晋煤安发〔2010〕501号文《关于修订完善煤矿安全质量标准化标准及考核评级办法部分内容的通知》及集团公司有关文件的要求,我公司组织召开专题会议,下发了神州煤业政字〔2010〕127号文,对标准化专业组进行了调整,加设了调度专业,标准化专业组增加为10个。成立调度专业标准化工作机构,并对调度专业标准化工作进行科学规划,同时对一通三防、地测防治水标准化的部分标准进行了修订,确保了标准化工作的顺利开展。进一步明确各级领导的安全质量标准化目标责任,实行领导干部目标挂钩和专业组负责人负责制,责任到人,党政工团组织共同参与,齐抓共管。进一步完善了公司领导督导,职能部门监管,基层队组具体实施,全面覆盖的安全质量标准化管理网络和完善的质量标准化工作“矿、部室、区队”三级责任制体系。对标准化工作统一领导、统一规划、统一布置、统一考评,确保安全质量标准化全员、全方位、全过程实施。

三、科学规划、统筹安排、促进标准化工作有序开展

根据集团公司安全质量标准化总体规划中对公司安全质量标准化工作目标的要求,按照公司2010年标准化建设的总体规划目标、重点工作,结合各专业实际进展情况,每季度我们组织召开标准化工作专题会议,对各专业全年及季度标准化建设进行进一步

规划和安排，各专业进一步细化目标，制定阶段性目标任务及工作重点，进一步把年度、季度规划目标分解到每月每周，统筹安排，全面推进，使安全质量标准化工作有序的开展。根据安全质量标准化工作的开展情况，每月初由各专业组以书面形式汇报上月工作总结及下月工作重点，由标准办组织每周一进行检查与验收，并根据各专业标准化工作的开展情况进行评定与考核。

四、重点突出、持续改进，安全质量标准化建设水平不断巩固和提高

我们以争创国家级煤矿安全质量标准化矿井为契机，立足加大安全投入和“科技兴安”战略相结合，努力创建本质安全型矿井。围绕达标目标，根据目前各专业达标情况，本着“在保持中发展，在巩固中提高”原则，对照专业标准，找出差距和不足，集中力量，实现重点突破，从资金保证、责任人、措施、时间多方面予以落实，促进总体推进，保证各专业完成矿下达的规划目标。

(一)重点抓好750大巷的标准化建设工作。

作为2010标准化建设的形象工程，全矿重点抓好750大巷的维护、硬化、粉刷、亮化、安全文化建设以及架空乘人车装置机头机尾的标准化建设工作。

(二)大力提升采掘工作面标准化建设水平。

紧紧围绕建设装备精良、管理科学、安全高效的本质安全型企业为目标，不断加大安全装备投入，积极推广使用新技术、新装备，不断完善安全基础设施，夯实安全管理基础，在消化吸收综采工艺的基础上，装备了4505、4307综采工作面，全面实行综合机械化采煤工艺，购置2台综掘机，全面取消炮掘工艺，三季度在4307轨道顺槽安装无极绳绞车，在集团公司所属煤矿率先实现采区顺槽巷道无极绳连续运输。

(三)突出抓好“一通三防”管理工作。

根据“一通三防”专项技术会诊检查要求，对我公司“一通三防”管理制度，重新进行了完善修改，制定了“矿井通风管理制度”“巷道贯通管理制度”“综合防尘管理制度”“一通三防”28项管理制度，并能够严格按照各项管理制度贯彻执行。建立了各类基础台账10种，并每月按要求整理归档，现各种资料齐全完善。

(四)加强机电运输管理。

在2009年机电设备及运输大会战活动取得成果的基础上，进一步加强供配电安全管理，特别是对供电系统运行状况加强监测、完善设备安全保护和安全防护装置，加强井下电器设备防爆管理，对设备的检修、维护、保养和检测落实到位，确保设备、设施的完好运行，认真落实设备点巡检责任制，加强重要设备的维护，严格岗位安全操作，实现设备零故障、零缺陷良好运行。

在提升运输管理方面，切实抓好提升运输各环节的综合整治工作，完善提升运输设备的各类保护装置，安全防护设施和信号装置做到齐全、有效。

(五)切实加强地测防治水管理工作。

认真贯彻上级有关精神，进一步提高水害防治意识，明确水害防治工作的职责，落实水害防治安全生产责任制，认真落实采空区、相邻矿井及废弃矿井老空积水防治措施，建立完善的防水、排水系统，各掘进工作面切实坚持“有掘必探、先探后掘”的水害防治原则，认真落实探放水的专项技术措施和探放水制度；完善防治水设施，配足排水设备，确保防排水畅通。

(六)进一步强化基础安全管理。

认真贯彻落实国发〔2010〕23号、国家安全生产监督管理总局第33号令、安监总办〔2010〕139号及山西省人民政府《关于切实加强当前煤矿安全生产工作的若干规定》文件的指示精神，按照国务院国发23号文件、安监总煤监〔2010〕146号、安监总煤监〔2010〕152号以及国家安全生产监督管理总局第33号令的指示要求，公司组织召开专题会议，制定下发出台了《关于进一步强化领导干部下井带班值班的通知》《关于确实加强近期防汛工作的通知》《关于做好“两节与能博会”期间安全生产工作的通知》《后百日安全活动》等文件，采取强有力措施，积极组织开展各项安全活动，分步骤、分阶段将安全检查、标准化检查、隐患排查、专项检查等工作结合起来，排查安全隐患，落实整治，保证了我公司安全生产稳定运行。

五、加强学习，强化培训，全面提高职工综合素质

为了有效促进和调动职工学习安全质量标准化知识，公司于2010年3月制定下发了《2010年度员工培训计划》实施方案，方案中明确了安全质量标准化培训考核目标，采取全员、全方位、多形式的培训模式，紧密结合现场实际，以能力培养为重点，以规范操作行为为基础，对职工进行有效的标准化知识培训，达到本岗位应知应会的标准要求。一方面依托省市一级、二级安全培训机构，对安全生产主要负责人进行安全资格取证培训；另一方面发挥公司四级培训机构的作用，以全员培训、安全培训、班组长培训为重点，对安全生产管理人员、特殊工种作业人员和煤矿从业人员等进行多层次的安全培训。

六、落实责任，强化考核，确保安全质量标准化工作各项措施落实到位

2010年度，按照煤矿安全质量标准化管理办法的有关规定，进一步强化安全质量标准化工作的监督、检查和考核。坚持定期检查与动态检查相结合，对工作目标完成情况进行严格考核，奖惩兑现，使安全质量标准化工作得到制度上的保证。公司标准办每周一定期组织进行检查和每月不定期抽查，根据各单位安全质量标准化工作的进展情况、工作目标和重点工作完成情况、“三定”问题整改情况进行检查验收。凡对安全质量标准化工作不重视、不认真开展工作、不完成重点工作，或不认真进行“三定”整改的，除按规定扣除组队本考核期内结算工资总额外，并严肃通报批评。为防止“三老”问题反复出现，提高安全隐患的整改力度，检查过程中，对隐患问题的整改力度（百分比）进行考核，对上考核期检查中出现的问题未整改的组队按照《2010年安全管理考核细则》有关规定进行处罚。将安全质量标准化纳入公司目标责任制考核的安全指标中，并占到主要考核指标百分制的30%。设立安全质量标准化专项奖励基金，按吨煤2元作为安全质量标准化专项奖励基金。专款专用，用于奖励在安全质量标准化建设中取得成绩的队组和相关部门。

2010年度，通过以上几方面的积极工作，公司进一步明确目标，健全机制，突出重点，强化考核。实现了安全质量标准化由点、线、面达标向全过程、全方位动态达标的提升，使公司在生产系统和各个环节中处于安全生产的良好状态，确保了安全生产任务的圆满完成，顺利通过了中煤公司上半年、集团公司一、二、三、四季度安全质量标准化评定验收，为争创国家级标准化矿井奠定了良好的基础。

总之，煤矿安全质量标准化工作是一项常抓不懈、持之以恒的工作，必须认真落实“管理、装备、培训”三并重原则，严管理，上装备，强培训，抓落实，真抓实干，不断进取，才能取得实效。今后，我们将一如既往地开展好安全质量标准化工作，为把神州煤业公司打造成本质安全型矿井而努力。

中煤平朔煤炭工业公司安家岭露天矿

安家岭露天矿2003—2009年，连续七年被中国煤炭工业协会评为“特级高产高效矿井”，2004年通过了ISO 14001和ISO 9001国际环境质量认证体系认证，2005年被评为“国家一级安全质量标准化矿井”。2010年，再次被中国煤炭工业协会命名为“特级安全高效露天矿”，在国内煤炭项目建设史上创造了工期短、投资少、质量好、效益高的典范。

一、环境为先根治不利安全的环境因素

良好的作业环境，是安全生产的保障，安全质量标准化工作的成败，关系到矿山安全、产量、效率、成本、形象等方面管理水平的有效提升。安家岭矿以提高安全生产管理水平为目的，以有效遏制人身伤害事故为落脚点，将安全质量标准化作为安全工作的切入点，不断自加压力，细化标准，使安全质量标准化工作实现了稳步、全面发展。圆满地实现了"全年动态达到一级安全质量标准化露天矿,在全公司树立安全质量标准化标兵单位和中煤集团安全质量标准化示范露天矿,达到国家级安全质量标准化矿山标准"的既定目标。

建立健全领导组织机构和相关制度。为保证全矿安全质量标准化工作的扎实推进,不断完善安全质量标准化考核指标、考核办法和考核标准及考核、奖罚等相关制度。矿各级管理人员和全体员工牢固树环境、责任、素质"三种意识",严格按照矿制定的质量标准化年度工作目标,加强管理,提高认识,创新和发展安全质量标准化工作模式,不断改进工作方式方法,层层落实责任,建立了涵盖全员、责任明晰、执行有力的工作体系,始终将安全质量标准化工作放在各项工作之首,以更加得力的措施,更加扎实的工作,更加强硬的手段,抓好安全质量标准化工作。

为了全方位、全过程把安全质量标准化工作渗透到工作的方方面面,确保生产全过程安全质量标准化工作不缺点、不断线,达到精细化管理,实现全面推进,针对实际情况,从整备、穿孔、爆破、采装、运输、排土、边坡管理七环节着手,逐点、逐项控制,对生产过程的细节性工作提出明确要求,从基础工作入手,各环节相互促进,保证安全质量标准化工作的细致、深入进行。主要采取的措施有:严格按照设计规范进行采矿计划,注重采掘关系合理,运输道路布置科学,各生产环节衔接紧密。制订合理的排弃计划,控制排弃强度,先下后上,均衡推进,使排土场工作帮坡角不超过最终设计帮坡角,保证排土场标准。规范穿爆设计,严格按计划施工,保证了工作线整齐,保持矿坑整体形象。从设计上保证运输干道的有效宽度,避免急转弯和视线盲区,避免交叉运行。同时,针对外包和自营交叉带来的较大安全隐患问题,采取优化道路运输系统,封闭多余交叉路口,在路口设置安全警示标牌等措施,隔离外包施工设备进入自营生产区域,保障安全生产。

高度重视采场、道路、排土场及固定场区的安全挡墙质量,运煤主干道、端帮道路挡墙不间断地随时整理,使矿坑面貌保持整洁、美观,并切实起到安全防护的作用。提高养路机械的工作效率和工作质量,树立修路就是修车的理念,要求养路机械不间断地维护运输道路,保持道路良好的路面条件。努力提高电铲工作面工程质量,达到帮齐、底平,掌子根不留虚货,不留大角,达到边采边形成道路的水平。提高爆破质量,努力避免出现超限大快和明显拉底,为采装提供优质细矿。

安家岭矿常备一支精干队伍,配备最好的设备,精干的人员,由专人负责,经常性地对矿区、采场的所有道路进行彻底整治,为道路质量的保持奠定良好基础。

加强设备管理,管好用好设备。设备保障同样是安全质量标准化工作的重要内容。矿设备管理部门协同维修部门,经常性地对生产设备进行全面维护、整修,力争做到恢复原貌和原始性能,尤其对易引发事故的安全机件、结构进行不定期跟踪检查,实现设备管理标准化;进一步完善设备管理办法,严格执行包机制,从设备的记录管理、操作使用管理、卫生管理、包机管理、非正常损坏处罚等方方面面入手,确保设备安全可靠运行。

确保安全费用投入,全年投入安全费用1800万元,应用于安全设备、设施、安全环境等方面条件的改善。在平朔矿区范围,率先在所有运输主干道一侧安装了总数2500根道路反光标志,极大地提高了夜间行车的安全性,同时美化了矿坑环境,起到了亮化作用,交通运输事故明显下降。

二、责任为重打造强有力的干部职工队伍

完善安全管理,建立完善的安全管理机构,安全管理制度全面充实。2010年,经系统梳理,修订后的安全管理制度涵盖了三大规程、安全生产责任制、安全会议、安全目标管理、安全投入保障、安全质量标准化管理、安全教育与培训、事故隐患排查与整改、安全监督检查、安全技术审批、事故应急救援、安全与经济利益挂钩、入坑人员管理、安全举报、管理人员下井(入坑)及带班等各个方面。

安全目标层层分解。矿与各部门签定安全目标责任书,并制定了详细完善的“三违”、事故处罚办法,对各部门进行安全目标月度考核,“三违”及一般事故对责任人及相关管理人员处罚,三级及以上事故对班组分别处罚25%、50%、100%的安全奖总额,使每一位员工都感觉到身上的压力,与集体共同承担应有的责任。

强化现场安全管理及领导带班。安家岭矿自建矿以来就坚持执行领导干部值班制度,自国务院23号文件下发后,更加强了矿领导跟班(带班)制度的落实。隐患排查治理坚持日常化,在生产过程中不间断地进行,及时发现、解决生产中存在的问题,堵塞安全漏洞,确保全矿生产活动安全有序进行。严格按照整改措施、责任、资金、时限和预案“五到位”组织隐患排查治理。值得特别提出的是,11月初,矿领导在进行步行检查时,及时发现了端帮井上部排土场区域裂缝的重大险情,及时向公司作出汇报,并采取有力措施,布置监测监控,封堵道路,撤离人员、设备,并在随后该区域的排土回填过程中,顺利渡过了端帮井裂缝危险区,为下一步安全生产创造了良好安全环境和作业环境,解决了一个长期制约煤矿安全生产的难点问题。

加大安全质量标准化工作考核力度。成立安全质量标准化工作领导组,完善安全质量标准化考核与奖惩办法及安全质量与经济利益挂钩办法,把安全质量标准化考核与管理人员和全矿职工的利益紧密联系起来,做到奖优罚劣;进一步明确安全质量标准工作责任,安全质量标准化办公室负责日常工作的考核验收,建立了安全质量标准化年度目标规划及考核奖惩机制,将每月绩效工资总额10%的权重作为各单位安全质量标准化专项奖进行考核。矿对各部门的质量标准化工作实行周考核,月兑现,矿领导每周不定期组织安全质量标准化办公室、技术部、调度室等相关部门,对矿坑工程质量进行标准化考核评分,作为各单位标准化专项奖的兑现依据,以经济杠杆推动安全质量标准化达标。

党政齐抓共管,充分发挥党团、群监组织的作用。党群组织利用各种宣传阵地,经常有针对性地开展安全宣传教育活动,大力宣传安全生产方针政策、法律法规和安全生产的重大举措,将重要安全活动、安全工作成绩向外传播,营造有利于安全生产的文化氛围,通过煤矿安全文化建设,以开展多种形式的安全生产活动为载体,积极探索新形势下安全生产工作的规律、特点,研究新情况,解决新问题,适应新变化,推动安全生产工作发展;工会组织充分发挥出群监组织的群众监督作用,实现群防群治;共青团组织围绕企业安全生产目标,开展适合青年员工的各种安全活动。通过齐抓共管,形成全员、全过程、全方位的安全管理机制,有效促进安全生产形势持续健康发展。

三、素质保障适应企业发展需要

安全文化是安全工作的灵魂,理念引领是制度约束的升华。高标准的矿山面貌要由高素质的队伍来建设。实践证明,没有思想的高境界,就没有工作的高标准。矿山安全高效上台阶、创水平,必须以先进的安全文化为先导,狠抓教育培训,提高认知水平,培育和规范职工的文明行为,增强职工的内在活力。

坚持“环境育人”的理念,营造企业安全文化氛围。充分利用广播电视、矿内局域网、电子大屏幕、安全警示牌等多种形式宣传健康向上、富有新意和充满人文关怀的安全文化。从矿大门到参观台,沿途设立了包括集团公司和平朔公司的方针政策、安全理念、安全警示标语等全方位、立体化的安全文化长廊,使本矿职工和外来人员处处都能感受到企业浓厚的文化氛围,实现约束自己行为的目的。为营造安全氛围,时刻提醒职工的安全意识,提升矿山对外形象,矿坑内共设立各类警示牌、宣传牌150余块,大力宣传安全质量标准化目标和理念,使安全质量标准化工作的意义和作用深入人心,成为全矿干部职工的一种自觉行为。

制订详细的安全培训计划,加大安全教育培训力度,采用电教化手段,高质量的培训课程,通过培训调整人的思维、规范人的行为、改变人的习惯、全面提升员工安全素质。培训过程注重的实效,不将就、不凑合。重点突出班组长、一线职工、关键工种的培训，培训内容有针对性，切合实际，易学易懂。安全管理人员、特种作业人员培训、新上岗人员岗前培训达到100%。有力地提高了岗位员工的安全意识和安全操作技能，为确保安全质量标准化工作有效推进，为实现上标准岗、干标准活奠定了坚实的理论基础。

成绩代表过去，但取得成绩的经验却是我们宝贵的财富，安家岭矿做为平朔矿区重点产煤矿之一，定将把这些宝贵的财富化作动力和活力，以科学发展观为指导，解放思想、满怀信心、锐意创新、不断超越，强化安全管理，夯实安全基础，努力提高安全质量标准化水平，把"环境、责任、素质"的安全理念充分溶入到安全生产活动始终，不辱使命，撑起平朔矿区的一片蓝天，在新的征程上向平朔公司及集团公司交上一份满意的答卷。

中煤平朔煤炭工业公司安太堡露天煤矿

为保证全矿安全质量标准化工作的扎实推进，矿领导高度重视，成立了以矿长为组长的专业领导机构，认真讨论、研究、完善了全矿的安全质量标准化考核指标、考核办法和考核标准，健全了考核、奖罚等相关制度。

根据目前实际，由易到难、自上而下，分区域、分平盘、分土场确定不同的达标要求，制定了详细的达标日程，明确了什么时候必须要达到什么样的标准。并与安全生产工作同部署、同落实、同检查、同奖罚，严格按达标规化的要求推进，扎实开展，确保实效。

每月月底之前由矿主要领导分组带队进行一次全矿安全质量标准化检查考核，每次考核各组都要评选出最佳安全质量标准化示范点一个，予以奖励，对得分较低的单位进行全矿通报批评，限期完成整改。

安全质量标准化工作日常监督、检查、考核和奖罚的日常工作由安监站牵头办理，并负责组织定期和不定期的矿内质量标准化大检查，向有关领导和单位通报结果。

从管理人员到全体职工都进行了专业培训，提高了全员对安全质量标准化工作的认识，发放了《露天煤矿安全质量标准化标准及考核评级办法》，使每名员工都明确本岗位标准，对照标准，寻找差距。

将公共区域、工业广场、生产现场进行了划分，明确了各部门和每名管理人员的责任范围，根据达标要求，严格考核，从严奖罚。

从各生产环节入手，全面推进。从穿爆、采装、运输、排土等环节着手，对穿爆的穿孔规格和钻孔护孔加强管理，爆破专业要加强爆破设计与施工，针对不同岩性研究制定爆破技术方案，根据实际情况采取分段装药、空气间隔装药或辅助花孔等方式，实行快装快放，确保火区爆破安全和爆破质量，采取有效措施减少大块和拉底现象发生。采掘工作面的帮齐、底平，运输道路平整、挡墙规范，坡度符合要求，排土场的挡墙和排土工作线平整整齐，按要求设立返坡，以及坡道的设计验收和电缆摆放等细节性工作提出明确要求，保证安全质量标准化工作从基础工作相互促进，全面开展。

边坡由生产技术部牵头，组织相关单位对全矿边坡稳定性进行计算，对不稳定的地段联系相关单位进行监测；生产班、930E生产班负责对各自责任范围的边坡进行巡视和踏勘。

各单位制定了达标工作责任落实的管理办法，建立严、组、操作性强的考评体系，形成自上而下逐级落实，自下而上层层负责的体制。加强静态和动态考核工作，实行领导干部责任制及作业人员责任追究制。不断提高员工做好安全质量标准化工作的积极性、主动性和责任心，确保在2011年年底达到特级标准化矿井，努力创建本质安全型企业。

各单位正确把握安全质量标准化的实质，进一步提高认识，增强抓好企业安全质量标准化工作的自觉性，把安全质量标准化工作当做关乎企业生存发展和职工群众安全利益的“安全工程”“生命工程”“效益工程”“形象工程”，当做夯实基础、提升安全管理水平的重要途径。从形式到内容、从环境到现场、从文化到行动、从静态到动态，始终如一地把安全质量标准化贯穿到现场管理的各个环节，始终如一地把安全质量标准化覆盖到工程质量、工作质量和管理质量的各个方面，实现安全生产的标准化、流程化，确保了安太堡矿达到公司国家级安全质量标准化矿。

中煤平朔煤炭工业公司安家岭一号井工矿

平朔井工一矿是国资委所属，中煤平朔煤业有限责任公司下属煤炭生产企业，组建于2002年10月，位于山西省朔州市平鲁区境内，是一座年产原煤1000万吨的大型现代化矿井，建矿8年来，矿党政始终坚持质量标准化挂帅，依靠安全质量标准化办煤矿，在安全质量标准化工作上坚持“高起点，高标准，严要求”的工作方针，不断完善创新机制，走出了一条“局部治理，全面提高，整体推进”的以人、机、物、环、管、科技创新为动力的安全质量标准化创新之路，使矿井的安全质量标准化工作长期保持在一个较高的水平。

一、细化标准，完善制度，狠抓责任落实

在安全质量标准化开展过程中，我们不断强化标准学习，尤其是在抓责任落实上狠下工夫，组织制定了《员工不安全行为管理标准》《员工岗位规范管理标准》《现场隐患排查管理标准》《现场危险源辨识管理标准》《员工不安全行为查处管理标准》等九大项现场管理标准，并制作了《员工岗位规范、危险源管理》卡片，做到人手一份，使矿井的各项工作和作业工序、环节及每个岗位都有了标准可循，都在标准的指导下工作，通过不断完善各项管理制度，我们形成了适于自身发展的管理体系和机制，为矿井的标准化建设和安全生产工作提供了制度保障。通过管理工作的不断加强，实现了可持续发展和新的飞跃。

二、以人为本，强化培训，形成人才培养机制

为提高员工的质量意识，我们充分发挥各级培训机构的职能作用，坚持以人为本，注重后继人才的培养，在塑造和培养一流的员工队伍上下工夫，在开展全员培训的基础上，突出抓好现场管理干部、班组长及特殊工种岗位人员的技术培训，根据《2010年培训计划》开展了各类安全培训24次。其中参加教育培训中心举办的特殊作业人员初训、复训10期共113人，班组长培训2期，做到了全员培训率100%，持证上岗率100%；同时除参加教育培训中心的培训外，一号矿还积极组织全员培训，开展了“每月一考”制度，先后开展了各类安全培训12次，新入矿大学生培训10人次；我们以班组建设为落脚点，在加强班组作风、责任心、战斗力建设的同时，通过班前会、“每日一题、每周一例、每月一考”等形式，不断提炼和提高职工懂标准、用标准的熟练程度，使全矿干部、职工的操作技能、管理水平、安全意识得到了明显提升。

三、加大投入，创新技术，建设亮点工程

我们以争创一级煤矿安全质量标准化矿井为契机，立足加大安全投入和“科技兴安”战略相结合。努力创建本质安全型矿井，采用先进技术、装备和工艺，简化生产流程，努力创建本质安全型矿井。人员定位系统的使用，有效地保证了入井人员的井下精准定位；先进的监测监控、信息通信、保护系统，实现了对

井下作业场所全方位的覆盖，为逐步实现无人则安的理念奠定了基础。

同时，我们建立了全员参与的技术创新体系，长年坚持开展群众性的技术革新和“五小”科技活动，对现有机械设备进行改进，仅2010年一年就完成了20多项科研、技改项目，尤其是新型风水联合水幕的设计与应用、局部通风机风筒转换器的推广和使用、液压支架采高链、液压折叠伸缩式过桥、液压支架拉后溜油缸保护罩、辅运大巷缓冲装置等技改项目，有效地解决了安全生产中的突出问题，提高了标准化水平。

四、典型引路，以点带面，整体推进，提升安全质量标准化水平

多年来，我们始终坚持选择基础较好，安全质量标准化水平较高的采掘队为典型，开展安全质量标准化示范点建设，以点带面，整体推进，抓一次施工、一次达标，突出关键改进，实现管理聚焦，延伸安全质量标准化工作的内涵，不断创建精品工程。以“创建高标准的质量标准化精品工作面、精品采区、样板矿井”为工作目标，树立“质量就是工作量，安全就是效益”和“安全质量标准化，安全管理明晰化”的理念，进一步完善安全质量标准化管理的长效机制和持续改进机制，把“安全第一，质量为本”的意识落到实处，进而全面提高矿井质量标准化水平。同时，我们与项目施工单位联合开展安全质量标准化评比活动，形成了新的奖罚模式，即矿每月组织召开由所有队组参加的评比大会，按照考核评比结果，最差队组向优胜单位颁发学习整改基金，逐渐转变安全管理模式，使生产区队由被动管理向主动管理转变(我们认为可以在全公司推广)。

五、加强环境治理，推行“五个延伸”，促进标准化动态达标

在安全治理上，我们坚持合理组织生产，正规循环作业，不超负荷安排工作，不搞延时超点会战，杜绝违章指挥，盲目蛮干、赶急图快，正确处理安全与生产、安全与质量、安全与效益的关系，加强动态隐患排查与治理，扎扎实实，不走过场；认真汲取本行业各类事故教训，抓好井下零星工程、分散作业地点、节假日以及固定岗位的安全治理，做好自查自纠，认真排查隐患，坚决做到不安全不生产；全方位发挥群监组织、青年安全岗等群众性安全协管网络的作用，推广“安全六法”，狠罚“三违”，长期保持安全治理上的高压态势。并结合本矿实际情况在全矿范围内全面推行现场达标“五个延伸”，即由点面达标向系统达标延伸，井下达标向井上达标延伸，硬件达标向软件达标延伸，静态达标向动态达标延伸，生产环境达标向地面办公区域美化亮化延伸，进一步促进安全质量标准化动态达标。

六、强根固本，塑造安全文化，促进质量标准化建设

安全是煤矿工作永恒的主题，煤矿在企业文化建设中，把安全文化建设作为其中一个重要组成部分，以企务公开、内部刊物、报社、电视台、宣传栏等形式，在广大职工群众中大力宣传搞好安全质量标准化工作的重要性，推广好的经验和做法，逐步提炼了“职工生命为天，安全至高无上”的富有井工特色的安全文化理念，并在长期的企业文化建设中创立了“五精”、“五细”管理目标。“五精”即精心、精髓、精确、精密、精品；“五细”即细在流程、细在环节、细在考核、细在监督、细在规范。

总之，煤矿的安全质量标准化工作要达到以“人”才培养为主导，建立人员长效培养机制，建成井工系统各类优秀人才的培养、输出基地，实现员工从被动安全到主动安全的转变，从“要我安全”到“我要安全”、我会安全的实质性转变；以“机”电标准化为动力，消除设备在设计和使用上的潜在隐患，开机率达到97%，故障率降到15%以下，实现业务保安；以“环”境治理为依托，通过可视化数字控制系统的建设，消除死角、盲区，为员工营造一个舒适的工作环境，在舒畅的心情状态下工作，达到无人则安、无为而治的安全工作目的；以“管”理为手段，做到安全生产无漏洞，各级管理人员达到“不抓安全就是失职，三违就是事故”的精神层次。实现人、机、环、管高度和谐，本质安全无事故的终极目标！

陕西南梁矿业有限公司

陕西南梁矿业有限公司是由中国中煤能源股份有限公司发起设立并控股的陕西省煤炭行业首家中外合资企业,注册资本24593万元,合资期限30年。

公司自成立以来,始终把安全发展、科学发展作为第一要务,把安全质量标准化建设作为构建本质安全型矿井的灵魂和重要保障。自公司安全质量标准化工作开展以来,煤矿认真贯彻落实国家局、省局、中煤集团公司关于开展煤矿安全质量标准化建设的文件、指示精神,以创建国家级安全质量标准化矿井为目标,对照安全质量标准化考核标准,坚持高标准、高起点、高质量、高要求,通过制定年度安全质量标准化实施细则,强化基础管理,狠抓工程质量,注重工作责任落实,有力地推动了煤矿安全生产形势的稳定发展。截至2011年10月底,已实现安全生产2184天。公司先后通过了榆林市能源局"二级安全质量标准化矿井"验收、陕西省煤炭工业局和中煤能源集团有限公司"一级安全质量标准化"验收。2011年6月,公司荣获"国家级安全质量标准化煤矿"称号。

近年来,公司在安全质量标准化方面做了以下几方面的工作:

一、加强组织领导,落实工作职责

一是领导重视,管理到位。公司成立以总经理为组长的安全质量标准化领导小组,由生产技术部具体负责,各职能部门分管各专业的安全质量标准化工作,做到任务清楚,责任明确,措施得力,抓出实效。

二是坚持思想先行、超前认识,用思想达标带动安全质量标准化达标。积极了解和借鉴国内同行业,抓质量、保安全、促发展的先进经验,使公司各级安全管理人员认清本单位在质量标准化工作存在的差距,增强工作的紧迫感,进一步坚定抓好安全质量标准化工作的信心。

三是强化安全管理队伍的建设。在公司安全培训中心,实行普通工人轮训、特殊工种集训、管理人员强训的办法,组织全矿人员学习《煤矿安全质量标准化标准及考核评级办法》《煤矿安全规程》《各工种技术操作规程》、中煤集团公司评级办法、工作面作业规程等,并组织相应的考试,对于成绩优秀的给予奖励,不合格者给予处罚。大大增强了全矿干部职工学习标准的积极性,形成人人学标准、人人懂标准、上标准岗、干标准活的浓厚氛围。做到思想和行动整体提高,为矿井安全质量标准化工作的开展奠定了基础。

二、结合实际,制定实施细则、实施标准

根据煤矿安全生产法律、法规,《煤矿安全规程》等有关煤矿安全生产的标准、部门规章以及规范性文件结合公司实际情况制定了《陕西南梁矿业有限公司安全质量标准化实施方案》;根据国家煤矿安监局印发的《煤矿安全质量标准化标准及考核评级办法(试行)》制定了《陕西南梁矿业有限公司质量标准化考核标准》和《陕西南梁矿业有限公司安全质量标准化达标规划》。

三、强化责任落实,切实推动安全质量标准化工作有序开展

一是制定完善了各级领导、各部门、各工种、各岗位安全生产责任制。

二是坚持定期检查和随机抽查结合,严格考核煤

矿各生产系统和环节始终处于安全生产的良好状态，实现安全质量标准化由点、线、面达标向全过程、全方位动态达标的提升。

三是根据年度、季度、月度质量标准化工作目标，实行“三定两包”责任制，“三定”就是定人员、定区域、定时间，“两包”就是包质量、包进度，力争在预定期限内完成预定目标。

四是坚持定期(旬检)检查与动态检查相结合，专项检查与日常检查相结合的检查制度，对工作目标完成情况进行监督考核，使矿井安全质量标准化工作得到有序开展。

四、强化现场管理，及时改进和提高安全质量质量标准化标准

一是稳固基础，加强对综采、综掘工作面现场质量标准化的管理工作。现场管理综采工作面移架、接顶严实及端面距，强化文明生产。掘进工作面临时支护、巷道成型及文明生产。为了不断提升矿井的安全质量标准化水平，公司从面貌、装备、质量整体提升，大到一个工作面，一条巷道，一个迎头，小到一台开关，一个螺丝钉我们都按标准来施工。以“一条线”、“六个点”为主，从井口到20202综采工作面“一条线”的亮化，重抓20202工作面、盘区变电所、综掘工作面“三个点”的达标，我们对照标准分为六个工作小组，搞会战，加班延点，创出了多项“亮点”工程。2-2煤辅助运输大巷刷白3000多米，对202盘区及综采工作面顺槽近4500米巷道供排水管路进行了分色刷漆，制作机电运输岗位图牌板150块，设备标志牌600块，电缆标设牌100块，购置2500多个电缆钩对井下5000米巷道的电缆进行高标准吊挂，清挖整理盘区巷道水沟3000多米，整理机电峒室10个。同时，我们还将质量标准化工作重点落实到采掘面的管理，对采掘面全部实施“精品工程”管理，井下各区域全部实施责任区留名挂牌管理，从而使矿井工程质量、卫生面貌在短期内又上了一个新台阶。

二是加大专项建设资金投入力度。几年来，公司安全质量标准化专项费用投入总计达到350.5万元。通过对装备费用投入，为安全生产创造条件。我们以争创国家级安全质量标准化矿井为契机，立足加大安全投入和“科技兴安”战略相结合，努力创建本质安全型矿井。其中制作通防会议室牌板13块、井下里程牌525块、皮带支架编号2101块、巷道宣传牌280块、各类制度牌板70块、巷道名称牌22块、避灾线路及躲避硐牌40块、风筒编号750块、供水管路编号780块。

三是重点强化隐患排查与治理，坚决杜绝各类重大事故的发生。根据进出口公司一系列文件精神，煤矿及时制定和完善南梁煤矿隐患排查责任追究制度，并加大安全监督检查力度，从矿领导到分管副总再到业务部门，及时排查分析管理范围内的重大隐患和薄弱环节，并对排查出的各类隐患实行分级管理责任制。矿总工程师组织每旬排查一次，各专业负责人每月组织排查一次，对排查出的隐患做到“三定”处理。

通过制定《南梁煤矿顶板管理》，落实每月一次的顶板专项检查，重点落实综采和综掘工作面的顶板管理制度，对综采工作面两安全出口超前支护进行严格检查，不符合规范的进行严格处理。对综掘工作面超大进尺、临时支护使用不到位的情况给与严厉的处罚。煤矿还派出专职“巡顶”人员对全矿巷道顶板排查，通过挂网、补打锚杆等手段消除了巷道内“鳞皮”“伞檐”等顶板隐患。

对于隐患排查，重点突出一通三防工作落实情况。尽管煤矿为低瓦斯矿井，但我们始终把瓦斯治理工作作为重中之重，认真贯彻落实国家局第21号令《国有煤矿瓦斯治理规定》要求，严格实行“先抽后采，监测监控，以风定产”的瓦斯治理十二字方针，认真落实一通三防工作责任制，专门下发了煤矿瓦斯治理文件，明确了各级领导、各部门职责。我矿长期依照省煤炭安全监察局关于开展“通防安全示范矿井创建”和集团公司“一通三防重点工作评优活动”为契机，坚持“管理、装备、培训”三并重原则，充分发挥先进技术装备在矿井通防管理中的作用。瓦斯监控监测、装备投入工作中,2010年投入专项资金改善矿井瓦斯监测监控系统，安装瓦斯传感器和远程断电器,2011年年初投入运行;在矿井掘进通风工作中,主要实施双风机、双电源,自动风,自动切换,逐步推广使用大功率旋风机和大直径风筒,确保掘进作业地点风量正常;在通风能力保障工作中,主要是加强通风系统管理,完善通防基础设施,积极围绕矿井采场安排超前进行矿井通风系统的优化调整和改造,始终保持生产工作面有足够新鲜风量。

安全检查是煤矿安全管理的重要手段,确保动态安全的重要措施。我们在坚持专项检查、突击检查、边缘地点检查、推行了安全检查、整改、复查、考核“闭合”管理办法,大大增强了检查人员和被检查单位的责任心,有效地解决了检查过程中形式主义和走过场问题。对安全质量标准化考核过程中,检查人员按照标准,逐项检查,对井下工程质量和“三违”现象实行优质管理,对井下各种管理实施责任追究制度,重点抓不落实的事,追究不落实的人,有力促进现场安全质量标准化水平,使井下现场时时处于动态达标。

四是以人为本,强化教育培训,不断提高广大职工自主保安意识和依法操作能力。我们始终把提高职工业务技术素质作为安全基础工作来抓,煤矿成立的三级培训机构,发挥培训中心职能,强化培训工作。全年共培训各类人员11137人,全矿“三类人员”持证人数共167人,均按照规定进行了复训审验,保证所持证件符合规定,在有效时间内。其中培训安全资格持证人64人,特殊工种103人,实现了三类人员100%培训率。同时,完成外部培训10期498人,全部按要求通过了考试。

五、加大投入,鼓励创新

2010年累计投入安全质量标准化专项资金350.5万元,以系统达标为主线,以综采、综掘标准化示范区队建设为基础,先后改造了标准化大巷、标准化生产区域、标准化皮带巷、标准化中央变电、火药库等标准化工程,建成了综采队、综掘队标准化示范区队。

陕西南梁矿业有限公司深化质量标准化建设,组织开展了质量标准化管理创新、技术创新和工艺创新活动，有效地提高了矿井质量标准化达标的技术含量，为建设本质安全型企业发挥了重要的促进作用。实践证明,质量标准化创新是促进矿井安全生产的有效途径。

为了鼓励创新,公司从“采、掘、机、运、通”五个方面入手,制定了《关于推进质量标准化创新活动和嘉奖激励的暂行规定》，明确了质量标准化创新的标准和考核奖惩办法。完善了质量标准化创新点申报和评选程序,通过强化激励方式和加强创新意识培养。成果显著,综掘的临时支护泵站、综采的转载机轨道都是创新亮点。煤矿还在不断深入地将标准化创新进行下去。

六、注重实际,务求实效

安全质量标准化建设是一项长期持久的工作,公司从提高员工素质和班组管理入手,公司大力推进煤矿班组建设、员工培训,发挥班组在安全质量标准化建设中的主导作用。

2010年在班组建设上的投入达到300万元,主要从班组基础建设、班组组织建设、班组创新建设、班组技能建设、班组思想建设、班组民主建设、班组文化建设、班组团队建设、班组健康环保建设等9个方面来建设班组,并且和区队签订了班组建设协议,作为考核和奖励依据。加强学习白国周班组管理法等先进班组管理经验。定期召开班组长座谈会,交流班组管理经验。组织技术比武等活动,技术交流。

加强培训。南梁矿业成立了三级培训机构,通过采取系统培训、模拟演练、现场纠偏、心理调适等一系列手段和方法,对新工人、一般从业人员、特种作业人员、班组长等不同群体,全面开展理念灌输、习惯养成训练、系统追问、危险预知、危害辨识、操作技能等培训教育，培育职工树立良好的行为习惯和职业素养。培训结束后,逐个考核过关;不能过关者,不得上岗并重新进行培训教育,形成人人学标准、人人懂标准、上标准岗、干标准活、出标准煤的浓厚氛围。做到思想和行动整体提高，为质量标准化打好人力基础。

七、建设完善"六大系统"

根据国家煤炭安检总局要求全国所有煤矿三年内必须建立健全煤矿安全避险"六大系统"。其中"六大系统"包括矿井监测监控系统、煤矿井下人员定位系统、压风自救系统、供水施救系统、通信联络系统以及井下紧急避险系统。到目前为止，煤矿已完成五大系统。井下紧急避险系统计划于2011年完成。

在安全质量标准化方面，南梁矿业虽然做了一定的工作，取得了一定的成绩，但距离上级的要求还有很大的差距。我们将在今后的安全质量标准化工作中，继续夯实安全质量标准化基础工作，创新标准化工作理念，狠抓落实，全面提升安全质量标准化管理水平，以"为现代文明持续发展提供清洁煤炭"为使命，朝着"一流矿业、一流管理、一流效益、一流人才"的发展愿景稳步迈进，为把南梁矿业建设成为安全、稳产、高效、低碳、和谐、文明的现代化示范煤矿而努力奋斗！

国家电网山西鲁能河曲电煤公司上榆泉煤矿

上榆泉煤矿自2005年投产以来，积极开展质量标准化工作，这支队伍全部来自内蒙古大雁矿业集团(原大雁矿务局)，大雁矿务局自1986年开展质量标准化活动，曾是全国煤炭系统的一面红旗，质量标准化工作有着扎实深厚的基础。榆泉煤矿本着标准化、规范化、从严从细的原则开展各项工作，在鲁能集团历次煤矿质量标准化季度验收中都达到了特级质量标准化矿井，自2007年起，连续两年获得"国家级高效特级质量标准化矿井"荣誉，2009年被评为国家级安全质量标准化矿井。在开展质量标准化工作中我们总结出以下做法和经验：

一、提高职工综合素质，从提高人的安全意识和操作技能和规范人的行为入手，是实现不断提高安全质量标准化的重要基础

(一)定期开展质量标准化培训工作，通过培训培育职工树立良好的行为习惯和职业素养，提高职工的危险预知、危险源辨识能力和操作技能，职工队伍综合素质得到了明显提高。

(二)加强班组长队伍建设，实行班组长持证上岗制度，集中对在岗的班组长开展安全教育培训，并定期对其班组的施工质量进行考核评比。

(三)严明纪律培养职工的自觉管控能力，使职工自我管理意识得到了显著提升，对落实安全质量标准化管理制度以及规范化作业标准，起到了一定的保障作用。

(四)围绕安全质量标准化矿井创建，我矿实行月检季评，每季度对取得前3名的单位给予相应奖励，同时，对作出突出贡献的单位(部门)和个人按相关规定予以奖励，促进了安全质量化矿井创建工作的扎实开展和强力推进。

二、为促进安全质量标准化动态达标，实行了施工过程中达不到设计施工标准的必须限期整改等硬性措施，实现了安全质量标准化动态达标

(一)根据集团公司《安全质量标准化标准及考核评级办法》，以精细化考核为手段，在坚持正常检查验收的基础上，对内、外业以及重复性的隐患或问题，采取不定期抽检办法，将检查结果纳入每季度等级评定分数，进行通报，动态控制、细化监督。

(二)榆泉煤矿准备从2010年开始，用3年的时间，通过抓安全质量标准化这一基础性工作，把安全工作提高到一个新水平。各有关部门统筹规划此项工作，制定出“上榆泉煤矿安全质量标准化实施方案”，做到年年有安排，年年有目标、年年有成效，打造国网能源“标杆”矿井。力争尽快走在全国同类矿井前列。

（三）从解决制约矿井安全生产的主要问题、关键环节、主干系统入手；从采掘、机电运输、通风、地测防治水等“主项”达标着手，建立全员、全过程、全方位的安全质量标准化工作体系，推动安全质量标准化工作继续上档次、创水平。

（四）加大安全质量标准化自检工作，每月矿组织采煤专业、掘进专业、机电专业、运输专业、通风专业、地测防治水各专业自查一次，每季度进行一次综合检查并对检查结果进行通报评比，作为安全质量标准化奖励依据。

三、加强安全环境建设，提高安全质量标准化水平

我矿坚持“以人为本、管理强矿、科技兴矿、标本兼治、分级建设、求实创新”的原则，加强地面和井下安全环境建设，创造良好的安全环境，为职工安全与健康提供有力保障，实现了职工从“要我安全”向“我要安全”的转变，提高了安全质量标准化水平。

国家电网山东鲁能菏泽煤电开发有限公司彭庄煤矿

一、完善制度建设，做到有法可依

为认真贯彻“安全第一、预防为主、综合治理”的安全方针，不断强化质量标准化工作，充分发挥全体员工的积极性、自觉性、主动性和创造性，进一步落实各项安全生产责任制，努力创建本质安全型矿井。结合我矿实际制定下发《彭庄煤矿2009年度质量标准化建设实施意见》《关于开展安全程度评估工作的实施意见》《排放瓦斯管理规定》《矿井安全监测装置使用管理规定》等55项制度。内容涵盖了安全、技术、一通三防，是全年度各项工作的落实的纲领性文件。为确保文件传达、贯彻的效果，矿安排专门人员对传达贯彻情况进行定期、不定期抽查、督办，对未及时传达贯彻的给予考核。

为认真贯彻国家安监总煤行〔2009〕15号《国家级质量标准化煤矿考核办法（试行）》精神，彭庄矿积极发动，制定下发《彭庄煤矿关于创建国家级安全质量标准化煤矿实施意见》，成立以矿长为组长的领导小组，在2009年年初质量标准化实施意见的基础上，按照专业进行细化，确保创建工作顺利进行。

二、强化安全生产管理，将安全工作落到实处

为认真抓好“安全生产责任落实年”，扎实推进彭庄矿质量标准化工作，努力实现安全无缝隙管理，彭庄矿主要从以下几个方面开展工作。一是实行安全信息闭环管理。建立计算机安全信息闭环管理软件系统，形成集预警、预报、跟踪处理的交互式、全覆盖、全过程的安全管理“神经网”。二是严格安全检查考核。严格按照安全质量标准化要求，制定彭庄矿奖罚细则，对工资实行切块管理，按照4:3:3（安全、质量、绩效）比例，每月综合评定，最大限度地减少“三违”现象的发生，消除事故隐患。三是严格管理人员下井、查“三违”、跟值班等安全指标的考核。按照三项指标考核标准及要求领导所到头面次数，进行严格考核兑现。对领导干部下井次数、带班次数、反“三违”、查隐患指标一律不予减免，对完不成任务的管理人员严格考核。四是重点加强区队、班组建设，把安全生产各项责任措施细化落实到班组、个人。五是积极推行作业现场精细化管理，制定各岗位工作质量标准和各单项工程质量标准，实行“亮点工程评比”制度和工程质量终身制，实现了质量标准化动态达标。

特别是2009年以来，彭庄矿将质量标准化建设与精细化管理融合在一起，形成具有彭庄煤矿特色的规范化管理模式，既要让每位员工明确岗位职责，又让每位检查人员直接对照牌版内容就能知道检查重点。目前，全矿井下小到管线吊挂，大到设备管理、开停工措施，均实现程序化、规范化管理。彭庄矿安全质量标准化工作再上新台阶。

三、以"五个一"工程为抓手，全面提升安全文化

为让每位员工时时刻刻接受安全教育，形成浓厚的安全教育氛围，彭庄矿全面推行"五个一"安全教育工程规范。一是在井口和各单位会议室悬挂了事故案例和法律法规图片，充分利用各种壁报栏、图片展、内部网络等各种宣传工具，进行法律法规、事故案例的宣传教育，营造"以人为本、安全为天、预防为主"的安全氛围。二是制作了典型事故案例展板和安全警示教育展板(共七块)。由安监处组织，通过收集省外、省内、鲁西辖区、本矿和身边发生的典型事故案例制成牌板，召集区队职工参观、学习、分析，举一反三，结合本单位、本施工场所的特点进行反思，使全体职工认清事故根源，认识到事故的危害性，并从自身做起，杜绝违章，落实好事故防范措施，增强了自主保安和相互保安的自觉性和主动性，确保了现场施工安全。三是对2006年以来本矿发生的各类安全事故及近期全省、全国煤矿重特大事故进行了细致梳理并汇编成册，发放到各单位认真学习，通过学习，广大员工的自觉防范事故意识进一步增强，有力促进了全员参与、齐抓共管安全良好局面的形成。四是区队加强了自主管理意识，认真落实安全管理和教育的主体责任，区队、班组充分利用班前班后会加强对职工进行安全意识教育，充分利用每周一、三、五学习时间，重点学习上级、公司安全文件，结合学习兄弟单位及我们身边所经历的各类事故案例，通过惨痛的事实让广大干部职工充分认识到安全的重要性和必要性。组织职工签订了安全承诺书、互保联保协议，人人写出安全决心书，并张贴上墙。五是购买安全事故光盘发放到各单位，利用电视视频网络定期播放，通过鲜活的事故案例，强化了职工的安全责任、忧患和风险意识，使每个干部职工认识到安全工作"如履薄冰、如临深渊"的紧迫感和压力感。六是采取召开"三违"座谈会、安全分析会、现场会等多种形式开展事故案例学习，分析事故的根源，探讨杜绝违章、降低安全风险、防范事故措施，制定切实可行的事故防范措施，并真正把安全措施落实到行动上，通过以上活动，有效预防和减少了各类事故的发生。

四、加大安全隐患排查治理，做到强根固本

根据省局上半年审查确定的A、B级隐患情况，一是完善了监督检查和隐患排查治理制度。对现场检查出的安全问题，从发现到治理消除实现安全闭环管理，对重大隐患实行公示挂牌治理，确保整改项目、整改时间、整改责任人、整改措施、整改材料、整改进度、整改督察"七落实"；制定完善安全生产设备、材料、劳保用品投入等制度，提高了装备本质安全化水平。二是结合开展各项安全活动，进一步理顺了隐患排查的闭环管理流程，建立健全了安全隐患公告公示、挂牌督办、跟踪治理和逐项整改销号闭合管理制度，明确了各单位是安全生产隐患排查治理的责任主体，跟班区长是当班现场隐患治理负责人，坚持把隐患排查治理工作与安全检查、管理和质量标准化结合起来，狠抓薄弱环节、地点和人员排查，全面排查治理隐患。三是严格执行隐患排查制度，实行班组、区队每周组织一次自查，矿井总工程师每月组织对全矿井存在的隐患全面排查分析、确认分级、分类登记造册的分级排查、分级负责的原则，并将A、B级隐患及时上报公司。按照挂牌督办制度，强化跟踪落实、分专业负责到人，重点进行跟踪监督治理效果，严格隐患的验证消除管理，确保及时消除事故隐患。四是区队坚持每班进行"薄弱人物"排查，并将排查出的薄弱人物和隐患及时上报安监处信息站。通过深入开展隐患治理各项活动，全员、全面开展隐患排查治理工作，实现了"两个确保"，即确保不发生重伤以上事故，确保了全矿安全生产形势持续稳定发展。

五、全面推广"631"安全培训模式，提高员工素质

针对彭庄矿职工来自不同的地方，员工素质参差不齐，为提高职工的整体素质，要实现安全生产首先从提高人的安全意识、安全理念做起，职工安全教育培训是安全生产的"治本之举"，是"双基"建设的重要组成部分。在安全培训方面，彭庄矿按照省局和公司《2010年安全培训工作计划》，结合彭庄矿安全培训工作实际，积极推行"631"安全培训模式。即60%的职工培训在区队在班组，利用每周一、三、五学习和班前班后会时间，组织各工区认真学习规程。30%的人员培训在矿四级安全培训中心脱产、半脱产培训和特殊工种轮训，并组织考试，考试不合格者不准上岗，增强了培训学习的针对性和实效性。10%的管理人员和特殊工种外出培训。此外，我们坚持集中学习和业余学习相结合，分专业、分工种，根据学习进程定期组织考试、技术比武，对考试不过关者进行严格的处罚。建立、健全学习档案，为全矿员工统一编制学员学号，做到学员学号、档案号、安全资格证号三号统一，并按照要求对全员进行诚信考核。同时对10个生产单位1300余名从业人员进行了全员安全教育培训。同时，积极推行"手指口述"，大力"技术比武"活动，强化矿井精细化管理。通过这些措施的实施，大大提高了全员的素质，激发了安全建设的内在活力。

中国国电阳泉市大阳泉煤炭有限责任公司

2010年，大阳泉公司认真贯彻执行党的安全生产方针、政策以及上级部门对安全质量标准化工作的重要指示，紧紧围绕公司全年安全质量标准化奋斗目标，狠抓安全质量标准化建设，推进精细管理，围绕"珍爱生命，安全发展"的核心理念，大力推进安全文化建设，围绕强化"双基"建设，促进管理规范和行为规范，以此夯实安全管理基础。全年实现了安全生产，矿井安全质量标准化自评达一级。主要做法和经验：

（一）大阳泉公司在年初重新修订了《安全质量标准化实施细则》，依据不同的专业化分工进一步完善和制定了各专业的工程质量标准，每项细小的工作都有详细可操作的工程质量标准，各生产作业队组严格按照工程质量标准化组织作业，各专业职能管理部门对照工程质量标准要求进行监督、检查和督促，加以严格落实。另外，各专业职能管理部门完善细化了各工作岗位的标准、工作流程和操作程序，以此来规范各工作岗位员工行为和工作程序，有效地实现过程控制，通过上标准岗、干标准活来实现矿井的安全质量标准化工作上台阶上水平。

（二）2010年突出了标准化工资在考核工资中占的比例，充分利用工资导向作用，规定标准化工资考核范围为除固定工资和政策性补贴外的总额的20%，每月的工资按考核结果兑现。公司成立了矿井安全质量标准化工作的专门机构，制定了切实可行的矿井质量标准化考核、验收、评比制度，定期开展标准化专业组、队组、班组及个人的考核评定，标准化专业组每半年评比一次，质量标准化队组每季度评比一次，质量标准化班组每月评比一次，标准化先进个人每年评比一次，自上而下切实做到了严格按制度执行，一级对一级负责，层层抓质量标准化工作。

（三）大阳泉公司严格按照《煤矿安全作业规程》和2009年11月由山西省煤炭工业厅出台的《山西煤矿安全质量标准化及考核评级办法》的规定，执行矿井质量标准化的验收与管理，内部出台了《关于安全质量标准化验收的规定》，每月公司各专业组在2号、12号、22号对矿井进行三次安全质量标准化检查验收，公司领导组在3号、4号，13号、14号，23号、24号对所有工作面进行的全方位安全质量标准化验收工作，有效地促进了各队组标准化水平的提高。标准化验收采取逐头逐面验收考核，班组设立专职的质量验收员，奖罚分明，队组验收改为班与班交接验收，一环扣一环，安质部对验收抽查不合格进行处罚，专业组验收和领导组验收由专业组组长和领导组组长亲自带队,查出问题都制定了专门措施进行整改。

(四)按照集团公司出台的《安全质量标准化上水平实施方案》要求,加大了安全质量标准化工作的奖励和处罚力度。第一,把标准化工作放到首位,在考核和工资分配上向标准化方面倾斜,真正发挥工资导向的作用。第二,抓现场操作的工人对标准化工作的认识,掘进工作面严格按照工区定的标准执行,对不合格工程坚决停产整改,并加大责任追究力度,通过这些手段使各工作面的整体面貌有了很大改变。第三,抓规范操作程序,推进行为规范,以抓好工程质量为主要内容,重点是巷道成形、支护质量、锚杆拉力、排间距,要求队组做到严格规程操作,从自身做起,有问题就停产,安质部安全员对验收抽查不合格进行处罚。第四,深入开展了标准化班组的评比活动,大力褒扬活动开展好的单位,批评开展较差的单位,促进了班组安全质量标准化的持续改进,全年公司共评出标准化班组共 188 个次,奖励 76.6 万元;集团公司安全和谐型班组 23 个次,奖励 13 万元;优秀专业组 2 个,奖励 6 万元,优秀队组 1 个,奖励 3 万元。

(五)采取以创建品牌工程为先导、以点带面、正向激励的方法进一步提高公司的质量标准化水平,做到了作业环境标识化、材料堆放定置化、管理牌版规范化、通风设施标准化、防护栏网一致化、管线吊挂一线化、管路区分颜色化、硐室装饰标准化、防跑车装置及喷雾装置自动化。全年完成了 12#2120 综采工作面、12# 四号配电室、井下火药库发放硐室、8125 进风、35KV 配电室、瓦斯泵站、8125 回风、2121 进风、2121 抽采、风机房、副井绞车房品牌工程的创建工作,并全部达到集团公司验收标准。

(六)公司通过营造安全文化氛围,紧紧围绕"珍爱生命、安全发展"的安全文化核心理念,在潜移默化中对职工渗透安全文化理念,不断通过各种手段强化安全意识和质量标准化意识。公司统一规划,统一设计,在入井通道和安全文化园制作了安全文化牌板,将富有人情味的安全警句和标准化要求制作在牌板、提示灯箱上,让职工处处可看,时时能见,即营造了安全文化氛围,又在潜移默化中向职工渗透安全文化理念和质量标准化要求,用安全文化的元素助推班组安全生产和安全质量标准化工作,并取得了显著成效。主要采取了以下方法:

1. 安全宣誓法。

在班前会上,班长要带领员工对着全家福的照片进行宣誓和承诺,安全誓词为:牢记亲人嘱咐,坚持安全第一,为了家庭幸福,为了企业发展,上安全岗、做安全人,珍爱生命,决不违章!让员工看着"全家福"就好像亲人在身边嘱咐,工作时自然绷紧了安全这根弦,同时提高每个人的安全责任感。

2. 环境熏陶法。

利用视觉和听觉识别系统让员工时时接受安全文化熏陶。班前会议室要将写有家人、妻子、儿女的安全嘱咐和安全寄语、安全理念的全家福制作成牌板,悬挂在各个队组会议室,使员工时时牢记亲人嘱咐,以提高员工的责任意识;将每个队组各自提炼的、切合本队实际的团队理念张贴上墙,弘扬团队精神,增强员工的凝聚力、向心力和战斗力,培养员工团队观念。

3. 亲情教育法。

班组要建立民情日记,建立家庭和企业联系制度,开展自我喜欢的安全格言征集、家属送安全信、家属在井口缝补衣服等活动,每个员工要会讲十二个安全原理、会讲一个安全故事、会背一句安全格言;支部书记、队长、班组长利用"周五"活动让员工每周有一次案例教育,让员工感受到集体亲情的关怀,让班组集体和家属都参与到班组安全文化的建设上来,增强安全文化的亲和力。

4. 制度程序法。

要建立班组安全、技术、质量标准化现场管理等制度,修订完善班组安全生产责任制和各工种的岗位工作程序和作业标准;员工要会背岗位操作流程编成的顺口溜,并按照流程操作,安质部加强监督,班组每半年组织一次操作程序实践考试。

5. 责任连带法。

对于安全理念不会背、安全行为不规范、安全管理未实现六个零（系统零隐患、管理零漏洞、设备零缺陷、操作零失误、作业零违章、安全零事故）以及有“三违”的员工，不仅处罚本人，而且班组区队都要受连带责任。

6. 思想排查法。

每班班前会，班组长必须亲自对“图省事怕麻烦的懒惰人、盲目蛮干的粗鲁人、遭遇不幸的痛苦人、探亲归来的疲劳人、上班之前的饮酒人、家庭不和的烦恼人、不安心上班的放荡人、业务不熟的糊涂人、红白大事的费心人、新婚前后的幸福人、受到批评的情绪人”这11种人重点进行思想隐患排查，对查出有思想问题的员工，进行谈心教育并采取了适当安排工作和劝其休息的措施，避免职工“带病”上岗。

7. 网络管理法。

要发挥党员、劳模先进、群监网员、青监岗员、安全员等群防群治的作用，要求除自身做到不违章，还要不断提高自身的业务水平和排查隐患的能力，做到“脑勤、眼勤、口勤、手勤、腿勤”，坚决狠反“三违”，积极做好“三违”人员的帮教工作，形成交叉的反“三违”网络。

8. “三违”过五关法。

班组职工发生“三违”后，上岗前要对“三违”人员进行“过五关”教育。即对“三违”人员要停工培训，和家属联系上岗前签字，班长教育上岗前签字，队长教育上岗前签字，支部书记教育上岗前签字。

9. 班前学习法。

坚持执行“两日一题、一日一问、半年一考”制度，做到学习一月一计划，统一学习时间、统一学习笔记、统一奖惩标准。每班利用班前会、班后会以及周五活动时间，班组长组织工友学习安全知识，灌输安全理念，加强安全教育，运用事故案例进行警示教育，组织工友进行安全生产讨论，使大家时刻绷紧安全弦。

10. 关心关爱法。

班组统一建立静态档案、动态档案。班组要为每个员工生日，在生日当天科队领导要赠送生日礼物，让员工感到集体的关怀和温暖，更珍惜生命的价值和意义，增添职工幸福感；班长要对员工做到“家庭情况清楚、脾气性格和特长爱好清楚、工作表现优缺点清楚、业余生活和社会交往清楚、不同时期的思想变化清楚的“五清楚”；班组长班前会要做到“隐患排查情况必讲、安全质量标准化必讲、交接班情况必讲、安全预想必讲、安全技术措施必讲、责任追究必讲”的六必讲；班组长对员工要做到“婚丧嫁娶必访、家庭发生矛盾必访、员工生病住院必访、家庭困难必访、缺勤旷工必访、本人和家庭发生重大变故必访、员工发生“三违”的“七必访”；班组长对员工要做到“员工思想波动必谈、受到批评必谈、闹情绪必谈、人际关系紧张必谈、工作变动必谈、新工人入队必谈、完不成任务必谈、发生“三违”必谈的“八必谈”。要求“五必清”“六必讲”“七必访”“八必谈”都要记录在“民情日记”上。

11. 互保联保法。

班组要在班前会明确互保联保对象，统一班前礼仪、统一着装、统一入井、收工；在员工作业中养成“四个相互”，互相提醒：发现对方有不安全行为与不安全因素，或可能发生意外情况时，要及时提醒纠正；互相照顾：工作中要根据工作任务、完成难度、操作对象等合理分工、相互关心、互创条件；互相监督：工作中要互相监督、互相检查、严格按流程操作，共同遵章守纪；互相保证：互保对象要相互制约、同奖同罚，保证对方安全作业。

12. “手指口述”交接班法。

当班工作结束时，班组“两长两员”要向下一班进行手指口述交接班，将当班任务完成情况、未处理完的隐患和需要注意的问题，向下一班交代清楚。特殊工种岗位上的员工也要向下一班接班的员工进行手指口述交接班，未处理完的问题要口传口、手交手，详细地交代给对方，待对方同意并接班后方可离岗，随当班人员一起集体升井。

13. 台账管理法。

班组要建立并统一完善、规范班组基础管理台帐，班组建设台账主要涵盖班组培训、现场管理、质量管理、设备管理、班组活动、班组员工静态档案、班组思想隐患排查、日常生产管理等几个方面的内容，台账填写要及时、准确、完整，通过加强班组台账管理，为区队管理提供原始资料和数据，进一步指导实际工作和解决问题。

通过近一年的安全文化和安全质量标准化建设，公司在安全观念和质量标准化工作上实现了四个转变：一是员工安全意识不断增强，使安全工作由过去少数人重视转变为全体员工关心的大事；二是员工由过去"要我安全"转变为"我要安全"的自觉行动；三是过去少数人管安全转变为全体员工主动参与；四是由过去被动受查、挨罚转变为主动整改隐患，管理人员的责任心增强了，冒险蛮干的员工少了，严重"三违"和受伤事故明显下降。职工的思想观念、操作行为和个人素养有了普遍提高，实现了人、机、环境的和谐统一，为打造安全高效矿井奠定了扎实的基础。

华能伊敏煤电有限责任公司露天矿

华能伊敏煤电有限责任公司露天矿(以下简称伊敏露天矿) 是国务院确定的伊敏煤电联营的主体配套项目，是伊敏煤电建设事业蓬勃发展的坚实基础和重要依托。而安全质量标准化工作是企业管理工作的一项重要基础工作，是实现安全文明生产的有效途径，是建设安全高效露天矿工作的重要基础。多年来，伊敏露天矿一直按照煤炭行业的要求，积极地开展"质量标准化，安全创水平""高产高效露天矿""安全高效露天矿"和"安全质量标准化"工作，促进了伊敏露天矿安全生产健康发展。在安全质量标准化工作中坚持以深化企业管理为指导思想，以提高经济效益为中心，以安全质量标准化为手段，促进了产品质量和生产效率的全面提高。回顾伊敏露天矿安全质量标准化工作，主要有以下工作。

一、伊敏露天矿安全质量标准化工作历程及成果

伊敏露天矿根据原煤炭工业部的要求，从1987年起就把质量标准化工作纳入了企业管理的重要组成部分，通过积极贯标和达标工作，1987年达到原东煤公司质量标准化三级标准；1988年达到一级标准；1989年跨入东煤公司质量标准化特级矿井行列；1990年经原东煤公司验收被命名为特优级矿井；1991—1992年保持了特优级矿井称号；1993年被煤炭部命名为部级质量标准化矿井；从1994年开始，伊敏露天矿"质量标准化、安全创水平"工作开始执行煤炭工业部颁布的《露天煤矿质量标准化标准及考核评级办法》，经过全矿上下的努力，1994—1996年均被煤炭工业部命名为部级质量标准化露天煤矿称号；自1996年开始，煤炭工业部开展了以质量标准化为基础的高产高效矿井评比活动，将质量标准化工作纳入开展高产高效矿井活动中，质量标准化成为高产高效矿井评比的重要条件，1996—1999年均被国家煤炭工业局授予部级高产高效露天矿称号；2000—2005年被煤炭工业协会命名为特级高产高效露天矿荣誉称号；2006—2010年被煤炭工业协会授予安全高效露天矿荣誉称号。

根据内蒙古自治区煤炭工业局的要求，伊敏露天矿从2007年开始开展了安全质量标准化达标工作，当年自检达到了自治区一级标准。

2008年，内蒙古自治区正式颁布了《内蒙古自治区露天煤矿安全质量标准化标准及考核评级办法 (试行)》，根据内蒙古自治区安委会下发的《实施意见》(内安委会发〔2008〕4号)，为了不断提高伊敏露天矿安全生产管理水平，为创建本质安全型露天煤矿奠定基础，实现安全管理的制度化、标准化、规范化，构建行之有效的安全生产长效管理机制，伊敏露天矿积极推行了露天煤矿安全质量标准化工作。

根据文件要求，为了确保安全质量标准化工作的有效实施，伊敏露天矿立即成立了安全质量标准化工作领导小组，下发了《关于执行〈内蒙古自治区露天煤

矿安全质量标准化标准及考核评级办法〉的通知》，明确了2008年实现自治区安全质量标准化一级标准的目标，对各项工作的开展提出了具体要求，制定了安全质量标准化奖惩考核办法，为安全质量标准化的实施提供了有力保障。

2008年年初，伊敏露天矿对安全质量标准化标准开始进行宣传贯彻，将标准中各条款落实了具体的考评责任人，对照标准逐条进行实施，同时开展了每月一次的自查工作，对查出的问题认真落实整改，并由各专业人员监督整改情况。经过2008年年末企业自检，总得分为976分，达到了内蒙古自治区一级标准。此后，安全质量标准化工作在2009年达到了自治区一级标准，2010年达到国家级质量标准化标准，2011年巩固了国家级成果。

通过开展质量标准化、安全质量标准化、高产高效露天矿、安全高效露天矿等达标活动，提高了伊敏露天矿安全管理水平，使伊敏露天矿走在了全国煤炭行业的前列。

二、具体工作

(一)统一思想，提高认识，不断增强质量意识。

1987年以来，伊敏露天矿一直坚持开展此项工作，由于多年来持续开展达标、升级活动，部分干部职工对开展安全质量标准化工作存在厌倦情绪，出现了重视完成生产任务、轻视基础管理的现象。针对职工中反映出的消极怠慢情绪，伊敏露天矿认真分析安全生产工作所面临的新问题，研究解决问题的有效方法和思路，正确引导，及时纠正部分职工的偏见思想和懈怠情绪，加强对开展安全质量别准化重要性、必要性的认识。教育广大职工，为了巩固煤电一体化企业的重要地位和作用，保持全国煤炭行业领先地位，不断适应煤炭市场经济的需求，必须真正转变观念，坚持持续地开展安全质量标准化工作，实现向质量要效率、以质量促安全、以质量保外销、以质量促发展的奋斗目标。

(二)全面系统规划，认真落实工作责任制。

为了切实突出安全质量标准化在年度工作中的重要地位，伊敏露天矿将安全质量标准化工作纳入了各单位、各部门年度工作计划指标之中，并根据各单位生产实际特点，认真研究制订全年的工作规划，部署全年的工作任务，每年都以矿文件形式下发各年度“安全质量标准化工作规划”，把巩固安全质量标准化成果作为历年的工作目标之一。为了加强对安全质量标准化工作的领导，根据领导干部及管理机构的变化，对安全质量标准化工作领导小组进行及时的调整，矿长亲自担任组长，主管副矿长担任副组长，基层“一把手”和各系统专业负责人为成员，通过加强领导来保证安全质量标准化工作的顺利进行。同时按专业系统明确各项工作的具体负责人，提出具体要求，落实各级人员的责任制，形成了安全质量标准化工作层层有人抓、事事有人管的正常工作秩序。

(三)坚持严格检查考核制度，保证标准化工作的正常开展。

为了保证历年安全质量标准化工作的全面落实，伊敏露天矿把检查考核作为保证安全质量标准化工作正常运行的重要手段。在实际工作中，对安全质量标准化工作坚持实行月、季考核管理制度。基层单位每月进行两次自检，全矿每月组织一次各专业系统检查。每季度矿将自检结果报请公司进行认定，每半年申请公司复检一次。对检查发现的问题，及时下发整改通知书，明确整改项目，落实责任人、责任部门和整改时间。在经济责任制考核上，坚持把安全质量标准化工作作为考核的重要内容，采取系统目标与岗位责任制相结合的考核办法，按照矿制定的考核标准严格兑现奖罚。同时矿安全质量标准化主管部门根据检查情况，每月进行总结分析，认真查找影响安全质量标准化工作的因素，及时向有关单位反馈信息，有效促进了安全质量标准化工作不断提高。

(四)加强现场管理，努力提高工作质量。

为了不断巩固提高安全质量标准化工作成果，伊敏露天矿把现场管理作为提高安全质量标准化工作水平的根本途径，积极采取现代化科学管理手段，努力提高采、运、排等环节的工作质量。

在采掘方面：一方面，强调生产一线作业人员的责任心，同时坚持技术先行的原则，充分发挥技术指导作用。各级人员严格按技术指令单进行作业，确保了工作质量和生产效率。另一方面，针对采区生产作业的实际条件，对工作面、运输线路及排土场等进行合理的技术调整和改造，将安全质量标准与设计、移交标准相结合，从帮齐、底平入手，首先实现单个工作面达标，然后实现全采区达标。在运输方面：道路和车辆是提高生产效率的关键环节和基础保证。多年来，伊敏露天矿坚持“以路养车”的原则，充分利用采场现有资源，用泥岩作为道路基础，用砂岩作为道路磨耗层，不断加强道路的维护，提高道路的质量，改善运输条件，实现了以路养车的目标。为了保证生产运输车辆的行车安全，防止生产运输事故的发生，各工作面边帮、道路两侧都按标准做了挡土墙，给车辆运行提供了安全保障。在排土方面：加强排土作业指挥人员的责任心，充分发挥技术指导作用，严格按排土技术指令单进行作业，确保了排土场的帮齐底平。针对排土场作业的实际条件，对排土场进行合理的技术调整，将安全质量标准与设计、移交标准相结合，从帮齐、底平入手，首先实现单个排土工作面达标，然后实现全排土场达标。在煤层防灭火方面：伊敏露天矿赋存的是晚侏罗系褐煤，在生产过程中，煤层易风化自燃，一旦煤层出现自燃发火现象，将会严重影响到安全质量标准化成果。为此，伊敏露天矿为了做到早预防、早行动，加大了投资力度，加强了煤层自燃发火机理的研究，在1995—1997年与科研单位研究了“喷涂防治煤层自燃”技术。此项技术的投入，很好地阻止了煤层的风化、氧化作用，有效地预防了煤层自燃现象的发生。在日常的生产过程中，加强对采场的巡视检查力度，发现有发热煤层，及时采取洒水降温或置换的方法进行处理，对于暂时难以处理的区域，采用剥离物掩埋方式，多年来杜绝了采场火灾的发生。在煤质管理方面：伊敏露天矿根据多年的实践经验，加强从采区开采到外运监装各环节的煤质管理，形成可靠的煤质保证体系，使煤炭质量逐年提高，为煤炭销路的拓宽、不断满足用户要求创造了有利条件。在机电设备管理方面：为进一步理顺管、用、修三者关系，按机电设备管理制度，在设备维修和使用过程中全面推行安全质量标准化管理，改善了设备检修现场工作条件，检修质量和效率明显提高，保证了设备状态和出动率，提高了设备作业效率。通过设备无渗漏治理、设备缺陷、可靠性管理，使设备的整体面貌明显改观。在疏干排水方面：伊敏露天矿不断加强对疏干排水现场安全质量标准化管理，通过加强对疏干排水设施的维护，提高了水泵的运行效率，实现了水位超前降深目标，为降低煤层水分起到积极作用。在防尘方面：伊敏露天矿多年始终坚持“清洁生产”的原则，加强对采区的粉尘、水患控制，针对采区的粉尘情况，将采场内的不同地段进行有效分工，落实洒水责任，为半连续系统安装了喷淋系统，使采区的粉尘得到有效的控制；同时对特殊地段在保证车辆正常通行的前提下采取压缩平盘的方法进行控制，从而达到了清洁生产的效果。在防治水方面：伊敏露天矿根据多年的实践经验，在每年防汛期来临之前，在每个平盘设立排水沟，使雨水及时汇集到采区最低部，最后通过安装在采场最底部的防洪排水系统将水排出，同时在外围增设挡水坝，避免外围水进入采区，多年来杜绝了采场水灾的发生。在文明生产方面：伊敏露天矿始终重视整个采场的文明生产工作，在每月安全质量标准化检查中都对整个工业场区和采场的文明生产进行仔细检查，同时结合2011年开展创建本质安全型企业的“5S”管理工作，对检查发现的不文明生产的问题，及时进行整改，确保了整个矿区的文明生产工作达标。

伊敏露天矿坚持将安全质量标准化与安全管理工作紧密相结合，坚持“以人为本，安全发展”的理念和“安全第一、预防为主、综合治理”安全生产方针，对生产现场存在的质量问题与安全隐患同等对待，一同落实整改，有力促进了年度安全生产目标的实现。通过不断加强现场管理，始终坚持开展安全质量标准化工作，不断提升和转变管理层和员工的安全理念和风险控制意识，提高管理层对安全质量标准化的领导能力，提高员工安全素质和安全技能，提高工艺设备的管理水平和健康水平，使设备上纲要，台数年年有突破，煤炭产量年年有新高，事故率逐年呈下降趋势，为煤电公司的长远发展和又好又快发展奠定了坚实基础。

华能集团甘肃华亭煤业集团有限责任公司砚北煤矿

一、高度重视,完善机制,保障安全质量标准化全面展开

全矿上下形成了一个共识:抓好安全质量标准化是煤矿企业生存和发展的命脉,是实现安全生产的基础,是煤矿一切工作的基础,是提高企业核心竞争力的关键。安全质量标准化搞不好,安全生产没有保证,企业就没有进入市场、参与竞争的能力,生存发展就是一句空话。我矿从提高地位、加强领导、完善制度等方面对开展安全质量标准化工作给予了大力保障。

第一,突出了安全质量标准化工作的重要地位。我矿把安全质量标准化工作与矿井各级管理人员的工作业绩挂钩,作为月度、季度、年度考核各个领导班子工作业绩的重要依据。矿井每月定期安排三次安全质量标准化综合大检查,对查出的问题按"四定"原则的要求进行整改,保证矿井安全质量标准化建设成果不断得到巩固和提高。

第二,加强了对安全质量标准化工作的组织领导。矿上成立了以矿领导为组长、各科室长、队长为组员的安全质量标准化领导小组。按照主要领导亲自抓,切块管理、分工负责的原则,规定上到矿领导,下到区队长的各级行政正职对安全质量标准化全面负责、分管副职具体负责,进行检查、督导各专业的标准化建设工作,并由矿考核办、人力资源科每月根据考核结果在工资中直接进行奖罚兑现,从而形成了从企业负责人到职工层层负责的标准化责任体系,为搞好安全质量标准化工作提供了组织保障。

第三,健全了安全质量标准化制度体系。砚北煤矿十分重视安全质量标准化管理制度的建立健全,把健全制度及其落实作为搞好安全质量标准化的一项基础工作来对待。对照《安全质量标准化标准及考核评级办法》,结合实际,细化、量化、深化了检查考核标准内容,每年出台新的《安全质量标准化管理制度》,并下发相关文件,制定了安全管理、采、掘、机、运、通、防治水、矿压防治、地质测量、两堂一舍等十个专业的检查标准,制定了《管理考核细则》等多种考核办法,形成了安全质量标准化检查评比、考核奖惩体系,为安全质量标准化建设提供了制度保证。

第四,建立了激励机制。我矿一直坚持在每月对安全质量标准化工作进行综合检查评比的基础上,有针对性地大力开展顶板管理会战、机电运输、采掘工作面设备评优、粉尘防治、冬春百日安全活动、雨季三防等专项竞赛及新标准达标等专项活动。每次活动都实行重奖重罚,奖罚范围从单位到行政队长、支部书记、主管副队长乃至班长,奖罚金额从5000元到100元不等,通过开展各项活动,有效地调动了全矿各个员工的积极性和创造性,使矿井安全质量标准化各项建设工作不断得到提高。

二、精细管理,加强检查,实现矿井现场动态达标

砚北煤矿以实现全员、全方位、全过程"上标准岗、干标准活"为目的,坚持以人为本,推行精细化管理,通过质量标准化建设,使现场安全管理水平不断得到提高。

一是明确责任,规范现场操作行为。全矿井严格

推行“准军事化”“手指口述”管理法，从严从细层层分解指标，形成从上到下逐级落实，从下到上层层负责的标准化管理体制。现场管理人员做到了目标明确、分工细致、指导到位、考核严细；操作层责任清晰、工序到位、行为规范、操作熟练。通过人的规范操作，实现现场动态达标，突出岗位个体能力的发挥和班组这个基本生产单元效能的发挥，以“想、看、干、管”为核心，规范了员工进入工作面后的工作程序，责、权、利相统一，以保障矿井安全生产。

二是积极推行精细化管理。砚北煤矿非常注重生产全过程的每个环节、每道工序的管理，通过严格的劳动定员、限员管理制度、劳动定额管理制度、工资计件管理等制度，把每项工作具体细化、量化到生产全过程，达到人人、事事、时时、处处有科学、严谨、规范的制度约束，以精细化的制度去实现精细化的行为和精细化的产出。

三是坚持动态检查和综合检查结合，加大检查力度。矿上严格执行重大隐患排查制度、煤矿负责人和经营管理人员下井带班等相关制度。专业技术人员定期或不定期对现场情况进行巡回检查、安检小分队不断进行突击检查，对查出的问题分级进行整改落实。砚北煤矿非常注重检查质量，落实检查责任，实事求是，重点从现场设施、设备、资料等基础工作、标准化管理水平等方面进行检查考核评比，以此促进矿井安全质量标准化扎实开展。

三、夯实基础，求真务实，提升矿井安全质量标准化管理水平

砚北煤矿高度重视安全质量标准化基础工作，实现安全质量标准化工作从注重物的管理向提高人员素质、规范操作行为方向转变，从注重形象达标向扎实开展基础工作达标、从静态达标到动态达标转变。

一是完善基础装备，保证装备的适用性。按照安全质量标准化标准的要求完善和使用好各类基础装备。在装备的选购上，做到符合标准，适用可行；在装备的使用上，严格按照有关规定加强日常的检修维护，规范人员的操作，确保各类设备正常运行；在安全费用的计算上严格执行制度，统筹使用，确保安全投资到位，确保安全基础装备到位。

二是完善基础设施，保证设施的可靠性。严格按照安全质量标准化标准建造各类基础设施，严把基础设施的质量关，加强对基础设施的检查和验收，确保数量和规格符合要求；严格基础设施的管理，责任到人，保证设施的完善可靠。

三是完善基础资料，保证资料的规范性。对各类记录、台账、报表、规程、措施、图纸等资料按照ISO两个体系要求，统一了标准和格式，做到了内容齐全、数据准确、装帧规范、统一归口、全部建档管理。

四、典型引路、以点带面，安全质量标准化工作整体推进

砚北煤矿按照“典型引路，以点带面，循序渐进，整体推进”的工作方法，促进了矿井安全质量标准化工作的不断深入开展。

一是建精品，创品牌，标准化工作整体推进。砚北煤矿强化安全质量标准化工作精品意识，大力开展品牌创建活动，做到薄弱环节有突破、优势环节有巩固、领先项目有创新。从管线吊挂、巷道维修、安全设施、材料码放、图牌板管理等基础工作和“点滴小事”入手，建设安全质量标准化“亮化峒室”“亮化巷道”“亮化工作面”，建设“标准工程”“放心工程”，先后共创建了1504人车等候硐室、1504采变、2502采变、250206采煤工作面、二水平快速行人通道等30多个亮化示范点。根据各个时期、各单位的达标情况，采取一事一推广的做法，通过交流检查、学习先进、鞭策落后，使各单位的标准化意识不断得到提高，形成了各单位自找差距、你追我赶、抓法多样、相互促进的标准化建设工作的新局面。

二是抓培训，练内功，提高员工队伍素质。坚持“以人为本”的原则，突出专业培训，突出岗位达标，组织开展多层次、多途径的培训。坚持对所有职工及安全管理人员进行安全培训，对区队长、班组长、主要安

全工种、主要技术工种采取集中培训，特别注重抓好特种作业人员的资质培训，强化基层管理人员和特殊岗位人员的标准化知识和技能，注重新工人、调岗人员、“三违”人员及全员的岗前培训、重复培训和新技术培训。通过及时发放《煤矿职工必修的8堂课》《白国周班组管理法》《煤矿开采冲击矿压防治》等图书、开展青岗技术比武、安全知识演讲比赛、每日一题、每月一考、导师带徒、学习“三大规程”、班组长上网络学校等形式多样的立体培训活动，全面提高员工的安全技术素质，规范员工操作行为，做到人人上标准岗、干标准活，有效地提高了矿井安全生产能力。

三是抓重点，寻突破，促进质量标准化工作向纵深发展。按照华煤集团建设百亿华煤及矿上12346工作思路，2010年我们修定了标准化工作的规划目标，将工作的重点转向了“矿压防治”和“一通三防”动态达标，把提高“矿压防治”“一通三防”基础设施质量、基础装备的作用及现场管理、操作作为突破口，与采、掘、机、运、通等安全质量标准化达标工作有机结合起来，以安全质量为矿井生产经营保驾护航。

五、保证投入，依靠科技，推动标准化建设的发展

砚北煤矿始终坚持优先保证安全质量标准化的投入，推广使用新技术、新装备，不断完善安全质量标准化基础设施，有力地促进标准化建设的创新和发展。

在调度通信、监测监控方面，矿井应用JSY—2000(06C)调度系统、KJ110N监测监控系统、JC—4085型束管监测系统、人员定位系统、工业化数字监测系统，实现了矿井调度通讯、监测监控计算机网络化管理、工业视频化，使调度、操作人员及时掌控井下各工作地点状况，有效提高了调度、监测监控及操作人员的准确性和及时性。

在一通三防方面，2010年对地面压风系统进行了设备更新，通过积极采用灌浆、均压、注马丽散、注水等措施对采空区、易发火区进行重点防治，不断完善防尘管路及设施，全面推行煤流转载点喷雾、架间喷雾，有效改善了作业环境。严格执行以风定产制度，2011年将对矿井通风系统进行优化设计改造，使矿井通风系统更加优化、稳定。

在矿压防治方面，通过引进了波兰“SOS”微震监测系统、ARES地音监测系统、KBD5(7)电磁辐射监测系统、GIS矿山微震分析系统和KJ—216支架工作阻力监测系统，做到了对矿井矿压显现位置、能量、时间的有效监测和预警预报，通过钻屑法、深孔爆破、切顶爆破、定向裂隙爆破、煤岩体注水等多种方法，有效防治了矿山压力。通过限员、准入制度，加强、确保了部分区域及现场的强化管理。

在采掘方面，针对强矿压困扰安全生产的现状，对2502、1504采区工作面支架进行有效改进提高，保证了各个采场的安全工作环境。掘进工作面支护方面，通过全面推广使用锚网索喷联合支护技术，应用让压锚杆、鸟窝锚索等新工艺、新技术，有效降低了支护成本，克服了多个压力集中区域对矿井安全生产的威胁。

在机电方面，以完善机电设备各类保护为重点，上齐上全矿井各条皮带、煤电钻、电机等综合保护装置，局部通风全面实现了“三专两闭锁”，消灭了超长距离供电，加强了提升、运输、主扇等大型设备的维修与保养，确保了全矿井机电设备的正常运行。

在运输方面，加强了大巷、采区运输的标准化建设管理，斜井斜巷均安装了国内先进的传感式防跑车装置。通过使用无极绳连续牵引绞车、无轨胶轮车，有效克服了矿井运输距离长、巷道工况复杂的困难。通过使用CST、CSB、软起动、软制动等新技术、新工艺，有效破解了大倾角、长距离、大功率胶带运输的难题。通过推广使用泄漏通信系统、数字化监测监控等技术，也进一步提高了矿井运输装备水平。

在防治水方面，认真坚持“有疑必探、先探后掘、先治后采”的原则，对积水区域实行动态跟踪管理、控制疏放，对周边乡镇矿井采空区积水提前进行探测等方法，有效将矿井防治水工作各个环节落到实处，保证矿井无水害，安全生产。

在建立和完善煤矿井下安全避险“六大系统”方面，砚北煤矿根据国家安监总局及华能集团有关文件要求，截至2010年年底，已建成投用矿井安全生产监控系统、人员定位系统、压风自救系统、供水施救系统、通信联络系统，五大系统的及时有效完善、正常投用，有效提高了矿井防灾、抗灾能力。砚北煤矿正在积极组织、筹建紧急避险系统，并将于2013年前正常投用，以确保井下发生特大事故及灾害时，人员能进行安全避险，等待救援，为井下作业人员提供应急的生存空间。

六、严格奖惩，重奖重罚，坚决做到不安全不达标

砚北煤矿始终坚持严格的安全质量标准化考核、评比、奖罚制度，突出对安全指标和安全工作的量化考核，突出对“矿压防治”“一通三防”“机电运输”“防治水”等重点专业的考核，做到月考核、季评比、年度总评。

一是实行安全、“一通三防”一票否决制。推行出现一人死亡事故，矿井季度落标；季度安全考核指标超控，矿井落标。“一通三防”单项落标，则矿井落标的管理办法。

二是对安全工作实行定量控制和考核。作为标准化工作的重要内容，矿上通过和各个单位签订《安全生产工作目标责任书》，将安全控制指标层层分解到各单位，将标准化责任层层落实到各岗位。每月对安全工作落实不力的单位和责任人在安全例会上不仅要进行通报批评，而且还要进行个人处罚。

三是把安全质量标准化工作直接与安全奖罚挂钩。《安全奖罚办法》《安全风险个人抵押办法》都把标准化作为重要考核指标，增强了员工抓安全质量标准化的自觉性，有力地推动了矿井安全质量标准化建设工作不断向纵深发展。

安全质量标准化工作是一项常抓不懈、持之以恒的系统工程，一定努力发扬与时俱进、开拓创新的精神，真抓实干，不断进取，努力开创砚北煤矿安全质量标准化建设工作的新局面。

华能集团甘肃华亭煤业集团有限责任公司陈家沟煤矿

自煤矿安全质量标准化工作开展以来，陈家沟煤矿认真贯彻落实国家局、省局、集团公司关于开展煤矿安全质量标准化建设的文件、指示精神，以创建一级煤矿安全质量标准化矿井为目标，按照安全质量标准化的标准，坚持高境界定位、高标准运作、高起点创新，全员发动，全员参与，不断强化安全基础工作，狠抓现场工程质量提高，有力地推动了陈家沟煤矿安全生产形势的稳定发展。截至2010年12月31日，陈家沟煤矿连续实现安全生产2500多天，12月通过了集团公司的验收，被评定为一级安全质量标准化矿井。

一、提高思想认识，深入宣传发动，强化组织领导，保证了煤矿安全质量标准工作的顺利开展

煤矿安全质量标准化是在多年质量标准化工作实践基础上不断创新，逐步发展完善形成的一套行之有效的安全质量管理体系和方法，是促进煤炭企业持续发展的有效途径，是煤矿安全生产的基础，是建立煤矿安全生产长效机制和构建本质安全型矿井的主要内容和根本措施。国家局《关于在全国煤矿深入开展安全质量标准化活动的指导意见》和《关于印发〈煤矿安全质量标准化标准及考核评级办法〉的通知》文件下发后，陈家沟煤矿在思想上高度重视，多次召开专题会议，反复学习文件精神，研究制定贯彻措施，下发了一系列的文件，编写了宣传提纲，细化了标准，落实了责任。为切实保证煤矿安全质量标准化工作的顺利进行，陈家沟煤矿成立了以矿长、党委书记为组长的安全质量标准化工作领导小组，并定期召开会议，对照标准，从制度建设、现场管理落实及各方面的工作标准要求都逐一安排落实，逐项落实到分管部门、分管人员。领导小组在安监处下设办公室，具体负责日常的管理工作，每月组织召开一次协调会，重点检查各级人员的责任落实，对不落实的人和事以工作简报的形式在全矿进行通报。各单位也都相应地成立了以队长、书记为组长的领导小组，全矿形成了自上而下的安全质量标准化工作领导体系。党工团组织也充分发挥自身优势，在全矿进行了广泛的宣传发动，制作了安全生产电视专题片、宣传牌板等，组织人员深入区队、井口演讲，组织开展了安全法律法规和安全质量标准化知识竞赛，并统一组织各单位充分利用周一安全活动、周二政治学习日等时间认真学习，让每一名职工都熟知安全质量标准化工作的总体规划、工作目标、工作重点、工作措施，从而为陈家沟煤矿安全质量标准化工作的顺利开展打下了坚实的基础。

二、强化标准学习，健全完善制度，狠抓责任落实，为煤矿安全质量标准化工作的开展奠定了坚实的基础

在安全质量标准化活动创建过程中，不断强化标准学习，尤其是在抓责任制落实上狠下工夫。首先，对全矿各级管理人员进行了集中培训，采取生产科室管理人员每周五上技术大课活动，由专业副总集中授课，并定期进行闭卷考试，不合格的给予补课、补考。其次，加强了对全矿职工的培训学习，充分利用学习日系统学习煤矿安全质量标准化标准的各项具体规定。生产科室工程师以上管理人员备课讲解，职工建立学习记录，并坚持以现场提问安全知识与月度抽查考试相结合，每次提问2~3名职工，对回答不上来的通知区队班后学习相关知识；对考试不及格的，停止工作进行培训学习。同时，制定了严格的学习效果检查考核办法，从而大大增强了全矿干部职工学习标准的积极性，形成了人人学标准、人人懂标准，上标准岗、干标准活的浓厚氛围。

为切实搞好煤矿安全质量标准化工作，陈家沟煤矿从标准、目标、责任、措施、考核等环节入手，逐步建立完善了安全质量标准化工作体系，修订完善了《陈家沟煤矿安全生产管理制度》44项、《“4E7S”岗位安全生产责任制》138项，制定了《“4E7S”精细安全质量标准化标准及考核评分办法》《地面办公区“7S”管理规范》等综合管理制度，并结合现场实际，不断进行补充完善。同时，突出了各部门科长为本专业的第一负责人，对照新标准逐条逐项进行自查自纠，对查出的与新标准不符的，制定措施、落实人员，全面整改。此外，建立完善了与之相配套的各级领导安全生产责任制、职能部门安全生产责任制、安全生产检查制度、职工安全培训制度等15项制度，明确了全矿所有岗位的安全责任，形成了一级抓一级、层层抓落实的安全目标责任保证体系。

在制定完善各项制度的基础上，狠抓安全责任的现场落实，依法规范安全生产行为，各岗位的安全质量行为都纳入了法制化、制度化的管理轨道。为确保责任制落到实处，陈家沟煤矿以推行层次管理、健全责任体系为重点，明确各专业科室负责人对本专业的安全生产全面负责，生产科室专业人员分工负责。对上级检查发现的重大问题，从生产班子逐级追究责任。矿领导在现场发现的重大问题自部门负责人往下逐级追究责任，生产科室管理干部在现场发现的重大问题，追究区队干部、现场跟班队长、班长、安检人员的责任。为使各级安全管理人员的责任制体现地更具体，对副总以下各级安全管理人员实行了痕迹管理和绩效考核，按照“安全状况、工程质量、制止“三违”、安全学习”四大项、十五个方面内容进行考核，对评选出的优秀管理人员和较差人员分别进行奖励和考核。同时，按照“六个落实到现场”的要求，加大了考核力度，实行了工程质量

"差异管理"办法,要求各专业科长每月必须对本专业内安全质量标准活动开展较差的两个单位按合格品或不合格品进行考核,并联责考核包区队人员。通过不断强化标准学习,健全完善制度,狠抓责任制落实,促进了安全质量标准化活动的深入开展。

三、突出超前预防,着眼创新发展,筑牢了安全生产的基础

第一,稳固基础,不断提升矿井的安全质量标准化水平。质量标准化建设是煤矿安全生产的基础工作。在创建安全质量标准化矿井中,开拓思路,务实创新,做到在借鉴中创新、在巩固中提高,使陈家沟煤矿质量标准化水平有了显著提高。首先,要不断加大安全投入,弥补历史遗留的安全欠账,对照标准进行集中整治;其次,对安全质量标准化规定的新内容,始终坚持高起点、高标准,求真务实、注重实效,不搞突击,不摆花架子,平时抓、抓平时,常抓不懈。工作中,从装备、质量、面貌,大到一个工作面、一条巷道、一个迎头,小到一台开关、一个螺丝都按标准来施工。在外出学习、借鉴兄弟单位先进经验的基础上,高标准地制定了《陈家沟煤矿安全质量标准化美化、亮化工程考核办法》,对照标准分成了六个工作小组,搞会战,加班延点,创出了多项"亮点"工程。特别是高标准地改造了井上下的等候室和井下三个变电所,副井筒、1050水平大巷、930大巷进行了底板硬化和刷白,大巷风水管路和电缆进行了重新整挂,新制作2500多个电缆钩对井下3000米大巷的电缆进行高标准吊挂,清挖整理大巷水沟3000多米,整理机电峒室20多个。同时,还将质量标准化工作重点落实到采掘头面的管理上,对采掘头面全部实施"精品工程"管理,并对采掘工作面安装照明灯,井下各区域全部实施责任区留名挂牌管理,从而使矿井工程质量、卫生面貌短期内又上了一个新台阶。在争创精品头面的基础上,把安全质量标准化工作延伸到采区,提出了争创精品采区的更高目标。对各采区质量标准化实行各科室主要领导分线包片负责制,必须达到现场没有重点头面、没有薄弱岗点、没有薄弱区队、没有管理死角、消灭薄弱人物的要求。同时,为提高质量标准化水平,陈家沟煤矿采取由各专业负责人牵头的解剖式浮动定级验收办法和各区队周五自检措施,尤其是采取典型引路的形式,召开正反两方面现场会,使陈家沟煤矿安全质量标准化建设呈现出了稳步提升的可喜局面。2010年度陈家沟煤矿多次接收了集团公司安全质量标准化检查,陈家沟煤矿安全质量标准化建设许多行之有效的经验和做法得到了集团公司领导和兄弟单位的高度认可。

第二,加大投入,提高安全装备技术水平,为安全生产创造条件。我矿以争创一级煤矿安全质量标准化矿井为契机,立足加大安全投入及与"科技兴安"战略相结合,努力创建本质安全型矿井。2010年我矿完成安全技措工程2870.21万元,在一通三防方面,投资238万元,更换手动无压风门6组,购置四台2×30kW大功率对旋轴流局部通风机,确保8512工作面长距离通风安全可靠,购置三套自动喷雾系统。在提升运输方面,对副井的提升系统进行了PLC改造,实现了主副井绞车控制自动化。在供电方面,积极工作,多方协调,对1050变电所进行了改造升级,解决了多年来的不安全隐患;投资15万多元,对八采区供电系统进行了完善;同时,还全部更换了老化的下井高压电缆,消除了供电隐患。在运输方面,投资近430万元购置胶带输送机两台,并对三采区轨道运输系统进行了改造,八采区两个掘进顺槽安装了无极绳绞车,保证了安全运输;推广应用了井下泄漏通信技术,购置了2台电机车,300多辆矿车,大大改善了运输装备水平。在顶板管理方面,推广应用了双楔顶梁,改变了工作面端头支护质量和职工劳动强度;巷道掘进推广应用了锚网支护技术,尤其是积极引进了综掘设备,全面提高采掘机械化水平。此外,陈家沟煤矿投资50多万元对调度监测监控系统进行了升级改造,运用了DLP显示屏幕,对井下瓦斯、主要生产岗点实行了24小时监控。通过实践使我们深深体会到,提高装备水平是实现安全生产的重要手段,"科技兴安"是安全生产的必由之路。

第三,突出重点,强化隐患排查与治理,杜绝各类重大事故的发生。根据上级一系列文件精神,陈家沟煤矿及时制定和完善了陈家沟煤矿煤矿隐患排查责任追究制度,并加大安全监督检查力度,从矿党政领导到分管副总和业务部门,及时排查分析管理范围内的重大隐患和薄弱环节,并对排查出的各类隐患实行分级管理。矿总工程师组织每月排查一次,各生产科室每周排查一次,各生产区队每班排查两次。2010 年,共排查 A 级事故隐患 72 起,B 级事故隐患 139 起,C 级事故隐患 214 起,对排查出的隐患做到措施、人员、时间、奖罚“四落实”,并安排复查、验收,直至消除隐患。

在隐患排查方面,陈家沟煤矿重点突出了“一通三防”这个关键。尽管我矿瓦斯等级为低瓦斯矿井,但陈家沟煤矿始终把瓦斯治理作为重中之重的工作,认真贯彻落实国家局第 21 号令《国有煤矿瓦斯治理规定》有关规定,严格落实“先抽后采、监测监控、以风定产”的瓦斯治理十二字方针,认真落实一通三防工作责任制,专门下发了文件,明确了各级各部门职责。2010 年以来,陈家沟煤矿以省煤矿安全监察局关于“开展通防安全示范矿井创建”和集团公司“一通三防重点工作评优”活动为契机,坚持“管理、装备、培训”并重原则,充分发挥先进技术装备在矿井通防管理中的作用。在瓦斯监控监测、装备投入方面,2010 年投入专项资金装备了矿井瓦斯抽放系统,预计 2011 年 3 月投入试运行;进一步完善了瓦斯监测监控系统,安装了瓦斯传感器和远程断电器。在矿井掘进通风方面,陈家沟煤矿主要实施了双风机、双电源,自动分风,自动切换,逐步推广使用大功率对旋风机和大直径风筒,确保掘进作业地点风量;在通风能力保障方面,主要是加强通风系统管理,完善通防基础设施,积极围绕矿井采场安排适时超前进行矿井通风系统的优化调整和改造,始终保持矿井有足够的富裕能力通风。

安全检查是煤矿安全管理的重要手段,确保动态安全的重要措施。陈家沟煤矿在坚持专项检查、突击检查、边缘地点检查、中夜班检查、解剖检查以及党政工团大检查等多种有效检查的基础上,不断创新安全检查思路,推行了安全检查、整改、复查、考核“闭合”管理办法,大大增强了检查人员和被检查单位的责任心,有效地解决了检查中形式主义和走过场的问题。尤其是推行的安全质量标准化量化检查考核办法,检查人员按照标准,逐项检查,对井下质量问题和“三违”现象都实行了货币化管理,对井下各种管理实施了责任追究制度,重点抓不落实的事、追究不落实的人,有力促进了现场安全质量标准化水平的提高,从而使井下现场时时处于动态达标状态。

第四,坚持以人为本,强化教育培训,不断提高广大职工自主安保意识和依法操作的能力。陈家沟煤矿始终把提高职工业务技术素质作为安全的基础工作来抓,坚持环境育人,努力创建安全文化,建立了“五个一”的教育阵地,即以采掘头面为主的安全教育“一条线”,从井口到井下运输大巷为主的安全教育“一条龙”,以地面工业广场、生活区街道为主的安全教育“一条街”,以区队、班组学习室为主的安全教育“一园地”,以广播、电视、板报为主的安全教育“一载体”,使安全意识深入人心。各单位充分利用周一安全活动日、周二技术业务学习日系统学习《安全生产法》《煤矿操作规程》等法律法规。矿还分成不同专业、不同层次,普遍对井下职工进行了学习操作规程的考试。推行“每日一题,每月一考”的员工基本技能知识考核,强力推行“手指口述”和“岗位描述”操作法在各工种和岗位中的实践应用,避免人为因素的事故发生;严格落实岗位技术能手的薪酬和用工待遇,充分发挥他们的技术优势和带动作用,以推动全矿职工整体素质的大幅度提升。此外,陈家沟煤矿还充分发挥了集团公司培训中心作为煤矿安全培训基地的阵地作用,组织职工脱产、半脱产培训和特殊工种轮训。通过对职工强化安全教育培训,使职工的自主安保意识和正规操作能力不断提高,进一步夯实了安全基础。

华能集团甘肃华亭煤业集团有限责任公司马蹄沟煤矿

一、确定全年奋斗目标

（一）矿井安全质量标准化保持国家一级标准，矿井综合评比得分达到900分以上。其中，安全管理考核得分达到135分以上，采煤、掘进、机电、运输、地测防治水、职业安全健康考核得分达到90分以上，通风专业考核得分达到180分以上，矿区环境和生活设施考核得分达到45分以上。

（二）矿井通风保持甲级标准。

（三）机电设备三率达到“95、5、1”水平。

（四）“三个会战”达到公司级优胜单位。

二、成立组织领导机构

矿上成立安全质量标准化领导小组：

组长：矿长

副组长：总工程师

成员：副总、生产科室科长、副科长及基层队队长

领导小组下设办公室，办公室设在相关科室，任命生产科室科长为办公室主任，负责安全质量标准化日常工作。

三、考核人员及专业划分

安全质量标准化领导小组下设六个专业小组，分别为采煤组、掘进组、开拓组、机电运输组、通灭组、地测防治水组、地面组，分别由领导小组组长及副组长担任相关专业小组组长，领导小组成员及相关科室技术人员为专业小组成员。

四、活动方法

（一）检查形式：实行周检查、月验收、季度兑现。

（二）检查时间：每周三和每月23日上午8时30分(逢节假日、双休日顺延)，在副井口人车等候室集中点名，安排检查工作。

（三）每周检查出的问题由各专业组以书面形式通知有关责任单位，并督促整改落实，对重复出现的问题，第一次罚500元/条，第二次罚1000元/条，第三次停工整改，罚款由队长承担20%，同时做出书面检查；另外，整改通知单及评分表于检查当天下午送交安全质量标准化办公室，统一装订，登记存档。

（四）各专业在检查、验收中，必须按要求全面检查，动尺上线，责任到人，严禁弄虚作假，闭门造车，谁验收的项目谁负责，若出了问题就追究谁的责任。

（五）周检月验收人员逢验收日值班的按值班班次下井，安全质量标准化小组按正常考勤，对没有正当理由、无故不参加周检月验收的人员，每少参加一次在质量标准化奖励中扣除100元。

五、奖惩办法

（一）奖励资金的来源。

第一，矿上在吨煤工资中提取0.1元。

第二，安全质量考核罚款。

第三，集团公司质量标准化奖励基金。

（二）奖惩。

第一，按照质量标准化标准和考核评级办法，验收没有达到标准、考核分值低于奋斗目标分值的专业，取消该专业质量标准化奖励。

第二，质量标准化奖以矿每月检查评比结果和集团公司季度安全质量标准化验收结果为依据，按季度兑现质量标准化奖，由矿安全质量标准化办公室提出兑现方案，报送主管矿长，矿长审核通过后由安全质量标准化办公室逐人考核兑现。

第三，对质量标准化不达标的相应专业和基层施工队，按照罚款数量对照责任大小进行相应处罚。

六、交流经验

通过以上方法的实施，使马蹄沟煤矿连续多年被评为“一级安全质量标准化矿井”。通过认真开展“安全质量标准”活动，加强现场管理和隐患排查力度，从根本上促使马蹄沟煤矿安全生产管理工作持续、稳定、健康发展，顺利地完成了各项工作。截至2010年年底，矿井已实现连续安全生产2447天。

华能集团甘肃华亭煤业集团有限责任公司东峡煤矿

东峡煤矿始终把煤矿安全质量标准化作为安全生产最重要的基础工作和实现安全生产持续稳定发展的重要保障，坚持常抓不懈。近年来，按照贯彻落实科学发展观的要求，以创建本质安全型矿井为目标，积极推进安全管理创新，充实安全质量标准化验收考核内容，建立起安全质量标准化与安全文化建设、规范操作、改善环境相结合的“四位一体”动态考核验收常效机制，提升了安全质量标准化总体水平。井上下生产作业环境得到改善，职工队伍整体素质明显提高，安全生产可控程度进一步增强，为矿井安全生产状况的持续稳定奠定了坚实的基础。

一、多措并举，提高职工综合素质，为开展安全质量标准化打好基础

提高人的安全意识和操作技能、规范人的行为，是不断提高安全质量标准化的重要基础。东峡煤矿实施“培育煤矿安全文化、塑造本质安全型人”工程，重点围绕提高职工素质，开展了以下四个方面的工作。

（一）实施素质提升培训工程。通过采取系统培训、模拟演练、现场纠偏、心理调适等一系列手段和方法，对新工人、一般从业人员、特种作业人员、班组长等不同群体，全面开展理念灌输、习惯养成训练、系统追问、危险预知、危害辨识、操作技能、质量标准等培训教育，培育职工树立良好的行为习惯和职业素养。培训结束后，逐个考核过关；不能过关者，不得上岗并重新进行培训教育。通过培训，职工队伍综合素质得到了明显提高。

（二）加强班组长队伍建设。对班组长的选拔任用由矿上把关，好中选优，集中对在岗的班组长开展安全教育培训、白国周班组管理法培训等，培训不过关的撤职换岗。建立后备班队长选拔培训机制，从各班队选拔部分骨干，参加班组长培训。对区队长进行定期考核奖评，实行末位淘汰，从优秀的班组长中选拔补充。

（三）推行准军事化职业行为训练。为进一步规范员工安全操作行为，提高安全质量标准化工作的执行力，全面开展了准军事化职业行为训练，对职工进行准军事化班前会、队列行走、“手指口述”、安全确认、现场交接班、职业技能训练等多项训练，以严明纪律，培养职工的自觉管控能力，使职工的自我管理意识得到了显著提升，对落实安全质量标准化管理制度以及规范化作业标准，起到了一定的保障作用。

（四）推行岗位安全确认，“手指口述”。围绕提高人的安全质量意识和危害辨识控制能力，推行了全员、全方位、全过程、全工序化的岗位安全确认；以“安全预想、危险预知”为主要内容，全面推行了“手指口述”式安全确认法，进一步强化了现场安全管理，促进了规范操作的落实。

二、全面推行“三按”管理，促进安全质量标准化动态达标

积极尝试推行了按规范设计、按设计施工、按标准验收的“三按”管理机制。按照细化、量化、标准化要求，参照国家和行业安全标准、技术规范，针对矿井实际，修订了回采、掘进、开拓、机电、运输、通风等各个系统设计规范标准，完善了规程措施编制、会审、贯彻流程，把按设计施工列为精细化管理和走动式管理的主要内容，实施了施工过程中达不到设计标准的限期整改以及由下一道工序追偿等硬性措施，实现了安全质量标准化动态达标。

(一)按规范设计。要求一切井下工程都要有设计和措施，在规范设计流程的基础上，细化设计内容。对每项工程的每个环节、施工现场的每个细节，都以设计说明书的形式固定下来，逐项提出具体操作要求，明确具体标准。如设备或材料怎么摆放、管线如何吊挂、采面单体液压支柱放液阀的朝向等。在规范设计内容过程中，针对现场施工内容和操作细节，在基层班组广泛征求意见，对设计成果反复优化、比较、论证，做到好中选优。

(二)按设计施工。所有生产工作岗位操作全过程都要按设计标准进行，已开工的工程必须现场悬挂设计图表，对施工过程“时时有规定、处处有标准”。按照质量标准化要求，对每一个生产工作岗位、每一道操作工序都做出具体规定，并在生产过程中坚决推行。每个工作面开工前先检查是否按设计施工，与设计要求不符不许开工。为促进作业现场按设计施工的推行与落实，管理人员在生产过程中坚持走动管理，凡是不按设计施工的一律停产整顿，直到整改合格。

(三)按标准验收。突出对生产全过程的动态检查、班末验收和竣工后的对标考核，坚持施工过程中管理人员的动态检查与班末验收相结合，对当班施工质量、设计标准落实情况逐项进行考核打分，实行日清日结考核。坚持将班末验收打分结果与工程竣工后的系统验收相结合，作为安全质量标准化的考核依据，做到设计、施工、检查、验收环环相扣，全程闭合。

三、加强安全环境建设，提高安全质量标准化水平

坚持以人为本，加强地面和井下安全环境建设，创造良好的环境，为安全生产提供有力保障，提高了矿井安全质量标准化水平。

(一)强力导入安全视觉识别系统。从更衣室到井口修建了几百米长的安全文化长廊，井口设置了大屏幕电视，职工入井前进行安全教育，井下人车等候室布置了大量的安全文化宣传排版，采掘工作现场悬挂了大量的安全警语。安全视觉系统的导入，及时传播了企业安全理念和安全信息，使职工对安全生产重要性的认识不断提高。

(二)强化安全环境硬件设施建设。本着高标准、高层次、高水平的原则，深入推进安全质量标准化建设。全面实施井上井下“亮化、净化、美化、规范化”环境改造工程，从井口到井底车场、从运输大巷到采区石门及料场、从工作面上下两巷到采煤工作面，实现全部照明。职工在宽敞明亮的环境中工作，无论心态、注意力还是操作的准确度都有较大改观。

(三)营造安全健康文化。从努力改善职工工作生活环境入手，着力营造安全健康文化。矿井建立了职工安全健康保障体系，定期开展职工健康检查，建立了职工安全健康管理档案。对职工食堂、宿舍、更衣室全面实施人性化改造，逐步实现服务人性化、就餐住宿宾馆化、更衣洗浴舒适化、井下服务地面化，以减轻职工作业后的疲劳，进一步增强职工凝聚力。

(四)着力打造本质安全型矿井装备系统。以实现“机电设备零隐患、矿井装备零故障”为目标，实施矿井提升系统和主扇风机安全改造，基本实现了自动化、信息化、数字化；实施矿井安全监测系统升级改造，先后进行了运输、供电、通风、排水本质安全型系统和部位的改造和创建活动，既增强了矿井抗灾防灾能力，又提高了安全质量标准化的科学管理水平。

四、创新考核运作机制，确保安全质量标准化规

范有序运行

在坚持安全质量标准化区科旬检、矿月验的基础上,深入探索、不断完善安全质量标准化的考核运作机制,使安全质量标准化工作逐步纳入规范化、制度化、科学化轨道,保证了安全质量标准化工作的规范运行。

(一)改革薪酬分配机制。发挥政策导向作用,引导职工牢固树立“安全就是效益”的观念,推行了独立于效益工资之外的安全质量结构工资制。煤矿每年制定下发全年质量标准化工作安排,成立质量标准化领导小组,由矿长担任组长,各专业小组组长由分管副矿长担任,每次检查前由组长进行分工,严格按标准逐条逐项上尺上线进行检查打分评级,按专业、区队、得分作为月底安全质量结构工资考核的依据,当月矿井质量标准化得分作为管理人员奖罚的依据,从而促进了基层单位由生产管理型向安全质量管理型的转变。

(二)实施专项激励机制。坚持每年开展安全质量标准化示范采掘面及样板化工程、信得过班组竞赛活动,不定期组织召开安全质量标准化现场推进会,及时推广先进经验。同时,采用正激励手段,每年对在安全质量标准化工作中取得突出成绩的先进区队和规范操作的职工进行重奖,促进了职工由“要我安全”向“我要安全”的转变。

(三)建立管理人员安全业绩考核管理机制。制定实施了管理和技术人员井下带班盯岗和走动管理制度,对安全质量标准化工作中出现的问题,全面实施了责任分析、系统问责机制。

中电投乌苏四棵树煤炭责任有限公司八号井

煤矿安全质量标准化是煤矿安全生产的基础,是建立煤矿安全生产长效机制的主要内容和根本途径。通过安全质量标准化矿井的建设,可以改善煤矿安全生产基本条件,更好地保障与维护广大煤矿职工的生命安全和根本利益,从根本上促使煤矿安全状况的稳定好转。为此,本公司长期以来始终坚持“安全第一、质量为本”的管理理念,强调安全生产工作的规范化、标准化以及安全与质量的高度统一性,深入开展安全质量标准化活动,现将开展安全质量标准化工作的一些做法汇总如下。

一、成立安全质量标准化组织机构,加强现场管理

公司和矿井成立两级安全质量标准化组织管理机构。公司成立以董事长为组长,以总经理、副总经理为副组长,以各矿矿长、总工办、安监局等职能科室工作人员为成员的安全质量标准化组织管理机构。矿井成立以矿长为组长,副矿长、总工为副组长,各专业区队负责人、矿井职能科室负责人为成员的安全质量标准化组织机构。公司和矿井安全质量标准化管理机构下设安全质量标准化办公室负责各项工作的具体实施。公司坚持开展“质量标准化、安全创水平”活动,强化现场管理,实现质量标准化工作动态管理,突出动态达标。井下采掘作业现场的标准化实现值班矿长、区队长、班组长、安全质量员联合检查、验收,坚持现场检查、平时抽查的综合考核机制,实现班班达标。通过检查,发现和解决存在的问题,不断完善各项管理制度和提高工作质量。

二、制定符合实际的考核评级办法

根据《煤矿安全质量标准化标准及考核评级办法》要求将矿井分为采煤、掘进、机电、运输、通风、地测防治水六大专业进行检查、考评,同时结合公司各矿井实际制定有针对性和可操作性的各专业考核评分办法。

第一,矿井各专业评分标准参照《煤矿安全质量

标准化标准及考核评级办法》，并根据矿井实际情况制定细则，各专业检查大项中缺分项的，不查不计，检查分项中缺小项的，以该检查分项的其他小项得分的百分比折算计分。

第二，矿井各专业每月得分计算方法为：矿井周检占20%，矿井月度检查占40%，公司安监局、总工办工程技术人员日常检查及月度检查占40%，三者得分之和即为该专业每月得分。

第三，矿井各专业每季得分计算方法为：各专业3个月的平均得分占50%，公司季度检查占50%，二者得分之和即为该专业每季度得分。

第四，矿井各专业全年得分计算方法为：各专业四个季度平均得分为该专业全年得分。

第五，全年矿井得分为：各专业全年平均得分乘以权重系数之和为全年矿井得分，权重系数采煤为0.15，掘进为0.15，机电为0.15，运输为0.15，通风为0.3，地测防治水为0.1。

第六，矿井评级分为：

一级：安全质量标准化平均得分90分以上，通风专业达到一级，采煤、掘进、机电、运输、地测防治水五个专业中达到一级的专业不低于三个，其他专业不低于二级。矿井全年无死亡事故、资源回收率达到规定要求、采掘关系正常。

二级：安全质量标准化平均得分80分以上，通风专业达到二级，采煤、掘进、机电、运输、地测防治水五个专业中达到二级的专业不低于三个，其他专业不低于三级。矿井全年无死亡事故、资源回收率达到规定要求、采掘关系正常。

三、制订年度达标目标及考核目标

公司每年年初对公司三个矿井制定安全质量标准化达标目标，要求矿井全年无死亡事故、资源回收率达到规定要求、采掘关系正常，矿井达到一级或二级标准。对矿井安全质量标准化达标情况进行严格考核，对不达标的矿井进行处罚，对达标的矿井进行奖励，并作为其他综合考评的依据。矿井对各区队和班组也实行奖罚激励机制，实行工资与质量、安全挂钩的模式，每月对各区队的质量和安全工作进行评比，作为年终考核评选先进区队和其他各项考评的依据。通过奖罚激励机制，提高了各矿井对安全质量标准化工作的重视程度。

四、加强动态检查、考核和验收工作

（一）矿井每星期组织一次以矿井主要领导牵头的自检活动，自检内容包括采煤、掘进、机电、运输、通风、地测防治水六大专业，对检查出来的问题指定有关责任人员在规定的期限内负责整改落实，矿井解决不了的问题及时上报公司领导。

（二）安监局、总工办各专业工程技术人员的日常检查以安全质量标准化要求为主要依据。

（三）每月由矿井领导牵头组织矿井相关人员对采煤、掘进、机电、运输、通风、地测防治水六大专业进行一次全面、细致的安全质量标准化检查、考评工作。

（四）每季度由公司领导牵头组织职能部门相关人员对各矿井分专业进行安全质量标准化检查、考评工作。公司每季度进行安全质量标准化检查、考评工作时组织各矿井矿长、副矿长、总工及相关负责人进行互检。

通过日常和定期对各矿井质量标准化的自检、互检，从地面到井下生产一线，每项工作都实行标准化作业，把质量标准化渗透到安全生产的全过程和每个环节，从点滴抓起，干标准活，做标准事，通过标准化的管理实现标准化目的，促进了公司安全生产步入科学、规范、标准、长效的健康运行轨道。

五、加大资金投入，提高矿井装备水平

公司在发展过程中不断加大投入，引进先进的生产工艺和设备，努力提高矿井装备水平，从系统、装备上为矿井实现安全质量标准化奠定基础。八号井项目更是立足高起点、高标准、高要求，设计时结合实际地质情况，直接使用“走向长壁综采放顶煤采煤法”，实行“一井一面、综采综掘”，完全按照质量标准化矿井、

本质安全型矿井、综合机械化现代化的矿井建设施工。通过大量资金的投入改善了矿井安全生产条件，提高机械化水平和工效，完善了各系统，为实现安全质量标准化奠定了基础。通过不断的资金投入，完善了公司各矿井的各大系统和其他硬件设施，为安全质量标准化建设提供了保障。

六、加强宣传教育和安全文化建设

矿井利用班前会、安全例会、板报等形式加强安全质量标准化的学习，宣传工作。通过理论学习与现场实际作业相结合，全面向职工灌输安全质量标准化知识，切实做好质量标准、岗位作业标准、技术规范和技术标准的贯彻学习，让所有职工掌握自己的工作标准和有关要求、熟知自己的工作职责，提高职工规范化作业和标准化操作的能力，通过学标准、用标准，促进矿井标准化工作水平整体提高。同时，公司各矿井把安全质量标准化建设同安全文化建设、安全隐患整治和加强煤矿安全基础管理工作有机结合，加强职工培训教育和安全文化的宣传，在地面、井下创办文化园地，悬挂安全标语等以多种形式开展安全文化活动，形成人人讲标准化、人人重视安全、人人遵章守纪的安全文化氛围。

七、加强班组建设，规范员工行为，提高员工素质

公司各矿井把标准化责任层层落实，落实到区队，落实到班组，落实到人头。做到人人有目标，人人有指标，人人有压力、人人有动力。班组是基层的生产组织，职工是最直接的操作者，加强班组建设，规范人的行为是推进标准化建设、实现安全生产的基础。通过开展“百日安全”“标准化班组评选”等各种活动，调动班组抓标准、保安全的积极性，好的班组、好的职工要有荣誉，有利益，努力在广大职工中形成“上安全岗，干标准活”的良好氛围，使每个职工按照岗位标准进行操作，精细到每一项工作、每一个岗位，使每项工作都有章可循、有量可计、有质可考，真正做到细化、量化安全生产的全过程。

公司不断加强对特殊工种的培训，系统、规范地对公司全体员工进行安全教育培训。针对引进的大量先进设备及先进采煤方法，公司采取“请进来”与“走出去”相结合的办法加强培训，多次派人外出学习新技术、新管理方法，解决特殊工种培训滞后于现代化企业管理的矛盾，切实提高员工安全意识和安全管理水平。公司把职工培训、提高员工素质作为科技兴煤的重点来抓，建立了“煤矿三级安全技术教育培训中心”。在教学过程中，变单一型技术培训为集法律、法规、矿规矿纪、公共设施管理、技术技能培训为一体的综合培训，提高了员工的综合素质，为公司安全生产和安全质量标准化建设奠定了坚实的基础。

晋城无烟煤矿业集团有限责任公司成庄矿

安全质量标准化作为矿井的基础工程、生命工程和形象工程，是企业综合管理水平的集中反映。2010年，我们以科学发展观为指导，以矿井安全发展为主线，在加强自主管理，提高责任意识，强化过程控制，抓好专项整治，推行创新管理，加大考核力度等一系列措施的基础上，进一步理顺了标准化管理职责，认真查找存在的差距和不足，取长补短，并总结提高。现将成庄矿2010年安全质量标准化工作开展情况汇报如下：

一、矿井安全质量标准化工作开展情况

(一)健全工作体系明确责任主体强化职责分工。

2010年，我们在原有成立专门标准化工作领导

组的基础上，对标准化工作体系进行了重新补充完善，把相应的责、权、利进行了统一分工，明确了各单位（部门）行政正职是分管本专业安全质量标准化工作的第一责任者，各区队行政正职是本单位安全质量标准化工作的第一责任者，进一步为矿井各项标准化工作的深入持久开展提供了有力的组织保障。

（二）学习标准贯彻标准不断提升职工对标准的知晓率。

2010年，按照集团公司安全质量标准化工作目标，我们制定出台了矿安全质量标准化工作目标和达标规划，并进行了逐级落实，层层分解。在此基础上，我们还按照集团公司相关安排对《国家级安全质量标准化煤矿考核办法（试行）》（安监总煤行〔2009〕150号文）及《山西省煤矿标准化矿井建设及考核评级办法》（山西省煤炭工业厅晋煤安发〔2009〕269号文）等相关文件进行了认真的贯彻学习。为了检验各级标准化文件的学习贯彻情况和职工的知晓率，还专门对各专业牵头部门和基层单位贯彻学习情况组织了全面督察，并对学习情况进行了抽查考试，针对督查情况及时下发了相关通报，真正做到了人人学标准、人人懂标准、人人干标准。

（三）完善检查体系严格检查考核增强比、学、赶、超意识。

2010年，我们在2009年的基础上进一步完善了标准化各级检查体系，做到了分工明确，检查有效，具体为：矿安委会牵头每半月组织一次现场特别督察，对各单位的标准化动态达标情况进行检查；各牵头专业每旬组织系统小分队对井下各地点的日常标准化动态工作开展进行监控；矿标准化办公室牵头每月组织一次覆盖井下所有线路及头面的大检查，对各区队当月标准化工作的开展进行验收；小班安检员每天对当班所在区队的工程质量及标准化工作进行安全评估；矿标准化办公室组织、抽调专家，不定期地对各专业、区队现阶段各项标准化工作开展的重点进行督察，有效督促矿各项标准化工作的落地。此外，我们还在基层区队中继续实行红旗、黄旗竞赛活动，区队每月实行安全质量标准化结构工资制度，按区队当月超额工资的15%作为安全质量标准化结构工资，每月考核；每季推行红、黄旗竞赛活动，进行季度考核，并使安全质量标准化工作落后的区队长丢面子、丢票子、丢帽子；季度安全质量标准化办公室外聘专家对矿井安全质量标准化进行总体评价，按照评价结果对专业牵头科（部）室进行考核，与各专业牵头科（部）室生产奖金总额挂钩，与安全质量标准化奖励挂钩。

（四）立足动态全面覆盖重点抓好薄弱和零散作业环节的监控。

为强化井下各地点标准化动态达标管理，矿内部建立标准化专家库，标准化办公室不定期地组织专家对各专业牵头部门和区队进行督察，按照“哪壶不开提哪壶”的原则，查重点，查死角，并严格考核。此外，我们还加强对薄弱和零散作业环节重点监控管理，尤其对采掘工作面过地质构造、搬家倒面、安装回收过程进行规范化管理，做到不留死角，不留盲区。

（五）抓创新重推广进一步优化职工作业环境。

创新是企业发展的源动力，安全技术创新是以安全生产需求为导向。2010年以来，我们每月开展以“小发明、小革新、小改进、小会诊、小窍门”为内容的“五小”标准化创新活动。通过制定严密有效的管理制度，并辅以严格考核奖惩，形成压力的有效传递，把任务按月逐级分解到各专业牵头科室和基层区队，对各专业牵头业务科室和基层区队的推广实施项目进行了具体规定，并通过采取突击检查和过程控制相结合的方式来监督各项推广项目的实施进度，进而使推广实施活动做到有计划、有安排、有落实、有考核，保证“五小”创新推广活动取得实效。通过标准化“五小”创新的管理，激发了单位、个人创新的积极性，提高了解决标准化管理中存在问题的能力，增强了区队自主管理的主动性，从而提高了作业现场的标准意识、安全意识。

（六）以点带面开展专项整治确保安全质量标准化动态达标。

为全面深化和强力推进安全质量标准化工作，确保矿井各项标准化工作的顺利开展，我们还积极以文明生产整治为切入点，在全矿井下范围内开展标准化动态达标整治活动，并配套及时制定下发了相关文件，在明确各专业牵头部门具体承担的各项整治工作的同时，还将各项整治工作按月度进行分解，并辅以严格的考核制度来推进整治活动的开展。通过标准化整治活动的开展，使井下各盘区大巷、采掘工作面的电缆、管线吊挂、出煤系统、运输系统、通风系统、抽放现场、综合防尘、水窝管理工作做到了日常动态达标，进而为职工创造了一个良好的作业环境。

二、取得的效果

(一)2010年，通过矿井各项安全质量标准化工作的扎实开展，在标准化管理方面取得良好效果的同时，还顺利通过了国家局的标准化高产高效矿井达标验收，得到了集团公司相关领导的表扬和肯定，安全质量标准化综合管理水平在集团公司各兄弟矿井中名列前茅。2010年在集团公司组织的安全质量标准化评价检查中，上半年矿井排名第一，年度总体排名第一(其中：第一、第二季度分别获得第一名，第三、第四季度分别获得第二名)，各专业在检查中均达到了企业一级。

(二)进一步提升了矿井标准化自主管理水平，在形成“区队自主管理、专业自检自控、矿井动态达标”的有效管控模式的同时，还做到了安全质量标准化工作“全员、全方位、全过程”参与，进而为矿井的安全生产提供了有力的保障。

总之，安全质量标准化工作是一项长期工作，必须长抓不懈，不断创新，才能跟上时代的步伐。在今后的工作中我们将一如既往，严格贯彻落国家科学发展的方针、省委省政府“安全发展、转型发展、跨越发展”的总体部署和集团公司“亿吨基地、千亿规模、百年企业、能源旗舰”企业目标，进一步完善成庄矿安全质量标准化自主管理体系，同时大胆引导职工自我管理，逐步走向管理的最高境界，来提高我矿的安全质量标准化工作管理水平，使之持续、稳定、健康向前发展，为我矿的安全质量标准化工作迈上新的、更高的台阶而努力奋斗。

晋城无烟煤矿业集团蓝焰煤业有限公司凤凰山矿

2010年，凤凰山矿本着“区队抓现场重标准，部室抓业务重标准，领导抓管理重标准”的干事理念，结合现场及集团公司相关要求制定了标准化管理办法，重点加强了标准化小分队的管理，加大了小分队活动频次；同时加强了标准化创新及亮点工程建设奖励及考核力度，加大了红、黄旗竞赛考核，对职工标准化知识培训及考核进行了更改，有效地促进了区队及职工学习标准化知识的积极性。总之，在2010年的工作中，我们严格执行管理办法相关规定，努力实现着2011年度奋斗目标。现在我矿开展安全质量标准化工作的主要做法和经验汇总如下。

一、健全完善相关标准化制度，规范标准化管理体系

为了进一步完善我矿的安全质量标准化制度体系，确保各类制度与现场实际情况相适应，在经过征集基层单位意见，各专业组讨论，修订下发了《凤凰山矿安全质量标准化管理考核办法》，继续在采煤、机掘、辅助三个专业之间开展质量标准化红、黄旗竞赛，对质量标准化搞得好的单位，给予红旗鼓励，对质量标准化搞得差的单位，予以黄旗警告，对获得黄旗的单位当月标准化副职要进行标准化电视讲评，正职需在颁发红旗、黄旗的调度会上作工作讲评。标准化管理办法中还重点对标准化小分队活动进行了明确的

细化，加强了小分队的管理及考核，提高了小分队入门门槛，对小分队成员的组成进行了更科学、更合理的安排和分工。另外，标准化管理办法依然对井下公用巷道进行了明确的职能职责划分，重点对三水平延伸后井下公用巷道管理进行了科学的分工，有效地使公用巷道文明生产及标准化工程得以保持良好的形象。针对集团公司新版标准化标准要求的内容，重新对此进行了调整，增加了安全管理，将原有的九个专业进行了重新细化，组建了十三个专业，全面覆盖了井上、井下所有区域，通过有效运转，指导、规范了凤凰山矿的各项工作，在过程上与集团公司的标准完全的结合了起来，为了从全面加强凤凰山矿的安全质量标准化工作。

进入第四季度，标准化办公室制定了《凤凰山矿安全质量标准化四季度达标方案》，并积极组织各个专业组对达标方案中的每一项进行逐条落实，逐条督促整改，并在11月下旬牵头组织了《2010年标准化新标准》的培训工作，从而切实提高了凤凰山矿的安全质量标准化管理水平。

二、深入现场，认真管理；对照标准，严格考核，确保各类工程批批达标

安全质量标准化工作是与生产密切结合在一起的，在日常的工作中，安全质量标准化办公室与各专业组利用日常下井工作的机会，严格对照三大规程、集团公司企业标准与相关的各类管理制度加大对生产单位工程质量的管理，发现工程质量和文明生产方面的问题，以走动管理五因素表的形式督促责任单位进行整改并不定期进行复查，复查不合格的严肃处理，确保各项工程无论在开口、正常掘进、贯通，还是在初采、正常生产、末采、搬家倒面等方面全部按标准进行施工和验收移交，在每月的旬检中，各专业组检查人员将在现场检查中存在的问题全部在行业、企业标准的定级表中进行体现，直接带入安全质量标准化红、黄旗成绩。通过采取“逐条落实问题、逐条寻找责任人”的方式，极大地提高了井下队组工作的积极性及责任感，各项工程施工质量有了显著提高，为凤凰山矿安全质量标准化工作的顺利开展并取得一系列的成果起到了决定性的作用。

三、继续开展“三大环节”工程的保持工作

安全质量标准化不仅是煤矿安全生产的基础工程、生命工程，也是煤矿和谐发展的形象工程，为保持“三大环节”良好形象，标准化办公室积极协调、组织，安排进行了井下三大环节的维修工程，确保了凤凰山矿“三大环节”的动态达标，为全矿井下作业人员创造了一个良好的工作氛围。

四、优化就业环境，体现人文管理，创建和谐矿山

为了解决井下各队组的标准化牌板问题，生产技术部标准化办公室经过多方协调，与2010年四季度对各区队标准化牌板进行了补充、更新。经过一系列的努力，凤凰山矿井下各单位的牌板得到了统一，各条公用巷道的牌板也实现了整齐统一的目的，切实解决了队组牌板数量不足的实际问题。

五、加大区队创新及亮点项目建设力度，确保矿井标准化稳步发展

生产发展离不开创新，加大标准化创新力度是凤凰山矿近两年标准化工作的重点之一，2010年年初，标准化办公室牵头，通风区具体负责组织井下各区队进行了推广捕尘网的会议，2月捕尘网全部安装到位，同时井下机电运行工区还加强了转载点密闭，通风区加强了盘区回风巷净化水幕的改造等系列工程，此项创新工程的开展，为凤凰山矿通风防尘年及井下标准化工作的稳步提升奠定了基础。2010年标准化创新还有：40T刮板输送机喷雾装置的改进；压风筒缓冲装置；综采液压支架微表固定装置；液控式填充泵管路清洗拆装装置；沿空留巷综采工作面充填模板支架安装准备工程创新；巷道起底架棚段起底工程创新；斜井中档的改进项目创新等。

晋城无烟煤矿业集团长平煤业有限责任公司王台铺煤矿

安全质量标准化工作是煤矿企业安全生产的基础、生命工程，是安全生产的前提保证，是建立安全生产长效机制的根本途径。进入2010年以来，在公司标准化领导组的带领下，以生产办为总牵头单位，安全办、机电办等办室的同心协力，密切配合下，在长平公司各业务部室的监督下，以采掘衔接为龙头，安全质量标准化为抓手，以成本管理、煤质管理为基础，以现场落实为重点。在全矿井开展了以下安全质量标准化达标竞赛活动。

一、整章建制补充完善安全质量标准化竞赛考核办法和管理制度

在长平公司工作标准化领导组的大力支持下，生产办根据公司标准化领导组的指示精神和长平公司2010年安全质量标准化竞赛考核办法，起草制定了《王台铺煤矿2010年安全质量标准化竞赛考核办法》《安全质量标准化样板区队竞赛考核办法》《采、掘、机、运、通、地测防治水安全质量标准化现场处罚细则》，根据安全质量标准化竞赛考核办法，在全矿井开展了安全质量标准化竞赛。

二、开展安全质量标准化创新活动

安全质量标准化是安全生产的基础工作，标准化创新是推动安全质量标准化深化发展的有效手段。为此，我们在全公司大力开展安全质量标准化创新活动。全年共收到各单位安全质量标准化创新项目21项，通过各专业和办室的评选，根据公司实际情况，对适合在公司推广的创新项目(①降低风门受压变形技术的应用；②在综掘巷道施工支护材料、备品备件、油脂集中硐室进行分班管理；③旋转喷雾的应用；④除尘风机在掘进巷道的应用等创新项目)在矿井进行分专业进行推广实施，收到了良好的效果。同时，对创新项目的单位进行了创新奖励。通过奖励，极大地提高了广大职工的安全质量标准化创新意识，推动了安全质量标准化工作的不断深入发展。

三、安全质量标准化检查考核、标准化知识培训方面

安全质量标准化，是煤矿安全生产的基础工作，生命工程，是安全生产的前提保证。为夯实安全生产基础，以生产办总牵头，各分管办室的配合下，每月以安全质量标准化动、静态相结合、日常现场问题整改落实和月度单位安全质量标准化总分挂钩考核的综合检查考核形式，对矿井生产作业队组进行全面覆盖检查，由生产办考核，矿分管领导签字，经营办执行，每月对各单位安全质量标准化结构工资兑现。矿对在季度集团公司安全质量标准化检查考核中，取得前四名的专业队组，根据矿领导组的意见和安全质量标准化竞赛考核办法规定进行了奖励兑现。动态、静态安全质量标准化检查问题通过各分管专业办室跟踪落实，整改率达100%。同时，对各专业存在安全质量标准化的问题及时进行了通报。每季度开展了安全质量标准化“红、黄”旗竞赛活动，对被评选为样板区队的单位进行奖励，对排名最后一名的单位进行处罚，通过“红、黄”旗竞赛，调动各单位搞好安全质量标准化的积极性。

标准化标准是规范职工行为的准则，是职工按章作业的精神食粮。为让职工上放心班、干标准活，以职教部牵头，对职工进行了形式多样的标准化知识培训。全年共举办各类培训班52期，脱产培训班45期，业余培训7期，圆满完成了各项培训任务。组织开展了安全质量标准化知识考试和智力竞赛，使广大职工进一步巩固了安全质量标准化知识。

成绩只能代表过去，安全生产的严峻形势还不容我们乐观，安全生产任重道远。夯实安全基础，就必须全方位抓好安全质量标准化基础工作。在今后的工作中，我们将一如既往地在全矿大力开展安全质量标准化竞赛，不断完善安全质量标准化竞赛考核办法和管理制度，规范安全质量标准化检查考核，走出一条适合本矿井管理特色的标准化管理之路，使王台铺煤矿安全质量标准化工作再上新台阶。

以上是王台铺煤矿在2010年开展安全质量标准化一些不太完善的主要做法，在2011年，我们要继续努力，采取走出去、引进来的做法，虚心向标准化工作搞得好的兄弟单位学习。不断充实自己，完善和改进自身不足，为更好地打造本质安全型矿井打下坚实基础。

晋城无烟煤矿业集团有限责任公司寺河矿二号井

安全质量标准化工作是煤矿企业安全生产的基础，是企业综合形象的具体表现，是保障企业和员工生产财产安全的前提和保障，是持续构建安全生产长效机制的根本和关键，是反映企业先进文化、提高企业竞争力、推进企业发展的坚强后盾。寺河矿二号井党政近年来统筹安排，精心策划，始终把安全质量标准化。作为矿井安全生产的主要工作，经过全体干部员工的共同努力，奋勇拼搏，安全质量标准化面貌有了较大的改观，在2010年6月，寺河矿二号井通过了2009年度国家级安全质量标准化煤矿的验收，现为国家级安全质量标准化矿井。

一、深化思想认识，全面提高全员安全质量标准化素质

为了形成抓安全质量标准化的共识和合力，首先，我们认真贯彻国家局、省厅、集团公司的各项开展安全质量标准化的文件精神，重新定位，寻找差距，结合本矿实际，响亮提出了建设“安全、高效、精致、和谐”的安全质量标准化矿井，组织进行强力推进。其次，多次举办安全质量标准化培训班，特别是2010年在结合省局、集团公司的安全质量标准化标准发生修改和完善后，本矿在四季度组织的全矿安全质量标准化培训工作。本次培训工作共培训专业13个，其中省级专业8个，集团公司专业5个，全员参加培训率达到95%以上，培训形式分集体组织和自行组织，其中要求验收员、特殊工种及班组长以上管理人员全部参加集体培训，并进行了严格的培训考试，为全矿员工能够上标准岗、干标准活起到了很大的指导作用。再次，认真开展月度的安全质量标准化总结讲评会议。本次会议由分管安全质量标准化的矿长亲自主持，安全质量标准化办公室进行通报当月的标准化工作开展和考核情况，重点要求各专业、各单位对于在工作中出现的问题进行讨论和对安全质量标准化搞得好的单位进行经验发言，差的单位进行书面检查，从而形成了对安全质量标准化工作的有效引导和促动。

二、完善标准化管理制度，推动标准化工作的全面发展

通过几年来对标准化文件的执行和标准化工作的积极开展，安全质量标准化管理制度科学、合理、可

行是推动和提高标准化工作的根本保障。2010年，我们认真修订和完善了标准化的管理制度，并在年初多次开会进行讨论研究，然后下发《2010年度安全质量标准化管理考核办法》，该办法从科室、基层区队分两方面进行管理考核的制定，并明确了相应的责任、考核办法、执行程序、奖罚标准。通过一年来的运行和完善，特别是在管理制度中对“定置”管理的实施、细化标准量化考核的推行、实行标准化管理“问责制”落实责任强化监督和规范安全质量标准化工作程序等一系列管理办法的出台，本矿现基本上已经形成了全员参与标准化工作，基本实现标准化的动态达标的良好局面。

三、抓组织安排，确保安全质量标准化管理责任到位

根据强力推进安全质量标准化工作的需要，年初，将安全质量标准化工作列入方针目标重点管理的内容，在奋斗目标、对策措施中具体明确年度安全质量标准化工作的重点，组织制定年度安全质量标准化管理考核办法，成立由矿长、书记挂帅的安全质量标准化工作领导组，按照“系统归口、分工负责、专业检查、统一考核”的原则，组织建立起严密的安全质量标准化管理网络体系。同时根据全年的工作安排，以月计划任务书形式分解落实到有关科室和生产单位，确保安全质量标准化工作随着矿井的生产组织的情况而正常、有序地运行。

四、抓设施改造，夯实安全质量标准化的硬件基础

一年以来，我们不断加大向安全质量标准化的资金投入力度。一是组织进行了“三大环节”完善和改造。对交接班室进行统一标准配置，新配备了办公桌椅、电脑、投影仪等设施，改善了区队办公和学习条件；对职工澡堂、灯房和自救器房进行改造，为职工提供了良好的日常工作环境；对井底车场、井口安全走廊全面更新了面貌。二是从本质安全入手，全面完善各项安全设施。西轨道大巷、盘区车场从管路、电缆的吊挂、轨道的整修等各个当面经过全面的整改，达到了集团公司的样板辅助运输路线；对井下盘区水仓硐室进来了改造，达到了集团公司样板硐室的标准。

五、抓检查考核，促进安全质量标准化的巩固落实

多年以来，我们全面实行“统一管理、分项负责、系统互检、分类排队、工资考核、名次得奖”的标准化检查考核方式。即安全质量标准化由生产科统一管理，采、掘、机、运、通、地测防治水、安全管理、企业形象分别由生产科、安检科、机电科、生产科运输组、通风科、地测科、安检科、综合管理科牵头负责。坚持每月对分管专业的安全质量标准化进行专检、互检；标准化办公室每月对井下所有采、掘头面、公共大巷、硐室进行一次100%覆盖率的检查；标准化小分队每月不定期对井下生产面、头进行检查，对检查出的问题，以三定形式下发至各单位，要求明确落实措施、时间、负责人，专业牵头单位按期进行落实整改，月底根据各种检查结果再进行考核兑现。同时，安检科坚持实行小班安全质量定级不断线，真正将安全质量标准化控制到每一道工序，形成了严把安全质量关的保证体系，努力实现过去的静态检查验收为主向动态检查验收为主的监督检查形式的转变，保证了矿井安全质量标准化在动态中保持一级。

在严格检查的前提下，我们强化分配倾斜。一是实现安全质量标准化台阶结构工资考核。从计件工资总额中分解出20%与各区队安全质量标准化考核结果挂钩，每月根据井下队组安全质量标准化的得分和所在台阶，决定安全质量标准化结构工资的返还比例。二是开展井下专业红旗、黄旗竞赛活动，对搞得好的单位挂“红”旗，搞得差的单位挂“黄”旗，并进行奖惩兑现，真正体现好坏有别、奖优罚劣。三是对各专业牵头单位进行季度奖励，即把集团公司季度专业检查名次与牵头专业单位标准化奖考核挂钩，调动各级管理人员的积极性。

六、追求创新，精益求精，实现安全质量标准化精细化管理

精细化管理是二号井矿安全质量标准化工作再

上新台阶的一项新要求，也是矿井安全质量标准化发展的必然趋势。认清精细化管理的实质，提高认识、渗透理念、强化管理、落实行动；彻底消除“整理出来的标准化”现象，不仅要在硬件、硬指标上有所突破、有所提高，更应注重标准化管理的提高、文化的沉淀和思想的升华，从本质上实现矿井标准化工作精细化管理的目的。

首先是强力推行现场“定置”管理。“定置”管理是现代化企业管理中的一种先进的管理理念，也是现场精细化管理的一项基本要求，生产过程中的任何事、物都必须遵循定置管理原则。“定置”管理，即所有备品备件、设备设施、材料必须放置在指定的位置，标识清楚，定位准确，充分体现“人性化”管理理念，严格遵循“利于管理、利于使用、利于美观”的原则；各单位要按照“定置”管理的具体要求，结合本单位现场实际，以抓文明生产为突破口，从规范人的操作行为着手，强化设备动态管理，规范设备、设施、材料现场管理，做到每一台设备、每一种材料都有定置标准，创造良好作业环境。

其次是积极开展创新活动。只有创新才能发展提高，为了使更多的职工参与到标准化创新活动中来，充分发挥广大职工的聪明才智和丰富的现场经验优势，我们将开展以“小发明、小革新、小改进、小会诊、小窍门”为内容的“五小”标准化创新活动。并对回采工作面的单体柱超前支护的硬连接装置、小绞车护绳栏、电控阻车器、小绞车的可调节护绳帮轮、皮带过桥上方对单向架空人车钢丝绳的保护装置等创新项目进行奖励，从而使安全质量标准化在发展中有创新，各项工作有章可循，逐步地实现精细化管理。

还要做好细化标准、量化考核的基础工作。①各专业牵头业务科室牵头，基层区队配合，深层次研究本专业质量标准化标准和岗位操作标准，细化管理标准，尽可能用数据说话，力求精细、准确、量化。质量标准要有针对性和可操作性，满足工程质量要求，保证设备正常运转；操作标准要明确岗位人员的岗位标准、操作流程、工序标准和考核标准；②通过细化标准、量化考核，规范各级人员的操作行为，特别要强化小班工程质量验收考核，避免小失误造成大事故，树立大局观念，做到生产现场始终处于受控状态，保证开机率，强化工序管理，推行正规循环作业，确保生产秩序正常运行。

最后为了巩固整治效果，本着“谁主管谁负责、谁使用谁负责和谁的责任区谁负责”的原则，建立和明确区域管理责任制，制定井下公共巷道(零散作业地点)文明生产标准及考核评分表，把标准化的区域管理落实到生产单位，直至班组个人。每月将根据矿井的生产组织衔接情况，将井下各条线、各个面、各个点进行了责任区域的划分，进行检查打分评比，直接与单位的结构工资挂钩考核，促使标准化工作在规范化、经常化的良性循环轨道运行。

七、抓形象建设，全面提升企业管理档次

二号井矿把企业形象塑造的重点放在地面环境整治和企业文化建设两个方面。在地面环境整治上，先后组织进行了地面电网改造、管网改造、工业厂区道路改造、职工公寓楼、办公楼、澡堂、灯房整修改造等项目，使矿区面貌有了根本性的改观。在企业文化建设方面，集思广议形成了一整套具有寺河矿二号井特色的企业文化理念体系，而且安全文化建设得到了进一步的深化，使企业管理工作在内外兼修的主导思想下，得到不断的加强和提高。

总之，二号井矿虽然通过长期以来的安全质量标准化工作的认真踏实的开展，矿井连续在3年以上无任何安全伤亡或重大涉险事故，生产衔接组织合理正常，三量准备符合相关规定，采区、回采工作面的回采率达到相关要求，省级八个专业全部达到了省一级标准，矿井综合成绩达到企业一级安全质量标准化矿井之列，但是工作中仍旧存在有许多不足，在以后的工作中，二号井矿将一如既往地认真踏实地开展安全质量标准化工作，在进一步深化二号井矿安全质量标准化工作，切实提高矿井综合管理水平，努力把二号井矿建设成为安全、高效、精致、和谐矿井的目标下，确保标准化工作科学、合理、正规、有序地开展，实现安全质量标准化管理工作规范化、经常化、制度化。

晋城无烟煤矿业集团沁秀煤业有限公司岳城煤矿

一、高度重视，完善制度，保障安全质量标准化全面展开

我们形成了这样一个共识：抓好安全质量标准化是煤矿企业生存和发展的命脉，是实现安全生产的基础，也是煤矿一切工作的基础，是提高企业核心竞争力的关键。质量标准化搞不好，安全生产没有保证，企业就没有进入市场、参与竞争的能力，生存发展就是一句空话。强化自觉抓质量、保安全、求生存、图发展的战略意识。所以我们从提高地位、加强领导、完善制度等方面对开展安全质量标准化工作给予了大力保障。首先，突出安全质量标准化工作的重要地位。我们把安全质量标准化工作与各级管理人员的系数挂钩，并且安全质量标准化季度考核结果作为精神文明考核的重要内容，具有一票否决权。其次，完善矿安全质量标准化领导组，按照主要领导亲自抓，分工负责的原则，规定上到矿长、下到区队长的各级行政正职对安全质量标准化全面负责，分管安全质量标准化的副职具体负责。同时明确各科室的责任，各专业科室负责考核、检查、指导本专业的标准化工作。从而形成了从企业负责人到职工层层负责的标准化责任体系，为搞好质量标准化工作提供了组织保障。

二、建立激励机制

我们一直坚持对安全质量标准化工作进行评比，对优秀单位和落后单位分别给予奖励和处罚。地面业务科室及队组由综合办公室牵头建立考核办法进行考核，井下各业务科室及队组由生产技术科牵头建立考核办法进行考核。我们提高了季度安全质量标准化考核奖惩数额，各专业在集团公司排名要做到保七争六，每提前一名奖励井下业务科室 10000 元，地面业务科室奖励 5000 元，否则对各科队技术员以上管理人员当月人均下浮 0.2 系数，且责任单位内分管专业负责人考核 500 元，正职考核 800 元，取消当月及下两个月安全质量标准化所有奖项。

每月把井下队组分为两个组（一线单位为一组，二线单位为一组）进行考核，月底根据各项考核结果，获得第一名的单位技术员以上管理人员每人增加 0.2 系数，最后一名的单位技术员以上管理人员降 0.2 系数，并在经济上给予单位一定的奖励与处罚，以此来推进岳城煤矿的安全质量标准化工作。

三、精细管理，加强检查，实现现场动态达标

我们以实现全员、全方位、全过程“上标准岗、干标准活”为目的，坚持以人为本，推行精细化管理，通过安全质量标准化使现场安全管理水平得到提高。

一是明确责任，规范现场操作行为。从严从细分解指标，形成了从上到下逐级落实，从下到上层层负责的标准化管理体制，现场管理人员做到目标明确、分工细致、指导到位、考核严细；操作层责任清晰、工序到位、行为规范、操作熟练，做到“上标准岗、干标准活”。从设备稳装到物料码放、从设备维修到现场操作，通过人的规范操作，实现现场动态达标。深入实施

安全质量标准化“就近管理”和班组全过程管理，注重情感、责任、素质三项管理，突出岗位个体能力的发挥和班组这个基本生产单元效能的发挥，以“想、看、干、管”为核心，规范了员工进入工作面后的工作程序，责、权、利相统一，使每个岗位的作业人员主体责任更明确，行为更明确，杜绝了重伤以上事故。

二是积极推行精细化管理，注重生产全过程的每个环节、每道工序的管理，把每项工作具体细化、量化到生产全过程，达到人人、事事、时时、处处有科学、严谨、规范的制度去约束，以精细化的制度去实现精细化的行为、精细化的产出。对我矿井下所有人行道侧必须全部采用扫帚进行清扫，不得出现50毫米以上的大块；巷道内材料要全部实行集中分类码放一头齐，并挂牌管理，不同规格型号的材料不得混放，距轨道不小于300毫米，留有行人通道，不影响行人(材料牌板成一条线，整齐卫生，悬挂距底不小于1.5米)；巷道内消除“三无”现象，杜绝电器设备失爆现象；机掘巷道距工作面迎头35米，炮掘巷道距工作面迎头15米范围以外所有在用40T溜子全部按照标准要求安装挡煤板。

由矿安监科的井口检身工负责，对下井人员所带物品进行登记，并按照下井所带物品数量上井后按数量上交，从根本上消灭井下白色垃圾的现象。

三是坚持动态检查和综合检查结合，加大检查力度。岳城煤矿成立了标准化小分队，每月组织全方位的安全质量标准化大检查，覆盖率达到100%。我们规范检查行为，做到一把尺子，一个标准，公开、公正、公平；提高检查质量，按照要求使用检查仪器和工具，进行布点、上线、测量，逐条逐项进行检查，不能有缺项、漏项；落实检查责任，检查人员按照“谁检查，谁签字，谁负责”的原则，实事求是，认真填写安全质量标准化检查表。在检查中严格按照新标准和规程、措施的条款进行，重点检查设施、装备、资料等基础工作，主要从现场管理上的标准化水平去考核评比，以此促进安全质量标准化扎实开展。对检查发现存在严重问题或隐患的单位，通过签“三定表”、通知单等多种形式限期整改。

四、夯实基础，求真务实，提升安全质量标准化管理水平

我们高度重视安全质量标准化基础工作。加强装备、设施、资料等基础性工作，实现安全质量标准化工作从注重物的管理向提高人员素质、规范操作行为转变，从注重形象达标向扎实开展基础工作达标转变。一是完善基础装备，保证装备的适用性。二是完善基础设施，保证设施的可靠性。三是完善基础资料，保证资料的规范性。

对集团公司所下发的新版《安全质量标准化标准及考核评级办法》分专业全员进行闭卷考试，并详细制定了相关规定，对考试结果较好的干部职工进行奖励，对考试不及格的干部职工进行处罚，以此促进干部职工对安全质量标准化知识的学习，以便掌握其内容。在平时利用每周一、周四全矿所有管理人员学习大会上，对安全质量标准化知识进行再培训，以此增加管理人员的安全质量标准化意识。

虽然我们在安全质量标准化建设工作上做了一些工作，取得了一定成效，但我们也清醒地认识到工作中还存在着不足，努力发扬与时俱进、开拓创新的精神，真抓实干，不断进取，努力开创岳城煤矿安全质量标准化新局面，把岳城煤矿建设成为安全质量标准化精品化矿井而努力奋斗。

晋城无烟煤矿业集团长平煤业有限责任公司

安全质量标准化工作是煤矿企业安全生产的基础、生命工程，是安全生产的前提保证，是建立安全生产长效机制的根本途径。进入2010年以来，在公司标准化领导组的带领下，以生产技术中心为总牵头单位，安监部、机电部、通风部等部室的同心协力，密切配合下，以采掘衔接为龙头，安全质量标准化为抓手，以成本管理、煤质管理为基础，以现场落实为重点。在全公司开展了以下安全质量标准化达标竞赛活动。

一、整章建制补充完善安全质量标准化竞赛考核办法和管理制度

在长平公司工作标准化领导组的大力支持下，生产技术中心标准化办公室根据集团公司文件要求和公司标准化领导组的指示精神，起草制定了《长平公司2010年安全质量标准化竞赛考核办法》《安全质量标准化样板区队竞赛考核办法》《采、掘、机、运、通、地测防治水安全质量标准化现场处罚细则》《安全质量标准化检查考核补充考核办法》。开展了安全质量标准化小分队活动，根据安全质量标准化竞赛考核办法，在全公司井上下开展了安全质量标准化竞赛。

二、开展安全质量标准化创新活动

安全质量标准化是安全生产的基础工作，标准化创新是推动安全质量标准化深化发展的有效手段。为此，我们在全公司大力开展安全质量标准化创新活动。全年共收到各单位安全质量标准化创新项目32项，通过各专业的评选，根据公司实际情况，对适合在公司推广的创新项目，①综放工作面两端头段支护新工艺；②降低风门受压变形技术的应用；③在综掘巷道施工支护材料、备品备件、油脂集中硐室进行分班管理；④旋转喷雾在长平的应用；⑤移动水仓在综掘头面的应用；⑥除尘风机在掘进巷道的应用等创新项目）和2009年评选出的创新项目在公司进行分专业进行推广实施，收到了良好的效果。同时，对创新项目的单位进行了创新奖励。通过奖励，极大地提高了广大职工的安全质量标准化创新意识，推动了安全质量标准化工作的不断深入发展。

三、安全质量标准化检查考核、标准化知识培训方面

安全质量标准化，是煤矿安全生产的基础工作，生命工程，是安全生产的前提保证。为夯实安全生产基础，以生产技术中心总牵头，各分管专业部室配合，每月以安全质量标准化动、静态相结合、企业标准和公司百分制标准相结合、日常现场问题整改落实和月度单位安全质量标准化总分挂钩考核的综合检查考核形式，对矿井生产作业队组进行全面覆盖检查，由生产技术中心考核，公司分管副总签字，人劳部执行，每月对各单位安全质量标准化结构工资兑现。通过严格检查考核，一季度，在集团公司八大矿井安全质量标准化检查考核中，长平矿在集团公司单独矿井得分197.717分，排名第一、长平公司总体排名第四。二季度矿井得分196.007分，在集团公司排名第二。三季度矿井得分196.719分，在集团公司排名第一的好成绩。公司对在季度集团公司安全质量标准化检查考核中，取得前四名的专业，根据公司领导组的意见和公司安全质量标准化竞赛考核办法进行了奖励兑现。动态、静态安全质量标准化检查问题通过各分管专业部室跟踪落实，整改率达100%。同时，对各专业存在安全质量标准化的问题及时进行了通报。

标准化标准是规范职工行为的准则，是职工按章作业的精神食粮。为让职工上放心班、干标准活，以职教部牵头，对职工进行了形式多样的标准化知识培

训。全年共举办各类培训班52期，脱产培训班45期，业余培训7期，圆满完成了各项培训任务。四季度，在集团公司新企业标准出台后，在生产技术中心总牵头、职教部、人力资源部的配合下，在全公司组织开展了安全质量标准化知识考试和智力竞赛，使广大职工进一步巩固了安全质量标准化知识。

四、狠抓现场落实、对井下作业环境的污染和杂物进行治理

随着职工生活条件的不断提高，职工班中餐的包装袋给井下现场作业环境和煤质管理造成了严重影响，为此，公司对井下生活垃圾管理制定了专门的管理规定，各管理部室在日常现场监督检查中进行严格落实。通过井下现场生活垃圾管理规定试行，井下现场生活垃圾乱扔、乱放的现象得到了有效的控制。各作业单位对生活垃圾制定了专项管理办法，对本单位的生活垃圾进行集中管理和回收。同时，对各作业地点生产过程中产生的杂物进行了安排回收，井下作业环境得到了明显的改观。

潞安矿业集团郭庄煤业有限责任公司

一、高度重视

质量标准化是矿山的基石工程。为切实抓好郭庄煤业公司安全生产工作，努力提升安全生产条件和综合管理能力，预防和减少伤亡事故的发生，郭庄煤业公司在2010年度大力推动安全质量标准化建设工作，以科学发展观为指导思想，创新工作思路，加大安全投入，深化动态达标，提升管理水平，将安全质量标准化实现目标编入到安全目标责任书中，从总经理到各队组负责人层层签订责任书，明确了目标，作为年度主要考核内容，构建起了独具特色的质量标准化长效机制，有力的促进了质量标准化工作的建设。

二、明确任务，强化管理，突出抓好三项工作

(一)突出抓好动态检查工作。

我们每月加大了对动态质量标准化达标检查的力度。每月至少3次进行通报动态检查情况，并由安瓦员现场对动态检查进行打分考核，以此推动公司精细化管理水平不断提升。

精细化管理要强化质量标准化过程控制。精细化过程管理是精品工程的前提，我们充分认识到“质量就是工作量”，真正把日常质量标准化工作与精细管理对接，使工程施工的每一道工序都有人负责，保证施工全过程受到监控，确保生产动态中的不合格品能够及时发现、制止、纠正，确保动态管理下达标；对于特殊地点、特殊环节、重点工程，特别针对变化条件，我们作为“三必到”“三走到”重点地点，在安排工作时对照标准，现场施工时执行标准，竣工验收时严格按标准量化考核否决。尤其通过“总经理现场办公、副总经理现场办公”切实解决了很多现场的疑难问题。

(二)突出抓好队伍建设工作。

随着公司的不断发展壮大，新工人、新装备不断增加，采掘条件不断变化，再加上自动化矿井、数字化矿山建设不断推进，煤炭生产的安全高效格局从根本上发生了转变，这就对职工队伍素质的提高要求越来越高。2010年我们突出抓好精品队伍建设工作，进一步完善职工素质持续提升机制，加大职工技能培训力度，建立“培训—考核—使用—待遇”一体化的培训学习激励机制，通过多种培训，提高了职工队伍的综合素质。

(三)突出抓好精品工程建设工作。

我们采取由点到线、由线到面的方法，着力抓好矿井精品工程建设。集思广益，本着一次做好、只做一次的原则，把郭庄煤业公司逐步建设成为特色精品矿井。

三、典型引路、以点带面，促进质量标准化基础管理

为了夯实质量标准化基础，强化质量标准化现场管理，加大执行力，逐步推进质量标准化工作。

（一）细微入手。我们利用每月3次动态检查和月底召开的质量标准化会议，查找不足，积极改进，千方百计想办法提高每一名职工对质量标准化的认识，让每一名职工从自己做起，规范自身行为。为达到这一目标，我们编制了《井下文明生产管理标准及处罚暂行规定》《掘进工作面文明生产管理规定》《综采工作面文明生产管理规定》，并将各作业地点的《作业规程》重点内容，印制成携带方便、两面具有防水性能且有利于井下阅读的小册子发放到每一名职工手中，作为与井下证件同等重要的携带物件，使每名职工明白施工时具体该怎么做，如何去真正有效的提高质量标准化工作。

（二）工程质量。为了保证锚网支护中的锚杆、锚索安装质量，确保施工质量满足设计要求，我们规定生产科科长、科员每次入井必须对掘进巷道的锚杆、锚索预紧力现场抽检，要求顶板及两帮每组抽查数量不少于3根。并要求安全员交接班时必须对上一班打设的锚杆全部检查预紧力，如发现锚杆、锚索预紧力不合格，除进行补打外，规定当班打设不合格的每根处罚50元，非当班打设的每根处罚500元的高压管理办法。

（三）树立现场典型。分专业、分采区树立样板。首先我们从采掘方面入手，因为采掘工作面条件是一个长期的，动态的因素，因此采、掘工作面工程质量应列为精细管理的重点，对于掘进锚网支护巷道，在巷道锚杆设计上我们重点作好分析利用好矿压监测数据反馈到锚杆支护设计中，贯穿到修改支护设计的全过程。规范现场操作行为，规范施工工艺，控制施工过程，提高一次支护强度，确保支护质量和巷道成形。地质条件变化时，我们及时调整支护参数，加强锚杆、锚索的监测管理，确保支护参数合理。

（四）有针对性地制定了多个特别规定进一步规范公司管理。为了强化锚网巷道的支护质量，我们制定下发了《关于加强锚网支护巷道质量的特别规定》，从锚杆、锚索使用树脂锚固剂要求、打设步骤及工程质量做起，详细地制定标准，严格规范，加大对不合格的工程质量的处罚力度。对发现打设锚索时不按规定使用树脂锚固剂现象，每根处罚10000元，判定处罚根数按当班已打设锚索根数计算，现场使用锚索张拉仪对锚索预紧力进行随机抽查，发现一根不达规定要求，处罚1000元；打设锚杆时不按规定使用树脂锚固剂现象，发现后每根处罚5000元，并同时给予队长停职检查，跟班队干开除留用、当班班长、验收员及相关责任人开除的重罚。

通过这一做法，有效震慑了存在侥幸心理的人们，加强了队组管理，保证了巷道的支护质量，杜绝了不合格工程的出现，确保了矿井的安全生产。

（五）现场严要求。为了使井下作业地点皮带整齐划一，不影响正常的生产运输，我们要求每一条皮带在安装过程中必须拉中线定位、使用水平尺度量皮带架，即从皮带机头大架至皮带机尾安装时测量出整条皮带安装范围的中线位置，根据中线的精确度保证皮带安装时把误差降到最低，在调整皮带架杆高低时，我们利用水平尺进行度量，使每一条皮带眼看一条线，标尺水平在中间的高标准、高质量；在铺设轨道时，我们也同样使用了这一做法，拉线确定轨道铺设的线路，用水平尺来测量道轨平整度，使用刻度尺来测量道轨的每一个接口、分岔和每一段轨面和底面的距离，将不符合规程的地方，进行重新返工，严格要求标准，为矿井生产运输提供了有效保证。

四、找准结合点，增强质量标准化建设工作的实效性

为提高质量标准化建设的实效性，郭庄煤业公司积极构建独具特色、切实可行的安全质量标准化建设新模式，找准了安全质量标准化建设与各项工作有机结合的连接点，进一步促进了安全质量标准化内涵的延伸和拓展。

（一）与安全人性化管理相结合。在质量标准化建设中，郭庄煤业公司始终坚持“安全第一，以人为本”

的理念，不断加大安全投入，提高技术装备水平，依托科技创新，努力改善员工的作业环境。如2306工作面安装ZFG4600—22/35H型端头过渡架和ZF3600—18/30H型放顶煤液压支架，保证了采煤工作面的安全高产高效开采和职工的生命安全；设计出了南翼轨道大巷专用猴车施工图，截至目前，前期各项工作正在紧张施工中，此系统形成之后将进一步减轻工人的劳动强度；在井下各变电所设置了医疗站，将各种急需药品、医用器具投入当中，并每月至少两次对井下的药品、器具进行常规检查，为工伤急救争取了有效时间。

(二)与企业文化6S管理相结合。郭庄煤业公司将质量标准化的管理标准和目标与准时、清洁、标准、整理、安全、素养的6S目标一致，进一步规范员工行为标准，将考勤指纹、入井卡、灯房发放、人员定位卡、吊篮共四项系统紧密的融合在一起运行，与严细考核相统一，进一步提高管理的动态性和实效性，通过不断完善管理流程，提高工作质效，形成了互动、联动的效应。

(三)进一步通过质量标准化环境创建机制。郭庄煤业公司狠抓安全创建工作，特别是通过开展"岗标学习季"活动和"安全生产月"活动等一系列活动，营造了全员参与、全员实施、全员构建的安全创建氛围，通过加大安全宣传力度，促进了安全质量工作的深入实施，如郭庄煤业公司将新投入使用的办公楼进行了亮化，将矿区主干道两侧的路灯进行了更换；为满足职工住宿，又新建了一栋职工公寓楼；为了使每一位职工升井后能够及时吃上班后餐，郭庄煤业公司专门聘请了多位厨师负责和调配此项工作，丰富了大众口味，使每位职工吃上了可口的饭菜；新建了洗衣房，保证每星期给每位职工及时洗衣一次，解决了职工"一身黑"的历史，提升了公司的整体形象。这一系列的民心工程，为下井职工创造了良好的工作环境，提高了职工的凝聚力和向心力，彰显了质量标准化管理中的人性化，有力地推进了矿区和谐稳定健康发展。

通过实施质量标准化建设，进一步提升了职工的作业环境，提高了职工文明施工、安全生产的自觉性，规范了职工的作业行为；提高了领导干部的管理水平和职工的技术业务素质；实现了企业质量管理工作的制度化、标准化、科学化；提升了矿井的安全管理水平和综合竞争力。

潞安矿业集团司马煤业有限公司

司马煤业有限公司位于山西省长治市西南部，是集团的"十五"期间一座新建现代化矿井。自建矿以来，公司高度重视科技创新工作，通过加大科技专项资金投入，大力推进科技项目，开展各种技术创新、技术革新活动，提高了公司整体技术水平和生产效率，每年可为公司创造经济效益数亿元以上。主要科技成果如下：

一、大型煤矿快速建井关键技术研究

公司建设过程中，通过优化设计方案、采用先进施工技术和多项技术创新、统筹制定和管理建设计划，开展《大型煤矿快速建井关键技术研究》项目，总结出一整套行之有效的建井技术和管理模式，创造性地解决了基建和生产中遇到的各种技术难题，实现了21个月快速建成司马矿井，创造了国内同类型同规模矿井建设的最快速度，投产当年达到矿井设计生产能力，创造了国内同类矿井建设、达产最快速度，入选第十四批中国企业新纪录。同时经济效益和社会效益十分显著，为公司新增利税85276万元，对煤炭行业其他矿井的建设具有较大的参考价值和推广应用前景，经山西省科技厅鉴定，研究成果达到国际先进水平，2009年3月该项目荣获山西省科技进步三等奖。

二、薄基岩厚表土综放采场覆岩运动规律及支护与水防治技术研究

针对司马井田薄基岩厚表土的地质条件，公司与

中国矿业大学合作完成的《薄基岩厚表土综放采场覆岩运动规律及支护与水防治技术研究》项目，首次建立了薄基岩综放采场支架与围岩相互作用的力学模型，揭示并验证了薄基岩厚表土综放采场覆岩运动规律；首次提出了根据支护阻力—端面顶板下沉量关系曲线确定软及中硬煤综放工作面支架合理工作阻力和不同力学性质的顶煤综放面端面顶板稳定性控制原则。该研究成果在司马煤业公司1101、1102、1103、1105工作面得到成功应用，2006—2007年共安全采出薄基岩厚表土煤炭212.6万吨，为公司新增产值83620万元，新增利税42520万元，节约支出117万元，经山西省科技厅鉴定，研究成果达到国际先进水平，2008年2月该项目荣获山西省科技进步二等奖。

三、CERP系统的开发与应用

公司不断创新管理方法，在全煤系统率先开发运用了先进的信息管理系统——CERP系统（煤炭企业资源规划系统），开展《基于构件技术的煤炭企业管理信息化模型及其实现》项目，形成了企业经营、安全生产、人力资源、党建工作、企业文化、技术管理以及后勤管理等多项内容的网上办公，实现了预决算管理、成本核算、绩效考核和安全质量标准化的闭合管理，为公司决策提供全方位的综合信息，提高了决策的科学性和准确性。在煤炭行业内开创了信息化网上办公的先例，对煤炭行业具有较大的参考价值和推广应用前景，经山西省科技厅鉴定，研究成果达到国际先进水平，2007—2009年新增利税31665.4706万元，2009年8月获山西省煤炭行业管理现代化创新成果奖一等奖，2010年3月该项目荣获山西省科技进步二等奖。

四、其他科技创新项目

（一）公司重视技术装备科技创新，针对现有换绳工艺复杂、设备落后、主要靠人工操作、不稳定因素多、施工人员安全得不到保障的难题，对多绳摩擦式提升机快速换绳装置进行了研究，研制了行走式连续换绳装备，完成的《多绳摩擦提升机行走式连续换绳装备及动力学研究》项目，2007—2008年新增产值240.5万元，节约支出6.6万元，经山西省科技厅鉴定，研究成果达到国际先进水平，2010年3月该项目获长治市科技进步二等奖。

（二）针对煤矿井下工作面乳化液配比的难题，开展了《水油二相流量定比控制与流场乳化机理及应用研究》项目，成功研制了多功能乳化液箱，保证配制的乳化液浓度准确度，实现乳化液的循环利用，2007—2009年为企业节省开支385.617万元，经山西省科技厅鉴定，研究成果达到国内领先水平，2010年3月该项目获长治市科技进步三等奖。

（三）不断优化调整矿井通风系统，提高“一通三防”管理水平。开展了矿井自燃综合防治、CO防治、矿井综合防尘等技术研究，在井下所有转载点安装了触控式自动喷雾系统，降低了煤尘量。

（四）自主研制使用的井下无极绳绞车显示、报警系统，有效地提高了运输效率，消除了运输安全隐患。

（五）自主创新使用了风门启闭气动远程控制装置、多功能声光报警器等先进的安全设施，保障了员工的作业安全。

（六）针对司马矿煤层相对松软问题，开展了全锚网支护技术研究、新采区岩体参数与应力场研究、综合防治水技术研究等科技攻关项目，解决了过断层、过地质构造、防治水等技术难题。

（七）根据司马矿煤质特点开展了选煤厂煤泥水处理试验研究，为提高煤炭洗选回收率，实现清水洗煤，避免恶性循环，提供了重要的技术支持。

司马煤业公司安全质量标准化建设达到“国家一级”、集团“精品一级”标准，本质安全型矿井建设达到集团“本安一级”标准，公司荣获“特级安全高效矿井”三连冠，公司安全培训中心获得“煤矿安全生产培训（三级）资格证书”。

司马煤业公司始终坚持“科技强企、科技兴企”发展战略，进一步贯彻落实科学发展观，围绕“三精五高”企业战略，重抓科技创新，严抓安全管理，务求经营实效，加快新项目建设，以人为本，创新实干，为建设“既强又大”国际化新潞安而努力奋斗。

潞安矿业集团环保能源开发股份有限公司王庄煤矿

多年来,我们始终把安全质量标准化作为矿井建设的基础工程、生命工程和效益工程,坚持以人为本的发展理念,把同行业最先进的技术和方法作为开展质量标准化工作的标准,依靠科技进步,强化管理创新,求真务实、开拓创新,逐步建立了高品位、高效率、高科技的安全质量标准化管理体系,为抓好安全管理工作,提高企业经营效益,提升企业形象提供了重要保证,全面推进了企业的安全发展、可持续发展、和谐发展。

一、用理念引导人,用文化凝聚人,解决了首先要想到安全质量标准化工作要干什么的问题,为开展质量标准化工作提供了思想保证

这些理念主要包括:

"质量标准化是矿井安全生产的生命线"的理念:无规矩不成方圆,质量标准化就是煤矿企业的规矩。对于企业而言,质量就是效益,质量就是安全。没有质量标准化,就没有安全生产,开展安全质量标准化工作就是贯彻"以人为本、安全第一、预防为主"科学发展观的重要体现;对于企业的干部职工来讲,质量就是工资,质量就是生命。公司肖总提出"安全工作想不到就是失职,做不到就要问责"的理念,在煤炭企业从事工作,就是要把质量标准化作为重中之重的工作,作为矿井安全生产的基础工作,"干一辈子煤矿,抓一辈子质量标准化"。

"五精五品"理念:王庄煤矿按照"高起点定位,深层次挖掘,全方位提升"原则,从理念、文化、行为、管理、机制等多方面对安全质量标准化建设进行拓展,形成了以"精细、精致、精益、精进、精彩和品质、品格、品德、品位、品牌"为主要内容的"五精五品"质量标准化建设新理念,同时,建立完善了质量标准化九项运行机制,构建了新的质量标准化控制体系,实现了安全质量标准化建设内涵的进一步提升。

"大超前"管理理念:王庄煤矿按照集团公司的统一部署,结合自身工作实际,构建了以突出"四个关键环节",做到"八个超前"为内容的大超前管理新理念。突出"四个关键环节",即突出超前管理文化理念的培育、超前管理制度的建立健全、设备设施的超前投入、重点工作的超前完成;做到"八个超前",即做到超前预测、超前预防、超前预备、超前预计、超前预算、超前准备、超前执行、超前完成。

"以最先进为标准"的理念:最先进的就是开展质量标准化工作的标准。我们始终盯紧同行业最先进的企业,认真学习先进企业的管理经验,大胆引进先进的科技成果,及时弥补和改进自己存在的问题和不足。同时积极发挥自身的优势,在矿井建设方面,不断提升煤炭企业综采、综掘自动化建设水平,在数字化矿井建设方面取得了显著成效,引领了煤炭企业的发展。

"大生产"理念:为了构建安全生产的责任共同体和利益共同体,实现责任共担、利益共享,极大地促进企业的正规有序生产和规范化作业,王庄煤矿推行了"大生产"管理理念,在实际中重点抓了三个关键点,即抓工作衔接,具体来讲,就是狠抓科与科、队与队、科与队之间的工作衔接;抓细节和秩序,使队组都能有条不紊作业、规范化作业;抓服务和保障,主要是业

务科室和辅助队组为采掘开等队组搞好服务。

二、以实践为基础，在实践中创新，解决了安全质量标准化工作想到就要做到而且还要创新的问题，探索出了一条有王庄特色的质量标准化工作路子

（一）制度创新方面：

1. 推行了质量标准化创新项目命名制度。从2010年开始，每年对采煤、开拓、掘进、机电、运输、安全、调度、通风、自动化各生产专业的质量标准化创新项目进行汇总，采用研发人的姓名或者按照项目的特点进行命名推广，进一步提高广大干部职工创新开展质量标准化工作的主动性和创造性。2011年累计命名的创新项目有52个。

2. 单项工程的管理上引入竞标制。在单项工程的管理上，由分管部门将工作任务发布全矿，各竞标队组根据工作任务以投入工数，完成工期、工程质量和材料消耗为标的进行竞标，选出中标队伍进行施工。通过实行竞标制保证工程质量，提升质量标准化水平。

3. 推行了内部市场化管理机制。在认真总结近年来内部市场化运作经验的基础上，王庄煤矿进一步解放思想、转变观念，整合和重新构建了以“一个平台、五个体系、十大市场”为主体的内部市场化运营体系。创造了“单项工程竞标制”“井下超市”“项目模拟法人责任制”“安全隐患定价收购与整改支付制”等好经验、好做法。基层单位的内部市场化运行与6S管理、质量标准化、设备和资源回收、材料核算等充分对接。

（二）科技创新方面：

1. “特厚煤层安全开采关键装备及自动化技术”荣获国家科技进步二等奖。这项荣誉是2010年山西省煤炭行业获得的唯一的国家级荣誉。

2. 建成了全国煤炭系统第一个数字化的安全调度和通风调度。做到了对井下作业现场的人员安全情况及时了解，并可以实时进行管理，实现安全管理的规范化和标准化，提升安全管理的自动化和数字化水平。

3. 各生产专业实现了自动化、数字化管理。借助以太环网，加强监测监控，建立井下无线通信网络，实现了井下通信无线化；对泵房监测子系统与调度系统进行对接，实现了泵房远程控制化；建成了井下无人值守变电所，实现了变电所的综合自动化和无人化职守；不断完善皮带集中控制系统，实现了皮带运输集控化。另外，提升薄弱环节，改造辅助运输系统，实现了辅助运输的快捷化；完善通风设施，优化通风系统，实现了通风网络的最优化。

4. 实施了数字化矿灯房改造。实现了矿灯、自救器自助式、开放式管理，优化了工作流程，精简了工作人员，简化了工作程序，在一定程度上给下井职工提供极大便利，成为王庄煤矿展示现代化矿井形象的一个“窗口”。

（三）技术管理创新方面：

1. 实施了“三个三”顶板管理办法。在顶板管理方面，认真吸取兄弟单位的经验教训，结合王庄矿生产实际，形成了独具特色的“三个三”顶板管理体系。即三个台账：支护材料、工器具台账，矿压监测、顶板离层观测分析台账，特殊地段（变化条件）加强支护台帐；三级巡查：本班组检查验收，下班对上班检查验收，业务科室抽查；三条高压线质量否决：临时支护质量，药卷数量、锚杆型号长度，预紧力和间排距检查。通过“三个三”体系运行，使顶板管理真正做到了源头把关、过程控制、质量提高。

2. 制定了废旧材料回收复用管理办法。就综采工作面回收出来的废锚杆、钢带、旧道木等专门制定了“废旧支护材料回收复用管理办法”，对按规定回收的废旧支护材料进行收购，同时鼓励队组对废旧材料进行修旧利废，提高了队组回收废旧材料的积极性，也为全矿节约了材料成本。

3. 实施了综采工作面回收率精细管理。一是构建了“圈定储量、限定进尺、煤质与回收率一体化”机制，对不同采区、不同作业头面实行了分类管理，建立了配套的管理、考核评价机制。实现了放煤由被动向主动转变，回收率提高了2.6个百分点。二是在实施“圈定储量、限定进尺、煤质与回收率一体化”管理的基础上，开展了回采工作面“5米行动”。要求各相关科室和三个综采队积极研究探索，通过优化放煤工艺，加强放煤工的技术操作水平，缩短工作面端头铺网长度（由原先的7米缩短到5米）等，提高了资源回收率，在下达的月度计划标准下少推进“5米”进尺。三是实行了回采前切眼内打眼放松动炮技术，提高综采工作面设计回采率，减少了初采顶煤浪费，整体提高了工作面回采率。近期，我们在4341工作面，通过工作面端头老塘侧及正规架放顶炮，松动了切眼顶煤，工作面推进7.8米顶煤即可跨落回收，比过去多放煤12.2米，切眼长按201.5米计算，多回采煤炭12850吨。

三、以质效为标准，注重特色示范，解决了质量标准化创优的问题，实现了质量标准化工作过程和结果的有机结合

多年来，通过创新，我们实施和完成了一系列质量标准化亮点工程，发挥特色示范引领作用，促进了质量标准化工作的全面发展，改善了职工作业环境，降低了职工劳动强度，提升了安全作业系数，提升了企业的对外形象。

亮点之一：建成了全国第一个大采高自动化工作面。

亮点之二：建成全国首个自动化、数字化掘进工作面。

亮点之三：“煤巷自动化快速掘进自动纠偏与煤岩识别技术研究与实践”技术取得新突破。

亮点之四：构建了人性化安全管理新格局。

亮点之五：积极构建生产精细化管理新模式。

亮点之六：打造了两支王牌队组。

亮点之七：粉尘治理取得了新成效。

亮点之八：建成了两条井下“安全文化长廊”。

四、总结工作经验，加强学习交流，共勉共进创新抓好质量标准化工作

质量标准化工作的提升是一个不断探索、不断创新的过程。今后，王庄矿质量标准化工作明确要坚持“高标准、全覆盖、经常化”的工作方针，以数字化矿井建设为动力，以自动化矿井建设为突破口，提升矿井数字化建设水平，以先进实用技术改造传统技术主导技术、积极带动矿井相关技术群的全面发展，把王庄矿打造成一个由传统老矿向自动化、数字化和信息化高标准矿井成功迈进的一个典范。

（一）高目标催生高标准。只有工作目标的高定位，才能确保质量标准化工作的高水平。这是我们多年来工作的经验，也是今后必须坚持不懈实行的一点。质量标准化工作必须把目标定的高一点，放眼更高境界、瞄准最高行业标准，对标行业最先进的企业，学习其他行业的一些好经验和好做法。在“眼睛向上”的前提下，在质量标准化建设方面不惜花大力气、下真工夫，不断深化细化、对标达标、研究提高，高标准、严要求、抓落实、重考核，才能推动矿井质量标准化建设不断迈上新台阶跃上新水平。

（二）新载体掀起新热潮。质量标准化工作是一项长期的、系统的工程，也是一项不断创新、不断提升的工程。要保持质量标准化工作的常抓常新，让职工保持较高的工作热情，就必须创新质量标准化工作的载体。一方面不断完善质量标准化工作内涵，深层挖掘，高度提升，从理念、文化、行为、管理、机制等多方面进行拓展，使质量标准化在源头上达标，比如我们将边角煤回采纳入质量标准化管理体系，以建设精品工作面的努力和要求来建设边角煤精品工作面，创出一条具有王庄特色的边角煤采煤技术；另一方面积极拓展质量标准化区域，结合王庄新井即将建成投运的实际，我们不仅要让质量标准化成为新井开展质量标准化工作的新战场，而且要成为掀起质量标准化工作高潮，创造质量标准化精品的主阵地，实现全矿井质量标准化总体水平的均衡发展、快速发展。

（三）好氛围成就好成效。环境影响人，环境铸就人。我们就是要不断巩固和创新质量标准化工作的环境和氛围，让干部职工从思想和行为上作为一项日常的、必不可少的工作。不管干什么，先谈质量和标准，然后具体进行实施，不讲质量的工作是无效的工作，不谈标准开展工作是最大的浪费。在职工中，“上标准岗、干标准活”成了员工的自觉行为，职工从思想层面上对质量标准化的认知，到行动层面上的坚决执行，同时也更加激发了广大干部职工在安全质量标准化建设方面的内在潜力。

质量标准化建设是煤矿永恒的主题，也是一个永不竣工的系统工程。按照集团公司十二五发展战略，王庄煤矿也初步制订了“十二五”“三步走”“再造一个王庄”的发展规划，我们会一如既往地拓展和丰富质量标准化内涵，用实际行动推进质量标准化工作，积极构建矿井变化条件下质量标准化建设工作体系，积极引领煤炭企业质量标准化工作，把质量标准化水平提升到一个新的高度！

潞安矿业集团余吾煤业有限责任公司

余吾煤业公司自投产以来，始终把安全质量标准化工作视为企业的生命工程、效益工程和基础工程。近年来，该公司生产能力逐年提升，安全质量标准化工作水平明显提高，安全形势持续健康发展。具体来讲，主要做到以下几点：

一、高度重视，完善制度，保障安全质量标准化工作全面开展

该公司在管理上坚持“要安全、先达标”的理念，从基础入手，推动安全质量标准化工作走上规范化轨道。

首先，突出安全质量标准化工作的重要地位。该公司自从投产以来，就成立了质量标准化办公室，按照生产副总经理亲自抓，质量标准化办公室内部实行分区管理、分工负责的原则，规定上到总经理，下到科队长的各级行政正职对质量标准化全面负责。同时明确各级部门的责任，规定质量标准化办公室是综合检查和考核的主管科室，各专业职能科室负责考核、检查、指导本专业的标准化工作。从而形成了从企业负责人到职工层层负责的标准化责任体系，为搞好质量标准化工作提供了组织保障。

其次，健全安全质量标准化制度体系。搞好质量标准化工作的关键是有科学、严密的制度和对制度严格的落实和考核，规范人的行为，促进物的规范管理，达到现场环境协调有序。因此，该公司十分重视安全质量标准化管理制度的建立，把它作为搞好安全质量标准化的一项基础工作来做。先后制定了《余吾煤业公司质量标准化总体管理办法》《余吾煤业公司点、线、面管理办法》《巷道杂物管理规定》《巷道九直两平标准及检查考核办法》《驻矿队组质量标准化专项考核办法》《余吾煤业公司质量标准化奖励办法》等多项考核办法，从而保证了该公司质量标准化工作的全面开展。

二、强化“两标”培训，加强现场管理，实现动态达标

一是从优化“学标、考标、纠标”方面入手，进一步规范员工行为，提升安全质量标准化基础。无论是中层干部还是普通员工，只要“两标”考试不合格，全部实行脱产培训，直到考试合格后方可上岗，保证了“全员覆盖，无一遗漏”；另外，公司各队组内部还开展了“每日一题，每周一课，每月一考”活动，把安全教育培训主动权交给队组，要求队组按生产实际，有针对性的进行全员学习。如今该公司培训合格率达98%以上，2010年被中国成人教育协会授予学习型组织优秀单位。

二是明确责任，规范现场操作行为。公司从严从细分解指标，形成了从上到下逐级落实、从下到上层层负责的标准化管理体制。在巷道文明整治方面，实行逐条整治，按先行人巷道，后运输巷道，最后通风巷道的原则，整治一段，移交一段，考核一段。从设备、材料的码放，从管路、电缆的吊挂，从巷道杂物的清理，从安全设施的使用是否到位等，通过人的规范操作，实现现场动态达标。通过锚杆预紧力、巷道杂物、九直两平等多项专项检查，逐项整治，使井巷工程质量和巷道文明生产有了一个较大幅度的提高，为安全、有续生产创造了良好的环境。

三是积极推行精细化管理，注重生产全过程的每个环节、每道工序的管理，把每项工作具体细化、量化到生产全过程，达到人人、事事、时时、处处有科学、严谨、规范的制度去约束，以精细化的制度去实现精细化行为的产出。通过安排技术人员跟班写实，查找影响生产的每一个环节，每一道细节，针对问题，着力解决。

四是坚持动态检查和专项检查相结合，加大检查处罚力度。针对个别单位安排任务不执行、发现问题不处理、处理问题不及时等现象，采取日日跟踪、日日通报的检查方式，直至将问题处理。同时对执行力较差的单位和人员，公司质量标准化办公室在每旬和月度评分、排名、考核中都要给予相应的处罚。通过以上措施，不仅保证了安全生产，而且促进了质量标准化的有效提升。

三、典型引路、以点带面，促使质量标准化工作整体推进

该公司按照"典型引路，以点带面，循序渐进，整体推进"的工作方法，促进了质量标准化工作的逐步深入和不断提升。

一是建精品，创品牌，促进标准化工作整体推进。按照先本矿，后外委；先本矿区域，后外委区域，区区建立样板点，做到以点带面。强化质量标准化工作精品意识，大力开展品牌创建活动，集中人力、物力对薄弱环节进行高标准整治，做到薄弱环节有突破，优势专业有巩固，领先项目有创新。从管线吊挂、巷道维修、安全设施、材料码放、图牌板管理、巷道成形及中线管理等基础工作和"点滴小事"入手，建设安全质量标准化"精品硐室""精品巷道""精品工作面"。

二是抓重点，寻突破，促进质量标准化工作向纵深发展。该公司通过一月一主题、一月一整治、一月一提升的办法，使全公司的质量标准化工作得到了逐步提升。先后开展了锚杆(索)预紧力专项整治、杂物专项整治、九直两平专项整治、材料堆放和牌板管理专项整治、巷道底板精细化专项整治等多项整治措施，使质量标准化工作朝着精细面广的方向深入发展。

四、保证资金投入，依托管理创新，推动标准化建设有效提升

充足的资金投入，先进的技术和管理，是提高安全质量标准化水平的有力保证。该公司始终坚持优先保证质量标准化的投入，推广使用新技术、新装备，新材料和新工艺，不断完善安全质量标准化基础设施。

在资金投入方面，该公司从吨煤中提取 1 元作为质量标准化专项基金；在队组中实行"4—4—2"结构工资，即安全占 40%，质量标准化占 40%，工程量占 20%。三年多来共计投入资金约 1.5 亿元，用于改善采、掘、机、运、通各系统状况，完善安全设施、设备等，有力地促进了标准化建设的创新和发展。

在科技创新方面，为了加快采掘衔接，提高岩巷掘进进度和机械化装备程度，该公司在南翼轨道大巷上马了一套岩巷掘进机及配套除尘设施，把矿车运输改为皮带运输，不但提高了效率，而且提高了质量标准化管理水平；在各掘进工作面引进了液压超前支护装置，改变了原有支护装置笨重、不易操作、支撑强度较低、安全性能不高的状况，不但提高了掘进效率，减轻了工人劳动强度，更重要的是提供了安全的作业环境；在综采工作面端头改进了替柱支护工艺，使用了新型树脂纤维网联网装置；在辅助运输巷道使用了远程控制气动挡车栏装置，大大提高了现场作业人员的安全性，这些都为安全质量标准化提高创造了条件。

在管理模式上，该公司始终力求大手笔、大格局。首先，通过市场收购形式在供电科防爆组实行试验点，对查出的隐患按隐患的危险程度进行明码标价，按每条隐患多少钱的形式奖励给检查人员。通过一段时间以来的运行情况看，基本上杜绝了该公司在高瓦斯条件下电气设备失爆现象的发生。随后在条件具备的单位和部门进行逐一推广。其次，在重点工程项目、超前管理及质量标准化管理方面，在调度室使用了网络化、图示化管理模式，使公司重点工程和大超前管理项目的进度及协调进展情况得到了集中、有序的管理，发挥了重点工程重点调度的作用。

质量标准化工作是一项常抓不懈、持之以恒的系统工程，相信余吾煤业公司一定会努力发扬与时俱进、开拓创新的精神，真抓实干，不断进取，努力建设"安全和谐、集约高效、绿色新型"的本安型、智能型、生态型一流煤炭企业！

山西焦煤集团汾西矿业有限责任公司河东煤矿

一、多措并举，提高职工综合素质，为开展安全质量标准化打好基础

提高人的安全意识和操作技能，规范人的行为，是实现不断提高安全质量标准化的重要基础。河东煤矿实施“培育煤矿安全文化，塑造本质安全型人”工程，重点围绕提高职工素质，开展了以下几个方面的工作：

（一）实施素质提升培训工程。通过采取系统培训、模拟演练、现场纠偏、心理调适等一系列手段和方法，对新工人、一般从业人员、特种作业人员、班组长等不同群体，全面开展理念灌输、习惯养成训练、系统追问、危险预知、危害辨识、操作技能等培训教育，培育职工树立良好的行为习惯和职业素养。培训结束后，逐个考核过关，不能过关者，不得上岗并重新进行培训教育，职工队伍综合素质得到了明显提高。

（二）加强班组长队伍建设。实施班组长持证上岗制度，制定专门培训大纲和培训教材，集中对在岗的班组长开展安全教育培训，培训不过关的撤职换岗。建立后备班组长选拔培训机制，从各班组选拔部分骨干，参加班组长培训。对班组长进行定期考核讲评，实行末位淘汰，空出的职位，从培训合格的骨干中选拔任用。

（三）推行准军事化职业行为训练。为进一步规范员工安全操作行为，提高安全质量标准化工作的执行力，全面开展了准军事化职业行为训练，对职工进行准军事化班前会、队列行走、手指口述、安全确认、现场交接班、职业技能训练等多项训练，以严明纪律培养职工的自觉管控能力，使职工自我管理意识得到了显著提升，对落实安全质量标准化管理制度以及规范化作业标准，起到了一定的保障作用。

（四）推行岗位安全确认，“手指口述”。围绕提高人的安全质量意识和危害辨识控制能力，推行了全员、全方位、全过程、工序化的“三全一化”岗位安全确认。并以“安全预想、危险预知”为主要内容，全面推行了“手指口述”式安全确认法，进一步强化了现场安全管理，促进了规范操作的落实。

二、全面推行“三按”管理，促进安全质量标准化动态达标

在各生产队组积极尝试推行了按规范设计、按设计施工、按标准验收的“三按”管理机制。按照细化、量化、标准化要求，参照国家和行业安全标准、技术规范，针对河东煤矿实际，修订了回采、掘进、开拓、机电、运输、通风等各个系统设计规范标准，完善了规程措施编制、会审、贯彻流程，把按设计施工列为精细化管理和走动式管理的主要内容，实施了施工过程中达不到设计标准限期整改，以及由下一道工序追偿等硬性措施，实现了安全质量标准化动态达标。

（一）按规范设计。要求一切井工工程都要有设计，在规范设计流程的基础上，细化设计内容。对每项工程的每个环节、施工现场的每个细节，都以设计说明书的形式固定下来，逐项提出具体操作要求，明确具体标准。如设备或材料怎么摆放、管线如何吊挂、采面单体液压支柱放液阀必须朝向相同等。在规范设计内容过程中，坚持“从群众中来，到群众中去”，针对现场施工内容和操作细节，在基层班组广泛征集设计内容，组织设计成果观摩、比较、论证，好中选优。

（二）按设计施工。所有生产工作岗位操作全过程都要按设计标准进行，已开工的工程必须现场悬挂设计图表，对施工过程“时时有规定，处处有标准”。严格对照煤矿操作岗位标准化作业标准，对每一个生产工作岗位、每一道操作工序都作出了具体规定,并在生产过程中强力推行。每个工作面开工前先检查按设计施工的问题,与设计要求不符不许开工。为促进作业现场按设计施工的推行与落实,管理人员在生产过程中坚持走动管理,凡是不按设计施工的一律挂黄牌、停产整顿,直到验收合格后才准许恢复生产。

(三)按标准验收。突出对生产全过程的动态检查、班末验收和竣工后的对标考核,坚持施工过程中管理人员的动态检查与班末验收相结合,对当班施工质量、设计标准落实情况逐项进行考核打分,实行日清日结考核。坚持将班末验收打分结果与工程竣工后的系统验收相结合,作为安全质量结构工资的考核依据,做到设计、施工、检查、验收环环相扣,全程闭合。

三、加强安全环境建设,提高安全质量标准化水平

坚持以人为本,加强地面和井下安全环境建设,创造良好的环境,为职工安全与健康提供有力保障,提高了安全质量标准化水平。

(一)强力导入安全视觉识别系统。采取安全行为准则"符号化、视觉化、标准化"的传播手段,在办公区域、生产作业场所,特别是井下事故易发地段、交通要道等处,全面导入了SVI煤矿安全视觉识别系统,推行了反光安全标识和安全设备设施编码管理。

(二)强化安全环境硬件设施建设。本着高标准、高层次、高水平的原则,深入推进安全质量标准化建设。矿井全面实施井下"亮化一条线"环境改造工程。从井口到井底车场,从运输大巷到采区,从工作面上下两巷到采煤工作面,分阶段逐步实现全部照明。实践证明,职工在宽敞明亮的环境中工作,无论心态、注意力还是操作的准确度都有较大改观。

(三)营造安全健康文化。从努力改善职工工作生活环境入手,着力营造安全健康文化。全矿上下,全部建立了职工安全健康保障体系,定期开展职工健康检查,建立了职工安全健康管理档案,在地面和井下分别建立了急救站,为每个生产班组配发了现场急救箱。对职工食堂、宿舍、更衣室全面实施人性化改造,逐步实现服务人性化、就餐住宿宾馆化、更衣洗浴舒适化、井下服务地面化,以减轻职工作业后的疲劳,进一步增强职工凝聚力。

(四)着力打造本质安全型矿井装备系统。以实现"机电设备零隐患、矿井装备零故障"为目标,2010年8月实施矿井运输系统改造和主扇风机安全节能改造,基本实现了自动化、信息化、数字化;同时积极引进大功率、大采高、高强度的综采设备和免维护减速器,推行掘进工作面轨道安全运输;实施矿井安全监测系统升级改造,安装顶板在线监测系统,推广使用自动闭锁风门。先后进行了运输、供电、通风、排水本质安全型系统和部位的改造活动,既增强了矿井抗灾防灾能力,又提高了安全质量标准化的科学管理水平。

四、创新考核运作机制,确保安全质量标准化规范有序运行

在坚持安全质量标准化旬检月验制度的基础上,深入探索、不断完善安全质量标准化的考核运作机制,使安全质量标准化工作逐步纳入规范化、制度化、科学化轨道,保证了安全质量标准化工作的规范运行。

(一)改革工资分配机制。发挥政策导向作用,引导职工牢固树立"安全就是效益"的观念,推行了独立于效益工资之外的安全质量结构工资制。队组安全质量标准化在工资分配中的比重已达到30%。改变传统的"以量计资、超产超尺累加计奖"的考核方式,有力促进了基层单位由生产管理型向安全质量管理型的转变。

(二)实施专项激励机制。坚持开展安全质量标准化示范区队、样板工程,不定期组织召开安全质量标准化现场推进会议,及时推广先进经验。同时采用正激励手段,每年终奖励在安全质量标准化工作中取得突出成绩的先进单位和规范操作的职工,有效促进了职工由"要我安全"向"我要安全"的转变。

(三)建立管理人员安全业绩考核管理机制。制定实施了管理和技术人员井下带班盯岗和走动管理制度,对安全质量标准化工作出现的问题,全面实施了责任分析、系统问责机制。

综观一年来河东煤矿的安全质量标准化和示范矿井建设工作都达到了预期规划，纵向比取得了一定的成效，但与兄弟单位相比仍有一定的差距，距上级要求做的还有不到之处。为此，我们要发扬成绩，纠正不足，进一步采取有效措施，加大安全质量标准化和示范矿井建设力度，全方位推动质量标准化和示范矿井建设再上新台阶。

山西焦煤集团汾西矿业有限责任公司双柳煤矿

截至 2010 年 12 月 31 日，双柳煤矿连续十年实现安全生产，被评为2009 年度国家级安全质量标准化矿井，2006—2010 年被中国煤炭工业协会评为“特级安全高效矿井”。下面就双柳煤矿近年来在安全质量标准化工作方面的做法和经验介绍如下。

一、严格落实各级安全生产责任制，强化干部作风建设

国家局《关于印发国家级安全质量标准化煤矿考核办法的通知》文件下发后，双柳煤矿在思想上高度重视，多次召开专题会议，反复学习文件精神，研究制定贯彻措施，细化了标准，落实了责任。为切实保证煤矿安全质量标准化工作的顺利进行，双柳煤矿成立了以矿长、党委书记为组长的“安全质量标准化”工作领导小组，建立以安全为重点的干部考核制度，将各部门行政正职做为安全生产的第一责任人，全矿形成了自上而下的安全质量标准化工作领导体系。按照“三大标准”把安全责任层层分解，坚持实行安全风险抵押制度；加强领导干部的管理考核，严格一切外出人员的请销假制度，并将各级领导绩效工资注入安全结构工资一同考核，提升了领导干部的责任意识和大局意识；强化领导干部入井服务生产一线意识，做到超前指挥，超前防范，真正把问题解决在一线、把事故处理在现场。并严格规定领导干部的带班下井天数和质量，强化质量管理考核，带着问题走一路、看一路、查一路，真正做到安全生产“防在前、想在前、做在前”，从而有效的保障了双柳煤矿在 2011 年百万吨死亡率为零，且无重伤事故发生的年初规划目标。

二、继续狠抓质量标准化工作，加强现场管理

我们严格按照《双柳煤矿质量标准化管理办法》中的规定，与标准化日查、旬检和专项检查相结合，将全矿的所有在用巷道与工作面进行分段、分片划分，确定每段区域隐患排查的管理者、隐患整改的责任者、监督者与验收者，并于巷道或区段的醒目位置，悬挂责任牌。做到有计划、有步骤、有安排、有落实。

同时，在实践中我们摸索出了现场管理新办法，以动态班评估为主，强化现场管理，规范职工的作业行为，把安全检查由“静态”检查变为“动态”检查，由表层次向深层次，由重结果变为重过程，由采掘开延伸到机运通。做到当班质量问题当班处理，并建立责任追究制度，把安全质量隐患消除在当班，消除在当场。从而有力地促进了安全生产。

三、积极推广新技术、新工艺，依靠科技促生产保安全

（一）矿井积极响应山西焦煤以及集团公司的有关文件精神和要求，先后申报多项科技成果，其中有：抽采巷支护优化设计、瓦斯抽放钻孔液压封孔技术实验研究、本安型矿井数字信息化系统建设、主用通风机采用液态软启动、高压电缆连接采用 3M 冷缩头连接、斜巷雷达捕车器的应用等成果，多数成果已成功应用在生产实践中。

（二）矿井制定并实施了技术管理创新奖励考核办法，先后建立并实施了“QC”成果奖、管理创新奖、科技成果奖等，并实行了奖励约束机制，有效地调动了广大科技人员及全体员工参与技术创新的积极性。

四、技术装备现代化

(一)重视装备投入,提高单产单进水平,着重打造高水平队伍。

矿井先后将主斜井强力皮带、副立井绞车、井下变电所安装了集控装置,实现了智能化管理,同时在近几年引进了MG400/940—WD电牵引式大功率采煤机、ZZ6000—20/42型液压支架、SGZ—880/800型工作面刮板输送机、EBZ—220(G)掘进机等设备。

(二)加大安全设施投入,实现矿井持续安全生产。

2010年以来,矿井对监测监控系统进行了升级改造,对各采掘工作面及井下的各瓦斯监控点进行24小时不间断全方位监控;人员定位系统、通信联络系统、压风自救系统和供水自救系统已全部完善,紧急避险系统正与科研院所联系,预计2011年6月可全部完善,矿井辅助运输全部使用上了无极绳绞车,主运输系统两部强力皮带的皮带全部进行了更换,对矿井辅助运输大巷、轨道大巷底板进行了硬化,对二采区、三采区轨道巷轨枕全部进行更换,采掘工作面实现了抽采达标生产,矿井抽采率走在山西焦煤集团公司前列;井下安装了人员定位管理系统,实时对入井人员进行监测;对综采工作面支架工作阻力和掘进工作面顶板全部实现了在线监测。

矿井开掘工作面采用了双风机、双电源自动切换装置、除尘风机装置,完善了井上下抽放系统,矿井实现了高低压分源抽采,综采工作面取消了尾巷,由原来的两进一回改为U形通风,为矿井安全生产提供了可靠的安全保障体系。

五、人员培训制度化

2010年,矿井曾先后组织开办了分专业、分工种的职工技能比武大赛与全矿性的职工职业技能鉴定、考评工作。通过层层筛选、选拔,挑选出一部分专业技术强、业务能力高的职工充当到一些关键的、特殊的岗位上,通过给予一定的奖励、荣誉及待遇,使其能够充分发挥自己的聪明才智及技术工作,从而为矿井作出更大的贡献;同时通过开展多方面、多渠道、多种形式的全员培训,实现了全矿井人员年轮训一次,特殊工种每年不少于一个月的培训。我们通过对职工进行“三大规程”“安全管理示范矿井建设标准”“一通三防实施细则”和“手指口述”安全确认操作法及各项安全管理等行之有效的培训,进一步提高了职工的素质,提高职工应对各种灾害并能够进行自保、互保的能力。

总之,几年来双柳煤矿依靠科学技术进步,积极采用新技术、新设备、新工艺、新材料,达到了高水平的机械化和自动化,实现了持续、稳步安全高效生产,并通过进一步加强对员工的技术技能培训,逐步提高了员工的整体素质,进一步引导我矿向国家级安全质量标准化井工煤矿发展的高层次攀升。

山西焦煤集团汾西矿业集团中兴煤业有限责任公司

自集团公司开展安全管理示范矿井质量标准化以来,汾西矿按照集团公司提出的“在安全质量标准化建设上求创新、求突破、求发展,求提高”的要求,始终坚持以人为本,高标准运行,全面推行精细化管理,搭建起了抓细节、严过程、控动态的精细化安全管理平台,推动全矿各项工作的整体推进、全面发展。

一、多措开举,提高职工综合素质

为开展安全质量标准化打好基础,提高人的安全意识和操作技能,规范人的行为,是实现不断提高安全质量标准化的重要基础。

(一)加强班组长队伍建设。实施班组长持证上岗制度,制定专门培训大纲和培训教材,集中对在岗的班、组长开展安全教育培训,培训不过关的撤职换岗。

(二)准军事化职工行为训练。为进一步规范员工安全操作行为,提高安全质量标准化工作的执行力,全面开展了准军事化职工行为训练,对职工进行准军事化班前会、队列行走、“手指口述”安全确认,现场交接班,职业技能训练等多项训练。

二、全面推行“三按”管理,促进安全质量标准化动态达标

(一)按规范设计。要求一切工程都要有设计,在规范设计流程的基础上,细化设计内容。

(二)按设计施工。所有生产工作岗位操作全过程都要按设计标准进行,已开工的工程必须现场悬挂设计图表,对施工过程要时时有规定、处处有标准。

(三)按标准验收。突出对生产过程的动态检查、班末验收和竣工后的对标考核,坚持施工中出现人员动态检查与班末验收相结合,对当班施工质量、设计标准落实情况逐项进行考核打分,实行日清日结考核。

三、以精细化管理创新安全质量标准化管理机制

(一)行为精细化。我们注重制度约束的刚性管理与人性化的柔性教育相结合,促进职工从小事做起,从细节抓起,使职工行为和素质不断提升。

(二)管理精细化,为全面提升安全质量标准化水平,我们逐步建立了制度零缺项、管理零盲区、安全零事故的“三零”管理体系。

(三)考核精细化严格考核、重奖重罚是抓安全的重要手段和措施,强化了激励和约束机制,始终保持了安全质量管理的强势力度。

山西焦煤集团霍州煤电有限公司方山店坪煤矿

一、整章建制、完善标准

为认真贯彻落实安监总煤行〔2009〕150 号《关于国家级安全质量标准化煤矿考核办法(试行)的通知》和山西焦煤发〔2010〕495 号《关于下发〈创建国家级安全质量标准化煤矿暨专业化示范矿井建设考核办法〉的通知》文件精神,积极推进创建“国家级安全质量标准化”达标建设,消除重大安全隐患,防范和遏制重特大事故,为安全生产提供基础保障。根据山西焦煤要求,结合方山店坪煤矿实际,制定下发了《关于进一步推进创建“国家级安全质量标准化煤矿”达标建设实施方案》,并成立了达标建设领导组和安全质量标准化办公室,组织有关工程技术人员,集中精力全面深入开展安全质量标准化建设,坚持高境界定位、高标准运作、高起点创新,全员发动,共同参与,狠抓内在管理。针对实际研究确立了“以安全工作为中心,以安全质量标准化为重点”的整体工作思路,逐步形成了“矿规划督导,部门监督考核,单位具体实施”的安全质量标准化工作体系,走出了一条“以点带面,重点突破,专业推进,整体达标”的标准化创新之路,有力的促进了矿井的安全稳定发展。

二、加大力度、落实责任

年初,制定下发了《进一步扎实推进创建国家级安全质量标准化煤矿达标建设实施方案及考核评级管理办法》,并成立了以矿长、书记为组长、系统分管领导为副组长、专业科室为成员的安全质量标准化工作组。系统专业科室制订完善规划目标,落实层级管理责任,致力于质量标准化动态达标管理体系和旬检月验监督体系。有效推进了安全质量标准化达标建设。完善标准,制订规划,制定下发了《安全质量标准化月检查验收评级管理办法》和《区队班组安全质量标准化竞赛管理考核办法》等一系列管理制度,为安全质量标准化建设提供了制度保证。为了做好每季度的安全质量标准化及相关考核工作，特制定了《关于做好季度安全质量标准化工作考核评级管理办法》，每月由矿安全质量标准化办公室对相关科、队按照《考核办法》进行认真讲评和严格考核兑现。每月制订的标准化计划与生产经营计划同步运行，同步考核，做到了年度有策划、季度有规划、月度有计划。

三、加大投入、保障基础

切实加大了煤矿安全质量标准化达标建设基础保障力度，完善煤矿生产系统，重点加强矿井"一通三防"安全设备设施、矿井双回路供电、采煤方法和支护方式改革、运输巷道的改造、矿井地质预测预报、探放水设施的配备、基础资料的建档存案。2010 年以来，900 水平轨道巷工作面投入了 EBZ260 掘岩机，安装了岩巷专用皮带和轨道运输，形成了全岩巷快速作业"一条线"，改变了放炮开石岩巷的生产形式，提高了安全生产效率，杜绝了放炮事故；900 水平皮带系统安装了 2000 米强力皮带及自动控制和保护系统，大大提升了井下运输能力。通过质量标准化建设和科技投入，现场作业环境进一步夯实了本质型安全质量标准化基础，矿井安全质量标准化工作迈上了新台阶。

四、坚持"一套办法"和"两个体系"建设，安全管理突出抓基础、抓现场、抓落实

一套办法即隐患市场化管理办法：一是通过局域网对隐患进行编号公布，队组排查，形成网上闭合排查系统。二是把隐患作为虚拟商品向职工个人出售，隐患定价，以集团公司《安全处罚条列》为标准，通过隐患排查刷卡中心实行 24 小时刷卡消费。三是个人安全罚款("三违"、事故追究、红黄牌)。安全罚款由个人直接到财务科缴纳现金。

两个体系：一是班组安全监督体系，根据集团公司 2010 年《安全副队长管理办法》，矿井建立了日考核、月兑现管理办法，其个人基本工资由安全科考核后，由劳资科发放兑现，每个季度对所有安全副队长进行一次测评，确保班组安全监督体系高效运转。二是区队班组综合管理体系，主要考核内容为正规循环作业、安全管理、安全质量标准化，通过日考核、月度排名评比和奖罚兑现政策，进一步夯实了区队班组安全生产管理基础。

五、井下风动设备推广应用情况

方山店坪煤矿在集团公司大力推进新技术、新装备应用的情况下，风动设备、风动工具在采、掘、机、运、通工作场所广泛推广应用，同时，在总回风巷普遍使用风动排水系统，解决了回风巷不准铺设电缆和安装电气设备的问题；采掘工作面减少了电气设备失爆源和取消了煤电钻综保；运输方面使用风能联动阻车器、风动搬道器与配套的指示灯箱等杜绝了跑车事故，减少了不安全因素，减轻了职工的劳动强度，提高了工作效率，实现了安全运输。

六、探放水管理

在防治水方面，矿组建了 30 人的探水队伍，并配备了探放水设备设施，所有掘进工作面严格按照"预测预报、有掘必探、系统可靠、设施达标、管理到位"总体要求和规定，所有工作面施工前必须编制正规的探防水设计，并严格按照设计施工，满足矿井探放水安全管理需要，杜绝了防治水方面的安全隐患。

七、全员开展"岗位描述、手指口述"安全工作法，从严规范岗位操作行为标准

按照集团公司关于"岗位描述、手指口述"安全工作法要求，一是方山店坪煤矿积极采取措施，组织"岗位描述、手指口述"安全工作法学习培训，全面铺开、层层演练、选树典型，选拔出业务素质好，理论实践水平高的人员作为重点推广、演示宣讲。二是在科、队组选树典型 30 人，采取集中培训专业指导的培训方法。三是对集中培训"岗位描述、手指口述"的人员的工作目的、项目设置、考核范围及成绩计算、比赛形式等事项做了详细说明。四是要求各单位高度重视对"岗位描述、手指口述"安全工作法演练、示范引领，做到与企业安全文化结合、与职工"素质工程"结合、与班组建设结合、与职工职业技能鉴定和技术比武结合。五是由安全科集中进行演练，从班前到井下现场进行监

督检查和考核,相关部门责任明确,互相协作,上下沟通、全力配合,为确保全年“岗位描述、手指口述”在集团公司取得优胜单位和优异成绩,各分管专业主要矿领导亲自组织,精心策划。并对参赛个人和组织人员制定了奖罚管理办法。根据全面推广“岗位描述、手指口述”安全工作法要求,全矿普遍应用这一安全工作法并贯彻到实际操作过程中,达到了预期目的、收到了良好效果。

八、从严规范领导干部安全工作行为和业务保安行为

一是明文规定了对矿、科、队领导干部下井带班、(跟班)次数建立了综合管理台账和现场交接班记录,保证了矿井24小时有矿领导在现场,有效促进了现场管理。二是对科、队长下井隐患表进行月度讲评(科长和队长互相评比、打分、排名)。通过奖罚兑现政策,进一步激励和提高了干部下井带班、跟班的工作质量。

九、狠抓安全监管队伍建设,确保监管过程工作质量

一是2010年以来创建了店坪煤矿安全“三条线”管理法、矿、科小分队活动按照安全“三条线”管理法进行安全监督检查,全天安全检查覆盖率达100%。二是建立了两级小分队民主评议和管理办法,通过月度评议和排名排队,全面提高了监管队伍的工作质量和安全工作效率。

十、实行军事化管理模式,不断提高员工的自我约束能力和纪律性

一是坚决实行集体排队出入井制度和集井口宣誓制度及会议程序标准化管理办法。二是坚决执行“三不生产的原则”,现场安全生产条件不能安全确认和隐患不处理绝不容许生产。三是安全运作过程实行军事化管理模式,根据工程进度按时限量完成制定安全质量标准化标准工程质量和工程量,不断提高员工的精神气质和战斗精神,不断增强员工的自我约束能力和纪律性。

十一、安全培训教育

(一)安全监管人员培训情况:矿井各级各类安全管理人员89人。其中,副处级以上安全管理人员8人,科、队级安全管理人员22人;安全督察大队59人。副处级以上8人均取得山西省煤矿安全监察局、煤炭工业局资格证书;科、队级22人均取得临汾监察局、吕梁监察局资格证书;安全督察大队59人均取得山西省煤炭工业局资格证书。

(二)各专业及安全生产从业人员安全培训情况:机电专业:机修车间、机电队181人,参加培训181人,考试及格率100%;通防专业:通风队80人、参加培训80人,考试及格率100%;运输专业:井下维运队、运输队175人,参加培训175人,考试及格率100%;采煤专业:综采队、安装准备队250人、参加培训250人,考试及格率100%;开掘专业:四个队385人,参加培训385人,考试及格率100%。

山西焦煤集团霍州煤电有限责任公司李雅庄煤矿

一、合法生产、依法建设

矿井目前“五证一照”齐全合法有效,无超设计能力、超规模违规开采。

二、实施采掘核心装备升级,提高工作效率

本着向管理要安全,向装备要效率,大力实施采掘核心装备升级,采掘机械化程度稳步提高,不但降

低了职工的劳动强度，而且优化了职工工作环境。矿井现有一个回采队为综采机械化采煤，有 8 个掘进面全部采用 200 型综掘机掘进，机械化程度达 100%。

三、科学决策、优化调整，确保布局合理，接续正常

矿井现有一个生产采区，一个准备采区，属于带压开采矿井。为确保矿井衔接正常，一方面积极和科研院所合作，对矿井水文地质情况进行科学的分析论证，给 2# 煤开采提供安全的技术保证；另一方面抓紧六采区开拓重点工程的施工，重点扶持开拓组织。

四、依托信息化建设，实现计算机网络化管理

信息化建设是企业走科学发展道路的重要举措，通过近两三年的努力，矿井在信息化建设方面取得了长足的发展，目前矿井瓦斯监控、水文监测、顶板在线监测、防灭火束管监测、人员定位、自动考勤等系统全部实现了计算机网络化管理，使矿井信息化管理更趋于专业化、科学化，为企业的安全发展发挥积极作用。

五、实行全员安全抵押，形成安全管理长效机制

年初制定了安全抵押管理考核办法，严格执行《煤矿企业安全生产风险抵押金管理暂行办法》规定，由专人负责管理，建立专项台账，确保专款专用；同时加强了过程监督，做到了考核严格、兑现及时，提高了干部职工的安全理念，坚定了“吃安全饭、挣安全钱”的信心。

六、加大重大隐患治理力度，改善矿井安全环境

严格按照《安全生产事故隐患排查治理暂行规定》，制定了矿井隐患排查治理制度、重大隐患治理实施考核办法、隐患排查治理联责考核办法等管理规定。重大安全隐患治理严格执行“五定”要求，分管领导牵头亲自抓，确保了治理效果。通过组织外出考察，采取高低压分源抽放、上隅角埋管抽放等措施，于 6 月 14 日矿井瓦斯抽采率达 35.6%；通过对二四回风巷 750 米巷道扩刷，解决了风速超限、1# 风井负压高等问题，改善矿井安全硬环境。

七、加大现场安全质量标准化检查验收力度

（一）细化标准、完善管理制度，根据安监总局〔2009〕150 号、晋煤安发〔2009〕269 号）文件精神和李雅庄煤矿实际，细化标准、明确责任，对采煤、掘进、机电、运输、通风、地测、安全、企业管理 8 个专业的标准及评分进行了修订，明确了各专业标准化评分权重比例。通过开展区队治理申报、坚持旬检月验，严格评分定级，过程治理，使矿井安全质量标准化建设内涵水平进一步提升。

（二）多措并举，全面开展质量标准化工作。一是加强全员质量标准的贯彻学习、确保人人过关，提高职工标准意识；二是加强区队、班组管理，严格执行“三三四”工资联责考核制度，把班组工资收入的 30%作为质量工资进行考核，增强全员质量意识；三是推行准军事化职业行为训练，推行“岗位描述、手指口述”工作法，提高安全质量标准化工作的执行力，使职工自我管理意识得到了显著提升，对落实安全质量标准化管理制度以及规范化作业标准，起到了一定的保障作用。

山西焦煤集团霍州煤电有限责任公司辛置煤矿

2010 年辛置煤矿坚持科学发展观，认真贯彻落实党和国家的安全工作方针政策，坚持“管理、装备、培训”三并重的原则；强化干部管理，推动安全责任制的落实；加大投入，进一步改善安全工作硬环境；加大安全监督及考核，推动工作落实，实现安全质量标准化工作有序高效整体推进。在此期间，我们以建立矿井安全管理长效机制，预防各类安全事故发生，全面推进矿井管理上台阶为目标，逐步形成了“矿领导督导，职能部门监管，基层区队具体实施”的安全质量标准化工作体系，走出了一条“全面夯实，局部治理、整体推进”的安全质量标准化创新之路。

一、以提升理念、深化体制为目标，安全管理内涵水平显著提升

2010 年以来，我们着力在理念提升、制度建设上下工夫，在促进安全管理转型上做文章，全员安全意识得到了全面提升，安全整体形势保持了健康稳定。一是按照“超前管理，层级落实”的原则，牢固树立了安全工作、生产组织、通防工作、安全供电、事故追究新理念，提高了全矿干部职工的安全思想境界。二是全面推进和落实了“四位一体”安全管理模式，通过“1233”安全工作法、“岗位描述、手指口述”、井下现场交底会、“安全伙伴”的落实和考核，使安全管理内涵水平有了质的飞跃。三是全面扎实开展了班组建设工作，推行“六化”管理法，即亲情化的安全文化、人性化的管理机制、军事化的现场管理、规范化的岗位操作、制度化的安全活动、民主化的班组风气，涌现出了以“杨晓敏班组”为典型的一批先进班组，走出了建设安全型班组的新思路，实现了安全管理结构的扁平化。四是按照一月一重点、一季一主题的要求，先后开展了“向不规范行为宣战”“生产组织三原则、职工培训三目标”“四学四会四落实”等活动，保证了辛置矿全年安全主题不断线，使全矿安全生产平稳有序，职工按章操作意识明显增强。

二、坚持“难点攻关、重点突破、亮点刷新、示范引领、总体推进”的原则，全面开展各项达标治理工作

按照国家安全质量标准化煤矿达标建设要求，我们结合矿井实际，按照生产组织“三原则”要求，先后制定了《安全示范矿井建设实施方案》《安全示范队组达标规划及考核实施方案》《生产格局部署实施方案》《开掘综掘化实施方案》和《矿井质量标准化建设达标体系》，坚持“难点攻关、重点突破、亮点刷新、示范引领、总体推进”的原则，全面开展各项达标治理工作。一是重点突破，合理简化生产格局。按照集团公司生产部署，辛置矿到 2010 年年底实现一井两面，辛置矿按照生产格局调整实施方案，10 月底结束了左翼采区，为矿井尽快形成安全、高效、集约的开采模式，即南区以 310 水平为核心、东区以东四采区为核心的“一井两区一区一面”开采格局。二是难点攻关，科学推广先进技术。在跑蹄井底车场、跑蹄井底车场变电所、2—108 正巷使用全断面 U 形棚支护方式，解决了断面大、压力大、支护难度大的问题。7 月份在跑蹄风井车场锚喷巷道投用 2 台全风动喷浆机，有效利用现工作面风动能源，简化动力设备，提高设备本身的安全系数，避免电器设备失爆的隐患问题。7~8 月矿井为开掘系统投入 20 台风动气板机，有效提高了开掘工作面支护质量，减轻职工劳动强度，提高了工作效率。三是示范引领、总体推进规划目标。按照安全示范队组整体规划，2010 年一季度建设 2 个示范队组，二季度建设 3 个示范队组，三季度建设 5 个示范队组，四季度建设 6 个示范队组，到 2010 年年底 80%的队组达到示范队组，力争达到 100%。充分发挥工资杠杆作用，正面激励。二季度达到示范队组建设目标的 5 个队组，奖励队组 4 万元，奖队干三职各 3000 元；三季度达到示范队组的 4 个队组，奖励队组 3 万元，奖队干三职各 2000 元。达到示范队组标准后，在以后季度验收时仍保持达标的队组，按原奖励标准的 60%给予奖励，队干三职同比奖励。三季度末 10—413 正、副巷工作面，东四左翼皮带巷、轨道巷工作面，10—408 工作面，2—102 工作面经验收，均达到示范工作面。

三、以质量达标、机制创新为手段，现场作业环境得到了根本改善

2010 年以来，在质量标准化建设方面，我们按照“过程控制、规范有序、动态达标”的原则，一是从完善制度、细化标准入手，先后推行了搬家倒面程序化管理、非正常作业管理、“12246”采掘两面质量标准化管理模式等十余项制度，为质量标准化内涵水平的稳步提升奠定了基础。二是强化监管，实行了干部下井信息表签约机制、专职安全员现场撕票管理制度、干部走动式管理、动态安全员巡查、大型设备管理，完善了

旬检月验评价体系、单项工程评价体系、安全生产专家评价体系等各项制度，形成了“上下贯通、左右协调、立体交错、整体推进”的安全质量标准化监管网络。三是洗煤厂着力以打造优质高效洗煤厂为目标，以细节决定成败，素质决定细节，培训决定素质为重点，以职工准军事化管理为先导，坚持“开机必运产、达产必达效”原则，实施精细管理，狠抓过程控制、工艺优化和技改施工，强化薄弱环节，推进了洗煤生产质量标准化建设，保持了洗煤生产的持续稳定高效。

四、以装备升级、系统治理为重点，安全保障能力进一步提高

2010 年以来，我们始终坚持以技术装备升级、环节系统治理为重点不断加大投入、调整布局，积极创造硬环境，安全生产保障能力进一步加强。一是推广使用了大型化、机械化、高效化的核心装备，在掘进工作面投用了 220 型、260 型综掘机，实现了岩巷破、装、运机械化，从根本上为提高单产单进效率创造了条件。二是在环节改造上，井下开掘、辅助、运输队组及安装工程上投用 6 套单轨吊辅助运输设备，在安全、效率、减轻职工劳动强度上均达到预期目标。三是大力开展了矿井十一大系统专项治理工作，集中人力、物力、财力对系统薄弱环节进行高标准整治，做到了薄弱环节有突破，优势专业有巩固，领先项目有创新。

五、以作风转变、素质提高为抓手，安全管理水平得到了稳步提高

2010 年以来，我们在狠抓基础建设、提升内涵管理、提高安全管理水平的同时，注重干部作风建设和职工素质的提高。一是深化干部安全绩效的结构调整，加大考核力度，变“结果考核”为“过程质量考核”。二是推行了《工作业绩档案化管理》制度，将每一名领导干部的安全职责履行情况进行归档管理，作为提拔重用或调整免职的重要依据。三是围绕集团公司“建好班子、管好干部、带好队伍”活动要求，严格落实干部“两下两抓”制度，深入开展“管理干部下井信息表签约机制”“地面旬检”及“地面信访值班巡查”等活动，各级干部的安全、务实、服务意识不断增强。四是把班组长纳入了干部队伍管理范畴，建立健全了班组长业绩、任用、培训、监管、激励等一整套管理体系，规范了班组长队伍管理。五是按照创建学习型企业的要求，每周四组织职工集中学习，定期由各业务科室骨干给职工授课；培训中心还建立了计算机考试系统，开展了全员培训活动，矿设立全员培训专项资金，以日常基层单位培训，培训中心组织专业培训，季度全员计算机考试，为基本模式，以季度考试成绩为准考核兑现职工培训奖励的方式，大力提高职工学习规程、措施、标准的积极性，为全员培训考试提供了技术保障，极大地激发了职工学习业务的兴趣，促进了职工技能素质的提高。

山西焦煤集团西山煤电有限责任公司马兰矿

马兰矿在安全质量标准化管理方面的经验做法主要是在“严格执行标准，完善安全设施，提升装备水平，改善作业环境，推行正规循环，杜绝不规范作业行为”上下工夫。目的就是要：逐步实现作业过程标准化，作业行为标准化，稳步推进矿井安全质量标准化工作向更高层次发展。

马兰矿在安全质量标准化管理上，始终坚持正规循环作为管理主线。从采区、采面设计、掘进准备，到生产各系统的形成；从采面设备安装、煤炭回采，到设备拆除及采空区封闭等大循环作业施工时，一定要严格遵循设计规范和安全要求进行设计和施工。每完成一项工程，必须及时对照标准进行质量验收，上一个工程没有达到安全质量验收标准，下一项工程不得开工。并且，工程施工单位要对工程安全质量全程负责，因工程质量影响后续工程正常开展时，施工单位要负责赔付影响工资。规程规定的安全设施必须严格按要求进行配置和施工，安全设施不全或不能正常使用的工程，不能投入使用。在日常采掘生产过程中，我们始终遵守各工序的正规循环，每一项工序都要严格对照质量标准进行规范操作和规范施工。由于我们长期坚持正规循环作业，我们对煤矿生产过程中的各流程、各工序的认识特别深刻，对各流程、各工序的标准含义有了更深层次的理解，这为我们达到作业过程标准化奠定了基础。

实现煤矿作业行为标准化，是马兰矿始终追求的目标。为实现这个更高的安全目标，我矿在长期坚持做以下几项工作：一是长期坚持狠反习惯性违章。在反习惯性违章上，马兰矿修订印刷了《反习惯性违章300条》的小手册，所有职工人手一册。大力倡导“违章就是事故”的安全理念，制定了严格的《“违章就是事故”奖惩条例》。另外，马兰矿还把各单位的违章次数纳入了安全质量标准化“旬检月验”中进行扣分考核，力求减少和杜绝习惯性违章。二是长期坚持推行准军事化管理制度，以准军事化管理来规范干部职工的上岗行为，并把准军事化管理与反习惯性违章有机地结合起来抓，长期坚持抓，力求让全矿干部职工养成“上标准岗，干标准活”的良好习惯。三是大力推行“手指口述”安全确认方法，马兰矿结合各工种、各工序的实际情况，修订了《马兰矿“手指口述”安全确认操作标准》学习手册，并将“手指口述”安全确认方法纳入了班前教育中进行经常性学习，实际操作过程中坚决执行《手指口述安全确认操作标准》，通过大力推行，马兰矿干部职工安全作业行为有了很大的进步。

提升矿井装备水平，积极推行更安全、更科学的新工艺，是马兰矿改善矿井作业环境、提升安全质量标准化管理水平的一项重要举措。近些年来，马兰矿逐步采用了MG500/1200WD型采煤机、SGZ900/1050型运输机、EBZ—135型机载前探梁掘进机、ZY6000—24/50型液压支架等很多大功率、高性能力的采掘机械设备，井下作业现场电压等级全线升级至1140伏，极大地提高了马兰矿安全保障和生产能力；局部通风全部实现了“双风机双专供电源”；无MA标志的机电设备全部进行了淘汰；先进的瓦斯抽放技术在矿井及时得到了推广和应用；矿井通风系统全部进行了优化，通风系统更加简单合理，宜于管理。通过采用一系列的新设备和新工艺，马兰矿安全质量标准化管理水平得到了飞跃式向前发展。

在现场安全质量标准化监管上，马兰矿重在把好第一道关，每一个作业点的每个班都配有专职的安全员和质量验收员，专门负责对当班各工种、各工序及施工质量进行全程监督和管理，并对当班安全质量标准化现状进行评估，评估等级纳入施工单位安全质量结构工资中进行考核。另外，马兰矿设有专职的安全质量标准化管理监察部门，专门负责不定时、不定点地对各单位现场安全质量标准化管理情况进行日常动态监督检查，并负责每旬组织一次各专业、各级分管领导参加的安全质量标准化管理联合大检查。各单位的“旬检月验”评定等级以日常动态监督检查和联合大检查的综合考核后的得分来进行评定，评定等级纳入各单位集体安全质量结构工资和干部安全质量绩效抵押兑现中进行考核。

通过开展一系列的安全质量标准化管理综合推进措施，马兰矿安全作业环境得到了极大的改善，矿井作业基本上实现了机械化，作业过程和作业行为也基本上达到了标准化要求，矿井已连续2年被评为国家一级安全质量标准化煤矿，完全符合国家级安全质量标准化煤矿评定条件。

山西焦煤集团西山煤电有限责任公司镇城底矿

井下巷道明光锃亮，机电硐室堪比家装，管线吊挂笔直如线，各种牌板醒目漂亮，安全形势稳步发展，矿区环境干净整洁……这是最近部分干部对镇城底矿安全质量标准化工作的简要评价。

西山煤电集团公司镇城底矿位于古交市正西10千米处。1983年元月开工建设，1986年建成投产，矿井设计生产能力为150万吨/年，2008年矿井核定生产能力为190万吨/年，2009—2011年，连续三年被评为国家级安全质量标准化矿井。2011年，该矿新的领导班子以科学发展观为指导，大胆创新工作思路，实行全员全过程全方位参与，精细管理，对标管理，大力推进安全质量标准化建设：建成示范综采工作面1个、示范掘进工作面3个、示范运输线1条、示范卫生间2个、示范硐室5个，通过了省级安全质量标准化矿井验收。变电所实现了无人值守，测风站、瓦斯泵站硐室达到了西山煤电集团公司领先水平，开掘工作面安全质量标准化建设走到了山西焦煤的前列，实现了以质量保安全，以安全促生产。地面标准化建设同步推进，旧貌变新颜。

一、思想决定方向

镇城底矿在西山煤电集团公司中，矿井规模较小，且地质条件复杂、开采难度大。安全质量标准化建设虽然搞了多年，但“搞标准化建设费时费力、出不了成绩还影响产量”的观念，一直没有得到彻底转变，以致标准化建设时好时差，很不稳定。2011年，新的领导班子上任以后，在干部职工中广泛宣传“我很重要”和“细节决定成败，习惯左右命运”的理念，坚决消除“小进即满”“自卑自嘲”“一叶障目不见森林”的思想，在认识差距、寻找差距、解决差距上下工夫，从差距中寻找发展思路与目标，明确了：抓安全质量标准化就是抓安全、就是促生产；谁不抓标准化就要受罚，搞不好安全就得让位。在这种思想的支配下，依据集团公司“六化”要求，制订了全年整体达标规划，并提出了“一个月有起色，三个月有转变，年底上台阶”的工作目标，井上、井下同步推进，安全质量标准化工作随之轰轰烈烈地开展起来。

二、制度决定进程

为了确保安全质量标准化进程，镇城底矿在标准化建设方面采取了种种措施：矿党政领导与基层单位签订安全目标责任书、安全质量标准化责任状，将安全生产责任层层分解，落实到每个岗位和职工，形成了“人人有责任，个个有压力，一级抓一级，一级对一级负责”的管理格局；基层单位每月自定标准化规划，高定位、严要求，抓细节、严过程、重结果，对标落实，分步实施，完成后申请验收；大力弘扬“立说立行、立行立果”的工作作风，确保工作执行到位；矿上每天下午召开安全质量标准化协调会，协调解决挡手问题，督促安全质量标准化建设进度；对不能按时完成达标规划的责任人，早调会上通报批评，并按规定严肃处罚。安监处和业务科室按《安全质量监督检查办法》，分片分线落实责任，做到了“安全检查与质量达标检查、日常检查与专项检查、定点检查与线路检查、重点监督与全面普查”相结合，实现了安全质量检查网络化，推进了标准化工作进程。

三、细节决定过程

细节是由因到果的过程，习惯养成与细节管理是决定我们工作成败的因素。镇城底矿班子成员是这样说的，也是这样做的。他们在职工中坚持开展“安全生产周”活动，每周一个活动主题，通过活动的开展纠正职工不良行为；积极推行“手指口述”安全确认和准军事化管理，规范职工操作行为，消除习惯性违章，增强职工纪律意识，要求全矿干部职工在确保自身安全的情况下，牢固树立“干就干好、干就要干标准”的理念，切实做到“人人、事事、时时、处处”达标，努力践行六个“零”工作理念，即工作质量零失误、工程质量零缺陷、整改区域零死角、服务质量零距离、现场管理零隐患、安全监控零缝隙。通过这些细节的落实，进一步夯实了安全基础，改善了职工工作环境。

四、文化体现品位

镇城底矿党政领导坚信“环境可以影响人、环境可以改变人”，在大搞安全质量标准化建设的同时，特别注重安全文化的培育。先后编印了《镇城底矿职工常见习惯性违章汇编》《探索的足迹》和每月一期《镇矿信息》等书籍，以扩大职工的文化视野和精神需求。特别值得一提的是：井口安全文化长廊以《安全理念篇》《安全制度篇》《安全知识篇》《安全警句篇》《安全格言》五个版块为内容，分别悬挂张贴在井口大厅、高架走廊、主斜井直至井底车场，其中既有刘向“患生于所忽、祸起于细微”的至理名言，还有矿区人性化的诲人俗话。职工上下班看在眼里，默记心中，使遵章者得以温习和巩固、违章者得以对照和反思。“工作生活在健康向上的安全文化氛围里，不仅能使我们获得一定的专业知识，而且能得到精神上的愉悦、情操上的陶冶，审美水平和道德修养在潜移默化中得以提高。”一名戴眼镜的干部如是说。刚升井的一名职工说：每当想偷懒省事时，就会想起井口“人最朴素的需要，是你未回家时，有人惦念着你……”等温馨的标语，让我不敢迈出侥幸的脚步。镇城底矿经过强力推进安全质量标准化建设，已形成本矿独特的安全文化。正是在这种安全文化的引领下，截至2012年2月11日，已实现1783天安全生产无事故的长周期。

五、面貌展示进步

井下面貌发生了根本性转变，也带动了地面标准化建设。2011年，镇城底矿以职工群众“高兴不高兴、赞成不赞成、满意不满意”为工作出发点和落脚点，按照“绿化、美化、亮化、净化”要求，建起39#、40#住宅楼；拆除了小平房，建起了多功能老年活动室；投资640万元对2栋单身楼进行了修缮，建成了标准化公寓楼；对3号单身楼的供电线路进行了改造，翻修了水房和厕所，方便了职工家属临时住宿；澡堂添置了会议椅和更衣床，提升了接待标准；班中餐食堂操作间进行了修缮，饭菜标准从8元提高到15元，增加了饭菜花样，提高了服务质量，“两堂一舍”顺利通过集团公司达标验收。注重幼儿教育，改善教学条件，矿幼儿园通过了太原市“五星级幼儿园”复验和文明和谐单位验收。“镇兴苑”“镇安苑”通过集团公司标准化和谐示范小区验收，职工生活环境大为改善。白天，矿区花红草绿（冬天用仿真花草）；晚上，矿区灯火通明，到处呈现出一派生机盎然的气息，让职工群众喜不自禁。

六、创新促进发展

2012年，是实现“十二五”规划承前启后的关键之年，镇城底矿党政领导没有在成绩面前沾沾自喜，而是寻求创新，奋发图强。

在培训方面：积极推行“干部上讲台、培训到现场”工作，制定了《干部上讲台、培训到现场工作方案和措施》，选聘能力超群的干部做兼职教师，建立了包保体系，做到了“所有干部上讲台，职工全部被包保”。通过“干部上讲台、培训到现场”这个载体，提高职工队伍的整体素质，培育职工安全行为，密切干群关系，提高企业发展的内在动力。

在体制方面：在生产队组中率先实行二级管理，

精干了队伍，削减了管理层次，构建了合理的生产模式；继续弘扬“立说立行、立行立果”工作作风，建立“日清日毕”工作制度，从安全、产量、质量、作业规范、材料配件消耗、文明生产、劳动纪律等七方面，对本单位的每位职工、每件事情和每日工作进行日清日结。同时，要根据七项日清内容，详细制定量化考核标准，及时客观地对每位职工当天的工作量及工作情况进行打分，实现得分明白公正，扣分有理有据，进一步推动全矿的各项工作，全力打造“平安、宜居、幸福、宜业、文化”的氛围。

山西焦煤集团霍州煤电有限责任公司团柏煤矿

由总工程师牵头，组织相关业务科室，对矿井“五证一照”进行重新审定，对矿井井田范围及开采边界进行了认真核实，对矿井设计生产能力重新组织了环节设备配备能力核算。矿井目前“五证一照”齐全合法有效，无超设计能力、超规模违规开采。

一、大力实施采掘核心装备升级，提高工作效率

本着向管理要安全，向装备要效率，大力实施采掘核心装备升级，采掘机械化程度稳步提高，不但降低了职工的劳动强度，而且优化了职工工作环境，利于安全生产。矿井现二个回采队全部为综采机械化采煤，机械化程度达100%；掘进面全部为120型综掘机掘进，机械化程度达100%；开拓巷道施工计划实施应用260型岩巷综掘机。

二、科学决策、优化调整，确保生产布局合理，接续正常

团柏煤矿现有一个生产采区，一个准备采区，由于是带压开采，防治水工作难度大，矿井接续问题一直是矿领导关注的焦点。为此，矿井在抓好安全的同时，把重点放在矿井正常接续上，针对首采区10#煤层即将开采结束的状况，一方面积极和科研院所合作，对矿井水文地质情况进行科学的分析论证，给11#煤开采提供安全的技术保证；另一方面抓紧二采区开拓重点工程的施工，重点扶持开拓组织。

三、依托信息化建设，实现计算机网络化管理

信息化建设是企业走科学发展道路的重要举措，通过近三年的努力，矿井在信息化建设方面取得了长足的发展，目前矿井工业电视产量监控、瓦斯监控、水文监测、顶板在线监测、防灭火束管监测、人员定位、自动考勤等系统全部实现了计算机网络化管理，使矿井信息化管理更趋于专业化、科学化，为企业的安全发展发挥积极作用。

四、实行全员安全抵押，形成安全管理长效机制

团柏煤矿于2011年初制定了安全抵押管理考核办法，并严格月考核月兑现，使干部职工的安全理念有了转变，更坚定了“吃安全饭、挣安全钱”的信心；在风险抵押金的储存和使用管理上，严格执行《煤矿企业安全生产风险抵押金管理暂行办法》，由专人负责管理，建立专项台账，完善了管理制度，确保专款专用，兑现及时。

五、加大重大隐患治理力度，改善矿井安全环境

团柏煤矿严格按照《安全生产事故隐患排查治理暂行规定》，制定了矿井隐患排查治理制度、重大隐患治理实施考核办法、隐患排查治理联责考核办法等管理规定，并认真落实，为消除矿井隐患，改善矿井安全

环境起到重要的作用。特别是在重大安全隐患的排查治理上,定责任、定目标、定措施、定考核,由分管领导亲自牵头,各业务科室具体负责,严格按计划安排组织治理:2010年完成了400水平注浆堵水工作,达到了预期效果;投用了下组煤第二泵房,实现了一级排水;组织实施400水平轨道巷防水闸门自动化控制改造,如效果理想,将对其余的闸门逐步改造。

六、加大现场安全质量标准化检查验收力度

安全质量标准化建设最终点在现场,为确保建设效果,矿制定了严格的旬检月验组织考核办法、区队互检管理办法等制度,坚持旬检月验不动摇,并要求参加检查人员必须带齐量具,现场上尺上线检查,严格按质量标准化标准要求评分定级,使矿井安全质量标准化建设内涵水平进一步提升。

大同煤矿集团永定庄煤业有限责任公司

2010年,公司按照"巩固、提高、细化、做实"的要求,持续推进309精品盘区建设,全力打造山4#层本质安全型盘区,在深度、广度上实现质量标准化动态达标,安全质量标准化又迈上了新台阶。

一是从整章建制入手,先后制定了《永煤公司安全质量标准化达标规划》《永煤公司安全质量标准化精品工程标准及考核办法》,成立了以董事长、总经理为组长,安全副总经理任常务副组长的安全质量标准化工作领导组,划定了各级领导、各部门、各单位安全质量标准化责任范围,把全矿井划分为"三大块九条线",进行了责任分工,构筑了覆盖全公司的人人担责任、事事有人抓的立体网络。并严格按照考核办法进行刚性考核,形成"一把手全面抓,分管领导对口抓,各部门协助抓,作业队组具体抓"一级抓一级、一级管一级、一级保一级的安全质量标准化责任体系。

二是成立了安全质量标准化办公室,将采掘一线、各区队的技术尖子抽调到办公室,完善了《永煤公司2010安全质量标准化综合考核奖罚管理规定》《采掘队组工程质量处罚管理规定》,各单位产品工资的30%作为安全质量标准化考核工资。在质量验收方面,由安监站质量办牵头组织调度、通风、防尘、机电、技术、地质等部门,对井下采掘工作面每月进行两次安全质量标准化联合检查验收,各部门对被检查单位进行评分,综合得分90分考核达标,每增加1分奖当月产品工资的3%,每少1分罚当月产品工资的3%。当月综合得分达到92分,奖队长、书记各1000元,每增加1分加奖500元。对不达标的队组罚队长、书记各罚1000元,每减1分加罚500元。同时,成立了盘区标准化监督检查小分队,负责监督检查盘区运输、物料堆放等,发现问题及时督促处理,并根据情节对违章违规的队组给予处罚,增强了队组搞好质量的压力感。使工程质量面貌短期内又上了一个新台阶,推动了矿井巷道工程质量持续动态达标。

三是狠抓巷道成型和支护质量,严格考核验收,确保了措施执行到位。我们认真坚持"巷道成型不好就是事故,支护质量不合格就是事故"的理念,将安全质量标准化关口前移,从巷道掘进入手,严格巷道成型,狠抓支护质量,做到支护数量不够,不准生产,支护质量达不到要求,不准生产,从生产工艺、工序抓起,做到掘进一米,达标一米。在对工程质量进行验收时,巷道成型每有一米不合格,沉淀一米进尺,支护质量每有3根锚栓不合格,沉淀一米进尺,并责令补打。在质量验收方面,完善了《矿井安全质量标准化实施办法》,由总经理助理牵头组织调度、安监、技术、地质等部门,每月进行两次安全质量标准化验收,累计平均分作为考评分数,由原来每月评出前三名和后三名，分别给予3万元、2万元、1万元奖励和3万元、2万元、1万元的罚款。有效地调动队组搞标准化的积极性，推动了矿井巷道工程质量持续动态达标。

四是要想搞好安全质量标准化建设，绝不能墨守成规、故步自封。我们着眼高标准，放眼矿内外，采取“走出去、请进来”的方式，在先后到四台、白洞、晋华宫、马脊梁等先进矿观摩学习的基础上，首次走出同煤，三下山东学习取经，引进先进理念和管理方法，彻底改变了过去粗放管理模式，使安全质量标准化发生了根本性转变，打造了精品工程。所有井下轨道巷、机电峒室、车场等实现了硬化、亮化、美化、精品化，985大巷实现了地铁化，从而使安全有了更大保障，生产有了更新突破，真正享受到了搞好安全质量标准化的成果，安全实现了“零”的奋斗目标，综采队创造了单产18万吨和掘进队创造单进620米历史新纪录。

五是制定完善了公司领导“一带一结对子”及联点承包责任制，上至公司领导，下至各级干部，都严格执行下井带班制度，真正把工作重心放在了井下现场，生产一线，本着“严流程、严细节”的理念，深入结对单位，宣传贯彻安全生产精神，加强对井下现场的安全督查，帮助分析解决存在的问题。同时，把领导干部的工资收入与结对子联点区队的安全生产效果直接挂钩，纳入公司的“一体化”考核中，严格奖罚兑现，有效地调动了各级领导干部盯现场、盯班组、盯工序、盯工艺的积极性和主动性。

2010年以来，通过大量细致的工作，达到了以工作面达标推动盘区达标，以盘区达标带动矿井达标的目的，使全矿井的质量标准化提到一个新的水平。

大同煤业股份有限责任公司同家梁矿

（一）认真贯彻落实国家、省和集团公司有关安全质量标准化工作指示精神。2010年度，我们按照国家、省和集团公司有关安全质量标准化会议、文件、指示精神，相继出台了《安全质量标准化年度目标规划》《安全质量标准化管理体系实施办法》等文件，目标明确，责任到位，考核严格，全方位狠抓安全质量标准化落实关，全年矿井安全质量标准化工作开展扎实有效，矿井安全生产稳步发展。

（二）按照煤矿安全质量标准化工作长效机制，成立了质量标准化领导组织机构，以矿长为组长作为安全质量标准化第一责任人，安全副矿长任常务副组长，分管生产、机电、通风、防尘、地质防治水、职工安全培训的副矿长任副组长，副总及职能部门主要负责人任成员，并设立了办公室，办公室由安监站第一副站长任主任的领导组织机构。

（三）按照分管专业制订了工作目标、规划及管理职责，各分管和专业职能部门按照目标规划，对分管专业进行月检、季度检查考核，并按照标准组织评分、评级。特别是在日常动态检查中，对照标准及专业项目上线上尺，并对井巷支护质量实行拉拔实验，建立了编码档案记录，从大到各部件及井巷工程质量，小到一个道钉、一颗螺丝帽的细微之处严格做起，并且加强了现场指导，强化了现场班组、岗位、工艺、工序的操作全过程，质量检查覆盖率达到100%。

（四）严格按照煤矿安全质量标准化考核评级办法，实行了标准化绩效奖罚制度，对月度标准化达一级的生产区队实行了安全质量绩效奖励制，对月度标准化达二级的生产区队实行了绩效处罚制，对月度标准化不达标的区队长实行问责诫勉谈话制，对情节严重影响矿井升级的区队长给予行政降职、免职、撤职处分。

（五）在制度管企、文化管人方面，管理考核办法着重对采、掘、机、运、通、地质防治水考核实行了一票否决制，并且制定了特别规定和奖惩办法，运用激励机制激发班组个人的素质行为的养成，确保矿井达标的实现。

（六）在完善和制定安全质量标准化管理体系上，明确责任，做到了逐级保证，并且制定了联点负责，一级向一级负责的责任制，明确制定了标准化现场动态检查处罚规定，用强有力的手段保证安全质量标准化的稳步提升。

总之，2009 年、2010 年同家梁矿连续两年在标准化工作创新发展上，达国家一级，并且取得了骄人业绩，安全生产稳步提高，各项经营指标圆满地完成，百万吨死亡率实现零的奋斗目标。

大同煤业股份有限责任公司四老沟矿

（一）采煤：狠抓端头支护、乳化液配比，当天不合格的综采队集体罚 300 元，个人罚 50 元。两巷超前支护成直线，严格生产工艺流程，把每一项工序，工程与经济责任挂钩，实行安全质量标准化切块工资管理，比例达到基数工资 7%，并在制度上实行日检、旬检、抽检、月底综合检查的方法，对检查出的问题进行“三定”整改。

（二）工掘：实行先探后掘，特别对极近距离煤层掘进工作面开口时，全部铺设双层网，统一标准，不断完善安全质量标准化管理制度，坚决执行前探支护。不及时上的单位按不达标进行处理，按照集体出入井对基层掘进队组实行交接班制度，对干部实行走动式管理，要求干部应该走动的区域、地点、频次，职责明确。从发现问题到解决问题，整个过程严密闭合，使掘进工程质量有了大的改观，确保掘进质量标准化工作在巷道成型到文明生产环节有起色。

（三）机电：实行编码管理，对全矿所有设备进行编码，做到责任到人，凡没有按规程操作，给予队里罚款 500 元的处罚。不断跟踪现场机电标准化考核，从而有力地保证全矿生产正常运作，为了使员工懂得标准，对井下所有变电所制作岗位标准、供电系统图牌板。

（四）运输：大巷运输实行封闭式管理，对电机车、运输人车、斜井实行挂牌管理，对大巷弯道处安置声光信号、全自动司控道岔、语言报警，从而确保矿井运输正常。

盘区运输实行留名挂牌责任制，矿上对 303 盘区挂网 450 米，换标准道 2100 米，修棚 800 架，更换盘区电缆钩 4100 米，使 303、301 两个主采盘区达到示范盘区。

（五）通风：狠抓通风设施管理，严格执行人人都是通风员的重要观念，利用一切手段，逐步增强全矿员工人人都是通风员的安全意识，每月聘请有关领导对技术人员及员工分别进行“一通三防”和人人都是通风员的脱产培训，并严格考试，考试不合格者下期继续培训，直到合格为止。从而使全矿广大员工丰富了通风知识，提高了员工安全意识，确保全矿通风无隐患。全矿出台了 15 条专项通风措施，使通风管理工作做到留名挂牌，瓦斯检查实行交接班制，每班汇报 3 次，监查探头按规定要求挂在指定位置。责成专业队伍对各盘区专回巷的浮煤进行了清理，14—2 层 301 盘区 16 道密闭前做栅栏，做到通风工程无亏欠。并且针对瓦斯、水、火做到综合治理不留死角，从而确保矿井安全生产无事故。

（六）地质防治水：实行先探后掘原则，严格图纸与掘进队相吻合的办法，认真填写登记表，加大动态检查，矿领导与区队实行联点责任制。采区回采率达到集团公司规定要求。加强全矿井的防治水工作，特别是 303 盘区、301 盘区、辅 301 盘区在掘进过程中加强探放水工作，全矿井所有采、掘工作面配齐了探水钻和排水管路并做到“有掘必探，先探后掘，先放后采”。

大同煤矿集团雁崖煤业有限责任公司

为构建安全质量标准化工作长效机制，强化煤矿安全质量标准化工作，巩固雁崖公司现代化一级矿井，公司以强化现场管理入手，抓基层、打基础，以班组每道工序、每个环节为突破口，用动态达标推动持久达标为目的，夯实矿井安全质量标准化基础建设，提升了矿井安全质量标准化水平。

一、建立健全安全质量标准化组织机构和职责

公司专门成立了安全质量标准化领导组，由总经理任组长，全面负责安全质量标准化建设中的挡手问题，各分管副总经理任副组长，负责矿井各系统、各环节的基础建设，各职能部门主要负责人为成员，具体实施每项工程各工序中安全质量标准化细则。

二、建立精细化实施方案

精细化是建立在常规管理基础上，并将常规管理引向深入，将精细化管理的思想和作用贯彻到企业每个环节的一种管理模式，精细化管理将管理工作做细、做精以全面提高雁崖煤业管理水平和工作质量。

三、质量标准化措施得力

（一）严格落实重点工程，精品工程实施考核办法。由调度室进行考核当月兑现，通过实施，落实责任，严格考评，各项工程进展达到了预期规划。

（二）在采掘方面：一是狠抓综采两巷的超前支护、端头支护、支架的接顶和初撑力以及两巷的文明生产等工作，为综采队组配备了双针压力表，两巷安装了顶板离层指示仪，对顶板进行了有效监护，有效控制了顶板。二是狠抓掘进队组的支护质量，和巷道成型，为掘进队组配备了锚杆、测力计，长柄工具，风动搬手，班玨安监工现场检查锚栓、锚索支护质量，质检组监督复查，同时，对当班支护质量不合格的责任者或检查不到位安监工给予重罚，收到了较好的效果。

四、监管落实到位

狠抓计划目标的落实，严格考核兑现。从主要负责人到分管领导，从职能部门到区队，从班组到个人，逐级签定安全质量目标责任合同，逐级落实责任，严格考核。把安全质量标准化管理工作的各项规章制度要求，贯穿到整个安全生产现场的全过程。而且采取了一系列有效的检查考核措施严格考核。

五、严格考核兑现

在采掘一线、二线大力开展质量标准化考核评比活动，每月底根据检查结果，当月给予奖惩兑现，有力地促进了公司标准化工作。

雁崖煤业公司安全质量标准化工作的主要经验：

（一）现场会考核。为了实现标准化动态达标，对参与考核单位中、下旬进行抓阄检查考核，参加人员：生产口助理以上公司领导和被考核单位的正职、机电队长，职能科室正职，凡抓阄召开现场会成功的单位，综合得分加 2 分；开成反面现场会的单位，综合得分减 2 分。

（二）流动红旗奖励。参与标准化考核的单位，当月标准化得分汇总后按超分排出名次，超分最高单位可获得流动红旗，并给予一次性流动红旗奖 1 万元。

大同煤矿集团有限责任公司晋华宫矿

一、加强组织领导、落实管理责任，形成全方位齐抓共管的安全质量标准化工作机制

（一）坚持思想先行，用思想达标带动安全质量达标。

晋华宫矿从广大干部职工思想认识上入手，利用各种形式宣传安全质量标准化的重要意义和作用，积极了解和借鉴国内同行业抓质量、保安全、促发展的先进经验，使广大干部职工认清本单位在质量标准化工作方向的差距，增强工作的紧迫感，进一步坚定大家抓好安全质量标准化工作的信心。把解决好一线干部与员工思想认识问题为重点，引导他们牢固树立起“现场转移到哪里，标准化工作就搞到哪里”的思想认识，帮助他们理清思路，明确安全质量标准化的工作步骤、工作重点、努力方向和奋斗目标，严格执行“一班一题”“一周一学”“一月一考”制度及矿培训考核办法，加大安全质量标准化培训力度，充分发挥培训机构的职能作用，坚持走出去与引进来相结合，脱产培训与在岗培训相结合，专业培训与综合培训相结合，定期对全矿所有新入矿人员，特殊岗位工种和其他在职人员进行培训，努力做到人人“上标准岗，干标准活”，从而增强全体干部职工搞好安全质量标准化工作的整体素质与技能。

（二）领导重视、管理到位。

矿党政对矿井安全质量标准化工作十分重视，成立了安全质量标准化领导组，矿长、书记任组长，有关矿领导任副组长、各专业职能部门负责人为成员的安全质量标准化工作领导小组，下设安全质量标准化办公室，同时组成采、掘、机、运、通、地质防治水六个专业工作组，各单位成立领导小组，巩固了安全质量标准化工作长效机制，理顺和明确各级管理人员和职能部门之间的工作职责，形成晋华宫矿质量标准化工作“重在现场、重在基础、重在执行标准”的共识，做到任务清楚、责任明确、措施得力、抓出实效，提高了安全质量标准化动态达标水平。同时为了强化现场管理，充分发挥领导和职能部门的作用，根据晋华宫矿生产实际，制定了安全质量标准化联管承包考核办法，要求矿领导和职能部门经常深入区队，帮助区队解决安全生产挡手问题。每周及月底定期召开安全质量标准化工作例会，对安全质量标准化工作进行分析、总结与安排，做到周周有重点、月月有提高；月底由质量标准化领导组组长组织召开领导组会议进行全面评比，奖优罚劣，从而在全矿形成了“矿领导督办，职能部门监管，基层区队具体实施”，全面覆盖的安全质量标准化管理体系。

（三）强化安全质量标准化管理队伍建设。

我们坚持“系统抓、抓系统”的原则，确保采煤、掘进、机电、一通三防、运输、地质防治水六个专业齐头并进。各职能部门修订和完善了切合晋华宫矿实际的安全质量标准化标准及考核办法，做到工作有标准、检查有制度、考核有结果。

二、坚持科技兴矿、科技兴安的管理理念，努力加大安全装备投入，大力开展科技创新活动，为矿井安全质量标准化工作奠定坚实的基础

近年来，晋华宫矿紧紧围绕建设装备精良、管理科学、高产高效的本质安全型矿井为目标，不断加大安全装备投入，务实安全管理基础，加快高产高效矿井建设步伐。通过制定巩固创新成果管理规定，激发广大员工科技创新活动的积极性，加快将部分创新成果转化为生产力步伐；同时要求区队必须制定创新管理考核办法，对创新型班组、创新型员工实行奖励激励政策，使区队形成人人搞革新、搞创新的良好工作环境和机制；加大综采、机掘、掘进工作面标准化建设模式化，要求各基层单位创新工作思路和方法，向精细化管理要效益，提升各单位的质量标准化管理水平，从而不断提升矿井的安全质量标准化水平，促进矿井跨越式发展。

三、强化部门监管意识，狠抓关键环节，夯实安全质量标准化各项基础工作

强化部门的监管责任，狠抓基础设施、装备的完善可靠，努力实现设备无故障；突出重点，按照标准和要求，积极开展井下现场各专业设施、装备以及环境的基础整治，打牢专业基础。认真实施采掘工作面安全生产准入和验收制度，对不符合标准的设备、设施坚决退出，同时上齐、上全各类基础设施、设备、仪器、仪表、防护装置，管好用好这些装备。

四、落实责任、强化考核，促进安全质量标准化工作有序发展

安全质量标准化现场动态管理，我们每月采取“日检查、旬打分、月底汇总考核”的检查评级制度，职能部门定期检查制度和矿领导月度评价制度，检查覆盖率达100%，查出问题盯在现场处理，现场处理不了的问题，定人、定时间、定措施处理并进行跟踪落实。

为了强化制度、落实责任，矿制定并出台了安全质量标准化“硬性规定和软考核”制度，把涉及有可能造成重大安全事故隐患的标准项目作为硬性规定进行刚性考核，有一项不符合硬性规定，当月安全质量标准化降一级扣10分。

软考核方面：①严格执行区队安全质量标准化周自检自评制度；②建立区队创新组织机构及创新管理办法并进行考核；③开展班组安全质量标准化自查自纠考核并严格执行；④有效运行职业安全健康管理体系并实施考核；⑤强化基层管理，强化各工种安全作业程序流程和标准的实施。有一项不符合即降一级扣10分。

成立由生产口助理以上领导组成的标准化综合评价组，对各队组标准化动态状况进行评价。各职能部门动态检查评分结果，月底前报质检办进行统一汇总考核，评分采用百分制由各专业得分乘各自系数得分之和计算，标准化考核结果与各区队当月工资挂钩，奖罚兑现，上不封顶、下扣完质量标准化分项工资为止。

大同煤矿集团大斗沟煤业有限责任公司

为了强化煤矿安全质量标准化工作，巩固大斗沟公司现代化一级矿井，打造国家级一流矿井，公司以强化现场管理入手、抓基层、打基础，以班组每道工序、每个环节为突破口，用动态达标推动持久达标为目的，夯实矿井安全质量标准化基础建设，提升了矿井安全质量标准化水平。

一、建立健全安全质量标准化组织机构和职责

公司专门成立了安全质量标准化领导组，由总经理任组长，全面负责安全质量标准化建设中的挡手问题，各分管副总经理任副组织，负责矿井各系统、各环节的基础建设，各职能部门主要负责人为成员，具体实施每项工程各工序中安全质量标准化细则。

二、建立健全安全质量标准化工作制度

公司用制度规定，每月1日、11日、21日由总经理负责安排，副总经理以上领导和各职能部门主要负责人，一线、二线单位正职参加，对井上、井下各施工作业点进行拉网式安全质量标准化检查，对查出的问题全部进行“三定”处理。同时每月召开一次安全质量标准化工作总结会，对前三名给予奖励，对后三名给予处罚和通报批评，并沉淀责任单位全体管理人员当

月的安全质量标准化抵押金,并给予连续2个月被评为后三名的单位正职降职,连续3个月被评为后三名的单位正职撤职处分,同时公司根据矿井实际,对不同单位的分项工程制定出切实可行、合理有效的管理办法和考核标准认真组织实施。

三、措施得力

(一)严格落实重点工程,精品工程实施考核办法。由调度室进行考核,当月兑现。通过实施,落实责任,严格考评,各项工程进展达到了预期规划。

(二)在采掘方面:一是狠抓综采两巷的超前支护、端头支护、支架的接顶和初撑力以及两巷的文明生产等工作,为综采队组配备了双针压力表,两巷安装了顶板离层指示仪,对顶板进行了有效监护,有效控制了顶板。二是狠抓掘进队组的支护质量和巷道成型,为掘进队组配备了锚杆、测力计、长柄工具、风动搬手,班班安监工现场检查锚栓、锚索支护质量,质检组监督复查,同时,对当班支护质量不合格的责任者或检查不到位安监工给予重罚,收到了较好的效果。

四、监管落实到位

狠抓计划目标的落实,严格考核兑现。从主要负责人到分管领导、从职能部门到区队、从班组到个人,逐级签定安全质量目标责任合同,逐级落实责任,严格考核。把安全质量标准化管理工作的各项规章制度要求,贯穿到整个安全生产现场的全过程。而且采取了一系列有效的检查考核措施严格考核。

五、严格考核兑现

在采掘一线、二线大力开展质量标准化考核评比活动,每月底根据检查结果,当月给予奖惩兑现,有力地促进了公司标准化工作。

通过一系列质量标准化工作开展,使大斗沟公司干部、员工干标准化活、上标准化岗的思想意识得到了进一步的提高,从而有力地促进矿井整体标准化工作改进。

大同煤矿集团王村煤业有限责任公司

为了强化煤矿安全质量标准化工作,巩固王材公司现代化一级矿井,打造国家级一流矿井,公司以“总体规划,分步实施,立足长远,兼顾当前”的安全质量标准化建设为指导思想,贯穿一条主线,即以“人人都是通风员”的安全理论体系为安全工作主线;坚持一个目标,即以“创建零事故现场,打造零事故环境”为奋斗目标;以现场管理为基础,抓基层、打基础,以班组每道工序、每个环节为突破口,用动态达标推动持久达标为目的,进一步加大文明生产治理力度,完善矿井动态达标体系,提升了矿井安全质量标准化水平。

一、进一步完善组织保障体系

成立了由董事长任组长,各分管领导任专业组长的四个安全隐患排查治理专业工作组。建立健全各项管理制度,全面落实排查、报告、治理、监督各个环节责任,加大对安全隐患的分析、认定、登记建档、方案制定和实施销号管理,形成了安全隐患排查治理的闭合机制。

二、建立健全了安全质量标准化工作制度

制定下发了《王村煤业公司2010年安全质量标准化实施办法》《王村煤业公司2010年质量标准化达标规划》和《王村煤业公司2010年质量达标、文明生产管理办法》等16个文件,补充了《掘进工作面七条线管理实施细则》和完善《安全管理制度》61项，修编了《安全生产责任制》219种，进一步健全了安全管理体系，为安全管理上台阶打下了基础。

三、突出重点环节，加大安全质量标准化工作力度

强化采掘机运通及地测防治水管理力度。对各采掘工作面加强了安全检查和隐患督促整改，采掘工作面端头支护、超前支护严格按《作业规程》和标准化要求进行，加强了顶板支护管理，保证支护质量，杜绝空顶作业，动态管理瓦斯探头、前探梁及时到位，综采队重点强化了顶板管理、液压支架的初撑力、泵站压力、液压系统的跑、冒、滴、漏液，通过狠抓采掘一线的质量标准化，消灭了不合格工程，安全状况明显好转；强化了"一通三防"各项通风管理制度的落实，加强现场瓦斯监测监控和开采期间防灭火方案的演练，做好采空区的封闭和监测监控，强化防尘管理制度的执行，加强各条巷道的冲洗和粉尘管路的检查维护，强化了机电管理基础工作。针对机电设备不完好，机电失爆经常出现这一严重问题，狠抓了"井下电气，提升绞车，斜井皮带"三件大事，加强了电气设备的维修保养，安装使用，保证了机电设备安全运行；强化了运输系统管理。加强了309盘区、运输的管理，更新了一坡三挡，有效地保证了运输系统安全质量标准化达标。加强了防治水的工作力度，本着"及时、准确、全面、严格"八字方针和"有疑必探，有掘必探，先探后掘"的矿井防治水方针，制定了"三个制度，三个落实"的管理制度和探放水的措施，扎实搞好了地测基础工作。在地面安全防范方面，根据2010年《地面生产单位安全质量标准化实施办法》对照标准，对地面生产单位进行了彻底检查，确保各项工作安全运行。

四、深入开展安全隐患排查治理

按照"想长远、看当前、干眼下"的方法深入开展了安全生产隐患排查治理专项行动，科学、及时、准确地进行隐患分析、认定、排查，避免了一个隐患在同一个地方重复出现。公司每月开展一次标准化大检查活动，各职能部门每旬对本系统进行一次隐患排查，区队每周对隐患进行分析，班组每班认真排查。对排查出的隐患及时进行"三定"处理，同时进行跟踪落实，对不能解决的问题，经总经理办公会审议，以报告形式请示集团公司帮助解决。

五、监管落实到位

狠抓计划目标的落实，严格考核兑现。从主要负责人到分管领导、从职能部门到区队、从班组到个人，逐级签定安全质量目标责任合同，逐级落实责任，严格考核。把安全质量标准化管理工作的各项规章制度要求，贯穿到整个安全生产现场的全过程。而且采取了一系列有效的检查考核措施严格考核。

六、严格考核兑现

在采掘一线、二线大力开展质量标准化考核评比活动，每月底根据检查结果，当月给予奖惩兑现，有力地促进了公司标准化工作。

通过一系列质量标准化工作开展，使我公司干部、员工干标准活、上标准岗的思想意识得到了进一步的提高，从而有力地促进矿井整体标准化工作改进。

大同煤矿集团有限责任公司云岗矿

一、思路清晰，目标明确

思路决定出路，方向事关全局。云岗矿新一届领导班子针对矿井标准化工作的实际情况，客观分析面临的形势，审时度势、高瞻远瞩地提出了一系列治矿兴企理念，并于2010年年初召开了全矿质量标准化推进大会，出台了矿井近期、长远发展规划。

在全矿质量标准化推进大会，矿党政针对云岗矿的生产能力，明确提出了"出煤由主要位置降为重要位置，标准化工作由重要位置升至主要位置”的观点，确立了安全质量标准化工作在矿井中的核心地位，提升了全矿员工对标准化工作重要性的认知。

为了认真贯彻落实会议精神，准确解读标准化各项管理规定内涵，标准化主管部门和培训部门于一季度联合举办了培训班，对全矿区队管理干部进行了两次轮训，强化了区队干部标准化意识，提高了标准化应知应会水平。

生产实践昭示我们，先进的理念和科学的规划，是指导我们安全质量标准化工作健康发展的前提和保证。

二、加强领导，落实责任

标准化工作能否落到实处，领导是关键，制度是保障。2010年云岗矿着重从以下几个方面为标准化有序发展提供了组织保障。

一是重新调整了云岗矿安全质量标准化工作领导组，矿长任组长，安全副矿长任常务副组长，具体组织矿井达标工作。

二是成立了质量标准化办公室，具体负责对各专业日常标准化工作的指导、检查、督促及每月组织有关部门对考核专业进行标准化综合考核。

三是重新界定了各级领导、各部门、各生产单位安全质量标准化职责范围，全面实施了矿领导、职能部门井下联点承包责任区域，并制定了详细的考核办法。

四是将原机电科划分5个单位，将原运输二区划分为南北两个盘区队，使矿井机电标准化管理工作和盘区日常管理工作更加具体，职责更加清晰，任务更加明确。

五是严肃了安全质量标准化纪律。矿明文规定：得到一次黄牌警告的队组，给予停产整顿处理；累计两次黄牌警告的队组，要对队长、书记进行戒免谈话；累计三次黄牌警告的队组，给予队长、书记撤职处分。

六是将生产单位由过去的三级管理变为现在的二级管理，提高了工作效率和对现场的管控能力。

这样，在全矿上下形成了“一把手全面抓，分管领导对口抓，各部门协助抓、作业队组具体抓”的一级抓一级、一级管一级、一级保一级的安全质量标准化责任体系。

三、整章建制，精细管理

围绕精细化管理，各职能部门在制度建设上，做了大量的、富有成效的工作。

通风区出台了《关于综采工作面上隅角瓦斯治理的管理规定》《关于加强南1030风门管理规定》等制度，技术科出台了《云岗矿掘进工作面顶板管理考核若干规定》《云岗矿综采工作面顶板管理考核若干规定》《关于工掘巷道风桥施工的有关规定》等制度，机电科出台了《云岗矿机电事故考核办法》《云岗矿四检制管理考核办法》等制度，煤质科出台了《云岗矿煤质考核办法》，质量标准化办公室出台了《云岗矿安全质量标准化目标规划、组织机构及职责规定》等十三项管理规定。这些制度分别从不同的视角出发，对安全质量标准化日常工作进行了细化、量化和精化，使云岗矿安全质量标准化制度建设日趋配套，日臻完善，为云岗矿安全质量标准化工作跨越式发展起到了技术支持和制度保障。

四、加大投入，夯实基础

一年来，云岗矿按照优美整洁树环境形象、精细严明树管理形象、诚信敬业树团队形象、文明和谐树企业形象的思路，做了大量的、富有成效的工作，做到了薄弱环节有突破、优势专业有巩固、领先项目有创新，不断推进了企业品质形象工程，着力打造云冈矿井品牌。

（一）对三个主采盘区4600米轨道巷全部进行了扩帮、修规格、护帮网、补支护、喷浆。

（二）硬化12#408盘区轨道巷、12#410盘区轨道巷3600米，11—2311盘区垫石沫1000米。

（三）重新吊挂1030南大巷、盘区电缆6600米，重新吊挂管路6600米，补亏皮带巷、回风巷管路5240米。

（四）清理回风巷浮煤2200米，补支护1500米。

（五）重新钉道2000米，调道4600米。

（六）装修了井底车场、中央变电所、井底候车室、五暗候车室。

（七）投资100多万元为各掘进队组购买了锚索机、风动工具及力矩扳手，提高了支护效率和支护质量,降低了员工的劳动强度。

地面装修了“两堂一舍”,新建了入井走廊、街心公园,拓宽了大桥上的人行道,对南山拆迁完的场地进行了绿化、美化。

五、重奖重罚,奖罚兑现

云岗矿质量标准化考核实行了产品工资等级单价制。计分办法有五大项内容:安全管理、工程质量(含文明生产、资料管理)、“一通三防”管理、机电管理、地测防治水。凡质量标准化综合得分,综采和机掘在90分、普工掘在88分以上每增加1分,单价增加3%;每降低1分,单价减少3%。对于采掘队组的奖罚额度,一般来说,对于综采队1分相当于1万多元,对于掘进队组1分相当于5000~8000元。2010年,综合考核奖励766767元,处罚413381元,动态处罚6万元。

云岗矿将标准化考核延伸到了班组、个人,出台了《云冈矿掘进班组工程质量考核奖罚管理规定》,对长巷掘进班组(长巷指所掘巷道超过100米以上的)执行了工程优良品率奖罚制,规定了班组工程优良品率达到70%以上(含70%)、当月奖励该班组员工3000元;对工程质量优良品率低于60%,当月扣罚该班组2000元。2010年,有121个班组次分别奖励3000元,共奖励363000元,有119个班组次分别处罚2000元,共处罚238000元,有效提高了成巷质量和支护质量。

六、积极创新,勇于改革

在体制创新上。一是对生产和辅助单位进行了撤区建队改制,转岗分流480人,精干了作业队组,实施了垂直管理。二是在干部的使用上,采掘队组实行了正职组阁制,有66名同志走上副职管理岗位;辅助单位实行了副职竞聘上岗制,有57名群众公认的优秀副职竞聘上岗,154名落聘干部当了工人。给想干事、能干事、干成事的员工提供了发展的平台。三是实施了产品工资计件制,鼓励、引导员工通过积极的劳动来提高收入,上不封顶,下不保底,涌现出一批高产高效的典型队组,其中机掘整体月进尺,比过去翻了一番。

在制度创新上。为稳定技术队伍,采取了经济倾斜政策,按照责任和贡献的不同,每月给予技术人员300~2000元不同的津贴;为建立创新活动的长效机制,下发了创新奖励办法,实施了创新项目月评奖制,2010年上半年全矿有68项创新项目获奖,共奖励22万元;为提高掘进工程质量,实施了班组工程质量考核制,严格考核,及时兑现,有效地提高了成巷质量。为强化支护质量,对支护材料进行编码管理,同时将支护工的姓名、支护时间录入微机,实施了支护质量终身负责制;为规范员工的操作行为,我们推出了标准岗建设,对井下有固定区域作业的68个岗位,制定了评分细则进行考核,目前已初见成效。

在科技创新上。对11—2311盘区北翼极近距离煤层的开采(最薄处层间距为0.6米),采取了特殊开采方式和支护手段,目前第一个极近距离煤层工作面开采已快结束,安全采出煤炭20多万吨,没有发生一起漏顶事故,为云岗矿乃至集团公司精采细采提供了宝贵经验;设计并使用了第三代跟机电缆托缆装置;顺槽皮带和盘区皮带实施了闭锁;改进了掘进前探梁,使前探支护更可靠、更便于操作;设计使用了双风机切换时声光语言报警装置;开发了蓄电池激光指向仪;研制使用了大采高机组采高指示仪;特别是针对运输防跑车这个老大难的问题,云岗矿共创新了8种挡车装置,其中自主研制的脚踏式挡车器、电动式斜井防跑车装置的使用,解决了过去挡车装置长期不自动闭合的痼疾,小绞车防钢丝绳伤人装置的使用,解决了多少年来小绞车伤害操作人员的问题。此外,升降水幕、拆叠式皮带过桥、物料码放架、电缆过桥等一大批简单实用的创新项目,既简化了操作程序,又保证了员工的人身安全。

目前,创新制度的内涵已被广大员工认知,大家遇到困难搞创新,消除隐患靠创新,创新在云岗矿已成为一种习惯、一种制度、一种文化。

一年努力,一年辛劳,我们举全矿之力把12#410、12#408、12#311三个生产盘区建成了精品盘区,建成了81005、8818、21011、51011、5621等15个精品采掘工作面。2011年,我们要高起点上创新,高标准运作,高效率实施,继续强基固本,力争早日把云岗矿打造成为国内一流的安全质量标准化矿井。

大同煤矿集团有限责任公司燕子山矿

在矿井质量标准化建设中,燕子山矿始终坚持以“人人都是通风员”工作体系为核心,以强势打造安全文化为重点,以推进矿井粉尘治理工作为突破口,以强化员工思想认识、狠抓“双基”建设为抓手,以强化管理、装备、培训,规范岗位、工艺、工序为基础,创新思维、缜密部署,面对生产任务繁重、地质构造复杂多变、水患气体频繁威胁、作业分布点多面广、近距离顶板不易维护等不利因素,质量标准化工作实现质的跨越,安全工作实现稳定、健康、全面发展,企业连续安全生产实现低控,2010年度荣获国家级安全质量标准化矿井的称号。

一、高度重视、完善制度,保障标准化工作全面开展

燕子山矿始终把安全质量标准化工作作为煤矿安全生产的基础工作,在全员的思想上牢筑起了“质量标准化就是煤矿命根子”的理念,不断增强全员搞好安全质量标准化工作的责任感和使命感。燕子山矿专门成立了以矿长挂帅、各职能科室为成员的质量标准化组织机构,并进一步完善了区队、班组的安全质量标准化管理小组,明确了从矿领导到职工层层负责的标准化责任体系。明确了安全质量标准化的工作目标和方向,本着“创建一批,赶超一批、巩固一批、达标一批”的规划目标,提高认识,严细管理,在全矿上下形成共识,凝聚合力。同时,结合矿井实际情况,制定出台了《燕子山矿井巷工程质量管理办法》《燕子山矿矿井运输安全质量标准化管理规定》《安全质量标准化管理及考核办法》《燕子山矿地面安全质量标准化实施细则》《地面质量标准化考核细则》等管理办法,进一步细化、量化、深化了检查考核的标准和内容,为质量标准化建设提供了制度保证。

二、精细管理、规范操作,安全文化深入开展

燕子山矿始终坚持“制度管企,文化管人”,突出“人人都是通风员”安全工作体系在安全管理和文化建设的核心地位,探索符合生产实际的新模式,尝试促进安全工作的新方法,打造了具有特色的企业安全文化。

一是进一步规范员工行为。燕子山矿以实现全员、全方位、全过程“干标准活、干放心活”为目的,坚持以人为本,推行精细化管理,通过质量标准化使现场安全管理水平得到提高。通过“手指口述”法、入井安全精准确认简述等的推广应用,进一步规范了员工行为,使员工在工作中少出错误、少出事故,为燕子山矿安全生产打下了良好的基础。

二是营造浓厚的安全文化氛围。燕子山矿十分重视安全文化建设,围绕“人人都是通风员”的安全理念,结合矿井实际,从多方位入手,大力开展企业文化建设,形成了“制度管企,文化管人”的良好安全氛围,员工的观念从“要我安全”向“我要安全”转变。在安全文化建设中,燕子山矿积极发挥“六员一防”部门优势,采用井口献爱心慰问、亲情教育宣传、抽查考试、井下隐患自查、“六大员”集中上岗,以及日常“三违”人员回访等形式,营造了人人、事事、时时抓安全保安全的氛围,截至目前,共组织举办各类安全活动95场(次)。通过出台“2011年安全一号文件”,编写《安全文化手册》《员工行为养成及班组仪式实施程序》《燕子山矿精细化管理实施办法》,形成部门牵头,上下联动、全员参与的良性格局。特别是编写《快乐工作法手册》,凝炼快乐工作八大模式、推行快乐工作法流程图和实施了基层快乐工作七种办法;心理咨询服务站与安监站合作开展“三违”人员心理疏导和员工心理健

康下基层等活动,形成了特色鲜明的安全文化建设新模式。

三是安全宣教活动扎实有效。燕子山矿在开展安全宣传教育活动中,始终紧扣全国“安全生产月”活动主题,以“安全咨询日”和“安全理念煤海行”信息传递为契机,精心组织开展声势浩大、内容丰富、形式多样的生产月系列活动。现场举办了安全咨询、安全文艺演出、安全知识竞赛、千人签名、井口安全慰问等多场次,参加人员达2400多人,发放各类安全宣传资料3550多份,加强了对法律法规、安全措施、应急救援、安全培训等方面的系统服务和指导,进一步增强了广大员工的安全意识和分析控制安全风险、消除安全隐患的能力。同时,为了进一步深入开展“安全生产月”活动,结合活动安排,开展了基层优秀班组长评选及安全演讲、“兴安杯”知识竞赛、安全系列宣传活动、地面防火、防洪演练、全国煤矿班组安全建设先进事迹演讲宣传等活动。

四是安全培训更具有针对性、实用性。燕子山矿狠抓安全培训,确立了培养安全型、管理型和技能型、实践型的人才导向,采取了矿、区队、班组三级培训相结合,普遍培训与重点培训相结合的方式,不间断举办以区队干部、基层班组长、“人人都是通风员”的应知应会、安全技能以及专业技术人员、特殊工种人员准入的培训班,培训员工11211人次,完成全年计划安排的101%,员工素质教育日益强化。同时,先后启动了500名班组长、500名中层干部脱产培训工程,对全矿班组长和中层干部共分5期,通过全脱产军事化安全培训,系统学习一通三防、顶板管理、防治水等知识,形成了具有燕子山矿鲜明特色的安全培训建设模式。

三、强化现场管理、加强隐患排查,作业环境全面达标

燕子山矿瞄准“双零”目标,进一步细化责任、强化落实,多层次、多方位深入开展现场管理,以正规循环、动态达标确保了安全稳产。

(一)深入开展了专项安全隐患检查。一是每月由安监站牵头,定期组织各职能部门开展了25支架日、皮带会战、每月两次大排查、“一通三防”等安全隐患专检查,检查范围覆盖了全矿地面及采、掘、机电、运输、一通三防、防治水等各个方面存在的安全隐患和人的不规范行为。2011年以来,共组织检查26次安全大检查,查出各类安全隐患及问题1960多条,现场处理1450条,三定处理420条。特别是在重大会议和特殊性时期,狠抓安全管理,不断加大在井口、各盘区加大了巡查力度,实行了特殊期间安监人员现场监管和安监干部包盘区盯班,明确了安监人员责任,并要求安监人员发现问题立即上报,现场处理,确保了特殊时期的安全生产,为矿井发展树立了良好形象。二是在井口候罐大厅安装了安全隐患反馈箱,制定了相关奖励办法。每天对员工反映的安全隐患信息进行了整理,目前已对120多条有价值的安全隐患信息,并按照隐患程度,逐条给予奖励。并向提供有价值隐患人员所在单位下达《万人查隐患排查信息反馈通知书》。三是积极发挥专家的作用。专门建立了“燕子山矿专家库”,制定了“专家安全会诊考核规定”,定期组织专家,定期按专业、分组,每月定期深入全矿采、掘、运输等重点区域开展安全隐患排查会诊活动,及时地发挥了专家的功效。

(二)“安全管治”的实施取得显著效果。为了强化特殊时段、特殊区域现场管理,确保安全作业,燕子山矿制定出台了《燕子山矿安全管治办法》,2011年以来,对14—3#层315盘区、14—2#层311辅轨和303盘区重点区域巷道轨道、绞车以及车辆加强安全监管实行不间断监管外,重点对工作面过断、准备、机掘队组掘大断面巷道等重点时段进行安全管治,严格执行“不安全不生产”原则,共发现安全隐患及问题1015条,三定750多条,确保了现场安全作业。另外,坚持周三安全管治例会制度,对安全管治期间“三定”的安全隐患及问题整改情况进行重点通报、现场考核,收集建议、平衡问题,确保了特殊时段、重点区域的强化管理。

四、结合实际、创新管理,提升矿井安全管理水平

燕子山矿在安全管理中,结合矿井实际,围绕安全管理瓶颈,不断加大安全管理创新力度,推进了“双零”目标建设,有效促进了矿井安全发展。一是出台了“十条硬性规定”。把消除巷道支护滞后、超控顶作业、放炮管理、探巷措施执行等方面的严重“三违”作为杜绝重大事故发生的关键,划出了干部撤职、降职的高压线。二是出台了“安全管治”管理制度。对安全生产中出现的特殊时段、重点区域,进行安全管治,坚持“不安全决不生产”的原则,确保作业环境安全达标。三是开展了“万人查隐患”活动。组织开展了针对思想不到位、操作不规范、设备设施不安全状态、环境不安全因素以及安全建议的“万人查隐患”活动,使矿井的安全基础更加坚实、可靠。四是启动了“安全预报预警”机制。每月搜集采掘、准备系统正职干部的思想动态、入井出勤等信息,及时预报预警,极大地转变了工作作风。五是实行了《安全隐患排查治理及任务执行卡》,定期派专人深入采、掘、运系统,对安全文化建设、隐患排查治理、基层管理等进行专项考核,并进行阶段性的指导和动态检查,进一步规范了班前教育、安全仪式、集体出入井,有效地提高了全执行力。六是开展安全管理“四个一”活动,按照采、掘、机、运、通专业,由分管副职深入区队参加周四安全活动,进一步营造浓厚的安全氛围,从根本上提高员工安全素质。七是矿长安全办公会实现长效机制。通过定期每月25日召开矿长安全办公会,及时传达上级精神、落实安全问题、隐患预测和治理以及安全费用等,极大地促进了安全管理工作的超前性。八是“安全一帮一”联点承包成效显著。由矿领导与35个一线、二线及地面辅助单位实行联点承包,参加基层单位班前会、队务会,讲安全、讲形势,深入现场指导、解决挡手问题、促进质量标准化工作。

五、典型引路、以点带面,促进标准化工作跨越发展

结合矿井实际,大力开展安全质量标准化建设,在全面夯实矿井基础保障系统的基础上,以矿井粉尘治理为重点,高起点谋划,高标准实施,高效率推进,通过持之以恒的开展粉尘治理工作,质量标准化建设实现跨越发展。

一是粉尘治理项目高标准规划。为了切实有效地推动矿井粉尘治理工作,彻底改善粉尘治理滞后的现状,燕子山矿建立健全长效考核管理机制,先后出台《燕子山矿无尘化矿井建设规划》《矿井无尘化试点百分考核细则》《燕子山矿粉尘治理达标管理考核办法》等制度,有力地推动了粉尘治理工作。

二是强化项目实施,切实提高推进效率。①为保证防尘用水的水质,在地面基本建设科大院的1000立方米水库投资47万元建设了一个小型水处理站,使防尘用水水质达到国家杂用水水质标准。②加大了采掘生产中主要产尘点的治理。工作面割煤和放顶煤是采煤过程中主要产尘工序,在煤机前后滚筒上安装了二次负压降尘器,水压保持在5MPa以上,有效降低了割煤产尘量。③狠抓系统管理,确保清洁无尘生产。围绕固定和流动尘源治理两大重点,突出设备运转和煤炭运输两大环节,在运输过程中为防止矿尘的飞扬,运输河沙、水泥的矿车必须加盖防尘罩;为防止井下的煤泥带到地面、地面的污泥带入井下,在副斜井井口设计安装了自动矿车冲洗站,凡进入井下和出井的矿车必须先洗尘、后升出井,减少在提升过程中对矿井进风流的污染,同时,在12#层1035东大巷安装了喷淋系统,每12个小时喷淋一次,保证了大巷地面的湿润。④强化煤体注水防尘措施。采煤工作面采用了短壁注水和长壁注水结合的方式,通过使用ZDY1900S大功率钻机实施120米以上的深孔注水,通过注水、充分湿润煤体,生产产尘量减少60%以上。⑤大力开展防尘设施的技术革新。在矿井粉尘治理过程中,充分发挥科技引领作用,依靠技术人员和技术工人,围绕困扰粉尘治理的技术难题和不合理防尘设备,大力开展科技创新,通过开展技术引进、技术革新、小改小革等活动,取得了80多项防尘科技成果,其中利用KLP型干湿自动装置制作干煤自动喷雾,成功设计了多普勒效应的雷达式微波传感器,发明了矿用喷雾加湿器,设计制造了用于副斜井和石炭轨道井的无电源喷雾洒水车等,极大地推进了矿井粉尘治理工作,有力地改善了作业环境。

三是强化基础管理,提升动态达标水平。①采取了“走出去、请进来”的方法,拓宽视野,提升档次,学习行业优秀单位先进经验，融会贯通成适合我矿的标准、管理模式，打造全新的矿井。②要将质量标准化现场动态达标落实到班组，实行安监员、质量员、质量验收员联合质量验收制度，共同对每项工程、每道流程、每个工序进行动态监督和验收、现场打分，在班组之间、岗位之间形成安全质量互保责任框架。③实行质量标准化末位淘汰制，组织部门专业人员进行综合验收，考核更公平、标准更严格，对质量标准化月度排名最后的，给予单位正职电视曝光，对半年排名最后的，单位党政正职和安全副职进行淘汰，全队员工脱产培训。

六、科技创新助推质量标准建设水平

燕子山矿把科技创新作为推动质量标准化建设的核心力量，从人才培养、科技创新到推广应用已形成了一整套完整的激励机制体系，营造浓厚的科技创新氛围。一是在创建了科技专家库。本着“用感情、待遇、制度留住科技人才”的宗旨，燕子山矿发挥科技人才在各行各业的带头示范作用，制定出台“燕子山矿科技专家库”，聘请了66名行业专家，分别给予行业专家2万~6万元奖励。二是创新安全质量标准化技术。通过每季对行业专家科技项目专项考核，每年召开科技大会等形式，进一步激发了员工致力于解决标准化建设中经常性、反复性的疑难问题，2010年以来，实现创新项目150多项，在各个单位成功推广使用了锚杆力矩扳手、前探支护、顶板离层监测仪等新技术新装备，有效地改善了作业环境。

安全质量标准化工作是一项常抓不懈、持之以恒的系统工程。燕子山矿要正视差距、寻找不足、持续改进、扎实推进，发扬开拓创新精神，真抓实干、不断进取，努力开创燕子山矿质量标准化新局面。

大同煤矿集团大唐塔山煤矿有限公司

同煤大唐塔山煤矿公司在安全质量标准化建设工作中，按照科学发展观的要求，树立战略思维和创新思维，完善机制体制，善于从统筹协调中系统推进，在总揽全局中突出重点，着力从采、掘、机、运、通、地测防治水六个方面入手加大安全质量标准化工作力度，不断提高矿井安全质量标准化建设水平。主要工作做法和经验如下：

一、强化采煤安全质量标准化建设水平，不断增强矿井安全发展的能力

（一）牢固树立“割煤要质量，放煤要产量”的理念，努力从理念的学习渗透中加深安全质量标准化工作。

（二）健全完善现场管理制度，努力从规章制度的落实中推进安全质量标准化工作。

（三）全面落实规程措施，严格按标准指挥生产和施工作业，深入开展员工业务技能培训，努力从员工业务技能的提高中提升安全质量标准化工作。

（四）认真抓好设备检修维护保养，努力从设备维修保养中促进安全质量标准化工作，使安全质量标准化工作始终沿着健康、深入、持续发展的轨道运行。

（五）与北京科技大学合作使用微地震监测技术，共同完成了综放工作面的顶煤与顶板运移规律研究。

（六）积极引进先进的全方位顶板在线监测设备、顶板离层监测设备、光控数显压力计和单体支柱测压表，强化对顶板压力的观测，做到了对顶板来压规律和底板破坏规律心中有数。

（七）每月月初为工作面预采范围内的煤层情况、构造情况、顶底板岩性进行预报。先进的高科技观测手段保证了周期来压的预报准确性，为生产队组及时采取有效的支护措施和采掘工艺提供依据。

二、强化开拓掘进安全质量标准化建设，进一步提高矿井持续发展的能力

（一）塔山煤矿在科学探索和生产实践中，始终高度重视掘进系统在煤矿生产中先行军、侦察兵的作用，面对新煤层、新条件、新组织模式，坚持“观念先行，理念创新；安全为先，科技为本；夯实双基，固本求实；立足管理，人机并重”的掘进管理理念，有效地保障了矿井整体均衡生产。

（二）塔山煤矿努力探索新技术的开发应用，在塔山矿特厚煤层复杂条件下架煤巷支护，与煤科总院北京开采所、北京科技大学等科研院校合作，广泛应用数值模拟、微地震监测、科学计算、现场实践等方法，创新地提出了“三高一适”锚杆支护设计理念，即“高强度、高钢度、高预紧力、适当密度”支护理论，实现了掘进生产的科技化、数值化，为矿井系统安全生产提供了保障。

（三）努力探索新工艺的推广使用。针对塔山煤层特点，在正常情况沿底板掘进时，坚持一排一支，严禁超空顶作业；在有底煤复杂疏松煤层中掘进时，采用超前打钢针、预注黏结材料后掘进；在超大断面时，增加不同长度组合锚索；在峒室砌碹时采用钢筋格栅；在漏顶时，突破传统清煤再支护的工艺，不清煤直接黏结固化后架棚掘进，上部注浆充填。通过一整套不同条件下施工工艺的总结摸索，实现了掘进生产的规范化，对顶板管理实现了有效的预控。

（四）努力探索新装备的率先使用，提高工掘系统的整体生产力水平。在加强掘进流程化管理的基础上高度重视装备机具的科技推进作用，既坚持大处着眼、小处着手，又加大对“五小”革新的推进激励，开发应用了ZMC75装煤机、160掘进机、260掘进机、掘进机机载超前支护、液动除尘风机、变频风机、液动凿岩机等具有先进水平的装备机具，不仅有效地保证了安全，而且降低了劳动强度，提高了劳动效率。

（五）开展精品工程流运红旗竞赛活动。主要做法是通过日常检查，每旬和月度验收考核结果和标准化月度综合考核评比的结果，经标准化领导组会议评出月度安全质量标准化竞赛优胜单位。对月度竞赛评比获得流动红旗的队组给予重奖。

（六）健全完善规章制度，尤其在对外委施工队组管理上，实行“统筹管理”，坚持四个统一，即“计划上统一安排，安全上统一管理，技术上统一标准，人员上统一要求”。成立了由公司领导牵头的工作组，联点外委施工队组，传达集团公司和塔山煤矿的相关精神和要求，掌握动态，帮助解决棘手问题。同时在塔山煤矿的重大事项上、培训学习上、评优奖励上、职业健康检查上也将外委施工队组统一纳入，一视同仁。通过这些管理办法，形成独特的塔山掘进系统管理模式。

（七）严把工程质量验收关，坚持抓好小班现场检查，月度验收考核，季度综合评比，年度整体考核四个环节，严格落实标准化责任的奖罚兑现和年度标准化考核奖罚兑现工作，推进了竞赛活动蓬勃开展。

（八）强化现场监管，加大考核奖罚力度，塔山煤矿认真贯彻集团公司“81620”战略体系，在广大干部员工中推进“20字行为准则”的落实，在掘进生产管理上，根据掘进生产点多面广，环节繁杂，队组众多的特点，强调统一标准、细化环节、公平考核。先后出台七大类315条与掘进管理有关的考核标准，并在每月召开考核工作会，做到考核标准、考核内容、考核结果三公开，充分发挥考核的杠杆激励作用，系统推进安全质量标准化建设。

（九）着力抓好矿井重点工程建设和系统改造，全面推进矿井安全质量标准化建设，使开拓掘进的安全质量标准化工作成为亮点工作，成为增强矿井发展持续力的重点工作，成为增强发展竞争力的首要工作。

三、切实加强机电安全质量标准化建设，进一步增强矿井发展的保障能力

（一）引进最先进的信息化、数字化管理设备和技术，用高新技术推进矿井安全质量标准化建设。

（二）应用最先进的设施和技术装备，推动安全质量标准化建设。

（三）培育引进高素质技能人才和优秀员工，开展安全质量标准化建设。

（四）抓好机电设备检修和维护保养，用先进的管理手段和管理理念提升机电安全质量标准化水准。井下生产一线每周检查二次，固定设备每周检查一次的日常机电安全检查，检查全面覆盖，不留死角，保证每月对矿井所有作业地点的供电线路、设施和设备检查覆盖面达100%。

(五)加强机电标准化基础管理建设工作。一是健全完善大型设备的管理制度，大型设备的历史资料、技术档案、重大机电事故的分析和报告。二是健全完善电气安全管理制度，建立健全保护装置的定期检查、整定、试验、校验资料和防爆性能、电气性能、电气保护性能的检验记录。三是健全完善技术资料及图纸的管理制度，加强对机电技术资料、图纸和图书的管理。四是进一步健全完善设备的管理制度，实行“原班包机、小班分段、责任到人、留名挂牌”的包机责任制，把责任落实到具体个人上，实现管理全面化。

(六)做到高度重视员工业务技能的熟练掌握，高度重视现场维修保养工作，高度重视科技创新和小改小革，认真做好机电标准化工作，切保机电安全质量标准化建设工作不断发展。

(七)加强设备和电缆的入井管理，做到没有试验合格证不得入井；加强井下在用设备的防爆检查，杜绝失爆；加强井下“三专、三闭锁”和双风机双电源自动切换的检查力度，保证其动作灵敏、可靠；加强对电缆和各类管线的吊挂；加大“三大保护”的检查，杜绝超长供电，保证矿井的供电安全。

(八)保障大型设备的运转安全。淘汰了单缸防爆胶轮车和钢丝绳牵引装煤机，并将中央变电所使用的一般电气设备全部更换为矿用防爆电气设备。

四、认真开展“一通三防”安全质量标准化建设，确保矿井通风安全

(一)全面落实“先抽后采、监测监控、以风定产”的十二字方针，加大“人人都是通风员，人人都是安全员”理念渗透和活动开展的力度。

(二) 在防灭火方面。引进了西安煤科院MDZ—60大流量防灭火灌浆系统，实现了灌浆工艺自动化和机械化；建立了盘道井上和井下注氮系统及井下临时移动注氮系统，加强对束管监测系统的数据分析，有效地控制了采空区遗煤的自燃。同时严格按照一通三防管理规定对一氧化碳等着火标志性气体进行检查，保证了矿井安全生产。

(三)在防治瓦斯方面。邀请有关专家和科研院校共同研究瓦斯涌出规律，健全完善特厚煤层综放工作面低负压大流量瓦斯抽放系统管理工作；对矿井高冒区进行充填，及时消除隐患，并根据井下现场实际情况坚持每月编制全矿井瓦斯布点图，确保井下瓦斯异常涌出地点全部纳入日常检查范围，有效地保证了矿井瓦斯的治理。

(四)综合防尘方面。在采掘工作面采用了高压降尘技术，支架采用了自动喷雾装置，同时采用了煤层注水，并根据综采放顶煤特点，不断完善注水钻孔的设计和提高注水泵注水压力，有效地解决了矿井粉尘问题。

(五)根据山西省监控系统要求，对甲烷传感器管理牌板内容增加了甲烷传感器显示监测值与便携式甲烷检测仪对比项。针对综采、掘进工作面甲烷传感器容易损坏的情况，制作了一批不锈钢的传感器护罩，有效地保护了传感器的正常使用率。

(六)强化“一通三防”现场监管工作，切实做好对边远地段、特殊地段、不放心地段等通风管理薄弱环节问题隐患的排查整治，加强安全质量标准化，用通风安全质量标准化的优异成绩提升矿井安全生产能力，推进现代化一流矿井建设。

五、扎实抓好运输安全质量标准化建设，打造一流的煤炭运输线

(一)严格落实皮带运输岗位责任制，严格执行包机责任制、维修班制，全面落实操作规程和安全规程。

(二)坚持抓好师徒合同履约和传帮带工作，开展技术比武和技能培训，坚持把落实岗位责任作为提高运输管理水平的重要手段。

(三)把落实包机制、维修班制作为深化运输管理工作的重要载体，把员工培训和业务技能的提高当做经常性的工作去认真抓好，使运输线成为放心线。

(四)对所有无轨胶轮车安装了车辆定位系统，精

准的定位车辆运行。同时根据生产系统的变化及时调整人员定位分站的布置，充分发挥系统的考勤、定位功能，实现井下定位、考勤无误。

（五）针对矿井采用胶轮运输的特殊性，制定下发《塔山煤矿公司辅助运输管理办法》，配备了定时接送人员的车辆，杜绝了人、料混运现象，有效地预防了运输事故的发生。

六、深入开展地质防治水工作，进一步提高地质防治水安全质量标准化水平

（一）塔山煤矿党政一班人切实增强对防治水标准化工作重要性的认识，从维护矿井安全发展的高度，从建设安全质量标准化矿井的大局出发，认真开展地测防治水安全质量标准化建设工作。

（二）健全完善了地测防治水工作机制，严格落实地测防治水各项管理制度，着力提高防治水装备水平，努力打造一支业务技能过硬的地测防治水工作者队伍。

（三）加大井上下生产补充勘探工作力度，组织井下探顶钻水施工，突出采掘工作面水患钻探，落实中长期防治水规划，实施采空区防治水应急预案演练，在实际工作中努力提高钻探精准度，严格按标准作业施工，使地测防治水标准化工作走在矿井发展的前列。

（四）加强小煤窑监管。按照集团公司小煤窑管理的有关要求，加强对井田范围内及周边小煤窑的监督检查，按时上报有关资料和图纸，对所监管煤矿覆盖率达到100%。

2010年是塔山矿在困难中大干、在挑战中奋进，取得了辉煌业绩的一年。这一年，煤炭生产、安全指标、员工收入、经济效益等主要经济指标完成情况名列集团公司前茅。取得这样的业绩是方方面面努力的结果，但是，高度重视、深入开展安全质量标准化工作是我们取胜的一个重要法宝。员工群众也从企业快速发展中看到了标准化工作的作用，从收入大幅提高中增强了做好标准化工作的信心，我们决心高举安全质量标准化这面大旗，不断加速推进现代化矿井建设。

大同煤矿集团轩岗煤电有限责任公司
焦家寨煤矿

2010年焦家寨矿安全质量标准化工作各方面进展顺利，均按年初制定的方案顺利完成。在此期间各单位做了大量艰苦细致的工作，现将焦家寨矿开展安全质量标准化工作的主要做法和经验介绍如下：

一、方案和目标的制订

总结2009年工作经验，2010年年初制定了《2010年焦家寨矿安全质量标准化工作安排》《2010年焦家寨矿安全质量标准化实施细则》《2010年焦家寨矿安全质量标准化考核办法》，确定了2010年矿井安全质量标准化工作的指导思想和达标规划。

（一）指导思想。

以党的十七大精神为指导，全面贯彻落实科学发展观，坚持管理、装备、培训并重的原则。总体策划，分步实施，扎实推进，整体提高。建立长效机制，巩固整改成果，实现动态达标。推进安全高效矿井建设，向本质安全型矿井迈进。

（二）达标规划。

1. 生产单位。

采煤、掘进、运输、机电、通风、地测防治水六个专业安全质量标准化全部达一级。

2. 地面单位。

地面单位所使用的特种设备达三级标准。

二、方案和目标的实施

(一)分季度、分月制定安全质量标准化工作实施细则。

为了顺利实现2010年年初制订的目标和规划，我矿每季度、每月均制定了安全质量标准化工作实施细则，各质量标准化专业负责人均签订了目标责任状。

(二)工程进展情况的验收和考核。

每旬由质量标准化办公室组织各专业进行质量标准化验收，月底对达不到一级标准的单位按照2010年年初制定的安全质量标准化考核办法进行处罚。

三、优质工程的建设

在“双基”建设中对亮点工程的建设更是高标准严要求：

(一)建成了521区瓦斯抽放硐室。

遵照国家瓦斯治理方针，为保证我矿521新采区瓦斯抽采达标，建成了521采区瓦斯抽放硐室。为了达到精品硐室的要求，首先对521区瓦斯抽放硐室重新进行了起底、刷帮、挑顶、浇注、复喷等一系列标准化改造工作，在此基础上采用不燃材料将顶帮全部装修，安设了照明灯，硐室内各类电气设备均严格按照机电质量标准化标准配置，各类图牌板齐全、美观、醒目。

(二)建成了521区轨下精品巷道。

各单位在时间紧任务重的情况下，经过不懈努力，建成了521轨道下山精品巷道。巷道内物料分类码放整齐，并挂牌管理；按运输质量标准化要求重新铺设了轨道；电缆每1.5米一钩(塑光钩)悬挂成一条线；理念牌、里程牌、施工作业牌板、各工程操作牌板等整齐挂设；巷道两帮直墙部分找直后全部用水泥砂抹面并勾了缝；巷道底板找平后全部用水泥砂浆打底；水沟紧跟耙岩机，并加盖板；巷道严格按中腰线施工；距巷道底板1.5米的高度每3米一钩用花揽螺丝将管路整齐吊挂；绞车、风水管、风筒均按规范进行了编码；声光信号、挡车器、耙岩机防护栏、临时支护等设施齐全有效；巷道内安设了两套新型智能防跑车装置；各类电气设备杜绝了失爆、完好率达到了规定；信号、按钮上板，开关上架管理；风瓦电闭锁有效，监控设施按规定悬挂，风筒吊挂平直，风筒出口距迎头距离不超过规定；供水管刷绿漆、排水管刷黄漆、风管刷红漆。

(三)建成了22105精品采煤工作面。

22105综采放顶煤工作面是焦矿主采工作面之一，施工单位综二队在不影响生产的情况下在质量标准化方面做了大量的工作，按期建成了精品采煤工作面并通过了公司验收，具体工作有：物料分类码放整齐并挂牌管理；回、进风水窝定期清理，用砖砌筑并加盖板；回风巷按运输标准化要求调整了不合格轨道，道心内均铺了石粉；回、进风车场轨道两侧均进行了硬化；回、进风巷道内电缆每2米一钩(塑光钩)悬挂成一条线；两巷内理念牌、里程牌、施工作业牌板、物料牌、操作牌板等整齐挂设；回进风超前按作业规程规定支护，整齐成线，推广使用了单体柱、顶梁的防倒、防坠装置，上下安全出口净高符合要求；各种管路距巷道底板1.5米的高度每3米一钩用花揽螺丝整齐吊挂；完善了皮带各种保护，加全了托辊，机头硬架设防护网，机尾设防护罩，跨越处设行人过桥；小绞车构件齐全，均用地锚固定；钢丝绳不打结、断丝；支架成一条直线，不挤架、不咬架、不窜液，不上下窜，架间无浮煤；双针压力表及圆图压力仪齐全有效；采煤机滚筒升降自如，不缺齿，连接部分不松动，保护齐全有效；绞车、风水管、液压支架、单体柱均按统一规范编码；声光信号、挡车器、溜煤眼栅栏、灭火器、机载断电仪等设施齐全有效；电气设备无失爆、完好率达到规定；信号、按钮上板，开关上架管理；监控设施按规定悬挂，转载点和架间喷雾装置齐全有效，隔爆水袋覆盖巷道全断面，回风安设了捕尘网；管路全部刷漆编码。

四、标准岗、精品岗建设情况

对井下一线、机运通二线岗位，以区队为单位进行考核。

各区队开展了以下工作：严格执行岗位标准化动态管理制度；严格执行员工、班组考核日卡及区队考核卡等考核制度；严格执行岗位操作标准，做到人人操作无失误；严格执行安全规章制度，无“三违”；班组无人身伤害事故；掌握“人人都是通风员”“人人都是安全员”的岗位标准和业务技能。

全矿对各单位从制度建设、安全管理、作业现场、人员行为、安全文化、人员素质六个方面按照标准岗位评分标准进行考核。

大同煤矿集团杏儿沟煤业有限责任公司

杏儿沟煤业有限责任公司是同煤集团地煤公司下属煤炭生产企业，也是一座具有近40年历史的老矿。经过近年来不断改革创新，把安全质量标准化工作视为企业的形象工程、生命工程、效益工程和基础工程，公司上下普遍认识到“责任心是安全之魂、标准化是安全之本”，每位员工尽心做到“上标准岗、干标准活、说标准话、交标准班”，大力开展企业文化建设，实行军事化管理，紧紧依靠科学技术发展生产力，狠抓基础整治，提升矿井安全质量标准化水平。主要做法和经验是：

一、高度重视，完善制度，安全质量标准化工作全面开展

我们完善了公司、部门、队组三级安全质量标准化领导组织机构，按照主要领导亲自抓，切块管理、分工负责的原则，形成公司从上至下，层层负责的标准化责任体系。对照集团公司安全质量标准化实施细则，结合实际，细化、量化检查考核标准内容，出台了《生产矿井安全质量标准化实施细则》，从矿井采、掘、机、运、通、地测防治水安全教育培训、企业形象管理、安全管理到地面标准化和军事化等方面各类制度和办法、实施细则达25种，形成了安全质量标准化检查评比、考核奖罚体系，公司一直坚持对安全质量标准化工作进行评比，每月召开标准化例会，总结上月标准化工作，研究分析存在问题，制订下月的工作计划、措施，同时将工资基数的30%列为标准化绩效工资进行考核，对优秀队组和落后队组分别给予奖励和处罚。1~12月，标准化奖励42万元，罚款16.5万元。

二、精细管理，加强检查，实现现场动态达标

“标准化工作下基层”的关键是现场管理，而现场管理难点就是如何实现动态达标。为此，公司积极推行岗位就近管理、领导干部走动式管理以及领导干部分片、蹲点制度，细化“4E、6S”责任，形成了人人有事干、处处有人管、事事有人抓的管理模式，各职能部门切实转变工作方式，从单纯管理变为管理、服务、指导并重。技术部经过与掘进队组密切配合，总结出符合矿井地质条件的光面爆破技术，并积极推行上尺上线、锚杆挂牌管理、超前钻探明示牌及三对口汇报、采掘工作面推行“十八条线”管理等一系列措施办法，使掘进巷道成形、支护质量、超前钻探等方面有较大提高并在地煤公司推行。机电动力部为解决电气设备接地问题，一方面下发技术规范对电工进行培训；另一方面由专业人员现场指导，解决了接地不规范现象。运销公司机运队从清理运输巷道卫生入手，实行干部分片负责、岗位就近管理，抓细节、抓环节，使运输巷道干净、运输线路畅通，彻底消除了设备带病运转、工业卫生差等现象。各级领导根据走动式管理及分片管理相关规定，深入一线，发现问题在现场，解决问题在现场，效果体现在现场，干群和谐在现场，起到了良好的带头作用，2010年以来，副科级以上领导干部平均入井次数约18次，发现隐患共约600多条。由于管理科学，制度合理，形成了齐抓共管的良好局面，实现现场管理动态达标，夯实了安全质量标准工作的基础。

三、以军事化管理为手段，为标准化工作提供保障

在推行军事化管理的过程中，我们把军事化管理作为企业文化建设的重要内容，作为提升企业管理水平的突破口，作为塑造员工形象的有效途径，始终把思想认识到位、行为规范到位作为打造企业刚性文化的出发点和落脚点，坚持以军人的管理提升素质，以

军人的作风规范行为，以军人的纪律要求员工，以军人的水准提高执行力，将军事化管理融入企业管理的全过程，逐步形成军事化管理“十二化”目标和员工日常行为的“八个三”标准。公司制定并实施了《准军事化管理细则》，成立了以公司董事长为组长的军事化管理领导组，设置了军事化训练办公室，实行以支部、部门为组织单位，配备38名军训教官，坚持每周两次严格的军事化训练，按照军训大纲，进行全员军训，全员考核，全年训练不断线，军训办实行月度一考核，半年一总结，年度一评比。从思想品质、服从执行、请示报告、岗位操作到会议活动、布置工作、接受任务、着装举止行为、礼节交往、环境卫生都提出规范统一要求和考核办法。军事化管理培育了公司员工团队精神，养成了“有令必行，有禁必止”的工作作风，通过“三个”延伸，一是用军人的意志铸魂，较好地完成军人意识向树立责任心延伸；二是向军人的标准看齐，较好地完成军队管理向公司管理延伸；三是向军队那样正规，较好地完成军队正规化向公司的标准化延伸，实现了“三个转变”，即员工向军人转变、岗位向哨所转变、工作现场向战场转变。

公司以军事化管理为手段，用军人一样的纪律、军人一样的作风抓安全，有效的解决了标准化工作及安全管理上标准执行不严、制度落实不力等一系列挡手问题，为标准化建设上台阶创造了条件。

四、典型引路，以点带面，安全质量标准化工作整体推进

我们大力开展品牌创建活动，集中人力、物力、财力对薄弱环节进行高标准整治，做到薄弱环节有突破，优势专业有巩固、领先项目有创新。从管线吊挂、巷道维修、安全设施、材料码放、图牌板设置、编码管理等基础工作和“点滴小事”入手，打造安全质量标准化“精品峒室”“精品巷道”“精品工作面”“精品盘区”，公司根据各部门及队组标准化达标情况，采取一事一推广的做法，在品牌示范区适时召开现场推广会。2010年，公司分别在选煤楼、净化水站、机掘队、综采队召开现场会，认真总结、积极推广安全质量标准化先进经验，掀起公司安全质量标准化建设新高潮。形成各部门及队组自找差距，你追我赶，形式多样，相互促进的标准化工作局面。

五、强化培训，切实提高了员工素质

安全培训是安全生产的前提。公司认真落实李董事长提出的“成功的企业永远是学校、优秀的员工始终当学生”的理念。坚持以人为本，大力开展多种形式的安全技术培训。一是把安全培训考核列入公司安全例会，通报每月应知应会培训情况，部署下月安排，并提出培训要求。2011年以来共举办各类培训18期，1852人(次)。二是把安全培训纳入公司安全质量标准化考核内容之一。三是把现场考核纳入领导干部走动式管理范围，领导干部下井对工人进行现场培训考核，并作为领导干部月度考核的一项内容在月度例会上通报。今年以来考核领导干部326人次，职工863人次。四是坚持安全培训、军训相结合，我们对新工人坚持军训不合格不予培训，在全员培训过程中，把军事化培训内容列入安全培训教材内容，由军训办人员予以讲解。五是充分利用班前会这一阵地，规范班前学习“七必讲”和讲岗位标准、作业规程等，并给工人下发记录本，定期检查，作为“三工转换”的主要内容进行考核。六是对定期开展特殊工种及班组长轮训，抓好兵头将尾的业务培训。

由于方法多样，员工安全意识得到强化、管理手段得到强化，使之真正成为推动企业科学发展、安全发展、和谐发展的一个强大动力和精神支撑。

六、强化安全投入，提高装备水平

先进的装备和技术是提高矿井安全质量标准化水平的重要途径，多年来，公司以“宁愿事前投入百万，不愿事后赔付一分”的安全投入理念，投巨资对矿井进行了彻底改造，使安全质量标准化设施方面不断得到完善和提高。仅今年以来就完成安全费用2627万元，其中采掘运方面增设一坡三挡、防跑车装置，安设绞车防护装置、加固巷道等工程项目完成投资400万元；一通三防方面实施回风巷喷浆、煤体注水等工

程完成投资1480万元；机电方面完善变电硐室精品工程等各项投入100万元；防治水方面为每个采掘队组配置ZYJ280型钻进等项目投入60.5万元。安全投入的保证增加了矿井安全技术含量，为创建本质安全型矿井打下坚实的基础。

七、以军事化推动，全面提升企业形象

2011年我们按照地煤公司“五个三”的战略目标，对全员准军事化管理进行了改进，并按照全员军训“十二化”方针和“八个三”标准，狠抓落实。公司员工无论是井上还是井下全部实行统一着装，统一佩戴胸卡上岗；各队组举牌列队出入井；公共场所、办公区域严禁吸烟。我们把准军事化管理渗透到安全培训、安全管理、后勤服务、标准化工作各个领域，建立健全了准军事化管理的长效机制，有力地推动了各项工作进一步开展，使公司军事化工作成为企业亮点，树立了良好的企业形象，受到集团公司以及外界的好评。在军事化工作的推动下，公司企业形象建设如火如荼地开展，今年以来，在原有选煤楼、物资库房、锅炉房、文化长廊等亮点工程的基础上，各单位从细节入手，硬化地面2800平方米，新建文化园一个，大型花池两个，微型花池三个，安装彩灯12组、霓虹灯23组72道，重新装修了活动中心，配置了台球桌、健身器材等，对办公、生活场所进行了统一装修，并对办公、生活物品摆放以及卫生标准进行统一规定，硬件设施的配套优化了工作、生活环境，员工素质和企业形象得到较大的提高。

经过几年来公司上下持之以恒的抓矿井安全质量标准化建设工作，公司连续三年被集团公司评定为安全质量标准化一级矿井，2009年度被国家安监总局授予国家级标准化矿井。

山西煤炭运销集团长治有限公司
武乡县马堡煤矿

马堡煤矿始终认真贯彻执行“安全第一、预防为主、综合治理”的方针，坚持安全发展原则，几年来马堡煤矿一直把安全质量标准化建设工作作为头等大事来抓，矿长亲自挂帅，各分管领导亲自抓，使马堡煤矿标准化建设工作得到了扎实的推进。

一、提高思想认识，强化组织领导，保证了煤矿安全质量标准工作的顺利开展

为加大安全质量标准化建设力度，马堡煤矿领导在思想上高度重视，矿长每个月召开一次安全质量标准化专题会议，研究制定下一步标准化工作，2010年马堡煤矿又专门下发了《关于马堡煤矿深入开展安全质量标准化工作的通知》，细化了标准，落实了责任。为切实保证我矿安全质量标准化工作的顺利进行，成立了以矿长为组长的“安全质量标准化”工作领导小组，并定期召开会议，对照标准，从制度建设、现场管理落实及各方面的工作标准要求都逐一安排落实，逐项落实到分管部门、分管人员。领导小组在安全指挥中心下设办公室，具体负责日常的管理工作。各单位也都相应地成立了以区队长为组长的领导小组，全矿形成了自上而下的安全质量标准化工作领导体系，从制度上建立了安全质量标准化建设工作的保障体系。

二、强化标准学习，狠抓责任落实，为安全质量标准化工作的开展奠定了坚实的基础

在安全质量标准化建设中，我们重点强化标准学习，尤其是在抓责任制落实上狠下工夫。首先马堡煤矿购买了大量的技术和标准书籍，分发给各级管理人员和区队，并利用班前会组织班组进行学习，同时每个月的全员培训组织各级管理人员和工人进行学习。其次坚持现场提问安全知识与月度抽查考试相结合，各级管理人员每次下井提问1~2名职工标准化知识，对回答不上来的通知区队班后学习相关知识；对每个月的全员培训考试不及格的、停止工作进行培训学习。同时，我们制定了严格的学习效果检查考核办法，从而大大增强了全矿干部职工学习标准的积极性，形成了人人学标准、人人懂标准，上标准岗、干标准活的浓厚氛围。

为切实搞好煤矿安全质量标准化工作，我们从标准、目标、责任、措施、考核等环节入手，逐步建立完善了安全质量标准化工作体系，下发的《关于马堡煤矿深入开展安全质量标准化工作的通知》文件中规定了标准化建设具体要求和考核办法。同时突出了各分管领导为本专业的第一负责人，对照标准逐条逐项进行自查自纠，对查出的与标准不符的，制定措施，落实人员，全面整改。对上级检查发现的重大问题，从生产班子逐级追究责任，矿领导在现场发现的重大问题自业务科室和区队往下逐级追究责任，生产科室管理干部在现场发现的重大问题，追究区队干部，现场跟班队长、安监人员的责任，形成了一级抓一级、层层抓落实的安全质量目标责任保证体系。

三、安全质量标准化与安全文化相结合，营造安全文化氛围，安全重心下移，实现安全发展

马堡煤矿以安全质量标准化为抓手，以安全文化作为安全管理的基础工作，以构建本质安全型矿井为目标，立足安全发展，积极构建长效安全机制，初步实现了人、物、系统、制度的和谐统一。第一是在安全质量标准化建设过程中，重视宣传氛围营造，将安全文化理念和职工安全格言制作成横幅、标语、灯箱、牌板。利用生活和生产区的路灯杆建成1200米的安全文化宣传长廊，在生产办公楼前竖起班组长以上安全管理人员安全警示格言，在安全指挥中心、井口灯房、职工浴室楼前及入井长廊竖起和悬挂了安全警示标语，在井底候车室建立了60米的安全文化长廊，在井底大巷、8#煤轨道下山1300米巷道两帮安装了安全文化宣传灯箱，在15#煤轨道下山700米、8#北轨道大巷400米及各采掘工作面均悬挂了安全文化宣传牌板，并在副井候车室悬挂10.4平方米大屏幕的电子屏进行滚动宣传安全知识，这些安全文化宣传形成强烈的视角冲击波，使职工从出家门上班到下班回到家中都能受到安全文化教育和安全文化氛围的熏陶，让安全文化深入每个职工心中。第二是狠抓班组安全文化建设。因为班组是煤矿最基层的生产“细胞”，抓住了班组，就抓住了煤矿安全管理的根。只有把根激活，安全这棵大树才能四季常青。利用班前会和二五安全政治学习对广大职工进行安全知识学习和事故案例的分析，通过这些方法提高职工的安全意识和隐患排查能力。同时通过认同在安全生产方面做出突出贡献的班组和个人行为来促进班组自主的管理能力和个人行为规范，有效减少了“三违”现象的发生，每年表彰一批安全生产先进班组和个人。第三是按照“谁抓安全都不越权，治理再严也不过分”的原则，以“现场零隐患”为目标，完善“以责任为中心”的层次治理模式，为进一步落实国务院矿级领导干部带班制度，细化领导干部带班作业制度，每月排定计划，确保井下班班有矿领导。建立健全了矿领导牵头安全检查、区队干部现场全程跟班、安全小分队动态检查、业务科室随时检查、青工查岗查夜、瓦斯安全员全过程监督以及群监员三班跟班等安全治理机制，把各项治理制度落实到现场，构成了时间上延续24小时，空间上覆盖所有作业点的动态安全检查网络。形成了“事事有人管、有落实、有考核，人人有事干、有责任、有监督”的全方位安全治理体系。按照层次和责任实施滚动风险抵押金制度和全员月度安全风险抵押金制度，切实增强干部职工的安全责任意识。

四、扎实标准化建设，加大安全投入，巩固了安全生产的基础

第一，扎实标准化建设，不断提升矿井的安全质量标准化水平。质量标准化建设是煤矿安全生产的基础工作，在工作中，我们从装备、从质量、从面貌，大到一个工作面，一条巷道，一个迎头，小到一台开关、一颗螺丝钉都按标准来施工。在外出学习、借鉴兄弟单位先进经验的基础上，马堡煤矿制定出了多项“亮点”工程。一是高标准的改造主副井口、井上下的等候室、8# 和 15# 煤层绞车房、配电室和水泵房、副井底的安全文化长廊 60 米、副井底及 15# 绕道改造 800 米，副井底及 15# 绕道的风水管路和电缆桥架 800 米、副井底大巷抹面和刷白 100 米，对井下风水管路进行了分色刷漆，所有管路实行了编号挂牌管理，管路重新吊挂 4000 多米，清挖整理大巷水沟 1000 多米，更换 8# 煤层轨道下山和 15# 煤水泵房轨道共 1300 多米。二是在副井底新建医疗急救室和卫生间。三是对职工浴室和井口房进行连接改造，使职工从入井换衣到出井洗浴全部在舒适的建筑物空间内。为改善职工生活条件，对职工“两堂一宿”重新进行了改造和装修。四是为美化职工生活环境，2008 年投资 1000 多万元在生活区建成职工休闲花园，2010 年对职工生活区道路进行了改造。

第二，加大安全投入，提高矿井安全装备技术水平，努力创建本质安全型矿井。在一通三防方面，2008 年投资 1100 多万元进行了《矿井瓦斯抽放工程设计》和瓦斯抽放工程安装，局部通风机全部选用大功率的高效对旋式通风机和配套的大直径风筒解决了长距离掘进的问题，新掘 750 巷道改造 8# 煤层二采区通风系统。在矿井防治水方面，2008 年购置了两台液压大功率探水转机，投资 500 多万元对 15# 水仓进行了改造。在提升运输方面，对主井皮带传动系统进行了改造、2009 年更换了副井和 8# 煤层主绞车，有效地保证了主、副井的提升安全。2009 年年底对 8# 煤层采煤方法进行了技术改造，由原来的高档普采工作面技改为综采工作面，提高了单产水平，同时有利于工作面顶板管理和采空区瓦斯管理。巷道掘进全部采用了锚网支护技术，尤其是我们积极引进了综掘设备，使我矿全部实现机械化。实践使我们深深体会到，提高装备水平是实现安全生产的重要手段，“科技兴安”是本质安全型矿井的必由之路。

山西三元煤业股份有限公司

一、统一思想，提高认识，全面推进质量标准化进程

我们充分认识到搞好安全质量标准化工作是安全之基，我们把安全质量标准化作为抓安全、保安全、促安全的切入点来抓，作为安全工作的重中之重。加强了对标准化工作的组织领导，公司成立了以总经理为组长的安全质量标准化领导组，按照主要领导亲自抓，切块管理、分工负责的原则，规定上到总经理下到科队长，对安全质量标准化全面负责，技术负责人具体负责。并组建了安全质量标准化的职能科室，负责日常的管理工作。

为提高员工队伍素质，我们狠抓教育培训工作，突出专业培训，定期对管理人员、班组长和特殊工种进行脱产培训，突出岗位达标。公司结合实际，组织开展“一日一题，一月一小考，一季一大考”活动，并与公司集中脱产培训相结合，不断强化提高职工安全质量标准化意识，促进了标准化工作。

二、加强质量标准化制度建设，完善安全质量标准化管理

搞好质量标准化工作的关键是有科学、严密的制度和对制度严格的落实，规范人的行为，促进物的规范管理，达到现场环境协调有序。因此，我们把安全质量标准化管理制度的建立作为搞好安全质量标准化的一项基础工作来对待。按照《安全质量标准化标准及考核评级办法》，结合实际以及近几年来我们的工作实践，细化、量化、深化了检查考核标准内容，编制了《三元煤业安全质量标准化标准及细则》，并专门下发《贯彻〈标准细则〉推进标准化矿井建设的实施意见》，使标准化工作程序化、格式化、规范化。总结近年来的事故并结合现场情况，编写了《皮带运行期间安全管理六条禁令》《小绞车安全管理11条禁令》瓦斯管理十条规定等以及《事故应急救援制度》《隐患排查治理实施方案和要求》《隐患排查治理的主要内容及重点》《关于修改全员安全风险抵押金的通知》《三违人员处理程序规定》《班组长连带责任追究制度》《互保联保制度》《三元煤业安全技术操作规程》等。使每一小项都能结合公司的实际情况，员工易于理解，便于现场操作，发挥了指导现场生产的最大功能。同时，我们把安全质量标准化工作与各部门的工作业绩挂钩，作为月度、季度、全年考核的重要依据，每月召开标准化例会，对上个月的标准化工作进行总结、考核，及时分析问题，提出下个月的工作目标、措施及要求，保证了标准化工作的稳步发展。

为提高各部门开展安全质量标准化工作的积极性，公司还建立激励机制。实行月度评比、季度考核、年度兑现的重奖重罚办法推进标准化工作，2010年用于安全和标准化奖励的资金达600余万元，同时在全年安全目标奖兑现、安全风险个人抵押中都以标准化作为重要考核指标，增强了员工抓安全质量标准化的自觉性，有力地推动了安全质量标准化工作。

三、坚持监督检查，强化责任追究

采取多种形式进行监督检查，每月组织全方位的安全质量标准化综合大检查，覆盖率达到了100%。为提高检查质量，要求检查人员对照表格，逐条逐项进行检查，不能有缺项、漏项；要求“谁检查，谁签字，谁负责”，实事求是，认真填写安全质量标准化检查表。同时，公司有关专业组和部门进行日常监督检查，促进基层队组在安全质量标准化工作中做到尽职尽责。明确各级责任，形成了从上到下逐级落实、从下到上层层负责的标准化管理体制，现场管理人员做到目标明确、分工细致、指导到位、考核严细；操作层责任清晰、工序到位、行为规范、操作熟练，做到“上标准岗、干标准活，干放心活”，通过人的规范操作，实现现场动态达标。

强化责任追究，重抓各级第一责任人和技术员，凡不到位的，每周一安全例会要通报批评和处罚，作为责任考核的主要对象，实行连带责任处罚办法。凡对责任单位集体的罚款，与本部门“一把手”和技术员挂钩5%~10%，其余罚款落实到人，克服了过去罚款人人摊，责任分不清的局面，有力地促进了主动抓安全、抓标准化建设的自觉性，从而形成了从企业负责人到职工层层负责的标准化责任体系，为搞好质量标准化工作提供了组织保障。强化监督检查、督促整改的力度和方法。在监督检查过程中，注意抓“严”抓“细”抓“实”，特别是做到了“六个结合”，即日常检查与标准化推行有机结合；定期检查与日常检查相结合；突出重点与全面落实相结合；标准化规定与实际相结合；分阶段开展专项集中整治与全面开展标准化建设相结合；注意灵活与不断创新相结合。重点检查考核设施、装备、资料等基础工作，以此促进安全质量标准化扎实开展。结合公司实际，针对检查中出现的共性问题，及时召开集中整治，2009年开展了对机电设备的完好专项整治，2010年又开展了工作面支架和防尘设施的完好专项整治。五月结合机电安全月，又开展了五小电器的完好专项整治，对照问题，逐项与第一责任人、分管副职和包机人进行了处罚，提高了质量的标准化意识，改善了设备的使用状况，收到了很好的效果。

四、通过三个体系的建立和有效运作，促进公司安全管理

ISO 9001质量管理体系、ISO 24000环保体系、OSHMS 28000职业安全健康管理体系的建立，对公司的安全管理起到了积极的推动作用，在三个体系建立和运行中，我们注意了“三个结合”，一是系统要求的安全方针、目标、职责划分、相关标准做到了与公司安全管理要求的相一致、相结合；二是体系中对相关工作过程的控制程序即过程管理与公司的日常安全管理要求相一致、相结合；三是体系要求的作业指导书、规定的制度、操作规程及要求的相关记录与日常安全生产管理的相关制度要求相一致、相结合。通过以上三个结合，避免了体系的运行与日常管理脱节的问

题，达到了相融合相统一。通过多年探索总结和经验借鉴，我们创造性推行了“112345”模式和五个安全管理体系的建设，即“112345”模式概括为坚持一个理念，突出抓好一个重点。认真夯实两个基础，把“三化”作为安全管理的核心内容和中心工作来抓，积极开展和抓好四项工作，在安全管理中要注意五个结合。

五、加大投入，以科技装备提升标准化水平

近年来投巨资进行安全技术改造和完善，使我公司的主扇风机实现了变频智能化控制，井下中央变电所高爆开关全面更新，水泵房实现了排水自动化，改造了斜巷的防跑车装置，完成了回采工作面“六位一体”自动喷雾系统，建立了瓦斯引排系统，对监控系统的全面改造等。2010 年，共投入 5773 万元，用于安全技术改造，主要安全技改项目为：①35kV 变电站扩能改造工程；②南翼风井工程；③主绞变频自动化；④职工培训中心配套工程；⑤地面及井底车场轨道运输系统改造工程；⑥矿灯房改造工程；⑦矿井自动恒压供水及澡塘自动恒温恒压供水项目；⑧对地面生产区动力和照明系统改造工程；⑨地面排矸系统自动化；⑩主井安全通道改造项目；⑪主要设备在线监测项目；⑫井下移动救护舱及永久避难硐室。通过加大投入，不断提高了安全装备水平，改善了工作环境，为矿工创造了更安全、更适宜、更人性化的工作环境。

在狠抓安全质量标准化六大专业的同时，我们始终坚持以人为本的科学发展观，下大力气培育企业文化，提升企业形象，职工实行了准军事化管理，编写了企业文化手册、安全文化手册、安全意识教育手册等，建立了安全生产管理综合信息平台，构建了安全管理网络、安全指挥中心，促进了安全生产。

山西长治经坊煤业有限公司

山西长治经坊煤业有限公司隶属于山西煤炭进出口集团公司控股管理，是集采煤、洗精煤、矸石制砖于一体的现代化新型企业，近年来，在长治市市委市政府和集团公司的领导下，长治经坊公司不断深化质量标准化精品文化理念，持续保持高标准、高品位的质量标准化精品一级矿井。公司于 2003 年顺利通过了 ISO9001 质量体系认证，2010 年 4 月又取得了职业健康安全管理体系认证书和环境管理体系认证书。近几年中，多次被评为“全国特级安全高效矿井”“全国煤炭工业百强企业”“全国煤炭工业科技进步双十佳矿井”“安全质量国标一级矿井”“山西省绿色环保企业”等。

经坊煤业公司作为山煤集团做大做强的支柱型煤矿企业，在集团的正确领导下，始终坚持“以人为本，安全第一”的工作方针，认真落实企业安全生产主体责任，不断深化安全质量标准化建设，扎实推进安全生产精细化管理工作，着力推行具有山煤特色的“企业+军营+学校+家庭”企业文化，努力创建本质安全型煤矿企业。通过公司全体干部职工的共同努力，煤矿安全生产取得了显著成果，为集团的安全和谐发展和全省煤矿安全形势的明显好转作出了应有的贡献。

在安全质量标准化精品矿井建设方面的主要工作情况。

质量标准化工作是煤矿安全集约高效生产的基础，是建设本质安全型矿井的重要途径。在安全生产工作中，我们始终把安全质量标准化工作视为企业的形象工程、生命工程、效益工程和基础工程，把质量标准化作为构建安全和谐特色精品矿井的有力支撑，不断完善以人为本、安全文明、和谐发展的质量标准化管理长效机制，全面提升质量标准化精品矿井建设水平。

一、健全安全管理体系，完善安全管理制度，保障安全质量标准化全面展开

抓好安全质量标准化是煤矿企业生存和发展的命脉，是实现安全生产的基础，也是煤矿一切工作的基础，是提高企业核心竞争力的关键。首先，公司突出安全质量标准化工作的重要地位。我们把安全质量标准化工作与公司全体员工的工作业绩挂钩，作为年底考核的重要依据，并且安全质量标准化季度考核结果作为本质安全型矿井考核的重要内容。集团公司每季度召开标准化工作会议，对标准化工作进行总结、安排、考核；公司每月召开标准化例会，研究分析总结上月工作，周密部署下月工作计划，科学定位工作目标，保证了质量标准化工作稳步发展。

其次，加强了对标准化工作的组织领导。公司严格按照集团公司文件要求，制定出了全年的质量标准化工作安排，成立了以董事长为组长的安全质量标准化工作领导组，确立了“安全发展、科学转型，努力创建本质安全型企业”的工作目标。根据创建标准，按照主要领导亲自抓，切块管理、分工负责的原则，规定上到公司领导层，下到科队长对安全质量标准化全面负责，分管安全的副职具体负责。同时明确各级部门的责任，规定安监科是综合检查和考核的主管部门，各专业职能部门负责考核、检查、指导本专业的标准化工作。从而形成了从企业负责人到职工层层负责的质量标准化责任体系，为搞好质量标准化工作提供了组织保障。

第三，健全安全质量标准化制度体系。我们对照集团公司《安全质量标准化标准及考核评级办法》，结合实际，细化、量化、深化检查考核标准内容，出台《2012年公司安全质量标准化实施方案》《安全质量标准化管理制度》《安全隐患排查治理考核办法》等制度和采、掘、机、运、通、防治水、安全管理、调度、企业形象九个专业的实施细则和考核办法，形成了安全质量标准化检查评比、考核奖惩体系，为安全质量标准化建设提供了制度保证。

二、深化精益求精的质量标准化精品文化理念，不断提高员工素质

公司不断深化精品文化理念，形成标准精细化、作业精致化、管理精益化的质量标准化作风，建塑专业品质、和谐品德、一流品牌的质量标准化精品文化。围绕这一思路，确立了四项质量标准化建设理念：一是“抓思想定行为，抓行为保质量，抓质量促安全”的安全质量理念；二是“质量就是人品，质量就是效益，质量铸就精品”的精品质量理念；三是“安全装备现代化、服务设施星级化、大巷运输地铁化、作业环境优美化”的精品服务理念。四是实施了精品人、精品岗位、精品班组、精品工作面、精品队组等系列精品工程创建，强化了从设计→开掘→安装→采煤→回撤→密闭等6个流程、交接、动态精品创建。

在日常工作中，规范了基层安全教育日和安全活动日，对全员进行军事化训练，实行了准军事化管理，以“高标准、铁纪律、严管理、高效率”管理理念引入了质量标准化建设中，进一步增强了职工的执行力和服务意识，规范了职工的作业行为，提高了职工的素养，增强了作业现场各环节、各工序、各岗位的整体协作能力，提升了职工队伍的执行力，准军事化管理已经成为企业实施质量标准化建设的强大助推力，为深入开展安全质量标准化工作打下了坚实的基础。

三、加大安全投入、建立健全隐患排查治理机制，实现现场动态达标闭环管理

以实现全员、全方位、全过程“上标准岗、干标准活”为目的，坚持“想长远、看当前、干眼下”的工作原则，在“超前预防”上做文章、在“关键落实”上下工夫，实施超前预防、超前治理，通过质量标准化使现场安全管理水平得到提高。

一是明确责任，规范现场操作行为。从严从细分解指标，形成了从上到下逐级落实，从下到上层层负责的标准化管理体制，现场管理人员做到目标明确、分工细致、指导到位、考核严细；操作层责任清晰、工序到位、行为规范、操作熟练，做到“上标准岗、干标准活”。从设备安装到物料码放、从设备维修到现场操作，通过人的规范操作，实现现场动态达标。

二是积极推行精细化管理，注重生产全过程的每个环节、每道工序的管理，把每项工作具体细化、量化到生产全过程，达到人人、事事、时时、处处有科学、严谨、规范的制度去约束，以精细化的制度去实现精细化的行为，完成精细化的产出。

三是坚持动态检查和综合检查结合，专项检查与自查自纠相结合，加大检查力度。每月组织全方位的安全质量标准化综合大检查，覆盖率达到了100%。集团公司每季度组织各业务部门开展全方位的综合大检查，结合抽查情况对矿井进行季度评比。公司在每季度的质量标准化的检查中都能达到国家一级标准。工作中我们规范检查行为，做到一把尺子，一个标准，公开、公正、公平，按照要求逐条逐项进行检查，不能有缺项、漏项，检查人员按照"谁检查，谁签字，谁负责"的原则，实事求是，认真填写安全质量标准化检查表。在检查中严格按照新标准和新规程的条款进行，主要从现场管理上的标准化水平去考核评比，以此促进安全质量标准化扎实开展。对检查发现存在严重问题或隐患的单位，通过"四定"方式限期整改。所有排查的隐患均由安监督查部门跟踪督查落实，隐患整改率达到100%，形成管理闭环。

四、加强"双基"建设，夯实安全基础，提升安全质量标准化管理水平

高度重视安全质量标准化基础工作。建立健全"责任落实、基础扎实、投入到位、管理规范"的安全保障体系，开展了"以班组建设为核心的基层建设，以安全质量标准化为核心的基础建设"，建立了"岗位标准、工作标准、技术标准"，通过"建标、对标、达标"，将各项标准层层落实到每个岗位、每道工序，不断强化员工安全意识、规范员工作业行为，使员工知道和掌握工作程序、安全要点，实现岗位作业标准化、现场操作程序化、工序更替确认化。

一是完善基础装备，保证装备的适用性。按照安全质量标准化标准的要求完善和使用好各类基础装备，在装备的选购上，做到符合标准，适用可行；在装备的使用上，严格按照有关规定加强日常的维护，规范人员的操作，确保装备正常运行。二是完善基础设施，保证设施的可靠性。严格按照安全质量标准化标准建造各类基础设施，严把基础设施的质量关，加强对基础设施的检查和验收，确保数量和规格符合要求；严格基础设施的管理，责任到人，保证设施的完善可靠。三是完善基础资料，保证资料的规范性。针对基础资料方面存在的问题，对各类记录、台帐、报表、规程、措施、图纸等资料统一了标准和格式，做到了内容齐全，数据准确，装帧规范，统一归口，全部建档管理。

始终把提高职工业务技术素质作为安全的基础工作来抓，坚持环境育人，努力创建安全文化。为提高干部职工素质，在长治市煤炭培训中心联合开设三个中专班，培训学员210名。主动与长治职业技术学院联合办学，聘请专家教授来我矿讲学，公司还组建了具有四级培训资质的安全技术培训中心，坚持对所有职工及安全管理人员进行安全培训，对科队长、班组长、主要安全工种、主要技术工种采取集中培训，特别注重抓好特种作业人员的资质培训，强化基层管理人员和特殊岗位人员的标准化知识和技能；公司培训中心组织抓好职工的岗前培训、重复培训和新技术培训。队组通过班前学习、安全活动等形式，针对现场的实际组织职工学习安全质量标准化知识。通过技术比武，岗位练兵等多种形式，开展岗位技能培训，全面提高员工的安全技术素质，规范员工操作行为，做到人人上标准岗、干标准活。2011年共组织全员培训6期，培训10463人次，安全管理人员86人，特种作业人员323人，安全从业人员素质得到普遍提高。通过对全体干部员工进行全员培训、安全质量标准化培训和全员军训，全面提高了员工的整体素质，使职工的自主保安意识和正规操作能力不断提高，进一步夯实了安全基础。

五、推进矿井自动化建设、强化装备体系保证，全面提升安全生产管理水平

为了实现标准化水平的新发展，公司各系统引进先进装备，加强技术改造。2002年以来，历经三次大的技术改造，企业得到了超常规、大跨越发展。

1. 当前采用了新型采煤机、运输机、强力大倾角皮带和综采综掘设备,对采掘系统机械设备全部进行了升级改造。同时推行了先进的锚杆支护技术,促进了生产效率的提高。

2. 对井下通风系统实行了扩巷改造工程, 各采区都开掘了专用回风巷,采区通风全部采用两进一回的通风方式,回采工作面为全风压通风,开拓、掘进工作面为压入式通风, 局部风机实行双风机双电源,并严格执行"三转两闭锁",矿井通风系统合理、稳定,矿井风量符合要求,通风设施可靠,达到了"通风安全质量标准化"一级标准,确保了矿井的通风安全。

3. 一是改造了原煤运输系统, 主运输皮带运输能力达到极大的提高。二是专门出台防治水管理措施,全面系统的从预案编制、领导责任、定期监测、预测预报等方面做了严格规定,实行月份考核。同时编制年度、季度、月度探放水计划,对探放水基础资料进行了完善,按规定编制完善了防治水有关图件,根据采掘接续计划结合矿井水文地质资料,全面分析排查水害隐患。

4. 改造了千伏级地面变电站, 增容 16000 千伏安;改造了井下中央变电所,增加了三个采区变电所,综采和综掘工作面全部实现了专用配电点供电;先后淘汰了国家规定的、落后的电气设备 197 台件,引进矿用隔爆兼本质安全型真空交流软启动等先进电气设备 268 台件,在矿井供电和电气设备上确保了本质安全型规范标准。

5. 突出精细化管理,在基础工程上下工夫,从掘进工程质量、巷道成形抓起,针对长治经坊煤矿煤质酥软,节理发育,顶板破碎,成型不好控制的情况,通过改变综掘机截割路线,打设超前锚杆,巷帮打设锚索等技术措施来确保巷道成型,严格实行巷道掘进质量标准化的过程控制,实现掘进施工动态达标。

6. 从生产布局上整体考虑,合理安排采掘衔接,采取多种措施保障回采率的提升, 如要求放煤要精放、见矸停放,在后溜上安设顶煤回收装置,合理的布置工作面,合理留设煤柱,以减少资源的浪费,回采率由原来的 70%提高到了 85%以上。

六、坚持高标准、强化标准体系保证,着力推进精品队伍建设,不断提升质量标准化建设水平

强化安全质量标准化精品意识,大力开展品牌创建,建设精品巷道、精品硐室、精品工作面,建设"标准工程"、"放心工程"。

在质量标准化工作上重点建设,保证投入。2005 年以来我们对轨道大巷,采区变电所,候车室,材料库,等主要巷道和硐室进行了高标准建设,每台设备、每根柱子、每节风筒、每个闸阀、每根管子都要编号管理。我们对井下所有的工作面提出"五无、六线"的文明生产要求;"五无"即无淤泥、无积水、无炭块、无杂物、无遗漏;"六线"即巷道成型一条线、风筒吊挂一条线、管路吊挂一条线,电缆吊挂一条线,运输设备安装、轨道铺设一条线,锚杆、锚索打设一条线。工程设计要求必须经过多方案论证,实现最优化,工程施工要求一次到位,杜绝二次投入,生产组织以集约化、高效化为方向,安全管理以零缺陷、零隐患为目标。

队组积极开展学习型队组创建工作,争创白国周班组活动,推行"三项管理",推行岗位就近管理,通过"想、看、干、管"方法,把安全生产责任制进行细化、量化、现场化,有效履行现场岗位安全职责。推行班组全程管理, 建立班组全员从入井到出井的安全管理制度,抓好整个作业过程的安全管理,提高班组的整体保障能力。推行安全程序化管理,明确规范生产工艺、工序、操作流程,明确各环节操作标准,落实岗位责任。通过推行"三项管理",形成"自我约束、相互监督、持续改进"的现场安全管理机制,使每位员工协作精神增强、素养提高、行为规范,建设了一批具有经煤特色的先进班组。综采队、综掘队全年均保证了安全生产,未发生重伤以上责任事故,并且在 2011 年度内所作业的工作面逐月质量标准化评分均达到精品一级。

七、突出技术创新,推广使用新技术、新设备、新材料,为质量标准化工作增添色彩

科学技术的飞速发展给煤矿质量标准化工作插上了翅膀,新技术、新材料的推广应用给长治经坊煤公司质量标准化工作增添了不少色彩。比如,改造乳化液远程供液系统，实现了乳化液浓度的自动配比，不仅减轻了泵站司机和泵站检修工的劳动强度，更重要的是保证了乳化液泵供液浓度达标，减少了支架操作阀、安全阀等液压元件的腐蚀现象，延长了使用寿命；公司建立了安全生产调度集中监控系统，井下重点生产区域情况、瓦斯情况、出煤量、人员定位都可在公司安全调度指挥中心一目了然；公司建立了职工定位考勤系统，为每个职工配发了上岗考勤卡，为掌握职工出勤和工作情况提供了精确数据；建立了内部办公自动化系统，实现了信息的快速传递和资源共享，为掌握公司各类信息提供了平台；对井上下各主要作业地点、关键岗位实行地面集中控制，实现了关键部位可视化，机电管理信息化，加快了“数字化”、“信息化”发展步伐。

八、注重安全文化引领，营造“人人都是安全员”文化氛围。

公司以“企业、军营、学校、家庭”四位一体管理模式为基础，从制度完善、行为规范、安全文化考核等方面为抓手，结合实际、把握重点，通过创新安全文化来催生新的理念、新的思路、新的机制、新的举措。开展了以“安全第一、超前预防、贯穿全程、关键落实”等特色鲜明、主题突出、丰富多彩的安全文化建设活动，通过班前安全学习讲评、安全礼仪、安全全家福、安全亲情、安全奖罚激励等，充分运用广播、报纸强化安全文化理念的宣传渗透，开展了多种形式的安全思想教育、安全宣传教育、事故案例教育，通过建立矿山主题安全文化、班组安全管理文化、员工个人安全文化、员工家庭安全文化等，把安全文化建设融入到矿井的方方面面。公司注重抓好“六预”安全行为，即预知预想、预报预警、预防预备的安全行为养成，提高员工执行力、服从力和战斗力，使员工养成危险预先想到，预先防范的行为习惯，真正实现预防为主，进而实现员工的“要我安全”向“我要安全、我能安全”的转变。

对工业广场、队组会议室、安全文化长廊、井下大巷和主要作业场所进行以“法规宣传、安全警句、亲情感化”为内容的安全文化修饰，及时反映矿井安全生产动态。形成了以班前会的安全宣誓到生产作业现场的安全教育“一条线”、以井口安全文化长廊到井下大巷悬挂安全灯箱为主的安全教育“一条龙”、以地面工业广场灯箱、橱窗、展板为主的安全教育“一条街”、以队组会议室、职工之家为主的安全教育学习园地、以网络、黑板报、《经煤人》《安全月刊》为主覆盖矿井全方位的宣传教育体系，“人人都是安全员”的安全责任体系，营造了浓厚的安全文化宣教氛围，使全体员工的安全意识、综合素质在潜移默化中得到了升华。

通过实施质量标准化建设，树立“安全为天比天大”的工作理念，进一步提高了领导干部的管理水平和职工的技术业务素质，提升了矿井的安全管理水平；提升了企业的经济效益、社会效益和综合竞争力。经坊煤业将坚持高起点、大跨越、大战略、大品牌发展，在集团公司的正确领导下，公司干部职工继续抢抓机遇、创新管理，努力推进本质安全型矿井建设，向着更高、更远、更辉煌的目标迈进！

阳泉煤业集团寿阳开元矿业有限责任公司

一、安全质量标准化工作既是企业的形象工程、生命工程、效益工程，又是基础工程

公司党政领导从统一观念认识开始，从提高全体员工的思想认识和培训员工正规操作入手，从贯彻“安全第一预防为主”的安全生产方针出发，从企业的长远发展考虑，党政主要领导挂帅，分工明确，各负其责，我们形成这样一个共识：抓好安全质量标准化是企业生存和发展的命脉，是实现安全生产的基础，也是企业一切工作的基础，是提高企业核心竞争力的关键。为此，公司每季度召开标准化工作会议，对标准化工作进行总结、安排、考核，研究总结上月工作，分析问题，提出下季度工作目标、措施及要求。我们严格考核，不折不扣地将安全质量标准化工作贯穿到生产的全过程中，使我公司安全质量标准化工作健康有序地开展，极大地促进了公司各项工作的发展，取得了骄人的业绩。

二、建立健全各项安全生产责任制，明确责任分工

为确保责任制落到实处，我们明确各专业部门行政正职对本专业的安全质量工作全面安全问责制。同时，我们加强对生产过程的现场安全管理工作，严格上岗跟班制度和责任区划分制度，对安监人员严格进行盯面、包片、管线和对重点工作进行现场把关的制度，使各级安全管理人员的责任制体现得更具体，对在日常检查中发现的不安全隐患建立了跟踪追查制度，并纳入到月度安全质量标准化考核中。我们实行了月度工程质量末尾考核管理制度，2010 年累计考核 31.1 万元，通过不断强化标准学习，健全完善制度，狠抓责任制落实，很好地促进了安全质量标准化活动的深入开展。

三、不断提升矿井安全质量标准化管理工作

第一，质量标准化建设是煤矿安全生产的基础工作。我们在创建安全质量标准化矿井中，开拓思路，务实创新，做到在借鉴中创新，在巩固中提高，使我公司安全质量标准化水平有了显著提高。我们严格对照标准进行集中整治，对安全质量标准化规定的新内容，始终坚持高起点、高标准，求真务实、注重实效。在工作中，我们从装备、从质量、从面貌，大到一个工作面、一条巷道，小到一台开关、一颗螺丝帽，都按标准来组织施工。我们每年制定安全质量标准化工程，对巷道的电缆进行了高标准吊挂，刷白大巷 10000 多米，对大巷风水液管路进行了分色刷漆，实现了掘进局扇双风机、双电源，完善了大小巷运输的安全设施和各个采掘面头的喷雾消尘设施等，极大地改变了现场安全生产作业环境。同时，我们还将质量标准化工作重点落实到采掘面头的管理，对采掘头面全部实施动态安全质量达标管理工作，从而使矿井工程质量和矿井面貌又上了一个新台阶。

第二，加大安全投入，提高安全装备技术水平，为安全生产创造条件。我公司根据全年生产计划编制安全费用计划，改造和完善了矿井通风设备、瓦斯监测、瓦斯抽放、防治水、防灭火和综合防尘、矿井运输、机电系统等。我们本着提足用好安全费用，提高矿井的综合防灾能力的原则，始终将"一通三防"瓦斯治理工作作为重中之重的工作，认真贯彻落实国家局第 21 号令《国有煤矿瓦斯治理规定》，严格落实"先抽后采，监测监控，以风定产"的瓦斯治理十二字方针，认真落实"一通三防"工作责任制，明确各级各部门职责。坚持"管理、装备、培训"并重的原则，充分发挥先进技术装备在矿井"一通三防"瓦斯管理工作中的作用。

第三，加大安全培训和安全隐患排查。由职教部门制定具体的年度培训计划、月度培训计划及"三项人员"的脱产培、复训计划，并建立相应的考核办法，继续坚持"两长一员"安全培训和员工 72 小时培训，其中脱产培训不少于 40 学时。特别是企业负责人、安全生产管理人员、特殊工种操作人员"三项人员"的脱产培、复训工作，持证上岗率达到 100%。在此基础上，重点抓好新员工、班组长、违章员工、特种作业人员、转岗员工及安全员六类重点人员的培训教育工作。职工学校要对新上岗人员及时进行安全培训，领取安全资格证后方可上岗。

第四，强化安全宣传教育工作。强化安全宣传教育的各项工作，发挥党政工团对安全生产工作齐抓共管的作用，把安全宣传教育的重点放到基层，公司各党支部加强一人一事的安全思想工作，随时了解掌握员工的思想变化情况，采用谈心和其他方法解决，使员工轻松上岗。群监网、青监岗每月至少组织一次井下隐患检查，有效遏制事故发生。由党群工作部牵头，组织相关部门参与积极实施三个"百分之百"，即安全教育人人上阵、安全质量人人把关、安全管理人人有责。继续推广执行"手指口述"操作法，规范员工的操

作行为，减少人为事故的发生，发挥安全宣传教育管理工作。

第五，继续完善和推行个人安全技能账户考核。推行个人安全技能账户是规范个人行为遏制违章的一项强有力的措施。2010年个人安全技能账户考核资金达226.0734万元，员工现场岗位操作内容要进一步丰富，现场操作、典型违章、安全事故、现场安全隐患等也将纳入个人安全技能考核中。

第六，打造兼并、联营、技改示范矿井，树立现代化矿井整体形象。从2000年起，公司党政领导在集团公司的正确领导下，从企业的长远发展战略目标出发，将公司的发展定位在高标准的现代化示范矿井上。几年来，在开元公司党政领导的带领下，严格精细化管理，坚持岗位“手指口述”和岗位操作标准，在“吃苦、敬业、忠诚、自信”的企业理念感召下，在全体员工艰苦创业、无私奉献的精神鼓舞下，开元公司井上井下矿容矿貌发生了翻天覆地的变化，园林式高标准的现代化企业雏形已经形成。

山西省柳林同德焦煤有限公司

自煤矿安全质量标准化工作开展以来，我矿认真贯彻落实省、市、县、集团公司关于开展煤矿安全质量标准化建设的文件、指示精神，以创建一级煤矿安全质量标准化矿井为目标，按照《山西省煤矿安全质量标准化标准及考核评级办法》的标准，坚持高标准，高起点，全员发动，全员参与，不断强化安全基础工作，狠抓现场工程质量，有力推动了我矿安全生产形势的稳定发展。截止到2011年1月8日，柳林矿连续6年实现安全生产。

一、转变观念，认识到位；强化意识，责任到位

在依法治安，重典治乱的今天，我们的观念的确发生了较大的转变。安全重于一切，质量高于一切。

强化安全质量意识，是我们做好安全管理工作的先决条件。安全搞不好、质量搞不好、规模上不去，矿井发展的出路会很艰难。

二、健全机构、统一思想、提高认识

近年来柳林矿积极开展安全质量标准化工作，坚持管理规范化、程序化、精细化，坚持从直观到科学，从定性到定量。安全质量标准化是强化煤矿安全的基础工作，柳林矿成立安全质量标准化领导组，由矿长任组长抓此项工作，成立安全质量标准化办公室，具体负责我矿安全质量标准化日常事务工作。健全安全质量标准化工作领导、考核机构，明确职责，在2011年年初的安全目标管理责任书中就明确了安全质量标准化工作的职责，确保了柳林矿安全质量标准化工作的顺利进行。

《安全质量达标工作责任制表》将安全质量标准指标分解到各部门、各岗位，确保事事有人管、层层都负责。

三、建立健全了各项安全质量管理考核制度，并认真落实

（一）严格执行安全质量工作检查制度，每月由矿长亲自组织不少于三次的安全质量大检查，不留死角，不流于形式，扎扎实实、认认真真，把该项工作落到实处。

对每月检查和验收资料原始记录进行登记建档，并力求完善。

（二）生产安全事故实行连带责任追究。

从工人到班组长、科队长、矿级领导，每人工资结构里都划有一项安全工资，其数目是根据所处作业场所的危险源大小而定。这样做的目的是为了真正实现

全员、全过程、全方位抓安全，让更多的人来关心安全。实行两年来，收效很好。

（三）严格执行安全质量工作检查、考核制度。

班组长以上人员的工资里有一项质量工资，每月由矿长亲自组织不少于三次的安全质量大检查，不留死角，不流于形式，每次进行考核打分，打分的结果和工资挂钩。月考核，月兑现。

（四）严格隐患排查，把工作做在事故发生之前，把事故消灭在萌芽状态。

四、加大投入，狠抓落实，全面开展安全质量标准化工作

（一）以“一通三防”为重点，深入开展安全质量标准化工作。

2005年以来，投资1200万元扩大巷道断面3000多米，原主进回风大巷，断面由原6.2米增为10.66~18.2米，采用锚喷支护降低风阻，增加风量，保证矿井安全生产；投资120万元购买抽放瓦斯管路3500米，实现本煤层、邻近层两趟管路抽放；投资60万元，购买双风机双电源自动切换装置，掘进工作面实现双风机双电源自动切换，风电瓦斯电闭锁；各主要进回风巷、工作面进回风巷，各转载点都设置了防尘管路和喷雾装置，极大地保证了安全生产。投资290万元，更换了矿井主扇风机，由原2×200kW2.8米风机更换为2×400kW2.8米风机，极大地保证了柳林矿的安全生产。

（二）以井下双回路供电为保障，大力开展机电运输安全质量标准化工作，严格按要求进行日、旬、月、季、年检，增设运输语音报警6套，完善皮带各种保护，综掘机、采煤机、液压支架、组合开关等一系列新技术、新工艺在我矿井下成功使用。

（三）狠抓落实，加强技改投资，全力推进采掘机械化。

投资6000多万元，购买3套综采支架；投资280万元购买掘进机，掘进实现机械化。

五、加大安全质量标准化工作宣传教育，强化培训，努力提高全员质量意识

（一）充分利用班前、班中、班后时间，通过讲课、看VCD、板报、广播等形式，让职工了解掌握安全知识，充分认识安全第一，预防为主的重要性。

（二）强化特殊工种培训，特种作业人员持证率达到100%，为柳林矿安全质量标准化工作奠定了坚实的基础。

（三）去大的矿务局学习，不断提高矿井安全质量标准化工作管理水平。2004年根据县局安排，柳林矿矿长、技术人员到黑龙江七台河、山东新汶矿务局，2005年柳林矿又派十多名技术骨干到邯郸矿务局，参观学习安全质量标准化标准。2007年5月、6月公司两次组织到河北峰峰矿务局参观学习库房质量标准化管理，2010年在潞安矿务局、淮南矿务局等地学习调度质量标准化和矿井安全质量标准化工作。

近年来，柳林矿在安全质量标准化工作方面取得了可喜的成绩，但在实际工作中，还存在一些问题。

1. 专业技术人员的短缺。

2. 从业人员素质较低，给安全质量管理带来不少隐患。

3. 瓦斯抽放技术还有一定的差距。

4. 安全质量标准化现场的精细化管理还存在薄弱环节。

随着矿井的安全发展，柳林矿一班人员将同心同德、努力拼搏，必将真正建成一座安全质量标准化矿井，并向本质安全型矿井迈进。

太原东山煤矿有限责任公司

2010年，公司把安全质量标准化达国家一级列为公司全年的奋斗目标和安全生产最重要的基础工作，认真组织开展标准化建设、扎实推进标准化工作，同时把标准化工作做为实现安全生产持续稳定发展的重要保障，坚持常抓不懈。

为实现安全质量标准化达国家一级的总体目标，公司组织200多人到淮南、淮北矿务局进行标准化学习，引入精细化管理理念、细化标准化考核标准，创新标准化工作思路、改进标准化工作方法；加大标准化改造力度；积极推进公司安全质量标准化再上新台阶。

一、公司推行精细化管理，细化考核指标，从细微处抓起，强化过程的管理控制，以“创精品工程、建精品矿山”为导向，促进了安全标准化工作的动态达标、全面达标

2010年年初，公司就组织各专业组相关人员着手《安全质量标准化管理考核办法》的重新修订工作，并在修订期间进行精细化管理的理念的渗透。

《安全质量标准化管理考核办法》出台后，公司调整了标准化领导组机构，重新明确了各专业组的职责，细化了考核办法，加大了标准化奖惩力度，提出了具体工作要求。各业组按照考核办法每15天对被考核单位检查进行一次全面的检查，根据检查结果及上级检查出的隐患、公司各类大检查情况、公司带班领导发现的隐患及问题、隐患的“三定”落实及整改情况、月标准化重点工作的完成情况、本月的安全状况评定考核分及考核等级。每月25日前，各专业组进行标准化自查。每月安全质量标准化考核办公室组织相关人员依照《山西省煤矿安全质量标准化标准及考核评级办法》对各专业组进行一次验收、打分、定级。同时，考核办公室对各专业组内部考核结果进行严格把关，发现专业组不认真履职、检查自查松懈，除否决考核外对相关责任人进行处罚。

每月由考核办公室组织安全质量标准化领导组成员、考核组成员及各专业组相关人员召开安全质量标准化大会，及时解决本月安全质量标准化工作中存在的问题，制定各专业组下月质量标准化重点工作，并通报安全质量标准化考核结果。

通过精细化管理，使安全质量标准化工作由“静态达标”向“动态达标”转变，从而实现全面达标。

二、创新标准化工作思路、改进标准化工作方法，将标准化考核项目层层分解，落实到部门、单位、班组、个人，并将考核结果与单位的安全绩效挂钩、与职工的工资挂钩，提高了员工标准化工作的积极性、自觉性

2010年，公司制定推行安全绩效工资，出台了《安全绩效工资考核办法》，并将安全质量标准化工作作为安全绩效工资的主要内容，其比例占到安全绩效工资的80%，该办法的实行，把员工的收入与安全质量标准化建设紧密联系在一起。安全质量标准化考核范围由原来的只考核各部门、科室、队组骨干，扩大到全体员工，使人人头上有指标、人人头上有压力。考核方法改变后，将各地面科室的奖金与安全质量标准化挂钩、各生产队组员工的安全绩效工资与安全质量标准化挂钩。队组按所涉及的标准化专业进行分类，确定每个专业在相应等级所对应的工资基数，然后用工资基数乘以标准化得分得出安全绩效工资总额，发充分发挥奖惩激励机制，让员工在标准化建设中得到实惠。2010年职能公司为部门及相关科室发放标准化奖励130余万元，该办法的实行后队组工人标准化奖励在人均 400 元左右。同时，通过严格的考核，加大标准化奖励分配的差距，充分利用经济杠杆推动安全质量标准化建设，调动了员工标准化工作的积极性、自觉性。

三、加大标准化投入力度，引进先进设备，继续深入标准化改造工程，推动标准化建设的全面发展

先进的技术和设备、标准的安全设施，是提高安全质量标准化水平的重要途径。我公司始终优先保证安全质量标准化的投入，推广使用新技术、新装备，不断完善安全质量标准化基础设备、设施。2010 年公司投入大量资金引进了大量先进设备，并对井下进行了标准化改造，有效地促进了标准化的全面达标。

在采掘方面，公司投入大量资金积极引进大功率、高强度的三套综采设备，五套综掘设备，并对井底车场、人车绕道、中央变电所、运输大巷、五采区乘人站台、七采区乘人站台、512 轨道下山、715 轨道下山、215 材料斜坡、512 轨道下山绞车房、515 轨道下山绞车房、715 轨道下山中部车场绞车房、515 轨道下山上部材料车场进行了标准化改造，这些改造项目全部按照“三高”（高标准、高层次、高水平）的原则和“四化”（美化、净化、亮化、标准化）的要求进行，使井下的环境有了较大的转变。

在机电方面，淘汰了所有落后的机电设备；对地面变电所进行了标准化改造，重新架设了两趟 35kV 供电线路，并更换了两台变电站配置 SZ9-12500/35/6.3 主变压器；对地面空压机房进行了重新修建，更换了三台 40 立方米/秒的空气压缩机；更换了南风井主扇；更换了入井的 1#、2# 主电缆线 3000 余米，同时完善并优化了井下供电系统；对大巷、采区巷道所有管线进行了整改、吊挂，并挂牌，实施标准化管理；对低压馈电开关进行了全面的检查、更换；新上马了 2 台 JKYB-2×1.8 型绞车，引进了翻矸机、抛矸机等先进的机电设备。机电方面的大力改造，弥补了我公司设备、设施方面的不足，从而推动了公司标准化建设的进程。

在运输方面，加强了大巷、五、七采区乘人站台的标准化改造；引进了蓄电池式防爆电机车；开展了专项运输整治，对轨道、皮带、绞车、阻挡车安全设施进行了全面整必改；对 512 轨道下山、715 轨道斜坡进行了全面标准化改造；引进了气动道岔、气动长臂阻车器，对所有运输设施、设备进行挂牌，完善了运输设备设施的标准化管理。强化了运输调度指挥，充分发挥“信、集、闭”的作用，确保了运输安全质量标准化的达标。

在“一通三防”方面，我公司优化了通风系统，加强了通风设施的管理，并引进 6 套自动风门，保证了各用风地点的风量；为有效的降低综采工作面回风巷煤尘浓度，我公司安装了用于隔绝巷道煤尘的防尘纱窗，引进了 1 套除尘风机，并安装使用了自动喷雾装置，同时加强了其他防尘管理；为有效防范煤层自燃，公司安装了束管监测系统，对煤层自燃发火进行了有效的监控。通过一通三防设施、设备的加强，提升了“一通三防”装备现代化水平，保证了“一通三防”标准化的达标。

在地测防治水方面，年初就出台了《2010 年防治水年度计划》，并制定了《防治水管理制度及综合防治水措施》；健全、完善了各种台账、记录；严格执行“有掘必探、先探后掘”，并对掘开工作面超前钻探进行挂牌管理；加强了探放水队伍的建设，对探放水队伍进行了多方面的培训；为掘开队组配备了 7 台架柱式液压回转钻机，每台钻机能力均达到规定要求，保证了有掘发探的执行；建成了水情水害预警系统、水文地质预测系统，加强了地测防治水安全质量标准化工作。

在安全管理方面，2010 年公司对安全管理制度进行了修订完善，修订出台了《各级领导及部门安全生产责任制》《各工种操作规程》，制定出台了《太原东山煤矿有限责任公司班队建设实施方案》《太原东山煤矿有限责任公司安全质量检查及跟踪处理管理办法》《公司领导下井带班制度》；改造升级了 KJ236 型矿井人员定位考勤系统；对井下各种标志牌板进行了完善；制定完善了《职业危害防治措施该》；修改并完成了《事故应急救援预案》，并评审、备案。通过安全管理质量标准化工作，有力的保障了公司的安全质量标准化的全面达标。

在企业管理形象方面，公司对工业广场、办公区进行了花园式的改造；对班中餐进行了装修，对福利楼澡塘进行了重新装修；对公司厂门进行了装修改造；对公司简仓、单身公寓、办公大楼进行了亮化工程改造，对公司厂区公路进行了硬化，并在厂区内安装了路灯，树立了良好的企业形象。

四、加强安全文化建设，加大标准培训投入，树立全新的标准化理念，全面推动标准化的达标工作

2010年，我公司加强了安全文化建设，树立全新的安全质量标准化理念，全面推进安全质量标准化工作。

2010年，全国将安全质量标准化培训列入全员培训的议程，使人人学标准、懂标准、用标准。全年共培训特种作业人员1069人，班组长159人，安全生产管理人员154人，从业人员1527人，岗前培训35人，其他培训1346人，总计培训4290人次。公司利用闭路电视、大屏幕公示、广播等形式进行标准化宣传，将“安全质量标准化工作”深入人心。公司利用知识讲座、技术比武、“手指口述”等多种形式，向职工传授安全质量标准化知识，提高员工的安全技术技能。

2010年公司为各生产队组会议室配备了安全生产教育培训视频智能系统（PTA），用生动的形式讲解安全质量标准化知识，实现了教育培训内容的按需管理及可视化和智能化。

通过创新培训模式，强化培训管理，提高了员工学标准、用标准的积极性、自觉性，全面提高了职工的综合素质，为矿井安全质量标准化工作奠定了坚实基础。

通过2010年的安全质量标准化工作，全面提升了公司安全管理水平，确保了工程质量，为公司安全生产状况的持续稳定奠定了坚实基础，为实现公司全年的安全奋斗目标提供了可靠的保障。

虽然我公司在安全质量标准化工作上做了大量的工作，但仍有不足之处，请各位领导和专家给予批评、指正，以便我们今后更好地开展安全质量标准化工作。

古交市砚石沟煤焦有限公司砚石沟煤矿

（一）建立健全了矿级安全领导安全生产责任制，各业务部门安全生产责任制，各职能部门安全生产责任制，各业务部门和职能部分领导安全生产责任制等多种安全生产责任制。

建立了安全目标管理制度、安全奖惩制度、安全技术审批制度、事故隐患排查制度、“一通三防”管理制度、机电等多种安全生产管理制度。

制定了采掘机运通等多个岗位作业操作规程。

（二）本矿已编制了2010年安全生产费和维简费资金使用计划，1~10月提安全生产费和维简费用666万元，主要用于安全设备、设施更新、矿井双回路电源、职工安全培训等项，安全生产费和维简费按照国家规定要求提取，统一由古交市砚石沟煤焦有限公司实行专户储存，自提自用进行管理和安排计划。

（三）本矿设有安全生产管理机构，矿设安全科、机电科、运输科、技术科、地测科、通风科、监控调度中心等机构，配备安全、生产、机电、技术、通风副矿长，全矿共12名专职安全管理人员和安检员。

（四）本矿主要负责人和安全生产管理人员均经上级有关培训部门培训，取得有效证件。

（五）本矿依法向古交市企业养老保险中心缴纳从业人员工伤保险。

（六）制定了重大危险源监测、评估、监控措施和应急预案。

（七）制定了重特大事故救援应急预案，2010年度与太原市矿山救护大队签订了救援协议。

（八）制订特种作业人员培训计划，从业人员培训计划，职业危害防治计划。

（九）本矿安全检查员、瓦斯检查员、放炮工、电工、提升运输等各类司机多种特种作业人员均经过三级培训机构培训，并经考试合格，由煤矿安全监察局颁发了特种作业人员操作证书。

（十）本矿从业人员依法进行了安全生产教育和培训，并经考试合格。

（十一）制订了职业危害防治计划与实施办法，职业危害防治措施和职业卫生管理规划，井下作业场所粉尘浓度无超标现象，有粉尘检测制度。发放劳动防护用品，有工作服、安全帽、电焊手套、防护皮鞋、绝缘鞋、耐酸工作服、防护眼镜、手套、口罩等。2010年对井下接尘人员进行了身体检查，并建立了档案。

（十二）采矿许可证有效期至2011年11月，煤炭生产许可证有效期至2018年1月，工商营业执照有效期至2018年1月，矿长资格证，有效期至2012年10月。

（十三）2010年《矿井灾害预防处理计划》，并经上级部门审批。

（十四）矿井只有1个水平、1个采区、有2个安全出口，采煤工作面及备用工作面均有两个安全出口，能满足行人、运输、通风安全。

（十五）本矿在用巷道净断面能满足行人、运输、通风和设置安全生产设施的需要，其中，矿井主要运输巷、主要风巷的净高自轨面起为2米，采区上、下山和平巷的净高2.0米，回采工作面两个安全出口20米范围内，净高均超过1.8米。

（十六）2008年7月进行矿井瓦斯等级鉴定，经山西省煤炭工业局批复为低瓦斯矿井。山西省煤炭工业局综合测试中心鉴定8#、9#煤层煤尘有爆炸性。

（十七）矿井具有完整的独立通风系统，矿井、采区和采掘工作面的供风能力满足安全生产要求。矿井使用安装在地面的矿用主要通风机进行通风，运行电机180kW，备用通风机电机功率180kW。生产水平和采区实行分区通风、掘进工作面使用专用局部通风机进行通风，矿井有反风设施。

（十八）矿井按规定装备瓦斯安全监控系统。实行瓦斯检查制度和矿长，技术负责人瓦斯时及审查签字制度。矿配备瓦斯检查人员11名，配置了光干涉甲烷测定仪14台，便携式甲烷检测报警仪13台。瓦斯检测仪器每半年由指定检测机构进行鉴定。

（十九）矿井有防尘供水系统，地面和井下有排水系统，矿井采取了综合预防煤层自燃发火措施，防灭火系统完善，至今没有出现煤层自燃。井上下均设有消防库，各峒室、转载点配备了灭火器、沙箱等。矿井配备了探放水设备，坚持有掘必探，先探后掘的原则。

（二十）矿井已实现双回路电源供电，井下电气设备的选型符合防爆要求，有接地、过流、漏电保护装置。掘进工作面实现风电、瓦斯电闭锁。

（二十一）有检测合格的钢丝绳，带式输送机使用阻燃胶带，有安全保护装置。

（二一二）矿井有通达矿内外，井上下和重要场所，主要作业地点通信系统。

（二十三）矿井按低瓦斯选用二级水胶炸药和矿用毫秒延期雷管。

（二十四）矿用产品均有安全标志。

（二十五）自救器由矿统一管理，自救器数量满足要求。

（二十六）矿井有反映实际的各种图纸。采掘工作面有符合实际情况的作业规程。

（二十七）2010年对职工两堂一舍全部进行了改造装修，更衣室改为吊篮，各办公和工业区域专门进行了绿化、美化、亮化。井下主井专门进行了美化

（二十八）井上下职工统一了工作服。

（二十九）建立健全了矿领导带班下井制度汇编且行文下发，并从2010年10月7日起开始落实执行。

质量和安全在煤炭工业持续、健康、稳定发展的进程中，始终是第一重要的，长期以来，我矿广泛开展了“质量达标准，安全创水平”活动，使我矿近15年未发生任何轻伤以上安全事故，实践证明，安全质量标准化二作是提高企业经济效益的一项根本性举措，也是煤矿安全长效机制的主要内容和根本途径，安全质量标准化包括了煤矿生产活动的全过程，所以，质量标准化对于进一步提高煤矿安全生产工作基础具有重要的现实意义。

山西襄矿晋平煤业有限公司

一、公司基本情况

晋平煤业公司具有65年的煤炭开采历史，目前在册职工2623人，其中，从事煤炭生产的近1600人，井下作业人员1250人。2011年，煤炭产量240万吨，实现销售收入16.45亿元，实现利税10.99亿元，并跻身2011年中国煤炭企业100强第89位，荣获“国家级质量标准化矿井”、“全国煤炭行业一级安全高效矿井”、“全市本质安全型企业等殊荣”。

晋平煤业始终把煤矿安全质量标准化作为安全生产管理的重中之重来抓。近年来，严格按照贯彻落实科学发展观的要求，以创建本质安全型企业为目标，积极推进安全管理创新，充实安全质量标准化验收考核内容，建立起安全质量标准化与安全文化建设、规范操作、改善环境相结合的“四位一体”动态考核验收常态机制，从根本上提升了安全质量标准化总体水平。井上下生产作业环境显著改善，职工队伍整体素质明显提高，安全生产可控程度进一步增强，为公司安全生产状况的持续稳定奠定了坚实基础。

二、主要做法及经验

(一)多措并举，提高职工综合素质，为开展安全质量标准化打好基础。员工安全意识和操作技能的提高，是实现不断提高安全质量标准化的重要基础。公司实施“培育煤矿安全文化，塑造本质安全型人”工程，重点围绕提高职工素质，开展了以下四个方面的工作：

1. 加强职工“三项培训”。为进一步提高我矿职工的安全素质，我们通过加强职工“班前、集中、班组”三项培训工作，等一系列手段和方法，对新工人、一般从业人员、特种作业人员、班组长等不同群体，全面开展理念灌输、习惯养成训练、危险预知、危害辨识、操作技能等培训教育，逐个考核过关，并根据考核成绩与工资挂钩，我矿职工队伍的综合素质得到了明显提高。

2. 加强班组长队伍建设。实施班组长持证上岗制度，制定专门培训大纲和培训教材，集中对在岗的班组长开展安全教育培训，培训不过关的撤职换岗。建立后备班队长选拔培训机制，从各班队选拔部分骨干，参加班组长培训。对班队长进行定期考核讲评，实行末位淘汰，空出的职位，从培训合格的骨干中选拔任用。

3. 推行准军事化职业行为训练。为进一步规范员工安全操作行为，提高安全质量标准化工作的执行力，全面开展了准军事化职业行为训练，对职工进行准军事化班前会、队列行走、安全确认、现场交接班、职业技能训练等多项训练，以严明纪律培养职工的自觉管控能力，使职工自我管理意识得到了显著提升，对落实安全质量标准化管理制度以及规范化作业标准，起到了一定的保障作用。

4. 推行岗位安全确认，“手指口述”法。围绕提高人的安全质量意识和危害辨识控制能力，推行了全员、全方位、全过程、工序化的“三全一化”岗位安全确认。并以“安全预想、危险预知”为主要内容，全面推行了“手指口述”式安全确认法，进一步强化了现场安全管理，促进了规范操作的落实。

(二)全面推行“三按”管理，促进安全质量标准化动态达标。在生产过程中积极推行了按规范设计、按设计施工、按标准验收的“三按”管理机制。按照细化、量化、标准化要求，参照国家和行业安全标准、技术规范，针对公司实际情况，修订了回采、掘进、开拓、机电、运输、通风等各个系统设计规范标准，完善了规程措施编制、会审、贯彻流程，把按设计施工列为精细化管理和走动式管理的主要内容，实施了施工过程中达不到设计标准限期整改，以及由下一道工序追偿等硬性措施，实现了安全质量标准化动态达标。

1. 按规范设计。要求一切工程都要有设计，在规范设计流程的基础上，细化设计内容。对每项工程的每个环节、施工现场的每个细节，都以设计说明书的形式固定下来，逐项提出具体操作要求，明确具体标准。在规范设计内容过程中，坚持“从群众中来，到群众中去”，针对现场施工内容和操作细节，在基层班组广泛征集设计内容，组织设计成果观摩、比较、论证，好中选优。

2. 按设计施工。所有生产工作岗位操作全过程都要按设计标准进行，已开工的工程必须现场悬挂设计图表，对施工过程“时时有规定，处处有标准”。公司专门编制了煤矿操作岗位标准化作业标准，对每一个生产工作岗位、每一道操作工序都做出了具体规定，并在生产过程中强力推行。每个工作面开工前先检查按设计施工的问题，与设计要求不符不许开工。为促进作业现场按设计施工的推行与落实，管理人员在生产过程中坚持走动管理，凡是不按设计施工的一律挂黄牌、停产整顿，直到验收合格后才准许恢复生产。

3. 按标准验收。突出对生产全过程的动态检查、班末验收和竣工后的对标考核，坚持施工过程中管理人员的动态检查与班末验收相结合，对当班施工质量、设计标准落实情况逐项进行考核打分，实行日清日结考核。坚持将班末验收打分结果与工程竣工后的系统验收相结合，作为安全质量结构工资的考核依据，做到设计、施工、检查、验收环环相扣，全程闭合。

(三)加强安全环境建设，提高安全质量标准化水平。坚持以人为本，加强地面和井下安全环境建设，创造良好的环境，为职工安全与健康提供有力保障，切实提高安全质量标准化水平。

1. 强化安全环境硬件设施建设。本着高标准、高层次、高水平的原则，深入推进安全质量标准化建设。矿井全面实施井上井下“亮化、净化、美化、规范化”环境改造工程。从井口到井底车场，从工作面上下两巷到采煤工作面，分阶段逐步实现全部照明。实践证明，职工在宽敞明亮的环境中工作，无论心态、注意力还是操作的准确度都有较大改观。

2. 营造安全健康文化。从努力改善职工工作生活环境入手，着力营造安全健康文化。公司上下，全部建立了职工安全健康保障体系，定期开展职工健康检查，建立了职工安全健康管理档案。对职工食堂、宿舍、更衣室全面实施人性化改造，逐步实现服务人性化、就餐住宿公寓化、更衣洗浴舒适化、井下服务地面化，以减轻职工作业后的疲劳，进一步增强职工凝聚力。

3. 着力打造本质安全型矿井装备系统。以实现“机电设备零隐患、矿井装备零故障”为目标，实施矿井提升系统数字化改造和主扇风机安全节能改造，基本实现了自动化、信息化、数字化；积极引进大功率、高强度的综采设备，实施矿井安全监测系统升级改造，安装顶板在线监测系统，逐步完善六大系统工程，既增强了矿井抗灾防灾能力，又提高了安全质量标准化的科学管理水平。

4. 实施专项激励机制。充分发挥经济杠杆的激励约束作用，引导职工牢固树立“安全就是效益”的观念，推行了签订“安全生产责任书”，缴纳“安全生产抵押金”，运行“市场化管理办公”模式，有效促进了职工由“要我安全”向“我要安全”的转变。

近年来，晋平煤业从实际出发，在矿井安全质量标准化工作方面总结出了一些经验，做出了一定成绩，对夯实矿井管理基础、提高文明生产程度，促进矿井的快速发展起到了显著的推动作用，但与上级的要求和兄弟单位相比，还有较大差距，在今后的工作中，我们将积极学习借鉴同行业质量标准化工作的先进经验，积极进取，开拓创新，不断提高矿井安全质量标准化工作水平，为建设本质安全型的高产高效现代化文明矿井而继续努力！

山西长治县雄山煤炭有限公司第五矿

我公司在安全质量标准化创建中，严格按照《煤矿安全质量标准化标准及考核评级办法》开展工作。坚持从培训上对员工进行标准化意识培养，从管理上对各种制度和安全技术措施进行规范，从装备上瞄准先进的设备设施进行积极投入，进而使“干标准活、上标准岗、做安全人”的意识逐步渗入企业并让员工形成习惯，使企业实现了连续六年安全生产无事故的好成绩。公司也先后被评为市、县“安全质量标准化矿井”“安全生产先进单位”“推进工业新型化60强企业”。

现就公司在安全质量标准化创建方面的一些具体做法汇报如下：

一、健全组织机构

为确保安全质量标准化创建工作扎实开展，我们首先成立了以董事长(矿长)为组长，各分管副职为副组长，职能科室(大队)负责人为成员的安全质量标准化领导组，全面指导企业的质量标准化创建工作。鉴于安全质量标准化工作的特点，将办公室设在了技术科，由技术科科长兼任办公室主任，具体落实安全质量标准化创建工作的日常事务，进而保证了安全质量标准化创建工作的有序开展。

二、统一思想

在安全质量标准化创建中，公司通过总支会议、董事会会议以及其他各种形式的会议，广泛宣传开展安全质量标准化创建工作的重要意义及推进创建工作的必要性，从政府管理要求、行业发展趋势及企业自身发展需要等具体的内容宣传开展安全质量标准化工作的重要性及紧迫性。然后利用各种形式的培训及班前会议及电子显示屏等形式在职工中广泛宣传，进而在全公司形成共识。由于思想上的统一，为安全质量标准化创建工作的健康开展创造了良好的氛围。

三、明确责任

为保证安全质量标准化创建工作的有效落实，公司安全质量标准化创建工作组通过对创建工作内容进行具体分解后，与各分管领导、各分管领导与科(队)、科(队)与班组等又层层签订了安全质量标准化创建工作目标责任书。通过责任书的形式明确创建责任，进而增强了各级领导、部门的创建工作责任，保证了创建工作的有效落实。

四、抓住重点，寻求突破

由于企业管理力量的相对薄弱、员工素质的相对低下以及客观上存在的种种不足。我们在开展安全质量标准化创建中，采取了“以点带面，针对性突破”的工作思路开展创建工作。在管理方面，我们明确技术科、防治水科、安全指挥中心(调度室)、机电科等四部门及生产队中的机运队为公司创建试点部门，从制度建设、规程编制、现场操作等方面对原规定进行整理，然后按照《标准》进行规范，通过每周五“质量标准化工作例会”的形式进行交流，将取得的经验在其他各科(队)进行推广。其中，安全指挥中心建设工作受到省领导的关注；防治水工作作为样板在全县推广；在安全教育培训方面，公司专门建立了规范的培训场所，配置了先进的培训装备，并在此基础上，通过到兄弟单位参观，邀请上级培训中心领导、专家到矿指导等形式对培训工作进行规范。在2010年度，公司安全教育培训投入(不包括基础设施建设)达到了150余万；在装备方面，公司围绕提升、运输、采掘、供电、通风等系统，按照质量标准化建设规定，瞄准行业先进技术，积极进行整改，实现了提升机、通风机装备变频后的软启动；在“三大系统”方面，公司通过参观兄弟单位的装备情况，取“百家之长于自己”的系统建设中，完成了标准化的“三大系统”建设；矿井全部装备设备中彻底消灭了淘汰设备，极大地改善了作业环境；在“两堂一室”建设方面，根据企业标准化建设的需要，我们对员工住宿实行了公寓化管理，建设了高标准的员工餐厅和员工浴室，为员工在辛勤的工作之余更快乐生活创造了优越的环境。在安全文化建设方面，公司创建了《雄山》内部小报，明确了“安全文化园地，员工交流平台”的办报理念；同时开通了矿区安全广播、长期开展为员工生日送祝福活动。同时，根据全年不同时期的安全工作特点，制定了全年安全活动方案并坚持长期开展形式多样的安全活动，极大地丰富了员工的生活，促进了企业的安全生产。

五、以点带面，全面开展

按照安全质量标准化建设要求，公司在制度建设、程序性规范、会议规范、行为规范、安全监督、“三违”处理、安全文化等各方面全面推行标准化，先后出台了《雄山公司员工行为规范》《生产系统员工岗位作业规范》《“三违”管理规范》《安全指挥中心运行规范》《防治水工作规范》《文件管理规范》《会议规范》《员工工伤管理规范》《职工培训档案管理规范》《综采工作面作业规范》等切合企业实际、符合安全质量标准化管理要求的规范性文件，为制导企业规范性管理、员工规范性作业起到了积极的指导作用。

六、严格日常监督考核

保证工作的落实，离不开有效的监督。在安全质量标准化创建过程中，公司明确了日常检查必须包括质量标准化内容的基础上，又明确了每周二的安全质量标准化检查制度。通过日常、规定时间以及不定期的检查，保证了日常安全质量标准化工作的扎实开展；通过阶段对责任领导的安全质量标准化建设工作考核，保证了系统性安全质量标准化工作的整体推进。

虽然，我矿在标准化建设中取得一定成绩，但仍存在诸多不足之处，我矿将在今后的工作中积极改进，促进我公司的安全质量标准化工作上一个新台阶！

山西兰花科技创业股份有限公司
伯方煤矿分公司

一、高度重视，加强领导，完善制度

首先，突出安全质量标准化工作的重要地位。今年以来，我矿积极改变原有标准化工作的代管局面，作为伯矿的一项主要工作来抓，并将安全质量标准化工作与各科室、各队的工作业绩挂钩，作为“争创星级队”的一项主要指标，具有一票否决权。极大地调动了各科、队标准化工作的积极性。

其次，加强了对标准化工作的组织领导。完善了科、队两级安全质量标准化领导组。按照主要领导亲自抓，切块管理、分工负责的原则，规定上到各科、队长，下到各组职工对安全质量标准化层层负责，并对各专业职能部门考核、检查、指导本专业的标准化工作做出明确规定。从而形成了层层负责的标准化责任体系，为搞好质量标准化工作提供了组织保障。

最后，健全安全质量标准化制度及标准体系。搞好质量标准化工作的关键是有科学、严密的制度和对标准严格的落实。因此，我们结合实际，重新修订各种管理制度，并重新细化、量化、深化了各专业，各队标准化标准内容,形成了一套完整有序的安全质量标准化检查评比、考核体系,为安全质量标准化建设提供了制度保证。

二、多措并举,提高职工综合素质,为开展安全质量标准化打好基础

提高人的安全意识和操作技能,规范人的行为,是实现不断提高安全质量标准化的重要基础。围绕提高职工素质,开展了以下两个方面的工作。

(一)山西省兰花科技创业股份有限公司伯方煤矿分公司加强班组长队伍建设。实施班组长持证上岗制度,制定专门培训大纲和培训教材,集中对在岗的班组长开展安全教育培训,培训不过关的撤职换岗。建立后备班队长选拔培训机制,从各班队选拔部分骨干,参加班组长培训。对班队长进行定期考核讲评,实行末位淘汰,空出的职位,从培训合格的骨干中选拔任用。

(二)推行岗位安全确认,"手指口述"。围绕提高人的安全质量意识和危害辨识控制能力,推行了全员、全方位、全过程、工序化的"三全一化"岗位安全确认。并以"安全预想、危险预知"为主要内容,全面推行了"手指口述"式安全确认法,进一步强化了现场安全管理,促进了规范操作的落实。

三、全面推行"精细化"管理,促进安全质量标准化动态达标

在矿井各生产作业面积极推行了"精细化"管理机制。按照细化、量化、标准化要求,参照国家和行业安全标准、技术规范,针对企业实际,修订了回采、掘进、开拓、机电、运输、通风等各个系统规范标准及考核验收流程,把其列为精细化管理和走动式管理的主要内容,实施了施工过程中达不到标准限期整改,以及由下一道工序追偿等硬性措施,实现了安全质量标准化动态达标。

(一)按规范设计。要求一切井工工程都要有设计,在规范设计流程的基础上,细化设计内容。对每项工程的每个环节、施工现场的每个细节,都以设计说明书的形式固定下来,逐项提出具体操作要求,明确具体标准。如设备或材料怎么摆放、管线如何吊挂、采面单体液压支柱放液阀必须朝向相同等。

(二)按设计施工。所有生产工作岗位操作全过程都要按设计标准进行,已开工的工程必须现场悬挂设计图表,对施工过程"时时有规定,处处有标准"。我矿专门编制《伯方煤矿安全质量标准化制度》,其中编制了煤矿操作岗位标准化作业标准,对每一个生产工作岗位、每一道操作工序都做出了具体规定,并在生产过程中强力推行。每个工作面开工前先检查按设计施工的问题,与设计要求不符不许开工。为促进作业现场按设计施工的推行与落实,管理人员在生产过程中坚持走动管理,凡是不按设计施工的一律挂黄牌、停产整顿,直到验收合格后才准许恢复生产。

(三)按标准验收。突出对生产全过程的动态检查、班末验收和竣工后的对标考核,坚持施工过程中管理人员的动态检查与班末验收相结合,对当班施工质量、设计标准落实情况逐项进行打分考核。坚持将班末验收打分结果与工程竣工后的系统验收相结合,作为安全质量标准化工资的考核依据,做到设计、施工、检查、验收环环相扣,全程闭合。

四、强化现场管理,实现动态达标

为推行精细化管理,在现场管理上建立了"三级"考评体系,及队级班报、专业组动态抽检、质检科定期验收三级考评。逐步推行全员、全方位、全过程考评模式。

首先,从制定《质量标准化班报表》着手,从严从细分解标准。现场管理人员做到目标明确、指导到位;操作层责任清晰、工序严密。深入实施安全质量班组全过程管理,使每个岗位的作业人员主体责任更明确,行为更明确,从而使达标关口前移。

其次,推行专业组动态抽检,采、掘、机、运、通各专业管理人员在进行现场专业指导过程中,对各工作面同时进行每月不低于4次的质量标准化抽查检查,并作为月末各队标准化不定期验收结果进入当月标准化考核。从而保证各专业管理人员对各工作面标准化的有效监管及指导。

最后，建立定期验收制度，每月由质检科牵头组织各专业对各队进行标准化验收，覆盖率100%，对检查中存在的问题用整改情况表返回队里限期整改，整改期限后由质检组人员使用整改回查表进行回查，直至闭合。

通过安全质量标准化工作的开展，有力地推行了安全生产形势的稳定发展，职工的安全意识得到提高，工作现场安全程度明显改善，设备故障减少，人机环境和谐，连续多年杜绝了重伤以上人身事故。在今后的工作中将进一步采取措施，加大安全生产管理力度，全面提升安全质量标准化管理水平，使安全质量标准化工作再上一个新台阶，为建设本质安全型现代文明矿井而继续努力。

山西兰花集团东峰煤矿有限公司

一、多措并举，提高职工综合素质，为开展安全检查质量标准化打好基础

（一）公司宣教科充分利用全员培训时间对职工进行安全检查质量标准化考核专题培训；各基层队平时利用“同五例会”“每日一题”“毛毛雨天天下”“政工五分钟”等形式加强安全质量标准化学习，对搞好安全检查质量标准化工作做了前期准备。

（二）充分利用学习白国周班组管理之契机，加强班组长队伍建设，实施班组长持证上岗制度，把安全质量标准化学习成绩作为选用班组长的一个主要依据。

二、加强安全环境建设，提高安全质量标准化水平

坚持以人为本，加强地面和井下安全环境建设，创造良好的环境，为职工安全与健康提供有力保障。

（一）强化安全环境硬件设施建设。本着高标准、高层次、高水平的原则，深入推进安全质量标准化建设。全矿井实施井上、井下“亮化、净化、美化、规范化”环境改造工程。从井口到井底车场，从轨道上山到井下各工作面现场，分阶段逐步实现全部防爆照明。实践证明，职工在宽敞明亮的环境中工作，无论心态，注意力还是操作的准确度都有较大改观。

（二）着力打造本质安全检查型矿井装备系统。以实现“机电设备零隐患，矿井装备零故障”为目标，实施矿井提升系统变频改造，

基本实现了自动化、数字化；积极引进大功率、高强度的综采放顶煤设备，推行掘进全面机械化，实施矿井安全监测系统升级改造，安装顶板在线监测系统，自主研发了排放瓦斯分风器，这样既增强了矿井抗灾能力，又提高了安全质量标准化的科学管理水平。

三、创新考核运作机制，确保安全质量标准化规范有序运行

在坚持安全质量标准化月检、定期与突击检查、每周隐患排查的基础上，我公司深入探索，不断完善安全质量标准化的考核运行机制，使安全质量标准化工作逐步纳入规范化、制度化、科学化轨道，保证了安全质量标准化工作的规范运作。

（一）改革薪酬分配机制。发挥政策导向作用，引导职工牢固树立“安全检查就是效益”的观念，推行了独立于效益之外的安全专项工资考核制。改变传统模式的“以量计资，超产超尺累加计奖”的考核方式，促进了基层单位由生产管理型向安全质量管理型转变。

（二）实施专项激励机制。公司每年适时开展“安全质量标准化月”竞赛活动，同时每年奖励在安全质量标准化工作中取得突出成绩的先进单位和个人，有效地促进了职工由“要我安全”向“我要安全”的转变。

山西科兴能源发展有限公司高平市南阳煤矿

一、高度重视，完善制度，保障安全质量标准化工作全面展开

抓好安全质量标准化是煤矿企业生存和发展的命脉，是实现安全生产的基础，也是煤矿一切工作的基础，是提高企业核心竞争力的关键。质量标准化搞不好，安全生产就没有保证，生存发展就是一句空话。所以我们本着“要干就干精品、要做就做最优”的原则，从思想认识、组织领导、规章制度等方面对安全质量标准化工作给予了大力保障。

首先，加强对安全质量标准化工作的组织领导。成立了安全质量标准化工作领导组，按照主要领导全面负责，分管领导具体负责，其他领导分块负责的原则，各科室、连队按分管区域进行管理，同时明确各专业小组的责任，各专业小组主要负责考核、检查、指导本专业的标准化工作。从而形成了从企业负责人到职工层层负责的标准化责任体系，为搞好质量标准化工作提供了组织保障。

其次，突出安全质量标准化工作的重要地位。保证安全首先要保证质量，质量是保证安全的基础，在质量把关上，我们严格要求，把当班跟班队长定为本班安全质量第一责任人，现场监督、全程指导，杜绝“三违”行为，保证生产工序正常进行。在工程质量上要过“三关”，所谓过“三关”即从验收员、施工员、安监员按照质量标准化班评估标准针对每一根锚杆、每一组托梁、每一米进尺、每一颗单体柱逐一排查后进行签字，层层把关，发现问题现场立即整改，保证工程质量合格率达到100%。公司每月召开安全质量标准化工作例会，研究总结上月工作，分析存在问题，提出下月的工作目标、措施及要求，保证了质量标准化工作扎实开展。

最后，健全安全质量标准化制度体系。搞好质量标准化工作的关键是有科学、严密的制度和对制度严格的落实，规范人的行为，促进物的规范管理，达到现场环境协调有序。因此，我们十分重视安全质量标准化管理制度的建立，把它作为搞好安全质量标准化的一项基础工作来对待。我们对照《安全质量标准化标准及考核评级办法》，结合实际，细化、量化、深化了检查考核标准内容，出台了《安全质量标准化标准及考核评级办法》《安全质量标准化月度检查评比制度》《安全质量标准化绩效考核奖罚制度》《深入开展安全质量标准化活动的实施方案》等制度规定和采、掘、机、运、通、地测防治水、安全管理、企业形象八个专业的考核细则，形成了安全质量标准化检查评比、考核奖惩体系，为安全质量标准化建设提供了制度保证。

二、精细管理，加强检查，实现现场动态达标

我们以实现全员、全方位、全过程“上标准岗、干标准活”为目的，坚持以人为本，推行精细化管理，通过质量标准化使现场安全管理水平得到提高。

一是明确责任，规范现场操作行为。从严从细分解指标，形成了从上到下逐级落实，从下到上层层负责的标准化管理体制，现场管理人员做到目标明确、分工细致、指导到位、考核严细；操作层要责任清晰、工序到位、行为规范、操作熟练，做到“上标准岗、干标准活”。从设备稳装到物料码放、从设备维修到现场操作，通过职工的规范操作，实现现场动态达标。突出岗位个体能力的发挥和班组这个基本生产单元效能的发挥，规范职工进入工作面后的工作程序，使每个岗位的作业人员主体责任更明确，行为更规范，杜绝重伤以上事故。

二是积极推行精细化管理，注重生产全过程的每个环节、每道工序的管理，把每项工作具体细化、量化到生产全过程，达到人人、事事、时时、处处有科学，严谨、规范的制度去约束，体现出“采掘工程质量精品化、机电设备正常化、运输大巷规范化、管线吊挂一线化、作业牌板统一化、安全监控时效化、作业环境整洁化、现场管理人性化、职工管理军事化”的特点。

三是坚持动态检查和综合检查结合，加大检查力度。成立了安全质量标准化检查小组，每周对现场情况进行抽查，每月组织全方位的安全质量标准化综合大检查。我们规范检查行为，做到公开、公正、公平；提高检查质量，按照要求逐条逐项进行检查，不能有缺项、漏项；落实检查责任，检查人员按照“谁检查，谁签字，谁负责”的原则，实事求是，认真填写安全质量标准化检查表。严格对照新标准和新规程进行检查，重点检查考核设施、装备、资料等基础工作，主要从现场管理上的标准化水平去考核评比，以此促进安全质量标准化工作扎实开展。

三、夯实基础，加大投入，提升安全质量标准化管理水平

我们始终坚持优先保证安全质量标准化的投入，高度重视安全质量标准化基础工作。对照标准，制定计划，加强装备、设施、资料等基础性工作，实现安全质量标准化工作从注重物的管理向提高人员素质、规范操作行为转变，从注重形象达标向扎实开展基础工作达标转变。

一是完善基础装备，保证装备的适用性。按照安全质量标准化标准的要求完善和使用好各类基础装备，在装备的选购上，做到符合标准，适用可行；在设备的管理上，做到台台设备有台账、有记录；在设备的使用上，严格按照规定每班班前对设备进行检查，发现问题及时处理，并利用检修班对设备进行全面检查维护，同时要加强设备日常的维护及规范人员的操作，确保设备正常运行。

2011年累计投资4640万元对综采端头架、综掘机、主提升机、架空乘人装置、跑车抓捕器、探放水钻机等设备进行了完善和更新。投资500万元建成了集质量标准化调度室、监控系统为一体的调度监控指挥中心，并在原有基础上进行了升级改造。投资160余万元安装了井下广播系统及井下通风监测系统。

二是完善基础设施，保证设施的可靠性。先进的技术和设备，是提高安全质量标准化水平的重要途径。我们严格按照安全质量标准化标准完善各类基础设施，严把基础设施的质量关，加强对基础设施的检查和验收，确保数量和规格符合要求；严格基础设施的管理，挂牌管理、责任到人，保证设施的完善可靠。2010—2011年期间投资5800万元对井下通风系统进行改造，刷大通风断面，增大了用风量，优化了通风系统；投资1500万元对井下3000米巷道进行了硬化、亮化，更新了运输系统；投资20万元对井下牌板进行了补充更新。投资2300万元对地面进行了绿化、美化，建设花园式矿山。

三是完善基础资料，保证资料的规范性。针对基础资料方面存在的问题，我们对各类记录、台账、报表、规程、措施、图纸等资料统一了标准和格式，做到内容齐全，数据准确，全部建档管理。

四、做好标准，以点带面，促进标准化工作整体推进

我们按照“做好标准，以点带面，循序渐进，整体推进”的工作方法，促进了安全质量标准化工作的不断深入。

一是精管理，强要求、严考核，促进标准化工作整体推进。我们强化安全质量标准化工作精品意识，大力开展技术革新活动，集中人力、物力对薄弱环节进行高标准整治，做到薄弱环节有突破，优势专业有巩固，领先项目有创新。从管线吊挂、巷道维修、安全设施、材料码放、图牌板管理等基础工作上下工夫。

二是抓培训，强知识，提高员工队伍素质。我们坚持“以人为本”的原则，突出专业培训，突出岗位达标，组织开展多层次、多途径的培训。坚持对所有职工及安全管理人员进行安全培训，对队长、班组长、主要安全工种、主要技术工种采取集中培训，特别注重抓好

特种作业人员的资质培训，强化基层管理人员和特殊岗位人员的标准化知识和技能。

三是抓重点，寻突破，促进质量标准化工作向纵深发展。按照上级文件及会议精神，我们修定了标准化工作的规划目标，将工作的重点转向了“一通三防”动态达标，把提高“一通三防”基础设施质量、基础装备的作用作为突破口，与采、掘、机、运质量标准化工作有机结合起来，推动了标准化工作整体提高。

五、严格考核，重奖重罚，坚决做到安全质量全面达标

我们始终坚持严格的安全质量标准化考核、评比、奖罚制度，突出对安全指标和安全工作任务完成情况的考核，对“采、掘、机、运、通、地测防治水、安全管理、企业形象”八个专业小组工作的考核，做到周考核、月汇总、季评比、年度总评。

一是把对安全工作定量控制和考核作为标准化工作的重要内容，通过签订《安全生产工作目标责任书》，将安全控制指标层层分解到各单位，将安全质量标准化责任层层落实到各岗位。对安全工作落实情况、质量情况和完成情况进行严格考核，按照制度规定奖罚兑现，每月对安全工作落实不力的单位和责任人在安全例会上进行通报批评。

二是建立激励机制。我们一直坚持对安全质量标准化工作进行评比，对优秀单位和落后单位分别给予奖励和处罚。对作风扎实、检查到位、评级严细、原始资料齐全、上报及时的业务部门给予500~1000元不等的奖励。对于作风漂浮，检查态度不端正，责任不落实、工作不到位的业务部门进行1000~2000元不等的处罚。同时与矿绩效考核挂钩，作为年底考核工作业绩的重要依据。要求每一专业小组每月检查评级在90分以上(含90分)且主要项目得分无二级品，并将月度检查结果同各连队结构工资、安全工程账户挂钩实行奖罚。

三是把安全质量标准化工作与安全奖罚挂钩。我们把《安全质量标准化绩效考核奖罚办法》《安全风险个人抵押考核办法》《“三违”管理办法》都作为安全质量标准化重要考核内容，增强了员工抓安全、抓质量的自觉性，有力地推动了安全质量标准化工作安全稳定发展。

山西科兴能源发展高平申家庄矿业有限公司

2004年以来，我矿始终坚持把安全质量标准化建设作为矿井的一项基础工作，严格制定标准，加大投入力度，强化管理措施，我矿上下文明生产和综合形象发生了较大变化。特别是进入2011年以来，我们立足实际、着眼大局，严格落实各项责任，强化“双基”，塑造文化，发扬求真务实、真抓实干的作风，在总结以往安全质量标准化建设经验的基础上，坚持高境界、高标准、严制度、严管理，持之以恒抓质量，扎实有效做工作，推陈出新促发展，在安全质量标准化建设方面取得了一定的成效，积累了一定的经验。公司兄弟单位常到我矿参观交流。在已取得的成绩和荣誉面前，我们要全面加强安全质量工作，夯实基础，稳步推进，通过不断深化安全质量标准化建设活动，建立自我约束、不断完善的安全生产长效机制，提升矿井本质安全水平，促进矿井安全质量标准化建设工作再上新台阶。

一、做到“三个始终坚持”，为深化安全质量标准化建设奠定基础要始终在思想上追求卓越、永不满足，不断改进、完善工作思路和方法，在思想认识上做到“三个始终坚持”

一是始终坚持自觉摆正搞质量标准化与安全之间的关系、与生产之间的关系、与经济效益之间的关系，牢固树立“质量为本、安全为天”和“持之以恒抓质量、扎实有序做工作”的思想观念，牢固树立起“抓质量就等于抓安全、就等于增效益”的观念，牢固树立“没有质量标准化建设就没有安全生产的良性循环”的思想观念，在全矿上下形成共识，凝聚合力。

二是始终坚持把安全质量标准化作为事关煤矿职工生命安全的大事，作为煤矿企业生存和发展的命脉所在，作为矿井强根固本的根本途径，真正摆上“生命工程”的高度，抓住不放，一抓到底，自觉做到“干一辈子煤矿，搞一辈子质量标准化”。

三是始终坚持抓安全质量标准化建设，“没有做不到，只有想不到”，牢回树立“认识有多高，工作标准就有多高”的思想观念，认识到质量标准化建设上不去，不仅影响我矿的标准化建设，更重要的是影响集团公司的整体水平，明确了建设安全质量标准化“精品工程”、创建安全质量标准化“精品矿井”的奋斗目标，以“创精品、锻名牌”统领安全质量标准化整体工作，做到了思想统一、目标明确，思想高境界、工作高标准。做好“两项基础工作”，为深化安全质量标准化建设提供动力一要广泛深入地进行宣传动员，形成强大的舆论声势。大力宣传党中央、国务院关于加强煤矿安全生产的一系列重要指示，增强广大干部职工把安全质量工作搞上去的责任感和使命感；大力宣传煤矿企业面临的形势任务，帮助广大干部职工正确认识安全质量标准化的重要意义和作用，强化安全质量意识；大力宣传其他先进单位抓安全质量标准化的先进经验，认清差距，增强紧迫感，坚定抓好安全质量标准化工作的信心；大力宣传矿井质量标准化工作部署及具体措施，明确安全质量标准化工作的努力方向和奋斗目标。

二、狠抓职工教育培训，提高员工队伍素质

认真组织班子成员、中层干部和全体职工学习上级关于标准化建设的安排意见、实施方案、考核标准及办法，并充分利用区队技术课和班前班后会时间，向职工讲解工程质量标准和技术要求，提高职工质量意识，并经常性进行定期测试，实行奖优罚劣，充分调动职工学技术、学知识的积极性。在全矿形成上下联动、全员参与、全力以赴抓标准化建设的局面。通过认真学习和深刻领会领导讲话及有关文件精神，并在对过去工作进行认真分析总结的基础上，找出存在的问题和差距，及时调整质量标准化建设的工作思路，结合现场实际制定新的质量标准化建设目标，保证安全、提高效益，推动矿井质量标准化建设不断跃上新台阶。

三、开展“一项重点活动”，促进安全质量标准化建设水平稳步提升

近年来，我公司始终把安全质量标准化建设放在首位，不断深化细化质量标准化建设。特别是进入2010年以来，我们创新工作思路，创新区队管理，创新操作工艺，向技术革新要质量，并多次以良好的形象迎接了兄弟单位的参观学习；在安全方面全区杜绝了微伤及以上的人身事故和重大非人身事故，实现了安全生产，“三违”人数与去年同期相比明显降低。截止到目前，该区已连续实现安全生产5700余天。近期，我们要以开展“一个亮”活动为重点，按照“典型引路，以点带面，循序渐进，全面提高”的工作方法，促进安全质量标准化工作的不断深入。

四、抓住“六个关键环节”，扎实有效地做好下一步的安全质量标准化工作

虽然我们在安全质量标准化建设方面做了大量的工作，取得一定的成绩，但我们要清醒地认识到当前公司及我矿在安全生产上所面临的严峻形势。为此，我们要加强领导，强化责任，狠抓落实，扎实做好安全质量标准化建设工作，促进安全生产状况持续稳定健康发展。在实施过程中要抓住“六个关键环节”。

一是思想不能放松。思想认识是前提，搞安全质量标准化必须坚持思想先行，用思想达标带动安全质量达标。特别是领导干部一定要端正思想，始终保持一股大搞安全质量标准化的高度热情。要通过广泛深入的宣传动员，形成强大的舆论声势，把大家的思想统一起来，为安全质量标准化工作奠定坚实的思想基础。

二是管理不能滑坡。安全质量标准化工作重在管理。只有实施强有力的管理，才能保证安全质量标准化工作扎实稳步地向前推进。要强化责任主体的地位，建立健全各项规章制度，制定奖罚措施，层层落实开展安全质量标准化工作的责任，做到事事有人管、件件有着落；要强化技术管理和技术创新，依靠先进的安全生产技术，提升安全质量水平。

三是标准不能降低。开展安全质量标准化工作，需要有明确的标准。要严格按照《煤矿安全质量标准的标准及考核评级办法》并结合实际情况，制定相关的实施细则。这些标准和细则是开展安全质量标准化工作的重要尺度，必须严格遵守。要在此基础上重点抓深入，创精品，建设高标准的安全质量标准化矿井。

四是投入不能减少。俗话说，“巧妇难为无米之炊”。搞安全质量标准化工作也是这样，没有必要的投入作保证，是搞不好的。加大安全投入是搞好安全质量标准化的一项重要条件。要进一步落实国务院关于企业提取安全费用等规定，足额提取安全生产专项经费，专款专用，不断加快安全技术改造进度，改善安全基础条件和安全质量标准化工作。

五是加强“双基”建设。开展安全质量标准化活动重在基础、重在基层、重在落实、重在治本；安全质量标准化工作能否取得成效，关键在于基层和基础工作。安全质量标准化的一切工作，最终都要落实到矿井、区队、班组。要继续加大“双基”建设的力度，把“双基”建设和安全质量标准化工作有机结合起来，作为安全生产工作的重中之重来抓，探索建立煤矿安全长效机制，进一步夯实安全生产的基础。

六是注重实际效果。我们搞安全质量标准化的最终目的，在于确保煤矿安全生产，保障劳动者的生命安全。井下巷道、峒室以及工作面整洁美观，给职工提供了安全、舒适、温馨的工作环境，做好这些工作是十分必要的，但要注意防止“为了标准化而搞标准化”的倾向，要继续发扬求真务实的作风，拿出实实在在的办法措施，紧紧抓住制约煤矿安全生产的关键环节，在改善矿井安全生产基本条件、提高矿井安全水平上狠下工夫。

山西天地王坡煤业有限公司

公司多年来一直坚持开展安全质量标准化工作，认真落实国家、省、市、县关于开展煤矿安全质量标准化工作的指示精神，始终把安全质量标准化工作视为形象工程、生命工程、效益工程和基础工程。通过几年的管理实践，逐步形成了一套符合本企业实际的管理方法，并使之不断完善、提高。

一、领导重视，健全体系

为了加强对全矿安全质量标准化工作的领导，由安全副总主管矿井安全质量标准化工作，成立由总经理为组长的安全质量标准化领导组，负责协调全矿安全质量标准化工作中的重大问题，领导组下设安全质量标准化办公室，负责安全质量标准的化规划制定、组织管理、达标验收等工作。根据采、掘、机、运、通、地测防治水等专业特点，成立了由相关职能部室负责的各专业安全质量标准化领导管理小组，具体负责本专业内的安全质量标准化工作的开展，各基层区队都确定了安全质量标准化专职管理人员，形成了“横向到边、纵向到底”的安全质量标准化管理体系。

二、制定标准，加强管理

公司按照国家及山西省2009年下发的《煤矿安全质量标准化标准及考核评级办法》，结合公司实际编制了最新的《山西天地王坡煤业有限公司安全质量标准化标准及考核评级办法》，实行区队单项专业百分制量化评比考核办法，建立了区队自检、专业周检、逐月验收、动态抽查的检查验收制度。

三、多法并用，严格检查

组建了一支由职能科室领导、专业技术人员、安全检查员、工作面质量验收员参加的专、兼职相结合的质量检查队伍，采取自检、全检、抽检和动态检查与静态检查相结合的办法进行严格检查。班组验收员每班对工作面进行检查，并填写检查班报表；区队每周组织一次对本单位的标准化检查；职能科室每周对本专业进行一次检查；质量标准化办室除每月组织一次全矿安全质量标准化检查验收外，重点对各区队和职能科室专业人员检查过的区域进行抽查，以检查其是否按标准履行职责，安全检查员对工作面验收员工作实行全面监督。

四、严格奖惩，激励竞争

充分利用经济杠杆作用，实施安全质量标准化结构工资考核，把参与安全质量标准化建设单位的所有人员月度工资的10%作为标准化结构工资与达标规划挂勾考核，凡未达到预定目标的单位，扣除本单位所有人员的标准化结构工资，对达到预定目标和做的好的单位，除结构工资正常发放外，还将给予标准化结构工资10%的奖励，充分调动现场每一位员工建设质量标准化的积极性。

五、强化培训，提供人力保障

我们始终坚持“以人为本”的原则，突出专业培训和岗位达标，组织开展多途径、多层次的培训。先后组织技术骨干人员到阳煤集团、晋煤集团、兰花集团等先进单位参观学习。职能部室组织本系统人员对本专业标准化知识进行培训，区队将标准化知识纳入“每日一题”日常学习过程中，实施“员工考核、区队考核、部室考核”三级考核机制，实行了成绩与工资挂钩的考核激励机制，大大激发了员工学习标准化的劲头，同时，针对综掘机司机、采煤机司机、支护工、电钳工等特殊工种，通过技术比武，岗位练兵等多种形式，开展岗位技能培训，不断地提高员工的安全技术素质，为安全质量标准化的开展提供了有力保障。

六、加大投入，夯实基础

先进的技术设备也是提高安全质量标准化水平的重要途径。我们始终坚持保证安全质量标准化的投入，推广使用新技术、新装备，不断加强安全质量标准化基础工作。几年来，陆续对各个系统设备进行了更新改造，购置了防爆胶轮车18台、双风机双电源自动切换装置5套、安装自动喷雾装置10套、除尘风机6台、安装了安全信息局域网、井上下无线通讯系统、综采面更新了矿压监测系统、两端头超前支护和皮带保护装置、完善了综掘面和主皮带保护4套、完成了地面压风系统建设。

七、摸清底子，打攻坚战

每月标准化办公室组织一次全公司安全质量标准化检查，组织召开专题会议，研究各个单位标准化存在的重大问题和疑难问题，列入标准化月度攻坚战项目，制定专门方案进行整改，对每月内完成的攻坚战项目各队要先自行验收，合格后由安监部组织相关部门对攻坚战项目进行验收，对不合格或无故没有完成的，一项罚款500元，重新落实措施，组织人员进行整改。

八、典型引路，以点带面

按照“试点先行、现场树标、整体升标”三步走的思路，努力打造“一个综采面、一个掘进头、一个硐室、一条辅助运输线、一条主运系统”的“五个一”精品示范工程，以点带面，推动安全质量标准化上台阶。定期组织相关人员召开现场交流会，学习先进，鞭策落后，区队的标准化意达到了不断提高，形成了自找差距，你追我赶，相互促进的标准化工作局面，从而带动了公司安全质量标准化工作的深入开展。

山西凯嘉能源集团义棠煤业有限公司

长期以来，公司始终坚持“安全第一、预防为主、综合治理”的指导方针，严格落实国家、省、市有关安全生产的法律法规，以狠抓安全质量标准化为龙头，强化安全基础管理，建立起安全生产长效机制。按照贯彻落实科学发展观的要求，以创建本质安全型企业为目标，积极推进安全管理创新，充实安全质量标准化验收考核内容，建立起安全质量标准化与安全文化建设、规范操作、改善环境相结合的“四位一体”动态考核验收常态机制，提升了安全质量标准化总体水平，使井上下生产作业环境显著改善，职工队伍整体素质明显提高，安全生产可控程度进一步增强，为公司安全生产状况的持续稳定奠定了坚实基础。

一、加强领导、落实责任，建立健全安全质量标准化管理机构

为保证安全质量标准化工作深入开展，公司成立了由总经理为组长，调度、安检、技术、机电、通风等部门负责人为成员的安全质量标准化领导组，负责组织开展和推进公司安全质量标准化工作，领导组下设质量标准化办公室。由15个采、掘、机、运、通、地测专业技术人员组成，负责制定标准、专业达标检查、验收等工作。为加强标准化现场管理和规范操作，由部门技术员、生产单位班组长、现场施工负责人组成标准化现场作业小组，从而形成了从企业负责人到职工层层负责的标准化责任体系，为搞好质量标准化工作提供了组织保障。同时，安检部部长兼任质量标准化办公室主任，不仅强化了检查和奖罚力度，而且取得了以安全检查、隐患排查整治推动标准化建设，以标准化建设保障安全生产的效果。

二、安全质量标准化管理制度和考核办法实施，确保了安全质量标准化目标的实现

公司根据国家、省、市部门的法律、法规、规程和标准的相关规定，结合公司实际，修订了义棠煤业公司《安全质量标准化作业实施方案》《安全质量标准化作业检查标准及评分办法》《岗位标准化作业标准》，出台了安全质量标准化管理、检查验收等制度。从源头治理、动态达标、员工岗位标准化作业三个方面入手，每月组织检查验收，评比打分。在责任体系建设上，把安全质量标准化责任层层分解，做到安全质量标准化人人肩上有责任，人人身上有指标。在质量达标验收上，坚持在动态过程中进行，队组自身除天天检查，班班验收外，还充分利用安检员24小时跟班作业对生产过程的每道工序、每个环节的施工质量随时监督验收，实行班与班之间的质量交接验收制度。动尺上线，不合格的不予验收。做到了严制度、严管理、严检查、严考核全程闭合模式。

建立激励机制。为提高各单位开展安全质量标准化工作的积极性，公司提取吨煤1.5元作为奖励基金，对安全质量标准化工作表现优秀单位和个人奖励。对安全质量标准化考核评分未达标部门和个人予以相应处罚。连续三个月考核未达标的，全公司通报批评，现场管理人员调离岗位。

三、加强员工安全意识和操作技能的素质提升，不断提高安全质量标准化工作水准

公司培训中心以安全质量标准化为核心，对新

员工、一般从业人员、特种作业人员、班组长等不同群体,全面开展理念灌输、系统追问、危险预知、危害辨识、操作技能等培训教育,培育员工树立良好的行为习惯和职业素养。培训结束后,进行理论实践考核,不及格者不得上岗并重新培训;建立后备班组长选拔培训机制,从各班组选拔骨干,参加班组长培训。每月对班组长进行定期考核讲评,实行末位淘汰,空出的职位,从培训合格的骨干中选拔任用;由于公司员工文化素质参差不齐,为提高员工整体素质公司对他们实行了"再教育"工程,先后与太原理工大学、省经济管理干部学院联合开办了采煤大专班、机电大专班、财务大专班,员工们利用周六、日在公司学习煤炭专业知识。公司还多次组织管理、技术人员和班组长到兄弟单位参观学习,采用走出去引进来办法,使他们找出自己的差距,同时也能发现别人的亮点借我已用,同时还能引导大量工程技术人员自觉的投入技术改革和创新当中。

四、加大安全投入,依靠科技增强矿井安全保障能力

安全投入是提高煤矿本质安全水平的重要保证,也是安全质量标准化的一项重要内容。以实现"机电设备零隐患、矿井装备零故障"为目标,实施矿井提升系统数字化改造和主扇风机安全节能改造,基本实现了自动化、信息化、数字化;不定期开展运输、供电、通风、排水等本质安全型系统和部位的改造,增强了矿井抗灾防灾能力,提高了安全质量标准化的科学管理水平。

五、典型引导,以点带面 推动安全质量标准化整体提高

建立以点带面的推动机制。在质量标准化推进过程中,公司坚持"由面到点,以点促面"的工作思路,选树"精品"头面,将工作质量标准化、生产管理科学化、管线吊挂整齐化、施工牌板规范化、作业环境优美化、安全装备现代化等"六化"目标融入设计、审批、施工、监督检查的流程当中,树好标杆,精心打造,并通过组织生产、辅助单位管技人员召开现场推进会,现场查看、现场比对、现场讲评的方式,构建学习交流和先进经验推广的有效平台,实现辐射效用的最大化。

六、加强井上下安全环境建设,为员工安全与健康提供保障

优化环境影响人。文明整洁的环境,既是企业文化的外在体现,也是规范职工行为的有效手段。为此,公司对矿内广场、宿舍区、井下巷道、机电峒室及采掘头面都进行了美化、亮化,制定了文明生产管理办法。对井下环境分段管理,实施 24 小时保洁,管线分色刷漆,吊挂整齐划一,物料定置管理、排列有序,水沟平整齐直,上下山路面硬化;井口设置了大屏幕,开通了"义煤之声"调频广播、先后创办了举办了《义煤报》和《义煤通讯》,在员工入井的途中,设置了安全知识文化长廊等各个安全系统的导入,及时传播企业安全理念和安全信息;营造安全健康文化。着力营造安全健康文化。建立了员工安全健康保障体系,定期开展职工健康检查,建立了员工安全健康管理档案,对员工食堂、宿舍、更衣室全面实施人性化改造,逐步实现服务人性化、就餐住宿宾馆化、更衣洗浴舒适化、井下服务地面化。

质量标准化工作是一项长期的系统工程,义棠公司将继续巩固提升安全质量标准化及矿井管理水平,持续营造浓厚的标准化作业氛围,构建安全生产长效机制,实现煤矿长周期的安全生产。

山西玉和泰煤业集团有限公司

一、加大宣传力度，营造良好氛围

我矿充分利用各种条件，采用多种形式，大力在职工和群众中宣传安全质量标准化工作的重要意义，不断提高广大职工的认识，增强工作的自觉性、积极性、主动性、创造性，在上级的领导下努力形成“政府统一领导，部门依法监管，企业全面负责，群众参与监督，全社会广泛支持”的安全格局，在我矿形成一个“上标准岗，干标准活”的良好氛围，切实加快安全质量标准化的步伐。

二、成立组织，明确责任

成立安全质量标准化领导小组(以下简称领导小组)。领导小组的职责，负责安全质量标准化建设方案的制定，组织安全质量标准化的检查、验收以及年终的评定、评比，督促各项任务的落实和奖罚兑现。安全质量标准化领导小组下设办公室，具体负责日常业务工作。要求领导小组的各个成员要明确职责，落实责任，规范管理。我矿魏矿长负责安全质量标准化工作达标方案的制定并组织实施；总工程师王辉及分管矿长分别对各自分管范围内的安全质量标准化具体工作负责；形成责任明确，一级对一级负责，层层把关，严格管理，逐级负责，落实责任的安全质量标准化管理体系，提高我矿的管理水平。我矿还拿出专项资金为安全质量标准化工作使用，每个职工监督专项资金的使用情况。

三、建立制度，规范标准

在建设安全质量标准化矿井过程中，我矿制定和完善了达标方案和实施意见，建立健全全矿各工种岗位责任制，工作标准和质量标准，规范管理，按章操作，提高安全质量标准化工作；在区队和各岗位建立“示范班组”“示范岗位”和“精装线”，强化标准，规范职工行业和意识，在制度上为安全质量标准化打下了基础。

四、强化培训，提高素质

人是决定安全工作的主要因素，在注重提高安全装备水平，改善安全环境的同时，必须提高人的素质，特别是管理人员和技术人员的素质。我矿从2006年以来全面加强了职工培训工作，在矿区建立了安全培训中心，配备了先进的电教设备，每年不定期地从省、市、各大集团请领导和专家来我矿授棵。所有从业人员都必须经过培训合格方可上岗，各级管理人员和特殊工种工作人员，全部经过省、市有资质单位培训，经培训合格，持证上岗。对每个人都要做好培训的档案记录，做到掌握标准，执行标准和干标准活。这样在每个职工心中深化自身对安全质量标准化工作的理念，提高了自身素质，进而引导更多的职工提高安全质量标准化意识，把观念转化为行动，从而自觉按标准化施工。

五、加大投入，实现本质安全

要把安全搞好就必须依靠科技进步和提高劳动者的素质基础上，所以煤矿企业必须加大安全投入，推进技术进步，采用先进的管理方式和手段，淘汰落后的工艺和设备以及支护方式，应用新工艺、新技术、新设备和新材料。我矿从建矿以来在安全投入和建设标准化矿井工作上毫不含糊，工作面从以前的炮采改为机采，再由机采改为现在的综采，大大的提高了采煤工作面的安全程度。掘进巷道全部实现综合机械化掘进，即保证了安全也保证了我矿的生产进度。所以，大力推行机械化作业，提高矿井的机械化、自动化水平，提升本质安全水平是建设一个标准化矿井必不可少的条件。

六、加大检查力度，实现动态达标

我矿要求各个科室开展安全质量标准化工作，并分别采用定期检查和突击检查的方式对我矿每个单位进行交叉检查或动态检查。在检查验收中，严格按《煤矿安全质量标准化标准和考核评级办法实施细则》考评奖惩，考评结果坚持就低不就高原则，并报安全质量标准化工作办公室，进行登记造册。各部门将安全质量标准化达标工作与职工工资相挂钩，即把职工每月的基础工资、质量工资和安全工资等规定清楚，实行重奖重罚。

建设安全质量标准化矿井是煤矿企业生存发展的必经之路。我矿多年以来一直坚持走标准化道路，保证我矿安全有效的发展。在今后的工作当中我们会更加努力搞好“安全质量标准化建设”工作。

山西安泽玉华煤业有限公司

一、领导高度重视，建立、健全各种制度，确保安全质量标准化工作全面推行

（一）加强组织领导，形成了齐抓共管的工作体系。成立了矿安全质量标准化领导组，按照主要领导亲自抓、分工负责的原则，规定上到矿长、下到区队长的一把手对安全质量标准化全面负责。同时明确各级责任，形成了从企业负责人到职工层层负责、齐抓共管的标准化责任体系，为搞好质量标准化工作提供了组织保障。

（二）把安全质量标准化工作与各工区、队组的工作业绩挂钩，作为年底考核的重要依据。每月召开标准化专题会议，总结上月情况，分析存在的问题，提出下月的工作目标、措施及要求。

（三）完善安全质量标准化各种制度。按照《安全质量标准化标准及考核评级办法》，结合我矿实际，对照采、掘、机、运、通、防治水六个专业各个系统细化、量化检查考核标准内容。

（四）建立、完善奖惩制度。每月召开专题例会，对优秀区队和落后区队分别给予奖励和处罚。

二、加强全员安全培训，营造绿色健康安全文化

（一）加大培训投入，建成职工培训中心，实现多媒体培训。

我矿投入800多万元，建成了现代化的培训中心，实现了多媒体培训。每年年初制订全年培训计划，定期对全员、特殊工种、安全生产管理人员进行强化培训，为安全生产打下了坚实的基础。

（二）推行岗位安全确认，手指口述，强化“必知必会”。

推行岗位安全责任制，确认手指口述。围绕提高人的安全质量意识和危害辨识控制能力，推行全员、全方位、全过程、工序化的岗位安全确认。全面推行了“手指口述”式安全确认法，进一步强化了现场安全管理，促进了规范操作的落实。强化“必知必会”内容，使工人熟练操作规程，从而保证了安全生产。

（三）加强班组长队伍建设。

按照上级文件精神要求实施班组长持证上岗制度。到有资质的培训中心组织培训、学习，集中对在岗的班组长开展安全教育培训，培训不过关的撤职换岗。建立后备班队长选拔培训机制，从各班队选拔部分骨干，参加班组长培训。对班队长进行定期考核。

（四）创新培训方式，开展安全警示教育。

我矿利用各种手段，不断创新培训形式。开展安全警示教育，定期组织员工观看安全警示教育片，营造绿色健康的安全文化。投入2000余万元新建了职工食堂、宿舍、更衣室，逐步实现服务人性化、就餐住宿宾馆化、更衣洗浴舒适化,增强了职工凝聚力,从本质上确保安全生产。

三、全面施行“高标准、严要求、勤检查、重奖罚”,达到现场动态达标

(一)高标准、严要求。一是生产工作岗位操作全过程都要按标准进行。我矿专门编制了岗位标准化作业标准,对每一个生产工作岗位、每一道操作工序都做出了具体规定,并在生产过程中强力推行。管理人员在生产过程中坚持跟班管理,与工人同上同下。二是积极推行精细化管理,注重生产全过程的每个环节、每道工序的管理,把每项工作具体细化、量化到生产全过程,达到人人、事事、时时、处处有科学、严谨、规范的制度去约束,以精细化的态度去做每一件事情。

(二)勤检查、重奖罚。采用动态检查、综合检查和专项检查相结合,加大检查力度。各区队成立了标准化小组,每天对现场情况进行抽查,每月组织全方位的安全质量标准化综合大检查。矿井组织通风、生产、机电、地质等部门,分专业每月对各矿井安全质量标准化进行抽查,安监部门每月进行综合抽查。检查人员按照“谁检查,谁签字,谁负责”的原则进行检查。按照奖罚标准,做的好的给予奖励,做的不好的给予处罚。

四、加大投入硬件设施、设备,完善各种软件资料

(一)完善基础装备、基础设施。按照安全质量标准化标准的要求完善和使用好各类基础装备。不断加大投入,在采掘方面2009年投入1000余万元购买了3台综掘机,投入2000余万元回采工作面实现了综采。在“一通三防”方面,投入1000余万元对矿井三大监测系统全部更新升级,并投入313万元建立了瓦斯抽放系统,并通过了山西省煤炭厅的验收。使用了局扇自动切换装置。在机电方面,以完善机电设备各类保护为重点,上齐了皮带、煤电钻、电机等综合保护装置,安设了断电闭锁装置。在运输方面,加强了大巷、采区运输的标准化管理,提高了运输装备水平。在防治水方面,认真坚持“有掘必探、先探后掘”的原则,对积水区域实行动态跟踪管理。聘请114地质队对我矿井水文地质情况进行了详细调查。在装备的使用上,严格按照有关规定加强日常的维护,规范人员的操作,确保装备正常运行。加强了对提升、运输、主扇等大型设备的维修与保养,确保机电设备的正常运行。

(二)完善各种基础资料。我们对各类记录、台账、报表、规程、措施、图纸等资料统一了标准和格式,做到了内容齐全,数据准确,装帧规范,统一归口,全部建档管理,成立了档案室,并建立了数字档案资料。

安全质量标准化工作是一项常抓不懈、持之以恒的系统工作,我们一定集全矿之人力、财力抓好这项工作,保证安全生产。

山西吕梁东江煤业有限责任公司

一、继续发扬成绩,巩固成果

继续通过提升素质,加大投入,安全检查,质量达标,严格考核等强有力的措施和严之又严、细之又细的工作,扎实推进质量标准化工作。

二、完善岗位标准体系

使质量标准化工作,真正做到有标准可依,有标准必依,一切按标准办事。

三、完善安全质量标准化检查体系

通过推行矿旬检、集团公司月检,区队班查日检制度,提高检查质量,保证工程质量。

四、完善竞赛体系

通过开展质量标准化竞赛活动和示范精品头面创建工作,把职工的积极性,创造性调动起来,让全员职工投身到创优争先、质量竞赛的创建活动中。

五、完善考核体系

通过经济杠杆，奖惩结合，把工程质量与每个职工的经济利益挂起钩，促进质量标准化工作向纵深开展。

六、完善教育培训体系

通过业务学习，职工培训，技术比武，岗位练兵，提高职工素质，使每个职工精通本岗位工作，正规化操作，标准化操作。

七、通过“培训、推广、考核”，强力推进“手指口述法”“岗位、环境描述法”

通过推行“手指口述法”“岗位、环境描述法”，增强职工的自保和互保意识，实现人与环境的有机结合。

八、实行全员质量风险抵押

进一步增强经济杠杆调节作用。

山西柳林金家庄煤业有限公司

2010年我矿认真贯彻落实上级主管部门和总公司关于建设“安全质量标准化一级矿井”的文件要求，我矿上下职工团结一心，艰苦奋斗，经过一年的努力，实现了地面园林化，井下安全质量标准化。

一、主要做法

（一）公司领导高度重视，专门成立了安全质量标准化领导小组，配足了专业人员。每班实行班评估，每月组织三次安全质量标准化大评比，评比结果与工资奖金挂钩，严格执行奖罚制度，大大激励了员工质量标准化的工作热情。

（二）不断提升安全质量标准化标准，不断创新安全质量标准化工作思路，大到大型设备的选用及管理，小到管线吊挂都要不断改进与提升。

（三）加强安全质量标准化培训工作，不断提高从业人员的安全质量标准化素质。2010年我公司每月组织一次全员安全质量标准化培训，每月组织有关人员外出到兄弟矿井参观一次，真正把安全质量标准化工作放在首位，树立了“安全第一，质量为本”的管理目标。使每个职工熟悉标准、掌握标准，干标准活。

（四）加大安全质量标准化投入。我公司严格按安全质量标准化要求，不断加大经费投入，淘汰落后设备，实行了100%的综合机械化开采。2010年我矿投资近亿元，上马瓦斯分源抽放系统。监控方面除了三大系统以外，我矿还投资建设了视频监控系统。

二、工作经验

经过多年的安全质量标准化工作，我矿深刻地认识到安全质量标准化工作是煤矿安全生产的重要保证和基石，搞好质量标准化不是一件太难的事，只要全体职工深刻认识到安全质量标准化工作在煤矿安全生产中的重要性，领导高度重视和支持，营造全矿员工建设安全质量标准化的工作氛围。把安全质量标准化工放在首位，真正去抓、常抓不懈，严细到煤矿生产的每一个环节，那么煤矿安全质量标准化工作一定能做好。

山西柳林兴无煤矿有限责任公司

改制以来，我矿一贯重视安全质量标准化建设，把安全质量标准化工作作为实现安全生产的保障和实现矿井持续发展的前提，通过制定安全质量标准化考核办法，并以柳兴煤司字〔2010〕2号文下达，主题是坚持“六个凡事”，即：凡事有人负责，凡事量化考核，凡事有据可查，凡事有章可循，凡事力求创新，凡事精益求精。全员参与，公开、公平、公正考核，与全员利益挂钩，通过严加考核兑现，安全质量标准化工作水平不断提升，实现了质量达标准，安全创水平。现将我矿开展安全质量标准化工作的具体做法和经验汇报如下：

一、提高安全质量标准认识，建设安全质标文化

安全质量标准化工作是煤矿安全工作的基础，是贯穿各项工作的主线。它既是建立安全生产长效机制的最基础工程，更是矿井发展的最紧迫任务。为此，我矿重点抓了安全质量标准化组织建设。年初，我矿成立了由矿长任组长的安全质量标准化领导小组，加强安全质量标准化工作的组织和领导，制定了本矿质量标准化考核办法（柳兴煤字〔2010〕2号文），按照质量标准化要求严格检查，按照奖罚办法严格兑现。同时强化质标办的职能，增大执法检查力度。建立一对一责任体系，分三个级别确定责任。队组一把手：100%的落实责任；包队的专业组长：100%的监管责任；分管领导100%的领导责任。严把四关：第一关由队长把好现场管理关，第二关由专业组长把好督促检查关，第三关由分管领导把好考核关，第四关由矿长把好兑现、公示关。通过层层把关，使安全质量标准化工作始终处于受控状态。实行红黄旗制度，得到红、黄旗的队组的“一把手”拿上红、黄旗照相，月底在公示栏中公示。形成了矿长带头抓，分管领导具体抓，职能科室包片抓，队长分线抓，班组长抓本班安全、工程质量的新格局。同时，加强安全质量标准化宣传教育不放松。一方面，利用安全文化长廊、广播、报纸大力宣传安全质量标准化建设的目的、意义，并发动员工进行安全质量标准化大讨论，在潜移默化中引导大家增强安全质量标准化意识。其次，以“三月份工作作风纪律整顿”“六月份安全生产月”“一通三防专项整治”“百日安全大会战”“班前安全宣誓”等活动为载体，动员员工参与到安全质量标准化建设中来，大力营造浓厚的安全质量标准化建设氛围。张贴宣传标语，悬挂安全质量标准化宣传横幅，播放安全生产专题片等时刻敲响安全警钟，绷紧安全弦。另一方面，坚持“走出去”的方式学习兄弟单位在安全质量标准化建设方面的先进经验，先后组团在东江煤矿、木瓜煤矿进行参观学习，并每月召开安全生产例会，通报各队组安全质量标准化建设进展情况，参照《矿井安全质量标准化标准及考核评级办法》制定以队为单位的我矿安全质量标准化标准及考核评分办法及奖罚细则，真正使我矿的安全质量标准化工作“抓在手上，落在实处”“我为安全，安全为我”“干就干精品，干就不返工，以一流的工作质量打造精品工程”等理念正被越来越多的员工所认同和接受。

二、强化安全教育培训，提高安全质标素质

不断推进安全质量标准化建设，是实现矿井长治久安的有效途径，是安全生产的制胜法宝。我矿坚

持“以安全技能培训为轴心，向操作技能要安全，向安全要效益”的指导方针，从不同层面加强员工的操作技术水平和安全意识，整体优化员工队伍结构。我矿井下采掘一线职工80%以上都是农民工，他们的文化素质和安全意识都普遍较低，且受利益驱动流动性大，我们及时地有针对性地调整方案，强化培训。①狠抓入矿四级安全教育培训。凡新入矿人员都无一例外地参加规定时间、规定课程的学习，考试合格，指定师傅后，签订师徒帮带合同，三个月后考核合格，能够单独操作，发放带徒津贴。②开展每周一题加强员工日常培训。③坚持班前会“四步骤”，即：总结上一班，安排下一班，进行亲情嘱托与情绪确认，安全宣誓。④在安全生产月、安全专项整治活动中，举行安全知识竞赛、安全技术比武、岗位练兵等多种形式，向员工灌输安全质量标准化知识，提高安全操作技能。

三、切实加强现场管理，严把重点薄弱环节

煤矿生产在井下，管理重点在现场。我矿严格执行矿领导下井带班制度，加强对管理人员下井质量进行严格考核，确保井下现场随时有管理人员督导检查安全质量标准化工作。同时加强重点薄弱环节的安全、工程质量管理，凡遇工作面初撑、收尾、过地质变化带、排放瓦斯、巷道贯通、吊运支架等长、大型材料时，都安排有管理人员现场把关，确保了事故多发环节不出事故。每月坚持召开安全生产例会、机电例会、一通三防例会，通报每月现场安全质量标准化工作中存在的问题，研究对策，督促整改。强化安全质量标准化现场监督检查，实行井下现场确认，跟班队长现场签字，确保检查公正、评分公开、考核公平。使现场安全质量标准化管理水平得到提高。

四、坚持创新求实求进，拓展安全质标内涵

我矿提出安全质量标准化建设稳中求进，分步达标的创建目标，不断推进上台阶达等级。一是在安全质量标准化的内容上创新。2010年，我们在以往技术业务标准化、工程质量标准化、作业环境标准化和岗位操作标准化的基础上，开展了安全质量标准化“亮点”创建活动，先后创建了一级质量标准化调度室，中央变电所，二采变电所，井下安全文化长廊等一大批“亮点”工程，带动了工作整体推进。二是科技创新。我矿积极采用新技术、新设备和新工艺，提高矿井安全生产管理水平。2011年先后购买了一次性采全高支架，矿井水处理站业已动工兴建，110kW变电所将马上投入运行，还先后对运输系统、提升绞车、空压系统进行了改造，进一步提高了矿井抗灾防灾能力。三是管理机制创新。根据矿井实际，我们建立完善了安全质量标准化管理模式，建立了安全质量标准化奖罚机制，设定了安全质量标准化考核目标分值，并与集团公司安全质量标准化考核相结合、制定了严格的奖罚细则，取三次考核平均值，得分在90分以上的，且无任何工伤事故，则进行奖励，否则进行处罚，奖罚在该月工资中兑现，如超目标分2分以上，则加倍奖励，否则加倍处罚。1~12月安全质量标准化奖金支出累计：1127359元，其中7月、10月翻倍奖；罚款支出累计：42920元，实行红、黄旗制度，每月进行公示。1~12月共有12个队进行黄旗亮相，12队次被授予红旗，极大地推动了安全质量标准化建设。

通过全矿上下狠抓安全质量标准化建设，我矿各岗位工作形成了干标准活，干放心活的工作格局，实现了正规、有序安全高效运行，确保了各项工作高起点上大跨越。

今后我矿将进一步明晰思路，提高安全质量标准化工作水平，加大检查力度，及时整改不足，夯实安全基础，发扬严、勤、细、实的工作作风，把安全质量标准化工作做到实处，确保我矿持续健康稳定地发展。

山西柳林寨崖底煤业有限公司

一、制定质量标准化管理目标及评分办法

(一)管理目标分:

第一季度91分;

第二季度92分;

第三季度92分;

第四季度94分。

(二)评分办法:

1. 矿上每月组织三次质量标准化检查:(1号、11号、21号)。3次检查得分的平均分为当月的最终得分。

2. 集团公司每月组织一次质量标准化检查:公司检查得分计入当月累计得分。

3. 各专业、各队组最终得分按矿井评分与公司评分的最低分计算。

二、施行质量标准化工作与各相关队组经济挂钩制度

(一)采掘专业:与技术科、生产矿长、各采掘队组挂钩。

1. 对质量标准化达标的队组实行奖励,完成当月生产任务情况下:

掘进队按100元/米;

采煤队按500元/米;

其余生产辅助队组在质量标准化达标情况下:

按300元/人;

各科室成员按300元/人;

科队长按1000元/人。

2. 惩罚办法。

未完成当月生产任务的情况下:

掘进队按50元/米,从总工资中扣除;

采煤队按250元/米,从总工资中扣除。

其余各生产辅助队组在质量标准化未达标情况下:

按150元/人,从总工资中扣除;

科队长按500元/人,从总工资中扣除。

(二)一通三防专业:与通风科、总工程师、副总工程师、瓦斯队、通风队、监控中心挂钩。

(三)机电运输专业:与机电科、机电矿长、机电队、运输队、皮带队安装队挂钩。

(四)地测防治水专业:与地测科、各掘进队组挂钩。

(五)地面安全与企业形象:与调度室、总务挂钩。

(六)矿井总得分与安监站、安全矿长、矿长挂钩。

三、明确质量标准化领导组织机构职责

(一)安全矿长负责全矿安全质量化工作。

(二)质量标准化办公室主任负责组织安排落实全矿各专业组安全质量标准化工作,组织每月3次对本矿安全质量标准化验收检查工作。

(三)各职能科室负责人负责各对应专业的质量标准化日常工作。

内蒙古李家塔煤矿

安全质量标准化工作是煤矿企业的基础工程、生命工程和效益工程，是全面落实科学发展观，构建煤矿安全生产长效机制的重要措施。近年来，我矿始终把安全质量标准化当做一项基本工作常抓不懈，通过制定严格的规章制度，加大资金投入，强化人员管理，使全矿的安全文明生产水平有了很大提高。在质量标准化建设过程中，我们立足实际，坚持“安全第一，预防为主”的安全方针；牢固树立“以人为本，安全为首”的理念；突出“安全压倒一切，事故否定一切”的指导思想；持之以恒地夯实安全生产基础，扎实有效狠抓安全质量标准化建设，推陈出新，不断深化企业改革。

一、在思想上不断改进、完善工作思路和方法，要在思想上提高安全质量素质

（一）坚持自觉摆正搞质量标准化与安全之间的关系、与生产之间的关系、与经济效益之间的关系，牢固树立“质量为本，安全为首”和“持之以恒抓质量，扎实有效做工作”的思想理念，牢固树立起“抓质量就等于抓安全、就等于抓经济效益”的观念，牢固树立“没有质量标准化建设就没有安全生产的良性循环”的思想理念，在全矿上下形成共识，形成凝聚力。

（二）坚持安全质量标准化建设作为事关煤矿职工生命安全的大事，作为煤矿生产企业生存和发展的命脉所在，作为煤矿强根固本的根本途径，自觉做到“安全质量标准化建设是我们的生命工程”。

（三）坚持抓安全质量标准化建设，做到点面结合。首先要高起点、高标准、高要求地抓安全质量标准化工作。其次要全面，全矿上下统一思想、明确目标，以创建安全质量标准化“精品榜样矿井”为奋斗目标。

二、认真做好基础工作，为深化建设安全质量标准化提供有力的保障

首先，深入进行宣传动员，打造舆论气势。大力宣传国家法律法规，增强广大职工安全质量标准化建设的责任感和使命感；大力宣传煤矿企业面临的形势和任务，帮助广大职工正确认识安全质量标准化的重要意义和重要作用，强化广大职工主人公意识，使广大职工明确自己在安全质量标准化建设中的责任、权利、义务。大力宣传先进单位、先进个人安全质量标准化建设中的先进经验，明确安全质量标准化建设工作目标工作方向。我矿从矿、科、队、班组及员工形成一级抓一级，一级保一级，一级监督一级，上下两级相关的安全管理和责任的安全质量标准化管理动态体系，明确了安全质量标准化建设中的责任和权利，并以“班前会”“安全生产月”“百日安全生产无事故”“班组安全建设”等活动为载体，使广大职工参与到安全质量标准化建设中来，营造浓厚良好的安全质量标准化建设氛围。

其次，狠抓广大职工基础教育，提高广大职工文化素质。树立“以人为本、生命珍贵”安全理念，认真组织广大职工学知识、学技术，坚持以安全技术培训为轴心，向技术技能操作要安全生产，向安全生产要经济效益。整体优化员工结构，在全矿上下形成联动，全员参与全力以赴抓安全质量标准化建设，促进我矿安全质量标准化建设持续、稳定、健康发展。为此，我矿

做到新员工上岗前培训、岗位培训,各工种持证上岗。各科队、工程技术人员、专职安全检查员、特种作业人员和转岗、换岗、重上岗人员都要参加培训和复训,考试合格后持证上岗。

三、加强安全质量标准化建设的监督检查

及时通报安全质量标准化建设中存在的问题,研究对策,监督整改。强化隐患排查,每旬进行一次安全抽查,每月底进行一次安全大检查,查出的问题要全部签订整改(四定:定整改内容、定整改措施、定整改时间、定整改队组和责任人)。在全矿上下形成自觉抓质量、保安全、求生存的发展意识。

不断赋于安全质量标准化建设新的内涵、新的创新精神,使广大职工充分认识安全质量标准化在安全生产中的基础地位作用,将安全质量标准化建设常抓常新,始终充满生机。我矿根据《安全生产法》《煤矿安全规程》《煤矿安全质量标准化建设及考核办法》等法律法规,结合本矿实际,制定了《李家塔煤矿安全质量标准化建设奖惩办法》《李家塔煤矿安全质量标准化建设标准及考核办法》,使安全质量标准化建设有了明确的规范和要求,增加了安全质量标准化建设的科学性。

四、安全质量标准化建设的意义

安全质量标准化建设就是认真彻底贯彻落实国家有关安全生产的法律法规、行业标准,建立健全包括企业内部安全生产日常管理在内的各个环节的安全生产标准、安全规程和岗位责任制,使与安全生产相关的各个岗位日常管理标准化、规范化。对煤矿来说,安全质量标准化建设是一项长期的、艰巨的、复杂的、系统的工程,限于煤矿井下地质条件,以及特殊的工作环境,决定了安全质量标准化建设复杂艰巨和必要性。安全质量标准化建设直接关系到煤矿企业兴衰。所以,安全质量标准化必须是矿井的采掘、机电、运输、通风、防治水以及地面辅助设施等各个环节的安全质量,必须符合《安全生产法》《煤矿安全规程》等法律法规和本矿井的生产作业规程,从而保证矿工的生命安全和矿井的长治久安。我矿从 2009 年 9 月矿井技改投产至今,通过大搞安全质量标准化建设,安全生产平稳发展,矿井百万吨死亡率为零,实现安全生产 800 天。

总之,煤矿安全质量标准化建设是一项长期的、艰巨的任务,一定要常抓不懈、持之以恒地开展下去,充分发挥广大职工的主观能动性,牢记“责任心是安全之魂、标准化是安全之本”,创建良好的安全生产环境,构建和谐的矿山安全生产新局面,实现安全生产质量标准化。

抚顺矿业集团有限责任公司东露天矿

一、领导重视,建立完善标准体系

制定符合实际的安全质量标准,是顺利开展安全质量标准化工作的前提。根据国家和省局《关于开展安全质量标准化活动指导意见》,按照抚顺矿业集团公司安全战略部署,我们以创建国家级安全质量标准化煤矿为目标,坚持近期与长远相结合,制定了标准化建设总体规划,分步实施,滚动发展。区分不同情况和层次,在统一要求和基本原则一致的前提下,全面清理、修改、完善原有标准,制定了质量标准考核细则等 23 项 268 条规章制度,建立了各工种的作业规程,使企业的每个岗位、每项工作流程和作业环节,都有标准可依,都有法规约束,达到适用、好用、管用。落实党政同责制,矿党政主要领导负总责,党群、生产、机电、内燃、安监、管理各系统分管领导各司其职,职责

明确,从矿领导、职能科室、车间连队直至班组岗点,形成了一级管一级、一级抓一级的质量监管体系。强化领导干部责任追究制和安全目标管理,层层签订安全责任状,实行安全质量百分制考核,每周通报,半月碰头,月份奖罚,年终总评。

二、强化检查,确保安全生产

安全质量标准化工作的重点在现场,为此,我矿狠抓了作业现场的安全质量标准化工作。每月至少组织一次安全质量达标检查活动,矿党政班子领导亲自安排、亲自组织和亲自参加,分成各个专业检查组,由各专业科室和车间人员参加,检查中突出"严、细、实",特别是重点检查作业现场和生产设备存在的安全质量问题,对查出的问题,立即召开整改落实会议,并明确负责人,然后由各专业科室和安监人员跟踪进行复查,做到了问题和隐患发现一件整改一件。同时,还对安全用电、电铁和汽车运输、锅炉运行、机动车辆、电铲(钻机)、压力容器、生产设备等进行专项安全质量检查,以确保安全生产。

三、抓住重点,严格质量标准

为提高安全质量标准化标准,我们从源头抓起,各项工作严格按照"按标准设计、按标准施工、按标准验收"的原则进行检查、验收,工作中严格执行《露天矿安全质量标准化标准及考核评级办法》。在穿、爆、采、运、排等环节中,我们的主要做法如下:

一是严格按照规程要求进行布孔,用尺子进行测量,误差控制在规定范围之内。

二是穿孔机严格按照布孔位置进行穿孔作业,当遇特殊地段时,如旧巷等,可根据实际地形进行补孔,以确保穿孔的质量,同时,为消除作业现场出现的灰尘,我们采取了注水降尘的办法,极大地改善了员工作业环境。与此同时,对穿出的孔,我们还采取用草把堵塞的办法,以防止孔内进入石块等杂物。

三是根据布孔参数、岩种、段高等进行装药、充填和爆破连接,爆破后,不准出现拉帮、拉底等现象。同时,坚决杜绝瞎炮、拒爆现象的发生。

四是电铲在采装过程中,严格执行操作规程,采掘质量必须做到帮齐、底平,外掉岩石高度不超过规定的高度。如发现一处违反规定的,除给予经济处罚外,当场责令立即进行整改。

五是汽车在运输时,货物堆高不准超过规定的高度,而且货物的顶部不准放置大块,大箱内的货物做到了四角不空,不准出现装偏车现象。

六是提高电铁运输线路的质量,定期更换和维修架线、枕木、电柱和信号设备。

七是对入坑的输配电线路全部进行更新,标有醒目的标识,以确保安全供电。

八是汽车排土场的反坡达到规定的坡度,挡土墙高度按标准进行设置,推土机、铲车随时随地在排弃现场进行标准化作业。因雨天、雪天等不利天气,造成排土场坑洼不平、泥泞时,我们采取用碎货垫实等有效办法,以确保车辆的安全作业。同时,对进入排土场作业的车辆,我们采取排队进行翻车作业的办法,严格听从现场诱导员的指挥,违者给予处罚。

九是公路质量实现安全质量标准化。公路的宽度严格执行安全作业规程,公路中间高,两侧低,并在公路两侧设置了临时或固定排水沟。同时,在公路的坡道处、弯道处、交叉路口等地段,按标准分别设置了限速标志、严禁超车标志、车距标志、安全提示、警示标志等,时刻提醒驾驶员按章驾驶。

十是公路挡土墙实现了美化和绿化。首先挡土墙的高度、宽度和底宽严格按标准进行设置,然后,用细黄沙铺面,其次,在上面种植树木,既美观又确保安全,是露天煤矿一大亮丽的风景线。

四、注重维护,狠抓设备安全质量标准化

一是年初对所有生产设备制订检修计划。分为大修、中修、小修,严格按照计划规定的日期进行检修,以确保设备的安全状态。

二是出现临时故障,立即进行处理,从不带隐患进行作业。

三是矿、段、队采取定期或不定期的方式对设备开展安全质量大检查活动。如采矿汽车、电机车、电铲、钻机、推土机、液压挖掘机、铲车、平路机、水泵等，检查到每一个螺栓、每一个部件，对于检查出的问题，我们采取当场责令进行整改和立即召开问题整改落实会的办法，确保设备安全作业。

四是对操作者实行设备挂钩制，设备出动好，任务完成多，你的奖金就高，反之，设备出动低，故障多，任务没完成，你的奖金就少。通过此举，操作者对设备的精心维护和保养，设备的安全性能也大大提高，从而调动了广大员工大干生产的积极性。

五是所有设备都配置了设备标牌，如电铲、钻机、水泵、输配电供电线路的电杆等，为设备提供准确信息起到了良好的作用。

五、重心下移，加强了班组安全质量标准化建设

安全质量标准化工作的落脚点在班组。所以我矿重点抓了班组安全质量标准化工作。首先，利用班前会和周五安全活动日，对员工进行安全质量标准化意识教育，重点把上级部门和矿关于安全质量标准化方面的指示精神情况进行传达和贯彻，让每名员工真正懂得没有安全质量标准化，就没有岗位、就没有收入。从而让员工从内心里和实际工作中重视安全质量标准化工作。其次，加强了班组安全质量标准化建设，一是所有规章制度必须上墙(彩色喷图)，而且统一规格、统一颜色；二是室内进行了粉刷，铁器进行了刷油；三是建立健全了各种运行记录、检查纪录等；四是室内物品必须达到物放有序；五是休息室外周围设置了草坪及种植了花草和树木；六是购置了大量业务图书，设置了学习业务知识岗点，供员工业余时间学习；七是班组会议室增设了员工全家照，有爱人和孩子的亲情嘱托，时刻提醒员工安全生产；八是有条件的地点还配置了运动器械等，以备员工锻炼身体。

六、以点带面，全面发展，开展安全质量标准化考核评比工作

为把安全质量标准化活动开展的扎扎实实，充分调动广大员工安全生产的积极性，我矿先后开展了一系列安全质量标准化竞赛活动，主要的形式有：

一是制定下发《设备单机、单铲、单车竞赛方案的通知》，让每名员工学习和掌握《方案》的竞赛内容，然后，员工进行理论学习和实际操作演练，最后进行考试，考试分为理论和实际两部分，对取得各工种前三名的员工给予一次性奖励；对取得各工种后三名的员工，给予离岗进行学习，学习后，经考核合格后，方可重新上岗作业。通过此项活动，极大地调动了广大员工爱岗敬业的积极性，特别是安全质量标准化意识有了一个充分的认识。

二是每月对各车间安全质量标准化工作进行考核评比验收。一查安全内业管理情况；二查现场管理情况，如发生各类事故，取消当月评比资格；三查设备管理情况，是否做到了日常维护保养，有无漏油、漏水、漏气现象；四查安全质量标准化工作进展情况，有无停止不前或滞后现象等。经考核验收后，我们掌握了各车间安全质量标准化工作的开展情况，然后召开安全质量标准化工作会议，在会议上进行通报。

三是每季度开展一次评选先进班组、先进连队活动。被评上先进的，给予物资奖励，并挂安全质量标准化工作先进单位牌。

四是每季度召开一次安全质量标准化工作总结表彰会议，认真总结安全质量标准化工作，对安全质量标准化工作取得成绩的单位给予奖励，对安全质量标准化工作滑坡和滞后的单位，给予通报批评。

五是每季度对各个系统进行安全质量标准化检查验收，由矿各分管矿长、专业科室人员参加，严格按照《露天煤矿安全质量标准化标准及考核评级办法》进行检查打分、检查验收后，确定矿七大系统得分情况，然后上报集团公司。

七、安全质量标准化与隐患排查治理工作有机结合

安全质量标准化工作是一切工作的基础和前提。通过安全质量标准化检查，我们排查治理了一些安全隐患。

一是地面水患治理。老虎台矿井下生产区域的地表水体，始终是集团公司的心腹大患，也备受省局的关注。我矿坚持水患治理会战与标准化会战相结合，精心组织，全员参战，动用百台车辆，昼夜兼程回填。

二是设备问题治理。落实输配电系统优化配置方案，实施了有史以来的大规模改造。共调整优化线路56千米，新建8.5千米，拆除37.8千米，减少配出号2个，电柱防腐2300根，更换合并变压器13台，解决了电杆龟裂、走向变形、安全距离过小极易触电的隐患。为治理西部北帮高段电网安全隐患，新设南帮输配电系统，根治了多年沉积的老大难问题。综合整治电铁线路的维修欠账，半固定线大修53公里，接触网大修38公里，信号大修2个站，提高了电铁系统设备质量，50%的半固定线达到固定线标准，移动线向半固定线标准推进。对运用七年临近报废的斯太尔大汽车专项整治，解决了漏水漏油、车架断裂、配线老化问题，出动率达到82%。

三是安全环境治理。在党和国家高度重视煤矿员工安全与健康的情况下，我矿把“无灰尘、无污染、无职业病”纳入标准化建设重要内容。增设洒水车，成立专门队伍加大坑下消尘，深挖清运火根，消灭灰尘，消灭蓝烟，消灭污染带来的职业病。同时，大力复垦绿化，回填造地近千亩，先后投入资金1500万元，栽植各种树木近132万株，种类达到60余种，绿化面积达到120万平方米，绿化面积达60公顷，为广大员工提供了一个安全可靠的生产工作环境。我矿的开发建设工程还得到了国家环保专家的肯定，并一次性通过了国家环保部的评估验收。

八、以人为本，严格规范安全质量标准化行为

我们积极响应集团公司军事化管理号召，把握实质、汲取精髓，在人的行为规范上寻找支点，在标准化建设中确定价值取向，历练了“外塑于形、固化于心”的灵魂。

一方面，固化于心积淀管理文化。我们树立“五种精神”，即树立爱矿如家、一心为公的奉献精神；想事干事、敢于负责的敬业精神；逢标必夺、勇创一流的争先精神；团结友爱、相互协作的团队精神；苦练技术、务实进取的创新精神。培养“五种作风”，即培养步调一致、一切行动听指挥的工作作风；令行禁止、狠抓落实的工作作风；雷厉风行、行动迅速的工作作风；尽职尽责、乐于奉献的工作作风；严谨细实、吃苦耐劳的工作作风。提升“五种能力”，即提升组织协调能力、科技创新能力、技术业务能力、自主保安能力、科学管理能力。突出“五个必须”，即必须突出纪律的严肃性、纪律的服从性、纪律的规范性、纪律的强制性、纪律的全员性。塑造“五种形象”，即塑造管理规范、工作一流的工作形象；安全文明、质量达标的安全形象；思想向上、素质过硬的队伍形象；人企合一、管理科学的企业形象；环境优美、生态环保的社会形象。

另一方面，外塑于形诠释口碑建设。我们从行为举止、组织纪律、定置定位、现场规范、环境面貌到社会形象，落实了计划、执行、监督、奖惩的闭合循环机制。我矿特邀原雷锋团政委作专题报告，组织人员到抚顺军分区学习观摩，在全矿范围内实行全员军训。落实军事化管理工作细则，建立了日常行为、文明礼仪约束机制，广大员工的言行全面规范。制定详细的物品设施统一布置图，购置了批量的整理箱、卷盒，办公桌面与卷柜物品分类摆放，一律定置定位管理。正是坚持军事化与安全生产、经营管理融为一体，统一了干部员工的思想、意志和行动，把使命看成目标，把制度看成军纪，把工作看成任务，把安排看成命令，用军事化促进了安全质量标准化。

通过大搞安全质量标准化，增强了员工安全质量标准化意识，提高了员工操作技术水平，作业现场环境得到了明显改善，文明化、规范化、质量化、行为化的生产局面正在深入持久地向前发展，员工大干安全生产的积极性正日益高涨，今年，我矿还要争创全国首家绿色环保型矿山。通过安全质量标准化活动，为确保实现安全生产奠定了坚实的基础。

阜新矿业集团恒大煤业有限责任公司

一、安全质量标准化工作的主要标志

2009—2010年全矿消灭了重伤以上人身事故和列级生产事故，截至2010年12月31日实现安全生产883天。

2009—2010年连续两年被省局评为安全质量标准化一级矿井，创建矿以来质量标准化最高水准。

2009—2010年安全投入近8000万元，符合国家规定标准，弥补历史欠账，提高了安全装备水平。

二、强化“一通三防”工作及瓦斯治理工作体系规范工程建设情况

认真贯彻落实《关于加强煤矿瓦斯治理工作体系示范工程建设的通知》(辽瓦斯办〔2009〕2号)及《关于进一步加强煤矿瓦斯治理工作体系示范工程建设工作的通知》(辽煤规划〔2009〕349号)，严格执行瓦斯治理的十二字方针，并建立了“通风可靠、抽采达标、监控有效、管理到位”的瓦斯治理工作体系，成立了以矿长为组长的“一通三防”领导小组，制定了具体实施方案，完善了“十化”标准基础工作，明确责任，严格要求，逐步落实，自检自查，存在的问题已全部整改。

(一)通风系统。

矿井有完善的通风系统，通风方式方法为“两翼对角抽出式”，实行南、北两翼并联通风，主、副井入风、南北风井排风。

(二)瓦斯管理。

采煤工作面瓦斯治理，主要采取顶板瓦斯道抽采、回顺尾巷抽采及合理配风等综合方法，治理了采煤工作面瓦斯较大的隐患，保证了6306综采面、5331综放工作面的安全回采。

(三)防火管理。

1. 采煤工作面的防火管理。

我们采取了预测预报、取样化验，老塘防火灌浆和注氮，煤体松动圈打钻孔注水和阻化剂、堵漏等综合防火措施，保证了采煤工作面的安全顺利回采。

2. 外围巷道及采空区的防火管理。

设置专人使用红外线测温仪、成像仪、一氧化碳便携、一氧化碳检定器对外围巷道、采空区密闭进行防火检查、取样化验，对煤巷松动圈采取打防火钻孔、注水、注阻化剂和空区注氮等措施。

(四)防尘管理。

采面上下两道实行煤体注水，工作面检修时间对煤壁进行高压注水，将采煤机冷却水与内喷雾分开，加大滚筒喷嘴直径等办法，提高采煤机内外喷雾效果，同时加强架间消尘、架间喷雾等；掘面执行湿式凿岩、出货洒水消尘、转载点安设喷雾等扑尘设施。

(五)监测监控系统。

我矿使用KJ4—KJ2000N瓦斯监控系统，地面有完备的监控中心站1个，监控指挥中心1个，监控调度24小时值班，发现问题及时信息反馈，数据存储及处理结果与集团公司地面控制中心联网，数据传输准确。配备了专业的工程技术人员和维修人员，目前运转正常。

全矿井共安设监测分站34台，各类传感器218台。实现了对全井监测监控，监测监控系统运行稳定、可靠。

(六)抽采系统。

南翼抽采系统采用地面固定抽放泵和井下移动抽放泵联合抽采6306工作面的瓦斯。北翼抽采系统采用地面600立方米/秒固定泵进行抽采5331采煤工作面的瓦斯，在井下移动抽放泵站还备用200立方米/秒移动抽放泵，准备随时开启抽采各地点的瓦斯。

通过采取采面本煤层抽采、尾巷埋管抽采、上隅角插管抽采、瓦斯抽放道抽采、临近工作面采空区抽采等立体式综合抽采方法，使井下南北两翼两个采煤工作面的抽采率达到80%以上。

三、安全生产管理机构及人员

我矿有健全的安全生产管理机构，按规定配齐了安全管理人员。

四、防治水工作开展情况

我矿水文地质类型属中等，涌水因素以岩浆岩裂隙水、采空区积水为主，正常涌水量为120~130立方米/时编制了煤矿防治水方案，组织了自检自查，写出了自检自查报告，对主要隐患落实到责任人及整改时间。

五、火工品管理

（一）制定了爆破器材使用、管理制度。

①地面爆破器材装卸运输制度；②爆破器材储存保管制度；③爆破器材库防火警卫制度；④爆破器材销毁处理制度；⑤爆破器材发放清退制度；⑥雷管全电阻检验制度。

（二）制定了使用管理爆破器材奖罚制度。

①惩处制度；②奖励制度。

六、防冲、防突管理

（一）防冲管理。

1. 优化设计、开采保护层，减少冲击威胁。

大力推行开采保护层，采用综采工艺开采上幅煤层，再采用综放工艺开采下幅煤层，开采保护层后，地应力向两侧移动，被保护层上方无矿山压力或矿山压力大大减弱。

2. "四位一体"，综合防治，强化安全防护措施。

在开采保护层的同时，对有冲击倾向的地点又采取了"四位一体"的综合防治措施，坚持大断面、高密度、强支护的巷道管理理念，顶板采用长短锚索、帮采用短锚索、锚喷、工字钢撑梁、U形钢、垛式之架等联合支护形式增强巷道的抗冲击能力。防冲区域固岗地点搭建防护硐室、配备防冲背心，对防冲区域实行限员管理，进入防冲区域的人员要戴防护头盔等措施做好个体防护。

（二）防突管理。

我矿按照《煤矿安全规程》和《防治煤与瓦斯突出规定》等要求，采取了预测预报、防突措施、效果检验和安全防护措施的"四位一体"的防治措施。

七、安全质量标准化工作开展情况

认真贯彻落实《关于深入持久开展煤矿安全质量标准化工作的指导意见》（安监总煤行〔2009〕117号）、《辽宁省国有煤矿安全质量标准化标准及考核评比办法（试行）》（辽煤监管〔2009〕325号）。

为全面提升安全质量标准化管理水平和加快文明生产建设进程，结合我公司的实际，成立了以矿长、党委书记为组长的安全质量标准化领导小组，制定了《恒大公司安全质量标准化检查考核制度》，坚持开展每月的标准化"红、粉、黄旗"评比和安全明星班组、明星个人的评比表彰，使安全质量标准化的奖励约束长效机制不断完善。

八、机电运输管理

2009年安全优质地完成了主井提升系统改造工程，改造了主井绞车的电控系统和驱动系统，主井箕斗由12吨更换为16吨，大大提高了矿井的提升能力和主提系统的安全可靠性；北翼实现了大巷皮带连续运输；选煤厂完成了洗选加工设备能力提升的改造，增建尾煤回收系统，为提高洗选加工能力和选煤质量创造了条件，而且选煤厂安全质量标准化水平得到了较大提升。

（一）加强生产管理，强力推行"设备强制检修包机制"。

明确了行政"一把手"要亲自抓强制检修包机制，明确规定每天的强制检修时间，合理调整两个采面的检修时间，制定强制检修流程，明确每台设备的包机人，加强了各种司机的责任心教育和岗位技能培训，建立了强制检修包机制的奖励约束长效机制，每月对包机制执行情况进行奖罚兑现，降低了故障率，提高了开机率，保证了稳产高效。

(二)机电、运输设备检查及安全设施情况。

每天对机电设备进行检查，坚决做到不失爆，淘汰了陈旧落后的机电设备。

矿井运输方面，主提升系统安全保护设施齐全，并严格按规定进行了检查和实验，大型设备严格执行周检、日检制度。井下斜巷运输“一坡三挡”设施齐全可靠，语音报警、声光信号设置合理且灵敏；严格执行调运人员学习调运措施及操作规程会签制度；在信号闭塞区域设置了区间信号闭锁装置及弯道报警器，保证了大巷的行车安全。

九、隐患排查治理

从狠抓制度落实、责任落实、活动落实、工程落实入手，成立了以矿长、党委书记为组长的安全隐患排查治理领导小组，进一步完善了安全隐患排查治理制度、安全隐患周、旬、月排查制度，每周五公司召开各系统月安全隐患排查会议，由系统分管领导主持，副总以上领导、科室科长、基层单位行政“一把手”、书记、主管工程师、职工代表参加，对各个系统存在的安全隐患问题进行大排查，提出切实可行的解决办法。严格执行“逢五排十”检查制度，对排查出的安全隐患问题按照“五定”原则进行落实，并按整改情况进行奖罚。

十、贯彻落实国务院23号文件

认真贯彻落实《国务院关于进一步加强企业安全生产工作的通知》(国发〔2010〕23号)、《煤矿领导带班下井及监督检查规定》(国家安全生产监督管理总局第33号令)的文件精神，以及辽宁省煤炭工业管理局《关于贯彻落实煤矿领导带班下井及安全监督检查规定的通知》和集团公司《关于印发阜矿集团公司煤矿领导带班下井制度(暂行)的通知》的规定要求，结合我矿的实际情况，特制定了煤矿领导带班入井制度。

每月制订矿领导入井带班计划，井口设立了领导带班下井公示电子牌板，矿带班领导都能按计划入井带班，实现了井下交接班制度。并认真填写了《矿领导带班下井交接班记录》，带班领导升井后，亲自填写了《矿领导带班下井登记表》，做到了与职工同入井、同升井。在重点部位进行现场跟踪管理，做到全面掌控井下安全生产情况，严格执行“三不生产”的原则。

抚顺矿业集团有限责任公司西露天矿

2011年以来，我矿按照《国家安全监管总局国家煤矿安监局关于深入持久开展煤矿安全质量标准化工作的指导意见》(安监总煤行〔2009〕117号)、《国家安全监管总局国家煤矿安监局关于印发国家级安全质量标准化煤矿考核办法(试行)的通知》(安监总煤行〔2009〕150号)及省煤管局和省煤炭工业协会下发的《关于开展煤矿安全质量标准化工作的通知》(辽煤监管〔2006〕17号)、《关于印发选煤厂安全质量标准化标准及考核办法的通知》(辽煤监管〔2010〕110号)文件精神和要求，结合我矿实际，坚持“从严治矿，科学管理”，以典型引路，整体推进，全面提高为主线；以推进准军事化管理，全力打造高素质员工队伍为切入点；以强化现场治理，营造安全作业环境，确保安全生产为保障；以大力推行“五化”“三无”管理，实施从严考核为手段；以巩固国家级安全质量标准化煤矿成果，再创安全质量标准化建设新佳绩为目的，扎扎实实地开展了安全质量标准化活动，并取得了显著成果。2010年以来，我矿在开展安全质量标准化工作中，主要做法和经验有以下几个方面。

一、坚持从严标准，严格制定规划，扎扎实实推进了安全质量标准化工作

为不断深化我矿安全质量标准化建设工作，根据我矿安全生产实际，研究制定了《西露天矿2010年度安全质量标准化工作规划》《安全质量标准化班组考核细则》《安全质量标准化"最佳设备"考核细则》，从作业现场管理、机电设备管理、厂区环境建设、班组基础建设、提高员工素质等方面制定了严格的考核标准。同时确定了五项奋斗目标：一是矿属安全管理、人的行为管理以及采剥、机电、运输、排土、边坡七大系统继续保持一级标准，以此巩固一级标准化露天矿成果；二是矿属十个车间达到一级标准；三是集团公司、矿管项目安全质量达标率达到100%，一级达标率达到90%以上；四是矿调度系统、环保系统、采矿汽车、坑下固定泵站、入坑通勤车达到一级标准；五是巩固"五化"示范区成果。按照上述规划，我矿认真组织开展了2010年度安全质量标准化工作。经集团公司验收，矿综合项及安全、人的行为管理、采剥、机电、运输、排土、边坡七大系统达到了一级；矿属十个车间全部晋入到了一级标准化行列，实现了达标规划的各项奋斗目标；并且，年末经省煤管局和省煤监局验收为一级安全质量标准化煤矿。

二、坚持制度先行，狠抓责任落实，保障了安全质量标准化健康发展

为进一步细化安全质量标准化工作，我矿紧紧围绕今年安全工作"三步走"目标，针对不同时期的工作重点和安全质量标准化建设，按照"从严治矿、科学管理"和"追求卓越、追求完美"的要求，认真制定和完善了相应的管理规章制度，不断强化了制度约束机制，有力地保障了安全质量标准化健康发展。制定了《西露天矿大型设备(设施)故障管理办法》，修订颁布了《西露天矿"三违"(质量问题)处罚规定》，为追究处理各类事故和问题提供了有力的依据。针对机构整合变动情况，依据矿属各单位的安全风险程度不同，重新修改下发了《西露天矿安全质量结构工资考核实施方案》，把安全生产责任故障纳入了"安全质量结构工资考核"之中，进一步落实了从严从细管理的要求；重新制定下发了《安全技术措施审批管理制度》《西露天矿通勤车使用管理检查规定》等，进一步规范了措施审批及通勤车检查管理；完善了《西露天矿安全质量标准化标准及考核评级办法》，进一步细化了岗位标准和员工行为标准；为加强安全生产管理，全面落实上级关于领导带班的要求，结合我矿不同于井工煤矿生产实际，制定了《西露天矿领导带班管理规定》，这些制度和规定形成了我矿安全质量标准化检查考核长效约束机制，在我矿的安全生产和安全质量标准化建设中发挥了重要作用。

三、坚持以人为本，发挥主体责任，塑造了高素质员工队伍

培养造就一支思想过硬、执行力强、作风扎实、行为规范、技术较高的员工队伍，是我矿安全质量标准化建设的一项重要内容。为此，2011年初按照集团公司开展准军事化管理活动的要求，我矿在认真总结近年来准军事化管理经验的基础上，明确提出了以准军事化管理，提升员工队伍素质，促进安全质量标准化建设为主线的工作思路，提出了"行为要求军人化、环境建设军营化、设备(工具)管理军械化、落实工作军令化"的"四化"理念。全矿各车间包括矿机关在内，对员工开展行走坐卧、规范操作、安全理念、队列演练等方面的强化训练，以此培养员工组织纪律性和团队精神，进而提高员工队伍整体素质。通过准军事化管理和严格的督察考核，增强了员工队伍的执行力、服从力，规范了干部工人行为，提高了业务技术素质和现场操作技能。以从严、科学做到了无失误管理，以行为规范化保证了无差错作业，以质量标准化确保了设备无故障运行，形成了一种全体员工团结协作、思想统一、步调一致、服从命令、听从指挥、政令畅通、令行禁止、拼搏进取、恪尽职守的良好风气。从而打造了一支安全素质高、业务技能精、团结协作好、攻坚克难强，无往而不胜的高素质员工队伍。

四、坚持综合治理，消除安全隐患，为安全质量标准化建设提供了保障

我矿始终把安全质量标准化和安全隐患治理有机地结合起来，把治理安全隐患作为安全质量标准化的一项重要工作来抓。2010年以来，我矿不断加大治理隐患的投入和整治力度，先后投入安全费用2806万元。重点用于坑下防排水、边坡稳定、机电设备、高段采掘等方面的隐患治理，营造良好作业环境，确保员工作业安全。治理水患是我矿每年在治理隐患方面的重中之重，水患是制约露天煤矿生产的主要安全隐患，尤其是对边坡稳定威胁更大，不仅影响生产组织，而且容易引发滑坡灾害。因此，我矿把防治水患当做首要工作来抓，每年投入大量资金，不断完善防排水系统。2011年我矿本着“突出重点、堵塞漏洞、安全可靠”的原则部署安排了防排水工程共计47项，累计投入资金650万元。至6月20日，47项防排水工程全部竣工，为汛期安全生产提供了保障。在机电设备隐患治理方面，今年在加大投入更新改造设备的同时，强化了机电设备的检修，进一步降低设备故障，全面实现了设备的安全、经济、可靠运行。我矿先后投入两千多万元对供用电设备进行了春、秋季停电清扫和对选煤提升、电铲、钻机、采矿汽车等大型设备存在的隐患进行了集中治理，确保了全矿机电、采剥、运输、排土、边坡五大系统的良性循环。

五、坚持典型引路，强化以点带面，提升了安全质量标准化水平

为促进安全质量标准化工作向更深层次发展，我们在全矿所有生产班组中，开展了以“行动军事化、管理标准化、作业规范化、工作程序化、环境景观化”和“无失误管理、无差错作业、无故障运行”为内容的“五化”“三无”竞赛活动，为安全质量标准化赋予了新的内涵，使安全质量标准化工作更加细化和具体化。我矿主要是采取季度检查、考核、评比、奖励、处罚等方法，开展“五化”“三无”示范班组和示范区以及最佳设备等评选活动，以奖优罚劣、鼓励先进、鞭策后进来推动安全质量标准化工作整体向前发展。2011年以来，由矿安监处牵头组织相关业务部门，对全矿10个车间、31个队、224个班组、77台大型设备、91台机动车辆进行了严格的达标检查，从中评选出“五化”车间、队、班组(岗点)48个；最佳设备和机动车辆35台；末位车间、队、班组(岗点)26个；末位设备和机动车辆12台，相应的给予了奖励和处罚。对“五化”车间、队、班组(岗点)、最佳设备包机组、机动车辆驾驶员等累计奖励63100元，对末位车间、队、班组(岗点)、设备包机组、机动车辆驾驶员处罚42100元。通过开展“五化”“三无”活动，有效地规范了班组的管理和员工的行为，消灭了不达标的死角死面，有力地推动了我矿安全质量标准化建设的健康发展，为我矿保持持续稳定的安全生产局面奠定了坚实的基础。

六、坚持规范管理，搞好景观建设，全面实现了作业环境安全质量标准化

环境建设是安全质量标准化建设的五要素之一，也是安全质量标准化工作的一项重要内容。2010年借集团公司在我矿召开经营管理现场会之机，在全矿范围内掀起了以“五厂(场)一线”为重点的环境治理会战。拓宽了坑下部分公路，保证了坑下交通安全；规范了负188场地，既保证了卸车安全，又提高了效率；拆除了废弃厂房，对矿大院、办公楼、各厂区进行了规范治理；规范了坑下采场、排土场、公路及安全设施；建造了采剥段门前、1#公路景观带；涌现了防排水段新正九泵站、服务厂+67泵站等景观化泵站及运修厂、坑口油厂、胜利服务厂、选煤厂等绿色厂区典型，全矿的整体形象大为改观。环境建设讲求品位，办公室、休息室窗明几净，物品摆放整齐划一，工作现场物料摆放规范统一，各种工作器具使用规范，定置定位管理大见成效，创造出了优美、温馨、清洁的办公、休息和作业环境。达到了环境建设亮化、美化、景观化标准，实现了环境建设质的飞跃，提升了全矿的文明形象；为了加强坑下公路管理，搞好沿路景观化建设，我矿始终坚持对坑下公路进行专项治理，制定了固定公路、半固定公路、移动公路定级标准和1#~3#公路景观化建设标准，加强了公路两侧的环境建设，基本达到了公路两侧花草锦簇、树木茂盛，已成为我矿入坑沿途一道亮丽的风景线，起到了集景观和保护植被于一体的作用。我矿先后投资50余万元，进一步对坑下交通标志和安全设施进行规范，使坑下交通标志更加醒目，提示作用更加明显。增设了监测摄像、测速雷达等监控设施，实现了坑下公路交通的全程监控，有效地制止了交通违章行为，为安全行车提供了可靠保障。2010年以来，本矿还对坑下采场进行了集中治理，合理地布置和规范了采区，拓宽了采区公路，按高水准修筑了公路护堤和阻车堤及挡车墩。达到了坑下采场帮齐底平、整洁无杂物、安全设施、警示、指示标志齐全。通过规范治理，全面实现了作业环境的安全质量标准化。

铁法煤业集团有限责任公司大明煤矿

几年来，我矿始终把安全质量标准化作为安全生产的重要基础工作来抓，按照《辽宁省国有煤矿安全质量标准化标准及考核评级办法》严格执行，坚持"朴实归真"原则，重点在施工质量、操作质量和文明化建设方面加大管理力度，促进了全矿安全质量标准化工作的顺利开展。

一、强化基础，完善制度，全面加强了安全管理安全标准化建设

我矿安全管理机构健全，人员配备齐全，分管安全、生产的矿副总以上领导、安全管理人员、特种作业人员均按照要求取得安全资格证。我矿"五证一照"齐全，完善了国家总局规定的18项安全管理制度并严格执行；建立了各级各类人员安全生产责任制，共计196个岗位和工种；强化了隐患排查治理工作，制定了《大明煤矿隐患排查治理制度》，每旬开展一次隐患排查治理活动，对查出的隐患按照"六定"原则落实整改；按要求制定年度煤矿企业灾害预防与处理计划（预案），认真贯彻到每名干部和职工，同时加强了事故预案的演练，进一步增强了矿井防灾、抗灾能力。

二、抓源头、重细节，大力加强了采掘安全质量标准化管理

一是从掘进源头抓起，从设计入手，注重科学性、超前性，各种交叉点层位、各种硐室一次性设计完成，一切生产、安全方面的因素超前考虑到位，杜绝重复施工现象。

二是从文明化入手，以文明化生产为前提，坚持动态达标。严格操作标准，每道工序、每个工种必须按照施工标准、作业标准和工种技术操作规程执行，跟班干部、班组长负责现场指挥和把关。安监员对各单位安全质量标准化负责现场检查、监督，及时反馈各作业地点的安全质量标准化工作状况，严格查处偷工减料、简化操作程序和非标准作业现象。

三是每月开展一次质量标准化检查验收活动，按照《辽宁省国有煤矿安全质量标准化标准及考核评级办法》和集团公司有关规定认真进行打分和评级，均达到了一级安全质量标准化标准。

三、完善装备、精细管理，机电运输安全质量标准化工作得到进一步强化

一是加强了机电设备的标准化管理。按照机电、运输安全质量标准化标准，并结合省局机电提升系统整治活动，对机电设备按照"八化标准"逐项对照检查，发现问题立即进行整改。通过检查，我矿主提升绞车、主要通风机、主排水泵、空气压缩机均全部检测完毕，检测合格；人车按规定进行试验，矿车建档管理，矿车连接装置均按照要求进行拉力试验，符合规定要求。

二是加强了井下机电运输的动态安全管理。对井下使用的绞车、机车、铁道及各种安全保护装置，全部按照规定进行检查和检修，均符合规定要求。所有拉放车作业一律由安监员和施工单位跟班干部双岗把关，缺一不可，矿车掉道一律按事故进行追查和处罚，保证了井下安全运输。

三是加强了基础设施建设。对各中巷和各条运输大巷进行了拉底、调道，并开展了缆线吊挂、管路涂油等工作。2010 年以来，我矿还完成了井下人车站、架空人车道标准化工程，既提高了质量标准化标准，又建设了具有大明煤矿特色的安全文化阵地。

四、抓重点、治难点，通风安全质量标准化管理达到一个新的水平

两年来，我矿以构建“通风可靠、抽采达标、监控有效、管理到位”的工作体系为目标，按照《通风安全质量标准化标准》，并结合省局“一通三防”强基固本“十化”竞赛的各项要求，完善了“一通三防”管理制度，加强了通风、瓦斯、防灭火、安全监测、煤尘防治等 9 个方面(不含防治煤与瓦斯突出内容)的标准化、规范化管理。对长距离通风、瓦斯管理、瓦斯抽放和防灭火方面加强科学管理，对全矿所有密闭实行日检查、周分析制度，从根本上消除了重大隐患的威胁。

五、地测防治水安全质量标准化水平稳步提升

我矿基础工作完备，设备、设施完善，矿图规范、清晰，地质资料齐全，专业技术人员配备符合要求。为切实做好防治水工作，我矿认真落实国家总局 28 号令，坚持“有疑必探、先探后掘、先探后采”原则，加强探放水管理，凡水情不清地段都必须进行探放水工作，及时制订采空区探放水计划，并根据生产接续工作面的实际情况，及时做好钻孔预报工作。在每年汛期到来之前，我矿都提前制定汛期工作实施方案，成立以矿长、党委书记为总指挥的汛期“三防”指挥部，制定汛期工作预案，积极落实抢险队伍和物资、装备，保证了矿井安全度汛。

六、继续加强了选煤厂的安全质量标准化建设。

我矿严格执行省局选煤厂安全质量标准化标准，投入资金加强设备改造，强化基础设施建设，各种设备、设施完善，保护齐全，选煤安全标准化建设得到了进一步加强。

2009—2010 年，经辽宁省煤炭工业管理局检查验收，我矿安全质量标准化达一级安全质量标准化矿井标准。

铁法煤业集团有限责任公司小青煤矿

一、不断提高职工综合素质，为开展安全质量标准化打好基础

提高人的安全意识和操作技能，规范人的行为，是实现不断提高安全质量标准化的重要基础。

(一)按期参加集团公司培训、根据本矿的不同时期特点组织培训、基层单位在班前会有针对性的专业培训以及模拟演练、现场纠偏等一系列手段和方法，对新工人、一般从业人员、特种作业人员、班组长等不同群体，全面开展理念灌输、习惯养成训练、危险四预、操作技能等培训教育，培育职工树立良好的行为习惯和职业素养。每月组织停产培训一天，加强员工安全思想教育。建立安全诚信档案，使全体员工争做星级安全诚信员工，从思想和行为上为安全质量标准化打下坚实的基础。

(二)加强班组长队伍建设。认真学习贯彻我矿下发的《班组长管理办法》《关于开展争创“星级白国周式班组”，争做“星级白国周式班组长”“星级安全诚信员工活动》的通知，《关于推行班组全程安全管理法》的通知等各种文件精神，特别是把学习贯彻《关于推行班组全程安全管理法》的通知做为重点，认真组织落实，不走形式、不走过场。每月初由矿领导为全矿的班组长进行一次安全质量标准化的培训教育。建立后备班长选拔培训机制，从各班选拔部分骨干，参加班组长培训。对班长进行定期考核讲评，实行末位淘汰，空出的职位，从培训合格的骨干中选拔任用。

(三)推行准军事化职业行为训练。为进一步规范员工安全操作行为，提高安全质量标准化工作的执行力，全面开展了准军事化职业行为训练，对职工进行准军事化班前会、队列行走、手指口述、安全确认、现场交接班、职业技能训练等多项训练，以严明的纪律培养职工的自觉管控能力，使职工自我管理意识得到了显著提升，对落实安全质量标准化管理制度以及规范化作业标准，起到了一定的保障作用。

(四)推行岗位描述、岗位安全确认手指口述。围绕提高人的安全质量意识和危害辨识控制能力，推行了全员、全方位、全过程的岗位安全确认，并以"安全预想、危险预知"为主要内容，全面推行了"手指口述"式安全确认法，进一步强化了现场安全管理，促进了规范操作的落实。适时组织"专家级岗位描述"竞赛活动，全面促进员工安全操作水平。

二、细化安全质量标准化管理制度，促进安全质量标准化动态达标

针对本矿实际，修订了采煤工作面、掘进工作面、维修工作面、机电、运输、通风等各个系统安全质量标准。积极应用定置管理、编码管理、看板管理、标识管理四项技术，科学管理，打造精品工程。组织人员编制《井下标准化施工规范汇编》。

(一)从工程源头细化，考虑周密，减少遗漏，保证后续工程顺利开工。要求在规范设计流程的基础上，细化设计内容，对每项工程的每个环节、施工现场的每个细节，都以设计说明书的形式固定下来，逐项提出具体操作要求，明确具体标准。如掘进工作面巷道的形状，材料码放位置、标准，管线吊挂位置、标准；采煤工作面泵站压力，液压支架初撑力具体数值，单体液压支柱放液阀必须朝向相同等。在规范设计内容过程中，针对现场施工内容和操作细节，在基层班组广泛征集设计内容，保证设计内容的可操作。

(二)工程施工过程中细化。为了保证工程质量的达标，我矿强力推行SPC管理系统，规范化管理从强化员工岗位工作标准和行为规范养成入手，着眼于生产现场每一人、每一事、每一天、每一处、每一物实施精细管理，使管理更加严密、科学、规范、有序。程序化运作明確做什么、谁来做、何时何地如何做、采用什么方法，以实现科学有效的过程控制。闭环式控制要求每个人所做的每件事都要有始有终，形成闭环，日事日毕，日清日结。它以绩效考核为基本手段，采用自上而下层次考核和自下而上周期评议的双向控制方式，对管理人员和作业人员实施闭环式考核，使之受控于生产经营过程的始终，以消除管理上的盲区和薄弱环节。

三、积极开展安全质量"十化"达标竞赛

我矿认真贯彻落实《国家局关于持久开展煤矿安全质量标准化工作指导意见》的文件精神，制定了安全质量"十化"目标，突出了"一点两线两面"(一点：副井口；两线：W2、E1两条运输线；两面：E1407、W2718两采面)标准化建设，全矿的标准化建设达到了"四个延伸"(点面达标向系统达标延伸，井下达标向井上达标延伸，硬件达标向软件达标延伸，静态达标向动态达标延伸)、"五个一样"(对待标准化工作做到领导在不在场一个样，有没有检查一个样，动态静态一个样，白班夜班一个样，条件好坏一个样)；实现了"采掘管理精品化、机电管理标准化、大巷轨道地铁化、瓦斯监控自动化、安全装备系列化、管线吊挂艺术化、作业牌板规范化、选煤生产集控化、安全管理网络化、环境建设优美化"。打造了井口信息站、矿灯大厅、入井长廊、副井信号房、井下人车站、W24号山人车站、E1人车站和W24号山载人装置、E1材料上山载人装置、机车调向装置等标准化工程。矿井地面美化、绿化、亮化，建成了安全文化广场、安全文化驿站、安全文化展室和千米平安大道。

四、领导高度重视，创新考核运作机制，确保安全质量标准化规范有序运行

实行日常管理联责办法，细致安排科室现场标准化包片。明确区队的党政正职是本单位质量标准化管理的第一责任者。分管领导以及职能科室成员实行系统承包，奖罚与分管系统联责。每月由生产科组织对生产单位安全质量标准化进行全面检查，根据现场打分评比排名，根据评比结果进行通报，并对排名首位和末位的单位集体及负责人进行奖罚。

铁法煤业集团有限责任公司晓明煤矿

一、安全质量标准化开展情况

从建章立制入手，制定完善了《质量标准化管理制度及考核办法》。我矿每旬进行一次检查评比，实行质量标准化与经济利益挂钩。经过多年的投入、改造和建设，我矿井上、井下安全质量标准化工作已取得了显著的成效，始终保持国家一级质量标准化矿井和集团公司质量标准化先进水平。

通过科学的组织生产，我矿原煤产量稳步高产，年产实现180万吨，月最高单面产量17.5万吨。

只有质量标准化搞好了安全生产才有保证。2010年度标准化工作重点是以N2719、N3408、N2419三条线为主，投入了维修队、安装队、综掘一队、综掘二队、综掘三队、综准队、掘准队七个队伍。本着投入少、见效快、力度大、标准高的原则共拉底17332余米，道路调整10400余米，清理完善水沟1200余米，重新吊挂电缆10000余米。经过矿领导和生产科的精心策划和组织，标准化工作收到明显的效果。尤其是N2719工作面沿途的标准化工程效果最显著，提高了我矿标准化工作的水平。

二、安全生产责任制等制度的建立落实情况

以国家继续开展“安全生产年”和公司“安全诚信年”为主线，认真落实国家关于加强安全生产工作通知(国发23号文件)，国家安监总局152号文件及33号令等有关安全生产法律法规、指示指令，我矿严格落实执行，强化了矿领导带班，制定了领导带班制度、交接班制度、领导带班档案管理制度，并且每月制定领导上岗带班计划，严格执行国家带班要求。

矿井安全管理组织机构齐全，专职安全管理人员配置符合要求。安全管理制度符合《关于加强国有重点煤矿安全基础管理的指导意见》的规定要求，并在生产过程中严格落实依法管理。我矿各级管理人员、岗位工种安全生产责任制和职能部门安全生产责任制齐全，并通过量化考核制度严格落实。

全年分季度开展了各时段的安全生产活动，按照集团公司总体要求，一是一季度开展了《诚实守信，尽职尽责，实现一季度安全生产活动》，活动期间开展了以强化现场安全管理为重点，重点培育全员诚信抓安全、管安全的理念，为全年安全工作开好头、起好步、打牢了基础；二是二季度开展了《认清形势、提高认识、查找差距、整改落实，实现二季度安全生产活动》，认真吸取各类事故教训，细化各级管理人员责任，深入开展安全诚信年；三是重点强化以“一通三防”、机电运输、防治水为重点的三项专项整治，并严格贯彻落实国家安监总局19号、28号、29号令等文件精神，逐条对照落实；四是继续深化“三项制度、岗位描述”现场的执行力，有力地保证了作业现场的安全生产；五是三季度开展了《扎实诚信、防骄破满、从严从细、持之以恒，抓好三季度安全生产活动》，重点加强高温雨季员工安全思想教育，加强井下顶板及地面防汛工作，结合集团公司“五个专项整治”要求，进一步加大安全生产隐患排查治理力度，吸取事故教训，防范安全生产事故发生；六是9月23日到年末与全省及集团公司同步开展了百日安全生产活动，以国家23号文件为工作主线，继续加大安全管理力度，各单位制定百日安全生产规划，确保年末期间安全生产。

2010年我矿抓住职工安全技术培训这项基础工作，利用每月一次停产大培训、班前会等时间进行专项安全思想、安全技术知识、安全心理的培训；并依靠集团公司的“三项制度”对职工进行岗位作业的现场

培训，加强全员安全文化安全培训工作，促进员工安全行为的养成。

按照国家146号文件要求，目前我矿六大系统建设工作已制定了实施规划，计划2010年年末完成矿井监测监控系统、通信联络系统、压风自救系统、供水施救系统、人员定位系统的完善工作，在2012年6月前完成井下紧急避险系统的建设工作。

三、“十化”竞赛活动开展情况

自“十化”竞赛活动开展以来，我矿经历了认真学习贯彻到对照标准整改、完善和现已基本完善的过程。井上内业、井下“一通三防”及安全监测监控工作均以《“十化”检查细则》和集团公司《标准化检查细则》为标准。集团公司每月检查均按此《细则》标准进行考核、评分。2010年，我矿按“十化”标准月平均得分为851.9分。

四、隐患排查治理情况

（一）瓦斯、煤尘、火灾事故隐患治理情况。

我矿每旬进行一次“一通三防”自检自查，对查出的隐患及时进行处理。目前，我矿无超通风能力生产的隐患。

严格执行瓦斯治理“十二字”方针和“十六字”工作体系，遵循以抽为主，风排为辅的原则。在采场瓦斯治理上，主要采用工作面回顺斜交钻孔抽放、地面立孔抽放、上解放层采空区抽放、临近层采空区抽放、尾巷水平长钻孔抽放、移动泵抽放和埋管抽放等综合方法进行采场瓦斯抽放。现井下没有瓦斯超限地点。

（二）机电运输隐患治理情况。

按照机电管理“八化”标准，全面加强机电设备的管理。矿设立防爆信息中心，对井下电气设备实行24小时全程监控。机电科防失爆检查组，严格对井下使用的机电设备进行检查验收。一年来，消灭了井下电气失爆现象。在两小运输上，重点加强了长距离斜巷拉放车管理。各级管理人员、安监人员对斜巷“一坡三挡”、声光信号每班进行严格的检查；机电科每月进行机电运输专项抽查，对发现的问题、隐患按照闭环管理的要求及时处罚和整改。

（三）顶板隐患治理情况。

重点加强了综采工作面两顺及掘进工作面、维修翻棚工作面的顶板管理。根据地质条件变化，及时改变施工工艺（采用圆弧拱型巷道），加强顶板支护强度。同时，建立了采掘工作面矿压监测系统（采煤：KJ-345矿用液压压力监测系统；掘进：KJL—300巷道顶板离层自动监测报警系统），监测数据传至地面，微机自动显示，根据顶板压力变化及时调整支护强度。生产科每旬组织一次顶板隐患排查，对查出的隐患及时落实整改。

（四）火工品使用隐患治理情况。

由生产矿长亲自负责火工品的日常管理，建立了火工品使用监督审批管理制度，对火工品的押运、入井、存储、发放、领取、报废等环节有严格的规定。同时成立了放炮队，对放炮员集中管理，并严格控制零散放炮作业。如有零散放炮作业时，必须经过火工品管理委员会主任进行审批。

总之，经过全矿共同努力，以脚踏实地，吃苦耐劳的工作作风，较好地完成了集团公司下达的各项任务。

铁法煤业集团有限责任公司晓南煤矿

一、最大限度地回收煤炭资源，确保矿井稳产高产

一是提高开采技术及管理水平，开采大倾角煤层，避免难采煤层受技术水平限制丢采带来的资源损失；二是采用形式灵活的工作面布置（如把工作面布置成“刀把形”“梯形”“锯齿形”）及开采工艺（如工作面“转角”“过旧巷”“边采边增减支架”等开采工艺），有效减少地质构造造成的损失的重要途径；三是在安全经济的前提下把工作面隔离煤柱降至最低或进行无煤柱沿空留巷开采，可大幅度减少煤柱损失；四是合理选用大采高综采设备、普通综采设备和全自动化刨煤机设备，以减少在开采厚度上丢煤等带来的开采损失。

通过以上方法最大限度的回收煤炭资源，提高矿井煤炭回收率，确保矿井稳产高产，延长矿井服务年限。

二、安全质量标准化建设稳步提高

晓南矿是原煤炭部确定的全国15个现代化样板矿井之一，是铁煤集团最早达到质量标准化、现代化并保持特优级质量标准化的矿井。矿井先后荣获全国五一劳动奖状、全国文明煤矿、全国特级高产高效矿井、全国安全高效矿井、辽宁省思想政治工作优秀企业等荣誉称号。近几年，晓南矿根据自身实际，把建设标准确定为“朴素型”，井下标准化线路区域划分为A、B、C、D四个等级标准，实行分级管理，采取矿长负总责，由生产副矿长主抓，矿分管领导对分管系统负责，职能科室对分管业务范围负责的办法，明确了责任分工，实行层层负责制，落实了主体责任。坚持静态高标准、动态不走样，巩固和保持了集团公司标准化建设一流水平。本矿在2010年度集团公司质量标准化检查评比中取得平均分98.00分的好成绩，位居集团公司第一名。

三、建立完善安全生产责任制

晓南矿始终坚持“安全第一，预防为主，综合治理”的方针，认真贯彻各项安全生产法规，建立健全并全面落实各岗位、各部门安全生产责任制，制定了一整套安全管理规章制度和保障制约机制，积极探索安全管理新方法，全面强化安全生产管理，严格执行安全责任追究制度，侧重追查落实各级管理人员的责任，有效地强化了各级管理干部安全生产责任制的落实。

四、加强企业文化建设

以打造本质安全型矿井，建设全煤五精管理样板矿为目标，强势推进以安全文化、管理文化、和谐文化为重点的企业文化建设。全面夯实企业文化十一项要素，推行精细、精准、精确、精益、精美的五精管理，特别是通过实行三项制度（手指口述、安全确认、三三整理）、岗位描述、干部走动管理、岗位价值精细管理等现代管理方法，大力加强“三基九力”团队建设，实施七路并进的英雄行动，推广应用精优作业法、卓越管理法和创新成果，倡导慈孝、友善、博爱、诚信的和谐理念，开展内涵丰富的和谐文化活动，有效提升了矿井亲和力和凝聚力，打造了综合素质高、执行能力强的优秀团队，促进了矿井又好又快的发展。

五、坚定不移地实施科技兴矿战略

2010年，晓南矿以实现安全生产和提高经济效益为中心，充分发挥广大工程技术人员作用，加大技术创新、技术改造和技术引进力度，各系统有针对性地进行了技术攻关活动，并积极推广运用新技术、新工艺，取得了实质性的科技成果，解决了生产过程中大部分难题，科技含量和科技贡献率不断提高，经济技术指标明显提高，矿井实现了安全生产。

六、全面加强煤质管理，不断提高煤炭产品的行业竞争力

为了全力打造“质量品牌”。晓南矿建立了完善的矸石分运系统，井下每个采区都建有矸石仓，利用矸石仓对半煤岩掘进工作面实行分掘分运，对综采工作面遇构造分运产生的矸石进行分储，并在井下设置劣质煤缓冲仓，地面建设劣质煤储存场地，形成了完整的分运、分提、分储、分销系统。在生产过程中采取引排等技术措施实现煤水分流，以及通过在地面改造洗选加工设备提高洗产品质量等多种技术手段和途径，不断提高煤炭质量，真正把煤炭质量当成“企业的命根子”来抓，形成了长期稳定的市场。

七、加强矿井防治水与“一通三防”管理工作

2010年晓南矿依据《矿井地质规程》、《煤矿防治水规定》等行业法规，从严管理，加强地质水文预测、预报工作，完成W3—422、W2—900、W2—902工作面采掘过程中的探放水工作，完成了6处探放水设计与

施工，打泄水钻孔 17 个，放出水量 5.48 万立方米。同时加大了隐患排查力度，下发地质、水文预测预报计 80 余次，确保了采掘工作面安全生产。

一通三防工作中，依据采掘布局及时调整和优化通风系统，降低通风阻力，确保矿井通风系统稳定。在钻孔施工工艺中，投入了新型的履带式钻机，大大地提高了钻孔施工速度，在治理工作面瓦斯浓度上取得了重要的效果。为保障井下瓦斯抽放，同时投入了两台大功率瓦斯抽放泵，并新施工了一个大孔径的瓦斯立孔，实现了矿井瓦斯综合治理与利用。在防治自然发火方面，我们对采面采取施工钻孔注阻化剂、工作面架间辅洒白泥卤水和采空区注氮气、河沙充填等方法。对井下密闭喷浆封闭、闭外施工钻孔注白泥等综合措施预防工作面与密闭自然发火。

兖矿集团兖州煤业股份有限公司兴隆庄煤矿

一、加强安全教育培训，提高职工队伍安全素质

一是强化安全宣传。利用多种形式与途径，积极宣传上级关于安全生产的指示和会议精神、法律法规与制度文件要求，重点加大新版《煤矿安全规程》和《国务院关于进一步加强企业安全生产工作的通知》的宣传力度。吸取全国发生的各类煤矿事故教训，按照国家和省市政府关于加强安全工作的新要求，扎实开展安全形势任务教育、安全亲情教育和安全警示教育，坚持让形势任务激励人、让亲情教育感化人、让事故教训震慑人，使全员职工深刻认识到抓好安全工作的极端重要性，以及进一步增强安全责任感和压力感，确保了全员安全思想意识不麻痹、工作标准不降低、管理力度不减弱。

二是提高职工安全素质。开展了千日无轻伤安全竞赛、安全演讲进区队、安全诚信排行竞赛、安全生产月和质量月等系列活动。召开实现安全生产十周年目标誓师动员大会，举办了万人签字活动。开展岗位技术比武、名师带高徒和优秀技术技能人才考核活动。强化“三项岗位人员”培训，培训率、复训率、持证上岗率达到了 100%。深化“四五级联动”安全培训，运用现场操作、实景模拟、事故剖析等形式，提高培训的针对性和实效性。严格对新入矿工人岗前安全培训，签订师徒合同，明确师徒责任，坚持师徒同考核。严格安全培训效果考核，对达不到安全“必知必会”的，一律停工培训、调整岗位，确保了培训效果。

二、加强长效机制建设，提升矿井安全管理水平

一是完善安全管理和制度体系。根据上级有关规定与现场出现的新情况、新问题，建立健全安全生产管理机构，配足配好安全管理人员；不断完善安全管理制度，制定下发教育培训制度、安全投入制度、岗位操作制度、隐患排查治理制度、安全“双基”建设制度、安全质量标准化建设制度、安全设备设施管理制度、检修维护制度、应急救援工作制度、事故报告制度等规章制度和操作规程。严格安全目标管理，明确全年六大安全目标，坚持执行制度、落实责任、监督检查、安全考核和追究问责“五个从严”抓安全。依据安全责任大小，实行全员安全抵押，严格月考核、月兑现。建立绩效奖励制度，将个人业绩、效益和效率与安全质量挂钩，调动职工抓安全工作的积极性和主动性。

二是强化安全责任落实。按照“一岗双责、责任到人”原则，层层落实领导分工负责制、业务保安责任制、岗位安全责任制，做到分级管理、分工负责、量化考核，保证了各项安全工作责任到位、落实到位、考核到位。签订安全生产责任书，将安全责任分解、落实到了各个层级、环节和岗位，做到事事有考核、层层有压力，激发干部职工自觉履责的能动性。严格领导干部 24 小时值班、带班、跟班和安全包保制度，坚持与职工同下井、同上井，每月通报下井带班和安全包保情况，做到安全重心下移、关口前移，提高了现场安全领导力和指导力。严格责任追究，对履职不实、监管不严、

措施不力的领导干部和责任人，实行事前问责、超前防控，增强了干部职工认真履职、主动承责、人人尽责的自觉性。

三、突出抓好基层基础，增强矿井安全保障能力

一是实施科技兴安战略。认真编制落实安全费用资金提取、使用计划，及时更新维护“一通三防”、防治水、机电运输等系统安全防护设备设施，提高矿井技术装备水平。不断加强信息化建设，建成了国内首家千兆工业以太环网和调度控制指挥中心网络平台，实现了压风机、中央水仓、泵房、变电所、皮带等系统地面远程集控，以及工业电视、语音系统和监控数据三网合一，增强了矿井安全保障能力。推广应用了井下无线语音通信系统和人员定位系统，为生产指挥和灾害救援提供了可靠手段。成功研发应用综放工作面顺槽支架，取消单体支柱，改善了工作面作业环境和安全条件。研发使用长距离水平转弯快速架空乘人装置，减少上下井在途时间，减轻职工体力消耗，营造了安全和谐的工作环境。

二是严格安全质量标准化动态控制。合理确定生产任务，严格按正规循环组织生产，确保生产过程规范有序。扎实开展安全程度评估，做到一季一评估、一季一奖惩，提高矿井安全生产整体水平。充分发挥经济杠杆调控作用，安全质量标准化工作与单位绩效奖励挂钩考核，按照绩效奖励管理办法4:3:3的比例，对30%的质量奖部分实行全额浮动。根据单位月度质量标准化工作考核情况给予奖励或减发绩效奖。持续开展质量标准化流动红旗达标竞赛活动，分系列做到月检查、月评比、月考核。实施安全质量红黄牌制度，对挂红黄牌的单位分别给予3~5万元经济处罚，并联挂区队领导。推行安全质量终身负责制，建立工程质量档案，实行质量事故倒查，不达标工程不投入使用，出现问题对施工单位负责人严厉问责。强化安全应急管理，修订完善生产安全事故应急预案，建立专兼职应急队伍。认真执行授予煤矿调度员十项应急处置权规定，保证了调度员10项授权和3分钟通知到井下落实到位。

四、深化安全风险预控，提升现场安全管控能力

一是强化现场安全整治。紧紧围绕影响现场安全生产的重点、难点、薄弱点和关键环节，加大安全专项整治力度。加强顶板管理，突出搞好了采煤面缩面、对接和过断层期间的顶板控制，杜绝了顶板事故发生。加强“一通三防”管理，重点抓好了矿井火工品管理、通风、综合防尘、瓦斯和防火治理等工作。加强机电运输安全管理，深化机电专业定置管理，严格检修项目施工期间安全监管，强化供配电设施、要害场所、关键部位动态监控，保证了矿井用电安全；认真规范设备设施检查、试验、维修等关键环节，各类安全设施齐全、灵敏、可靠；突出抓好了工作面安撤和改造期间设备拉移、起吊、装封车和运输等关键环节安全管理，保证了运输安全。加强防治水治理，认真落实综合防治水措施，杜绝了水害事故发生；强化雨季“三防”措施，坚持24小时安全生产、雨季“三防”双值班，加强重点部位现场巡查，保证了矿井汛期安全。严格地面非煤厂点、交通运输、生活服务、后勤保障和消防安全管理，保证了矿井各项安全工作有序推进。

二是严格隐患排查治理。加强专兼职安监队伍建设，授予安监人员停头停面权、经济处罚权、行政处罚建议权。根据矿井不同时期安全工作特点，坚持定期检查与动态检查相结合、全面检查与重点督查相结合，超前排查分析各类苗头性、倾向性问题，分专业、分系统深化预防性安全监督检查，强化了重点工程、薄弱地点、薄弱环节、关键工序、零星工程、特殊施工地点、重点人员现场“专盯”，做到一检查、一分析、一追究、一通报，从严处罚、共同警示，确保了现场安全生产。牢固树立“消除一处隐患，就是消灭一起事故”理念，紧紧围绕“人、机、环、管”四个环节，严格落实矿、科室、区队、班组和岗位“五级”隐患排查制度，对排查出的事故隐患，按照责任、措施、资金、期限、应急预案和监控措施“六落实”原则，及时进行整改，做到了隐患排查到位、治理有效。开展了灾害性天气停产撤人演练、地面防洪和防火演习，提高了现场应急处置和防灾抗灾能力。

兖矿集团兖州煤业股份有限公司鲍店煤矿

安全生产是经济社会发展的坚实基础，质量标准化建设是矿井得以发展的重要保障。多年来，兖州煤业股份有限公司鲍店煤矿认真贯彻落实党的“安全第一、预防为主、综合治理”方针，始终坚持“抓质量就是抓安全”理念，积极深化安全质量标准化建设，努力构建安全生产长效机制，矿井安全形势保持总体稳定。荣获全国煤炭工业特级安全高效矿井、国家级一级质量标准化矿井、山东煤矿安全程度评估8A级矿井。连续5年保持全国煤矿职业安全健康先进单位，被中央文明委授予“全国文明单位”称号。

一、提升境界，强化宣传，营造质量标准化建设浓厚氛围

牢固树立“以人为本”科学发展观和“将高危行业建成安全行业”本质安全理念，紧紧围绕文化引领、教育培训、责任落实等关键环节，着力“四个强化”，统领员工思想，规范作业行为，为质量标准化建设营造了浓厚氛围。

一是强化安全文化引领。坚持把企业文化建设作为增强企业凝聚力、培养成长力、打造核心竞争力的重要举措来抓，在继承优秀传统文化，融合现代企业安全管理理念的基础上，深入开展“仁和之道”“方圆之道”理论研究和实践探索，积极构筑独具特色的“方圆”安全文化，实现了制度“刚性”规范和文化“柔性”引导的有机融合。深入推进安全思想教育精细化，扎实开展形势任务教育、责任事故案例征集、寻找“身边的榜样”“聚焦安全生产”电视访谈、选树十类“安全生产模范”，以及组织举办安全演讲比赛、安全文艺演出、井口嘱安全、教育进区队等安全活动，凝聚了全员严抓安全工作的强大合力。

二是强化职工教育培训。积极探索职工安全教育培训新形式，在实践中形成了以教培中心为主的脱产培训、以区队为主的自主培训和以济南军区农业技术试验基地为主的封闭式准军事化培训“三三联动”安全培训机制。先后投入800余万元建成了综合模拟巷道、综采仿真工作面和主井仿真提升系统。健全完善优秀技能人才考核奖惩机制，扎实开展岗位技能比武、优秀技能人才评选等系列活动。目前，矿井在聘学科带头人3人，省、市和集团公司级首席技师7人，优秀技术技能人才69人，4754名职工取得职业资格证书，中高级工及技师达到职工总数的37.28%。

三是强化主体责任落实。认真落实领导干部分工负责制、业务保安责任制和岗位安全责任制，严格执行领导干部安全质量包保制度，实现了安全质量标准化工作的统一管理、逐级负责、全面监管。制定《井下安全生产职责范围划分细则》《地面单位行政责任区划分管理规定》，全面实行“包区域、包区队、包头面，联责、联考、联薪”“三包三联”考核机制，明确安全质量管理责任到领导、到部门、到区队、到班组、到岗位。建立安全质量问题追溯制度，严格工程质量验收，突出质量动态考评，实施量化绩效考核，确保实现专业达标、单位达标和岗位达标。

四是强化安全行为规范。成立了准军事化管理地面督察队、井下督察队和领导干部动态巡查小组3支督察巡查队伍，制定实施了《准军事化管理规范》和《员工6S基本行为规范》，对职工中经常存在的不良习惯和不规范行为实施纠偏，广大干部职工的执行意识、服从意识显著增强。大力实施“三位一体和手指口述”安全确认、岗位危险源辨识、“三自三创”竞赛等活动，设计制作井上井下固定岗点危险源辨识牌板、流

动岗点辨识卡片，印发了涵盖六大专业，71 个重要工种，825 个一般工种的《岗位危险源辨识要点及处理办法》，干部职工质量意识得到显著提升。

二、健全制度，落实责任，构筑质量标准化建设长效机制

始终坚持把质量标准化建设作为矿井安全工作的生命工程、基础工程，立足于“人、机、环、管”四大环节，积极研究探索质量标准化建设的新方法、新路子，规范“四项建设”，实施长效管理，为质量标准化建设提供了有效保障。

一是规范制度机制建设。坚持提升思想境界和工作标准，认真贯彻落实上级一系列安全指示精神，深刻领会《煤矿安全质量标准化标准及考核评级办法》，组织全矿“采、掘、机、运、通、地测、调度、安全”八大专业分管领导、科室部门和井下生产单位主要负责人进行座谈研讨，编制了区队、班组、岗位质量标准化标准和考核奖惩办法。制定实施《井下文明生产管理制度》《现场管理实施细则》，健全完善地面资料档案、作业规程、设备投入等软硬件基础，有效提升了质量标准建设精细化管理水平和文明生产形象。

二是规范现场标准建设。扎实推进安全质量“双评差”“精品头面”评比和示范点创建活动，排定检查路线、明确责任领导、责任部门，分专业、分系统定期组织开展“拉网式、解剖式”安全质量标准化建设大检查。结合国家安全新标准和行业新规范，严格规范工程设计和规程编制、审批、学习、考试等关键环节，特别是针对现场条件变化，及时编制针对性措施，不断增强规程措施的针对性、时效性和可操作性。坚持从源头抓起，从细节抓起，严把工程质量“毫米关”，狠抓巷道支护质量、工作面成型、管线吊挂等工作，实现了井上井下所有工序、流程、岗位全覆盖、全过程动态达标。

三是规范区队班组建设。按照“区队自主管，班组自主抓，个人自主保”管理模式，严格落实区队班组和职工个人现场安全质量主体责任，积极构建个人保班组、班组保区队、区队保矿井层级包保体系。认真执行工班长安全管理、生产管理、质量管理、团队建设、技术革新、岗位培训、绩效考评、基础管理“八项职责”，积极赋予工班长安全管理权、生产组织权、制度制定权、绩效考核权、收入分配权、合理建议权“七项权利”，充分发挥在班前、班中、班后对各类危险源超前辨识确认和质量验收把关作用，杜绝违章指挥、违章操作和各类责任事故发生。扎实开展标准化区队、标准化车间和标准化岗点创建活动，定期组织“三无班组”“金牌班组”，以及优秀班组长评选活动，不断提升班组安全质量管理能力。

四是规范预控体系建设。牢固树立“预则立，不预则废”的安全预控理念，建立以主要负责人对隐患排查治理全面负责、总工程师对隐患排查全面负责、行政分管领导对分管业务范围内隐患治理全面负责、安监部门对隐患排查治理全面监督的隐患排查治理责任体系。着力突出“一通三防”、防治水、顶板、机电、运输和冲击地压防治研究等安全重点，严格坚持“三定管理”“五级排查”和“七落实”制度。健全完善以预控为流程的安全风险预控管理体系，规范隐患排查治理、重大隐患报告责任制和重大隐患排查、评估、报告、治理、监督、消除程序，每月组织一次安全隐患大检查，对排查出的各类安全隐患进行分级管理、动态监控、过程控制，形成了“排查、整改、验收、考核”闭合式循环。

三、精细管理，标本兼治，夯实质量标准化建设坚实基础

紧紧围绕解决现场实际问题、提高质量标准化建设水平、保障矿井安全生产等重大课题，依托科技进步，严抓现场管理，突出“四个坚持”，为质量标准化建设奠定了坚实基础。

一是坚持依靠科技进步。围绕制约安全生产的共性、关键性安全技术难题，多渠道加强与知名企业、科研院所和高等院校合资、合作，矿井安全高效自动化水平大幅提升。采掘机械化程度达到 100%，综采单产突破 600 万吨大关，煤炭资源回收率保持在 90%以上。承担了全国第四套、兖矿首套 ABM20S 掘锚一体化机组工业性试验重任，创出日进 63 米、月进 1100

米的国内一流水平。综放工作面运顺端头支架及放煤工艺技术、矿用新型多功能巷道修复机、“煤巷掘锚机组(JMC系列)开发与应用”等项目达到国际领先水平。广泛开展群众性经济技术创新竞赛活动,对“五小”成果实行月度征集,季度奖励,充分调动了职工群众的技术创新的积极性、主动性和创造性。

二是坚持薄弱环节管控。设立粉尘综合防治、职业病预防机构,规范安全健康档案,定期组织全员健康查体,着力提升职工危害辨识和个体防护能力。加大综合防尘装备投入,大力推广使用捕尘帘、新型净化水幕装置、粉尘在线监控系统和煤场喷淋降尘系统,改善了职工作业环境。建立安全不放心专业、安全不放心单位、安全不放心班组、安全不放心人挂牌督办机制,着力消除责任盲区和管理空当。强制推行重点工程、零星工程等特殊作业项目派工单和工作票制度,杜绝管理失控和随意性安排行为。严抓瓦斯异常区和防灭火重点区域管理,矿井连续8年杜绝了煤层自然发火和瓦斯积聚。

三是坚持优化“六大系统”。装备使用KJ95N监控系统,实现了对井下瓦斯、一氧化碳、温度和风速等环境参数的动态监控。推广使用KJ69J人员定位系统,能够实时掌握井下各个作业区域人员的动态分布及变化情况,并具备人员考勤功能。加强压风自救和供水施救系统日常维修、维护工作力度,研发了远程监测和故障报警系统,确保了矿井在灾变期间提供应急供风、供水要求。安装了生产调度通信系统、无线通信系统和井下安全语音广播系统,当井下发生险情时,各通信联络系统能够同时启动,并在3分钟内通知到井下主要作业地点、作业人员。高标准建成临时避难硐室3个、过渡站2个,敷设生命绳5000余米,全面提升了矿井灾害防治和应急救援能力。

四是坚持严抓现场管理。及时优化调整矿井通风系统,杜绝了不合理的串联通风、扩散通风、老塘通风等现象。严格落实超前探水、注浆加固、排放水等安全技术措施,全面加强矿井开拓期间防治水管理。超前落实防冲专项技术措施,着力强化工作面开采和开拓掘进期间的支护质量控制与顶板动态监测。严抓工作面安装撤除过程中的起吊、装封车和辅助运输管理,开发了斜巷绞车行距监测装置,实现了可视化监控和操作。扎实开展机电设备定置管理、综机“零故障”竞赛等活动,确保了井上井下电气设备安全高效运行。推广应用放炮智能化管理信息系统,规范爆炸材料领用、发放管理程序,实现了爆炸材料全过程控制。建立了应对矿井停电、瓦斯爆炸、煤尘爆炸、井下火灾等14项事故应急预案和现场处置方案,定期组织矿井反风、防洪、灾害性天气停产撤人、地面火灾等应急实战演练,矿井安全基础管理水平和综合保障能力得到显著提升。

兖矿集团兖州煤业股份有限公司济宁二号煤矿

一、健全制度,强化管理,实现安全质量标准化动态达标

一是健全安全质量标准化制度体系。坚持安全质量标准化建设与精细化管理、质量/环境/职业健康安全、“双基”建设和安全量化考核相结合,从方案制定、工作规划、规范标准、制度建设等基础环节入手,结合实际,细化、量化、深化了检查考核标准内容,制定了《安全质量标准化管理办法》,形成了安全质量标准化检查评比、考核奖惩体系,为安全质量标准化建设提供了制度保证。

二是严格工程质量过程控制。以采煤工作面、掘进迎头、边缘区域安全质量标准化建设为重点,广泛开展创建精品示范区队、精品示范班组、精品示范头面和“赛质量、赛速度、赛安全”质量标准化建设竞赛活动。按照管理精细化、行为规范化、工作标准化、环境整洁化、安全放心化的“五化”管理目标要求,全面推行机电专业定制管理，对皮带六大保护、机电设备完好情况进行重点治理。强化了井下轨道运输系统的更新改造，实现了胶轮车运输，实现了运输线路道岔司控化、行人线路人车分离。不断优化通风系统，全力构建“通风可靠、抽采达标、监控有效、管理到位”的瓦斯综合治理工作体系。加强了防治水技术攻关，通过开展采场顶板离层水体涌水机理防治技术研究，有效防治水害威胁。加强设备检修维护，严格检修项目、工程进度、安全措施、项目负责人和安全监护人“五落实”，提高了矿井系统保障能力和安全防护能力。

二、落实责任，严格奖惩，推动安全质量标准化建设

严格按照《济宁二号煤矿落实安全生产主体责任实施细则》要求，强化领导分工负责制、业务保安责任制、各岗位安全生产责任制的落实，按照“责、权、利”相统一的原则，始终坚持“质量是安全的基础，没有质量就没有安全”的质量理念，明确现场安全质量评估责任人，对每一项施工项目作业前都进行全面评估，坚决做到不安全不生产、隐患不除不生产、不达标不生产。加大了对安全质量标准化建设的奖罚力度，对安全质量标准化综合评价倒数后三名的单位进行重罚、通报，并跟踪落实。积极开展精品工程“质量放心人”评选活动，激发了职工抓质量标准化建设的荣誉感和责任感，形成了典型引导、相互促进、持续提升的安全质量标准化建设格局。

三、超前预防，根治隐患，夯实安全管理基础

深入开展“隐患治理年”活动和安全生产百日督查专项行动，加强安全预控管理，持续强化隐患的排查治理工作，严格落实岗位班排查、班组日排查、区队周排查、科室旬排查、矿月排查的“五级”排查制度，推行了“五位一体”“手指口述”现场安全确认制度。强化了作业前现场安全风险评估，严格落实现场安全负责人、质量验收员、安监员的责任，具备安全生产条件方可施工。在认真贯彻落实安全规章制度的同时，从“理念、制度、素质、装备、环境”等方面入手，从不同角度、不同侧面构筑安全管理支撑体系，以本质安全为核心，以塑造本质安全人为基础，以构建本质安全矿井为目标，教育引导广大干部职工如何在哲学上认识本质安全、在管理上推进本质安全、在行为上实施本质安全”，形成了“平安矿井，幸福人生”的核心安全理念、“塑造本安员工，构建本安矿井”的安全愿景和“无‘三违’，无隐患，无事故”的安全目标，激发全员自发抓安全的工作热情。健全完善了应急救援体系，编制了年度灾害预防和处理计划。

兖矿集团兖州煤业股份有限公司济宁三号煤矿

一、实施安全质量管理“1234”工作法

“1234”工作法即一查、二改、三惩处、四交流。一查，坚持动态查与专项查相结合，对生产现场三班动态检查安全质量，对每班查出的问题汇总整理，每天早调度会通报，对安全质量问题多、形象差的地点挂停工牌。二改，对查出的问题逐条落实责任单位、责任人和整改时间，实行复查制度，整改不彻底、复查通不过的不准开工。三惩处，严格工程质量验收结算考核，每月对各作业地点工程优良率与工资结算挂钩，一月一考核一兑现。四交流，不定期将现场施工质量优良的作业地点进行录像，利用周一安全办公会进行视频观摩；每季度至少组织一次安全质量示范头面现场观摩活动，相互交流学习，提高了现场安全质量标准化的整体水平。

二、推行质量精细化、编码定置管理，做到标准统一、规范放置，提高安全生产质量标准化水平

制定了《现场实施标准及考核细则》等5项管理

制度，推行“5103”精细化考核评价机制，建立了物品整齐、定置合理、编码一致等10项对标竞赛内容和100项考核标准，实行动态考核、月检查考核、季度排名奖惩3种考核方式，实行红旗激励和黄旗警示。分专业、分单位、分工种建立了岗位精细化标准，规划井下φ2m车房、中央变电所、北胶二部机头等示范刻点，工作环境、施工质量、干部职工精细意识明显提高，矿井管理成效得到显著增长。

三、推广应用新装备

开展了岩巷掘进中深孔爆破技术研究，装备了两套以液压钻车和履带式耙装机为主的岩巷快速掘进作业线，岩巷掘进每循环进尺提高30%，月单进平均提高50米。优化16302C工作面皮带运输系统，将皮带储带仓直接延伸至溜煤眼，并使用皮带小角度连续拐弯装置，实现了煤流的连续运输，提高了工作推进速度。对3上煤切眼合理缩小断面，采用一次掘全宽施工工艺，提高了掘进效率。

四、不定期组织开展安全质量标准化检查和专项安全质量标准化整治活动

严格按照标准，对生产现场进行了全面的排查，落实责任、时间、资金，全面提高了现场安全生产质量标准化水平。2010年累计进行安全质量标准化检查48次，开展专项质量标准化活动12次，积极查处现场安全隐患、质量标准化问题，组织施工队伍对井下大巷、硐室、各作业地点的电缆、道路、管路、设备及防护设施的专项整治，井下建成了北辅巷、西辅巷、十二采辅运巷等高标准线路。

兖矿集团兖州煤业股份有限公司南屯煤矿

南屯煤矿长期以来重视矿井的安全质量标准化建设工作，始终把提高煤矿安全质量标准化建设水平作为安全生产最重要的基础工作和实现安全生产持续稳定发展的重要保障，坚持常抓不懈，按照贯彻落实科学发展观的要求，以创建质量标准化精品煤矿为目标，积极推进安全管理创新，通过强化教育，提升思想境界，着眼于向更高层次迈进，求创新、求突破，推动安全质量标准化建设向精细化、精品的转变，树立“抓安全质量不提升就是倒退”的争先理念和“严规程严标准、严流程严细节”的工作理念，促进了全员安全质量标准化认识的升级定位。结合自身实际，落实具体措施。在安全、质量、岗位工作标准、文明生产、材料管理等方面相继建立健全了各项管理制度，确保每名职工都能熟悉自己的工作岗位，明确岗位职责，掌握岗位标准，切实做到以制度约束人，用标准规范人，有效提高了工作质量和效率，增强了职工的安全和质量意识，有力地保证和促进了矿井安全生产持续稳定发展。截至2011年1月10日，矿井已连续安全生产1801天。在质量标准化建设过程中，南屯煤矿认真总结以往好的传统，借鉴先进矿井的管理经验，在实践中探索形成了保障和促进质量标准化建设的六项主要做法如下。

一、提高思想认识，深入宣传发动，强化组织领导，保证了煤矿安全质量标准工作的顺利开展

南屯煤矿成立了以矿长、党委书记为组长的“安全质量标准化”工作领导小组，并定期召开会议，对照标准，从制度建设、现场管理落实及各方面的工作标准要求都逐一安排落实，逐项落实到分管部门、分管人员。各单位也都相应地成立了以区队长、书记为组长的领导小组，全矿形成了自上而下的安全质量标准化工作领导体系。党工团组织也充分发挥自身优势，在全矿进行了广泛的宣传发动，制作了安全生产电视专题片、宣传牌板等，组织人员深入区队、井口演讲，组织开展了安全法律法规和安全质量标准化知识竞赛，并统一组织各单位充分利用周一安全活动、周二政治学习日、周四班组长例会、周五技术学习日等时间认真学习，让每一名职工都熟知安全质量标准化工作的总体规划、工作目标、工作重点、工作措施，从而为南屯煤矿安全质量标准化工作地顺利开展打下了坚实的基础。

二、突出重点、细化管理

突出基层单位，坚持矿井统一部署，完善专业(职能)科室、区队(车间)、班组三级管理体系，突出区队(车间)、班组在安全质量标准化建设中的主体地位。实行分片指导，突出重点区域。根据不同片区、不同单位的实际，优化业务管理模式，加强业务指导，突出井下、地面生产等重点片区。实行过程控制，突出关键环节。把安全质量标准化建设融入安全生产管理的各个环节，全员、全方位、全过程落实安全质量标准，注重动态过程控制，务求取得实效。实行量化考核，突出动态达标。完善量化考核制度，加大动态检查考核力度，实现点点线线、头头面面、时时处处高位达标。

三、加强质量标准化过程控制管理

企业管理科不定期地组织召开安全质量标准化现场会，鼓励开展创新活动，培育先进典型，推广先进经验，对于反面典型则坚持惩处与督促整改提高相结合，会同职能科室指导其迅速扭转后进局面。于二季度开展了为期两个月的“质量标准化会战”活动，发动全员、各专业深度排查各类安全质量隐患问题，规划实施目标，极大地提高了矿井的安全质量标准化建设水平。每周进行一次“最佳工作地点、最差工作地点”的评比活动，将评比情况及各单位、施工地点存在的通知不整改问题归纳整理，并于安全办公会上进行通报，对涌现出来的先进典型，做到物质激励和精神激励同频共振，对质量标准化建设水平差、工作作风松懈的单位及施工地点进行通报批评，并且纳入月度安全基础量化考核，从而实现激励先进、鞭策后进的实施效果。

四、开展质量管理创优评比活动

南屯煤矿从调动各单位开展质量标准化精细管理工作的积极性为出发点，充分发挥各单位深化质量管理工作的能动性，提高安全质量标准化管理水平，创精品、树亮点，促进安全质量标准化建设向施工头面延伸，夯实本安型矿井建设基础，对采掘、辅助、地面生产单位开展月度质量管理创优竞赛活动。本年度共计评出精品采煤、掘进工作面40个，精品硐室12个，亮点工程30个，做到在借鉴中创新，在巩固中提高，使我矿质量标准化水平有了显著提升。对安全质量标准化规定的新内容，始终坚持高起点、高标准，求真务实、注重实效，不搞突击、不摆花架子，平时抓、抓平时，长抓不懈。

五、设立矿长安全质量管理奖

对安全质量标准化基础建设、创新管理或开展工作突出的单位、专业、科室、个人予以奖励，每半年对安全质量标准化建设先进单位、业务科室、先进个人、标兵予以奖励，每季组织开展安全质量标准化建设十佳班组、十佳验收员考评竞赛活动，通过以上奖励，进一步激发安全质量标准化建设骨干力量的先锋带头作用。

六、强化安全质量标准化动态管理

为了强化过程管理，突出细化、薄弱环节管理，制定并实施《南屯煤矿安全质量标准化专项督察办法》，企业管理科组织质量检查人员不定时地利用早、中、夜班对各个作业地点进行专项督察检查及动态评估，各检查人员认真做到不走过场，不留情面，只讲原则，只对标准。对于不达标的作业地点立即督促其进行现场整改，对于质量标准化标准低下，工程质量、文明生产形象较差，立即给予停工并挂“挂停止作业牌”，直至作业现场整改合格为止，为了保证督察效果，检查人员现场填写“质检员小班督察检查表”，将所查问题记录备案，制定整改日期，检查表由现场跟班人员或工长签字确认，形成闭环管理，每周三以前对上周通知未处理问题的追踪复查情况进行通报批评和处罚。

每周出现问题最少及质量标准化建设突出的施工地点作为周、月验收评选最佳工作地点、质量标准化创优工程的主要考核依据，对于出现多次存在问题通知不整改或整改不及时的，取消周、月各类评优资格，并作为最差工程的评选依据。

安全质量标准化工作是一项系统复杂的工程，夯实基础工作尤为关键，为了确保矿井长治久安，南屯煤矿在今后的工作中继续严格落实各级人员的岗位责任制，狠抓各项工作标准、工作任务的考核、落实和现场监督检查，及时总结分析矿井、各专业、各基层区队在大力推行安全质量标准化建设方面所取得的成效和存在的问题，并制定具体措施加以改进，通过坚持不懈的努力，塑造强大而持久的综合竞争实力，确保矿井实现又好又快的发展。

兖矿集团兖州煤业股份有限公司东滩煤矿

一、加强组织领导，落实管理责任，形成全方位齐抓共管安全质量标准化工作机制

一是领导重视，管理到位。为切实做好安全质量标准化工作，东滩煤矿专门成立了由矿长、党委书记任组长，分管矿领导任副组长，副总工程师及各专业职能部门负责人为成员的安全质量标准化工作领导小组，明确各专业、各部门的分工范围，逐级落实责任，层层严格把关，不断加大检查处罚力度，逐步改进和完善质量标准化检查、考核和管理机制，将安全质量标准化建设成效与有关单位、有关部门、有关人员的奖惩挂钩，大大增强了全体职工的责任心和工作积极性，推动了矿井安全质量标准化工作向纵深发展。

二是加强思想作风建设，以思想达标促进安全质量达标。质量达标，思想先行。我们从广大干部职工思想认识上入手，宣传安全质量标准化的重要意义和作用，积极了解和借鉴国内同行业抓质量、保安全、促发展的先进经验，使广大干部职工认清本单位在安全质量标准化工作方面的差距，增强工作的紧迫感，引导他们牢固树立起“干一辈子煤矿，抓一辈子安全质量标准化”的思想认识。

三是加强制度建设，完善安全质量标准化制度体系。搞好质量标准化工作的关键是用科学、严密的制度规范人的行为，促进物的规范管理，达到现场环境协调有序。因此，我们十分重视安全质量标准化管理制度的建立，把它作为搞好安全质量标准化的一项基础工作来对待。我们对照《安全质量标准化标准及考核评级办法》，结合实际，细化、量化、深化了检查考核标准内容，出台了《东滩煤矿安全质量标准化工作管理规定》《东滩煤矿矿井安全质量标准化管理办法》《东滩煤矿井下采掘工程质量检查验收管理办法》《东滩煤矿井下文明生产责任制管理办法》《东滩煤矿采掘区队创建“精品头”“精品面”评比办法》《东滩煤矿井下工程质量档案化管理办法》等17项管理办法，为安全质量标准化建设提供了制度保证。

二、推行精细化管理，突出抓好质量标准化建设

为改进过去安全质量标准化考核机制不严、不细、不精的现状，我们引入精细化管理理念，实施精细化管理，结合东滩煤矿实际，将《东滩煤矿矿井质量标准化管理办法》《东滩矿井下质量标准化精品工程标准》《东滩煤矿井下工程质量档案化管理办法》中一些先进的、行之有效的严细管理的相关规定和方法进一步提炼和升华，细化、量化工种、岗位标准，制定了十万余字的《东滩煤矿安全质量标准化精细化管理实施办法》，对采煤、掘进、机电、综机、运输、通防等六个专业226个项目制定了1500余条标准，做到了人人有标准、事事有标准、时时有标准、处处有标准。

为鼓励先进、鞭策后进，按各区队工作性质，将井下16个生产单位划分为4个赛区进行竞赛评比，以各单位月度综合得分作为评比依据，将评比结果作为质量工资的分配依据，即月度安全质量标准化精细化管理综合得分达到90分以上的，方可按100%支付质量工资，月度安全质量标准化精细化管理综合得分达不到90分的，每欠1分按单位在册人数人均扣减质量工资1%。同时，对月度安全质量标准化精细化管理综合得分在所属类别中领先的单位予以嘉奖。由于充分利用了工资经济杠杆作用，极大地提高了各单位做好安全质量标准化工作的积极性。

三、严格标准，控制过程，深化拓展安全质量标准化建设

一是推行责任联保制度，增强责任意识。根据职能科室承担的井下质量标准化监督、检查、验收任务和业务人员配备情况，划片包干，分工负责，职能科室业务人员必须依据《东滩矿井下质量标准化精品工程标准》和东滩煤矿有关规定对分管责任范围实行动态管理，按联保责任范围，对联保单位的一切与质量标准化有关的工作负责，除直接挂钩承包单位以外，同时对直接挂钩承包单位经过路途内的质量标准化负责，多家单位共同经过的，由涉及的业务人员共同承担，谁的责任范围内出现问题，由谁承担相应的责任，通过实行走一路、管一线，包一头面、保沿线的包保责任制，明确责任，细化范围，确保质量标准化高位动态达标。

二是严细过程控制管理，认真抓好井下工程质量。过去我矿基层单位在井下工程质量管理上基本的做法是“重结果、轻过程、重验收、轻检查”，往往把工作的重点放在月终验收或竣工验收上，为改变这种现状，我们教育职能科室业务人员更新观念、与时俱进，实现从单纯的“验质量、定等级”到“管质量、抓质量”的思想转变，制定实施了《东滩煤矿井下工程质量检查验收管理办法》，对井下工程质量实施过程控制，持续强化井下工程质量的动态监督、检查和验收工作，规定职能科室业务人员每人每月必须下井18次以上，其中小班不少于6次，周六、周日必须有人下井，按照“四到现场”的原则，即重点工程必须到现场，存在质量隐患的工程必须到现场，发现质量问题跟踪整改到现场，限期整改复查验证到现场。并把每日井下动态检查的情况以“质检日报”的形式及时报送分管矿领导。对比较严重的质量问题或不按要求进行及时整改的单位和个人严格按规定予以罚款，充分体现依法从严治矿的原则。通过认真管理和严格监督，井下工程质量得到进一步的提高。

三是以点带面，组织开展了精品工程活动。为全面提升我矿安全质量管理水平，按照树立典型、以点带面、全面提高的原则，严格按照《东滩矿井下质量标准化精品工程标准》，对东滩煤矿所有采煤面、掘进头、巷修头全面实施精品工程标准考核，保持了东翼轨道大巷、一采回风上山等精品线路高位动态达标，得到了上级领导的充分肯定。

四是挤水升标，提升井下综合形象。按照《东滩煤矿井下文明生产责任制管理办法》规定，明确了井下文明生产的责任范围，加大了对井下文明生产和综合形象的检查惩处力度，特别强化了井下脏杂物、跑冒滴漏现象的治理力度，对各个井下职能科室分别下达脏杂物和跑冒滴漏罚款指标，并予以严格考核，完不成考核指标的，按2:1的比例对科室进行处罚；根据现场文明生产情况，每1~2周，统计下发一期《脏杂物、跑冒滴漏罚款通报》，为强化区队管理人员的文明生产责任，将罚款总额的30%落实到区队管理人员头上，将罚款总额的10%落实到区队党政主要负责人头上，通过调动各级管理人员抓好文明生产的积极性，井下跑冒滴漏和脏杂物的治理得到了较大程度的提高，井下文明形象大大提高。

兖矿集团有限公司杨村煤矿

(一)2010年年初下发了《关于印发〈2010年安全质量标准化建设规划〉的通知》(杨煤矿发〔2010〕62号),成立了以矿长、党委书记为组长的领导小组,规划了各专业各季度安全质量标准化建设规划,明确责任和落实,目前规划已实施完成。

(二)认真落实安全投入保障及安全费用提取和使用制度,加大安全投入,提高装备水平和科技含量。严格按照吨煤8元的标准提取安全费用,安全费用使用2113万元,风险抵押金由集团公司统一缴纳了600万元。

(三)安全生产机构健全完善,人员配备充足,构建安全生产长效机制。一是安全技术人员和基层管理人员配备齐全;二是专职安监人员配备齐全,做到了“一头、一面、一线、一员”,24小时不间断检查和领导干部带班跟班,实行井下现场交接班制度;三是建立了安全办公会议、安全教育培训、事故统计报告、重大灾害预防、领导下井带班、劳动定员管理等35项安全生产管理制度,制定了《杨村煤矿2010年安全奖惩考核管理制度》,并建立8项配套的管理考核办法。

(四)强化技术培训,提高职工自身综合素质,深入开展“四五级联动”安全培训,教学手段和方法不断创新,较好地完成了各项培训任务,上半年被集团公司评为先进安全培训机构。

认真落实了“每日一题、每周一课、每月一考、每季一评”安全培训制度和“136346”安全培训模式,建设了培训基地,配齐了专制和兼职教师,健全完善了培训档案,每月对科室、区队的管理人员和职工抽查考试,对达不到要求的人员和单位进行经济处罚,对成绩好的人员和单位进行奖励,按规定组织特殊工种、安全生产管理人员安全培训,全部做到了持证上岗。

(五)印发了《杨村煤矿生产安全事故隐患排查治理制度》,严格落实责任,深入开展隐患排查治理活动,认真落实了矿井月排查、科室周排查、区队日排查、班组班排查、职工岗位排查“五级”隐患排查治理制度,严格落实整改单位、人员、责任、资金、时限、安全保障措施和事故隐患应急预案,实行挂牌督办管理,实现了隐患排查、登记建档、监控治理、验收消除的闭合管理,并按规定及时上报。

(六)建立了井下调度通信、人员定位、移动通信系统,实现计算机网络化管理。按照国家对安全生产六大系统要求,投资129万元建立矿井语音广播系统。加强矿井信息化建设,投资590万元建设矿井千兆以太环网工业平台及井下安全生产系统,最终把煤炭安全生产各子系统监测监控数据、工业电视视频图像、调度数据等信息集成在同一个环网,使用同一个平台,可与兖矿集团监控数据网相连接,并且投资750万元建设配套调度信息化办公大楼。通讯设备、小型电器(通信)、线缆均有产品合格证、矿用产品安全标志,调度电话安装数量及场所符合要求,井下无并接电话,调度通信系统安全设施齐全、可靠。

(七)严格机电专业定置管理,强化定置管理考核。制定了《杨村煤矿机电专业定置管理考核办法》,在机电专业各单位生产车间、维修班组、机房、硐室、备品备件库及办公场所等地点全面开展定置管理,通过安全管理、制度建设、物品定置、场所管理、行为规范等五个方面考核内容,采用日常动态检查、月度集中考核、季度兑现的方式,对6个机电基层单位、48个班组进行定置管理考核,有效地促进了生产现场机电管理文明化、科学化。

(八)坚持“管理、培训、装备”并重的原则,走科技兴安和机械化开采之路。薄煤层4602综采工作面实现采煤机自动喷雾、端头斜切进刀技术控制及支架电液控显示数据上传，薄煤层6601综采工作面边生产边安装支架、溜槽，为薄煤层回收边角煤开采技术增加一项新技术。

(九)面对煤炭资源枯竭局面，增加边角煤回采显得尤为重要，2010年度边角煤生产的地点有6601工作面梯形段以及315回收煤柱的梯形工作面。其中，6601工作面梯形段面长由75米变为150米，推进长度201米，315工作面梯形段面长由115米变为134米，均需要在轨道顺槽增加支架、溜槽等综机设备，这2个工作面的开采，不但为边角煤回采填补了一项新技术，而且多回收煤炭9.9万吨，增加经济效益4900多万元。

山东能源新汶矿业集团有限责任公司鄂庄煤矿

一、统一思想，学习标准，全员提升安全质量标准化意识

多年的实践证明，质量标准化是实现安全生产的前提，是基础、是保障。因此，我矿上下统一思想，牢固树立"抓质量要有恒心"的理念，牢固树立四种意识：责任意识，工程质量是各级各类人员的安全责任；生命工程意识，是事关生命安全的永恒工程；法律强制意识，工程质量必须依法监督，强制执行；全员意识，必须全员参加、全面落实。推行质量零缺陷、质量承诺、QC等管理手段，不断提高全员质量意识，特别是省局制定的《煤矿安全质量标准化标准及考核评级办法》下发以来，我矿利用各种形式进行宣传学习，认真贯彻落实各专业对照标准，查找问题，积极整改，用标准规范员工的行为，提升全员质量标准化意识。

二、完善制度，强化落实，保证动态质量标准化水平逐步提高

为确保质量标准化正常开展，我矿每年都制定《安全质量标准化管理办法》，纳入矿1号文件进行严格考核落实，对井上、井下责任区域进行明确的界定和划分，工程质量除与产量、进尺联责结算考核外，还制定了季度、月度质量标准化奖罚考核办法。

(一)季度。

1. 季度被集团公司评为一级时，对专业加奖3000元，专业人员人均加奖200元；连续二次评为一级时，对专业加奖4000元，专业人员人均加奖260元；连续三次评为一级时，对专业嘉奖5000元，专业人员人均嘉奖300元；连续四次评为一级时，对专业嘉奖6000元，专业人员人均嘉奖400元。若达不到一级时，按奖励标准对等罚款。

2. 专业不上级时，对专业罚款4000元，专业人员人均罚款400元。

3. 连续两个季度不上级，对专业罚款8000元，专业人员人均罚款600元。

(二)月度质量标准化奖罚。

1. 强化动态下的质量标准化工作，矿每月、矿产公司每周组织一次安全质量大检查，对查出的问题下发纪要，落实责任人、完成时间和验收负责人，对不按时完成的每条对责任人罚款50元。

2. 单位月度内因质量出现重伤及以上事故、重大幸免事故，质量标准化降一级(掘进区按头考核)。

3. 执行采掘通防质量"一票否决"制度。

4. 区队月度质量标准化考核：

采掘单位优良品90分(不包括90分)，其中采煤面无回采、通防、机电否定项目，掘进无机电、运输及通防否定项目，达到优良品，采掘单位人均加奖50元，管理人员人均加奖150元；达不到合格品，对区队质量验收员、正班长、副班长、安监员、工区管理人员人均罚款100元(掘进区按头考核，出现不合格品，对该头质量验收员、正班长、副班长、安监员、工区管理

人员人均罚款50元)。辅助单位达到优良品不奖不罚,达不到优良品,对单位人员人均罚款30元,管理人员人均罚款50元。

5. 月度采区双包五联质量标准化奖罚1万元,由采区副总奖罚落实到人头。

(三)质量标准化验收程序。

为保证动态质量标准化检查验收,我矿制定以下质量标准化验收程序。

1. 采掘工程质量验收:质量办组织安监处分管副处长、专业人员、区队现场管理人员参加,现场打分定级,签字生效。

2. 机、运、通专业工程质量验收:由专业组织验收,安监处分管副处长监督。

3. 确保动态验收:验收不定班次,不打招呼。

(四)停产迎检联责处罚制度。

为消除平时松、检查时搞突击,确保动态达标,我矿制定了"停产迎检联责处罚规定",上级及矿检查时任何人都不准向区队打招呼、传递信息,否则,每发现一次,对责任人罚款500元;各级领导检查时,单位不得停产迎检,若自行停头、停面、停止设备运转1小时迎接检查,对有关责任人按停止作业规定进行联责处罚。

(五)建立工程质量终身负责制和追究制度。

对每一项工程建立工程档案,使用过程中出现质量问题,分析原因进行责任追究和终身负责制度。

通过这些制度的有效实施,保证了矿井动态质量标准化达标。

三、积极开展了标准化采区创建活动

2011年以来,根据集团公司要求,结合矿井实际情况,扎实开展了标准化采区创建活动,以鄂煤字〔2010〕40号《关于印发〈标准化采区规划及考核办法〉的通知》下发文件,制定了采区达标规划,一季度六采区;二季度二采上山区;三季度二零七采区;四季度一采区,明确了达标的具体标准、时间、地点、责任人及奖惩办法。在实际操作过程中,由各专业副总带领有关人员进行现场办公,存在问题下发会议纪要督促落实整改。

四、全面落实质量标准,施行精细化管理,创建优良品工程,整体提高质量标准化水平

采煤专业:根据省局《采煤质量标准化标准及考核评级办法》,结合我矿实际,积极开展了精细化操作,创建优良品工程活动。采煤面从内在工程质量做起,严格落实采煤十项安全质量标准,实行"五定"管理,定人员、定职责、定标准、定位置、定奖罚,采煤工作面的文明生产要达到"四无、四整齐、四条线、五统一"标准,工程质量明显提高。

掘进专业:从基础工作做起,从设计做起,从巷道爆破参数、光爆成形、管线吊挂、电缆、风筒、水沟等都做出明確规定,确保一次成巷,不留尾工。为消除隐蔽工程,每个掘进头都配齐了专职安监员进行现场监督。工作面文明生产达到"四无、四齐、五统一、六条线"标准。"五统一":牌板规格、标准统一;挂衣架统一;沙场、料场统一;管子吊挂钩统一;电缆吊挂钩统一。"六条线":风筒吊挂一条线、风水管路、电缆吊挂一条线、水沟打设一条线、台阶铺设一条线、轨道铺设一条线,各类标志标注一条线。积极推广应用了锚网索、锚注等支护技术,确保支护可靠。

运输专业:严格落实人行车防坠器的管理,对连接装置按规定进行试验,倾斜井垂深超过50米的巷道都安装了机械运人系统;在副暗斜井装备RJHY75型猴车一套,完善了安全设施并达到正常运行,为矿井检修、救灾演习、应急期间人员运送提供了有利保障。

机电专业:矿井实现双回路供电,优化供电系统,采区实现双回路供电,确保供电可靠,备用电源容量满足通风、排水、提升的要求;井下主水平泵房实现自动化排水,实现了每台水泵就地、集控、自动、远控操作,特别是电磁阀、超声波液位计、超声波流量计等先进设备的应用,大大提高了数据采集的准确性,提高水泵运行的可靠性;35kV变电所微机保护自动化技术改造,实现了变电所遥控、遥信、遥调、遥测和操作程序防误等功能,保证了供电设备安全可靠运行;井

下压风机实现变频控制，实现压风机远程自动化控制；推广了接地选线技术，实现了矿井供电全面检测，减少事故发生率，进一步提高矿井安全可靠系数；降压站低压盘安设电涌保护器，保护电子设备免受干扰，防止数据丢失；矸石井绞车转子变频调速控制，实现无级调速，启动电流小，节电效果非常突出，能够减少故障，提高绞车运行可靠性；1710 面 37kW 乳化泵实现变频控制，改变电动机的转速，达到系统恒压供液效果，提高了乳化液的可靠性，且节能效果明显，节电率在 30%左右。

通防专业：①加强了一采七层瓦斯异常区的瓦斯管理，采掘工作面全部配备了专职瓦斯检查员盯头盯面，掘进迎头实现了“三专两闭锁”。加强了瓦斯重点管理区二采区、六采区瓦斯管理，确保了瓦斯不超限。②1710 面形成了 H 形通风方式，1710 运输巷沿空留巷，加强了通风瓦斯管理。③加强了安全监控系统管理。加强了监测中心站值班及终端检查，每天对系统运行、故障等情况进行检查，严格执行瓦斯超限分析制度。同时，定期检查了自救器、瓦斯报警仪等通风仪器仪表使用情况。对 6403 轨道巷反掘等超过 500 米掘进工作面，每隔 500 米增设了 1 个瓦斯传感器。④加强了束管监测系统使用管理，结束工作面 1711 面、2407 西面安设了监测束管，定期抽样分析，为防止采空区自然发火提供了依据。⑤加强了各采煤工作面回风隅角瓦斯管理，每 50 米埋设一根束管，每周一次抽样进行气体分析。⑥加强了防尘设施检查，重点落实了煤层短壁注水、防尘设施使用、隔爆设施等项目，规范了使用标准。⑦加强了 1710 面、2709 西面、6402 面防尘管理，安装使用了移降架随机喷雾。⑧对高档普采上下机窝、全煤、半煤岩掘进工作面(包括综掘迎头)进行了短壁注水，并使用了“四孔”注水技术及四通分水器注水，配备了流量表、压力表，建立了煤层注水台账，要求机采面检修时、交接班期间及每个循环工序完成后必须进行注水，规定注水要超前循环进度 0.5 米，提高了注水效率与效果。采煤机内外喷雾安设了过滤器，确保了采煤机喷雾效果良好。⑨完善了供水施救系统，确保了系统可靠。⑩综掘工作面安装了振弦式除尘风机，并实现了综掘机与振弦式除尘风机联动。⑪皮带井安装了 10 道喷雾，并采用了集中控制。井下转载点全部安装了自动喷雾，实现了转载点防尘自动化喷雾，确保了降尘效果。⑫使用了放炮智能管理系统，制定下发了管理规定，加强了放炮各个环节的监控管理，确保了放炮安全。采煤面及煤巷、半煤巷掘进工作面使用三级煤矿许用水胶炸药，严格执行炸药、雷管退库制度，杜绝了零打碎敲的放炮事故。⑬制定了火药硐室建筑质量标准，提高了火药硐室的装备标准。⑭加强了矿井质量标准化建设。

防治水专业：完善了矿井排水监测监控系统，已推广实现了井下泵房无人值守和地面远程监控，-530 水平水仓入口安装视频监控系统，与原有的水仓流量监测仪相结合，实现了对矿井水情水害的实时监控监测，进一步完善了矿井水文自动监测预警系统；建立完善了矿井西翼含水层水文监测系统；建立完善了矿井水害自动监测系统，并与矿井地面安全监测系统联网，实现了对矿井涌水量、水压水位、降雨量等水文信息实时监测监控。

安全专业：设置齐全安全生产管理机构及人员，健全安全生产管理制度并严格落实。加强应急管理，编制年度灾害预防处理计划和应急预案，组织井下水灾、火灾演习各 1 次，锻炼了干部职工队伍；制定劳动定员标准和月度采掘计划，按规定组织生产，严禁超能力、超强度、超定员生产。

总之，在省局的正确领导下，在全矿广大干部职工的共同努力下，我矿“质量标准化建设”取得了较好的成绩，顺利通过省局、集团公司省级“质量标准化建设”先进单位验收。临近年底，我们将严格落实安全生产方针，严格落实安全生产主体责任，继续深化“质量标准化”等工作，筑牢安全基础，确保矿井长治久安。

山东能源新汶矿业集团有限责任公司孙村煤矿

一、坚持高境界，确定质量标准化高目标

孙村矿始终把质量标准化建设的好坏直接与矿井形象、安全生产、职工生命联系起来，确立了"全面搞好质量标准化，优化矿井环境，提升企业形象，扩大企业知名度，夯实企业安全基础"的指导思想，制定了"制度化管理，程序化运作，提档升级，进位争先，打造质量标准化一流矿井的的目标"，确定了"打造和谐矿井，建设充满生机和活力的一流现代化矿井"的发展战略。

二、坚持高标准，提升质量标准化高质量

在工程质量管理上，注重从源头抓起，突出过程控制，抓好结果考核，各专业根据上级质量标准化标准，结合专业特点和现场实际，突出质量标准化施工过程的管理，在工程质量管理方面做到了精益求精。回采管理方面，严格达到双十标准，即一是"十条线"标准：即支架编号高度一条线；控制阀组布置一条线；支架照明布置一条线；切顶排保持一条线；立柱倾斜一条线；支柱测压表一条线；人行道台阶一条线；喷雾悬挂倾斜一条线；管线均匀吊挂一条线；语音信号挂设一条线。二是"十个 100%"标准：液压支架、煤壁、溜子直线合格率 100%；液压支架中心距合格率 100%；支架受力均匀初撑力合格率 100%；支架完好无损，液压装置不窜液合格率 100%；端头支护、超前支护合格率100%；人行道畅通达到 100%；侧护板护顶合格率达到 100%；清洁、无煤尘合格率 100%；煤机、运输机、供电设备完好率 100%；工作面正规操作和正规循环作业实现 100%。掘进管理方面，规范工程技术档案管理，建立现场施工档案。从工程施工开始，按照一工程一档案的原则，针对某一个单项工程，将涉及的技术、材料、工程质量按照统一格式整理归档，实行动态管理，确保工程质量档案内容齐全，使工程质量管理形成了规范化。建立掘进半煤岩长线巷道支护档案，从第一排锚带到迎头全部编号，定期复查，动态维护，杜绝了长线巷道动压影响、流变影响状态下变形破坏不及时控制带来的安全隐患，也促进了巷道质量管理的提高。

三、坚持严考核，保持质量标准化持之以恒高发展

为强化质量标准化动态管理，切实抓好质量标准化建设，建立了从矿、专业、部室到区队和班组的五级质量标准化管理体系，逐级管理，层层落实责任。矿井质量标准化考核采用"专业动态旬检查验收制度"，采用旬综合检查验收的方式，由专业领导组织各相关部室按旬不定期不固定班次对分管范围内的各地点全面检查验收一遍，对现场工程质量进行全面考核；每次检查验收都采用现场评定分数、现场签字制度，施工质量存在的问题，严格落实整改时间，并加强督促整改。将质量标准的考核结果与经济奖罚紧密结合，严格矿—专业—区队三级考核制度，季度集团公司达标检查验收，专业达到一级并获第一名，矿奖励专业 5 万元；达到一级第二名奖专业 3 万元；达到一级第三名奖专业 1 万元；达到一级第四名，奖专业 5000 元。专业达到二级，矿罚专业 1 万元；达到三级，罚专业 3 万元；不上级罚专业 5 万元。强化专业对区队施工质量考核，专业内部开展质量标准化竞赛，各专业每月对所有的施工地点综合评比奖优罚劣，对等奖罚。

山东能源新汶矿业集团泰山能源有限责任公司协庄煤矿

一、加强领导

为切实抓好质量标准化工作，矿专门成立了领导小组，由矿长、党委书记任组长，生产矿长、党委副书记、总工程师、安监处长任副组长，各专业领导、安监处、党群工作部、工会、技术部等部门的负责人为成员。下设办公室在安监处，安监处长兼任办公室主任，具体负责矿井安全质量标准化的检查和考核工作。

二、完善考核管理办法

一是制定了各专业安全质量标准化管理办法，并将质量标准化管理统一到安监处进行统一考核，实现了质量标准化管理的全过程、全方位控制；二是制定下发了协煤安字〔2010〕3号《协庄煤矿2010年安全质量标准化考核管理办法》，使各专业标准化工作更具体、更细化；三是强化监督监察力度。安监处每月度进行一次安全质量标准化评比，评比结果直接与工资挂钩，由经营管理部进行结算，专业质量标准化达不到一级，专业各单位的结算工资总额降低10%执行。

三、以开展安全诚信活动为载体，提高全员安全质量意识

我们以安全诚信活动为载体，提出了“承诺质量、诚信安全”的理念，将这一理念上升到道德层面，引导、约束和规范员工的安全行为，全面提高员工的安全质量意识。对评选出的安全诚信先进区队和安全诚信金牌员工，给予重奖，在全矿掀起了“争当诚信区队，争做金牌员工”的热潮，激发了全矿职工抓质量保安全积极性，提高了全员安全诚信意识和自觉履行岗位责任、遵章守纪的主动性，有效地推动了矿井安全质量标准化水平的稳步提升。

四、深入开展“手指口述”安全确认活动

制定了各工种手指口述程序和标准，把“手指口述”内容与各岗位的措施要求相结合，力求口语化、通俗易懂、简明扼要，“手指口述”安全确认与学习各种施工措施同步进行，通过深化全员“手指口述”安全确认活动，掀起了“手指口述、安全确认”活动的高潮，使之制度化、全员化，规范了员工行为，提高了员工素质，使广大职工熟悉安全生产规章制度和安全操作规程，掌握了本岗位的安全操作技能，进一步增强了正规操作、安全确认能力，推动手指口述安全确认工作向纵深发展，取得实际效果，违章行为同比减少41.1%。

五、开展工序安全模拟训练活动

开展模拟训练是提高全员安全危险源辨识能力的有效载体，是“手指口述，安全确认”活动的延伸，更是职工实施“自己安全自己管”的具体实践。按照多人施工进行模拟，岗位操作进行确认的原则，开展工序模拟训练活动，将“手指口述”安全确认进行延伸，对多人施工工作面支架增减、运输机延长缩短、大件地拖起吊等工序进行了图示模拟，简单明了，效果显著。

六、抓好隐患排查治理工作

建立起了专家查隐患、专业抓治理，安监搞监督的“三位一体”的隐患排查治理体系，每月由矿总工程

师组织专家人员对矿井安全隐患进行排查，对排查出的安全隐患项目，做到项目、措施、资金、时间、人员、责任“六落实”。明确责任，严格考核，实现闭合管理，取得了良好的效果。

七、开展标准化采区整治工作

根据集团公司要求，我们每季度确定一个整治采区，制定标准，开展采区标准化创建工作。全面推广“精、亮、美”工程，抓好采区标准化整治工作。对采区规划的整治项目，抓好过程监控，保证了整治项目按时完成。及时组织各专业对采区标准化进行复查验收，对查出的问题督促整改，通过综合整治使现场达到了“硐室亮丽，环境优雅，管线平直，道路平坦”的基本要求，创造了良好的安全工作环境，有力地提高了矿井质量标准化水平。2010 年完成–550 水平 3—3 十一层采区、–550 七采十三层采区、–850 二采下山区、4—3 十一层采区等四个采区质量标准化整治工作，并顺利通过集团公司对标验收。

山东能源新汶矿业集团新阳能源有限公司

2010 年，山东新阳能源有限公司在上级领导的正确领导和关心支持下，认真贯彻落实上级一系列安全政策、法律、法规；坚持“安全第一，质量为本”的方针，全方位抓好了“双基”建设和安全质量标准化建设。始终坚持“以人为本”，以“精细化管理”、生产安全风险评价为手段，以“责任制落实”为措施，以“质量标准化考核”为目标，以“安全为结果”，推进安全质量标准化标准向规范化发展；严格按照“管理、装备、培训并重”的原则，建立健全安全质量标准化各项管理制度，扎实开展安全质量标准化系列活动，同时不断加大安全投入，增强矿井防灾抗灾能力；通过不断创新，推广应用新技术，采取灾害治理，以矸换煤绿色开采等技术，促进了安全质量标准化管理的全面升级，夯实了安全生产基础，实现了全年安全生产、安全形势持续保持向好势头。

一、强化“双基”建设，开展“四项”活动，筑牢安全质量标准化基础

一年来，新阳能源公司以“双基”为切入点，大力开展基层、基础建设，全面提升了矿井安全管理水平，确保了安全生产的可控、在控。

（一）开展安全生产“问责制”活动。安全部负责各类安全隐患的问责，调度室负责各种生产事故的问责。通过问责，与事故责任人面对面沟通交流，改变了过去以罚代管、先罚后管的模式。先问责、再罚款，做到了以理服人、以德服人、以制度管人，从中找出问题发生的直接原因，了解了现场存在的困难和安全问题，使受罚者对罚款心服口服，提高了综合管理水平和管理者的责任心，缓解了矛盾，促进了和谐。

（二）开展“行为文明、形象文明、环境文明”为主题的三个文明创建活动。“三个文明”创建活动是根据我矿实际开展的一项重要活动。目的是提升员工素质和精神品位，促进质量标准化升级，强化企业文明建设，弘扬“做文明员工，建文明企业”之风，更好的让员工享受企业文明成果。制定规范，明确标准，创建应急材料管理通道，严格检查考核。地面部分由后勤办公室、调度室负责检查、考核；井下部分由安全部负责检查、考核。每天进行检查，并在早会上汇报检查、考核情况。通过活动的开展，员工整体素质、正规操作意识、精神品位明显提高，促进质量标准化的提升。

（三）开展班组长“三联”活动。为进一步加强班组队伍建设，提高班组长的管理能力和综合素质，充分发挥班组长“兵头将尾”的关键作用，在班组达标的基础上，建立了班组长与经理“联系书”制度、班组长“联合考评”体系、成立了班组长“联谊会”，强化班组长安全生产责任制在现场的落实，夯实了安全生产基础。

(四)开展“四查”活动。查作风、查漏洞、查管理、查不足，严格落实各级安全责任制，做到思想认识上警钟长鸣，制度保证上严密有效，监督检查上严格细致。在公司每周五组织安全质量大检查的基础上，各专业每周对分管区队进行一次“区队、班组自查自改”。做到了重心下移、关口前移，安全部定期进行检查通报，并将检查结果纳入诚信建设及班组达标考核。

二、建立健全各项规章制度，从体制、机制上奠定安全质量标准化建设基础

为进一步提高质量标准化建设水平，夯实安全生产基础，构建安全生产长效机制，使矿井质量标准化工作达到“三化”，即工作标准化、标准精细化、精细可视化。创建本质安全型矿井，研究下发2010年矿井质量标准化建设意见。建立健全安全质量标准化保证体系及各部门职责。成立质量标准化建设工作领导小组，经理、书记任组长，公司班子其他成员为副组长，各专业副总(经理助理)、各部门负责人为成员。质量标准化工作管理办公室设在安全部，安监处长兼任办公室主任，安全部部长任副主任，具体负责矿井质量标准化工作日常管理和考核。

三、坚持“质量为本”，实施精细化管理，细化、规范安全质量标准化标准

(一)强化安全培训，提高职工素质。

一是开展了安全生产警示教育活动。利用班前会、集中组织参观等形式，在职工中开展事故案例警示教育活动。二是坚持教考分离，坚持评选优差学员制度。三是强化了新工人的管理。不定期检查新工人学习及上岗情况，新工人违章对老师对等处罚。四是每半年开展一次技术比武练兵活动，重奖技术能手，提高了职工学习业务的积极性。

(二)实施精细化管理，规范、提高安全质量标准化标准。

井下施工场所所有物品、工具必须按照统一的位置存放，实行挂牌管理。在定置化管理的基础上组织各专业制定了《山东新阳能源有限公司精细化管理实施细则》，从遵章守纪，正规操作，危险源识别，隐患排查，定置化管理和联责联保等五项内容进一步深化了安全质量标准化工作。

(三)加大管理力度，落实质量标准。

一是严格落实矿领导8小时带班制度，确保矿井24小时矿领导在井下现场。二是严格事故追查处理，建立事故分析处理程序，发生的大小事故一律按照“四不放过”原则组织分析，加大考核力度。三是加大执法检查力度，安全部对不具备安全生产条件的坚决停产整顿。四是严格规程措施编审质量及现场落实兑现。五是建立矿井重大隐患排查制度和专家隐患排查治理制度。

四、创新专家隐患排查治理制度，开展矿井重大隐患排查活动，创建质量标准化安全环境

建立了“专家查隐患、专业抓治理、安监搞监督”的隐患排查治理体系，以专家查隐患为主线，全面排查治理事故隐患和薄弱环节，认真解决矿井存在的突出问题，创新矿井隐患排查治理及分级管理制度。

(一)创新专家隐患排查制度。在全矿范围内积极开展安全质量大检查活动，矿成立了以矿长、总工程师任组长，矿领导班子其他成员为副组长的领导小组的专家隐患排查小组，由总工程师组织各专业有关人员排查矿井存在的重大隐患，制定整改治理措施，明确整改负责人和完成时间，排查的隐患由专定领导负责落实整改，对到期完成的重大隐患进行验收，实行验收销号制度，保证了隐患排查整治效果。

(二)实行矿井生产系统隐患排查治理通报制度。每班对井下各生产系统、各生产场所存在的危及安全生产的系统隐患进行全面检查，将排查的隐患每天早上在矿领导生产调度会上进行通报。同时下发隐患整改通知单，由专业领导落实治理措施及治理时间，明确责任单位，落实整改。

(三)实行《重大隐患整改指令书》制度。对排查的矿井重大安全隐患或上级部门对矿安全生产督察、检查时提出的重大安全生产隐患整改意见和危及现场安全生产的事故隐患未按要求整改的，由安全部对施工单位下达《重大隐患整改指令书》。收到《重大隐患整改指令书》的单位，立即按要求进行整治，并填写《重大隐患整改指令书申请验收单》，申请安全部及有关部门进行验收。验收单位对验收合格的隐患，填写《重大隐患整改指令书验收单》，凡验收不合格的，追究施工单位负责人的责任。

（四）实行《隐患排查奖励考核办法》制度。按照“安全管理全员参与，人人有责”的原则，要求各级人员，有责任、有义务参与隐患排查。施工人员主要对施工现场及生产系统存在对安全生产构成威胁的隐患进行排查，对行走的头面、所行走的巷道及岗位场所等方面进行排查。排查的隐患采用电话和书面的方式汇报井口信息站，由井口信息站及时汇报专业及单位进行落实整改。月底由安全部对汇报的隐患进行汇总上报，对有价值的隐患排查人给予50~1000元的奖励。

（五）实行安全隐患信息整合发布制度。由安全部每日采集各级领导下井检查的动态隐患，下发安全隐患日报，由各专业、单位落实整改，安全部次日进行检查验收，并进行考核。为使员工了解和掌握施工现场安全动态，我们把每天的安全寄语、天气预报、安全隐患通过网络系统在井口电子屏幕上进行发布，使下井员工明确安全工作重点，创建了良好的质量标准化安全环境，促进了现场安全管理。

五、积极开展标准化采区创建活动，实现矿井安全生产

按照集团公司安排部署，结合本矿实际，认真组织开展“标准化采区创建活动”，重点对采区环境进行了治理。每季度开展一个标准化采区创建活动，重点在精细化管理方面下工夫，通过在采掘工作面评优选差、召开正（反）面现场会；创建通防示范工作面、示范线、示范区域活动；开展皮带机道标准化专项治理等多种形式，推行作业现场精细化管理，稳步推进标准化采区建设，促进了矿井标准化水平的整体提高。

六、加大安全资金投入，增强矿井防灾抗灾能力，从投入保证安全质量标准化的顺利开展

认真落实国家安全生产政策及集团公司安全文件规定，2010年，按照鲁财企〔2004〕26号、财建〔2005〕168号文件规定，制订了《山东新阳能源有限公司2009年安全技措费用提取计划》，每月严格按照矿井原煤产量每吨8元提取标准在成本足额计提，按照管理办法规定范围使用安全费用，做到了专款专用。

七、严格“三项”考核，奠定安全质量标准化基础

（一）“安全生产诚信单位”考核

对照标准，严格考核，每月评选一次，并将考核结果在井口信息站牌板进行公示。对连续两个月被评为最后一名的单位进行通报批评。

（二）“班组达标活动”考核

全年班组达标奖励51.9万元，全矿共有86个班组，已有79个班组达标，占班组总数的93%。

（三）“手指口述”考核

每月组织一次“手指口述”安全确认活动评选，奖优罚劣，全年共奖励23万元，罚款11万元。

八、抓好“五项”重点工作

（一）抓好汛期防治水和“雨季三防”工作。

1. 严格落实防治水责任制。建立健全了水害防治工作各级岗位责任制，做到人员到位、职责到位、工作到位。

2. 扎实开展水害隐患排查治理。一是继续抓好水害隐患排查、治理和应急管理。二是下大雨时安排专人负责对本井田范围及可能波及的地面塌陷坑、采动裂隙，以及可能影响矿井安全的水库、湖泊、河流等重点部位进行巡视检查，特别是接到大雨以上灾害预警信息和警报后，实施24小时不间断巡视。三是确保矿井供电、排水、运输等系统稳定。定期检查防洪物资的储备情况，确保井下水仓始终保持在50%以上的空

仓容积运行，严格执行“雨季三防”管理制度，加强检查，杜绝了雷害和大面积停电。

3. 严格落实停产撤人制度。加强与气象、水利、防汛等部门的信息沟通，落实雨季“三防”24小时值班、调度制度，严格落实灾害天气停产撤人制度，当连续降雨达到50毫米以上或气象预报为“暴雨”天气时，立即启动《灾害天气停产撤人现场处置方案》停产撤人，确保了安全渡讯。

4. 切实加强应急处置管理。进一步健全完善了灾害性天气预报预警预防机制，着力抓好“调度员10项应急处置权”的落实。特别强调，紧急情况下，调度室值班人员及井下各级管理干部接到险情报告或发现可能出现的灾害时，要采取先处置后汇报的措施。职工发现险情有权通知危险区域人员先撤人，后汇报。即便发生了误撤，也不得追究调度人员和有关人员的责任。

(二)抓好国发23号文件精神的贯彻落实。

将《通知》中涉及的问题逐项对口落实，详细划分落实部门，明确落实责任人，加大落实安全生产责任制力度，加强督促检查，确保《通知》精神落到实处。全面深入开展安全生产大检查，重点加强当前雨季防汛工作，突出抓好制约矿井安全发展的重大安全隐患排查治理，将学习贯彻《通知》转化为实实在在的具体行动。

(三)抓好煤矿安全程度评估工作。

公司组织各级安全管理人员和专业技术人员认真学习了新的《煤矿安全程度评估办法》及相应的评估标准，对照标准、自查自纠，开展了自我评价活动，就评价存在的问题进行落实整改。顺利通过了鲁中分局于8月3~4日的专项监察。

(四)抓好矿井安全生产保障能力认定工作。

矿井安全生产保障能力认定是全省煤矿安全监察半年工作会上安排的一项重要工作，对安全生产自我加压，强化各级领导责任落实，加强自我安全生产管理，具有重要的意义。8月22日，公司经理主持召开了专题安全办公会，就新阳矿安全生产保障能力认定进行了讨论、研究，对存在的问题和薄弱环节进行分析、制定措施，对认定上报材料进行修改完善，顺利通过了鲁中分局于8月26日对新阳矿的专项监察。

(五)抓好执行矿领导带班制度落实工作。

规定带班指标，明确下井时间、班次；实行井下交接班制度；建立领导带班下井档案管理制度；严格履行职责，加强对重点部位、关键环节的检查巡视，及时发现和组织消除事故隐患和险情。

九、以开展“安全生产年”、“安全生产基层基础年”活动为契机，开展安全系列活动

针对春、夏、秋、冬四个季节的特点，每一季度都目标明确，主题突出、针对性强。一季度以“强化基础建设，实现首季开门红”为主题；二季度以“进一步统一思想，转变作风，强化责任落实”为主题；三季度以“战高温、斗雨季，严纪律、强作风”为主题；四季度以“戒骄戒躁，决战四季度；再接再厉，实现安全年”为主题，取得了全面胜利。

总之，在今后的实际工作中，我们将以此次“双基”建设和安全质量标准化建设汇报会为动力，坚持“双基”建设为基础，以“精细化管理”为手段，以“责任制落实”为措施，以“质量标准化”为目标，严格按照“管理、装备、培训并重”的原则，扎实开展安全质量标准化建设系列活动，不断加大安全投入，增强矿井防灾抗灾能力，促进新阳矿“双基”建设和安全质量标准化管理全面升级，确保实现安全生产。

山东能源淄博矿业集团有限责任公司埠村煤矿

一、高度重视，严格考核，保障安全质量标准化工作健康发展

我们形成了这样一个共识：抓好安全质量标准化是煤矿企业生存和发展的命脉，是实现安全生产的基础，也是煤矿一切工作的基础，是提高企业核心竞争力的关键。质量标准化搞不好，安全生产没有保证，企业就没有进入市场、参与竞争的能力，生存发展就是一句空话。要做到“干一辈子煤矿，抓一辈子安全质量标准化”，强化自觉抓质量、保安全、求生存、图发展的战略意识。而要搞好安全质量标准化，首先必须重视它。所以我们从提高地位、加强领导、完善制度等方面对开展安全质量标准化工作给予了大力保障。

二、精细管理，加强检查，实现现场标准化动态达标

我们以实现全员、全方位、全过程“上标准岗、干标准活”为目的，坚持以人为本，推行精细化管理，通过质量标准化使现场安全管理水平得到了提高。

一是明确责任，规范现场操作行为。2011 年一开始我们就针对工作实际，制定下发了《责任体系工作法》和《岗位规范操作法》。从严从细分解指标，形成了从上到下逐级落实，从下到上层层负责的标准化管理体制，现场管理人员做到目标明确、分工细致、指导到位、考核严细；操作层责任清晰、工序到位、行为规范、操作熟练，做到“上标准岗、干标准活”。大力推行“手指口述”工作法和“自我岗位描述”，以“想、看、干、管”为核心，规范了员工进入工作面后的工作程序，做到先确定安全再干工作，使每个岗位的作业人员主体责任更明确，行为更明确，杜绝了各类事故。

二是积极推行精细化管理，注重生产全过程的每个环节、每道工序的管理，把每项工作具体细化、量化到生产全过程，达到人人、事事、时时、处处有科学、严谨、规范的制度去约束，以精细化的制度去实现精细化的行为，实现安全生产。

结合抽查情况对各单位进行季度评比。对检查发现存在严重问题或隐患的单位，通过现场帮教、黄牌警告、分管领导谈话、电视曝光亮相等多种形式限期整改，有力地促进了全矿质量标准化工作不断升级和安全保障水平的提高。

三是坚持动态检查和综合检查结合，加大检查力度。为此埠村矿成立了标准化动态检查小分队，每天对现场情况进行抽查，每月组织全方位的安全质量标准化综合大检查，覆盖率达到了 100%。各专业部门，分专业每月对各区队安全质量标准化进行抽查，安监部门每月进行综合抽查，每季度抽查覆盖率不低 97%。

三、夯实基础，求真务实，提升安全质量标准化管理水平

我们高度重视安全质量标准化基础工作，对照标准，制定实施规划，加强装备、设施、资料等基础性工作，实现安全质量标准化工作从注重物的管理向提高人员素质、规范操作行为转变，从注重形象达标向扎实打造基础工作达标转变。

一是完善基础装备，保证装备的适用性。按照安全质量标准化标准的要求完善和使用好各类基础装备，在装备的选购上，做到符合标准，适用可行；在装备的使用上，严格按照有关规定加强日常的维护，规

范人员的操作，确保装备正常运行。

二是完善基础设施，保证设施的可靠性。严格按照安全质量标准化标准建造各类基础设施，严把基础设施的质量关，加强对基础设施的检查和验收，确保数量和规格符合要求；严格基础设施的管理，责任到人，保证设施的完善可靠。

三是完善基础资料，保证资料的规范性。针对基础资料方面存在的问题，我们对各类记录、台账、报表、规程、措施、图纸等资料统一了标准和格式，做到了内容齐全，数据准确，装帧规范，统一归口，全部建档管理。

四、典型引路，以点带面，质量标准化工作不断深入

我们按照"典型引路，以点带面，循序渐进，整体推进"的工作方法，促进了安全质量标准化工作的不断深入。

一是建精品，创品牌，标准化工作整体推进。我们强化安全质量标准化工作精品意识，大力开展品牌创建活动，集中人力、物力对薄弱环节进行高标准整治，做到薄弱环节有突破，优势专业有巩固，领先项目有创新。从管线吊挂、巷道维修、安全设施、材料码放、图牌板管理等基础工作和"点滴小事"入手，建设安全质量标准化"精品示范峒室""精品示范巷道""精品示范工作面"。建设"标准工程""放心工程"，2010 年以来共创建采煤、掘进、运输等专业品牌示范点 26 个。我们根据各个时期、各单位的标准化达标情况，采取以点带面的推广做法，在品牌示范区适时召开现场推广会。

二是抓培训，练内功，提高员工队伍素质。我们坚持"以人为本"的原则，突出专业培训，突出岗位达标，组织开展多层次、多途径的培训。依托我们的三级培训中心，不断加强设施、教材、教师队伍三项建设。坚持对所有职工及安全管理人员进行安全培训，大力实施素质提升工程。我们对区队长、班组长、主要安全工种、主要技术工种采取集中培训，特别注重抓好特种作业人员的资质培训，强化基层管理人员和特殊岗位人员的标准化知识和技能；矿培训中心组织抓好职工的岗前培训、重复培训和新技术培训。区队通过班前学习、安全活动等形式，针对现场的实际组织职工学习安全质量标准化知识。通过技术比武，岗位练兵等多种形式，开展岗位技能培训，全面提高员工的安全技术素质，规范员工操作行为，做到人人上标准岗、干标准活。采取"请进来、走出去"的方法，先后组织 20 批基层干部到全国先进单位学习观摩，结合实际积极推广应用。

三是抓重点，寻突破，促进质量标准化工作向纵深发展。按照集团公司统一要求，我们修定了质量标准化工作的规划目标，将工作的重点转向了"一通三防"动态达标，把提高"一通三防"基础设施质量、基础装备的作用作为突破口，与采、掘、机、运、地测及防治水等专业口的质量标准化工作有机结合起来，推动了质量标准化工作的整体提高。

五、保证投入，依靠科技，推动质量标准化建设不断发展

先进的技术和设备，是提高安全质量标准化水平的重要途径。我们始终坚持优先保证安全质量标准化的投入，推广使用新技术、新装备，不断完善安全质量标准化基础设施。2010 年共计投入资金 3300 万元，用于改善采掘机运通各生产系统状况，完善安全设施、设备，购进安全仪器仪表等，有力地促进了安全质量标准化建设的创新和发展。

山东能源淄博矿业集团有限责任公司岱庄煤矿

一、不断巩固安全发展理念

突出安全重点抓落实，突出薄弱环节抓关键，将安全发展的理念落实到各个层面、各个环节、各个岗位，进一步巩固了“发展是政绩、效益是政绩、安全是最大政绩”的安全发展意识。

二、进一步完善安全责任体系

按照“一岗双责，安全第一”和“谁主管谁负责，谁分管谁负责”的原则，岱庄矿调整充实了安全生产委员会，设置各安全管理专业组，明确安全职责和考核规定，形成了系统的安全责任体系。严格落实安全管理积分制考核、安全诚信考核和安全目标、工作实绩、民主评价联合考核等制度，完善了技术保障、安全监督、生产管理的专业责任体系。

三、严格开展安全隐患排查治理

进一步健全完善了安全隐患排查治理和责任追究、重大隐患公告公示、挂牌督办、跟踪治理、逐项整改销号和整改效果评价制度，完成了重大危险源评估，排查出的隐患全部得到了有效治理和监控。

四、积极优化采场布置

根据国家安监总局、省煤炭工业局及集团公司对生产布局的要求，依法合规组织生产。努力克服煤层开采条件差、高承压水、软岩膨胀等多种不利因素，大力实施重点开拓工程会战活动，积极推广快速掘进新工艺，保持了生产秩序稳定。

五、扎实推进安全教育培训工作

按照集团公司素质提升工程整体部署，采用实物培训和网络教育培训相结合的方式，大力实施“631”培训模式。积极开展首席技师、岗位技术能手评比、星级员工评定、岗位描述活动，全面推行了“手指口述”操作法、岗位危险源辨识和三维动漫教学系统，大力开展了多媒体影像互动教学、事故案例警示教育活动，增强了培训效果，提高了职工的技能素质和理论知识水平。

六、努力提升科技装备水平

推广应用了旋转式自动喷雾、粉尘浓度在线监测和煤流重量联动净化喷雾，实现了监测数据的实时传输最大限度地改善了作业环境；在-580水平泵房安装应用自动化控制系统，实现了地面远程自动化控制，有效地提高了矿井防水抗灾能力；在110kV变电站操作系统上，安装“WJFW—2/B型悬挂式危机五防闭锁”系统，进一步规范了停送电流程，确保了操作安全。安装了井下救援语音广播系统，提高了矿井救灾抗灾能力。引进了柴油动力单轨吊辅助运输设备，提高了矿井运输效率及安全保障水平。建筑物下条带煤柱矸石膏体充填开采项目取得阶段性成果，其中膏体充填支架，压力在线监测系统等8个创新项目，分别申报了发明专利和实用新型专利，并在全矿推广了变频节能技术等。

山东能源淄博矿业集团有限责任公司唐口煤业有限公司

一、加强理念学习，落实管理责任

提高思想认识，深入宣传发动，强化组织领导，保证了煤矿安全质量标准工作的顺利开展。矿井投产以来，我们以建立矿井安全管理长效机制，预防各类安全事故发生，全面推进矿井管理上台阶为目标，逐步形成了“矿领导督导，职能部门监管，基层区队具体实施”的安全质量标准化工作体系，走出了一条“全面夯实，局部治理、整体推进”的安全质量标准化创新之路。

二、突出重点，提升矿井的安全质量标准化水平

（一）突出超前预防，着眼创新发展。不断稳固基础，不断提升矿井的安全质量标准化水平。我们在创建安全质量标准化矿井中，开拓思路，务实创新，做到在借鉴中创新，在巩固中提高，对安全质量标准化规定的新内容，始终坚持高起点，高标准，求真务实、注重实效，不搞突击，不摆花架子，平时抓、抓平时，长抓不懈。

（二）矿井工业广场和井下巷道，按照高起点、高标准的要求，狠抓了安全基础管理工作，不断强化动态工程质量，提升安全质量标准化水平，开展“精品高效工作面”“样板巷道”“样板硐室”“精品运输大巷”等创建活动，创出了多项“亮点”工程。

（三）不断强化安全生产管理，及时发现和消除各类安全事故隐患，不断完善安全隐患排查治理闭合管理机制，严格执行四级隐患排查制度，按照“分级负责，逐级落实”的原则，抓好事故隐患的整改治理。严格“一通三防”、顶板、防治水、提升运输等安全重点隐患的排查治理。健全制度，完善措施，构建“十六字”瓦斯综合治理工作体系逐步展开。抓好通风系统调整，加大煤尘防治力度，采取注氮、注凝胶、泡沫、专家现场会诊等多种形式，强化工作面回采和回撤期间的瓦斯管理和防灭火工作。加大监管力度、完善施工工艺、改进支护形式、严格工序流程，加强回采工作面和掘进迎头安装回撤、过空硐、过断层、贯通等关键环节的安全管理。

（四）严格现场管理，强化重点工作，采、掘、机、运、通各口和矿井的各大系统基础装备、安全设施、安全检测监控系统做到了配套完善，运行正常。公司认真开展质量标准化工作，采取外出参观学习、内部互相观摩、收看 VCD 讲座、集中授课等多种形式，提高各级干部和管理人员的思想境界，召开了全矿精细化管理现场推进会，各专业、各区队结合实际，大力开展创建精品工程活动，促进了安全质量标准化建设。公司制定了《工程质量终身制制度》，对矿井井下的工程实行终身负责制。技术科建立起工程质量档案。对工程质量严格实行旬检查、月验收，并严格实行了工程质量责任追究制，对出现的工程质量事故实行责任追究和分析报告制度。

三、加大科技投入，提高安全技术装备水平

公司立足加大安全投入和“科技兴安”战略相结合，把加快科技创新、促进矿井发展工作摆在更加突出的位置，进一步增强责任感、压力感和紧迫感，加强领导，明确任务，强化措施，落实责任，切实做好科技创新工作，不断提高矿井科技保障水平。

(一)深化产学研合作。继续开展了深井巷道支护技术研究,在南部大巷进行了试验,并取得了良好的效果,通过锚杆和锚索的耦合作用机理,有效地控制了巷道变形,减少返修量。

(二)依靠科技进步提高通风系统稳定性。与山东科技大学合作,进行了矿井漏风规律及防治技术、抗压通风设施构筑技术研究,探讨高地压条件下矿井的漏风规律及如何提高高低压条件下通风设施的使用寿命,确保通风系统的稳定可靠。

(三)通过与科研院校合作,完成了330绞车变线提升、1305卡轨车调向运输、2308猴车变向运行、430皮带拐弯等一系列重点技术攻关,减少了运行环节,提高了劳动效率,为实现矿井高效集约化生产创造了条件。

(四)生活污水处理站改造工程顺利完成安装,污水处理能力从1200吨/天提高到2400吨/天,处理后水质COD含量从60毫克/升降到20毫克/升,污染物排放达到了国家标准,解决了长期制约矿井生产生活的难题。

(五)完成了设计原煤处理能力370万吨/年重介洗煤工艺的改造和大块煤防破碎装车系统的安装,产品结构更趋合理,市场销售渠道更加多样化,既满足了市场对低灰精煤的需求,又进一步拓宽煤炭市场,为提高经济效益奠定了坚实的基础。

(六)在引进先进技术装备的同时,我们结合现场实际,积极探索实践安全高效开采技术,开展了快速掘进技术和深井条件下沿空掘进技术的研究,进行新型支护材料试验,在全岩巷道中推行全断面一次爆破技术,改革支护方式,采取喷锚掘平行作业,提高了掘进效率。在综采工作面大倾角俯采、过大断层、快速搬家撤面等方面克服了诸多技术难题,形成了自己的特色,有些已经达到国内先进水平。

四、大力实施“素质提升工程”,提高职工的安全技术素质

(一)公司设有四级安全培训中心,设置了专门的培训教室和实验室,投资50万多元购置了教学仪器、多媒体教学设备、教材,有专职管理人员,配备了专职教师和兼职教师,建立健全了职工安全培训档案。在严格培训内容,确保培训时间的基础上,丰富培训方式,结合公司生产实际,统筹安排,因材施教,采取灵活多样的教学形式,特别是针对井下职工文化程度较低的现状,利用《煤矿安全生产技术培训多媒体教学管理系统》图文并茂的直观方法进行培训,大力开展“三维动画模拟”培训教学,增强了培训效果。建立了微机考试制度,建成了能容纳40人同时上机考试的微机室。

(二)突出安监队伍建设,积极开展了“创建先进安监处”活动。完善了安监队伍内部考核机制,对安监人员实行量化考核和业务素质考核,采取了末位淘汰制,经过考核对不合格安监人员调离了工作岗位,促进了安监队伍素质的不断提高。

(三)多项举措并举,提高职工的安全技术素质。

1. 通过大力实施“科技创新、科技兴安”战略,深入开展“双基”建设工作,强化安全教育培训和安全文化建设,坚持开展“岗位描述”“手指口述”活动,不断提升了矿井的安全保障能力。

2. 深入推进“员工帮助计划”,定期派心理咨询师深入工作现场,及时给予辅导和帮助,针对性开展心理疏导工作,提升职工的身心健康,打造本质安全人,形成工作合力,促进我公司的安全生产健康发展。

3. 坚持日常安全教育和学习不断线。不断深化安全教育“五项制度”,推行一日一题、一周一案、一月一考、一季一评的“四个一”安全教育模式。

4. 严格实行全员安全知识考试制度。投资1万余元编印了试题库,利用安全学习日组织职工学习,每月组织一次考试,考试不合格职工,对其进行不少于3天的脱产培训,并取消其安全奖金。

5. 强化对特种作业人员、管理人员和维修人员的培训,制订了年度安全培训计划,定期组织管理人员、特种作业人员、外委培训和全员培训,保证了特种作业人员全部持证上岗。同时,采取公司安培中心自行培训、聘请有关专家来现场授课、外委厂家脱产培训等方式,对专业维修人员进行设备维修、信息管理技术以及软件管理等方面的系统培训，着重提高专业维修人员的技能素质。

6. 不断深化安全诚信管理体系建设。按照“5+4+1”安全诚信管理模式，即“5 大安全诚信管理理念”、“4 个安全诚信管理机制”、“1 个安全诚信管理机构”，建立了一套从操作层到决策层、从班组到矿井的多层次、多渠道、关联闭合的“54321”安全诚信管理体系。

五、不断完善落实各项安全管理制度，夯实安全基础管理

（一）依据《安全生产法》《煤矿安全规程》等有关安全法律法规及上级安全管理规定，重新修订补充完善了《唐口煤业有限公司安全生产岗位责任制》，对全矿所有岗位工种和安全管理职能部门的安全生产责任制进行了明确规定，保证各级管理人员安全生产责任制的实效性。

（二）层层签订安全目标责任书，人人缴纳安全风险抵押金，形成了个人保班组、班组保区队、区队保全矿的安全责任包保体系。

（三）严格领导干部带班制度。为强化生产过程管理的领导责任，真正做到关口前移，重心下移，构建矿井安全生产的长效机制，公司制定了《唐口煤业公司领导带班下井制度的通知》，明确了带班领导范围，细化了责任，具体了任务和要求，授予了带班权力，严格了责任的追究。

六、加大安全投入，夯实安全基础建设

切实摆正安全与投入、安全与生产、安全与效益的关系，足额提取安全费用。建立了安全专项资金提取、使用台账，达到计划、材物、现场工程三统一。全年我公司预计共投入安全费用 7478.96 万元，其中，“一通三防”1708.77 万元，运输 1926.67 万元，机电 1435.5 万元，防治水 1435.35 万元，其他 969.67 万元。

通过几年的不懈努力，唐口煤业在安全质量标准化建设方面取得了一定的成绩，连续 5 年达到了国家级安全质量标准化煤矿的要求。在今后工作中，将以更高的要求、标准，创造性地开展工作，不断加强安全质量标准化建设工作，依法、遵法、守法经营，严格按照核定生产能力组织生产，确保矿井安全生产。

山东能源枣庄矿业集团有限责任公司
柴里煤矿

2011 年以来，在山东省煤炭工业局的领导下，围绕安全质量管理，强化安全基础管理，全面提升“四个质量”水平，提升“四个质量”水平，强化基础管理、严抓现场管理，实现了“安全生产创水平、四个质量上台阶、广大职工得实惠”的目标，进一步增强了矿井的安全保障能力。

一、全面加强朴素的质量标准化建设

我们从加强矿井本质安全建设出发，牢固树立“源头控制下苦功，过程监督练硬功，突出内涵见真功”的质量管理理念，深入推行了朴素的质量标准化建设。一是强化对职工的安全质量标准化知识培训，使每一名员工牢固树立朴素的质量标准化意识，把朴素的质量管理融入具体的工作中。二是在质量标准化建设中，我们坚持“少形式、多内涵”，做到讲“三实”（实际、实用、实效）、下“三功”（内功、真功、苦功）、求“三精”（精细、精密、精益）、抓“三朴”（朴素、朴实、简朴），把安全质量标准化与节能减排及我矿开展的“节俭年”活动相结合，切实把质量标准化工作做得扎扎实实。

二、深入开展质量标准化建设“评优找差”活动

一是开展班组质量验收管理“评优找差”，依据安全质量考核结果，每月对区队质量验收管理进行评优找差，重点对各区队班组验收组织、验收制度、标准学习、班组验收、区队参与、台账管理、资料管理、连带处罚等方面进行考核评比，根据积分排出名次，对评出的优、差单位给予对等奖罚，进一步强化了区队班组验收管理。二是开展区队质量积分管理“评优找差”，重点对区队旬检月验、安全大检查验收、上级验收、基础管理、亮点创建、小改小革、质量评估、专项检查、质量预警、视觉污染、文明生产等考核项目进行积分考核、评出优差、对等奖罚，并组织专业人员为最差头面或单位会诊，查找存在的问题，分析问题根源，制定整改措施，促进了区队质量标准化管理水平的全面提升。

三、坚持完善“4541”质量控制模式

一是实施四级验收，主要包括“班组质量验收”，由当班质量验收员和跟班安监员“双验收、双签字”二人共同进行验收；“旬检月验”，由安监处负责实行动静结合、交叉验收；“安全大检查验收”，每周进行一次质量动态检查；“质量监理”，按照“就低不就高”的原则，确定工程质量等级。二是开展“五星级”工程考核评比活动，根据旬检月验质量等级，实施星级工程评比，共划分为五级，一旬优良的工程为一星级工程；月度内连续2个旬次优良、杜绝不合格品的为二星级工程；月度内连续3个旬次全优为三星级工程；在达到三星级工程的基础上，连续6个旬次全优、月度有创新、质量管理突出的工程为四星级工程；在达到四星级工程的基础上，连续9个旬次全优、质量管理突出、示范作用大且集团公司召开现场会的工程为五星级工程。凡评为三星级、四星级和五星级的工程，对单位分别嘉奖7000元、10000元和15000元，调动了各单位质量创建的积极性。三是坚持“四个质量”孽债追究制度，加强对“工程质量、工作质量、产品质量、服务质量”的管理，在施工过程或施工后出现隐蔽工程、“豆腐渣”工程等影响安全生产或危及人身安全的，根据工程质量管理档案，对施工人员、质量验收员、施工单位负责人及相关领导一律实行责任追究。四是实现一个质量承诺，即质量标准化达标目标承诺，区队向专业承诺，班组向区队承诺，个人向班组承诺，分别签订质量标准化达标目标承诺书，对季度安全质量标准化建设目标实行逐级包保，逐级签字，并严格抓好承诺内容的考核兑现，增强了各级管理人员抓质量的责任心。

四、坚持六项质量管理制度

一是严格坚持质量达标自检制度，各专业对分管范围内质量标准化工作，每月组织一次全面自检。二是坚持质量分析制度，区队每旬分析总结本单位工程质量情况，质量科每月对矿井质量标准化情况进行系统分析，制定超前防范措施。三是坚持工程质量预警制度，对存有严重质量问题、工程质量出现不合格品、质量问题一周内重复出现三次及以上的单位给予预警，并扣减责任单位质量工资0.5%。四是坚持精品工程公示制度，对各单位精品亮点工程及验收结果、三星级以上工程进行公示。五是坚持“尾巴工程回购制度”，对质量标准化亮点创建中创建标准低、质量不合格、工作不彻底或在工程保质期内损坏的(自然因素影响除外)“尾巴工程”，一律由施工单位按价“回购”。六是坚持安全质量班评估制度，采掘头面实施动态评估，按得分情况分A、B、C三级，各头面评估等级与所属单位月度结构工资挂钩。

五、抓好七项基础工作

(一)开展精品亮点工程“计划性”创建和小改小革创新工作。

一是坚持“高点当起点、弱点当重点”的管理理念，开展了精品亮点工程“计划性”创建，重点抓好精品亮点工程的申报、审核、立项、公示、验收，井下各单位每月2日前至少申报一个亮点精品工程，对迟报、不报的单位每次罚款500元。由安监处牵头，月初根据各单位申报情况及审核结果下发亮点精品工程创建计划，每旬组织一次检查验收，月底全面验收并形成通报，对达不到创建标准的扣减单位质量工资

0.5%，达到创建标准的对单位及相关人员给予适当奖励。二是持续开展安全质量管理创新及小改小革活动。2010年，柴里矿共有小改小革项目160余项，如液压电缆牵移装置、前探梁喷雾、扒装机固定装置、高压喷雾棒、新型封车装置、矿车保险绳固定架、南付井罐笼滚动罐耳调整器、BGP12—6N高防开关防返滑闭锁销、气动控制安全门等，促进了生产效率以及安全质量管理水平大幅提升。

（二）全面加强质量标准化系统创建。我们从矿井整体质量标准化建设入手，全面实施了质量标准化系统创建，抓住工作面的“设计→掘进→安装→采煤→回撤→封闭”六个环节，严把每一道关口。每一个环节都充分考虑到对相关专业、相关区队和上下道工序的影响，设计为掘进提供便利，掘进为安装提供便利、安装为采煤提供便利、采煤为回撤和下分层开采提供便利，真正做到了系统思考、统筹协调，确保了创建的系统性、连续性。

（三）抓好线性质量管理。我们在采掘工作面均推行了“十六条线”管理，在机电运输、一通三防分别推行“八条线”管理，要求轨道铺设、管线吊挂、物品存放、标志牌板、备品配件等都要做到成行成线，误差不能超过规定标准。我们坚持采掘、辅助单位线性管理实行旬检月验，纳入月度安全质量综合考核，严格奖惩兑现，促进了精细化和定置管理工作的提升。

（四）全面加强井下“视觉污染”治理。分别建立了“文明袋、文明车、文明箱”制度、卫生区域责任包保挂牌管理制度、井口检查“视觉污染”登记制度、班中餐包装袋回收制度。我们要求井下车间区队三大员、安监处管理人员、机关部室及专业副科长以上的管理人员，每次下井必须随身携带文明袋，发现视觉污染品要主动捡拾，并填写登记台账，落实责任单位及罚款金额。我们在井下设立了“文明车（箱）”，由各卫生区域包保单位属地管理，对“文明车（箱）”内垃圾与废旧物品做到分类存放、及时回收上井，为矿井的安全生产营造了良好的环境。

（五）严格抓好质量工资的考核。我们建立了“3.3.3.1”结构工资制度，其中质量工资占区队工资总额的30%，区队每出现一旬次合格品扣该头面结构工资2%，每出现一旬次不合格品扣该头面结构工资5%；实行质量等级一票否决制，凡因安全质量问题被上级领导停头停面或出现重大质量问题的、出现集团公司达标否决条件的，当旬质量等级按不合格对待。

（六）开展了安全质量“双提”演讲活动。以“提升安全质量，提升管理水平”为主题，在安全生产管理干部中开展了演讲活动，组织基层班组长、区队长、安全生产部室负责人、专业负责人和矿井安全质量分管负责人参加，增强了管理干部的质量意识。

（七）开展质量管理“透视”活动。我们在矿内部电视台开辟了“透视”栏目，注重发挥宣传舆论作用抓好安全质量管理，采取了追踪、纪实、明查、暗访等方式，对质量低劣、低标准作业、管理松懈等典型问题在电视上曝光，进行深刻的透视和剖析，从更深的层次上查找“问题背后的问题”，引起了广大干部职工的高度警觉和关注。

山东能源枣庄矿业集团有限责任公司田陈煤矿

2011年以来，枣矿集团田陈煤矿在质量标准化管理中，通过不断丰富载体、充实内涵、严细标准、过程管控、创新质量标准化激励机制等措施，并通过实施过程环节管控，打造“精品工程”这一手段，促使矿井质量标准化管理水平逐步提升，夯实了安全基础。并被国家局评为国家级质量标准化矿井。现就安全质量标准化工作主要做法汇报如下。

一、充分发挥科技引领作用，积极开展技术革新，管理创新，推动矿井质量标准化持续稳健提升

（一）创新思想观念，带着课题搞研究，激发全员创新活力。一是实行项目负责人负责制、重点研发项

目责任制。二是定向创新，变压力为动力，把创新工作作为各级管理人员的政绩考核，激发各级管理人员想法子，寻求创新突破点。1~10 月向各专业、各单位定向创新项目 300 余项。三是创新项目实行梯级审核管理负责制。针对创新项目的研发，矿每季度拿出 20 万元作为创新奖励基金，实行了每月一评审，每季一奖励，截至目前，在各单位申报的 359 项创新成果中，有 177 项获奖，前三季度奖励金额 60 万元。

（二）创新载体丰富多样，形式各异，比、学、赶、帮、超氛围浓厚。

（三）技术创新成效斐然。2011 年已上报“2010 年科技计划建议项目”11 项、“科学技术进步奖”21 项、“管理、技术创新效益奖”6 项、专利奖 2 项。上报集团公司小改小革项目 140 项。

二、多措并举，多种形式的管理方式，形成质量标准化管理新特色

特色一：激励环节管控，量化考核，多措并举。一是实施安全质量责任风险抵押。二是实施正负激励政策，奖优罚劣，重奖重罚。对每月质量标准化“评优找差”和正反面现场评选活动中，最优（或正面现场会）的给予奖励，最差（或反面现场会）的给予处罚。三是实行“一、二、三、四”结构工资考核。对各项工程质量的考核，按矿《“一、二、三、四”结构工资考核办法》（质量占 30%），依据质量等级，对区队予以量化考核结算。

特色二：坚持典型引路，创新现场推进会形式，各具特色，形成正反面激励，互动交流，质量标准化同步发展，共同提升。2011 年以来，我们不断创新现场会载体，充分利用现场会、推进会、推广会等各具特色的形式组织召开近 50 次正反面现场推进会，通过这一形式有效激发了各单位抓安全、赛质量的工作热情，实现了横向交流、纵向提高的目的。

特色三：创新质量监督管理形式，加强班组质量管控，实施了班组长、验收员、安监员“三验收、三签字”质量标准化流程工序质量验收，干一步验一步，将工程质量控制在班组。一是实施班组流程工序质量“点数”验收管理，干一步，验一步。二是实施班工程质量等级考核。本班完工后，现场评定出本班质量等级，作为当班结算收入的考核依据。三是实施班工程质量管理“三验收、三签字”。跟班安监员、验收员、工、班（组）长对当班的安全质量验收情况和当班工程质量等级评定结果进行现场签字确认，实行质量验收联合、连责，严把工序流程态验收关，以质论价，凭级考核。

三、基础管理进一步得到完善，质量标准化建设水平得到强势发展

（一）从体系健全入手，完善制度、规范管理，使质量管理工作有章可依，使之达到干有标准、查有依据的目的。

（二）加强基础设施管理，集中开展整治，提升设施利用率。经过不间断的对现场使用的小绞车、助行器、减速箱、电缆吊挂、顶板、皮带、风袋、风水管路、通防设施、轨道、道岔等设施实时开展专项治理促使安全基础日益稳固。

（三）实行了采掘工作面交接补偿制，对工程尾工交接扣款和有价补偿制。

（四）实行工作面安装、回撤“项目部制”管理。

（五）实施“三全五精”规范化管理模式。

四、突出环节重点，实施环节管控，打造流程精品，推动矿井质量标准化管理规范化、精细化长足发展

（一）基础环节管控，实施安全环境准入评定制。一是严把开工基础关口，做到高标准起步。二是建立安全生产环境准入评定制度和准入标准。三是实施三级（采煤四级）安全环境评定准入。四是实施安全环境准入评定准入责任追究制。对各单位、各专业选举了具有资格的准入评定人员，实行资格人员责任风险抵押，每次的环境准入资格验收人员现场签字确认，出现问题根据责任风险抵押办法进行处罚。

（二）定标环节管控，把质量标准化标准悬挂到现场。一是不断的充实完善，定标、调标，提高质量标准。

二是把各岗位质量标准化的标准、岗位工作标准统一制作成牌板，悬挂到现场、到岗位，实施各项标准流程化考核制度。三是充实工作面安装、撤除标准，实现安装撤除规范化，并纳入日常质量标准化流程动态验收，消除了煤矿对安装撤除质量标准化管理上的盲区。四是规范材料定置管理标准。保证材料定位、定量，做到材料码放有序，促使现场材料存放统一、整齐、清洁，增强观感效果。

（三）关键环节管控，实施实名制，强化责任落实。一是实施锚杆实名制。凡是不喷浆的裸露巷道和其他修复不喷浆的巷道，使用锚杆安装实名制责任牌，支护质量进一步得到提升，二是实施封车实名制。对各类材料、设备运输推行了封车实名制装运，有效保证运输车辆的安全可靠性，实现安全运输。

通过实施质量环节管控，打造流程精品创新管理模式，在强抓质量标准化建设方面，全矿上下已达成共识，最显著的成效是广大干部员工的境界和标准意识不断增强，最鲜明的特点是工作质量和精细管理的不断提升，最突出的成绩是质量标准化建设由点线向全面、由“静态精品”向“流程精品”、由巩固向提升、由规范向创新的持续健康发展。达到了标本兼治的目的，预计年创直接经济效益200万元，间接效益500万元，社会效益突出显现。

五、积极开展对标管理，以对标来学，总结经验；以对标来思，查找差距和不足；以对标来创，扎实做好对标提升，创水平

我们根据近年来在质量标准化管理对取得最好的年、月季进行对比分析，并作为当前的标杆，认真对照标准组织分析存在的不足和差距，根据不同时期制定了质量达标规划和质量标准化管理措施。对对标管理体系进行创建，进行了月度、季度对标分析，形成质量标准化对标体系。通过对比分析，定目标、定任务、抓整改，实现矿井质量标准管理月有新标准、季有新水平、年有新突破。

山东能源枣庄矿业集团付村煤业有限公司

一、强化管理，狠抓落实，形成质量标准化建设有效闭合

（一）稳固基础，提升矿井的安全质量标准化水平。质量标准化建设是煤矿安全生产的基础工作。我们在创建安全质量标准化矿井中，开拓思路，务实创新，做到在借鉴中创新，在巩固中提高，使我公司质量标准化水平日益提升。先后创建了十二采区胶带巷、3下401运巷、北翼乘人索车道等多个精品巷道。同时，我们还将质量标准化工作重点落实到采掘头面的管理，对采掘头面全部实施“精品工程”管理，井下各区域全部实施责任区留名挂牌管理，从而使矿井工程质量、卫生面貌得到了长期有效保持。为使质量标准化水平得到巩固和提高，我们采取由各专业副总牵头的解剖式浮动定级验收办法和各区队自检措施，尤其是我们采取典型引路的形式，召开正反两方面现场会，使付村公司安全质量标准化建设呈现出了稳步提升的可喜局面。

（二）突出重点，强化隐患排查与治理。在隐患排查方面，我们重点突出了“一通三防”和“顶板管理”这两个关键。一通三防方面，我们始终把瓦斯治理作为工作中的重中之重，认真贯彻落实“先抽后采，监测监控，以风定产”的瓦斯治理十二字方针。严格瓦斯检查巡查制度，坚决杜绝漏检、假检，做到瓦斯检查无盲区，及时发现隐患，及时治理隐患。认真做好了2010年度矿井瓦斯等级鉴定和各类数据资料的整理、计算、汇总及汇报工作，结合各采区地质资料，分析研究瓦斯涌出规律，为下步瓦斯治理工作积累经验。通风方面，一是对局部压力较大地段加大维护力度，指定专门队伍对402运巷和408材巷进行修复，使通风巷道畅通无阻，尽可能的减少矿井通风阻力，增加矿井有效风量。二是优化通风设施位置，对现有的通风设施逐一进行了修复、整改，提高工程质量，达到道道合格，风门均安装了可靠的连锁装置，对主要通车风门实现了自动化、可视化，确保了通风系统的稳定、可靠。三是对所有局部通风机逐个排查，并更换使用低噪声风机，所有掘进迎头风机均实现“双风机、双电源，自动分风自动切换”，并实行了遥讯，安装了风筒压力传感器，每天进行风机切换试验并有记录可查，确保了掘进工作面的稳定连续供风。在顶板管理方面，我们重点强调了各类顶板隐患的排查治理，每次的安全大检查，安监处的小分队检查及督察队的每日检查，都把顶板问题作为检查的重中之重，每周对本周顶板隐患的整改落实情况进行通报，对下周的顶板隐患整改工作作具体的安排，并以书面的形式下发到各责任单位，限期进行整改。

二、细化标准，注重规范，持续深化质量标准化精品工程创建

精品工程创建工作是一项长期工作，只有不断创新，才能得到巩固深入，为了真正使精品工程创建工作不留于形式，不走过场，制定了《安全质量精细化标准大全》、各作业岗点制定了《作业标准》，其精细化标准考核内容更具体，各作业岗点作业标准更明确，使施工单位和各级管理人员在日常管理工作中及每月精品现场会验收中，严格按照《安全质量精细化标准大全》《作业标准》实施及结合质量标准化“菜单式”管理方法，强化现场管理，真正做到公平、公正、透明、实效，并且要求最差单位、最优单位在现场会进行点评，从而有效调动了抓安全质量标准化工作积极性和压力，推动了安全质量标准化工作健康发展。通过《安全质量精细化标准大全》《作业标准》实施和每月精品现场会验收的召开，使各单位狠抓文明生产，用清洁剂进行彻底清擦电缆，保证电缆、设备做到物见本色；物料码放挂牌管理，做到牌物一致；抓好工作面巷道平整工作，实施百米精品工程为起点，向全面实施精品工程竞赛活动；使工作面两巷的安全设施、设备、配件设立摆放归整划一；创新展示牌板醒目内容齐全，创新宣传形式内容新颖，真正达到了“眼看无尘，手摸无灰”的境界。

采煤专业抓薄弱环节和安全生产重点，结合现场实际，强化安全隐患排查治理闭合管理，加强工作面“十六条线”管理和“点、线、面”工作法，强化液压支架、超前支护初撑力和质量管理，严格落实工作面过断层和地质构造带的技术补充措施，验收员对支护质量严格验收，对一棵单体支柱或支架达不到规定压力的，严格扣罚到责任人。开展了全面创建精品亮点工程活动，按照高起点、高标准的要求，我们从工作面设备完好、两道轨道及安全设施整改、电缆吊挂和物料码放以及卫生清理、图牌板管理等基础工作入手，严把现场，讲究工艺，主抓流程，强攻硬上，实施了全过程标准化、精细化管理的整改工作，保证了工作面达到精品工作面要求。

掘进专业重点抓了各工种对标的质量标准化创建，炮掘和综掘巷道分别从九个方面进行各工种的质量对标管理，炮掘巷道从巷道迎头光爆成型质量、锚杆支护质量、挂网质量、巷道喷浆质量、轨道敷设质量、底板整治质量、管路吊挂质量、电缆吊挂质量、水沟砌筑质量。综掘巷道从巷道截割成型质量、锚杆支护质量、挂网质量、轨道铺设质量、底板整治质量、管路吊挂质量、电缆吊挂质量、水沟铺设质量、皮带安设与维护质量九个方面进行质量对标，促进了掘进工程质量的不断提高。

机运专业重点抓了五条线，即电缆敷设一条线：井下所有电缆、小线的敷设全部采用了塑料反光电缆沟按巷道腰线吊挂，电缆勾间距为均布1米，直线段30米范围内的高度误差均控制在15毫米以内，达到了整齐一条线和眼看无灰，手摸无尘的要求；道板轨道一条线：采掘两巷沿线22千克/米轨道轨枕全部按精细化标准进行了整治，保证了端齐一条线；沿途水沟一条线：工作面两巷水沟全部采用了预制钢板水槽；采区联巷水沟采用了带四个小孔的角钢镶边式水泥盖板，杜绝了盖板活动现象，还将盖板四周进行了刷红漆防腐；沿线照明一条线：沿线照明全部采用了LED型节能灯，且部分巷道照明分段实现了远红外线自动定时控制，达到了人过灯灭的要求；管路敷设一条线：对沿线风水管路进一步进行了吊挂整理和防腐刷漆，达到了平直、表面无尘、无锈迹的要求。另外，对沿线的道岔、安全设施、报警信号等进行了统一编号，对斜巷的把勾硐、沿途的躲避硐进行了装修，并在巷道的入口处分别加装了刷靴池，有效的保持了沿途的文明卫生。还有在用的助行器和架空乘人索道均保持了完好和正常运行，大大减轻了职工的体力消耗。

综合防尘上，重点加强日常的监督考核，按照眼看无尘、手摸无灰的标准要求，不漏检一处地点、不放过一道防尘设施，确保考核真实、严格兑现，调动了各采掘、辅助单位的综合防尘工作积极性，取得了良好的效果；按照标准要求上齐自动净化喷雾、转载点自动喷雾、卸载点自动喷雾等降尘设施，在采煤工作面实施煤体注水，炮掘煤巷和综掘坚持实行短臂快速注水，推行了采煤工作面短臂注水、加密钻孔和动压注水、采掘工作面安设粉尘传感器及粉尘超限自动喷雾、转载点干洒湿不洒喷雾、综掘高效除尘系统、温控自动喷雾等、掘进迎头使用附壁风筒等治理措施，有效降低了井下作业地点的粉尘浓度，保证了安全生产。在炮掘迎头使用放炮远程喷雾棒和旋转喷雾，取得了良好的降尘效果。

山东能源枣庄矿业集团有限责任公司高庄煤矿

一、领导重视，科学管理是实现安全生产的重要前提

2011年以来，我们始终坚持“三个不动摇”，即“安全第一，生产第二”的思想不动摇、走“高产高效”之路不动摇、“关爱生命健康先行”先进安全理念不动摇，并将“三个不动摇”贯穿于全年安全质量管理工作之中。一是采取安全环境评定准入、事故案例剖析教育、“手指口述操作”、岗位隐患描述、岗位标准流程操作、工序流程精品验收等手段，从源头上把住安全的第一道工序。二是优化采区设计，坚持一主一辅两个面合理集中生产，提高了工效，有力促进了安全生产。三是把清洁生产、职业安全健康作为实现安全生产的一项重要举措，彻底摒弃“不发生轻伤事故、不出现伤残就是本质安全型矿井”的片面安全观，将安全理念由保障职工的生命安全向职业健康安全转变，以消除事故，消除职业病危害，保障职工健康为目标，推动矿井安全管理在高位上实现新发展。提升了干部职工安全管理理念，培养了“深严细实”的作风，取得了显著成效，高庄矿成功迎接了省及全煤职业安全健康会议的召开，受到了上级领导的高度赞扬，为矿井赢得了荣誉。

二、夯实基础是实现安全生产的可靠保证

一方面，我们瞄准打造科技化、数字化和信息化矿井目标，大力实施了科技兴安战略，积极推进矿井各系统主要设备的技术升级和更新换代，使各生产环节、生产流程处于多重监控和安全保护状态，形成“人机制约、人机互补”的安全保护链。监测监控系统、人员定位系统、井下无线通信系统、水位报警系统、人员撤离系统、智能化提升系统、安全信息化系统、远程控制系统以及无人值守等，形成了安全系统实时监控管理网络。另一方面，我们大搞质量标准化建设，实现了流程精品工程创建向流程精品创新转变。牢固树立“开工即精品、完工达精优”的意识，坚持“高标准要求、严流程管控”的原则，注重从规程编制、工序标准、流程管控、现场施工等各工序、各环节、各细节的标准化、精细化、精优化抓起，制定了涉及采掘机运通5大专业、17个单位、50个创建项目、133条创建标准，系统梳理完善了涵盖所有岗位工种的管理制度、工作章程、作业流程、操作要诀、行为规范等工作精炼标准并量化了分值，使“流程精品工程”创建有章可循、有据可查、有规可依、有量可计，促进了高庄矿质量标准化建设水平的稳步提升。同

时,将正面激励与反面鞭策相结合,严抓安全质量管理的流程管控、细节管理、过程考核、动态考评,不断健全评优找差、正反现场会、优质亮点头面、星级评定等“流程精品工程”创新活动,逐层明确了分管领导、副总师、职能科室、区队、班组长、岗位工“六级”流程管理考核内容、考核标准、奖罚办法,切实增强了全员参与“流程精品工程”创新的积极性和创造性。特别是工作面安装,3下506工作面、3上1101工作面安装质量得到了集团公司安全环境评定检查组及省局验收组的好评,并达到了安装即生产,生产就达产的目标。再一方面,大力实施了素质提升工程。在不断深化“6633+实景”教育培训模式的基础上,创建了“四五级联动”安全教培精优新方式,实施了“1561”素质登高工程,开展了“五精三绝”对标培训,构建了“一提三标”保障机制。建立健全了“金蓝领”评聘激励、“首席技师”年薪激励、“师带徒”津贴激励“三激励”制度,“金蓝领”按规定享受津贴,“首席技师”最高年薪达12万元,徒弟考核合格师傅每月嘉奖500元,切实发挥了拔尖人才在解决关键问题、带动技能提升方面的作用。同时,我们拓宽培训渠道,请进来传艺,送出去培训,与大专院校建立合作关系,选派不同层次员工到高校进行“充电”深造。凡外出学习、培训3天以上人员,培训结束后写出书面培训总结及心得体会。在此基础上,我们注重现场,注重实际,按照集团公司要求,坚持现场抽考“三必问”:岗位操作工序流程必须问;岗位安全质量标准必须问;岗位危险源及防治措施、透水及发火征兆、紧急撤人路线及避险自救互救知识必须问。坚持专业考试“三必考”:岗位必知必会、应知应会的专业知识必须考;“手指口述”、安全确认、岗位标准流程操作必须考;本单位、本岗位自然灾害威胁基本情况、基本防治措施和紧急避险、自救互救基本知识必须考。通过采取多种措施,努力打造了一支拥有较高技术能力和安全素养的核心员工队伍。如曹云友、张政委在厂家8个小时未能处理好煤机变频器,决定返厂修理的情况下,二人只用了半个小时就排除了故障,为生产迎得了宝贵时间。

三、强化基层是实现安全生产的有效途径

我们按照“6956”班组创建工作法,打造优秀班组、金牌班组。一是坚持公开招聘、行政任命、民主选举“三项原则”,严格程序,严定标准,严把“六道”关口,对各专业、各工种班组长进行了公开选拔,使一大批业务精、素质高的职工选聘到了班组长岗位。二是落实目标分解、流程控制、劳动竞赛、管技创新、素质提升、奖惩激励、民主管理、总结交流、创建品牌“九项步骤”,实施班组隐患“两防控、三巡查、两公示、一报告”制度,提升了班组自治管理水平。三是组织开展了“五个十佳”评比和坚持优秀班组长每月一评比,每季一表彰奖励制度,增强了班组长抓好安全质量的责任意识。四是严格落实“3331”安全质量技能结构工资制。通过市场化运作,“管到过去管不到的、管好过去管不好的”,做到了班组自主核算、日清日结,推动了班组由生产型向安全生产经营型转变,实现了班组自治管理、自主经营,职工自动自发、自我约束。

四、监管到位是实现安全生产的关键

一是推行了以“班前认知、班中履职、班后述职”为主要内容的安监员精细化监察流程,建立了安监员履职考评机制和安监员“双向报岗确认”工作法,实施了创建准军事化、精细化安监处安全监察流程管理。落实了跟班安监员班前明职、班中履职、班后述职等方面的62个流程,安监处“四科一中心”管理人员29个工作流程。严格了安全环境评定准入制度和停头停面规定。二是按照“区域图点数”管理法的要求,坚持“每周七查”无遗漏检查法。每周一对周四安全大检查进行复查、周二机电运输专项检查、周三一通三防专项检查、周四安全质量大检查、周五“三个亮点”和地面安全检查、周六周日督察办和小分队检查的七查活动,督察办、小分队着重加强边远地段、零星岗点及中夜班,特别是夜班下半班以及交接班期间的监督检查。三是实行了安全包保制,管理人员、包保人员按照调度室排定的中夜班时间,打好时间差,确保了检查无遗漏。

五、超前预防是实现安全生产的重要措施

我们始终坚持“事故是可以避免的、隐患是可以根除的”理念，提升境界、提高悟性，用心用脑抓创新，靠闭合控隐患，靠考核除隐患，积极开展安全环境评定准入，开工前、工作面安撤前必须进行安全环境评定，达不到要求一律不准开工；深入推行班前知责任，想后果；知规程，想因由；知案例，想教训；知隐患，想处置；知劣习，想改善“五知五想”管理，按照听、查、诊、改、报“五步隐患闭环工作法”，发动职工围绕作业环境、生产系统、施工工序、设备工具、操作方法、人的不安全行为“六个方面”开展系统排查，时时分析隐患的多发点、管理的薄弱点，以及重点隐患出现的频次与点位，“三违”出现的班次、单位以及单位安全指数等，系统思考、追根查源，制定针对措施、超前防范。持续深化“6760”隐患排查治理体系，严格了隐患公示、跟踪治理和挂号销号制，确保隐患排查治理闭合管理。

六、奖惩到位是管理到位的有效手段

一是实行了季度安全责任风险抵押制度，按照责任大小，风险共担的原则实行了全员安全抵押，并按照台阶式季度考核兑现。二是严格落实“3.3.3.1”安全质量结构工资制，并严格兑现，日清日结，以经济分配调动基层单位抓安全质量的积极性。三是严格对各级管理人员“三项指标”的考核，对未完成指标的严格处罚并及时给予通报批评。四是加强了“三基九大体系”建设的考核。特别是今年三季度，高庄矿拿出320万元用于安全质量系统考评，对获得前三名的专业给予奖励。五是加大了流程精品工程的奖励，每月一评比，凡达到流程精品的工程采掘按3万元给予奖励，其他专业按采掘专业的60%给予奖励，极大地调动了全面抓好安全质量管理的积极性。

七、管技创新是实现安全生产的不竭动力

为促进管技创新工作，我们坚持每年召开一次“双创”大会，重奖在安全质量管理、技术管理、制度创新、小改小革等方面的创新成果。在进一步深化“包机制”“点—检制”“区域图—点数”管理法、“6633+实景”“无煤柱开采”“矸石充填系统”等创新的同时，我们紧密结合工作实际，以迎接省煤会、全省会为动力，开展了创新活动。

针对3上512工作面断层沿走向延伸，既影响煤质又不利于采煤的实际，我们沿走向打掏槽提前掏矸，保证了煤质又实现了稳产高产。

针对采面两巷距离较长（一般都为1500米左右），2部皮带运输设备多，事故率高，占用人员多，底层皮带不利于一次连续转运和清理极为不便的实际，对80型皮带进行了机头、H架、V型托辊等技术改造，使其具备了长距离双向运输功能（上层皮带运煤、下层皮带运料），有效促进了综掘施工效率的提高，节约了人力和费用。

针对掘进巷道施工喷浆支护，与山东科技大合作研制新型复合添加剂，降低了喷浆巷道喷浆时的粉尘浓度，使粉尘浓度降低50%；降低了回弹率，使顶帮综合回弹率降到9%；初、中、后期支护强度均有所增加，效果明显。

在巷道矿压观测方面，安装了先进的顶板离层自动监测系统，随时监测顶板的离层状况，本系统采用了计算机技术作为系统测量、监视、数据采集、报警的核心，通过光缆将现场采集的数据传输至地面办公室内的监控主机，实现矿压观测人员在地面办公室即可知道井下巷道顶板离层状态数据。

利用YCS40—1矿用瞬变电磁仪探测工作面内顶板砂岩的富水情况，并根据探测结果制定相应的防治水治理措施，从而确保了工作面的安全生产。

为确保大型设备安全运行，我们进一步深化了设备“点检”制、包机制，使设备事故率大降低，保证了有效工作时间。

通过严格按照安全质量标准化建设标准开展工作，进一步构建了安全生产的长效机制，有力促进了安全生产。

山东能源枣庄矿业集团新安煤业有限公司

一、统一思想，营造氛围，夯实安全质量标准化基础

抓好安全质量标准化建设是煤矿企业生存和发展的命脉，是实现安全生产的基础，也是煤矿一切工作的基础，要搞好质量标准化建设，首先必须重视质量标准化创建，所以我们从提高地位、完善制度等方面对开展安全质量标准化工作给予了大力保障。

一是营造舆论氛围，推动质量标准化工作开展。2011年以来，为提升全矿干部员工的质量意识、精品意识，我们充分利用各种宣传工具和会议，向广大职工宣传抓质量标准化工作的重要性和必要性，并把抓质量标准化工作提升到企业的生存与发展的高度进行广泛宣传，不但利用地面宣传阵地进行宣传，而且把宣传工作引伸到井下，在矿井的主要巷道悬挂各类质量宣传牌板，通过井下广播系统宣传质量标准化知识，为质量标准化工作的开展，营造了浓厚的舆论氛围。

二是狠抓思想教育，不断提升质量标准化意识。结合身边的以及周边矿的安全事故实例，讲质量、讲安全，加强了对干部思想的引导，较好地推动了质量标准化工作的开展。从抓安全教育入手，举行了安全诚信承诺活动，签订自保、互保、联保责任书，举办了“安全在我心中”千人签名以及安全知识有奖竞猜活动，通过活动的开展，增强了职工的安全意识。从事故案例剖析入手，把事故与安全、事故与质量有机地结合起来，教育干部职工，质量就是生命，质量就是安全，质量就是效益。职工质量意识不断增强，今年以来未发生一起因工程质量不合格而引起的事故。

三是规范流程管理，反思互学打造流程动态精品。为解决工作标准低、施工质量低、自我要求低的问题，先后开展了“反松防粗”大反思和“查、摆、找、定”大反思活动。通过查问题、摆不足、看差距、找原因、剖根源、定措施，达到了统一思想、提升境界、促进工作的目的。先后组织百余人次到兄弟单位参观交流，认真查找在推行工程质量流程管控、岗位标准流程操作法、创新成果推广和亮点工程建设等方面的差距和不足，按照抓规范要达标的要求，制定下发了《关于进一步加强安全质量规范化管理的意见》，十大专业相继制定了规范化管理细则，为矿井综合管理水平的提升和质量标准化建设水平的提升奠定了基础。注重从源头抓起，在工作面设计和施工过程中，按照规范化管理的要求，大小环节均一次性考虑到位、施工到位，杜绝了重复设计、重复施工的现象。先后打造了辅助轨道至3118面、-300大巷等4条精品线，3118、3108等一批精品面，3110煤矸置换巷等精品头，-300水平泵房变电所等6个精品机电硐室。

四是完善责任包保，健全工程质量层级追究考核体系。我们坚持以责任落实为重点，继续深化了工程质量终身负责制、孽债挂牌追究制、安全质量积分制和隐患闭合整改制。创新了质量验收方式，健全了安全质量包保和基层区队互检互验机制，搭建了区队之间工程质量沟通交流的平台。认真落实副总以上矿领导带班制度、“三个三分之一”早中夜班带班下井和安全质量“七包一保”规定。安监处、生产部、党群部等单位有关人员，对全矿采掘、辅助区队进行了责任包保。每周至少参加两次包保区队班前会，每月至少参加两次包保区队安全日活动，深入包保区队施工现场安全检查不低于3次/月，除完成一号文规定的“三项指标”外，制止包保区队“三违”不得低于1人次/月，全矿形成了以组保班、以班保区、以区保矿的安全生产格局，有效提升了安全基础管理水平。

二、精细管理，加强检查，实现现场动态达标

我们以实现全员、全方位、全过程“上标准岗、干标准活”，坚持以人为本，全面推行安全质量精细化管理，通过质量标准化使现场安全管理水平得到提升。

一是明确责任，规范现场操作行为。从严从细分解指标，形成了从上到下逐级落实，从下到上层层负责的标准化管理体系，现场管理人员做到目标明确，分工细致，指导到位，考核严细；操作层责任清晰，工序到位，行为规范，操作熟练，从设备管理到物料码放，从设备维修到现场操作，实现动态的达标。

二是实施安全环境评定准入制。所有采煤工作面安装回撤、生产前；掘进迎头开工、透窝前及巷道密闭前，专业办公室必须提前2天向安监处提出开工申请，由安监处牵头，生产技术部及相关部门、施工区队负责人参加，对施工现场安全环境和必备条件进行评定，具备安全施工条件的，经批准方可开工。对不符合安全环境准入标准要求的，由责任单位负责限期整改，具备安全施工条件并经安监处验收批准后方可开工。同时深入实施安全质量标准化对标管理和班组工序流程监督，注重生产全过程的每个环节、每道工序的管理，以班组工序流程监督去实现质量标准化的提升。

三是坚持“三个亮点”安全质量大检查和小分队督察检查不断线。坚持每周五“三个亮点”安全质量大检查和周一复查。对现场施工人员“手指口述”、巷道断面、锚喷巷道回弹料复用、文明生产、定置管理、精细化一卡通、上级及集团公司传真文件学习贯彻、装封车规定等进行重点督察检查，全面提升了安全质量管理境界。制定下发了《“三个亮点”安全质量大检查管理规定》，对检查人员劳动纪律、分工、签字、复查等检查流程和细节做了具体规定。截至2011年11月22日，共组织“三个亮点”大检查48次，追踪落实整改大检查问题5856条，积分-878.4分，罚款28800元。强化薄弱环节安全质量管控，针对工作面安装回撤、矿井检修、迎头贯通透窝、巷道扩修等薄弱环节和节假日、周末等薄弱时段，除坚持正常的安全质量检查形式外，还成立了安全质量督察队，实行了重点盯靠监督管理办法，加大安全检查的力度和密度。同时强化了各类查出问题的跟踪闭合整改，所有查出问题全部得到了落实整改，整改合格率达到了100%。

四是坚持动态剖析式检查和专项治理相结合。由矿安监处牵头，组织生产部、督察办、机运办、通防办共同对质量标准化建设相对薄弱的头面，按照“检查→剖析→评估→落实→跟踪→闭合”的流程控制，逐条逐项分析评估，找出问题背后的症结点，寻找解决的办法途径。通过开展动态剖析式评估检查验收，实现了安全生产由精细化管理向精准化管理的迈进，增强了安全质量监督检查的针对性。全年共组织采掘工作面动态剖析式检查18头面次，查出问题218条，对相关责任人进行了处罚，有力推动了现场工程质量的提升。在做好动态剖析评估检查的基础上，我们把“点式管理”应用到安全质量管理中去，相继开展小水仓、沉淀池、胶带运输巷、物料码放、清洁生产、文明生产等专项治理活动，做到周周有重点，周周有活动，周周有提升。通过查找问题点、分析症结点、把握突破点、瞄准未来点、规划升级点和落实操作点，由点及面、以点带面，打造了一批精品工程、亮点工程。

三、典型引路，以点带面，安全质量标准化整体推进

我们按照“典型引路，以点带面，循序渐进，整体推进”的工作方法，促进了安全质量标准化工作不断深入。

一是管控流程，典型带动，坚持工程质量动态考评不断线。注重发挥正面典型在质量标准化建设中的辐射效应和引领作用，按照“抓两头、带中间”的思路，以正反两个典型的选树为重点，广泛开展评优找差和正反面现场会活动，建立了动态考评管理制度，树立了由管结果向管过程转化的管理理念。每个季度均认真总结在质量标准化建设方面存在的不足和问题，着眼于矿井质量标准化的全面提升，狠抓精品工程创建，深入开展了抓暗点、促暗点活动。各专业每月评出一个最优和最差头面，召开正面和反面现场会，并给予相关单位和负责人对待奖罚。每月评出一个最好单位和最差单位，对优差单位相关责任人、区队、专业、分管领导分别按照“631”的比例进行对等奖罚，在全矿形成了你追我赶、竞相超越的质量标准化竞赛局面。

二是推广“班评估”点数管理动态分析法。根据采掘区队现场实际情况，组织人员修订了采掘质量班评估表，由安监员根据安全质量班评估表每班二次对所跑头面进行逐项检查验收，并进行评定级别打分，安监处组织人员每天对安监员安全质量点数评估表进行分析，把每班的得分绘制成图表，根据图表反映的工程质量的优差，安排对安全薄弱头面进行重点监察，每旬将各头面的安全质量评估得分与质量科验收定级的分数进行综合对比，找出动态验收与静态验收的差距，对于差距较大的头面，重点进行监督管理。通过安监员安全质量班评估点数管理，进一步增强了现场施工人员质量意识和安全责任意识，消除了侥幸心理和麻痹思想，有力推进了整体工程质量的提高。

三是强化掘进工作面星级评比和质量标准化考核力度。《新安煤业公司星级掘进迎头管理办法》《新安煤业公司掘进质量标准化实施细则》，明确了掘进文明生产16条线的标准及考核管理办法，统一质量标准，严格验收制度，从每一个施工环节入手，严格施工工序，严把工程施工质量，每个班组指定专人负责工程质量验收，制定科学、合理的管理措施，严把“验收毫米关”，实行“零误差”，确保工程质量实现全优。组织各掘进区队开展了巷道成型比武活动，制定了《新安煤业公司掘进巷道成型实施细则》，从炮眼布置、炮眼间距、装药量、眼痕率等方面提出具体要求，并确保现场的落实兑现，严把了“巷道成型关”。

四是深度推进质量标准化对标管理。建立了“瞄准先进，查错纠弊，持续改善，不断超越”的对标管理长效机制。从区队、班组、岗位对标上着力，从确立标杆和明确对标内容入手，制定了涵盖安全、质量、任务、工效等12项内容，55条标准的“对标管理内容明细表”及“现场考核一览表”，使干部职工在对标中感受压力，增添动力，激发了活力。在对标考核过程中，以验收员在井下生产现场验收考核为依据，结合精细化一卡通、三违比率、节支降耗、班组出勤等进行考核。汇总小项得分，对比、分析、排名，并每旬进行信息预警、综合比对、数据提示，月底总结评比，形成了“班查、日评、旬检、月总结”的对标管理流程。根据各单位对标情况适时召开正反现场会，加强专业、区队间沟通与交流。通过努力，工作成效全面显现，创出一系列的新水平。

四、严格奖惩，规范流程，突出安全质量过程管控考核

我们始终坚持严格的安全质量标准化考核、评比、奖罚制度，突出做到对安全指标和安全工作任务完成情况的考核，在全矿各单位实行“3331”安全质量结构工资制，即任务占30分，安全占30分，质量占30分，教育培训占10分。

一是实行安全一票否决制。凡月度内出现轻伤以上人身事故的单位，月度工资扣罚30%，安全工资不予结算。

二是安全质量标准化与奖罚挂钩。把对安全质量实行定量控制和考核作为标准化工作的重要内容，通过签订《安全生产工作责任目标责任书》，将安全质量控制指标层层分解到各单位，将安全质量标准化责任层层落实到各岗位，对于安全质量工作落实情况、完成情况进行严格考核，按照制度规定奖罚兑现。同时《安全奖罚办法》《安全风险承诺金考核办法》都把标准化作为重要考核指标，增强了职工抓安全质量标准化的自觉性，有力地推动了安全质量标准化工作。

三是严格质量验收制度，实行三级验收管理。一级验收是区队内部验收。由各单位技术员、验收员负责对本单位施工工程实行全工序、全过程进行流程控制，对不合格的工程立即整改。区队要建立质量验收管理台账，详细记录每班验收出现的质量问题及落实整改情况。二级验收是“三个亮点”动态检查，把住质量综合管理关。每周由安监处信息中心负责根据“三个亮点”大检查结果，评出各专业最优、最差各一名，在矿周一调度会进行通报。每月度对分专业第一名和最后一名的单位党政负责人分别对等奖罚600元。各单位要对矿每周五“三个亮点”大检查查出的问题落实到责任人限期整改，对无正当理由不按期整改的每条问题罚责任单位党政正职每人100元。对连续两周“三个亮点”检查中重复出现的问题，每条问题罚责任单位党政正职每人100元。三级验收是质量科旬检月验。安监处质量科严格按照采掘质量验收标准进行旬检月验，并完善了工程质量验收档案。

山东能源肥城矿业集团曹庄煤矿有限公司

2009年以来我们认真贯彻落实上级一系列安全生产指示精神，立足实际，狠抓安全质量标准化工作，以创建“精品工程”“ACET”标准岗为主线，打基础抓基层，严格对标抓学习，对照标准抓落实，形成学习标准、执行标准、干标准活的新风气，使现场的质量面貌有一个较大的改观，促进了打造“管理过硬矿井”步伐。没有出现重伤以上的人身事故，实现了连续安全生产和上级及矿制定的目标，连续6年被评为省一级安全质量标准化矿井，2009年度授予国家级安全质量标准化矿井，在肥城矿业集团起到了带头作用。

一、加强安全文化建设，打牢安全思想根基

2009年以来，我们把安全质量标准化工作作为抓安全、促生产的头等大事来抓，多次组织召开专题会议，学习标准，统一思想，提高认识，进一步提升理念，达成了“基础不牢，地动山摇”的共识。在特色安全文化建设上，我们一方面突出安全环境的塑造，通过安全电视、画廊、牌板、橱窗、标语、电子滚动屏等多种形式，给员工以直观的感觉、整体的印象；另一方面注重软形象塑造，总结出了“安全无小事，小事当大事，确保不出事”“自己的安全自己管”等安全理念，并建立与企业相适应的管理制度，通过体现企业和员工的安全思想信念、价值取向、安全行为、精神面貌，形成人人接受并努力实践的共同目标。其次，时刻牢记企业“不断发展生产、不断提高经济效益”这个第一标准和最终目的，把管理的强制性和文化的能动性结合起来，以严格的制度和严密的劳动纪律作保证，不断增强员工恪尽职守的责任意识，有效克服了安全管理中“人盯人”管理的弊端。同时，实施全员教育，开展365培训，利用安全办公会、生产会、班前班后会，每天坚持一小时，分专业、定人员，学习有关“双基”建设和《煤矿安全规程》的标准要求，每周一次闭卷考试，达不到岗位要求的给予“补课补考、罚款或调整岗位”等处罚，以此激励，收到了较好效果。

二、完善制度，落实责任，为安全管理提供坚实保证

一是不断完善安全管理制度。通过积极探索切合曹庄矿实际的安全管理思路，我们制定了《强化现场基础管理规定及考核办法》《强化“三支队伍”现场动态安全管控的实施意见》《安全生产责任追究暂行规定》等文件和制度，全面加强了静态、动态以及责任落实等安全全方位管理，使现场管理、文明生产步入良性发展的态势。

二是不断提高工程质量水平。通过在全矿范围内深入开展以“三个文件”为主要内容的“标准”学习活动，逐步把“标准”概念融入日常管理，以“标准”安排、实施、考核安全工作，让干部知道怎样管、工人知道怎样干、安监员知道怎么监督，自上而下按标准施工，确保现场工程质量、文明生产时时达标，避免因标准不统一而进行的无效、重复的工作。特别是使干部、职工的思想认识、标准意识、检查考核等方面都有了很大的提高，井下的基础管理、工程质量、文明生产逐步规范，“三支队伍”动态管控不断提升、更加严格有效，确保了“静态和动态一样、领导来和不来一样、查和不查一样”。

三是不断加强安全重点管理。重点抓了过断层、过老巷、新面初压、顶板淋水等地质条件变化不利因素的管理，在困难的条件下更要抓好安全不放松。特别是通过明确现场问题考核标准和奖惩办法，本着

"取之于区队、用之于区队"的原则,对现场标准不高、要求不严、质量滑坡的进行考核罚款,月底将所有罚金分档次返还名次居前的单位,以此形成了区队间的安全、质量竞赛,实现了安全管理压力传递到一线、责任落实到一线、效果体现在一线。

四是不断抓好生产服务。制定了《曹庄煤矿关于服务采掘一线的考核意见》,按照标准全力抓好一线的安全生产,同时,按照考评结果对科室和辅助单位进行考核,使矿井供电、供风、供水、运输等服务工作和沿途的工程质量、文明生产有了很大提高。通过强化设备管理责任落实,严把设备维修关、入井关,设备复修大幅减少,事故率进一步降低,机电事故隐患得到了很好的控制。

五是不断促进安全责任落实。通过深入查找"管理不到位、责任不落实、隐患不整改"的根源,坚持责任落实首抓干部,强化干部带班、值班、盯班管控,严格落实盯值班制度,值班干部切实做到了值班24小时在矿,三班盯靠现场。特别是2011年以来,矿级干部下井带班不少于8小时,及时发现和解决现场存在的隐患,使现场时时刻刻处于有效监控之中。

六是不断实施全方位安全管理。实施以"抓基层、打基础、练好基本功"为主要内容的"双基"管理,持续提升区队、班组自主管理能力和水平作为工作重点,通过夯实区队、班组基础和干部、职工的基本功,落实"手指口述"操作法等有效形式,不断促进安全管理再有新变化、大提高。

三、把握重点,加大投入,为安全生产提供可靠保障

一是保证投入固根基。正常足额的安全投入是矿井实现安全生产的基础保障,为此曹庄矿坚持做到了"四个不变"(即坚持"经济形势再难不能难安全,资金状况再紧不能紧生产"的做法不变,坚持"安全第一,预防为主"的方针不变,坚持"抓安全就是抓效益、保稳定"的思想不变,坚持"提足用好安全技措资金"的政策不变),狠抓安全生产的投入。

二是强化技术排隐患。针对曹庄矿采场困难、工作面受水威胁、矿井安全管理难度大的实际,我们加大了煤矿安全专项整治力度,把"防治水"和"一通三防"作为矿井安全隐患排查重点,坚持勤"过筛子"查隐患,注重技术抓管理,明确责任重整改的闭环隐患排查制度。制定了《安全隐患排查制度》,每月必出《事故隐患排查情况通报》,班班超前预防排隐患,及时搞清安全工作的薄弱环节,抓住不放心的人、管好不放心的事、查好不放心的岗位,对查出的问题建档立卡,实行"责任单位、责任人员、整改措施、具体标准、检查验收"五落实。同时,针对下组煤受水威胁严重的问题,我们始终坚持"有疑必探、先探后掘、边探边掘"的原则,保证安全掘进。在形成采煤面后,实施充填回采新工艺,对曹庄矿长期受水威胁工作面的回采提供了安全保障。

三是严格标准保质量。曹庄矿是矿井质量标准化的发源地,为此,我们立足于"传承历史,开拓创新",狠抓质量标准化建设不停步。特别是今年以来,根据矿井实际情况,对照标准,制定了《2010年度安全工作意见》和《曹庄煤矿安全质量标准化检查及奖惩办法》,先后开展了井下机电设备反事故,运输、顶板、供电系统专项整治等一系列活动,并针对井下违章现象,"五条线"联合行动,集中查岗,对查获的各种违章从严、从重处理,有效遏制各种违章现象,保证了安全生产。同时,按照鲁中分局部署,在下半年我矿组织开展"煤矿安全生产保障能力自我认定活动",立足于"查大系统、治大隐患、防大事故",扎实开展自查自纠活动,及时整改存在的问题隐患。深入开展"上标准岗、干标准活"活动,大力推广"手指口述"操作法,从领导干部的正规操作、按章作业抓起,努力培养职工良好的工作习惯,全矿形成了"事事有标准、处处有标准、人人有标准、全员工作标准化"的生动局面。

四、齐抓共管,创新实践,为安全管理不断注入活力

在安全管理中,我们注重把安全生产责任制分解到各部门、各单位,直至每一位员工,形成整体统一的全员、全方位的安全责任体系,最大限度地发挥党政工团的各自资源优势,切实做到责任同担、工作同步、主角同唱的全员责任网络。立足本职,发挥优势,针对不同时期、不同群体、不同场合,开展各具特色的创建

活动，共同夯实曹庄矿"双基"建设的基础。矿党委、行政坚持不懈地组织开展了"探亲人、送温暖"系列安全教育活动。群众组织发挥群体优势，围绕"双基"建设开展了职工喜闻乐见的劳动竞赛和安全文体活动。如：工会开展了"一句话"安全知识竞赛、"两个一"安全教育活动深受职工欢迎，取得了良好效果；团委、女工委、家委会、老干部科等根据自身特点，精心组织开展安全知识竞赛、夫妻签订安全承诺书、安全文艺演出、老干部"现身说法"以及班前班后会一句话安全知识抢答、特殊工种技术比武等丰富多彩的活动，寓教育于活动之中，为安全生产营造了浓厚氛围，促进了全矿安全工作健康发展。同时，我们致力于安全生产新理论、新办法、新途径的探索，注重发挥职工的主动性、积极性和创造性，使之变被动干为主动抓。促进矿井上下安全工作的协调发展，为矿区建设供了良好环境。

我们的工作虽然取得了一定成绩，但距上级领导的要求还有一定差距，我们决心以此为动力，进一步细化措施、强化管理，使我矿的安全生产、双基建设和安全质量标准化工作再上一个新台阶。

山东能源龙口煤电有限公司梁家煤矿

安全质量标准化是建设本质安全矿井的必由之路，工作中我们将抓好安全质量标准化工作作为保障矿井安全的一项重要工作来抓。主要突出了以下几个方面。

一、提升全员的认知境界，强化安全质量标准化的人本基础

思想是行动的先导。我们按照"以质取胜、以质保安"的管理思路，一是提升了各级管理人员、操作人员的认知境界，规范了各工种、各工序的操作标准，强化了全体人员的标准意识；二是体现了时时有标准、处处有标准、件件有标准、人人懂标准，一切按照标准干，一切按制度办的质量标准化管理要求，为质量标准化管理的推进奠定了坚实的人本基础。

二、着力于制度的健全和完善，强化安全质量标准化工作的组织保证

建立完善以标准体系、组织体系、制度体系为支撑的安全质量标准化基本框架，进一步对加强安全质量标准化工作的管理规定，增强抓好工程质量的责任感和压力感，严格执行《工程质量管理和责任追究体系》管理制度，严把工序质量毫米关，进一步提高了巷道整体支护强度。严格执行《梁家煤矿安全质量标准化长效机制考核办法》，成立了矿长为组长、各分管副矿长为副组长的领导小组，真正做到矿领导亲自抓、职能部门具体抓，各基层领导靠上抓的组织检查体系，从组织和制度上为安全质量标准化工作的深入开展提供保证。

三、侧重于过程控制，保证安全质量标准化工作的规范运作

在全矿推行工序质量管理，进一步完善各专业工序质量管理体系，从每道工序入手，严格按照规范操作，严把工程质量过程关，以每道工序质量的达标来促进安全质量标准化水平的整体提高。切实加强对现场施工质量的动态管理，坚持平时检查、不定期抽查与月末验收相结合，坚持每周一安全质量标准化大检查和每周两次中夜班抽查，对施工过程实施动态监控，重点工程采取重点盯靠。通过监督制约和考核机制把各项工作标准落实到现场。

四、严格制度的落实兑现，确保安全质量标准化建设工作的健康发展

一是通过各施工单位建立施工巷道原始检查记录实行工程质量终身制和坚持旬检旬验旬报制度，每班施工巷道均要进行质量检查，并将其记录在案，凡

巷道出现变形、破坏，将严肃追究其当班施工人员责任。二是要求各施工单位必须坚持每旬进行一次自检，并进行自我评级。三是质检科建立重大质量事故记录、隐蔽工程记录、屡查屡犯记录，坚持问题反馈制度，对屡查屡犯、屡禁不止、熟视无睹的问题从重处罚。四是对质检员实行包挂区队，将所包挂区队的施工巷道的质量情况于质检员的经济利益挂钩，每季度对包挂区队进行一次调换，从而进一步明确每个质检员质量管理区域和责任，提高了质检员的责任心，由此来促进现场施工质量的动态达标。

五、创新推动，载体推进，促进安全质量标准化工作全面提升

我们通过加大激励政策，充分调动了基层单位和广大员工的创新积极性，首先实行了月度小改小革评比奖励制度；其次实行了小改小革实名冠名制；再次加大了小改小革项目的推广力度，对效果明显、应用简便、作用突出的项目，由各专业进行了规范化和标准化，统一加工图纸，统一按照标准进行推广应用。通过这些措施的采取，极大地鼓舞了广大员工工作激情，使我们在质量标准化建设的过程中创意不断，亮点频出，形成了争先恐后搞创新的良好局面。

山东能源临沂矿业集团东山古城煤矿有限公司

一、注重管理体系、机制建设，建立安全质量标准化长效机制

从标准、目标、责任、措施、考核等环节入手，从完善体制、机制和安全投入上保证，逐步建立完善了安全质量标准化工作体系，并结合现场实际，不断进行补充完善。

二、强化标准培训学习，提高安全质量标准化意识

一是抓干部的思想、作风改变。二是抓职工的质量意识教育。三是抓质量标准学习。四是强化专业培训。利用知识讲座、技术比武、岗位练兵等多种形式，定期组织开展专业管理人员、区队长、班组长、特殊工种、安监员、质量验收员的培训，不断强化基层管理人员和特殊岗位人员的标准化知识和技能。

三、突出超前预防，着眼创新发展，筑牢安全生产基础

一是稳固基础，不断加大安全投入，提高安全装备技术水平，为安全生产创造条件。二是突出重点，强化隐患排查与治理，杜绝了各类重大事故的发生。三是优化开拓布置，有序组织生产，合理生产接续。矿上将合理生产接续作为夯实现场安全质量标准化工作的一项主要任务对待，从工程设计和开拓布置上优化，从科学施工措施上落实，为合理生产接续、安全质量标准化创造条件。

四、坚持动态检查和综合检查相结合，促进现场安全质量动态达标

一是推行“三级验收”管理办法，对采掘安全质量标准化实行区队班验收、安监员班评估、业务科室联合旬检查月验收制度。二是古城矿成立了安全质量标准化验收小组，每天对现场情况进行抽查。三是落实检查责任，检查人员按照“谁检查，谁签字，谁负责”的原则，对检查发现存在严重问题或隐患的单位，通过罚款、黄牌警告、通告等多种形式限期整改，以此促进安全质量标准化扎实开展。

三、开展“树典型、选样板、评明星”达标竞赛活动，以点带面，稳步推进

以山东能源临沂矿业集团公司开展的“精品工程竞赛”活动为引导，以安全管理、工程质量、工程进度、单人效率、成本控制、科学施工及创新管理等为竞赛内容，创出了掘进“闪光点”工程、“精品回采工作面”、“精品安装工程”、“一通三防”示范化矿井等一批样板工程。

山东能源临沂矿业集团东山王楼煤矿有限公司

一、严格落实了安全质量标准化奖励资金提取和奖惩

2010年年初，王楼矿结合实际研究制定了《2010年安全质量标准化达标工作决定》，成立了以矿长为首的安全质量标准化达标工作领导小组，从矿长到分管领导，从业务科室到基层工区，严格对照标准，分专业逐条逐项落实了分管责任人，制定了工作目标、措施和要求，严格落实了责任目标考核奖惩，强化了安全质量标准化与工资分配、干部绩效考核挂钩机制，提高了安全质量在工资中的所占比例。王楼矿季度、年度将根据集团公司、省局等对各专业验收结果，对各专业责任人员进行奖惩。

（一）对进入集团公司前三名的专业，各奖励10000~20000元；每超目标1分，嘉奖10%；获集团公司第一名嘉奖20%；获集团公司第二名嘉奖10%。

（二）经省局检查验收被评为一级，一次性嘉奖20万元。充分调动了广大干部职工抓好安全质量工作的积极性和主动性。

二、强化管理培训，构建安全质量标准化坚实基础

（一）从思想认识上入手，坚持思想先行，用思想达标带动安全质量达标。充分利用安全活动、安全演讲、安全知识竞赛、安全意识讨论和作业规程培训学习等多种形式进行了安全宣传教育。使广大职工充分认识到安全质量标准化的重要意义和作用，夯实了全体员工全力开展标准化建设的思想基础。

（二）坚持“走出去”与“引进来”相结合、脱产培训与在岗培训相结合、专业技能培训与综合业务培训相结合的培训模式，定期对各级管理人员及现场作业人员进行扎实有效的培训，保证了安全质量标准化工作顺利开展。

（三）紧紧围绕工程质量和文明生产，强化了职工安全技能培训。2010年，对全矿干部职工进行了全员技术培训，重点学习了《煤矿安全质量标准化标准及考核评级办法》《煤矿安全规程》《安全技术操作规程》及作业规程等，极大提高了职工现场认真按照作业规程及安全质量标准化要求施工的意识，保证了工程质量动态达标。

三、严格责任落实，强化现场安全质量管理

（一）结合王楼矿实际情况，制定了班评估、旬检查、月验收制度，并全面开展了采、掘、机、运、通防安全质量评估工作，严格落实了安全质量目标责任，对现场存在的问题及时进行纠正处理，促进了矿井安全质量标准化建设进程。

（二）紧紧围绕工程质量和文明生产，强化了职工安全技能培训。2010年，对全矿干部职工进行了全员技术培训，重点学习了《煤矿安全质量标准化标准及考核评级办法》《煤矿安全规程》《安全技术操作规程》及作业规程等，极大地提高了职工现场认真按照作业规程及安全质量标准化要求施工的意识，保证了工程质量。

（三）严格抓了规程编制、审批、贯彻、落实等各个环节，使规程措施真正起到指导现场施工的作用。同时建立了原始施工记录、隐蔽工程记录和材料、设备管理台账，完善了支护质量、矿压观测和顶板动态监测、分析报告制度，健全了井巷工程管理档案，实行了工程质量终身责任制。

（四）根据国家局、集团公司安全质量标准及考核评级实施细则，分别制定了采掘、机运、通防等各专业

工程质量考核验收办法，完善了创建精品工程活动措施，以点带面，促进了矿井安全质量标准化建设逐步提高。

（五）强化现场的安全质量管理。顶板管理方面，重点抓了采面试生产、过断层、回撤期间的安全管理和掘进工作面光爆成型、锚网索、锚网喷质量，加强了采掘工程质量的动态检查、评估。机电运输方面，重点抓了主副井提升系统、上下山提升系统、胶带输送机运行系统及供电系统的安全管理，完善了各种安全保护设施，对于综采安装回撤等大的会战项目，实现科室、工区、安监员三级现场跟班制度。通防方面，健全完善了“一通三防”综合防尘措施，严格落实“以风定产，以风定头，以风定面”制度，满足了正常安全生产需求；防治水方面，严格落实了“有疑必探，先探后掘，先探后采”的探放水原则。为促进全矿安全管理工作良性发展打下了较好的基础。

通过一系列措施的落实，矿井安全质量标准化建设有了较大的提高，有力推动了矿井安全生产形势的稳定发展，2010 年以来全矿杜绝了轻伤以上事故和重大非人身事故，实现了安全生产，圆满地完成了上级下达的安全奋斗目标，使全矿的安全质量标准化建设工作上了一个新台阶，达到了一级标准要求，也为矿井的安全、长远、和谐和可持续发展奠定了坚实的基础。

山东能源临沂矿业集团东山新驿煤矿有限公司

一、严抓质量标准化建设，巩固安全基础

加强组织领导，结合实际研究制定了《安全质量标准化标准实施意见》，进一步完善安全质量标准化责任考核奖惩办法和检查验收标准，严格落实了目标责任奖惩和目标责任追究制，促进质量标准化建设的健康有序开展。严格按质量标准化标准加强了采、掘、机、运、通安全质量评估，严格旬检查、月验收制度。

二、开展争创“精品、亮点工程”活动，全面推进矿井安全质量标准化建设

坚持精品引路、整体推进的原则，积极开展创建“精品工程”“亮点工程”活动。在创建活动中，充分发挥经济杠杆的作用，工资分配向“精品工程”“亮点工程”倾斜。采取一亮点一推广的做法，每周召开一次现场推广会，推广好的经验和做法，达到以点带面，整体推进。

三、加大科技投入，不断提高矿井装备水平

一是加大矿井基础设施投入，积极采用新技术、新工艺、新设备。仅 2010 年计划提取安全费用 3148.4 万元，维简计划 7000 万元，并做到了专款专用。主要用于一采五采八采猴车、综掘综采装备、调度指挥中心建设、安全监测监控、矿井无线通讯系统升级改造等。二是积极开展了科技创新及小改小革活动。有三项科技成果先后获得省部级奖励；小改小革成果颇丰，去年 36 项获奖，今年前三个季度有 32 项获奖。

四、超前预防，加大隐患排查治理力度

一是进一步完善了矿井隐患排查治理，实行矿、科室、工区、班组四级隐患排查责任体系。我矿坚持每月一次隐患排查例会制度；专业每旬组织对井下现场进行隐患排查；工区每天对自己范围内的隐患进行自查自纠。二是继续推行“三位一体”自主安全评估法，切实做到事前防范、事中控制，将隐患消除于萌芽状态之中，确保安全生产。

五、完善“六大系统”建设，全面提升矿井安全保障能力

对落实建设完善煤矿井下安全避险“六大系统”

进行了全面细致的排查。落实了分管负责人和具体分管部门的责任，制定了切实可行的工作规划和方案，明确安全避险“六大系统”建设完善的目标、任务、措施及进度安排，确保在规定的时间内完成“六大系统”的建设完善工作，全面提升矿井安全保障能力。

六、强化安全技术培训，提高职工整体素质

一是改进培训形式，采用分岗培训，实行理论考试与现场考核相结合，外出培训与回矿复考相结合。二是每周一起事故案例，让职工从案例中学习知识，接受教训。三是开展技术比武、岗位练兵等活动。四是聘请专家来矿授课。

齐鲁新航集团有限责任公司
里能里彦矿业有限公司

一、始终把建立健全组织体系作为安全质量标准化工作的基础

山东里能里彦矿业有限公司党委充分认识到，安全质量标准化是煤矿安全生产的基础，是建立煤矿安全长效机制的主要内容和根本途径。为全面做好安全质量标准化工作，专门成立了由矿主要领导任组长，党委成员、总工程师任副组长的煤矿安全质量标准化领导小组，设立了安全质量标准化办公室，全面负责安全质量标准化检查和考核工作；设置了采煤、掘进、机电、运输、通风、地测防治水、安全管理、调度等八个标准化考核专业组。

二、始终把创新安全管理模式作为安全质量标准化工作的核心

一是实现管理的规范化。里彦煤矿结合工作实际，进一步完善了《安全质量标准化标准及考核评分办法》等管理制度，并针对地质条件不同的工作面情况，制定了不同的管理措施。二是实现管理的精细化。2011年初党委带领生产区长、分监区长，深入平煤集团白国周的班组学习，随后出台了加强分监区建设的具体办法，加强班组建设。三是实现管理的专业化。工作面的安装撤除全部实行外委，专门负责综采工作面的安装和撤除工作，成立了巷修监区，实现了专业化管理。四是开展专项整治活动。2011年初里能里彦矿专门制定《关于开展生产现场重点整治活动的实施意见》，统一标准、明确目标、细化责任，狠抓安全生产现场细节管理，全方位提升生产工程质量并取得明显成效。五是积极开展“迎世博，保亚运”百日安全活动。强化各项工作措施，加强生产管理，确保生产安全”。

三、始终把推行“科技兴安”理念作为安全质量标准化工作的关键

（一）淘汰落后工艺，提高机械化程度。

3煤主要在里彦煤矿四采区，为中厚煤层，生产工艺采用走向长壁工作面布置，采用MG180/420—WD型滚筒采煤机配合ZF2400/16/24ZD型轻型支架的回采工艺，刮板输送机型号SGZ—630/2×110。为了降低劳动强度，里彦煤矿不断增加安全投入，购置端头支架ZTZ7990/17/29、过渡支架ZFG4400/17/26支架，加强支护质量管理，确保了工作面的安全生产。采煤机械化程度达到100%。

薄煤层15上煤采用乌克兰新型YABSHK—2DM型螺旋钻机、MZ110/240型钻机式采煤机后退式独头钻采煤法。顺槽采用SGB620/40T、SGB620/30T型刮板输送机各一部及DSS65/60/2×22型胶带输送机运煤。采煤机械化程度达到100%。

为解决16上煤十灰岩“二合顶”顶板及17煤十一灰岩顶板相变等问题，采用炮采机装采煤工艺，工作面顶板使用单体支柱+墩柱+高强度薄型铰接顶梁进行支护，超前支护采用DW22、DW25型的单体液压

支柱，工作面铺设型号 SGB630/150C 型刮板输送机，中顺槽铺设一部 SGB620/80T 型刮板输送机及STD800/2×55 型胶带输送机运煤。采煤机械化程度达到 100%(炮采机装工艺)。

(二)大力整合监测监控系统,增强灾害预防处置能力。

整合工业环网、人员定位、井下无线通信、DLP 大屏显示等多个生产系统于一体的安全监测监控系统，对生产实施多方位、全天候、立体式安全监测监控,增强灾害预防处置能力。

(三)大力改造装运系统。

投资近 200 余万元，购进使用 7 台液压侧卸式装岩车,改变传统人力装渣模式,出矸率提高 15 倍，劳动力节省 80%以上。大力推广使用皮带、溜子等运输工具,9 个掘进迎头全部使用皮带、溜子运输,实现掘进工作面无绞车运输。地面矸石山使用皮带运输矸石,薄煤层工作面成功使用铲、挡板装煤技术。改造主副井提升系统，投资 100 余万元，采用新型 PLC 为核心的数字化无触点式电控系统。

(四)改造井下生产供电系统。

公司大力改造供电、通风系统,增强输通能力,确保生产安全。一是对变电所进行 SF6 断路器、微机综合自动化改造,实现全矿供电时时监测。对中央变电所设施进行增容改造。二是购置三台新型双螺杆压风机,对主通风机进行电控系统、主电动机改造,采用高压同步变频系统提高了矿井通风可靠程度。三是投资进行了井下供电系统改造，实现了各采区双回路供电。

(五)加强矿压观测。

在回采工作面安设 KBJ-60Ⅲ型综采支架压力数据管系统、KZL—300 顶板离层自动报警系统提高矿井矿压观测水平,提高顶板管理水平,确保矿井全年安全生产。

(六)推广应用了掘进机、“双风机、双电源”、束管红外监测系统、双抗网、玻璃钢锚杆新材料等二十余项先进技术和设备。

结合里彦煤矿 16 上、17 煤层煤层地质条件、开采工艺实际情况,进行专门设计,通过理论计算、强度校核，最终确定高强度薄型铰接顶梁总体设计方案,该型顶梁已取得煤安标志，成功应用于 17312、16704、17308 薄煤层工作面。

四、始终把强化安全隐患查治作为安全质量标准化工作的有效手段

里彦煤矿建立了完善的监督检查保障机制,专门组织生产职能科室以及纪委、政工等部门,定期检查与不定期抽查相结合,对安全生产状况、警察职工靠岗到位情况等进行拉网式排查,齐抓共管,形成合力。坚持每月工程质量验收、安全大检查制度,深入开展矿井安全隐患排查。针对不同时期开展的专项治理活动,组织生产安全特别检查,对包括采煤、掘进、机电、运输、通防、防治水等内容的安全管理项目进行深入细致的检查。对查出的隐患建立台账,限期整改,并将责任落实到人。实行聘任兼职安检员制度,由安全科统一管理,规范选拔程序,严格聘用条件,强化安全检查工作,切实把安全工作抓在基层。加大现场反“三违”力度,对各生产单位下达抓“三违”指标,同时办好“三违”人员学习班,对“三违”人员集中进行教育培训,增强他们的安全意识和自我保护意识,最大程度减少“三违”现象。

齐鲁新航集团有限责任公司岱庄生建煤矿

一年来,岱庄生建矿以建设本质安全型和安全高效型矿井为总抓手，以先进的安全管理理念为引导，以顶板管理、一通三防、提升运输和防治水为重点,不断深化“隐患排查治理”“手指口述、过程控制与安全确认”“安全技术教育培训”“质量、环境、职业健康安全管理体系”和“安全生产责任追究”五大体系建设，坚持“一线工作法”和“走动式管理”，重点抓好掘进工作面迎头前3米顶板管理和采煤工作面两端头支护等工作。顺利通过了2009年度国家级安全质量标准化矿井验收和安全高效矿井复查验收，通过了质量、环境、职业健康管理体系监督审核，杜绝了轻伤以上事故，实现了安全生产。

一、健全完善制度，狠抓责任落实

形成了“凡事有章可循、凡事有据可查”的管理机制。

二、认真学习白国周班组管理法，强化班组建设和现场管理

2009年4月岱庄矿组织人员到河南中平能化集团参观学习，和白国周同志就如何抓好班组建设等问题进行了面对面的交流和探讨，回来后我们编制了班组建设手册，并把其内容进行录音，通过语音广播系统在井下反复播放，使作业人员能够入脑、入耳、入心。积极开展“手指口述”过程控制与安全确认活动，要求所有工种和所有作业地点均要按照“手指口述、过程控制与安全确认”进行规范操作和管理。特别重要的工序带工队长、值星员、安监员三人联合确认率100%。充分发挥了班组安全生产第一道防线的作用，减少“三违”，杜绝了人身伤亡事故的发生。

三、继续加大安全科技投入，提高科技水平

按照管理、装备和培训并重的原则，加强安全生产基础设施建设。在掘进方面，研制了综掘机液压控制可伸缩前探支护装置，应用效果良好；在采煤方面，装备了端头支架和超前支架用于两巷支护，安装了综采支架在线监测系统；防尘方面，推行了掘进工作面煤层短壁注水，采煤面煤层高压脉冲长臂注水，采掘面全部安装了湿式振弦除尘风机，取得了良好的降尘效果。装备了斜巷运输人机闭锁装置、调度绞车自动排绳装置，主排水泵房实现了自动、远程控制，达到了无人值守的要求，变电所实现了微机保护及远程监控技术；应急救援方面，安装了井下语音广播系统、人员定位系统、井下无线通信系统，三条生命线全部安装到了采掘工作面，并且在各采掘工作面配备了应急担架和急救药箱，确实提高了矿井的抗灾变能力。

四、认真开展隐患排查与治理工作

充分利用隐患排查与治理网络系统，实现了隐患的检查、下达、治理、反馈、复查、考核、销号的闭环管理。

五、强化安全生产培训工作

采取走出去、请进来的办法进行“一对一”特色安全技术培训(即有针对性的一个人对一个工种，一个人对一道工序的专项培训)，特别是当“作业人员发生变化、人员岗位发生变化、岗位人员发生变化”时，都进行以手指口述、过程控制与安全确认为主要内容的操作教育和技术培训。

六、进一步强化基础技术管理工作

开展以完善规程编制、严格现场落实为核心的“作业规程专项治理活动”。

七、强化矿井灾害预防与应急管理，提升矿井抗灾变能力

按照国家局《生产经营单位安全生产事故应急预案编制导则》等规定要求，编制了适合矿井实际的《山东省岱庄生建煤矿生产安全事故应急预案》，该预案通过了省政府应急办、煤监局、枣矿集团救护大队和省监狱局等有关专家的评审和煤炭局有关专家的备案审查，并于2月6日发布实施。按照预案要求，矿井于6月16日举行了“雨季三防”应急演练，调度值班人员充分利用井下语音广播系统对井下所有人员进行喊话通知，3分钟内通知到了所有人员，井下所有人员接到通知后按照避灾路线迅速撤离，矿井最远人员撤离时间为55分钟。演练结束后，对本次演练活动进行了总结，这次演练即锻炼了队伍又找到了不足，达到了预期的目的。

齐鲁新航集团有限责任公司 岱庄生建煤矿湖西矿井

一、狠抓基层建设，强化组织管理

一是建立健全了以矿长为主的安全管理指挥体系，成立了矿安全生产委员会及安全生产专职管理机构，建立健全了安全、技术、机电、调度、通防、地测、监测监控中心等基础管理机构。

二是建立了以总工程师、副总工程师、科室技术负责人、专业技术人员、监区技术人员为主的技术管理网络，认真执行各项技术规范、规定及设计、规程、措施审批制度，并严格组织实施。为进一步调动技术人员开展科技攻关、技术创新的积极主动性，定期组织优秀科技成果及优秀设计、作业规程评选活动，并按照有关规定兑现奖罚。

三是完善安全宣传教育和培训机构建设。进一步充实师资力量和教学设施，制定年度培训计划、明确培训方式、方法和内容，注重培训效果，逐步实现了培训的系统化、制度化、规范化。

四是强化监区、分监区、班组及安监队伍建设。按照煤监总局、总工会《关于加强煤矿班组安全生产建设的指导意见》和煤炭工业局《关于进一步加强全省煤矿班组建设的意见》等文件精神，强化班组建设，进一步加强了班组自我管理的能力。

二、夯实安全基础，提供安全保障

一是加大安全投入，提高科技水平。按照管理、装备和培训并重的原则，加强安全生产基础设施建设，上技术，上装备，实施“科技兴安”战略，切实提高了矿井本质安全程度。

二是完善各项管理制度，狠抓制度落实。使每个岗位的人员都明确各自岗位的安全职责，落实了岗位、班组、带工队长、分监区长、监区长、职能科室、矿级领导各级责任，形成了覆盖全面的安全责任网络。建立了“凡事有章可循、凡事有据可查”的管理机制，做到事事有人管、人人有事干、责任有人担，全矿上下形成齐抓共管的局面，力求达到管理精细化。

三是严格安全质量标准，实现精细化管理，保持工程质量动态优秀。及时制定了《关于创建国家级安全质量标准化煤矿的实施意见》，结合职业健康安全管理体系，2010年继续开展了“安全、优质、高效、低耗优胜单位竞赛考核评比”活动，制定了详细的量化考核标准和奖惩办法，按业务分口考核，综合评比，有效促进了采掘工作面安全、质量、环境管理工作再上新台阶。

四是以“安全生产责任落实年”为主抓手，深入开展“打非、治违、抓责任”四大战役。通过开展“安全生产责任落实年”四大战役，实现了矿井全员、全过程、全方位管理，强化了班组建设，使每个岗位人员施工方法简单化、流程化，保证了矿井的安全稳定健康发展。

三、狠抓现场管理，强化安全控制

在进一步夯实作业人员“手指口述”、带工队长生产过程安全控制和管理人员“一线办公法”的基础上，2010年我们在安全生产管理人员中推行了走动式管理和隐患分类治理。每月按照作业地点的变化，制定安全检查行走路线图。安全管理人员下井时严格按照行走路线图进行检查，实现作业地点时间和空间上的全覆盖。对现场查出的问题,按照轻重缓急进行分类治理。对现场需要立即整改,影响生产安全的隐患,要立即停止作业,按照三人联合确认的要求进行危险源风险评价,联合制定措施后带工队长负责组织实施,安监员现场监督整改,上井后将整改情况及时反馈信息中心,进入闭合管理程序,并及时通报监区。对生产安全影响不大,而且现场又缺少相关设备、材料等,当班不能马上整改,在采取临时措施的基础上可以由下班来处理的隐患,要立即制定临时措施,将隐患整改建议填写在安全检查手册上,由信息中心进入隐患排查治理网络系统进行闭合管理。对不会直接危及安全生产,但现场操作和施工难度大,要保证安全需要引起高度重视的其他问题,管理人员要讲明危害性及相关安全措施,带工队长、安监员、值星员及操作骨干要引起高度重视,严格执行好"手指口述"和过程控制,严禁盲目蛮干,确保特殊情况下安全。

齐鲁新航集团有限责任公司七五生建煤矿

在省局和上级部门的正确领导下,七五生建矿认真贯彻落实上级有关安全生产指示精神,以"安全生产年"和"基层基础年"活动为主线,以安全质量标准化建设和"双基"建设为基础,以落实安全生产责任制为中心,以排查与治理隐患为重点,狠抓现场管理,加大安全生产投入力度,持续推动"本质安全型矿井"建设。2011年年初七五生建矿形成了以实现"安全生产年"、煤矿安全程度评估"8A"、继续保持省级安全生产"双基" 建设先进单位和创建国家级安全质量标准化矿井为总的工作目标,紧紧抓住"标准要提高,管理要创新"两个关键点,突出重点工作,不断推动矿井安全质量标准化工作迈上新的台阶。

认真开展各专业质量标准化考评自检工作。成立了以主要领导为组长,其他矿领导为成员的安全质量标准化领导小组,领导小组下设办公室,具体负责组织、协调和日常管理工作。按照"煤矿安全质量标准化标准及考核评级办法"的要求,认真开展了安全质量标准化考评自检工作。共成立了7个专业组,负责生产现场管理的考核评级工作。在安全质量标准化考核方面,将施工单位月度结算额的30%划归安全质量标准化办公室进行考核。各专业组定期向矿活动办公室汇报情况,确保了安全质量标准化工作的扎实开展。

抓好采掘质量标准化管理、加快矿井的现代化建设。近年来我们不断更新采掘工艺、推行新技术和矿井本质安全型建设。大力推广机械化作业,顶板支护采用综采支架,锚网索联合支护,所有的掘进工作面全部实现了胶带输送机刮板输送机运输。井下集中轨道运输淘汰了架线式电机车牵引运输方式,采用蓄电池牵引机车、实现了基于PLC控制的声光信号系统,推行人机闭锁系统,综采工作面采用单轨吊运输系统,加强数字化矿井建设,安装了以以太工业环网为信息传输平台的矿井综合自动化管理系统。

创建亮点工程、深化精细化管理。完善矿井运输生产现场设施的投入和改造,更换了6台高压装置;人员上下井栈桥的使用,实现了井口人车分流。在硬化大巷及车场的基础上对采掘工作面巷道进行了硬化、使用标准道岔、轨道;对井下主要轨道运输大巷的电缆、管路进行了全面改造、主要运输大巷更换涂层钢管。在现场管理上,紧紧抓住"标准要提高,管理要创新"二个关键点,对采、掘、运、机电设备管理等进行专业化管理;有计划实行周日停产检修制度,减少设备故障率;使用安全管理信息系统,实现安全管理信息资源共享。

突出管理重点、实现"一通三防"和防治水工作新突破。坚持"以风定产"原则,加强矿井通风管理。认真做好年度矿井通风能力核定和瓦斯鉴定工作;狠抓局部通风管理,实现了"双风机、双电源"自动分风自动切换及"三专两闭锁";合理安排采掘部署,杜绝串联通风；建立了有计划停风审批制度，制定了主扇停电停风应急救援措施；使用自动风门和风门语音声光报警装置。运输转载点安设自动喷雾，综采工作面配备了综采支架光控自动喷雾系统，掘进工作面使用除尘风机及放炮全断面喷雾装置；充分利用瓦斯智能巡检系统，杜绝了空班漏检现象的发生，使用监控信息手机短信报警系统；坚持“预测预报、有疑必探、先探后掘、先治后采”的原则，做好地测防治水工作。

“以人为本”，注重实效做好全员安全教育工作。积极采取多种措施，不断强化安全教育工作；各采掘生产场所创建安全文化峒室，开展“一区一品”建设活动，利用悬挂条幅、张贴宣传画、宣传栏、黑板报、局域网专栏等媒介，广泛开辟宣传阵地，在副井上井口、候罐室利用LED显示屏进行安全理念宣传教育、违章隐患曝光处理，开展上岗前安全宣誓活动。在现场操作上，推行了操作规范化、标准化，强化“手指口述”工作法，实行现场“长、员”挂牌等管理。加强班组建设，开展学习“白国周班组管理法”活动，在全矿范围内开展争创规范化班组，开展优秀分监区、优秀带工警察职工评选活动，组织优秀警察职工外出参观学习，更新理念、开拓视野、解放思想。

山东东泰矿业有限公司一号矿

一、规范制度，狠抓“双基”，不断夯实安全防线

深化安全基层组织建设是建立安全长效机制、实现长治久安的内在需要。煤矿安全生产事关企业发展和稳定的大局。近年来，我们不断强化基层和基础建设，有力的保证了矿井安全生产的健康稳定。

（一）深化安全基层组织管理，努力构建安全长效机制。

安全生产工作的关键在基层，其重点是杜绝各类人的不安全行为和各种物的不安全状态与环境。对此，我们以强化基层组织为出发点和落脚点。一是按照省局《关于开展煤矿安全生产基层和基础建设意见》文件要求，我们成立了“双基”建设领导小组，由生产矿长任组长，副矿长、总工程师、党委书记任副组长，安监、机电、通防、技术、地测、调度主要负责人为成员，进一步加强领导，为“双基”建设提供了保证。二是突出安全理念，着力打造企业安全文化新模式。紧紧围绕培育“本质安全人”为核心，逐步形成了以安全理念为指导，以管理精细化、教育人性化、培训制度化为基本特征，以理念引领、培训提升、行为养成、环境感染为主要内容的安全文化新模式。通过对安全文化资源进行系统整合提炼，形成了具有东泰特色的安全文化理念系统，编制了《安全文化手册》《煤矿职工安全手册》等资料。并充分发挥各种宣传阵地和舆论工具的作用，着力在熟记、认知、内化、入耳、入脑、入心上下工夫，使安全理念深入人心，成为广大职工共同的行为准则。三是在现场监控上，矿井管理人员对重点环节，重点地点，特殊作业地点三班进行专门盯靠。在安全监督检查上，成立安全检查小分队，不定时间、不定地点、不定班次进行突击检查，特别对中班、夜班薄弱班次以及交接班薄弱时间进行重点检查。同时，严格领导干部带班下井、生产科室人员三班查岗、各专业口每旬专业检查制度，实现了全天候、全方位、横到边、纵到底、无缝隙的安全监督检查网络和体系，强化了现场安全过程控制，保证了安全生产。四是强化区队、班组建设，建立健全了区队、班组长选拔使用考核办法，配齐配强了区队管理人员、班组长、安监员，达到了跟班盯岗、盯头盯面的要求。五是始终把“三无”区队和“三无”班组创建活动作为安全管理的一项基础性工作常抓不懈。今年以来，我们不断加大对“三无”竞赛活动的考核和奖惩力度。六是始终坚持了“以人为本”的原则。严格劳动定员标准和管理，进一步优化劳动力配置，努力提高工时效率，合理减少了工人作业时间和降低了工人劳动强度。

（二）始终坚持抓好安全基础管理，提高安全管理

水平。

煤矿安全生产事关企业发展和稳定的大局。近年来，我们不断强化基层和基础建设，使矿井的安全形势逐步趋于稳定。实践充分证明，基层和基础工作是实现安全生产的关键所在，是搞好安全生产的根本大计。抓住了"双基"工作，就抓住了影响安全生产的"牛鼻子"，就可为安全生产提供可靠保障。一是狠抓基础管理，加强安全文化阵地建设。大力规范职工安全行为，制定了职工安全基本行为规范，以安监处为试点单位，实行了准军事化管理。不断拓宽教育培训范围，在抓好职工安全教育培训的同时，以强化职工职业道德为主，狠抓了职业规范、职业文明教育。进一步改善生产作业环境，以精品创建为切入点，按精细化的标准，对巷道进行了整修，对车房、峒室进行了整治，统一更换了标志牌板，彻底改变了过去"脏、乱、差"的现象。二是全面实施安全考核、岗位价值精细管理、领导干部带班下井、安全检查闭合管理、24 小时责任追究等管理举措，不断夯实安全根基。严格井下定编定员，全面推行"限员挂牌"制度。大力实施"素质提升工程"，大力实施质量精细化管理，在持续抓好采掘头面、机电峒室、运输大巷质量达标工作的同时，坚持质量标准化向边远地点和零星作业岗点延伸，促进了工程质量的全面提高。三是突出抓好全员安全生产责任制落实。为强化管理人员、员工的责任落实，我们结合实际，重新修编了安全生产责任制，不断强化全员安全责任意识，认真落实各工种、各岗位安全生产责任制，确保把安全生产责任落实到每一个岗位、每一名职工和每一个生产环节。四是严格实行管理人员履职保证金和安全风险抵押金制度。根据工作性质和安全责任大小，从矿井班子成员到班组长缴纳 10 万~0.5 万元不等的履职保证金和安全风险抵押金。真正体现端安全碗、干安全活、尽安全责、挣安全钱的新思路和新格局。

（三）强化安全教育培训，提高员工的整体素质。一是我们坚持把强化安全教育培训作为提高职工技能素质和安全意识的重要环节来抓。通过形势任务教育、政策理论教育、安全警示教育等多种教育形式和手段，不断增强管理人员、员工对安全生产重要性的认识。二是大力实施"631"安全教育培训模式，强化以区队为主的基层安全教育培训，通过以师带徒、技术比武、实物培训等方法，强化了对新工人和特种作业人员的安全培训。三是优化培训条件，健全培训设施。特别是今年来，我们的安全投资力度进一步加大，按照高标准、高规格、高质量的要求，在原有培训基地的基础上，又投资 120 多万元，对采、掘、机、运、通防设施进行了进一步的健全完善，并配备了专职教师进行教学和管理，实现了理论和实习一体化培训，增强了培训效果。

二、细化标准，强化管理，持续推动工程质量上台阶

认真传达贯彻了省煤管局新"煤矿质量标准化标准考核评级办法"。一是在安全办公会上，传达贯彻学习。各单位、科室、区队（车间）组织员工对照标准认真学习。二是按照"煤矿质量标准化标准考核评级办法"的要求，对照采煤、掘进、机电、运输、通防、地测防治水、安全管理、地面设施八个专业考核细则，结合矿井现场实际进一步细化了质量标准和措施，对重点工程倒排工期，一项一项的抓好工作落实，确保了这次质量标准化标准检查验收的顺利进展。同时，我们还结合实际认真组织开展了质量精细化管理竞赛活动，按照活动要求，分采煤、掘进、辅助、地面四个组，每月一考核一奖励。

大力强化工程质量管理，不断加强工程质量的动态监管，继续保持了一级矿井标准。严格坚持了现场日常开工安全确认、旬检查、月验收、季度总评等制度的考核，并将考核评估结果，作为质量评优等活动的考核依据，班质量评估打不到开工条件而开工的，对当班班长、跟班队长、安监员给予经济处罚，确保工程质量稳定，调动了管理人员、员工抓好工程质量的积极性。

（一）在采煤管理上。一是重点按照"七齐直、三自动、一联动、一上架、一整洁、一规范"标准，抓好工作面质量标准化建设，确保安全施工。二是对上、下出口的两巷超前支护必须用单体液压支柱和金属铰接顶梁，超前支护范围内支设三排支柱，支柱支设三条直线，挂牌管理，并做到了足顶压肩，棵棵支柱穿鞋，超前支柱初撑力不低于50kN。三是综采工作面支架完整，高档普采工作面无断梁折柱，无空帮、空顶，支柱迎山有力，符合措施规定。四是设备卫生良好，小型电器设备达到台台上架，符合防爆标准，完好率达到100%。五是巷道卫生清洁，安全间隙、高度达到标准要求。

（二）在掘进管理上。按照“八齐直、三统一、两杜绝、两平整、一可靠”进行施工，一是重点抓了巷道成型，半煤岩巷到做到窄打宽刷，全岩巷道严格执行光面爆破技术。二是对锚杆锚索打注质量、预紧力每班进行拉力实验，并记录存档，严格落实了工程质量终身负责制。三是始终保持巷道清洁卫生，文明生产，安全间隙符合规定，安全设施齐全灵敏可靠，小型电器设备上牌上架，掘进工作面工程质量、文明生产达到标准要求。

（三）在机电管理上，紧紧围绕机电质量标准化标准，不断强化采区流动机电设备和电缆标准化的管理维护工作。一是严格落实设备包机制和领导干部分工负责制。使井下流动机电设备摆放整齐，面貌卫生良好，电气设备保护齐全、灵敏可靠，各流动机电设备完好率达到96%，防爆电气设备防爆率达100%，杜绝了半小时以上的机电责任事故，满足了矿井安全生产的需求。二是进一步加大了淘汰设备的更换力度。

（四）在运输管理上，不断提高运输装备水平，确保运输安全。

三、突出重点，综合防治，全力打造本质安全型煤矿

（一）大力加强安全生产隐患排查治理工作。一是严格隐患排查制度落实。我们专门成立了以安全矿长为组长的隐患排查治理领导小组，明确了责任。按照分级管理的原则，实行隐患逐级排查责任制度，自下而上层层排查。井口月排、分口旬排、区队日排、班组随时排查的隐患治理制度。每月组织一次月度隐患排查治理专题会议。专题会议由隐患排查治理领导小组成员参加，矿井各分口分别汇报当月分管范围内的隐患治理和次月排查情况。领导小组对排查出的隐患进行分析认定，并提出治理整改意见，明确具体治理责任、措施、资金、期限、应急预案、监控措施“六落实”，并认真抓好治理整改。

二是隐患排查治理情况。今年以来我们共排查出A级隐患2条，C级隐患35条。A级瓦斯隐患1条分别是⊿23工作面、351工作面等地点。防治水A级隐患1条是10414工作面受底板徐灰和奥灰高承压水威胁。C级隐患已整改完毕，A级隐患属于长期监控治理。

（二）在“一通三防”方面。努力构建“通风可靠、抽采达标、监控有效、管理到位”的瓦斯治理综合体系不动摇。一是通风系统。按设计要求矿井具有完整独立的通风系统。矿井、采区通风能力满足生产需求。回风巷失修率、断面符合要求。重点对矿井总回辅助回风道扩修降阻工程，通风能力已核定能够满足生产需要。二是局部通风。对局部通风机的安装、使用、管理等重新进行了检查验收，符合标准。风筒管理上达到了环环吊挂、齐直，无破口、漏风等问题。三是强化瓦斯管理，加大瓦斯治理力度。四是建立和完善了瓦斯监控局域网络，做到24小时不间断对井下各瓦斯监控点的瓦斯实时进行监测监控，及时掌握井下瓦斯变化情况，达到了多点监控、时时监控的目的。巷道长度超过500米的增设了3号瓦斯传感器。五是在综合防尘管理上，不断完善防尘系统，做到管路、设施齐全。所有掘进迎头均做到了湿式凿岩、装岩洒水、爆破喷雾到迎头、装载点喷雾、净化风流、短壁快速注水等措施，有效地降低了粉尘浓度，改善了作业环境，杜绝了粉尘堆积现象。六是不断加大安全投入。矿井严格按照吨煤3元提取通防安全基金，建立专用账户，实行专款专用，确保了人员、资金、装备、措施四到位。七是今年通防专项投入共计196.11万元。加强了对省局下达的七项重点工程的投资和建设。

（三）在地测防治水管理方面。认真贯彻落实《山东省煤矿防治水管理规定》和市区煤炭主管部门和监管部门《关于煤矿水害防治工作的通知》要求，坚持“预测预报，有疑必探，先探后掘，先治后采”的原则，制定了五项硬性措施，确保了防治水安全无事故。一是健全机构，完善各项管理制度。每月由总工程师主持召开一次月度水情分析会议，对防治水工作进行总结，制订防治水计划，保证了防治水工作按时间、有责任、有目标、有监督、有落实。二是在高承压水A级隐患治理方面，主要采取“物探先行、钻探验证”的手段，探查底板隔水层厚度、含水层富水性等参数，科学合理评价高承压水对10煤层开采的危害程度。三是高度重视老空区积水，防止冒险作业。做好相邻矿井调查，建立老空积水情况台账，准确添绘各类图纸，严格执行“有疑必探，先探后掘”的探放水的原则。四是狠抓水文地质基础，确保防治水资料准确可靠。五是利用水动态实时监测报警系统，实时监测徐、奥灰钻孔的变化情况。

(四)加大安全投入，提高防范能力。我们严格按照上级的要求，认真编制了安全费用资金计划，做到了依法提取和使用，并列入了财务，供应计划。

(五)制定完善的事故处置预案，提高干部职工的应变和抗灾能力。一是为积极应对矿井范围内可能发生的各类安全生产重特大事故、事件或灾难，建立指挥统一、职责明确、运转有序、反应迅速、处置有力的应急救援体系，高效有序地组织开展事故应急抢险救援行动，防止灾情和事态进一步扩大，维护社会的稳定。我们制定了“矿井瓦斯爆炸事故应急预案”“矿井突然停风事故应急预案”“矿井水害事故应急预案”“井下大面积冒顶事故应急预案”等35项各类事故应急预案。为矿井预防各类事故的发生，提供了有力的安全保障。二是为在发生灾害时，能最大限度地减少人员伤亡和经济损失，我们制定了《灾害预防和处理计划》，并做到了每季根据现场变化情况进行修改。进一步明确了发生灾害时的汇报内容及程序，明确了职能部门及分口领导救灾抢险工作的职责与分工，明确了井下所有采区和工作地点在发生灾害时的避灾上井路线。提高了抢险救灾指挥人员的决策、应变能力和现场职工的自救应变能力。4月17日、5月11日，矿井分三班，组织井下全体职工模拟了灾害撤人演练。通过演练提高了各级管理人员在灾害状态下的指挥应变能力，使现场作业人员在出现灾害时，能够采取正确的防止灾害扩大和避灾方法，来减轻灾害和正确避灾，从而锻炼了队伍、提高了责任，达到了预期效果。三是为确保员工有章可循，我们对各项安全管理制度进行了补充完善，制定了“入井人员管理制度”“井下劳动定员管理制度”“安全事故隐患排查制度”“安全教育培训制度”“安全费用提取和使用制度”等73项安全管理规章制度。

滕州辰龙能源集团郭庄矿业有限责任公司锦丘煤矿

锦丘矿始终坚持“安全第一、预防为主、综合治理”和“管理、装备、培训”并重的原则，牢固树立“以人为本”的安全理念，大胆创新安全管理模式，严格按照《煤矿安全评估办法》标准，以“五化”建设为切入点，着力推进现代化矿井创建，努力构建煤矿安全生产长效机制，矿井防灾抗灾能力逐步增强。

一、采掘装备机械化，科技强企筑基础

锦丘煤矿煤层薄，赋存条件差，开采深度大，要实现矿井安全发展，必须提高装备水平。我们在充分调研论证的基础上，积极探索适合矿情的现代化矿井建设新思路，广泛引进先进技术，大力推行薄煤层机械化开采工艺，着力提高矿井装备水平。目前生产的两个采煤工作面全部实现了机械化开采，并试验成功了薄煤层硬岩工作面机械化采煤工艺，工效较炮采提高近6倍；半煤岩掘进工作面装备了综合掘进机，工效较炮掘提高了3倍。在此基础上，积极创新施工工艺，掘进工作面使用皮带运输代替串车提升，避免了因地

质构造变化带来的运输设备增加和安全问题。2011年3月份，又在16103运输巷成功试用了耙装机与皮带机尾联合快速自移装置，北翼轨道大巷采用中深孔光面爆破技术，分别创出了半煤岩巷单头月进376米、大断面岩巷炮掘月进120米的新纪录。实践证明，提高矿井机械化装备水平，在降低劳动强度的同时，有效提高了劳动效率，井下生产环境更加舒适、安全，深受职工欢迎。

二、系统控制自动化，减人提效保安全

煤矿安全生产力求系统简单、用人少。为此，我们着眼于“自动化”，在精干、高效上下工夫，最大限度地减少环节和用人数量。2009年以来，先后完成了矿井供电、通风、排水、压风、皮带运输系统的集中控制，在提升科技保安能力的同时，每年可节约各类费用支出300余万元。主副井提升具备无人值守和自动操作功能。主要进回风巷安装使用了无压可视化风门和自动喷雾，轨道运输大巷安装了司控道岔，主斜巷安全设施也实现自动控制。主要集控系统通过调度室综合管理平台整合监控，实现了“管控一体化”，有效地提高了系统运行的质量和效率，达到了减人提效保安全的目的。

三、班组建设规范化，素质提升固基层

安全生产必须从源头入手。安全生产责任制能否落实、怎样落实、会不会落实，关键在于“由谁落实”。实践使我们深刻认识到，区队班组是煤矿安全生产的核心和支撑，区队安全了矿井就有保障了；区队素质提高了，矿井综合素质就提高了；区队工效提高了，矿井效益就提高了。为此我们提出全矿只有三个正职：矿长、区长、班组长。并把安全管理的着力点放在区队班组建设上。从健全完善班组管理制度入手，完善基层管理“三条线”建设，依托“政治上给希望、经济得实惠、精神受鼓舞”三重激励机制，形成了管理、执行、考核、追究“四位一体”的班组管理运作体系。同时加大班组长的培养，每半年对全矿班组长进行一次管理能力提升强化培训。2009年以来，先后选送69名班组长到淄矿集团、山科大等规模较大企业或高等院校学习深造、重点培养。积极开展以“区队自主、班组自治、个人自律”为主要内容的班组创建、竞赛活动，定期召开推进会，努力营造学、赶、比、超的良好态势，优秀区队长、班组长脱颖而出。集团公司每季组织一次区队班组评比，对优秀区队长、班组长年终进行奖励，使优秀区队班组长的收入与矿级干部差不多。建立后备干部储备库，适时把素质高、业务强、能力突出的优秀区队长放到关系安全的关键岗位上，予以重用，增强了干部职工的进取意识、责任意识，有效解决了安全责任制落实中“截留”“空话”“大话”“严不起来、落实不下去”“工作流于形式”的痼疾，实现了矿井安全管理水平的不断提高。

四、安全管理责任化，尽心履责重效果

我们始终把安全生产当做“天”字号大事，把保障职工的生命安全和健康作为永恒的主题、刻不容缓的政治任务。尤其是近年来省内外发生的事故教训使我们深刻认识到，实现矿井安全生产，必须把上级决策部署落到实处，执行指令不动摇。一是执行井下劳动定员不动摇。通过不断优化生产系统，合理调整劳动组织，杜绝超能力生产。二是严格执行安全费用的足额提取、使用和特殊岗位津贴的足额发放不动摇。三是强化员工安全培训不动摇。通过不断强化安全培训，着力提升员工的安全意识和业务技能。采用“3+1”培训模式，从安全意识、职业道德、业务技能和军训四个方面入手，突出实物教学，推行现场“手指口述”“岗位描述”，积极开展技术比武活动，培养员工不仅想干好、能干好、干得好，更重要的是培养职工的大局意识，锤炼职工的团队精神，打造高效执行力。四是严格安全质量动态达标不动摇。积极开展精品工程创建和竞赛活动，实行工程质量终身负责及责任追究制，积极研究高地压下支护技术研究，推广应用注浆锚杆、锚网带支护，加强采掘内在工程质量跟踪监测，备用物资材料实行定置管理，促进了现场由单一的静态质量达标向“四个综合质量”(材料质量、施工质量、工程质量、工作质量)的动态达标的

转变，安全生产面貌得到进一步优化、改善。五是严格隐患排查治理不动摇。一方面强化“物”的隐患排查。完善隐患排查治理“五级六落实”体系，积极推行隐患“货币化”、重大隐患挂牌督办等管理办法，工作面生产前首先进行“CT”透视，强化隐患的预先防范、过程控制和闭合治理。另一方面注重“人”的排查。从规范员工行为入手，对薄弱人员实施“严管+人性化”管理，建立职工“安全信息”电子档案；对特种作业人员实行工作服识别管理，不同工种着不同颜色的工作服，有效增强了自主管理的能力和岗位自控的自觉性。六是严格应急处置不动摇。先后安装使用了监测监控系统、瓦斯智能巡检和人员定位、小灵通通信、雨量自动观测、应急广播等信息化管理系统，实现了安全信息的时时传递，并达到了安全指令3分钟内通知到井下各头面的要求。严格执行灾害性天气停产撤人的规定，充分赋予调度员“十项权力”。应急管理中心装备了智能化、数字化管理系统，做到了应急管理的信息化。七是严格执行领导干部值班带班和安全检查不动摇。推行管理人员下井指标“三个1/3”考核，实行“五位一体”控制法（时间、地点、范围、质量、指标），重点落实检查人的责任，有效杜绝了安全检查的空白点，消除了现场遗留的薄弱点。推行了管理人员下井写实制和24小时事故责任追究制，对因未检查出现场隐患而造成安全事故的，一律追究检查人的责任。2010年以来，我们逐步推行了“四六”工作制，减少了劳动时间，降低了劳动强度，进一步提高了安全的可靠程度。

五、管理理念亲情化，文化铸魂促和谐

独具特色的企业安全文化是煤矿安全工作的灵魂。我们始终坚持以安全氛围影响人，以安全理念引导人，以安全教育感化人，以安全政策激励人，精心搭建安全文化平台，弘扬健康向上，富有新意和充满人文关怀的安全文化。在思想上、行动上、制度上，处处体现“以人为本、科技领先、安全发展”的工作理念，通过设置充满人情味的安全“叮咛窗”、安全行为提醒厨、建安全文化长廊、开展“三违”人员素质提高课、“家属助学班”、组织入井宣誓等活动，不断丰富安全教育的内涵，活跃安全文化阵地，使安全真正深入人的心灵，增强了煤矿安全工作的凝聚力和向心力，形成了加强煤矿安全工作的良好氛围，在职工思想深处发生了质的变化，实现了由“要我安全”向“我要安全”“我能安全”“我会安全”的转变。同时积极为职工创造良好的外部环境。在职工澡堂设置了洗衣房、工作服烘干室、缝补室，井下开通职工班车，实现了工人上下井服务一体化。开辟了“职工之家”，使职工感受到家的温暖，实现了生产环境安全化、生活环境舒适化、办公环境优美化、文化环境愉悦化。针对职工关注的热点、焦点和难点问题及时引导消化，关注困难群体，实施“困难救助送温暖”工程，尽最大可能解决和满足广大职工工作生活中的问题和需求，使企业发展成果让广大职工得到最大共享，确保了矿区和谐稳定。

在今后的工作中，我们将进一步稳固基础，不断提升矿井的安全质量标准化水平；不断加大资金投入，提高安全装备技术水平，为安全生产创造条件；突出安全工作重点，强化隐患排查与治理，杜绝各类重大事故的发生；坚持以人为本，强化教育培训，突出技能提高，不断增强广大职工自主保安意识和按章操作的能力。

滕州辰龙能源集团金达煤炭有限责任公司

始终坚持“安全第一、预防为主、综合治理”和“管理、装备、培训”并重的原则，牢固树立“以人为本”的安全理念，大胆创新安全管理模式，严格按照《煤矿安全评估办法》标准，以“三创一化”建设为切入点，着力推进现代化矿井创建，努力构建煤矿安全生产长效机制，矿井防灾抗灾能力逐步增强。

一、采掘装备机械化

一是抓科技进步，全面提升装备水平。我们始终把强化技术创新和推广应用先进适用的技术装备，在技术创新和装备上，围绕制约安全生产的高地压下掘进、薄煤层开采等技术性难题，创新攻关。二是以矿井质量标准化建设作为各项工作的突破口，大力开展矿井达标贯标活动。坚持从作业场所管理入手，加强自我管理意识，强化质量达标的约束机制；实行质量结构工资制度，对不合格的工程不予结算，取得了良好的效果，实现了安全质量高位动态达标。三是严格落实矿井“一通三防”、防治水、顶板管理等安全技术措施。优化劳动组织，严格井下定编定员。按照有关规定，制定了规范企业劳动定员管理工作的意见，全面实行了“限员挂牌”制。四是开拓布局合理，采掘接续正常，优化采场布置，依法组织生产。严格按规定布置采掘工作面，依法依规开采，杜绝了独头开采、超标准多头多面作业和超能力、超强度、超定员组织生产的现象。

二、应急管理信息化

一是按照国家局《生产安全事故应急预案管理办法》要求，做好各类应急预案的编制、修订和备案工作，搞好应急预案演练。二是完善大雨、暴雨等灾害性天气为主的应急处置机制，安装了矿调度室和副井口天气预报实时显示窗口、降雨量电子观测装置和井下语音广播系统，健全井下工作场所固定电话无人应接时的报警功能，使调度指令 3 分钟内传达到每一位职工，全面提高防灾避灾与应急处置能力。三是按照山东省煤炭工业局《关于授予煤矿调度员十项应急处置权的通知》(鲁煤安调〔2009〕218 号)要求，进一步修订完善矿长授权调度员应急处置的内容，赋予调度员十项应急处置权。四是加强职工应急知识、救护常识的培训，熟悉避灾路线，切实提高了自防、自卫、自救、互救的能力。

三、监测监控自动化

本矿积极拓展监测监控系统的范围和功能，组建了专业化维护服务队伍，确保系统运行正常，发挥应有作用；运用信息化推动安全管理上台阶、上水平。近年来，健全完善了安全信息管理、办公自动化、井下人员定位、无线通信、安全生产监测监控、工业电视监视、瓦斯智能巡检、束管监测等系统，全面推广应用 ERP 系统和 OA 平台，安装了 LED 大屏；围绕打造“数字矿山”目标，提高生产智能化水平，建立了井下五大自然灾害实时检测预报系统。通过信息数据集成，形成了集中自动控制、生产调度指挥、安全管理预警三大综合信息中心，信息化管理在安全生产中的作用日益突出。

四、安全管理人性化

安全管理“以人为本”，大力推行“亲情化”“人性化”管理。一是大力实施素质提升工程，夯实安全生产根基。我们把“素质提升工程”作为一项关乎长远的战略性任务紧抓不放，提出了培训三个“100%”(自学率、培训率、合格率)的要求。二是突出方式方法创新，强化全员安全培训。按照实际、实用、实效的原则，分层次、多形式，突出抓好全员、全面系统培训，强化职工遵章意识和操作技能的提升，实现了安全理念与应知必会的结合。同时，我们以科技职业学院为平台，变招工为招生，职工队伍文化和专业结构明显改善，整体素质明显提高。三是突出关键人物，强化安全专业人员培训。对瓦斯检查员、放炮员、安检员等特种作业人员，坚持脱产培训和业余培训相结合，重点加强安全技术、法律法规和操作规程培训，实行现场操作考试评定，从而提升了特种作业队伍整体安全素质。四是加大“三违”查处和教育力度，突出严管理与人性化的和谐统一。重新对“三违”行为分类定性，明确“三违”的性质和处罚标准，彻底改变过去以罚代管的被动局面；执行了“三违”保证金返还制，积极推行了“三违”仲裁制度。

五、班组建设规范化

一是以“区队自主、班组自治、个人自律、岗位自控”为目标，大力推行白国周“六个三”班组管理法，把班组建设作为安全生产的“基石工程”，逐步将班组长由注重生产的单一型转化为安全生产的综合型，有效提高班组长的管理水平和安全应变能力。二是加大了工资结构中安全、质量的比例，实施“三、三、四”工资制(即任务、质量、安全的比例为：30%、30%、40%)，整体推动班组建设向纵深开展。三是树立安全发展观，构建安全管理新模式。我们着眼于安全生产“为之于未有，治之于未乱，防患于未然”，进一步深化安全文化建设，多形式、深层次、全方位强化理念渗透，树立安全“五观”(即以人为本抓安全的“人本观”，一切事故都是可以控制和避免的“预防观”，安全源于责任心、源于设计、源于质量、源于防范的“责任观”，安全是最大的节约、事故是最大的浪费的“价值观”，一人安全、全家幸福的“亲情观”)，进一步健全完善“六预”(即预教、预测、预想、预报、预警、预防)的安全文化管理模式。使安全管理理念固化为制，内化于心，形成了安全关口前移到区队、安全重心下移到班组、安全防线自移到个人的安全管理格局。四是严格推行“六步骤”工作法。推行了生产工区干部值班工作流程“六步骤”工作法。从点名考勤到现场交接、生产施工到班后总结点评，形成了系统的工作流程时时动态监测。使每位职工和区队干部从上班点名开始到任务完成上井结束均在“六步骤”工作法的管理约束之下，生产秩序井然有序，收到了较好的效果。

在今后的工作中，我们将进一步稳固基础，不断提升矿井的安全质量标准化水平；不断加大资金投入，提高安全装备技术水平，为安全生产创造条件；突出安全工作重点，强化隐患排查与治理，杜绝各类重大事故的发生；坚持以人为本，强化教育培训，突出技能提高，不断增强广大职工自主保安意识和按章操作的能力。

滕州辰龙能源集团东大矿业有限责任公司

2010年东大矿紧紧围绕“安全生产基础年”这一主线，以创国家级安全质量标准化矿井为目标，不断推出夯实安全生产基础的措施，主要为：一是继续完善安全生产管理机构，强化责任体系；二是实施精细化管理，严格三个质量(工程、工作、服务)，推行现场物料定置管理，保持物流有序，全面提升现场管理水平；三是加大安全投入，不断提高矿井机械化装备水平，进一步提高矿井防灾抗灾能力；四是严格现场管理，不断完善各生产系统，加大隐患排查与治理力度；五是注重人才培养，提升专业技术人员业务素质。通过一系列措施、方案的出台及落实，提升了矿井安全管理水平，夯实了矿井安全生产基础。

一、强化基础管理、严肃管理制度、落实责任主体，以创精品工程为突破口，构建新型立体的质量标准化管理体系

创精品采掘工作面是煤矿安全质量标准化建设的提升与深入，是一个持续动态的过程。工作在平常、关键在基础，必须形成完善、有效的管理机制(即构建新型立体的质量标准化工作体系)，才能保障和推动煤矿安全质量标准化建设的持续提升，为此，我们建立了一系列强根固本的制度和措施：一是加强组织领导和责任落实。成立了创建国家级安全质量矿井和创安全质量标准化精品工程，领导小组，实行分专业负责制，明确责任、确定目标，并按照我矿实施的安全质量标准化规范化管理办法、安全质量标准化验收考核与奖惩制度，认真组织落实，严格考核与奖罚。二是持续开展了质量管理升级竞赛活动。为激励各区队工程质量上档次的积极性，我们对采掘工作面实行了精品工程质量升级管理，制定了具体的精品采掘工作面评定标准，并设立了劳动竞赛奖，采取分值量化进行综合考评，按月兑现。三是坚持质量动态检查验收制度，坚持“就低不就高”的定级原则，哪个定级最低就按哪个等级考核质量工资，杜绝了“日常不管理、达标靠突击”现象。四是实行了工程质量终身负责制。强化对工程质量、工作质量、服务质量的监督管理，施工工程都要注明施工及验收人员，建立工程质量责任档案，凡是发现问题，不论相隔多久都要给予追究处理。

二、加大矿井安全投入，提高矿井现代化装备水平，不断提高矿井防灾抗灾能力

2010年矿井投入500余万元，设置九大项，对监测监控、一通三防、机电提运、防治水等专业进行了进一步完善，其中投入31万元安装了由山东科技大学智能化研制中心生产的智能远程集控设施，通过该套设备，能够实现对矿井主提升、主运输、主排水等系统运行情况的实时监控，确保了在紧急情况下对各环节的远程控制；投入138万元完成北翼绳索运人系统安装；投入14万元安装井下司控道岔；投入6.5万元对井下安全监测监控系统进行了改造和延伸，确保了监控网络覆盖全井下。另外，在通风防尘、设备检测维护、供电系统改造、安全培训、健康监护等方面也继续加大投入，确保了矿井安全生产。

三、实施精细化管理，提高三个质量，推行现场物料定置管理，保持物流有序，全面提升现场管理水平，保障质量标准化建设的不断深入

为确保各项工作落实到位，我们坚持重深入、重现场、重落实、重流程、重效果的原则，积极开展精细化管理，不断提升工程质量、工作质量、服务质量水平。按照四精（精心、精确、精干、精品）、五细（细在流程、细在环节、细在考核、细在监督、细在规范）的要求制定《精细化管理综合考评细则》，采取按月度分值量化考评方式，主要考核安全目标、质量目标及任务目标，从安全生产、计划完成、安全隐患落实、质量管理、设备管理等方面进行全面考核，设立精细化管理奖，严格兑现奖罚。

推行现场物料定置管理是安全质量标准化建设的内涵要求，体现了现场的文明生产和人文关怀，为广大职工提供了一个舒适的现场作业环境。我们以精品的标准积极推行定置管理，要求井下所有的物料都要定置，计数，挂牌管理，规范存放，有特有的存放方式、专用的存放工具、固定的存放地点。并建立了材料发放台账，保证了账物相符，实现了物料消耗考核兑现，切实实现了井下现场面貌井然有序、员工心情舒畅、工作积极热情。

精细化管理的实施进一步加大了东大矿安全管理和质量达标的力度，把安全和质量放在了先于一切、高于一切、重于一切的位置，保障了东大矿质量标准化建设的不断深入。

四、加大隐患排查力度，明确隐患治理责任，重点突出对重大危险源的监控和治理

根据煤矿安全生产的季节性特点，针对性开展“一通三防”、防治水、顶板管理、机电提运等重点专业的隐患排查，认真落实隐患排查治理制度，定期召开隐患排查分析会议，认真讨论整改方案，明确整改责任、落实治理措施。另外，着重突出重大危险源的排查、监控，并委托有资质机构针对矿井生产系统及作业现场开展了重大危险源评估分析工作。按照评估分析结果，定期对煤尘进行检测，严格落实制定的“综合防尘”措施，杜绝了重大事故的发生。

五、注重安全教育培训，丰富培训形式，提升干部职工队伍综合素质

按照“管理、装备、培训”三并重的原则，东大矿制订了2010年度安全教育培训计划，依照相关法律法规要求，从矿井主要负责人、各分管副矿长、安全生产管理干部、特种作业人员全部依法参加安全资格、任职资格、操作资格培训，取得了相关证书。同时，制定了加强矿内安全教育培训的实施方案，每月定期组织各特种作业人员进行摸底考试，严格落实制定的奖惩措施，实现“以考促学”的目的。并针对新入岗、转岗、

"三违"职工,开展相应的安全培训活动,严把安全培训关,严格教考分离制度,取得了良好的培训效果。

经过不断努力,虽然取得了一定成绩,但距创建现代化矿井的目标还有一定距离,我们一定保持清醒的头脑,不断巩固成绩,开拓创新,深挖其内涵,力争使我矿安全质量标准化工作再上新台阶。

山东鲁泰煤业有限公司鹿洼煤矿

一、提高认识,强化领导,建立健全齐抓共管安全质量标准化工作领导机制

矿党政领导对开展矿井安全质量标准化工作十分重视,成立了由矿长任组长,矿党委书记任副组长,总工程师、分管副矿长及各生产职能科室正职为成员的安全质量标准化工作领导小组,下设采煤、掘进、机电、运输、"一通三防"、地测防治水、安全管理、调度八个专业组。矿每月对安全质量标准化活动进行全面检查评比,奖优罚劣。在全矿形成了"矿领导督导,职能部门监管,基层区队具体实施"的全面覆盖的安全质量标准化管理网络。

二、健全完善制度,狠抓责任落实,形成各级领导干部对现场质量标准化工作的监管机制

鹿洼煤矿各级领导干部把安全质量标准化当做日常工作来抓,经常深入现场,及时发现工程施工中出现的质量问题,把不合格的工程消灭在萌芽状态,保证现场全面动态达标。鹿洼煤矿针对实际情况,建立了《矿领导包头包面制度》以及《安全质量标准化管理意见》《班组质量标准化管理办法》等管理制度。明确领导去所包头面每周不少于一次, 区队管理人员每天不少于一次, 班组长每班不少于一次进行质量标准化全面检查。坚持各分管矿长对本专业的质量标准化工作全面负责, 生产科室专业人员分工负责的原则。推行层次管理,健全各级领导干部对现场质量标准化工作的监管工作机制。在制定完善各项制度的基础上,我们狠抓安全责任的现场落实,每月由标准化领导小组对各项管理制度的执行情况进行全面考核评比并进行奖罚兑现。使各岗位的安全质量行为都纳入制度化的管理轨道。通过建立健全完善制度,强化责任制落实,促进了安全质量标准化活动的深入开展。

三、坚持"四级质量"动态检查验收制度,推行精细化管理,建立健全现场质量标准化工作的管理工作机制

鹿洼煤矿围绕本质安全型矿井建设,从打破思想禁锢和强化基础管理入手,深入开展"精品工程"建设活动,推行精细化管理,不断促进安全质量标准化水平的提高。

(一)严格执行旬检查月验收制度。旬检查定在每旬的最后一天为采煤、掘进、通风、调度、安全管理、地测防治水、机电、运输专业组检查问题的时间,月末由各专业组组长组织本专业组成员进行当月质量标准化检查,同时要打出本专业的得分,并将得分情况汇总到质量标准化办公室。每月的第一天由质量标准化办公室负责将上一月验收检查情况汇总,并得出全矿井的质量标准化分数。

(二)坚持"四级质量"动态检查验收制度。即第一级是区队内部质量验收,第二级是领导干部不定期抽查,第三级是质量标准化专业小组旬检,第四级是月底质量标准化验收。

(三)实行质量低劣工程责任追究。强化对工程质量、工作质量的监督管理,凡是发现问题的,不论相隔时间多久,不论当事人是否调出,都要给予追究处理。

(四)创建"精品工程"。在创建"精品工程"方面,明确在工程质量优良基础上, 月验收达到 97 分以上才为精品工程。为达到这一目标,鹿洼煤矿首先在工程质量及现场文明生产管理上提出“数字化”工程，即由生产科对照标准，对语言化的标准提升到数字化标准。对所有工程进行具体的数字化管理。例如，在掘进施工过程中，管线吊挂、物料码放等工作，均参照巷道中腰线施工。保证了管线吊挂、物料码放一条线，并在各采掘头面统一标准，避免了由于各工区理解语言化标准不一样的弊病。其次，实行依次推进的方法开展创建工作，在初期阶段，实行“每周一项标准提升”活动，即每周对标准中的其中一项进行整改并组织专项检查。通过这项活动，达到每一小项都有提高，绝不留死角。在逐步推行阶段，重点工程首先达到精品工程标准，其他工程逐渐达到精品工程。现阶段鹿洼煤矿实行一月一验收一评比制度，每月评出精品工程创建先进头面，并进行奖励，极大促进了创建“精品工程”工作。通过开展这项活动，使鹿洼煤矿安全生产现场管理工作达到一个新的水平。

(五)开展阶段性专项活动。根据时段和具体工作需要鹿洼煤矿每月开展专项活动，在各项专项活动中，对查出的问题进行复查，保证整改率达到100%。通过专项活动，集中整治了安全质量标准化工作中出现的薄弱环节，进一步提高了安全生产管理水平，促进鹿洼煤矿整体工程质量稳步上升和安全质量标准化工作的全面提高。

四、切实健全完善安全质量标准化工作中的内业资料

内业资料是安全质量标准化工作的一项重要内容，由于内业资料覆盖面广，涉及的内容较多，我们把各专业组的内业资料责任到人，专人负责。资料内容要求准确、清晰、翔实，对内业资料不齐全、不完整、内容不清晰、不符合实际情况、达不到要求的给予处罚。由于我们对内业资料高度重视，管理有序，检查中多次受到上级领导的好评。

通过我们不断的努力，使安全质量标准化水平稳步提高，在济宁市煤炭局和鲁泰煤业公司的检查中取得了较好的成绩，并且在2010年5月12日国家煤矿安监局来矿的检查中，得到了领导的认可，顺利通过了国家级质量标准化的验收。

汶上义桥煤矿有限责任公司

一、大搞安全质量标准化，加快“精品工程”建设

2010年年初，汶上义桥矿就进行了全面部署。一是明确目标，落实责任。确立了矿井安全质量标准化建设阶段性目标，到2011年11月初，头、面、线都有新变化，“精品工程”也有新突破，矿井总体形象都有新的提高。充分利用各种会议和各类宣传媒体对开展安全质量标准化活动的指导思想、阶段目标和保证措施向广大干部职工进行广泛宣传，对基层单位的好经验、好做法及时报道，激发了干部职工的热情，营造了矿井安全质量标准化建设的浓厚氛围。二是严格标准，狠抓奖惩。组织干部职工学习、掌握新版《煤矿安全质量标准化标准及考核评级办法》；分专业逐项逐条，贯标试套；从设计到施工，从地面到井下，每个环节、每道工序、每个流程都坚持高标准、严要求；将安全管理、设备管理、综合形象和安全质量标准化考核结果与职工工资奖金挂钩；制定了《安全质量标准化管理制度》，每月评选一次安全质量竞赛优胜单位，充分调动了基层单位、业务部门搞好安全质量标准化建设的积极性。三是严格执行“旬检查月验收”制度。补充完善了《质量验收管理办法》，各业务科室管理人员分专业包挂区队，安监部门每月分上、中、下三旬组织相关业务科室，对全矿采、掘、机、运、通各专业进行工程质量、文明施工验收，根据三旬的检查验收和班评估情况进行评分定级，并对责任单位、包保人进行严格奖惩，使现场质量标准化验收更加制度化、规范化。四是突出重点，加快“精品工程”建设。坚持高境界、高起点、高标准，按照参观学习、组织实施、达标验收三个阶段，建设“一头、一面”“精品工程”。汶上义桥矿分专业不定期检查各单位的标准化建设开展情况，对因组织不力的给予通报批评；采取典型引路，抓点带面的方式，召开了矿井安全质量标准化“精品工程”建设现场推进会，营造了“比、学、赶、超”的良好氛围。五是搞好结合，强化措施。与深化安全专项整治工作相结合，狠抓了顶板管理、火工放炮、机电运输、“一通三防”、矿井防治水的管理，高度重视了薄弱面、薄弱头、薄弱线的安全管理和问题整改；与深化“双基”建设，塑造安全文化相结合，学先进、找差距、抓“双基”、塑文化；与深入贯彻煤矿安全法律法规相结合，强化了职工安全法律法规教育培训，分专业、按工种进行了新版《煤矿安全质量标准化标准及考核评级办法》的学习和考试。六是始终将技术创新作为强化安全质量标准化建设的突破点，不断强化技术管理。为突出这一理念，我们进一步调整、充实了技术力量，要求技术部门围绕“技术先行、安全可靠、提高效率、经济合理、操作方便”的原则，对巷道布置、采区设计、断层处理、支护方式及设备改造等方面进行改进，为基层区队提供技术指导，为现场质量标准化工作提供可靠的技术保障。

二、坚持以人为本，塑造强势安全文化，为安全质量标准化工作打下坚实的基础

一是注重理念引导。我们注重从“居安思危、警钟长鸣”的层面，积极倡导“生命至高无上”“责任重于泰山”“关爱生命，关注安全”“以人为本，和谐管理”的安全价值观，狠抓防松懈、防骄傲、防浮躁教育和严管理、强“双基”、反“三违”、保安全教育，使干部职工树立了“安全就是政治，安全就是稳定，安全就是效益，安全就是形象”的思想观念。二是坚持育人为先。大力实施“五个一”工程，形成了以地面工业广场、生活社区为主的安全教育“一条街”，以采掘头面为主的安全教育“一条线”，以井口到井下运输大巷为主的安全教育“一条龙”，以区队、班组学习室为主的安全教育“一园地”，以广播电视、板报为主的安全教育“一阵地”；创新安全活动载体，扎实开展“安全警示教育”“百日安全竞赛”和“平安个人、平安班组、平安区队、平安义桥”活动，签订安全承诺书，举行班前宣誓仪式。三是强化安全培训。为了提高职工队伍的综合素质，汶上义桥矿从职工入矿开始就严格把关，变招工为招生，先学习，后上岗，充分发挥汶上义桥矿四级煤矿安全培训机构的阵地作用，结合上级培训机构，组织职工脱产和半脱产培训，所有职工均持证上岗，并建立职工培训档案，实行微机档案化管理。2010年，我们对井下各岗位人员进行了动态统计，根据生产计划，及时预测各岗位人员的需求量，科学上报培训计划，严格按照省煤炭局下达的培训计划及时送培（“三项岗位人员”）和在矿内组织全员培训。2010年共外委培训“三项岗位人员”824人次，在矿内组织开展全员培训1676人次，转岗培训223人次，井下作业人员持证上岗率100%，做到了超前培训，储备人才，杜绝了先上岗再培训的现象。

三、建立健全机制，夯实安全工作基础，确保安全质量标准化制度落实到位

一是坚持安全目标管理。结合实际，制订安全控制目标，做到了每年都有新思路、新目标、新措施。签订年度季度安全目标责任书，层层落实安全责任制，形成了横到边、纵到底的安全保障体系。二是健全完善安全考评体系。制定了义桥煤矿2010年度安全质量标准化达标工作的意见，修订了安全生产责任追究制度、安全隐患排查治理制度、安全技术管理制度、安全生产奖惩制度、安全培训制度等，健全了采、掘、机、运、通、地测防治水、调度、安全管理8个专业安全质量标准化管理考核及辅助、地面单位和机关科室安全管理考核制度，完善了“安全优胜单位”“三无班组”评选制度，落实了现场工人自主保安“六项权利”，为搞好安全生产提供了强有力的管理机制。三是建立完善安全激励机制。实行了区队安全红黄旗竞赛，设立了安全风险抵押金，与干部职工“三违”次数挂钩；一般“三违”大幅度减少，“三违”人员同比降低12.7%，较好地解决了“上边有压力，下边无动力”“严不起来，落实不下去"的问题。四是严格事故责任追究制度。严格区分安全事故类别制度，按事故性质，对照一号安全指令，分类处理。干部职工的自我约束能力明显增强，做到了"保护好自己，不伤害他人，不被他人伤害"。按照"四不放过"原则，实行一事故、一分析、一处理、一通报制度，扩大分析，升级处理，实现了由事后管理向事前管理转变，由粗放型管理向精细化管理转变，由静态管理向动态管理转变。五是建立完善超前预防机制。我们从预防抓起，健全完善了安全隐患预警机制和应急预案，狠抓了薄弱时间、薄弱地点、薄弱环节和薄弱人物的管理，高度重视地面支架工区、加油站和仓库三大危险源的管理。

四、实施"科技兴安"战略，增强矿井抗灾能力

2010 年，我矿安技措项目计划 720 万元，截至 2010 年 10 月，实际完成资金 720 万元，预计全年完成 750 万元。

井下实现了移动通信，综采工作面进行了长壁注水、全煤掘进工作面实施了短臂注水。

五、严格按生产能力科学组织生产

2010 年汶上义桥矿核定生产能力为 90 万吨/年，生产中严格按核定能力组织生产，科学安排计划，合理组织生产，采掘比例协调，生产接续正常，保持了均衡生产。全面落实了各项煤炭资源回收、设备检修制度，矿井开拓布局合理，"三量"可采期和采区回采率符合上级规定要求，各个生产环节和主要系统设备运行良好，保持了安全生产的平稳态势。

矿井安全质量标准化工作的开展，使汶上义桥矿的安全生产基础管理工作得到进一步强化，安全管理制度得到了健全完善，矿井抗风险能力得到了新的增强，干部职工的素质得到了不断提高，为矿井安全生产长效机制的建立奠定了坚实的基础。但是，与安全质量标准化先进单位相比，我们还存在一定的问题和不足。在下一步的工作中，我们将继续高标准严要求，找差距弥不足，严抓现场管理工作，把安全质量标准化作为搞好矿井安全生产的"治本工程"来抓，树立以人为本的观念，实施科技兴安战略，巩固安全生产长效机制，加快矿井安全质量标准化建设进度，全面提升矿井安全质量标准化建设水平，确保矿井长治久安。

山东济宁运河煤矿有限责任公司

山东济宁运河煤矿有限责任公司是济宁能源发展集团下属的一座年核定生产能力 110 万吨的现代化国有矿井。矿井于 1995 年 8 月 1 日正式开工建设，1999 年 5 月 1 日实现投产，且于同年达产。

近年来，运河煤矿牢固树立科学发展观，坚持把安全生产管理工作放在首位，安全目标瞄准打造"本质安全型矿井"不动摇，狠抓"人、物、系统、管理"四大要素不放松，特别是把安全质量标准化工作作为煤矿生产现场的一项基础性工作，认真贯彻落实国家安全生产监督管理总局、省局关于开展煤矿安全质量标准化建设的指示精神，按照安全质量标准化的标准要求，坚持高境界定位、高标准运作、高起点创新，全员发动、全员参与，不断强化安全基础工作，不断创新安全质量标准化的内容，矿井安全生产局面持续稳定，已连续两年荣获国家级安全质量标准化矿井，并实现安全生产 8 周年。

一、明确责任，安全包保

为保障效果，强化队伍建设，提高全员的安全意识与操作技能实施责任包保，分工负责。按照"谁主管、谁负责"的原则，严格遵循"有标准、有负责、有监督、有考核"的要求，成立了领导小组，由矿长任组长，下设采煤、掘进、机电、运输、通风、地测防治水、安全管理七个小组，分管领导任专业组组长，抓好具体工作的实施，确保标准化建设提升到一个新的层次。

（一）健全、细化安全生产质量标准化体系。实现安全压力逐级传递、层层落实，建立完善了矿级领导、党委委员、职能科室管理人员对基层工区的安全包保制度，真正实现了“人人有专责、事事有人抓、层层有人管”。

（二）推行安全质量标准化验收签字负责制。安全管理人员入井严格执行“三个一”（即一把尺子、一支笔、一个本子），从安全隐患的排查发现、整改落实、责任追究到复查验收、信息反馈、建档立案均形成了完善的安全隐患排查治理闭环体系。

（三）把安全质量标准化建设与工资奖金挂钩。按照每月验收的结果，实施工资分配，对质量达不到要求的单位，减发相应的安全奖励，对工程质量达到优良水平的单位，给予一定奖励。这种安全质量与工作成效挂钩、个人利益与整体利益挂钩的办法，调动了全体职工开展安全质量标准化工作积极性，形成了领导重视安全质量标准化，人人参与安全质量标准化建设的良好局面。

二、质量为本，强化标准

树立“安全第一、质量为本”的安全管理理念，坚持“双基”建设为前提，“安全质量标准化”为主线，明确了工作思路、奋斗目标和奖惩意见，推行精细化管理，树立质量标准化作业理念，通过加强质量监管，完善标准管理，健全考核体系，保障了施工质量。

（一）严格施工质量管理。从施工设计到施工过程中的每一个环节，每一道工序都进行监管，通过优化施工设计，做到高起点、高标准，优中选优，达到更安全、更经济、更合理的目的，对不完善的、低标准的工程设计不予审批，并追究有关人员的责任。

（二）严格工程质量验收。理顺质量管理与质量监督的关系，严格制度，明确责任，分工负责，对验收等级实行挂牌管理，做到重奖重罚，奖罚与分管领导、业务科室、区队及安全员挂钩，明码标出奖罚金额。同时重点监督验收的真实性，真正使验收工作公平、公正、合理，对于掺杂“水分”的验收结果，严肃追究验收人员的责任。

（三）着力创建精品工程、亮点工程。“以严把毫米关口，打造精品工程”为目标，把精品亮点意识融入标准制定、现场施工、考核验收的全过程，以“点线面工作法、采掘工作面线性管理、精品硐室考核促头面点线全面达标，推动安全质量标准化水平的全面提高。

（四）抓好考核验收工作。落实“班评估、旬验收、月考核”制度和动态达标制度。现场验收分数占60%，40%取决于班评估和6S管理得分，真正做到动态达标。每月的标准化得分以三旬中最低标准确立当月标准化水平进行奖励和处罚，调动基层的积极性和主动性。

三、保障硬件，科技兴安

持续进行设备设施的升级，提高矿山硬件的科技含量。运河煤矿通过推进采掘生产机械化、辅助系统自动化、安全监测数字化建设，提高矿井通风、排水、供电、运输系统安全可靠运行的能力。特别是将信息技术应用到井下安全监测管理，大大提高了煤矿安全管理科学化水平，实现了提前防范，及时报警。

（一）实现生产调度通讯的计算机网络化管理。运河煤矿调度指挥监控系统主监控屏采用日本三菱的DLP投影单元系统，可以开启视频窗口、计算机窗口、网络窗口，画面能够自由缩放、移动和漫游，可同时开启多个画面监控多个地点，图像清晰，保证调度中心的指挥有效性和实时性；辅助监控屏幕包含14个固定监视器画面及两台硬盘录像机信号，硬盘录像机可对全矿井上下30多个监控点进行24小时不间断录像和轮巡监视，为调度中心的协调指挥工作提供强有力的保障。

（二）建立井下灾害预防的安全监控系统。运河煤矿装备有KJ100N型监控系统，严格按照《煤矿安全监控系统及检测仪器使用管理规范》（AQ 1029—2007）的要求进行使用和维护，功能齐全，运行稳定。布置分站9台，10类传感器共计140多件。监控设备传感器的种类、数量、安装位置、信号电缆和电源电缆的铺设均符合有关规定。系统具备甲烷断电、甲烷风电闭锁的全部功能，安全监控设备定期进行调试、校正。中心站实现双回路供电，并双机备份，备份主机能在5分钟内投入工作。

(三)构建现代化的人员定位管理系统。人员定位系统采用无线通信、地理信息、组态软件等前沿技术，实现井上计算机控制中心对井下人员或设定目标的信息采集、存储、传输、显示、查询、打印，可直观反映井下人员的动态分布及统计，可通过矿局域网对煤矿入井人员进行实时跟踪和定位，随时掌握每个人员在井下的实时位置及活动轨迹，并对各单位和个人进行考勤和工作时间分类统计，可实现人员与调度机台的简易通信，井下人员可向调度机台发出呼叫求救，调度机台可向个人或井下所有人员发布代码命令，为企业的安全生产和人员调度提供了有力的技术保障。

四、治理隐患，夯实基础

随着矿井开采深度的增加，煤矿现场工作难度和管理难度都在不断加大，各项隐患又处在动态不断变化中，就要求进一步完善制度，严细检查，切实提高质量安全意识，确保井上下生产环境的安全化、工作质量的标准化。

(一)实施安全隐患排查及闭合管理。对重大隐患制定了重大隐患排查制度，每月由矿长牵头组织对矿井重大隐患进行排查，建立了排查档案。专门制定了措施，进行检测、评估和监控，并制定了应急救援预案。由专人按规定对安全生产事故隐患进行定期排查、上报和治理并定期通报治理情况。为加强安全隐患排查整改及闭合管理工作，制定了《安全隐患排查及闭合管理办法》，各类安全隐患必须通过检查验收合格后进行闭合，并由验收人员签字负责，确保每一项隐患治理都落到实处。

(二)强化机电设备隐患治理，保证设备完好。矿成立了机电专项检查小组，推出了“三定、三查、四检”的管理办法，“三定”即定人员、定设备、定时间；“三查”即机电设备隐患提前排查、机电设备动态抽查、机电设备影响事后追查；“四检”即日检、周检、月检和年检。同时，分级包保、不定期、不定时对井下各工作地点进行检查，实施“手指口述”管理法、6S 管理法、隐患自查及隐患闭合制度，全面细致的找出隐患、排除隐患，杜绝了电气设备失爆，大型设备台台完好，全矿设备完好率达到了 96%以上。

(三)开展多项安全活动，夯实隐患治理基础。按照“季有主题、月有活动、旬有考核”的原则，以开展安全活动为载体，把不同阶段的安全工作重点融入各项活动中，相继开展了首季度 “零事故季”、二季度“顶板管理、机电提运专项整治季”、三季度“雨季三防、顶板管理季”、四季度“安全生产决战季”活动及“安全科技周”“安全生产月”“安全生产冬季战役”等一系列活动，有力地提升了安全质量标准化水平。

在各级领导的大力支持和亲切关怀下，在全矿干部员工的拼搏努力下，运河煤矿先后荣获全国煤炭工业先进集体、全国五一劳动奖状、全国首批管理创新示范单位、国家煤炭行业一级安全高效矿井、富民兴鲁劳动奖状，连年被授予煤矿安全程度评估 A 级矿井。

山东泰丰矿业集团有限公司王家寨煤矿

王家寨煤矿自投产以来始终把安全质量标准化工作视为企业的生命工程、基础工程，坚持对安全质量标准化工作常抓不懈。2010 年是王家寨矿深入开展安全质量标准化的一年，我们决心把安全质量标准化工作扎扎实实地开展下去，并从方方面面加强管理，开创王家寨矿安全质量标准化工作新局面。我们的主要做法有以下几个方面：

一、深入宣传发动，强化组织领导，提高思想认识，保证煤矿安全质量标准化工作的顺利开展

王家寨矿认真贯彻落实国家局、省局、泰安局关于开展煤矿安全质量标准化建设的文件、指示精神，多次召开专题会议，反复学习文件精神，研究制定贯彻措施，下发了一系列的文件，编写了宣传提纲，细化了标准，落实了责任。为切实保证煤矿安全质量标准化工作的顺利进行，成立了以矿长为组长的“安全质量标准化”工作领导小组，并定期召开会议，对照标准，从制度建设、现场管理及工作标准要求都逐一安排落实，逐项落实到分管部门、分管人员。各单位充分利用周一安全活动日、周五技术学习日等时间认真学习，让每一名职工都熟知安全质量标准化工作的总体规划、工作目标、工作重点、工作措施，从而为王家寨矿安全质量标准化工作地顺利开展打下了坚实的基础。

二、加强基层、基础建设，不断提升矿井的安全质量标准化水平

工作中，我们重质量、改面貌，从大处着眼，从小处入手，大到一个工作面，小到一个螺丝都按标准来施工。在井上，高标准的建设了南、北、西三条安全文化街及井口安全文化走廊和一个安全文化大厅。在井下，从井底车场到–350运输大巷到各采掘工作面建成安全文化一条线，重点建设了–350水平文化大巷、行人暗斜井、–510二级猴车文化长廊和–510水平千米生态文化大巷，先后对大巷刷白4000多米，大巷风水管路和电缆进行了分色刷漆，大巷的架空线实行了挂牌管理，新制作2500多个电缆钩对井下3000米大巷的电缆进行高标准吊挂，清挖整理大巷水沟2000多米，美化、亮化机电峒室20多个。2010年3月，王家寨矿作为主会场成功迎接了“全省地方煤矿安全可持续发展现场会”的召开，王家寨矿的安全质量标准化建设方面，许多行之有效的经验和作法得到了与会领导和兄弟单位的高度评价。

三、加大安全投入，提高安全装备技术水平，为安全生产提供物质保障

王家寨矿把推进矿井装备机械化作为建设安全高效矿井的一项重要举措，不断加大装备投入，以装备建设提升整体管理水平，促进矿井快速发展。2009—2010年矿井分别在5401、5402工作面装备使用了两套液压支架，配套大功率采煤机、刮板运输机，实现了减员增效，降低了工人劳动强度，提高了生产效率。在供电方面，2011年6月投资400多万元完成了地面35kV双回路供电线路改造，解决了多年来的不安全隐患。在运输方面，投资近200万元对皮带暗斜井900米运输皮带进行了更换，保证了运输安全。建成了全省地方煤矿规模最大、功能最先进、配置最齐全的安全监测、监控中心。近年来累计投资1.65亿元，完成了矿井通风、供电、排水和提升运输等系统改造，采掘机械化率达到100%，矿井装备水平走在了泰安乃至全省地方煤矿的前列，基本实现了采掘生产机械化、安全监测数字化、运输皮带溜子化、人员定位信息化、现场支护钢铁化、辅助系统自动化。

四、实施精细化管理，强化质量标准化建设

全面推行精细化管理，不断提高质量标准，打造精品工程。一是积极开展“专业选精品、区队选亮点”和评优找差距活动，严格落实工程质量“七零目标”，严格质量标准化“毫米关口”，环环打造“精品工程”，努力创建本质安全作业环境；二是推行工程质量验收实名挂牌制，对采掘区队工程质量实行质量责任终身制；三是全面推行编码管理，对工作现场的全部物品按照分类序列逐一顺序用数码、字幕予以统一编号，把质量标准化提升到了一个新层次；四是开展了以物料存放、文明生产、管线吊挂等为内容的精细化管理专项整治活动，提高现场质量标准；五是推行岗位“手指口述”工作方法，根据安全操作规程、结合实际操作经验编制了各专业岗位的操作程序顺口溜；六是安全质量隐患一票否决制度，对现场仍存在的安全质量隐患，由分管专业拿出分析处理意见进行处理；七是实行五级安全隐患排查制度和落实整改，信息反馈闭环管理，及时消除不安全因素；八是建立了国际质量、环境、职业健康安全管理体系，提高管理水平。

五、积极开展安全整治活动，提升安全管理水平

王家寨矿始终贯彻落实"安全第一、预防为主"的安全生产方针，建立健全安全管理长效机制，以创建"两型六化"矿井为目标，实施管理强矿，稳抓"双基"和安全质量标准化建设，以消除人的不安全行为和物的不安全状态为总抓手，坚持以活动保安全、以活动促安全，开展一系列的活动。

六、加强培训，倡导亲情化管理，提升员工整体素质

一是健全培训机构、完善培训设施。成立了四级培训机构。目前，我们正在积极申报三级培训机构资质，与中国煤炭工业协会联合，建立了远程教育培训网络，进一步拓宽教育培训渠道。二是坚持理论学习和实践技能并重，突出培训效果。三是大力实施"六个一"工程，深入推进素质登高教育。四是坚持对所有职工及安全管理人员进行安全培训。通过技术比武，岗位练兵等多种形式，开展岗位技能培训，全面提高员工的安全技术素质，规范员工操作行为，做到人人上标准岗、干标准活。目前，王家寨矿有三名员工分别荣获优秀班组长、全省双十佳区队长、全省金牌班组长称号，形成了员工与企业共同成长、共同发展的可喜局面。

山东新能泰山西周矿业有限公司

在开展安全质量标准化过程中，公司逐步形成了独具特色的"精、细、严、恒"四字方针：

以建"精"品工程为目标，"高标准，严要求"；"细"化质量管理，将质量管理责任具体化、明确化、细则化；"严"格考核验收，加强检查，实现动态达标；持之以"恒"抓质量，坚持"安全为天，质量为本"，实现"以质量保安全、以安全促生产"。

一、以建"精"品工程为目标，"高标准，严要求"，坚持"高标准、精细化、零缺陷"，以高标准，实现"管理零失误、质量零缺陷、安全零事故"

（一）加强领导，实现组织"精"。

按照公司总经理经理亲自抓、总工程师具体负责、区队长分工负责、全员参与的原则，明确落实每一名职工的责任，从而形成了从总经理到职工层层负责的标准化责任体系，为搞好质量标准化工作提供了组织保障。

（二）建章立制，做到标准"精"。

搞好质量标准化工作的关键是有科学、严密的制度和对制度严格的落实，规范人的行为，促进物的规范管理，达到现场环境协调有序。公司对照《山东省煤矿安全质量标准化标准及考核评级办法》，结合矿井实际，细化、量化、深化了检查考核标准内容，制定了《安全质量标准化管理制度》《深入开展安全质量标准化活动的实施办法》等制度规定和掘进、机电、运输、通风四个专业的实施细则，形成了安全质量标准化检查评比、考核奖惩体系，为安全质量标准化建设提供了制度保证。

（三）教育培训，做好素质"精"。

工区施工人员对施工标准认真进行贯彻学习，为了更形象地描述，便于操作人员记忆和施工，针对不同的巷道断面绘制了断面图，汇总编制了巷道断面图册。操作层责任清晰、工序到位、行为规范、操作熟练，做到全方位、全过程"上标准岗、干标准活"。从设备安装到物料码放、从设备维修到现场操作，通过人的规范操作，来确保实现精品工程。

（四）"高标准，严要求"，实现工程质量"精"。

坚持"高标准、精细化、零缺陷"，以高标准，实现"管理零失误、质量零缺陷、安全零事故"。对工程质量实行全员、全过程、全方位管理，推行"精品硐室""精品工作面""精品矿井"创建工作，组织施工的-280绞车硐室、四层轨道上山等工程，受到了集团公司、泰安市煤炭局、山东煤矿安全监察局鲁中监察分局等领导的高度评价。

二、"细"化质量管理，将质量管理责任具体化、明确化、细则化

(一)细化、量化制度，做到标准"细"。

积极推行细节化管理，注重每个施工环节，每一项工作都制定了施工标准，巷道管线吊挂位置、间距，锚杆布置、角度在断面图上都精确标注，锚网连接、钢带敷设、材料码放、图牌板管理在规程上作了明确规定，采煤工作面刮板运输机、炮道、支柱、回柱都制定了施工标准，推行毫米管理，注重生产全过程的每个环节、每道工序的管理，把每项工作具体细化、量化到生产全过程，以精细化的制度去实现精细化的行为、精细化的产出。

(二)点滴入手，注重"细"节管理。

采面部分液压支柱卸荷，多次注液后初撑力仍不能达到要求却与正常支柱不易区分，给顶板管理带来重大安全隐患。为摸清存在隐患的支柱数量，消除安全隐患，技术人员根据生产实际，积极开动脑筋，采取在卸荷支柱上系红绳的方法加以区分。若支柱出现 1 条红绳，就能辨别出支柱为问题支柱，立即更换上井维修。系绳的方法简单易行，保证了采面支柱卸荷率在质量标准化规定范围之内，支柱初撑力达到规程要求。

(三)创新"两票"管理制度。

结合集团公司"两票"制度、煤矿安全性评价要求，公司根据矿井生产实际，将集团公司电厂实行的"两票"工作制纳入到煤炭行业中来。结合安全质量标准化要求，进一步细化、量化，制作了"采掘作业地点安全质量交接班明细表"，在交接班时逐项进行检查和验收，直观反映存在问题，便于工人整改，消除安全隐患。交接明细表的推行，成效显著，安全管理水平、工程质量得到较大的提高，职工操作技能、安全意识大为提高，为将来全面推行"两票"制度奠定了基础。

三、"严"格考核验收，加强检查，实现动态达标，不断推进质量标准化工作

(一)"旬检查、月验收"，考核验收"严"。

成立安全质量标准化领导小组，坚持工程质量"旬检查、月验收"，每月按采、掘、机、运、通、地测防治水对矿井进行全面质量检查验收，覆盖率达到 100%，对查出的隐患做到"五落实"，限期整改落实，实现工程质量动态达标。

(二)细化制度，奖惩标准"严"。

我们对照《山东省煤矿安全质量标准化标准及考核评级办法》，结合实际，细化、量化、深化了检查考核标准内容，出台了《山东新能泰山西周煤矿安全质量标准化考核办法》，形成了安全质量标准化检查评比、考核奖惩体系，为安全质量标准化建设提供了制度保证。

(三)定期、不定期检查结合，检查考核要求"严"。

质量标准化办公室每旬不定期对现场情况进行抽查，每月 5 日、15 日、25 日组织全方位的安全质量标准化综合大检查，覆盖率达到 100%。在检查中严格按照标准和规程的条款进行，重点检查考核设施、装备、资料等基础工作，主要从现场管理上的标准化水平去考核评比，对检查结果严格按考核办法兑现奖惩，极大地调动了各级抓质量标准化的积极性；公司领导和业务科室实行带班盯班制度，每个小班由 1 名公司领导和 1 名业务科室人员下井带班，检查覆盖井下所有施工地点，对检查出的问题立即责令当事人进行现场解决。

(四)自查自改，质量把关"严"。

技术人员靠前指导，每天下井对质量标准化有选择地进行检查，检查出的问题和施工人员在现场进行探讨，讲解质量问题带来的危害，并指导和帮助解决技术上的问题，使每一项工作都符合质量标准化的要求。

采掘工区每班都设有专职质量验收员，对本班的工程质量进行检查验收，每个环节、每道工序都要检查到位，随时发现问题随时解决问题，确保了工程质量符合质量标准化标准。

(五)"严"奖惩、重落实，推动标准化工作良性发展。

坚持严格的安全质量标准化考核、评比、奖罚制度，做到一月一考核、一季一评比、一年一表彰。首先，实行安全、质量一票否决制。区队季度出现安全、质量事故，取消月度、季度评优资格，并纳入年度总考核中。其次，签订《安全生产管理责任状》和《质量控制管理责任状》，将安全、质量控制指标层层分解到各区队，将标准化责任层层落实到各岗位。对安全工作落实情况、质量情况和完成情况进行严格考核，按照制度规定奖罚兑现，每月对标准化工作落实不利的区队和责任人进行通报批评。

四、持之以“恒”抓质量，坚持“安全为天，质量为本”，实现“以质量保安全、以安全促生产”

（一）组织领导持之以恒。

建井初始，公司班子成员就充分认识到：煤矿安全质量标准化工作是煤矿安全生产的基础，是有效防范事故的重要手段。为此，公司以“安全为天，质量为本”“矿井投产之日，即是达标之时”的理念，专门成立安全质量标准化管理办公室，组织制定了安全质量标准化考核标准、管理制度；成立安全质量标准化领导小组，按照主要领导亲自抓，切块管理、分工负责的原则，规定上到公司总经理，下到区队长的正职对安全质量标准化全面负责，分管技术的副职具体负责，从而形成了从企业负责人到职工层层负责的标准化责任体系，为搞好质量标准化工作提供了组织保障。

（二）教育培训持之以恒。

公司每季度召开标准化工作会议，对标准化工作进行总结、安排、考核；各单位每月召开标准化例会，研究总结上月工作，分析问题，提出下月的工作目标、措施及要求，保证了质量标准化工作稳步发展。

加大干部职工质量标准化知识的培训力度，利用办培训班、班前会、现场培训等方式，组织业务科室管理人员、区队长、技术员、班组长、质量验收员等学习安全质量标准化知识，在全公司形成了学习质量标准化知识的良好氛围，为安全生产打下了坚实的基础。

（三）考核奖惩持之以恒。

坚持动态检查和综合检查结合，加大检查力度，成立安全质量标准化小分队，每天对现场情况进行抽查，每月上、中、下旬组织全方位的安全质量标准化综合大检查，覆盖率达到了100%，对查出的隐患做到“五落实”，限期整改落实，实现工程质量动态达标。

设立了安全质量标准化奖励资金，按照3元/吨提取，在2009年度共提取使用安全质量标准化奖励资金63万元，并制定了相应的奖惩办法。对月度质量标准化达不到一级的单位，罚5000元/工作面；一次达不到合格品时，罚5000元/工作面。该罚款由工区班子承担50%，本队队长、副队长、安全网员、质量验收员承担50%。对质量标准化达到一级的单位，对工区班子每人奖励500元，员工每人奖励100元。我们始终坚持严格的安全质量标准化考核、评比、奖罚制度，做到月考核、季评比、年度总评，按照制度规定奖罚兑现，每月对安全工作落实不利的单位和责任人在安全例会上进行通报批评。

虽然我们在安全质量标准化建设工作上做了一些工作，取得了一定成效，但我们也清醒地认识到工作中还依然存在许多问题和改进的方面。在今后工作中，西周矿业将严格按照集团公司、省公司、上市公司和上级主管部门的工作部署，“精细严恒要质量”，全面提升矿井本质安全水平，逐步构建矿井安全生产长效机制。

山东新查庄矿业有限责任公司

一、加强领导、完善制度，保障安全质量标准化全面展开

我们从加强领导、完善制度等方面对开展安全质量标准化工作给予了大力保障。第一，突出安全质量标准化工作的重要地位。公司成立了以董事长、党委书记为组长、生产班子成员为副组长、各专业副总工程师、生产科室负责人为成员的安全质量标准化领导小组，各生产单位也相应地成立了安全质量标准化领导小组，形成了责任明确、管理到位，一级抓一级、一级带一级的质量标准化管理责任体系。我们把安全质量标准化工作与各级领导班子的工作业绩挂钩，作为年底考核生产单位领导班子工作业绩的重要依据。第二，加强了对标准化工作的组织领导。按照主要领导亲自抓，分工负责的原则，规定上到公司总经理，下到区队长的行政正职对安全质量标准化全面负责，分管安全的副职具体负责，为搞好质量标准化工作提供了组织保障。第三，健全安全质量标准化制度体系。我们对照《安全质量标准化标准及考核评级办法》，结合实际，细化、量化、深化了检查考核标准内容，形成了安全质量标准化检查评比、考核奖惩体系，为安全质量标准化建设提供了制度保证。第四，建立激励机制。我们一直坚持对安全质量标准化工作进行评比，对优秀单位和落后单位分别给予奖励和处罚。2011 年以来，我们始终坚持严格的安全质量标准化考核、评比、奖罚制度，做到月考核、季评比、年度总评。月度达到优良品的采掘工作面对区队管理人员和安监员进行分别奖励；对在集团公司达标验收中取得精品采掘头面的单位对专业组及区队管理人员和安监员进行再次奖励。

二、夯实基础，求真务实，提升安全质量标准化管理水平

一是完善基础装备，保证装备的适用性。按照安全质量标准化标准的要求完善和使用好各类基础装备，在装备的选购上，做到符合标准，适用可行；在装备的使用上，严格按照有关规定加强日常的维护，规范人员的操作，确保装备正常运行。二是完善基础设施，保证设施的可靠性。严格按照安全质量标准化标准建造各类基础设施，严把基础设施的质量关，加强对基础设施的检查和验收，确保数量和规格符合要求；严格基础设施的管理，责任到人，保证设施的完善可靠。三是完善基础资料，保证资料的规范性。针对基础资料方面存在的问题，我们对各类记录、台账、报表、规程、措施、图纸等资料统一了标准和格式，做到了内容齐全，数据准确，装帧规范，统一归口，全部建档管理。

三、保证投入，依靠科技，推动标准化建设的发展

先进的技术和设备，是提高安全质量标准化水平的重要途径。我们始终坚持优先保证安全质量标准化的投入，推广使用新技术、新装备，不断完善安全质量标准化基础设施。公司今年按每吨 12 元提取安全费用，明确了提取标准和使用范围；建立了专门资金账户，做到了专款专用。生产装备方面，在 2010 年投资 1500 余万元安装了建矿以来第一套薄煤层综采机组的基础上，今年针对矿井深部煤层赋存条件，公司研究决定投资 2500 余万元，订购了 MG—250/600—AWD1 型厚煤层综采设备。通过新装备的投入，既加大了回采工作面的安全系数，又降低了员工的劳动强度，还有效地提高了机械化装备水平。

四、实行工程质量终身制，严格安全质量标准化责任追究

一是实行了安全质量罚款制度。对每一条安全质量标准化标准进行明码标价，并给检查人员下达了安全质量罚款指标，增强了抓质量标准化的责任心和积极性。形成了检查、落实、复查的闭合检查模式，有利促进了现场工程质量的提高。二是突出动态安全质量检查，强化动态安全质量验收，安全质量检查部门采取旬检查、月验收，不分班次、不定时间、不打招呼的“三不”检查验收方法，对现场动态施工质量进行突击检查验收，严格验收标准，严格评分定级，严格考核奖惩。三是严格工程质量终身制。在每项工程竣工前，生产班子组织有关专业副总、生产科室管理人员、相关区队对工程的施工情况进行全面检查验收，对不符合标准的施工地点坚决返工。并由安监处质量科建立安全质量档案，翔实地记录现场存在的问题，并进行复查验收，通过实行工程质量终身制，提高了施工质量和安全质量标准化水平。

五、严格考核，加大奖惩，确保安全标准化工作取得实效

我们始终坚持严格的安全质量标准化考核、评比、奖罚制度，突出对安全指标和安全工作任务完成情况的考核，做到月考核、季评比、年度总评。把安全质量标准化工作直接与安全奖罚挂钩。增强了员工抓安全质量标准化的自觉性，有力地推动了安全质量标

准化工作。为进一步加强对基层单位安全质量标准化工作的考核，我们在落实《安全质量标准化管理实施意见》的基础上，又在制定的《安全考核奖惩实施意见》中，进一步明确了安全标准化考核范围及奖罚细则。对公司质量管理部门验收为优良品、精品工程的施工单位和管理部门相关人员进行月度奖励，公司还坚持每月开展一次安全质量考核竞赛，按专业对取得名次的单位管理人员进行奖励，对被评为最后一名的单位管理人员进行处罚。2011 年以来共用于安全质量标准化奖励资金达到 49 万余元，对安全质量标准化工作存在问题的单位和个人罚款达到 34 万余元。

2011 年以来，工程质量验收优良品率达到了 100%，在肥矿集团公司组织的季度质量标准化达标验收中验收精品工作面 11 个、精品掘进迎头 16 个、精品峒室 10 个。在省、市煤炭局以及集团公司检查验收中均取得了较好成绩，促进了全公司安全质量标准化工作的巩固和提高。

山东明兴矿业集团有限公司小港煤矿

自进入 2010 年以来，小港矿在上级主管部门的正确领导下，严格按照安全质量标准化标准开展工作，不断强化现场安全管理，促进了安全生产形势的持续稳定发展，全年杜绝了轻微伤及以上事故，实现了安全生产 1720 余天，创造了建矿以来最好的历史纪录和安全周期。

一、深入开展质量标准化和“双基”建设

为进一步抓好“双基”和“质量标准化”建设，2010 年小港矿从细节入手，抓好员工素质教育；从管理入手，抓好制度建设；从现场入手，抓好质量基础”。坚持“高标准、严要求、新思路定位、严落实考评”，不断扩大达标范围和提高标准，使现场的工程质量比 2009 年上了一个大台阶，特别是在机械化程度、信息化建设和巷道锚网喷支护等方面达到了前所未有的高度，受到各级领导好评，进一步夯实了安全生产基础。

目前，小港矿生产布局合理，接续正常，三量符合要求，通风系统稳定可靠，六证齐全，符合安全质量标准化矿井要求。

二、强化现场管理，抓牢抓好重点工作

（一）抓好井下环境综合整治工作。为实现人与环境和谐发展，我矿投资 200 多万元，利用春节检修时间对八采区沿途路线进行了亮化和整治，亮化范围从井口扩大到各主要行人运输巷道、硐室和采掘工作面。亮化整治工作实施层层包挂、责任到人、强化监管、现场盯靠的方式，保质保量地完成了亮化整治目标，为职工创造了优美、舒适、和谐的工作环境。

（二）加大安全投入，抓好设备升级改造。为落实市局提出的推广采掘机械化的要求，2011 年元月小港矿投资 1500 多万元在 8201 工作面装备了综采工作面，5 月在综采工作面稳定成熟的基础上，经外出考察学习，又投资 260 余万元安装了掘进机。经使用感觉其性能良好，班进达到 4 米，日进达到 12 米，在相同断面、同样条件的情况下工作效率比原来提高了 50%。掘进机的投入使用为小港矿缓解采掘失调探索出一条好路子。同时还进行了东风井及 2 米以上绞车的电控改造，副井单层单罐笼更换为双层双罐笼提升，8201 乳化泵、-280 压风机进行了变频改造，达到了节能降耗的效果。

（三）抓好系统优化。在通风系统方面，通过实施集中高效生产，减少了掘进作业地点，有效解决系统复杂、生产环节多、风量富余量不足的局面。为解决风阻大的问题，先后对东风井、二级主暗斜等地点进行扩修，施工了东风井回风贯眼。矿井负压由原先的 2730Pa 降到现在的 1950.8Pa，避免了补打新回风斜井方案的实施，减少投入 1500 余万元，同时也为矿井提高生产能力至 60 万吨奠定了坚实的基础。在运输系统方面，重点对八采区皮带运输系统进行了优化调整，使运输系统更加合理可靠，简化了提升运输环节，

通过运输系统改造，可减少运输距离 170 米，减少三部设备，节约设备投资 60 余万元。为实施高效生产，小港矿在-285 水平施工了-285 接力煤仓，为实施煤仓储存、集中运输、避峰填谷打下了基础。

（四）加强隐患排查治理，创造安全环境。在隐患排查治理方面，小港矿严格落实隐患“四级排查”制度。并重点抓好现场隐患排查治理力度，保证问题不过班，隐患不过夜，有效地促进了安全生产。为做到全员参与全面做好隐患排查，我们制定了隐患排查奖励制度，对职工排查出的问题根据隐患涉及的范围和危害程度大小分别给予 50~1000 元奖励。同时，鼓励职工对不排除事故隐患强令进行生产的管理人员进行举报，一经查出属实，我们将对举报人员进行 1000~2000 元的奖励，而且我们为举报人做到严格保密。通过这种有奖激励方式促进广大职工都投入隐患排查中来，做到人人参与，齐抓共管，全方位的对井下进行隐患排查，使小港矿的各个地点、各个工作岗位无隐患排查盲区，打造安全可靠的生产作业环境。

（五）狠抓安全质量标准化建设，打造精品工程。为推动安全质量标准化建设向精心、精致、精确、精品的转变，结合“双基”和质量标准化标准，积极发动全矿干部职工开展了创建精品工程活动。对精品工程创建活动采取每月一验收，召开专题会，大张旗鼓地进行表彰，提高了全员精品意识。2011 年以来共创建工程 38 项，兑现奖金 89000 元，有效地提高了干部职工的精品意识，促进了质量标准化建设。

三、强化安全培训，严格绩效考核

（一）抓好安全培训管理。为认真贯彻落实党和国家的方针、政策，牢固树立“以人为本、预防为主、长治久安”的安全理念，把干部职工的安全培训工作作为安全管理的重点工作来抓，按计划认真落实。圆满完成了上级下达的培训计划和小港矿的培训计划，共初复训三项岗位人员 847 人，其中管理人员 52 人，班组长 25 人，特种工 770 人。职工全员培训 1172 人次，培训合格率达到了 100%，提高了业务水平，夯实了安全生产的基础。

（二）抓好制度落实，严格绩效考核。

一是严格带班制度，每班必须有一名副矿长和三名科级干部在井下带班，做到井下 24 小时不间断监控。二是明确矿级及专业科室包挂制度。所有的副矿级和专业科室对工区进行包挂，在集中管理的基础上侧重包挂单位的管理，加强指导和安全监管。三是严格落实中层管理干部绩效考核制度，建立管理干部考绩档案，考评结果作为薪金、评优和升迁的依据。四是完善班组长建设，推广学习“白国周班组管理法”，开展了评选最佳班组活动，促进了班组建设。五是实施员工绩效考核制度，实施量化管理。每天的考核结果与工资挂钩，上墙公布，提高了公开透明度，避免了克扣工资的不良现象，提高了职工争先创优的竞争意识。

四、科技领先，打造数字化矿山、实施绿色开采

为进一步落实“科技兴安”要求，小港矿不断引进新技术、新工艺，积极打造、数字化、信息化矿山。同时，为提高煤炭资源回收率，小港矿实施了“绿色开采，以矸换煤”工程。

（一）辅助系统自动化。小港矿在实现机械化采煤的同时，也使用了各类辅助系统装备，安装平巷和斜巷运人辅助机械设施、安装了大巷红外线自动喷雾、转载点感应自动喷雾、掘进工作面微震动爆破自动喷雾、隔爆水袋自动加水系统等无人操作的防尘设施。广泛使用自动给煤机，掘进激光定位仪，无压风门等辅助设备，减轻了劳动强度，提高了工作效率。

（二）监测监控信息化。为积极打造信息化企业，走出一条科技含量高、经济效益好、资源消耗低的新型工业化路子，实现监测监控的信息化，先后引进了 KJ—76 型调度监控系统，完成了对矿井监测系统的改造和升级，建成集监控、监视、通信为一体，由安全监测、工业电视、远距离控制、管理信息、通信等功能的监测监控系统，使矿井瓦斯监测系统具备了完成气体、温度、风速监测和风机、风门状态遥讯等工作的多种功能。同时引进了 KS—2100 矿井防灭火监控，实现了瓦斯监测到迎头、到工作面，保证了随时掌握井下重要工作地点的动态。安装了雨量计实信息检测系统、电话网络紧急呼叫报警撤人系统，极大

提高了灾害天气事故预防能力。人员定位卡、小灵通的使用，实现了井上井下信息对接，自动化、信息化技术担当起了矿工安全保护神，提高了企业抵御风险的能力。

（三）制订方案，实施绿色开采。为了合理开发利用资源提高煤炭资源回收率，保护地面建筑物实现可持续发展，小港矿编制了翟镇村《八采区四层煤矸石充填开采的方案》，并邀请专家对该方案设计进行评审论证。专家认为矸石充填项目可行，目前该项工作已制订方案，正在实施中，相信通过绿色开采，必将为小港矿的长远发展带来丰厚的回报。

总之近两年来，小港矿紧紧围绕“12345”的创新管理模式，全力打造“一流矿井、本质安全型企业、和谐安康矿区”的奋斗目标，坚持走创新之路，不断深化内部改革和挖潜改造，实现了可持续发展，整体工作突飞猛进。形成了花园式企业格局，矿容矿貌、工作环境明显改善，社会形象良好，信誉优良，被命名为山东省安全生产先进单位，并荣获省煤炭工业管理局质量标准化一级矿井、瓦斯治理示范化矿井、省煤矿安监局煤炭安全程度评估 A 级矿井等荣誉称号。

河南煤业化工集团鹤壁煤电股份有限公司第八煤矿

（一）2010 年年初制订矿井标准化规划，并分解到季、月生产计划中，各专业严格按照计划组织实施。每项工程从设计、审核到组织施工，必须保证资金到位。专人负责，施工队伍固定，保证标准化工作的连续性，促进了标准化工作稳步发展。2010 年共投入标准化资金 416.84 万元。

（二）为了促进标准化工作有效开展，按照年初规划，精心组织，从三条线着手(中央车场到南翼采区、中央车场到中央采区、中央车场到 1410 采区)，把所有管道重新铺设到管道梁上，所有电缆重新按标准进行吊挂，对部分巷壁进行了粉刷。同时对 156 猴车道，143、145 猴车道、中央车场实施达标工程，拓宽了巷道，改变了以往断面小、巷壁不规则、管道电缆吊挂乱等缺陷。

在此基础上，又进行了中央变电所扩修，对 1 轨道绞车房、31 轨道绞车房、地面变电所等车间硐室进行了改造升级，以线带面，提升了矿井标准化整体水平，改善了生产环境，推进了标准化工作整体发展。一至三季度，风井地面变电所、156 轨道巷修工程、3203 中巷、3203 中巷瓦斯抽放示范区、-400 绞车房、风井 3 米车房、3201 下顺防突示范头、南翼专用回风巷、156 绞车房、156 候车室分别被公司评为标杆工程、亮点工程和文明示范区，上标准岗、干标准活的观念在第八矿已渗透到广大干部职工心中。

（三）制定严格的标准化验收制度。验收期间必有业务科室、区队、安检科验收人员参加，按照标准化标准，动尺动线，从严验收。谁验收、谁负责、谁签字，确保了验收工作的严肃性。凡出现不合格品工程，安检科不得上报进尺，劳资部门不得结算工资。

（四）矿井每季度开展一次标准化竞赛活动，对综合成绩前三名的专业，在奖励基金基础上再提高不低于 10%的奖励；对综合成绩排最后一名的专业取消奖励。通过达标竞赛活动，极大地调动广大干部职工的达标积极性，提高了各级标准化意识，使标准化工作不断向纵深发展。

（五）开展文明生产优胜单位评比活动。采掘单位以头面为单位、机电运输单位(对井下主要机电峒室进行单位评比)及通风区以地区为单位、抽放队以钻场为单位每月进行一次申报评比。对被评为文明生产优胜单位的进行奖励，有效地改善了矿井文明生产面貌。

（六）由于矿井是 1958 年建井的老矿井，战线长，结合矿井自身特点，采取如下措施：①首先从文明生产抓起，规范文明施工。井下所有巷道根据单位的工作性质，责任到区队，区队责任到人，这样基本上做到了事事有人为，改变了作业场所的“脏、乱、差”。②抓过程管理。从环节、从标准抓起，促使干部职工上标准岗、干标准活，不能出现新的欠账，施工必须一次到位，避免了人力、物力的浪费。特别是工作面的安装与拆除，召开专题会议，进行统筹按排。

（七）第八矿以创建国家级标准化矿井为契机，增加标准化工程投入，继续把安全质量标准化工作当做煤矿的生命工程、形象工程和效益工程来抓。完善了生产系统和安全设施，打造了1410下顺槽抽放示范区、3203岩中巷掘进工作面、3203岩中巷抽放示范区、南翼专用回风巷、3201下顺槽防突示范区、1410采煤工作面、北翼并联回风下山等公司标杆工程和156轨道巷修、风井变电所、-400绞车房、风井3米绞车房、3103上顺槽局部通风、156候车室、156绞车房、-195南大巷、地面绞车房等公司亮点工程，矿井质量标准化达到了一级标准。

全矿上上下下、方方面面齐抓共管，取得了可喜的安全效益、经济效益及社会效益，杜绝了重伤以上事故，实现了矿井安全生产。我们有信心、有决心通过不断完善和认真落实各项制度，提高广大职工参与安全质量标准化管理的积极性，充分发挥好“双基”建设的经济杠杆作用，管好安全质量标准化工作，促进第八矿安全质量标准化工作再上一个新台阶。

河南煤业化工集团焦作煤业集团有限责任公司古汉山矿

一、领导重视，组织严密，落实责任

古汉山矿设立了质量标准化办公室，成立了以矿长、党委书记为组长的质量标准化领导小组，下设八个专业检查组，分别由各专业分管矿领导担任组长，各区队相应成立以区（队）长、工程技术人员为组长的质量检查小组，并由各职能科室分区队包保。形成了各专业分类抓、区队重点抓、职能科室协助抓，一级抓一级，层层抓落实的管理网络。同时完善和制定了标准化管理的各项制度和奖罚规定，并按照制度和规定严格兑现奖罚。

二、注重宣传、加强教育，提高意识

古汉山矿充分利用广播、板报、标语等多种形式，对质量标准化工作全面系统地宣传，使其重要意义达到人尽皆知，营造了浓厚的舆论氛围，引导广大干部职工学标准、懂标准、用标准，从而提高质量标准化意识，自觉干标准活，干放心活。

三、措施有力，规范运作，扎实推进

在每天的安全生产办公会上，重点通报质量标准化工作的创建情况和存在的问题，做到了事事有研究，日日有布置，月月有总结。每月下旬由安全矿长负责，组织相关人员对各单位质量标准化工作进行全面检查，确保质量标准化工作上台阶。

四、求真务实，分工明细，成效显著

按照分管专业逐项落实到分管部门、分管人员，对副总以上领导干部和职能科室进行了明细分工。建立和完善了各岗位安全质量标准化责任制，积极推行安全质量管理“五零”（设备零缺陷、管理零失误、质量零劣质、行为零违章、安全零事故）的要求，确保质量标准化工作落到实处。

五、突出重点、打造精品、夯实基础

抓典型、树样板，全面打造“精品工程”，创建单位精品工程和示范区，坚持高标准严要求，完成一个，验收一个，保持一个，并每月对精品工程和示范区检查两次，不达标或出现反弹、滑坡的，予以处罚。

六、加大投入、设立账户、保证运行

古汉山矿设立了质量标准化资金专用账户，专门用于质量标准化的资金投入，并完善质量标准化投入监督机制，做到投入有计划，资金有落实，施工有监管，效果有评价，确保质量标准化投入落到实处。

河南煤业化工集团焦作煤业有限责任公司九里山矿

一、全面推行“三按”(按规范设计、按设计施工、按标准验收)管理

以细化、量化、标准化为目标,按照高于标准、严于标准、细于标准的要求,根据各采掘地点的实际情况,制定工程质量、管线吊挂、文明生产等标准,以图文并茂的形式编入作业规程,从源头抓起,全面推进安全质量标准化工作上台阶,使九里山矿采掘工作面工程质量优良品率动态下达到100%。

二、严格安全质量标准化验收制度,健全完善安全质量标准化考核机制

每旬对各施工地点的工程质量动态检查一次,每月通报两次,月末由分管领导带队进行检查验收,严格“上尺、上线、上手”,不合格工程按合格工程予以验收的,追究验收人员的责任,不合格工程必须维修合格,维修工程所发生的材料费、人工费由责任单位负担。对于采掘区队的工资结算,以质量标准化检查小组提供的验收资料为准,赋予了质量标准化小组工资分配权,为矿井采掘工程质量的全面提高提供了制度保证。

三、建立动态检查奖惩机制

对于上级的安全质量标准化检查,凡工程质量被评定优良品的,每次对单位正职奖励500元,副职奖励400元;被评定为合格品的,对单位正职罚款300元,副职罚款240元;被评定为不合格品的,对单位正职罚款1000元,副职罚款800元。

四、安全质量标准化纳入“双基”考核

将工资总额的10%纳入安全质量标准化考核,考核未达到要求的,严格按“双基”考核细则予以扣分,工程质量达到优良品以及有创新项目的予以相应嘉奖。

五、建立后进推进机制

为了表彰先进,鞭策后进,防治反弹,不定期召开正反面典型的现场会,并对有关人员实行奖罚。根据每月考核结果,对获得专业小组第一名的单位分别颁发流动红旗一面,队长书记合影照光荣相;对于小组得分倒数第一的单位,送流动黄旗一面,队长书记合影照曝光相,将合影照和各单位安全质量标准化得分排名情况张贴在公开栏,接受群众监督。

六、加大安全质量标准化的奖励力度

按照吨煤5元的标准提取安全质量标准化奖励基金。分采掘、辅助、地面三个小组,实行安全质量标准化对标管理,根据每月考核结果,给予相应奖惩,适当拉开安全质量标准化收入差距。真正体现出干好干差不一样,干与不干不一样,干好多得,不干不得,干差受罚。

七、按照“抓系统、系统抓”的管理模式,突出系统抓的责任

各专业月度检查验收得分占基层单位得分的50%,矿井动态检查验收平均得分占基层单位得分的50%,相加合计为基层单位月度达标的总分。系统检查每旬不少于一次,系统检查得分与集团公司检查得分相比对,系统检查得分高于集团公司检查得分,超过浮动范围的,对该系统予以相应处罚,该专业没有达到年初规划分数的,扣除该专业所有人员安全质量标准化风险抵押金。

河南煤业化工集团鹤壁煤电股份有限公司第三煤矿

一、建立健全质量标准化工作机制、体制

首先，第三矿成立了质量标准化工作领导小组，明确了管业务必须管质量标准化工作。认真落实了“量化考核，定量跟踪，落实到每个现场，奖罚到个人”质量标准化管理理念。其次，第三矿进一步完善了质量标准化工作管理办法、制度，做到了奖罚分明，分工明确，责任到人。

二、进一步强化全矿广大员工的质量标准化意识

为进一步提升全矿广大员工质量标准化意识，一是各区队认真进行了质量标准化知识培训考试，凡是考试不合格者，不许上岗，促使其上标准岗，干标准活。二是每月对各区队的工程质量进行了至少3次现场动态、静态验收，验收结果与其工资挂钩，实行了优质优价。三是进一步加大了质量标准化工程投入。四是第三矿多次召开了矿领导、各科室、各区队主管领导参加的再次轰轰烈烈地掀起大搞质量标准化高潮动员会，对下一步达标工作进行了部署，并制定了达标工作管理办法。为此，第三矿正在强力推进质量标准化工作。

三、积极开展巷道整修达标工作

第三矿将在用巷道进行摸排，对井下失修巷道按用途和巷道失修情况给予排列，有计划、有步骤地进行整修，提高巷道面貌，夯实矿井基础。一年来，有14条主要巷道得到整修，工程量达2156米。另外，还积极对井下主要巷道硐室定期进行达标升级，不断巩固提高井下标准化整体面貌。

四、加强各采掘工作面工程质量及文明生产管理

安质科安排专人包保，安检员现场监督检查，严格落实质量标准化标准，发现不符合标准的立即责令返工整改；安质科质量验收不定班次、不定时间对各地点标准化的开展情况进行检查验收，严格按考核标准验收，发现问题立即督促限期整改，及时通报验收结果，实行优质优价，奖优罚劣，不断督促质量标准化工作扎实开展，提高了标准化水平。

通过以上办法的广泛实施，提高了矿井全员的安全质量标准化意识，大大激励了全员搞好安全质量标准化的工作热情。2010年矿井标准化水平得到了很大提升，标杆工程和亮点工程获得的数量在公司名列前茅。

河南煤业化工集团鹤壁煤业五矿有限责任公司

质量标准化是安全生产的基础工作，是煤矿安全工作的外在表现，随着对“从零开始，向零奋斗”安全理念的深入理解和安全生产“双基”建设的深化考核，鹤壁煤业五矿对安全质量标准化有了更深刻的认识，内抓管理，外树形象，营造了优美、舒适、整洁的工作环境，标准化工作有了长足发展。

一、鹤壁煤业五矿在开展质量标准化方面着重抓好以下几项工作

（一）提高认识，强化文明生产管理，改善作业环境。为进一步巩固达标成果，鹤壁煤业矿在深入贯彻、理解河南煤化集团“从零开始，向零奋斗”安全理念的基础上，深化“双基”建设，以标准化理念为切入点，转变思想，统一认识，对影响标准化工作的工程项目和问题，早计划、早安排，重点抓落实。

（二）积极组织区队参加公司开展的“十个一”标杆工程、“亮点工程”和“精品线路”创建活动，坚持“高点当起点，弱点当重点”的安全质量管理理念，认真落实达标责任，多次召开标准化现场会，组织区队间观摩学习，按照“突出重点，以点带面，整体推进”的原则，逐一落实创建单位和工程项目。

（三）为改善井下巷道面貌，提升矿井整体形象，对井下巷道进行扩修、整修轨道运输线、垒砌水沟、制作水沟盖板，改善了巷道行人、运输面貌。

（四）抓好采、掘、修工程质量管理，每旬由标办、生产业务科室及施工单位对当月施工的头面、单项工程质量进行验收，对不合格工程一律推倒重来。为激励先进，每月对采、掘、修工程质量分别进行评比，对工程质量较好的头面执行“优质优价”政策，月底除按规定加价外，还对区队在“双基”考核时加分奖励，并严格落实奖罚政策。由于奖罚到位，极大鼓舞了干部职工大搞质量标准化的积极性。

二、鹤壁煤业五矿开展质量标准化工作所取得的经验

（一）逐步加大质量标准化资金投入，根据矿井自身条件，充分发挥有限资金，推进了整体达标工作向纵深发展。

（二）抓现场，实施精细化管理。为加大质量标准化管理力度，首先，抓好生产过程中的标准化和职工操作规范化，上标准岗，干标准活。其次，狠抓文明生产管理，创造良好作业环境。对井下各采掘工作面，逐步规范了管线吊挂、皮带铺设、物料码放等工作，改变了井下大巷及施工区域脏、乱、差现象。

（三）深挖潜力，力争上游。由于鹤壁煤业五矿矿井衰老、资源枯竭，严重制约着矿井发展。面对种种困难，我们正视现实，鼓足信心，制订了符合实际的达标规划和实施方案，把有限资金用在关键达标项目上。通过一系列达标项目的实施，井下大巷面貌焕然一新，作业环境得到充分改善；规范了井下料场管理，减少了材料浪费。由于措施得力、政策到位，四季度鹤壁煤业五矿安全质量标准化达到了公司规划等级。

总之，鹤壁煤业五矿在开展安全质量标准化工作中，虽然做了许多工作，取得了一定的成绩。但是，距公司的要求还有一定差距，安全质量标准化管理工作中还存在不少问题和不足，我们要在今后工作中加大标准化管理力度，不断创新质量标准化工作方法，调动各级管理人员及每位员工质量标准化工作的积极性和主动性。严格落实各项管理制度，为鹤壁煤业五矿早日走在公司的前列而努力奋斗。

河南煤业化工集团焦作煤业集团有限责任公司演马庄矿

我们以实现全员、全方位、全过程“上标准岗、干标准活”为目的，坚持以人为本，推行精细化管理，通过质量标准化使现场安全管理水平得到提高。

一是明确责任，规范现场操作行为。从严从细分解指标，形成了从上到下逐级落实，从下到上层层负责的标准化管理体制，现场管理人员做到目标明确、分工细致、指导到位、考核严细；操作层责任清晰、工序到位、行为规范、操作熟练，做到“上标准岗、干标准活”。从设备稳装到物料码放、从设备维修到现场操作，通过人的规范操作，实现现场动态达标。深入实施安全质量标准化“就近管理”和班组全过程管理，注重情感、责任、素质三项管理，突出岗位个体能力的发挥和班组这个基本生产单元效能的发挥，以“想、看、干、管”为核心，规范了员工进入工作面后的工作程序，责、权、利相统一，使每个岗位的作业人员主体责任更明确，行为更明确，杜绝了重伤以上事故。

二是积极推行精细化管理，注重生产全过程的每个环节、每道工序的管理，把每项工作具体细化、量化到生产全过程，达到人人、事事、时时、处处有科学、严谨、规范的制度去约束，以精细化的制度去实现精细化的行为、精细化的产出。

三是坚持动态检查和综合检查结合，加大检查力度。马庄矿成立了标准化小分队，每天对现场情况进行抽查，每月组织全方位的安全质量标准化综合大检查，覆盖率达到了100%。分专业对各生产单位安全质量标准化进行抽查，安监部门每月进行综合抽查，每季度抽查覆盖率不低于80%。我们规范检查行为，做到一把尺子，一个标准，公开、公正、公平；提高检查质量，按照要求使用检查仪器和工具，进行布点、上线、测量，逐条逐项进行检查，不能有缺项、漏项；落实检查责任，检查人员按照“谁检查，谁签字，谁负责”的原则，实事求是，认真填写安全质量标准化检查表。在检查中严格按照新标准和新规程的条款进行，重点检查考核设施、装备、资料等基础工作，主要从现场管理上的标准化水平去考核评比，以此促进安全质量标准化扎实开展。对检查发现存在严重问题或隐患的单位，通过黄牌警告、通告等多种形式限期整改。2010年以来，马庄矿共开展安全质量标准化大检查12次，动态抽查24次。

2010年以来，虽然我们在安全质量标准化建设工作上做了一些工作，取得了一定成效，但我们也清醒地认识到工作中还存在着不足，距离上级的要求还有一定差距。安全质量标准化工作是一项常抓不懈、持之以恒的系统工程，我们一定要努力发扬与时俱进、开拓创新的精神，真抓实干，不断进取，努力开创马庄矿安全质量标准化新局面。

河南煤业化工集团焦作煤业集团赵固能源有限责任公司

一、建立起质量标准化投入机制

严格按照省局要求，按照吨煤5元的专项投入和吨煤1元的奖励基金标准，足额提取，足额使用，为质量标准化工作的有效开展提供保障。

二、树立“质量就是工作量”“产品就是人品”的理念

把质量标准化作为“素质工程、安全工程、形象工程”抓，延伸现代质量管理的内涵。瞄准全国一流，以创建精品工程、亮化工程、标杆区队为切入点，加快标杆矿井建设。

三、强化工程质量管理

建立职工、班组长、验收员、区队领导、业务科室质量责任保障体系，层层分解质量责任，层层落实质量目标，压力逐级传递，质量逐级保障。实现动态达标，班组、班班填写安全质量评估表，质量验收员循环监督质量，业务科室不定期巡回监督，采取“严格工序管理，严格人员操作，严格施工质量，严格上尺上线，严格质量验收”五严格措施强化验收手段。做到“各级检查不停产，质量验收不定期，达标工作在平时”，强化现场质量落实。

四、加强考核奖惩机制

建立矿到区队、矿到科室、科室到包队人员质量互保、联保的考核体系，使各级人员在质量标准化建设中形成“责、权、利”集合体。实施质量“重奖重罚，以奖为主”的激励机制有效提高质量管理积极性。

五、加强管理流程控制

赵固能源有限责任公司在日常质量标准化管理中，按照质量工作上“事事有人管、件件有落实、落实有结果、结果有反馈”的原则，从操作流程管理、工序过程管理入手，优化作业流程控制，实现工序管理规范化。实施目标管理闭环、工作程序闭环、工程质量闭环、隐患治理闭环和安全质量信息闭环等闭环管理体系，使赵固能源有限责任公司的质量管理工作程序化、规范化、闭合化。

六、积极推行精细化管理

坚持“细节决定成败”的理念，以工作流程为准则，进一步规范职工的操作行为；推行编码管理，做到“有物必有位，有位必有类，有类必有码”，规范工器具及材料码放管理；加强设备人性化保养，做到设备清洁卫生、严防带病运转。

河南煤业化工集团焦作煤业有限责任公司中马村煤矿

（一）班组每班有专职验收员负责验收当班的工程质量，不符合质量标准的不得验收，必须推倒重来。

（二）区队每旬要组织一次质量标准化检查，并进行评比。

（三）矿井每月组织一次质量标准化检查，按照“双基”管理进行奖罚。

（四）各专业、各单位每月要制订质量标准化规划。月底进行考核验收。

（五）健全完善安全质量标准化考核机制。每旬对各施工地点的工程质量动态检查一次，每月通报两次，月末由分管领导带队进行检查验收，严格“上尺、上线、上手”，不合格工程按合格工程予以验收的，追究验收人员的责任，不合格工程必须维修合格，维修工程所发生的材料费、人工费由责任单位负担。对于采掘区队的工资结算，以质量标准化检查小组提供的验收资料为准，赋予质量标准化小组工资分配权，为矿井采掘工程质量的全面提高提供了制度保证。

（六）严格按“双基”考核细则予以考核，工程质量达到优良品以及有创新项目的予以相应嘉奖。

（七）系统检查每旬不少于一次，系统检查得分与集团公司检查得分相比对，系统检查得分高于集团公司检查得分，超过浮动范围的，对该系统予以相应处罚，该专业没有达到年初规划分数的，扣除该专业所有人员安全质量标准化风险抵押金。

（八）采取走出去、请进来的办法，积极学习兄弟单位的好做法、好经验。先后组织有关人员到永煤集团、郑煤集团等单位参观学习，进一步提高了广大管理人员安全质量标准化意识。

河南煤业化工集团鹤壁中泰矿业有限公司

为使安全质量标准化工作不断推向前进，保持安全质量标准化一级矿井，努力构建安全质量长效机制，在不断巩固提高标准化成果的基础上，鹤壁中泰矿业有限公司在标准化方面主要做了以下工作。

（一）提升达标理念，明确达标主题。牢固树立“干一辈子煤矿，搞一辈子质量标准化”的观念，以集团公司“用心做事，追求卓越”“从零开始，向零奋斗”的理念为指导，加强“双基”建设，实施“精细化”管理为基础，明确达标目标，把质量标准化责任落实到各个管理层、各个工作现场和各工种岗位。

（二）保证资金投入，按计划完成安全质量标准化工程项目。矿井从吨煤成本中列支 5 元，作为标准化工程基金，用于矿井标准化工程重点项目的投入。

（三）加大安全质量标准化奖惩力度。矿井加大了标杆工程或亮点工程的奖励力度，采煤工作面标杆工程奖励，由原来的奖励0.8万元提升至奖励2万元；掘进头标杆工程由原来的奖励0.6万元提升至奖励1.6万元；通风示范区由原来的奖励0.5万元提升至奖励1.2万元；“亮点工程”奖励由原来的0.4万元提升至1万元。同时对获得鹤煤公司标杆工程或亮点工程的单位给予二次奖励。

（四）加强工程质量和安全质量标准化检查验收工作。

（五）开展安全质量标准化评比活动，鼓励先进，鞭策后进，促进矿井整体水平的提高。

（六）创建优质工程，带动全面发展。各专业口根据矿井开展的标杆工程、优质工程、示范区等质量标准化活动，结合本专业实际，确定创建工作重点，严格管理，树起本专业的样板工程和精品工程，以带动本专业乃至矿安全质量标准化的全面发展。

（七）狠抓井上、井下文明生产，坚持每周二文明生产检查制度，对查出的问题按“五定”原则落实整改，彻底改变矿井面貌。

（八）深化达标工作，做到“四个转变”。即努力实现质量达标从硬件投入向软件创建的转变；从外在形象向内涵深化的转变；从静态达标向动态达标的转变；从头面达标向流程环节达标的转变。

河南煤业化工集团永煤集团股份有限公司新桥煤矿

一、提高思想认识，强化组织领导

新桥煤矿认真贯彻落实国家、省、集团公司关于开展煤矿安全质量标准化建设的文件、指示精神，以争创一级煤矿安全质量标准化矿井为目标，成立了以矿长为组长的安全质量标准化领导机构，以文明生产为切入点，以工程质量为突破口，工作上重点关注，技术上重点支持，资金上重点倾斜，层层落实责任。及时制订年度质量标准化达标规划，完善考核办法，严考核，重奖罚，分递进，重实效，从机电运输到采掘工作面工程质量、文明施工、亮点工程等方面，本着“抓一项，就抓实一项、抓好一项”的原则，把质量标准化工作做到实处。

二、强化管理，促进质量标准化工作的动态达标

在现场管理中，新桥煤矿以精细化管理为手段，量化标准，细化工序，严把工程质量关，将精细化管理落实到每一道工序、每个环节，实现了质量标准化由点向面延伸。通过创新机制，采取强化制度考核、强化管理流程、强化监督检查等管理形式，积极推动了质量标准化各项工作的顺利进行，使矿井质量标准化工作实现了动态达标。

三、精细管理，亮点突出

亮点一：重新制定了《新桥煤矿采煤工作面安全质量标准化日常检查表》，新制定的《新桥煤矿采煤工作面安全质量标准化日常检查表》共涉及42项采煤工作面质量标准化日常需要重点检查和关注的内容，检查目标更加明确。

亮点二：编写了《新桥煤矿掘进专业现场工程质量精细化管理实施办法》，现已出台了网片使用管理标准、水沟施工管理标准、锚杆（索）施工管理标准等。该管理办法对现场工程质量要求进一步细化，对现场存在的施工问题进行了梳理和规范，对现场施工有很大的指导意义。

亮点三：规范了采掘施工的现场管理。在生产管

理过程中，以采掘环境标准、采掘工序标准、采掘工具使用标准以及配套的生产服务标准规范了操作行为、管理行为、施工工序，强化现场标准化管理，规范员工操作程序，减少重复劳动，净化施工现场环境，实现了矿井、区队（科室）、班组和个人之间全部按标准操作、验收、考核、结算。

亮点四："三制合力"共同提高了光面爆破水平。在岩巷施工区队光爆眼痕实行"质量工分"制、喷浆实行成型质量一票否决制及区队火工品使用实行奖罚制。有效地将放炮眼痕与工分挂钩、将喷浆后的巷道平整度与巷道优良相结合、将雷管和炸药实际使用数量相结合，有效控制打眼数量，加大对光爆成型的奖惩力度，共同促进了岩巷光面爆破水平的提高。

亮点五：为加强对培训证件的有效管理，培训科研发证件到期提醒查询软件，该软件可以根据培训管理员设定的天数提醒，可以从区队、所持证件、身份证等方面进行有效查询，从而督促员工及时参加培训、复训，避免迟培、漏培等现象。

亮点六：煤（岩）巷附属工程实现四个"一条线"、三个"一致"。在煤（岩）巷附属工程施工的过程中，风筒吊挂一条线、电缆吊挂一条线、风水管路吊挂一条线、水沟及轨道一条线；电缆钩吊挂点一致、电缆钩距底板高度一致、风水管吊挂用挂钩与托架配合使用，球阀方向一致，提高了煤（岩）巷的标准化水平。

河南煤业化工集团正龙煤业有限公司城郊煤矿

一、加强领导，科学规划，量化质量标准化考核

城郊煤矿加强了质量标准化工作组织领导，制订和完善了季度、年度质量标准化工作达标规划和措施，在执行中不断优化，确立工作目标，进行层层分解，采取矿领导包专业组、专业组包区队、队干包施工地点的目标管理制度，采用动态检查与综合检查相结合、随机抽查与定期检查相结合和专项检查与综合检查相结合的质量标准化验收方式，实现了质量标准化管理由静态达标向动态达标转变，由检查型向管理型转变，由点、线、面达标向全员、全过程、全方位达标转变。

二、加大投入，为质量标准化建设提供物质基础

搞好质量标准化工作，领导是关键，管理是基础，投入是保证。为此，在加强领导，完善机制，抓好管理的同时，我们不断加大投入，质量标准化专项资金按矿井实际年产吨煤不少于5元标准提取，用于安全质量标准化建设。

三、认真开展质量标准化活动，以质量保安全

（一）开展系统树标活动，全面推进现场精细化管理。按照"抓系统、系统抓"安全管理思路，以"采、掘、机、运、通"为系统管理单元，以生产区队为管理主体，全力推进"系统树标"，严管现场，保障安全。一是建立标准。各系统按照管理职责，将现场所有管理内容对应建立起工作标准和考核方法，并全部下发区队，要求区队对照标准严抠细管，确保动态达标。二是选树样板。在树标升级期、对标提高期、达标巩固期、定标整治期四个阶段中，积极选树样板区队和标准头面，对现场管理面貌改进较大、安全管理质量较好的区队，在系统内部、系统与系统之间组织相互观摩，相互促进，相互提高。三是全面提高。以打造"精品系统"、"样板区队"和"标准头面"为抓手，选树典范，对标拔高，全面推进管理升级。每季度选树一个"精品系统"、每月选树一个"样板区队"和"标准头面"，并在安全生产办公会上进行授牌和奖励。通过深入开展"系统树标"活动，推动矿井现场安全管理、生产组织管理、质量标准化管理、机电运输管理、"一通三防"管理、技术

管理和文明施工再上新台阶，真正实现矿井“大安全”管理格局。

（二）开展采掘专业安全质量标准化示范区队创建活动。创建活动以任意连续两个月为周期，创建周期内满足以下四个条件即被评为安全质量标准化示范区队，并奖励2.5万元。一是实现“两零”目标，即零工伤和零“三违”；二是井下现场文明施工评比不能在采煤组倒数第一，不能在掘进组出现1次以上倒数第一；三是机电运输管理评比不能在采煤组出现2次以上倒数第一，不能在掘进组出现1次以上倒数第一；四是在生产任务完成基本计划的基础上，创建周期内所施工的工程月末工程质量验收为优良品。通过安全质量标准化示范区队活动的开展，极大地调动了区队自主管理安全质量标准化的积极性。

（三）严格工程质量验收制度。每月月末由生产科组织对各采掘工作面进行工程质量验收，验收后各组要召开小组会议进行讨论、汇总，并按照质量标准化评分标准对工作面进行打分。所有验收人员必须在验收资料上签字，杜绝了出现问题找不到责任者的现象发生，并规定工程质量不合格的采掘工作面按照三级非伤亡事故进行追查，以调动采掘区队开展质量标准化工作的积极性。

（四）开展现场文明施工评比活动。为进一步强化城郊煤矿井下区队文明生产管理，全面提升基层区队文明施工标准化管理水平，把所有开拓掘进专业队分成一组，采煤专业为一组，辅助专业为一组，由安检科、生产科、机电科、调度室、企管科和煤质科分别进行考核。区队指定一名副科级以上人员专门负责井下施工现场的文明施工，所有奖罚按照队长、书记的0.8倍执行。季度现场文明施工最差区队分管现场文明施工的副队长停工进安全“双规”学校培训，连续两个季度被评为季度现场文明施工最差区队的队长、书记要在安全办公会议上作书面检查。通过开展现场文明施工评比活动，井下文明施工面貌大有改观。

四、建立健全激励机制，落实质量标准化考核标准

2011年度城郊煤矿建立健全了质量标准化激励机制，质量标准化专项奖励资金按矿井实际年产吨煤不少于1元提取，标准化奖励设置有月度安全质量目标奖、工程质量奖，季度有亮点工程奖、季度质量标准化奖。对达标规划不落实，不能按期达标或达标后质量严重滑坡的单位，评出最差区队，安全办公会上予以通报，责令限期达标，并追究达标负责人和专业组分管领导的责任。当月质量标准化分数达不到规划达标等级分数的，取消本季度质量标准化奖，并对得分在90分以下的各专业进行相应的处罚。达到规划达标等级分数以上的，按照有关制度，给予奖励。

五、发挥理念先导作用，加强职工的质量标准化意识

职工质量意识的强弱和技术素质的高低，直接影响和决定着安全质量标准化工作的开展状况。城郊煤矿以提升职工思想教育为着眼点，注重理念引导，精心培育安全质量文化。坚持“管人先管思想、抓人先抓灵魂”的思想，倡导“干标准活、标准干活”“人人尽岗位责任、事事达质量标准”“多上设备少上人”“从零开始、向零奋斗”等安全质量文化理念，编制安全文化手册，建立安全文化长廊，通过每天的调度会、班前会，以及电视、报纸、板画等多种媒介进行渗透和延伸，把企业文化建设充分与安全生产管理相融合，积极推行精细化管理，细化管理程序、细化工作环节、细化岗位标准，做到人人、事事、时时、处处有标准、有考核，实现作业行为、设备运行、工程质量、作业环境的全面达标。

六、扎实推进“双基”建设

一是完善“双基”建设考核办法。为认真做好“基层、基础”工作，城郊煤矿制订了详细的“双基”建设管理规划及实施办法，明确了矿井对每一个机关科室的“双基”考核标准，每一个机关科室又根据各自的“双基”考核分工和业务分工制订了对基层区队的安全生产“双基”建设考核标准，每月由各科室根据考核办法对基层单位进行考核，最后由“双基”办公室按照权重的不同进行汇总考核得分，并将考核结果直接与工资

总额的30%挂钩。

二是“双基”建设实现“四化”考核。2010年在“双基”建设取得显著成效的基础上，向基层班组延伸，向安全管理基础延伸，向施工现场延伸，向各岗位延伸，进一步拓展了“基层、基础”管理内容，丰富了“双基”建设的内容。“双基”建设工作由制度的建设、基础资料的完善为重点转向以现场安全管理、现场施工操作为重点，考核当天的结果不作为重要的依据，而是把基层单位当月的现场隐患情况、“三违”情况、安全罚款情况、安全管理效果等纳入“双基”考核，使“双基”考核实现动态化、常态化、专业化和精细化。

三是规范基层区队“双基”建设。城郊煤矿为进一步规范基层区队“双基”建设，制定了基层区队安全生产“双基”建设实施细则，明确规定了基层区队制度建设、区队对班组、班组对个人安全考核、各种会议的召开和安全互联保等方面的要求，并由“双基”建设办公室牵头每月从20号开始对基层区队进行考核。通过安全生产“双基”建设，形成了全矿管理人员参与，各个业务部门相互融合的安全管理模式，真正形成了“齐抓共管”的良好局面。

七、狠抓隐患治理，严格责任追究

一是每月20号之前各专业、各系统要将本专业、本系统内排查出的重大隐患经分管领导审核后报送至安检科，由安检科汇总后在矿长办公会议上进行讨论，确定出整改责任人、整改措施和整改时限，并由安全矿长牵头落实，分阶段通报整改情况，并纳入安全考核。

二是每月由矿长牵头，安检科组织，全矿机关科室所有管理人员和区队队长参加，对井下所有采掘头面、井上下所有机房硐室和主煤流系统进行全面检查，检查重点是对“一通三防”、防治水、顶板管理、斜巷运输管理、爆破管理和近期重点工作安排事项等进行检查，所有专业、所有系统、所有采掘作业地点、所有机电设备进行全面排查，确保纵向到底、横向到边，不留死角。

三是日常隐患检查采取干部走动式管理方式。要求各级领导干部、管理人员，把主要精力放在井下现场管理。从时间上，要保证三个班都有管理人员在现场巡查，不留空挡；从区域上，要覆盖矿井所有工作现场巡查到位，不留死角；从内容上，要围绕安全生产的方方面面进行巡查。管理人员不仅要检查工作，发现问题，也要将走动管理的全过程，置于广大职工的监督之下，每到一个作业地点都要有现场施工人员的签字，做到互相监督、双向控制。

四是严格隐患治理责任追究。全矿所有检查出的隐患由信息站通过安全办公系统发送至各责任单位，各责任单位按照整改期限要求并按照隐患处理“五定”原则进行整改，整改完毕后及时反馈至安检科。安检科安排安检员对隐患进行逐条落实，并将复查结果报送至安检科。对于检查中发现的严重隐患一律落实到责任人，并对现场负责人给予安全积分，纳入年底干部安全素质考核。对于现场安全管理中反复出现的安全隐患、反弹隐患和整改不到位的隐患，直接追究单位“一把手”的安全责任。

八、完善“五自”安全管理，强化区队自主管理

（一）完善“五自”安全管理。一是依托全员竞优工程，强化员工自律。深入开展了优秀员工、明星员工和首席员工的评比活动，充分发挥安全的内因作用，从根本上提高职工队伍的自律能力和工作执行力，实现了员工由被动管理向自我管理的转变。二是依托“四步五型”新班组建设，强化班组自理。建立了“四步五型”新班组建设考核办法，对“安全型、效益型、学习型、创新型、和谐型”班组全面考核，并在基层单位全面推进。三是依托“两零两创”区队建设，确保区队自治。制定下发了“两零两创”区队建设实施方案，不断提升区队自主管理能力。四是依托“四标进阶”活动，达到系统自控。按照“定标、树标、对标、达标”四个阶段，深入开展管理升级活动，强化系统管理职能和现场安全监管水平。五是依托“三基六精”管理目标，深化矿井自主管理。创新安全管理手

段，不断加强精细管理、促使全员牢牢守住安全底线，确保矿井本质安全。

（二）强化区队自主管理。矿井自主管理关键看区队能否做到自主管理，区队的自主管理关键看区队长的管理素质能否达到要求，区队能否主动落实矿上的各项管理要求和内部管理制度。11月初，由矿长牵头组织矿领导班子成员和机关科室负责人召开了区队自主管理专题会议。会议上确定首先在综采队伍、掘进队伍和辅助队伍中树立区队自主管理模板，然后在全矿所有基层区队全面开展，并要在以下四个方面帮助区队提高自主管理水平。一是帮助区队摆正安全与生产的关系，杜绝轻安全重生产的思想，促使区队把安全真正摆在第一位；二是帮助区队提高自主管理的主动性，区队要做到对班子成员副职24小时的现场管理动态考核；三是帮助区队完善内部管理制度，使区队管理更加规范、科学、合理，并持续开展，逐步使区队树立“安全第一”的思想，最终使区队达到自主管理、主动管理，更加注重过程管理；四是帮助区队提高现场安全管理、生产组织管理、文明施工管理、工程质量管理、机电运输管理等方面的管理标准。目前此项工作正在有序开展。

河南煤业化工集团龙宇能源股份有限公司车集煤矿

车集煤矿认真贯彻落实国家局、省厅、集团公司关于开展煤矿安全质量标准化建设的文件、指示精神，以创建国家级煤矿安全质量标准化矿井为目标，按照安全质量标准化的标准，坚持高境界定位、高标准运作、高起点创新，全员发动，全员参与，不断强化安全基础工作，狠抓现场工程质量提高，有力地推动了车集煤矿安全生产形势的稳定发展。在2010年消除了轻伤以上的人身事故及二级以上非伤亡事故，实现了安全生产。

一、注重创新矿井安全质量标准化达标建设考核办法，实现矿井生产现场动态达标

车集煤矿制定并下发了《车集煤矿安全质量标准化管理制度及考核实施办法》(车矿字〔2010〕14号)。要求各个专业每月都要对井下区队进行矿井安全质量标准化检查验收，检查覆盖率要达到100%。对采掘区队实行月度达标考核并按月兑现奖罚。在月度检查评比当中，按照本单位辖区各专业质量标准化综合得分(采掘主体专业占50%，机电运输专业占30%，通风专业占20%，日常文明施工检查罚款排名上下浮动1~3分)排名先后进行奖罚。实施了采煤、掘进和辅助系统内部综合质量达标竞赛活动，实行以正向激励为主，以罚为辅的手段，提高达标积极性。合计奖励先进单位281.2万元，合计处罚落后单位62.32万元。季度质量标准化奖励总额100余万元。

通过加强矿井质量标准化日常管理和考核，生产现场动态达标意识明显增强，生产现场安全质量标准化标准得到明显提高。

二、加大标准化工程、装备、资金投入，完善了井上下安全技术装备

在2010年，车集煤矿加大了矿井安全质量标准化工程建设和材料投入。按吨煤不少于5元的标准，在质量标准化创建工程、设备、设施等方面共投入了1426.5万元。主要用于完善了井下斜坡运输安全设施和机电设备供用电安全保护装备；健全了井下各作业

场所的供排水及防尘洒水管路系统；实现了瓦斯远程监控和局部通风机风电、瓦斯电闭锁和煤巷双风机自动倒台；对通风设施进行了维修，更新制作了质量标准化牌板；美化了井上、井下文明生产环境；购置通风仪器仪表；实现了矿井安全信息办公自动化；对矿井主要进、回风道进行了修护；增加了行人巷道和车场的照明，为矿井实现质量达标打下了坚实的基础。

三、安全费用足额投入，为矿井的安全生产保驾护航

为加强矿井安全费用的提取、计划和使用管理，制订了《车集煤矿安全投入保障制度》，做到职责明确，程序合理，保障到位。2010 年共计提取 4187.45 万元，平均吨煤实际提取 18.44 元，本年度使用 5146.89 万元。为提高矿井抗灾防灾能力，对矿井主要巷道安排了巷修工程，全年共投入 957.6 万元。为提高车集煤矿通风安全质量标准化管理水平，重点对矿井、采掘工作面综合防尘设施进行了投入，投入设备设施包括自动洒水装置、降尘设施、配套管路、注水设备等，共投入资金 74.47 万元。为了提高机电设备的安全性能，对主副井提升和电控系统进行了升级改造。加大投入，加强了底板注浆改造工程。投入百万余元建设完善了井下人员定位系统。

四、建章立制，选树典型，全面推进标准化向精品工程、亮点工程发展

(一)建立科学的质量标准化激励机制。

1. 在 2010 年年初制订的车矿字〔2010〕14 号文件里，成立了质量标准化组织机构、明确了相关部门和人员的职责，确定了目标和奖罚标准及工作方案。

2. 通过开展专业组内部的质量标准化竞赛，及时兑现奖罚等措施，促进各单位不断创新现场质量标准化管理、提升标准。

3. 专业组不定时地组织抽查，及时通报存在的问题，对专业组内的采掘单位，根据质量标准化综合得分进行排名，奖先罚后，激励基层区队争先创优，实现动态达标。

4. 加大对文明生产工作的考核力度，纳入区队月度质量标准化综合考核中，促进职工的作业环境得到进一步改善，体现了安全管理人性化的指导思想。

5. 在质量标准化考评结果的运用上，除了对区队按月确定奖罚，对专业组按公司季度考评结果兑现奖罚以外，还将质量标准化纳入区队生产效益工资结算中，优良品按 10%的比例上浮结算工资，不合格品不结算工资，让职工充分感受到“质量就是效益”。

6. 在考评方法上，设立了质量标准化考评办公室，负责对各专业质量达标考核工作进行监督、协调和汇总审报工作，并依据每季度公司对质量标准化考评结果，对各专业人员提出奖罚意见。

这种考评奖罚机制的建立，有力地促进了专业人员在内部考核中认真履行职责，引导基层单位走出“只顾眼前”的工作误区，调动了各级、管理人员的积极性，促进了矿井整体达标水平的稳定与提高。

(二)落实质量标准化达标责任。

2010 年，车集煤矿建立了质量标准化工作流程，明确了各专业组的职责和工作标准，及时组织检查，严格按照规定进行考核，兑现奖罚。各专业组在每月开始以前制订质量达标规划，确定标准化投入项目和资金；每月组织三次覆盖全部作业地点的质量标准化检查，在检查后立即落实整改存在的问题，按照标准进行打分并汇总到质量标准化办公室；质量标准办公室根据各专业组提供的分数，依据文件的规定，计算各单位的质量标准化综合得分。在采煤和掘进系统内部，按照综合得分的高低进行排名，奖励采煤队的前两名和掘进队的前三名，处罚采煤队的后两名和掘进队的后三名。根据日常文明施工的检查结果对辅助单位进行奖罚，根据集团公司季度质量标准化验收结果对各专业组和辅助专业区队进行奖罚。通过严格考核，及时兑现奖罚，有力地促进了各专业组人员和基层单位做好质量标准化工作，逐步建成“事事有人管、件件有落实、落实有结果、结果有反馈”的管理体系。

每月要求各专业不定期在采煤工作面、煤巷和岩

巷工作面、机电硐室、运输大巷等各地点召开质量标准化现场会，各专业分别评定一个最好工作面和最差工作面，分别给予施工单位10000元的奖励和5000元的罚款，奖罚与专业组相关人员进行挂钩，以此提高和调动基层区队及专业组人员的达标意识和积极性。另外，车集煤矿机电、开掘专业还加大对小亮点（如配电点等）的建设工作，每月都要召开小亮点现场会，矿上对各专业验收的小亮点项目，每次给予2000元的奖励。

（三）强化监督检查机制。

在日常质量标准化监督检查中，车集煤矿实施专业人员动态检查和区队自我约束、自我监督管理，强化质量达标主体责任，确保工程质量符合标准。

1. 班组进行班评估，班班填写安全质量评估表，划出安全质量等级。

2. 当班验收员加强质量验收，对质量不合格的不予验收，对存在问题的责令整改后再验收。

3. 区队当班跟班队长对当班工程质量实施监督管理，上尺上线监督检查，发现不合格立即整改。

4. 车集煤矿组织各单位“一把手”和技术管理人员进行质量标准化互检，开展相互监督检查、促进相互学习、相互交流，共同提高。

5. 安检员和质检员对井下作业地点的工程质量和文明施工进行动态检查，及时处理不合格项，对文明施工不好的项目罚款50元/处，强化了现场质量标准化工作，使标准真正落实到现场。

（四）加强亮点工程和精品路线建设。

在质量标准化建设的实施过程中，车集煤矿以亮点工程为航标，以精品路线为航线，以点促线、以线带面，点、线、面相结合，用典型引路的经验，稳步推进矿井质量标准化工作的开展，收到了良好的效果。

1. 做好亮点工程的选树工作，根据采煤、掘进、开拓、通风、机电和运输各专业质量标准化建设需要，加强标杆示范作用，在全矿采煤队、开拓掘进队和辅助队每季度树立九大亮点工程，制定亮点工程标准，按照标准实施亮点工程建设。

2. 打造质量标准化精品路线，为了把标准化工作由点到面逐步展开，由安检科牵头每月规划1~2条精品路线高标准进行施工，并将精品路线建设纳入到安全生产计划作业内容进行，涉及的相关单位制订建设规划和物资计划，划拨专项资金给予支持。对于按时完成、施工标准高的单位给予奖励。通过精品路线的打造，不仅改善了矿井整体面貌，而且也提高了辅助单位标准化意识和工作标准。

3. 加强验收管理，对亮点工程采取“严格工序管理，严格人员操作，严格施工质量，严格上尺上线，严格质量验收”等五项措施，强化验收手段，宁缺毋滥，树立精品。

4. 建设亮点工程奖惩激励措施，对验收达到标准的亮点工程给予责任单位10000元的奖励，对验收未达标到标准的亮点工程给予5000元的处罚。

通过亮点工程和精品路线的选树和标榜带头作用，提高了创建精品意识，通过典型引路促进了全矿质量标准化整体水平的提升。

（五）加强职工素质培训。

质量标准化工作的最终决定因素在于人，质量标准的要求实质就是对人员工作标准要求。因此，强化职工的培训教育工作，提高人员素质，是搞好和不断深化质量标准工作的重中之重。

为提高职工素质，车集煤矿积极开展全员培训活动，设立全员学习奖，每月规划学习内容，每月对职工业务技能学习进行考核奖惩。到目前为止，通过全员学习活动，车集煤矿职工业务知识水平和操作技能明显提升，上标准岗、干标准活已深入到职工的日常生产活动中。同时，由于职工业务技能的普遍提高，也涌现出了一大批技术强、业务精的岗位技术能手，培养出了一批高素质员工队伍，对矿井质量标准化工作起到了积极的促进作用。

另外，车集煤矿在新工人培训、日常业务技能培训上，坚持“教育到位、培训到位、考核到位”三个到位思想。结合公司建立两级培训网络，聘请高、中级职称、具有丰富实践经验的专业人员，采取集中办班、集中考试、现场实践、导师带徒等形式多样的培训和考评方式，重点提高职工的技术水平和岗位操作能力，促进了车集煤矿质量标准化工作的持续有效开展。

按照省厅的统一部署，各专业组选派人员参加省质量标准化学习班，各专业组其他成员和基层管理人员也对照标准进行学习，加深了对新版质量标准的掌握程度，在现场质量达标检查过程中提高了管理水平。

五、加强标准化工作的努力方向

一是抓好质量标准化竞赛和考评。各专业要坚持开展比、学、赶、帮、超标准化竞赛活动，通过相互学习、相互交流，达到共同提高的目的。同时要逐步完善考核体系，主要包括考核标准、考核程序等方面，考核要更科学合理，更符合车集煤矿实际，促进各单位标准化建设的动力和热情。

二是要抓好责任落实和标准化意识。要全面落实安全质量标准化责任制，严格按照质量标准化文件要求落实好专业组、区队、班组等主要负责人的责任，严格责任追究。

三是通过外出学习，提高对标准化工作的认识，克服因条件差造成的畏难情绪。

四是在质量标准化建设工作中，要继续增强安全质量标准化责任意识和执行意识，把安全质量标准化建设扎扎实实落实在日常安全生产工作中。同时，进一步强化亮点工程建设，逐步达到以点带面。

河南煤业化工集团龙宇能源股份有限公司陈四楼煤矿

(一)质量标准化发展历程及存在问题。

作为我国能源产业重要支柱之一，煤炭工业的持续、快速、健康发展是我国社会主义经济建设顺利进行的重要保障。但是煤矿生产过程复杂，生产环境恶劣，受到水、火、瓦斯、煤尘、冒顶、地温和冲击地压等多种自然灾害因素的威胁，其安全生产问题一直是制约煤矿发展的关键性问题。

为解决煤矿安全管理问题，原煤炭部部长张霖之于 1964 年首先提出“煤矿质量标准化”的概念，提出通过狠抓煤矿采掘工程质量，以质量标准化促进安全生产。这一思路被国家煤矿安全监察局局长赵铁锤进一步深化，指出煤矿安全质量标准化的内涵就是：矿井的采煤、开拓、掘进、机电、运输、通风、防治水以及地面供电、供水、供风、供暖安全技术管理等相关生产环节、管理环节和相关岗位的安全质量工作，必须符合法律法规、规章、规程等规定，达到和保持一定的标准，使煤矿始终处于安全生产的良好状态，以适应保障矿工的生命安全、身体健康和矿井长治久安的需要，是实现本质安全管理的基础。

随着质量标准化管理在煤矿的逐渐深入推行，大量的事实和案例证明安全质量标准化工作为煤矿各项工作打下了坚实基础，狠抓安全质量标准化可以彻底改变煤矿标准低下、管理粗放、事故多发、井上下环境脏乱差的局面，构建安全、高效、优质、环保、文明的现代矿井。但是，随着安全质量标准化管理的推行，不少煤矿和个人在安全质量标准化具体实施中出现了工作重要性认识不足，标准执行不严不细，创新意识不强，将安全质量标准化工作视为“形象工程”等偏差，使得安全质量标准化的执行出现问题，其作用被削减和弱化。这一现象的出现，笔者认为很大程度上在于质量标准化建设标准自上而下制定，而具体执行，需要有正确的思路和方法，并有所突破。为此，笔者通过对河南煤化集团永煤公司陈四楼煤矿多年安全管理实践进行研究，提出煤矿可以基于安全双基视角开展质量标准化建设。

（二）陈四楼煤矿简介。

陈四楼煤矿是河南煤化集团永煤公司的骨干矿井之一，矿区井田面积73平方千米，工业储量3亿多吨，可采储量2亿多吨，煤层赋存稳定，煤种为低灰、特低硫、特低磷、高发热量的优质无烟煤。陈四楼煤矿1997年11月6日建成投产，设计生产能力240万吨，2009年核定生产能力450万吨。陈四楼煤矿认真践行“从零开始，向零奋斗”的安全管理理念，以双基建设为工具，基于事故致因理论加强安全管理创新，推进安全质量标准化建设不断进步，长期保持国家一级质量标准化标准，有效保证了矿井安全生产，截至2012年3月31日，实现连续安全生产3292天。

（三）陈四楼煤矿安全质量标准化建设实践。

质量标准化建设需要在认真执行各专业标准的基础上，不断开展安全管理创新，通过创新工作推动安全管理模式建设，形成较为完善和系统的安全管理格局，构筑本质安全矿井。陈四楼煤矿通过研读理论、细分目标、制订并执行保证措施、构建查改机制、构建激励机制等，形成了一套基于事故致因理论的煤矿安全管理新模式，有效地推进了矿井质量标准化建设步伐，实现了矿井长治久安，这一模式以安全双基建设为基础，以安全培训管理和安全文化建设为保障。

1. 事故致因理论为指导思想。

事故致因理论认为煤矿生产和安全管理过程中存在的包括企业外部管理和企业内部管理在内的管理失误是导致事故频繁发生的本质原因。管理方面的失误产生管理体制、人员、物质、环境和信息等的缺陷，进而引起了员工的不安全行为、设备设施的不安全状态以及不安全的生产环境，从而导致煤矿事故的发生，造成初始损失，在实施应急救援之后，形成了事故的最终损失。由此可以看出，煤矿安全管理的根本在于通过一系列管理与技术手段，杜绝员工不安全行为，改变设备不安全状态，减少环境不安全因素。这一理论，为煤矿安全管理明确了管理目标。

2. 双基建设为基础。

陈四楼煤矿通过对质量标准化建设标准进行研究发现，质量标准化建设正是通过对各个专业相关生产环节、管理环节和相关岗位进行控制，以起到杜绝员工不安全行为，减少环境不安全因素，改变设备设

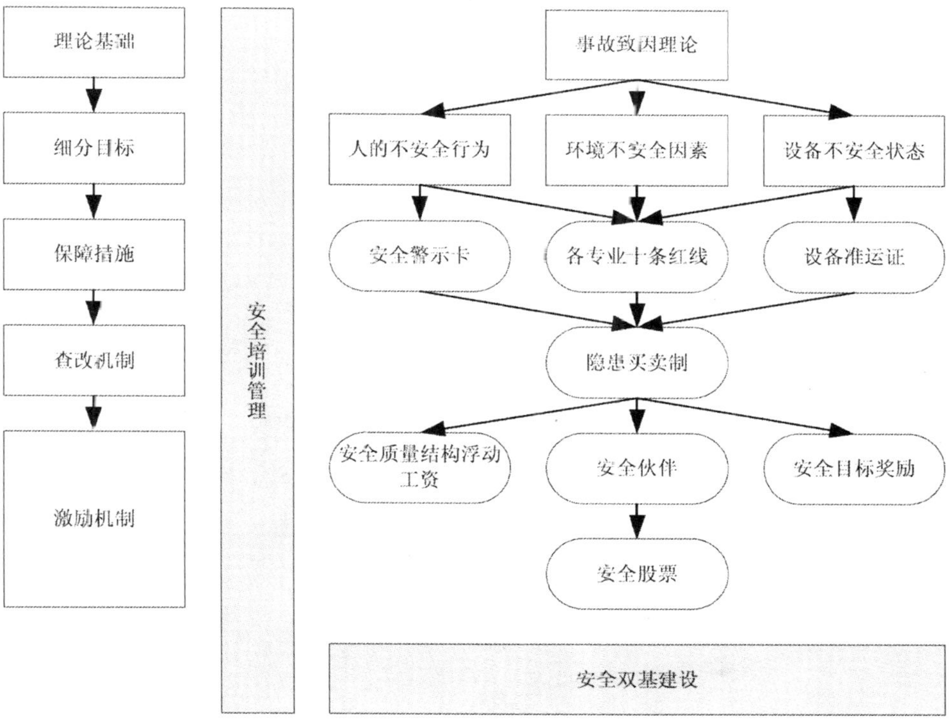

图1 陈四楼煤矿安全管理机制示意

施不安全状态的目标，从而避免事故发生。但是这一标准缺少具体执行方案，在执行过程中容易出现问题，为此陈四楼煤矿考虑通过双基建设狠抓管理细节，把安全质量标准化建设的重点放在基层、基础，从而使得质量标准化建设“基础工程”的作用得以凸显，形成了基于双基视角的质量标准化建设方案。

3. 安全培训是保障。

煤矿安全工作最终将落实到每一名员工身上，陈四楼煤矿狠抓安全培训，以提高煤矿从业人员素质，使其满足安全质量标准化建设的需要。为此陈四楼煤矿通过“陈矿大学”建设，以“把陈四楼煤矿建成一所大学”为愿景，紧密围绕矿井安全生产管理需要，以员工取证培训、短训班培训、拓展训练、实操培训基地建设为重点，通过区队培训课堂、安全培训系统管理、实操培训、拓展训练等多种手段持续提升员工素质，高效开展培训工作，努力提高全员素质，着力塑造本质安全人。为保障安全培训效果，一方面陈四楼煤矿将全矿技师、高级技师、技术员及副科级以上管理人员聘为培训师，实行安全培训信用金管理，培训师每月授课时间不少于2课时，实行月考核、月兑现；另一方面要求区队通过班前会、班后会、区队专讲、现场问询、“手指口述”、岗位描述、“1111”帮教(一名中层干部一班教会一名员工一项知识)等形式，有目的、有重点地对本单位员工进行培训，最后还实行“陈矿大学”学分制度，全员参与，修满学分，颁发“陈矿大学”毕业证书，享受奖学金。通过强化对教师及学员的管理，促进培训工作发展。

4. 安全文化变观念。

陈四楼煤矿广泛开展多种形式的安全宣传教育，让员工牢固树立“安全第一”“生命至上”“事故可防可控”的观念，将“从零开始，向零奋斗”的安全理念融入员工心灵，打造具有“陈矿”特色的安全诚信文化，使安全理念成为员工的思维方式和工作标准，达到安全理念与安全质量标准化要求的深度融合，通过反复宣传教育，构筑优秀的安全文化，以转变员工观念，强化质量标准化建设重要性认识，促使各级管理人员与广大员工高度重视安全质量标准化建设工作。

5. 针对细分目标开展安全管理创新。

安全管理就是要管好员工不安全行为，设备设施不安全状态和环境不安全因素，为此陈四楼煤矿就积极创新管理手段，推出了安全警示卡、设备准运证管理和专业十条红线，针对管理目标细分形成了较为全面有效的安全管理措施。具体介绍如下：

(1)安全警示卡——规范员工操作行为，避免习惯违章。

为规范员工行为，陈四楼煤矿发动员工收集并制作了安全警示卡，用于提醒员工工作环境中的不安全

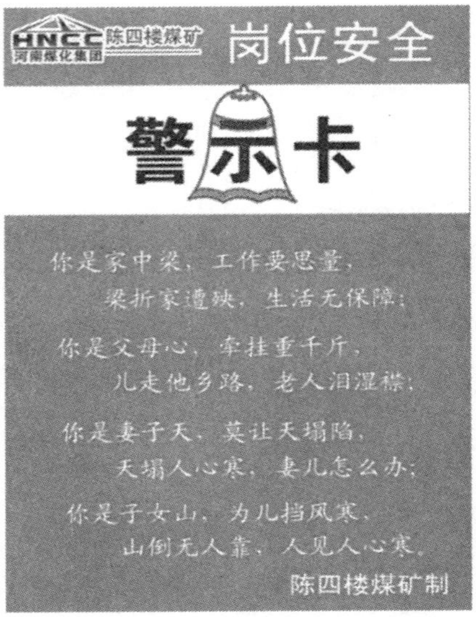

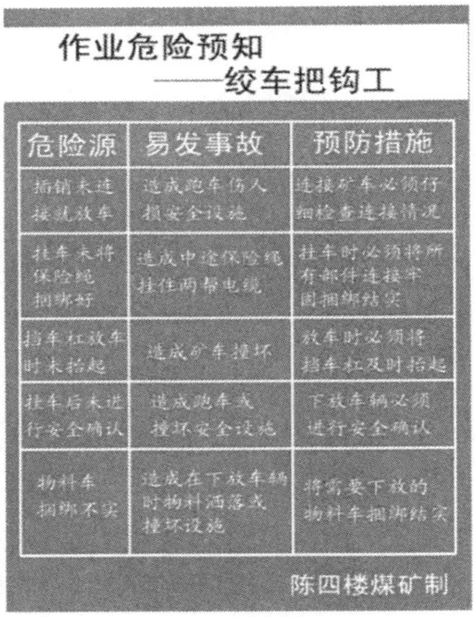

图2 安全警示卡图示

因素，帮助员工规避危险源，以保障安全。陈四楼煤矿首先组织全矿员工对各自工种的危险源进行预想，共归纳总结出46个工种在工作中可能需要的危险源、易发事故和预防措施；然后将各岗位、各工种的“危险预知”制成卡片发放到每一名员工手中，员工随身携带，随时学习，时刻提醒员工工作中需要规避的危险源。如此提高了员工安全素质入手，防止员工的不安全行为的出现。

(2)设备准运证——强化设备日常维护，杜绝带病运转。

设备准运证管理是通过使用安全准运证这一媒介来进一步加强机电、运输设备等物的不安全状态管理，提高设备本质安全运行程度，有效减少事故危险源，防止和控制安全生产事故。在实行安全准运证之初下发文件明确规定，机电、运输设备、安全设施在运行前必须由使用单位提出使用申请，安检科牵头组织在2个工作日内共同验收合格后发放准运证，并横挂在设备上方方可运行。未取得安全准运证的机电、运输设备或安全设施不得使用，擅自使用者按三级非伤亡事故考核，造成事故的要加重处理。而施工单位取得安全准运证后，不得降低设备或设施安全使用标准，发现其达不到安全准运标准，不具备准运条件时，由安检科暂扣或者吊销其安全准运证，严禁运行。早期的安全准运证管理制度只针对提升小绞车、胶带运输机、刮板输送机、水泵等四种设备实施，经过试行验证效果不错，于是开始向全矿各类设备设施推广，同时又对其管理制度进一步的完善，管理范围进一步加大，对所有机电运输设备进行检查验收，核发安全准运证，覆盖率达100%，并且在实际工作中高标准、严验收、勤检查、重处罚，杜绝了机电设备带病运行现象，有效消除了设备的不安全状态，降低了安全隐患，提高了煤矿安全保障系数。

(3) 各专业十条红线——深化系统管理理念，确保令行禁止。

为加强安全质量标准化建设，陈四楼煤矿本着系统抓，抓系统观点，针对采煤、掘进、供电、机电运输、“一通三防”及爆破、防治水、安全管理等七个专业分别制订了各专业十条“红线”，针对安全管理的重点环节，明令禁止不该做什么、该做什么，并加大管理处罚，规定员工违反十条“红线”者，开除留用3个月，同时上挂班长免职1个月；班长违反十条“红线”者，免职3个月，上挂带班队长取消干部待遇2个月；副队长违反十条“红线”者，取消待遇6个月，队长、书记各罚款5000元。如此深化了系统管理理念，确保专业管理令行禁止，为矿井安全生产提供了有力保障。

6. 构建新式安全查改机制。

为避免安全质量标准化建设的各项标准在实际工作中流于形式，陈四楼煤矿根据鱼饵效应“需要什么就考核什么，考核什么就能得到什么”，创造性地提出“安全隐患买卖制”，树立全面市场的管理理念，将井下现场存在问题视为商品，检查人员根据质量标准化建设要求进行日常检查，发现问题后由责任单位根据问题预先规定价格进行收购，如不及时整改，可反复出售，如此通过将内部市场化机制引入安全管理，将安全主要因素纳入商品化管理，利用市场交易的能动性，调动人员积极性，督促各单位严格按照质量标准化要求及其他安全管理要求开展工作。陈四楼煤矿针对现场落实存在差距，给每个区队一部分隐患治理基金，把井下现场工程质量、机电设备、安全设备、一通三防、防治水及文明施工等方面隐患当做商品，每条隐患给出价格，由区队使用隐患治理基金进行收购。如此，把奖励洒向井下每一米巷道、每一台设备、每一项设施，鼓励科室人员到井下查找问题，使科室各级人员带着问题入井。另外，区队为守住自己的安全奖，必须加强标准贯彻和现场自我管理力度，使井下面貌不断发生变化。如此，通过安全隐患买卖制的激励，破除以往隐患查改机制僵化局面，特别是“干与不干一个样”的大锅饭局面，注入新机制，实现了真正的按贡献大小奖励。员工井下现场安全工作积极性空前高涨，使井下现场隐患大幅减少，矿井质量指标化建设实现了动态化、常态化管理。

7. 多手段开展组合激励，促使员工不断提高安全工作标准。

为了更大程度地推进安全管理,陈四楼煤矿针对安全效益开展多项激励手段,一方面在科室、区队员工工资中提取30%作为安全结构工资,根据每月各单位双基考核结果进行上下浮动,然后返还给科室(区队),安全工作做得好,质量标准化建设水平高,安全效果好的单位,收入得以增加,安全工作相对较差,质量标准化建设开展水平低,安全效果差的单位,收入被调低,并将结果及时反馈给科室、区队,使其及时巩固或者整改;另一方面,陈四楼煤矿针对科室、区队管理人员开展安全目标考核,以安全抵押金返还形式激励管理人员抓好安全管理;最后,陈四楼煤矿还分别利用"安全伙伴"和"安全股票"构建了以月度为周期的安全短期激励机制和以半年度为周期的安全长效激励机制。如此,通过强化安全效果激励,促使员工不断提高安全工作标准。

(四)总结。

归纳陈四楼煤矿安全质量标准化建设可以发现:

(1)陈四楼煤矿安全质量标准化建设工作,基于事故致因理论以双基建设为抓手,通过创新安全管理工具,实现了安全质量标准化建设落地生根。

(2)陈四楼煤矿双基建设注重基础、基层,把安全标准化建设重点放在基层,把安全工作重心放在夯实基础,确保了安全质量标准化各项要求扎实落实,使质量标准化建设真正起到了"基础工程"的作用。

(3)陈四楼煤矿安全质量标准化建设在执行中实施"隐患买卖制",将安全质量标准化各项要求落实于日常隐患检查整改中,通过创新查改机制使得责任单位主动去整改自身责任范围不符合质量标准化要求的问题,实现了安全质量标准化建设的日常化与常态化。

(4)陈四楼煤矿安全质量标准化建设过程中,高度重视创新,基于安全管理细分目标,不断开展安全创新,通过新的安全管理载体实现了安全管理工作的日益进步。

安全管理永无止境,质量标准化建设作为巩固安全管理的一项重要工具,需要深入研究和实践,陈四楼煤矿基于安全双基管理扎实开展安全质量标准化建设,实现了安全质量标准化建设标准与实际安全管理的有效对接,有效地避免了质量标准化建设标准执行不严不细、创新意识不强等问题。

河南神火集团有限公司薛湖煤矿

一、矿井基本情况

薛湖煤矿位于永城市薛湖镇境内,可采储量8674万吨,本井田以贫煤和无烟煤为主,矿井设计生产能力为120万吨/年,矿井服务年限为51.6年。矿井于2004年12月正式开工建设,2009年12月16日顺利通过了矿井竣工验收。

矿井采用混合式通风方式,即主井、副井进风,中央风井和东风井回风,通风方法为抽出式,通风系统合理、稳定可靠,能满足矿井安全生产需要,采区实行分区通风,并设置专用回风巷,目前矿井总进风量为10628立方米/秒,总回风量12092立方米/秒。

二、矿井安全质量标准化工作开展情况

薛湖煤矿在省工信厅、集团公司、煤业公司的正确指导下,坚持以"创建五优矿井"为契机,以"安全质量标准化的建设促进矿井的长治久安"为奋斗目标,积极开展安全质量标准化建设。薛湖煤矿自建矿以来就提炼出了"过程控制、动态达标"的质量标准化建设理念,并沿着创建"五优矿井"的目标不断奋斗,为更好的开展质量标准化工作,薛湖煤矿成立了以矿长、党委书记为组长、各专业技术骨干为成员的质量标准化建设小组,同时下辖"采煤、掘进、机电、运输、一通

三防、调度、地测、爆破”等八个专业小组，每月定期对各专业进行质量标准化建设考核、评比，定期召开会议，对照标准，从制度建设、现场管理及各方面的工作标准要求都逐一安排部署，将问题逐项落实到分管部门、分管人员。同时每季度参加煤业公司组织的质量标准化评比，使薛湖煤矿的安全质量标准化建设更上新台阶。

三、保障措施

(一)建章立制确保体系运转。

薛湖煤矿根据实际情况和年度计划制订下发了《薛湖煤矿2010年安全质量标准化达标规划》，明确指导思想和具体工作思路，建立组织机构，划分责任范围，树立奋斗目标，制定奖惩措施，规范自检程序，为矿井安全质量标准化的建设指明了方向。同时还明确各专业分管负责人、分管业务部门及各基层单位、各岗位工种的业务范围和职责，避免了质量标准化建设中出现盲点后漏项，将责任和业务细化，将精细化管理引领的五精管理引入质量标准化建设中，并根据《河南省安全质量标准化标准及考核评级办法》(试行)，制定并细化了《薛湖煤矿安全质量标准化标准及考核办法》，建立并严格执行安全质量标准考核制度，同时，全矿配备各类专业技术人员554人，全部由大中专毕业生组成，专业技术人员占职工总数的21.02%，专业技术队伍空前壮大，使煤矿各生产系统和环节始终处于安全生产的良好状态，实现安全质量标准化由点、线、面达标向全过程、全方位动态达标的提升。

(二)加大技术指导、全面达标。

薛湖煤矿每月组织“采、掘、机、运、通、爆破、调度、地测防治水”八大专业对矿井月度安全质量标准化建设进行全面自检、自评。煤业公司每季度均组织八大专业检查，通过这些专项检查使大家对照标准，查出不足，不断掌握标准，并将标准落到实处，促进了矿井安全质量标准化工作有序开展，不定期的组织各专业负责人及相关专业技术人员外出学习，引进先进管理理念和管理方法，加强现场管理和现场达标，提高标准和标准化建设力度。

(三)突出重点难点，狠抓关键环节。

煤矿安全质量标准化建设贯穿薛湖煤矿生产活动的全过程，“采、掘、机、运、通”是重点，“一通三防”是重中之重。在一通三防建设中，薛湖煤矿坚持“区域防突措施先行，局部防突措施补充”的原则，通过推行“条带预抽煤层瓦斯”、施工顶板抽放巷、底板抽放巷等技术，逐步完善防突措施，不断加大抽采现场管理，通过组建瓦斯实验室，对各煤巷施工地点进行抽放达标检验，推广抽放系统“三大、一密封”的管理理念，创造了煤巷掘进单头月进度221.5米的佳绩，实现了安全、快速掘进；规范并健全了各项内部管理资料，全部实行归档管理；建立健全了各项管理制度，实行制度化管理，为薛湖煤矿的“一通三防”及防突工作的顺利开展提供了保障，也为各项工作的开展提供了依据，并取得了良好的效果。

防治水建设方面按照质量标准化标准要求，制订和完善了各项规章制度，并按照制度实施；所有地质、测量及水文地质、储量管理外业记录本都按时间顺序保存；绘制完成必备的储量管理图纸，建立了煤矿必备的储量管理台账，按期进行储量动态损失率、回采率的统计及管理。

(四)加大资金投入提高装备水平。

根据省厅要求，薛湖煤矿足额提取和使用安全质量标准化专项资金和奖励资金。其中吨煤提取8元，用于质量标准化建设，以改善煤矿安全生产条件，提高煤矿装备水平，并且吨煤提取1元，用于质量标准化奖励资金，专款专用。

(五)加大培训力度提高员工素质。

培训中心根据实际情况，组织了各业务科室对“矿井安全质量标准化和五优矿井”进行了全员培训，使广大员工进一步学习标准、牢固树立达标意识，规范操作，上精品岗、出精品活。同时每月组织全员进行质量标准化知识考试，让质量标准化标准深入每位员工心中，促使每位员工按标准作业，使每位员工的安全质量标准化意识得到极大加强，在工作中主动向标准靠拢，按标准施工。

(六)深入开展精品工程创建活动。

薛湖煤矿以创建精品工程为突破口，通过全矿干部职工的共同努力，2010年保持和新增精品工程15处，分别为：副井侯罐硐室、副井乘人车场、井下调车室、中央泵房和中央变电所5处；胶带大巷Ⅰ段、Ⅱ段、Ⅲ段3处；2106工作面、2108风、机巷；2110风、机巷车场5处；23采区变电所、2301机巷车场2处。在“精品工程”创建活动中，各业务科室及包队人员奖金与区队精品工程创建情况挂钩，极大地激发了包队人员的积极性。各业务科室立足一线、服务一线，与区队一道共同商榷“精品工程”创建办法，分阶段实施，促进了矿井面貌总体改观，为职工安全生产创造良好工作和生活环境。我们着力塑造质量标准化精品工程，树立达标“品牌工程”，定期组织全矿区队长以上管理干部去“精品工作面”“达标品牌工程”进行现场观摩学习，针对不足积极整改，形成自找差距，你追我赶，以“先进”带动“后进”的标准化工作大局，带动全矿质量标准化工作纵向深入开展。

(七)建设特色企业文化引领作业标准化工作的实施。

薛湖煤矿根据矿井的实际情况，归纳、总结、提炼出了带有薛湖特色的文化理念系统，通过企业理念系统的宣传贯彻，加强了职工的向心力和凝聚力，增强了职工对企业的认同感，提升了境界，规范了员工的行为规范和行为标准，极大地促进了安全质量标准的实施。

总之，质量标准化工作任重而道远，相信在集团及煤业公司领导班子的正确领导下，我们有决心、有信心把安全质量标准化工作做得更好，切实提高企业的工作质量、产品质量、增强企业的核心竞争力，实现薛湖矿新的跨越。

河南神火集团有限公司新庄煤矿

在质量标准化工作中，我们始终沿着“以质量保安全，以安全促生产”的工作思路开展工作，坚持做到“思想达标、内在达标、一次达标、动态达标、整体达标、协调达标”，坚决反对“整改达标、表面达标、虚假达标和片面达标”，最终实现“人”和“物”的双达标。“宏观模式化、动作规范化、流程程序化、作业精品化和环境洁优化”，是对新庄煤矿质量标准化工作最精准的概括。我们的主要做法包括以下几个方面：

一、科队联创精品工程

开展实施了“手指口述”确认法、机电设备点检制度、精细化管理等一系列先进的管理方法，大力推广实施科队联创精品工程活动，使安全质量标准化工作不断迈上新台阶。新庄矿的“精品工程”创建活动，实行区队向业务科室申报，业务科室初评汇总报活动办公室进行月底综合评选。达到一个申报一个，申报一个及时评比验收一个。在“精品工程”创建活动中，各业务科室及包队人员奖金与区队精品工程创建情况挂钩，极大地激发了包队人员的积极性。各业务科室立足一线、服务一线，与区队一道共同商榷“精品工程”创建办法，分阶段实施，促进了矿井面貌总体改观，为职工安全生产创造良好的工作和生活环境。

二、规范作业行为

随着质量标准化工作不断走向深入，新庄煤矿坚持与时俱进，对岗位标准和考核标准进行调标、贯标、升标。本着定性工作定量化、定量工作数字化、用标准和指标衡量每一位职工工作绩效的指导思想，“学习标准、达到标准、超越标准”已成为新庄人的共识。人人学标准，人人懂标准，上标准岗，做标准活，成为每个员工的基本岗位规范。

三、加强工程质量管理,树立质量标准意识

深刻领会"工程建设,质量为本"的质量意识,在巷道、硐室的设计、施工过程中,严格按照标准执行,杜绝了不合格工程。每旬组织工程质量突击检查,月底进行工程质量验收,在工资结算时执行质量结构工资,实行"优质优价、劣质劣价"(以基准分上下浮动,1分折算单价的2%),全矿质量标准意识显著提高,大到主体巷道设计施工,小到局部改造及硐室设计施工,都能严格按照标准进行。

四、适时组织"现场达标观摩活动",以"先进"带动"后进"

我们着力塑造质量标准化精品工程,树立达标"品牌工程",定期组织全矿区队长以上管理干部去"精品工作面""达标品牌工程"进行现场观摩学习,针对不足积极整改,形成自找差距,你追我赶,以"先进"带动"后进"的标准化工作大局,带动全矿质量标准化工作纵向深入开展。

五、强化标准学习,打造亮点工程

我们强调"学习标准、达到标准、超越标准",不断强化对新标准学习,形成了人人学标准、人人懂标准,上标准岗、干标准活的浓厚氛围。通过精品皮带线、精品轨道运输线、精品硐室、精品掘进工作面、精品采煤工作面等的创建,打造亮点工程,力求以点带面。北副井候罐硐室、井底车场、大巷、马头门等重要地点的装修美化;综一队、综二队的采煤工作面管理、开一队精品创建示范单位、机一队的主副井提升、机一队的灯房、运输队的绞车房、南井井底大巷改造亮化等相继成为了"精品采面""精品掘进头""精品机电硐室""精品运输线",有力地促进了新庄矿各项工作的顺利进行。

六、优化环境影响人

文明整洁的环境,既是企业文化的外在体现,也是规范职工行为的有效手段。将安全教育辐射到全矿的各个岗点,对矿内广场、宿舍区、井下巷道、机电峒室及采掘头面都进行了美化、亮化,井下环境分段管理,实施24小时保洁,管线分色刷漆,吊挂整齐划一,物料挂牌管理、排列有序,水沟平整齐直,上下山路面硬化,特别是从井口到井下宽敞明亮的安全文化长廊。在区队学习室制作了温馨的"全家福"等安全文化牌板,更新了区队学习室、办公室的各种设施,使职工时时处处感受到强烈的安全文化氛围,有效地改善了职工的心智模式,促进了职工规范操作行为的养成。

七、严格培训规范人

高标准的安全质量标准化矿井要由高素质的队伍来建设。工作中,我们牢固树立"成功企业首先是所学校,优秀员工永远都是学生"和"安全以人为本,素质保证安全"的教育培训理念,突出抓了区队长、安检员、班组长、职工"四个培训",坚持培训月度例会制度,严格计划,严格落实,严格培训。去年以来,组织职工进行脱产、半脱产培训和特殊工种轮训计划全面落实,特别是在特殊工种培训上,建立工种培训档案,对不按计划派人培训的单位,从严追究单位主要领导的责任。2010年对全矿特殊工种进行了培训,考试成绩都在90分以上,合格率达到100%。本着严格把关和反复学、反复考的原则,我们坚持集中学习和业余学习相结合,分专业、分工种每月组织对学习知识进行考试,考试不合格考不准上岗,停工学习。并实行了生产科室包区队人员,实行科室管理人员参加区队班前会及井下业务指导制度,向职工讲解有关安全、技术业务知识。职工学习采取区队干部讲解、职工记录和现场提问相结合的方式,生产科室人员在井下检查时每次都按照正规操作要求、规程措施规定等内容提问2~3名职工,回答不好给予批评教育和考核,从而增强了干部职工学技术业务、学规程的自觉性,大大提高了职工的业务技术素质。在上级安全监察局来新庄矿检查现场随机提问职工时,职工都能流利回答,上级领导给予了高度评价。

八、以各类检查为手段,实现安全生产

安全检查是煤矿安全管理的重要手段,确保动态安全的重要措施。我们在坚持专项检查、突击检查、小分队检查、技术员上岗检查、青安岗、群监网检查,不断创新安全检查思路，推行了安全检查、整改、复查、考核“闭合”管理办法，大大增强了检查人员和被检查单位的责任心，有效地解决了检查中形式主义和走过场的问题，尤其是推行的安全质量标准化量化检查考核办法，检查人员严格对照标准，逐项检查，对井下各种管理实施了责任追究制度，重点抓不落实的事，追究不落实的人。

九、加强现场管理，实现动态达标

全面落实安全生产观，强化现场和“一通三防”、顶板管理、防治水管理。一要加强矿井“一通三防”管理，建立完善合理的通风系统，保证通风设施的可靠性，确保通风安全；对高瓦斯区健全瓦斯抽放系统，先抽后采；完善监测监控系统，杜绝瓦斯超限。二要加强矿井防治水工作，加强水文地质预测预报，严格坚持“有疑必探，先探后掘”的原则，杜绝水害事故发生。三要建立完善的顶板隐患整改机制，从而使井下现场时时处于动态达标。

总之，质量标准化工作任重而道远，既关系现在，又关系长远，通过安全质量标准化工作，夯实了新庄矿安全管理工作，是实践“三个代表”重要思想和科学发展观在安全生产中的具体体现。相信在集团及煤业公司领导班子的正确领导下，我们有决心、有信心把安全质量标准化工作做得更好。切实提高企业的工作质量、产品质量、增强企业的核心竞争力，实现新庄矿新的跨越，为顺利实现第七个安全年而不懈努力。

义马煤业集团股份有限公司

近年来，在上级领导的正确指导下，义煤集团公司始终坚持“以人为本、科学发展、安全发展”为指导原则，按照“保一级，求巩固，促提高，创精品”的工作思路，深入持久地开展质量标准化工作。通过创新安全质量标准化管理机制，突出安全文化引领，全面提升执行力，努力打造精品工程，促进了全公司质量标准化工作的协调平稳发展，矿井上下安全质量标准化水平得到了持续改善提高。公司本部所属 15 个矿井均达到省一级质量标准化矿井，其中耿村、千秋、跃进、新安、义安 5 对矿井达到国家级质量标准化矿井，安全质量标准化工作逐渐步入了良性的发展轨道，矿井的安全保障能力得到了进一步的提升。现将安全质量标准化工作有效的做法和举措回顾如下：

一、强化责任，创新安全质量标准化理念

集团公司确立了“责任有我，我必负责；安全有我，我必安全”“安全事故零目标”的安全理念，积极构建“大三防”（基层矿井防、业务部门防、安监部门防）和“小三防”（素质防、技术防、装备防）安全管理体系，落实工作职责，细化工作内容，形成了完善的安全防范体系。引导全体干部职工树立“一切事故都可以避免”的思想，增强了大家抓好安全质量标准化工作的信心和决心。积极开展“一月一活动”，把 4 月定为“质量标准化推进月”，使质量标准化工作向纵深发展。强力推行“两述（岗位描述和手指口述）两化（准军事化和精细化）”和安全确认制度，将“两述两化”列入日常监察的一项重点内容，并于 9 月 8 日在义安矿召开了“两述两化暨瓦斯综合治理现场会”，在矿区上下营造了争上标准岗、争干标准活的浓厚氛围。坚持“四个就是事故”的原则，对瓦斯超限、电气失爆、无计划停电停风和电气保护甩掉不用现象，严格按照“四不放过”原则进行追查处理。

二、加强支护改革，全力推进巷道大断面、强支护和松帮让压工作

2009 年以后，集团公司要求各矿井切实转变观念，结合矿井地质构造、生产布局特点，从巷道的布置、支护的形式、支护材料的选择等多方面进行考虑，推广大断面、强支护和松帮让压技术，从根本上促进矿井支护管理和安全质量标准化水平迈上新台阶。在满足通风、运输、行人并确保安全的前提下，新开工掘进、扩修巷道的断面必须满足以下规定：①矿井运输、回风大巷、采区车场等永久巷道断面：中部矿井≮24 平方米、东部和西部矿井≮18 平方米；②回采工作面：综采 18~24 平方米、炮采 12~18 平方米。巷道变形影响使用功能的或者断面缩小超过 10%的巷道，必须进行修复，修护后的巷道断面不得小于原设计断面。截至目前，已新掘大断面巷道 5 万米，扩修巷道 2 万多米，巷道断面由原来的 8~12 平方米提高到 14~24 平方米。

加强巷道支护强度也是集团公司巷道支护改革的重点。集团公司规定：在矿山压力不大、顶板岩性较好时，可选择工字钢支护、锚网支护；在顶板岩性不好或矿山压力较大时可选择可缩性金属支护或复合支护；中部有冲出地压的矿井及东部深井必须采用强力复合支护。跃进矿是集团公司受地压冲击严重威胁的矿井，该矿注重科技创新，在"主动预防、培训教育、预测预报、措施解危、效果检验、安全防护" "六位一体"防冲体系的基础上，大胆创新了大断面、全断面、门式支架"三级让压强支护法"(高强度预应力树脂锚固螺纹钢锚杆，配以小孔径预应力树脂锚固锚索、十字钢带及金属网等构件的锚网索一级支护+高强度 U 形钢全封闭二级椭圆支护+整体式强力液压可缩性支架，每架支撑压力达 2200KN)，实现了三级支撑、三级让压。2010 年 8 月 11 日，该矿 25110 综放面发生了释放能量高达 9×107 焦耳 （相当于 2.7 级地震所释放的能量)的冲击地压，由于该工作面使用三级支护，不仅避免了冲击地压伤人事故的发生， 而且 20 小时内就恢复了生产。

松帮让压是集团公司支护改革的又一重要工作。为此，集团公司下发了《巷道空（松）帮让压管理规定》。要求矿井掘进过程中，棚腿外空帮部分充填时每隔一定长度预留足够的"让"压空间，以便煤体适当变形，释放围岩应力。经过实施空帮"让"压支护后，大大减少了巷道底臌、帮臌、网兜等现象，对于控制巷道支架变形起到了很好的保护作用，彻底改变了以往前掘后修的局面。

三、坚持煤层注水，开展"无尘化矿井"建设

煤层注水是集团公司近年来强力推进的一项措施。煤层经过注水后，注水孔周围煤壁明显湿润，在回采和掘进的过程中煤尘含量减少，巷道顶部煤体的整体稳定性增强，从而可以降低掘进巷道迎头顶煤片帮、冒顶发生的概率。注水后水分占据着煤体内的部分空间，减少了煤孔隙的有效容积，减少了放散瓦斯量，对煤层瓦斯涌出起到了抑制作用。按照集团公司提出的"全矿井、全头面、全数据"实施煤层注水工作要求，目前，集团公司 16 对矿井的 83 个采掘面注水点，配备了 105 台专用注水泵，115 台钻机，规定注水压为不得小于 12Mpa，注水孔 40~60 米，注水量采煤工作面单孔不得少于 100 立方米、掘进工作面单孔不得少于 12 立方米。各矿井经过科学计算和经验积累，逐渐形成了"深浅孔相结合、高低压相结合、压注抽相结合"的煤层水力化工作体系，为有效预防煤尘、煤与瓦斯突出、冲击地压、煤炭自燃等自然灾害和实现快速揭煤、快速掘进发挥了重要作用。

义安公司等矿井以煤层注水为契机，开展"无尘化矿井建设"活动。首先在粉尘防治活动上，全面落实煤层注水、湿式打眼制度，坚持煤巷钻孔使用孔口捕尘器，强化转载点喷雾使用，确保 80%以上的煤尘从源头上得到控制；当班工作结束后，员工要在本队外部车场统一集合，做到"一二三四除尘法"，即一拍(要拍身子，拍掉煤、岩尘)、二解(要解腰带，清理煤、岩尘)、三擞(要脱去外套擞掉煤、岩尘)、四倒(要倒口袋，脱倒胶鞋，倒掉煤、岩尘)，途经涮脚池时，必须涮净胶鞋所粘带的煤尘，严禁将煤尘带入大巷。矿车内装载煤或矸石时，必须在矿车上方加盖帆布蓬，以防止煤尘飞扬或矸石掉落地面。经过两年的努力，义安公司"无尘化矿井建设"活动取得了显著成绩，现在井下大巷明亮洁净，一尘不染，呈现出了"干干净净，整整齐齐，亮亮堂堂，大大方方"的崭新形象，"无尘化矿井"初见雏形。

四、实施“瓦斯无超限”活动，创建“瓦斯治理示范化矿井”

瓦斯防治一直是我们安全生产工作的重中之重。集团公司规定，回风流瓦斯浓度达到0.8%即为瓦斯超限，采掘工作面瓦斯浓度0.4%重点关注、0.6%超前预警、0.8%断电。为把“瓦斯无超限”活动落到实处，各矿井做到了以下几点：一是强化通风管理，优化通风网络，有效风量率保持在国家规定的85%以上，保证所有用风地点不间断连续供风，消除了无计划停风和故障停风，形成了网路结构简单、通风设备匹配、风量富足有余的合理、稳定、可靠的通风系统。二是完善瓦斯抽采方法，提高抽采效果。本着“多点、均衡、高浓、低压”的原则对瓦斯抽放进行实时调控，采用区域性预抽、掘前预抽、边抽边掘、采前预抽、边抽边采、旧区抽放等多种抽放方式，大大减少了采掘过程中的瓦斯涌出量和从源头上遏制了瓦斯隐患发生的可能性。三是强化煤与瓦斯突出防治，探索出了“保、压、冲、注、抽”(保护层开采、水力压裂、底板岩巷水力冲孔、煤层注水、本煤层网格抽放及煤巷条带抽放)“五位一体”的全方位区域瓦斯治理等一系列行之有效的防突技术措施，达到了“加强预测、超前防范、消除显现、杜绝突出”的预期目的。四是完善了现场瓦斯防范措施，建立健全了上自矿长、总工程师，下至瓦检员的瓦斯治理责任制，制定了瓦斯防治和瓦斯事故应急救援措施与应急预案，采取超前防范措施，减少和消除瓦斯隐患发生的因素与条件。截至目前，新安、义安等矿井已被命名为“国家级瓦斯治理示范化矿井”。2006年，各矿井瓦斯超限达28710次，2007年集团公司提出“瓦斯超限就是事故”理念，瓦斯超限次数下降到217次，2008年下降到63次，2009年瓦斯超限次数降为15次，2010年到现在为止还未发生瓦斯超限现象。

五、以人为本，所有矿井全部实现“职工只走上下巷”

近年来，针对集团公司大部分矿井开采时间较长，工作战线越拉越长，职工在上、下班途中耗费了大量时间和体力，对安全生产工作也带来了很多不利影响这一因素，集团公司主要领导高屋建瓴，站在科学发展观的高度，坚持以人为本，提出了“只让职工走上下巷”这一惠民理念，把安装机械运人装置作为民心工程、效率工程、福利工程来抓。通过积极努力，各矿井共安装人车33套、缆车15套，全公司15条大巷和32条斜巷全部实现了“职工只走上下巷”，为2万余名井下职工上、下班提供了便利。耿村矿在付井口开通了全国煤矿第一家井口索道缆车，该缆车全长1180米，共有154个吊箱，循环式运行，每个吊箱乘坐两人，每循环一周，可乘坐308人，为广大职工提供了安全、舒适的乘车环境，被誉为“全国煤矿第一缆车”。机械运人装置的投入使用，不仅缓解了职工的劳动强度，使职工上、下班缩短了近两个小时，而且极大地提升了安全保障系数。集团公司在全省乃至全国所有矿井首先实现“工人只走上下巷”，得到了广大职工的热烈拥护和上级领导的高度评价。

六、依靠科技进步，建立安全指数评价体系和自动化采煤工作面

科学技术也是生产力。2001年以来，集团公司利用信息化手段，与国家安监总局研究中心联合研究开发了“义煤集团安全指数评价体系”，并获得国家安监总局科技进步二等奖。利用安全指数评价体系，集团公司建立了公司、矿井、区队(科室)、班组四级安全评价体系网络和安全指数预警体系，与现有安全监测系统、人员定位系统、设备监测系统等进行集成，对违章、隐患、设备运行情况的数据进行管理、统计和分析，对矿井的整体安全状况进行评定，对矿井的安全情况进行预测，对煤矿安全事故进行预防和改进，针对各种安全漏洞和隐患，给出科学改进建议和措施，并跟踪监督，利用这些系统的数据建立模型并计算达到安全评价目的。2011年上半年，集团公司安全工作呈现平稳发展的良好态势，安全指数评价体系功不可没。

耿村煤矿综合自动化采煤工作面是集团公司科技进步的另一个表现。2011年6月，该矿13160综放面投产成为河南省第一个自动化综采放顶煤工作面。该面基本架选用132架电液控制放顶煤支架，机头机

尾处选用7架电液控制排头架，支架的升、降、推溜、拉架配置SAC型液压支架电液控制系统，可控制工作面的所有支架，在工作面集中控制室的监控下每七架整体移动，能够有效提高工作面推进速度，降低工人的操作强度，提高工作面安全水平，极大提高了生产效率。采煤机配备红外线发射器，能很好地实现跟机作业自动化；前后刮板运输机、转载机、皮带机机头、机尾均安装工业监视器监控生产，三机联动无人值守，实现了综采放顶煤工作面高产、高效、安全的自动化生产。

七、以精品工程创建为载体，稳步推进安全质量标准化工作

按照“突出重点，抓住关键，强力推进，快速提升”的工作要求，集团公司大力开展质量标准化精品工程建设，将质量标准化由大巷、井底车场、硐室向采区、工作面、掘进头延深，从加强采掘工作面的支护质量、设备完好状况、物料码放、管线吊挂、文明生产、精细管理等入手，通过严格标准、强化管理、动态验收、提升达标档次，促进了现场采掘工程质量的稳步提升。通过抓两头、带中间，选树典型，带动了各矿井安全质量标准化工作逐步实现四个转变，即由点—线—面达标向全方位达标转变；由阶段性达标向持久性达标转变；由表面美观型达标向本质安全型达标转变；由单项工程达标向每道工序达标转变。2011年集团公司安排安全质量标准化项目601项，资金1.12亿元。从2008年至今，集团公司共命名表彰精品工程197个，精品工涉及采掘工作面、通风设施、运输大巷、斜坡轨道巷、皮带运输巷、机房（硐室）、变电所七大类别，精品工程的创建，极大地改善了井下职工的工作环境，进一步提升了矿井安全质量标准化层次，使质量标准化工作向纵深发展。

八、巩固成绩，打造精品“五优”矿井

自全省开展“五优”矿井创建工作以来，义煤集团公司已有9对矿井达到“五优”矿井标准，耿村、跃进、千秋、新安、义安5对矿井达到国家级质量标准化矿井，整体质量标准化水平迈入了全省先进行列。为进一步巩固成绩，推动质量标准化不断向纵深发展，努力打造精品“五优”矿井，各矿井按照集团公司“巩固、完善、提高、扩大”的工作思路和“安全、实用、整洁、效益”的要求，紧紧围绕“保、创、建”三字原则，扎实推进，稳步创建。“保”就是对已经达到“五优”创建标准的矿井，进一步巩固完善，勇于进取，不断创新，以永不满足的精神向精细化、数字化、自动化、信息化矿井迈进，力争创建精品“五优”；“创”就是树立争创意识，激发和调动其他矿井加大创建力度，积极主动创造条件，深挖内部潜力，强力推动全公司质量标准化工作迈上一个新的台阶，促进全公司“五优”矿井创建工作的整体提高；“建”就是对于新建矿井，在组织施工过程中严格按“五优”标准进行建设，确保新建矿井投产之日就是“五优”矿井达标之时，从源头上严格要求，高标准进行建设。

跃进矿推行资源开发与环境协调发展的绿色开采技术，从井下到地面，进行大规模的环境治理，全面建设园林式矿区、旅游式矿井。在地面，重新对“两堂一舍”、办公楼和职工家属区进行装饰；新建了北坡菜市场，职工图书室、活动室，安全监测室和地面注氮机房；在矿区安装了宣传企业文化的路灯、牌板，建立了企业文化一条街和安全文化广场。同时，加强环境保护，专门聘请园林专家对矿区进行统一绿化，种植冬青、雪松、牡丹等十余种花卉和树木，绿化面积达到了43%以上，全面打造了“矿在林中、楼在绿中、人在花中”的园林式矿区。在井下，通过抓好“两项”工作，不断改善了井下的生产条件，为职工创建了安全、舒适的作业环境。一是抓好亮点工程建设工作。在千米井下，建立了快乐玫瑰苑、跃进煤矿安全博物馆、井下医疗站、职工休息室、饮水点等亮点工程，进一步拓展了质量标准化建设内涵，提升了质量标准化建设品位。二是抓好精品“采掘面”建设工作。–200米西大巷，巷道宽度达到6.1米，净断面达到24平方米，采用锚网喷+35U型钢复合支护，使巷道支护强度大大增强。同时，全巷道喷漆、双排照明灯吊挂、大直径风筒搭接、壁画绘制、30轨铺设紧跟窝面，被业内人士广泛赞誉

为“千米深井地铁式隧道”。

新安矿按照“文化型矿井、生态型矿区、旅游型矿山”的现代化品牌矿井总体建设蓝图，新安矿领导班子拓展思路、长远规划，在保持“五优”矿井创建成果的基础上，积极打造精品“五优”，地面特色景区人工河水系、一流人间瀑布、牡丹苑、孝老爱亲街、新星大道、地质游园、日月潭、卡斯特地貌、丹霞地貌、雅丹地貌、冰川地貌、上下五千年历史大型兰亭序主题文化墙、弟子规照壁、荷花池、樱桃沟等一批生态工程已投入使用，天然“氧吧”已逐步形成，提高了职工幸福指数，矿区文化品位得到了提升。

通过大力开展精品“五优”矿井创建，不仅使井下安全质量面貌得到了改善，地面环境也得到了进一步刷新，彻底改变了煤矿脏、乱、差的现状。井上文明生活、井下文明生产，一个“住宿公寓化、饮食餐馆化、矿区园林化、行为文明化”的现代化矿区正屹立在豫西大地上。

九、创新管理，安全质量标准化工作异彩纷呈

近年来，各基层矿井纷纷创新安全质量标准化管理手段，出现了许多行之有效的经验和做法。

（一）杨村矿。

1. “现场安全生产运行准运证”挂牌管理制度：组织生产科室，经过严格检查审核，向采掘工作面、机电硐室、运输大巷发放“安全生产现场运行准运证”，日常检查中发现有不符合规定之一的，立即摘牌停产整改。每摘牌一次，分别对系统科室、责任单位及其领导进行处罚。这一制度把“不安全不生产”这一原则落实到了生产现场，确保了生产现场的动态安全。集团公司现已把该项制度在基层矿井中推广。

2. 安全帽“实名制”：安全帽分三种颜色，左侧喷印工作单位、姓名，右侧喷印员工编码，职务以小五星标志代替，还在党员的安全帽右侧印制党徽标志，时刻提醒党员保持自己的先进性和安全责任意识。实行安全帽标志不但可以快速识别井下人员身份，方便安全检查，还可方便井下各单位之间的沟通，有利于安全生产的现场管理。

（二）千秋矿“遵章守纪好职工抽奖”活动：工作中无“三违”、无受伤、无责任事故的职工，可参与季度、年度的安全抽奖活动，资金金额最高可达 3000 元。此举有效调动了全员参与安全生产、职工遵章守纪的积极性，使安全生产理念更加深入人心。

（三）义安公司中层干部监钻制度：公司副科级以上人员必须对抽放钻孔（以本煤层钻孔为主）进行抽查，每人每月抽查退钻杆次数不低于 1 次，并将作为瓦斯治理风险抵押金的考核内容，抽查情况在周安全办公室会通报。这一做法加强了防突工作的现场管理，有效地避免了假钻、虚报钻孔进尺情况的发生。

（四）常村矿“月述职、周评估”制度：“月述职”即要求生产科室、基层区队主要负责人在每月的第一个安全办公会上就单位及本人安全生产工作进行述职，由安检、组织部门记录在案，纳入干部考核范围，落实奖惩规定。“周评估”即每周由安检科、生产科、调度室、防冲办、地测科联合各单位施工地区对矿井安全现状和井下现场不安全隐患进行一次全面评估，评估低于 80 分的为不放心单位，立即予以停产整改，直至达到要求方可验收生产。该制度强化了干部的安全责任心，加强了隐患整改力度，生产现场的安全状况得到了保障。

（五）耿村矿千人扩大安全办公会制度：该矿规定，每月的第一个安全办公会为千人扩大安全办公会，会议要求矿领导、职能科室科长、区队队长以及各单位部分职工参加。千人扩大安全办公会的召开，使广大干部职工及时了解会议精神，认清当前矿上安全工作形势，提高了全矿干部职工的安全责任意识。

尽管我们在安全质量标准化建设方面做了大量工作，积累了一些经验，但我们深知，这些距上级领导的要求以及与先进的兄弟单位相比还有很大的差距。在今后的工作中，我们将继续秉承“安全第一，质量为本”的方针，积极探索和实践安全质量标准化工作的新方法、新举措，努力保持质量标准化工作开展的良好势头，夯实安全基础，把安全质量标准化工作不断推向深入！

义马煤业集团股份有限公司跃进煤矿

2011年以来，在集团公司的正确领导下，我们以"打造有跃进特色的本质安全型矿井、建设精品'五优'矿井、实现可持续发展"为战略目标，以"处处是精品、处处是文化、处处是管理、处处是创新"为工作思路，以本安化、语音化、彩色化、明亮化、可视化、定置化、信息化、军事化为工作方向，不断提升质量标准化建设水平，为打造有跃进特色的本质安全型矿井奠定了更加牢固的基础。跃进矿先后被授予国家级安全质量标准化煤矿、省煤炭系统安全文化先进单位、"五优"矿井、河南省文明单位、省一级安全质量标准化单位等荣誉称号。主要做法如下：

一、科学管理、扎实工作，为确保质量标准化顺利开展提供坚实后盾

（一）创新六项管理，注入新动力。一是创新领导干部带班下井"走动式"管理制度和安检员巡回检查制度。跃进矿要求领导干部带班下井期间，按照"一班一个小周期，三天一个大周期"的要求，要把井下所有生产区域的安全状况和工程质量巡查到，不留盲点、不留死角。同时，要求安检员在管辖范围内开展巡回检查，深入细致地排查各类隐患和严格验收每班的工程质量，力争在源头上消除各类隐患和杜绝一切不合格的工程项目。二是创新轮岗制度。2011年以来，跃进矿组织了127名班组长和56名安检员进行轮岗。既提高了班组长、安检员的业务素质，又提高了班组长和安检员的团队合作精神，为开展好质量标准化建设创造了有利条件。三是创新强化"八员"管理制度。通过提升"八员"（验收员、安检员、调度员、技术员、监理员、瓦检员、救护员、放炮员）的业务素质，强化"八员"安全生产岗位的责任意识，对"八员"实施严格的量化考核，充分发挥了"八员"在质量标准化建设中的先锋兵作用。四是创新开展"五优"区队和职工互保联保体系建设。按照"五优"矿井创建模式，我矿要求各基层单位从安全管理、高产高效、质量标准化、科技创新和区队文明化等五个方面，加强"五优"区队创建。为扎实开展质量标准化工作，奠定了坚实基础。同时，在职工自愿结合的基础上，采取灵活的结合方式，认真开展动态互保联保体系建设，有力督促了职工在工作期间"相互监督、相互关心"。六是创新开展"一月一活动"。我矿先后开展了质量标准化促进月、支护改革活动月、煤层注水推进月、冲击地压防治活动月、无自然发火活动月等活动，特别是创新召开了两场别具特色的现场会，分别在23130、25110工作面召开了质量标准化和安全班组及职工互保联保现场会，给各基层单位搭建了一个"横向找差距、纵向挖潜力"的平台。

（二）落实"三个到位"，增强保障力。一是宣传发动到位：跃进矿充分利用矿电视台、矿广播、条幅、板报、《跃进周刊》等媒体，把开展质量标准化建设的意义、目的、作用，进行了广泛、深入、细致的宣传，使全矿上下牢固树立了质量标准化是"安全工程、发展工程、生命工程和效益工程"理念。二是培训教育到位。4月13~20日，跃进矿对采、掘、开班组长和验收员、安检员进行了为期7天的专业技能培训，采用理论学习与现场操作相结合的教学模式，收到了良好的效果，进一步提高了学员的业务素质。三是资金投入到位。严格按照吨煤不低于5元的标准，足额提取了专项建设资金，全年累计投入829万元，为质量标准化建设顺利开展提供了坚实后盾。四是管理落实到位。跃进矿加强质量标准化制度建设，目前形成了"日通报、周检查、旬验收、月考核、季规划"的质量标准化管理体

系，为质量标准化顺利开展，提供了坚实的制度保障。同时，2011 年跃进矿加大了奖罚力度，累计动用奖罚资金 79.6 万元，充分发挥了经济杠杆作用，有力地推动了质量标准化建设向纵深方向开展。

二、高于标准、塑造精品，推动质量标准化建设上台阶、创水平

2011 年以来，跃进矿紧紧围绕"高、精、特"扎实开展工作，促使质量标准化建设步入了"快车道"，为实现"安全零事故目标"奠定了坚实的基础。

（一）高，是标准高、起点高。跃进矿以创建"河南一流、全国领先"的质量标准化矿井为目标，在"国标准""省标准"的基础上，制定了更高的标准——《跃进煤矿精品硐室、大巷、采掘面、采区施工标准》，确保新开工的质量标准化项目"必须是精品，必须是亮点"。同时，加强"三个标准化"建设，即标准化的环境建设，标准化的操作管理，标准化的"五优"管理，进一步拓展了质量标准化内涵，提升了质量标准化品位。

（二）精，是创亮点、建精品。跃进矿在千米井下建立了跃进煤矿安全博物馆、快乐玫瑰苑、医疗站、职工休息室、饮水点等亮点工程；先后打造了主井、暗主井"双千米精品运输巷道"，精品-200 米车场、精品 23、25 轨道巷等，进一步美化、靓化了现场的作业环境。今年以来，我们把精品质量达标的重心转移到精品采掘面、精品采区上来，使精品工程由固定硐室、车场、大巷向采掘面、采区延伸。在建设精品采掘面方面，-200 米西大巷，巷道宽度为 6.1 米，净断面为 24 平方米，采用锚网喷+36U 型钢复合支护，同时，轨道铺设、壁画绘制、管线架设、巷道喷漆等紧跟窝面，被业内人士广泛赞誉为"千米深井地铁式隧道"。23070 上下巷净断面分别达到 24.3 平方米，采用锚网喷+36U 三心拱叉腿棚支护，为打造精品 23070 掘进面奠定了坚实基础。在建设精品采区方面，先后对 25 回风巷、25 轨道巷、25 皮带巷进行了扩修、装饰，又高规格、高质量的建立了精品 25 变电所，为职工创建了赏心悦目的作业环境。25110 工作面从设计、掘进到安装、回采，严格按照精品采掘面管理，一步到位，特别是以打造"十个示范面"为引导、带动，有力推动了质量标准化建设不断向前发展。

（三）特，是有特点、有特色。以"八化"为工作方向，走出了一条具有自身特色的精品质量标准化建设的新路子。本安化：以实施安全精细管理、安全预控管理为手段，以构建"大小三防"责任体系为保障，以实现人员无失误、设备无故障、系统无缺陷、管理无漏洞、责任无盲点管理为核心，以达到"人、机、环、管"的协调统一为关键，切实切断事故的因果链，杜绝各类事故发生。语音化：在井下主要巷道、采区、采掘面建立了移动通信系统和语音广播系统，既方便了信息的传递，又可以不间断地为职工播放优美乐曲。彩色化：以国家规定的安全色为基础，对井下巷道、设施、设备，进行分类刷漆，既起到了警示作用，又缓解了职工的视觉疲劳。明亮化：在井下主要车场、巷道、采掘面安装了间距 5~10 米，双排或三排照明灯，大大提高了现场的能见度。可视化：在主要巷道和采掘面，建立了视频监控系统，使安全工作实现了可视、可控。定置化：对所有设施、设备实行统一编码管理，大大方便了职工日常管理、维修；对所有备用材料，按照码见角、堆见型、立要直、放要正的标准进行码放，使职工看起来顺眼，拿起来顺手，用起来顺心。信息化：先后普及了 OA 办公系统，应用了 NC 财务系统，升级改造了安全生产信息化管理软件和安全监测监控系统，大大方便了各类信息的采集、反馈、处理。军事化：把矿区当军营、把职工当军人，把制度当军纪，把现场当战场，把执行力当战斗力，有效杜绝了安全工作执行过程中"严不起来，落实不下去"的棚架现象。

三、突出现场、超前治理，不断增强矿井防灾抗灾能力

通过实施"三个结合"，突出现场质量标准化管理，不断提升矿井安全生产的系数，为打造有跃进特色的本质安全型矿井奠定了更加牢固的基础。

（一）将质量标准化与支护改革相结合。2011 年以来，大断面累计进尺为 3743 米，断面达到 18~24.3 平方米，全年累计扩修巷道 2392 米，巷道断面由扩修前的8~12 平方米，增大到扩修后的 18 平方米以上。-200 米西大巷，净断面达到 24.3 平方米，分别采用了锚网喷+36U型钢复合支护；25探巷、23070上下巷净断面由扩修前的7~12平方米到扩修后的18平方米、24.3平方米，分别采取了锚网索+36U形钢椭圆棚和锚网喷+36U三心拱叉腿棚复合支护。通过实施大断面，强支护，既有效解决了通风难、行人难、运输难的问题，又提高了巷道的支护强度。

（二）将质量标准化与煤层注水相结合。我矿扎实开展了高压水力压裂注水、煤层深孔注水、防灭火超前注水和工作面浅孔注水工作，同时，创新开展“四步注水工作法”，即均匀打孔、均匀高压预裂、强制注水、补充注水，大大提高了注水效果。2011年以来，跃进矿煤层注水量累计为10.47万立方米，23130工作面煤层含水率由注水前的6.5%，提高到注水后的9.1%，25110工作面煤层含水率由注水前的6.8%，提高到注水后的9.6%。有效抑制了煤尘的产生和散播，大大延长了煤层自然发火期和降低了冲击地压的危害。

（三）将质量标准化与重大灾害防治相结合。在冲击地压防治方面，一是坚持“大断面、强支护”，不断提升矿井抗风险能力。25110下巷净断面达到24.3平方米，创新推行了“三级支护”，即采用锚网索+36U型钢椭圆棚+门式支架，大大提高了巷道的支护强度。二是坚持防范胜于救灾的思想，严格落实了“主动预测、培训教育、预测预报、措施解危、效果检验、安全防护”的“六位一体”防冲体系，使跃进矿冲击地压防治取得了突破性的进展。2011年8月11日，25110发生了2.7级的冲击地压，既避免了冲击地压伤人事故的发生，又在20小时内恢复了生产。在防灭火方面，在新建了制氮机房，新安装了地面制氮机（注氮量1000标准立方米/小时），不断完善了矿井注氮系统。同时，在23130、25110综放面，创新推广了上下隅角及工作面架间注氮技术，严格落实了灌浆、注氮、注胶、注水等综合防灭火措施，有效杜绝了煤层自然发火现象。在防治水方面，在25区，又新挖掘了一个容量为1200立方米的水仓，安装了4台流量为155立方米/时的水泵，在25110工作面，敷设了4000余米专用排水管，安装了10台大功率的排水泵，为实现“八王”标准（即工作面排水能力达到800立方米/时，日产原煤达到5000吨）和无水害目标奠定了坚实基础。同时，跃进矿首次在25110综方面，应用了顶板水预引技术，促使顶板水防治由“被动排水”向“主动治水”转变。

四、人本管理、文化引领，进一步拓展质量达标内涵，提升质量达标品位

（一）加强环境改造。在井下，我矿安装了语音通讯系统，不间断地播放旋律优美的乐曲；在各个采掘面配备了饮水设备和座椅；针对井下部分地区温度偏高的情况，跃进矿在加强通风、洒水的基础上，为职工发放了短袖工作衣，在采掘面安装了制冷风机，不断改善现场的作业环境。在地面，跃进矿先后对职工食堂、澡堂、宿舍进行了装修，对矿区、职工家属区进行美化、亮化、绿化、硬化，进一步改善职工的生活、工作环境。

（二）创新推行“快乐工作法”。通过“尊民赢乐、创安保乐、学习促乐、建功得乐、奉献创乐、惠民享乐”等方式，加强思想引导、文化引领、环境建设和制度保障工作，着力提升精神文化软实力，让职工充分享受“尊重之乐、安全之乐、学习之乐、成功之乐、奉献之乐、关怀之乐”。

（三）积极培育特色的安全文化。建立“五个一”的安全体系（以地面工业广场、生活社区、街道为主的安全教育“一条街”；以采掘面为主的安全教育“一条线”；以井口安全文化长廊到井下运输大巷的安全教育“一条龙”；以区队、班组学习室为主的安全教育“一园地”；以广播、电视、板报为主的安全教育“一阵地”），以先进的安全文化为引领，着力打造持续安全的人文环境，使职工时时、处处感受到强烈的安全文化气息，为扎实开展各项安全工作提供有力的文化支撑。

总之，在集团公司的正确领导下，跃进矿在质量标准化上做了大量的工作，也取得了一些成绩，但是与上级领导要求还有一定差距，在今后的工作中，继续发扬与时俱进、开拓创新精神，深入持久地开展好安全质量工作，进一步推动矿井安全生产形势持续稳定，为集团公司科学跨越作出新贡献！

义马煤业集团股份有限公司耿村煤矿

一、做到“五个到位”全面开创安全质量标准化工作新格局

一是思想认识到位：为推动质量标准化工作取得新进展，实现新突破，2010年，耿村矿按照集团公司提出的“处处是精品”的指示精神，明确提出“所有工作地点必须达到精品工程”的工作目标，为全年安全质量标准化工作指明了努力方向。为确保这一目标的实现，矿领导多次在会议上提出：质量标准化是安全工作的基础，必须以意识的创新带动质量标准化不断向深层次迈进，提高达标层次，改善生产现场作业环境，实现向本质安全型矿井的大跨越。在这种思想的指引下，各系统、各专业、各单位充分认识到了开展安全质量标准化工作的重要意义，自始至终把安全质量标准化工作作为矿井安全发展的首要任务，紧抓紧促，为安全质量标准化的快速发展提供了强大的思想保证。

二是组织领导到位：为切实加强对安全质量标准化的管理，耿村矿成立了以矿长、党委书记为组长的质量标准化领导小组，统筹部署安排安全质量标准化工作。同时规定：矿质量标准化办公室对全矿质量标准化工作负责；分管矿领导及职能科室对本业务系统内的质量标准化工作负责；基层单位队长、支部书记对本单位的质量标准化工作负责；包保科室对所包区队的质量标准化工作负责。从而在全矿井形成了层层有目标、事事有人管、人人有专责、个个肩头有压力的质量标准化组织保障体系。

三是管理制度到位：2010年，耿村矿把安全质量标准化管理制度的建立，作为搞好安全质量标准化的一项基础工作来对待。对照《安全质量标准化标准及考核评级办法》，结合实际，细化、量化、深化了检查考核标准内容，出台了《耿村煤矿安全质量标准化管理细则》《耿村煤矿安全质量标准化风险抵押金考核办法》《耿村煤矿质量标准化管理处罚条例》《耿村煤矿环境卫生管理办法》等制度规定，形成了安全质量标准化检查评比、考核奖惩体系，为安全质量标准化建设提供了制度保证。

四是宣传发动到位：充分利用电视、网站、牌板、电子屏幕等各种形式，开展强有力的宣传活动，大力宣传强化“安全质量标准化”工作的重大意义、目标和措施，各单位也充分利用进班会、安全学习日等时间教育广大员工统一思想、提高认识，为安全质量标准化工作的强力推进创造了良好的舆论氛围。

五是现场落实到位：要求每个作业现场，必须严格按照作业规程和安全技术措施的要求施工，大到一个巷道工程，小到一根锚杆、一根点杆，必须全部达到标准要求。否则，在重新施工的同时，还要严肃追究责任人的责任，从而确保了各项工程的质量。

二、突出超前预防，着眼创新发展，筑牢了安全生产的基础

第一，稳固基础，不断提升矿井的安全质量标准化水平。质量标准化建设是煤矿安全生产的基础工作。我们在创建安全质量标准化矿井中，开拓思路，务实创新，做到在借鉴中创新，在巩固中提高，使耿村矿质量标准化水平有了显著提高。首先我们不断加大安全投入，对照标准进行集中整治；其次，对安全质量标准化规定的新内容，始终坚持高起点、高标准，求真务实、注重实效，不搞突击、不摆花架子，平时抓、抓平时，长抓不懈。我们还将质量标准化工作重点落实到采掘头面的管理，对采掘头面全部实施“精品工程”管理，井下各区域达到现场没有重点头面、没有薄弱岗点，没有薄弱区队、没有管理死角的要求。同时，为使质量标准化水平得到巩固和提高，耿村矿采取定期召开质量标准化现场会，总结质量标准化工作中的经验和不足，从而促进耿村矿安全质量标准化建设呈现出了稳步提升的可喜局面。

第二，加大投入，提高安全装备技术水平，为安全生产创造条件。耿村矿以国家级安全质量标准化矿井为契机，立足加大安全投入和“科技兴安”战略相结合，努力创建本质安全型矿井。

第三，大力开展综合自动化矿井建设，提升矿井现代化水平和安全生产能力。近年来，通过对矿井技术设备的不断升级改造，耿村矿先后建立了覆盖井上下的矿井瓦斯监控系统、井下人员定位管理系统、小灵通生产指挥系统、矿井变电所自动化监控系统、轨道运输信集闭遥控管理系统和矿压观测、冲击地压地面监测系统等现代化管理体系，为矿井安全预控管理奠定了基础。

第四，坚持以人为本，强化教育培训，不断提高了广大职工自主保安意识和依法操作的能力。我们始终把提高职工业务技术素质作为安全的基础工作来抓，坚持环境育人，努力创建安全文化，并且充分利用矿职陪中心作为三级煤矿安全培训基地的阵地作用，组织职工脱产、半脱产培训，使职工的自主保安意识和正规操作能力不断提高，进一步夯实了安全基础。

义马煤业集团股份有限公司千秋煤矿

一、提高认识，明确责任，严格考核，全面开创新局面

（一）明确责任，齐抓共管。为切实加强对安全质量标准化的管理，千秋矿成立了以矿长、党委书记为组长的质量标准化领导小组，明确了责任，矿质量标准化办公室对全矿质量标准化工作负责；分管矿领导及职能科室对本业务系统内的质量标准化工作负责；基层单位队长、支部书记对本单位的质量标准化工作负责；包保科室对所包区队的质量标准化工作负责，从而形成了层层管理的安全质量标准化保障体系。

（二）加强学习交流，提高标准化意识。为了提高安全质量标准化水平，我矿多次组织中层干部到外矿参观学习安全质量标准化管理经验，充分提高广大干部职工的安全质量标准化意识，为实现安全质量标准化再上新台阶打下了坚实基础。

（三）树立责任意识，严格制度考核。

1. 为认真抓好质量标准化工作，千秋矿按照建设本质安全型矿井的要求，先后修订完善了《千秋煤矿质量标准化管理办法及细则》《安全质量标准化奖惩办法（试行）》《关于加强井上下牌板管理的通知》《安全质量隐患奖罚管理补充规定》等规章制度，加强质量标准化现场管理，加大奖惩力度，重奖重罚，确保各项制度落实到位。为进一步深入开展安全质量标准化工作，质量标准化办公室加大日常安全监督、监察力度，强化现场监督检查，对达不到质量标准化要求的坚持进行停工整改，确保工程质量。对整改不合格，达不到措施和规程要求的，坚决不允许复工。

2. 为确保质量隐患及时整改，千秋矿按照建设本质安全型矿井的要求，严格落实各级领导干部安全生产责任制。坚持每周四开展一次全矿安全质量大检查和不定期安全质量抽查，对查出的隐患，我们实行了挂牌督促整改制度，首先由信息站和质量标准化办公室开出隐患通知单，由各单位主管领导签字进行整改落实，同时写出隐患标志牌悬挂在各单位生产地点，由安检科监督整改，并将整改情况及时反馈，对不能按要求整改的，将给予处罚，以此加快隐患的整改力度，给安全生产奠定了坚实基础。

3. 为了加强安全质量标准化现场管理，严格落实安全质量奖罚制度，提高干部职工对安全质量标准化的认识，使安全质量标准化工作能及时有效地落到实处，奖出积极性，罚出责任心，落实责任，千秋矿制定了《安全质量隐患奖罚管理补充规定》，要求各区队工资表专项单列奖罚必须与安检科奖罚金额一致。

（四）创新质量标准化管理，促进扎实开展。为了加强对井下质量标准化管理工作，我们下发了《关于进一步加强矿井质量标准化工作的若干规定》，对质量标准化搞得好的单位，在现场召开质量标准化现场会，通过学习，提高其他单位质量标准化意识。对于质量标准化搞得差的单位，在现场召开质量标准化促进会，督促整改。通过鼓励先进、激励后者，使他们找出差距，弥补不足，进一步推动质量标准化工作再上一个新台阶。目前已在有关单位召开了现场会和促进会，取得了良好效果。

二、打造精品工程，不断巩固和提高“五优”矿井建设

（一）树立创精品、建精品的意识，严格按照“保一级、求巩固、促提高、创精品”的整体工作思路，遵循“安全、实用、整洁、效益”的工作原则，进一步加大创建力度，向先进学习、向先进看齐，把质量标准化由大巷、井底车场、硐室向采掘巷道、工作面转移，着力提升采掘工作面现场质量标准化达标层次，把质量标准化和五优创建工作推向更高阶段。

（二）实施精品带动工程。深入开展精品工程建设，对精品工程实行挂牌管理，树立典型，带动矿井质量标准化不断向纵深发展，由局部精品向整体精品迈进，实现质量标准化整体提升。

（三）坚持质量标准化动态考核。做到月考核、月验收，实现质量标准化由“静态达标向动态达标”转变，由“局部达标向全方位、全过程达标”转变，由“工程达标向人的行为规范”转变，推动质量标准化上等级、上台阶。

（四）采取强力手段，规范职工行为。大力开展了以“手指口述”、岗位描述和准军事化管理、精细化管理为内容的“两述两化”活动，并将“两述两化”融入矿井管理的各个层面，有效增强了企业的凝聚力，切实提高了全体员工的执行力，形成了井上文明生活，井下文明生产的新局面。

（五）实行实名制牌和星级牌管理。集团公司领导安全帽上为一颗大星、矿党政“一把手”安全帽上为五星、副矿级及副总安全帽上为四星、科室科长及区队党政“一把手”安全帽上为三星、跟班队干安全帽上为二星、班长安全帽上为一颗小星；是党员的在星牌上加党徽标志。另外，凡井下职工全部实行实名制牌管理，实名制管理牌以区队为单位进行编排，从主管队长、支部书记到每位职工的管理牌为实际姓名，实名制管理牌装于安全帽右侧，星级管理牌装于安全帽左侧，现已对井下职工 2676 人施行了实名制牌管理，通过实行实名制牌和星级牌管理，规范了职工行为，充分发挥党员干部的模范带头作用，促进了“五优”矿井工作的扎实开展。

（六）逐步推行“定、置、化”管理模式。对井下的物品进行分类编码，定人员管理责任，定物料码放位置，进一步精细化管理，明确物品责任，方便使用，促进了“五优”矿井工作再上新台阶。

三、加大支护改革力度，深入推广大断面支护

千秋矿生产技术科针对矿井采深大，冲击地压频发，巷道变形严重等所存在的实际状况，积极推广采用新型高强度支护材料先进支护方法，从而更好地满足实际生产需要。

四、科学设计，加强攻关，扎实开展煤层注水工作

千秋矿通过对煤层注水降尘原理和煤层注水方式的研究，结合矿井煤层地质技术条件，探索了动压注水在采掘工作面降尘的可行性，并对动压注水的实际效果做了一定考察和分析，淘汰了静压煤层注水技术。

为了加强注水的管理，便于职工的现场作业，我们在采掘工作面建立了专用的煤层注水管网系统，每个注水钻孔处安设一个三通阀门通过高压管与注水主管路相连，达到随开随注。并对每一台注水泵安装了水表进行计量，防冲科、安检科和通风区每班设专人对注水工作的开展情况进行检查，促进了煤层注水

工作的开展，初步实现了煤层注水综合防尘、防治冲击地压、防治瓦斯、防治煤层自然发火等灾害和“快速掘进、快速解危”的目的。

五、扎实做好瓦斯综合治理示范化矿井创建，全面推进瓦斯治理工作再上新台阶

（一）在瓦斯防治方面：一是加大投入，提高瓦斯治理的科技含量，利用一套地面固定瓦斯抽放系统和两套井下移动瓦斯抽放系统（21141 井下瓦斯抽放系统和 21211 井下瓦斯抽放系统）。地面和井下两套抽放系统有独立抽放管路，通过阀门控制既可独立抽又可合并抽，重点开展 21141 高位钻场大直径水平长钻孔、低位钻场高位钻孔、上隅角埋管、上隅角插管等综合方式的采空区分源瓦斯抽放。21211 工作面采取低位钻场高位钻孔、上隅角插管、埋管等综合方式的采空区瓦斯抽放。通过合理调节 21141 工作面和 21211 工作面的抽放系统、分源抽放，提高了抽放瓦斯浓度。21141 工作面回风流中瓦斯浓度保持在 0.3%以下，工作面上隅角瓦斯稳定在 0.4%左右；21211 工作面回风流中瓦斯浓度保持在 0.3%以下，工作面上隅角瓦斯稳定在 0.5%以下。21141 工作面瓦斯抽放率 65%以上，21211 工作面瓦斯抽放率 65%以上，全矿井瓦斯抽放率 60%以上，达到了综合治理 21141 工作面和 21211 工作面瓦斯需要。二是强化瓦斯检查制度，狠抓现场落实，瓦检员必须严格执行“瓦斯巡回检查制度”“班中汇报制度”和“现场电话对口交接班制度”。三是利用千秋矿 KJ95N 型安全监控系统对井下各采掘点全部配齐瓦斯传感器，实现瓦斯超限实时报警断电，真正实现自动监测和人工检查相结合的瓦斯检查方法，从根本上杜绝瓦斯超限作业现象。四是加强局部通风管理，每班进行局部通风机自动倒台试验，严防无计划停电停风。

（二）在防火方面：在煤层自然发火防治方面，确立了“高效预警、科学评价、综合预防、快速治理”的矿井防灭火理念不断创新现场防火措施，主要做好了以下几项工作：一是完善了“监测系统预警、便携仪器定位、人工测量确诊、束管分析定性”的火警预警体系，根据采掘生产变化情况及时调整井下 27 处重点监控区域，制定了详细防火措施、监控手段，杜绝了煤层自然发火现象。二是加强注浆工作，对采空区、密闭区、老巷、21141 工作面下巷防火钻场、上巷报废抽放钻场等地点进行定时注浆，每天注浆时间不低于 5 小时；对顶帮破碎可能有自然发火隐患的地点，提前采取钻孔注浆、注胶、注 MEA 新型灭火剂、注水泥和泡沫水泥等措施进行超前预防处理，重点加强对 21141 工作面和 21172 上、下巷自然发火防治，防止自然发火现象的发生。三是加强了对老巷检查与管理，及时封闭废弃巷道，杜绝盲巷产生。

（三）在煤尘防治方面：坚持工作面煤壁浅孔注水、巷帮深孔注水、防尘喷雾相结合的除尘方法。

（四）在通风方面：近年来，冲击地压导致通风基础设施，反复修建和不断完善，创新性建造“耐压风门墙”6 道，使用“耐压风门墙”后，墙体强度明显增强，墙体维护周期延长 3 个月以上；根据工作面防火和瓦斯治理需要，合理调配风量，保证矿井通风系统的稳定性、可靠性，满足矿井安全生产的需要；为提高风门质量，亮化通风设施，在 21141 上巷车场、二水平轨道东六巷、21111 上巷联络巷安装无压自动风门，并对 21172 上、下巷 4 道风门进行装修亮化，使之成为千秋煤矿的风门亮点工程；圆满完成 8 月矿井瓦斯鉴定工作，9 月 25 日进行了矿井反风演习工作，矿井反风率达到 40%以上，有效地提高了矿井的综合抗灾能力。另外，优化了通风系统，安排专职队伍清修专用回风巷道 550 米，矿井通风负压由 2080Pa 降低到 1910Pa。所有通风设施都按省煤炭工业局新颁质量标准构建，对井下主要地点风门全部实现了联锁。

（五）在安全监测方面：一是全面加强对监控系统的管理，定期调校，每周进行一次瓦斯传感器试断电工作，确保监控系统灵敏可靠；二是对束管监测系统进行了升级改造和调试试运行工作；三是人员定位系统投入运行，并开展了人员定位系统考勤工作。

六、严格落实综合防冲措施，建立千秋矿防冲体系，确保矿井安全生产

（一）不断完善“三级预警”监测技术体系。我矿引进了 KZ—301 地震台网监测系统，实现整个矿井大范围的低频、高能量大微震事件及矿震事件的监测；采用 KJ216 综采支架阻力在线监测系统可对工作面周期来压情况做到有效的分析和掌握。采用 KBD—5、KBD—7 配合常规的钻屑法监测及矿压观测法组成的局部监测体系，进行临场预测，加密监测频次及时分析数据，掌握变化趋势。通过引进国际领先的冲击地压监测仪器，实现了多渠道、多手段捕捉冲击地压信息，形成了从井田到采区到工作面全方位的立体式监测网络“三级”预警体系，对研究冲击地压发生规律，提前预测冲击危险信息提供了技术支持，为有针对性采取防治措施提供保障。

（二）合理调整生产布局，降低开采强度。我矿从减少应力集中缓解冲击地压角度出发，对生产布置及开采程序进行调整，“攻东守西”，由过去单一开采西翼，改为东西翼同时开采、合理配采的生产布局，降低西翼 21141 综放工作面的开采强度，减少开采应力集中程度，达到减弱冲击地压的目的。根据底部岩梁断裂位置、FLAC 数值模拟及工程实践，合理确定新设计工作面上巷掘进时的煤柱净宽度为 5~6 米，使巷道处于应力降低区。将 21172 工作面上下巷布置在下分层采空区或上分层巷道正下方的应力降低区内，降低了冲击地压影响。

（三）通过开展本煤层深孔卸压爆破多重卸压（超前卸压、即时卸压、重复卸压）、底板断底爆破卸压、预掘疏压硐室、水力压裂技术、煤层注水卸压、快速消冲技术，有效地预防了冲击地压发生和减弱冲击地压发生时的强度。

（四）研究“支、护、卸”三者之间的关系，建立防护体系。

1. 卸压是前提，只有通过卸压，消除高应力，才能为有效的支护创造条件，才能支得住，防得住。千秋矿以卸压为前提，采取松帮卸压及大直径钻孔卸压措施，为高应力释放提供空间，创造条件，避免应力集中，从而保证支护不受破坏，提高支护质量。

2. 千秋矿根据采煤工作面超前支撑压力影响范围，对工作面两巷分四个区域进行不同等级的支护。

3. 掘进工作面以“大断面、高强度、强连锁、支护与卸压并存”的理念为依据，在 21172 掘进工作面上下巷推行 24 平方米大断面支护方式。

4. 为了减少巷道变形，保证安全生产的足够空间。①对巷道两帮失效的锚杆、锚索及时补打，鼓帮、片帮区域及时增加锚杆支护，保证锚杆、锚索支护体系完整、有效；②在原 36U 型钢可缩支架的基础上，改进为马蹄形 36U 型钢全封闭支架，实现了全断面封闭支护，有效地控制了巷道底鼓及棚腿被挤出的不良现象；③通过对巷道顶部绞架背顶主动承压，避免支架受不均匀应力挤压造成集中变形，同时对漏顶巷道补打锚杆、锚索加强顶部支护；④加强个人防护，保障人身安全，作业人员佩带防冲头盔穿防冲服，冲击地压影响区设备捆绑固定；⑤合理安排劳动组织，分散作业人员，建立安全庇护所，安装压风自救系统，增加压风自救袋数量，建立完善安全避险“六大系统”；⑥在严重冲击地压危险工作面巷道内实行生产班无人制度，非生产期间限制人数。

（五）一方面加强与大专院校、科研院所的交流与合作，依托科研单位技术优势，为防冲注入新理念、新思维、新技术；另一方面加强与兄弟单位的联系与沟通，互相交流、取长补短、共同提高。

七、强化安全培训，提升职工素质

千秋矿以提高全员安全技术素质为目标，采取专家授课、集中培训、典型事故案例、“三违”人员说教及印发宣传手册等手段，定计划、分阶段大力开展安全技术培训，不断提升职工安全责任意识和岗位操作技能，规范自身行为规范，真正做到“三不伤害”，预防和杜绝各类事故的发生。

八、加强宣传，营造良好氛围

充分利用电视、网站、牌板、电子屏幕等各种形式，开展强有力的宣传活动，大张旗鼓地宣传强化安全质量标准化工作的重大意义，各系统、各单位也充分利用进班会、安全学习日等时间教育广大员工统一思想、提高认识，为安全质量标准化工作的强力推进创造了良好的舆论氛围。

义马煤业集团股份有限公司新安煤矿

近年来，新安煤矿以深化煤矿安全质量标准化为基础，以“五优”矿井创建为契机，以构建“文化型矿井、生态型矿区、旅游型矿山”为目标，努力探索安全管理工作的新路子，按照“井上文明生活、井下文明生产”的标准化管理要求，从大处着眼，小处入手，在“严抓细管”上下工夫，增强安全工作的针对性和实效性，在全面巩固和提高采掘质量标准化水平的同时，增加投入，加大瓦斯治理及防治水工作力度，破解威胁矿井安全生产的难题，收到了较好的效果。

一、完善制度和机构，加强组织领导，建立健全质量标准化工作体系，实施质量标准化工作“正步走”

在探索实践中逐步建立并完善了煤矿安全质量标准化工作体系，成立了矿井质量标准化工作领导小组，明确了以安全矿长为分管负责人、安检科为分管业务部门，统一协调全矿质量标准化工作。健全《新安煤矿质量标准化管理办法》、《质量标准化责任制》等相关管理规章制度，明确岗位职责；建立并严格执行安全质量标准考核制度，完善各级领导、各部门、各工种、各岗位安全生产责任制，保证了质量标准化工作的顺利开展。在执行质量标准化管理考核制度和落实各级领导安全质量标准化责任制的基础上，通过转变安全质量标准化工作观念，不断加大资金投入，实现工作重心由大巷、固定峒室达标向采区、采面转移，实施质量标准化工作“正步走”，全方位打造安全型矿井。

二、不断创新安全管理手段，促进质量标准化工作深入开展

建立健全安全生产系统化、体系化管理模式，逐步形成卓越“310”安全生产管理模式及“61234”安全目标管理二作体系；实行“3+2”联保互保责任体系；在责任落实与追究方面，始终保持安全高压态势，促进安全压力传递；严格落实责任追究制度，促进安全生产责任制的落实，充分利用安全质量风险奖惩机制，严格落实安全主体责任，实施安全质量风险抵押责任连带，扩大经济挂钩比例；严格执行对“三违”人员责任追究，对严重“三违”人员除缴纳规定数额的安全保证金、取消当月所有奖金外，同时对“三违”人员所在班组实施经济责任连带惩罚。全面实施重大隐患失查漏检时效追究，提高隐患排查整治力度。统筹把握安全工作中的六个重点，狠抓科室、区队、班组三级安全责任落实；强力推行“两述”工作法和准军事化管理，以“两述两化”、岗位安全预知预想规范和引导职工的行为，使职工养成上标准岗、干标准活的主动意识和责任意识，全员达到“工作标准化、行为军事化、管理精细化”、“手指口述”和岗位描述“日常化、熟练化”，并且下发了《深入持久开展“两述两化”工作管理考核办法》，对各单位干部职工进行全面规范考核，全面提升全员文明素养和安全工作执行力；严肃值班带班纪律，牢牢掌控全过程、全方位、全天候安全防范。严格请销假制度，规范领导干部下井带班工作，通过下发《新安煤矿领导干部下井带班工作管理规定》，有效保障了矿井各级领导带班工作规范、有序开展；加强对班组长培训教育，全面提升班组长安全素质，健全完善各级安全诚信机制建设，积极开展安全放心单位创建评选工作；推行现场检查“安全承诺”和“重大危险源辩识”工作制度，促进了各级安全责任制的落实；建立长效安全预警预报制度，全面执行顶板来压、防范瓦斯超限、防突及防治水、安全供电等预测预报工作机制，重心下移，提前防范。

三、强化培训，提高素质，从能力上夯牢安全根基

按照“管理、装备、培训”并重的安全生产管理要求，以提高全员安全技术素质为目标，坚持“强制培训、岗位培训、经常教育、广泛宣传”的安全培训原则，以各专业质量标准化标准、新《规程》《防突规定》、《煤矿防治水规定》等知识为学习内容，坚持矿集中培训与区队业余培训、班组技术培训与个人文化素质培训、安全与质量标准化知识培训相结合，不断提高职工对开展质量标准化工作重大意义的认识，提升职工安全责任意识和岗位操作技能。

四、确立标准化领先意识，强化质量标准化管理，突出重点难点，狠抓关键环节，全面提升质量标准化管理水平

（一）确立标准化领先意识，全面提升质量标准化管理水平。一是完善制度、明确标准，整理总结了7项文明卫生标准和7项文明卫生制度，要求上标准岗、干标准活、做标准化工程，完善了质量标准化责任制，用标准、制度来规范标准化创建工作；二是努力实现标准化工作重心向采区和工作面转移，将质量标准化实施情况作为安全办公的一项重要内容进行通报、安排，促进质量标准化工作向深层次推进；三是认真落实日检查、周总结、月考核的奖惩制度，全力推行区队4:3:3安全质量标准化结构工资，实施质量标准化一票否决制度，进一步推动质量标准化工作有序稳步发展；四是坚持标准化动态考核、动态达标，不断查找缺陷，找准症结，推动标准化水平再上新台阶。

（二）以一级质量标准化标准规范采掘工作面标准化，在工程质量上严把“毫米关”。大力开展支护改革，积极开发支护管理新技术，加大回采工艺、松软煤层沿空留巷等技术的研究力度，大力推行煤层深浅孔注水。坚持单体支柱、综采支架初撑力监测和顶板监测，严格执行对锚杆、锚索的拉拔力试验，认真做好顶板管理的预测预报，大力开展松软煤层沿空留巷、沿空掘巷技术研究与应用。积极开展煤层深孔注水工作，实施队伍分片包干制度；注重标准化车场的创建和管路、棚梁的刷漆编码，完善了相关的标准，包括支架统一编号，张贴质量标签，锚杆、锚索挂牌管理，风筒、水幕编码管理，风水管线统一吊挂，电缆吊挂“打包”一条线；在小绞车点杆和小上山连锁绳梯醒目提示处刷漆；材料存放架统一制作，整齐码放；亚克力技术牌板规范安装等。通过这些标准使安全质量的每一道流程、工序得到有效控制，体现了人人、时时、事事、处处“工作有标准、岗位有责任、管理有制度、操作有规范、考核有依据”的精细管理模式。在加强采掘一线标准化创建工作的同时，投入1300多万元，重点对15区轨道上山及东翼运输大巷、副二斜井进行亮化美化整修改造工程，东区“精品五优”再建已初见成效。为矿井实现“地铁化、明亮化、彩色化、整洁化”奠定了坚实的基础，矿井标准化水平也必将得到整体提升。

（三）从工程设计的源头入手，以创建精品示范区队、精品示范班组、精品示范工程、精品示范峒室和变电所为目标，实施精品工程流程再造，强力推行安全质量由“静态精品”向“流程精品”转变，依托质量标准化建设，全面开展精品工程建设，在保持集团公司命名的精品工程的基础上，积极再创新的亮点和精品采区。上半年14区地面及井下抽放泵站与15051上巷掘进头三项通过集团公司精品工程命名验收，下半年规划精品工程正在积极申报，切实将质量标准化由大巷、井底车场、硐室向采掘工作面转移，实现静态达标向动态达标转变，“工程达标向人的行为达标”转变。

（四）全力开展“瓦斯综合治理示范化矿井”创建，抓住一个关键，明确两个重点，强化三个主体责任，优化四个系统，搞好五个结合，坚持六个原则，始终将瓦斯综合治理作为重中之重的工作抓紧抓好。严格贯彻落实区域、局部两个“四位一体”综合防突措施，开展瓦斯治理和防突技术研究和应用，做到不掘突出头，不采突出面，实现瓦斯综合治理和防突工作新突破。严格执行各项防突管理规定，严格落实《瓦斯钻孔施工安全技术管理若干规定》，严把钻孔施工全过程的监督、考核关，积极开展水力压裂和水力冲孔消突增透技术应用，在采掘前进行消突效果评价，矿井消灭瓦斯动力现象。牢固树立“瓦斯超限就是事故”的安全管理理念，科学合理安排“采、掘、抽”接替平衡，以综合瓦斯抽放为重点，建立井上、下瓦斯抽放系统，实现了采空区和本煤层分源抽放和计量。筑牢瓦斯综合治理根基，消灭瓦斯超限，杜绝瓦斯事故，建成示范典型，实现和谐双赢。

（五）加大隐患排查治理力度，促进质量标准化水平的提升。充分发挥"1235"工作法安全闭环管理优势，确保安全质量工作持续改善提高。为保证矿井安全质量标准化工作取得实效，我矿将质量标准化工作与隐患排查治理相结合，对照各专业安全质量标准化标准查找差距和漏洞，通过周二基层单位隐患自查、周三安全大检查、周五分系统日常检查、周一对隐患排查治理闭合和责任追究情况通报，以及干部日常走动管理巡查，及时查漏补缺，保证了全矿各系统、各作业地点、各个峒室和各个边远盲点100%得以安全监控，对排查出的严重质量问题和重大质量隐患坚决停止作业，建档挂牌，按"五定"原则进行整改。

（六）完善"六大系统"，提高矿井安全保障能力。新安矿按照上级要求不断建立完善安全避险"六大系统"，既保障日常安全生产，又增强防灾抗灾能力。在井下各采区设置了医疗急救站，配备了急救药品及相关器材，并在各基层单位中抽出辅助医疗急救人员由医院进行急救知识强化培训，做到班班都有急救员，为突发工伤时急救工作的有效开展提供了重要保障。

五、建立激励约束机制，严格考核兑现，奖罚分明，保证质量标准化工作有效实施

（一）坚持以动态考核为主、定期检查验收为辅的质量标准化考核奖惩机制，其中动态检查验收占60%，静态检查验收占40%。全面加大质量标准化的处罚力度，紧紧围绕工程质量、文明卫生、美化亮化等工作开展全面监督，对未严格落实文明卫生和"两述两化"工作制度的，每项扣罚单位当月应得安全质量标准化抵押金的10%~50%；文明卫生能够长期保持良好的，给予加奖10%~50%。对标准化和"五优"工作有创新机制、成绩显著的，每次加奖50%~100%，对"五优"和标准化滑坡的单位，每次下浮安全质量标准化奖金50%~100%，达不到标准规划等级的，执行安全奖罚一票否决，全额扣除安全质量标准化奖金。

（二）严格精细化管理考核，努力向"五精"（精细、精准、精确、精益、精美）管理目标迈进。2009年完善了《新安煤矿井下现场精细化管理实施方案》，确立了"五精"管理目标，以员工6S行为为规范基准，以5E标准体系为支撑，以A、B卡考核为基础，以"三工并存、动态转换"为手段，以"一站、一栏、一看板"为载体，以强有力的制度影响和约束职工的不安全行为，达到四化要求，做到了"事事有人做，处处有人管"，使工作质量和工作效率大大提高，提升了安全质量标准化管理水平，实现了精细化管理向"五精"管理目标迈进。

义马煤业集团洛阳义安矿业有限公司正村煤矿

一、以安全质量标准化为核心，全面提升矿井安全管理水平

成立了由总经理任组长的安全质量标准化暨"五优"矿井建设领导小组，出台了《洛阳义安矿业有限公司安全质量标准化管理规定》、《洛阳义安矿业有限公司全员安全质量标准化风险抵押金实施细则》等管理制度，做到奖惩分明，严格兑现，充分依靠经济杠杆调动广大干部职工搞好安全质量标准化工作的积极性和主动性。

二、努力抓好质量标准化工作，开创"五优矿井"新局面

把扎实推进"标准化、数字化、精细化和新常态化"管理作为全年安全质量标准化建设的主线，力促安全质量标准化上台阶、上水平。

一是拓宽学习渠道。每月一次由副总经理带队组织质优办人员及科室相关人员外出参观学习，借其所长，补己所短。通过学习，不但开阔了视野、拓宽了思路，更增强了抓好质量标准化的紧迫感和责任感。在加强外出学习的同时，不断强化职工内部学习，组织开展质量标准化知识竞赛、质量标准化技术比武活动，将每周公司组织开展的安全大检查改为安全质量大检查、安全办公会议调整为安全质量办公会议，每周各单位质量标准化工作进展情况作为会议的一项主要内容，对不能按期完工的予以重罚，从而大大提升了各单位主动抓好质量标准化的责任意识。

二是完善管理制度。出台了《义安公司工程质量管理标准》《义安公司轨道管理办法及轨道铺设标准》《义安公司瓦斯综合治理标准化规定》等标准，制定了《义安公司工程质量标准汇编》，汇编覆盖了机电运输、一通三防、采掘开等200余个工种以及各个环节，从大到工程施工、小到牌板填写的字体、字号，从每个工艺流程到工人操作的每个动作，都有详细明确的执行标准，基本实现了“标准在手，干活无忧”的工作局面，为今后全过程标准、全面标准和全员标准奠定了基础。

三是保证资金投入。在质量标准化建设方面，始终坚持“按需投入”的原则。仅前十个月，就累计施工质量标准化项目102大项，投入资金1077.48万元。特别是第三季度对西轨大巷、FX004中车场和FD003中车场进行了高标准升级改造，共计投入资金683.44万元，不但满足了通风、运输、行人的安全需要，更提升了矿井质量标准化的整体实力。

三、以创建“全国瓦斯综合治理示范化矿井”为目标，多措并举全方位开展瓦斯治理工作

在瓦斯治理上，以创建“全国瓦斯综合治理示范化矿井”为目标，扎实开展“瓦斯无超限年”活动，继续加大瓦斯综合治理力度，认真贯彻落实“先抽后采、监测监控、以风定产”的瓦斯治理方针，不断完善“通风可靠、抽采达标、监控有效、管理到位”的瓦斯综合治理工作体系，始终把以防突为重点的瓦斯综合治理作为安全管理的重中之重。

一是坚持每周一次防突例会、每月一次瓦斯综合治理专题会，建立完善瓦斯综合治理专项投入保障机制，实行风险抵押金制度，健全瓦斯治理和防突工作管理制度等，为瓦斯综合治理工作提供保障。

二是把瓦斯治理工作由制度措施完善向加强现场管理转移，实现了“四个到位”，即防突措施制定到位、措施施工到位、专职人员现场监督到位、管理人员现场抽查到位。作为双突矿井，始终坚信“没有抽不出的瓦斯，只有打不好的钻孔”。为切实将防突措施落实到位，确保钻孔深度和钻孔质量，在完善《监钻管理办法》的同时，又制定了《瓦斯深孔抽放钻孔抽查制度》，要求所有中层干部全员参与，现场跟班，严格检查钻孔深度和回撤钻杆数量，保证抽查率达到50%以上。

三是起运新建项目，有效利用瓦斯资源。2010年10月23日，义安公司乏风氧化装置成功试运行，标志着义安公司在瓦斯治理方面又迈上了一个新台阶。作为煤与瓦斯突出矿井，公司井下拥有非常丰富的瓦斯地质储量，目前已装备有渗透各个工作面的抽采系统和井下、地面两个抽放泵站，年瓦斯抽采量在520万立方米以上，瓦斯抽放量呈现逐年递增态势。但由于煤层透气性较差，抽放衰减速度快，抽放瓦斯浓度较低，无法直接用于发电和民用。乏风氧化装置的建成运行在瓦斯综合利用方面和发展低碳经济方面具有里程碑的意义。

四是创造性地提出了“瓦斯治理质量标准化”工作新思路，对瓦斯治理措施，工艺、工序以及抽放系统、通风设施等，制定了系统的质量标准化和程序化的控制方法，并把瓦斯治理质量标准化列入每周五安全大检查和周一“一通三防”系统检查内容，不断推进瓦斯治理向质量标准化迈进。建成了井上、井下瓦斯抽放泵站、风门、采掘工作面等十几项精品工程。

四、提高认识，更新观念，大力开展“万米巷道零修护”实践活动

一是强力实施大断面支护改革。为深入贯彻

2010年集团公司“三会”上对巷道大断面支护的要求和常村矿支护改革现场会精神，从2010年年初开始，在井下主要巷道和新建巷道强力实施大断面支护改革。

二是全面推广松帮卸压孔技术。松帮卸压孔作为月底工程验收必检项目，由生产技术科抽调专人负责，在所有煤巷掘进头全面推行。

三是积极推行无煤柱沿空送巷技术。

四是大力推行顶板锚网+工字钢棚复合支护技术。

五是实施条带式空帮让压支护技术。

六是改进36U型钢可缩性支架。

五、大力推进煤层注水工作，为打造“无尘化矿井”奠定基础

为深入贯彻集团公司对煤层注水的工作要求，在煤巷掘进过程中坚持“每炮必注，不注水不放炮”制度，把注水工作放在和防突同等重要的位置。坚持深孔注水与浅孔注水相结合的原则，大力推进煤层注水。在掘进工作面采用正头深孔注水与巷帮注水两种方式进行。在回采工作面以双向长钻孔注水为主、工作面浅孔注水为辅，并在回采面上、下巷及预抽巷施工深60米、间距10米的深孔注水孔，进行24小时连续中低压渗透注水。

通过实施煤层注水，回采工作面平均降尘率达58.1%，掘进工作面降尘率达67.2%，有效地改善了井下各个采掘工作面的作业环境，为打造“无尘化矿井”奠定基础。同时，注水后，在防片帮冒顶、防瓦斯、降温等方面效果显著。

六、统筹安排，科学规划，确保“五优”创建，扎实稳步推进

一是积极开展“花园式矿井”创建活动，先后对井下大巷、各巷道中车场、井底车场、出入井通道、井底等候室等主要巷道、硐室进行高标准刷漆罩白，贴墙砖、铺地板，在井底车场修建了水冲式厕所，在各巷道开口处修建了涮脚池。所有运输矿车加盖防尘罩，煤巷打钻使用孔口捕尘器，从源头上控制了煤尘飞扬的局面。同时，工人出班时执行“一拍(拍掉身子上的煤、岩尘)、二解(解灯带，清理煤、岩尘)、三擞(擞掉外套上的煤、岩尘)、四倒(倒掉口袋内的煤、岩尘)”程序，上下井设有三道涮脚池，途径涮脚池时要自觉把胶鞋上的煤、岩尘涮掉，保证不把煤尘带到井上，使矿井的环境卫生和文明程度得到进一步提升。

二是始终把科技进步作为推动矿井安全生产稳步发展的重要手段，成立了以总工程师为组长的科技攻关领导小组，制定了年度科技项目任务分解和责任落实计划，定期开展科技工作例会。2010年，科技项目立项48项，投入资金150万元，重点解决煤矿生产过程中采掘、一通三防、瓦斯综合治理、机电运输等方面存在的科技难题。

三是开展安全文化建设，提炼出具有义安特色的安全文化，建成了井上下安全文化长廊，编制了《洛阳义安矿业有限公司安全文化手册》，集结了以六大安全理念为核心内容的MIS识别系统，健全了安全视听觉识别系统，完善了“六条线”安全管理体制，扎实推行手指口述和岗位描述操作法，认真组织学习《两述要领操作手册》，深入开展“两述工作法”比赛活动，职工“两述”行为有了较大提高，各工种操作失误得到了较好控制。全面推行准军事化管理，制定了以工作安排命令化、集体活动统一化、言行举止文明化、遵守纪律规范化、穿戴着装整齐化等为主要内容的“八化”标准，从职工着装穿戴、日常行为、坐姿行走、礼仪行为等方面进行严格规范。通过安全文化引领，增强了全员安全责任意识，规范了职工安全操作行为，改善了安全生产作业环境，极大地调动了干部职工搞好“五优”矿井创建的积极性和凝聚力。

四是坚持“以人为本和职工利益无小事”的原则，从生活、工作实际出发，不断改善职工的生活条件和工作环境。投资150多万元对职工食堂进行改造，新建了职工工业区食堂，对职工餐饮进行了二次升级改造，职工宿舍安装空调、电视，发放统一的床单、被褥，派专人定期清洗、打扫卫生。通过实施一件件“惠民”工程，切实解决了一系列与职工生活息息相关的问题,用实际行动诠释了"中原义安,幸福家园"的科学内涵。

七、进一步加大安全教育培训力度,全面提升职工队伍安全技术素质

以创建学习型企业为宗旨,以提高职工实际操作技能为根本出发点,确立"基础必会、业务必精"培训理念,按照"强化培训、岗位练兵、注重实效、提高技能"的工作思路,采取"请进来、送出去",集中培训与业余培训相结合等手段,通过开展技术比武,组织技能评定等方式激发广大干部职工学技术、学知识的自觉性和主动性,充分依靠技术进步支撑和推动矿井安全可持续发展。

2010年共举办各类安全培训班42期,培训总人数1375人次,其中一般工种培训786人次,送培特殊工种初训321人次,复训112人次,培训管理人员81人,保证了矿井所有人员都能做到持证上岗。在做好取证培训的同时,每月两次对区队长、技术员、工程质量验收员、班组长进行质量标准化培训。要求基层区队积极开展"必知必会"培训,机电工技能培训、《煤矿安全规程》和《防治煤与瓦斯突出规定》学习班培训等活动,充分利用安全生产月等形式和载体,不断深化安全教育内容,增强职工安全意识,提高职工安全技能,使广大干群真正认识到安全质量标准化的重要意义和作用,进一步提高员工自身素质,为打造国家级安全质量标准化矿井奠定了坚实的基础。

郑州煤炭工业集团有限责任公司
杨河煤业有限公司

标准化是煤矿安全的基础。建立质量标准投入机制,严格按实际产量吨煤不少于5元的标准提取质量标准化资金,按投入机制进行投入,把吨煤5元钱实实在在的花在标准化建设上并加大奖罚力度,按吨煤1元的标准提取奖励资金,对各单位进行奖励,在区队间开展达标竞赛活动,并实行质量标准化一票否决制。

2010年,严格按照《裴沟煤矿安全质量标准化检查实施办法》,提出了无重点头面、无薄弱岗点、无薄弱区队、无管理死角的要求,先后投入1000多万元大搞质量标准化建设。

炮采工作面淘汰π型钢配合单体柱支护的历史,全部使用整体顶梁组合悬移液压支架支护。对新的支护方式、对悬移液压支架操作人员安排专门培训,要求考试合格上岗,操作支架时,严格按照八项操作要领做到"快、匀、够、正、直、稳、严、净"。工作面做到"四直、一通",搞好工程管理。

掘进工程推行新工艺,新技术,推行煤、岩巷壁后注浆,可缩性支架巷道使用自动上梁器,全面做好了质量标准化基础工作,减轻了职工的劳动强度,提升了质量标准化的水平。

在日常质量标准化建设中,月度实行"质量标准化信得过单位"挂牌制度,抓好精品工程建设,加大采掘头面以及生产过程精细管理,提升质量标准化内在质量,巷道掘进推广36U型钢大断面支护,提高巷道支护强度。对煤、岩体采用壁后注浆,采用联合支护技术,缩小支架棚距,提高巷道承压能力。

机电运输方面,先后完成了瓦斯泵"三专+两专"供电调整,-180大巷无机绳绞车、架空乘人装置、胶带运输机综合运输系统机轨合一安装等,达到了标准要求,提高了安全系数。

始终把职工安全质量培训作为推进矿井质量标准化有序开展的动力,编写了《职工行为规范手册》,打造"用标准规范行为,用行为保证标准"的价值观,用实际行动践行"优良工程就是优良品质的人创造出来的"。因此,每年都把提高职工素质做为重中之重的工作来抓。

打造团队精神，增强操作规范正确性，全员进行军事化训练，严格执行“手指口述、岗位描述”作业法，保证了职工语言文明化、行为军事化、作业标准化，为质量标准化工作奠定了基础。

不间断进行质量标准化知识竞答和技术比武、岗位练兵等活动，在全矿大兴讲标准、学技术、练硬功、上标准岗、干标准活之风，充分利用激励机制，用职工培训基金，对质量标准化培训成绩优秀个人和岗位技术能手授予“首席员工”称号并进行奖励，充分调动每位职工的工作积极性。

2010年，工程质量在点线面上做文章，在精品、亮点工程上下工夫，在全矿掀起新一轮大搞质量标准化热潮，先后完成72项达标工作，将+50、-110、-300沿线喷绘灯箱全部更换成嵌入式，增加了照明设施，对巷顶、巷壁进行装修亮化。对部分机电硐室加装了壁画，增添了安全文化内容，从大巷到工作面，设置了音箱，使员工在舒心、快乐的环境中工作。

通过一系列的质量标准化工作，改善了职工作业环境，美化、亮化了矿容矿貌，实现了由传统型的质量标准化向安全质量标准化转变，由表象的标准化向内在质量达标转变，由事后达标向工艺过程转变，实现了动态达标。

郑州煤炭工业集团郑州煤电股份有限公司超化煤矿

近年来，在集团公司的正确领导和大力支持下，超化矿把创建国家级安全质量标准矿井作为打造本质安全型企业、构建和谐矿区的总抓手，以区队建设为基础、以执行力建设为保证，坚持高起点规划、高标准实施、高效率追求，通过狠抓安全闭环管理、质量动态达标、单产单进水平提高、科技成果创新、文明创建深化，实现了井下文明生产、井上文明生活。矿井先后获得“全国精神文明建设工作先进单位”“全国双十佳煤矿”“河南省一级质量标准化矿井”“安全高效矿井”“河南省首批‘五优’矿井”“全国文明单位”“全煤企业文化示范矿”等100多项荣誉称号，主要做法和经验如下。

一、创新安全管理，提升矿井安全管理水平

在全矿推行“三三整理”“安全确认”“走动式巡查”“安全星级员工评比”“区队建设考核”等管理新举措，开发使用安全管理系统，创办“双规范”学校，强化对违规人员的安全教育，进一步提升了矿井安全管理水平。

一是针对井下各作业地点和特殊岗位，每班开工前必须对作业区域的人、机、环境进行安全确认，对隐患进行预测、辨识和控制。

二是在班前、班中、班后实行人机隐患整理、工程质量整理和环境整理，对19种不安全行为进行确认，消除人、机、环境的隐患。

三是实行走动式巡查制度。制定安全管理分级检查预案并严格控制落实。明确领导值班、带班线路，要求检查人员按规定时间、规定次数进行巡查，现场发现问题、解决问题。

四是强化“双规范”学校管理，制定《超化矿安全管理补充规定》，明确界定52种违章情形，并组织干部职工认真学习，自觉抵制。通过一系列措施的实施，进一步规范了职工作业行为，消除了不安全隐患。

五是扎实开展安全区队建设，按照“简单实用、便于操作，统一考核、结果共享”的原则，将安全质量、生产任务、材料管理、职工培训、党的建设等各项内容进行整合，对区队建设考核管理办法、考核细则进行修订完善，下发了《区队建设管理办法》。每月分四大组，由矿领导带队，对各区队进行现场检查考核。考核结果与区队工资、月度奖惩、年终评先、领导绩效考核挂

钩，考核评出的前四名在当月全矿干部会上进行通报表扬，并以现金形式进行重奖，考核得分低于270分的，进行重罚。通过全面加强区队建设，规范了区队管理，提高了区队领导班子和职工队伍的素质，夯实了矿井安全管理基础。

二、推行“五精”管理，严格奖惩考核，深化质量标准化建设

建立矿区、系统、区队三级质量标准化管理体系，做到层层监督，层层把关，一级对一级负责。推行“五精”管理，扩大“五优”矿井创建成果和精品工程覆盖范围，向深部采区、边缘采区辐射，达到以点带线、以线带面、全面发展的格局。先后创建了一大批“五精”管理示范岗、示范段、示范面，进一步改善了井下环境。

每月召开一次质量标准化平衡会，各专业安排下月质量标准化达标项目，确定达标内容、标准以及完成时间，通报上月质量标准化达标项目完成情况等，对按照标准、规定时间完成的项目，奖励2000~3000元。组织各专业，坚持定期召开质量标准化现场促进会，对重点达标工程、关键达标项目，进行集体研究、现场会诊，对存在的问题严格按照定工期、定标准、定质量的“三定”原则，进行落实整改。

制定了《安全质量标准化验收考核办法》和《安全质量“红黄旗”评比考核办法》，每月组织相关专业对各头面、轨道运输、通风设施等进行工程质量检查，严格拉尺上线，现场评分考核，认定级别，并在早调度会通报；每月组织一次安全质量标准化“红黄旗”评比会议，对各专业安全质量标准化达标情况进行综合评定，加大奖惩力度，对被评为红旗单位和黄旗单位的区队和业务主管部门进行重奖重罚，激发各级干部职工的安全质量标准化责任意识。

三、加大投入，提高安全质量标准化科技含量

一是组织实施矿井综合自动化建设，完成了无线通讯、工业电视监控、千兆级工业以太网安装、监控中心机房等项目建设，井上下主干环网已经形成，对地面筛分车间、井下供电监控、瓦斯抽放系统、主煤流运输系统、主排水系统、矸石山运输系统、主副井车房等形成有效监控，提升了矿井装备水平。

二是推广使用自动风门，在主要车场安装使用液压自动风门，实现人员通过时自动开合，提高通风系统的稳定可靠性。

三是研制钻孔捕尘器、捕尘网，减少巷道内煤尘含量，改善职工工作环境。

四是实现斜坡行人在线监测，安装雷达防跑车装置及电动式保险杠，为矿井的安全运输提供了技术保障。

五是改造调度指挥系统，在井口、调度楼大厅各安装一个滚动式显示屏幕，在信息中心安装使用了安全管理系统，实现了信息化、数字化管理。

四、坚持安全预测、预报，实施安全隐患闭环管理

严格按照国务院446号令要求，认真开展“三评价一评定”工作，全面分析、排查矿井存在的安全隐患。严格落实隐患排查与整改制度，建立预防性安全检查制度，形成通检日查面、走动式查线、安检员盯点、小分队跨班的立体安全巡防网络。强化安全隐患闭环管理，拓展安全信息采集渠道，一般隐患汇总建档，控制落实；重大隐患挂牌督办，跟踪落实直至隐患消号为止。全年共排查各类隐患335项，已全部落实整改，无重大安全生产隐患。

五、足额提取安全费用，确保安全投入

严格按照吨煤30元的标准提取使用安全专项资金。2010年度共提取使用安全费用6413万元，符合《煤炭生产安全费用提取和使用管理办法》和《关于调整煤炭生产安全费用提取标准加强煤炭生产安全费用使用管理与监督的通知》规定要求。严格执行风险抵押金制度，全年风险抵押金共存储600万元，符合《煤矿企业安全生产风险抵押金管理暂行办法》规定要求。

六、加强瓦斯治理，保证抽采达标

2010年建成并投入使用了31风井，通风系统改造后，各采区通风可靠、系统稳定。建有平地和井下四套瓦斯抽采系统，满足各采区抽放要求，系统抽放效

果达到《煤矿瓦斯抽采基本指标》规定要求，各泵站均实现了"三专两闭锁"和双回路供电，安装有自动监控系统和人工测量系统各一套，安全设施齐全，运行稳定可靠。为加强瓦斯利用，建有低瓦斯发电站，年利用瓦斯420余万立方米，发电12万千瓦时，取得了可观的经济效益和社会效应。

七、强化安全教育培训，提高职工素质

专门成立安全培训中心，结合实际开展多专业、多层次、多形式的安全教育培训工作。2010年共举办防突、防治水、班组长安全知识培训等各类培训班74期，累计培训人数14000人次。对违章、违规人员进行为期一周的规范行为、规范操作培训，"三违"现象明显减少。同时，通过开展"每周一题"、"两述一化"、班组安全网络建设等日常学习考核活动，规范职工行为，提高职工安全意识，增强职工安全自保、互保、联保意识。

八、完善通信、监控和人员定位系统，确保系统稳定可靠

根据《煤矿安全规程》井下通信系统建设要求，在2008年7月对调度通信系统进行升级改造，安装了江西联创公司生产的调度程控交换机，总装机门数为384门，井下通信联络系统覆盖矿井上下各个工作岗位，并与地面调度指挥系统及外界保持畅通。2010年3月份，建成了井下移动通信系统。移动通信共配备小灵通300部，由安全生产管理人员及各主要岗位持有。调度通信和生产管理实现了计算机网络化管理。

超化矿现用KJ90NA型安全监控系统，井下配备瓦斯传感器75台，其他各类传感器112台，监控主机、服务器、打印机、传输线等设备配备齐全。监测中心机房内配有双回路电源，并配有UPS在线式不间断电源一台。安排专业人员定期对各种传感器进行标校，符合《煤矿安全监控系统及检测仪器使用管理规范》规定要求，系统断电可靠，运行正常。

超化矿自2006年5月安装使用KJ211A型人员定位系统，井下定位基站共26台，分布在各采区主要大巷，涵盖所有下井人员。基站信号覆盖井下各个采区，能有效地监控各采区人员出勤情况，做到井下作业人员的可视、可查、可控。

郑州煤炭工业集团白坪煤业有限公司

2009年以来，在各级领导的关怀和指导下，公司始终坚持"安全第一、预防为主、综合治理"的安全生产方针，坚持"以质量保安全、向质量要效益、以质量促发展，以"两保、三破、四深化"为主线，以"强素质、精管理、保安全、增效益、铸和谐"为工作思路，以"六无"(员工无违章，现场无隐患，设备无故障，系统无缺陷，管理无漏洞，责任无盲区)管理为目标，抓培训、强素质，抓基层、打基础，抓质量、保安全，夯实了安全基础，提高了安全管理水平，基本消灭了重伤及二级以上非伤亡事故，连续三年实现了安全年，安全质量标准化连续三年保持省一级水平。

一、加强领导，扎实推进质量标准化建设

质量标准化建设是一个矿井安全管理水平的体现，也是打造本质安全型矿井的根本途径。白坪矿井是新建矿井，投产之初就把质量标准化作为矿井长远发展的规划，列入重要议事日程。坚持高起点规划、高标准建设、高质量推进的工作思路，最终达到井上文明生活，井下文明生产；切实加强领导，成立了以总经理为组长的质量标准化建设领导小组，设立了专业达标组，进一步明确了分工，强化了职责，健全了组织，完善了制度，制定了方案，扎扎实实地开展了质量标准化创建活动；坚持把质量标准化建设纳入公司安全管理的全过程、全序列，精心谋划，精心组织，精心实

施，全员参与，制定了一整套既符合公司实际，又具有可操作性的质量标准化建设工作目标、考核办法；坚持常抓不懈，常抓常新的工作原则，积极研究探讨搞好质量标准化的新举措，不断赋予新的内容和形式，选准载体和切入点，突出工作重点，高标准、严要求，高质量、严管理，建机制、重奖惩，不断掀起质量标准化建设的新高潮。

二、强化员工培训，提高员工质量标准化意识

牢固树立"素质提高在培训"的培训理念，采取定期培训与不定期培训相结合、地面培训与井下现场培训相结合、外出参观学习与苦练内功相结合的培训方式，不断提高全体员工综合素质，为矿井质量标准化建设打下坚实基础。

一是坚持"走出去，引进来"的原则，公司组织中层干部先后到潞安集团屯留矿、焦煤集团赵固一矿、义煤集团新安矿等先进质量标准化矿井进行了参观学习，通过相互学习，相互交流，使我们开阔了视野，找到了差距，提高了认识，对质量标准化工作创建目标重新进行了规划，制定了更高的质量标准化目标。

二是实行培训机考新模式，先后购买了50多台电脑，实现了质量标准化知识全员上机考试。

三是实行了质量标准化培训与工资挂钩制度，培训考试成绩与员工工资、科队长工资和安全风险抵押金挂钩，增强了区队班组员工搞好质量标准化的意识。

四是重点抓好井下作业现场的技能培训，把课堂办到井下作业现场，对现场作业人员进行质量标准化知识提问，并现场解答，提高现场作业人员的操作技能，把"学标准、懂标准、用标准，上标准岗、干标准活"的系列教育活动深入到井下各个作业现场，营造了"人人学标准，个个干标准"的良好氛围。

五是强力推行"两述一化"标准工作法。通过开展"岗位描述""手指口述"作业法，规范了操作流程和安全确认，做到"看"得准、"指"得明、"说"得清，提高了操作人员注意力，增强职工的组织纪律性，提高了广大员工发现问题、解决问题、处理问题的能力。

六是完善了采、掘、机、运、通五大系统126个工种岗位工作标准，使每位员工都能上标准岗，干标准活，按章操作，实现了员工安全行为规范化。

三、夯实基础，打造质量标准化矿井

质量标准化是安全工程，生命工程，民心工程，是"五优"矿井的基础和保障。在质量标准化建设中，公司始终本着"安全、整洁、实用、效益"的原则，不搞形象工程，不搞花架子，做到了"二抓、三实行、四坚持"，不断提高质量标准化建设水平。

加大质量标准化投入。从吨煤提取5元作为质量标准化专项资金，专门用于质量标准化建设，积极推广应用新技术、新工艺，采煤工作面上下端头支护，采用强度高的步移支架支护，提高了支护强度；煤巷掘进工作面推广应用36U型钢支护，提高了巷道使用年限；6条运输斜巷推广使用无极绳绞车，淘汰小绞车群运输，在主要运输斜巷安装了自动防跑车装置，提高了安全系数等，为切实搞好质量标准化建设创造良好的条件。

抓重点治理。质量标准化建设是一个动态的、长期坚持的过程。公司始终把质量标准化建设作为一项"效益工程"来抓，扎实开展整治活动，实现了煤尘防治自动化、材料码放超市化、管线吊挂直线化、灯光效果明亮化、牌板悬挂一体化、机电设备标准化；采煤工作面重点抓"三直、二平、两畅通"（煤壁直、溜子直、支架直，顶、底板平、溜子平，上、下安全出口畅通）；煤巷掘进工作面重点抓"七线"（即中线、腰线、三角线、管线、卡兰线、拉杆线、皮溜线）管理；岩巷掘进工作面重点抓临时支护、锚喷质量、壁后注浆、文明生产，真正实现了过程达标、工艺达标、动态达标。

抓精品工程。按照"以点带面，以线带面，整体提高"的原则，以副井底候罐室、中央变电所、主斜井底变电所为亮点，以-175运输大巷、轨道运输上山为主线，建成了11211精品工作面；建成了11221上顺槽、11221下顺槽、21采区轨道下山、21采区胶带下山四个精品掘进工作面，2011年共建成精

品工程33项，逐步提高了质量标准化整体水平。

实行了质量标准化承包责任制。公司对井下各个地点的质量标准化责任区进行了划分，实行属地管理的原则，并在质量标准化责任区悬挂管理牌板，将质量标准化建设层层分解，落实到人。安检科根据井下生产变化情况，及时变更责任区域，保证了质量标准化责任区全覆盖。安检科每周一验收，每周一通报，验收不合格每处罚款100元。划分质量标准化责任区以来，井下巷道明显整洁，文明卫生明显好转，提高了质量标准化管理水平。

实行了工程质量“终身负责制”。开拓掘进工程是搞好质量标准化工作的前提条件，公司实行了“谁施工谁负责”原则，公司每月以区队当月验收进尺单价的10%作为维修资金，如果待工作面回采结束没有出现扩修现象，将一次性全额返还给施工区队，如果出现扩修现象，扩修工资由原巷道施工区队支付，保证了开拓掘进工程质量。

实行了质量标准化与科队长风险抵押金挂钩。采取集团公司检查和内部考核相结合的原则，由各系统定目标，安检科与主管业务部门进行联合验收，月月考核，季度兑现，增强基层区队搞好质量标准化的紧迫感和责任感。

坚持“两个结合”。坚持质量标准化建设与隐患排查治理相结合，实行了质量标准化“一票否决制”。进行质量标准化验收时，凡发现存在重大事故隐患的，坚决不予验收，从而把隐患消灭在萌芽状态，确保了矿井安全生产；坚持质量标准化与瓦斯治理相结合，开展了瓦斯防治“红黄旗”竞赛办法，把瓦斯防治作为质量达标的重点，每季度一考核，每季度一评比，奖红旗罚黄旗，有效地杜绝了瓦斯事故的发生，提高了矿井管理水平。

坚持典型引路。注重在公司内部发现典型，培育典型，使先进典型可比、可信、可学，充分发挥先进区队的示范带动作用，先后树立了领导公认、员工认可的掘进二队、炮采队两个质量标准化样板队，组织现场观摩学习，要求各区队队长、支部书记写心得、谈体会，制定搞好安全质量管理工作计划和措施，扎实推动质量标准化工作的开展，提高了质量标准化管理水平。

坚持开展文明生产竞赛。文明生产是搞好质量标准化工作的基础，安检科每月对各区队文明生产和综合防尘开展情况进行评比，一月一评比，一月一考核，评出文明生产示范区队、综合防尘示范区队，分别给予5000元奖励，搞好文明生产已成为基层区队的自觉行动。

坚持开展质量标准化红黄旗竞赛。采取集团公司检查与公司内部考核相结合、动态考核与定期检查相结合，每月评出质量标准化红旗区队给予重奖，调动区队搞好质量标准化的主动性，呈现出“人人争先进，队队抢红旗”良好局面。

虽然公司在质量标准化建设中取得了一点成绩，但与上级领导的要求和先进兄弟单位还有一定的差距，在今后的工作中，我们一定会不断总结经验，改进不足，精细管理，不断提升安全质量标准化管理水平，确保矿井安全、健康、稳定发展。

郑州煤炭工业集团郑州煤电股份有限公司告成煤矿

2011年以来，按照集团公司总体要求，坚持落实科学发展观，以安全生产为重点，以精细化管理为主线，以构建全煤企业文化示范矿井、“五优”矿井和全国瓦斯治理示范矿井为目标，通过全面实施标准化工程，紧紧抓住“一通三防”、防治水、顶板管理等重点工作，矿井保持了一级质量标准化水平，杜绝了重伤及二级以上非伤亡事故，实现了矿井安全生产的持续稳定发展。

一、推陈出新，完善安全质量标准化管理机制，促进矿井安全发展

（一）重新完善了《告成煤矿安全质量标准化标准及检查评分办法》和安全质量标准化考核办法，标准中纳入轻伤、瓦斯和电气设备管理等内容，向文明卫生等精细化管理方面倾斜，增加考核比重；推行安全质量结构工资，对工作性质不同的区队，制定了不同的考核标准；完善了工程质量管理办法，工程质量由安质部验收，工程不合格不予结算。劳动部门根据安质部提供的考核结果，对安全质量标准化部分工资进行结算，推进了质量标准化工作的有序开展。

（二）实施了干部职工行为和操作规范。我矿在全面开展准军事化训练活动的基础上，实施了地面行为规范和井下行为规范，从规范行为上入手，强力推行"手指口述"、"岗位描述"工作法，强化职工的遵守规章意识、规范意识和作业行为，职工精神状态大幅度改善，职工凝聚力、荣誉感显著提高，促进了各项措施的落实。

2011 年为每位职工建立安全奖励基金账户，奖励基金的注入与安全质量、劳动纪律、出勤情况紧密挂钩，符合要求的井下和地面岗位职工每月向基金账户分别注入 100 元和 60 元的奖励，提高了职工自觉遵守安全规章制度的意识。

（三）改进质量标准化活动方式。开展了区队安全质量标准化竞赛活动，每月由安质部确定质量达标竞赛区队及竞赛项目，月底前由安质部、相关业务部门、两区队负责人对项目进行验收，优胜单位当月奖励 2000 元，落后单位当月处罚 2000 元；开展了流动"红黄旗"活动，每月根据安全、质量工作完成情况、隐患闭环管理结果、"三违"、职工应知应会等指标按百分制进行严格考核，对前三名颁发红旗，并对单位分别奖励5000 元、4000 元、3000 元，对单位的队长、支部书记分别奖励 300 元、200 元、100 元，最后一名发黄旗，并在每月部门、区队负责人、班组长、诚信员工参加的集中通报会上现场颁旗、颁奖；开展了安全质量标准化典型选树活动，将管理到位、安全工作突出、质量标准化工作扎实的区队树为典型，组织全矿的队长到所在单位观摩，并给予 10000 元奖励，这些活动的开展在全矿掀起了学先进、赶先进、争当先进的热潮，促进了质量标准化工作的提升。

（四）实施干部职工安全帽信息标识管理。对干部职工的安全帽进行颜色区分，安全帽上标注单位、姓名、职务等个人信息，共产党员、共青团员分别在安全帽上标注党徽和团徽；劳动模范、安全标兵、诚信员工等荣誉称号均在安全帽上标示出来，强化了安全管理，调动了全矿干部职工搞好安全生产的积极性，规范了干部职工的安全生产行为。

（五）2011 年公司实施了班、队长职能转变机制。对每个井下作业区队的班、队长实行职能转变，正班长抓安全、质量，副班长抓生产任务，效益工资的 30% 提取为职转工资，与安全质量效果挂钩。当月完成安全质量工作目标，对班、队长除全额获得职转工资外分别按 300 元、200 元的标准给予奖励，安全质量目标未完成，按相应的比例扣减岗效工资，以此调动各单位搞好质量标准化工作的积极性，营造了创先争优的氛围。

通过开展以上的活动，进一步提高了区队搞好安全质量标准化工作的积极性和对安全生产工作的重视程度。

二、强基固本，提升矿井安全质量标准化水平

第一，稳固基础，不断提升矿井的安全质量标准化水平。在创建安全质量标准化矿井的过程中，按照安全质量标准化标准及考核评级办法，长抓不懈。

公司先后对澡堂和井口候罐室进行了改造；对井底候罐室进行大断面扩容改造；对井下机电硐室、乘人车场、井口安全确认室、井口灯房等地点进行达标改造；投入资金对地面、井下牌板进行了更新、对井下炸药库进行了高标准改造、对井底段运输大巷及 21 轨道下山进行改造；对井下主要巷道进行了美化，对各采掘工作面以及车场进行了达标管理，收到了很好的效果。

第二，按照要求和企业文化建设要求，对生产、生活区进行了大规模的整修；对基础设施进行了完善；

设置了“五优”矿井创建办公室和“企业文化”办公室，明确了任务和职责，大力推进了“五优”矿井创建和“企业文化”建设。

第三，不断使用新材料、新装备和新技术，矿井安全程度进一步提高。近年来，告成矿不断加大投入，依靠技术进步，促进安全生产。推行了大断面、“十字头”联合支护技术；实施了采煤工作面底板注浆加固和通风设施与巷道联体加固措施；装备了综合机械化采煤工作面、悬移支架工作面、机械化掘进装备；投入了大功率履带式钻机、自动化办公系统；安装了钻孔施工粉尘治理设备和三吨煤车防尘罩；研究应用了防尘网；推广应用了自动化风门；装备了斜巷架空乘人装备、斜巷自动防跑车装置、斜巷气动阻车装置；引进了瓦斯氧化利用系统；实施了软煤层旋切钻进技术和水力压裂增透瓦斯抽采技术和矿井信息自动化项目等。这些新材料、新装备和新技术的投入、运用，进一步夯实了矿井安全生产工作。

第四，突出重点，加强隐患排查与治理。强化“三评价一评定”、隐患闭环管理的排查、辨识、监控和治理，每周召开一次隐患预测预报会和安全办公会，每月组织一次安全评价会，将辨识出来的问题以及每天各级领导、管理人员《走动式检查表》中现场检查的问题全部交安全信息站汇总，按问题性质和隐患级别的不同利用安全隐患信息管理系统上传有关矿领导、部室、区队，区队能解决的在规定时间内销号解决，需要协调解决的区队继续上传有关部室和领导帮助解决，问题解决后销号存档。安全管理人员现场落实问题整改情况，实现了隐患闭环管理的透明化、规范化。

三、强化安全教育培训，提高干部职工综合素质

第一，强化干部职工培训，不断提升全员安全综合素质。2011 年告成矿加大了职工安全培训力度，改进了培训方式，开展了周二各部室固定自学日和矿领导、部室管理人员周五集中学习日；聘请专家开展技术讲座；安排各专业副总工开展知识授课；组织开展了防治煤与瓦斯突出和防治水专题全员培训；实施了管理人员安全知识闭卷考试。公司还先后开展了职工全员定期培训、带薪脱产培训、班组长角色转换培训、“每日一题”自主学习等，考核结果与工资挂钩，激发了干部职工自主学习的热情，提高了干部职工的素质。

第二，组织开展多种形式的安全教育。2011 年实施了培训工资制度，每月对区队干部职工进行分工种微机安全知识考试，根据个人考试成绩、学习、安全行为、行为规范和出勤情况，得到对应的分级培训工资，采掘区队为 300 元/人，辅助区队为 240 元/人。另外，还实施了领导下井携带安全知识提问卡，随机提问井下职工两道安全知识，回答正确的发面值 20 元的提问卡一张，这些活动的开展激发了干部职工自主学习的热情，提高了干部职工的素质。

第三，强化区队、班组的安全教育。一是不断深化安全区队建设、班组网络建设和安全宣传教育工作，不断丰富区队、班组学习活动的形式和载体，定期对矿区宣传栏、宣传橱窗内容进行更新，让广大职工及时了解掌握本月、本季安全生产工作重点及本岗位应知应会等知识，提高职工学习的针对性和实效性。二是各区队在坚持好每日一题、每月一考试的基础上，每季度开展一次班组网络安全知识对抗赛和“两述一化”知识竞赛，每半年开展一次各专业的安全知识竞赛，采用寓教于乐的形式提高干部职工学习安全知识的积极性。三是实行安全双确认。班前会由队成员对职工进行安全确认，职工进入安全确认室后由安全确认员再次进行安全确认，严格按要求对不安全人员进行筛选，禁止上岗作业，坚决把不安全人员挡在井口之上，防止隐患人员上岗作业；开工前由班组长、包机人、安检员对人、机、环境进行安全确认，及时消除不安全隐患。另外，在安全确认室设置身份确认显示系统，所有人员在下井前持卡进行身份显示确认，显示系统识别后显示个人信息、照片、安全寄语和全家福等，干部职工出现培训考试不合格和“三违”的一律禁止入井。

在今后的工作中，公司将继续认真贯彻落实上级指示精神，加大质量标准化投入和管理力度，提升管理水平，进一步向精细化的管理模式推进，确保“五优”矿井创建和全煤企业文化示范矿井建设成功，使告成矿的各项工作再上一个新台阶。

郑州煤炭工业集团有限责任公司米村煤矿

2010年，米村矿全体干部职工在集团公司的正确领导下，以创建“国家级质量标准化”矿井为目标，以安全质量标准化为抓手，以“质量标准化、安全创水平”为主题，以强化全员标准意识、提高整体素质为着力点，坚持“高、新、全、细、严”的工作思路，完善措施，落实责任，多措并举，强化现场安全质量精细管理，深入开展质量标准化“精品工程、亮点工程”活动，全矿质量标准化始终保持动态达标，井上井下面貌焕然一新，为职工创造了良好的工作和生活环境，夯实了安全生产基础，保证了矿井安全生产。

一、提高认识，转变观念，营造注重质量标准化的浓厚氛围

安全质量标准化是煤矿安全生产的基础，是改善矿井生产环境、实现安全生产的有效途径。针对当前矿井开采条件越来越复杂、现场管理难度增大的情况，首先从解决干部职工对质量标准化工作中存在的“骄傲自满、自我感觉良好”的思想入手，使职工牢固树立“质量标准化是安全生产的基础”的理念，进一步提高全矿干部职工对质量标准化工作重要性的认识，做到一个“始终如一”，即不管生产条件多么恶劣、生产任务多么繁重，始终如一坚持质量标准化动态达标。抓好三个基础，即从职工日常行为入手，抓好职工基础素质；从制度建设入手，抓好基础防范；从现场管理入手，抓好基础管理。坚持“高标准、新思路、全方位、细管理、严考核”的质量标准化工作方针和“改善生产环境，实现动态达标”的质量标准化工作思路，以全面建设国家级质量标准化矿井为目标，提高标准，在全矿范围内迅速掀起大搞质量标准化工作的高潮。

二、高度重视，认真组织，切实加强对安全质量标准化工作的领导

米村矿高度重视安全质量标准化工作，建立健全了质量标准化工作领导机构，加强了对安全质量标准化工作的领导，成立了以矿长及党委书记为组长、各系统副矿长为副组长、各业务主管部门负责人为成员的质量标准化工作领导小组，由矿长对质量标准化工作实行垂直领导。在生产组织上由过去的“先生产、后达标”转变为现在的“先达标，后生产”，实行了矿领导包区、科领导包队、队领导包头包面、班组长分段包片、职工包棚包设备工作法，把质量标准化工作逐级分解，与工资奖金挂钩，调动全矿大搞质量标准化的积极性。在各项制度的落实过程中，明确了各级领导质量标准化工作的责任和目标，矿、科、队、班四级层层签订了目标责任书，达到层层管理有目标、项项达标有规划、人人身上有专责、每项考核有奖罚，形成一级抓一级、层层抓落实、横到边、纵到底的责任目标网络。

三、健全制度，落实责任，为搞好安全质量标准化工作提供制度支撑

公司修订并完善了质量标准化奖惩办法，由过去对单位处罚转变为对责任人处罚，进一步明确了

奖罚标准：一是集团公司季度验收系统得分第一名奖 10000 元，科长奖 2000 元，第二名奖 8000 元，科长奖1500 元，第三名奖 5000 元，科长奖 1000 元，关于安全系统矿井取得前三名按上述标准进行奖励，得分第五名及以后的对系统罚款 5000 元，科长罚款 500 元；二是每季度质量标准化竞赛评比一次，得分第一名(平均得分 90 分及以上的)奖 5000 元，队长、支书各奖 1000 元，第二名奖 3000 元，队长、支书各奖 800 元，第三名奖 2000 元，队长、支书各奖 500 元；三是质量标准化与区队当月工资的 20%(质量标准化考核工资)和队长、支书当月工资挂钩，月验收区队质量标准化得分低于 90 分的（不含 90 分)，队长、支书当月工资扣减 200 元，按比例扣减区队当月质量标准化考核工资。劳动社保科按照安全管理科每月质量标准化验收结果对单位结算工资。分清了责任，增强了职工的责任心，规范了职工的作业行为，全矿干部职工就会把动态达标、搞好文明生产当成了自己的自觉行动。

为保证安全质量标准化奖励资金的及时兑现，矿每月按吨煤 0.5 元提取安全质量标准化专项奖励资金，与安全罚款合并使用，财务科建立专账，专款专用，以此大力推进矿井质量标准化建设。

四、提高标准，多措并举，狠抓现场精细化管理

第一，矿领导现场办公。矿领导亲自带队下井检查、验收质量标准化工作，对存在的问题进行现场办公，高标准，严要求，实施质量标准化专项整治，井下面貌发生了较大的变化。

第二，严格检查验收与奖惩。一是坚持质量标准化班控制、日检查、旬验收、月考核制度，月验收评分与平时动态检查结合起来；二是对在集团公司第一季度安全质量标准化验收中取得系统前三名的专业进行了重奖，对相关单位也进行了奖励；三是平时检查工程质量不达标的，对相关责任人进行处罚，月底验收不达标的，严格按照 1 号文件规定，扣减区队及队长、支书当月工资，使安全质量管理工作抓在平时和过程中，落实在每道工序、每个环节，促进了动态达标。通过实施质量标准化重奖重罚，采掘工作面的动态达标水平得到进一步提高。

第三，生动开展“创亮点”活动。在全矿井各区队和工作场所开展了“创亮点”活动，创造了多项发明：采掘系统在井下扩修巷道实施了反底拱、暗抬门、异形梁，小棚距加联锁，实行巷道终身制；掘进系统发明了 U 型钢上梁器；机电运输系统引进、改造并在 26 扩大区投入使用了新型金属小电缆钩；21 行人下山帮顶多处经常淋水，采取了多种方法，一直不能得到有效治理，机电一队利用废旧钢管发明了集水器，彻底根治了淋水现象，并在全矿推广；运输队用废旧皮带和报废钻杆发明了可重复使用的防滑行人台阶；运输队发明了矿车罩，实行了矿车冲尘；通风抽探队发明了网式捕尘器、捕尘池和无尘打钻。工人们还相继发明了小推车、小背篓等。每个队为了保持亮点都暗中下工夫，每台设备无浮尘，每根电缆平直整齐，每条巷道干净明亮。可以说，在井下到处都能看到区队创建的“亮点工程”，这已经成为一道亮丽的风景。

对井口到碴山地面进行硬化，井下和平地水沟普及铁盖板，美化亮化了井下生产环境和地面生活环境，为创建“五优”矿井奠定了坚实基础。

第四，树立标杆，典型引路。坚持开展质量标准化竞赛活动，对每月评出的安全质量标准化优胜队在矿安全办公会上进行表彰奖励，颁发奖金和荣誉奖牌，对队长、支书进行重奖，荣誉奖牌放置在井下作业现场，大大激发了各科队狠抓质量标准化工作的积极性，迅速掀起比学赶帮超的热潮。

第五，推行下井挎包制度。从矿领导、部门正副科长到井下区队队长、支书实行下井挎包制度，包内配备钳子、尺子等工具，一个挎包三个作用，一是工具包，二是回收包，三是环保包。通过全矿上下的共同努力，安全生产面貌进一步改观，各采掘面作业地点保持了较高水平的动态达标。

第六，配备达标工具。为更加细化动态达标，在井下为各单位配备了钢刷、批刀等必要的达标工具，及时清理设备表面的锈迹和污垢；在井下巷道设置了若干垃圾袋，对井下垃圾进行集中收集和管理，方便了垃圾存放和运输，洁净了井下环境。

第七，实行职工安全帽信息标志管理。对全矿所有下井人员的安全帽进行了统一信息标志管理，安全帽上标注单位、姓名、职务等个人信息，共产党员在安全帽上标注党徽，强化了安全管理，充分调动了全矿干部职工搞好安全生产的积极性，进一步规范了广大职工的安全生产行为。

第八，推行"手指口述"、岗位描述。在全矿强势推行了"手指口述"、岗位描述，组织全矿各单位结合《手指口述法》、《岗位描述法》读本和本队工作实际，制订了各岗位、各工种"手指口述法"和"岗位描述法"，在各岗位和各作业地点悬挂了"手指口述"、岗位描述牌板，通过职工眼看、手指、口述等行为，对操作进行确认，使职工的注意力达到高度集中，时刻提醒职工按标准作业、按程序作业，从而规范了职工的作业行为，夯实了质量标准化工作的基础。

五、上下一心，全面整治，安全质量标准化工作取得初步成效

通过采取上述有效措施，对井上井下进行了全面整治。井下主要巷道和硐室全部实行精品化管理，让井下彻底亮起来、美起来：把260051工作面、26煤柱工作面、21总回风巷等采掘工作面建成了精品工程，其他采掘工作面实现了动态达标；建成了+35水平东西大巷、26扩大区轨道下山、21管子巷、28轨道巷、26轨道巷6条质量标准化精品线路，副井底候罐室、中央变电所、泵房、-150变电所、东行人车库、东一压风机房、21变电所、21压风机房、26扩大区变电所、21索车机头硐室等一大批精品硐室；重新挖砌水沟6200米，吊挂电缆39000米，调整轨道5100米，扩修整形巷道3000多米，平整井下路面19000米；对26扩大区轨道巷、26煤柱上付巷、21管子巷等6600米巷道进行了刷白；对副井口候罐室进行了改造，配置了不锈钢椅子、电子显示屏等设施；对充灯房进行改造，建成了矿灯超市，实现了职工上下井自助取灯；对井口安全文化长廊及副井口进行了改造，文化长廊呈现出宽敞、亮堂，突出安全主题；对绞车房、斜井口进行了改造，拆除了全部破旧的井口工作房，把空闲的地方建成了一块大绿地。这些达标项目和措施的实施，为职工创造了宽敞、明亮、舒适的工作环境，夯实了安全生产基础。

六、依托载体，精心组织，实施质量标准化工作专项整治

为进一步搞好安全质量标准化工作，我矿在《关于开展2010年"安全生产月"活动的通知》(郑米矿字〔2010〕64号)文件中明确提出，要以开展"安全生产月"活动为契机，认真组织开展"质量标准化会战月"活动。《通知》要求各单位必须高度重视，明确达标项目，认真组织，高标准施工，严格落实达标责任，安全管理科和业务主管部门加大质量标准化监督考核力度，通过开展"质量标准化会战月"活动使米村矿质量标准化水平有了明显的提高。

总之，2011年以来，米村煤矿在集团公司和矿党委的正确领导下，经过全矿干部职工的共同努力，质量标准化工作取得了较好成绩。这些成绩的取得是全矿干部职工落实制度、精细管理、克难攻坚、努力拼搏的结果。但是，公司的质量标准化工作与上级领导的要求和其他兄弟单位相比，还有一定差距，还有很多地方需要学习和改进。在今后的质量标准化工作中，应虚心学习和借鉴兄弟单位的先进管理经验，积极探索质量标准化工作的新途径、新方法，认真总结经验，狠抓制度落实，严格精细管理，全面提高矿井安全质量标准化水平，为集团公司和矿井实现科学发展、安全发展、快速发展作出应有的贡献。

中平能化集团平顶山天安煤业股份有限公司八矿

2010年，八矿认真贯彻执行中平能化公司提出的"八字方针"，严格执行质量标准化标准，大力开展精细化管理工作。工作中以创建高标准"五优"矿井为载体、系统达标为主线，强化现场管理，加大文明生产治理力度。同时，深入开展系列达标活动，全面提升了矿井安全质量标准化水平。

一、加大宣传力度，营造质量达标氛围

2010年年初，八矿提出了在保持河南省"五优"矿井基础上向建设精品"五优"矿井迈进的工作思路，充分利用电视、广播、报纸、橱窗等宣传方式，大力宣传质量达标的重要性，为推进质量标准化工作及建设精品"五优"矿井营造了良好氛围。

二、严格标准，加大投入

认真落实公司质量达标"八字方针"的要求，以建设精品"五优"矿井为载体，加大投入，形成了质量达标齐抓共管的局面。

(一)领导重视，完善机制。

八矿党政班子高度重视矿井质量达标工作，成立了以矿长、党委书记为组长、副矿长等为副组长的质量标准化领导小组，相继出台了一系列文件和规章制度，规范了职工日常行为和工作环境标准，为质量达标工作提供了实施依据和制度保证。

(二)细化达标费用，严格落实工程计划。

2010年，继续加大投入，吨煤提取5元，用于井下安全质量标准化建设费用投入。质量标准化费用优先用于消除制约安全生产的系统达标隐患，以及用于改善职工作业的恶劣环境。安排队伍对戊二下延轨道、丁一小高强皮带等地点进行拉底、调道、扩修、喷浆，从根本上消除制约原煤运输的瓶颈问题；对己四下延、二水平戊一等采区进行了巷道刷白、设备设施统一挂牌编号管理、照明增加等细化、亮化工程，提高了八矿的质量标准化水平。

在每月下达生产计划的同时，一并下达质量达标计划。月末，由生产矿长、安全矿长组织召开质量达标专题会，对本月计划完成情况严格考核。

(三)加大工程质量考核，提高质量达标意识。

继续推行安全、质量、生产、培训的"3:3:3:1"结构工资的管理机制，将质量达标工作纳入到当月结算工资进行严格考核。实行质量标准化一票否决制。对工程质量低劣或管理出现滑坡的单位给予处罚，同时扣发单位责任人质量抵押，并且取消季度安全质量评先资格。认真开展工程质量联合检查验收制度。对那些质量意识不重视、现场质量低劣的工程，坚决要求停产整顿，并给予通报批评。

(四)坚持开展专项治理活动，提高矿井整体形象。

坚持每周组织对全矿开展文明生产、工程质量专项检查工作，重点检查副井周围、大巷、斜巷等公共区域的文明生产，逐步提升矿井整体形象。

注重日常对全矿各采区的巡检，重点检查采掘工作面、巷修散修点的工程质量，对质量出现问题的工程给予停产整顿。

加大质量不合格工程的停产和不文明生产的处罚力度。对于久推不动、工程质量低劣的地点，以及出现重复隐患、工程质量严重滑坡的施工地点，给予停

产整顿,并对责任单位负责人实行责任追究。

(五)充分发挥层次化管理,落实各级责任。

八矿建立了"三级文明生产区域划分制度",实行副总以上矿领导包采区、区队包片、班组包段的文明生产区域划分制度,并挂牌管理。包区领导,每月带队对责任区域内存在的问题至少平衡一次,对存在的问题限期整改。

以区域管理为出发点,将生产系统中的达标工程,分解落实到各战线。加大对生产系统中巷修工程的投入。坚持达标工程完成的好坏同质量抵押挂钩,战线内部质量达标完成的情况同质量抵押挂钩,月底落实奖罚。

(六)树立先进典型,推动质量达标工作。

大力提倡精品工程、精品线路、精品采区创建工作,1~12月,打造了老副井入井平硐、新副井入井通道、新副井中央火药库、二水平戊组东大巷等亮点工程。

推动各专业每月要召开一次质量达标现场会,从而带动全矿质量达标水平进一步提高。

创新达标机制,延伸质量达标内涵。以"三星达标示范区"创建为抓手,对创建的精品工作面,从质量、管理、行为方面提高标准,加大奖励,做好宣传,从而夯实安全生产的基础。

(七)推行精细化管理,创建精品线路。

围绕精品采掘工作面,精心打造精品线路。结合八矿达标工作实际,安排队伍对线路上大巷、斜巷轨道、工作面等地点进行了系统达标处理,体现出了"亮、齐、细"管理。精品线路的创建,显现了八矿达标工作的精细化管理,提高了矿井的整体达标水平。

(八)认真开展"双述"工作,促使良好习惯的养成。

结合八矿"双述"作业法在井下与生产相结合中存在的不足及能够更好地展示井下作业人员的精神面貌,重新制定并下发了《关于进一步深化"双述"检查及考核工作的通知》。在井下或班后会对各单位进行抽查,根据检查情况评出当月最差单位和最好单位,在月底工作会上通报,进行奖惩。对查出"双述"的较差人员,月初送"三违"学习班,进行集中培训学习。

(九)以创建高标准"五优"矿井为主线,全面建设和谐安康矿区。

进入2010年,公司积极响应上级号召,在2009年保持省"五优"矿井的基础上,提出了创建河南省高标准"五优"矿井这一工作目标。围绕这一工作主线,矿党政高度重视,把创建"五优"矿井作为全年各项工作的总抓手。年初制定创建目标,将各项任务分解到各个部门,责任落实到人,明确日期和要求。在日常工作中,严格按照"五优"矿井的标准和要求开展工作,矿井的各项工作稳步推进,呈现出了良好的发展态势。

中平能化集团平顶山天安煤业股份有限公司二矿

一、强化安全质量教育,夯实安全生产思想基础

为全面落实安全质量标准化目标,公司把加强职工安全宣传教育、规范职工岗位操作行为作为搞好安全质量标准化工作的前提,长抓不懈,强力灌输,为二矿实现安全质量标准化提升奠定了良好基础。一是认真宣传国家、省局的安全质量标准化工作指示精神,并根据集团要求,结合实际制定安全质量标准化文件及相关规定。二是深入开展"安全质量标准化活动"、"百日安全生产""安全生产月" 等各类安全质量标准化活动,对元旦、春节、五一、国庆节等特殊时期的安全和质量工作,及时进行专题研究和部署,并在全矿大力宣传,营造氛围,引导基层时刻绷紧安全弦、夯实质量基础。三是充分发挥班前会、职工周五学习日、学习工作室等安全质量标准化教育阵地作用,认真学习贯彻上级各类安全质量标准化文件精神;坚持开展每日一题、每周一课、每月一考的"三个一"活动,针对性地开展安全质量标准化培训;特邀河南理工大学教授来二矿讲授"一通三防"及防突知识;坚持实施准军事化管理,全面推进"手指口述"、"岗位描述"操作法,狠抓职工"习惯性三违",不断规范职工安全作业行为,塑造本质安全人、打造本质安全岗,在矿井安全生产中发挥了重要作用。

二、固本强基,深化安全质量标准化建设

安全质量标准化是推进矿井安全基础建设,提升安全层次和矿井发展形象的重要工作。2011 年以来,公司在前几年工作的基础上,把深化细化、提升矿井安全发展品位作为 2011 年工作的重点,高起点定位,高标准要求,努力确保效果。一是细化完善 2010 年安全质量标准化工作制度,明确了全矿所有管理岗位的安全质量标准化工作标准和责任,形成了覆盖矿井上下、全方位的安全质量标准化检查评比、考核奖惩管理体系。二是坚持"旬检、月评、日评估",定期检查,定期考核,每日评估,分析正反两方面事例,推广经验,剖析问题,对不落实责任的个人和单位以安全信息日报的形式在全矿进行通报处罚。三是狠抓现场质量达标管理,做到了"一实"(即狠抓干部作风转变,把质量标准化工作做细、做实)、"二严"(即严格标准、严格考核)、"三化"(即质量标准化工作经常化、规范化、制度化)。四是认真落实安全治理整顿项目,推进安全质量标准化工作由静态向动态、由片面向系统、由精品路线向示范采区发展,进而辐射全矿,推动全矿实现动态达标。五是每季度召开安全质量奖惩大会,加大安全质量标准化奖惩力度,对先进单位进行重奖,对工作水平相对较低的单位进行经济处罚,有效地推进了安全质量标准化工作的顺利开展。

三、注重实效,狠抓安全质量隐患排查整改

以《平煤股份公司安全生产现场管理和隐患排查整改及责任追究规定》为指导,深入开展隐患排查整改活动,建立了矿安全质量管理部门、业务区、基层队、班组、职工五级隐患排查体系,完善隐患排查、筛选整理、签字整改、督导复查管理机制,设立隐患排查整改复查台账,将每天每班排查的隐患筛选整理后,按"五定四签字"原则进行落实整改,定期进行隐患复查,对到期不能整改或整改不彻底的隐患责任单位和责任人,进行经济处罚和责任追究,对安全生产事故责任单位和责任人进行严肃处理。

狠抓安全质量现场管理,实行管理人员走动巡查、业务区网络巡查、值班干部带班巡查、安全小分队专项检查、安全八条线安全督察,坚持开展顶板支护、瓦斯、斜巷运输、机电设备防爆、放炮管理、防灭火、综合防尘等专项活动,形成了分工明确、部门联动、齐抓共管的安全管理机制。狠抓干部作风建设,严格落实跟班带班制度,及时处理安全隐患和生产中出现的难题,为实现安全质量标准化的提升提供了有效保障。

四、依靠科技,加大安全质量投入,提升矿井安全保障能力

以科技促发展。二矿坚持走科技兴矿之路,不断提升矿井科技水平。坚持不断引进新设备、新工艺,引进全液压矿用掘进钻车、大功率掘进机、顶板液压钻机、移动空压机、侧卸式装岩机等装备,建成全长6800 米的七部井下架空乘人系统,减轻了职工体力环境,实现井下轨道运输重轨化。推进矿井信息化建设,数字化、信息化系统矿井建设效果明显,建立了数字化综合生产调度指挥中心、井下工业环型以太网络系统、人员定位系统、水文监测系统、内部 OA 办公自动化系统、管理人员走动巡查信息系统、职工安全上岗档案查询系统,重要场所视频监控系统,实现了架空乘人、原煤运输、主要变电所、立井提升系统的地面集中控制,实现了关键岗位可视化,各大系统和主要设备实现在线监测,矿井生产建设逐步向数字化、信息化、自动化方向发展。调度通讯、生产管理实现计算机网络化管理,矿井装备安全监控系统符合《煤矿安全监控系统及检测仪器使用管理规范》(AQ 1029—2007)规定。

坚持落实安全质量标准化"按需投入"的原则，保证安全技术措施、安全费用和安全质量标准化建设资金按时足额到位。

五、重视科技人才的培养

二矿以人才"116工程"为载体，建立人才管理机制、人才引进长远规划，每年制订详细的人员培训计划，有目标、有落实。安全培训机构、人员、经费满足安全教育培训和提升职工专业素质需要，做到培训制度化；全员教育培训率100%；主要负责人、安全生产管理人员、特种作业人员持证上岗率100%。职工队伍在科技人员的共同努力下，科研和革新活动在各个方面更是"遍地开花"。综采一队自主管理、掘进一队班组材料核算法以及用职工名字命名的"赵洪君导师带徒法"等管理先进经验在全矿得到推广，先后涌现出"戚永豪风动连锁挡车装置""陈国喜自动泄水装置""孟付成架空乘人保护装置""吴振凡皮带接头法"等一批职工技术革新成果。

六、以文明提素质，推动质量标准化建设

二矿坚持把企业文化安全建设作为提高职工素质和增强团队凝聚力的重要措施，按照与时俱进的原则，制定了《安全文化建设系统推进安排意见》等一系列的文件对安全文化进行整体部署，编印了《二矿学习型企业文化手册》《安全文化手册》，建立了安全文化书画创作室，先后创作了《"没事儿"历险记》安全漫画册、安全卡通片、煤矿安全扑克，"白国周班组管理法"宣传挂图等企业文化系列丛书。为强化职工文化素养，还组织开展了全员准军事化管理训练，在全矿推行了《手指口述操作法》，举办了《准军事化管理暨手指口述岗位描述表演赛》，并把安全文化、亲情教育、安全警示教育融入日常办理工作中去，不断强化职工文明行为的养成，真正实践了"以人为本"的办理理念。目前，职工岗位操作规范，职工列队行走已形成了矿院内一道亮丽的风景线。

管理文化创新和精细管理与矿井经济发展相辅相成。按照"整体谋划，分项实施，典型引路，扎实推进，快人半步，创出特色"的原则，以编码管理为切入点，探索实施"五精"管理，推进企业文化建设。规范班前会、职工入井程序化管理，推进"双述"工作，促使职工逐步养成良好的操作习惯；推广"白国周班组管理法"，加强班组建设，实施班组现场精细管理，不断推进班组管理工作上水平。

全面改善安全生产环境和条件。一方面，为适应发展扩大巷道断面扩大了工人的工作空间，在分支巷道和采面增加照明灯，增大照明范围；在巷道两侧刷蓝颜色墙裙、增设带画面宣传画、按标准刷管路颜色、在上下班途中播放愉快音乐，改变视觉、听觉，减轻了工作压力，同时辅以先进的安全生产装备和规范有序的设备摆放、管线吊挂，使安全生产环境有了较大改善。另一方面，千方百计降低工人上下班途中的体力消耗，在矿井斜巷全部安装了乘人运输装置，实现了"职工上下班只走风机巷"，体现了企业对劳动者的尊敬、关怀，提高了工作效率，消除了上下班中的习惯性违章。

七、突出重点，搞好安全综合防控

结合矿井实际，抓住重点，有的放矢，搞好防治是确保安全生产的关键。

一是狠抓 "一通三防"， 加大通风设备设施的检查、维修和管理力度，落实综合防尘区域管理责任制，狠抓火工品和放炮作业现场管理。

二是狠抓防治水。严格按照集团关于防治水区域治理"整体疏放、局部加固"的要求，充分利用已有的经验，依照"预测预报、有疑必探、先探后掘、先治后采"原则，坚持"物探先行、钻探验证"，充分发挥防治水设备效能，加强重点管控，及时完善措施，确保了安全施工。

三是顶板管理。在严格落实各项安全基础措施的基础上，加强采面超前支护，采取带压移架、分段移架，防止顶板局部跨落，确保了采面安全稳步推进。

四是狠抓机电运输和矿井供电管理。重点抓运输安全、提升安全，供电供风系统稳定可靠，努力提高各大系统机电机械设备安全运行水平。坚持开展机电设

备供电评价活动，完善工作程序，建立设备台账，坚持定期巡检，实现了矿井各大系统的安全稳定运行。

八、下移关口，深化班组建设各项工作

以集团推广"白国周班组管理法"、加强班组建设为契机，及时召开班组建设推进会，先后下发了《二矿班组建设试行方案》《关于学习推广"白国周班组管理法"的通知》，引导基层各单位深入学习"白国周班组管理法"，发挥班组长"兵头将尾"作用，把好安全生产关。成立了班组长协会，吸收全矿最优秀班组长入会；成立班组建设研究室，在班组建设中形成群策群力、齐抓共管的工作格局。深入开展"五星"（学习型、创新型、效益型、安全型、和谐型）班组创建活动，借鉴"白国周班组管理法"，总结、提炼、整合基层区队班组建设先进经验，形成了以综采一队"三看三做"（班前排查隐患仔细看，努力做到开工零隐患；班中规范作业互相看，努力做到操作零失误；班后工作质量回头看，努力做到交班零缺陷）班组安全管理法等为代表的、具有二矿特色的班组先进管理经验。充分利用班组讲堂，邀请白国周及集团工会班组建设专家，为二矿传经送宝；不断强化班组长的业务技术培训，提高班组长的综合素质，强化班组长的安全管理职责，充分发挥班组长现场指挥者、执行者的作用，真正实现安全管理重心下移、关口下移。

中平能化集团平顶山天安煤业股份有限公司六矿

2010年，六矿全面贯彻"安全为天、质量为本"的方针，始终以"五优"矿井建设为重点，实施全员参与、全过程控制、全方位达标，精细管理，严格奖惩，强化执行，深入开展质量标准化上台阶活动，推进了安全生产持续稳定、健康和谐发展。下面就六矿开展质量标准化工作的一些具体做法简单介绍如下：

全员参与，发挥整体合力。始终坚持"总动员、齐参战"的原则，大力倡导"讲大局、讲协调、讲奉献"的团队精神，打破队与队、战线与战线的界限，形成工作合力，每月由安全副矿长负责协调各战线，逐项制定达标规划，任务分解到区队，划分达标区域，层层分解任务，做到"一级抓一级、层层抓落实"。合理调整劳动组织，抽调地面、后勤服务等单位，积极参与质量达标会战，做到"质量达标主动抓、坚持标准抓主动"，日常工作与质量达标两不误，井上、井下环境面貌得到明显改观，进一步构建了"上下联动、覆盖全矿"的质量达标网络。

加大科技投入，优化生产工艺，实现生产过程本质安全。始终坚持"科技兴矿、科技兴安"战略，积极推广应用新技术、新装备。2010年以来，六矿投入数千万元，加快非防爆设备的换代升级，从源头上实现设备本质安全。同时，投入大量资金用于安全治理整顿和安全技术改造，使安全基础不断夯实。加大高温治理力度，使井下生产环境大为改观；为强化下井人员的安全管理，优化了井下人员定位跟踪监控系统，实现入井人员管理"三位一体"，为安全管理、劳动组织、工资分配提供可靠依据。通过科技创新，进一步优化了生产环节，提高了生产系统的安全可靠性，从根本上杜绝了重大事故的发生，实现了生产过程本质安全化。

优化生产系统，强化过程管理，以系统达标推进整体达标。在实际生产过程中，机电设备的不确定因素多，存在的不安全隐患多，发生事故的可能性大。对此，六矿坚持定期检修、强制保养的指导方针，严格落实各项管理制度，不断完善各类安全设施，优化机电运输系统，为生产系统"减肥消肿"，减少生产一线作业人员和安全生产管理环节。在丁6—22180机巷投入了一部多点驱动皮带，既减少了生产运输环节，又保障了输送机的可靠运行。在戊8—22150采面,充分发挥河南省第一家引进的自动化综采设备,创建企业文化示范化工作面。在丁二、戊二、丁一轨道投入了斜巷人车,极大地减轻了职工劳动强度。在瓦斯抽放系统方面实现了地面瓦斯抽放,大力推进区域瓦斯治理措施,并进一步优化了通风系统。

强化监督,拉高标杆,创建精品工程。我矿坚持以采掘工程质量为龙头,以“一通三防”及“防突”和机电运输为重点,坚持“四不生产”的原则,从抓安全基础工作入手,不断强化质量检查、验收、考核、奖惩;坚持班评估、旬检查、月考核,矿专职安全质量检查评估员包头包面,责任到人,实现动态检查,保证工程一次达标,达标率达到100%。

强化考核,提升执行能力。开展安全质量达标,重在考核,严在追究。为保证各项达标任务落到实处,坚持把质量达标与执行力建设相结合,不断加大监督检查力度,建立了日常监督检查网络,完善了监督制约机制,组织纪委、组织干部、调度、安检等部门,成立了联合考评小组,每天对各项工作进行盘点,每月进行综合考核,考核结果与干部绩效工资挂钩,保证了达标工作部署到位、落实到位。

深化安全质量标准化建设,狠抓安全质量隐患排查。把安全质量标准化建设视为企业的形象工程、生命工程、效益工程和基础工程,创新工作思路,赋予安全质量标准化建设新的内涵。深化安全质量标准化建设,狠抓安全质量隐患排查整改,搞好安全综合防控,突出防治水,提升了矿井的科技保障能力,使安全质量标准化建设不断迈上新的台阶,杜绝了重伤和二级以上非伤亡事故,顺利实现六矿第三个安全生产年。

中平能化集团平禹煤电有限责任公司二矿

近年来,平禹二矿紧紧围绕煤矿安全质量标准化“科学管理,高产高效”的原则,不断加大开展煤矿安全质量标准化建设的力度,夯实安全管理制度。平禹二矿始终把煤矿安全质量标准化作为安全生产最重要的基础工作和实现安全生产持续稳定发展的重要保障,坚持常抓不懈。近年来,矿井按照贯彻落实科学发展观的要求,以创建本质安全型企业为目标,积极推进安全管理创新,充实安全质量标准化验收考核内容,建立起安全质量标准化与安全文化建设、规范操作、改善环境相结合的“四位一体”动态考核验收常态机制,提升了安全质量标准化总体水平。井上下生产作业环境显著改善,职工队伍整体素质明显提高,安全生产可控程度进一步增强,为煤电公司持续稳定的安全生产奠定了坚实基础。

一、多措并举,提高职工综合素质,为开展安全质量标准化打好基础

提高人的安全意识和操作技能,规范人的行为,是不断提高安全质量标准化的重要基础。平禹二矿实施“培育煤矿安全文化,塑造本质安全型人”的工程,重点围绕提高职工素质,开展了以下四个方面的工作。

(一)实施素质提升培训工程。连续开展两个“三年素质培训工程”,通过采取系统培训、模拟演练、现场纠偏、心理调适等一系列手段和方法,对新工人、一般从业人员、特种作业人员、班组长等不同群体,全面开展理念灌输、习惯养成训练、系统追问、危险预知、危害辨识、操作技能等培训教育,培育职工树立良好的行为习惯和职业素养。培训结束后,逐个考核过关;不能过关者,不得上岗并重新进行培训教育。因此,职工队伍综合素质得到了明显提高。

(二)加强班组长队伍建设。实施班组长持证上岗制度,制定专门培训大纲和培训教材,集中对在岗的班组长开展安全教育培训,培训不过关的撤职换岗。建立后备班队长选拔培训机制,从各班队选拔部分骨干,参加班组长培训。对班队长进行定期考核讲评,实行末位淘汰,空出的职位,从培训合格的骨干中选拔

任用。

(三)推行准军事化职业行为训练。为进一步规范员工安全操作行为,提高安全质量标准化工作的执行力,全面开展了准军事化职业行为训练,对职工进行准军事化班前会、队列行走、手指口述、安全确认、现场交接班、职业技能训练等多项训练,以严明纪律培养职工的自觉管控能力,促职工自我管理意识得到了显著提升,对落实安全质量标准化管理制度以及规范化作业标准,起到了一定的保障作用。

(四)推行岗位安全确认,“手指口述”。围绕提高人的安全质量意识和危害辨识控制能力,推行了全员、全方位、全过程、工序化的“三全一化”岗位安全确认。以“安全预想、危险预知”为主要内容,全面推行了“手指口述”式安全确认法,进一步强化了现场安全管理,促进了规范操作的落实。

二、全面推行“三按”管理,促进安全质量标准化动态达标

在各生产矿井积极尝试推行了按规范设计、按设计施工、按标准验收的“三按”管理机制。按照细化、量化、标准化要求,参照国家和行业安全标准、技术规范,针对企业实际,修订了回采、掘进、开拓、机电、运输、通风等各个系统设计规范标准,完善了规程措施编制、会审、贯彻流程,把按设计施工列为精细化管理和走动式管理的主要内容,实施了施工过程中达不到设计标准限期整改以及由下一道工序追偿等硬性措施,实现了安全质量标准化动态达标。

(一)按规范设计。要求一切井工工程都要有设计,在规范设计流程的基础上,细化设计内容。对每项工程的每个环节、施工现场的每个细节,都以设计说明书的形式固定下来,逐项提出具体操作要求、明确具体标准。如设备或材料怎么摆放、管线如何吊挂、采面单体液压支柱放液阀必须朝向相同等。在规范设计内容过程中,坚持“从群众中来,到群众中去”,针对现场施工内容和操作细节,在基层班组广泛征集设计内容,组织设计成果观摩、比较、论证,好中选优。

(二)按设计施工。所有生产工作岗位操作全过程都要按设计标准进行,已开工的工程必须现场悬挂设计图表。对施工过程“时时有规定,处处有标准”。矿井专门编制了煤矿操作岗位标准化作业标准,对每一个生产工作岗位、每一道操作工序都做出了具体规定,并在生产过程中强力推行。每个工作面开工前先检查按设计施工的问题,与设计要求不符不许开工。为促进作业现场按设计施工的推行与落实,管理人员在生产过程中坚持走动管理,凡是不按设计施工的一律挂黄牌、停产整顿,直到验收合格后才准许恢复生产。

(三)按标准验收。突出对生产全过程的动态检查、班末验收和竣工后的对标考核,坚持施工过程中管理人员的动态检查与班末验收相结合,对当班施工质量、设计标准落实情况逐项进行考核打分,实行日清日结考核。坚持将班末验收打分结果与工程竣工后的系统验收相结合,作为安全质量结构工资的考核依据,做到设计、施工、检查、验收环环相扣,全程闭合。

三、加强安全环境建设,提高安全质量标准化水平

坚持以人为本,加强地面和井下安全环境建设,创造良好的环境,为职工安全与健康提供有力保障,提高了安全质量标准化水平。

(一)积极导入安全视觉识别系统。采取安全行为准则“符号化、视觉化、标准化”的传播手段,在矿井所有办公区域、生产作业场所,特别是井下事故易发地段,推行了反光安全标识和安全设备设施编码管理。在工业广场、更衣室、井口设置了大屏幕,班前会议室配备了多媒体电化教学设施。安全视觉系统的导入,及时传播了企业安全理念和安全信息。

(二)强化安全环境硬件设施建设。本着高标准、高层次、高水平的原则,深入推进安全质量标准化建设。各生产矿井全面实施井上井下“亮化、净化、美化、规范化”环境改造工程。从井口到井底车场,从运输大巷到采区石门料场,从工作面上下两巷到采煤工作面,分阶段逐步实现全部照明。实践证明,职工在宽敞明亮的环境中工作,无论心态、注意力还是操作的准确度都有较大改观。

（三）营造安全健康文化。从努力改善职工工作生活环境入手，着力营造安全健康文化。矿井建立了职工安全健康保障体系，定期开展职工健康检查，建立了职工安全健康管理档案，在地面建立了保健站、急救站。在入井口设置有茶水供应站，对职工食堂、宿舍、更衣室全面实施人性化改造，逐步实现服务人性化、就餐住宿宾馆化、更衣洗浴舒适化，减轻职工作业后的疲劳，进一步增强职工凝聚力。

（四）着力打造本质安全型矿井装备系统。以实现“机电设备零隐患、矿井装备零故障”为目标，实施矿井提升系统数字化改造和主扇风机安全节能改造，基本实现了自动化、信息化、数字化；积极引进大功率、高强度的综采设备和免维护减速器，推行掘进工作面轨道化运输；实施矿井安全监测系统升级改造，安装顶板在线监测系统，自动闭锁风门。先后进行了运输、供电、通风、排水本质安全型系统和部位的改造及创建活动，既增强了矿井抗灾防灾能力，又提高了安全质量标准化的科学管理水平。

四、创新考核运作机制，确保安全质量标准化规范有序运行

在坚持安全质量标准化旬检、月检、动态达标的基础上实行考核运作机制，将安全质量标准化工作逐步纳入规范化、制度化、科学化轨道，保证了安全质量标准化工作的规范运行。

（一）改革薪酬分配机制。发挥政策导向作用，引导职工牢固树立“安全就是效益”的观念，推行了独立于效益工资之外的安全质量结构工资制。矿井安全质量标准化在工资分配中的比重已全部达到30%以上。改变传统的“以量计资、超产超尺累加计奖”的考核方式，促进了基层单位由生产管理型向安全质量管理型转变。

（二）实施专项激励机制。矿井坚持每月开展安全质量标准化示范区队、班组竞赛活动，不定期召开安全质量标准化现场推进会，及时推广先进经验。同时采用正激励手段，每月都奖励在安全质量标准化工作中取得突出成绩的先进单位和规范操作的职工，有效地促进了职工由“要我安全”向“我要安全”的转变。

（三）建立管理人员安全业绩考核管理机制。制定实施了管理和技术人员井下带班盯岗和走动管理制度，对安全质量标准化工作出现的问题，全面实施责任分析、系统问责机制。

中平能化集团平顶山天安煤业七矿有限责任公司

平煤股份七矿始终把煤矿安全质量标准化作为安全生产最重要的基础工作和实现安全生产持续稳定发展的重要保障，坚持常抓不懈。近年来，七矿按照贯彻落实科学发展观的要求，以创建本质安全型矿井和国家级安全质量标准化井工煤矿为目标，积极推进安全管理创新，充实安全质量标准化验收考核内容，建立起安全质量标准化与安全文化建设相结合的动态考核验收常态机制，提升了安全质量标准化总体水平。职工队伍整体素质明显提高，安全生产可控程度进一步增强，实现了矿安全生产状况的持续稳定。

一、加大培训力度，提高职工综合素质，为开展安全质量标准化打好基础

提高人的安全意识和操作技能，规范人的行为，是实现不断提高安全质量标准化的重要基础。

（一）实施素质提升培训工程。坚持每周二、周五开展“安全学习日素质培训工程”，通过采取系统培训、模拟演练等一系列手段和方法，对一般从业人员、特种作业人员、班组长等不同群体，全面开展理念灌输、危险预知、危害辨识、操作技能等培训教育，培育职工树立良好的行为习惯和职业素养，职工队伍综合素质得到明显提升。

（二）加强班组长队伍建设。深入开展学习白国周活动，把白国周班组管理法（六个三：三勤、三细、三到位、三不少、三必谈、三提高）融入各个生产班组，提高区队长、班组长的安全素质和管理水平，提高职工的安全意识和实际操作能力。

（三）推行严格的职业行为训练。为进一步规范员工安全操作行为，提高安全质量标准化工作的执行力，对职工进行手指口述、安全确认、现场交接班、职业技能训练等多项训练，以严明纪律培养职工的自觉管控能力，使职工自我管理意识得到显著提升，对落实安全质量标准化管理制度以及规范化作业标准，起到了一定的保障作用。

二、严格执行考核运作机制，确保安全质量标准化规范有序运行

坚持安全质量标准化，旬检月评，实施“二二六”结构工资制，严格考核、严格奖惩，不断探索、完善安全质量标准化的考核运作机制，使安全质量标准化工作逐步纳入规范化、制度化、科学化轨道，保证了安全质量标准化工作的规范运行。

（一）实施专项激励机制。七矿坚持每月开展安全质量标准化示范区队活动，组织召开安全质量标准化现场推进会议，及时推广先进经验。同时采用正激励手段，对在安全质量标准化工作中取得突出成绩的先进单位和规范操作的职工进行奖励，有效地促进了职工由“要我安全”向“我要安全”的转变。

（二）建立管理人员安全业绩考核管理机制。制定并实施了管理和技术人员井下带班盯岗和走动管理制度，对安全质量标准化工作出现的问题，全面实施责任分析、系统问责机制。

七矿将以煤矿精细化管理系统软件为手段，以作业标准为基础，以流程管理为核心，以闭环式绩效考核为手段，把煤矿日常复杂、烦琐的工作任务系统化、标准化、流程化，进一步做好提升矿井的安全质量标准化动态达标工作，不断提升七矿的安全质量标准化动态达标水平，为全面建设安全质量标准化一流矿井而努力奋斗！

中平能化集团平顶山天安煤业三矿有限责任公司

纵观人类社会的发展，就是一部创造、发明、创新的历史。创新是推动人类社会进步的生产力，创新是民族进步的灵魂，是国家兴旺发达的不竭动力，是企业做大做强的根本。而作为煤矿这个特殊的行业，创新不仅仅意味着技术进步，企业赢利，更是煤矿安全生产一道又一道的保险。

近年来，三矿顺应集团大力推广科技兴安的春风，积极推广新技术，新工艺，新材料，新设备，争取多上设备少上人，把有效的人力资源解放出来，而且进一步提高了矿井的安全系数。而且三矿通过自主创新，改善生产条件和技术工艺，为矿节省了能源，增加了效益。彻底改变了三矿原有的矿井面貌和生产水平。并在2011年荣获国家级质量标准化矿井等荣誉称号。

三矿近年来所取得的科技技术成果如下：

2009年度

第一，《三环公司十号井生产系统优化研究与实施》荣获中国平煤神马集团科技进步成果二等奖。

项目针对原十号井各生产系统存在的能力不足、安全出口不够、通风困难、混合提升等问题进行综合分析，提出新建主井作为安全出口和提煤，己组井改为副井，戊组井改为回风井，同时扩大斜井断面，做为大型设备提升井筒，技术方案合理（2010年三环公司改名为平顶山天安煤业三矿有限责任公司）。

生产系统改造后，矿井生产能力由原来的30万吨/年提高到100万吨/年，为安全高效矿井建设打下坚实基础。

第二，《高层构筑物下开采移动观测技术研究及应用》荣获中国平煤神马集团科技进步成果三等奖。

该项目对高层建筑物测量技术进行研究，掌握开采对建筑物影响的第一手资料，准确测量建筑物的移动情况。

该项目的实施为“三下”采煤提供可靠的依据，确保建筑物的安全。

第三，《己戊组石门架空乘人装置研究与实施》荣获中国平煤神马集团科技进步成果三等奖。

该项目针对三矿上马综采综掘设备，提高生产安全性和生产能力进行的系统改造要求，在己戊组运输石门安装架空乘人装置，减轻了职工劳动强度，提高了工作效率。

该项目根据现场巷道的特殊情况，机轨合一，行人与运料相互闭锁，选型经济合理，横托梁安装方法简便可靠，在巷道偏差的情况下，通过加装收扩绳轮、转向装置和改造双向可调座椅，拓展了收扩绳轮的调向功能，使架空乘人装置运行安全可靠，并且实现无人时自动停车，运行经济。

该项目经现场运行，安全可靠，运行良好，效果明显。

第四，《三环公司棚户区供电系统优化设计与实施》荣获中国平煤神马集团科技进步成果三等奖。

该项目针对老棚户区供电线路杂乱，设备陈旧老化，供电能力不足，供需电质量、可靠性不高等问题，课题组经过深入细致的调研、论证，选择优化的设计方案并实施改造，提升了生活小区供电水平和安全状况。

选用欧式组合箱式变电站，采用预埋电缆的敷设方法，美化了小区环境，施工方法便捷，提高了自动化水平。选用磁卡式电度表，防止用户不缴电费、窃电和拖欠电费等问题，增加了电费回收率。采用光控和分时控两种形式控制路灯照明，设计新颖、经济合理。

项目完成后实施效果良好，为小区居民和谐、安康的生活环境提供了保障。

第五，《十号井通风系统优化研究与实施》荣获中国平煤神马集团科技进步成果三等奖。

该项目针对三矿通风能力不足，负压偏高等通风系统存在的问题，研究制订了通风系统优化方案。

方案通过实施，提高了矿井通风能力，优化了矿井通风系统，为矿井的可持续发展奠定了良好的基础。

该项目方案选择合理，前期投入少，后期运行费用低，经济效益显著。

2010年度

第一，《矿井回风源热泵工程研究与实施》荣获中国平煤神马集团科技进步成果一等奖，并荣获河南省工业和信息化科技成果奖二等奖。

该项目针对冬季井筒防冻及地面建筑供暖，不仅消耗大量煤炭，而且环境污染，利用矿井回风中热能，使用回风源热泵技术，对矿井的节能减排、节支降耗具有重要意义。

项目采用了高效矿井回风热能提取装置，将矿井回风中的热能转换成温度稳定的低温水，作为热泵的热源，循环使用，采用了新型高效、低噪声、免维护高温热泵机组和研制高效循环水处理装置，完成了矿井回风源热泵系统的设计与安装。

该项目有效地利用了回风中的热能，提高了热泵的效率，降低了主扇出风口的噪声和排出气体中的有害物质。系统采用PLC技术，实现自动控制。

该项目在三矿的应用，热泵系统运行稳定，性能可靠。解决了三矿十号井井筒防冻问题，改善了工人作业环境，具有明显的经济效益和社会效益。

第二，《ZH1600/16/24ZL 型悬移液压支架的技术改进》荣获中国平煤神马集团科技进步成果二等奖。

该项目针对 ZH1600/16/24ZL 型悬移液压支架在使用中存在的液压管路易挤断、双向锁不易检修和更换、翻转梁不能做到本质安全。损坏立柱、推进油缸底座易断裂等问题，进行了技术优化改进，并增设了挡矸装置。

该项目实施后，设备维修方便，减少了维修时间，提高了工效，消除了不安全隐患，确保了安全生产，经济效益和社会效益明显。

第三，《平煤股份三矿十号井回风斜井支护技术研究与应用》荣获中国平煤神马集团科技进步成果二等奖。

项目针对回风斜井地质条件复杂、巷道失修严重的问题，开展了支护技术研究。项目确定表土层段采用 U 型钢全封闭挂网喷浆支护方式、基岩段采用锚杆挂网喷浆支护方式，方案合理。项目实施效果良好，经济效益和社会效益明显。

第四，《平煤股份三矿十号井地面煤场分煤系统方案的优化与实施》荣获中国平煤神马集团科技进步成果一等奖。

项目针对三矿十号井主井地面生产系统不能筛分、煤种不能分储分运、靠推土机在储煤场扩散原煤的落后现状，设计制作安装了高架旋转皮带落煤系统，并搭建了筛分楼，对原煤进行筛分，将筛分下来的原煤运输到储煤场的高架旋转皮带上，在储煤场分煤种进行均匀分煤。实现了原煤筛选、分煤种分储分运。

该项目投入少、工期短，整个改造施工过程不停产。

项目实施后，扩大了煤场的储煤能力，提高了主井提升效率，改善了煤质，减轻了劳动强度，实现了安全高效运行，经济效益明显。

该项目完成后，地面煤场储装运能力由原来的 40 万吨/年提高到 100 万吨/年，为安全高效矿井建设打下了坚实基础。

第五，《主要扇风机蝶形阀风门实现快速倒机研究与实施》荣获中国平煤神马集团科技进步成果三等奖。

该项目针对原主要扇风机使用的闸板式风门倒机时间长、运行阻力大、风门运行不灵活、不可靠、操作倒台风门时不直观、容易出现风门拉过或者拉不到位的现象，采用了蝶形阀风门技术，实现了安全快速倒机。

该项目采用自行改造的弧型蝶阀，利用后台微机实现远方倒机操作，可在 1 分钟内完成风机倒台。

风门可以在开启 0°~90°的任何位置实现停止，可以在风门开启的任何角度对风机进行有效的性能测试。

通过 PLC 电力智能控制系统与主要扇风机风门开闭角度显示仪表的连接，实现了仪表和微机的双重监控。

项目实施效果良好，大大缩短了风机倒台的时间，增强了风机的安全可靠性，为矿井安全生产提供了保障。

第六，《煤炭企业安全文化"四个注重"理论研究与实施》荣获中国平煤神马集团社科成果二等奖。

煤炭企业安全文化"四个注重"理论研究与实施，一是研究分析煤炭安全文化研究与实施，对构建和谐安康三矿，实施"一综三掘三悬移"发展战略和打造百万吨矿井的重要作用；二是从安全文化建设工作面临的形势任务出发，找出影响安全管理的主要矛盾；三是探索适应煤矿企业安全文化建设工作的方式方法，形成了具有三矿特色安全文化。①注重安全理念的整合和提炼。②注重安全理念的强化和浸透。③注重发挥机制体系作用。④注重重心下移、关口前移，强化班组建设和党员安全责任区工作。

通过在 31 个基层党支部和单位的实验实践，煤炭企业安全文化"四个注重"理论研究与实施达到了预期效果：一是职工安全意识明显增强。二是作业环境得到优化。三是安全管理水平不断提高。四是确保安全效益增长。对于进一步加强和改进安全文化建设工作,促进企业安全和谐发展发挥了积极的作用。借鉴煤炭企业安全文化建设的成功经验,进一步形成平煤股份三矿特色的安全文化,指导基层党支部搞好安全文化建设工作,取得了良好的效果,在集团公司产生了重要影响。

通过研发《煤炭企业安全文化"四个注重"理论研究与实施》的科技项目,研究分析影响安全文化建设工作的主客观因素,并找出化解消极因素的方式方法,不断增强新形势下安全文化建设工作的针对性和实效性,促进企业和谐持续发展。

第七,《节能减排管理体系构建与实施》荣获中国平煤神马集团管理创新成果三等奖。

主要从完善组织架构、加强制度建设等基础性工作着手,狠抓节能减排的日常管理;从完善节能减排各项管理制度着手,狠抓制度落实和奖惩兑现,使节能减排工作逐步走入经常化、正规化、科学化的道路。同时制定并出台了一系列规章制度,为保障节能减排工作的顺利进行,做到工作有章可循,有法可依。从实行精细化管理,把基础管理与考核奖惩有机结合起来着手,将节能减排指标与工资、奖金挂钩,按月考核,对等奖罚,使各项节能减排指标得到有效控制;年初分别对自用煤、电、油、水制定了定额指标,按月下达,纳入工资结算,节奖超罚;从依靠科技进步,广泛引进新技术、新设备着手,积极研究新规划、新方案,全面落实"节能、降耗、减污、增效",提高资源利用效率,以最少的投入获得最大的经济效益。

中平能化集团平顶山天安煤业股份有限公司十二矿

2010年以来,在上级正确领导下,十二矿围绕"抓住一条主线(推进区域瓦斯治理,实现战场平稳过渡),构建两个平台(安全自主管理和精细化管理平台),夯实三项基础(作业环境达标、综合防尘和职工行为达标)"总体目标开展工作,通过严格管理,杜绝了重大人身事故和够级别非伤亡事故,矿井质量标准化保持了省一级标准和国家级安全质量标准标准,"五优"矿井建设工作在巩固中得到一定提高。

一、创新思路,全面推行安全管理精细化

2010年,十二矿在安全管理方面,实施了具有本矿特点的"战线自治、区队自主、班组自控、个人自律、安全督察"的"四自一察"安全管理格局,把"保安全就是'保自身、保收入、保幸福'"、职工"唯我"的安全理念贯穿于安全管理、安全教育的全过程。

二、坚持"精细、规范、务实、高效"原则,抓好达标工作

按照"严格标准,做精细节,动态保持"的达标思路,坚持"建用结合、以用促建"原则,对在用的现场安全评估21种表格进行修订细化,整体内容包含采、掘、机、运、通等9个专业,把质量标准融入生产的全过程,实施动态检查,严格考核;坚持动态质量达标;采掘工作面坚持了班班评估,辅助单位每天检查;选树典型,促进整体达标在严格现场施工作业质量标准化管理的基础上,选树质量达标典型,采煤工作面示范化率保持在100%,掘进工作面示范化率保持在80%以上,机电峒室示范化率保持在85%以上。

三、抓住关键,强化重大事故防治

针对矿井煤与瓦斯突出的实际情况,坚定"一个信念"(只有下不到的工夫,没有避免不了的突出),坚

持“双不”原则（不掘突出头、不采突出面），完善“三个系统”（完善矿井通风系统、完善监测监控系统、完善瓦斯抽放系统），做到“四个纳入”（瓦斯治理工程纳入设计、纳入计划、纳入生产工序、纳入考核验收），保证“五个突破”（岩巷快速掘进技术突破，深孔大直径打钻技术突破，封孔技术突破，超前预测技术突破、极薄不稳定煤层开采技术突破），做到“六个落实”（落实钻孔工程量及参数、落实瓦斯抽放量、落实瓦斯治理措施、落实打钻抽放队伍，落实齐抓共管责任，落实抽采时间），在理念的支撑下，做到了：严格防突工作评价制度的落实，严格瓦斯检查和监测监控，积极探索瓦斯区域治理新技术手段，完善矿井瓦斯抽放系统，加大抽放和利用，实现良性循环，抽放瓦斯935万立方米，防突打钻完成38.9135万米，利用瓦斯发电327.0355万度。把综合防尘作为关爱职工健康的民心工程落实到位，充分发挥主观能动作用，开展防尘技术创新活动。

四、建设独具特色安全文化，打造高素质的职工队伍

结合本矿实际，总结提炼出独具特色的安全理念体系。主要安全理念有：企业共同愿景（塑造本质安全人、打造本质安全岗、创建本质安全型矿井）；安全管理理念（安全措施到位、现场管理到位、隐患整改到位、监督检查到位、责任追究到位）；瓦斯治理理念（不采突出面、不掘突出头）；质量达标理念（不靠投入靠精细化管理，看小事、抓细节、打基础、练内功）；综合防尘理念(思想上与瓦斯治理一样对待，工作上与瓦斯治理一样安排，设备上与瓦斯治理一样引进推广，科技上与瓦斯治理一样攻关研究，粉尘超限与瓦斯超限一样追查处理);安全执行理念(不找借口、不打折扣、不讲情面)；安全自主管理理念(战线自治、区队自主、班组自控、个人自律、安全监查)；安全培训理念（安全培训是投入最少、见效最快的安全措施）。

发挥“4+2+1”培训体系作用，推广了按需施教培训经验，强化实操培训和跟踪考核，深化班组建设；推行“安全确认五步闭合法”（班前确认、入井确认、开工确认、班中确认、收工前确认）闭合管理，将安全管理贯穿到生产的每个环节、每个流程，使“白国周班组管理法”在实际工作中得到拓展、升华；积极开展创建全煤企业文化示范基地活动，在上级来矿观摩检查中得到上级领导的一致好评。

中平能化集团平顶山天安煤业股份有限公司十矿

一、完善管理制度，强化安全质量标准化资金管理

公司成立了以矿长、书记为组长的安全质量标准化领导小组，制定印发《关于加强2010年安全质量标准化工作的通知》等一系列加强安全质量标准化管理的文件，实行安全质量标准化目标管理，落实责任，细化分解目标，层层抓好落实，严格考核奖惩。

二、广泛宣传发动、加强职工质量达标意识，营造浓厚的安全质量标准化活动氛围

矿宣传部门利用广播、电视等媒体和板报、横幅、标语等多种形式，大力宣传安全质量标准化活动的目的和意义，深入宣传和报道质量标准化活动中涌现出的先进单位和感人事迹。基层单位利用每周二、周五学习会、班前会开展多种形式的宣传培训活动，重点

开展了工程质量标准学习、岗位工作标准和岗位描述、手指口述等培训，在全矿职工中牢固树立起质量标准化是企业的生命工程的意识，确保了质量达标活动富有成效。

三、实行目标管理，搞好“两个”创建

2010年，深入开展了国家级安全质量标准化矿井和“五优”矿井创建活动，成立了领导小组和专业工作小组，明确了各单位和专业的工作目标和负责人，制定了实施奖惩办法，分季度进行了考评。2010年，安全、达标、高效、科技和文明五个工作小组结合实际，对照标准积极开展工作，达到了年初的预定目标。

四、继续加大投入，筑牢安全基础

2010年，按吨煤5元提取井下安全质量标准化建设费用，遵循“轻、重、缓、急”和“先计划、后发生、专款专用”的原则，优先用于制约安全生产的系统达标和改善职工作业条件，着力为职工创造安全、舒适的作业环境。先后抽调两个开拓专业队伍对中区轨道、东区运输机等失修巷道进行了维修，总维修量达7070米；改造-320火药库和-140火药发放点，优化-140运输系统，完善了井下人员定位系统和井下应急避险系统，安全基础得到了进一步加强和改善。在项目施工过程中严格质量管理，每月下达生产计划的同时，把质量达标计划一并下达。月底组织验收考核，对当月质量标准化验收达到一级的单位，给与适当奖励；对当月质量标准化验收未达到一级或有重大质量问题的单位进行严肃追究。据统计，截至2010年10月，完成井下质量标准化资金1450万元。大力开展争创示化范头面、巷道、硐室等质量标准化创建活动。2010年，建成示范化综采工作面5个，示范化开掘工作面9个，示范化机房硐室5个，示范化运输巷12条。在加大井下质量标准化投入的同时，在地面乘人斜井口建立了井下单位材料超市；为基层单位办公楼和职工宿舍安装了暖气设备；对矿院主要道路两侧破旧的人行道进行了整修，为职工食堂安装了新的空调设备，使矿院面貌和职工办公生活环境得到了改善。通过加大投入力度，抓质量，严考核，严奖惩，矿井整体质量标准化水平得到明显提升。

五、以人为本，强化培训教育

坚持以人为本，在塑造和培养一流的职工队伍上下工夫，高标准，严要求，从安全文化建设入手，开展全员技术培训。结合本矿实际，强力推行“白国周班组管理法”，建立完善了“五星班组”评定机制。采用“走出去请进来”，办班学习、现场指导、手指口述、岗位描述、准军事化管理等多种形式，不断借鉴创新，增强职工的质量标准化意识和整体素质；重点加强区队长、班组长、瓦检员、验收员、防突工及职工的技术培训工作，先后分三期开展了科队级干部培训班，矿领导亲自授课；分六期开展了班组长安全知识、军事化训练和综合素质培训班。2010年共举办各类脱产培训班86期，培训职工5535人，全员培训率持证率达到了100%。

六、加大考核奖惩力度，实现动态达标

一是认真开展旬检月评。质量标准化科和业务部门认真组织每旬的质量验收检查，每月底全矿组织一次矿领导参加的矿井上下安全质量大检查验收，按3:3:4评定各施工地点的等级，按质量标准结构工资考核到单位，有力地促进质量标准化工作的开展。二是坚持安全检查与质量达标检查相结合、日常检查与专项检查相结合、定点检查与线路检查相结合、重点监督与全面排查相结合，做到安全质量检查网络化，覆盖率达到100%，确保安全质量检查不留死角。三是对检查中查出的工程质量和文明生产问题，严格按照奖惩办法落实到人，督促整改。四是开展质量标准化竞赛活动。每月由矿质量标准化科和宣传科分别牵头，相关科室进行月底对各单位井上下质量标准化工作进行评比，评出前三名和后两名，在矿工作会上进行表彰奖励。全年安全质量标准化奖励达600余万元。

2010年，通过全矿上下的共同努力，在安全质量标准化方面取得一些成绩，但与上级的要求、与同行相比还有差距。在今后的工作中，全矿将继续加大管理力度，不断学习，开拓创新，全面提升矿井质量标准化水平，使十矿的各项工作再上新台阶。

中平能化集团平顶山天安煤业股份有限公司十一矿

一、建立安全质量标准化责任制，实行目标管理和安全质量标准化一票否决制

矿领导分别作为矿井及专业的目标负责人，安全质量标准化目标完成情况与责任人、责任部门及包队科室的质量标准化奖惩联挂；上级验收等级低于矿验收等级的，追究矿验收人员责任，对责任单位按验收最低等级进行考核。实行安全质量标准化一票否决制，凡出现不合格品或达标率达不到规定要求的，单位取消各种安全质量标准化评先资格；凡因质量事故责任受到追究的单位，队长、支部书记将按规定给予组织处理。

二、推行质量标准化结构工资

基层单位工资总额的20%作为质量标准化结构工资（工程质量工资和文明生产工资分别占15%和5%），严格考核，兑现奖惩，调动广大员工安全质量标准化的积极性。

三、完善质量标准化投入、奖惩及培训等机制

优先保证安全质量标准化的投入，年初排出安全质量标准化项目，每月开工的项目随当月生产经营计划下达，明确责任，落实工期，严格验收考核。业务部门建立投入资金使用台账，保证足额提取，正确使用。完善安全质量标准化奖励制度，按照省1元/吨提取奖励资金的规定，提足资金，并做到专款专用，不得挪作他用。建立安全质量标准化培训制度，培训计划随矿井生产经营计划同下达、同检查、同考核、同奖惩。基层单位结合工作实际，开展多种形式的安全质量标准化培训活动，使每一个职工都能够熟悉标准、掌握标准，按标准作业，做到上标准岗、干标准活，以工作质量保证工程质量。

四、细化量化管理，层层落实责任，严格检查验收考核

推行矿领导包线、包片及科室包队制度，并联挂考核。全矿定期召开安全质量标准化平衡促进会，解决工作中出现的问题；基层单位细化量化管理责任，把现场管理的各个环节、各项工作责任到人，并实行挂牌管理，把工作质量与责任人经济利益联挂，做到事事处处有人管，台台件件都达标。

五、以创建亮点工程、精品工程为载体，开展多种形式的安全质量标准化竞赛活动

组织区队之间、班组之间开展以创建亮点工程、精品工程为主要内容的安全质量标准化达标竞赛活动，全矿每月组织一次安全质量标准化先进单位的评比，评出先进单位和最差单位，分别授予流动红旗和黄旗，并进行奖励、曝光。对于挂黄旗的单位，第一次曝光批评，连续2个月及以上挂黄旗的，将从严追究单位主要领导的责任，视情节轻重分别给予诫勉谈话、行政警告或记过处分，直至免职。对于建成的亮点工程或精品工程(机道、硐室)，经验收、认证达到标准的，全矿予以挂牌，并按规定给予奖励。对于认证后的采掘工作面、机道和硐室，全矿将分别在两个月、四个月、半年时进行确认，得到保持的予以奖励，出现滑坡的予以摘牌并进行处罚。对于管理创新，经验典型的精品工程，全矿将组织召开现场会，并对单位给予奖励；集团组织召开现场会的，对单位给予重奖。

中平能化集团平顶山天安煤业股份有限公司四矿

为进一步推动四矿安全质量标准化工作向纵深发展，夯实安全生产基础，确保四矿实现安全生产以科学发展观为指导，巩固"五优"矿井和国家级安全质量标准化矿井创建成果，按照安全、实用、整洁、效益"八字方针"要求，落实责任，强化管理，加大投入，严格考核，深化质量标准化建设，大力改善生产作业环境，进一步夯实安全基础，有力地促进四矿质量标准化全面升级。

一、加强采掘工作面工程质量管理

为确保采掘工作面工程质量达标，从工程质量、管线吊挂、文明生产、双述工作、安全设施五个方面入手，强化管理，严格考核。按照五星级工程质量标准化奖惩办法及考核细则，分项考核，按五项标准分别对施工工程进行考核，对于达到三星级以上标准的工程，除正常的达标考核奖励外，分别再给予奖励。其中，达到三星级工程，对单位奖励3000元，达到四星级工程，对单位奖励6000元，达到五星级工程，对单位奖励9000元，同时对单位队长、书记、主管技术员按三星、四星、五星级的标准分别奖励300元、600元、900元。通过星级工程的管理，2010年共计创建出三星级以上采掘工作面15个，特别是掘进三队施工的戊8—19130机巷在1月率先召开了现场会，2月又在戊8—19130风巷召开了最高级"五星"级工程现场会，通过"星级"工程的开展，提高了全矿质量标准化水平。

二、加快精品线路创建

为改善井下作业环境，按照以点带线，以线带面，促使四矿井下工程全面达标，2010年年初，规划了己三戊九精品线路规划，按照规划，落实施工队伍，按照时间进度进行施工，在施工过程中科学安排专人进行监督指导，对戊九采区丁戊组石门、戊九上车场、戊九中车场，戊九下车场、戊九专回、戊九皮带等进行了创建，确保了精品线路工程按照规划日期保质保量完成。特别是丁戊组石门大巷、戊九轨道等创建，经过维修一队、运输一队、综合队等单位的联合施工，使整个大巷面貌焕然一新，达到了井下运输国铁化、各类管线吊挂整齐，间距一致，整个运输大巷干净、整洁。

三、推行现场会制度

为达到精品工程、示范工程的标准，召开现场会给予嘉奖，但是要求采、掘、机、运、通、安各施工单位年度内必须上报一次精品工程、示范工程，在上半年各专业首先召开现场会的单位，每召开一次，按奖励标准的上限给予加奖；对超过半年不主动申请召开现场会的单位，取消该单位达标资格，并对主管业务科室负责人给予处罚。通过现场会制度的实施，创建出了戊九中部变电所、庚一瓦斯抽放泵站等一批精品硐室和丁戊组石门、戊九上车场、戊九中车场等一批亮点工程。全年共召开现场会62次，通过现场会的召开起到了典型引路作用，有力地促进四矿质量标准化水平向精细发展。

四、"双述"工作的开展情况

为进一步规范职工的行为，提升安全管理水平，在矿党委的领导下，积极开展双述工作，首先由质量标准化科制定各工种各岗位手指口述、岗位描述标准，其次对全体员工进行学习培训，质量标准化科将双述纳入星级工程管理中去，作为星级工程的一项重要内容考核的同时，每月在验收工程质量的同时，对各单位各工种进行双述考核，通过每月考核，各系统和全矿进行双述比赛，提高了职工的防范意识，减少了事故的发生，双述考核共计奖励资金24万余元，罚款6万余元。

五、加快质量标准化项目工程建设

根据四矿井的实际，2010年年初，对本年度质量标准化达标项目及资金进行了规划并上报到集团公司，通过集团公司对四矿项目资金的审核共下达质量标准化项目三大项30小项，下达资金1440万元。项目资金下达后，四矿积极组织队伍进行施工，按照集团公司要求，对资金实行专款专用，达标项目所用材料由质量标准化科审核并出具材料消耗，对施工单位实行保质量、定工期，按时完成达标项目，项目完成由施工单位提出书面申请、质量标准化科联合相关业务科室进行验收，现已全部完成。但是，由于矿井失修严重，增加了戊九轨道、戊九皮带等的维修，全年共计完成项目35项，完成资金1725万元。

六、质量标准化工程达标

对于井下质量标准化工程，四矿进行责任分工，实行工程包干到人，按照质量标准化的质量检查验收标准，质量标准化检查按照旬检月评的办法执行，每旬由质量标准化科组织，由主管业务科室和施工单位参加。质量标准化检查验收按照上旬、中旬、下旬三次检查，按3:3:4比例综合评分进行等级评定。通过检查验收，大多数单位工程质量达到了规划要求等级，用于质量标准化达标奖励资金286余万元，对未达到规划等级的工程罚款28余万元，通过严格的检查验收，使四矿井下工程质量有了大幅度的提高。

七、经验交流，促使质量标准化再上新台阶

2010年以来，我们不但到外地进行学习，借鉴了兄弟单位的先进经验，同时也迎接了集团公司兄弟单位学习四矿“五优”矿井创建保持的先进经验。通过相互学习和交流，把好的经验运用到质量标准化建设中去，使我矿质量标准化水平又上一个新的台阶。

中平能化集团平顶山天安煤业天力有限责任公司吴寨矿

（一）扎实开展煤矿安全质量标准化工作。我矿创建了质量标准化工作小组，形成了以矿长、书记为组长，各战线矿长为副组长的质量标准化工作小组，明确和落实责任，细化到区队、班组和个人，形成了责任到人、包干到人的工作体系。

（二）突出重点，有针对性地开展安全质量标准化宣传教育工作。吴寨矿充分发扬职工爱学习、好学习的传统，由矿工会、安检科、培训室等部门牵头，利用井口多媒体、宣传牌版等多种媒介，持续深入开展质量标准化教育活动。矿组织各单位认真学习贯彻上级安全文件精神、《矿安全文化手册》、作业规程及安全技术措施等，同时，引导广大职工牢固树立安全第一的思想观念，上标准岗，干标准活，抓质量、保安全，实现安全生产。此外，吴寨矿还利用矿农民工学习室，积极宣传矿井开展质量标准化的意义，宣传质量标准化知识，营造工人开展质量标准化工作的氛围，并邀请技术人员开办质量标准化讲座6次，促进了质量标准化工作的开展。在2010年7月吴寨矿组织各专业、各

部门主要负责人到兄弟单位(平禹六矿)进行质量标准参观学习,吸取质量标准化建设的先进经验、先进管理模式和工作开展方法,对吴寨矿的质量标准化工作良性发展起到了促进作用。

(三)坚持以人为本,推行精细化管理,以实现全员、全方位、全过程"上标准岗、干标准活"为目的,通过推行质量标准化,使现场安全管理水平得到进一步提高。第一是明确责任。从严从细分解指标,形成了从上到下逐级落实,从下到上层层负责的标准化管理体制,现场管理人员做到目标明确、分工细致、指导到位、考核严细。第二是规范现场操作行为。从设备运行到物料码放、从设备维修到现场操作,通过规范操作,实现现场动态达标。第三是精细管理。深入实施安全质量标准化"就近管理"和班组全过程管理,注重情感、责任、素质三项管理,突出岗位个体能力的发挥和班组这个基本生产单元效能的发挥,以"想、看、干、管"为核心,规范了员工进入工作面后的工作程序,责、权、利相统一,使每个岗位的作业人员主体责任更明确,行为更明确,杜绝了各类事故发生。

(四)坚持动态检查和综合检查相结合,加大检查力度。我们规范检查行为,做到用同一把尺子、同一个标准,公开、公正、公平考核;提高检查质量,按照要求使用检查仪器和工具,进行布点、上线、测量,逐条逐项进行检查,不能有缺项、漏项;落实检查责任,检查人员按照"谁检查,谁签字,谁负责"的原则,实事求是,认真填写安全质量标准化检查表。在检查中严格按照标准和新规程的条款进行,重点检查考核设施、装备、资料等基础工作,从现场管理上的标准化水平去考核评比,对检查发现存在严重问题或隐患的,通过警告、通报等多种形式限期整改,并以此不断促安全质量标准化工作的扎实开展。

(五)制定多层次、立体化质量标准化结构工资考核办法。一方面,矿安全质量标准化工作完成公司下达的达标计划的按公司奖惩规定给予奖励,否则给予处罚,扣除相应的安全质量结构工资;另一方面,矿属施工队的采掘工程必须达到公司、矿达标规划要求。矿每月在向施工队下达采掘施工计划的同时,必须下达质量标准化达标规划,使施工队明确所施工工程的质量标准化的要求。

同时,矿领导、安检队及矿小分队、"八条线"加强日常安全检查,凡被停头、停面的单位,一次扣除安全质量结构工资的3%,停运设备一台(次)扣安全质量结构工资的1%,每通报一条质量问题,扣减质量结构工资20元,通报一条文明生产问题和扣减质量结构工资10元;凡有一项未按期完工的,扣减质量结构工资500元,超期完工的每超一天扣减100元。

(六)对照标准,制订实施计划,加强装备、设施、资料等基础性工作,实现安全质量标准化工作从注重物的管理向提高人员素质。规范操作行为转变,从注意形象达标向扎实开展基础工作达标转变。第一,完善基础装备,保证装备的适用性。按照安全质量标准化的要求完善和使用好各类基础装备,在装备的选购上,做到符合标准,适用可行;在装备的使用上,严格按照有关规定加强日常的维护,规范人员的操作,确保装备正常运行。第二,完善基础设施,保证设施的可靠性。严格按照安全质量标准化建造各类基础设施,严把基础设施的质量关,加强对基础设施的检查和验收,确保数量和规格符合要求;严格基础设施的管理,责任到人,保证设施的完善可靠。第三,完善基础资料,保证资料的规范性。针对基础资料方面存在的问题,对各类记录、台账、报表、规程、措施、图纸等资料统一了标准和格式,做到了内容齐全,数据准确,装帧规范,全部统一归口建档管理。

(七)建精品,创品牌,扎实开展"精品采区"创建活动,切实提高安全质量达标水平。吴寨矿认真开展"亮点工程、精品工程"创建活动,2010年吴寨矿完成了第二部架空人车装置的建设和井上下候车室改造;完成了地面变电所、东井绞车房、西井绞车房、主斜集控室、压风机房、主扇房、井下中央变电所等精品示范化达标验收工作;建成西大巷—(西翼进风行人下山—九川)西翼轨道下山—己15—11180采面—己15运下;东大巷—东翼一轨—庚组轨道巷—庚组轨道上山—庚组运输上山—上仓皮带—庚组设备通道两条精品示范化路线;实现了西井筒和东井架空成人装置改造，对两条斜井砌筑了台阶、水沟、进行了底板硬化、墙面抹平、墙裙刷漆、管线吊挂，全部按照质量标准要求统一布置改造。此外，积极促进东西翼大巷底板硬化、轨道调整、吊灯安装、管线布置等其他质量标准化工作的开展。2010年，吴寨矿从建设安全质量标准化“精品硐室”“精品巷道”“精品工作面”入手，共创建采煤、掘进、运输等专业品牌示范点15个，掀起了建设安全质量标准化的新高潮。

（八）不断优化通风系统，大力进行巷道改造。在2010年，吴寨矿不断投入资金进行巷道改造工作，其中己17运输下山完成巷道改造565米、己17过风行人下山完成380米、己17轨道下山完成360米、己15运输下山完成230米、集中回风下山完成了960米，完成了全年计划任务，缓解了通风压力，保证了供风要求，为矿井安全质量标准化打下了坚实基础。

（九）全矿严格按照“明星班组考评办法”，以百分制考核为标准，每月分战线评出五个“质量标准化明星班组”进行奖励，连续三个月被评为“明星班组”的加倍奖励，并在厂务公开栏内公示，促进了班组质量标准化工作的进一步开展。对评出的优秀班组长，矿党政做到政治上关心，工作生活上倾斜照顾。一方面把优秀班组长列入入党积极分子，另一方面对业绩突出的生产一线的班组长，推荐提拔为管理人员，极大地调动了他们的工作积极性。

中平能化集团平顶山天安煤业股份有限公司五矿

2010年，五矿在集团公司的正确领导和业务处室的大力帮助下，以保省一级质量标准化矿井和省“五优”矿井为目标，通过加大投入，完善机制，科学规划，强化管理，按照公司整体部署，根据我矿实际，提出了“总体规划、分步实施、立足长远、兼顾当前”的质量标准化建设指导思想和安全第一质量为先的理念，以现场管理为基础，进一步加大文明生产治理力度，完善矿井动态达标体系，使五矿质量标准化水平有了显著提升。

一、完善管理制度，强化资金管理

2010年年初，五矿制定印发《五矿2010年质量标准化达标工作安排意见》、《五矿2010年文明生产区域管理办法》等文件，为确保质量标准化资金专款专用，五矿实行质量达标工程项目管理，严格质量达标费用定额的适用范围，并根据年度达标计划，分解实施月达标计划制订、落实和考核。结合各井实际情况，对各井提出了不同的整改要求和措施，要求在加大系统改造、设备设施投入，巷道维修、轨道调整、硐室整修和管道防腐的同时，大力开展争创示范头面、精品巷道、精品硐室等质量标准化创建活动，特别是2010年7月以来，积极贯彻落实新领导班子关于五矿质量标准化工作有关指示精神。积极地找差距，学习先进经验，重新部署五矿质量标准化建设工作，明确2010年全矿必须保持国家级质量标准化和省“五优”矿井的目标。树立新的质量标准化工作理念，为确保我矿2010年安全质量标准化工作目标的顺利实现，并为2011年五矿质量标准化工作再上新台阶打下坚实基础。

二、广泛宣传，深入落实

为营造浓厚的安全质量标准化活动氛围，矿宣传部门利用广播、电视等媒体和板报、横幅、标语等多种形式，大张旗鼓地宣传安全质量标准化的目的和意义，深入宣传和报道质量标准化活动月中涌现出的先进个人及感人事迹，对表现突出的先进单位和先进区队、班组广播站、电视台开辟专栏，跟踪报道；职教中心配合活动月做好特殊工种的培训工作；各单位利用每周二、周五学习日、班前会开展多种形式的宣传培训活动，重点开展了岗位描述、手指口述等行为养成、个人礼仪的培训。2010年，五矿先后举办了两届包含85%以上工种参赛的“手指口述”、岗位描述竞赛活动。通过宣传、培训和强化学习，在全矿职工中牢固树立起质量标准化是企业的生命工程，确保了全矿质量达标活动富有成效的开展。

三、加大投入，筑牢安全基础

2010年，通过投入补欠，进一步夯实了质量标准化基础工作。特别是后四个月以来，我矿在集团公司吨煤5元提取井下安全质量标准化建设费用的基础上，在项目安排上遵循“轻、重、缓、急”和“先计划、后发生、专款专用”的原则，优先用于制约安全生产的系统达标和改善职工作业条件，着力为职工创造安全、舒适的作业环境。施工过程中严格质量管理，做到谁施工，谁负责。五矿在每月下达生产计划的同时，根据各战线的具体安排，一并下达质量达标计划。月末，由安全科牵头、各科室负责对计划完成情况进行严格考核，对当月质量标准化验收达到一级的单位，给予适当奖励；对当月质量标准化验收未达到一级或有重大质量问题的单位进行严肃追究。据统计，截至2010年11月份，五矿已完成质量标准化资金1030万元。通过加大投入力度，完善生产系统，抓质量，严考核，严奖惩，进一步提高了我矿质量标准化达标水平。

四、以人为本，强化培训

2010年，五矿坚持以人为本，在塑造和培养一流的员工队伍上下工夫，高标准，严要求，从安全文化建设入手，开展全员技术培训。通过走出去、请进来，借鉴取经，提高整体队伍的思想认识，增强搞好质量标准化工作的紧迫感，使命感。通过办班学习、现场指导、强力推进“手指口述”、岗位描述等，突出抓好区队长、班组长、瓦检员、质检员及职工的技术培训工作，使全矿干部、职工的操作技能、管理水平、安全素质、文明程度得到了明显提高。通过一系列学习培训，培育了一批素质高、技术精、操作标准、行为规范的干部队伍和员工队伍，为安全质量标准化工作的深入开展，奠定了扎实的思想基础，提供了可靠的技术支撑。

五、克难攻坚，高起点创新

2010年，五矿科学安排，统筹规划，把井下主要运输巷整修和硐室改造列入安全质量标准化治理整顿项目，科学有效地利用专项资金，通过井下维修拉底、支护更新、轨道调整、巷道刷白、照明安装、桥架安装，建成己二扩大和己三轨道示范运输大巷。同时，我矿从企业的发展大局出发，着眼未来，立足高起点、求创新、求突破、求提高、求发展，树立“干一条巷道，创一个精品，树一面旗帜”的质量理念，对四强皮带巷改造安装我矿第二部缆车的同时，抓细节、严过程、控动态，质量标准化工作取得了很大的进步。截至2010年10月，己二扩大260采面、庚一060采面、己三102采面以及210回风相继达标，我矿已经完成了井下14项质量标准化达标工程中的12项，其余两项即将完成，己三一部缆车和庚一充电房高标准的达标工作正在有条不紊地进行。

六、加大检查、奖惩力度，实现动态达标

2010年，五矿进一步加大日常工程质量和文明生产检查力度，重新对井下文明生产区域进行了划分。第一是安全质量监督检查部门和业务科室根据实际，详细制定出安全质量监督检查管理办法，每次旬检由矿领导、业务科室、安全质量检查部门、区队共同参加，分线分队，落实责任。第二是坚持安全检查与质量达标检查相结合、日常检查与专项检查相结合、定点检查与线路检查相结合、重点监督与全面普查相结合，做到安全质量检查覆盖率达到100%，确保安全质量检查不留死角。第三是对检查中查出的工程质量和文明生产问题，严格按照工程质量、文明生产奖惩办法落实到人，督促整改。第四是在月底质量验收中严验收、严考核、严奖惩，确保实现日常质量达标。

2010年，尽管五矿的安全质量标准化工作取得了一些成绩，但与集团公司以及矿领导的要求还有很大的差距。2011年，五矿将重新申报创建省级五优矿井，认真学习先进单位经验，通过加强管理、强化教育、细化责任、完善制度、严格考核等措施，进一步巩固2010年质量标准化工作取得成果，在确保全矿创建省“五优”的基础上，力争使我矿的质量标准化水平再上一个新台阶。

中平能化集团平顶山天安煤业香山矿有限公司

一、科学规划，严格措施，建立健全质量标准化保障机制

(一)香山矿从2009年提出创建集团“五优”矿井目标以来，采取多次走出(到山东)参观借鉴经验，开阔眼界，提升意识，坚定创建决心和信心。

(二)强化班组长及管理人员安全质量标准化培训工作，全面提升全员施工质量达标意识。

(三)全面落实矿提出的“一、二、三、四、六”安全质量标准化创建机制和六个一样管理模式，有力地推进质量标准化全面升级。

(四)矿质标办在全矿范围内三次开展安全质量达标月及“工程质量、文明生产”上台阶月活动，进一步巩固集团“五优”成果。

(五)按每吨煤提取5元的标准，用于井下质量标准化专项工程及丁组、戊组、己组东翼三条精品线路。

(六)严格落实干部带班下井及现场交接班制度，使矿井安全质量和头面入井人数始终处于受控状态。

(七)多措并举，加大科技投入，使矿井荣获市集团科技成果达2项，科技投入占销售收入的3.22%。

(八)落实安全责任，强化现场管理，为申报省“五优”矿井打下坚实基础。

二、强化现场安全管理，必保矿井实现动态达标目标

香山矿以实现全员、全方位、全过程达标为切入点，坚持以人为本，推行精细化管理，使现场安全管理水平得到显著提升。第一是明确责任，规范职工现场操作行为，从严从细分解指标，形成了从上到下逐级抓，从下到上层层负责标准化管理体制；第二是目标明确、分工精细、考核严细；第三是从设备安装到物料码放，从设备维修到现场操作，通过强化人的规范操作行为，职工达到了“上标准岗，干标准活”，从源头上遏制了现场不达标混乱局面，真正实现了区域与区域之间对接零缝隙；第四是2009年矿井荣获河南省一级安全质量标准化和集团公司“五优”矿井称号。

三、抓住大好机遇，努力打造产业升级格局

香山矿自从2009年提出开展创建集团“五优”矿井活动目标，历经一年多时间，先后对矿井提升系统及丁戊组进行了产业升级改造，解决了阻碍安全生产的瓶颈问题。第一主要是对通风、提升、皮带运输等系统进行升级改造；第二采煤、掘进专业施工实现综采综掘，提高了机械化和单进水平；第三是矿井形成了一井一区一面生产格局，企业实现了跨越发展，职工收入逐年递增；第四是2010年全年完成了规划目标，实现利润3000万元；第五是采、掘机械化水平均大于60%以上，原煤生产人员效率年产大于3.4吨/人，综采月产平均达到80000吨，综掘年进尺大于4000米。

四、加大安全投入力度，倾力打造本质安全环境

香山矿认真贯彻落实集团“按需投入”理念，进一步提高矿井装备和安全水平。第一是2010年以来，矿投入3000多万元，完成了安全治理整顿及质量标准化建设项目9项；第二是更换设备100余台(套)；第三是对矿井通风系统进行改造，实现了分区通风；第四是南主井补套工程按预定时间完成并于5月投入运行；第五是更换了北副井罐道，另对井筒排水管路进行了防腐处理；第六是更换轨道、皮带、电缆、供水、供风管路共计6000余米；第七是完善了一通三防、提升、运输、防治水等系统，使矿井的防灾抗灾能力得到进一步提升；第八是2010年安全质量费用计划405万元，实际完成525万元，完成计划的129.6%。

五、建立健全工程质量、区域文明生产及考核奖惩内控制度

香山矿结合工程质量、区域文明生产、动态达标、专业日常抽查综合考评实施奖励，推进矿井安全质量整体工作上台阶。对当月荣获精品工作面单位奖励6000元；精品掘进工作面奖励3000元，截至2010年11月底共奖励7个采煤精品工作面；精品开掘工作面12个；创建示范化运输线路2条；示范化机房峒室6个；示范化精品胶带运输机机道3条；奖励金额达10多万元。

六、建立健全工程质量“一票否决”和现场质量评估制度

第一是矿对工程质量月度考核达不到一级品的施工单位，一律取消安全先进评比资格。2010年度因工程质量标准化不达标而被取消安全先进评比资格的区队2个。第二是对井下所有工作面，每班由瓦检评估员对施工现场评定等级打分，月度考核兑现，激励区队开展创建省“五优”矿井的积极性和主动性。

七、强化单岗作业谈话制度，杜绝矿井各类事故的发生

第一是矿要求各专业各单位针对单岗作业人员，必须落实执行谈话和查岗制度，杜绝重大事故的发生。第二是严格对照《国务院关于预防煤矿生产安全事故的特别规定》的15种重大安全隐患，防止15种重大安全隐患的发生。第三是矿成立安全信息中心，真正实现隐患排查、签字整改的闭合管理。第四是完善了矿井应急避险预案演练方案，有条不紊地开展工作。第五是加大安全关口前移力度，由职工安全向我要安全转变，由督促学习向我自觉学习转变，不断提高员工的安全意识，确保规范化操作，杜绝了各类重大事故的发生。

中平能化集团平顶山天安煤业瑞平公司张村矿

一、提高认识，加强领导

根据中平能化集团和瑞平公司对张村矿安全质量标准化的目标要求，2010年初张村矿下发了《瑞平公司张村矿安全质量标准化建设专项资金使用管理办法》和《瑞平公司张村矿质量结构工资考核办法》，并成立了领导小组，部署了2010年度质量标准化规划、工作安排和具体措施，完善了安全质量标准化责任制，分口管理，细化责任，人人肩上有担子，事事处处有人管，把质量标准化工作做为安全基础工作来抓，有力地促进了安全质量标准化及“五优”矿井保持工作的开展。

二、强化标准和“双述”学习，提高操作技术与管理水平

为提高张村矿安全质量标准化管理水平，提高干部职工的质量标准化意识，矿每周四分战线组织全矿班组长以上管理人员对《河南省国有煤矿生产矿井和地面厂(处)安全质量标准化标准及考核评级办法(试行)》进行系统学习，并组织开展了质量标准化知识竞赛活动，基层单位落实“每日一题”“每周一课”“每月一考”安全知识及质量标准化标准学习活动。通过这些活动的开展，大大增强了全矿干部职工学习标准的积极性，形成了人人学标准、人人懂标准，上标准岗、干标准活的浓厚氛围，提高了广大干部职工的质量标准化意识，为矿井质量达标工作奠定了坚实基础。

为了明确职工的岗位职责，规范职工的操作行为，我矿积极开展“岗位描述、手指口述”活动，举行了“双述”展示大赛。为了使这项工作深入开展，制定了严格的考核办法。安检科和政工科不定时地抽查学习情况，现场抽查时凡每发现一名员工回答不正确的，对本人罚款50元,对单位负责人罚款10元,对回答流利的职工给予50~100元的奖励,从而起到了督促和激励作用,收到了良好的效果。为推动这项工作的深入开展,各队也采取了灵活多样的措施,如在班前会提问、举办有奖竞答等形式,同时把“手指口述”掌握情况和工资挂起钩来。目前广大职工都掌握了“岗位描述”和“手指口述”的操作要领,从而规范了操作行为,促进了安全生产。

三、安全质量标准化专项资金的使用情况

张村矿安全质量标准化建设资金计划为575万元,2010年已完成质量标准化资金577.43万元,完成计划资金的100.42%;完成项目有:四二采区中部车场达标、-250m单轨巷达标、四二采区上车场及车房整修达标、四二采区中部泵房达标、四五煤轨道上山翻修达标等。

四、树立典型,以点带面

张村矿把进尺高、质量好、安全好的队伍作为典型,以点带面,全面推进安全质量标准化建设。先后在二—11061机巷、二—11070风巷、四—11100综采面和二煤回风联络巷召开质量标准化现场会,认真总结、推广先进经验。创建了二—11070风巷、二—11100机巷、二—11061机巷、二—11091综采面、四—11100综采面、二煤回风联络巷等一批示范化工作面。通过学习和示范化工作面创建,全矿各队安全质量标准化意识进一步提高,营造了自找差距、你追我赶、相互促进的良好氛围。

五、严格考核,奖优罚劣

2010年张村矿认真贯彻落实省局、集团公司有关质量标准化工作会议精神,本着“安全、整洁、实用、效益”的原则,坚持“三个并重”,努力实现动态达标。坚持把安全质量标准化项目和月度生产经营计划一并下达,把每一项质量达标工程作为干部绩效考核的重点,每旬动态考核一次,每月与质量结构工资挂钩,充分利用经济杠杆,调动各单位搞好安全质量标准化工作的积极性,加大了安全质量标准化的工作力度,要求开工两个月的所有采掘工作面必须达标,已达标的工作面必须保持,已建成的硐室、线路必须创新、规范管理,对不合格工程推倒重来,月底不达标的不予结算工程款,优良品上浮工资,奖优罚劣,对达标工作起到了极大的促进作用。

总之,通过张村矿干部职工的共同努力,2010年张村矿实现了矿井安全质量标准化规划目标。

川煤集团攀枝花煤业集团有限责任公司小宝鼎煤矿

小宝鼎矿始终把煤矿安全质量标准化作为安全生产最重要的基础工作和实现安全生产持续稳定发展的重要保障,坚持常抓不懈。近年来,小宝鼎矿按照贯彻落实科学发展观的要求,以创建本质安全型企业为目标,积极推进安全管理创新。

一、提高认识 落实责任

按照主要领导亲自抓,各分管领导分系统、分专业包保管理、分工负责的原则,明确了各级行政正职是安全质量标准化的第一责任者,对本单位安全质量标准化工作负责;各分管领导对分管范围的安全质量标准化工作具体负责,保证安全质量标准化各项措施、规划的贯彻实施。

二、考核过硬,严格奖惩

建立了安全质量标准化考核和激励机制,坚持采掘工作面小班安全质量评估；坚持对安全质量标准化工作月考核，月兑现，并严格执行奖头罚尾，对当月采煤工程质量评为第一名的采煤队奖励2000元、对当月掘进工程质量评为第一名、第二名的掘进工作面(孔)奖励1000元，对最后一、二名的采煤队、掘进工作面进行对等处罚。对检查不合格的头面加罚单位正职各150元，副职各100元；被公司检查不合格的头面，该单位行政正职进“三违”学习室学习。

三、加大培训力度，规范职工作业行为

全矿干部职工要充分利用班前会、周一安全大课及每旬停产检修培训日等各种形式认真学习《攀煤集团岗位标准化作业标准》和川煤安全质量标准化《标准》，规范每个职工、每个工序的作业标准，让每个职工学标准、懂标准、用标准、上标准岗、干标准活，把质量标准化工作贯穿到各个生产环节中去。

四、夯实基础，求真务实

从设计、安装、运输、管线吊挂、材料码放、图牌板管理等基础工作入手，搞好矿井安全质量标准化工作。根据各个时期、各个阶段的标准化达标情况，矿级领导和各职能部门经常深入基层和工作面，与基层干部职工共同探讨安全质量标准化存在的不足和问题，形成了各基层单位自找差距、你追我赶的标准化工作新局面。

五、强化精细管理，实现现场动态达标

积极推行精细化管理，注重生产全过程的每个环节、每道工序的管理，把每项工作具体细化、量化到生产全过程，按照全员、全方位、全过程抓好安全质量标准化的原则，增强职工安全质量标准化工作意识。

坚持动态、静态检查相结合奖头罚尾的原则，严格小班质量验收和小班评估，采取双休日与月检不定班次、不定时间、不定地点的检查方式(双休日验收占10%，月末验收占60%)；每月开展2次通风质量标准化检查，并实行通风质量标准化一票否决制度；采取检查人员不变，检查标准不变，采、掘队共同参与检查的方式，检查人员必须带齐工具，严格按标准上尺上线检查，严禁降低标准走过场，走形式，严禁弄虚作假；检查人员按照“谁检查，谁签字，谁负责”的原则，实事求是，认真填写安全质量标准化检查评分表。

六、保证投入，依靠科技，推动标准化建设的发展

小宝鼎矿始终坚持优先保证安全质量标准化的投入，推广使用新技术、新装备，不断完善安全质量标准化基础设施。2010年安全费用投入资金1960.57万元，质量标准化投入资金217.62万元，用于改善采掘机运通各系统状况，完善安全设施、设备，购进安全仪器仪表等，有力地促进了标准化建设的创新和发展。

永贵能源开发有限责任公司安顺煤矿

一、多措并举，提高职工综合素质

(一)对矿招收新工人、一般从业人员、特种作业人员、班组长等不同群体全面开展企业理念灌输，业务知识培训、危险预知、操作技能培训教育等，培养职工树立良好的的行为习惯和职业素养，培训结束后，逐个考核，不能过关者不得上岗并重新进行培训教育。

(二)加强区队、班组队伍建设，实施区队长、班组长资格考核持证上岗，集中对在岗班组长开展安全培训，建立后备队长、班组长选拔培训机制。对质量标准化工作不力的区队，班组长实行挂牌管理，年终考核。

(三)推行岗位安全确认，“手指口述”。围绕提高人的安全意识和危害辨识控制能力，推行了全员、全方位、全过程岗位安全确认，并以“安全预想、危险预知”,矿级领导带牌入井对工人进行“手指口述”知识提问，回答正确的职工可以领到一个标志为“优”的牌,职工可以凭牌在队内进行加分。

二、全面推行安全质量标准化动态达标

(一)规范设计。要求每项工程都要有设计,细化设计内容,逐项提出具体操作要求,明确方法。例如,设备如何摆放,管线如何吊挂,采面单体柱三用阀必须朝向相同,规范各种牌板的统一定制等内容。

(二)按设计施工。所有施工单位操作过程都要按照设计标准施工,已开工的巷道及工程必须“三图一表”齐全。时时有规定,处处有标准,对每一道操作工序做出标准和规定，并在操作过程中强力推进和落实,凡是与设计要求不符的一律停产整顿,直到验收合格后才准恢复生产。

(三)按标准验收。突出对生产过程中动态验收,管理人员和现场质量验收人员对工程质量验收,坚持每旬组织全矿质量标准化分专业对口验收,验收结果与各施工单位负责人的安全质量结构工资考核挂钩,作为考核依据。

三、加强安全环境建设

坚持以人为本，强化地面与井下安全环境建设,结合安顺煤矿用工性质和地理条件的特点,在入井口和矿灯充电房门口设置了滚动字幕和大屏幕,矿办公楼设立了多媒体电教室,以利于安全宣传视角教育的导入,及时传播企业安全理念和安全信息。

四、创新考核运作机制

安顺煤矿坚持在安全质量标准化自查、旬查、公司季度考评的基础上，不断完善质量标准化运作机制,在全矿范围内认真落实“矿井自主、系统自控、班组自理、员工自律”的四自管理体系,使质量标准化工作逐步纳入到制度化、规范化、标准化的轨道,保证质量标准化工作有序开展。

永贵能源开发有限责任公司
黔西金坡煤业有限责任公司

黔西矿严格按照各级政府部门及永贵公司质量标准化建设工作的要求,根据贵州省《安全质量标准化标准及考核办法》重新量化分类,细化分工,责任到人,狠抓落实,形成了以矿长全面负责、安全矿长主要负责、分管矿领导具体负责、业务科室负责人专业负责的质量标准化管理体系,进一步全面深入地开展了质量标准化建设工作,使矿井的整体面貌得到较大改变,质量标准化建设迈上新台阶,提升了安全保障水平,促进黔西矿安全生产状况持续稳定好转。

一、明确责任,规范现场操作行为

从严从细分解指标，形成了从上到下逐级落实,从下到上层层负责的标准化管理体制,现场管理人员做到目标明确、分工细致、指导到位、考核严细;推行手指口述活动,让职工做到工序掌握到位、行为规范、操作熟练,做到“上标准岗、干标准活”。

二、按标准化进行工程检查和验收,提高工程施工质量

坚持各专业对标管理、动态检查和定期检查相结合,提高工程施工质量。每一项目在施工过程中由生产、企管、安检及相关专业每天按照安全质量标准化表格进行现场检查和验收,检查验收人员必须携带安全质量标准化表填写现场实际情况,要求施工单位负责人现场签字,不合格项目立即停止施工,下发隐患整改通知单限期整改完,经验收合格后施工单位才能进行下一工序。每月进行一次总体验收工作，不合格项目不予以验收，并对施工单位及主管进行处罚。相关专业单位及施工单位“标准设计、标准施工、标准验收”，形成系统化、标准化的管理模式，提高了标准化工作的质量。

三、加大检查力度，力求质量标准化建设实现动态达标

坚持日常动态检查和定期考核相结合，加大检查力度。安检、通风、机电、生产等部门每天对现场标准化进行抽查，每旬各专业组织一次标准化验收，每月月底矿井组织一次全方位的安全质量标准化综合大检查，覆盖率达到了100%。质量标准化办公室每月进行不定期抽查，结合检查情况对各单位进行评比，每次评比排出名次，按照《黔金煤业安全质量标准化管理办法》中规定兑现奖罚。规范检查行为，做到一把尺子，一个标准，公开、公正、公平；落实检查责任，检查人员按照“谁检查，谁签字，谁负责”的原则，实事求是，认真填写安全质量标准化检查表；对检查发现存在严重问题或隐患的单位，通过调度会通报和下发隐患整改通知单限期整改。

四、走出去向安全质量标准化样板矿井学习，改变观念学以致用

黔西矿组织专业负责人、专业技术人员、区队长到永煤集团本部及山东兖矿集团标准化样板矿井学习，学习它们先进的管理理念及标准化做法，对照标准寻找差距，开阔眼界、提高认识，扎实开展、稳步推进安全质量标准化工作。

五、建精品，创品牌，标准化工作整体推进

黔西矿强化安全质量标准化工作精品意识，大力开展品牌创建活动，集中人力、物力对薄弱环节进行高标准整治，做到薄弱环节有突破、优势专业有巩固、领先项目有创新，从管线吊挂、巷道维修、安全设施、材料码放、图牌板管理等基础工作和“点滴小事”入手，建设安全质量标准化“精品硐室”“精品巷道”“精品工作面”，建设“标准工程”“放心工程”。根据各个时期、各单位的标准化达标情况，采取一事一推广的做法，在质量标准化抓得好的面召开现场推广会。2010年以来，黔西矿每月坚持在井下召开标准化现场会，通过学习先进、鞭策落后，促使各单位增强标准化意识，各单位形成了自找差距、你追我赶、抓法多样、相互促进的标准化工作局面。

贵州湘能实业有限公司水城县神仙坡煤矿

神仙坡煤矿在矿井安全质量标准化的建设过程中，通过自身的积极努力，并虚心向省内其他煤矿学习和借鉴它们在安全质量标准化方面的经验和做法，取长补短，不断进步，在2009年被评为六盘水市二级质量标准化矿井，2010年申报国家级安全质量标准化一级矿井。

一、提高认识，认真学习新标准

2009年12月，贵州省出台了《贵州省煤矿安全质量标准化标准及考核评级办法(试行)》。为此，矿井将新的安全质量标准化管理办法下发到各施工连队，组织职工认真学习，做到学标准、懂标准，全面提高对安全质量标准化的认识。

二、建立和完善各类规章制度和标准，明确责任体系

神仙坡矿自投产以来，建立、健全了矿井安全质量标准化建设相关的规章制度、管理体系、相关专业的标准，但各专业和各生产环节与安全质量标准化标准仍存在一定的差距。为此，神仙坡矿从制度和体系的建立、健全入手，主要表现在以下几个方面。

第一，突出矿井安全质量标准化工作的重要地位。矿领导把矿井安全质量标准化工作摆到重要日常工作议程，把安全质量标准化工作的成效作为各职能部门管理人员业绩考核的重要依据，明确各职能科室的职责：生产技术科是综合检查和考核的主管部门，各专业职能部门负责考核、检查、指导本专业的标准化工作，从而形成从领导到员工层层负责的标准化责任体系，为搞好质量标准化工作提供组织保障。

第二，健全安全质量标准化制度体系。矿生产技术科、机运科、通风瓦斯科及有关职能部门对照《贵州省煤矿安全质量标准化标准及考核评级办法（试行）》，结合实际，细化、量化、深化考核标准内容，对矿井采煤、掘进、机电、运输、通风、地测防治水、职业危害等十三个专业达标制定了具体的实施细则，把安全、质量、文明生产纳入施工连队，队干及科室负责工资管理考核重要内容，形成安全质量标准化检查评比、考核奖惩体系，为安全质量标准化建设提供制度保证。

第三，严格质量检查验收制度。神仙坡矿每旬由生产技术科组织安全科、机运科、通风瓦斯科等职能部门对矿井十三大专业进行严格检查，实行动态检查和综合检查结合，加大检查和考核力度，检查覆盖率达到100%。同时，进一步规范检查行为，提高检查质量，落实检查责任，检查人员按照“谁检查，谁签字，谁负责”的原则，实事求是，认真填写安全质量标准化检查表。

三、狠抓落实，推动安全质量标准化建设

严格落实安全质量标准化的各项规章制度，确保安全质量标准化逐步实施。

（一）完善基础装备，保证装备的适用性。按照安全质量标准化标准的要求，完善和使用好各类基础装备。在装备的选购上，做到符合标准，适用可行；在装备的使用上，严格按照有关规定加强日常维护，规范操作，确保装备正常运行。

（二）完善基础设施，保证设施的可靠性。严格按照安全质量标准化标准建造各类基础设施，严把基础设施的质量关，加强对基础设施的检查和验收，确保数量和规格符合要求；加强基础设施的管理，责任到人，保证设施的可靠使用。

（三）全面完善基础资料，保证资料的规范性。各职能部门及施工连队对基础资料方面存在的问题，对照质量标准化的要求，建立和完善了质量标准化的内业资料、图纸，对各类记录、台账、报表、规程、措施、图纸、管理制度等资料统一标准和格式，做到内容齐全，数据准确，装帧规范成册，统一归口，全部建档管理。

（四）抓好典型，创建样板。施工连队按照以点带面、循序渐进、整体推进的工作方法，促进安全质量标准化工作的不断深入。例如，从管线吊挂、巷道成型、安全设施、材料码放、图牌板管理等基础工作，即“点滴小事”入手，建设安全质量标准化“样板巷道”，神仙坡矿12采区112石门在湘能公司组织的多次工程质量验收中均被评定为优良品，成为质量标准化建设的典范工程。

（五）全面落实，综合提高。根据贵州省2009年12月份出台的《贵州省煤矿安全质量标准化标准及考核评级办法（试行）》规定，神仙坡矿在注重对采煤、掘进、一通三防等专业质量标准化建设的同时，加大了矿井在职业危害、调度指挥及应急救援、工业场地和办公场所等方面的安全质量标准化建设，努力提高矿井的综合安全质量标准化水平。

四、突出重点，抓好专业达标水平

（一）狠抓采掘工程质量管理，提高采掘工程优良品率。一方面要求回采工作面投产前必须经过严格的投产验收，对回采工作面支护质量、采高、文明生产等严格检查，采煤工作面实行挂线采煤，制定和出台了《神仙坡煤矿回采工作面质量硬性管理规定》。另一方面掘进工作面实行光爆，对锚网支护及架棚支护巷道由专业技术人员进行现场跟班，严把巷道成型及支护质量关。在打眼前，由技术人员先画好巷道轮廓线，按作业规程要求控制巷道成型。

（二）狠抓机、运专项整治工作。第一，全面完成所有矿用产品淘汰目录的设备和电缆淘汰工作；第二，所有提升井按规定建立、完善警示装置和各类防跑车

装置、安全保护装置等；第三，加强设备检查、检修、维护，切实提高设备完好率，重点抓好采掘移动设备、机车、矿车等设备的完好率，消灭设备失爆；第四，加强对电钳工的培训和考核，为提高机运安全质量标准化建设提供人力保障。

（三）强化一通三防管理，提升本质安全程度。第一，贯彻落实“通风可靠、抽采达标、监控有效、管理到位、隐患排查、综合利用”的“二十四字”方针，坚持先抽后掘、先抽后采、治理与利用并举，正确处理瓦斯治理和掘进、采煤的关系。第二，加强局部通风管理，提高通风质量，确保风量，防止瓦斯超限。神仙坡矿井下局部通风均实现了“双风机，双电源”和“三专两闭锁”。第三，加强安全监测系统管理和维护，确保系统运转正常，切实提高矿井本质安全的程度。第四，严格落实综合防尘措施，皮带运输巷每隔50米及各转载点安装防尘喷雾，采煤工作面回风、运输顺槽安装了防尘喷雾，并对风巷、提升上下山、主要大巷定期进行清扫、冲洗。

桐梓县大河煤矿

2010年，大河矿在各级主管部门领导的关心、帮助、支持下，在公司领导的带领下，全矿职工发扬求真务实、奋发有为的拼搏精神，始终坚持“安全第一，预防为主”的方针不动摇，紧紧围绕矿井安全目标，认真落实煤矿企业主体责任，全面深化瓦斯治理和安全质量标准化两个攻坚，强化顶板、机运和水害三个专项整治，有步骤、有重点地开展安全活动，矿井消灭了重伤以上安全事故，瓦斯治理工作有了显著效果，矿井达到了一级质量标准化，基本实现了安全生产。

一、完善安全管理组织机构，合理配备管理人员

（一）矿级领导班子：设矿长，分管生产、安全、机电和技术的副矿长和安全、采掘、机运副总。

（二）区队班子：基层区队、各区队设区队长和分管安全工作的副区队长。

（三）班组：全矿每个班组设班组长，并配备安全员。

（四）专职安全部门：设技术、安全、调度、通风、防突等安全生产管理职能部门，直接为矿井安全生产服务。

二、落实安全职责，强化安全管理

（一）建立和完善各级管理人员安全生产责任制，强化履职考核和连带责任追究，有利于防止管理人员责任悬空。

第一，2010年以来，对各级管理人员下井数量和质量进行了严格的考核和逐月通报，对下井数量和质量不合格的管理人员予以处罚；发生集体违章追究分管部门、区队长及班组长连带责任处罚；发生受伤及“三违”扣罚班组长津贴。

第二，严格执行了矿级领导带班，区队领导跟班制度，制定领导带班跟班规定、交接班制度、档案管理制度、监督检查制度，对领导带班和跟班做出详细规定，并向全矿公示。2010年以来，矿级领导和副总工程师认真执行了带班下井，严格实行井下交接班，保证每班都有1名矿级领导带班。各区队领导也认真执行了跟班下井，保证每班都有1名区队领导跟班，现场安全生产得到较好的控制。

（二）狠抓班组长责任落实，班组建设有序开展。2010年以来，大河矿认真推进班组建设制度，把班组建设作为“一线工程”“一把手工程”“一贯制工程”，作为强化企业安全管理工作的突破口，作为安全生产贯穿始终的主线，取得了良好效果，从而有效地加强了现场控制，杜绝了事故发生，为全面抓好安全工作打下了坚实的基础。

（三）狠抓专职安全管理人员现场责任的落实，以安全效果定业绩、定工资，有利于更好地发挥安全监督作用。全矿公开招聘选拔专职安全监督管理人员，出台《矿安全管理人员工资考核办法》，对安全管理人员实行安全绩效考核。

(四)加强职工安全意识、安全技能培训,规范员工操作行为。各区队采取开展每周安全学习、事故案例教育等手段,强制灌输安全理论、自救互救、安全质量标准化知识,不断提升员工安全意识和安全文化素质。通过不断学习和考核,较好地规范了全矿员工操作行为,逐步增强员工自主保安、互助保安意识。

三、以瓦斯治理为龙头,深入开展两个"攻坚"和三个专项整治,全面排查整治事故隐患,夯实安全基础

(一)瓦斯治理攻坚。

为了确保矿井瓦斯治理取得实效和瓦斯综合利用工程的效果,消除 7# 煤层开采时的突出危险性,矿井管理团队一是千方百计加快 10# 保护煤层推进度;二是认真构建瓦斯治理组织、实施方案,实行瓦斯治理队伍专业化;三是认真强化了瓦斯治理技术管理和现场管理,坚持老老实实打钻、认认真真封孔、踏踏实实抽放,使矿井瓦斯治理取得了实实在在的效果。这些效果具体体现在:

第一,矿井月施工瓦斯抽放钻尺 4200 米,月推进保护层面积 13200 平方米左右,地面泵房高负压抽放瓦斯浓度 30%左右,纯量 11 立方米/分;低负压抽放瓦斯浓度 4%~15%,纯量 3.6 立方米/分左右,矿井月瓦斯抽放纯量 42 万立方米左右。

第二,高负压卸压瓦斯抽放抽放钻长瓦斯抽放浓度 50%~20%,抽放一个月后瓦斯浓度开始逐步衰减。

第三,通过实施高、低负压抽放,降低采面瓦斯涌出量,消除了回采过程中瓦斯超限给生产带来的安全威胁,解决了用通风方式难以解决的问题,且目前工作面瓦斯控制在 0.4%以内。

第四,保护层开采辅以瓦斯抽放,既保证了保护层回采工作面的道风问题,也为主采层 7# 煤层的开采提供了可靠的安全生产条件。

(二)质量标准化攻坚。

第一,坚持动态检查为主的工程质量验收、评定方式,实行安全质量结构工资考核和"强制排名,奖前罚后"。

第二,经常组织开展质量标准化现场会。严格对照标准,对质量标准化重点区域进行解剖式检查。

第三,组织全矿管理人员学习质量标准化标准,并组织考试。

第四,年末经省、市组织验收,矿井安全质量标准化达"贵州省一级安全质量标准化矿井"。

(三)顶板专项整治。

第一,积极进行采煤工作面支护改革。采煤工作面由 Φ63 毫米钢径改成 Φ100 毫米钢径,大大地提高了采煤工作面单体支柱初撑力、工作阻力和支护强度,有力地防止了采煤工作面顶板垮塌事故的发生。

第二,坚持每周开展 1 次全面"敲帮问顶",每月开展 1 次专项排查,全面排查顶板事故隐患,并以通报落实隐患整改责任和复查验收。

第三,严格开工前和放炮后的"敲帮问顶",及时消除顶板隐患。严格按照要求配齐各掘进工作面"敲帮问顶"工具和牌板,坚持班班找顶,向调度室汇报。

第四,加强采掘头面对特殊地段的支护质量监督和管理。

(四)机运专项整治。

第一,强力整顿规范机运秩序。重新规范捆绑、运送"四超"物资办法。

第二,整治运输秩序,规范斜坡提升、平巷运输秩序。严格斜坡提升坡挡装置的检查维护和使用管理规定;严格执行斜坡提升"行车不行人,行人不行车"禁令;严格执行平巷运输不超拉,不超速。

第三,完成一采区边界采区变电所安装,使井下供电质量明显提高。

(五)水害专项整治。

第一,严格落实探掘措施,防止误穿裂隙和老空水。

第二,出台汛期应急预案,组织全矿员工人人学习、签字、考试过关。

第三,汛期到来之前组织开展了地面、井下雨季"三防"检查,保证了水沟的畅通。

总之,经过多年努力,矿井基本进入良性循环,各方面工作取得了一定效果,但距上级主管部门要求和先进企业还有很大差距,大河矿一定会以此次会议为契机,更加努力地开展安全生产管理工作,促进矿井各方面工作持续、稳定、健康发展。

陕煤集团黄陵矿业有限公司一号煤矿

“369”质量标准化工作法

“369”质量标准化工作法是指在安全质量标准化建设中必须坚持“三利”原则、执行“六定”流程、注重“九策”应用。“三利”原则：安全质量标准化建设必须有利于职工规范操作行为养成；必须有利于工程施工质量达到优良；必须有利于矿井安全目标的实现。“六定”流程：定目标（每年制定不断螺旋上升的质量标准化建设目标）、定标准（依据国家级考核标准高起点的制定各专业考核评分细则）、定责任（矿领导包队、科部长包片、专业人员包面，打造各具特色本质安全型区队和各有亮点的质量标准化区域）、定监管（实施干部走动式管理全覆盖动态监督，开展技术人员送技术、送服务日常管理）、定考核（实施上尺挂线量化考核、现场打分、评优评差）、定效果（工作头面达精品、操作硐室成亮点、主要线路成示范）。“九策”应用：“四项技术”应用法、“亮点工程”示范法、“争优评差”激励法、“五关（文明生产关、工程质量关、设备完好关、规范操作关、隐患治理关）控制联合验收”工作法、“区域负责”包队法、“英雄行动”创新法、“安全隐患编码分析”防控法、“双述及专业功力”素质提升法、“五四”岗位作业风险预控工作法。通过“369”工作法的实施，明确了安全质量标准化各项工作建设的原则、管理的流程、实施的措施，富有实效，促进了一号煤矿安全质量标准化工作不断向更高的水平发展，构建了安全生产长效机制。先后被陕煤化集团和国家安全生产监督管理总局煤矿安全局授予“安全质量标准化先进矿井”和“安全先进单位”及“国家级质量标准化先进矿井”荣誉称号。

“三利”原则

1. 安全质量标准化建设必须有利于职工规范操作行为养成：规范操作是实现安全质量标准化的前提，只有提高广大职工“上标准岗、干标准活”的意识和能力，打造一只“精职业技能、守职业纪律、尽职业责任、当安全卫士”的本质安全型职工队伍，才能消除人的不安全因素。

2. 安全质量标准化建设必须有利于工程施工质量达到优良：工程质量是安全质量标准化的核心，是创造良好安全生产环境的保障，是实现安全目标的必备条件，只有优良的质量才能消除设备、环境的不安全状态。

3. 安全质量标准化建设必须有利于矿井安全目标的实现：实现安全“零死亡”是安全质量标准化建设的目标，一切建设工作必须围绕着消除人与环境、人与设备之间的矛盾，消除管理环节的缺失，堵塞漏洞来进行，达到人、机、环境、管理四者尽善尽美和谐共处。

“六定”流程

1. 定目标：每年要以煤炭行业领先企业、最有名望企业标准化建设水平为基准参照，分析标杆企业创造优秀业绩的原因，发现自身存在的差距，学习先进经验，选取改进的最优策略，制定从行业一级水平→煤化集团先进矿井→煤化集团样板矿井→国家级先进矿井不断螺旋上升的安全质量标准化建设目标。

2. 定标准：每年要依据国家级考核标准高起点的制定各专业考核评分细则。比如，通风专业将行业标准要求的“三专两闭锁”改为“双三专两闭锁”。掘进专业将行业标准锚杆间排距±100 毫米改为±50 毫米。高标准带来了高质量和严要求，为实现不断螺旋上升的安全质量标准化建设目标奠定了坚实的基础。

3. 定责任：制定了矿领导包队、科部长包片、专业人员包面“安全三包”制度，要求矿领导、科部长每月必须到承包区队参加4次班前会，现场指导、解决问题不少于2次。打造各具特色本质安全型区队和各有亮点的质量标准化区域。

4. 定监管：一是制定实施干部走动式管理，每月编制全矿所有安全生产管理人员走动式管理计划，并由人员定位系统监督计划执行情况，对未按时到规定区域实施走动计划的由管理系统自动向本人及上一级管理层发出信息报警提示，以便查明原因并给予处罚，保证了全覆盖动态监管。二是认真开展党员干部、管理人员“两送一保”(送技术、送服务、保安全)活动，加强部门与区队的沟通协调工作，随时解决质量标准化难点问题，做到服务到位、监管到位。

5. 定考核：出台了安全质量标准化检查考核评分、奖罚、责任追究等制度，实施上尺挂线量化考核、现场打分。开展争优评差活动，并定期组织现场点评、经验交流活动，做到优秀单位有突破，落后单位有提高，促进矿井质量标准水平全面提高。

6. 定效果：开展质量标准化精品亮点工程创建活动，发挥创新示范、典型引路的作用，使工作头、

面达精品、操作硐室成亮点、主要线路成示范。(绘制流程图)

“九策”应用

1. “四项技术”应用法：近年来我们坚持不懈地将“五精”管理的各种理念和要素深入安全质量标准化建设中，把编码、定置、标志、看板四项技术在质量标准化工作中的应用作为重点。通过对风筒、照明灯、管路等设施、设备进行编码管理，把无序粗放的管理变为有序的精细管理。通过对材料、设备实施定置管理，解决了工作现场的无秩序混乱状态。通过对避灾路线、设备操作注意事项进行标志管理，完善了安全生产环境，规范了人的安全行为。通过对采掘工艺、技术参数进行看板管理，把普通的说教管理变为可靠的目视管理，提高了工程质量。通过四项技术的应用，有效避免了安全生产管理的缺陷，消除了盲点，使现场秩序井然，作业程序流畅，极大地提高了工作效率和安全保障。

2. “亮点工程”示范法：积极开展质量标准化精品亮点工程创建活动，对获得矿业公司亮点工程称号的单位和负责人进行奖励，发挥创新示范、典型引路、共同提高、全面推进的作用，使一号煤矿工作头、面达精品、操作硐室成亮点、主要线路成示范。

3. “争优评差”激励法：积极开展争优评差活动，使各基层单位充分认识到文明生产在质量标准化建设中的重要地位，构建“属地管理、量化考核、动态达标、坚持不懈”的文明生产体系，进一步提高矿井文明生产精细化管理水平。在综采队、掘进队、辅助队伍中开展以文明生产、材料定置码放、设备卫生、硐室卫生、空气质量、综合防尘、牌板吊挂为主要内容的结对子竞赛争优评查活动，由质量标准化考核领导小组以“高、严、细、实、新”的工作态度，每周根据日常动态(干部走动式管理、领导带班、零点行动、专业日常检查)量化考核抽查结果，做到优中选优、差中评差，一奖一罚，优胜区队奖励1000元，潜力区队罚款1000元，其中主管队长承担10%，每周二质量标准化专题会议上通报周评结果，以此推动一号煤矿质量标准化工作全面提升。

4. “五关控制联合验收”工作法：为确保质量标准化动态达标，采取五项措施，严把质量验收关。一是严把文明生产关，对井下各区域制定了文明生产量化考核标准，使井下达到空气清新、环境整洁的效果。要求综采工作面顺槽5米范围内直径大于50㎜的煤块不得超过三块，积水长度不得超过5米。二是严把工程质量关，要求检查人员按标准要求，逐条、逐项上尺上线上仪表，对工程质量进行验收评分；三是严把设备完好关，要求检查人员对设备按要求停电开盖查整定值、查接线工艺、查三大保护、查防爆面。将行业一级标准要求的机电设备综合完好率从90%提高到95%。四是严把规范操作关，定期开展专业功力训练、作业功夫训练、每月一训、技术比武、“双述”活动，提高职工业务技能，规范职工操作行为。五是实施“两化三层五级七步”安全隐患编码分析防控体系，对隐患整改措施的落实，整改效果好坏进行分析评估，实现“决策层看的见，管理层管的住，执行层办的快”的隐

患治理目标。

5. “区域负责”包队法：深入开展矿领导包队、科部长包片、包管安全的“安全三包”管理活动。坚持深入基层、深入一线，突出重点的原则，规定矿领导每月深入所包区队现场办公不少于两次，参加区队职工安全教育大会一次，每月参加四次区队班前会和班务会，及时准确掌握区队安全生产情况以及工作中存在的问题，并帮助其解决；科（部）室领导每周必须参加一次所涉及区队班前会，到包片区域现场走动不少于一次，了解现场情况，排查隐患，针对发现的问题，积极帮助解决，并对所包区队安全管理、质量标准化、班组建设、精细化管理、文明生产工作等进行指导；“三包”领导不但要参加基层区队的班前会、安全学习等，还要抓生产、保安全，并结合实际，出主意、想办法，指导和帮助区队制定切实可行的安全管理办法，促进各区队安全生产和各项工作迈上新台阶，打造特色管理示范区，使各基层区队队队有亮点，区区有特色。

6. “英雄行动”创新法：开展七路并进的英雄行动，即“精优作业法”的精炼行动、“卓越管理法”的历练行动、“创新成果”的锤炼行动、“精英品牌”的提炼行动、“首席员工”的修炼行动、“素质金字塔”的磨炼行动、“创纪录”的合炼行动，打造高素质职工队伍和高技能的管理精英。并将在日常工作中展现出的管理智慧、技术创新、操作绝招进行命名、表彰奖励，最大限度地激发和调动员工的工作热情和积极性，实现管理精细化、效益最大化目标。

7. “安全隐患编码分析”防控法：实施“两化三层五级七步”安全隐患编码分析防控体系，实现“决策层看的见，管理层管的住，执行层办的快”的目标。并且每周根据单位代码、隐患级别、类别代码，由电脑自动对隐患进行分类汇总，由安全隐患分析评价小组总结分析各时间段、各类隐患发生的数量、原因和规律，并对整改措施的落实，整改效果好坏进行分析评估，逐步掌握隐患发生的规律和治理重点，杜绝隐患反复治理、反复发生的不良现象，达到隐患逐步减少，直至生产过程“零”隐患的目的。

“两化”——自动化（自动分类）网络化（根据权限上传至矿、部门、区队的办公网络）

“三层”——决策层管理层执行层

“五级”——A 级（公司级）、B 级（矿级）、C 级（部门、区队级）、D 级（班组级）、E 级（岗位级）

“七步”——排查→统计→下达→整改→验收→分析评价→再整改（授权销号）——（闭环流程图设计）

8. “双述双练”素质提升法：

“双述”即“手指口述”和“岗位描述”，一号煤矿按照试点先行、循序渐进、全面推行的原则，在全矿范围内开展“双述”活动，并不断对岗位描述内容进行完善，让职工严格执行开工前的安全确认，熟练掌握本岗位安全操作的应知应会，从而进一步增强职工安全意识，岗位规范操作。自 2008 年以来，一号煤矿共举办过四次岗位描述竞赛，表彰了 51 名岗位描述能手。通过“双述”活动的开展，使职工对岗位操作有了更全面的认识，许多农协工经过两三年的锻炼，从对煤矿知识一无所知转变为煤矿机械操作的行家里手。

“双练”即专业功力、作业功夫训练，通过开展“双练”活动，不断提升职工的专业技能水平，规范职工岗位操作行为，从而有效地杜绝“三违”现象，强化现场安全管理，促进了矿井安全生产。为了强化职工专业功力、作业功夫训练，相关部门对每个岗位进行研究分析，结合岗位工作实际，制订科学的训练方案，充分利用井下实训基地，组织职工认真开展训练，为不断强化技术人才队伍建设创造了有利条件。

一号煤矿为了强化职工的专业功力，对每个岗位进行研究分析，结合岗位工作实际，制定科学的训练方案，并为区队配备了训练器材，组织职工进行训练。例如通过打锚杆时眼睛的训练及锚杆定位训练，保证打出的锚杆成排成线；模拟巷道行走快速反应的训练或井下避灾的应急演练；等等。通过专业功力的训练，使一号煤矿各岗位涌现出一批掌握本工种绝技绝活的行家里手，带动了全矿职工整体素质的提升。

双述和专业功力训练，进一步提升了职工的技术素质和安全素质，对建立安全生产长效机制，提升现场安全管理水平起到了积极的促进作用。

9. “五四”岗位作业风险预控工作法：五：是指开工之前，要求职工认真做好停、想、辨、控、做五项准备工作。停，是指是否理解工作的目标和任务；想，是指是否有能力完成当班任务；辨，是指是否掌握工作中涉及的危险源；控，是指是否采取了控制手段使作业风险降至最低；做，是指是否可以开始工作。我们把五步工作法作为开工前安全管理的重要环节、重要步骤，同时作为强化职工安全责任意识、规范职工安全操作行为、保证现场安全生产的一项重要举措。四：是指在岗位作业现场，从人的不安全行为、设备的不安全状态、环境的不良因素、管理的漏洞等四个方面进行安全确认和风险控制。通过对现场安全 4M（人——Men、机——Machine、环境——Medium、管理——Management）要素的控制，消除职工的不安全行为、设备的不安全状态、环境的不良因素、现场管理的漏洞，保证工作人员岗位操作无失误，设备无缺陷、环境无隐患、管理无漏洞，形成人、机、环境、管理四者有机结合，最终达到排除安全风险、保证安全生产的目的。

陕煤集团陕西中能煤田有限公司榆阳煤矿

一、提高认识，加强领导

按照主要领导亲自抓的原则，公司、矿两级分别成立了专门领导机构，明确规定上到总经理、矿长，下到区队长的各级行政正职对安全质量标准化建设全面负责，形成了从矿长到职工层层负责的标准化责任体系，为搞好标准化建设工作提供强有力的组织保障。

二、健全完善制度，狠抓责任落实

2010 年初制定了《中能公司 2010 年安全质量标准化建设精细化管理实施办法》《榆阳煤矿部门区队安全质量结构工资奖罚办法》，建立和完善了安全质量标准化检查验收、考核奖惩、安全隐患回购及责任追究、教育培训、工作例会、质量结构工资、标准化建设投入等 10 项管理制度。通过建立完善安全质量标准化管理制度，落实各级安全生产责任制，实现以落实责任确保安全质量标准化建设。

三、实行目标管理，严格考核兑现

按照年初制定的“季度确保一级安全质量标准化矿井、年度确保陕煤化集团安全质量标准化先进煤矿和争创国家安全质量标准化煤矿”的达标规划，严格实行目标管理。公司对榆阳煤矿实行 10%安全质量结构工资制度，按月检查验收并考核兑现；榆阳煤矿对区队推行“3:3:4”的安全质量结构工资制度，即当月区队干部职工的工资收入按照安全占 30%、质量占 30%、任务占 40%标准执行，按旬检查、月验收，严格考核兑现。公司对榆阳煤矿安全质量标准化建设，实行季度检查验收、季度考评兑现，达到季度规划目标就奖励，达不到就处罚；年终实现“陕煤化集团安全质量标准化先进煤矿”的奋斗目标，实行年度加奖的激励机制，极大地调动了全员抓安全质量标准化工作的积极性，有力地推动了矿井安全质量标准化建设。

四、文化引领，多措并举，塑造质量标准化人

以推广“两东”经验为载体，以“二安三个一”为方法，以“五精四无”管理为抓手，牢固树立“说一不二”抓安全的核心理念，采用多样化的培训方式，提高职工的安全意识和操作技能，规范职工的安全行为，促进上标准岗、干标准活，为开展安全质量标准化打好基础。

一是实施素质攀升工程。公司为了确保员工全年“素质上一个档次”的安全教育培训目标的实现，建立了安全素质教育培训基金，实行“素质化教育、学分制考核”，年终素质教育考核结果分为优秀、合格和不上档三类，各档次与培训基金兑现挂钩，极大地调动了员工参加安全素质教育培训的积极性和主动性。公司职教中心按照员工“素质上一个档次”要求，制订了年度、月度培训计划，通过采取系统培训、模拟灾情演练、行为纠偏、心理调适等一系列手段和方法，全面开展理念灌输、习惯养成训练、系统追问、危险预知、危害辨识、

操作技能等培训教育，培育职工树立良好的行为习惯和职业素养。通过一年来实施员工素质攀升工程，有95.08%员工的综合素质实现了上一个档次目标。

二是加强班组长队伍建设。按要求实施班组长持证上岗制度，邀请有资质的培训单位对班组长进行上岗资格培训，全矿32名班组长做到持证上岗。同时，公司职教中心还集中对班组长开展安全教育培训，建立后备班组长选拔培训机制，从各区队选拔部分骨干，参加班组长培训。对班组长进行年度考核讲评，实行末位淘汰，空出的职位，从培训合格的骨干中选拔任用。

三是开展准军事化训练。为进一步规范员工安全操作行为，提高安全质量标准化工作的执行力，全面开展准军事化职业行为训练，对职工进行准军事化班前会、队列行走、现场交接班、职业技能等多项训练，以严明纪律培养职工的自觉管控能力，已连续三年在"八一"前后举办员工准军事化训练会操比赛，检阅一年来准军事化管理在执行力、纪律、礼仪、军训和精神状态方面取得的新成果，促进员工安全行为的养成。

四是推行岗位安全确认，"手指口述"，岗位描述。围绕提高人的安全质量意识和危害辨识控制能力，推行了全员、全方位、全过程、工序化的"三全一化"岗位安全确认，并以"安全预想、危险预知"为主要内容，在绞车司机、把钩工、变电工等10个主要岗位推行了手指口述、岗位描述安全确认法，进一步强化了现场安全管理，促进了规范化操作的落实。

五、加大投入，改善安全环境，提高安全质量标准化水平

一是保证有效投入，提高标准化装备水平。2010年来，公司坚持优先保证安全质量标准化的投入，推广使用新技术、新装备，不断完善安全质量标准化基础设施。2010年更新了两台综掘机装备，确保以"一通三防"和防治水的投入为重点，健全完善通风系统、监测监控系统、井下人员、车辆定位系统、综采面矿压实时监测系统、综掘头"两双两自动"系统，完善了矿井安全设施、装备和仪器仪表，消除灾害隐患，既增强了矿井防灾抗灾能力，又提高了安全质量标准化的科学管理水平。

二是典型引路，整体推进，创建安全质量标准化文明矿井。2010年以神南公司两次质量标准化现场会召开为契机，集中人力、物力对井下主水泵房、西部通道等薄弱环节进行高标准规范、高标准整治。从管线悬挂、安全设施、材料码放、定置编码、图牌板管理、文明生产等基础工作抓起，使质量标准化全面体现在矿井各个管理环节上，以安全质量标准化工作促进文明矿井建设。对综采工作面按"精品头面"标准进行施工和安装，与之配套的生产系统、设施和峒室等都按相应标准进行建设，创建2308综采、2310综掘工作面精品工程和样板辅助运输一条线，积极培育西部变电所、西盘区变电所等亮点工程。同时，抓重点、寻突破，促进标准化工作深入开展，将工作重点放在"一通三防"动态达标上，把提高"一通三防"基础设施质量、基础装备的作用作为突破口，与采、掘、机、运质量标准化工作有机结合起来，推动标准化工作全面提升。2010年8月，中能公司和榆阳煤矿被中煤政研会分别命名为全国煤炭行业"五精管理示范基地"和"五精管理示范矿"。

三是加大矿井文明生产整治力度。结合矿区实际，对井上下文明生产加大了清洁和管理力度，各单位按照矿统一划分的工业卫生范围，下决心对自己分管区域的工业卫生予以整治，通过集中整治，使矿井文明生产面貌有了一个较大的改变。对职工食堂、公寓楼、更衣浴室、草坪、道路等生活环境进行了改造美化，为员工提供了温馨舒适的生活环境。在公司内部建立医疗保健室的基础上，与榆林市级医院签订协议，定期组织对员工进行健康检查，建立员工个人建康档案，改善员工福利待遇，确保员工队伍稳定，强化执行力，促进了矿井工作质量的提高。

六、全面推行"五精四无"管理，促进安全质量标准化动态达标

2009年以来，在推行"五精"管理的基础上，公司又推行"决策无失误、系统无缺陷、操作无违章、结果无事故"的"四无"管理，按照"决策要签字，损失要买单、操作无违章、管理无漏洞、事故减一半"的要求，在

科学决策、规范设计、规范操作、标准验收、流程管理上寻找新的提升突破口。按照细化、量化、标准化要求,参照国家和行业安全标准、技术规范,结合公司榆阳煤矿实际,修订了各业务部门精细化管理流程,完善了回采、掘进、机电、运输、通风、地测防治水六大专业"5E""6S"岗位精细化管理标准,完善了系统设计规范,细化了规程措施编制、会审、贯彻流程,把按设计和标准施工生产列为精细化管理和走动式管理的主要内容,严格考核管理,把"五精"管理的核心理念"细、对、最、更、美"贯穿到安全质量标准化的方方面面,实现了安全质量标准化由静态向动态达标。

总之,榆阳矿按照贯彻落实科学发展观的要求,以创建本质安全型矿井为目标,积极推进安全管理创新,充实安全质量标准化验收考核内容,建立起安全质量标准化与安全文化建设、规范操作、改善环境相结合的"四位一体"动态考核验收常态机制,提升了安全质量标准化总体水平。井上下生产作业环境显著改善,职工队伍整体素质明显提高,安全生产可控程度进一步增强,为公司榆阳煤矿安全生产状况的持续稳定健康发展奠定了坚实基础,确保了矿井安全质量标准化规划目标的实现。但我们深知,我们的工作与上级领导的要求、与搞得好的兄弟单位相比,还有很大差距。在新的一年里,我们要以贯彻落实国务院《通知》及相关配套文件精神为主线,继续认真贯彻落实上级领导有关质量标准化建设的指示精神,积极学习借鉴同行业质量标准化工作的先进经验,坚持积极进取、开拓创新,严格落实国家级安全质量标准化煤矿标准,不断提高矿井安全质量标准化水平,为建设本质安全型的高产高效现代化文明矿井努力奋斗。

陕煤集团韩城矿业有限公司象山矿井

陕西陕煤韩城矿业有限公司象山矿井位于韩城市区以西,是韩城矿业有限公司三大矿井之一,主产3# 煤和 5# 煤,年核定生产能力 165 万吨,经过矿井升级改造以后,年生产能力将达到 240 万吨。

多年来,象山矿井充分认识到煤矿安全质量标准化工作的重要性,把安全质量标准化建设作为矿井安全生产的一项基础工作,坚持"高起点、高标准、严要求"。特别是近年来,立足实际、着眼大局,制定"典型引路、重点突破、整体推进"的标准化工作思路,开创了煤矿安全质量标准化发展新局面,取得了显著成效。2007—2011 年,矿井连续五年荣获陕煤化工集团"安全质量标准化先进煤矿""安全先进矿井",2009 年被陕西省煤炭工业局评为"一级安全质量标准化煤矿",2010 年被评为"国家级安全质量标准化先进煤矿"、全国煤炭系统文明煤矿和全国企业文化建设百家贡献单位,2011 年被陕西省煤炭生产安全监督管理局评为煤矿安全生产先进集体。截至 2012 年 1 月 31 日,矿井已实现连续安全生产 1315 天。

一、完善制度,以"制度"规范管理

始终把加强标准化工作的组织领导作为确保安全质量标准化的保障。成立了安全质量标准化领导小组,制定了标准化规划,设立了安全质量标准化办公室和采煤、掘进、机电运输、通风、地测防治水等 5 个专业小组,明确各职能部门的责任。不断建立完善激励机制,把安全质量标准化工作与业务部室领导和区队干部的工资挂钩,每月进行评差树优,进一步激发了部室和区队抓质量标准化的积极性和主动性。

二、强化管理,以"创新"提升水平

严格预防,全面推行"三五四"安全管理法。"三"是"三级安全评估":一是采掘工作面开工前安全质量评估;二是矿井系统、采掘工作面月度安全风险评估;三是区队班前安全质量评估。做到超前管理,超前预防。

"五"是"五步安全确认"。严格执行"三人联锁"安全开工确认制和"四位一体"安全生产负责制,在班前、入井前、开工前、班中和班后,进行有针对性的"手指口述"安全确认,使生产全过程始终处于受控状态。

"四"是"闭环式四级隐患排查治理",即班组、区队、科室、矿井四级隐患排查，要求班组每班开工前进行一次隐患排查，区队每周、科室每旬、矿井每月必须进行一次隐患排查活动，针对各专业可能存在隐患实行了“菜单式”管理，对所查问题和隐患严格按照“五落实”原则进行整改，规范隐患排查治理的工作程序，真正做到不安全不生产、质量不达标不生产。

现场管理，推行七个一线工作法，即“能力在一线检验、矛盾在一线化解、经验在一线总结、问题在一线解决、办法在一线研究、措施在一线落实、奖罚在一线兑现”，促使安全质量标准化工作重心下移、关口前移。

提升管理，推行“换位管理”工作法。开展全矿所有区队副班长、班长、副队长当安检员一周的活动，使基层管理干部能够做到换位思考，深刻体验安全质量管理工作，从思想意识上认识到抓生产必须先抓安全质量，从实际管理中去体验，对于不过关的人员，交由工会实行职务解聘，充分提高了班组长的安全质量素质。

动态达标，提炼“2421”质量标准管理法。在安全质量标准化管理上，积极推行精细化管理，以抓好掘进工作面安全质量标准化为龙头，注重生产全过程中每个环节、每道工序的管理，把每项工作具体细化、量化到生产全过程，做到成巷验收、成巷结算。总结提炼出“2421”质量标准管理法(2为：成巷验收、成巷结算；4为：注重细节、注重过程、注重各个环节、注重每道工序；2为：一把尺子，一个标准；1为：零隐患移交)，做到安全质量标准化动态达标。

三、加强检查，以“细实”提高标准

一是实行“2421”质量标准管理法，积极推行程序化和精细化管理，注重生产全过程的每个环节、每道工序的管理，专业部室对照《煤矿安全质量标准化验收标准》，结合区队生产实际制定针对性的质量验收标准，大到一个工作面、一个变电所、一条巷道，小到一台开关、一条螺丝、一根吊挂铁丝都按标准来要求，将原来每30米一组检查点，改为逐架、逐米、逐排进行验收，同时，对验收标准中的文明生产部分，也进行了细化，按照每米、每台、每处等进行量化打分。

二是坚持动态检查和综合检查结合，加大检查力度。每月标准化办公室组织生产、机电、通风、地质等部门，分专业对全矿采掘、辅助区队安全质量标准化进行两次动态检查，月底进行一次全方位的安全质量标准化综合大检查，覆盖率达到了100%。落实检查责任，实行生产部室联点包面，坚持“谁施工、谁负责、谁检查、谁签字”，做到从规划—施工—检查—验收全程管理。

四、以点带面，以“精品”带动整体

首先，按照“典型引路，以点带面，循序渐进，整体推进”的工作方法，创新性开展品牌创建活动。从管线吊挂、巷道施工、安全设施、物料码放、牌板管理等基础工作，从“细”处着手，“小”处着眼，大打安全质量标准化“精品”牌，开展了“精品工作面”、标准化“示范区”“样板工具房”和“样板油脂硐室”建设活动，采取一事一推广的做法，在“示范区”适时召开现场推广会。认真总结、积极推广安全质量标准化先进经验，掀起了全矿安全质量标准化建设的高潮。

其次，开展了井下定置化管理。对井下所有设备、设施、物料、配件等，均进行了定置、编码管理，使井下现场井然有序，台账资料管理一目了然。

五、加大投入，以“科技”促进发展

在标准化建设方面，注重更新新设备，推广应用新技术、新工艺、新装备和新材料。在5#煤、3#煤各新投入一套综采设备和一台EBZ-200型综掘机、一台EBZ-260型综掘机，形成了三套综采和六套综掘，采掘机械化程度分别达到100%和86%。积极推广应用新技术、新工艺，在巷道掘进中推广全锚索、大排距支护方式，大幅提高了掘进单进水平。在标准化硬件建设上，建成了集安全监控、安全质量信息传递、“三违”帮教、安全宣传等功能于一体的安全质量管理中心。在数字化矿井建设上，建成了调度中心工业集中监控系统、三维综合平台、协同办公系统、井下人员定位系统、井下无线通信系统等，提高矿井标准化科技含量。

六、严格奖惩，以“责任”强化落实

在确立制度保障、规范管理过程的同时，矿井通

过多种形式确保安全达标。一是实行安全质量、“一通三防”一票否决制。区队月出现一起重伤事故，本月不达标；损坏通风设施和出现瓦斯超限，本月不达标。二是把对安全工作实行定量控制和考核作为标准化工作的重要内容，通过签订《安全生产工作目标责任书》，将安全控制指标层层分解到各区队，实行《安全质量标准化结构工资》，将标准化责任层层落实到各班组、岗位。三是把安全质量标准化工作直接与安全奖罚挂钩。《季度安全质量奖发放办法》《安全风险个人抵押办法》《个人安全账户考核办法》都把标准化作为重要考核指标，充分体现抓质量标准化就是抓效益的工作理念，增强了员工抓安全质量标准化的自觉性，有力地推动了安全质量标准化工作的开展。

陕煤集团陕北矿业韩家湾煤炭有限公司

一、统一思想、夯实基础

质量标准化工作是保证煤矿安全生产，实现可持续发展的重要保障，韩家湾矿认真贯彻落实上级安全质量标准化的有关文件和会议精神，坚持安全第一，质量为本，进一步推动韩家湾矿“质量达标年”全面开展，强化全矿员工责任意识、生命工程意识、创新意识，细化管理、完善制度、提高效益、狠抓落实、突出重点、抓住关键、讲求实效、不断提高，稳步推进安全质量标准化工作，努力创建本质安全型矿井，从根本上保证煤矿安全生产，构建和谐文明矿井。

二、完善机构、落实责任

成立了以经理、书记为组长，副经理、机关科室科长、基层单位主要领导为成员的安全质量标准化工作领导小组，成立了安全质量标准化办公室，具体负责标准化工作整体安排部署及达标规划制定，组织检查验收和日常管理工作。同时，分别成立了采煤、掘进、机电、运输、通风、地测专业组及成员，具体职责是在安全质量标准化办公室的指导下，负责本专业范围内的安全质量标准化工作，督促检查落实、考评等级，制定本专业工作重点和整改措施。

三、安排部署、制定目标

制定了《韩家湾煤炭有限公司2010年安全质量标准化工作实施细则》《韩家湾煤炭有限公司安全质量标准化管理制度》和矿井安全质量标准化确保一级矿井，继续保持国家级安全质量标准化矿井的奋斗目标。其中采煤、掘进、机电、运输、通风五个专业确保一级，地测防治水专业确保二级，力争一级。同时，根据质量标准化工作的要求，对各专业的重点工作作了详细的安排和部署。

四、加强培训、提高素质

为了实现奋斗目标，首先，建立和完善安全质量标准化工作培训制度，加强职工安全质量标准的培训，提高职工技术素质。各区队经常利用班前会在安排安全生产工作的同时，安排质量标准化工作，认真贯彻质量标准化知识，并进行质量标准化知识考试，做到高标准、严要求，上标准岗、干标准活，始终把质量标准化工作放在首位。其次，职能科室经常利用专门时间进行质量标准化知识的学习，提高自身素质，做到有的放矢、抓住重点、抓出成效。最后，矿每月召开一次安全质量标准化例会，就各专业、各区队上月安全质量标准化工作进行总结考核，对存在的问题限期整改，安排部署下个月安全质量标准化工作，做到分工明确。

三、抓重点、促落实

根据年初工作安排部署，由分管领导牵头，对重点工作做到定时间、定任务、定人员、定措施的原则，严格按照质量标准要求积极组织落实处理，完工后由公司组织相关部门进行统一验收，收到了良好的效果。

陕煤集团澄合矿业有限公司王村煤矿

一、不断完善安全质量标准化管理理论，着力打造王村煤矿安全质量标准化品牌

（一）通过安全质量标准化“五字十六法”解决了工作方法的问题。

王村煤矿安全质量标准化管理“五字十六法”，即：“高、严、细、实、新”五字要求和“目标十化”分解法、科队“示范操作”法、“线长负责制”等十六个安全质量标准化工作方法。“五字十六法”这一创新理论成果，结合王村煤矿实际，用于指导王村矿的安全质量标准化工作，体现了安全质量标准化工作高起点起步、高标准要求、高品位追求的管理境界，为王村矿安全质量标准化工作起到了很好的理论支撑。管理理论的创新，也为我矿的安全质量标准化工作提供了源源不断的动力。

（二）通过“8+3”管理模式，解决了安全质量标准化高效执行力的问题。

“8+3”中的“8”即安全质量标准化“八闭环”管理模式。对每项安全管理工作，做到了事前有规划、事事有安排、事中有检查考核、事后有反馈，实行安全质量标准化管理“八闭环”，即目标责任闭环、工作程序闭环、措施监管闭环、隐患治理闭环、三违帮教闭环、事故管理闭环、安全培训闭环、安全信息闭环；“8+3”中的“3”即执行力“3”提升管理（选取载体+明晰流程+督办管理）。紧紧围绕打造本质安全型矿井、本质安全型职工，真正做到了“安全第一”，把职工的生命安全、职业健康视为对职工的最大关怀。

二、“一切为了职工”，建设人文化的环境，始终是安全质量标准化工作的主题

王村矿在安排任何一项安全质量标准化工作前，首先要想到员工、理解员工、塑造员工、提升员工、服务员工，把搞好安全质量标准化工作上升为职工的工作意愿、变成职工的自觉行为。

王村矿以打造“精品+艺术”的安全质量标准化工程为目标，以“三个示范区”创建活动为载体，开展井下六大全员行动工程，引领安全质量标准化工作向精益、精美发展。六大“全员行动工程”是：全员综合素质提升工程、全员职工培训工程、全员严重三违辨识110工程、全员隐患排查工程、全员人文环境整治工程、全员微笑服务工程。

以人为本，把“一切为了职工”作为安全质量标准化工作的出发点和落脚点，将安全质量标准化作为一项民心工程。通过实施六大行动工程，抓好安全质量标准化工作已然成为全矿职工的共同心愿，职工的全员参与，给王村矿的发展提供了无法估量的强大力量。

三、为了再突破、再提升、再发展

2010年年初就提出了2010年安全质量标准化的思路和目标，即：坚持四个突出，突出预防、突出创新、突出人文化、突出自主管理；打造本质安全型矿井、塑造本质安全型职工，创建具有人文化和浓厚创新氛围的安全质量标准化矿井。

通过2010年打造具有人文化和浓厚创新氛围的安全质量标准化矿井工作的开展，王村矿全井下已呈现出环境安全整洁、物料定置统一、作业操作规范、精神风貌昂扬、创新随处可见的一派温馨、祥和、朝气蓬勃的景象，让职工更加舒心、更加体面的工作，王村煤矿的职工有了归宿感、自豪感和幸福感，为王村矿的安全质量标准化工作不断注入新鲜活力。

陕煤集团澄合董家河煤矿有限责任公司

一、强化教育培训，全面提高员工素质

（一）始终坚持“安全管理、以人为本”的理念，把人的因素作为保障安全生产的最基本因素，以提高员工安全生产意识、干标准活意识及自我保护能力作为重点，公司外培人员计划 216 名，累计培训 252 人，其中管理人员 133 人，特种作业人员 119 人；内培共举办45 期，累计培训人员 1469 人，基本实现全员培训计划。

（二）定期开办标准化专题讲座。2010 年举办专题讲座，邀请专业技术人员等共举办各类标准化培训 49 场次。通过矿上组织抓、技术人员讲、区队组织学、个人组织练的方法，培训职工 1366 人次，基本实现了全员培训目标。

二、增强安全意识，规范行为养成

强化对“三违”和安全不放心人物的管理和教育。严格执行“三项制度”，对违章人员实行教育和处罚相结合，对一般“三违”，区队和所在班组必须进行分析，公开处理；对严重“三违”，由安监处按事故进行分析，在全矿通报，公开处理。同时，对严重“三违”或事故责任者给予停岗一周的安全培训，考试合格经矿领导和家属签字后，方准上岗作业。当然，还要追究单位主要领导、班组长和帮教对象的责任。对“三违”多、问题多、群体违章的单位，勒令停产整顿，进行全员安全培训。对安全不放心人物坚持定期排查、集中培训、考试合格、签订工友帮教合同后，方可重新上岗。

三、创新推进安全质量标准化工作

2010 年，结合矿井实际制定了“系统抓完善、工作抓动态、现场创精品、大巷建亮点”的工作思路，制订规划，分解目标，落实责任，严格标准，在全矿开展声势浩大的标准化宣传活动，使全矿干群充分理解标准化工作创新的重要性和必要性，采取的做法如下。

（一）鼓励广大干部、职工为安全质量标准化工作的广泛开展献计献策。2010 年以来全矿干部、职工质量标准化技术革新创新项目 42 项，其中 11 项在公司(局)获奖。

（二）按旬开展区队“精品示范区”活动，建设“精品示范采煤工作面”“精品示范掘进工作面”“精品示范硐室”“精品示范机房”，严格考核。

（三）在全公司开展安全质量标准化专项会战活动，每个专业每个月都安排专项会战并考核通报，并下发了《关于奋斗国家级安全质量标准化矿井工作实施方案》。

（四）每季度开展安全标准化知识学习竞赛活动，召开质量标准化现场会，推动了安全质量标准化工作健康开展。

（五）正在与西安科技大学联合，对我矿巷道围岩松动范围分布规律及支护效果监测设计测试，并与山东科技大学联合设计矿井锚网梁支护优化方案，推进安全质量标准化工作。

（六）坚持动态达标检查与“一通三防”会战、“机电运输、锅炉压力容器专项治理”“防治水专项治理”“文明生产专项治理”“锚网梁支护专项治理”等活动，促进了井下环境改变和本质安全型矿井的建设。

（七）围绕国家级安全质量标准化煤矿 13 条必备条件开展工作，促进了我公司安全质量标准化工作的稳健开展。

四、严格安全质量标准化考核及奖惩的同时，建立激励约束机制，调动有关人员的积极性，促进安全质量标准化工作健康有序发展

2010年通过下发文件，规定全矿各级管理干部和工程技术人员在检查验收评比工作中，坚决制止打人情分，防止人为降低标准。对相关人员第一次给予通报批评和经济处罚，第二次给予调离原工作岗位。执行工程质量等级与产量（进尺）“四六”结构工资制结算办法；质量标准化工责任落实到人，检查时没有达到精品示范标准的，对专业组组长和区队正职按规定处罚和行政追究。

五、加大科技兴安改善安全环境

2010年，董家河矿在足额提取安全费用，加大科技兴安改善安全环境的基础上，重点安装主扇实时监测系统、水文实时监测系统、工业电视系统敷设光缆8000米、通信电缆2000米，安装相关设备18套；22507工作面安装综采监测系统、通信控制系统各一套；安装顶板监测设备40余台，安全监测设备及传感器15台，二采区及22503系统个增设安全监测分站一套；延伸各类通信电缆共计9000余米。矿井实现了通风系统瓦斯动态、顶板动态、水文、流量、水位、主扇运行状态等实时监测报警系统，安装了瓦斯巡检，人员定位系统，有效地杜绝了空班漏检，实现了随时知道个工作地点人数状况。另外，对矿领导带班、瓦斯检查员、安全检查员、质量验收员等岗位工的上岗情况及采区采掘作业人数能进行监测。

六、注重隐患排查治理，强化现场安全监管

董家河矿坚持年有统一计划、季有重点安排、月有考核兑现、旬有动态检查、日有质量通报的管理机制，坚持抓流程抓规范。坚持每旬对所有采掘工作面和系统检查验收1次，每次检查完都立即召开专题会议落实责任，解决问题。每月除3次旬检验收外，每旬专业组成员对井下各工作面进行至少2次动态检查，狠抓隐患排查治理，强化现场安全监管，董家河矿每月、每季均能按照“五落实”原则编制整改规划，使存在的问题逐一得到解决。

陕煤集团蒲白西固煤业有限责任公司

（一）高起点、高标准。我们在严格执行国家煤矿安全监察局、中国煤炭工业协会制定的《煤矿安全质量标准化标准及考核评级办法（试行）执行说明》的同时，还执行蒲白矿务局制定的《安全质量标准化、精细化建设》《精品采区标准及考核评级办法》等标准。该办法比国家标准要求更高、更细。

（二）加大投入，提高档次。我们持续加大投资力度，通过全面加强装备及设施的高标准管理，实现质量标准化管理科技含量的提升和质量标准化精细管理品位的提升，最终达到实现质量标准化档次的提升。

（三）认真执行《国务院关于进一步加强企业安全生产工作的通知》(国发〔2010〕23号)和国家安全监管总局颁布实施的《煤矿领导带班下井及安全监督检查规定》(总局令第33号) 中的有关要求，全面加强安全管理，保证安全生产。

（四）坚持安全确认制度和“手指口述”制度。为了及时发现问题，消除隐患，确保职工按标准作业，我们今年在全矿范围内开展了“行为规范化　操作标准化”活动。通过严格执行安全确认制度和手指口述制度，建立了良好的管理基础结构环境，实现了精准作业，促进了动态达标。

（五）为了促进质量标准化工作上台阶，根据蒲白矿业公司要求，西固煤业公司在今年全年开展了顶板管理、地测防治水、机电运输和“一通三防”四项专项治理活动。通过开展活动公司标准化装备、设施和现场管理水平提到了较大提高。

（六）严格执行坚持安全质量标准化“旬检月验”检查制度，将质量管理纳入区队工资管理，对于优良工程在结算工资时给予提高结算工资总额5%的奖励。达不到标准的给予结算工资总额5%的处罚。坚持质量问题闭环管理制度，对于不合格工程坚决返工处理，待复查验收合格后方给予结算工资。

（七）坚持质量隐患闭环管理制度。实施重大问题督办管理，使现场能处理的质量隐患及时得到处理，不能现场解决的问题进入跟踪整改流程，使质量问题形成闭环管理，大大降低了安全隐患。

（八）坚持职工培训制度。公司每年都投入人力、物力，创造条件，组织职工接受培训，开展形式多样的技术比武活动，知识竞赛等活动，提高职工素质、操作技术水平，打造了一支高素质的职工队伍。

（九）实施由低标准向高标准的转变，实施由静态达标向动态达标的转变，实施由被动达标向主动达标转变。突出特殊作业环节达标重点，突出生产作业源头达标重点，突出质量标准化精品队伍建设重点。

陕西旬邑县旬东煤业有限责任公司长安煤矿

一、提高认识，逐级落实安全质量标准化责任

质量标准化是矿井安全生产的基础工程，也是实现安全生产的责任工程。为把责任落到实处，长安煤矿成立以总工程师为组长、班子成员组成的领导小组，指导各专业抓好安全质量标准化工作。明确专业负责人是安全质量标准化工作的组织考核者，各基层单位正职是安全质量管理第一责任人，基层单位班组长是现场安全质量标准化的具体执行者，现场职工是质量标准化建设的具体实施者，层层落实安全质量标准化责任，做到人人有目标、人人有指标、人人有压力、人人有动力，达到上下一心，上下连动，协调一致，增强大搞安全质量标准化的责任感和使命感。

二、创新教育培训形式，提升现场工作标准

2010年，在坚持外出培训和课堂培训的同时，创新教育形式，一是开展了“手指口述”安全确认活动，增强职工的现场安全意识，提高职工正规操作技能。长安矿要求公司所有员工对施工中所确认岗位手指口述的内容要熟记，做到确认到位、指向到位、动作示范到位，口述做到“口齿要清晰、声音要洪亮”，管理人员带头执行“手指口述”安全确认，对不执行者一律按违章处理。二是将职工培训课堂搬到井下，实施现场化安全培训活动，提高职工工作标准。规定各专业领导是本专业职工现场安全培训的第一责任者，每月必须制订现场职工培训计划，有针对性地组织专业人员对职工进行现场岗位标准培训，通过学标准、用标准，规范人的行为，改变人的习惯，促进矿井安全质量标准化工作水平整体提高。从2010年开始，由安检、生产、机电组织专业工程技术人员或技术工人对职工进行现场培训，已现场培训420人次，取得了良好的培训效果。三是区队内部培训。本着干什么、学什么的原则，为基层区队学习室配备了投影仪，各区队结合工作实际，将每周一题、规程内容、工作标准、施工注意事项等投放到影幕上，方便职工学习。同时，将职工全家福在班前会进行展示，提醒职工正规操作，安全生产，全家幸福。

三、精益求精，提升矿井质量标准

把质量标准化作为矿井安全的命根子，下大力气消除环境的不安全因素，保证现场安全。长安矿要求从一入井开始至每个采区、每个工作面，所有管线全部按新标准进行吊挂并实行包机制，开关全部编号并上台上架，所有工作地点的轨道、防尘管路全部按照标准化进行治理。在回采方面严格执行了工程质量验收考核制度；掘进方面施工巷道每100米建立了一个工程验收点，每80米设立了一个顶板离层仪观测点，现场配备了锚杆、锚索检测工具；通防方面投资80余万元对矿井安全监测系统进行了升级改造，由KJ90

系统升级至KJ90NA系统；掘进工作面实现了双风机、双电源并做到了自动切换。

四、科技领先，提升矿井质量标准化水平

发挥科技优势，拿出专项资金加强质量标准化建设，提高科技装备和矿井自动化水平。2010年，我们按照“安全发展、科学发展”的总体要求，结合矿井安全生产需要，准备投资建设“井下监控、井上下定位、移动监视、工业控制、井上下通信、安全网站为一体”的数字化矿山工程，所有矿井信息进入互联网，井上、井下人员全部定位管理，井上、井下都能通过双模手机进入互联信息网站，随时查阅安全技术规程和各种资料，发布安全信息。矿井大屏幕综合管理系统等各个系统的自动化建设，在调度指挥中心形成一个统一的网络平台，使矿井生产指挥更加安全可靠，有效地预防和及时处理各种突发事故。

五、专项整治，消除影响矿井安全和质量标准化的隐患

按照矿井安全质量标准化要求，突出重点，采用“专家诊断危险源”的方式，进行专项整治。由总工程师牵头，拿出专门时间，在动态下全面诊断矿井潜在的安全质量隐患，对影响质量标准化和矿井安全的主要问题进行了专项整治。2008年投资400万元购买并安装了一台膜分离式制氮机，从根本上治理矿井自然发火的重大隐患。同时，对2010年1~11月排查出的86条隐患，全部落实了治理时间和隐患整改责任人，消除了安全管理的死角和盲区。对质量检查中普遍存在的“易改易犯”问题，集中时间、集中人力进行了专项整治。

六、加强监督职能，助力矿井动态下达标

长安煤矿领导小组严格对井下存在的质量标准化问题和设备设施隐患、环境隐患、人的不安全行为及其他方面的隐患进行现场抓，由安检科负责提出整改措施和整改时间，作为矿井安全管理的重要资料和依据，推动现场整改和质量标准化动态下达标，现有10余条应用于质量标准化进行整改。同时，各专业加大现场监督检查力度，在动态达标上做文章，在文明生产上下工夫。推行了安全检查、整改、复查、考核的“闭合”管理办法，检查人员按照标准逐项检查，对井下质量问题和“三违”行为都实行了奖惩“闭合”管理。每月由生产科、安检科、调度室牵头，坚持班巡查、旬抽查、月检查相结合，实行动态考核，奖罚兑现，使矿井安全质量标准化始终保持动态达标，为安全生产创造了良好的环境。

七、目标激励，提升安全考核水平

为激励干部职工大搞质量标准化的积极性，我们实行了全员安全风险抵押金、季度安全奖制度，规定全矿杜绝工伤以上事故，采掘、辅助单位职工安全工资分别是每月返还安全风险抵押金600元，全年未发生重伤以上事故，年底返还安全风险抵押金2000元；全矿不出现典型违章，个人季度发放安全奖1000元。根据质量标准化的要求，制定了采、掘、机、运、通、地测、调度及地面质量标准化级别，按照级别给予奖罚。长安煤矿质量标准化小组坚持动态下考核验收，达到规划级别，按照标准给予奖励；矿井不达标，对等进行罚款。2010年以来，在煤炭局检查验收中，矿井质量标准化不断攀升，安全生产不断创出好水平，真正实现了以质量保安全、以安全促生产的目标。2010年7月份，顺利通过了陕西省一级安全质量标准化验收和瓦斯示范矿井验收。2010年1~11月，累计发放质量标准化和安全方面的奖励共计720余万元。

八、以人为本，提升地面质量标准化水平

按照井上下质量标准化建设的总体要求，以人为本，关爱职工，努力建设“地面是花园、井下是工厂”的现代化企业，为员工创造良好的工作生活环境。集中改造了职工宿舍，实行了公寓化管理，先后装修了职工宿舍、职工食堂、综合调度室，配备统一了学习生活用品。加强了职工餐饮管理，职工食堂实行“两元制”即：花两元钱让职工吃饱、吃好。建立了职工文化活动中心，设有阅览室、棋牌室，建立了篮球场、乒乓球室和多功能厅，丰富了职工文化生活。2010年又投资600万元，建立融职工食堂、科室办公、各种会议室、调度指挥为一体的多功能综合办公楼，对地面广场进行了绿化、硬化、美化和亮化，办公自动化已经覆盖整个矿井各个单位和部门，整个矿井呈现出和谐发展和安全发展的强劲势头。

旬邑虎豪黑沟煤业有限公司

一、提高认识，逐级落实安全质量标准化主体责任

质量标准化是矿井安全生产的基础工程，也是实现安全生产的责任工程。为把责任落到实处，公司成立以董事长为组长、班子成员组成的领导小组，指导各专业抓好安全质量标准化工作。明确专业负责人是安全质量标准化工作的组织考核者，各基层单位正职是安全质量管理第一责任人，基层单位班组长是现场安全质量标准化的具体执行者，现场职工是质量标准化建设的具体实施者，层层落实安全质量标准化责任，做到人人有目标、人人有指标、人人有压力、人人有动力，上下一心，上下连动，协调一致，增强大搞安全质量标准化的责任感和使命感。

二、引导全员参与，综合提升现场安全质量工作标准

2010年继续创新、深化培训教育形式，一是在认真总结开展“手指口述”安全确认工作经验的基础上，修订和完善了适合本公司各工种、各岗位的“手指口述”安全确认操作标准，并通过公司电视台反复播放“手指口述”教学片，发放“手指口述”安全确认操作标准卡片360张，公司制定了“手指口述”安全确认考核办法，干部职工全员参与学习实施，组织了“地面及井下职工现场手指口述”竞赛活动，使广大职工正规操作意识有了较大提高，现场岗位隐患得到有效治理，质量标准化建设取得明显进步。二是为进一步提高广大职工质量标准化意识和操作技能，公司组织开展了一系列全员“学习安全质量标准化”活动。按照采、掘、机、运、通、地测、调度及安全管理八个专业编制了阶段学习计划，组织全体职工进行了学习，共下发复习题2100题，并对各业务科室、井下各生产单位班组长及以上管理人员进行了考试，通过开展此项活动，使员工掌握质量标准、规范了操作要求、提高质量意识。公司组织全体职工开展《班前小课堂》学习活动，各单位自己制订学习计划和措施，明确学习时间及责任人，充分利用班前会时间，有针对性地对职工进行业务技能培训，通过学习“一班一查、一班一讲、一班一考、一班一议、一班一交、一班一誓”等内容，增强了职工的责任感和使命感，职工正规操作能力得到进一步增强。三是强化现场培训，提高职工安全意识。公司把强化职工安全培训作为安全工作管理的重点。2010年8月组织开展了自救器使用方法普及学习，编制下发了学习资料并制作自救器使用科教片，在井口对上、下井人员采用抽查方式进行自救器现场模拟演练；通过模拟演练，规范职工操作行为，提高了突发灾情时的自救能力。

三、高标准、严要求，提升矿井质量标准

始终把质量标准化作为矿井安全的命根子，以质量促安全、岗位标准保安全，下大力气消除环境及人的不安全因素及行为，提升设备设施的本质安全。围绕矿井安全生产和安全质量标准化建设，突出抓好“三个亮化一个目标”，即岗位正规化、整治项目标准化、工程质量精品化；本年度对回采工作面进行高标准整治，达到岗位操作正规化；时时保持动态下达标，确保了工程质量精品化；大力开展掘进优化年活动，积极进行质量标准化整治，强化现场质量标准，严格

落实奖罚考核,确保每米工程都达到精细化标准和质量化要求,对相关地点实施亮化、硬化、美化,现场面貌焕然一新。机电运输以提高整治项目标准化为主线,突出五条线管理,高标准整治,在全公司掀起“每月一规划”安全质量标准化治理活动,使井下面貌有了大幅度提高;每月对矿井机电设备全面检查一遍,对查出的问题限期整改,通过检查治理,设备的完好率保持在95%以上。公司严格通防标准化治理工作,通防设施齐全有效,管理定制化,公司规范瓦斯检查员的正规操作行为,杜绝了空班漏检现象;掘进工作面实现了双风机、双电源并做到了自动切换。本年度通过对三条下山扩修改造,由木棚支护换成锚网带支护,扩大了巷道断面,减少了通风阻力,确保了矿井通风安全。矿井强化现场隐患治理和规程措施在现场的落实,严格现场安全管理,狠抓“三违”,杜绝了轻伤以上事故,实现了矿井安全生产。通过深入开展“手指口述”安全确认和“职工现场培训”活动,提高了职工安全意识和业务技能,规范了职工正规操作行为。加强矿级领导下井带班制度和走动时安全管理制度,及时解决现场出现不安全隐患,有效地降低了各种违章行为的发生。

四、强化科技领先,提升矿井质量标准化水平

公司以科技提升矿井整体水平提高,充分发挥科技优势,每年拿出专项资金加强安全质量标准化建设,提高科技装备和矿井自动化水平。建立了矿井以太网系统、网络视频监控系统、原煤运输自动化系统、矿井主排水自动化系统、主通风机自动化系统、高低压供电自动化系统、矿井网络广播系统、矿井大屏幕综合管理系统等本质安全型系统和部位的改造和创建活动,各个系统的自动化建设,在调度指挥中心形成一个统一的网络平台。公司建成了煤炭行业领先的融“井下监控、井上下定位、移动监视、工业控制、井上下通讯、安全网站为一体”的数字化矿山工程,使矿井生产指挥更加安全可靠,有效地预防和及时处理各种突发事故。矿井13个岗位已实行无人值守,做到了放假期间整个矿井将实现自动监测、地面控制停送电、自动抽水,井下无人值守,实现无人则安目标。通过科技进步既增强了矿井抗灾防灾能力,又提高了安全质量标准化的科学管理水平。

五、专项整治,消除影响矿井安全和质量标准化的隐患

按照矿井安全质量标准化要求,突出重点,采用“专家诊断危险源”的方式,进行专项整治。由董事长牵头,拿出专门时间,在动态下全面诊断矿井潜在的安全质量隐患,对影响质量标准化和矿井安全的主要问题进行了专项整治。2010年10月公司又投资728万元购置了德国产单轨吊机车,彻底根治了辅助运输不安全隐患,提高了长距离辅助运输的本质安全。2010年9月投资60余万元在掘进工作面采用了履带式运输机车,减轻了职工体力劳动,消除了人的不安全行为;投资200万元购买安装了一台膜分离式制氮机,从根本上治理矿井自然发火的重大隐患。同时,对2010年1~12月排查出的182条隐患,全部落实了治理时间和隐患整改责任人,消除了安全管理的死角和盲区。对质量检查中普遍存在的“易改易犯”问题,集中时间、集中人力进行了专项整治。

六、坚持不定期质量标准化检查工作,不断提升矿井动态下达标

针对部分单位质量标准化时紧时松的思想,每月不定期、不定时地对各专业加大现场监督检查力度,在动态达标上做文章、在文明生产上下工夫。推行了安全检查、整改、复查、考核的“闭合”循环管理办法,检查人员按照标准逐项检查,对井下质量问题和“三违”行为都实行了奖惩“闭合”管理。每月由技术科、调度室牵头,坚持不定时班巡查、旬抽查、月检查相结合,实行动态考核,使矿井安全质量标准化始终保持动态达标,为安全生产创造了良好的环境。

七、目标激励,提升安全考核水平

为激励干部职工大搞质量标准化的积极性,我矿在去年实行全员安全风险抵押金制度,推行“双工资

制”基础上，对矿井中层以上干部实行了风险抵押金制度，制定了采、掘、机、运、通、地测、调度、安全管理及地面质量标准化级别，按照级别给予奖罚。公司质量标准化小组坚持动态下考核验收，达到规划级别，按照标准给予奖励；矿井不达标，对等进行罚款。2010年以来，在省、市、县煤炭局检查验收中，矿井质量标准化不断攀升，安全生产不断创出好成绩，真正实现了以质量保安全、以安全促生产的目标。2010年3月公司被评为咸阳市安全生产先进单位，2010年5月公司被评定为国家级质量标准化矿井，2010年5月公司评为陕西省瓦斯治理示范矿井。

八、以人为本，提升地面质量标准化水平

按照井上下质量标准化建设的总体要求，公司对地面广场进行了绿化、硬化、美化和亮化，办公自动化已经覆盖整个矿井的各个单位和部门。煤矿以人为本，关爱职工，努力建设“地面是花园、井下是工厂”的现代化企业，为员工创造了良好的工作生活环境。职工宿舍实行了公寓化管理，开通了自备电视节目，建立了职工文化活动中心、篮球场、乒乓球室和多功能厅，职工文化生活丰富多彩。整个矿井呈现出和谐发展和安全发展的强劲势头。2010年8月公司被陕西省构建和谐社会科学发展观系列活动组委会评选为陕西省管理服务创新单位。

旬邑县中达燕家河煤矿有限公司

一、提高认识，逐步落实安全质量标准化责任

质量标准化是矿井安全生产的基础工程，也是实现安全生产的责任工程。为把责任落实到实处，我矿成立以矿长为组长、班子成员组成的领导小组，指导各专业抓好质量标准化工作。明确专业负责人是安全质量标准化工作的组织考核者，各单位正职是安全质量管理第一责任人，各单位的班组长是现场安全质量标准化的具体执行者，现场职工是质量标准化建设的具体实施着，层层落实安全质量标准化责任，做到人人有目标、人人有指标、人人有压力、人人有动力，形成上下一心，上下连动，目标一致，增强大搞安全质量标准化的责任感和使命感。

二、高度重视，完善制度，改善职工生活、环境，保障安全质量标准化全面展开

（一）突出安全质量标准化工作的重要地位。把安全质量标准化工作与安全奖、生产奖挂钩，并作为年底考评劳模重要依据。质量标准化工作考核结果具有一票否决权。

（二）加强了对标准化工作的组织领导。按照主要领导亲自抓，并根据《国务院关于进一步加强企业安全生产工作的通知》（国发〔2010〕23号）文件精神，我矿制定了严格的领导干部下井带班制度：每班设有2名副矿长和1名副总工带班，每班在办公楼前和候车室进行公布，接受群众监督。同时，明确各级部门的责任，规定安检科是综合检查和考核的主管部门。每月逢5、逢10由安检科组织对全矿井上下进行安全大检查及质量标准化验收。生产科、机电科、调度室负责考核、检查、指导本专业的标准化工作，从而形成了从企业负责人到职工层层负责的标准化责任体系，为搞好质量标准化工作提供了组织保障。

（三）为了完善质量标准化工作，改善职工生活环境，燕家河矿2010年投资2400万元巨资为职工建设两栋宿舍楼，新宿舍楼已于2010年12月26日投入使用，安置职工153户，单身职工1008人。建设按照高标准设计施工，每人千元的标准为职工统一配备高质量生活器具，为了不影响职工休息，专门预留出房间为职工开设了电视播放室，既能保证职工休息好又能让职工娱乐好；投资100多万元，铺设管路，修建供水补给塔一座，饮用旬邑县城的自来水，实现了矿区纯净水全天候供应；硬化了矿区路面一万多米。2010年全体职工缴纳了工伤保险，根据职工意愿为490名职工缴纳了养老保险，并计划从2011年元月开始为全体职工缴纳养老保险。截至目前，累计缴纳工伤生育保险6300份，参保投入553815元，为550人缴纳人身意外保险。

（四）健全安全质量标准化制度体系。搞好质量标准化工作的关键是科学、严密的制度和对制度严格的落实，规范人的行为，促进物的规范管理，达到现场环境协调有序。因此，对照《安全质量标准化标准及考核评级办法》，结合实际及采、掘、机、运、通、地测防治水六个专业的实施细则，形成了安全质量标准化检查评比、考核奖惩体系，为安全质量标准化建设提供了制度保证。

三、精细管理，加强检查，实现现场动态达标

燕家河矿坚持以人为本，推行精细化管理，通过质量标准化使现场安全管理水平得到提高。

（一）积极推行精细化管理，注重生产全过程的每个环节都能安全的管理。通过实行《安全风险抵押金制度》，让全矿职工切身投入生产安全工作氛围中，做到"我安全，我受益"，提高了职工遵章守纪的积极性，使燕家河矿质量标准化工作更上一个台阶。

（二）坚持动态检查和综合检查相结合，加大检查力度。矿安检科每天对现场情况进行抽查，每月上旬、中旬、下旬组织全矿安全质量标准化综合大检查。矿通风、生产、机电、地质等部门，分专业每月对各单位安全质量标准化进行抽查，安检科每月进行综合验收，主要从现场管理上的标准化水平去考核评比，以此促进安全质量标准化扎实开展。对检查发现存在严重问题或隐患的单位，通过停产整改、罚款等多种形式限期整改。

四、夯实基础，求真务实，提升安全质量标准化管理水平

燕家河矿高度重视安全质量标准化基础工作。对照标准，制定实施规划，加强装备、设施、资料等基础性工作，实现安全质量标准化工作从注重物的管理向提高人员素质、规范操作行为转变，从注重形象达标向扎实开展基础工作达标转变。

（一）完善基础装备，保证装备的适用性。按照安全质量标准化标准的要求完善和使用好各类基础装备，在装备的选购上，做到符合标准，适用可行；在装备的使用上，严格按照有关规定加强日常的维护，规范人员的操作，确保装备正常运行。

（二）完善基础设施，保证设施的可靠性。严格按照安全质量标准化标准建造各类基础设施，严把基础设施的质量关，加强对基础设施的检查和验收，确保数量和规格符合要求；严格实行对基础设施的管理，责任到人，保证设施的完善可靠。

（三）完善基础资料，保证资料的规范性。针对基础资料方面存在的问题，对各类记录、台账、报表、规程、措施、图纸等资料统一了标准和格式，做到了内容齐全、数据准确、装帧规范、统一归口、全部建档管理。

（四）抓培训，练内功，提高职工素质。坚持"以人为本"的原则，突出专业培训，突出岗位达标，组织开展多层次、多途径的培训。燕家河矿实行"走出去、请进来"的全员培训计划，全年分四个季度邀请煤炭局专家和大中专院校老师对全员进行培训学习。2010年受训员工达5727人（次），安全管理人员28人，特种作业人员248人，安全从业人员素质得到普遍提高。区队通过班前学习、安全活动等形式，针对现场的实际组织职工学习安全质量标准化知识。开展岗位技能培训，全面提高员工的安全技术素质，规范员工操作行为，做到人人"上标准岗、干标准活"。

五、保证投入，依靠科技，提升矿井质量标准化水平

（一）先进的技术和设备，是提高安全质量标准化水平的重要途径。燕家河矿始终坚持优先保证安全质量标准化的投入，推广使用新技术、新装备，不断完善安全质量标准化基础设施。截至2010年11月份全矿安全资金投入7129万元，用于改善采掘机运通各系统状况，完善安全设施、设备，购进安全仪器仪表等，有力地促进了标准化建设的创新和发展。

（二）在“一通三防”方面，各种质量标准化管理制度牌板投入30.2万元，压风自救装置投入18.35万元。对放顶煤工作面采用喷洒阻化剂（氯化镁）的方法，防止了采空区自燃发火；完善防尘管路及设施，坚持使用架间喷雾，有效改善了作业环境。

（三）监测监控方面，投入22.3万元对KJ90系统全部更新升级；投入212.45万元用于人员定位，于2010年12月安装完毕并能正常使用。

（四）在采掘方面，2010年又投入4516万元购入新型综采工作面成套设备，更换了大采高、低位放顶综采工艺。使用锚杆锚索联合支护技术，全年为掘进队组更新和装备锚索钻机24套，加强了压力集中区域和大断面巷道的顶板管理。

（五）在机电方面，2010年投资构建了新泵房，安装了4台MD450×4型多级离心泵，并在回风下山铺设两趟Φ325×8排水管路排至中央泵房水仓，形成完善的二级排水系统，增加了矿井抗灾能力。以完善机电设备各类保护为重点，上齐上全了井下皮带、电机等综合保护装置24台，安设了瓦斯电闭锁装置16台，风电闭锁3台，采掘工作面全部实现了瓦斯超限全电压自动断电，消灭了超长距离供电，加强了提升、运输、主扇等大型设备的维修与保养，确保机电设备的正常运行。

（六）在运输方面，加强了大巷维护、采区运输的标准化管理。原副井提升机采用老式TKD系统，耗能高、查找故障困难，现将其升级改造后采用PLC控制，系统简洁、可靠性高，可达控制的两重保护，增加运行的可靠性。为了减轻工人的劳动强度，燕家河矿投资了400万元专门开掘了一条1437米的巷道，用于安装猴车，于2010年年底投入使用。

（七）在防治水方面，认真坚持“有疑必探、先探后掘、先放后采”的原则，2010年购入4台新型探水钻机，最深可探160米，对积水区域实行动态跟踪管理。

六、严格奖惩，重奖重罚，坚决做到不安全不达标

始终坚持严格的安全质量标准化考核、评比、奖罚制度，加强对安全指标和安全工作任务完成情况的考核，突出对“一通三防”工作的考核，做到月考核、季评比、年度总评。把安全质量标准化工作直接与安全奖和生产奖挂钩。《安全奖罚办法》《安全风险个人抵押金制度》都把标准化作为重要考核指标，增强了员工抓安全质量标准化的自觉性，有力地推动了安全质量标准化工作。

旬邑县宋家沟煤矿

一、明确指导思想

以党的十七大精神为指导，牢固树立以人为本的科学发展观，牢固树立安全第一、质量为本的思想，以安全质量标准化建设为动力，进一步强化职工的质量意识和责任意识，狠抓关键，严格措施，求真务实，讲求实效。通过开展安全质量标准化建设活动，从根本上促进宋家沟矿的安全生产，确保矿区的稳定。

二、加强领导，强化管理，确保安全质量标准化建设活动的顺利开展

为了加强对安全质量标准化建设活动的领导，矿成立安全质量标准化工作领导小组，组长：李献忠，副组长：刘宗光、张会辰、孔德新、房峪峰，成员：满其良、赵伟、王成保、刘广峰、闫贵礼、韩涛、郑成祥、刘峰、史青、王忠平、张天水和葛东生。

矿成立标准化办公室，办公室设在生产技术科，满其良同志兼任办公室主任，负责安全质量标准化建设活动的日常验收和管理工作。

三、加强教育，强化学习，进一步提高职工的业务素质技术素质和操作技能

大力宣传国家关于加强煤矿安全生产的一系列重要指示，宣传煤炭行业面临的形势任务，帮助广大干部职工正确认识煤矿安全质量标准化工作的重要意义和作用，强化安全质量意识；大力宣传明星企业抓质量、保安全、促发展的先进经验，找出自己的差距和不足，增强安全生产工作的紧迫感和使命感，坚定抓好安全质量标准化工作的信心和决心，为宋家沟矿安全质量标准化工作奠定坚实的思想基础。

加大安全质量标准化标准的学习和培训力度。充分利用班前会、安全活动日，特别是安全技术培训中心的作用，进行全员学习，组织开展区队长、班组长、安全检查员、质量检验员和井下特殊工种的培训。充分利用知识讲座、技术比武、岗位练兵等多种形式，提高职工业务素质、技术素质和安全文化素质，进一步巩固我矿安全质量标准化达标成果。

四、建立和完善各类安全生产管理制度，并严格落实

为保证安全质量标准化工作的贯彻落实，宋家沟矿将在原有的基础上，建立和完善各类安全生产管理制度：安全办公会议制度、安全生产检查制度、安全生产目标责任制、安全奖罚制度、安全技术管理制度、安全隐患排查治理制度、安全设施竣工验收制度、工程质量验收制度和安全教育及安全技术培训制度等，根据有关规定，充实和完善安全生产责任制，通过加强制度化建设，规范单位和职工的操作行为，营造安全、健康、文明、和谐的企业安全文化。

五、强化现场管理，把安全质量标准化工作细化到班组，落实到现场

现场管理是安全质量标准化工作的关键，尤其是井下，作业人员集中，施工场所分散，生产环节复杂，涉及的安全问题更多。安全威胁不仅来自井下的自然灾害因素，工作人员的相互配合协调不当、操作不规范以及违章作业也会导致事故的发生和灾情的扩大。因此，强化现场管理是搞好安全质量标准化工作的重心。

六、突出重点，以点带面，稳步推进，全面提高

安全质量标准化包括了煤矿生产的全过程，采、掘、机、运、通是重点。在“采、掘、机、运、通”当中，“一通三防”是重中之重。要集中主要力量，实行严格管理，认真落实瓦斯治理“十二字”方针，遏制瓦斯事故的发生。在优先抓好“一通三防”安全质量标准化工作的同时，抓好其他专业的安全质量标准化工作，由点到面，依次推进，稳步提高，最终建立全过程、全方位的安全质量标准化工作体系。

七、明确责任，严格考核，严格兑现奖惩

为确保实现国家级矿井安全质量标准化达标，各单位要建立健全安全质量标准化工作制度，明确目标、明确责任、明确惩罚。宋家沟矿将把安全质量标准化工作开展情况同工资奖金和干部考核挂钩，严格考核和兑现，形成强有力的约束激励机制，各单位要在“真、严、细、实”上下工夫，制定切实可行的措施，加强现场安全质量管理，努力改善现有条件，促进现场安全质量的稳步提高。

为切实抓好安全质量标准化建设工作，各专业要相应成立安全质量标准化工作管理小组，由专业分管矿长任组长、业务科室具体抓，动态检查与全面验收相结合。各专业每旬组织一次动态安全质量达标验收检查，矿上每月组织一次全面验收。检查验收时要严格按安全质量标准化标准考核、打分，确定等级，奖优罚劣。不合格工程，要追究单位主要负责人责任。

窑街煤电集团有限公司三矿

一、加强领导，精心部署

为切实加强矿井安全质量标准化工作和“两型三化”矿井创建工作，2010年年初矿成立了以矿长为组长、各分管矿领导为副组长、职能部室部长为成员的达标创建领导小组。按照集团公司2010年度安全质量标准化暨“两型三化”创建工作要求，制定和下发了《三矿2010年安全质量标准化暨创建“两型三化”矿井工作安排》和《三矿2010年下半年安全质量标准化及“两型三化”创建工作安排》等一系列文件，确定了达标创建管理工作目标，明确了各级管理人员的创建工作职责，按照系统及区队划分了创建责任区域，制定了创建保证措施，从而使创建达标工作落到了实处。

二、加强全员培训工作，提高全员安全质量意识

2010年年初，按照集团公司安全质量标准化创建要求，认真组织学习了新制定的《甘肃省煤矿安全质量标准化标准及考核评定办法》、集团公司制定的精品工程评定标准等文件，依据新标准，增设了矿区环境和生活设施、煤矿职业健康两个专业机构，补充和制定了相应的制度和措施，并按照新标准进行了自查自改工作，使两个新增专业达到了相应的等级。

三、加强矿井技术改造工程，提升矿井安全保障能力

2010年年初，原三矿皮带斜井和獐煤公司（现皮带斜井七采区）两井实现了合并。合并后，三矿针对七采区生产工艺落后、运输巷道断面小、轨道道型小、绞车提升能力低、无法满足大型设备提升要求、运输系统安全保障能力差、采区巷道通风阻力大、通风系统不完善等问题，认真组织工程技术人员进行攻关研究，不断优化设计方案，对采区生产系统进行了大范围的技术升级改造工作：对5723工作面回采工艺进行技术攻关和研究，攻克了赋存特复杂煤层条件下32°以上综采放顶煤大摆角回采工艺，淘汰了落后的轻型滑移支架炮采放顶煤生产工艺；对5721和5722工作面按照综采生产工艺要求，进行了设计优化工作，从而全面淘汰了七采区落后的炮采放顶煤工艺，实现了全矿井综合机械化放顶煤生产工艺。对七采区运输系统进行了升级改造，其中扩掘巷道266米，更换轨道线路长度1200米，更换JD-40型绞车两台，并对运输线路进行了粉刷、亮化、美化、底板硬化等质量达标工作。更换和增设电缆6500米，干式变压器4台，高低压开关22台，淘汰了明令禁止的DW系列开关，提升了七采区供电安全保障能力，满足了综采工作面供电负荷要求。完成了七采区1550和1450两条通风系统优化改造工程，关闭了七采区立风井，满足了防突区掘、采独立通风系统要求。新建两座瓦斯抽放泵站，更换和新铺设瓦斯抽放管路管路1510米，提高了采区瓦斯抽放能力；更换和新增压风、供水、灌浆管路2880米，完成了七采区监测监控和通讯系统的并网改造工程。

四、严格落实矿领导下井带班作业制度，认真落实隐患排查整改制度

三矿按照国家安监总局32号令《煤矿领导带班下井及安全监督检查规定》和公司《矿领导带班下井暂行办法》的要求，制定了三矿矿领导带班下井及部室、区队管理人员下井管理办法，明确了带班次数、带班时间、带班职责和任务，制定了相应的考核办法；建立了交接班和检查问题登记等各类记录台账，并设专

人负责矿领导带班下井排查问题、隐患的整改落实工作,做到了闭环管理,并明确今后2个月双休日班班由矿领导班子成员亲自下井带班作业,确保实现全年安全生产目标。

五、以精品工程创建为动力,以点带面,全面提升矿井安全质量标准化创建水平

2010年以来,三矿在继续保持去年安全质量标准化创建水平的基础上,以重点、难点工程创建为突破口,按照安全质量标准化的新标准,严要求、高起点、高标准完成了创建工作。全矿以集团公司9月在三矿召开的精神文明十创建现场会为契机,动员全矿力量,精心策划、认真组织,先后完成了皮带斜井,1650大巷、一号轨道下山、1500东运输大巷、1400运输大巷、1400轨道下山绞车房通道、5521-15工作面、5723工作面、1650变电所、1500东部变电所以及七采区运输系统的精品工程创建工作;通过创建,地面综采车间、电检车间、采机车间、机加工车间、选运队车间、机电二队车间达到了精品样板车间,地面对职工公寓和职工浴池进行了精装,更新或增配了淋浴、桌凳等相应设施,加强了公寓和浴池的管理工作,彻底解决了以往浴池和公寓脏、乱、差的问题,得到了职工的一致好评。在"花园式矿区"建设方面群策群力、不断创新,先后完成了职工活动灯光球场,矿区二环路"十二生肖"雕塑,花园旁10.6米高"青花瓷瓶"等景观工程。2010年全年完成植树造林249课,矿区绿化面积达到46%,花园、草坪错落有致,景色宜人。

六、认真组织达标验收,严格考核奖罚制度

三矿按照月初有安排、过程有督查、月末有验收的创建管理思路,认真组织安全质量标准化的评定、评比和考核工作,并严格执行奖优罚劣制度。每月月初,各系统按照安全质量标准化创建总体部署,制订出各系统当月月度创建达标计划,并按计划要求,上旬、中旬分别由通风灭火部、机电运输部组织达标检查工作,月末由生产技术部全面组织矿井创建达标验收评定工作,对精品工程予以奖励,对不达标工程责成继续创建外,并按照20%的质量结构工资进行处罚,对责任人予以责任追究。由于责任明确、考核严格、奖罚分明、落实到位,从而大大激发了全矿职工的创建主动性。

七、着力整治薄弱环节,认真搞好"三大会战"

一是狠抓通灭系统薄弱环节的整治。积极组织开展瓦斯专项治理活动,强化采面上隅角瓦斯管理,抓好CO_2预抽和防治工作,真正树立"瓦斯超限就是事故"的理念。确保监测监控系统正常运行,保证瓦斯动态监测监控不间断。认真贯彻通风管理制度,杜绝了无计划停电停风现象。对防突区域施工,严格落实"四位一体"的综合防突措施,具体做到防护设施到位、措施到位、管理到位、责任到位、监督检查到位。对七采区1450总回风、1490专用回风、5721-1掘进工作面以及揭煤等重点防突区施工,实行了矿领导及部室管理人员现场跟班制度,以确保措施、制度落实到位。

二是强化机电运输管理,狠抓机运系统薄弱环节的整治工作。三矿针对以往机运系统设备运行故障率高、影响多、安全保障性低的现象,重新制定和完善了机运管理制度,严格实行了机运设备使用管理包机制,加强了设备班检、日检制度和设备的使用、维护、保养、维修制度,杜绝了井下电气失爆和设备带病运转现象。狠抓运输整治工作,严格落实斜巷提升"行人不行车、行车不行人"制度,杜绝了"扒、蹬、跳"现象;加强对绞车、钢丝绳、轨道、矿车等的检查、维护和维修工作,保证运输系统运行完善安全可靠;对运送的物料严格落实装运检查制度,严禁超高、超长、超宽、超重运输;加强采掘工作面小材上的轨道质量和绞车管理,小绞车的投入运行一律实行了"准用证"制度。

三是根据三矿工作面普遍比较短小、搬家倒面频繁、地质构造相对复杂等情况,认真抓好顶板会战工作。对采面上下出口、超前支护、过空巷,工作面初采初放、收尾回撤、零星出架;掘进面交叉点、大断面、地质构造带,巷道贯通等特殊工程,认真组织编制针对性强、科学严谨的施工安全技术措施;严格落实特殊工程、薄弱环节施工期间的矿、部室、队三级或双级跟班制度。

八、强化技术管理工作，为矿井安全生产提供技术保障工作

每月月初由矿总工程师组织召开一次工程技术分析和规程、措施复审会，根据矿井生产动态变化情况，及时优化设计和修订施工方案，补充安全技术措施。对当月施工的特殊工程、安全管理重点工程、难点工程分别按照防突、防气体、防水、顶板管理和机电运输管理分门别类进行整理，提出针对性的预防和施工保障措施，并按文件形式下发到生产区队，从而从技术上提高了矿井安全生产的预见性、前瞻性和针对性，增强了矿井安全生产技术保障作用。

窑街煤电集团有限公司海石湾煤矿

在矿党政的正确决策部署下，我矿认真贯彻落实科学发展观，坚持以安全生产为重点，继续强基固本、稳中求进，以构建“安全、文明、和谐”矿区和创建安全高效型矿井为目标，坚持高境界定位、高标准运作、高起点创新，全员发动、全员参与，实现安全质量标准化基础逐步夯实、现场工程质量管理和动态下的文明生产达标工作稳步提高，有力推动了石湾矿安全生产形势的长效稳定发展。2008 年、2009 年、2010 年连续三年达到一级安全质量标准化煤矿。2010 年度，我矿共安排精品工程创建项目 21 项，全部通过了集团公司组织的精品工程验收。2010 年在每季度集团公司组织的检查验收中，石湾矿安全质量标准化均达一级标准、安全高效型矿井创建达标、精品工程创建均取得了较好成绩，有力地推进了石湾矿“两型三化”进程，为矿井的安全生产打下了坚实的基础，达到了国家级安全质量标准化煤矿。

一、提高思想认识，在抢抓机遇中坚定信心

（一）统一领导班子思想认识，发挥带头示范作用。石湾矿矿领导班子通过认真研究，把转变观念、统一思想认识作为头等大事来对待。2010 年初就召开了班组长以上管理人员和职工代表参加的创建安全高效型矿井、创建精品工程、促进文明生产动员大会，矿领导带头写心得，谈体会，探讨交流创建安全高效型矿井的深刻内涵、明确开展安全质量标准化、创建精品工程等都是为了改善职工的工作环境，都是为了提升矿井安全生产的整体水平。领导班子成员的思想认识到位与否，是关系到工作效果好坏的最直接因素。正是抓住了这个关键，2010 年石湾矿开展安全质量标准化工作、创建精品工程进展顺利。

（二）管理人员以身作则，责任到人。我矿把安全质量标准化、安全高效型矿井、精品工程创建的年度目标和季度目标确定下来后，明确规定了主管部室、责任单位、责任人、创建时间、验收程序、预期达到的效果、奖罚依据及奖罚标准，做到了任务层层分解、级级传递、人人负责。有了目标，有了责任，各级管理人员自我加压，以身作则，把开展安全质量标准化工作牢牢抓在手上，利用召开会议、带班作业、现场检查、蹲点帮助等多种形式，为开展安全质量标准化工作提要求、出主意、想办法，部分人员主动放弃了双休日，常年累月地坚守在矿上，随时协调处理工作中出现的困难和问题。事实证明，许多问题在现场均能得到较好的解决和落实。

（三）学习先进经验，增强对安全质量标准化的认识。组织主要工程技术人员和职工代表到国内先进矿井、公司兄弟单位学习参观，学习结束后要求他们在各自单位学习会上谈自己的所见所闻和体会。同时，将兄弟单位创建的精品工程缩影制作成图片在矿部大院和井口候车室展览，将石湾矿精品工程创建前后的对比图在主要路段展览，将“白国周班组管理法”

“6S”管理法制作成图板在矿办公楼及公寓楼前展览，以时不我待的紧迫感激发了职工的热情，增强了全矿干部职工对开展安全质量标准化工作的认识和信心。

二、强化责任，在作风转变中提升水平

（一）落实标准不走样。每一项工程开工前，根据集团公司已制定标准的基础上，结合石湾矿的实际情况作进一步的细化和补充，对每一项创建项目都要单独制定出创建标准，对每一个创建标准都由矿主要领导主持召开专题会议，对创建标准及各亮点进行讨论研究，达成共识后组织实施。

（二）落实规划有考核。创建精品工程的关键是落实，各项工作得到落实才能促进达标工作稳步提升。2010年，石湾矿把严格考核、严格奖罚作为衡量工作落实力度的标尺。矿组织每周一对全矿地面、井下分线路进行安全、质量、文明生产综合大检查，将检查结果当班在井下、地面会议室通报，对查出的问题当天分类下发整改通知单并规定整改期限，对重复出现和不按期整改的问题按照性质分别进行200~1000元的处罚。每月月底组织一次全矿安全质量标准化大检查，坚持下井检查拉线上尺，对照《安全质量标准化标准》现场评级打分、现场签字认可，对不达标的区队责任人处以500元的罚款，将检查结果与区队当月工资挂钩考核、兑现。大力开展安全质量标准化插红旗竞赛，每月在采掘、井辅区队中分别评出最好、最差区队各一个，最好区队给予奖励4000元，并在矿办公楼前公示栏中插红旗，最差区队给予罚款4000元，并在矿办公楼前公示栏中插黄旗，奖励和处罚的资金全部落实到班组长以上的管理人员，并由最差区队的队长、书记在矿广播上向全矿作深刻的检查和保证。

（三）落实责任建机制。结合我矿目前实际情况，专门成立了安全质量标准化达标办公室，负责安全质量标准化工作、创建安全高效型矿井、精品工程的具体规划、创建标准制定、组织检查、达标验收等工作。各副总每月划分线路进行达标考核，并实行风险抵押金办法，每月底由达标办牵头组织验收，如当月该线路未达标，扣除副总和该线路负责达标区队队长的风险抵押金，下月继续按划分线路重新抵押。

三、提高职工素质，在强化教育培训中锤炼职工队伍

（一）健全制度强素质。没有严格的制度约束，创建、巩固成果就是一句空话。我们要求每创建一个项目，就要立即制定该项目的巩固管理制度，先后制定出了《海石湾煤矿安全质量标准化工作管理制度》、《安全质量标准化动态检查考核办法》《6223—1精品工作面保持和巩固的管理办法》等32项制度（办法），并定期对2010年来所有创建达标项目进行现场检查，对未尽到责任者严肃处理。通过不间断的检查考核和奖惩，职工的创建热情明显增强，体现出了制度建设在创建精品工程方面不可替代的刚性作用。

（二）严格培训强素质。强化职工素质的提升是精品工程创建必不可少的重要环节。石湾矿注重在培训形式、培训过程和效果上严格考核。在培训形式上，执行教学、命题、监考、阅卷“四分离”制度，杜绝了过去培训中一人挑、流于形式的局面。在培训内容上，要求授课教师备课的内容中包括培训的目的、重点、难点、方法和步骤、应取得的效果等。教案经矿教育培训中心审查，主管领导审核批示后方可授课。在培训考核上，要求考试人员持准考证、身份证，对号入座，闭卷考试。对培训不合格的人员，坚决让其停工离岗再学习，学习期间只发生活费，对两次培训不合格人员，坚决调离原工作岗位。

（三）注重实践强素质。我矿在强化职工素质中，还注重发挥安全教育基地和职工技能实训基地的作用，对各工种进行实际操作培训，提高职工的技能水平，使职工由原来的“一知半解”到现在的“心中有数”，由原来的“凭经验操作”到现在的“按规范操作”。尤其是把安全质量标准化标准制作成“口袋本”，配发到班组长以上的每位管理人员手中，督办部室人员不定时到各部室、区队、井口开展“四个现场”督查，即现场查“口袋本”是否随身携带、现场抽查“口袋本”所列标准是否熟记、现场对不熟记的标准进行学习、现场

对不符合标准的工程进行处罚并限期整改,使全矿上下掀起了一股学技术、记标准的热潮。

(四)营造氛围强素质。加强企业安全文化建设,在矿资金非常紧张的情况下,千方百计筹措资金,制作了操作规程、亲情寄语、安全生产方针和格言警句等安全文化牌板,并将安全文化牌板的辐设范围从地面延伸到井下大巷、机房硐室和采掘工作面。在1785平硐口候车室LED显示屏上将矿生产任务完成情况、安全工作重点、典型"三违"处罚、副总以上矿领导下井带班、部室和区队负责人下井跟班情况及入井知识、安全理念等滚动播放,使职工在耳濡目染、潜移默化中受到了教育。特别是"瓦斯超限就是事故""细节决定成败、态度决定一切"等安全理念已经深入人心,成为职工工作的标尺,在全矿上下形成了一种良好的安全文化氛围。

四、注重实效搞创建,在动态达标中提升安全保障能力

精品工程动态达标是保障安全生产的充要条件之一,是安全质量标准化工作的升级,是长治久安的主要内容和根本途径。石湾矿把创建精品工程的重点放在动态达标上,坚持在动态中检查、在动态中达标。各业务主管部室按矿总体安排部署,坚持每周不少于三次动态达标检查,对于查出问题现场安排整改,严格按制度奖惩,绝不姑息迁就,使矿井安全质量标准化实现了在动态中达标。海石湾煤矿自正式投产至今,安全上杜绝了重伤以上人身事故和二级以上非伤亡事故、轻伤事故逐年下降并控制在集团公司下达指标以内,原煤生产产量逐年提升,2010年原煤产量达到了126.6868万吨。

通过近三年来扎实开展安全质量标准化工作,石湾矿深深体会到:

第一,统一思想、下定决心,是搞好安全质量标准化工作的关键所在。

第二,坚持标准、严格考核,是搞好安全质量标准化工作的内在动力。

第三,扑下身子、真抓实干,是搞好安全质量标准化工作的必然过程。

第四,点面结合、动态达标,是搞好安全质量标准化工作的根本保障。

窑街煤电集团天祝煤业有限责任公司

一、提高思想认识,强化组织领导,统一思想,明确责任

根据《窑街煤电有限责任公司安全质量标准化暨创建"两型三化"矿井工作安排的通知》精神,天祝公司及早安排部署,狠抓落实。一是成立了公司经理为组长,生产、安全、机电副经理、总工程师为副组长、各部长为成员的创建工作领导小组,各区队也成立了创建领导小组,明确各自职责范围,做到责、权、利相统一,形成了一级抓一级、一级为一级负责、横向到边、纵向到底的管理领导机制。二是建立健全了安全质量标准化和创建"两型三化"矿井的各项管理制度。公司先后制定了《创建"两型三化"矿井实施细则》、《安全质量标准化及安全高效型矿井创建达标规划》、《精品工程考核标准及评分办法》、《主要工种精细化作业标准》、《十二项工作一步到位法实施细则》等文件,同时根据井下实际情况,每月各专业分别制定创建安全质量标准化矿井和精细化管理工作重点,并严格对照标准,进行考核验收。三是充分利用周一安全学习日、周四政治学习日等时间组织职工认真学习安全质量标准化及安全高效型矿井创建工作目标、重点及工作措施,为创建工作打下坚实基础。

二、强化标准学习,健全相关制度,狠抓责任落实

在安全质量标准化及安全高效型矿井创建过程中,从标准、目标、责任、措施、考核等环节入手,逐步建立完善了工作体系,制定了《天祝煤业公司质量标准化达标巩固奖励办法》《天祝煤业公司文明生产区域划分及管理办法》《回头工程处罚办法》等一系列文件,不断补充完善。此外,建立了与之配套的各级领导安全生产责任制,明确规定了各部室长及组长责任,部室管理人员和现场管理发现重大问题,追究区队干部、安检员的责任。

三、求真务实,夯实基础,增强安全质量标准化、安全高效型矿井创建能力

天祝矿在借鉴中创新,在巩固中提高。一是坚持每月召开两次安全质量标准化现场会制度,不提前通知时间和地点,所有人员入井后临时决定检查地点,坚持做到突击检查、动态达标,不留边角死角。二是努力创建精品点、线、面头、机房、硐室,抓典型树样板,把质量标准化工作和每位职工的工资挂钩,每月评出最优和最差点线、面、头、机房,进行重奖重罚,以激励约束机制调动广大职工抓质量标准化的积极性。三是强化现场管理。管理人员入井检查都要拉线上尺,现场评级打分,切实做到严格标准、挤干水分、不搞平衡、不靠目测、只认标准不认人,对不合格的工程坚决停产整顿,并扣除当班产量和进尺,追究相关责任人。四是加大安全检查力度,不断创新检查考核的方法,实行检查、整改、复查的闭合式管理,并严格落实谁检查、谁签字、谁验收的管理制度。

四、加强瓦斯治理,实现"一通三防"会战目标

"一通三防"工作是安全工作的重中之重,公司每月召开一次"一通三防"例会,总结当月存在的问题,安排部署下月"一通三防"工作。针对综采工作面上隅角瓦斯层易积聚的情况,采取了提高风量、稳定风流、负压抽出、喷雾洒水、顶板预裂等综合防治措施,降低了影响。针对一采区皮下、轨下、2740总回风和三采区2380南中巷、3224进风巷等地点巷道压力大、失修严重、通风断面小、通风阻力大的现状,抽调专人加强对失修巷道的维修工作,合理配风保证了矿井的有效风量。并优化通风系统,将1329综采面由上行通风改为下行通风,满足了风量要求。三是加强了局部通风管理,在掘进工作面除了用好管好"双风机,双电源"局部通风外,在2240大巷使用了大直径风筒有效提高了掘进工作面的风量,同时,坚持每周四瓦斯电闭锁及每天一次"双风机、双电源"的自动切换试验,确保正常连续供风,杜绝了无计划停电停风现象。四是严格落实瓦斯抽放措施,3224工作面上隅角安装瓦斯抽放系统,提高了瓦斯抽放量。五是对井下的防尘措施进行调整、完善和整改,从12月1日开始实施无尘化矿井方案配套设备的安装,进一步完善了井下各转载点喷雾装置,有效降低了各地点粉尘浓度,减小了粉尘危害。

五、依靠科技进步,加大装备投入,提升了装备水平,增进矿井抗灾能力

一是在综采工作面投入使用了无极变速无极绳绞车,解决了多坡度、多变向点、长距离运输的难题,保证了安全生产。二是淘汰了行业明令禁止的机电设备运输设备,使井下供电系统更加安全可靠,对一号主井绞车、车娄沟绞车,三号井绞车进行了变频改造。三是在综掘队两个煤巷头全部使用了综掘机,实现了真正意义上的煤巷综合机械化掘进。四是对井下的供电系统进行了改造,掘进头全部实现了双风机双电源,确保了掘进头局部通风的可靠性。

六、加大培训力度,提高员工技能

一是落实培训制度和培训大纲,明确教材培训内容和具体的方法、步骤,以达到预期效果和目的。实行了授课、命题、考试、阅卷"四分离",做到了培训制度化。对培训不合格的人员,重新培训,并对两次不合格的人员实行脱岗培训。二是建立职工培训档案,做到每位职工都有一份培训档案,每次培训成绩、试卷都装入培训档案备档。三是加强现场培训,大力开展岗位练兵和技术比武活动,推进一带一的"师徒平行作业"培训模式。四是坚持执行了台历式每日一题、每周一课、每月一考、每季一评的"四个一"区队日常培训教育制度,提升全体员工整体素质。

靖远煤业集团有限责任公司

2010年，在省委、省政府和甘肃省安全生产监督管理局正确领导和大力支持下，以“三个代表”和科学实践发展观重要思想为指导，全面贯彻落实党的安全生产方针、政策，按照省委、省政府“发展抓项目、改革抓企业”的重要举措，认真执行国家局、甘肃省安全生产监督管理局关于开展安全质量标准化活动的安排部署，发扬特别能吃苦、特别能战斗的优良传统和作风，弘扬“顽强拼搏、永创一流”的企业精神，大力实施科技兴煤战略、品牌战略、人才战略和经营战略，加快科技创新、制度创新、管理创新步伐，不断深化内部改革，切实转换经营机制，加大安全质量标准化投入，强化监督检查，严格落实制度，深入开展以“一通三防”为主要内容的“五个会战”及各类安全专项整治活动，实施重奖重罚措施，安全质量标准化和各项工作保持了健康、稳定、持续、快速发展的良好态势，安全生产面貌从根本上得到改善，安全质量标准化建设工作取得了显著成果。安全质量标准化工作基本达到了公司规划目标，规划达标率100%，实际达标率87.5%，其中：大水头矿、魏家地矿、红会一矿、红会四矿、王家山矿一号井、二号井达到国家一级标准；救护大队、总机厂、水电处、煤质化验室均达到行业级标准。大水头矿和魏家地矿分别荣获全国煤炭工业“双十佳煤矿”称号，王家山煤矿被评为“全国煤炭工业科技进步创新型矿井”，红会一矿被评为“全国煤炭行业级高产高效矿井”。公司荣获“甘肃省经贸系统优秀企业”“甘肃省优秀企业”“省级文明单位”“全国煤炭工业优秀企业”，被国家五部委授予“全国厂务公开工作先进单位”等光荣称号。

一、加强领导，统一认识，始终坚持把安全质量标准化工作作为推动企业跨越式发展的突破口

安全质量标准化是煤矿安全生产的基础，是建立煤矿安全生产长效机制的主要内容和根本途径，是提高企业整体素质和管理水平的系统工程。为此，我矿始终坚持把安全质量标准化工作放在突出的位置，始终坚持把安全质量标准化作为企业强根固本的重要内容，每年年初对公司安全质量标准化工作进行具体的安排部署，把安全质量标准化作为企业保安全、上规模、求生存、促发展、树立形象的重要措施。实践证明，安全质量标准化是煤矿安全生产的基础，是建立煤矿安全生产长效机制的主要内容和有效途径，是煤矿的形象工程、生命工程、效益工程，对于促进企业向安全、优质、高效、环保的方向发展，走新型工业化道路具有不可替代的作用。

（一）加大宣传力度，努力营造安全质量标准化建设的良好舆论氛围。

加大宣传力度，强化职工质量意识。职工是安全生产的主体，强化职工质量意识是搞好安全质量标准化工作的重要保证。

1. 充分利用广播电视等新闻媒体重点宣传安全质量标准化工作的新内涵，通过悬挂安全横标、张贴安全标语、绘制图牌板等多种形式，对员工进行安全宣传教育活动，宣讲意义，传播知识，营造氛围；认真学习全国、全省安全质量标准化现场会议精神，学习先进企业安全质量标准化建设的成功经验，找出靖远矿在安全质量标准化工作方面存在的差距和不足，制定矿井安全质量标准化发展规划和目标；党政工团齐抓共管，创造良好的安全质量标准化工作环境，使广大员工积极投入安全质量标准化工作之中。

2. 有重点、有目标地组织开展各类安全质量标准化活动。广泛宣传学习安全生产法律法规和安全质量标准化的有关规定，充分发挥广播电视舆论宣传阵地，以“立足矿区、围绕中心、服务大局”为宗旨，以“深入开展宣传教育、营造安全质量标准化氛围、提高职工安全整体素质、提升安全工作整体水平”为目标，大力宣传《安全生产法》《煤矿安全规程》《煤矿安全质量标准化标准及考核评级办法》等有关安全质量标准化工作的法律法规，公司颁发《安全文化手册》围绕百日安全活动、安全宣传月、安全咨询日、安全质量标准化检查等活动，扎实细致地做好安全质量标准化重点宣传工作。推行阳煤“十二法”，积极开展安康杯活动，构建安全宣传教育体系，倡导并树立“安全是职工最大的幸福、安全是企业最大的效益”的理念和构建本质安全型矿井的理念。各基层单位安全质量标准化宣传教育活动开展得有声有色，红会一矿、大水头矿、魏家地矿等单位通过多种形式，对广大员工进行安全质量标准化宣传教育，举办安全质量标准化知识竞赛及考试答题，开展“创优秀岗、做优秀岗员”“安康杯”竞赛、事故案例分析等安全教育活动，提高员工的安全质量标准化工作意识，形成了多层次、全方位、全员抓安全质量标准化工作的格局，营造了良好的安全生产氛围，使矿山安全文化内容更加充实、丰富多彩，促进了矿井安全生产形势的稳步发展，确保了矿井的安全生产。

3. 充分发挥广播、电视等新闻媒体的舆论导向作用，公司每季度安全质量标准化检查电视台跟踪报道，及时通报公司安全质量标准化工作进展情况，全年电视播出安全宣传新闻 367 条，播出时间 547 分钟，安全专题片 17 部，播出时间 904 分钟，标语 73 条，累计播出 67 天。宣传先进单位的管理经验和具体做法，鼓励先进、鞭策落后、共同进步，在全公司内部引起了强烈的共鸣。

（二）管理、装备、培训并重，加大技改、安全投入力度，为安全质量标准化工作顺利进行创造条件。

近年来，靖远矿坚持管理、装备、培训并重原则，加大技术改造和安全装备投入力度，提高矿井的防灾、抗灾能力。

1. 加强管理，为搞好安全质量标准化工作奠定坚实基础。加强领导，健全机构，为保证安全质量标准化工作正常开展，从公司到各生产矿，都成立了安全质量标准化工作领导小组，各级行政“一把手”对安全质量标准化工作全面负责，主管生产、安全、技术的领导和部门负责人全面参加，职工全员参与。精心组织、周密安排，针对各矿实际，制定了切实可行的安全质量标准化达标规划，使各生产矿及职工干活有标准、工作有目标。各单位根据公司总体安排制定了操作性强、切实可行的细化措施和工作安排，使安全质量标准化工作贯穿于安全生产、经营管理、生产服务的全过程。严抓细管，务求实效，力戒形式，极力解决实际问题，坚持日常检查、动态抽查、跟踪监督等多种形式，严格把关，高标准、严要求，通过采取各种行之有效的办法和措施，把安全质量标准化工作落实到各个生产环节、每道工序，保证了安全质量标准化工作规范化、制度化、程序化，促进安全质量标准化工作快速、健康、持续、稳定的发展。

2. 加大投入力度，改善安全装备，提高矿井防灾、抗灾能力。优化调整各矿井通风系统、防灭火系统、防尘系统，完善高瓦斯和双突矿井瓦斯抽放系统，装备了 KJ95 集中监测系统和工业电视，矿井安全装备水平迈上了新台创。

2010 年各单位在质量标准化方面做了大量的基础工作。水沟捣制 7386 米，敷设电缆 10766 米，敷设管路 11101 米，铺设更换轨道 20000 米，安全文化走廊加固和装修 1340 米，井下巷道硬化 11328 米，井下巷道扩邦、喷浆 7200 米，井下管路刷防锈漆 6440 米，井下各种设备标志牌和警示牌 1085 个，粉刷井塔、机房、峒室 7360 平方米，井下台阶捣制 1660 米，制作安装彩喷灯箱 42 个，设备除锈刷漆 168 台，维修清理井下巷道 12508 米。重视安全科技成果的研发和应用，加大安全质量标准化工作的科技含量，以《高瓦斯特厚易燃煤层综放面通风技术（方式）研究》等为代表的多项科技成果，为高瓦斯矿井通风、瓦斯治理、煤巷掘进奠定了安全基础，《王家山矿急倾斜特厚煤层开采塌陷区发展动态与防洪治理对策研究》《大宝煤田高瓦斯易燃煤层采空区瓦斯抽放技术研究》等一大批科研项目的研究和成果得到推广应用，为安全质量标准化工作提供了可靠的技术支持。

3. 强化安全培训，提高职工安全生产意识，不断规范安全质量标准化管理。紧紧围绕改革发展和安全生产实际，加强安全培训教育工作，公司举办24期安全生产技术管理及特殊工种培训班，培训班组长以上干部162人；2010年公司和各矿共培训8704人，其中：公司培训中心计划培训1597人，实际培训1604人，完成培训计划104 %；各单位自培计划5244人，实际培训7100人，完成培训计划的135.4%。各矿职教中心定期举办长、短期培训班，对专业职工重点进行轮训。通过举办安全质量标准化和安全知识培训，提高了广大干部职工的整体业务素质，有效地推动了安全质量标准化工作的开展。

二、整章建制，实施重点监控，加大安全检查力度，强化现场安全管理

狠抓安全质量标准化工作，实现安全监管制度化、规范化、深化安全管理，坚持超前防范，杜绝重大事故的发生。

（一）制定下发了《靖煤公司安全质量标准化规范管理规定》《靖煤公司安全质量标准化活动奖罚办法》，分别对采煤、掘进、机电运输、一通三防、地测防治水质量标准化及安全工作做了规范，严格奖罚，确保质量达标工作健康、稳定、持续发展。各生产矿坚持班评估、旬检查、月验收制度，督促职工干标准活、放心活。采取动态与静态相结合的方式进行检查验收，对检查出的问题各单位做到了整改时间、整改标准、整改责任三落实，并在三天之内将整改结果汇报公司有关部门，动态检查结果作为季度考核评比的依据，实现过程管理和动态达标，夯实了安全基础工作。同时，加大奖罚力度，把安全质量标准化工作与队、班组工资挂钩，对安全质量标准化季度检查达到规划目标的单位进行重奖，并对单位党政主要负责人，主管矿长、科室长进行奖励；对不达标或降级的单位按季度工资总额的1%进行处罚。

（二）各生产矿及救护大队、水电处、总机厂建立了质量标准化的奖罚制度，通过有效的奖罚激励机制，充分调动广大干部职工大搞安全质量标准化工作的积极性。

三、坚持以“一通三防”安全工作为重点，强化安全质量标准化和五个会战，夯实安全基础

安全质量标准化是矿井安全生产的基础，是安全管理工作的核心。坚持“安全第一、质量为本”工作方针，进一步强化责任意识、生命工程意识、创新意识和依法抓好安全质量标准化的法律意识，用规范化和现代化管理手段提高安全质量标准化建设水平，严格检查验收考核，促进公司安全质量标准化工作健康发展。围绕工作目标，大力开展以“一通三防”为重点的“五个会战”活动，为安全质量标准化工作夯实了基础。

（一）突出“一通三防”重点，认真贯彻落实铁法和晋城会议精神，始终把矿井瓦斯综合治理放在首要位置来抓。魏家地矿、大水头矿以瓦斯抽放为重点，以抽放保安全、以发电促抽放，加大瓦斯钻孔施工力度，全年完成抽放孔多个，扩大抽放区域，积极采用先进的抽放技术和装备，加强抽放管路改造，有效地提高了瓦斯的抽放浓度和流量，瓦斯电站2010年计划发电2500万千瓦时，实际年运行发电2560万千瓦时。调整优化魏家地矿、红会一矿主要回风、运输巷道通风系统安全、合理、可靠。狠抓防灭工作，严格落实公司《关于综采放顶煤工作面防灭火管理规定》，加强以王家山矿44407大倾角综放工作面为重点的综放防灭火管理及回撤工作。强化红会各矿井对小窑空巷、空棚火灾隐患的防治工作，杜绝了“一通三防”事故。

（二）强化顶板会战，研发和运用锚杆支护设计智能专家系统，优化支护参数，为煤巷顶板支护质量提供科学依据。大力推广煤巷锚索支护技术，解决了大倾角、大跨度巷道支护难题，有效地提高巷道支护强度。加强了综采综放工作面的管理未采及工作面地质构造变化带、过煤柱、空巷等特殊情况下和采掘工作面煤壁、两道、上下出口以及掘进工作面迎头、后巷、交岔点的顶板管理、顶板事故逐年下降。2010年共检查采掘开工作面168个，其中合格品168个、优良品168个，合格品率100%、优良品率100%。

（三）狠抓机运会战，认真落实机电运输“十项管理规定”，加强综放工作面大型设备回撤、安装的安全管理，进一步深化运输治乱，加强人车、零星岗位人员安全管理，落实机电运输岗位安全责任，坚持定期设备检查检修制度，实行包机到人。2010年共检查设备1857台、完好1827台，完好率98.41%，主要运输线轨道合格率86.7%。

（四）深入开展机械化会战，全面落实公司高产高效会议精神，在急倾斜厚煤层走向长壁综放开采技术获得成功的基础上，装备三套综放工作面设备和三条综掘机械化作业线，极大地提高了采掘机械化水平，改善了安全生产环境，为一井一面集中化生产创造条件。2010年公司采煤机械化程度、掘进机械化程度、锚网支护比率分别达到99.15%、54.56%、98.85%。

（五）开展矿井地质测量探放水工作，坚持有疑必探、先探后掘、边探边掘、长短钻结合的探放水措施，有效地控制了矿井水灾事故。

四、常抓不懈，促进矿井安全质量标准化工作水平稳步发展

近年来，靖远矿高度重视安全质量标准化工作，特别是七台河现场会后，将安全质量标准化工作提升到了一个新的高度。

（一）在日常动态检查的基础上每季度组织一次质量达标检查验收，由公司主要领导带队，各生产处室、党群部门有关人员参加，对各矿采煤、掘进、机电、运输、通风、地测防治水、调度、安全技措工程、安全宣传教育等专业全面检查验收。

（二）认真贯彻国家局提出的建立“安全生产长效机制”，借鉴推广七台河等先进单位狠抓安全质量标准化建设的先进经验，根据新颁布的《煤矿安全质量标准化标准及考核评级办法》，对公司安全质量标准化工作重新摸底排队，实施“点面达标向系统达标延伸、硬件达标向软件达标延伸、生产环境达标向美化亮化达标延伸”，进一步夯实以安全质量标准化为核心内容的安全生产基础。

（三）认真开展生产矿井示范矿、区队和专业质量标准化达标创建活动，本着“全面落实起步、重点突破、以点带面、整体推进”的原则，严格各项质量标准，从抓现场的每道一序入手，实现标准化作业，做到凡事有人负责、有章可循、有人监督、有据可查，从而促进了安全质量标准化工作的深入开展。

（四）各级领导干部自觉做到重心下移，关口前移，深入生产一线，对照标准，每月对安全质量标准化工作抓严、抓实、抓细，抓出成效，促进安全质量标准化工作创样板、出精品。

（五）实施“走出去、引进来”的办法，学习先进企业的管理办法，推广先进经验。去省外安全质量标准化工作先进单位考察学习；各生产矿也多次组织有关人员去全国先进单位参观学习，通过学习，进一步提高了认识、开阔了视野、看到了差距、启迪了思路、转变了观念，明确了目标。

五、认真开展生活后勤，煤质管理质量达标工作，使矿井安全质量标准化工作全方位同步开展

在搞好矿井安全质量标准化工作的同时，按照井上达标向井下达标延伸，生产环境达标向美化亮化达标延伸要求，公司将煤质管理、生活后勤“两堂一舍”、绿化“环境卫生”工作纳入到安全质量标准化考核内容，与矿井安全质量标准化达标工作同步开展、共同发展。

（一）公司制定下发了《关于开展生活后勤系统“两堂一舍”，环境卫生质量标准化工作的通知》，公司每季度组织一次“两堂一舍”环境卫生、绿化工作达标检查验收，全年“两堂一舍”、环境卫生、绿化工作共投入多万元，通过近两年的努力，公司生活环境面貌明显改观，给职工家属创造了一个良好生活的空间，受到上级领导的表扬和肯定。

（二）为进一步加强和规范煤质管理工作，提高煤炭质量管理水平，推行品牌战略，实现煤炭销售优质优价和收益最大化的目的，公司下发了《靖煤公司煤

质管理标准化标准及评级考核奖罚办法》，成立了煤质管理领导小组，坚持每月到各矿进行一次煤质检查并进行通报，对煤质管理好售价高的单位进行奖励，对未完成售价的单位进行处罚，通过采取一系列行之有效的措施，公司综合售价较计划明显提高，经济效益明显增长。

安全质量标准化工作是一项常抓不懈、常抓常新、持之以恒的系统工程，在各级领导的指导帮助下，通过公司上下齐心协力，靖远矿的安全质量标准化管理水平正在稳步提高，安全生产能力明显增强，三个文明建设同步发展。靖远矿的安全质量标准化工作，自己和自己比、现在和过去比，近两年有明显的进步和提高，但由于靖远公司的基础差、底子薄、矿井建设标准低、遗留的问题多、企业经营利润空间小、投入不到位等客观因素制约，导致安全质量标准化工作发展缓慢，和全省兄弟单位相比、与全国先进单位对照还有很大差距。这次会议之后，靖煤公司还将继续在上级组织的正确领导和大力支持下，认真学习全省兄弟单位、全国先进单位安全质量标准化管理的先进经验，以安全质量标准化为基础，全面提升工作质量、工作质量、产品质量，切实改善工作、生产环境，狠抓安全质量标准化工作，推动煤矿安全整治向纵深发展，力争用2~3年时间把靖远公司的安全质量标准化工作推向一个新高度，从根本上保证安全状况的持续稳定健康发展，树立现代煤矿企业的良好形象。

冀中能源张矿集团宣东二号煤矿

宣东矿自然灾害比较严重，矿井地压大，巷道变形失修严重，给质量标准化工作带来很大的困难。宣东矿始终把安全质量标准化工作作为搞好安全生产的一条主线，常抓不懈，坚持以“一通三防”为重点，以瓦斯综合治理和防突管理为关键，以安全技术培训为支撑，以强化考核和责任追究为手段，以规范运行“安全健康管控体系”为保障，形成了“矿督导、职能部门监督、基层区队落实、广大职工参与”的安全质量标准化工作体系，走出了一条“全面规划、分步实施、重点突破、整体推进”的标准化创新之路。

一、健全机构、完善制度，保障安全质量标准化全面开展

完善了矿级和各专业安全质量标准化领导小组，明确职责，做到谁主管谁负责、管生产必须管达标。把质量目标和达标工作列入各单位月度作业计划，同时明确各层级、各部门的责任，从而形成了从企业负责人到各级管理层和职工层层负责的标准化责任体系，为搞好质量标准化工作提供了组织保障。

健全安全质量标准化管理制度。以河北省《安全质量标准化标准及考核评级办法》为标准，制定下发了《安全质量标准化工作管理办法》，规定安监部是综合检查和考核的主管部门，负责编制安全质量标准化总体达标规划，各专业职能部门负责考核、检查、指导本专业的标准化工作；各区队为达标责任主体，负责工作的具体落实，形成了安全质量标准化检查评比、考核奖惩体系，为安全质量标准化建设提供了制度保证。

建立激励机制。把安全质量标准化工作与各级班子的工作业绩挂钩，对应各基层区队的安全质量工资进行考核，机关各部室质量工资对照“三位一体”的相关规定进行考核。月度考核，对达不到规划目标的专业主管部门负责人和主要责任单位负责人罚款500~1000元，其他成员罚款100~500元；季度考核，对增创精品工程的单位予嘉奖，对未保持住的精品工程相关单位主要负责人罚款100~500元。

二、筑牢基础、规范操作，扎实标准化建设基础工作

宣东矿高度重视安全质量标准化基础工作，对

照标准加强装备、设施、资料等基础性工作，实现安全质量标准化工作由注重物的管理向提高人员素质、规范行为操作的转变，从注重现象达标向扎实开展基础工作达标转变。

完善基础装备，保证装备的适用性。按照安全质量标准化标准的要求完善和使用好各类基础装备。在装备的选购上，做到符合标准，适用可行；在装备的使用上，加强设备的日常维护、保养和预防性检修，认真落实包机制，提高设备的完好率，规范人员的操作，确保装备正常运行。

完善基础设施，保证设施的可靠性。严格按照安全质量标准化标准建造各类基础设施，严把基础设施的质量关，加强对基础设施的检查和验收，确保规格和质量符合要求；严格基础设施的管理，责任到人，保证设施的完善可靠。

完善基础资料，保证资料的规范性。对各类记录、台账、报表、规程、措施、图纸等资料统一了标准和格式，做到了内容齐全，数据准确，装帧规范，统一归口，规范建档管理。

三、细化管理、严抓过程控制，保证动态达标

以上标准岗、干标准活为目的，强化现场管理，大力提倡领导在现场指挥、工作在现场落实、问题在现场解决的一线工作方法，逐步树立四种意识。

一是树立标准意识。制定工艺过程标准模型，计算其在不受内因、外因素影响的状态下完成工作目标的时间和进度，从中找出需要强化管控的风险点。让员工参与制定工作方案与工作标准，使员工深刻理解其实质，自觉遵守执行，抓住关键，控制住风险点，提高工作标准的执行力。由安全标准控制安全，提升到用工作标准确保安全，把安全管理融入生产过程中，实现安全管理与生产操作的高度统一和全过程控制。

二是树立精品意识。大力开展品牌创建活动。集中人力、物力对薄弱环节进行高标准整治，做到薄弱环节有突破、优势专业有巩固、领先项目有创新。从管线吊挂、巷道维修、设施建设、材料码放、图牌板管理等基础工作入手，建设安全质量标准化“精品峒室”“精品巷道”“精品工作面”，建设“免检工程”，推动了安全质量标准化工作的扎实开展。

三是树立创新意识。突出岗位个人能力的发挥和班组这个基本生产单元效能的发挥，以“想、看、干、管”为核心，结合岗位风险评估，规范了员工进入工作面后的工作程序，使生产的每个环节、每道工序都按标准作业，做到上标准岗干标准活。按照一事一推广的要求，适时推广先进做法，如锚杆编号管理，把锚杆安装质量落实到个人头上，提高了内在质量；皮带防跑偏装置的使用，提高了开机率；软岩支护快速掘井技术的应用，使支护质量和单进水平同时提高；槽钢梁锚索加木托盘联合支护技术，加强了压力集中区域和大断面巷道的顶板管理。

四是树立生命工程意识。切实摆正质量与安全的关系，按照岗位操作标准化、过程控制规范化严格要求，全面提升每一位职工的质量意识，生命工程意识，抓好现场施工作业的每一个环节，严格进行班评估、班总结，抓好过程控制，及时处理安全隐患问题，保证安全质量标准化工作落实到日常过程中。

四、强化培训、积极学习借鉴，推进标准化工作进程

坚持“以人为本”的原则抓培训，提高职工队伍的素质。建立了以集团公司安全技术培训中心为核心，以高级技工学校、职业技术学院为基地，以本矿培训部门为基本培训单位的安全培训网络。

按照“缺什么学什么补什么”的要求，分层次、分专业、分岗位组织开展多途径的培训、提高培训的针对性。坚持对所有职工及安全管理人员进行安全培训。抓好特种作业人员的资质培训，抓实职工的岗前培训、日常培训和新技术培训。区队通过班前学习、安全活动等形式，针对现场的实际组织职工学习，强化理论和实践技能的提升。

坚持请进来、走出去的方法，先后组织多批基层干部到其他先进单位学习观摩，结合实际积极推广应用；同时，把内部区队标准化先进做法在全矿推

广，积极组织达标现场会，以点带面全面推进。

五、加大投入、重点治理，全力保障标准化达标工作

始终坚持优先保证安全质量标准化的投入，推广使用新技术、新装备，不断完善安全质量标准化基础设施。初步实现了采掘机械化、主提升程控自动化、"一通三防"系统监测网络化、矿井管理视频化，有力地促进了标准化建设的创新和发展。

进一步完善井下所有通风设施，严格按标准要求修整和维护好通风设施，做到了挂牌、编号，责任到人，保证通风系统稳定；完善监控系统，保证监控有效；对矿井瓦斯移动抽放系统设备进行更新；采用低抽巷、隅角瓦斯抽放等方式对采煤工作面的隅角瓦斯进行综合治理；采取深孔爆破技术措施，有效地抑制了瓦斯动力现象的发生；积极采用灌浆、注氮、封堵等措施对采空区进行了重点治理。采煤工作面完善移架喷雾、煤体注水，掘进工作面严格执行湿式打眼、爆破前后消尘；运输巷安装了旋转喷雾和转载点喷雾，保证正常使用，有效地控制了尘源，减少职业危害，尽可能给职工创造一个适宜的工作环境。

在新装采面，购置高强度承载液压支架；根据两巷顶板压力大的实际情况，加长超前支护长度和单体支护排数；加大对液压支架的日常检修力度，提高支架的完好性，保证支撑强度。为掘进区队更新和装备大功率锚杆钻机，侧卸式装煤机，所有掘进工作面都推行槽钢梁锚索加木托盘支护，加强了压力集中区域和大断面巷道的顶板管理，主要巷道维修推行锚梁网索套架工字钢注浆支护，降低了返修率。

井下供电实现了"三专""两闭锁"，完善了机电设备各类保护，加大机电设备的日常检修和维护，保证安全可靠、正常运行；完善了道岔指示、弯道报警、机车通信、语音报警装置，机电运输设备设置了能量隔离装置。

本着井下达标与地面达标并重的原则，加大井下作业场所和地面楼舍、车间、工业场地清洁卫生整治力度，做到了材料、配件集中码放挂牌管理，管线吊挂整齐，图版悬挂整齐，淤泥、积水、杂物得到有效控制，作业环境面貌焕然一新。

六、严格检查验收、严肃考核与奖罚，促进标准化工作有效开展

把"千辛苦、万辛苦，不抓质量白辛苦"的理念渗入职工的头脑，把各单位的安全质量标准化工作直接与工资挂钩，增强了全员抓安全质量标准化的自觉性，促进标准化工作有效开展。

矿井修定完善了《矿井安全质量标准化检查验收标准和考核办法》，制定了《质量标准化精品工程验收评分标准》，实施了《管理人员安全质量抵押奖罚办法》，把工程质量、工作质量和产品质量纳入各级管理人员考核内容。全面实行《绩效考核办法》，实行安全结构工资制，安全质量标准化工作对应质量工资进行考核。

成立了安全质量标准化检查验收小组，按照日检、旬检、月末全面验收的方式进行，覆盖率达到了100%，同时将各部门及各专业安全领导小组在日常检查中发现的质量问题作为月度考评的参考依据。根据检查考评结果进行严格考核，按要求提前完成进行奖励，推后完成进行处罚。对重点达标工程跟踪监督，实行周调度、月总结、考核，标准不到位就停工、施工质量不合格就返工，促进安全质量标准化扎实开展。

安全质量标准化工作只有起点没有终点，宣东人秉持务实、创新、和谐、发展的企业精神，以中澳合作为契机，以打造一流安全健康示范型矿井为目标，高扬质量标准化的风帆，继续描绘创新发展、和谐发展、安全发展的美丽画卷。

风采篇

怀来矿业有限公司

执行董事、总经理　姚太平

怀来矿业有限公司所采煤层多为急倾斜赋存，构造复杂、煤层薄厚不一，多年来煤炭生产一直采用巷道长壁采煤法或残采法，工艺没有改进，造成巷道掘进工程量较大（万吨掘进率600米/万吨），资源回收率低，安全保障性能差，原煤生产成本较高的状况。为了改善这一局面，怀来矿业有限公司积极调研、多方论证，对采煤工艺进行改进，推广使用使用急倾斜煤层深孔爆破落煤技术，对出煤点加强支护进行改进，变被动为主动，通过对回采工艺的改进，取得了良好的回采效益。

一、推广深孔爆破落煤技术效果明显

2010年公司把深孔爆破落煤技术作为科技项目进行研究项目，在急倾斜煤层中获得成功，实现一次采全高，达到提高回采效率，降低巷道万吨掘进率，提高安全性的目的。该技术采用接力钻杆，在回采落煤塘外有支护的巷道中实施钻孔长度为4～8米的爆破，即深孔爆破，将10米阶段的煤炭爆落到回采塘。该项目主要是进行深孔定向预裂破煤、落煤，达到降低生产成本，提高资源回收率，保障安全生产的回采工艺。

2011年公司在四个采区中全部推广使用这项技术，保证了回采产量的稳定。截至目前，万吨掘进率由600米/万吨降至496米/万吨，预计全年可减少巷道工程量3120米，可减少投资、增加收益468万元。

二、改进加强支护实现安全生产

2011年公司狠抓工艺改进，针对非正规回采面的特点，研究控制采面出煤口的针对措施。把出煤塘口作为安全重点管理地区，采动影响造成了该区域内压力大，显现明显，特别是在落煤时更加明显，支架变形速度快，巷道高度回缩快，巷道高度保持困难，这就要求对出煤点支护的强度要高、稳定性要好。按照上装备的原则，采用液压支柱配合铰接顶梁的塘口支护方式，提升支护强度，并与深孔爆破技术配合，实现工艺的改进。经过加强支护工艺改进，采用单体液压支柱配合铰接顶梁的支护方式，变被动支护为主动支护。

目前该项工艺试验很成功，采面巷道高度得到保证，出煤点10米范围内的支护强度符合标准，公司投资50多万元，购置了6套泵站，100根单体支柱、100根铰接顶梁，应用在井下的回采采区中，该工艺推进以来，巷道单位出煤量增加，初步统计相同条件下由原来的17吨/米，提高到26吨/米，提高了回采率，也使回采吨煤消耗下降。

坚持技术创新，狠抓工艺改进，保持了公司产能的稳定，促进了企业效益的提升，为怀矿公司的科学发展提供了有效的动力。

听取规划汇报

工字钢支护

标准化硐室

陕西陕煤铜川矿业公司金华山矿

党政领导团结协作 安全质量扎实推进

矿长：宁文卫

党委书记：武永发

2010年以来，金华山矿新领导班子坚持“生命至上，安全第一”理念和“安全统领观”不动摇，加大安全投入，强化安全管理，狠抓职工培训，扎实推进安全质量标准化建设，实现了安全“零”目标，再次荣获省煤化集团标准化先进矿井称号，被矿业公司评为“安全生产先进集体”，被国家安全监察总局、国家煤矿安监局授予“国家级安全质量标准化煤矿”。

深入推进科技兴矿战略

2010年年初，金华山矿党政领导始终牢记安全责任大于天，只有实施科技兴矿战略，才能实现安全生产，才能减轻工人劳动强度，达到稳产高产，提高职工收入，体现“职工快乐工作，体面生活”的愿景。矿长宁文卫、党委书记武永发组织安全、生产、动力、通风等科室负责人分组深入基层调研，召开专题会议，安排部署重点工程和重点工作。为了确保各项重点工程、重点工作顺利完成，宁文卫亲自担任重点工程及重点工作领导小组的组长。矿区下设多个专业领导小组，明确工期、落实责任。在一年多的实施过程中，矿长宁文卫、党委书记武永发先后多次深入施工现场，解决实际问题，召开协调会议，保证重点工程顺利实施，安全顺利完成了3108综采工作面接续安装工作，提高了采掘机械化水平。投资2500万元，在570西一3108工作面安装了第二套综采设备，并建成了综采采全高工作面，使金华山矿同时拥有了综采放顶煤和综采采全高工作面，掌握了综采放顶煤和综采采全高技术，采煤机械化程度达到了100%；综掘由2009年的两套设备增加到三套，掘进机械化程度由2009年的58%提高到75%，大大提高了矿井掘进速度和质量，矿井综合生产能力大幅提高。围绕综采、环节系统改造建成了井下电网监测监控系统；安装了井下人员定位系统，为综采、综掘工作面安装了矿压和顶板离层监测系统，有效地保证了安全生产的顺利进行。加大科技创新力度，实施了大断面巷道锚网索支护工艺，提高了原煤回采率，增强了巷道支护质量；成井质量好、速度快、职工安全得到了有效保障，获得矿业公司的充分肯定。

健全安全制度，夯实安全基础管理

针对安全基础资料管理分散的实际，在矿长宁文卫、党委书记武永发的关注下，建立并完善了安全管理资料室。成立了安全基础管理领导小组，把安全管理工作分解到了每个部门、每个班组和每个人，从创新安全管理模式入手，在全矿范围内推行了一系列新的安全管理理念及方法。结合不同时期的安全工作特点，制定了详细的阶段性安全管理措施。召开了全矿干部职工大会，出台了《关于加强后半后安全生产管理工作的特别规定》等制度和办法，及时督促落实，取得了成效。

坚持不懈的安全办公会议制度

除去带班下井和外出开会时间以外，宁文卫、武永发主持每周召开的安全办公会，及时研究解决安全生产中存在的重大问题，制订了《金华山煤矿领导带班下井制度》《干部走动式管理的特别规定》，并在井口信息站设立了领导带班下井公示栏，矿领导挂牌下井，保证井下24小时有领导带班。宁文卫、武永发率先垂范，以身作则，坚持与工人同时下井、同时升井，现场了解实际情况，当场解决问题。利用上下井途中同工人亲切交谈，掌握第一手资料，对职工反映的一些棘手问题，立即责成相关部门落实。武永发先后组织单身职工、困难职工、离退休老同志召开座谈会，诚征合理化建议和意见。对各单位安全生产、材料管理等方面的先进经验，安排有关部门和单位，学习交流。利用宣传媒体大力宣传，树立典型，总结推广，为实现安全生产夯实了基础。

确定质量标准化目标，深入推进示范单位建设

宁文卫始终把质量标准化工作视为企业的形象工程、生命工程、效益工程和基础工程，切实增强员工的安全质量标准化意识，明确安全质量标准化的重点，细化了标准，落实了责任。定期召开会议，对照标准，从制度建设、现场管理各方面工作都逐一得到了安排，逐项落实到分管部门、分管人员。设立了安全质量标准化办公室，重点检查各级人员的责任落实。各基层单位也都相应地成立了以区队主要领导为组长的领导小组，全矿形成了自上而下的安全质量标准化工作领导体系。按照年初安全质量标准化规划，以八项重点工程为抓手，以东一、西一两个标准化区域建设和综采、综掘标准化示范单位建设为基础，高标准，严要求，全力打造亮点，以点带面，促进了矿井安全质量标准化上台阶。

重视班组建设，夯实安全生产基础

矿长宁文卫始终把班组文化建设作为提高职工队伍素质、服务企业生产经营的一项重要工作来抓，同时和生产相结合，相互促进，以推动企业稳步快速发展。武永发带领相关科室负责人深入各基层单位，与区队领导、班组长进行认真座谈，听取他们对班组建设工作的想法和意见，以及他们在实际工作中存在的问题和开展班组建设活动的建议，制定下发了金华山煤矿《班组安全建设管理考核实施办法（试行）》《及金华山煤矿班组安全建设管理办法（暂行）》。重点抓好职工的安全学习和培训教育，提高了职工队伍的整体素质。开展学习“白国周”班组管理法，推行矿“两型四化”班组建设工等活动，促进了班组工作的有效开展。

党建领航凝心聚力、“三个作用”展宏图

围绕安全生产等中心工作和重点工作，矿党委深入开展 “党员示范岗”“党员身边‘无违章’”“创先争优”“三深入”等系列活动，加快了基层党建工作的全面提升，增强了党员干部的凝聚力、向心力、战斗力。结合党员示范岗、“三深入”等系列活动，积极引导身边职工立足本职，创先争优，岗位奉献，党员的先锋模范作用得到充分发挥。“三深入”活动为该矿再次腾飞给力加油。党委书记武永发召开全矿党员干部会议，深入贯彻学习上级文件精神和矿业公司党委领导讲话精神，学习了习近平《关键在落实》的文章，结合当前开展的创先争优、解放思想大讨论等系列活动，矿领导以身作则，结合各自的分管工作和职责，深入基层调查研究，落实局矿各项会议、文件落实执行情况，督促整改检查出的问题。矿领导亲自参加基层单位召开的专题会议和安全分析评估会，同大家一起探讨强化安全管理，狠反“三违”，排查隐患，促进安全生产。

矿长宁文卫深入基层调研，撰写了《提高矿井机械化水平，促进安全生产大发展》，文章论点明确、哲理性强，对金华山矿机械化发展，实现安全高效具有较强的指导意义。党委书记武永发结合当前开展的“解放思想大讨论”活动，撰写了《“四德”建设要从增强个人品德修养做起》的理论文章，文章从社会公德、职业道德、家庭美德、个人品德四个方面对党员干部提出了新要求。同时，武永发同志还撰写了大量的学习读书笔记，对金华山矿今后安全管理创新提出了诸多设想，发挥了老班长的“领头雁”作用。

党建领航凝心聚力，老矿焕发青春朝气。该矿在党建领航的有力推动下，全矿党员干部团结一心，共同努力，各项工作取得了再次腾飞。安全生产取得显著成绩，连续三年超额完成作业计划。党员干部职工队伍整体素质提高，精神面貌焕然一新，地面建设循序渐进，该矿党政团结和带领全矿干部职工积极构建安全稳定和谐的新矿区，瞄准“快乐工作、体面生活”的美好愿景昂首挺胸大步向前。

推进科技兴矿战略 狠抓标准化建设 为建设本质安全型矿井而努力奋斗

陕西陕煤铜川矿业公司金华山矿以打造国家级安全质量标准化矿井和建设省级煤矿安全质量标准化先进矿井为目标，坚持高境界定位、高标准运作、高起点创新，全员发动，全员参与，大力实施科技兴矿战略、不断强化安全基础工作、狠抓现场工程质量提高，有力推动了矿井安全生产形势的稳定发展和质量标准化建设的快速提升。经过近几年的不懈努力，2009—2011年矿井连续三年荣获陕煤化集团安全质量标准化先进矿井，2011年3月份顺利通过了国家级安全质量标准化矿井验收，实现连续安全生产1600多天。

●金华山煤矿办公大楼

一、以制度建设为基础，强化组织领导，保证安全质量标准化工作顺利开展

“安全为本，质量为先。”多年来，金华山矿将安全质量标准化工作当做矿井“生命工程”来抓，健全完善各项管理制度，夯实标准化工作基础。因此，金华山矿在不断总结提炼和外出学习借鉴先进经验的基础上，先后修订完善了《金华山矿安全质量标准化管理办法》《安全质量标准化检查验收办法》《安全质量标准化责任追究制度》《安全质量标准化例会制度》《安全质量标准化工作考核评比制度》《四位一体安全质量管理确认制及班质量评优制度》和《职工安全质量标准化学习培训制度》及其他相应的配套办法与管理制度，制定了《安全质量标准化精细化管理实施细则》《安全质量标准化精细化考核管理办法》《安全质量标准化精细化示范区队建设管理办法》，规范安全基础资料管理，为标准化工作提供了制度保障。

为切实保证全矿安全质量标准化工作的顺利进行，成立了以矿长、党委书记为组长的“安全质量标准化”工作领导小组，并定期召开会议，对照标准，从制度建设、现场管理及各方面工作逐一进行安排，逐项落实到分管部门、分管人员。各基层单位也都相应地成立领导小组，全矿形成自上而下的安全质量标准化工作领导体系。党工团组织也充分发挥自身优势，在全矿进行广泛的宣传发动，制作了宣传牌板等，组织人员深入区队、井口演讲，组织开展了安全法律法规和安全质量标准化知识竞赛，并统一组织各单位充分利用班前会及周二、周五安全学习日，让每一名职工都熟知安全质量标准化工作的总体规划、工作目标、工作重点、工作措施，从而为矿井安全质量标准化工作地顺利开展打下坚

●总经理宋志刚（右二）在矿长宁文卫（左二）陪同下检查质量标准化工作

●党委书记武永发深入生产现场

二、以标准学习为途径，狠抓责任落实，为安全质量标准化工作的开展奠定了坚实的基础

在安全质量标准化活动创建过程中，不断强化标准学习，尤其是在抓责任制落实上狠下工夫。对全矿各级管理人员进行了集中培训，采取保安区队管理人员每周二、周五上安全质量课活动，坚持现场提问安全知识与月度抽查考试相结合，制定了严格的学习效果检查考核办法，从而大大增强了全矿干部职工学习标准的积极性，形成了人人学标准、人人懂标准，上标准岗、干标准活的浓厚氛围。同时，从标准、目标、责任、措施、考核等环节入手，结合现场实际，不断进行补充完善，逐步建立完善安全质量标准化工作体系。对照标准逐条逐项进行自查自纠，制定措施，落实人员，全面整改，明确了全矿所有岗位的安全责任，形成了一级抓一级、层层抓落实的安全目标责任保证体系。依法规范安全生产行为，各岗位的安全质量行为都纳入法制化、制度化的管理轨道。为确保责任制落到实处，我们以推行层次管理、健全责任体系为重点，明确各生产科室专业人员分工负责。对上级检查发现的重大问题，从班子逐级追究责任，生产科室管理干部在现场发现的重大问题，追究区队干部、现场班组长、安监人员的责任，使各级安全管理人员的责任制体现的更具体，按照“安全状况、工程质量、制止‘三违’、安全学习”四大项进行考核。同时，按照“四不放过”的要求，加大考核力度，严格兑现安全质量结构工资，提高广大职工搞好安全质量标准化工作的紧迫感和积极性。

三、以技术改造为保障，提高装备水平，打造安全质量标准化建设精品工程

机械化程度的高低，决定着矿井安全生产能力的强弱，矿井科技含量越高，安全系数就越高。金华山矿在2009年采煤机械化程度大幅提高的基础上，2010年安装了第二套综采设备，并建成了综采采全高工作面，同时拥有了综采放顶煤和综采采全高工作面，应用了综采放顶煤和综采采全高技术，采煤机械化程度达到了100%；综掘由2009年的两套设备增加到三套，掘进机械化程度高到了75%，矿井安全生产能力大幅提高。同时，围绕综采、环节系统改造，进一步加大资金投入。先后建成了井下电网监测监控系统、人员定位系统，为综采、综掘工作面安装了矿压和顶板离层监测系统，有效地保证了安全生产的顺利进行。实施了大断面巷道锚网索支护工艺，增强了巷道支护质量，引进了LM-120反井钻机，成井质量好、速度快、职工安全得到了有效保障。先后安装使用了两套高速架空人车，建成了标准化行人系统。职工乘坐车时间由原来的40分钟缩短到15分钟，既从根本上消除了挤车、等车、工时利用率低等现象，又使原本脏、乱、差的恶劣环境得到了有效改善。建成了井下广播系统，时时处处对安全文化理念，安全法律法规进行宣传，播放安全亲情祝语，安全类曲艺选段。不仅为职工缓解了疲劳，又使职工安全意识在潜移默化中得到了提升。完善了监控系统语音报警功能和短信群发功能，保证了监测监控系统正常运行。

四、以重点工作为抓手，严格整改落实，确保安全质量标准化建设上台阶

通过不断地对外交流学习，金华山矿在寻找自身差距的同时，以先进矿井质量标准化建设为榜样，制定了矿井“对标”管理实施办法，先后在矿推广应用了“五精”管理、四项技术、“岗位描述”、“手指口述”、干部走动式管理等先进管理经验。在各生产单位之间积极推行对标管理，全面推行区队长示范区建设，制定了《区队长安全质量标准化示范区建设实施办法》，每月检查验收评比，授牌、奖励。达到示范标准的挂牌奖励，未达到规划等极的加倍处罚。先后建成了综采一队、综采二队、综掘队等标准化示范区队，通过树立先进典型，带动了全矿安全质量标准化工作的全面提升。制度是基础、监督是手段、落实是目标，通过修订完善《金华山煤矿隐患排查责任追究制度》，加大各项安全管理制度的监督检查力度，对排查出的隐患做到措施、人员、时间、奖罚“四落实”，并安排复查、验收，直至消除隐患。坚持在专项检查、突击检查、边缘地点检查以及党政工团大检查等多种有效检查的基础上，不断创新思路，推行安全检查、整改、复查、考核“闭合”管理办法，对井下质量问题和“三违”现象实行了责任管理，对井下各种管理实施了责任追究制度，有力促进了现场安全管理水平的提高。

●退休老同志参观质量标准化工作面

五、以安全文化建设为主导，职工安全生产意识不断增强

加强企业安全文化建设是打造本质安全型矿井，塑造本质安全型员工的关键，也是创新管理方法，实现文化管理的重要手段。通过多年的实践、总结、学习、提炼，金华山矿逐步形成了文化搭台，安全唱戏的安全文化建设格局。一是对区队安全文化环境进行了大范围改造，在区队学习室悬挂宣传挂图、安全标语、印制了《重大隐患及严重“三违”辨识处理程序及责任追究办法》学习手册，为职工学习安全知识，掌握安全生产技能提供了良好条件。二是从班前学习入手，规范班前学习程序，对区队班前安全学习程序进行了进一步细化和规范，包保科室深入区队协助抓职工安全教育，班前会开展高唱安全歌、开展“每日一题、每周一案例、每月一考”学习活动，树立了班前学习礼仪示范区队，以点带面，整体推进，形成了浓厚的安全文化氛围。三是强化安全生产风险分析评估制度的落实。每周四、周日晚各基层单位召开安全风险分析评会，由包保区队矿领导和科室共同参加，分析区队安全形势，制定防范措施，解决安全生产中存在的突出问题，有效地保证了安全生产。四是安全警示教育实现了常态化。将每月初和月底最后一天设立为安全警示教日，统一印发学习资料，除区队自行组织以外，矿领导还每月开办一期“安全大讲堂”，为职工上安全课，普及安全知识，职工安全意识和安全生产技能得到了较大提高。同时，广泛深入开展了党政领导安全谈心活动。矿领导深入区队了解职工思想动态，与职工谈心交流，征集职工对安全工作的意见和建议，为实现安全生产提供了思想保证。五是优化了井下安全文化环境。在矿井新建的架空人车巷道悬挂了安全寄语，使职工在上下途中潜移默化地接受安全教育。利用井下广播系统，通过曲艺、演讲等形式宣传安全知识，既使职工身心得到了放松，又起到了教育职工的作用。

●综采工作面

●现代化采煤工作面

●离退休老同志乘坐猴车看变化

●井下巷道

●井下超市解决职工上班中用餐问题

●井下变电所

●井下管理公园化

●干净整洁的职工候车室

●标准化综采泵站

●矿570标准化火药存放硐室

六、以职工培训为手段，开展各项活动，不断提高干部职工搞好安全质量标准化工作的积极性

素质决定行为，行为决定结果。矿井安全质量标准化水平的高低归根结底取决于员工的素质。打造高素质职工队伍，以高素质职工队伍促进企业长足发展是金华山矿标准化建设的着眼点和立足点。先后组织管理人员到王村煤矿、山东枣庄集团等地学习安全质量标准化建设先进经验，结合矿井实际，集思广益，制订了具有金华山矿自身特色的安全质量标准化建设两年规划。充分发挥矿四级安全培训机构的作用，通过不定期、有针对性地组织员工培训，不断强化和培养员工知标准、会标准，知本安、会辨识，知制度、不触犯，知绩效、主动干。培养员工的学习意识，教育广大员工高度认识质量标准化与安全生产的重要性。同时，根据不同时期和阶段的工作特点，结合生产实际及时开展特殊工种技术比武和岗位练兵等各项活动，提高了职工学技术，保安全的积极性，为安全生产工作打下了良好基础，有效地促进了标准化建设的顺利开展。

安全质量标准化是煤矿工作的基础，基础不牢，地动山摇。今后，金华山矿将按照“计划精细化、考核严格化、方法多样化、结果有效化、学习日常化”的原则，推行“精心设计、用心经营、耐心坚持、决心改变、信心实现”的思维和执行方法。以精细化管理为手段，以作业标准为基础，以严格考核为手段，把煤矿复杂、烦琐的工作任务系统化、标准化、流程化，进一步做好提升矿井的安全质量标准化动态达标工作，不断提升金华山煤矿的安全质量标准化动态达标水平，为全面建设安全质量标准化一流矿井而努力奋斗！

铜川矿业公司金华山矿　　李胜会　拓侯晓

科学发展再扬帆　科技兴企谋新篇

“群山沐浴朝阳，天伦纵情歌唱，我们金华山矿金华山矿工意气风发豪情满腔……”48年来，一代又一代金华山建设者们在这块炽热的土地上挥洒汗水和激情，回顾金华山矿48年的发展历程，是一曲荡气回肠、催人奋进的华彩乐章，一代又一代的金华山人牢记党和政府的关怀，忠诚履行职责，生产“工业粮食”，为国家经济建设作出了巨大贡献。特别是近年来，金华山矿深入贯彻科学发展观，大力实施科技兴矿战略，夯实安全基础，完善基础设施，着力打造安全文化，提高干部职工队伍整体素质，矿井跻身国家级质量标准化先进矿井行列，频获省煤集团质量标准化先进矿井、矿业公司安全生产先进集体等荣誉称号。职工收入稳步提高，地面建设循序渐进、惠民工程按期竣工等，全矿干部职工沐浴在“快乐工作、体面生活”的阳光里……

1958年8月，踩着大跃进的鼓点，老一代拓荒者走进了这里，他们地当床、天当被，艰苦奋斗，自力更生，历时5年时间建起了一座年产30万吨的矿井。1963年11月10日金华山煤矿正式投产后，由于历史的原因，生产建设先天不足，产能一直在20万吨之间，尽管1978—1987年经过了十年改扩建，但年产始终没有突破60万吨。发展举步维艰，机械化生产三上两下，安全事故连年发生，产能效益低下，职工生活十分困难。“独眼龙，一条绳，滑坡慢慢行，想要高产弄不成；一条梁，两面坡，晴天一身土，雨天两腿泥”是当时职工群众生产生活的真实写照。

伴随着改革开放的步伐，不甘屈服的金华山人坚信：“从来就没有救世主，也不靠神仙黄帝，要创造未来的幸福必须靠我们自己。”2003年，金华山人解放思想，更新观念，大胆创新，开拓进取，实现生产战略大转移，开拓+570生产水平，改单一落后的炮采为π型梁、悬移支架放顶煤生产工艺，经过几年的努力，2006年矿井终于实现了几代人梦寐以求的90万吨达产目标，2007—2011年产相继突破百万吨大关并且实现了安全生产。

成功的喜悦，没有使金华山人却步。2009年新一届领导班子上任后，科学发展再扬帆，科技兴企谋新篇，二次创业立誓言，高展远瞩向未来，决心走机械化发展之路。经过不到一年的奋力拼搏，2010年国庆前夕，第一套综合机械化采煤机落户金华山，并大显神威，当年产量140万吨。2011年产量突破150万吨大关，再创建矿投产48年来历史最高纪录。如今，金华山已经形成“两综采、三综掘”的生产格局，采煤机械化率达到100%，并且连续实现2000天。经济效益连年递增，职工收入不断攀升。但是，面对发展变化的形势，矿党政“一班人”觉得“龙头老大”并不是产量意义上的“老大”，陷入了再谋发展的思考之中。

铜川矿业公司“加快发展、振兴铜煤”，解放思想大讨论活动和“深入基层、深入现场、深入群众”活动像一股春风吹开了金华山人的心扉。在“大讨论”活动中深刻地认识到：科学发展，文化强企，走安全质量精细化管理之路，用文化管理企业，才是我们终极的追求。把矿井建设成安全文化引领扬帆、质量标准化保安、生产生活环境优美，使职工“快乐工作，体面生活”的现代化矿井，才是真正意义上的“老大”。围绕安全生产等中心工作，全矿上下深入贯彻科学发展观，大力实施科技兴矿战略，加大资金投入，夯实安全基础，完善基础设施，提高干部职工队伍整体素质，向安全和谐稳定的现代化明星矿井目标迈进。

一、加大学习培训教育力度，努力造就高素质的干部职工队伍

近年来，金华山矿坚持以人为本，全面落实“给职工最好的福利就是培训”的工作方针，创新培训开发模式，促进职工队伍素质提高。加强干部教育培训，不断更新管理理念，适应现代企业管理需求。改革培训教育内容，重视技能教育，提高技术水平。以综采、综掘队伍培训为工

作重点，强化专业技术工种培训，打造一支专业技术骨干队伍。对班前安全学习进一步进行规范，加强检查督促力度，确保学习质量，提高职工自保、互保意识。加强班组长培训，充分认识班组长在安全管理中的桥梁和枢纽作用，结合“白国周班组管理法”对班组长进行集中培训，发挥班组主观能动性，激发班组活力，为安全生产奠定基础。加大警示教育力度，建立安全警示教育长效机制。坚持每月停产为三天进行安全警示教育活动，召开“安全警示教育”大会，增强干部职工的紧迫感、责任感。矿领导每月开办一期安全大讲堂，让职工充分认识到安全是关乎自身切身利益、家庭幸福的大事。同时，加强应急管理的宣传、教育和培训工作，全面普及事故预防、避险、报警、自救、互救知识，不断增强职工应急能力。加大考核力度，考核结果与工资挂钩，调动干部职工学业务，练技能的主动性、创造性。

二、重视人才，为他们发展成长搭建宽阔的平台，创造良好的工作环境

金华山矿党政重视人才，培养人才，努力营造吸引人才的良好环境和氛围，做到引进人才“引得进、留得住、用得上”。在积极做好人才培养工作的同时，还着重进行人才引进工作，把大中专院校的学生招收进来，分配到生产技术科室；变招工为招生，从源头提高干部职工的整体素质；把大中专院校的学生、转岗培训生放置到重要岗位接受锻炼，增长其技能。同时，矿领导积极鼓励他们参加课题研究，重点工程、重点项目中主要由中青年知识分子承担。通过多年来的努力实践，锻炼了中青年科技人员的创新能力和组织工作能力，为金华山矿安全大发展储备了人才。

三、搭起文化建设舞台，唱响安全生产之戏

实践使金华山人深刻地认识到，加强企业安全文化建设是打造本质安全型矿井、塑造本质安全型员工的关键，也是创新管理方法，实现文化管理的重要手段。于是，金华山矿撑起了用企业安全文化引领扬帆的桅杆。干部职工创新管理理念，牢固树立“百年企业靠文化”、“用文化管企业”、“以文化兴企业”的理念，积极实施文化强企战略，努力用先进的企业文化推动企业的改革发展，提高企业的创新力、形象力和核心竞争力，营造“企业有生气、质量有名气、领导有正气、职工有士气”的发展环境。先后组织人员到王村煤矿、山东枣庄集团等地学习企业文化建设工作先进经验，结合矿区实际，集思广益，初步形成具有金华山矿特色的企业文化建设工作新格局。积极实施文化强企工程，2011年开展的“企业文化推进年”活动，推进了企业文化建设。2012年，开展“企业文化发展年”活动，提高企业文化建设。2013年开展“企业文化创新年”活动，将是企业文化建设的发展和创新年。在实际工作中，着力推进“五精”管理，推广四项技术应用，推进“岗位描述”和“手指口述”“双述”工作，强化干部走动式管理，确保企业文化建设工作有序进行，实现企业增效、岗位增值、员工增收的经营管理工作目标。

安全化春雨，润泽职工心。“让职工工作并快乐”这是金华山矿决策者执着的追求和用行动对矿业公司“快乐工作、体面生活”治企理念的诠释。矿党政坚持“以人为本”建设企业，坚持“以人为本”发展企业，坚持“以人为本”管理企业。不屈不挠的金华山人在大山深处创造着辉煌，书写着历史和未来。2011年以来，金华山矿先后被评为陕西煤业集团安全生产先进单位、质量标准化先进矿井、铜川矿业公司“三型六化”先进集体、安全生产先进矿井，并被评为国家级安全质量标准化矿井。在庆祝建党九十周年之际，矿党委荣获矿业公司“四强党组织”荣誉称号，矿长宁文卫被授予陕西省国资委系统和矿业公司优秀共产党员称号，党委书记武永发被授予陕西煤化集团和铜川矿业公司优秀党务工作者称号。

“开弓没有回头箭，建功立业向未来。”金华山人决心以建党九十周年为契机，深入学习贯彻党的十七届六中全会精神，科学发展党建领航，文化强企再谋新章，在矿业公司党政的正确领导下，以加快发展、振兴铜煤，建功“十二五”、再创新辉煌的娇人业绩，向党的十八大献礼。

兖州煤业股份有限公司
鲍店煤矿

矿长 李仲辉

鲍店煤矿地处中国文化圣地——孔孟之乡，是我国自行设计施工、核定年产能力640万吨的大型现代化矿井，配有同等产能的现代化选煤厂一座。于1986年6月10日建成投产。煤炭资源丰富、品种齐全，“兖矿”2#精煤和1#动力煤被中国出入境检验检疫协会评定为“中国煤炭行业知名出口品牌”。

矿井自投产以来，始终坚持党的“安全第一、预防为主、综合治理”安全生产方针和“管理、装备、培训”并重原则，积极创建“方圆”安全文化，持续创新完善安全长效机制，着力打造本质安全型矿井，安全工作始终保持稳定健康发展良好态势。加大“安全高效”矿井建设力度，采掘机械化程度达到100%，综采单产突破600万吨大关，煤炭资源回收率保持在90%以上，累计生产原煤1.09亿吨。特别是ABM20S掘锚机组工业性试验获得了圆满成功，创出日进63米、月进1100米的国内一流水平。取得工程技术、软科学及创新管理成果396

项；技术创新、管理创新成果（小改小革）797项；174项次成果获山东省煤炭工业局以上科技进步奖及技术创新优秀成果奖；59项成果获国家知识产权局专利。深入推进煤质管理“三零”工程，精煤万吨含杂在国内首家降至1千克以下，达到“中国第一、世界一流”水平。积极与国际惯例接轨，在全煤系统率先建立并运行了ISO 9001质量保证体系、ISO 14001环境管理体系、ISO 10012计量确认体系，实现首家运行一体化管理体系，企业管理日趋规范。“六好区队”建设经验和做法在全国煤炭系统推广。《党建卓越绩效管理》荣获山东省企业管理现代化创新及优秀应用成果特等奖、中国煤炭工业思想政治工作优秀成果。

集团公司董事长党委书记王信（左一）视察鲍店煤矿

集团公司总经理李位民（右二）视察鲍店煤矿

煤业公司总经理张英民（右一）视察鲍店煤矿

引进的ABM20S掘锚一体机

鲍店煤矿

矿井先后获得全国文明煤矿、全国“双十佳”煤矿、全国职业卫生示范企业、全国模范职工之家、全国首批中华环境友好煤炭单位、全国企业文化建设优秀单位、全国煤炭行业卓越绩效十佳企业、山东煤矿安全程度评估8A级矿井、山东省先进基层党组织等200多项国家级、省部级荣誉。

矿长李仲辉在井下

山东能源新矿集团新巨龙公司

创领高端 矢志超越
全面构筑千万吨级现代化矿井

山东能源新矿集团新巨龙公司矿井设计能力600万吨/年、装备能力1000万吨/年，为山东省最大矿井，配套有千万吨级炼焦煤选煤厂。产品以肥煤和1/3焦煤为主，属“三低一高”优质炼焦煤。矿井于2002年8月开工建设，2009年底投产运营，矿井建设成功穿越600米特厚表土层，填补国际多项技术空白，集成世界高端装备，形成深立井千万吨工作面安全开采技术，被誉为“复杂地质条件下成功建井的典范和现代化精品矿井”。2010年产煤466万吨，销售收入43亿元，上缴税费逾11亿元。2011年1～10月安全产煤497万吨，销售收入50亿元。公司正以“铸精品、创一流”为主线，实施精益流程管理，建塑“腾跃”文化，创领高端、矢志超越，全面构筑“国内一流、世界先进”现代化井工矿井，先后荣获鲁班奖、煤炭工业节能减排先进企业、煤炭行业信用AAA级企业、煤炭系统企业文化杰出贡献单位、富民兴鲁劳动奖状、山东省首批诚信企业、管理创新十佳企业、企业文化先进单位等称号，多人分获全国“孙越琦”基金青年创新奖、全煤生产一线优秀青年科技工作者、全煤企业优秀党委书记、全煤思想政治工作先进个人、“富民兴鲁”劳动奖章等称号。

一、人智强安、技高固安、环优育安，着力创塑“内生式”安全文化

新巨龙公司提出“人智强安、技高固安、环优育安”安全文化理念，倡导建设安全控制、安全运行、安全保障三大系统，为特大型矿井构筑实现本质安全的路径。第一，规范人的安全行为。以促进员工做“本质安全型人”为出发点，从安全理念、教育培训入手，着力提升员工安全素质，牢固树立安全发展理念，引导职工安全行为。第二，集成先进高端装备。坚持大型化、重型化、智能化超前配置矿井各系统装备，引进了千万吨工作面成套装备，所采用的功率达1705kW、采高达4.3米的电牵引采煤机，为国内已应用采煤机中科技含量最高的设备。第三，优化安全生产环境。针对高地热、大涌水、煤层自燃期短等灾害突出的实际，该公司积极与中国煤炭科学总院、中国矿业大学、山东大学等科研院所合作，成立30多个技术攻关课题组、9个研究室，设立专项研究资金，推动实施一系列灾害防治工作，保障安全生产。

二、心智驱动、机能驱动、资源驱动，积极构建擎动管理模式

从心智、机能和资源三个方面，形成集成式系统动力，推动企业持续发展。第一，心智驱动。深入开展技术练兵、岗位比武、师徒管理——“传帮带”、岗位轮换等在岗培训和系统授课、拓展训练、模拟演练等岗外培训，提高整体思想认识和技能素质。第二，机能驱动。明确内部职能分工，提高协同作业能力，推动完善延伸“企务大厅”职能平台，提高跨部门综合服务能力，打造责任、效率、协作、制度平台。编制推行岗位说明书和工作流程，共梳理出36个单位的664个岗位，全部进行详细描述并确定岗位职责和量化考核指标。第三，资源驱动。推动人才、技术、装备交流，集成高端技术，集结各路精英，集聚各方资本，实现共创共赢。

三、文化立企、文化兴企、文化强企，同步推进软环境建设

新巨龙公司始终坚持把文化建设作为项目建设的重要内涵，实现文化软件建设与项目硬件建设同步规划、同步推进、同步落地，以“建构一流的管理文化、建塑一流的员工队伍、建设一流的样板化矿井”为目标，启动企业战略规划与文化建设项目研究，积极开展企业文化梳理诊断工作，组成联合项目组，配备专职人员研究，进行“三跨”（跨区域、行业、所有制）学习调研，开展专题访谈、座谈会、研讨会，设计“文化测量表”，综合获取各种技术、行业信息，形成《企业战略与文化现状研究和诊断报告》《企业文化手册》，构建独具特色的“腾跃”文化体系，形成并叫响：巨龙精神——创领高端、矢志超越，“三集”——集成、集聚、集结文化，提出内生安全管理、擎动管理体系构成及落地路径，为企业全面可持续跨越发展奠定坚实的软件基础。

四、心灵关爱、工作关爱、生活关爱，多维建塑员工幸福感支撑体系

新巨龙公司提出“多维关爱”的理念，从“心灵关爱、工作关爱、生活关爱”入手，营造“发展依靠职工，发展为了职工；关爱凝聚力量，温暖铸就和谐”的良好氛围。第一，心灵关爱。开展员工心理健康拓展训练，并聘请外部专业机构有针对性地开展员工心理自我疏导、职业化素养培训，培育“快乐工作、幸福生活”的健康心态。第二，工作关爱。把休息权还给员工，推行6小时工作制，并实行两班生产、两班检修，员工休息时间相应延长。第三，生活关爱。健全完善“440”地面后勤服务热线，并与“110”“120”值班室、信访接待室进行联动，建立健全突发状况应急处理机制，着力提升物业后勤服务水平，建设星级化员工公寓，实施专业托管服务。

多措并举，标本兼治 构建安全质量标准化工作长效机制

——山东能源新矿集团新巨龙有限责任公司

新巨龙能源有限责任公司作为设计能力为600万吨/年的特大型矿井，是山东第一大煤炭企业，是国家"十五"及省重点建设项目之一。把矿井发展成为装备现代化、系统自动化、管理精细化、安全本质化、行为规范化和环境优美化的新型样板矿井，始终是公司的要求和奋斗目标。

公司煤层埋藏深，局部地质条件相对复杂，水害、高温热害治理难度大，生产环节较多，顶板、运输安全隐患多，对公司的安全质量标准化管理提出了更高的要求。建井以来，公司始终坚持把安全质量标准化建设作为矿井的一项基础工作来抓，严格落实上级一系列关于安全质量标准化的文件、指示精神，坚持高境界、严管理、打基础、固根本，严格制定标准，强化责任落实，加大科技投入，扎实有效地开展安全质量标准化工作，建立了自我约束、不断完善的安全质量标准化长效机制，保证了矿井安全质量标准化水平不断提高。

一、健全制度，强化落实，确保安全质量标准化工作的顺利开展

抓好安全质量标准化是煤矿一切工作的基础，是提高企业核心竞争力的关键。为此，公司加强了对矿井安全质量标准化工作的组织领导。按照主要领导亲自抓、切块管理、分工负责的原则，形成了从总经理到职工层层负责的标准化责任体系，为搞好质量标准化工作提供了组织保障。

公司把安全质量标准化管理制度的建立作为搞好安全质量标准化的一项基础工作来认真对待。按照上级安全质量标准化标准、考核办法结合公司实际，细化、量化、深化了检查考核标准内容，下发了《新巨龙公司安全质量标准化考核管理制度》《新巨龙公司安全质量标准化考核实施细则》等一系列的管理制度，形成了安全质量标准化检查、考核奖惩体系，为安全质量标准化建设提供了制度保证。

通过科学、严密的制度和对制度严格的落实来完善责任考核机制，层层落实工作职责，从而为各项工作顺利开展奠定了坚实的基础。

二、完善标准、规范施工，大力开展精益流程管理

以实现全员、全方位、全过程"上标准岗、干标准活、做标准人"目的，大力推行精细化管理。按照"完善标准、规范施工、创新提升"的质量标准化矿井建设理念，完成了八大专业三百余项标准的制定，努力达到人人、事事、处处有标准。同时，不断强化全员标准学习，学以致用，员工建立学习记录，制定了严格的学习检查考核办法，坚持现场提问与月度抽查考试相结合，严格兑现奖罚，充分调动了公司全体干部员工学习标准的积极性。

在健全完善各项标准的基础上，公司狠抓施工标准和安全责任的现场落实，开展"精益流程、规范施工"活动，细化岗位职责，规范施工标准，推行精益流程管理。注重生产全过程的每个环节、每道工序的管理，把每项工作具体细化、量化到生产全过程，严格各类施工标准在现场的落实，强化动态控制、过程管理，从而达到规范化施工的目的，实现现场质量标准化动态下的达标。以推行层次管理、健全责任体系为重点，建立人人、事事、处处有考核的安全质量、生产、技术、经营四大责任考核体系，加大考核力度，强化责任落实，在公司上下形成了人人学标准、人人懂标准，做标准人、上标准岗、干标准活的浓厚氛围。

三、开展精品示范工程创建活动，实现环优育安

为促进安全质量标准化建设工作的不断深入，公司不断强化安全质量标准化工作精品意识，狠抓工程质量建设。按照"典型引路、逐步推进、全面提高"的工作思路，大力开展精品工程创建活动，从支护质量、管线吊挂、安全设施、材料码放、图牌板管理等基础工作做起，集中人力、物力对薄弱环节进行高标准整治，做到薄弱环节有突破，优势专业有巩固。同时，在精品工程示范点适时召开现场会，认真总结、积极推广创建单位的先进经验。

每月各专业都根据公司要求规划安全质量标准化专项整治项目，对所有整治项目做到明确整治标准、措施、时间、责任人及奖惩办法。安监处、调度室严格按照标准和整治计划对项目的进度和完成情况严格验收，旬通报、月考核，重奖重罚。

安监处、各生产部室，严格落实质量标准化旬检查、月验收制度，对各施工地点的质量标准化进行检查、验收。公司严格落实每旬一次的安全、文明生产全方位的综合大检查制度。加大安全监督检查力度，坚持做到动态检查与静态检查相结合、随机抽查与定期检查相结合、专项检查与综合检查相结合，确保检查覆盖率达到100%。严格落实一通三防、顶板、防治水、高温热害和机电运输等检查重点，按照公司“3357”隐患排查治理体系，落实隐患排查、治理、督察“三位一体”隐患排查治理闭合管理制度。规范检查行为，提高检查质量，落实检查责任，严格执行“谁检查、谁签字、谁负责”的制度。

四、强化教育培训，实现人智强安

针对公司生产设备机械化水平较高，对员工素质要求较高的现状，公司围绕安全生产、高产高效目标，开展深化学习型企业建设活动，注重实效，强化安全培训，不断提高员工素质，着重培养后备技术人才，实现人智强安。

一是公司通过下发《关于员工素质提升工程的实施意见》，营造浓厚的学习氛围，实施“周周有讲座、天天有培训、班班有学习、会会有考试”的培训机制，逐渐呈现出计划周密、专业配合、体系建立、效果显著的特点。实行分级培训，严格考核目标，将业务培训、素质培训重心下移到各专业、区队，实施全员安全培训。以培训目标考核、“以师带徒”、技能大赛等形式，自下而上，层层开展岗位练兵、技术比武活动。利用班前学习、安全活动等形式，组织员工学习煤矿安全规程、应急预案、事故案例、岗位操作标准、“手指口述”等课程，充分利用集团公司远教网、西安合利德教学软件进行在线教学，授课过程将教师课件授课与使用远教网、教学软件讲课相结合，增强了教学的直观性、情景化。

二是根据不同阶段的现场安全形势，制定《专业大课安全培训考核办法》，专业每月开展两次大课活动，专业内部所有员工参加培训，由专业副总师授课或聘请专家、教授、厂家授课。由安监处、人力资源部、职工培训中心每旬组织一次对各单位的学习情况检查，每月分工种组织一次全员考试，网发考核通报，兑现奖罚，充分调动员工学习积极性。采用“随机抽取、现场演练”的方式，每月两次在基层单位组织井下“手指口述”现场会，促进了各施工单位开展手指口述工作的积极性，实现了全员“手指口述、安全确认”，提高了员工安全素质和正规操作水平。

三是充分利用公司煤矿三级安全培训机构、博士后工作站的师资优势，不间断地举办管理人员、班组长、特殊工种等各类培训班。仅2011年就举办特殊工种培训班22期、班组长培训班5期、管理人员培训班3期，共计培训2000余人。

四是加强与中国矿业大学、北京科技大学、山东科技大学等高校的技术交流合作，发挥公司培训中心和实训基地的优势，强化科研攻关，出台优惠政策，推动重点专业人才能力升级、技能进位。

五是深入开展每周一次的安全警示教育。挑选新进发生煤矿典型事故案例，对公司所有员工进行警示教育，提高了全体员工的安全生产意识，增强了员工应对事故的预控能力和对突发事故的处置能力，做到警钟常鸣、举一反三，杜绝类似事故的发生。

五、提高矿井装备投入，实现装备保安

公司始终把依靠科技进步来提高装备水平、加强监测监控作为保障矿井安全生产的重要手段，开发应用了三维数字化矿山系统，为矿井的安全生产管理搭建了数字信息平台。与北京科技大学合作，利用WLAN技术研发建设井下无线声像信息传输平台，为矿井自动化建设开创了新模式。

目前，公司采、掘机械化装备水平均达到100%。在综放工作面采用超大型液压支架、大功率无链电牵引采煤机和运输机；先后引进巷道修复机、水沟清挖机、移动式压风机、掘进巷道小型装载机等设备，实现了矿建零星工程机械化施工；改进了综掘传统前探梁临时支护方式，研发了适应公司现场大断面、托顶煤、煤层节理发育、易片帮条件下的综掘机机载临时支护，提高了临时支护的可靠性，减轻了员工体力消耗，提高了工作效率。

与山东科技大学合作，成功研制了国产湿式喷浆机、井下全面推广湿式喷浆，取得了回弹量小、粉尘低、吐料量大、强度高等效果。在2301工作面上安装应用了ZPZ127型自动喷雾降尘装置，实现了与采煤机的联动。在全岩综掘巷道安装了德国HCN600/1型高效湿式除尘风机，大大提高了降尘效果，改善了员工作业环境，减轻了职业病的危害。

引入“城市公交化”运输理念，通过合作研发了井下运人公交工具，实现了大巷考斯特运人结合长距离顺槽双向顺槽车运人的新模式，实现了井下“半小时运人圈”。研发了各种运料胶轮车，逐步形成了大巷和采区上下山以无轨胶轮车为主，采区内顺槽以单轨吊为主的辅助运输模式，实现了矿井辅助运输立体化、交互式、高速化的“高速公路”运行新模式。利用辅助运输“信集闭”集中指挥系统实现了矿井辅助运输一站式服务，为特大型矿井辅助运输系统建设提供了先进经验。

通过上述一系列行之有效的措施，新巨龙公司安全质量标准化水平稳步提升，先后被命名为集团公司安全质量标准化示范化矿井称号、山东省安全评估A级矿井、山东省及国家安全质量标准化一级矿井。

山西天地王坡煤业有限公司

安全质量标准化经验材料

山西天地王坡煤业有限公司是由煤炭科学研究总院、天地科技股份有限公司和泽州县国有资产管理处共同出资组建的有限责任公司。矿井位于山西省泽州县西北，距晋城市约 25 千米，交通方便。矿井井田面积 25.37 平方千米，保有资源储量 287.85 吨，可采储量 171.27吨，设计生产能力 150万吨／年，建有配套的洗选厂和铁路专用线，矿井于 2006 年 6 月投产，属高瓦斯矿井。2009 年 12 月，山西省煤矿企业兼并重组整合工作领导组办公室以晋煤重组办发〔2009〕128 号文批复了晋城市山西天地王坡煤业有限责任公司重组整合方案，确立了我公司为兼并重组整合主体。现矿井“六证”齐全有效、属生产矿井。几年来，先后被评为山西省一级安全质量标准化矿井、国家级安全质量标准化矿井、煤炭工业一级安全高效矿井、生态示范矿井、绿色矿山、和谐企业等荣誉称号。

矿井井田采用斜井开拓，综合机械化掘进和综合机械化放顶煤开采；矿井主提升系统为带宽 1200 毫米的 DX 钢绳芯强力带式输送机，担负全矿井煤炭提升任务；辅助提升系统为斜井双钩串车提升系统；井下辅助运输采用防爆无轨胶轮车。矿井现开采 3# 煤层，3# 煤层为不易自燃煤层，煤尘无爆炸危险性；井田构造类型简单，属地温正常区，3# 煤层水文地质条件中等。

多年来，公司坚持开展安全质量标准化工作，认真落实国家、省、市、县关于开展煤矿安全质量标准化工作的指示精神，始终把安全质量标准化工作视为形象工程、生命工程、效益工程和基础工程。通过几年的管理实践，逐步形成了一套符合本企业实际的管理方法，并使之不断完善、提高。

一、领导重视，健全体系

为了加强对全矿安全质量标准化工作的领导，成立了以总经理为组长的安全质量标准化领导组，负责协调全矿安全质量标准化工作中的重大问题，

领导组下设安全质量标准化办公室，负责安全质量标准化的规划制定、组织管理、达标验收等工作。根据采、掘、机、运、通、地测防治水等专业特点，成立了由相关职能部室负责的各专业安全质量标准化领导管理小组，具体负责本专业内的安全质量标准化工作的开展，各基层区队都确定了安全质量标准化专职管理人员，形成了“横向到边、纵向到底”的安全质量标准化管理体系。

二、制定标准，加强管理

根据《煤矿安全规程》、行业有关规定、山西省煤炭厅2009年下发的新标准制定了我公司新的《安全质量标准化标准及考核评级办法》和《标准化调度室考核评级办法》，细化采、掘、机、运、通、地测防治水质量标准782条，实行区队单项专业百分制量化评比考核办法，建立了区队自检、专业周检、逐月验收、动态抽查的检查验收制度。

三、多法并用，严格检查

组建了一支由职能部室领导、专业技术人员、安全检查员、工作面质量验收员参加的专、兼职相结合的质量检查队伍，采取自检、全检、抽检和动态检查与静态检查相结合的办法进行严格检查。区队班组验收员每班对工作面进行检查，并填写检查班报表；专业部室每周对本专业进行一次检查；质量标准化办室除每月组织一次全矿安全质量标准化检查验收外，重点对各区队和职能部室专业人员检查过的区域进行抽查，以检查其是否按标准履行职责，安全检查员对工作面质量验收员工作实行全面监督。

四、奖惩考核，激励竞争

充分利用经济杠杆作用，实施安全质量标准化结构工资考核，把参与安全质量标准化建设单位的所有人员月度工资的10%作为标准化结构工资与达标规划挂钩考核，凡未达到预定目标的单位，扣除本单位所有人员的标准化结构工资，对达到预定目标和做得好的单位，除结构工资正常发放外，还将给予标准化结构工资10%的奖励，充分调动现场每一位员工建设质量标准化的积极性。

五、强化培训，提供人力保障

我们始终坚持“以人为本”的原则，突出专业培训和岗位达标，组织开展多途径、多层次的培训。先后组织技术骨干人员到阳煤集团、晋煤集团、兰花集团等先进单位参观学习。职能部室组织本系统人员对本专业标准化知识进行培训，区队将标准化知识纳入“每日一题”日常学习过程中，实施“员工考核、区队考核、部室考核”三级考核机制，实行了成绩与工资挂钩的考核激励机制，大大激发了员工学习标准化的劲头，同时，针对综掘机司机、采煤机司机、支护工、电钳工等特殊工种，通过技术比武，岗位练兵等多种形式，开展岗位技能培训，不断地提高员工的安全技术素质，为安全质量标准化的开展提供了有力保障。

六、加大投入，夯实基础

先进的技术设备也是提高安全质量标准化水平的重要途径。我们始终坚持保证安全质量标准化的投入，推广使用新技术、新装备，不断加强安全质量标准化基础工作。一是加大矿井辅助运输改造投入，购置各功能防爆胶轮车25辆，实现了辅运大巷和采面无轨胶轮车运输，并安设了交通安全标志和胶轮车错车信号。二是大力致力于瓦斯治理，聘请重庆研究院对矿井进行长期瓦斯治理规划与指导，建立了自己的矿井瓦斯含量测定分析工作室，开展瓦斯含量测定分析工作，为矿井瓦斯治理提供技术支持。购置了德国进口大功率瓦斯抽放钻机和千米钻机，实施了本煤层预抽、高位钻孔抽放和上隅角埋管抽放相结合的瓦斯抽放方式，井下安装了防尘

网、大巷自动定时喷雾装置，引进了风动式气动风门、平衡风门、在风门闭锁上引进了液压闭锁，在充填高冒、临时密闭方面，引进了化学密闭、罗克休等材料。在完善矿井监测监控系统的基础上2011年又安装了一套通风实时监测监控系统，瓦斯管理上实行了瓦斯报警、断电值下调20%的超前预控措施，并开始实施矿井“0”超限瓦斯治理示范工程”建设。三是大力投入顶板隐患治理方面，聘请煤科总院康红普博士进行了现场诊断，优化了巷道支护技术，成立了顶板管理小组，安装了顶板实时监测系统，对存在隐患的重点区域进行注浆加固，多措并举，确保顶板安全。四是加大机电管理投入，购置煤矿供电系统设计、整定、计算绘图软件，安装了小灵通无线通信系统，对矿井主运系统进行了更新改造，在主要通风机、主运皮带、主提升绞车安装了高压变频调速驱动装置，实现了大型设备软启动功能，保证了设备运行安全。五是加大员工安全教育培训投入，成立了电教室，配备30余台电脑和微机智能考试软件，实现了全员微机化考试。六是投资150万元聘请外部专业咨询公司对公司实施“OHS”体系建设，对矿井进行了全面安全诊断，开发建立了风险预警系统，对安全隐患进行实时动态预警，实现了隐患管理和“三违”考核网络化、规范化和闭环管理，进一步提高了风险防范能力。七是聘请常州研究院对矿井实施数字矿山建设。八是先后投资4400余万元建成了监测监控系统、井下作业人员管理系统、矿井压风自救系统、供水施救系统、通信联络系统和矿井紧急避险系统。九是按照“物探先行、钻探验证、化探跟进”的原则，联合中国煤炭科工集团西安研究院，开展防治水物探工作，改进单一的探测方法，有效提高探水的可靠性，逐步形成“探测超前、预报准确、防治达效、管理到位”的矿井防治水工作体系。十是加强矿山救护队建设力度，修建了救护队专门的训练场地和办公场所，购置了专业救护设备和仪器，创建国家四级标准救护队，提高矿井应急抢险能力。

——主井底给煤机变频器推广应用

原有给煤机控制系统采用直接启动方式，频率不可调（50Hz）。当煤仓煤量较少时，也必须使用50Hz全频运行，造成电量浪费，并加大机电设备的磨损。另外，无法对煤量进行无极调节，给煤机只能用断续放煤来控制主皮带带煤量，设备频繁起停，对设备损坏较大。

给煤机更换为MG250/600-WD1型变频器后，每月消耗电量由1.1万度降低到0.67万度左右，节约电量约20%，起到了很好的节能降耗效果。给煤机可以通过变频来实现无极调节煤量，保证生产系统平稳运行，同时也减少了由于频繁起停而对设备造成的损坏，工人劳动强度大大减小。

——井下接地装置标准化建设

旧接地装置存在的缺点：1. 原接地线卡B点与主线板连接处导电面积不够，导致接地电阻偏大，不符合《煤矿安全规程》要求。2. 原接地线卡与主压板连接的小压板为铜制材料，B点容易折断，导致局部接地与主接地断开连接，使局部接地电阻增大，威胁到人身安全。

新接地装置置具备的优点：1. 增加了接地卡与主接地导线的导电面积，减小了接地电阻。井下接地网构成后，总接地电阻很小（在2Ω以下），完全符合《煤矿安全规程》要求。触电后，漏电电流经总接地电网流入地下，流经人体的电流很小，对预防人体触电起到很好的保护作用。2. 新并钩线卡采用三条螺栓压紧固定，接地导线直接插入，连接牢固，不会存在折断及脱离现象，保证了接地的牢固可靠。

附图：

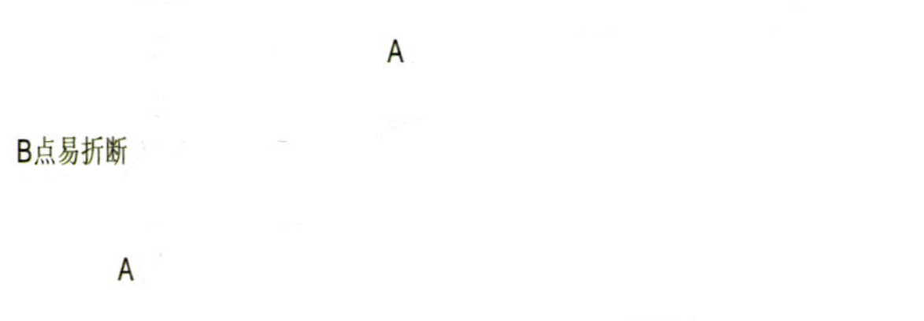

（原接地线卡）　（新并钩线卡）

——副井底等候硐室人文化管理装饰效果

副井底等候硐室是一个井底行人通道及候车中转区，为了搞好质量标准化建设，改善传统下煤窑的旧观念，给煤矿员工创造一个和谐、温馨的工作环境，体现公司人文化管理、和谐发展的方针，经过多方调研、集思广益，最终决定井底等候硐室采用防滑花岗岩火烧板、墙砖、铝合金弧形单板、米黄色铝塑板、轻钢龙骨、防爆型日光灯配合KTK113型井下广播系统进行整体装饰。装饰后的等候硐室焕然一新，所有下井员工以愉快轻松的心情进入工作岗位，在一个灯光通明、装饰典雅，温馨并回荡着美妙音乐的空间等候升井，有效缓解井下员工工作的紧张情绪和疲劳感觉，为员工的身心健康提供一个可靠保障。以下是局部附图。

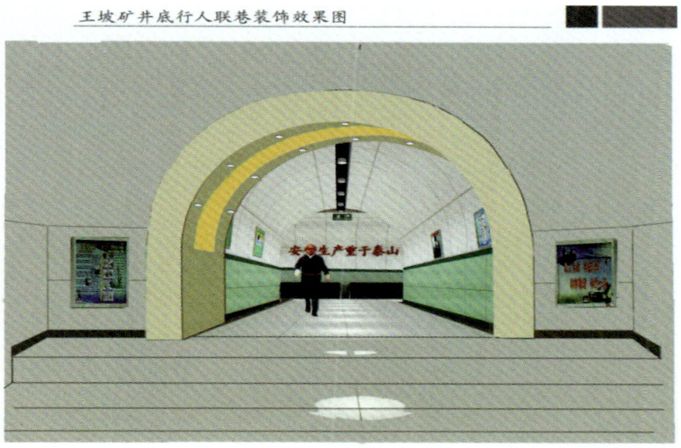

七、摸清底子，打攻坚战

每月标准化办公室组织一次全公司安全质量标准化检查，组织召开专题会议，研究各个单位标准化存在的重大问题和疑难问题，列入标准化月度攻坚战项目，制定专门方案进行整改，对每月内完成的攻坚战项目各队要先自行验收，合格后由标准化办公室组织相关部门对攻坚战项目进行验收，对不合格或无故没有完成的，重新落实措施，组织人员进行跟踪落实。

八、典型引路，以点带面

一是采取了“全面规划、重点突破、分步实施、整体推进”的办法，以采掘工作面达标为突破口，实现了井下管路一条线、皮带一条线、轨道一条线、电缆一条线、照明一条线的“五条线”管理和现场文明生产。二是坚持以精细化管理，树亮点、出精品，按照“试点先行、现场树标、整体升标”三步走的思路，努力打造“一个综采面、一个掘进头、一个换装硐室、一条辅助运输线、一条主运系统”的“五个一”精品示范工程，以点带面，推动安全质量标准化上台阶。三是按照《企业安全生产标准化基本规范》（AQ/T 9006-2010）标准，开展了自查达标活动，努力实现安全生产全面达标。四是抓好“OHS”体系建设，进一步提升公司综合安全管理水平。五是根据上级要求，启动机械化、信息化的“两化融合”试点矿井建设，按照“两化融合”建设三步走发展规划，全面推进矿井机械化、信息化建设，完成局部生产环节集控自动化、区域企业资源管理系统融合、信息监控系统集中管理、隐患排查管理信息系统、安全生产信息短信平台系统、个别机电设备运维系统等系统建设及门户网站建设；重点推进调度执法网建设和煤炭专网改造工程；在综放工作面安装SAC型支架电液控制系统及工作面集成控制系统，逐步形成少人化甚至无人化工作面试点，为进一步提高矿井现代化建设及公司品牌效应起到了强有力的推动作用，形成具有综采自动化、掘进机械化、主运集控化、辅运快捷化、通风智能化、管理信息化的高端矿井。

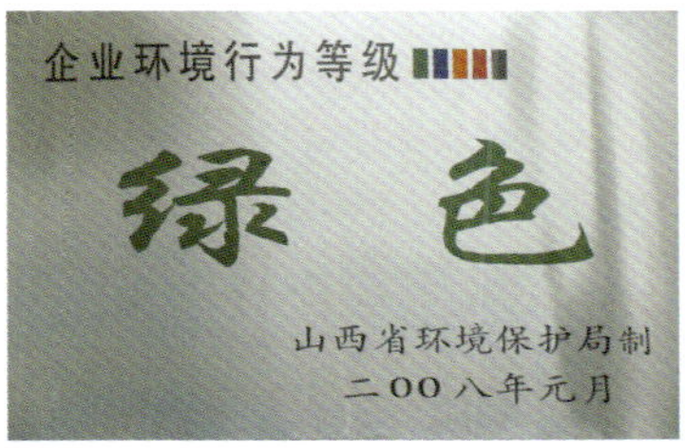

筑牢安全发展的基石

——王石凹煤矿安全质量标准化工作纪实

王石凹煤矿矿长　解耀明

王石凹煤矿党委书记　田战强

在全国煤炭工业史上，王石凹煤矿是我国“一五”期间由前苏联援建的西部地区唯一的煤炭项目。50多年来，该矿栉风沐雨，经历了简易投产、计划经济、市场经济等几个发展阶段，在集团公司改革发展史上写下了浓墨重彩的一笔，为地方经济的振兴作出了积极贡献。

王石凹煤矿于1957年开工建设，1961年11月建成投产，是当时西北地区第一座机械化竖井。由于受特殊的历史条件所限，造成先天不足、后天失调，加之人员多、底子薄等诸多困难，企业的发展曾一度步履维艰。面对新情况、新问题，矿党政一班人审时度势，对企业的发展重新进行了定位：要想在纷繁变幻的市场经济大潮中立于不败之地，就必须落实科学发展观，不断强化发展意识，创新发展观念，坚持不懈地抓好矿井的安全质量标准化工作。

近年来，该矿党政一班人始终把安全质量标准化建设当做矿井的一项基础工作来抓，严格制定标准，加大投入力度，强化管理措施，矿井上下文明生产和综合形象发生了巨大变化。特别是在2011年，该矿立足实际、着眼大局，敢于突破、勇于创新，坚持高起点定位、高标准运作，广泛发动，全员参与，不断强化安全基础工作，使质量标准化工作实现了质的飞跃，有力地推动了矿井安全生产形势的持续稳定发展。2011年以来，矿井先后被陕西省省委、省政府命名为省级“文明单位”，被陕煤集团公司树评为“质量标准化先进矿井”“安全生产先进单位”，并再次荣获国家级“安全质量标准化煤矿”殊荣。

王石凹矿入井安全文化长廊

一、更新思维，提高认识

进入2011年以来，在连续两年荣获国家级“安全质量标准化煤矿”殊荣之后，永不满足的王石凹人没有故步自封，而是多方进行自我加压，采取走出去取经学习，引进来吸收利用，广泛深入地进行宣传动员，统一职工思想，强化安全质量意识，夯实了质量标准化建设工作的基础，全力助推矿井质量标准化建设稳步提升。

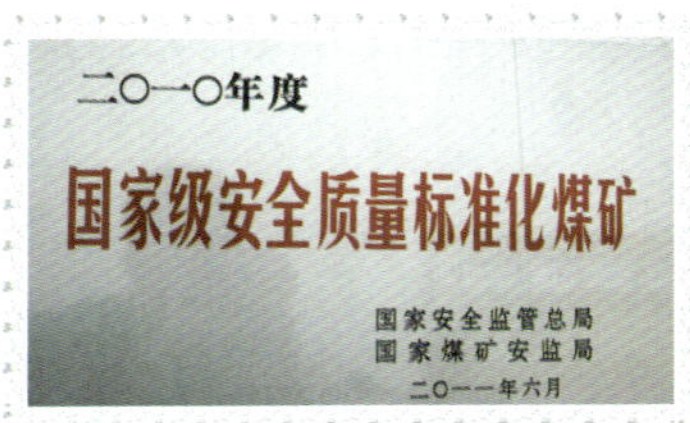

一是从“头”做。矿长解耀明、矿党委负责人田战强先后多次亲自带队，组织相关业务科室领导干部分批远赴省内省外标杆煤企“取经”，近到兄弟先进矿井单位“化缘”，以博采众家之长，从“头”开始，拓宽思路，转变观念，每次参观学习归来，及时组织召开“诸葛亮”质量标准化专题研讨会，认真找寻差距，发现自身不足，集思广益，从“头”做起，进一步统一领导层、管理层“带头人”思想；结合日常工作实际情况，定期组织各基层单位管理人员在矿内部进行相互交叉检查，通过检查使各级管理人员了解到本单位标准化与其他单位的差距，以学习对方的长处，改正自己的不足；积极鼓励各业务科室领导干部大胆设想，广泛听取意见建议，多番考查求证，真正找准切入点，深入挖掘自身

井下“四位一体”

岗位手指口述

潜能，制定出切实可行的措施和实施方案，牢固树立“认识能达到、标准化建设就能达到”“标准化建设没有最好、只有更好”“保持就是落后”的标准化意识，为全面提升矿井质量标准化建设水平提供坚强的思想保证。

二是全员学。充分利用基层单位每班班前会、安全学习日、警示教育日等学习时间，向职工讲解质量标准、技术要求，提高职工质量意识，每月定期进行测试，实行奖优罚劣，充分调动职工学技术、学知识的积极性；集中组织全矿所有干部职工分11场次学习观看了中煤政研会秘书长李演珍《安全生产精细化管理》专题报告，并指定专人对报告讲话逐句逐字进行整理，形成文档材料复印下发至各基层单位再次进行深入贯彻学习；坚持内培和外培相结合，狠抓培训不间断。全年选送技术骨干赴三一重工、西安煤机厂、洛阳矿山厂、天津华宁电子有限公司等地培训10批69人次。矿内全年组织安全培训17期，培训人数达5715人次，超额完成全年计划；投资12万元购置图书2000多册，使矿图书藏量已经超过职工人均五册的目标，为基层单位增订《中国煤炭报》《中国安全生产报》等报刊，购买并发放《安全第一员工安全意识手册》1500本、《班前班后讲安全——煤矿安全生产小故事》1500本，并组织学习讨论，增强职工安全质量意识。

二、倾力投入，夯实基础

2011年，王石凹煤矿党政一班人在确保落实并用好专项资金的基础上，又想尽一切办法再“挤”出500万元用于质量标准化建设，并针对适逢矿庆50周年基建工程点多面广的实际情况，挑选多名“精兵强将”补充到矿生产、规划等业务科室，倾尽物力人力，全力打造本质安全型矿井，为安全生产创造有利的基础条件。

井下标准化机电硐室

一是狠抓基础建设。结合矿井实际，精心规划设计，严格按照“井下管理工厂化”方案及年初制定的《井下工厂化管理实施办法》，投资1000多万元，对735副井底人行通道两侧铺设防滑钢板628平方米，巷道贴磁砖、顶板扣顶2140平方米；对提矸暗斜井、主一皮带头、小斜巷及下部通道地板硬化7577平方米；对650火药库绕道、西一至西二以及西三轨下中段返打水沟1600米，更换水沟盖板3200米，巷道喷绘4500平方米，更换轨枕2300根；对矿井通风系统主要进、回风巷道维修施工计1200米，新建通风设施60多道、维护更换150多道，安装东一、西一瓦斯抽放系统管路2900米，新配消防沙箱30个，补充灭火器80台，完善掘进工作面双风机、双电源使用；对650系统3000米风水管路进行反光包膜，更换付井底到人行井的所有照明灯，美化人行井的墙地板，使井下系统环境大为改观。

二是打造精品亮点。按照“典型引路、以点带面、整体推进”的工作方法，继续开展创建标准化生产区域和“区队长示范”工程活动。先后对735中央变电所、650东一变电所进行装饰美化，建成两个高标准的硐室；完成主、副绞车房、压风机房的标准化工程，对主绞变频装置进行改造，对主一皮带头电缆、供水管路进行整理并用高分子板进行装修美化；完善综采工作面两巷超前支护管理，保证超前支护达到规定要求，对2207、2503等工作面平台、乳化液泵站、皮带头、绞车房、工具房、休息室地板进行硬化铺设广场砖1460平方米，更换电缆钩4500个，风水管路刷漆6700米；在2505、294上下顺等采掘头面安设彩门、进风斜巷巷帮喷绘1472平方米，先后建成人行斜井、2503、2505、2207等多个标准化示范样板区域。

三是推行四项技术。按照编码、定置、标识、看板四项安全管理技术的要求，对井下所有空间区域，安全生产设施、大巷、照明灯具、管路阀门、机电设备、线路进行统一编码。对采掘、生产辅助1500余名干部职工实施统一工服及安全帽分色佩戴、规范管理，并将职工姓名、编码、所在单位、职务工种等内容输入制作成“胸牌”统一佩戴，实行“实名”上岗，根据生产现场作业危险类型或程度，分别设立提示、警告、禁止等安全标志牌，对650东西大巷6600米更换架线编号牌1280块、里程牌66块、轨道绝缘点进行挂牌50处；更换工作面架线里程牌116块，对风筒全部采用钢丝绳吊挂，重新制作风水管路编号贴2360张，单体支柱牌2000块；整理吊挂735人行通道电缆400米，更换东一至西一等井下巷道复合式电缆钩7250个，使质量标准化建设更趋于规范化、美观化。

三、严格标准，精细管理

标准和细则是开展安全质量标准化工作的重要尺度。王石凹煤矿以贯彻上级质量标准化文件精神为准绳，完善了一系列质量标准化制

人行井架空人车

标准化压风机房

井下标准化大巷

井下标准化建设再上新台阶

度办法和实施细则，不断推进安全质量标准化工作有序深入开展。

一是重抓制度完善。该矿结合工作实际，深入了解矿井安全管理现状，剖析制约矿井安全生产管理的不足之处，编写了共8章346条涉及10个部门19个岗位工种的《企业安全管理办法》；出台实施了新的《作业规程》编制审批管理办法，全面提高《作业规程》《安全技术措施》的编写、会审、贯彻、落实质量；制定完善了《生产班组安全建设管理办法》，编写了《班组长行为规范》，制订完善了《王石凹煤矿安全质量结构工资考核办法》。同时，建立完善了安全生产风险分析预测评估机制，再次明确了相关岗位职责和各自分工，细化指标分解、量化标准考核、刚化奖罚兑现，落实全矿所有岗位的安全质量目标责任，形成了一级抓一级、层层抓落实的安全质量目标责任保证体系，为安全质量标准化建设的整体推进提供了可靠的制度保障。

二是严抓行为规范。为巩固提高安全管理水平，该矿在坚持运用“手指口述”安全确认法的基础上，又总结整理涵盖采、掘、机、运、通各个专业，井下、地面生产辅助等175个岗位，内容包括“文明用语、操作流程、危险因素、常见故障、处理方法、避灾路线”等内容的“岗位描述”标准，并采取班前循环抽问、区队间相互PK、入井前模拟演示、月底警示教育日竞赛会演、日常井下工间休息现场练兵等方式，全面推行“双述”行为规范养成，全年共举办“双述”演练大赛4期，参与人数达2700多人次，并通过定期检查和不定期巡查的方式对不良行为实行现场纠正、立即处罚、张榜公布，全力保证“岗位双述”工作能够深入有序开展。

三是细抓精细管理。以健全责任体系为重点，明确分管领导对本专业的安全生产全面负责，生产科室专业人员分工负责。对检查发现的重大问题，从领导班子逐级追究责任，实行个人安全质量工资考核。对基层单位集体安全质量结构工资实行百分制考核，按项目划分考核比例，实行班评估、旬检查、月验收等动态抽查，认真开展单位和班组评优评差活动，确定专业质量得分，按规定考核提取工资。按照《矿业公司安全质量精细化细则》的要求，试行了采煤、掘进、机电、运输、一通三防、地测防治水、调度等七项精细化管理细则，不断规范各个工种的工作流程和员工操作行为，注重生产过程中的每个环节、每道工序的具体细化，注重抓源头、过程的高标准实施和安排、检查、落实、考核的有效执行力，不断促进质量标准化由粗放管理向精细管理整体推进。

四、文化引领，凝心聚力

管理的深处是文化，素质的高处是自律。有着50多年深厚历史文化的王石凹煤矿将安全文化建设作为标准化建设的一项重要内容来抓，逐步形成了独具自身特色的安全文化底蕴与深层次内涵，为安全质量标准化工作的整体开展营造了浓厚的舆论氛围。

一是更新设施。2011年，该矿在宣传设施上投资150多万元，按照公司企业文化“三统一”的要求，对基层单位宣传橱窗重新进行设计，添置集团、矿业公司企业文化、安全文化以及视角标识等方面内容，更新了安全文化长廊内容，把矿旗、矿徽更换为集团公司司旗和司徽，大大丰富和更新了企业安全文化资源；在矿职工活动中心安装了一块总面积近43平方米，目前属铜川矿区最大的户外全彩LED高清电子显示屏，集视频、动画、字幕、图片于一体，满足了及时转播重要时事新闻、同步直播矿区电视新闻、现场直播矿区赛事活动的需求；更换了办公大楼门前电子显示屏主机及主显屏幕配件，大大提高了安全文化知识理念的宣传效果。

二是拓展阵地。以安全文化为主线，对井下副井底至650人车场主通道进行科学规划，合理布局，精心设计，制作安装了100余块文化牌版，为各采掘工作面增设各类安全文化牌板287块，先后建成“兴之

综采工作面

本、兴之愿、兴之聩、兴之果、兴之悟”五大区域六大篇的千米安全文化长廊。企业观念篇以集团、矿业公司、矿安全目标、指导思想、核心理念等为主要内容；安全警示篇以上至国家领导人，下至区队班组长以及父母妻儿温馨祝愿等提醒语为主；安全寄语篇以矿属各基层单位干部职工呼吁安全生产的共同心愿为主；发展成果篇以建矿50年来为企业发展作出卓绝贡献的全国劳模、省级劳模、矿首席员工等先进人物的模范风采和励志格言为主；规章制度和事故案例篇以历年来矿井发生的典型事故案例和煤矿安全生产规章制度摘录为主。所有牌版在文字基础上配以插图漫画，以图文并茂的形式，浓缩精华，或寄语激励、或提醒警示，为企业安全生产画龙点睛、助威呐喊。

三是丰富内容。以创建本质安全型矿井为宗旨，开展形式多样、内容丰富的安全教育活动。全面推行入井风险预测机制，深入开展“每日一题”“手指口述”“岗位描述”“报告汇报”“安全访谈”等活动。根据不同时期安全生产状况，适时开展以“安全责任、重在落实”巡回演出23场次，工伤人员子女亲情演讲20余场次，特别是全国第十个安全生产月活动期间，举办千人安全大签名、有奖安全知识答题、安全漫画展和安全知识竞赛等活动，组织职工家属书写安全标语200多幅、安全劝告信80余封、签订安全公约600多份，开展工伤人员面对面话安全现身说法18场次，组织职工家属和机关后勤人员入井慰问体验生活，在矿闭路电视创新开办《安全说说看》访谈节目，增强广大职工安全生产意识；合理利用“工间休息”时间，采取各种职工喜闻乐见的形式，极力丰富职工工间活动，让职工在享受工间休息用餐的同时尽情享受安全文艺演出，达到休息学习两不误。

五、以人为本，勇于创新

安全质量标准化的最终目的在于确保矿井安全生产，保障职工生命安全。为此，秉承“以人为本、追求卓越”企业核心理念的王石凹人始终以保护职工的身心健康为宗旨，紧紧抓住制约煤矿安全生产的关键环节，勇于创新，敢于突破，着力为职工提供安全、舒适、温馨的工作生活环境。

一是彰显人文关怀。该矿先后将安装在井下人行斜井原安全系数相对较低的双筒液压绞车更换为安全系数相对较高的架空乘人装置，在井口至井下650人行斜井1000多米井巷安装井下救援广播系统，使职工在千米井下也能欣赏到美妙的音乐；在井下650下平台安装一套ZKSXJ-1矿用智能洗靴机，彻底解决了以前职工升井后手刷靴既费时费力又刷不干净的问题，有效降低了粉尘污染源，保持了井下环境卫生；在各主要系统配置防爆型饮水机7台，在采掘头面先后建成四个应急“爱心”超市，结束了职工以往在井下上班喝不上热茶、吃不上热饭的历史，大大改善了井下职工作业环境、运输大巷统一七孔水沟盖板既结实耐用又美观大方，遮挡防火沙箱及灭火器的推拉门设计既别致巧妙又让人备感温馨亲切；而综采设备首次使用变频调整采煤机，主运输皮带首次使用变频电控装置等诸多新技术新设备的推广应用，更是大大降低了职工劳动强度。

二是凸显众人智慧。召开了首届科技大会，拿出10万元，对2008年以来在科技工作中涌现出的专业技术人员、技能人才、科技工作者以及优秀科技成果和科技论文获奖代表进行了表彰奖励；大力开展技术创新活动，坚持每季度举行一次全矿性的“优秀发明创造、技术革新、合理化建议、能工巧匠”评选活动，分季度对27名同志的28项小改小革成果给予了11800元的表彰奖励，在全矿上下掀起了全员创新热潮；职工自行研制的“楔钉式顶板支护技术”有效解决了工作面顶板破碎、压力大时既要保安全又要节约耗材的双重难题，“网式捕尘门防尘装置”从尘源治理降低煤尘，有效保障了职工身心健康，“综掘机直接搭接皮带运煤方式” 既减少了掘进生产运煤环节，提高了掘进速度，又方便操作易于掌握，有效保障了矿井安全生产，而“简易电缆拖移装置”“洗靴机电机防水淹保护装置”等一系列创新成果的推广应用，更是既减轻了职工劳动强度，又有力地促进了矿井安全质量标准化建设。

三是共享发展成果。以建矿50周年庆典为契机，先后拆除自建危房78户223间，对28栋91个单元楼杂物进行清理，为职工生活区新购垃圾筒130个，使矿区面貌焕然一新；全年完成绿化面积52440平方米，新栽植各种苗木21171棵，播撒各类绿化草子100余千克；对家属区道路硬化达2814平方米，并在矿业公司支持下，对长达14千米的王石凹—徐家沟矿区公路进行了大修，为矿区职工群众的出行带来了极大方便；投资119万元，完成溪苑小区主路护坡工程；完成矿区单元楼达8000多平方米的屋面防水处理工程和矿区供水管网改造遗留工作以及储煤场钢柱连接、彩钢板安装等封闭工程；完成生活区供暖管网铺设落地改造工程和住宅楼主暖气管道改造工程和溪苑小区、北山10栋单元楼外墙保温处理工程以及工业区供暖改造工程；完成退管科北山活动室装饰改造工程，并为活动室购置了30张桌凳，保证了老年娱乐活动的正常开展。

安全质量标准化工作永无止境，每天都是新的起点。王石凹煤矿党政一班人时刻保持清醒的头脑，在总结经验的同时，也有着更深层次的思考，在工作中居安思危，戒骄戒躁，谦虚谨慎，力求把安全质量标准化工作做得更好，向安全质量标准化工作新的高峰奋力登攀！

井下工作面爱心超市

强化安全文化建设
规范职工行为　打造本质安全型矿井

——王石凹煤矿矿长　解耀明

近年来，随着国内煤炭市场的逐步升温，煤矿的安全问题逐渐凸显出来。尽管国家对煤矿安全倾注了极大的关注，但煤矿安全形势仍不容乐观，安全事故依然层出不穷。据统计，2011年全国煤矿共发生事故1201起，死亡1973人。分析其原因，60%以上事故是由人的不安全行为引起。因此，要实现安全发展，把事故控制在最小的限度内，人是最关键的因素。笔者结合多年的煤矿安全生产管理实践认为，煤矿企业除了要进一步加强行政管理、强化监督监查之外，还必须以安全发展观为指导，苦练“内功”，建设强势安全文化，规范职工行为，打造本质安全型矿井，实现煤矿企业长治久安。

下面，笔者就如何建立煤矿企业的安全文化，规范职工行为，打造安全本质型矿井，实现煤矿企业的安全文化长效机制谈谈自己粗浅的认识。

一、强化煤矿企业安全文化建设的意义

第一，安全文化建设是企业文化建设的重要组成部分。它是对企业文化建设的丰富和延伸，是在长期安全生产实践中对科学技术和安全管理手段的发展与补充，是刚性管理和柔性约束的有机结合。安全文化观念的引入，是对煤矿企业文化建设的丰富和发展，不仅能够进一步整合原有的安全文化资源，而且能够营造良好的安全生产环境，提升安全管理理念，全面推进安全工作的稳步发展。

第二，安全文化建设是对以人为本重要思想的诠释。安全文化作为企业文化的一部分，其主要任务就是宣传党的安全生产方针和科学的安全生产知识，提高干部职工队伍的安全技术水平和安全防范能力，其出发点在于提高干部职工的安全文化素质，形成“生命至上、安全第一”的良好氛围，最终确保实现安全生产，防止伤害事故的发生，抵御各类自然灾害，维护职工的身体健康。

第三，安全文化建设是规范职工行为，营造安全氛围的关键。在安全生产人、机、环境三要素中，人是最活跃的因素，同时也是导致事故的主要因素。从煤矿企业发生的众多安全生产事故分析情况来看，安全事故都是由于人的安全意识出现问题。思想决定观念，观念决定行为，而这种支配行为能力的形式，主要取决于人的安全文化素质。因此，强化煤矿企业安全文化建设，规范职工的一举一动，提高管理干部和职工的安全素质是煤矿企业刻不容缓的艰巨任务。

第四，安全文化建设符合现阶段煤矿企业发展的规律。在如今的市场经济条件下，煤矿企业市场竞争日趋激烈，实现利润最大化已经成为广大煤矿企业的共同追求和远景，而要实现这个目标，则需要煤矿企业始终要有一个安全稳定的环境。安全文化是一种新型的管理形

式，它区别于传统安全管理形式，是安全管理发展的一种高级阶段，其特点就是将安全管理的重心转移到提高人的安全文化素质上来，转移到以“预防为主”的方针上来。近几年国家三令五申，进一步加大了安全工作力度，措施一再严厉，处罚一再加大，但是重特大事故仍然屡禁不止，形势严峻。究其原因，主要是人的违章行为得不到有效控制，在一定程度上存在重效益、轻安全的思想，忽视了安全的重要性，导致重大隐患依然存在，不仅给煤矿企业造成重大的经济损失，而且扰乱了煤矿企业正常的生产工作秩序，延缓了煤矿企业的发展速度。因此，加强煤矿企业安全文化建设，就是要营造出浓厚的安全文化氛围，提高职工的安全自主管理能力，努力创造出和谐的安全生产环境，使人人、事事、时时都处于良好的安全状态，实现人、机、环境的和谐统一，从而集中精力抓生产，聚精会神搞建设，不断增强发展后劲，提升竞争力，在激烈的市场“角逐”中立于不败之地。

二、强化安全文化建设的基本途径

安全文化建设是一项长期的系统工程，其推动和发展，必须从文化培育和传播的规律出发，寻求建设的有效途径。笔者认为，当前应该注重以下工作。

一是安全理念达到内化于心。

安全理念作为企业安全文化的核心，直接指导企业的安全生产，实现安全理念深入人心，在职工中树立正确的安全价值观，才是提升职工安全思想境界、打造人文环境持续安全的关键。首先，重视安全理念的宣传、灌输和引导等工作。通过广播、电视、橱窗宣传栏等各种媒介不断阐释安全理念，强化安全理念学习宣传、灌输和引导，在矿区营造出浓郁的安全文化氛围，使广大职工在潜移默化的教育和熏陶中，增强安全意识。其次，组织开展多种形式的安全教育活动。大力借助安全文艺演出、家属下井体验生活、伤残人员现身说法、“三违”人员家属班前帮教等形式多样的安全教育活动，使“一人安全、全家幸福”的价值观内化于员工心灵深处，从而达到由“要我安全”到“我要安全”的转变。最后，规范班前礼仪程序。以党政文件的形式，对各单位的班前会进行规范，提出要求，并结合实际，提炼出具有各单位特色和岗位特点的班组安全誓词，在班前会上宣誓。通过每日一题、每周一课、每月一考等形式，强化班班学、天天学、月月学，让职工养成学理念、用理念的良好习惯，把班前会作为安全生产的第一道工序，安全生产的第一课堂和第一道防线。

二是安全管理达到固化于制。

健全的制度才是安全文化体系的基础和根基。安全理念不是喊在嘴上，而是要转化为制度，只有贯穿于安全生产的全过程才能彰显其核心作用。为此，要实现安全文化建设的健康发展，不能仅仅依靠企业推动和组织发动，必须要以制度建设为保障，要以有效的激励、考核、考评机制来引导。首先，重视和加强管理制度建设。通过制定安全宣传教育考评办法，及时通报、处理“三违”和重大事故，在此基础上建立曝光台，公布年月违章最多人员名单，实施个人安全罚款交现金，使“三违”人员和家属体会到违章给家庭带来的经济损失，从而增强安全生产的意识。其次，注重奖罚实效。惩罚是为了制约，奖励是出于激发。只有奖励而没有惩罚，必然淡化奖励的驱动力。因此，对于安全管理制度执行情况的管控，应当做到奖罚分明，促进各类安全管理制度有效落实。最后，规范安全隐患排查整改制度。通过推行全员安全风险抵押金制度，在全矿建立起班组、区队、业务科室及矿四级隐患排查制度，把安全生产、质量标准化，查隐患、反“三违”及干部个人的遵章守纪情况与干部职工的安全岗位责任制紧密结合起来，真正实现安全文化融入企业安全生产管理的全过程，实现人、机、环境的全方位和谐管理。

三是安全教育达到外化于形。

一要大力开展安全文化宣教示范活动。文化管理是企业管理的核心，安全文化建设的核心就是要把安全理念变为职工的实际行动，变为职工的核心价值观。因此，务必要结合实际，经常性地开展丰富多彩、寓教于乐的技术比武和岗位练兵活动，鼓励职工争当“安全文化标兵”，班组争创“安全示范岗”，不断提高职工的安全意识，增强职工自保互保能力。

二要全力推进质量标准化建设。以矿井安全质量标准化建设为切入点，积极改善井下安全文化环境。重点是向生产一线延伸、向关键岗位延伸，实现井下主要巷道、重点部位的美化、亮化和规范化，主要工作地点达到净化、牌板化、标准化，以安全质量标准化建设的良好效果，进一步为职工创造一个良好的安全生产作业环境。

三要规范职工行为的一举一动。通过强力推行上下井排队、“手指口述”和“安全询问制”及现场确认等为主要内容的精细化管理，规范职工的日常行为和岗位操作行为，纠正职工不规范的违章行为，进一步加强职工“危险预知”教育和管理，使职工摒弃“三违”陋习；此外，通过开展分管矿领导、科室管理人员到区队上安全课活动，编订企业安全文化手册，让职工深刻地了解岗位职责和安全规范，确保企业理念在每一个工作岗位上得到贯彻执行，实现安全生产从零开始、到零结束。

三、创建本质安全型矿井的思考

本质安全是指企业通过追求生产流程中人、物、系统、制度等四大要素的安全可靠与和谐统一，使各种危害因素始终处于受控状态，进而逐步趋近于本质型、恒久型的安全目标。在人、物、系统、制度四大要素中，“人”是核心所在，因此，创建本质安全型企业，就必须以“人”为支点，围绕四大要素开展本质安全型企业的创建工作。本质安全强调以系统为平台，透过复杂的现象，找准可牵动全身的“一发”所在，通过推行系统反思，实施本质改进，逐步实现思想无懈怠，管理无空挡，设备无隐患，系统无阻塞，质量零缺陷，安全零事故的全新理念，从而全面诠释安全管理的深刻内涵。

一是构筑本质安全型的支点，培育本质安全人。本质安全人的培育是全员性和全方位的，因此，煤矿企业要在培育现场作业职工的基础上，把每一个安全生产管理者培育成为本质安全人，使之能够具有强烈安全意识和安全责任感，具有严格的规则意识，做任何事都能遵守规则，不投机取巧，具有良好的行为习惯，自觉执行制度；具有独立安全能力，遇事冷静，处事不乱，临危不惧。

二是坚持推广应用与研发相结合，提高技术装备水平。煤矿企业务必要加大人力、财力、物力的投入，多渠道提高安全技术装备水平；减少职工在工作区域的时间，简化复杂环节的人工操作，并以此作为本质安全型工作的重要环节，常抓不懈，抓出成效。

三是宣传教育培训并举，整合提高法规制度执行力。本质安全型矿井建设一项系统工程，煤矿企业要把宣传、教育、培训与现场管控有机结合，健全完善具有特色的安全文化体系，同时，要在实践中不断剖析不足，扬长避短，查漏补缺，不断更新完善并切实抓好落实，真正形成煤矿企业安全文化建设的长效机制，扎实推进本质安全型矿井向纵深发展。

总之，加强煤矿安全文化建设是实现煤炭行业安全长效机制的必由之路，是一项长期艰巨、持之以恒的宏大工程，只有常抓常新、不断深化、不断创新，才会发挥作用。所以，作为煤矿行业的每一位管理者、每一位员工都应自觉接受煤矿安全文化的教育熏陶，促进煤矿安全管理工作水平不断提高，确保煤炭行业持续稳定健康发展。

浅谈煤炭企业安全文化建设

——陕西陕煤铜川矿业公司王石凹煤矿 田战强

安全文化是企业安全工作的灵魂，是提高安全管理水平的重要基础。建设具有煤炭企业特色的安全文化，就是用文化规范和完善安全措施，用文化的积淀疏导与影响干部的指挥行为和职工的作业行为，不断增强安全自律、自保意识，形成安全高于一切、先于一切、重于一切、影响一切的理念，全面提高职工队伍的安全素质，夯实安全的基础工作，实现煤矿企业的安全发展、健康发展和有效发展。

一、以人为本，构建安全文化主体

煤炭企业安全文化的主体是职工，职工的安全文化素质、安全观念、安全行为等都离不开人的因素。因此，煤炭企业要建立起独具特色的安全文化。

第一，应成立企业文化建设专门机构，由企业主要负责人亲自挂帅抓，制订详细的安全文化建设实施计划，提出明确的要求，使企业安全文化建设有组织、有计划地开展，并切实树立起以人为本、安全为天、预防为主的永恒安全主题和价值取向。

第二，要把思想政治工作与安全工作有机融为一体，摸清员工的思想脉搏，为员工办实事、解难题，用“润物细无声”的思想政治工作教育引导员工，并切实把员工个人目标和企业的发展紧密结合起来，树立员工高度的企业主人翁意识，提高员工参与安全工作的积极性和主动性。

第三，将宣传阵地向井下延深，宣传方式向横向发展。通过在井口建立“安全文化长廊”，在井下主要大巷建成“安全宣传一条巷”，在硐室、工作面设立安全警示语牌板等措施，让每一名员工在工作与工余之时、在有意识与无意识之中受到潜在的安全意识宣传教育，在有形与无形当中、在接受与非接受之间提高安全意识与自我保安意识。

第四，建立健全一个吸纳人才、适应人才流动的新的约束机制，实现人力资源的优化配置，使工作业绩、安全责任、工作技能和报酬相统一，最大限度地吸引人才，为人才培养和脱颖而出提供安全、优良的工作环境。

第五，制定符合工作实际的员工作业行为规范和安全操作规程，不断强化对员工安全行为的约束，并逐步实现制度化管理向员工的自我约束管理转变，员工由“要我安全”向“我要安全”质的转变，构建起以人为本的安全文化体系。

二、强化基础，创造优良安全环境

不安全环境或不牢固的安全基础会造成在这种环境中人的本能的惧怯、抵触、排斥与反感，使安全价值观与安全理性思维发生偏离和倾斜，破坏积极的安全价值观的形成，从而成为安全文化建设的基础性障碍。所以，加强安全文化建设，必须夯实思想、技术、行为基础，努力创造一个良好稳定的安全工作环境。其途径有以下三个方面。

一是夯实思想基础。狠抓领导干部作风转变，采取有力措施，认真解决领导干部作风飘浮、不深入、不细致的问题和员工马虎、凑和、不在乎的不良习惯，弘扬“严细实”，反对“假大空”。同时认真落实领导干部跟班制度和现场巡查制度，组织各级管理人员深入现场、深入基层、深入一线，靠前指挥，与职工同下同上，及时解决现场管理中存在的问题，排除事故隐患，通过抓作风转变促思想基础夯实。

二是夯实技术基础。完善安全技术措施工程建设，编制安全技术措施计划，科学制定瓦斯防治、采煤、掘进、机电、运输、“一通三防”等技术措施，并严格审批程序，抓好落实工作。在此基础上，加大安全投入，建立安全监测监控系统，配备安全仪器设施，以先进的技术和装备确保安全工作。同时，提取科技经费，设立科技进步基金，大力表彰与激励科技人员进行技术创新，起到运用科技手段和措施为安全工作保驾护航的作用。

三是夯实行为基础。通过加强行为控制，建立健全安全监督检查机制来夯实行为基础，使员工在安全、良好的作业环境里及严密的监督监控管理中，没有违章的条件。同时，实施安全质量标准化建设，大力开展文明生产、文明施工标准化工作，保证作业环境整洁、舒心、安全。规范岗位作业标准化，预防“人”的不安全因素，使员工干标准活、放心活、完美活、舒心活。

三、强化培训，提高员工的整体素质

“木桶理论”说明整体工作像一个木桶，个体像木桶的每一根木条，如有一根木条太短，木桶盛水也只能到短木条处。所以，要实现建设特色文化促安全发展，煤炭企业应通过成立专门的员工培训机构，完善教学设施，开展全员培训，以此全面提高员工整体素质，消除“木桶”中的短木条，并从以下几个方面着手：

（一）以全员培训为核心，按照“实用、有效”的原则，对员工进行系统的、大覆盖量的全面煤矿安全知识培训和实际操作现场培训，并严格培训纪律，实现点名、签到、考试、操作、效果“五到位”，切实形成一套培训管理办法和管理机制，提高培训质量和效果。

（二）采取外聘师资与内部聘请师资相结合，安全理论培训与实物操作、现场观摩相结合，培训与案例分析相结合的方式，着重开展案例分析教育，增强职工安全事故预防能力和分析能力。

（三）在区队班组广泛开展“每日一题”与“每月一考”教育活动，让员工每日掌握一条安全知识。同时，推行“人人上讲台、个个当学员”学习培训活动，提高大家学习安全知识的积极性和主动性。

（四）加强对安全培训效果的考核，实行培训考试成绩与工资、奖金挂钩，建立全员培训责任制，并将责任层层分解落实，通过强化培训切实提高员工整体素质。

四、强化制度，建立安全管理责任系统

人的行为的养成，一要靠教育，二要靠约束。约束就必须有标准、有制度，建立健全一整套安全管理制度，形成安全管理系统，是建设独特的安全文化的重要内容，也是搞好安全工作的有效途径。

一是建立安全责任机制。按照“横向到边，纵向到底”的原则，建立责任体系，层层签订安全责任书，认真执行“一岗一责制”，实现安全压力传递。明确各单位行政一把手为本单位安全生产的第一责任人，职工在自己的工作职责范围内，对安全工作负责。在公司内部形成岗位（个人）保班组，班组保区队，区队保公司的强有力的安全责任体系。同时，实行安全工资制度，将工资的60%作为安全工资，运用经济杠杆强行规范大家的不安全行为，

促进安全意识的形成。

二是建立健全安全管理机构，并制定措施使安全管理机构有绝对的权威性。实行各级组织对重点单位实行安全包保，指导、督促、协调基层单位落实安全责任，强化安全管理，实现安全生产目标。同时，严管理、严考核、严奖惩，加大安全责任追究处理力度，确保各项安全责任和措施落到实处。

三是建立群监组织责任体制。在重视行为约束机制、安全责任机制建立和形成的基础上，应建立健全群监、青安岗等组织和制度体系，行使安全职责，定期开展安全监督检查，切实筑牢安全第二道防线。

五、强化班组，固牢安全基本细胞

在煤炭企业，班组是完成任务的实体，是保证安全的基石，也是孕育安全文化的细胞。班组安全文化创建的好坏，直接影响到特色安全文化建设的质量，所以应重视班组这个企业最基本细胞的建设工作，并不断发展、逐步提高班组安全文化建设水平。

第一，注重从组织上给予保障。从企业领导人到区队（车间）领导人都应高度重视，注意班组人员结构的合理配置，使班组内部人员达到性格上相互补充、工作上相互支持，实现沟通和协调的顺畅，为班组安全文化建设顺利进行提供组织保证和创造条件。

第二，注重班组长核心作用发挥。班组文化建设重要的因素是正、副班组长，应提高正、副班组长的待遇，并实行正班长抓安全、副班长抓生产。同时，作为正、副班组长要发挥核心作用，根据本班组安全实际情况，合理组织，精心安排，使班组的各项工作有条不紊地进行，对出现的一些特殊情况及时给予解决。在此基础上，还应关心班组成员，了解本班组成员的疾苦、意见、呼声，尽全力设法解决班组成员工作和生活上的问题，提高班组成员参与安全工作的积极性。

第三，注重班组成员心理的研究。通过事故分析，让大家明白绝大多数事故都是由人的不安全行为造成的，如思想麻痹、侥幸心理、注意力不集中、判断不准确、习惯性违章等。在认真研究的基础上，对症下药地预防和纠正班组成员的疲劳心理、错觉心理、取巧心理、侥幸心理、逞能心理、麻痹心理、无知心理、对抗心理，使班组成员认识到安全源于警惕、发生事故对己、对人、对家庭、对企业、对国家不利的道理，不断由浅入深形成安全文化理念，并不断提炼和形成班组文化的个性特征。

第四，注重班组文化成果的转化。正副班组长应因势利导、善于总结，从班组成员的日常安全活动及上级指示精神、安全规章制度、安全法规中引摘核心内容，结合班组实际不断丰富班组安全文化建设的内涵，并注意提炼形成班组安全文化理念。同时，坚持与时俱进、创新发展、不断丰富班组安全文化内涵，并及时将班组安全文化建设成果转化到实际安全工作中去，切实促进安全发展、健康发展和有效发展。

没有安全就没有生产、没有效益、没有矿区的稳定和职工个人的家庭幸福。安全文化建设是煤炭企业的生命线、幸福线，是煤炭企业安全发展的必然要求。搞好煤炭企业的安全文化建设，需要不断创新和完善传统的管理模式，需要企业和每一位职工的共同努力，通过坚持不懈的工作，潜移默化地改变不良思想和行为习惯，改善安全环境，最后达到安全管理与安全文化相融合的境界，最终实现本质安全，实现煤矿的长治久安。

山东精诚电子科技有限公司
以信息化推进煤矿安全发展

孙鲁东

精诚公司是一家专业从事煤矿安全生产技术、安全管理方面软件研发与系统集成的高新技术企业，是经山东省软件行业协会认证的软件企业，为山东煤炭学会工业信息化专业委员会执行单位和中国煤炭工业协会、中国安全生产协会会员单位。

本公司研发团队由煤炭行业专家教授、资深软件开发人员组成，紧跟国际信息化技术发展趋势，相继推出了一系列涉及煤矿生产技术、安全管理的平台软件产品，逐步形成了煤矿安全管理和生产技术的信息化整体解决方案。

单位会员证书

山东精诚电子科技有限公司：

根据贵单位申请，经本会审批，同意接纳贵单位为本会单位会员。

会员证号：A00197C

2006年，公司荣获煤炭工业科学技术二等奖。

2008年，公司作业规程项目获得了国家科技部科技型中小企业技术创新基金立项支持，并于2009年顺利通过国家验收。

2010年，公司SOA架构煤矿信息中间件项目又获得了国家科技部科技型中小企业技术创新基金立项支持。

2011年年底，公司拥有国内近1000家煤矿用户，并与神华、兖矿等60%以上的煤炭百强企业建立战略合作关系。用户朋友们的真诚厚爱为公司产品不断创新、服务不断完善、企业不断发展提供了强大动力，在此表示衷心的感谢！

公司资质：

高新技术企业

证书

企业名称：山东精诚电子科技有限公司　证书编号：GR200937000384

发证时间：2009年10月20日　有效期：三年

批准机关：

软件企业认定证书

经审核，山东精诚电子科技有限公司符合《鼓励软件产业和集成电路产业发展的若干政策》和《软件企业认定标准及管理办法》（试行）的有关规定，认定为软件企业，特发此证。

证书编号：鲁R-2008-0058　发证机关：山东省信息产业厅

二〇〇八年十月　日

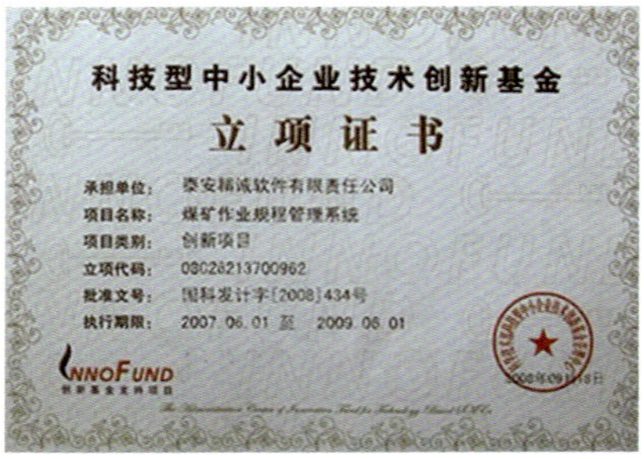
科技型中小企业技术创新基金

立项证书

承担单位：泰安精诚软件有限责任公司

项目名称：煤矿作业规程管理系统

项目类别：创新项目

立项代码：08C26213700962

批准文号：国科发计字[2008]434号

执行期限：2007.06.01 至 2009.06.01

公司产品

- 煤矿作业规程管理系统
- 煤矿安全质量标准化管理系统
- 煤矿隐患闭合管理系统
- 采煤工作面顶板控制设计专家系统
- 煤矿采掘工作面动态管理系统
- 煤矿专用CAD作图系统
- 煤矿生产报表管理系统
- 煤矿安全生产报表签批管理系统
- 煤矿综采放工作面支护质量与顶板动态监测系统
- 煤矿安全生产动态管理系统

十年风雨历程，紧跟国际科技发展趋势，紧贴国内煤矿实际，坚持以信息化推进煤矿安全发展，努力践行精诚公司“责任、激情、创新、尊重、分享”的企业理念。

我们自豪，从国家煤矿安监局发文推广的《煤矿作业规程管理系统》到煤炭行业普遍认可的《煤矿安全质量标准化管理系统》，绘写了“技术创新、精益求精、心系用户、诚信服务”的精诚诗篇。

我们欣慰，国家煤矿安监局、中国煤炭工业协会、国家科技部以及山东煤炭工业局、山东煤炭工业协会等各级煤炭监管部门给予我们殷切希望和鼎力支持，中国煤炭百强企业及全国1000家煤矿用户也为这支年轻的信息化生力军带来了春风，送来了温暖。

我们坚信，我们的未来会更高更强，坚持打造一支具有生机活力的学习创新型团队，彼此尊重，快乐分享，形成一股滚滚向前的力量。

我们祝福，煤矿因科技长治久安，员工因安全幸福永远！

市场开拓：

目前精诚公司产品已经覆盖全国13个主要产煤省，煤炭企业百强中超过70%的集团（公司）先后成为我们的客户，产品获得煤矿企业的普遍认可和赞誉！

研发部

市场部

销售部

咨询事业部

综合办

财务部

质管办

会议室

煤矿安全质量标准化管理系统

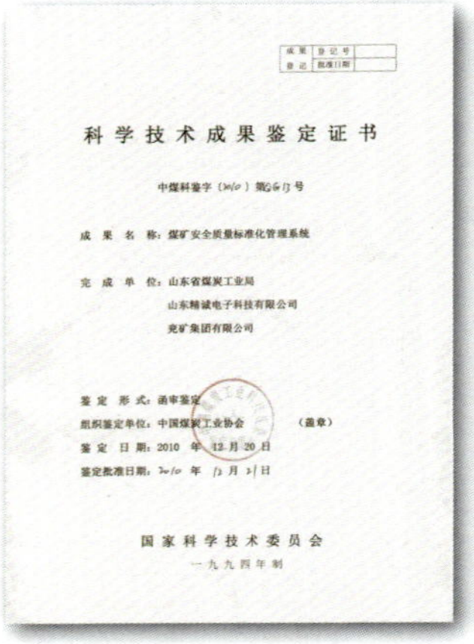

科学技术成果鉴定证书

中煤科鉴字〔2010〕第6613号

成 果 名 称：煤矿安全质量标准化管理系统

完 成 单 位：山东省煤炭工业局

山东精诚电子科技有限公司

兖矿集团有限公司

鉴 定 形 式：函审鉴定

组织鉴定单位：中国煤炭工业协会（盖章）

鉴 定 日 期：2010 年 12 月 20 日

鉴定批准日期：2010 年 12 月 31 日

国家科学技术委员会

一九九四年制

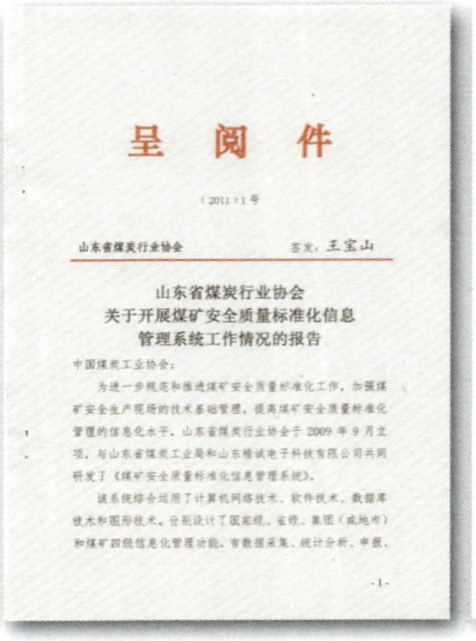

呈 阅 件

（2011）1号

山东省煤炭行业协会　　签发：王宝山

山东省煤炭行业协会
关于开展煤矿安全质量标准化信息
管理系统工作情况的报告

中国煤炭工业协会：

为进一步规范和推进煤矿安全质量标准化工作，加强煤矿安全生产现场的技术基础管理，提高煤矿安全质量标准化管理的信息化水平，山东省煤炭行业协会于 2009 年 9 月立项，与山东省煤炭工业局和山东精诚电子科技有限公司共同研发了《煤矿安全质量标准化信息管理系统》。

该系统综合运用了计算机网络技术、软件技术、数据库技术和图形技术，分别设计了国家级、省级、集团（或地市）和煤矿四级信息化管理功能，有数据采集、统计分析、申报、

-1-

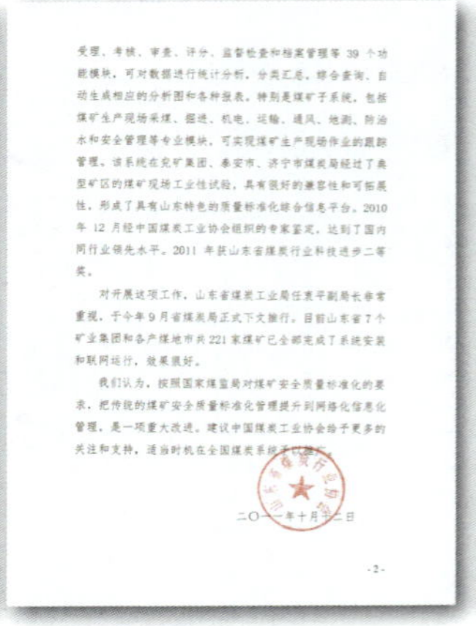

受理、考核、审查、评分、监督检查和档案管理等 39 个功能模块，可对数据进行统计分析，分类汇总，综合查询，自动生成相应的分析图和各种报表。特别是煤矿子系统，包括煤矿生产现场采煤、掘进、机电、运输、通风、地测、防治水和安全管理等专业模块，可实现煤矿生产现场作业的跟踪管理。该系统在兖矿集团、泰安市、济宁市煤炭局经过了典型矿区的煤矿现场工业性试验，具有很好的兼容性和可拓展性，形成了具有山东特色的质量标准化综合信息平台。2010 年 12 月经中国煤炭工业协会组织的专家鉴定，达到了国内同行业领先水平。2011 年获山东省煤炭行业科技进步二等奖。

对开展这项工作，山东省煤炭工业局任东平副局长非常重视，于今年 9 月省煤炭局正式下文推行。目前山东省 7 个矿业集团和各产煤地市共 221 家煤矿已全部完成了系统安装和联网运行，效果很好。

我们认为，按照国家煤监局对煤矿安全质量标准化的要求，把传统的煤矿安全质量标准化管理提升到网络化信息化管理，是一项重大改进。建议中国煤炭工业协会给予更多的关注和支持，适当时机在全国煤炭系统予以推广。

二〇一一年十月十二日

-2-

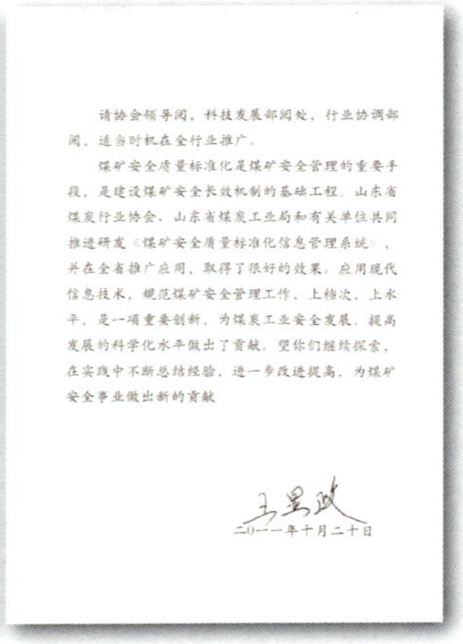

请协会领导阅，科技发展部阅处，行业协调部阅，适当时机在全行业推广。

煤矿安全质量标准化是煤矿安全管理的重要手段，是建设煤矿安全长效机制的基础工程。山东省煤炭行业协会、山东省煤炭工业局和有关单位共同推进研发《煤矿安全质量标准化信息管理系统》，并在全省推广应用，取得了很好的效果。应用现代信息技术，规范煤矿安全管理工作，上档次、上水平，是一项重要创新，为煤炭工业安全发展、提高发展的科学化水平做出了贡献。望你们继续探索，在实践中不断总结经验，进一步改进提高，为煤矿安全事业做出新的贡献

王显政

二〇一一年十月二十日

煤矿安全质量标准化管理系统，是根据国家煤矿安全监察局和各省煤矿安全质量标准化考核办法，融合各类矿井现场管理的具体办法研发的，使本系统更加符合煤矿安全生产实际。

利用本系统安全管理人员可以及时跟踪各专业的现场检查数据，自动将每次检查中存在的问题，按检查项目进行归类，便于及时跟踪整改现场存在的安全隐患。

本系统依据煤矿12个月的检查数据，能够自动统计分析本矿采煤、掘进、机电、运输、通风、地质、水文、安全管理和调度信息各专业的分月、分季度及全年质量标准化数据，并形成质量标准化数据报表。

目前，山东省7个矿业集团和各产煤地市共221家煤矿已全部完成了系统安装和联网运行，效果很好。

省级煤矿安全质量标准化管理工作网

国家级煤矿安全质量标准化管理工作网

2012年2月21～22日，全国煤矿安全质量标准化工作座谈会在泰安召开。本公司在会上汇报了煤矿安全质量标准化信息管理系统，得到了国家局、各省市领导的认可，会议要求全国推广系统。

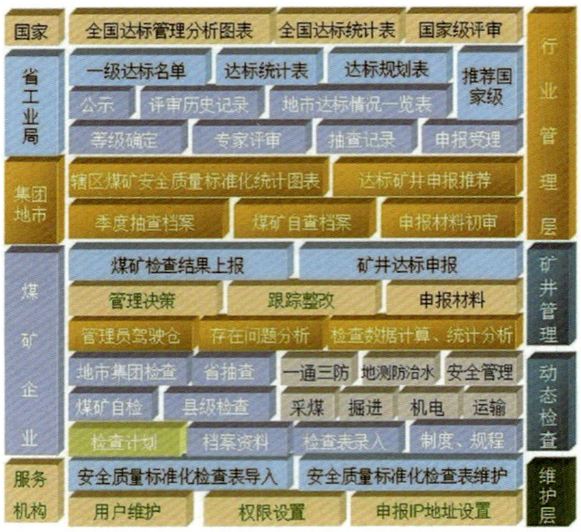

煤矿安全质量标准化管理系统功能结构图

煤矿隐患闭合管理系统

煤矿隐患闭合管理系统为各级管理者随时提供全面、准确的各类安全隐患信息，便于管理者及时发现问题并进行决策，保证现场安全隐患的及时排查和迅速处理，为安全考核提供全面有效的依据，促进安全工作的提高与改善，增强安全意识，立足防范，达到安全生产的目的。

该功能模块为煤矿安全隐患管理方面提供了一套完善的技术解决方案，实现了安全隐患排查管理工作的PDCA循环。在安全隐患排查治理方面，能够建立隐患的“预防、检查、发现、处罚、整改、验收”的闭合工作机制，形成“确定隐患、下达指令、挂牌公示、检查指导、复查核销、备案存档”的闭合系统。

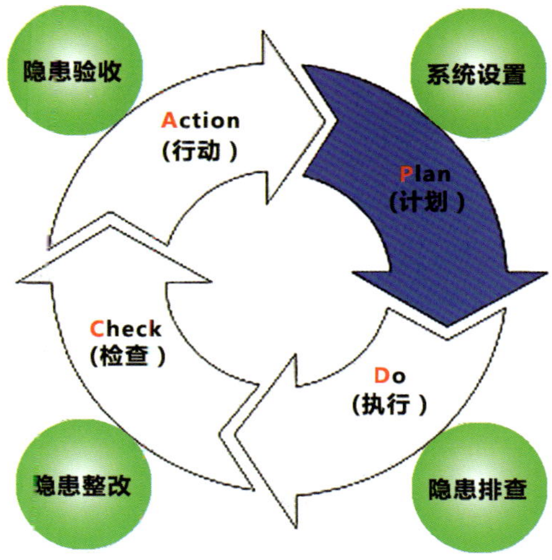

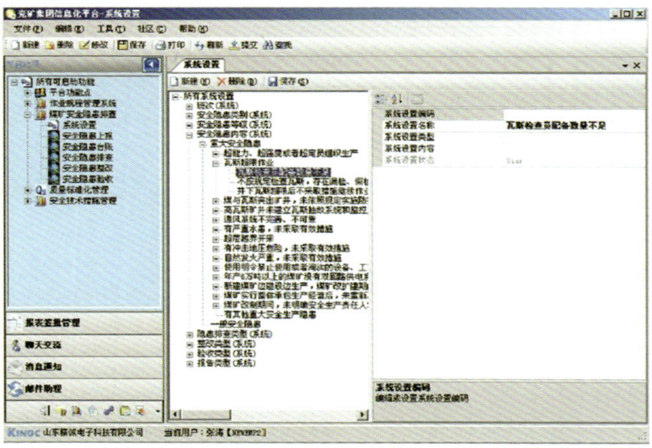

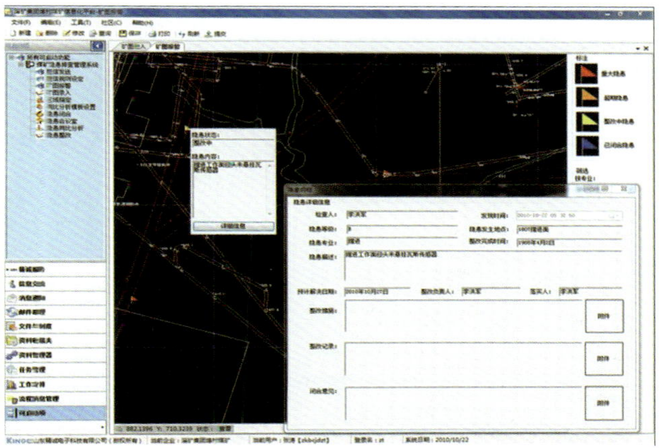

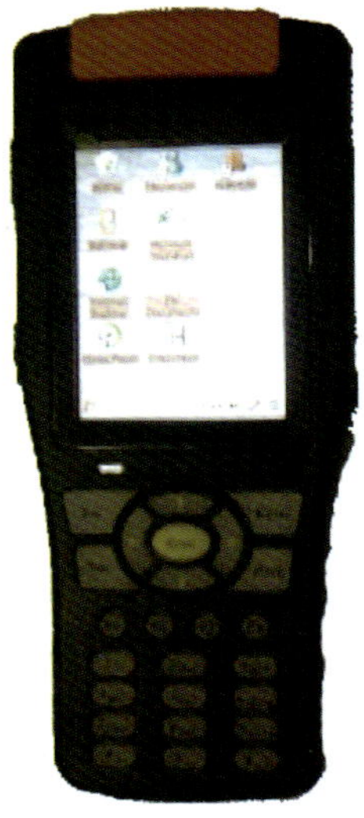

※ 提供隐患编码功能，煤矿可以根据以前的隐患记录或安全规程、有关法律法规等，提炼出规范化的隐患描述，并由此制定相应的整改措施。

※ 除提供传统的隐患文本录入方式外，还提供了通过矿图为导航的录入方式，直观地将隐患位置图与隐患信息结合起来，更直观、快捷。

※ 提供隐患网络会议室功能，可以使相关管理人员共享隐患信息，并允许参与整改意见的讨论，形成群策群力抓安全的良好安全文化氛围。

※ 基于PDCA 循环的安全隐患管理，该功能模块管理业务流程包含了国家煤矿安全监察局对安全隐患排查的要求。

※ 采用手持式设备对井下隐患排查记录、查询，在管理中的提示及警示信息，可以手机短信息提示。

煤矿作业规程管理系统

煤矿作业规程是煤矿的三大规程之一，是保障安全生产最基本的技术要求，内容科学完整、符合实际的采掘作业规程，是煤矿生产技术管理的基本要求。煤矿作业规程管理系统，不仅能帮助基层技术人员快速编制符合现场实际、科学完整、格式规范的作业规程，而且能够一次性完成编制、审查、会签、批复、宣贯、实施的全过程信息化管理。

※ 《煤矿作业规程编制指南》配套软件

煤矿作业规程管理系统是以《煤矿作业规程编制指南》为依据开发出的应用软件系统，该系统基于计算机技术、网络技术、软件技术、数据库技术和图形技术的综合应用，能够迅速、高效地编制作业规程，是打造数字化矿山的主要手段。

※ 通过国家安全生产监督管理总局科技成果鉴定

※ 获得中国煤炭工业协会科技进步二等奖

※ 国家煤监局综合司发文推广

※ 获得国家科技部科技型中小企业技术创新基金立项支持

※ 组织国内煤矿专家编写的《煤矿作业规程编制指南解读》，获得国家煤矿安全监察局支持出版

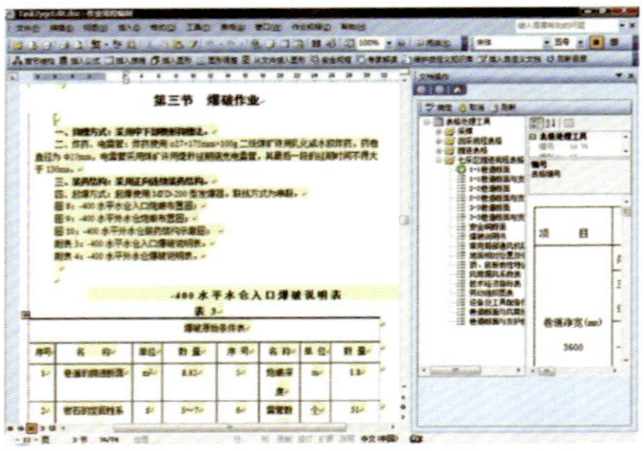

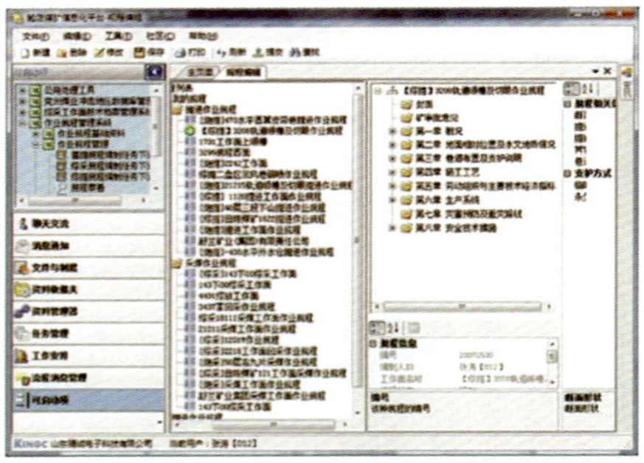

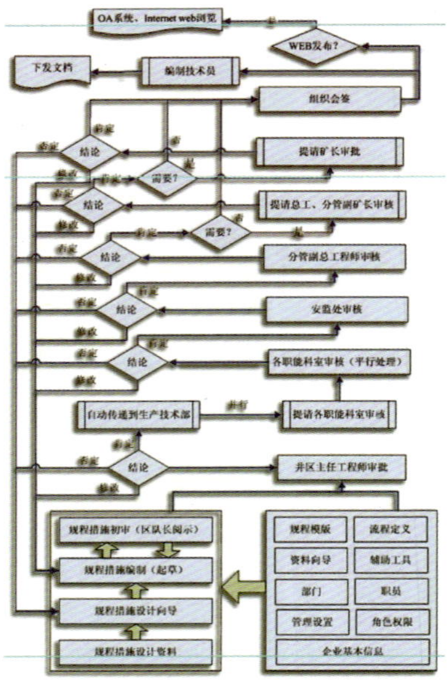

※ 采用VSTO技术，传统的MS Word界面，符合操作习惯，易学；填空式规程编制，公式自动计算，简单。

※ 网络化编制、审查、会审，支持在编制的同时进行审查，对存在疑问的地方进行标红、讨论交流，支持多人分专业同时编辑，各专业技术人员合作更紧密，工作效率可成倍提高。

※ 依靠可视化流程定义功能，可提供极其复杂的规程管理流程控制和权限控制。

山东精诚电子科技有限公司 400—019—2002

煤矿专用CAD作图系统

煤矿专用CAD作图系统，是精诚公司研发的完全自主知识产权的针对采煤工程的计算机辅助制图系统，除了具备基本的图形绘制、编辑外，还提供了丰富标准的专业线型，并能够通过堆积木的方式进行参数化绘图，方便灵活，极大地提高了工程技术人员工程图纸绘制工作效率。

煤矿专用CAD作图系统是国内第一个针对煤矿工程技术人员工程制图的非依托GIS平台产品，完全从底层研发，填补了国内空白，同时又能使用蓝光、龙软GIS系统生成的图形，与Auto CAD系统具有很好的兼容性。

※ 参数化绘图

针对煤矿工程技术人员经常绘制的各种巷道断面图、平巷交叉点图规律性比较强的特点，通过研究归纳总结了常用的各种巷道断面图和平巷交叉点图的工程参数，通过输入与图形相关的工程参数，系统自动绘制出图形。

※ 丰富标准的专业线型

煤矿专用CAD作图系统集成了200余种矿用线形，可以绘制出各类复杂的矿用图纸。

※ 与Auto CAD兼容性强

煤矿专用CAD作图系统完全实现了同Auto CAD的兼容，通过交互文件*.DXF实现了和Auto CAD图的交互。

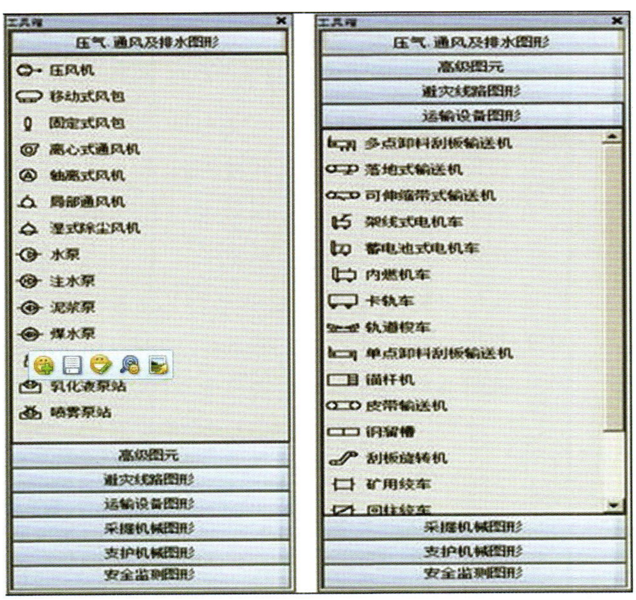

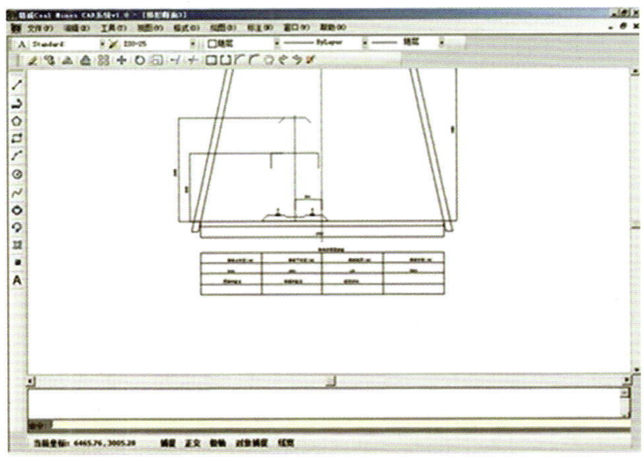

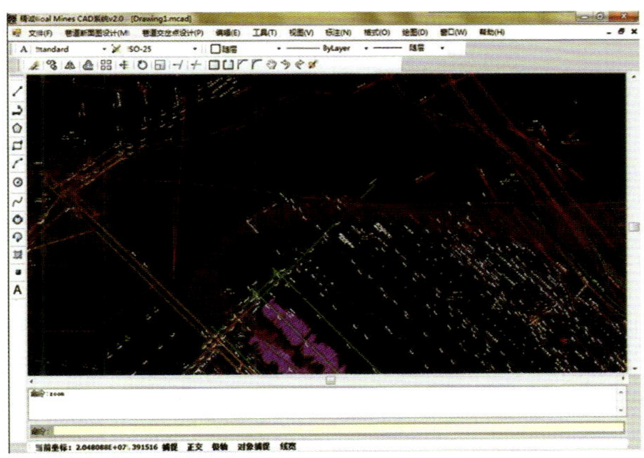

※ “堆积木”式制图

系统集成了煤矿常用的图形元件，实现了复杂图形积木堆叠的绘制方式，大大提高了绘图效率。

※ 绘图习惯及命令行

命令格式按照Auto CAD的格式，GIS的采掘工程平面图也可兼容使用。

煤矿生产报表管理系统

煤矿生产报表管理系统是专为矿业集团和煤矿企业实现生产相关报表的编制、上报和签批等管理信息化研发的，实现了生产相关数据的有效存储、传递、提取和利用。该系统能够按照煤矿及集团公司级采掘生产需要定制相关模板和报表，自动汇总全矿及集团公司产量、进尺等相关数据，并可采用饼图、直方图等形式直观对比分析，以及报表的网上快速修改、整理、传递、调阅、审批及资源共享，实现矿井采掘及重点工程接续报表和矿井“三量”动态过程管理的网络共享，是实现煤矿生产管理协同办公和无纸化办公的一部分。

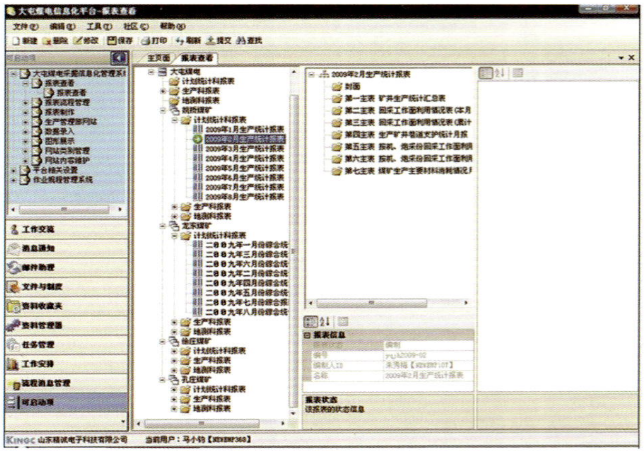

煤矿生产管理报表

※ 生产统计报表

1. 煤矿生产统计汇总报表
2. 回采工作面利用情况报表（本月）
3. 回采工作面利用情况报表（累计）
4. 按机、炮采分回采工作面利用情况报表（本月）
5. 按机、炮采分回采工作面利用情况报表（累计）
6. 煤矿生产主要材料消耗情况月报表
7. 生产矿井巷道掘进、支护统计月报

※ 生产科采煤报表

1. 综机、高普、回采工作面完成情况报表
2. 高产高效采煤队建设月报表
3. 采煤工作队工作情况报表

※ 其他一些报表

1. 地测周分析报表
2. 采煤工作面接续计划表
3. 掘进工作面接续计划表
4. 煤矿巷道掘进进尺统计表

※ 三个煤量报表

1. 月末矿井、采区及工作面采出量、损失量统计报表
2. 煤量增减原因分析报表
3. 三个煤量及采出量损失量分析总报表
4. 截至本月末，矿井、采区及工作面采出量、损失量统计报表

※ 煤矿工广地沉降资料报表

1. 沉降观测点示意图
2. 水准成果表
3. 沉降对比表
4. 下沉整理表
5. 水文观测资料统计表

※ 生产科掘进报表

1. 掘进队高产高效月报表
2. 煤矿掘进机械工作情况报表

◆ 集团公司生产管理报表

※ 集团生产报表

1. 集团掘进装载机械工作情况报表
2. 集团公司重点工程台账报表
3. 集团公司开拓工程台账报表
4. 集团月支护台账报表
5. 集团公司生产情况汇总表
6. 集团公司掘进指标完成报表

※ 集团地测三个煤量报表

1. 各矿三个煤量及采出量、损失量分析总报表
2. 各矿截至本月末矿井、采区及工作面采出量、损失量统计报表

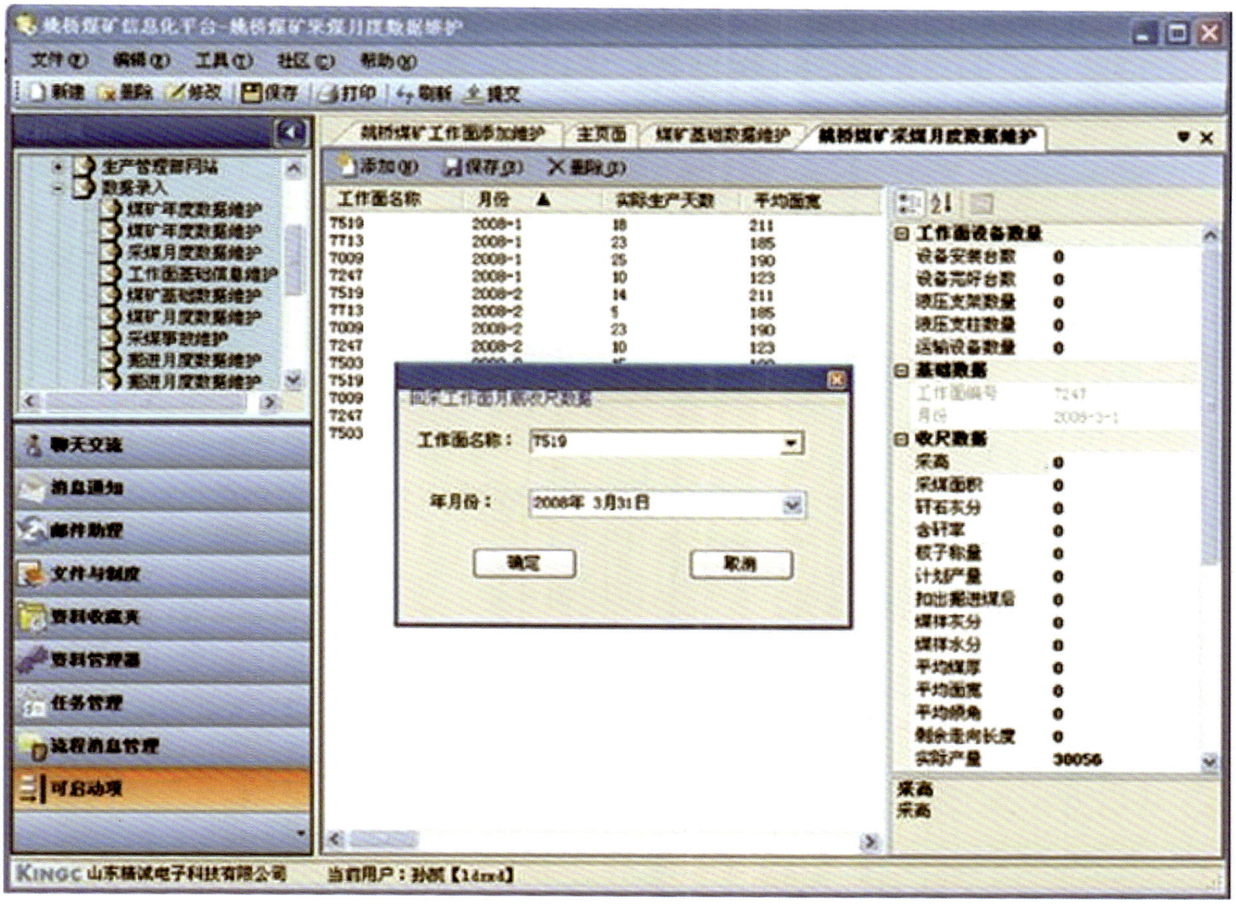

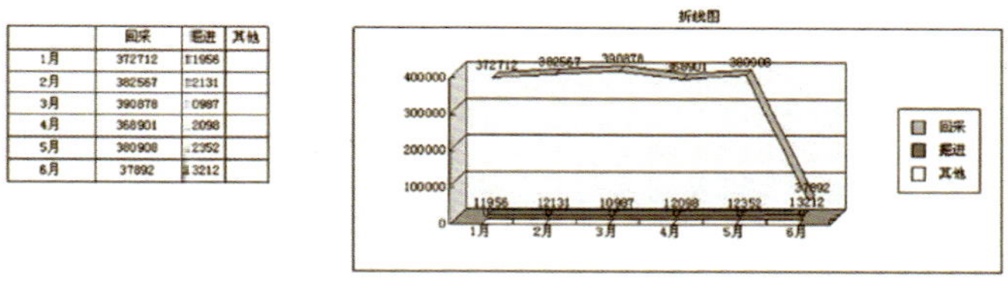

◆ 系统特点

※ 规范统一的数据录入界面

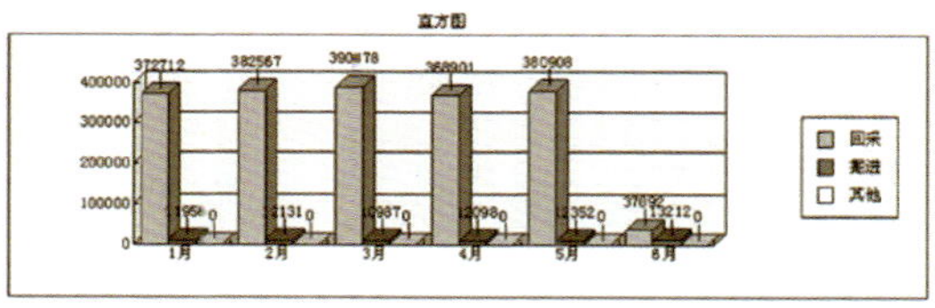

※ 在报表中可以插入折线图、饼图，可以以图形方式直观地表现出报表数据情况，更加方便领导决策和分析

※ 报表通过设置公式的形式取数，可根据用户要求调整报表格式和生成新的自定义报表，所见即所得的打印功能，方便灵活

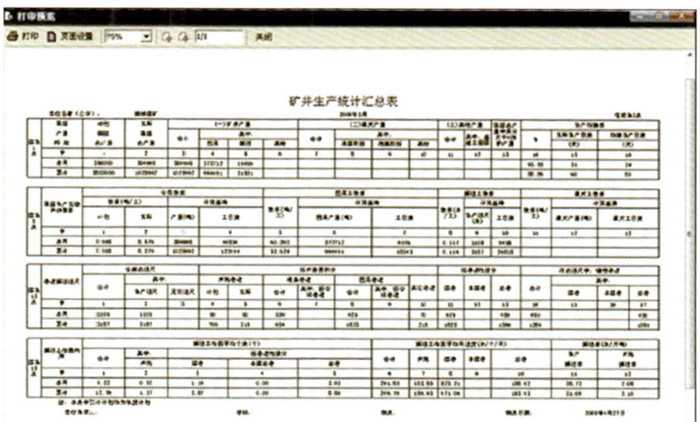

※ 利用生产技术信息平台的流程管理功能，自定义流程，实现流程化的报表管理

煤矿安全生产报表签批管理系统

《煤矿安全规程》第一百六十四条第二款规定：矿井安全监控系统的检测日报表必须报矿长和技术负责人审阅。安全报表签批功能模块，依托煤矿局域网或国际互联网，完成安全报表的生成、编制、提报、签字、存档等工作。

※ 支持一矿多井和集团化管理

对于一矿多井的管理模式，通过网络报表提报、签批可以提高工作效率，不受矿领导和技术负责人的工作时间限制，管理更加灵活机动。

※ 灵活多样的制表方式

在该功能模块中，提供两种类型的制表方式，一种是根据值班人员手工采集的数据，由制表人员手工输入数据制作报表，另一种是根据其他监控系统产生的监控数据，由框架设定的规则自动生成的报表。

※ 根据需要设计各矿、井不同的模版

每一类报表都是由相应的报表模板创建的，首次创建一种报表时，该报表的模板是不存在的，必须根据需要设计报表模版，然后才能创建报表并提交。

如果不存在当前所创建报表的模板，会自动加载一个空白的表格，可以根据煤矿的需要自行设计报表。

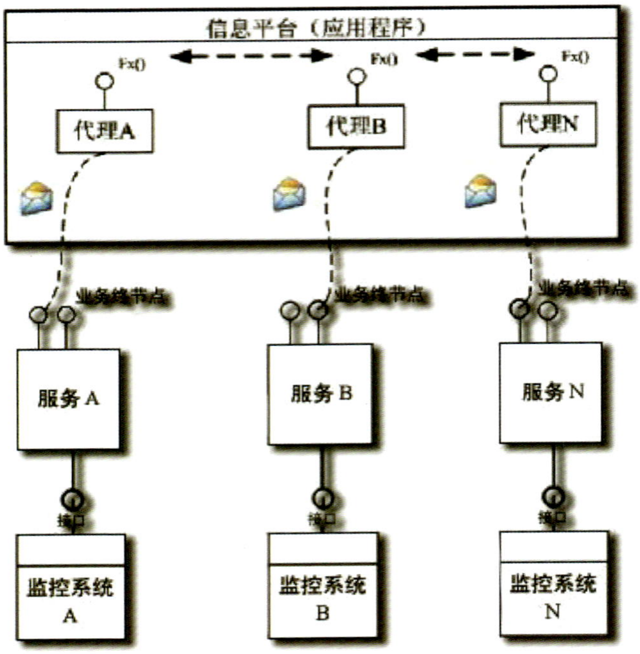

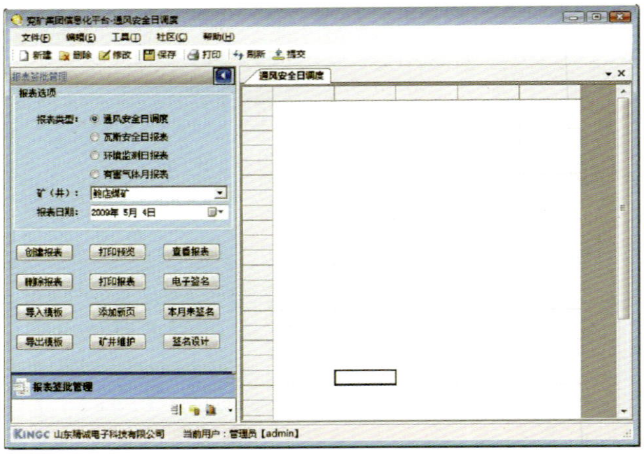

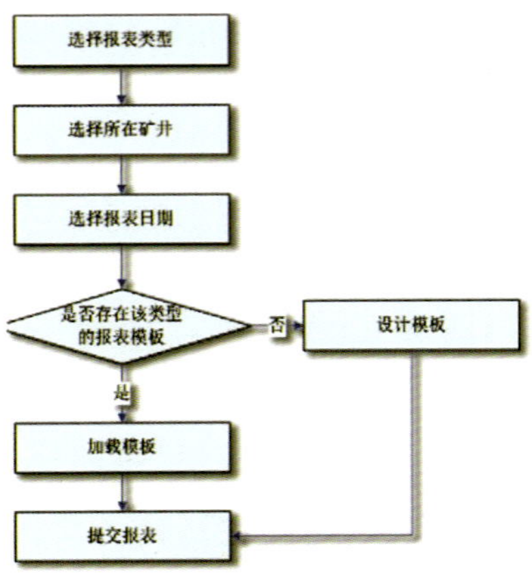

※ 手写电子签名

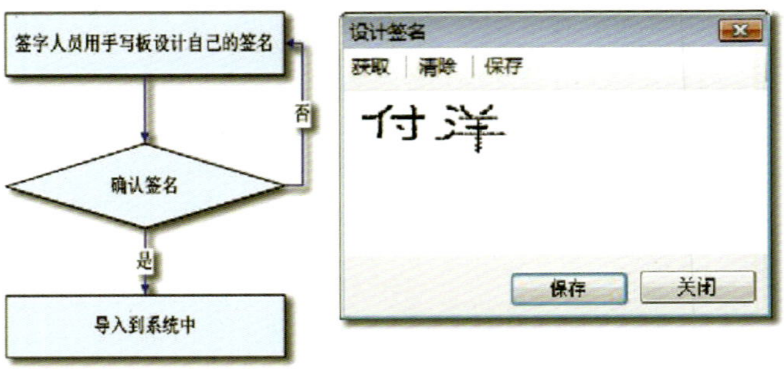

※ 主要实现的安全报表

通风安全日调度

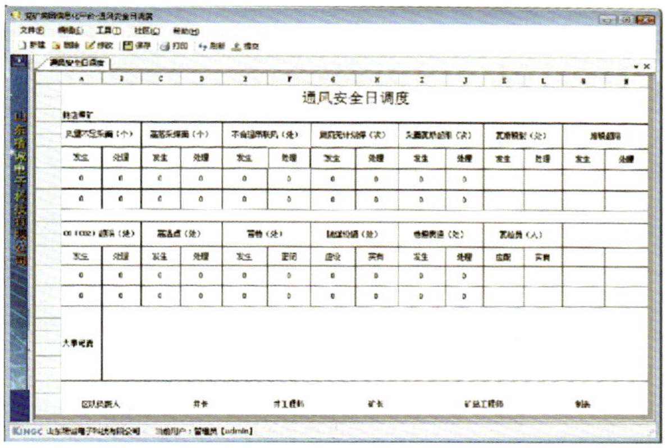

瓦斯安全日报表

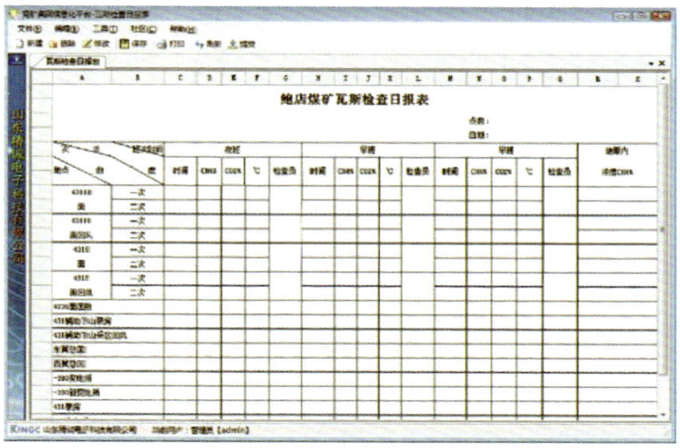

瓦斯安全日报表

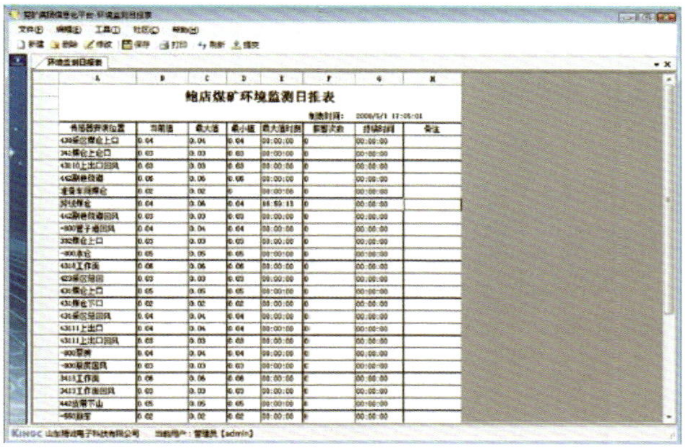

有害气体月报表

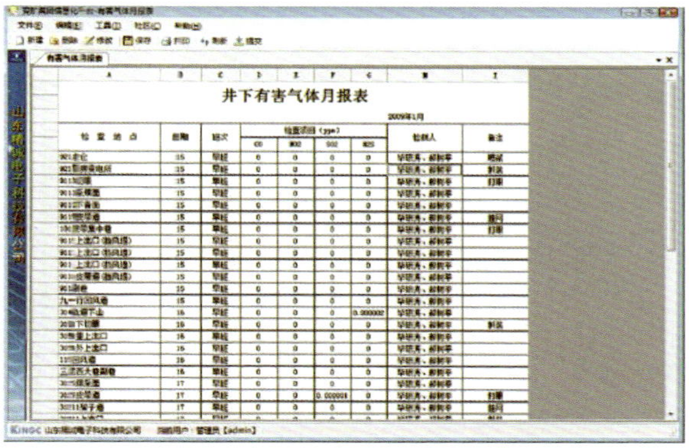

煤矿采掘工作面动态管理系统

工作面动态管理系统能够顺利实现采掘工作面的生产动态管理，通过该功能模块，煤矿管理人员和生产技术人员，能够动态地了解采掘工程的进展情况。

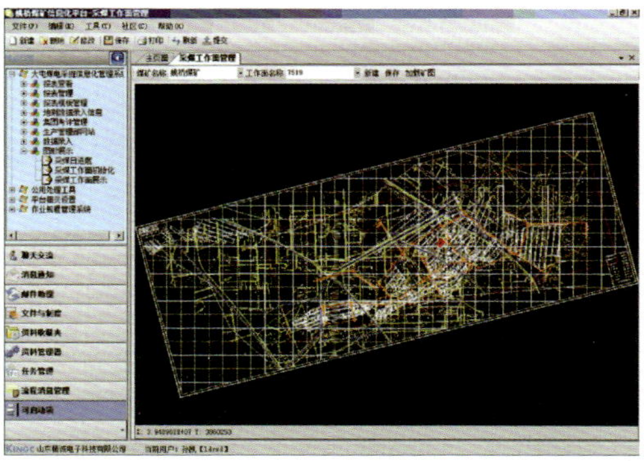

系统能自动完成工作面的平面图定位，工作面进度的展示和日报表关联，公司和各矿司均能随时浏览矿内及时更新的采掘工程平面图、回采地质说明书，掌握开拓、准备和回采工作面的进度。采掘工程平面图和推进进尺录入方便，相关信息可直观地在图中和信息提示对话框中显示。

※ 工作面动态管理系统以矿图为展示平台，以生产调度数据为基础，以地质测量收尺数据为修正。

该功能利用了精诚SOA架构生产技术信息平台的信息系统整合优势，利用大多数煤矿都已经安装的调度系统、地理信息系统（GIS）、生产报表系统等现有信息系统的数据，通过设置数据服务（调度服务、GIS服务、报表服务）接口，将信息整合到精诚煤矿生产技术信息平台上来，从而以直观、形象的方式展示出来。

统一思想 立足长远 精心构筑企业安全基石

——冀中能源邯矿集团安全质量标准化工作创建纪实

邯矿集团董事长、党委书记班士杰指出：安全质量标准化作为煤矿安全管理工作的重点，是煤矿一切工作的基础，是提高企业核心竞争力的关键，是集团公司实现新的跨越发展目标、是打造安全本质型矿井的保证和根本途径，也是落实科学发展观的具体体现。

副董事长、总经理白忠胜指出：基础不牢，地动山摇。质量标准化搞不好，安全生产就没有保证，企业"十二五"目标就会落空，建设一流强企就是一句空话。只有抓好质量标准化,做到强根固本，我们的安全才会有保证，才能实现既定目标和企业的更好发展。

主管质量标准化和煤炭生产工作的副总经理李文昌多次强调：没有高境界的思想，就没有高标准的工作。搞好煤矿安全质量标准化建设工作,不是一朝一夕的事，必须横下一条心，不管遇到多大的困难，绝不能手软，绝不能松劲，绝不能退缩，唯此才能把工作真正抓出成效。

董事长兼党委书记：班士杰

安全质量标准化，是煤炭企业安全生产坚不可摧的基石。近几年来，作为国有大型煤炭生产企业的邯矿集团积极适应企业跨越发展的新形势要求，立足高站位、高起点、高标准，全力大打质量标准化建设攻坚战，矿井安全质量标准化工作大步向前、高效推进，实现了质的飞跃，在邯矿集团煤炭发展史上书写下了浓墨重彩的一笔，走出了一条具有邯矿特色的"全面夯实、局部治理、整体推进"的安全质量标准化发展之路、创新之路，使这个拥有着50余年开采历史的国有老矿发生了日新月异的变化，重新焕发出了勃勃生机。

冀中能源邯矿集团是冀中能源集团子公司，现有邯郸、山西两个矿区共10对生产矿井。在过去几十年的煤矿生产中，邯矿集团安全质量标准化工作曾取得过令人瞩目的成绩，但也由于20世纪90年代企业经营困难、历史欠账较多等种种原因，致使质量标准化工作出现一定的滑坡，零打碎敲的事故时有发生，阻碍了企业的健康发展。

登高方能望远。在企业跨越发展的新形势下，邯矿集团领导班子深深地认识到：安全是煤矿的命根子，标准化又是安全的命根子，要想实现安全生产，打造安全本质型矿井，就必须以更加坚定的信心、务实的作风和有力的举措，下大力气抓好质量标准化工作，夯实发展之基。这不仅是企业实现安全、科学发展的需要，更是对职工群众生命安全的高度负责。

紧扣发展主旋律，邯矿集团审时度势，把安全质量标准化工作作为煤炭生产可持续发展的动力源泉、效益工程、生命工程，确定了打造"安全高效型、本质安全型矿井"的奋斗目标。

以2007年1月31日邯矿集团矿井安全质量标准化建设动员大会为标志，邯矿集团全面拉开了安全质量标准化工作向更高层次迈进的序幕。

为确保质量标准化建设抓出成效，邯矿集团成立了由董事长任组长、其他公司领导为成员的集团公司矿井安全质量标准化领导小组，由相关部门负责人组成的标准化检查验收小组，并从制度建设入手，按照国家对煤炭行业安全质量标准化工作要求，制订了邯矿集团整体建设规划，出台了《活动实施方案》《管理考核评比制度》等20多项规章制度，且年年修改细化完善。邯矿集团还建立了安全质量标准化奖励基金，每年拿出100万元，用于取得突出成绩的先进单位和个人奖励。

本着"一切从严、狠抓落实、动态达标"的思想，邯矿集团建立了四大工作机制，强力推动安全质量标准化工作深入开展。

建立领导责任机制。邯矿集团明确了领导责任制，对各生产矿及各专业制定了各阶段达标规划目标，并把安全质量标准化工作全面纳入各生产矿班子和干部年度考核中，实行创建工作一票否决制，规定：完不成年度规划目标，领导班子集体辞职。其决心之大、力度之大，在邯矿历史上尚属首次。一级抓一级、一级对一级负责工作体制的建立，最大限度增强了基层班子和干部的紧迫感和责任感，为安全质量标准化工作开展提供了有力保证。

建立监督考核激励机制。邯矿集团实施了重奖重罚的考核管理制度，建立了纵向到底、横向到边，考核工作延深到岗位、延伸到人头的全方位全过程考核管理体系，做到一岗一责，标准明确，责权明晰。邯矿集团检查考核小组严格对照考核标准，以铁面孔、铁手腕的硬措施，每月对各矿井各头面进行大检查。不照顾、不迁就、不平衡，不搞“铁帽子工程”，一切用尺子、仪表“说话”，一切靠数字“证明”。通过月考评、季验收、不定期抽查等工作方法，有效地促进了每一名职工安全认识的升级定位，上标准岗、干标准活、干放心活变为了职工的自觉行动，确保了矿井质量标准化高质量动态达标。

建立员工培训机制。素质决定行为，行为决定结果。邯矿集团从基础入手，从细节入手，从规范员工行为入手，把员工业务培训作为提升职工执行力，推动安全质量标准化工作上台阶的一项重要措施来抓，每年结合创建规划有针对性地制定培训方案，做到有计划、有措施、有目标、有检查、有考核，从而形成了一套完整的员工素质提升体系。邯矿集团还每年举办大型职工技术比武活动，评选出各专业的技术状元，典型引路，以点带面，促进了员工技术素质的稳步提高，为安全质量标准化工作的开展提供了强有力的技术支撑。

建立上下联动机制。邯矿集团建立了行政统一领导、党委积极支持、生产、安全、机电等生产技术部门认真落实、党群部门共同参与的“十位一体”长效工作机制，构筑了齐抓共管的管理新格局。各生产矿围绕总体工作，创造性地开展工作，大张旗鼓地开展了“党员身边无事故”“党员先锋岗”“安康杯”竞赛、安全演讲、事故案例教育、安全宣讲下基层等主题实践活动，积极宣传做好安全质量标准化工作的重要意义，引导干部职工牢固树立“干一辈子煤矿就要抓一辈子安全质量标准化”和“用心做事、追求完美”的思想认识，使质量标准化意识深入人心，为工作的扎实开展营造了浓厚的舆论氛围。

领导合影

一项项制度的实施，一个个方案的落实，推动质量标准化建设不断向纵深发展，年年迈上新的台阶，矿井生产面貌发生了翻天覆地的变化。

变化一：文明生产明显改善，工程质量显著提高。质量标准化建设的扎实开展，使职工工作态度由过去的“要我安全、让我标准”，实现了“我要安全、我干标准”的根本转变，违章指挥、违章操作的现象越来越少，工程质量也随之得到稳步提高。近4年来，全公司累计建成“精品工程”300个，覆盖率达到了50%以上。

变化二：矿井井下生产环境得到有效治理。邯矿集团认真推行“一切工作标准化、一切管理精细化、一切检查动态化、一切行为规范化”的工作理念，使过去“脏、乱、差”的面貌得到了彻底改观。目前，各生产矿井下实现了“采掘工程精品化”“管线物料整齐化”“巷道干净明亮化”“牌板标志醒目化”“台阶铺设人性化”“设备管理标准化”“运输轨道平直化”“环境卫生优美化”。

变化三：安全生产状况持续稳定好转，矿井抗灾能力大大增强。安全质量标准化建设的提档升级，有力夯实了安全生产基础，各生产矿安全周期进一步延长，安全生产形势呈现出了持续稳定的良好态势。截至2011年年底，公司邯郸矿区8个矿全部达到了一级质量标准化水平，4个矿被命名为国家级安全质量标准化煤矿。其中阳邑矿实现连续安全生产7000多天，跨入了全国安全生产先进矿井行列。

这是一份让人赞叹的成绩单：从2007年到2011年，邯矿集团的发展一路高歌猛进，煤炭产量由640万吨攀升到了1826万吨，百万吨工亡率由1.71降到了0.11，双双创出历史最好水平。

安全质量标准化工作永无止境，每天都是新的起点。面对成绩，邯矿党政一班人时刻保持清醒的头脑，在不断总结经验的同时，也有着更深层次的理性思考、更高的目标追求。

雄关漫道真如铁，而今迈步从头越。按照提前一年实现“十二五”规划目标的总体设想，集团公司确定了“三年三步走”战略，在跨越发展征程中，邯矿集团质量标准化工作的脚步必将迈得更加坚实、更加有力，为企业发展保驾护航，强力推进企业又好又快、科学发展！

二十年和谐平安路

——冀中能源邯郸矿业集团阳邑煤矿

在河北省武安市西部山区的洺河北畔、京娘故道，坐落着冀中能源邯矿集团阳邑煤矿。截至2011年12月23日，矿井已连续实现安全生产20周年、7300天。在全国实现连续安全生产（无死亡事故）1000天以上的280家国有重点煤矿中，安全生产周期位列榜首。

征程20年，一代又一代阳矿人前赴后继，以安全保生产、以安全促生产，安全出煤700万吨，用行动支援了国家经济建设；诚信20年，阳矿人时刻践诺着“不要带血煤炭”的誓言，秉承“一丝不苟”抓安全、“如履薄冰”保安全的理念，让职工时刻感受着安全生产带来的幸福与实惠；发展20年，阳矿人严管理抓质量，搞宣教上设备，细缝密织“安全网”，用安全每一天诠释着平安与和谐的真谛。矿先后荣获“全国文明煤矿”“全国安全宣传教育优秀单位”，全国“安康杯”竞赛优秀企业、河北省AAA级劳动关系和谐企业、河北省文明单位等多项殊荣。

矿长　范生魁

一、制度管理重落实，全员皆有安全感

“没有规矩不成方圆，制度建设是搞好矿井安全生产的根本，制度的落实更是实现安全生产的保障。”矿长、党委书记范生魁一语中的。

20年来，阳邑矿坚持从健全完善安全制度着手，以安全生产责任制为核心，建立健全了多项安全管理制度和安全管理办法，制定下发了《安全生产事故专项应急预案》《安全生产全员风险抵押承包办法的通知》《安全生产事故责任追究办法》《安全隐患排查治理方案及责任追究奖罚实施细则》《各级领导下井及带班管理办法》等140余项、2100余条规章制度，形成了横向到边、纵向到底、覆盖安全生产各专业、各系统、各岗位的安

阳邑煤矿办公楼

全制度管理体系，为安全生产管理提供了可靠的制度保障。矿坚持党政工团齐抓共管机制，采取了党委管党（党员和基层组织）、行政管长（区队长、班组长）、工会管网（群监网）、共青团管岗（青监岗）的“四条线”管理办法，各负其责、各司其职，群防群治，合力攻坚，促进了安全生产。同时，根据不同时期、不同阶段的安全工作特点，开展了多种形式专项安全整治活动，制定和下发了相应的安全工作管理办法。通过采取多种安全管理手段，对查出的问题采取定整改时间、定整改人员、定整改措施、定整改资金、定检查验收的“五定”办法限期解决，有效地促进了各项工作的安全顺利进行。

女工为一线区队送《平安相伴》十字绣

“安全大如天，责任重如山。”为了把责任落实到位，矿上对各级领导落实“抓领导、抓头头”措施，对矿级领导和副值班领导的工作职责、下井次数、管理考核、监督检查做了严格细致的规定。为了严明纪律、加强考核，建立了带班人员“一日三汇报”制度，随时掌握带班情况，做到了“职工班倒，班班见领导”。

安全事故案例图片展

二、质量管理重精细，本质安全促生产

煤矿安全在一线，一线安全在质量。质量第一，才能实现“系统无缺陷，设备无故障，管理无漏洞，安全无事故”的“本质安全”。

人们不会忘记，20世纪80年代中期，原煤炭部在峰峰矿务局召开质量标准化现场会，阳邑矿率先在全局被评为“部二级”质量标准化矿井，开创了邯郸地区国有煤矿质量标准化建设的“先河”，成为所在地区煤矿标准化建设的“标杆”。

人们常说：“成绩只能说明过去，不能代表现在。”在成绩和荣誉面前，阳邑矿人没有“小进既满”，而是在原来的基础上，朝着更高的目标前行。近些年，随着资源的逐年减少，煤炭开采难度也在不断加大、地区接替频繁，地质条件变化大、设备老化等不利因素，给现场管理增加了难度，给质量标准化建设带来了更大的考验。在这种情况下，矿上作出“不能保持和巩固行业一级质量标准化矿井，班子集体辞职”的承诺，并开始一步一个脚印地重新迈上创建路。领导小组成立了，“六组一办”（即六大专业小组和现场办公室）兵精将强；六大专业的必保和奋斗目标制定出来了，标准高于上级要求，又符合矿井实际；区队班组行动起来了，人人肩头担负着标准化的创建目标和责任；全员参与的新举措定出来了，严格执行全员标准化风险抵押制度，实行全员安全目标管理，累计台阶式奖励。区队和班组长签订责任状，奖罚兑现。

采掘工作面动态达标既是重点，又是难点。为实现动态达标，采掘队在采煤工作面上准备了一长一短两根木棍，长的1米，短的0.6米，每一根点柱都要用两根木棍量两次距离，长的量溜子和点柱的距离，短的量棚距，任何一项指标达不到要求，立刻推倒重来。掘进工作面，两个采掘队把每架棚子都编上号，哪架棚子的棚距、扭距、棚梁接口或工作面“三直一平一畅通”环节被检查出问题，责任人返工整改。工程管理人员肩上的担子也是沉甸甸的。一线工程验收员裴海兵一个人负责全队三个工作面的采掘工程质量验收，每班要跑两三个地区，十五六里路程。他深有感触地说：“干我们这行，苦点累点都无所谓，最苦恼的是有时不被人理解，让人家重新返工，客气点的求你当老好人，脾气赖的，翻脸就骂，让你好几天心里不得劲，可全队的工程质量全凭咱说了算，一到工作现场，还得‘六亲不认’，一丝不苟地干下去。”

认真搞好矿井安全评价工作，成立了安全评价领导小组，对评价标准中的各项目进行了具体分工，各专业都由行政“一把手”负责，并实行一旬一调度、一旬一检查；着重抓了顶板管理、机电运输管理、一通三防和火工品管理；积极开展了岗位达标、专业达标和环境治理活动，井下各作业场所、采掘一级品率始终保持了100%，精品工程覆盖率达到85%以上，14个专业项全部达到了一级标准化要求，连续24年保持了一级质量标准化。

三、宣教形式重创新，迎来安全“满园春”

近年来，矿上根据不断发展变化的生产形势和职工思想状况，把区队、班组中易造成事故的重点人摸排出来，给予重点帮教，推行了“三帮两促”工作法。“三帮”，即开设“三违”帮教课堂，有针对性地对“三违”人员进行安全作业规程、规范操作等理论帮教；实行“区队帮教”制度，把“三违”人员作为“重点监护”人进行帮教；突出女工协管组织及职工家庭帮教，让“三违”职工对亲人作安全承诺。通过“三帮”，实现了“促进职工安全意识增强，促进岗位业务技能提高”的“两促”目标。在一些常规工作中也坚持常做常新。例如，近几年先后运用重拍安全全家福、拍摄安全电视片、编印安全手册等方法，加强对职工的安全教育，以变化求效果，解决职工在安全宣传上的“视觉疲劳”。

阳光广场

如今，走在生产一线、千米井巷、职工澡堂、文化一条街、职工宿舍，到处都能看到充满温馨的安全提示语、安全理念、安全小事故等，安全文化不断向井下班组现场和岗位延伸，为消除人的不安全思想和行为起到了积极警示作用，这一做法还被《人民日报》“人民论坛”以《温馨的井口赠言》一文刊发，产生了强烈的社会反响，职工队伍的整体安全素质得到明显提高。

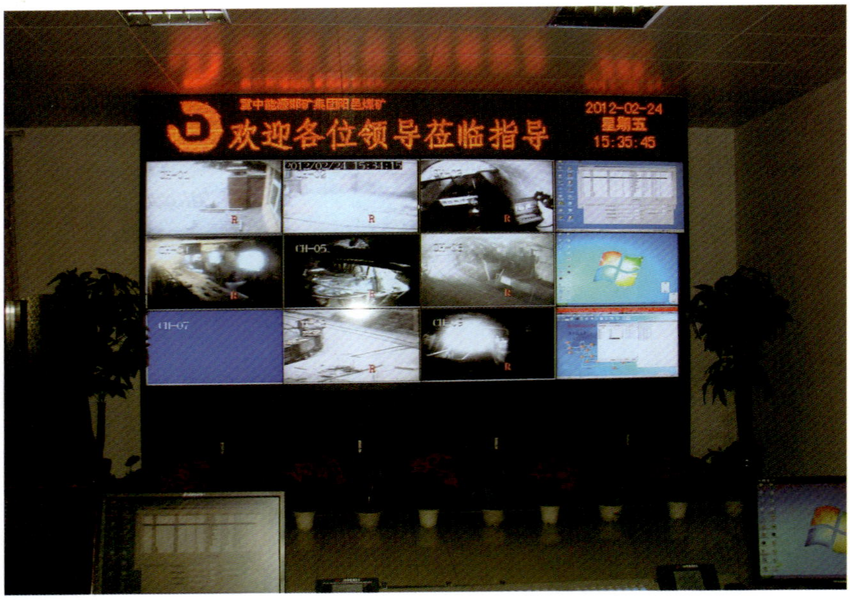

阳矿调度室

八采运巷

副井车场

阳矿重点工程八采区运巷

四、设备安全重投入，提高矿井抗灾力

“安全不仅要有完善的管理软件作基础，更重要的是与之相适应的硬件投入。”在安全上，阳邑矿始终秉承这样的原则，做到了管理与装备并重、管理与投入并重。细心人计算过，20年来，阳邑矿在安全投入上超过了1.5亿元。在材料科，笔者查看了2011年该矿安全投入情况，矿先后完成了供电、通风、运输、调度中心等系统改造，累计投资1000多万元。在提升方式上，对主井提升系统实施改造，将使用了30多年的串车提升改造成了皮带提升，使工作面的煤炭经各部皮带运输后可直达地面煤厂，减少了中间运输环节，实现了连续运输，提高了安全性，同时主井提升能力也由以前串车提升的120吨/小时提高到了200吨/小时。井下掘进方面通过采用皮带、溜子跟头作业的方式，取消了矿车运输，生产所用物料实现皮带运送。运输方式的改变，提高了矿井提升能力，改善了矿井环境。在支护方式上，采用先进的液压支护设备，提高采煤工作面支柱初撑力和工作阻力，确保工作面支护安全可靠。在通风设施上，实行了双风机、双电源、“三专两闭锁”，有效改善了矿井的通风状况。先后投入188万元，安装了瓦斯监控系统，购置了移动变电站、局扇、副井人车、自救器、便携仪等设备和仪器，井上井下30多部皮带机头、机尾安装了防护网，对小绞车开关和电机车，采取了电源上锁的措施，进一步改善了安全生产环境，提高了矿井防灾抗灾能力。

五、职工培训重效果，安全素质促提升

近年来，阳邑煤矿在培训形式上采取理论授课与现场演练相结合、脱产培训与业余培训相结合等多种形式，做到了日常培训经常化、业余培训多样化、管理考核制度化。以“职工素质攀升工程”为契机，加大职工安全培训力度，根据岗位不同、工种不同、专业技术不同，对职工分期分批有针对性地进行安全培训，不断提高职工安全业务素质。通过近几年来的职工安全素质培训，使全员培训率达到100%、培训合格率达到100%、上岗持证率达到100%。近年来，该矿还开展了大规模的技术比武活动和“传、帮、带”活动。每年举行一次全矿范围内工种的技术比武活动，先后涌现出了一大批爱岗敬业、技术精湛的优秀技能人才。人才的培养，不仅为企业的发展打牢了人才战略基础，同时促进了职工安全技能水平的整体提升。

针对季节的不同，扎实抓好不同时期的安全工作，尤其是抓住农忙时节、节日前后的职工安全教育，利用活生生的事故案例、职工身边的真人真事，进行安全思想教育。利用每年的“安全生产月”，在党员干部、职工群众中扎实开展以“查思想认识、查工作作风、查安全管理、查制度落实、查隐患排查治理；反松懈、反自满、反漂浮、反“三违”、“反事故”为内容的“五查五反”活动。通过一系列活动的开展，在职工中呈现出了“正规操作的多了、违章蛮干的少了，自觉学习的多了，违规乱纪的少了，主动承担的多了，推诿扯皮的少了”的“三多三少”现象，职工的安全意识显著增强，“三违”现象明显减少。

昨天，阳矿人用情感、用心血、用汗水，播下了安全的种子，创造了感动、创造了幸福；今天，阳邑矿人用坚守、用智慧、用勤奋，培植着安全这颗参天大树。明天，阳邑矿人将用更高的目标、更坚实的脚步，走出一条宽阔而平坦的安全之路。

多措并举 精益求精

全面建设国家级安全质量标准化矿井

冀中能源邯郸矿业集团云驾岭煤矿

云驾岭煤矿隶属冀中能源邯郸矿业集团有限公司，矿井1992年12月28日建成投产，设计生产能力为60万吨/年。近年来，通过对采煤方法和巷道支护进行改革，生产效率大幅度提高，2009年核定生产能力达到165万吨/年。

近年来，云驾岭煤矿认真贯彻学习国家级质量标准化标准，坚持高境界定位、高标准运作、高起点创新，矿井产量连创新高，经济效益持续攀升，安全形势保持稳定，矿区面貌焕然一新。2009年，在集团公司率先建成了国家级安全质量标准化矿井。先后荣获河北省“AAA级劳动关系和谐企业”、 全国“安康杯”竞赛优胜单位、全国煤炭工业“双十佳”煤矿、煤炭工业科技进步优秀矿井、全国安全文化示范企业、全国文明煤矿、中华环境友好煤炭单位、全国精神文明建设先进单位等一系列荣誉称号。

一、抓思想认识达标，完善质量标准化体系

一是提高认识，明确思路。坚持思想先行，用思想达标带动安全质量达标。确立了“以安全工作为中心，以质量标准化为重点”的工作思路，明确了“保一级、创精品”的奋斗目标，年初召开年度安全工作会议，制定达标规划，与基层区队签订安全质量标准化责任状，为质量标准化开展提供了强大思想动力。

二是加强领导，齐抓共管。成立了以矿长、书记为组长的领导小组，明确了职责分工。每个头面实行了科长包头面，区管分段包片负责、职工包支架包设备的模式，形成了从矿领导到普通职工，齐抓共管、层层负责的安全质量标准化责任体系。

三是完善办法，制订规划。出台了质量标准化管理办法，以红头文件形式下发，为质量标准化建设提供了制度保证。制订了质量标准化创建规划，每月制订的标准化计划与生产经营计划一同下发，做到了年度有策划、季度有规划、月度有计划。

二、抓科技支撑达标，提升质量标准化的科技含量

一是对制约矿井发展的各环节进行连续性技术改造。在建成八采皮带运输一条线以后，对-150大巷进行了大断面扩修，先后对八采车场、大巷南采段和二采车场进行了扩修和精品创建，显著改变了大巷运输现状。同时，大巷装备了“信、集、闭”系统，为运输标准化奠定了基础；在八轨、二轨和南翼轨道安装猴车，解决了职工上下班爬坡的困难；在掘进头安装了倒料皮带，结束了掘进职工运料肩扛人抬的历史；进行矿灯智能充电装置开发和研究，建成了现代化矿灯房；对矿井供电系统进行改造，实现了供电自动化；对调度室进行技术改造，建立了综合自动化平台系统；建成了现代化调度室，具备了对全矿井进行监测、监控、数字传输、通信及自动化控制功能，达到了现代化管理水平。使矿井安全生产条件实现了四个历史性的转变，即采煤方法由单一综采放顶煤方法向大支架一次采全高综采方法的转变、煤巷掘进实现了由传统炮掘方式逐步向以综掘为主导的转变；大巷运输实现了由小断面不准行人巷道逐步向大巷可视化“信、集、闭”方向的转变、矿井实现了由传统管理模式向数字化现代化矿山的转变，极大地提高了矿井安全质量标准化科技含量和抗灾防灾能力。

二是加大科技投入，夯实标准化基础。采煤工作面以12802大倾角大采高支架工作面为代表，实现了“六化”建设。一是辅助运输连续化。一部卡轨车贯穿工作面副巷，取代了传统的十几部小绞车，使工作面安装、运输设备和物料变得快捷、安全、高效。二是瓦斯抽放制度化，瓦斯抽放是防范瓦斯事故的治本之策，针对12802工作面瓦斯涌出特点，分别采用了高位抽放和上隅角抽放，使瓦斯浓度始终控制在规定范围内，为安全生产提供了强有力保障。三是工作现场标准化。在工作面倾角大、煤壁软、采高大的困难条件下，推行安全质量管理零缺陷责任目标管理，围绕4个100%落实，即规程措施100%兑现、工程质量100%合格、支架设备100%完好、防倒防滑100%落实，始终保持支架平直、初撑力达标，优良品率保持在100%，为安全高效生

产奠定了基础。四是生产过程可视化。在工作面采煤机上安装了无线监控探头、在主运输皮带机头安装了监控探头，采煤机可视化和皮带机头监控探头可直接传输到地面调度室，坐在地面可看到工作面生产的全过程。五是沿空留巷高水化。在工作面下运巷，采用最先进的新型高水材料巷旁充填沿空留巷技术，实现无煤柱沿空留巷，明显改善矿井采掘接替紧张局面，提高煤炭资源回收率。六是采煤生产高效化。通过采用先进的采煤工艺和大型机械化装备，强化工作面大倾角管理，在工作面平均倾角28°，局部煤层倾角39°的条件下，大倾角大支架综采试验一次成功，月产保持在10万吨以上，并达到了日产5000吨水平，建成了百人百万吨采煤队。在岩巷掘进头安装使用了卡规车、液压钻车、凿岩台车、挖装机、伸缩皮带机，建成了水平渣仓，形成了岩巷快速作业“一条线”。在煤巷和半煤岩巷使用了综掘机、12113副巷安装了可遥控综掘机、所有掘进头安装了侧卸式装岩机，大大提高了掘进效率，减少了人工劳动强度。实践证明，这些安全投入已取得了高水平的标准化成果，同时也促进了安全高效矿井建设。

三、抓工程质量达标，夯实质量标准化基础

一是狠抓生产过程中的动态达标。坚持每月逢五逢十，各专业主管领导、质量验收小组和各区队，对井下现场实行日常动态验收和定期检查验收相结合，覆盖率达到100%。在此检查的基础上，每周一到周六每天安排一个专业进行重点专项检查，召开专业会安排处理专业隐患。对查处的问题按照“四定”原则限期处理，做到了任务清晰、责任明确、措施得力、整改迅速。

二是强化内在质量管理。成立了专门的质量验收小组，每旬对锚杆拉拔、锚杆预紧和锚喷巷道进行混凝土强度检测，每月在采掘区队开展了工程质量最佳最差评比。通过严格的检查考核，锚杆拉拔、锚杆预紧力、混凝土强度检测等内在质量合格率达到了99%以上，有效地提高了内在质量，极大地促进了采掘工程达标。

三是积极开展精品工程创建活动。按照“以点带面、重点突破、专业推进、整体达标”达标思路，集中人力、物力，对薄弱环节进行高标准整治，2011年后半年以来，确定了六条精品头面，工作面形成七线管理，先后在工作面召开了现场会，由各专业组长、各单位一把手进行了三次参观交流，扬长补短、借鉴经验，推动了矿井整体达标工作。

四、抓环境安全达标，提升矿井标准化形象

本着高标准、高层次、高水平的原则，深入推进安全质量标准化建设。全面实施井上井下“亮化、净化、美化、规范化”环境改造工程，井口和井底分别建立了安全文化长廊。2011年，又在各个头面建立了生产现场的安全文化硐室，标准化一条线实行七线管理。下发了《标准化工作精细化管理实施细则》，从资料管理、班前会、井下衣服吊挂、牌板悬挂、工具箱、材料架、管线吊挂、水沟等都制定了详细的管理标准。矿每月组织3次环境治理检查，对文明生产差的单位正职进行处罚。实践证明，职工在宽敞明亮的环境中工作，无论心态、注意力还是操作的准确度都有较大改观。有力地促进了标准化建设。

五、抓安全文化达标，引领质量标准化有序开展

一是实践运行诚信管理。制定了安全诚信管理实施方案，形成了诚信承诺、评价、预警、监督和奖惩等五大机制，建立了各层级安全诚信档案。二是巩固整合安全文化资源。在准军事化方面。向一线延伸。推广了井下职工集体升入井制度，从升入井、路途行走和工作现场各个环节进行安全确认。在关键环节、重要岗位，推行了手指口述工作法，推动了岗位达标。三是全面推进班组建设。形成了一套具有指导性、操作性、针对性、实用性的“十个十”班组管理模式，通过班组建设全面实施运行，打造出过硬的班组团队，夯实矿井安全质量标准化基础。四是强化安全教育培训。矿组织技术精、业务通的专业技术人员主讲，将标准化培训制度化。每季度对技术员以上的管理人员进行一次标准化考试，得分情况与标准化奖励挂钩，逐步实现了员工行为礼仪化、班组精神团队化、具体操作程序化、现场管理规范化、质量考核精细化。为建设安全高效型、数字化型、低碳生态绿色型、文化引领型、和谐幸福型“五型矿山”提供强有力的保障。

（柴连银/文　石伟红/摄）

冀中能源邯郸矿业集团郭二庄煤矿

严细标准管理　打造精品工程
全力推动安全质量标准化迈上新台阶

矿长：郑志辰

近年来，在冀中能源集团和邯矿集团的正确领导下，郭二庄煤矿始终把安全质量标准化建设摆在突出位置，视安全质量标准化建设为矿井的生命工程，认真克服矿井老（1946年建矿）、战线长、矿压大、地质条件复杂等困难，深入贯彻执行“安全第一、预防为主、综合治理”的指导方针，不断完善标准化管理体系，加大标准化建设力度，严细管理，扎实推进，打造精品，努力创建“两型三化矿井”，矿井安全质量标准化建设取得了明显效果，经上级检查验收，达到了安全质量标准化一级标准，其中创建“精品”工程49个。促进了企业安全发展，截至2011年底，郭二庄矿实现连续安全生产2044天，创建矿历史安全最长周期。2010年被授予“国家级安全高效矿井”“国家级安全质量标准化井工煤矿”荣誉称号。我们的主要做法如下。

一、领导重视，健全机构

郭二庄煤矿把安全质量标准化建设作为“一把手”工程来抓，成立了以矿长为组长、其他班子成员为副组长、副总工程师及各专业科室主要负责人为成员的领导小组。安全质量标准化下设采、掘、机、运、通、地测防治水六个专业小组和一个综合考评办公室，办公室设在安监处。专业小组组长由副总工程师及各专业的负责人担任，对安全质量标准化及“精品”工程确定目标，制定措施并检查验收。每年年初、月初都要召开专题会议，总结成绩，查找不足，改进提高。同时，详细安排部署下一步安全质量标准化工作，制订工作规划目标，明确责任单位和主要责任人。各生产区队实行分工负责制，区长对全区标准化施工负全责。主管副区长对主管头面标准化施工负具体责任，机电副区长或工长负责所管头面的管路铺设、编码、吊挂、防尘设施的安装及设备备件的准备，技术员负责图牌板的制作吊挂。矿党政明确要求，安全质量标准化工作月度目标完不成，责任单位班子成员重罚，年度目标完不成，责任单位班子成员集体辞职。

二、完善制度，动态达标

为推进安全质量标准化工作扎实深入开展，我们结合矿井实际，制定了《采煤安全质量标准化管理办法》《采煤质量标准化动态管理办法》《开、掘工作面标准化施工实施细则》。并组织干部职工认真学习，做到应知应会，大力提倡上标准岗、干标准活，增强了干部职工对质量标准化的认识。同时，我们利用内培和外培的形式，加大了对干部职工的质量标准化知识学习培训力度，采取脱产、半脱产和业余培训相结合的方法，对干部职工进行标准化轮训。1～12月，累计培训职工9619人次，涉及24个工种。通过强化培训，提高了干部职工的业务素质和标准化技能,规范了施工操作、维护、使用等标准行为。按照国家和河北省安全质量标准化实施细则，我们分专业、分岗位分别制定了工作标准，尤其是对采煤的供液系统、支架顶板管理、风巷、运巷管理及文明生产等，均制定了详细的工作标准。

为使各项标准不折不扣的落实到位，我们对安全质量标准化建设实行动态管理，坚持动态督导、突击检查，进一步增强了干部职工的责任心，规范了操作行为，事事处处有标准。推行了标准化工作日考核、月评比，以工种为小组的班组“优、差”员工评比制度，要求每小组每个班次评出一名“最优、最差”员工进行奖惩。连续三个月被评为最差员工的，实行末位淘汰。对采煤工、维护工等工作线的所有环节进行动态标准考核，实行班检、班报、班治理。对生产移架工、支架维护工除动态检查考核外，又制定了严细的考核方法。支架维护工实行定架对号“终身制”管理。对支架的工作状态、完好状态、支架的操作灵活性，按标准要求执行。对机组司机和维护工的要求是：正确操作、精心维护，事故为零，奖惩兑现。对设备运转、巷道文明，实行分段、包片。落实到班组、细化到个人。每班所查隐患部位、落实情况、有何建议、生产动态等内容在日报表上填写清楚，做到一目了然。

郭二庄矿成立了标准化施工检查小组，对安全质量标准化工作不定期进行检查。同时，加强验收力度，工程质量标准化检查验收，采用定期和不定期相结合的检查方法，针对重点工程、重点地区，对工程质量进行跟踪检查。各区队每个工作班明确一名工程质量验收员，验收员是本班工程质量验收的第一责任人，严格按照作业规程和安全技术措施的有关规定，对工程质量实行边施工、边验收。安监处质量检查小组采用“动态随机”检查法，即不定时间、不定地点、不定班次的抽查，强

化过程控制，达到了标准要求。

三、严细考核，奖惩兑现

我们矿每旬按照煤矿安全质量标准化评定标准对各专业施工现场进行严格检查验收并评定等级。针对区（队）班组工程质量存在的问题，及时提出整改意见。采取每旬定期和动态相结合的方法，月终根据每旬检查验收的结果，做出全月工程质量等级评定，奖惩兑现，将评定等级结果于次日报综合考评办公室存档，作为月、季、年度质量标准化评定的依据。对检查出的质量问题、及时通报，限期整改。

生产单位所在的施工地区，全月评定为优良品的，按全区月

工资总额加奖5%，对区管正职，主管地区副职按规定加奖；全月评定为合格品的，不奖不罚；全月评定位不合格品的，扣除该区月工资总额5%，免除标准化奖外，并对区管正职、主管地区副职按照矿有关规定处罚。明确要求各地区安全质量标准化每月得分不得低于95分。

为提高奖罚制度的可操作性，详细制定了奖罚细则。如：井下供液系统泵站压力及泵站使用和维护方面，泵站压力每查一次压力达不到标准、发现乳化泵漏液、设备及油桶卫生差，一次罚100元，累计计算。泵站使用每发现一次不按规定标号用油或不按规定时间两泵交替使用的，罚1000元。

支架及顶板管理方面，要求支架构件齐全可靠，包括立柱、推移杆、大小侧护板、防倒、防滑装置按规定使用，支架不得出现倒架、错架、（不超2/3）咬架、台阶架或与煤帮不垂直支架，有一处不达标罚100元。工作面机头、机尾或构造带需放炮时，要对支架采取上护皮保护措施，且擦净支架明柱。工作面不空顶作业，出现周期来压或构造时，煤壁有片帮或空顶时，应采取临时支护措施，否则每架罚100元。工作面机头、机尾带采使用单体支柱支护时，要按措施规定支护，支柱迎山、高度、宽度、背帮、背顶、柱鞋、支柱初撑力、栓柱头等一项不合格罚100元。

两巷管理方面，上下两巷安全出口备修长度不少于20米，每处巷高不低于1.8米，每处行人宽度不少于0.7米，且备修段内无杂物和闲散设备，通风断面符合要求，否则每处罚区长500元，罚区队1000～3000元。机电设备要挂牌管理，保持设备清洁卫生。备用设备按比例备用，旧设备及时上井。转载点有喷雾装置，溜子有回煤坑，施工必须正规循环作业，上一班没有完成循环，下一班接班后首先保证上一循环，一次成巷。每一处（项）不符合标准要求，罚款100元。岩巷成巷喷浆前要挂好7条线，不挂线喷浆，没预埋喷浆厚度标志桩不准喷浆，喷浆没有从基础往上喷浆的罚500元/次；煤巷成巷两帮支护要求平直，两帮平面要垂直底板，顶部超宽部分要及时支护。锚杆预紧力达不到规定要求，布置不贴岩面、不贴顶或角度偏差大于15°罚50元/根；锚索张拉力低不合格或锚索外露超过规定罚100元/根。罚款有集体责任区队管理人员平均分摊。被验收工程评定为不合格的单位要找出原因、找出责任者报安监处进行补课，不报责任者的单位罚1000元，罚主管领导500元。不合格工程要限期整改，经复验后仍不合格的施工单位要停供火工品，停产整改。整改后仍不合格的施工单位，罚区长、书记、技术员各200元，主管副区长罚500元；工资独立核算单位整改后不合格的罚单位2000～5000元；质量达到要求后方可生产。

文明生产方面，对两巷设备、物料码放整齐、挂牌管理、两巷无浮煤、风筒、电缆、轨道、设备铺设等方面都制定了相应的工作标准，一处不符合标准罚款100元。水管路一处漏风、漏水罚区长、书记、主管副区长各100元；风水管路接头不使用正规，罚200元/处。成品巷道不能有淤泥积水（积水深0.2米、面积2平方米），否则罚100元/处。通过奖罚制度完好的落实，极大地增强了干部职工安全质量标准化的责任感，推动了工作的深入开展。

四、政策激励，打造精品

在扎实推进矿井安全质量标准化建设的基础上，我们矿高起点、高标准、大力开展“精品”工程创建活动，制定了激励政策，“精品”工程实行季度验收。每季度，各区队要制订计划目标，并上报标准化办公室实行台账管理，按期完成的项目予以奖励，到期未达标的给予处罚。被评为矿级“精品”工程的采煤工作面给予2000元奖励，掘进工作面给予1500元奖励，通风专业工程给予1000元奖励，机电、运输专业被评为“精品示范区”的给予1000元奖励，有力地激发了建“精品”、创“精品”的工作热情。截至2011年年底，经上级验收，我矿共创建“精品”工程49个，使安全质量标准化工作迈上了新台阶。通过开展质量标准化和“精品”工程创建，井下面貌焕然一新，基础工作更加扎实，职工行为更加规范，有力地促进了安全生产，使得企业始终保持强劲的发展势头，促进了企业又好又快和谐健康发展。

搞好煤矿安全质量标准化建设 夯实煤矿安全管理基础

——冀中能源股份有限公司葛泉矿

矿长 王文清
煤矿安全质量标准化工作是安全生产的前提和基础

党委书记 赵正军
打造绿色生态矿山，提高职工幸福指数

搞好安全质量标准化是夯实煤矿基础管理工作的有效措施，深入持久组织开展煤矿安全质量标准化建设，是提升煤矿安全生产保障能力的有效途径，彰显了全员、全过程、全方位以人为本和科学发展的核心理念。对煤矿矿长来讲，质量标准化就是“一把手”工程，不抓质量标准化就是渎职，抓不好质量标准化就是不称职。在这项工作上必须立场坚定，旗帜鲜明，加大投入，提高标准，持之以恒，常抓不懈。

近年来，葛泉矿在承袭以往安全质量标准化建设基础上，推陈出新、补充完善，逐步形成了一套行之有效、适合自身可持续发展的管理模式。

一、转变思想、提高认识、加强宣贯、夯实基础

一是矿级领导从思想上高度重视，不折不扣动态宣传安全质量标准化基础性保障作用，在刚性理念的灌输和指导下，逐步引导基层干部和员工的高度重视；二是每年制订矿井安全质量标准化奋斗目标；三是借助网络、多媒体等手段，组织开展全员安全质量标准化标准和上级文件精神的贯彻、学习和考试，提升干部员工质量意识。

二、完成三步走跨越，做好动态保持

第一步，学习先进，取长补短，为我所用；第二步，井下头面刷漆定标点，树起点，对比过去，提升质量；第三步，打造精细化工作面，适时召开现场会，对标试点，共同提高。完成跨越后，坚持在日常保持上突出紧、严、细、实，坚决杜绝停产迎检现象。施工环境得以显著改善，员工劳动强度明显降低，安全保证程度进一步提高。

三、多措并举促提高

葛泉矿结合自身安全生产特点，积极探索可持续发展、提高的新举措，提高安全生产条件，改善生产作业环境，规范全员操作行为。

第一，分工具体、责任明确。成立以矿长和党委书记为组长的安全质量标准化领导小组，对回采、开掘、

葛泉矿领导班子工作照

机电、运输、防治水、一通三防、文明生产、地面九大部分，设立主管矿领导及主管科室责任承包主体，每月对各专业当月安全质量标准化完成及下月计划进行汇总，对执行效果进行考核。

第二，生产单位及业务保安科室严抓细管，巩固质量安全质量标准化成果。①生产单位把岗位作业标准、安全质量标准和隐患排查落实到生产全过程，通过狠抓岗位作业标准化，实现动态达标；②建立锚网巷道的锚索、顶板离层仪、锚杆编号、综采工作面支架、机组以及运输、机电、“一通三防”设备检修等安全质量标准化跟踪管理档案；③运用班评估、质量项目责任分解等有效手段，保证工程质量动态达标；④适时组织开展安全质量标准化现场会，通过对比查找不足、及时改进、共同提高；⑤打造掘进、回采两条线的精细化和装备系列化工作面示范点，以点带面，促进安全质量标准化的整体拉升。

第三，把安全质量标准化作为特色活动的重要考核参数。每月对区队跟班及班组长进行严格考核，并把跟班质量作为主要考核参数，根据评比结果进行现金奖励，优秀班组安全兑现整体上浮，并以此作为年度评选各种先进的依据。提高了基层管理人员对工程质量的重视程度。

第四，隐患排查治理形式多样、排查全面、整改彻底。①拉网式专项整治和全员隐患排查及施工现场安全评估。第一步，每月上旬，各生产单位开展自查自纠隐患排查活动，本单位不能整改的隐患报矿安检科；第二步，每月中旬，各职能部室进行分类、分项开展专项整治活动；第三步，每月下旬，矿统一组织进行全面联合复查；第四步，由安检科对各单位全员隐患排查表和岗位评估小票执行情况进行动态检查。②适时开展规程措施落实、运输、一通三防、机电设备完好、顶板、防治水、文明生产等专项检查活动。③每月利用隐患与点检综合信息管理网络平台进行隐患的闭合管理和网络点检。

葛泉矿领导班子运筹帷幄共谋发展

第五，发挥科技支撑作用，提高安全质量标准化水平。坚持科技兴安可持续发展战略，立足建立“两型三化矿井”长远目标，加大安全资金投入比例和数额。①科技创新方面：先后开展了“复杂条件下薄煤层综采自动化高效开采技术研究”“强风化灰岩覆盖厚煤层沿底巷道综合支护技术研究”“坚硬顶板综放开采提高煤炭回收率研究”“7#、9#煤协调开采技术研究”等科技项目的研究。②新工艺新技术方面：开展了掘进装备系列化、掘进工作面瞬变电磁超前探测研究、沿空留巷、矸石充填、卡规车应用、引进运输信集闭监控和泄露通信系统、安全设施升级换代、支护材料及形式改造、防灭火喷涂技术应用、打钻注浆加固新技术推广、六大系统建立完善、30Kg轨道全铺设、除尘风机应用、生产安全综合信息系统应用等项目。

四、实行安全质量标准化动态考核奖惩激励机制

第一，矿每月分上旬、中旬、下旬由安检科牵头，各职能科室人员参加，根据质量标准化标准，对井下各施工头面严格检查验收（得分比例：上旬占30%，中旬占30%，下旬占40%）。

第二，设立质量标准化考核调整系数，质量标准化考核结果与得分名次和精品工程保持创建挂钩奖惩。

第三，矿按照“动态化、常态化、专业化、精细化”考核要求，依据公司月度安全质量标准化抽查及季度、半年全面检查验收和矿月度检查验收考核情况进行综合考评（特别说明：公司月度抽查验收结果占50%，

曷泉矿生活区街心公园

曷泉矿20周年矿庆

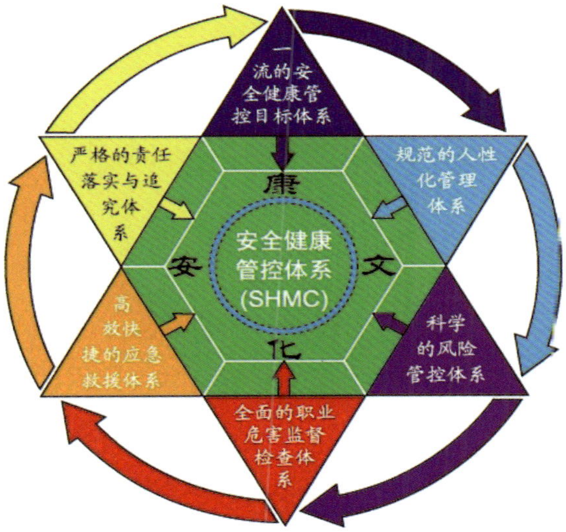

“六位一体”安康文化体系

事前风险评估并在矿井安全生产系统调整。对新采掘头面开工、工作环境和条件发生变化时等进行风险评估，根据评估结果编制安全措施，实现各工作场所超前风险防控，各岗位在班前进行危险辨识和风险评估，班中执行标准，控制风险，班末进行风险管控可靠度再评估，确保作业环境始终处于安全状态。

风险评估涵盖矿井生产全过程、全方位。基层管理人员负责对员工进行岗前评估。在班前会评估员工的身体状况、思想动态、精神状态等，对不符合入井条件的员工禁止入井，实施针对性帮教。各层级对负责区域进行事前风险辨识、评估、事中风险控制、事后再评估，实现了对矿井的全方位风险管理。全员每月进行一次从上班到下班的生产，生活各环节自身全过程风险评估防控，避免发生伤害。

创新重大事故防范机制。对可能造成重大事故的“高”等级以上风险，列为安全重点管理项目，集团公司随时跟踪监督重点项目风险评估的准确性、措施的科学适用性、制定检查方法及重点监督措施的现场落实，严格考核。

运用事故树分析法，排查事故诱发因素。根据风险评估结果，对可能发生的事故，利用事故树分析法来找出导致事故发生的每个基本因素，制定针对性管控措施，并制作成89种事故树牌板，悬挂在井下的关键控制点，实现事故的超前防范。

创建了快捷高效的现场应急救援体系。对全矿148名生产一线的班组长和技术骨干进行应急救援技能培训，使其具备专业救护队员素质；在井下建立多功能应急救援硐室，配置救援装备，制定应急救援工作机制，形成了能够在第一时间实施现场应急救援的体系。

煤矿隐患类型及风险等级分析评估表

后果	风险等级	安全(P)		发生的可能性				
		人员伤害	非伤亡事故	I－几乎一定	II－极其可能	III－可能	IV－不太可能	V－极小可能
	1－灾难性	多人死亡	特大非伤亡事故	1（极高）	3（极高）	5（高）	7（高）	11(较高)
	2－高等	单人死亡	一级非伤亡事故	2（极高）	4（极高）	8（高）	12（较高）	16（中）
	3－中等	严重身体伤害	二级非伤亡事故	6（高）	9（高）	13（较高）	7（中）	20（低）
	4－低等	损时工伤事故	三级非伤亡事故	10（较高）	14（较高）	18（中）	21（低）	23（低）
	5－可忽略	急救	一般非伤亡事故	15（较高）	19（中）	22（低）	24（低）	25（低）
隐患类型及风险等级对照表	1-4（极高）		5-9（高）	10-15（较高）		16-19（中）	20-25（低）	
	A类隐患重大隐患		B类隐患	C类隐患			D类一般安全问题	

风险评估矩阵表

应急救援队员开展应急救援演练

四、全方位多层次安全管理彰显责任落实的严格性

完善的安全生产岗位责任制。每名员工都有明确的岗位安全职责，这些职责是根据生产实际需要制定的。在生产过程当中，一系列的责任约束机制，能够把这些职责真正落实到现场，把生产和安全紧密地联系在一起，敲到工作过程就是落实安全生产责任的过程。

强化安全监管机制。专职安全检查人员全面掌握负责范围内生产过程中的风险管控情况，抓住关键，管理到位，推行安全管理人员区域负责制。安全检查由安全标准的表象检查，深入工作过程风险控制效果的实质，对现场检查到的问题，分析出现的原因，查找哪个环节风险评估管控不到位，追究履职不到位者，督促从根本上进行整改。

严格的责任考核和追究机制。健全的安全管理制度、完善的安全生产责任制，为责任追究提供了强有力的支撑。通过对制度、责任落实情况的分析，利用责任追究的“四个体系”，实行“前追后纠”，既可“以人查事’，查各个岗位人员的日常履职是否到位；又可“以事查人”，当发现问题后，查清是哪些岗位未认真履职，追究责任者，从而有效促进了各项工作的落实。

冀中能源张矿集团宣东二号煤矿工业广场

五、安全健康管控体系使安全管理档次与境界得到提升

安全健康管控体系来自基层，着眼于实践，代表了国际安全管理理念与中国现场实践操作的有机结合，在煤矿安全管理战线起到了典型示范作用。矿上形成的安全健康管控体系，做到了将安全管理的关口前移到现场，重心下移到班组，责任落实到岗位，真正做到了“超前考虑、超前预防、超前处置、过程处置、应急保障、职业病防治相结合”，能够有效应用于煤矿企业安全健康管控，其他行业可借鉴使用，是对建设“以人为本、和谐社会”的巨大贡献，具有重大的政治效益、经济效益和社会效益。

作者：霍志辉

冀中能源张矿集团
涿鹿矿业有限公司

以人为本 强力推进安全质量标准化建设

安全是企业生产永恒的话题。冀中能源张矿集团涿鹿矿业有限公司在以人为本、安全至上、科学发展理念的指导下，不断夯实矿井安全质量标准化建设，稳步推进安全健康管控体系，严格落实三级隐患排查治理责任，使公司赢得安全发展、产效双赢的良好局面。

一、构建安全管理理念，落实安全管理责任

为了更好地贯彻执行国家有关煤矿安全生产的法律、法规、政策和标准，加强对企业安全生产工作的管理，切实保障公司安全平稳运行及员工安全健康工作，涿鹿公司牢固秉承“以人为本、安全第一、预防为主”的方针，始终做到先安全后生产，不安全不生产。公司执行董事、总经理张志海在不同形式的会议上经常讲道：“提高思想认识，坚持以人为本，确立规范的人性化管理方法，运用科学的风险管控手段，落实严格的责任追究机制，建立快速、有效的应急救援体系是搞好煤矿安全管理工作的重点。”他又指出，“短期的安全靠运气，中期的安全靠制度管理，长期的安全管理靠文化，只有全体员工自觉执行，自主保安，才能实现全员参与和全过程控制”。公司成立了由总经理任组长，各井口、科室和区队负责人为成员的“安全文化建设”领导小组，编制了2011年安全质量标准化建设实施方案。各基层单位根据公司活动方案要求，也相应成立了领导小组，制订了适合自己的活动方案，明确了领导责任，并积极组织责任制的有效实施，形成了党委统一领导，各部门积极配合，职工踊跃参与的格局。2011年以来，公司下发了《全员岗位安全职责》管理制度，从董事长、总经理到每位员工都规定了明确的安全职责。各单位、部门一把手和总经理签订全年《安全目标责任状》，各区队负责人又与所属部门领导签订了安全区管理责任书，最后，班长把目标分解到了每位员工，这样层层签订、层层落实，使安全责任更加明确，使全体员工的内在动力和自我约束能力不断得到加强。

二、完善安全质量标准化管理制度，加强安全技术培训

涿鹿公司按照“安全发展”“持续发展”的要求，坚持“管理、装备、科技、培训”四轮齐驱和“人防、物防、技防”三措并重的原则，夯实安全管理基础。2011年以来，公司重新修订，先后下发了《矿井安全质量标准化建设管理制度》、《安全健康管控体系实施办法》和《安全健康管控体系实施细则》等42项安全管理制度，规划了《黄土湾井急倾斜煤层水平分层开采工作面事前风险评估表》和《黄土湾井急倾斜煤层采煤工作面事故隐患排查评估表》，制作了《隐患类型及风险评估图表》卡片，做到班组长随身携带，使隐患排查与风险评估有机结合。各井口、区队和职能科室都编写了《安全操作规程》，真正做到了有设备的地方就有操作规程、有人员的地方就有管理制度。

2011年以来，涿鹿公司以强化员工培训为切入点，采取定期培训和经常性的安全教育相结合的方法稳步提升全员安全生产意识、安全技术和技能操作水平。公司本着干什么学什么、缺什么补什么的原则，通过建立和完善学习培训制度、加强培训资源管理与建设、强化培训管理与考核等手段，有针对性地开展了新工人岗前安全培训、一线班组长应急救援能力培训、安全健康管控体系培训、一般管理人员业务培训和特殊工种人员技能培训等，注重理论学习与实际演练相结合，持续提高员工素质，助推安全工作再上新台阶。一年来，公司已举办了五大类、7个专业的常规培训和考试，累计培训员工536人，培训合格率达到了100%；举办各类学习交流和培训活动达11次，共有106名班组长参加培训演练。

三、突出阵地建设，开展安全质量标准化宣传教育活动

涿鹿公司按照上级公司要求，结合自身需求，设立了安全教育活动室，配备了投影仪、DVD等电化教学设备，购买了各类安全技术、安全管理、安全宣传等书籍600多册，下发到各区队、班组，开辟了安全质量标准化建设宣传网站，现场设立了各类警示牌和宣传牌等40多块，增强了视觉冲击力，进一步增强教育的互动性、渗透性和影响力，营造人人参与、有声有色的良好氛围。

涿鹿公司精心部署，严密落实，把开展安全质量标准化宣传活动与当前安全生产工作紧密结合，有力地推动了安全生产形势的平稳发展。一是与安全文化推进相结合。2011年6月12日，该公司在各生产井口开展了安全生产知识宣传咨询日活动。在各井设立了安全知识咨询台，制作了安全知识科普宣传单，发放到了每一个干部职工手中，并现场回答职工提出的有关安全问题。6月24日，涿鹿公司工会和安全科联合举办了安全健康管控体系知识竞赛活动。在营造安全氛围、提高职工安全意识的同时，让安全理念深入人心，做到了防患于未然，警钟长鸣。二是与提高员工素质相结合。6月4～11日，公司开展了多种形势的安全培训和事故案例光盘讲座。6月16日、17日，公司分别在黄土湾井、西寺湾井组织进行了水灾事故应急救援演练和火灾事故应急救援演练。此外，矿救护队还进行了地面灭火，井下模拟侦查，抢救伤员等事故应急救援演练活动，使员工的安全技术水平和安全防范能力大幅提升，确保一旦发生事故就能够快速、有效地进行处理，将事故危害降到最低限度。三是与事故隐患排查治理工作相结合。公司严格落实安全生产责任，规范安全生产管理制度，固化领导入井带班，深入搞好三级事故隐患排查治理工作和安全质量标准化建设，抢前抓早，严细落实，促使安全生产运行良好。

四、安全文化建设成效沛然

通过开展安全质量标准化建设，使全体员工的安全意识、事故防范能力得到了提高，认识到安全质量标准化建设是实现安全生产的重要前提，把隐患消灭在了萌芽状态，“三违”现象大大减少，使矿井安全管理工作得到了长足发展，保障了公司安全生产平稳运行。在“十二五”开局之年实现了安全生产与经济效益双丰收，被河北省安全生产监督管理局授予“三级安全质量标准化矿井”。矿上无重伤及死亡事故，实现了安全生产和文明生产。企业连续五年实现了无重伤以上事故及二类非伤亡事故，多次被集团公司授予“安全生产先进单位”。

冀中能源张矿集团

康保矿业有限公司

建设高产高效矿井是煤炭企业持续发展的必经之路，康保矿近年来致力于矿井高产高效发展，为实现安全与生产相辅相成，全力打造本质安全型高效矿井，主要做了以下几个方面的工作。

一、严格落实各级安全生产责任制

（一）坚持四个安全会议，保证矿领导及中层管理人员的安全决策力和影响力。“四会”即月度安全办公会、各专业组每旬的隐患排查专题会、各区队每周的周五安全活动、每班的班前会，通过以上四个安全会议逐步实现了发现整改事故隐患、落实责任追究制度、学习强化安全知识、敲响安全警钟及深化职工安全意识的目的。

（二）我矿根据企业安全管理的需要，组织干部职工学习《安全生产法》《矿山安全法》《岗位责任制》等安全规章制度及国家各项安全生产制度，夯实依法抓好安全工作的基础，使广大职工充分认识到了法律责任、行为准则和工作标准，把自身的个人行为变为社会的责任行为。

（三）不定期地组织开展安全知识竞赛和演讲等活动，让职工在活动中受到教育和感染，掌握有关法律法规知识，明确安全与生产的内在联系，并结合在安全方面的正反事例进行分析，弄清违章与违法的关系，树立法制观念，提高遵章守法的自觉性。

（四）完善各项安全管理制度是贯彻落实国家安全生产法律法规的需要，安全生产责任制是企业岗位责任制的一项重要内容。在矿集团公司的统一领导下，矿领导班子、职能部门和区队班组各级明确安全责任，建立专职安全管理机构，严格落实各级管理责任制，实现一岗双责、党政同责，党政工团齐抓共管。基层干部和生产管理人员坚持现场跟班把好安全关，领导干部和职能部门坚持日常检查、及时消除安全管理的难点和死角。

（五）建立健全了企业安全管理机构、各项安全管理制度、岗位责任制、操作规程等规章制度和安全生产长效机制。通过十八项安全管理制度的切实落实，实现制度的规范和约束作用。

二、落实检查考核机制，不断推进标准化建设

任何工作的开展落实必须有一套切实可行的检查考核机制，只有严格落实各项制度才能不断推进工作的开展。

（一）从2010年起，对采掘头面的标准化检查验收实行综合验收的办法，除采掘工程质量外，将管线吊挂、轨道质量、设备完好、临时通风设施全部列入标准化工作考评范围内，安全设施、机电设备、设施的保护齐全，并作为机电项目考证的否决项。

（二）生产区队必须落实本单位岗位责任制，每个岗位必须明确责任人，检查提出的问题由责任单位提供责任人，不提供责任人的单位对单位正职进行查处。

（三）各单位必须健全标准化工作组织机构、检查制度和考核细则，严格按考核细则进行考核。

详细制定本单位月度、季度、年度安全质量标准化工作规划，特别是月度规划必须包括存在的问题，处理措施、整改完成期限，负责人等内容，并有月底达标分数，否则，月度标准化考核时该项不得分。

（四）技术负责人负责本单位日常检查工作，包括自查原始记录，考核结果、班检记录、内业资料，负责将本单位质量标准化检查结果和存在问题报送安监科，否则对技术负责人进行查处。

（五）严格推行班组验收制度。采掘质量验收员负责本班组工程质量检查和验收，严格班组间的工程质量验收，并有班组工程质量验收记录，凡交班后存在的问题，一律由当班组负责。

（六）安监科依据各专业、区队（井口）每月安全质量标准化达标规划，在进行旬、月度工程质量检查验收时，对单位标准化规划内容、重点工程同时进行验收，标准化规划内容、重点工程未完成，单位等级降一级。

每旬及月度工程质量验收、标准化检查后，由质量标准化考核、协调小组集体进行等级评定，评定结果通报各专业组、区队，并作为月度考核依据。

三、强化质量标准化工作，夯实矿井安全基础

矿井的安全质量标准化工作直接反应了矿井各专业的安全基础，直接反应了矿井整体保证安全生产的基础。为不断推进标准化工作，康保矿以强化矿井安全基础为目的，以强化考核手段为助力，以开掘质量标准化工作为重点，以提高机电运输标准化成果为保证，打造精品工程，推进全矿安全质量标准化工作实现质的了提升。2010年度，康保矿张纪井顺利通过审查，被评为国家级一级标准化矿井。

（一）为保证实现安全质量标准化规划目标，成立了以矿长、书记为组长的标准化工作领导小组，各专业副矿长为副组长，生产科室负责人为小组成员。成立了以各专业矿长为组长的采煤、掘进、机电运输、通风、地测、检查考核协调等七个专业工作小组。同时，详细制定了各专业小组及小组长工作职责，落实了各级责任，完善领导、工作机构，强化标准化工作考核机制。

（二）各区队配备了班组验收员，使工程质量标准化班班有验收、日日有考核。健全规范了班组工程质量检查验收制度，落实区队质量标准考核制度，积极调动了职工的积极性。将标准化工作贯传于日常安全生产管理中，确保标准化工作经常化，努力实现由静态达标为动态达标。

（三）将标准化工作列入了安全风险结构工资考核中，使标准化工作和日常安全工作实现了有机结合，通过加大日常监督、整改、考核力度，有力保证了标准化工作正常有序开展。

（四）以综采工作面为重点，针对工作面支架初撑力达不到要求及顶板管理难度大的问题，重点加强对采面支架的管理，所有支架全部配齐压力表，及时掌控支架初撑力，更换漏液立柱，确保所有支架的初撑力均能达到要求。

（五）掘进专业通过优化打眼、爆破工艺确保巷道成型，顶帮支护参数严格按照规程规定进行支护，及时补打失效锚杆、锚索。同时，加强了巷道卫生、文明生产、管线吊挂、防尘系统及皮带保护装置的管理，以保证掘进巷道安全质量标准化工作实现新的突破。

（六）通过不断对两井轨道进行整修，提高矿井轨道运输系统的质量标准。严格执行日、周、月检制度，完善供电、排水等各大系统图，确保其规范性。

（七）不断完善、规范通风、地测专业的记录牌板、报表、系统图、报告、检测监控资料等相关内业资料。

（八）严格落实月度工程质量及标准化工作验收制度，每月三次对井下各专业进行标准化工作验收，及时发现存在的问题，并严格按照措施整改。

（九）井下各大巷、各采掘工作面和要害场所统一安装了节能灯、路标指示牌、警语灯箱、安全警示牌板等视觉识别系统，统一各岗位工种的岗位责任制、操作规程、岗位隐患排查和工程质量标准为内容的图牌板，让职工抬眼即见，潜移默化地渗入职工脑海中，从而使职工及时掌握工作标准。

康保矿通过不断努力，层层分解目标，逐级落实责任，不断加大安全投入，实现了采煤机械化、掘进锚网化、提升运输自动化、安全监控现代化、安全管理信息化，安全质量标准化工不断上新的台阶，为实现安全生产奠定了坚实的基础。

长治经坊煤业有限公司

董事长、总经理、党委书记　王山虎

长治经坊煤业有限公司是集采煤、洗精煤、矸石制砖于一体的现代化新型企业，是全国特级安全高效矿井和全国煤炭工业百强企业之一。公司位于全国魅力城市长治市西南17公里，长治县城北侧。自有铁路专用线12.6公里与太焦线接轨，自有公路专营线4.6公里与207国道和长晋高速公路交会。

矿井井田面积30.34平方公里，煤种为贫瘦煤，生产大中小块炭和末煤。产品遍及山东、河北、河南、江苏、上海等省市，并远销日本、韩国等国家和地区。

近年来，公司在山西煤炭进出口集团公司的正确领导下，紧紧围绕市委、市政府转型跨越发展战略部署和县委、县政府“6131”发展规划，按照依托煤、发展煤、延伸煤、超越煤的总体思路，走新型工业化道路，积极拓展地面新型产业，发展壮大循环经济。自筹资金2亿元建成了年入洗能力300万吨的两座选煤厂（一座120万吨/年和一座180万吨/年）；自筹资金1.1亿元建成了年产1亿块矸石砖的新型建材厂；自筹资金2.1亿元建成了5000吨大列煤炭战略装车站；自筹资金500余万

璀璨矿山美如画

经坊煤业花园式矿区

公司王董事长深入一线检查指导工作

井下综采工作面

元建成了日处理3000立方米污水处理厂；自筹资金3.5亿元完成了矿井接替改造，形成了300万吨/年生产能力。

2011年实现销售收入26.95亿元，实现利润15.92亿元，上缴税金9.61亿元。

2009年通过了安全、质量、环保三合一体系认证；2011年被评为全国“五一”劳动奖状，全国民兵工作先进单位，全国安全质量标准化煤矿，山西省一级安全质量标准化煤矿，山西省质量信誉AAA级企业，连续四年被评为省属文明企业，连续四年被评为山西省百强企业，连续五年被评为全国企业文化建设优秀单位，连续五年被评为全国“安康杯”竞赛优胜企业，连续六年被评为全国特级安全高效矿井，连续七年被评为全国煤炭工业百强企业。

大同煤矿集团有限责任公司燕子山矿

以安全理念为核心
努力打造安全质量标准化一流矿井

党委书记 冯超

矿长 张久儒

安全矿长 焦义

大同煤矿集团燕子山矿始终坚持以“人人都是通风员”工作体系为核心，以强势打造安全文化为重点，以推进矿井粉尘治理工作为突破口，采取多种措施，努力打造安全质量标准化一流矿井，连续多年安全生产实现低控，2010年度荣获国家级安全质量标准化矿井的称号、2011年度被集团公司授予“转载点全封闭防尘装置项目”优秀创新奖。燕子山矿矿长荣获山西省“五一”劳动奖章、山西省优秀企业家称号、山西省煤炭科技创新优秀矿长称号、山西省劳动模范、大同市劳动模范等荣誉。燕子山矿安全副矿长荣获集团公司优秀人才和大同市青年人才、山西省国资委联系的高级专家称号、全国信息化先进工作者等荣誉称号。

燕子山矿办公楼

燕子山矿工业园区

一、安全质量标准化建设实现制度保障

燕子山矿始终牢固树立“质量标准化就是煤矿命根子”的理念，本着“创建一批、赶超一批、巩固一批、达标一批”的规划目标，结合矿井实际情况，先后制定出台了《燕子山矿地面安全质量标准化实施细则》、《燕子山矿地面质量标准化管理规章制度》、《地面安全质量标准化管理办法》和《地面质量标准化考核细则》，进一步细化、量化、深化了检查考核的标准和内容，形成了以矿长挂帅、各职能科室为成员的质量标准化组织机构。

二、安全文化形势新颖、内涵丰富

该矿始终坚持“制度管企、文化管人”，突出“人人都是通风员”安全工作体系在安全管理和文化建设的核心地位，探索符合生产实际的新模式，尝试促进安全工作的新方法，打造了具有特色的企业安全文化。

一是进一步规范员工行为。以实现全员、全方位、全过程“干标准活、干放心活”为目的，通过“手指口述”法、入井安全精准确认简述等的推广应用，进一步规范了员工行为。

二是营造浓厚安全文化氛围。围绕“人人都是通风员”安全理念，积极发挥“六员一防”部门优势，采用井口献爱心慰问、亲情教育宣传、抽查考试、井下隐患自查、“六大员”集中上岗以及日常“三违”人员回访等形式，营造了人人、事事、时时抓安全保安全的氛围，截至目前，共组织举办各类安全活动95场（次）。通过出台“2011年安全一号文件”，编写《安全文化手册》、《员工行为养成及班组仪式实施程序》、《燕子山矿精细化管理实施办法》，形成部门牵头、上下联动、全员参与的良性格局。

三是安全宣教活动有效开展。在开展安全宣传教育活动中，始终紧扣全国“安全生产月”活动主题，以“安全咨询日”和“安全理念煤海行”为契机，精心组织开展声势浩大、内容丰富、形式多样的生产月系列活动。现场举办了安全咨询、安全文艺演出、安全知识竞赛、千人签名、井口安全慰问等多场次活动，参加人员达2400多人，发放各类安全宣传资料3550多份，加强了对法律法规、安全措施、应急救援、安全培训等方面的系统服务和指导，进一步增强了广大员工的安全意识和分析控制安全风险、消除安全隐患的能力。

四是安全培训更具有针对性、实用性。通过采取矿、区队、班组三级培训相结合、普遍培训与重点培训相结合的方式，不间断举办以区队干部、基层班组长、安全技能以及专业技术人员、特殊工种人员准入的培训班，培训员工11211人次，完成全年计划安排的101%，员工素质教育日益强化。同时，先后启动了500名班组长、500名中层干部脱产培训工程，对全矿班组长和中层干部共分5期，通过全脱产军事化安全培训，系统学习一通三防、顶板管理、防治水等知识，形成了具有燕子山矿鲜明特色的安全培训建设模式。

三、形成了安全隐患排查长效机制

该矿瞄准“双零”目标，进一步细化责任、强化落实，多层次、多方位深入开展现场管理，形成了安全隐患排查长效机制，以正规循环、动态达标确保了安全稳产。

一是定期组织各职能部门开展了25支架日、皮带会战、每月两次大排查、“一通三防”等安全隐患专检查，检查范围覆盖了全矿地面及采、掘、机电、运输、一通三防、防治水等各个方面存在的安全隐患和人的不规范行为。

二是在井口候罐大厅安装了安全隐患反馈箱，制定了相关奖励办法。每天对员工反映的安全隐患信息进行了整理，按照隐患程度，逐条给予奖励。同时，向提供有价值隐患人员所在单位下达《万人查隐患排查信息反馈通知书》。

三是积极发挥专家的作用。制定了“专家安全会诊考核规定”，定期组织专家，定期按专业分组，每月定期深入到全矿采、掘、运输等重点区域开展安全隐患排查会诊活动，及时发挥了专家的功效，“安全管治”的实施取得显著效果。

四是制定出台了《燕子山矿安全管治办法》，重点对工作面过断、准备、机掘队组掘大断面巷道等重点时段进行安全管治，严格执行“不安全不生产”原则。另外，坚持周三安全管治例会制度，对安全管治期间“三定”的安全隐患及问题整改情况进行重点通报、现场考核，收集建议、平衡问题，确保了特殊时段、重点区域的强化管理。

燕子山矿候车大厅

燕子山矿时代广场一角

燕子山矿祥园一角

四、不断创新管理形式，提升矿井安全管理水平

燕子山矿在安全管理中，结合矿井实际，围绕安全管理瓶颈，不断加大安全管理创新力度，先后出台了“十条硬性规定”、“安全预报预警机制”、实行了《安全隐患排查治理及任务执行卡》、“安全一帮一”联点承包机制、开展安全管理“四个一”活动、《燕子山矿安全质量标准化末位淘汰制》等管理制度，通过有效实施，推进了“双零”目标建设，有效地促进了矿井安全发展。

五、典型引路、以点带面，促进标准化工作跨越发展

结合矿井实际，大力开展安全质量标准化建设，以矿井粉尘治理为突破口，全面推进项目建设。一是为了切实有效地推动矿井粉尘治理工作，彻底改善粉尘治理滞后的现状，先后出台了《燕子山矿无尘化矿井建设规划》、《矿井无尘化试点百分考核细则》、《燕子山矿粉尘治理达标管理考核办法》等制度，有力地推动了粉尘治理工作。二是强化项目实施，利用地面1000立方米水库，投资47万元建设了一个小型水处理站，保证防尘用水的水质；在工作面割煤和放顶煤是采煤过程中主要产尘工序，在煤机前后滚筒上安装了二次负压降尘器，有效降低了割煤产尘量；突出设备运转和煤炭运输两大环节的防尘治理，采取运输河沙、水泥的矿车必须加盖防尘罩、建立自动矿车冲洗站等多种措施，有效地降低了固定和流动尘源。三是加大科技创新力度，围绕困扰粉尘治理的技术难题和不合理防尘设备，大力开展科技创新，通过开展技术引进、技术革新、小改小革等活动，先后完成了多普勒效应的雷达式微波传感器的设计安装、矿用喷雾加湿器的设计、副斜井和石炭轨道井的无电源喷雾洒水车的设计与制作等80多项防尘科技成果，极大地推进了矿井粉尘治理工作。

六、科技创新助推质量标准建设水平

燕子山矿把科技创新作为推动质量标准化建设的核心力量，从人才培养、科技创新到推广应用已形成了一整套完整的激励机制体系，大力推进了质量标准化建设。

一是创建了科技专家库。本着“用感情、待遇、制度留住科技人才”的宗旨，该矿发挥科技人才在各行各业的带头示范作用，制定出台“燕子山矿科技专家库”，聘请了66名行业专家，分别给予行业专家2万～6万元奖励。

二是创新安全质量标准化技术。通过每季对行业专家科技项目专项考核、每年召开科技大会等形式，进一步激发了员工致力于解决标准化建设中经常性、反复性的疑难问题。2011年以来在各个单位成功推广使用了锚杆力矩扳手、前探支护、顶板离层监测仪等50多项科技项目，有效地改善了作业环境。

燕子山矿在安全生产中始终把安全质量标准化作为生命工程，在不断汲取国内外先进管理经验的基础上，博采众长，高标准定位、高标准实施、高效率推进，矿井正朝着更加稳定、更加高效、更加安全现代化一流矿井迈进。

燕子山矿怡园一角

风景秀美的司马煤业公司矿区

司马煤业有限公司

司马煤业有限公司位于山西省长治市西南部，隶属于潞安集团。矿井于2003年9月18日正式开工建设，2006年6月18日实现了竣工投产，创下了建设国内同类型矿井的最快速度，被誉为“司马速度”“潞安之最”。

司马矿井设计采用主立井、副立井和中央回风立井三个井筒中央并列式开拓方案，采煤方法采用倾斜长臂综采放顶煤一次采全高的方法，原煤升井后直接进入3个万吨原煤仓，随后输送到选煤厂，洗选后直接进入4个万吨产品仓，最大限度地减少了煤尘对周围环境的污染。

司马矿井在设计和建设中，采用了先进的理念和先进的技术。整个地面工业广场布置采用功能模块组合方式，占地少，系统简单、流畅；地面生产系统原煤不外露，生产和生活用水实现闭路循环。整个矿井充满着集约高效的现代化气息。

公司坚持以科学发展观为指导，以转型跨越发展为主线，以安全生产、低碳循环、幸福司马为发展原则，不断加强司马矿井生产系统优化与能力提升，合理组织整合矿井安全技改与建设，持续培育和开拓新的经济增长点，努力形成“四矿一站六项目”的“四一六”产业布局，使企业发展规模迅速壮大、员工幸福指数不断提升、企业核心竞争力持续增强，建成千万吨级的“五型”魅力企业。

司马煤业有限公司从建井初期就高度重视安全质量标准化工作的开展，坚持高起点、高标准的矿井建设，生产系统保证长远安全高效，设施装备做到“一次做好、只做一次”，组织管理追循现代企业制度，充分体现“以人为本”的管理理念。近年来，公司在巩固质量标准化建设成果的基础上，加大执行力，提升创新力，突出精细化，紧紧围绕建设“三精五高”矿井战略目标来开展各项工作，不断深化质量标准化“五精”“五品”文化理念，持续保持高标准、高品位的质量标准化精品一级矿井。

第一，深化“五精”“五品”的安全文化理念，并在此基础上进一步提出本公司的各项安全标准理念，营造人性化的文化氛围，通过多种方式的宣传教育，不断提高全员素质

安全文化是安全工作的灵魂，理念引领是制度约束的升华。司马煤业有限公司针对安全质量标准化建设的现状，着眼于向更高层次迈进，在精细化管理的基础上，求创新、求突破。公司围绕“五精”“五品”的安全质量标准化理念，坚持实事求是的态度，继续提炼、深化、拓展，提出更加符合公司实际的精品理念。例如，“质量就是工作量、质量就是效益、质量就是安全”，“一次做好、只做一次”，“做就做最好、争就争最优”、“以人为本、生产环境和谐”等。通过质量标准化精品文化理念的建塑，提高职工的思想境界，形成只争朝夕、争创一流、精益求精的精神。

井下安装悬挂各类宣传标语，充分利用好井下灯箱牌板的宣传平台，扩展宣传内容，不局限于安全方面，增加了人生哲理、职业道德、贴心话语、积极向上的生活态度等内容，营造人性化管理的氛围，为矿井增添文化气息。

公司多次组织队组管理人员召开交流座谈会，公司分管领导亲自参加，通过大家谈感受、谈经验、提建议、互相交流、深度分析等方法，进一步提高大家的认知，开拓思路，查找管理中的不足，吸取好的经验，改进工作方法，通过软实力的提升来提高整体的管理水平。

第二，坚持与时俱进、创新工作思路，不断完善体系、修编制度，构建安全质量标准化长效机制

司马煤业有限公司在坚持国家和集团公司标准的基础上，制定下发了《司马煤业有限公司（安全）质量标准化验收标准和考核办法》，采用安全质量否决制考核和月度综合考核相结合方式，各队组月度总工资的40%作为安全质量标准化考核工资。公司质量标准化办公室每季度拟定公司的达标规划，每月制定《质量标准化（工作）计划任务书》，每旬组织一次全矿性的安全质量标准化大检查，并按照各单位的工作完成情况分别进行奖励和考核。通过详细的规划、监管、落实、考核、改进，有效地保障了各项工程的标准化施工，力争“一次做好、只做一次”。

司马煤业公司现代化井下猴车运人系统

司马煤业公司现代化的安全生产指挥中心

司马煤业公司办公大楼

第三，坚持装备提升与工艺改进相结合，消除各类不稳定因素，确保安全质量动态达标

在装备提升方面，司马煤业有限公司积极调研、多方论证，大胆运用新型安全高效设备。例如，采区巷道使用齿轨卡轨车，成为全中国第一个使用该设备的公司。该设备既安全又高效，自使用以来，公司在采区巷道辅助运输环节上，彻底解决了车辆掉道、跑车事故，也大大减轻了工人的劳动强度。下一步公司计划将卡轨车运输系统延伸至工作面，彻底解决辅助运输紧张的局面。掘进工作面全部使用EBZ–160TY掘进机，代替以前的EBZ–120TP掘进机，该机型功率大，安全性能好，更适合大断面的巷道掘进。

第四，严管理、细要求，建设精品工作面、精品巷道、精品采区，全力创建高质量高品位的精品矿井

在施工过程中严格把关，实行精细化的管理，不论是工程质量还是文明生产都严格要求。在精品工程建设中，司马煤业有限公司要求全面达标、动态达标，所有的采掘工作面及巷道都必须符合“四无”“六线”的要求，并且在此基础上，还要对部分巷道、硐室进行高标准建设，包括喷砼、粉刷涂料、底板硬化、安装照明、悬挂图板等。该公司在施工质量管理上精益求精、在文明生产管理上动态达标、在作业环境人性化管理上实行高标准创建，全力营造安全生产氛围，打造高质量高品位的精品矿井。

干净整洁的井下巷道

司马煤业公司井下辅助运输装备齿轨卡轨车

干净整洁的井下候车巷

第五，从解决实际问题出发，大力开展创新活动，为安全质量标准化持续发展提供不竭动力

“追求卓越、以新博强”是司马煤业有限公司的核心理念，不断创新是该公司快速发展的强劲动力。2011年该公司创新项目累积达74项，如实行“两述工作法”，在“手指口述”的基础上增加了“岗位描述”，并装订成册，形成了“两述工作法”；高压电缆测温光纤设备安装，利用测温光纤实时监控井下主电缆及高压连接器温度，达到有异常温度后在地面终端显示器上报警效果，精确显示井下主供电系统的温度及位置；矿用区间闭锁装置，它由传感器、声光报警器以及控制机等组成，当机车抵达传感器的感应区域时，该区段内的声光报警器均开始显示红色“注意安全”字幕，同时发出语音提示“机车即将通过，请注意安全，行人请走人行道”，以此提醒乘车人员和行人要注意安全；借鉴电力行业已经成熟的点检定修模式，引进了一套基于CERP网络平台的点检系统，依托手持式点检仪，定时、定人对设备进行日检、周检、月检，实时掌握设备的运行参数，如有异常，提前加强设备的检修维护工作，依托点检仪上的射频考勤系统，实行点检管理制度。在最难走到、最远位置设置射频卡进行考核，使点检员必须走到难走的位置，杜绝了不走到、不检查现象，对大型关键机械设备进行全方位检查，点检系统的全面推广大大提高了检修效率及安全保证。

司马煤业有限公司安全质量标准化由注重形象达标向注重实质达标转变、由注重静态达标向注重动态达标转变、由正规环节达标向非正规和变化环节达标转变，我们将继续努力建设安全质量标准化精品矿区，营造本质安全高效生产大环境。我们坚信在上级领导的正确领导下，通过不断努力，司马煤业有限公司还会继续引领潮流，阔步前进。

晋平煤业公司

晋平煤业公司深入开展煤矿安全质量标准化的主要做法及经验

一、公司基本情况

晋平煤业公司具有65年的煤炭开采历史，目前在册职工2623人，其中，从事煤炭生产的近1600人，井下作业人员1250人。2011年，煤炭产量240万吨，实现销售收入16.45亿元，实现利税10.99亿元，并挤身2011年中国煤炭企业100强第89位，荣获“国家级质量标准化矿井”、“全国煤炭行业一级安全高效矿井”、“全市本质安全型企业等殊荣”。

晋平煤业始终把煤矿安全质量标准化作为安全生产管理的重中之重来抓。近年来，严格按照贯彻落实科学发展观的要求，以创建本质安全型企业为目标，积极推进安全管理创新，充实安全质量标准化验收考核内容，建立起安全质量标准化与安全文化建设、规范操作、改善环境相结合的“四位一体”动态考核验收常态机制，从根本上提升了安全质量标准化总体水平。井上下生产作业环境显著改善，职工队伍整体素质明显提高，安全生产可控程度进一步增强，为公司安全生产状况的持续稳定奠定了坚实基础。

二、主要做法及经验

（一）多措并举，提高职工综合素质，为开展安全质量标准化打好基础

员工安全意识和操作技能的提高，是实现不断提高安全质量标准化的重要基础。公司实施“培育煤矿安全文化，塑造本质安全型人”工程，重点围绕提高职工素质，开展了以下四个方面的工作：

1．加强职工“三项培训”。为进一步提高晋平矿职工的安全素质，我们通过加强职工“班前、集中、班组”三项培训工作，等一系列手段和方法，对新工人、一般从业人员、特种作业人员、班组长等不同群体，全面开展理念灌输、习惯养成训练、危险预知、危害辨识、操作技能等培训教育，逐个考核过关，并根据考核成绩与工资挂钩，我矿职工队伍的综合素质得到了明显提高。

2．加强班组长队伍建设。实施班组长持证上岗制度，制定专门培训大纲和培训教材，集中对在岗的班组长开展安全教育培训，培训不过关的撤职换岗。建立后备班队长选拔培训机制，从各班队选拔部分骨干，参加班组长培训。对班队长进行定期考核讲评，实行末位淘汰，空出的职位，从培训合格的骨干中选拔任用。

3、推行准军事化职业行为训练。为进一步规范员工安全操作行为，提高安全质量标准化工作的执行力，全面开展了准军事化职业行为训练，对职工进行准军事化班前会、队列行走、安全确认、现场交接班、职业技能训练等多项训练，以严明纪律培养职工的自觉管控能力，使职工自我管理意识得到了显著提升，对落实安全质量标准化管理制度以及规范化作业标准，起到了一定的保障作用。

4．推行岗位安全确认，“手指口述”法。围绕提高人的安全质量意识和危害辨识控制能力，推行了全员、全方位、全过程、工序化的“三全一化”岗位安全确认。并以“安全预想、危险预知”为主要内容，全面推行了“手指口述”式安全确认法，进一步强化了现场安全管理，促进了规范操作的落实。

（二）全面推行“三按”管理，促进安全质量标准化动态达标

在生产过程中积极推行了按规范设计、按设计施工、按标准验收的“三按”管理机制。按照细化、量化、标准化要求，参照国家和行业安全标准、技术规

范，针对公司实际情况，修订了回采、掘进、开拓、机电、运输、通风等各个系统设计规范标准，完善了规程措施编制、会审、贯彻流程，把按设计施工列为精细化管理和走动式管理的主要内容，实施了施工过程中达不到设计标准限期整改，以及由下一道工序追偿等硬性措施，实现了安全质量标准化动态达标。

1．按规范设计。要求一切工程都要有设计，在规范设计流程的基础上，细化设计内容。对每项工程的每个环节、施工现场的每个细节，都以设计说明书的形式固定下来，逐项提出具体操作要求，明确具体标准。在规范设计内容过程中，坚持“从群众中来，到群众中去”，针对现场施工内容和操作细节，在基层班组广泛征集设计内容，组织设计成果观摩、比较、论证，好中选优。

2．按设计施工。所有生产工作岗位操作全过程都要按设计标准进行，已开工的工程必须现场悬挂设计图表，对施工过程“时时有规定，处处有标准”。公司专门编制了煤矿操作岗位标准化作业标准，对每一个生产工作岗位、每一道操作工序都做出了具体规定，并在生产过程中强力推行。每个工作面开工前先检查按设计施工的问题，与设计要求不符不许开工。为促进作业现场按设计施工的推行与落实，管理人员在生产过程中坚持走动管理，凡是不按设计施工的一律挂黄牌、停产整顿，直到验收合格后才准许恢复生产。

3．按标准验收。突出对生产全过程的动态检查、班末验收和竣工后的对标考核，坚持施工过程中管理人员的动态检查与班末验收相结合，对当班施工质量、设计标准落实情况逐项进行考核打分，实行日清日结考核。坚持将班末验收打分结果与工程竣工后的系统验收相结合，作为安全质量结构工资的考核依据，做到设计、施工、检查、验收环环相扣，全程闭合。

（三）加强安全环境建设，提高安全质量标准化水平

坚持以人为本，加强地面和井下安全环境建设，创造良好的环境，为职工安全与健康提供有力保障，切实提高安全质量标准化水平。

1．强化安全环境硬件设施建设。本着高标准、高层次、高水平的原则，深入推进安全质量标准化建设。矿井全面实施井上井下“亮化、净化、美化、规范化”环境改造工程。从井口到井底车场，从工作面上下两巷到采煤工作面，分阶段逐步实现全部照明。实践证明，职工在宽敞明亮的环境中工作，无论心态、注意力还是操作的准确度都有较大改观。

2．营造安全健康文化。从努力改善职工工作生活环境入手，着力营造安全健康文化。公司上下，全部建立了职工安全健康保障体系，定期开展职工健康检查，建立了职工安全健康管理档案。对职工食堂、宿舍、更衣室全面实施人性化改造，逐步实现服务人性化、就餐住宿公寓化、更衣洗浴舒适化、井下服务地面化，以减轻职工作业后的疲劳，进一步增强职工凝聚力。

3．着力打造本质安全型矿井装备系统。以实现“机电设备零隐患、矿井装备零故障”为目标，实施矿井提升系统数字化改造和主扇风机安全节能改造，基本实现了自动化、信息化、数字化；积极引进大功率、高强度的综采设备，实施矿井安全监测系统升级改造，安装顶板在线监测系统，逐步完善六大系统工程，既增强了矿井抗灾防灾能力，又提高了安全质量标准化的科学管理水平。

4．实施专项激励机制。充分发挥经济杠杆的激励约束作用，引导职工牢固树立“安全就是效益”的观念，推行了签订“安全生产责任书”，缴纳“安全生产抵押金”，运行“市场化管理办公”模式，有效促进了职工由“要我安全”向“我要安全”的转变。

近年来，晋平煤业从实际出发，在矿井安全质量标准化工作方面总结出了一些经验，做出了一定成绩，对夯实矿井管理基础、提高文明生产程度，促进矿井的快速发展起到了显著的推动作用，但与上级的要求和兄弟单位相比，还有较大差距，在今后的工作中，我们将积极学习借鉴同行业质量标准化工作的先进经验，积极进取，开拓创新，不断提高矿井安全质量标准化工作水平，为建设本质安全型的高产高效现代化文明矿井而继续努力！

儒学少帅酬壮志　煤海搏击竞风流

——记西山煤电股份有限公司镇城底矿矿长邓维元

邓维元，男，1975年4月出生，汉族，山西平遥人。毕业于太原理工大学工程学院，采煤工程硕士学位，采煤高级工程师。历任西山煤电股份有限公司东曲矿掘进队技术员、队长、二采区技术区长、区长、生产科长、采掘副总、安全矿长、生产矿长，西山晟聚矿矿长，2011年6月至今任镇城底矿矿长。

2011年6月以来，西山煤电集团镇城底矿正悄然发生着变化："快乐的工作、幸福的生活"……机关门前彩屏滚动着全新的内容；"我很重要"四个红彤彤的大字，悬挂在入井的必经之路，激励着干部职工的自信心；干部肩挎"安全为天"小包，跟班带班积极主动；生产组织忙而不乱，月月完成生产任务；标准化建设有条不紊，井下用上了LED灯、挖掘了标准水窝、建造了标准卫生间，开拓一队、开拓二队工作面通过集团公司示范掘进工作面验收……这种种变化，皆源于一位饱学青年，他就是现任镇城底矿矿长——邓维元同志。

矿长　邓维元

自1996年9月参加工作以来，他战东曲、转晟聚、掌镇矿，凭着永不懈怠的学习精神、精益求精的钻研精神、不甘人后的拼搏精神，获得了技术、管理上不断的成功和进步，经历了从技术员到矿长的磨砺与成长，同时也获得了诸多荣誉：特级劳动模范、太原市新长征突击手、山西省青年五四奖章、山西省劳动模范……

2011年6月，年仅36岁的邓维元被任命为镇城底矿矿长。刚到任时，好多人对他持怀疑态度。经过短短一个多月时间，他就以极富哲理的语言、高度负责的态度、注重细节的秉性、全新的管理手法，将各项工作处理得井井有条，让全矿干部职工刮目相看。经过半年的时间，就实现了井下面貌根本改观，干部职工的思想和行为也随之发生了根本性的改变。

镇城底矿办公楼

工业区公园

一、以标准化促安全

在安全工作方面，他强调，抓安全就要抓标准化，抓标准化就是抓安全。上任伊始，他就开始着手抓安全质量标准化工作。他说：安全要天天讲，标准化工作也要天天讲，放弃标准化管理就是放弃安全管理，就是忽视全矿职工的生命、忽视职工的幸福。他要求各级干部牢固树立"细节决定成败，态度决定高度"的思想，把习惯养成与细节管理作为决定工作成败的重要因素，在工作中积极推行准军事化管理和"手指口述"安全确认法，让全矿职工养成良好的工作习惯，坚持程序化和正规循环作业，树立工作质量零失误、工程质量零缺陷、整改区域零死角、服务质量零距离、现场管理零隐患、安全监控零缝隙的"六个零"安全生产理念。

二、以制管人重落实

邓维元矿长提倡以制度管人，注重落实。上任后，大力提倡"立说立行、立行立果"的工作理念，完善了早、晚调会工作制度，建立了每天下午标准化协调会、月底经营绩效分析会等制度，要求安监处、企管科认真考核，严格落实，对完不成任务的单位和个人按制度处罚。2011年6月下旬，一名队长因安全工作不到位被就地免职。他雷厉风行的作风，铁面无私的管理，让不作为的干部感到了危机。如今，干部下井自觉带上了挎包，携带了记录录本、尺子、工具等工作必备之物，跟班带班质量大大提升。好钢用在刀刃上，为了将有限的资金尽可能地倾向于一线职工、用在安全生产上，他教育广大干部职工树立“成由俭败由奢”的思想，安全方面的投入是必须的，是不可动摇的，在确保安全生产的前提下，其他的开销能省就要省。在他的督导下，镇城底矿成立了询价委员会，制定了经营联审制度，所有的物品采购都要由询价委员会经过市场询价给出价格后方能采购，大大减少了日常工作中的浪费现象。

镇城底矿工业区全景

三、以文化人谋发展

为了调动全矿干部职工的工作积极性，邓维元矿长提出煤矿工人要牢固树立“我很重要”的主人翁思想，摒弃自卑心理。他强调，“我很重要”看似很简单的四个字，实质上是一个哲学概念。就是让每个人都感觉到自己在企业中的地位、岗位在工作中的作用，从而充分发挥每个人的主观能动性，把蕴藏的能力最大限度地激发出来，让每个人都做正确的事和正确地做事。

邓维元同志还特别注重提高干部的道德修养，要求各级干部加强学习，努力提高综合素质。他常说：“治天下者先治己，治己者先治心。”治心养性，一个最直接有效的方法就是学习。学习者智、学习者强、学习者胜，不学习就跟不上形势的发展，就会被时代所淘汰。他还为全矿副科级以上干部配发了《钱文忠解读“弟子规”》《杰克•韦尔奇自传》《五百年来谁著史》三本书籍，并督促各级干部认真学习，以所学知识指导工作实践。

他属于生产型干部，但他德才兼备、文武双全，善于以平实的语言和渊博的文化知识统领人的思想。在2011年年初的干部大会上，他以“赢”为题，将“赢”字拆解为“亡、口、月、贝、凡”五个字，指出了煤矿安全工作要居安思危、居危思安，要做好安全工作必须善于沟通，必须兢兢业业，精心做好每件事，忠诚服务每一天，将平凡的事做好、做精，才能创造财富，造福矿区。2011年，他与矿领导班子一道提出了镇城底矿“双千”奋斗目标，即在“十二五”期间，安全生产一千天，安全生产原煤一千万吨，全面建设平安、宜居、幸福、宜业、文化新镇矿。

文化活动广场

四、以廉树威创和谐

邓维元矿长志向高远、胸襟坦荡，面对各种诱惑能够坦然拒之，清白做人，认真做事，是一个真实、真我、真性情的人。榜样的力量是无穷的，全矿干部职工在他的引导下，以廉为荣、以贪为耻，全矿上下风清气正，政令畅通。随着廉政公园的建成，矿区美化、亮化工程的实施，平安大道、和谐大道的开工建设，矿区更加和谐稳定，职工归属感、幸福感日渐增强。

在邓维元矿长的努力下，2011年镇城底矿被评为国家级安全示范矿井，被省发改委授予“能源调研基地”荣誉称号。正如职工群众所说：“矿长虽然年纪轻轻，但他工作阅历丰富，话语极富哲理，有文才，有内涵，值得敬畏，也难怪他能取得那么多的成绩。”

低硫变电所

瓦斯抽采泵站

辛置煤矿

山西省总工会主席郭海亮在紫晟煤业授予辛置矿矿长工人先锋号旗帜

紫晟煤业广大党员正在重温入党誓词现场

辛置煤矿始建于1952年5月，原名后河底煤窑，1958年8月成立山西省工业厅辛置煤矿筹备处，1958年11月在辛置煤矿筹备处的基础上，经省政府批准成立了山西省霍县矿务局，辛置煤矿筹备处于1962年正式更名为霍县矿务局辛置煤矿。2001年10月加入山西焦煤集团公司后，辛置煤矿紧紧依托大集团做强做大优势，科学谋划，开拓创新，目前已成长为一个拥有5000余名员工集煤炭生产、洗煤加工为一体的综合大型现代化企业。

几十年来，辛置煤矿积极弘扬“忠诚、自尊、进取”的企业精神，以建设“百年辛矿”，实现“安全、高效、发展”为根本目标，着力提升企业内涵管理水平，大力实施环节改造，推进新技术、新设备的使用，企业综合实力不断增强。原煤产量从2001年的220万吨平稳过渡到2010年的262万吨；精煤产量从120万吨增加到183万吨；销售收入从2.7亿元增加到19.8亿元；实现利润从6100万元增加到3.1亿元；在岗人均工资从1.1万元增加到6.6万元以上。企业通过了ISO 9002质量体系认证、ISO 14001环境管理体系认证和OHSAS 18001职业健康文化管理体系认证。目前，矿井井田面积45平方公里，共有6层可采煤层，其中稳定可采煤层为2#、10#、11#煤层。主要产品有8～11级优质低灰、低硫、高强肥精煤，9～11级主焦煤及副产品，产品远销日本、巴西、南韩等国，畅销北京、天津、上海、辽宁、广东等二十余个省市。

一、坚持以安全发展为基石，确保企业安全生产

辛置煤矿始终把企业的安全稳定作为首要任务，坚持“管理、装备、培训”三并重原则，以安全示范矿井建设为主线，树立安全是企业第一形象、是领导干部第一责任、是职工群众的第一需求的“三个第一”的安全管理理念，构建“大安全”工作格局；不断探索符合辛置矿实际的安全管理方法，推行“四位一体”安全管理模式，总结和凝练出了“我的生命最宝贵，我的安全我做主”“今天我遵章，今天我安全”“稳字当先，稳中求安”“岗位事故预想预防，安全生产自主保安”“宁慢勿乱为，谋定而后动”的安全文化理念，归纳出杨晓敏“六化”工作法、“安全伙伴”“安全交底会”“岗位危险源辨识”“安全大协管”“安全亲情教育”“干部联点到班组”“安全心语”等一系列安全管理经验，形成了党政工团齐抓共管、全体员工人人参与抓安全的良好局面。

二、坚持以熔炼团队为抓手，打造优秀员工队伍

大力实施全员培训，开展“学习强素质、技能保安全”活动。强化班组建设，开展“远学白国周、近学杨晓敏”活动，用“亲情化的安全文化、军事化的现场管理、制度化的工作机制、人性化的安全活动、民主化的班组风气、规范化的岗位操作”的杨晓敏班组“六化”安全管理工作法规范基层班组的管理，并将班组长纳入干部管理范畴，建立班组长选拔、任用、培训、监管、激励体系。规范员工行为，在全矿广泛开展“岗位危险源辨识”“手指口述”“岗位描述”活动，举办“科队长、支部书记、技术员岗位描述演示比赛”，在全矿形成履行岗位职责、规范操作的良好风气，激发了各类人才创造活力和创业热情。

三、坚持以内部市场化管理为突破，提升企业经济效益

坚持“统一领导、集体决策、分工负责、分级管理”的基本思路，以实行“内部市场化”管理为突破点，狠抓过程管理，严格考核兑现，制定了《辛置煤矿内部市场化管理方案》《辛置煤矿内部市场化管理运行办法》等11个配套管理制度，确定了矿、科（队）、班组、个人的四级市场，建立了管理体系、价格体系、结算体系、调控体系和考核评价体系等五大体系，成立了劳务、资金、物资、电力、设备管理、回收复用七个专业市场，形成了网状管理模式，为市场化管理的运行提供了平台，内部市场化管理有序、运行顺畅，经营效益显著提高。

文化引领 科学发展 全面建设本质安全型矿井

发挥党建示范工程作用

霍州煤电辛置矿举办“我要安全”安全咨询日活动现场职工答题咨询

四、坚持以企业文化为引领，提升企业发展软实力

我们总结凝练企业60年发展历程中所展现出来的不同阶段的企业文化精神，提出了具有鲜明个性和丰富内涵的建设“百年辛矿基业常青”为核心的企业发展愿景，先后下发了以建设“百年辛矿基业常青”为核心内容的企业文化建设纲要，推出了反映辛置煤矿发展历史的“我们的辛置煤矿”专题片一部，将文化手册下发到每个职工手中，进一步统一职工的思想意志，提升企业的凝聚力和向心力；建设了企业文化广场、文化长廊，着力弘扬优良的“忠诚、自尊、进取”企业文化，从而形成了内化于心、固化于制、外化于行的企业文化建设体系。

五、坚持以改善民生为根本，提高员工生活水平

我们始终坚持为职工谋福利的企业宗旨，不断加大投入，逐步实现了井下综采、综掘机械化，不断开展质量标准化建设达标活动，给职工创造了本质安全的井下生产作业环境；不断提升档次，改造装修了综合楼、洗煤办公楼，新建了职工文化活动中心、离退休活动中心，调度信息指挥中心、职工工装超市，为职工提供了优质的办公环境和文化活动场所；不断改善矿区环境，实施棚户区改造工程，先后兴建了28栋单元楼，解决了职工住房问题，实施治理“青山绿水”工程，治理“两条河”、绿化“两座山”，建成投用了老沟污水处理站，建成了北村矸石山健身广场，同时积极建设桃沟污水处理站和自燃矸石山坡面灭火工程，对矿区环境进行美化、绿化、亮化，使职工安居乐业，职工的生产生活环境得到了明显改善，生活质量不断提高。

六、坚持以围绕中心服务大局为宗旨，提升基层党建工作水平

我们始终坚持“围绕中心抓党建、抓好党建促发展”的原则，先后圆满完成了保持共产党员先进性教育活动、社会主义荣辱观教育活动、学习实践科学发展观等重大活动；深入开展了“达标升级”“一区两无”“党建质量标准化建设”“双示范”“四强四优”“争、树、增、提”等创先争优活动，形成了“党委抓规划、部门抓落实、支部抓考核、党员创业绩”的大政工格局，党委的核心作用、党支部的战斗堡垒作用、党员的先锋模范作用不断增强。

七、坚持以文化融合促整合，提升整合矿井的管理水平

我们按照“文化融合、求同存异、稳重求进、实现双赢”的工作目标，坚持把日臻完善和不断成熟的“文化管企、制度管人”的企业文化理念，渗透融合到资源整合矿井中。首先，坚持企业文化的视觉导入系统，用大集团统一的文化理念、统一的管理模式、统一的视观听觉识别系统，通过文化整合实现了企业发展理念的有效对接。其次，充分利用辛置矿60年来积累的管理经验，从企业文化、人力资源、技术服务、业务指导等方面进行融合，促进整合矿合法、合规推进各项工作。通过文化融合促使整合矿井职工有了归属感、责任感、荣誉感，有力促进了资源整合工作。同时，代管的资源整合矿井紫晟煤业各项工作走在全省整合矿井的前列。

企业先后荣获由中国煤炭协会、山西省委、山西省国资委、省总工会、山西焦煤集团公司、临汾市、霍州煤电集团公司等上级部门授予的“安全生产先进单位”“双十佳党委”“红旗党委”“达标夺旗创效红旗单位”“思想政治工作优秀基层单位”“山西省五一劳动奖状”“全国煤炭工业双十佳煤矿”“全国煤炭行业一级安全高效矿井”“省属企业文明建设标兵”等殊荣，也先后涌现出以杨保国、周武松、胡宏华、杨晓敏等为代表的全国劳模。杨晓敏个人荣获了“山西省第一批工人先锋号”荣誉称号，并在2010年全国煤矿班组安全建设推进会上获得了全国五一劳动奖章的殊荣。

山西高平科兴南阳煤业有限公司

矿长　明科栋

山西高平科兴南阳煤业有限公司为地方国有企业，列入山西省“55”煤炭规划项目和晋城市“2316”工程建设项目，井田面积18.9096平方公里，保有储量17143万吨，现有职工1300余人，核定生产能力120万吨/年。

近年来，南阳煤业在市委、市政府的领导下，以科学发展观为指导，突出“安全、稳定、发展”的核心理念，坚持“安全优先、发展优先、效益优先、民生优先”的发展理念，实施科技兴矿战略，提升矿井装备水平，矿井实现了综合机械化放顶煤采煤工艺和综合机械化掘进工艺，采掘机械化程度达到了100%。健全完善了企业管理制度，全面推行精细化管理，大力发展循环经济，全力打造绿色环保新型矿山，全矿呈现出安全持续稳定、经营成果丰硕、职工实惠增多、企业形象提升的大好局面。企业先后荣获安全质量标准化国标一级矿井、全国煤炭工业安全高效矿井、国家级安全质量标准化煤矿、全国先进煤矿，山西省优秀企业、高平市和谐企业、纳税突出贡献单位，高平市安全生产优秀单位、先进集体等荣誉。

今天的南阳煤业众志成城、人心向上，以高昂的斗志、务实的作风、扎实的工作向安全高效文明和谐现代化矿井阔步前行！

现代化的安全生产指挥调度中心

团结奋进的领导班子

坚持科学发展　构建和谐矿山

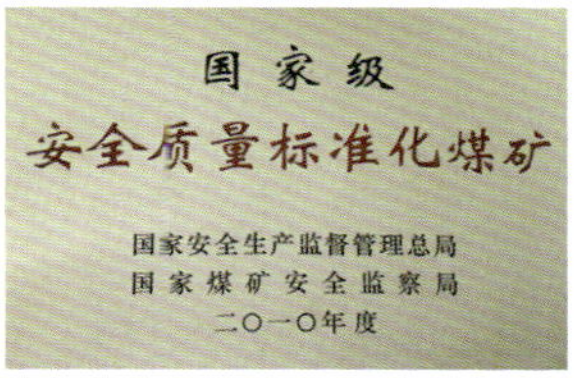

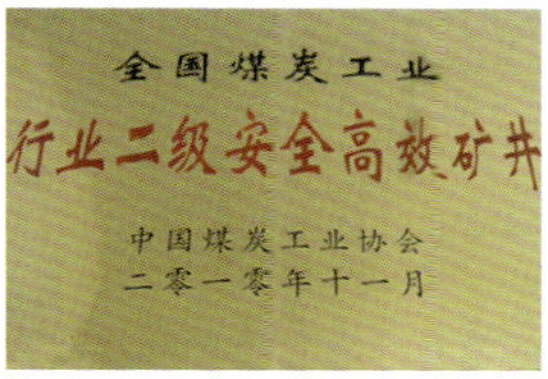

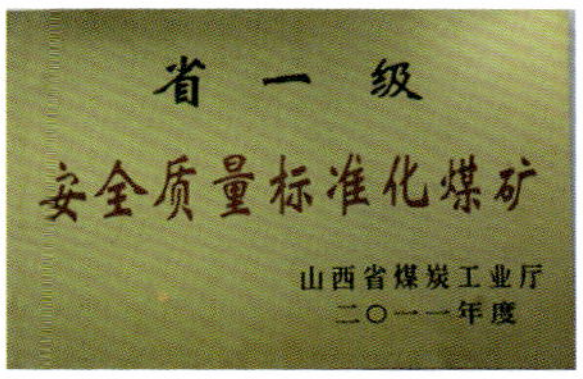

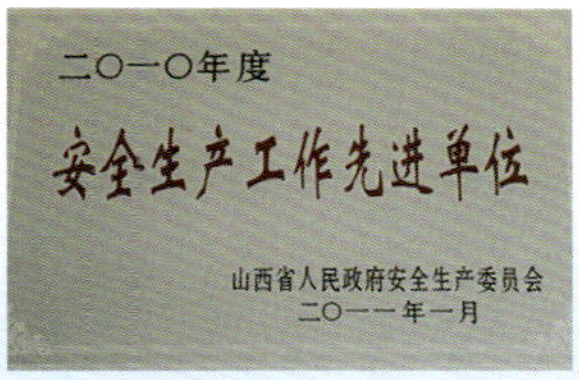

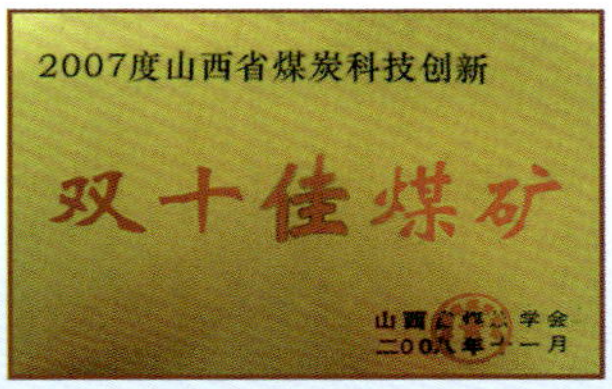

山西玉和泰煤业有限公司

山西玉和泰煤业有限公司（原安泽县三交村煤矿），始建于1996年，1999年10月投产，井田面积5.8525平方米。资源整合中属单独保留矿井，企业性质为有限责任公司，经营方式为自主经营，企业现固定资产8.98亿元，全矿职工800人，管理人员54人，技术人员50人，（其中高工6人，工程师12人），特殊工种148人，安全管理机构健全，董事长丁玉萍、矿长魏军太、生产矿长丁梁、安全副矿长李云凯、机电副矿长任春红、总工程师王辉，领导班子、管理人员具备煤矿安全知识和管理能力。矿井生产能力90万吨/年，2010年生产原煤92万吨，上缴税费3.5亿元，2011年1～11月生产原煤88万吨， 上缴税费3.8亿元。本矿现六证齐全有效，各种安全管理制度健全，多年来坚持“以人为本”的管理理念，安全状况良好。本矿先后获得市“安全生产先进单位”“煤矿正规开采先进单位”“山西省生态示范矿井”“山西省模范单位”“山西最具社会责任的中小企业”（第一位）“国家级质量标准化煤矿”“行业二级安全高效矿井”“全国煤炭行业100强”（94位）等荣誉称号。

本矿位于山西省临汾市安泽县唐城镇三交村，距洪洞火车站70千米，距安泽县城55千米，有公路直达矿区，交通十分便利。

目前矿井批采山西组2＃和3＃煤层，2＃煤层平均厚1.2米，3＃煤层平均厚1.6～1.8米。现保有地质储量1400万吨，可采储量1000万吨。煤层结构简单，煤层倾角3～5度。煤质为低灰、低硫、高发热量、中等黏结性的优质炼焦煤，产品畅销国内，深受客户好评。

矿井属低瓦斯矿井，煤尘具有爆炸性，煤层自燃倾向性为三级自燃。

采用立井开拓方式，主立井直径5米，井深518米，担负矿井进风、提煤、铺设管路和安全出口任务；副立井直径3.5米，井深375米，

地面变电所

调度中心

副井绞车

担负矿井运料、运输人员、进风任务；专用回风井直径6米，井深500米。

目前矿井有2个综采工作面、5个综掘工作面，各掘进工作面均为锚杆（索）锚网联合支护。

矿井采用双回路供电，10千伏高压直接入井，另有200千瓦发电机组做备用电源，采煤工作面设移动变电站。

矿井的主提升采用8吨箕斗，主井提升机型号为2JK–4*1.8，电机功率1250千瓦；副井采用JK–2.5d20型绞车，直流电机，全直流控制。

矿井通风方式为中央分列式，由主、副井进风，专用回风井回风。回风井装有两台FBCDZN0–26对旋轴流主扇，总排风量6627立方米/分。

矿井在主井底设水泵房，配有3台水泵，工作水泵型号MDM46–50*12，电机功率132千米，流量46立方米/小时，扬程600米；排水管路管径为ф108毫米，通过主井排出地面。

矿井安全监控系统型号为KJ–70N，人员定位考勤系统型号J237，并安装有JFY井下安全应急广播调度系统，调度中心装有十六路视频监控系统。

矿井地面安有两台G132SF–8风冷式螺杆压缩机，电机功率132千瓦，各个采掘工作面都安装了压风自救装置；安有两台2BE3–420型瓦斯泵，抽放方式为临近采空区埋管抽放或采面上隅角埋管抽放。两台2BEC–620型瓦斯泵已订购，两台500千瓦的低浓度瓦斯发电机组正在安装中。

本矿设有四级培训中心，对全员进行培训，与所有从业人员签订了劳动合同，办理了工伤保险，并为井下人员办理了意外伤害保险。

近年来，本矿热心公益事业，积极承担社会责任，在诸如扶贫支教、帮残济弱、修路架桥、引水解困、抗震救灾等公益事业中，共捐资达3.2亿元。

内蒙古李家塔煤矿

办公大楼

内蒙古李家塔煤矿位于内蒙古鄂尔多斯市伊金霍洛旗境内，神府东胜煤田腹地，距离鄂尔多斯市80千米，距离阿大一级公路3千米，是国有大型矿井。

煤矿始建于1990年，总投资5.5亿元，井田面积16.4平方千米，可采储量1.67亿吨，煤层赋存稳定，水文地质条件简单，属于低瓦斯矿井。

煤矿生产的低变质不黏结煤，具有低灰、低硫、低磷和高发热量的特点，是优质的动力煤、民用煤和工业气化用煤，平均发热量5600大卡，是自治区级的“用户满意产品”。

随着煤矿生产规模的不断扩大，为保证煤矿的连续性生产，实现产、运、销的平衡，煤矿运销制定了“南靠神华、北靠国铁、中靠地销”的运销战略，并建成了8.7千米铁路专用线和一座300万吨煤炭集装站。

2003年，李家塔煤矿被评为国有重点煤矿。为满足高产高效矿井发展的需要，实现节约化开采，经自治区煤炭工业局批准，煤矿于2007年开始实施技改，并于2009年8月顺利完成并投入试生产。2010年6月，行业主管部门对煤矿进行了专项验收，各项指标均高分达标。截至2011年年底，煤矿实现了连续安全生产3573天。

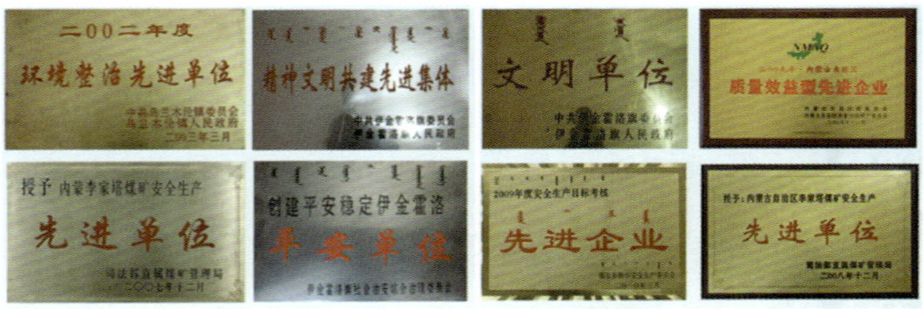

煤矿被评为自治区级“用户满意企业”，鄂尔多斯市 “守合同重信用单位”，2007年、2008年、2009年连续三年被评为质量效益型先进企业，2008年、2009年连续两年被司法部直属煤矿管理局评为安全生产先进单位，2009年被鄂尔多斯市安全生产委员会评为安全生产目标考核先进企业，2010年被评为国家级安全质量标准化煤矿，2011年被评定为国家级安全质量标准化矿井。煤矿法人代表、矿长连天俊同志2004年被中国煤炭工业协会评为全国煤炭工业优秀矿长，2008年被中华全国铁路总工会授予火车头奖。

火车快装站　整洁的工业广场

可容纳350人的培训教室　标准化综采工作面

职工文体中心

现代化调度中心

公园一角

安全质量标准化建设是煤矿企业的基础工程、生命工程和效益工程，是全面落实科学发展观、构建煤矿安全生产长效机制的重要措施。

近年来，李家塔矿始终把安全质量标准化建设当做一项基本工作常抓不懈，通过统一认识、强化管理、加大投入，使全矿的安全文明生产水平有了很大提高。在质量标准化建设过程中，我们立足实际，坚持“安全第一、预防为主”的安全生产方针，牢固树立“质量为本、安全为首”的理念，突出“安全压倒一切、事故否定一切”的指导思想，持之以恒地夯实安全生产基础，狠抓工程质量，促进标准化完善。

一、加强领导，落实责任

煤矿专门成立了安全质量标准化工作领导小组，明确各级领导和部门的责任。确定了领导小组对安全质量标准化建设和综合检查、考核的领导责任，然后逐项落实到分管部门、分管人员，从矿领导、科室到生产单位、班组，形成一级抓一级、一级保一级、一级监督一级、上下两级相关联、层层负责的安全责任动态管理体系。

二、强化学习，提高意识

自实施该项工作以来，李家塔矿坚持把安全质量标准化建设作为事关煤矿生存发展和职工生命安全的大事，通过宣传动员，使职工认识到安全质量标准化建设对集体、个人的意义和重要作用，从而增强全体职工对安全质量标准化建设的责任感和使命感。全矿上下形成了“抓质量就等于抓安全、就等于抓经济效益”的共识，切实做到了“不执行安全质量标准化就不生产”。

首先，从抓安全教育入手，把事故与安全、事故与质量有机地结合起来，逐步形成一个理念，那就是质量就是生命，质量就是安全，质量就是效益。其次，抓质量标准学习，通过开展多种形式的教育活动，以“班前会”“安全生产月”“班组安全建设”“先进评比”等活动为载体普及安全知识，夯实安全生产基础，不断加大安全方面的资金投入，定期组织人员培训，落实 “每月一考”制度，系统学习煤矿安全质量标准化标准的各项具体规定，大大增强了全矿干部职工学习的积极性，形成了人人学标准、人人懂标准，上标准岗、干标准活的浓厚氛围。再次，强化专业培训，采取集中培训，特别注重抓好特种作业人员的资质培训和管理人员的素质提高。在学习方面，坚持“走出去、请进来、用上去”的理念，利用知识讲座、技术比武、岗位练兵等多种形式，定期组织开展专业管理人员、区队长、班组长、特殊工种、安监员、质量验收员的培训，不断强化基层管理人员和特殊岗位人员的标准化知识和技能，大力提高队伍的整体素质。

三、动态检查，常态达标

强化隐患排查，一是施行班检、周检、月检和联合大检查，针对检查出现的问题及时进行“四定”整改。每班有验收员负责工程质量打分验收，安全员负责安全检查，带班领导巡查；每周二组织各业务科室分地面、井下进行检查，周三专门召开会议就前一天检查的情况进行汇总、整改；每月26号进行联合大检查，对所有作业场所进行全面检查，评分。二是落实检查责任，检查人员按照“谁检查、谁签字、谁负责”的原则，实事求是，认真填写安全质量标准化检查表，对检查发现存在严重问题或隐患的单位，通过定期整改、罚款等多种形式来促进安全质量标准化扎实开展。三是将标准化工作列入了安全风险结构工资考核中，使标准化工作和日常安全工作实现了有机结合，通过加大日常监督、整改、考核力度，有力保证了标准化工作正常有序开展。通过动态检查，要求每项工程严格达标，形成了常态化达标的管理模式。

煤矿安全质量标准化建设是一项长期、艰巨的任务，需要持之以恒地开展下去，我们将继续努力，实事求是的做好各项工作，也欢迎社会各界能与我们进行交流、学习。

内蒙古伊东煤炭集团有限责任公司东坨堵煤矿

矿长　侯争气

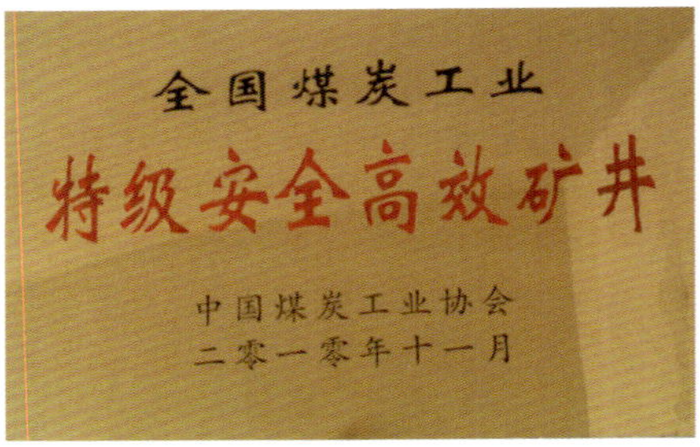

东坨堵煤矿隶属于内蒙古伊东煤炭集团有限责任公司，为集团公司在东胜煤田精煤区的一个技改整合矿井。根据内蒙古自治区国土资源厅对矿区范围的批复，将原内蒙古伊东煤炭集团有限责任公司东坨堵煤矿、原内蒙古满世煤炭运销有限责任公司纳林沟煤矿与原准旗羊市塔乡纳林庙远大煤矿进行了整合，并将其外围无矿权争议的边角地段也一并划入，划定矿区范围，确定矿井名称为内蒙古伊东煤炭集团有限责任公司东坨堵煤矿。

矿井整合以后，集团公司与东坨堵煤矿利用先进采煤技术对矿井进行了技术改造，矿井在采煤工艺与装备、安全设施与管理、环境保护与节能减排、实现安全高效等方面得到提高与改善，真正实现了采煤工艺机械化、安全质量标准化，生活环境园林化、职工住房公寓化和企业管理制度化。科学的发展思路、创新的思维理念、严格的管理模式使企业呈现出蓬勃的生机和活力，实现了百万吨无死亡、连续安全生产等目标，把矿井真正建设成一个本质安全型矿井。

矿井位于东胜煤田南部精煤区，整合后的东坨堵煤矿井田面积9.0142平方米，全矿中唯一可采煤层为6-2煤层，煤层平均厚度为4.2米，煤种为不粘煤，低硫、低灰，平均低位发热量为5875卡/千克，为良好的民用煤和动力煤。矿井地质构造简单，为单斜构造，倾角1～3度，属低瓦斯、易自燃煤层，设计可采储量1998万吨。矿井设计生产能力为120万吨/年。矿井技改前，三个矿井均采用落后房柱式炮采工艺，放炮落煤、翻斗车运输，采区回采率仅为30%左右；矿井采用煤柱支护顶板，所有巷道均为裸巷。低的回采率造成的资源极大浪费；无支护与利用煤柱支护为矿井顶板管理造成很大的安全隐患。针对以上问题，集团公司与东坨堵煤矿领导进行详细的技术调研并委托相关科研单位对矿井的采煤方法、装备等进行研究。在集团公司资金紧张的情况下，毅然决定采用最先进的采煤技术与装备，对东坨堵煤矿进行全面的技术改造。技术改造后，东坨堵煤矿采用先进的综合机械化大采高一次采高回采工艺，装备国内最先进的大采高设备，支护方式采用全断面液压支架护顶与巷道锚网支护，实现了采煤机械化100%，掘进机械化98%。

从技改到现在将近三年时间，我们一直把“科技兴矿”作为全矿安全管理的重要发展战略，向科学管理要效益，向技术进步要产量，取得了显著成效。矿井技术改造时，利用先进技术对全矿的安全设施进行改进，重新设计施工通风系统；安装了全矿井的监测监控系统，实现对所有作业地点与可能危险点的24小时监控；安装了先进的安全调度与通讯系统，大幅地提高了矿井各系统自身的防灾抗灾能力，改善了安全生产条件；不断加快企业信息化建设步伐，在全矿推行办公自动化，提高了办事效率和管理水平，实现了资源共享。在职工科学技术培训上，把学习型企业创建纳入双文明建设考核，把职工个人的学习效果、创新发明与竞争上岗、经济利益挂钩，建立了学习与工作相结合，育人与用人相统一的运行机制，激发了全员创建热情。三年来共举办各种培训班6期，职工队伍的整体素质明显提高，全部达到本岗位应知应会的要求，成为现代型、全能型的企业员工。

建设生态友好型矿井是我矿一直坚持的基本办矿方针。从矿井技改设计、技改施工与生产过程中，东圪堵煤矿一直把环境保护、节能减排作为与安全生产同等重要的大事来抓。一是虽然我矿矿井涌水量少，仅为20立方米/时，但为减小对环境污染，并达到对井下污水的再利用，东圪堵矿建设了处理能力为60立方米/时的井下污水处理站，并将处理后的水进行矿区绿化与消防洒水、返回井下做消防降尘使用；由于东圪堵矿井为整合矿井，矿井可采储量小，服务年限短，为15.7年，但为减小矿区煤尘污染，集团公司投资建设了三个3000吨的筒仓，实现所有原煤全部进仓、矿井工业场地无堆煤；生产过程对各运输环节、场地道路进行喷雾洒水降尘。二是加强全矿区的植被保护与绿化工作。截至目前，矿井场地硬化4万余平方米，种树400余棵，草坪11000余平方米，各类花草20000余株，全矿绿化面积达到30%以上。三是加强环保硬件设施建设同时加强矿井全员环保意识。矿井专门成立了矿井环境保护组织机构，专门负责全矿井职工环保知识培训与教育、环保知识宣传、矿井环保设施与绿化施工。四是强化激励和约束机制，严格落实责任追究。煤矿坚持定期召开生产经营例会，协调解决节能减排项目落实过程中存在的问题，随时掌握各项工程进度情况，要强化目标考核，要有布置、有落实、有考核、有验收、有成效，对各项进度情况及时进行通报，让管理人员带着压力抓各项目标的落实，确保节能减排工作取得实实在在的效果。

先进的采煤技术与安全管理、良好的环境保护与节能减排管理为矿井的生产带来的良好的经济效益。通过技术改造与提高采掘化，矿井的生产人员由原来三个矿的400余人减小到目前的160余人，矿井产量由以前的30万吨提高到目前的90余万吨，2007年与2009年单位工效分别达到了22.44吨/人工和27.68吨/人工；采煤方法的改革也使得矿井的资源回收率大幅提高，由原来的不足30%提高到80%以上；矿井安全生产条件得到改善，连续4年矿井百万吨死亡率为零、重伤事故为零；全矿人均工资三年来连续增长超过25%，2011年达到7.61万元。

以上的工作同时得到集团公司与各级政府的认可，先后被鄂尔多斯市市委授予“2006年度先进基层党组织”、准格尔旗人民政府授予“2007年度全旗煤炭工作先进集体”、同时东圪堵煤矿被鄂尔多斯市煤炭局评为“2009年度全市煤炭行业先进集体”荣誉称号，连续四年被评为集团公司“先进集体”与“安全生产一等奖”。 2010年被评为全国煤炭行业“特级安全高效矿井”、煤炭工业“先进煤矿”等荣誉称号。

东圪堵煤矿依据国家相关法律法规及行业标准，同时具体根据内蒙古自治区煤炭工业局、内蒙古煤矿安全监察局、内蒙古自治区安全生产监督管理局《关于加快煤矿安全质量标准化建设及验收进度和严格核发（换）煤炭生产许可证的办法》，安排布署安全质量标准化工作。

一、建立安全质量标准化领导机构

根据上级管理部门的安排，东圪堵煤矿成立了以矿长为组长的安全质量标准化领导组织机构，全面负责煤矿的安全质量标准化工作，下设组织成员分别负责环保、劳动保障、采掘、机电、一通三防等各方面工作，做到事事有人负责、事事有人管理。

二、资金保证足额投入

根据东圪堵煤矿实际情况，煤矿自查自身问题，落实整改资金670万元，从软件资料的规范到硬件设施的购置，保障整改资金的落实到位，使各大系统做到标准化的要求。

三、煤矿自查形成制度化和规范化

煤矿安全质量标准化领导小组，每月组织一次全矿井的安全质量标准化检查，并按照评分标准对全矿质量标准化进行评价，针对煤矿具体情况制定了若干施工和作业标准，对检查出的问题落实专人整改。对于整改情况有领导小组限期进行复查验收，对于验收不合格坚决不放过。每月底对检查情况进行汇总，表彰在质量标准化工作中突出的单位与个人，使整个煤矿形成了一股齐抓共管的风气。

过去硕果累累，未来仍需努力。东圪堵煤矿在各级政府及有关部门的大力扶持与社会各界的帮助下，在全体员工的共同努力下，定会成为一座生态友好型和本质安全型的现代化安全高效矿井。

华能伊敏煤电有限责任公司露天矿

一、建设发展概况

华能伊敏煤电有限责任公司露天矿（以下简称伊敏露天煤矿）于1973年进行煤田地质勘探，1976年开发立项，1982年进行泥岩承载力实验，1984年建成百万吨首采区。煤矿一期工程是国家“八五”期间的重点工程，是国务院批准的全国第一家煤电联营项目，是与电厂一百万千瓦发电机组配套、生产能力为500万吨/年的现代化露天煤矿，1992年10月煤矿一期工程开始建设，1998年5月竣工投产；煤矿二期工程是在煤矿一期工程500万吨/年生产能力的基础上净增600万吨/年生产能力，设计生产能力1100万吨/年，工程于2006年7月开工，2007年12月竣工投产；煤矿三期工程是在煤矿二期的基础上净增500万吨/年生产能力，2009年4月开工建设，2010年6月竣工投产，设计生产能力达到1600万吨/年。伊敏露天煤矿是国家探索现代化能源发展建设新路子，避开铁路运力束缚和市场煤价波动影响，把煤在坑口转化为电再输入东北电网的科学壮举，是祖国东北边疆鄂温克少数民族经济振兴、整体脱贫奔小康的希望工程。

二、地理及储量概况

伊敏露天煤矿位于大兴安岭西坡的呼伦贝尔草原鄂温克旗以南80公里处，因紧邻大兴安岭西南麓流过的伊敏河而得名。

伊敏地区冬季漫长寒冷，夏季短促温暖，属大陆性亚寒带气候，年最低温度零下44.5度，最高温度36.8度，无霜期约百天左右。

伊敏煤田于1956年由当地蒙古族牧民发现报告给政府，1976年国家计委批准立项开发任务书，被国家列入当时全国重点开发建设的“十大煤炭基地”之一。

伊敏煤田在50多亿吨的普查储量中有25.5亿吨适合于露天开采，其中伊敏露天煤矿采区面积28.9平方公里，可采煤炭储量10.47亿吨，设计服务年限约88年。生产的褐煤低硫、低磷，对环境污染小，剥采比小，露天开采效益显著。

截至2010年全国特级安全高效露天矿颁奖

2010年获得煤炭工业双十佳煤矿荣誉

三、生产工艺及技术装备

伊敏露天煤矿一期工程采用单斗—卡车间断生产工艺。二期建成以后，采煤由两种工艺组成，一种是单斗－自移式破碎机半连续工艺：采用斗容28.3立方米单斗挖掘机采装→自移式破碎机→A型转载机→工作面1600毫米带式输送机→B型转载机→端帮1600毫米带式输送机→地面1600毫米带式输送机→输煤系统；另一种是单斗－卡车－半固定式破碎机半连续工艺：采用斗容12立方米、20立方米单斗挖掘机→77吨、85吨、108吨自卸汽车→1800吨/小时半固定式破碎机→端帮1600毫米带式输送机→地面带式输送机→输煤系统；剥离采用斗容12立方米、20立方米单斗挖掘机→77吨、85吨、108吨自卸汽车→排土场→推土机辅助排弃工艺。三期投产后，在二期的基础上增加了部分采掘、运输及工作面胶带等设备，保持了二期的生产工艺。

现有主要生产设备：WD-400（4立方米）电铲6台，单铲年生产能力为85万立方米；WK-10B（12立方米）电铲6台，单铲年生产能力为300万～400万立方米；WK-20（20立方米）电铲6台，单铲生产能力600万立方米；WK-35(35立方米)2台，单铲生产能力850万立方米；77吨自卸车7台，108吨自卸车24台，85吨自卸车16台，172吨车15台，220吨车17台；移动式破碎机，工作面胶带机，A、B型转载机；其他推、前、平、压、穿孔等辅助设备共计100多台套。矿山机械化程度达到100%。设备管理借鉴了电力系统设备无渗漏治理、可靠性和缺陷管理成功经验，有效地提高了设备健康水平。

达标的采煤工作面

伊敏露天煤矿加强道路及工作面的洒水降尘土

四、机构及人员配备

目前伊敏露天煤矿主要负责公司内煤炭生产、采区疏干排水、向电厂供煤给水、电厂灰渣运排及设备维修等工作。现有职工1035人，其中管理人员85人，操作人员950人，机关设有生产技术、安全监察、综合和人力资源科四个科室，基层设生产部、维修部和供电疏干部三个生产单位和一个后勤服务单位，共设47个班组。

伊敏露天煤矿正在建设绿色环保型矿山，绿化达标的外排土场

五、生产情况

截至2011年年末，已采出原煤13860.14万吨、剥离物28862.63万立方米，其中2011年原煤生产2243.84万吨，剥离生产5902.21万立方米。目前采场最低标高580米、最大采深102米，采场上口南北宽度2520米、东西宽度2320米，采场底部南北宽度250米、东西宽度1100米，形成采剥工作台阶9个，其中剥离工作台阶5个，采煤台阶4个。

伊敏露天煤矿二期扩建工程采用半连续系统生产工艺，从德国引进先进的自移式破碎机生产设备，生产效率达3000tph

伊敏露天煤矿经过三十多年不断发展建设，现代化装备水平不断提高。应用先进的技术装备和现代化管理手段，使全员生产工效达到94.15吨/工，回采率达到98.3%，原煤成本72.34元/吨，居全国领先水平。企业管理取得了可喜成果，曾先后进入了第八届中国煤炭工业优秀企业和全国煤炭工业现场管理最佳企业的行列，1987年以来多次获得部级质量标准化露天矿、特级安全高效露天矿和内蒙古自治区文明单位的荣誉称号，从1994年起三次被国家电力公司评为双文明单位，1998年被中国华能集团公司评为双文明单位，2007年荣获“全国煤炭工业先进集体”和“全国煤炭工业双十佳矿”称号，2009年第二次荣获“全国煤炭工业双十佳矿”称号、获得华能集团安全生产先进单位荣誉，2010年度“数字露天矿建设”获全国煤炭工业企业管理现代化创新成果一等奖、“安全高效生产智能监控与管理决策系统”获得中国职业安全健康协会“神华杯”一等奖、“大型露天煤矿开采新技术与应用研究”项目获得国家科技进步二等奖、露天采煤半连续工艺及地面生产系统建筑安装工程荣获煤炭行业工程质量“太阳杯”奖、煤炭行业优质工程称号，2010年安全质量标准化工作达到国家级标准，连续10年获得全国特级安全高效露天矿荣誉称号。

达标的剥离工作面

按照公司的长远发展规划，伊敏露天煤矿最终将成为年产3000万吨的大型煤炭生产基地。随着伊敏煤电事业的不断发展，煤电联营得天独厚的能源优势、节能环保优势和循环经济优势将逐渐发挥作用，为华能集团创建国际一流企业，为振兴呼伦贝尔地区经济建设发挥巨大作用。

2010年，伊敏露天煤矿获国家级安全质量标准化露天矿荣誉称号，达标排土场

伊敏煤电联营企业正在显现资源优势、环保优势、效益优势、循环经济优势

黑龙江龙煤集团七台河分公司

简历

王洪木

1977年10月—1981年3月　新兴煤矿一井工人、班长
1981年3月—1990年12月　新立煤矿多经公司副科长
1990年12月—1992年2月　龙湖煤矿斜井区区长（正科级）
1992年2月—2000年5月　龙湖煤矿安全副矿长、直属井副科长（副处级）
1995年8月—1997年12月　中央党校函授学院经济管理专业学习
2000年5月—2003年3月　龙湖煤矿矿长（正处级）
2003年3月—2003年5月　七煤集团公司副总经理
2003年5月—2005年2月　七煤集团公司党委委员、副总经理
2005年2月—2006年9月　七煤集团公司党委委员、副总经理，龙煤集团七台河分公司党委委员、副总经理
2004年3月—2006年12月　山东科技大学采矿专业学习

2006年9月—2008年1月　七煤集团公司党委副书记、董事、副总经理（主持经理层全面工作）；龙煤集团七台河分公司党委副书记、副总经理（主持经理层全面工作）

2008年1月—2008年10月　七煤集团公司党委副书记、董事、总经理；龙煤集团七台河分公司党委副书记、副总经理（主持分公司经理层全面工作）

2008年10月—2009年6月　七煤集团公司总经理、党委副书记、董事，七台河分公司副总经理、党委副书记（负责七台河分子公司全面工作）

2005年3月—2008年1月　黑龙江省委党校经济管理专业在职研究生班学习
2009年6月—2009年8月　七煤集团公司总经理、党委副书记、董事；龙煤集团七台河分公司总经理、党委副书记
2009年8月—2010年7月　龙煤集团七台河分公司总经理、分（子）公司党委副书记
2010年7月至今　七台河市委常委、龙煤集团七台河分公司总经理、分（子）公司党委副书记

荣誉：
1999年获七煤集团公司党风廉政建设先进个人；
2000年获省“安康杯”竞赛先进个人；
2001年获七煤集团公司劳动模范标兵；
2002年荣获七台河市“安康杯”竞赛先进个人；
2002年荣获全国“五一”劳动奖章；
2010年黑龙江省安全文化建设先进个人。

杨京全

简历

1974年8月—1976年1月　鸡西矿务局正阳矿林场下乡
1976年1月—1977年2月　鸡西矿务局正阳矿开拓区工人
1977年2月—1980年8月　鸡西矿务局正阳矿党办秘书
1980年8月—1984年7月　鸡西矿务局正阳矿党办副主任
1984年7月—1988年8月　北京煤炭管理干部学院学习
1988年8月—1990年10月　鸡西矿务局正阳矿政工部科长
1990年10月—1994年4月　鸡西矿务局党委组织部组织指导科科长
1994年4月—1995年9月　鸡西矿务局恒山矿党委副书记、纪委书记
1995年9月—1998年2月　鸡西矿务局恒山矿党委副书记、纪委书记、工会主席
1998年3月—1999年5月　鸡西矿务局正阳矿党委书记
1999年5月—2001年7月　鸡西矿务局党委办公室主任、武装部部长、机关党委副书记
2001年7月—2005年2月　鸡西矿业集团杏花矿党委书记、鸡西市人大常委
2005年2月—2009年9月　龙煤集团鹤岗分公司、鹤矿集团公司党委副书记
2009年9月至今　七台河分（子）公司党委书记

荣誉：
2011年度企业文化建设贡献人物（中国企业文化促进会颁发）
2011年荣获全国煤炭企业优秀党委书记

吴启山

1982年12月—1985年7月　七台河矿务局工程处土建三队工人
1985年7月—1989年8月　七台河矿务局疗养院小井工人
1989年8月—1992年10月　七台河矿务局东风煤矿斜井区段长
1992年10月—1996年7月　七台河矿务局东风煤矿斜井区副区长
1996年7月—1997年9月　七台河矿务局东风煤矿二井井长
1997年9月—1999年6月　七台河矿务局东风煤矿多种经营公司经理（副处级）
1999年6月—2002年3月　七台河矿务局东风煤矿直属井副矿长
2002年3月—2004年03月　七煤集团向阳矿副矿长
2004年3月—2006年10月　七煤集团胜利煤矿副矿长
2006年10月—2009年3月　七煤集团新富煤矿矿长
2009年3月—2009年11月　七台河分公司龙湖煤矿矿长
2009年11月—2011年6月　七台河分公司新建煤矿矿长
2011年6至今　龙煤集团七台河分公司副总经理（主管安全）

简历

荣誉：
1994年被授予七台河矿务局“首届十大管理明星”称号；
1995年、1996年被七台河矿务局授予“劳动模范”称号；
1999年被七煤公司授予“明星矿长”荣誉称号；
2007年被七煤公司评委“安全标兵矿长”荣誉称号；
2008年4月荣获“七台河市第十二届劳动模范”荣誉称号；
2009年荣获黑龙江省“五一”劳动奖章；
2010年荣获“全国劳动模范”荣誉称号。

构建“五位一体”达标体系 建设全国一流薄煤层质量标准化矿井（龙煤集团七台河分公司）

七台河矿区煤层薄（平均采高0.86米）、倾角大（倾斜及急倾斜煤层占74.7%）、断层多（大中断层363条）、瓦斯大（绝对瓦斯涌出量368米3/分），是全国开采难度最大、安全管理难度最大的矿区之一。近年来，针对采深增加、瓦斯增大、灾害增多的实际，我们把质量标准化建设作为煤矿安全生产的治本之策，继承优良传统，创新达标理念，着力构建思想、系统、岗位、技术、素质“五位一体”质量达标体系，着力创建全国一流薄煤层质量标准化矿井，促进了企业安全生产形势持续稳定好转。2006年以来，全公司消灭了重大事故，一般性事故和工伤事故实现大幅度下降。

我们的主要做法是：

一、坚持“质量是煤矿安全基石”理念，升华理性认识，以思想达标引领质量标准化建设

七煤集团搞质量标准化建设，有优良的历史传统，从1983年“学肥城，上标准”到现在，已有近三十年的历史，公司历届班子在矿井质量标准化建设上给我们打下了很好的基础；有辉煌的荣誉，2003年成功承办了全国煤矿安全质量标准化现场会，曾一度引领了全国煤矿质量标准化建设工作；同时，也有深刻的教训，一个时期因为放松了安全质量标准化建设工作，发生过震惊全国的“11·27”特大事故。总结正反两方面的经验和教训，我们深深d地感到，企业的发展，在于煤矿；煤矿的成败，在于安全；安全的基础，在于质量。质量标准化建设是七煤的“品牌”，更是煤矿安全的基石，在任何时期、任何环境影响下，都只能坚定、不能动摇，只能加强、不能削弱，只能提高、不能降低。在这一理念指导下，我们确定了“在继承中巩固，在学习中提升，在创新中发展”的质量标准化建设工作思路。

在继承中巩固，就是牢固树立“七煤集团什么荣誉都可以让，唯独质量标准化这面大旗坚决不能让，矿井质量标准化的品牌坚决不能丢”的争创意识，继承过去形成的“抓基层打基础”“挤水升标”“一化变十化”等好传统、好做法，不断在巩固中发展矿井质量标准化建设工作。

在学习中提升，就是紧跟全国煤炭行业如火如荼的矿井质量标准化建设大潮，我们分期分批组织人员到山东、山西、安徽等地考察，学习他们在质量标准化建设、班组队伍建设及安全监管等方面的先进经验和做法，按照“过程达标、操作达标、全面达标、处处精品”的标准，全面推进矿井安全质量标准化建设提档升级。

在创新中发展，就是围绕建设本质安全型矿井，在实践中提出了思想、系统、岗位、技术、素质“五位一体”的达标新思路，探索出小班“三零”安全目标管理（小班零违章、小班零隐患、小班零事故）、动态质量达标和“三个天天”培训（工人天天学、领导天天讲、班长天天考）等达标新举措，推动矿井质量标准化建设均衡发展、整体升级。

二、坚持“矿井环境改善靠投入”理念，筑牢安全基础，以系统达标保障质量标准化建设

多年的煤矿工作实践使我们感到，矿井系统不完善、装备水平落后是制约煤矿本质安全的重要因素。为此，我们确立了“矿井环境改善靠投入”理念，持续加大安全生产投入力度，着力提升系统安全保障能力和装备先进水平。

第一，靠资金大投入实现环境大改善。我们坚持“先井下后井上，先安全后生产”的资金投入原则，不管资金多么紧、经营压力多么大，安全生产投入不能欠账，即使在国际国内经济危机的重大压力下，依然果断提出安全生产投入不变、职工工资不变、政策性福利待遇不变的“三不变”原则，使矿井系统改造、水平延伸、瓦斯抽放、供电改造等影响安全质量和长远发展的重大工作得以顺利进行。2006年以来，全公司累计投入安全生产资金30多亿元，新增生产装备1.2万（台）套，大幅提升了矿井系统安全保障能力。

第二，靠改造大手笔实现系统大完善。我们提出系统改造“不怕工程大，不怕时间长，不怕标准高”的“三不怕”原则，制定出台了“重点工程超掘奖励”等支持政策，引导各矿干当前、重长远，强力推进矿井重点工程建设。2006年以来，先后施工了新兴矿南立风井、新铁矿排矸立井和通风立井、龙湖矿南翼通风立井和排矸立井等7个立井，启动了新铁矿二水平等6个水平延伸工程，完成了瓦斯抽放、监测升级、运输提能等200余项大的系统改造工程，矿井各大系统的合理性、可靠性显著增强。尤其是瓦斯抽采系统，实现了从无到有、从小到大的跨越，年抽放瓦斯7000万立方米，五年增长了10倍。另外，针对新四矿重组时历史欠账多、安全基础薄弱的实际，我们提出了“小井标准大井化”的改造思路，2005年以来投入6.4亿元，完成了重组后的矿井通风、提升、排水、供电等系统改造，使小井系统的质量标准实现了质的飞跃。

第三，靠大装备升级实现标准大提升。按照“生产工艺先进，装备精良适用”原则，大力引进推广先进适用装备，着力淘汰陈旧落后设备，综采、综掘、薄煤层机组等功率大、自动化程度高、安全可靠性强的装备得到广泛应用，高预应力锚索、柔性掩护支架应用面不断扩大，大井工作面全部实现了钢铁化支护，初步形成了7套综采、30个薄煤层机采的生产格局，与2005年相比，大井采煤工作面减少36个，小井井口减少78个，采煤机械化程度提高了35个百分点，单产水平增长了53%，实现了以装备升级促进质量升级，保证了全公司稳产提效。

第四，突出瓦斯煤尘重点实现安全环境大治理。多年来，我们把防控瓦斯煤尘事故作为煤矿安全生产的重中之重，各矿结合本矿实际，多措并举，下大力气抓瓦斯煤尘治理，取得了实效。特别是新建矿瓦斯管理和建设矿煤尘治理的成功经验推动了全公司的“一通三防”管理水平的全面提高。

新建矿坚持瓦斯治理长抓不懈，牢固树立“瓦斯治理，抽放为本”、“瓦斯抽采，预抽为主”的工作理念，形成了一整套的瓦斯治理措施体系。一是简化优化通风系统——让系统更可靠。全矿通风系统合理，所有采区均设有贯穿全采区专用回风巷，对瓦斯大的采区还设有专用排瓦斯巷，无老塘风和不合理的串联通风等现象，保证了通风系统的稳定可靠。二是保证治理瓦斯时间——让布局更合理。高瓦斯采区的回采煤量必须充足，备用面至少要留出一年以上的时间进行瓦斯治理，坚持先治理后生产。三是大胆引进勇于创新——让技术更实用。针对不同煤层和瓦斯涌出情况，制定不同的瓦斯治理方案，采用“Y”形下行通风、底板集中岩石巷、“一面五巷”等技术、为全公司摸索出了一条瓦斯治理的新路。四是因地制宜增强实效——让规划更科学。在2006年年初，就围绕瓦斯治理工作目标制订出每个采区的瓦斯治理方案并下达年抽放计划。在每月初，下达月抽放计划，抽放钻场直接下到掘进计划中。每天，下小班打钻计划，由生产科具体考核抽放工作完成情况。针对各煤层瓦斯特点科学设计不同治理方案，实现“一面一策”。五是逢掘必探先探后掘——让措施更超前。严格执行分公司制定的《掘进超前打钻及石门揭煤管理办法》，率先对所有掘进岩巷、半煤岩巷打超前探放钻孔，实现“先探后掘”。六是实行打钻激励机制——让政策更积极。为稳定抽放队伍，提高抽放质量，制定了《抽放打钻考核办法》，对打钻工实行计件工资，多打多得，稳定了打钻工队伍，提高了工作积极性。七是建立钻孔验收制度——让制度更严密。为防止打假孔，矿里规定由通风区、安监处等部门联合验收钻孔数、钻进量等，在钻机回撤钻杆前，由验收人员到现场核实钻杆数量，保证了打钻抽放的实效性。

建设矿从提高认识入手，“抓住七个源头”的综合防尘措施，取得了实效。一是坚持“先抽后采”，并做到所有煤层100%注水；二是掘进工作面全部上齐放炮喷雾，采用装岩洒水、冲洗巷帮和个人防护措施；三是采掘场子坚持做到湿式打眼，使用好化学炮泥、水炮泥；四是做到巷道施

工到哪里，水管延伸到哪里，30米挂架式喷雾器就安到哪里，改过去的洒水消尘为每天对井下所有巷道进行一次全面冲洗；五是坚持使用好煤岩车防尘罩，杜绝煤岩撒落、煤尘飞扬，主运大巷每百米设一道净化喷雾，保证能够封闭全断面；六是坚持掘进先探后掘的原则；七是完善矿井瓦斯抽放、监测系统，配齐配全井下各类传感器，保证监测监控到位。

通过思想教育、制度约束、奖罚激励、措施落实等多管齐下，提升了全公司矿井“一通三防”综合管理水平和矿井抗灾能力，促进了矿井的健康发展。

三、坚持“自下而上抓安全”理念，强化现场管理，以岗位达标推进质量标准化建设

我们把采掘现场达标和职工操作达标作为标准化建设的核心和安全管理的重心，突出重点，抓实现场，努力变“自上而下要安全”为“自下而上抓安全”。

1.确立作业流程“三不准”原则，保证事事有标准。按照“没有标准，干部不准安排工作；没有标准，工人不准施工；没有标准，检查人员不准验收”的作业流程“三不准”原则，全面推行岗位标准化作业程序，井下所有工种、岗位都做到了施工有程序和作业有标准。我们还总结实践经验，制定了“总经理令”“十个不准生产”等规章制度，出台了“倾角25度以上煤层必须先注水后开采”“掘进工作面小班作业必须在超前探放控制范围内施工”等硬性规定，实现了隐患超前发现、有效防控，提高了作业现场的安全把握程度。

2.落实现场管理“三到位”规定，保证动态达标。按照“安全抓现场”的工作思路，坚持作业现场“三到位”：一是技术指导到位，二是生产领导指挥到位，三是安全监管到位。重点加强了干部下井带班、采掘班组建设、动态达标检查和隐患排查整改工作。加大追究力度，对不按规定入井带班的3名干部给予了严肃处理；树立正面典型，公司党委号召全公司党员干部，认真学习年入井带班达400次的新富矿总工程师李志刚同志事迹，极大增强了领导干部入井带班的积极性和主动性，确保干部值班带着问题入井、解决问题在采掘现场；提高现场执行力，把班段长纳入干部管理，实行班段长津贴激励政策，调动了班段长现场把关的积极性；推行动态质量达标，建立了安监部门牵头、专业系统参与的公司季度达标考核、煤矿月份现场推进、区段小班班班达标的质量达标管理体制，把日常安全检查、安监部门抽查、工团组织夜查和系统专项治理的重点放到工作面，做到了检查覆盖面达100%、查出隐患整改率达100%，促进了作业现场安全把握程度稳步提高。

3.实施小班“三零”安全目标管理，保证岗位达标。按照“小班零违章、小班零隐患、小班零事故”的管理目标，积极推行小班质量评估、安全结构工资和白国周班组管理法等措施，着力建设高素质班组长队伍和工作稳定、技能较高的职工队伍，班段长在采掘一线作用的发挥和职工队伍素质的提升，促进了采掘工程质量和生产作业效率明显提高。近两年，针对零散工种和偏远地点隐患较多的实际，我们大力推进“三零”目标管理向残采工作面、小运输等薄弱领域拓展，向巷修、回收、下料等零散工种拓展，向过断层、破碎带、巷道贯通等关键环节拓展，实现了岗位达标全过程、全覆盖。

四、坚持“科技兴安”理念，加速创新步伐，以技术达标支撑质量标准化建设

我们积极引导干部职工树立“科技兴安”理念，增强技术达标意识和科研攻关热情，不断用科技进步推动质量升级、打牢安全基础。

1.注重技术升级与标准化建设有机结合。落实“科技是第一生产力”方针，积极引进应用和探索实践先进适用技术，努力提升矿井科技含量和生产作业标准。在采煤方面，开创了国内0.6米极薄煤层上机采、58度急倾斜煤层上综采的先河，探索应用了柔掩支架、气垛支架、爬底板采煤机、长壁分段仰斜开采等采煤工艺，提升了采煤工程质量，推动了表外煤量开采和安全高效建设。在掘进方面，积极推广连续化运输、“三小”爆破、中深孔爆破等工艺技术，提高了掘进光爆质量和一次成巷率，建设出新强矿二水平主运巷等一大批精品工程。在支护方面，应用“四锚”联合支护、“锚索、钢带、水泥浇筑石墙”联合支护、“U型钢棚、锚索、钢带”联合支护等技术，提高了支护强度、减少了顶板事故。另外，监测和机电运输等技术升级，也都促进了标准化建设，增强了安全可靠性。在抽放方面，广泛应用高位钻孔抽放、岩石集中巷抽放、掘进超前探放等抽放

方法，瓦斯抽采利用能力大幅提高，瓦斯治理工作步入标准化、规范化轨道。

2. 注重科技攻关与标准化建设有机结合。我们把科研攻关和科技创新作为破解“薄煤层、大倾角、高瓦斯”等安全生产管理难题的强大武器。加大科研攻关力度，与中国矿大、煤科总院、山东科大、黑科技等院所联合，开展了瓦斯压力监测、采场矿山压力监测、冲击地压监测，以及薄煤层、大倾角开采技术等研究，为防治矿井灾害和提升标准化作业水平提供了有力支撑。加大技术创新力度，公司每年拿出1000多万元用于人才奖励，拿出400万元对工程技术人员实行岗位补贴；各单位还对技术创新作出突出贡献的个人进行重奖，调动了工程技术人员搞创新、上标准的工作积极性，研制出自动挡车闸、放炮自动喷雾、液压采煤机遥控装置和皮带机集中智能控制系统等一大批实用管用的科研成果，推动了矿井质量标准化建设和煤炭生产力同步发展。

3. 坚持“人本管理”理念，抓实职工培训，以素质达标提升质量标准化建设。

实践使我们深刻认识到，“人的素质达标”是最关键、最有效的安全保障。为此，我们把职工素质达标作为质量标准化建设的根本，大力实施培训育人工程。

1. 加强政策激励，引导职工作业由被动执行向主动兑规转变。在保证不突破工资总量的前提下，实行小班安全、生产、质量结构工资政策，把安全质量效果作为安全结构工资的考核重点，由安全部门直接进行考核。同时，健全质量达标现场会、单项挂牌等奖励制度，严格落实安全考核政策，严格兑现奖惩。通过发挥经济杠杆的激励作用，有效引导了职工“算安全账，挣安全钱”，调动了全员抓质量保安全的积极性，增强了职工兑规作业和联责保安的主动性，生产过程中的“三违”现象明显减少。

2. 创新培训方法，推动职工培训由必知必会向必禁必做拓展。制定“三化、四延、五新”培训工作思路，“三化”即专业知识系统化、岗位操作标准化、职工行为规范化，“四延”即培训内容由“必知必会”知识向实践操作技能延伸、培训对象由工人向干部延伸、培训方式由课堂讲授向实地训练延伸、培训考核由数字考核向质量考核延伸，“五新”即理念引导有新思路、基础建设有新进展、培训质量有新突破、学习交流有新渠道、培训管理有新加强。按照这一思路，我们建立了党委书记负总责、主管领导具体抓、安监和职教部门督导考核的培训责任体系；投入1200余万元，建设了东部三级培训中心，形成了以东西两处三级培训基地为核心，以各矿四级培训中心为支撑，以井区学习室为基础的职工培训网络；实行工人天天学、领导天天讲、班长天天考“三个天天”培训办法和每季召开一次培训工作现场会的推进措施，取得了职工专业技能稳步提高、职工队伍素质不断提升的良好效果。

3. 建设安全文化，促进职工达标由意识保安向行为自觉提升。把建设安全文化作为规范职工行为的有效手段，制定切合实际、便于操作的安全文化建设规划和方案，通过班组文化墙、电子显示屏、手机短信等载体，采取案例分析、现身说法、知识竞赛等形式和严格奖罚等措施，大力倡导、宣传、践行“安全为天，生命至尊”的安全观、“过程要‘三百’，结果要‘三零’”的安全理念和“合规操作，精益求精”的作业观，使广大干部职工多渠道、多层次、全方位受到安全文化的熏陶和影响，有效促进了职工达标意识提升和行为规范养成。

通过近年来坚持不懈推进质量标准化建设，我们深刻体会到：质量标准化建设是保证安全的基础工程、是解放生产力的效益工程、更是保障职工幸福的生命工程，忽视质量标准化建设，就是轻视矿工的生命；放松质量标准化建设，就是动摇煤矿发展的根基；不抓质量标准化建设，就是煤矿干部的失职渎职。抓质量标准化建设，环境改善是基础、装备升级是保证、职工素质是核心、发展生产是目的，只有把资金投到井下、工夫下到现场、责任落到人头，才能够抓好质量标准化建设，夯实本质安全基础。

黑龙江龙煤集团七台河分公司新建煤矿

深化达标体系 推进质量升级
全面加快本质安全型矿井建设步伐

新建煤矿位于七台河矿区西部，始建于1958年，井田面积49平方千米，先后经过两次矿井技术改造，形成了目前皮带斜井集中运煤、副立井集中排矸、对角式通风的现代化薄煤层矿井。矿井开拓方式为斜、立井多水平开拓，共分两个水平开采，一水平已于2003年结束，现正在二水平生产。煤层厚度在0.6～1.2米之间，平均厚度为0.85米。全矿共有三个生产采区、一个开拓区、一个准备区，生产布局合理。采煤工作面全部实现了机械化开采，截至2011年，原煤产量已连续十五年完成200万吨。矿井通风方式为对角式，通风方法为抽出式。矿井绝对瓦斯涌出量为76.33立方米/分，相对瓦斯涌出量为20.88立方米/吨，属高瓦斯矿井。

多年来，新建煤矿始终把质量标准化建设当做生命工程、效益工程、发展工程常抓不懈，特别是去年以来，新一届矿领导班子不断创新，大胆尝试，建立了以思想引领、责任监管、投入保障、安全培训、政策激励为主体的质量达标体系，有力推动了本质安全型矿井建设。企业先后被授予“全国五一劳动奖状”“全国文明矿”“全国安康杯竞赛优胜单位”“黑龙江省煤矿安全培训先进单位”“黑龙江省安康杯竞赛优胜单位”“龙煤矿业集团质量标准化建设明星矿”“龙煤矿业集团安全生产双十佳煤矿”“龙煤矿业集团科技创新先进单位”“七台河市先进集体”“七煤集团公司标兵单位”等荣誉称号。2011年，全矿投入安全费用达3000万元，矿井安全基础管理水平得到了有效提升，全年杜绝了瓦斯煤尘等重大事故和零打碎敲事故，实现全年安全无事故，连续两年被评为“国家级安全质量标准化煤矿”。

一、提高认识，加强领导，依靠思想达标引领质量达标

作为七煤公司的龙头大矿，新建煤矿不仅在原煤生产、掘进进尺等方面走在了集团公司的前列，质量达标工作也是力争上游、勇站排头。矿里始终把质量达标工作当做一项重要工作来抓，首先在思想上高度重视，反复学习上级相关文件精神，研究问题，制定措施，细化标准，落实责任，为推进全矿质量标准化建设提供了思想保证。采煤、掘进、机电、运输、通风等各系统，分别成立了由系统矿长和专业副总任组长、各职能科室负责人为成员的质量标准化建设领导小组，每天从矿调度会到采区调度会、再到段队的班前会，认真对照质量标准，从制度建设、现场管理、责任落实及各方面工作标准逐一安排，逐项落实到分管部门、分管人员，促使员工上标准岗、干标准活、干精品活。此外，为促进质量达标、提高段队工程质量，矿里每月召开一次矿长“一通三防”专题会议、安全矿长例会和全矿安全例会，认真总结、全面部署质量标准化建设工作相关事宜。采掘系统每月至少召开一次先进典型采区质量达标现场会及反面现场会，对质量不达标的采掘工作面坚决予以停产整顿，全面达标后方可生产。系统质量达标现场会每半年循环一次，确保全矿所有工作面质量全面提高。

二、严密制度，狠抓落实，依靠动态达标保证质量达标

新建煤矿把加强制度建设作为规范和推进质量升级的重要保证。全矿按照“巩固基础、保持优势，管理升级、追求卓越”的指导思想，从责任落实、安全检查和现场操作三个层面严抓严管、建立长效机制。一是靠制度落实包保责任。严格落实领导下井带班、入井写实和安全包保责任，建立矿领导包井区、专业领导包系统、采区领导包段队、小班班长包现场的质量达标责任包保体系，进一步提高了作业人员“安全行为自律、作业环境互检、安全责任共担”的责任保安意识。二是靠制度强化安全检查。每月初，由矿党政领导带队，就全矿安全生产、文明生产和质量达标工作进行专项检查，确保井下每天24小时都有矿副总以上领导负责安全生产和质量达标工作；矿安监处、通风区、机电科等职能部门，采取动态检查的方式，严抓生产过程中的质量达标，通过严格规定和严密检查，促进了全矿质量标准化水平不断提高。三是靠制度规范作业行为。推行“三严”机制，坚持“四不”原则。“三严”即严格按照规范设计、质量标准编制作业规程，做到规程编制先达标；严格按照规程施工，要求所有工种必须严格按照《煤矿安全规

程》、《作业规程》和《工种操作规程》进行施工；严格按照标准验收，由矿系统领导组织相关部门和人员，按照质量检查标准，对本系统进行验收定级，评最佳、抓最差，并对照规定严格奖罚。“四不”即规程未审批坚决不开工；措施未落实坚决不施工；条件不具备坚决不作业；隐患不排除坚决不生产。通过完善制度、明确责任、细化措施、严格奖罚，全矿的质量达标工作步入了制度化、规范化、科学化管理轨道。

三、加大投入，创新方法，依靠科技达标推动质量达标

近年来，新建煤矿通过大力实施科技兴企战略，不断加大安全装备投入，安全环境得到了极大改善。一是把投入的重点放在根治瓦斯上。通过采取仰角抽放、高位抽放、本煤层抽放、底板抽放、打超前释放钻孔和抽放钻孔联合验收制等措施，瓦斯治理收效显著。尤其在瓦斯治理方面，从设计入手，积极探索、大胆实践，在瓦斯重点工作面，施工边界回风上山，实行“Y”形下行通风；在一采区，采用“一面五巷”方式超前进行区域瓦斯治理；在五采区高瓦斯煤层群中部，施工全岩瓦斯抽放巷，实行上下扇形钻孔布置，穿透所有煤层，进行抽放卸压，真正实现了“先抽后掘，先抽后采”。二是把投入的重点放在科技兴矿上。通过深入学习淄博、新汶、淮南等先进企业经验，技术上大胆尝试，方法上不断创新，技术指导优势得到进一步发挥。八采区92层上巷及开切眼维护留巷试验成功，实现了无煤柱留设瓦斯尾排巷，降低了巷道掘进率，提高了资源回收率；新型装运履带式扒装机试验成功，实现了该矿高瓦斯掘进工作面机械化装岩；全面推广掘进工作面连续化运输，采煤工作面机械化程度达到了100%，有效提高了矿井安全保障能力，为推进质量升级提供了可靠的技术支持。三是把投入的重点放在完善监测监控上。按照AQ1029—2007标准上齐上全了井下各类传感器，分别对井下各作业地点瓦斯浓度、一氧化碳浓度、温度、负压、风速、风机开停、风门开关、风筒传感器等参数以及机电设备运行状态、地面主扇运行情况实施24小时监测监控，确保监测准确、监控有效，有效提高矿井安全系数。

四、政策激励，打造精品，依靠典型达标带动质量达标

全矿不断强化安全质量标准化工作精品意识，大力开展精品工程创建活动，集中人力、物力对薄弱环节进行高标准整治，做到薄弱环节有突破、优势专业有巩固、领先项目有创新。从管线吊挂、巷道维修、安全设施、材料码放、图牌板管理等基础工作和“点滴小事”入手，建设安全质量标准化“精品峒室”、“精品巷道”、“精品工作面”，建设“标准工程”、“放心工程”。积极采取一事一推广，以井区、段队、班组质量带动全矿质量的做法。在全矿展开大搞质量达标会战，在精品示范井区、段队召开现场会，通过学习先进、鞭策落后，各井区的质量达标意识得到提高，形成了自找差距、你追我赶、抓法多样、相互促进的质量标准化工作局面。2011年全矿各个井区全部成功召开了质量达标现场会，从强化基础管理、培育亮点工程、改善整体面貌等各项达标工作突飞猛进，使我矿质量标准化水平又上一个新台阶。设置安全质量奖励基金、安全质量奖励基金由工资科统一建账管理，主要用于安全质量标准化达标单位的奖励。2011年，全矿质量标准化月份奖励达17.45万元，质量标准化季度奖励达24万元，质量达标现场会奖励2.2万元。

五、强化培训，提升素质，依靠行为达标促进质量达标

人的因素是保障安全生产的最基础因素，提高安全意识和自我保安能力是搞好煤矿安全生产的基础。一是加大培训投入。进一步加大对矿三级培训中心的投入，在计算机购置、多媒体教学、教材选用等方面不断完善培训基地功能，改善提高职工培训条件。二是把握培训重点。把新工人、特殊工种和零散工种作为培训重点，尤其针对新工人，培训达不到标准的，坚决不准上岗，从源头上杜绝人为安全隐患。三是创新培训手段。积极推进培训内容由“必知必会”知识向实践操作技能延伸，培训对象由工人向干部延伸，培训方式由课堂讲授向实地训练延伸，培训考核由数字考核向质量考核延伸，全面提高了干部职工的岗位操作技能。为了增强特种作业人员“必知必会”的针对性，还加大了对安检员、瓦检员、班组长等重点人员的“必知必会”培训，为杜绝“三违”现象、推进质量升级、实现本质安全提供了强有力的素质保证。

作者：于松波

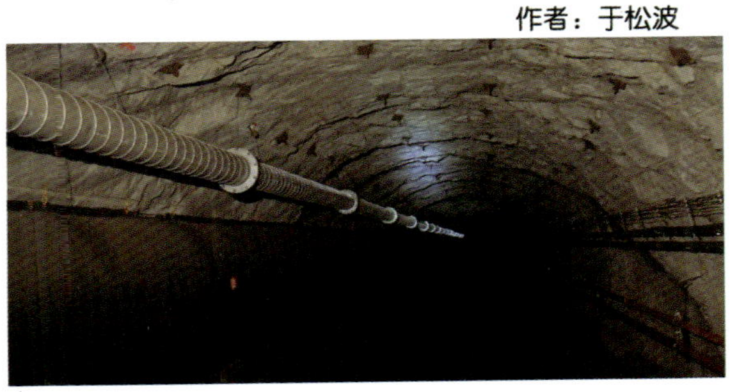

龙煤集团七台河分公司
新强煤矿

矿长　王戈

党委书记　乔书成

龙煤集团七台河分公司新强煤矿是原七台河矿务局自行设计、自行施工、自行安装、自行组建的第一座现代化立井，于1983年11月建井，1986年12月竣工投产，年设计能力90万吨。通过近几年对矿井进行技术改造，2007年核定生产能力为140万吨，是七台河分公司主力矿井之一，曾被誉为七台河分公司质量标准化的摇篮和全国薄煤层矿井质量标准化的故乡。

新强煤矿矿井总投资1.3亿元，现有地质储量1.039亿吨，可采储量3347万吨，400米以下正在进行深部勘探。矿井采用立井多水平分区石门开拓、分区式通风，属高瓦斯矿井，煤层平均厚度0.8米。全矿现有职工4157人，其中党员644人，下设27个总支（支部）；共有生产采区3个，开拓准备采区2个，采煤队组6个，掘进队组21个。煤炭产品以焦煤和贫瘦煤为主，主要适用于电力、冶金、化工等行业。

近年来，新强煤矿始终坚持走安全高效、科学发展之路、大力弘扬“不畏艰难、自强不息”的企业精神，积极倡导“安全决定命运”的理念，推行精细化管理，安全管理水平显著提升；依靠科技兴企，加大生产布局调整，优化采煤生产工艺，单产单进水平大幅提高；完善机制，严细流程，降成提效，促进管理全面升级，经济运行质量不断提高；围绕中心抓党建，努力把政治优势转化为发展优势，党建科学化水平进一步提高；积极培育和创建特色企业文化，形成了以“3+5”安全文化为主要支撑的新强特色文化建设体系，用文化力提升了战斗力，发展了生产力，增强了竞争力，各项工作实现了整体攀升，企业呈现出了快速持续发展的良好态势。

建矿25年来，通过新强煤矿广大干部员工的共同努力，在企业改革、发展、创新实践中，创出了骄人业绩，结出了丰硕成果，曾先后荣获七台河分公司先进单位标兵、七台河分公司先进党委、黑龙江省“安康杯”竞赛优胜单位、黑龙江省煤炭协会双十佳煤矿、黑龙江省劳动关系和谐企业先进单位、黑龙江省企务公开民主管理示范单位、黑龙江省企业安全文化建设先进单位、省级文明单位、能源部现代化矿井、煤炭部质量标准化矿井，全国“安康杯”竞赛先进单位、全煤系统文明煤矿等200多项荣誉称号，为七台河分公司实现更好更快发展作出了突出贡献。

夯实质量基础　推进管理升级
全面打造本质安全型矿井

——龙煤集团七台河分公司新强煤矿

龙煤集团七台河分公司新强煤矿始建于1983年，1986年12月峻工投产，建矿25年来，始终把质量标准化建设作为企业安全生产的头等大事，坚定不移地抓实抓好，为打造本质安全型矿井提供了坚实保证，新强煤矿曾被誉为全国薄煤层矿井安全质量标准化建设的故乡、七煤质量标准化建设的摇篮。特别是近年来，紧紧围绕“安全高效，科学发展”的核心理念，把安全质量标准化建设作为企业的生命工程、基础工程、效益工程强力推进，走出了一条以质量保安全、以质量促管理、以质量提效益的发展道路。

一、抓根本，树立“质量强矿”意识，靠思想达标引领质量达标

新强矿受地质条件影响，煤层薄，倾角大，平均煤层厚度不足0.8米，倾角最大的达到44度，而且瓦斯含量高，断层薄带多，伪顶伪底开采，地质构造复杂，为质量标准化建设带来了很大难度。面对困难和压力，全矿上下充分认识到，越是条件恶劣，越是要加强质量标准化建设；越是构造复杂，越是要用质量保安全、促发展。为了进一步增强全员质量标准化意识，加大了教育引导力度，全矿员工牢固树立“质量就是生命”、“以质量打品牌、靠安全求发展”、“追求完美、创造精品”等理念，使广大干部职工进一步认清了质量标准化建设工作的长期性和重要性，打破了质量达标“唯条件论”的错误观念，“抓质量就是抓安全、就是抓生产、就是抓效益”的思想认识得到高度统一，为质量标准化工作顺利开展奠定了坚实的思想基础。

二、抓关键，发挥“激励调节”作用，靠制度达标保障质量达标

抓好质量标准化建设，关键在于建立一套科学有效的管理机制，通过经济杠杆的激励调节作用，充分调动广大干部职工的积极性和主动性。为此，新强煤矿狠抓制度建设，大力倡导“制度至上、精准执行”的理念，努力使质量标准化建设达到内化于心、固化于制、外化于行的效果。一是建立目标管理机制，责任落实到位。明确规定矿系统领导为本专业质量达标的第一责任者，建立了“专业领导亲自抓、生产单位严格落实、职能部门监督检查”的工作格局，各系统对质量标准化建设实行定规划、定时间、定标准、定人员、定效果，安全质量与经济收入挂钩的管理模式，保证质量达标工作有序开展。二是建立激励约束机制，奖罚落实到位。先后出台了《新强煤矿效益工资分配细则》《新强煤矿安全质量标准化竞赛办法》《新强煤矿“六好段队”、“六好班组”、“六好员工”评比考核方案》等制度，实行评最佳抓最差和安全质量结构工资等奖励约束机制，全面开展小班安全质量评估，小班完成作业后由当班班长、安监员、瓦检员、验收员对当班安全隐患、工程质量和生产任务完成情况进行联合验收评估，根据评估结果直接将奖罚情况落实到人头，解决了以往奖罚平摊、“吃大锅饭”的问题，更好地调动了全员抓安全、提质量的积极性。每月开展一次质量定级评比活动，评为一级品的工作面，奖励段队工资总额的5%，评为三级品的工作面罚工资总额的5%；将全月无工伤、隐患不超条、无“三违”现象的段队评为“六好班子”，采、掘班长分别奖励900元和700元，采、掘、辅助段长分别奖励500元、300元和200元，井区班子成员每人奖励500元；每月评选出十佳安监员、瓦检员，每人奖励300元。对发生工伤或全月累计出现两次严重隐患、严重违章的单位，除取消所有奖励外，还对等扣罚，通过奖优罚劣在全矿形成了比学赶超的良好氛围。

三、抓重点，坚持“以点带面”思路，靠典型达标带动质量达标

为了解决质量标准化建设发展不够均衡的问题，新强煤矿坚持“典型引路、以点带面、整体推进”的工作思路，充分发挥质量达标先进典型的模范带头作用，深入开展“评最佳、抓最差”活动，采、掘、机、运、通五大系统每月召开一次质量标准化现场会，召开现场会的单位不但工程质量全面达标，而且还要有特色、有亮点、有创新、有发展，通过典型促动，拉动了全矿质量标准化建设全面大上。采煤工作面支柱棵棵上线，间距一致，管线吊挂平直整齐；掘进工作面全面实行光面爆破，钎花眼痕根根成线，巷道造型平整美观，真正做到了“一巷三点六条线”，以二水平工程为主要标志，全矿质量标准化水平大幅提升。

薄煤层综采工作面

四、抓核心，实施“科技强企”战略，靠装备达标支撑质量达标

新强煤矿坚持以科技为先导，努力推进装备升级，全面提升矿井科技含量，为质量标准化建设提供了有力支撑。一是推广先进技术工艺。不断加大先进技术工艺的引进力度，积极推广应用长风长气、反向供车、“三小”爆破、“四锚”联合支护等技术工艺，安装投用了中央变电所自动控制、井下移动通信和“信集闭”系统，矿井装备水平和自动化、信息化程度明显提高。二是深入开展技术攻关。围绕安全生产实际，深入开展技术攻关，努力破解发展难题。推广应用了瑞米材料，解决了破碎顶板维护难的问题，在五采区大倾角综采工作面成功应用了沿空留巷技术，实现了大倾角无煤柱开采，缓解了采面接续紧张问题，提高了资源回收率，降低了巷道掘进率。三是增强自主研发能力。成立了技术督导组，矿专业副总积极带领工程技术人员，深入开展技术研讨和课题攻关活动。近年来，共研制出薄煤层简易刨煤机、压风连锁控制风门、自动转载机、乳化液自动配比装置、自动注油器等科技成果30余项，矿井自主创新能力进一步提高，推动质量标准化建设不断向科技化方向发展。

中央变电所

五、抓文化，推行“三零五精”管理，靠行为达标推进质量达标

近年来，新强煤矿坚持“围绕发展抓文化、抓好文化促发展”的原则，在安全文化建设上进行了一些探索和尝试，建立了以“岗位零违章、班组零隐患、段队零事故”为根本目标，以“理念精准、约束精确、操作精细、考核精密、质量精品”五大板块为主要构成，具有新强特色的“3+5”安全管理法。通过改进心智模式、规范行为养成、强化制度保障等有效方式，强力推进“3+5”安全管理法。一是强化理念渗透。把安全文化纳入班前“一日一题”学习，将安全理念、格言警句、职工自己设计的安全漫画在矿区显著位置、文化展厅和安全文化长廊中集中展示，既形成具有煤矿特色的文化景观，又起到了耳濡目染、潜移默化的渗透作用。同时，改变以往安全教育中的“强灌”方式，坚持以亲情活动凝聚人、感染人，通过悬挂全家福、张贴亲人安全寄语等亲情教育活动，时刻提醒职工牢记亲人的期盼，员工安全意识在亲情倾注中得到巩固和升华。二是规范行为养成。以推进管理流程优化再造为工作导向，不断细化安全管理环节，着力打造井工作业程序化、隐患整改闭合化、安全管理市场化、现场操作规范化的“四化工程”，逐步推进每名员工从熟记标准、掌握标准到执行标准、超越标准的转变提升。全面推行干部走动式管理，坚持做到“一走四到五落实”，即干部在走动式管理中，必须到包保责任区、到瓦斯重点面、到管理薄弱环节、到偏远地段，对检查出的隐患和问题做到整改时间、人员、措施、资金、效果五落实，最终达到“走动无盲区、管理零漏洞”的目标。坚持“管生产必须先管安全、管生产必须管好安全”的原则，制定了从矿长到班长的各级领导干部安全生产责任制，出台了隐患日控月考、七项申报、十二项追查等管理制度，通过健全安全生产长效机制，使员工在制度体系的约束下，逐渐养成自发自觉、积极主动的安全行为。三是构建教育培训体系。制定下发了《安全思想教育例会制度》《关于加强安全思想教育工作的安排意见》等相关制度，广泛开展工伤人员现身说法、典型事故案例分析、“三违”帮教等安全思想教育活动，不断增强全员安全意识。坚持“井区天天有班前大课、小班天天有现场考问、职工天天有自学笔记”和“新工人必培、特殊工种必培、新设工种必培、闲散工种必培、转岗工种必培”的“三个天天”和“五必培”制度。建立了手机安全资讯平台，每天发布安全试题，职工通过答题积分获得奖励，极大提高了学习安全知识积极性。整合建立了全矿数字网络教学系统，改变了以往的班前模式，实现了全员培训信息化、规范化。完善了采煤、掘进、机电、通风、电控、瓦斯抽放、创伤急救等七个专业实训设施，为职工井下实际操作打下坚实的理论基础和实践基础。

运输大巷

上岗安全宣誓

通过多年来扎实推进质量标准化建设，为安全生产夯实了根基、奠定了基础，进一步提高了企业安全管理水平，促进了安全生产形势持续稳定好转。目前，新强煤矿煤炭生产稳步发展，经济效益显著攀升，员工队伍空前稳定，企业整体形势呈现出快速持续发展的良好态势。新强煤矿先后荣获了“能源部现代化矿井”“煤炭部质量标准化矿井”“全煤系统文明煤矿”“黑龙江省文明单位”“黑龙江省煤炭协会双十佳煤矿”“黑龙江省企业安全文化建设先进单位”“龙煤集团安全红旗党委”等光荣称号。

全岩大断面掘进巷道

华润天能徐州煤电有限公司龙固煤矿

龙固煤矿矿长、党委书记许学先

华润煤业控股公司总经理李社堂来矿检查安全质量标准化工作

深化精益管理　践行科学发展　持续提升安全质量标准化水平

华润天能徐州煤电有限公司龙固煤矿坐落在汉高祖刘邦的故乡—“千古龙飞地，一代帝王乡”的江苏沛县境内，是全省地方煤矿中第一个实行综采综掘的机械化矿井。近年来，该矿以巩固国家级煤矿安全质量标准化矿井为总体目标，坚持高境界定位、高标准运作、高起点创新，不断强化安全基础工作，狠抓现场工程质量的管理，有力推动了矿井安全生产形势的稳定发展。截至目前矿井已实现安全生产3200余天，生产原煤800余万吨无伤亡事故的最好记录，矿井多次被省、市、公司评为安全生产先进矿井、高产高效矿井、安全质量标准化示范矿井，2009、2010年度先后被评为国家级安全质量标准化矿井。

一、精心谋划，科学组织，扎实推进安全质量标准化创建工作。

（一）网络健全，管理到位。矿井对开展安全质量标准化工作十分重视，成立了以矿长为组长、各分管矿长、副总、专业职能部门和单位负责人为成员的安全质量标准化工作领导小组，下设办公室，强化了对安全质量标准化达标工作的组织领导。同时组成八个专业工作组，做到任务清楚，责任明确，措施得力，抓出实效。矿每月对安全质量标准化活动进行全面检查评比，奖优罚劣。在实施管理过程中，我们推行零缺陷管理和动态达标，实施“五个延伸”，即：点面达标向系统达标延伸；井下达标向井上达标延伸；硬件达标向软件达标延伸；静态达标向动态达标延伸；生产环境达标要向美化亮化延伸。目前在全矿已形成了“矿领导督导，职能部门监管，基层区队具体实施”全面覆盖的安全质量标准化管理网络。

（二）精心设计、科学实施。无论从大到一个工作面，一条巷道，一个迎头，小到一台开关、一个螺丝都严格按照标准来施工。对掘进巷道的管线吊挂、水沟清挖、采煤工作面的材料硐室、各部运输机头开关硐室的施工都进行了统一设计，严格按照设计组织施工，保证工程质量。为将质量标准化工作重点落实到采掘头面的管理，矿对采掘头面推行“精品工程”创建活动，井下各区域全部实施责任区留名挂牌管理，同时把安全质量标准化工作延伸到采区，提出了争创精品采区的更高目标，切实做到现场没有重点头面、没有薄弱岗点，没有薄弱区队、没有管理死角、没有薄弱人物。通过强化安全质量标准化矿井建设和开展“精品工程”创建活动，使矿井安全质量标准化水平呈现出了稳步提升的态势。

（三）严格验收、动态达标。矿安全质量标准化检查小组每天对井下各生产现场情况进行检查，每旬组织全方位的安全质量标准化静态大检查，覆盖率达到100%。检查中严格按照要求使用检查仪器和工具，进行布点、上线、测量，做到不缺项、不漏项。检查人员按照“谁检查，谁签字，谁负责”的原则，认真填写安全质量标准化检查表，对检查发现存在问题或隐患的单位，及时下发隐患问题整改通知单并限期整改。矿井还根据需要，在采掘头面设立了安监员、瓦斯员、验收员“三岗合责”示范岗，每班联合对采掘头面的质量进行全面的跟踪检查，并在验收记录上签字，建立了现场安全质量标准化管理平台，实现了相互监督、互相制约，提高了工作效率，制度的落实有效地促进了矿井安全质量标准化水平的稳步提高。

（四）加强培训，牢固根基。为加大安全质量标准化培训力度，充分发挥培训机构的职能作用，采取了脱产培训与在岗培训相结合、专业培训与综合培训相结合的培训方式，定期对全矿所有在职员工进行安全质量标准化培训。建立了白国周班组管理法研讨室、综合实训基地、安全文化长廊、井下及井口学习室等配套阵地，采用知识化、情景化、案例化、规模化、防范化相结合的研讨式培训法，提高职工的参与意识和学习兴趣。其中该矿的综合实训基地属省内首创，该实训基地涵盖了矿井采煤、掘进、机电、提升运输、通风等主要系统，全景实物安装了高档普采工作面、掘进工作面、斜巷提升、皮带、刮板机运输、供电、通风等设备、设施，有力地促进了我矿安全培训工作的正常开展和培训质量的提高，更好地提高了员工的业务技术素质。

（五）强化创新，取得实效。没有创新就没有进步，矿井积极组织、引导、发动员工充分发挥聪明才智，从管理、技术及现场全面开展创新活动。今年以来相继推出了“三岗合责”示范岗、覆盖式宣教活动、定置管理、加工件标准化管理、猴车零速度上下人装置等32项创新项目，进一步提高了安全质量标准化内在质量和管理水平。

华润煤业控股安全质量标准化经验分享会在龙固矿召开

二、突出重点，专项治理，保障安全质量标准化工作有序开展。

（一）“一通三防”方面。一是完善制度，落实责任，做到责任明确，细致分工，奖罚分明，使各项工作有据可依；二是加强通风系统管理，做到系统合理、稳定、可靠，调整及时，各用风地点风量充足；三是做好矿井防灭火工作，特别是综放工作面的防灭火工作，采取了采空区注浆、注氮，架后注胶，气雾阻化，上下隅角撒灭火剂、挂风帘、打袋子墙，预测预报、打钻注MEA泡沫等综合防灭火措施，杜绝煤炭自燃现象；四是强化瓦斯管理，做到瓦斯员定头定面，专人检查，采掘面实现风电和瓦斯电闭锁；五是抓好综合防尘工作，实行防尘责任区分片包干，各单位配备专职或兼职防尘人员，责任落实到人，确保了矿井安全和作业人员的身心健康。

（二）机电运输方面。该矿始终坚持实行巡回检查、强制保养、预防性计划检修“三位一体”的管理制度。一是从整章建制，完善各类图纸、台帐上入手，狠抓机运基础管理工作；二是加强设备管理，强化生产设备的日常维护保养，提高设备完好率，认真落实包机制及旬检制度，坚持谁使用，谁维护，谁管理的制度，大型设备建立档案，并实行计算机建卡管理和动态跟踪管理；三是抓好供电系统保护装置的检查、完善、整改工作，全面杜绝无计划停电事故；四是认真组织开展好机电、运输专项治理及机电青工技术比武等活动；五是全面加强运输管理，以技术改造和技术创新为抓手，全面提高矿井运输系统的安全管理水平。

（三）顶板管理方面。一是建立健全了顶板管理制度并严格执行。对井下所有区域巷道分片包干，坚持巡回检查制度，对存在的问题限期整改，加强工作面安装、初采初放及收作期间的顶板管理，成立管理组，强化现场措施的落实；二是认真落实采掘工程质量相关技术措施，回采工作面严格按规程要求及时支护，加强液压支架及单体支柱的日常维修，确保支护材料性能良好；三是严格执行敲帮问顶制度，掘进工作面每班开工前由班组长先对巷道进行全面检查，确保安全后，才能开工生产，杜绝了空顶作业现象和顶板事故的发生，保障了矿井的安全生产。

三、精益管理，规范操作，持续提高安全质量标准化管理水平。

建立健全了龙固煤矿安全生产管理体系和矿井精益管理体系，并扎实有序组织实施，有力地推动了安全质量标准化工作再上新水平。

一是定置管理的推广和延伸。目前矿井上下所有场所全部实现了有图必有物、有物必有区、有区必挂牌、有牌必分类，按图定置、按类存放、图物一致，实现了设备、材料的有序化管理；二是发动员工集思广益，不断丰富和完善《龙固煤矿加工件标准图册》；三是汇编成《龙固煤矿精益管理流程执行与控制痕迹考核表汇编》，对流程每一步骤的操作规范、责任单位或责任人以及执行该步骤所应留下的必要痕迹和考核标准进行了详细的说明；四是确定了“分阶段考核、初步试行、逐渐完善”的总体方针，首先对重点流程的执行与控制情况进行考核，然后对重点单位所有相关流程的执行与控制情况考核，最后实现对全矿所有单位所有流程执行与控制情况进行考核的顺序，循序渐进，分层次落实；五是制作岗位操作VCR。按照规范化操作和“手指口述法”要求，相继完成了包括泵站工、瓦斯便携仪发放工、灯房工、立井提升机司机等在内的共十八个岗位工种的拍摄和制作。利用矿闭路电视循环播放，让每一名职工都能从身边的人身上看到、学到本工种该如何高标准的规范操作，做到学有标准、赶有目标，全面提升各岗位工种的规范化操作水平。

山东省煤炭工业局

强基固本 内拓外延 全面提升煤矿安全质量标准化水平

山东是全国主要产煤省份之一，现有山能、兖矿两大省属煤炭企业，10个重点产煤市，33个产煤县(市、区)，219对生产矿井，其中省属煤矿55对，市县煤矿164对。2011年生产原煤1.5亿吨，销售收入2400亿元，从业人员50万人。1986年原煤炭部在肥城矿务局召开第一次全国煤矿质量标准化现场会开始，“干一辈子煤矿，搞一辈子质量标准化”就成为山东煤矿安全工作的主旋律。近年来，我们按照国家安监总局、国家煤监局的部署，坚持“安全第一、质量为本”，围绕“提境界、求深化、系统抓、上台阶”的工作思路，深入开展安全质量标准化工作，促进了煤矿安全健康稳定发展，全省煤矿百万吨死亡率已连续8年控制在0.3%左右。我们的主要做法是：

一、规范管理，强化目标责任落实

省、市、县（区）煤炭管理部门和省属煤炭企业均成立了安全质量标准化职能部门，在逐级严标准抓落实的基础上，省煤炭局下发的煤矿安全生产一号文中都明确规定，安全质量标准化工作“一把手”负总责、亲自抓，分管领导靠上抓、具体抓，年初分别与10个市煤炭管理部门、8个省属煤炭企业签订安全目标责任书，明确全年安全质量标准化达标规划和工作重点，切实将目标责任分解落实到部门单位、岗位和人头，形成层层把关负责、配套联动的责任体系。各级各部门各单位结合各自实际，都制定了安全质量标准化工作制度，坚持煤矿月度自查、省属煤炭企业和县（区）煤炭管理部门季度全面检查、市煤炭管理部门半年全面检查和省煤炭工业局半年抽查、年度命名表彰制，形成了安全质量标准化“凡事有人管，凡事有制度，凡事有监督，凡事有考核”的工作格局。

二、建章立制，严格考核达标工作

2009年研究出台了《山东省煤矿安全质量标准化标准及考核评级办法》等，通过建章立制实现了质量标准化工作有章可循、有据可依，牢牢把握“三个严格”：一是严格达标评定。一级安全质量标准化矿井各专业得分必须达到90分以上，且年度内无原煤生产死亡事故，二级、三级矿井年度内原煤生产死亡人数不得超过1人；安全质量标准化公司年度原煤百万吨死亡率不得超过0.2%，一级矿井须占所属矿井总数的2/3以上，其余矿井均达到二级标准化矿井。二是严格考核奖惩。各煤矿按吨煤不低于1元的标准提取安全质量标准化奖励资金，并将达标情况与煤炭生产许可证年检相挂钩，考核为三级的矿井，当年煤炭生产许可证年检基本合格；考核不达标的矿井，依法暂扣其煤炭生产许可证，责令停产整顿，限期达标，对整顿逾期未达标的，提请地方人民政府依法予以关闭。三是严格办矿准入。把新建、改扩建及列入煤炭资源整合的煤矿，纳入安全质量标准化矿井建设范围，规定竣工验收时必须达到安全质量标准化标准，否则不予投产验收，促进了安全质量标准化工作的制定化和规范化。

三、注重实效，健全完善工作机制

着力构建“四项机制”：一是投入保障机制。按照国家和省有关要求，煤炭企业按吨煤有关标准，从成本费用中提取安全费用，专项用于煤矿安全设施的投入，重点解决安全质量标准化建设中遇到的问题。二是监督检查机制。健全完善安全质量标准化各级检查制度，严格落实检查、整改、复查责任制，努力实现“四个转变”，即：由依靠突击检查，向常规性检查转变；由习惯于传统管理手段解决问题，向以法律为依据，依法行政和执法检查转变；由注重对现场管理检查，向对安全决策层、管理层、技术层履行职责检查转变；由没事等事、有事忙于应付的被动式检查，向主动积极和预防性检查转变。三是教育培训机制。对《煤矿安全质量标准化标准及考核评级办法》，认真组织学习培训，遵循反复学、学反复，反复考、考反复的原则，使各级管理人员和职工对标准达到应知应会。把抓“三项岗位人员”教育培训作为搞好安全生产，特别是搞好安全质量标准化工作的关键，借“万名班组长培训工程”和“千名总工程师培训工程”契机，鼓励安全管理人员学本领、长见识、拓思路、提素质。四是激励约束机制。制定政策对达到一级标准化的煤矿，给予矿长3万元、矿级班子10万元奖励；连续三年以上达到一级标准化的煤矿，给予矿长8万元、矿级班子20万元奖励。同时对达标情况进行挂牌摘牌管理。

四、文化引领，大力深化“双基”建设

煤矿安全生产的重点在基层基础，抓住了基层和基础，就抓住了安全工作的关键。2002年起单位就在全省煤矿组织开展“双基”建设活动，突出解决被动抓安全的问题。一是坚持文化引领。倡导安全文化育人，在全省煤炭系统精心提炼了安全压倒一切、重于一切、高于一切的“三个一”和没有安全就没有干部的政治生命，就没有职工的家庭幸福，就没有企业的经济效益，就没有矿井的可持续发展的“四个没有”及“‘双基’不搞、矿无宁日”等安全文化理念。采取了环境熏陶、榜样激励、评先树优、反面警示等方法，树立职工的安全生产意识和事故防范意识。二是丰富“双基”建设内涵。重点推动了安全质量标准化达标由井下向井上延伸，由生产向生活延伸，由工程质量向工作质量延伸，注重人与环境和谐发展，努力创建“井下是工厂、井上是花园”的生态本质安全型企业。实践证明，往往“双基”建设开展好的单位，基础工作就比较扎实。如新矿集团鄂庄煤矿构筑“安全闭环管理系统”，实现安全生产7000多天；枣矿集团大搞“三基”建设，8对生产矿井安全周期全部超过1000天以上。三是发挥典型示范作用。通过现场参观、交流经验等方式，用典型实例教育和引导企业借鉴好的经验做法，大力推广了肥矿集团开展“精品采区”、“精品车间”、“精品火药库”创建和“七小”设备（小绞车、小电器、小开关、小电车、小局扇、小扒装机、小下山安全设施）整治活动经验，以及淄矿集团工会的“四级两线一站”（四级：集团公司工会、各生产单位工会、区队、班组；两线：群监会、协管会；一站：群监员井口接待站）等安全管理模式和经验，促进了安全质量标准化活动的深入开展。

五、创新模式，推动质量标准化信息管理

适应安全质量标准化工作推进的新要求，突破传统思维定式，创新管理模式，建立了“山东省煤矿安全质量标准化工作信息管理系统”，以此为载体，积极推动安全质量标准化信息管理工作，实现了标准化管理工作“六项新功能”：一是管理平台化。通过门户网站和工作专区，将质量标准化政策法规宣贯、通知公告、经验交流、业务培训及考核等工作，集中纳入专门的网络平台实施操作管理。二是工作透明化。对质量标准化矿井的申请、受理、审查、评级、公示等，各级煤炭管理部门和煤炭企业可随时登录查看。三是数据信息化。对质量标准化检查、申报、评定、命名等工作，各级煤炭管理部门和煤炭企业可随时录入信息，减少了逐级行文报批等程序。四是监控动态化。通过该系统，上级可随时受理下级提交的资料，进行评定等；下级可随时查看受理结果，但无权修改。五是考核对比化。所有矿井质量标准化年度、季度考核评定均有对比，所有地区单位所属矿井年度达标情况均有对比。六是制表快捷化。通过该系统，各类报表等随着基础数据录入可自动生成，提高了安全质量标准化工作效能。

搞好煤矿安全质量标准化工作，意义深远，责任重大。我们应进一步提高认识，强化措施，扎实推进，不断提高安全质量标准化水平，促进煤炭工业安全健康可持续发展。

兖矿集团济宁三号煤矿

深化安全质量标准化建设 打造本质安全型矿山

兖矿集团济宁三号煤矿是国家“八五”重点建设项目，核定年生产能力700万吨。多年来，济宁三号煤矿认真贯彻党和国家一系列安全工作部署，坚持建机制、提素质、强基础、重预控的思路，大力加强安全质量标准化建设，矿井安全生产基础工作明显加强，安全保障能力进一步提高。矿井实现了连续安全生产5周年，安全产煤4200余万吨。

一、强化安全机制建设，提高安全管理实效

完善安全基础规章制度。对照煤矿“三大规程”，依法建立了安全办公会议、安全生产隐患排查治理、领导干部下井跟班带班等50余项安全制度。结合企业自身实际，制定了正班长抓安全、安全特派员、干部下现场“三查两盯一问询”、“三位一体”安全检查、“手指口述”安全确认、安全专盯等特殊管理制度，形成了系统规范、实效管用的安全制度保障体系。

健全安全技术管理措施规定。结合新修订的煤矿安全规程等新规定，重新修订了矿井防治水管理规定、瓦斯管理规定、安全技术措施审批规定、矿井供电管理办法、绞车安装使用管理规定等技术性制度，夯实了业务保安基础。

建立安全激励约束考核机制。建立了以全员月度安全风险抵押金制度、“4321”安全结构工资制、安全星级区队班组评选等为主的安全激励机制，完善了以安全生产行政问责办法、经济奖罚量化考核办法、“三率”考核、隐患货币化交易、全员安全绩效考核等约束考核机制，严格安全一票否决，做到了安全与票子、面子、位子紧密挂钩。

建立“3346”责任落实机制。“3”即建立了领导干部分工负责制、业务保安责任制、岗位安全责任制“三个责任制”；“34”即实施专业自控、区队自治、班组自管、个人自律“四自”管理，矿长与分管矿长、分管矿长与区队长、区队长与班组长、班组长与职工签订“四级安全双向承诺”，严格各级管理人员责任与包保区队安全、不放心人排查、红黄牌隐患、设备运行状况“四联挂”；“6”即落实了以矿长负责的安全决策管理、以党委书记负责的安全教育培训、以总工程师负责的安全技术保障、以分管矿长、副总工程师、科区长负责的组织落实、以党群组织齐抓共管的群防群治、以专兼职安监部门负责的监督检查“六个责任体系”，构建了权责明确、履责有效的安全责任链环。

2010年2月8日吴向前矿长（左一）陪同中共中央政治局委员、国务院副总理张德江、省委书记姜异康视察安全生产工作

矿长吴向前陪同国务院安委会主任孙华山在井下检查指导工作

二、强化教育培训，提高职工安全意识和安全技能

安全教育制度化。整合实施“831”安全教育方法，“8”即丰富拓展了环境、亲情、联手、安全主题、案例警示、“三违”惩戒、安全诚信、身心调适八种安全教育方式；“31”即一季一主题、一月一活动、一天一内容的安全宣教工程，通过灵活开展算安全“五笔账”、“三算三比”、案例警示教育等形式，培育了全员安全价值观念。

培训方式多元化。发挥矿、区队两级培训主体作用，坚持缺什么补什么原则，自主设计培训内容，根据个体素质分类施教，灵活开展“四五”级联动培训、现场“说教培训”、“实景”模拟培训、全员岗位练兵、技术比武实践培训和安全“传帮带”培训，“三项岗位人员”持证上岗率达

到100%，职工安全“应知应会”能力逐步提高。

教培基地实训化。投入550万元建成了一流的三级煤矿安全培训基地，投用了通防、采掘、机运、电气4个模拟实验室，综放、综掘模拟工作面等5个实训场，实现了理论教学、模拟实验、实训操作一体化，职工在地面就可模拟井下环境进行实践操作演练。

培训考核严细化。建立了严格的培训考核制度，实施教考分离，实行教师授课质量、职工学习效果“双考核”，干部、职工同培训、同考试，干部不及格停职学习、职工不及格不准上岗，做到了教、学、考、评“四统一”，确保了培训质量。

三、强化特色安全文化建设，提高安全预控力

在公司统一部署下，积极建设先进的安全文化，依托兖矿责任文化内涵和底蕴，对矿井安全文化进行总结提炼，整合形成了独具特色的“三为六预”安全文化管理模式。“三为”即“以人为本、安全为天、预防为主”，体现生命至高无上的安全管理理念，旨在为职工创造安全、健康、舒适、高效、文明、和谐的工作生活环境；“六预”即“预教、预测、预想、预报、预警、预控”事故隐患闭环控制流程，通过“六预”流程的层层实施，环环相扣，实现安全管理的超前预防。预教：开展安全意识教育和安全技能培训，提高了安全预知力，增强了全员隐患辨识、规范操作和应急处置能力。预测：用科学化、系统化、定量化的方法，对风险因素进行动态分析预测，及时预知各类隐患。预想：围绕管理环节、现场细节，组织全员进行开放式、针对性、走动式预想，想象工作流程中可能出现的危险及后果，动态弥补预测结果的缺失。预报：对预测预想出的安全隐患或危险性因素，通过井口安全信息屏、隐患预报表、预报看板、内部信息平台等方式，及时传输给相关单位和个人。预警：对预报反映的安全风险隐患，整理分类，辅以语音、声光、标识牌等警示手段，对干部职工进行思想意识、视觉听觉上的预警。预控：突出人的行为预控，建立了“两卡一册”，职工持预警预教卡、安全确认卡和岗位精细标准手册。规范了职工“十六字”手指口述安全确认作业程序，职工严格按照“预测隐患、预想风险、确认安全、标准操作”程序作业；规范干部管理行为，明确“三查两盯一问询”现场走动式写实责任。推行班前职工个人安全能力评估“十测”，从源头上控制身体不适人员下井作业。重抓环境预控，加强井上下质量标准化建设，完善安全设施，为职工创建安全舒适工作环境。济三煤矿“3+6”安全预控模式得到了张德江副总理、骆琳局长等各级领导的充分肯定，2011年3月矿井被国家安监总局命名为首批全国安全文化示范企业。

四、强化基层基础建设，提高安全保障力

推行区队班组建设“566”模式。认真贯彻落实中华全国总工会、国家煤矿安全监察局《关于加强煤矿班组安全生产建设的指导意见》，探索实施了区队班组建设“566”模式，即以创建安全质量型、创新创效型、责任落实型、学习管理型、文明和谐型“五型”区队班组为目标，通过实施制度保障、选拔聘任、引导激励、教育培训、创新实践、评价考核“六项机制”，着力培育具有学习力、决策力、管控力、执行力、创新力、聚合力“六力”班组长队伍，区队班组自主管理能力进一步提高，队井筒维修班被国家安监总局、全国总工会联合命名为全国煤矿优秀安全班组。

深化安全质量标准化建设。认真学习贯彻《国务院安委会关于深入开展企业安全生产标准化建设的指导意见》（安委〔2011〕4号），落实省、市、集团公司要求，分专业完善了质量标准化标准，建立了涵盖行为规范、岗位职责、安全确认、操作程序、质量标准、危险源辨识、岗位创效、安全诚信、岗位考核9项内容87个岗位工种的精细标准。推行工程设计—措施编制—现场施工—过程检查—质量验收“五步闭环程序”和查改考推“四字工作法”，实行质量“班评估”制度，严格质量与工资结算、施工验收人员责任挂钩，矿井被命名为国家级安全质量标准化煤矿，山东省防治水、一通三防、瓦斯治理示范矿井。

加强专兼职安监队伍建设。设有专职安全监督管理部门——安监处、督察办，赋予独立监督检查权力。按照“公开招聘、择优录用”原则，将素质高、业务强的技术技能人才选拔充实到安监队伍，配备了142名专职安全监察、督察人员。强化安监员业务培训，提高了现场隐患辨识能力。设立了网、岗、哨、协等群众性安全监察组织，配备群监员287名，为安全生产发挥了重要作用。

井下中央变电所

提升绞车房

优美的矿区环境

强化职业健康管理。认真落实上级关于煤矿作业场所职业危害防治要求，成立了职业病防治工作领导小组，设立了职业安全卫生管理办公室和职业卫生防保站，分部门明确职责。完善了《劳动卫生职业病防治工作管理办法》《劳动防护用品管理规定》等8项制度，推行职业安全健康管理体系。加强劳动保护用品设施配备，为井下职工配备了3M进口防尘口罩，特殊岗位人员配备保护眼镜，在温度相对较高的采掘地点投用了降温设备。每年对接触粉尘、噪声、有毒有害以及特殊工种人员进行查体，建立档案、跟踪管理，维护了职工生命安全健康权益。

五、强化科技兴安，提高生产系统安全可靠性

加大安全装备投入。严格按规定提取和使用安全费用，2010年投入安全生产费用5203万元，吨煤投入8.4元。2011年安排生产安全费用资金计划5425万元。坚持重装备、高可靠性原则，引进应用了工作面胶顺超前液压支架、工作面电动单轨吊、岩巷快速掘进作业线、综掘机红外线挡人装置和水电闭锁联动装置、新型斜巷跑车防护装置等先进装备，提高了安全可靠性。推广应用了运人运料轻重型无轨胶轮车、综掘工作面大功率除尘风机、连续牵引车转弯装置等新设备，建立了防火注浆系统，引进了先进制氮设备，开展主井装卸载气控系统、副井操车信号改造，提高了现场作业安全可靠性。

开展安全技术研究。建立了以总工程师为主的技术创新体系，每年编制技术创新项目计划，设立科技专项资金，围绕安全难题开展科研攻关。先后开展了放顶煤工艺条件下上行开采技术、短壁架后充填开采技术、冲击地压实时在线监测技术、厚煤层顶板综合防治水技术等课题研究，解决了制约安全生产的关键问题。制定了技术创新、小改小革奖励办法，实行小改小革“实名制”，鼓励职工开展小改小革，形成了综掘机拖移电缆架、液压式自动插绳机、管路内外壁除锈机等一大批既实用又简单的小改小革项目，既保证了安全生产，又创造了良好的经济效益。

推进安全信息化建设。推进信息化升级改造和信息资源整合，形成了集安全监测监控、无线智能通信、生产及辅助生产控制等11个子系统组成的综合自动化信息网络。安全监测监控系统主要由井下环境监测、束管监测、人机定位、微震监测、井下水文监测、气象信息预警预报及雨量观测等系统组成。束管分析和环境监测系统实现了对井下风量、风流、一氧化碳有毒有害气体、煤尘、温度等环境参数的实时监控和超限报警、断电、气体成分分析等功能；井下人员定位及机车调度指挥系统实现了对下井人数、人员分布及运行轨迹查询、胶轮车跟踪定位功能；微震监测系统引自波兰，实现了对全矿范围的煤岩破裂、矿震、冲击地压实时在线监测；井下地质水文监测系统实现了对井下含水层和南阳湖水位的遥测、分析及预警功能；气象信息预警预报系统直接与市气象台联网，可及时准确地将三天内气象信息发送到区队、个人，提前预知预警；雨量观测系统实现了对地面降雨（雪）量的准确判断和实时显示。井下通信由WIFI通信、泄漏通信、调度电话、IP扩播系统组成，实现了固定地点和流动作业人员与地面的双向通话，紧急情况调度室可通过语音

职工有序等候下井

广播系统瞬时将指示传达到每个采区和工作地点。生产及辅助生产系统全面覆盖、实时监视，实现了对采煤机、皮带、变电所等主要设备的视频监控、远程控制，实现了设备电压电流、风量风速、仓位煤量等参数的实时显示。积极应用物联网技术，与中国移动济宁公司合作开发了E矿山智能系统，实现了井上下安全生产数据、视频等信息在手机终端的显示，安全生产管理人员外出可随时掌握情况、指导工作，达到行业领先水平。

六、强化隐患排查治理和动态监管，提高现场安全管控力

实施“五级”隐患排查治理。建立了矿、专业、区队、班组、岗位‘五级”隐患预测排查制度，每月由总工程师组织一次全矿范围隐患预测排查，统筹把握安全重点和薄弱环节；每周由副总工程师组织一次专业隐患预测排查，明确本专业安全管理的难点要点；区队利用《安全不放心事落实整改卡》和《安全不放心人监督教育卡》，及时进行隐患和安全不放心人排查；岗位职工围绕作业环境、生产系统、施工工序、设备工具等方面开展隐患自查，及时发现和消除动态作业过程中的隐患。对查出的安全隐患和问题，严格项目、措施、资金、人员、时间、责任、监督“七落实”，严格隐患整改率与单位全员工资、干部绩效挂钩考核，保证了安全隐患建档登记—评估诊断—详定措施—监督整改—验收销号全过程闭环控制。

加强重大危险源和重点隐患管理。加强重大危险源监控，建立了重大危险源登记建档和定期监测评估备案制度，实行专人监管，制定专项监控措施。对重大隐患实行红黄牌管理，根据隐患性质给予黄牌警告和红牌停工处理，重点隐患实行矿领导、专业技术人员、安监人员、区队跟班干部四级安全专盯。

建立监管检查“四个网络”。健全了以矿、专业、区队、班组四级为主的安全管控网络，以安监处、督察办为主的安全监管网络，以网员、青安岗员、哨兵、协管员为主的安全协管网络，以纪委监察、组织人事部门为主的安全效能监察网络，开展各种形式安全检查活动，构筑了点线面结合、立体交叉、全覆盖的安全监管体系，营造了齐抓共管抓安全的格局。

七、强化应急管理，提高矿井应急反应和救援能力

健全完善应急预案。修订了矿井安全生产事故综合应急预案，完善了瓦斯、煤尘、火灾等13项专项预案和现场处置方案。建立了安全事故及突发事件及时预报、统一指挥、协调联动制度，规范了汇报处置程序，赋予了调度员应急处置“十项权利”。强化汛期防范措施落实，做到了雨季“三防”和技措、物资、人员“三到位”。

建立兼职应急队伍，开展应急培训和演练。成立了矿应急工作领导小组和应急管理办公室，明确了责任。建立了涵盖顶板、冲击地压、煤尘事故等23支专业兼职应急队伍。与兖矿救护大队二中队签订了救护协议，把应急知识培训纳入教育培训计划，定期组织生产骨干应急管理、应急处置知识培训、矿井防洪演习、停产撤人演练、火灾地震逃生演练，提高了干部职工应急处置、快速反应和自救互救能力。

加快安全避险“六大系统”完善建设。认真落实上级一系列煤矿安全避险六大系统建设要求，对现有系统进行完善，其中，监测监控、人员定位、压风自救、供水施救和通信联络五大系统已覆盖到各采区、工作面、巷道等作业地点，使用正常、安全可靠。按照省局要求，矿井紧急避险系统目前已在一个采区建成投用，2012年6月底前将覆盖井下所有采掘作业地点。

标准化采煤工作面

标准化的井下大巷

山东能源龙矿集团梁家煤矿

高境界谋划 高标准落实 扎实推进矿井安全质量标准化工作

山东能源龙矿集团梁家煤矿矿长 王德超

山东能源龙矿集团梁家煤矿党委书记 周心刚

2012年以来，梁家煤矿认真贯彻集团公司的有关要求，以“安全生产基层基础强化年”活动为载体，把安全质量标准化工作贯穿于矿井安全生产的全过程，高境界谋划，高起点定位，高水平推进，高标准落实，高目标要求，高效能激励，促进了安全质量标准化建设整体水平稳步提升。3月1日，集团公司在矿综掘队施工的2612材料巷召开了安全质量标准化现场观摩会，高标准的现场得到了与会领导的一致肯定。通过本次现场会我们对矿井安全质量标准化建设的几点粗浅经验进行了总结，简要汇报如下：

一、认知入手，高境界谋划

认知水平高低决定工作效果的好坏。在质量标准化建设上，我们首先从解决员工的认识入手，通过各种形式、各种渠道对员工进行理念引导、渗透，不断提高员工的认知境界。组织全矿干部员工学习了《煤矿安全质量标准化标准及考核办法》及集团公司相关文件，让全员明确安全质量标准化工作与安全、生产、效益之间的内在联系，以矿井丰厚的质量管理底蕴高境界谋划、推进全矿的安全质量标准化工作。另外，我们还善于借助“外脑”，将公司领导的指示精神、公司各部室领导在现场检查提出的要求作为推进我们工作的重要支点，认真加以整改和落实，促进了工作标准的跨越提升。

二、完善制度，高起点定位

近年来，梁家煤矿高度重视质量标准化工作，不断强化内在质量管理，打下了坚实的质量标准化工作基础。2012年以来，在传承好经验、好做法的基础上，为进一步推进质量标准化工作，高起点定位，补充完善了一系列管理制度，并在2012年1号文中进一步明确了各专业的安全质量标准化管理重点，通过建立完善以标准体系、组织体系、制度体系为支撑的安全质量标准化基本框架，形成了“提升标准，落实责任，监督考核”的工作主线，增强了基层单位抓安全质量标准化工作的内涵动力。

山东能源龙矿集团梁家煤矿

三、强化执行，高标准落实

在矿井理念、制度的引导下，基层单位认真贯彻落实要求，高标准推进质量标准化建设。以综掘队为例，在现场管理中突出了“四个抓”。一是抓思想。提出了“抓现场首先要抓思想，思想境界决定现场标准”的工作理念，让职工从思想上转变，明白抓质量标准化工作首先要抓的是人的标准，只有人的标准提升了，才能主动参与质量标准化工作。二是抓细节。对每一道工序、每一个环节都制定了详细的工作标准，例如，风煤钻用完后必须先关风再上架；物料码放四个掘进迎头统一要求等，事无巨细，严格按标准执行。还有以前皮带架安装随意，三联辊安装有往里的、有往外的，虽然不影响安全，也不影响生产，但工区进行了硬性规定，必须统一向里，否则对责任人进行相应处罚。三是抓规范。强化施工工艺，严格按照规程措施施工，加强施工过程中的自主质量控制，对综掘机切割成型提出严格的要求，如果出现超挖现象对相关责任人分别进行相应的扣分处罚；对于每项工作都明确具体的工作标准，从轨道铺设、电缆吊挂、锚杆挂线施打等，严格按标准执行，保证现场动态达标。四是抓行为养成。不断向员工渗透开展质量标准工作在安全工作中的重要性与必要性，强化员工规范操作行为的养成。例如，2612材料巷施工过程中有一个班施工右帮时尺寸小2公分，被主管技术员发现，现场责令停工破除，直到符合标准要求后才恢复生产，从一点一滴养成了员工良好的标准意识和规范意识。

四、机制带动，高水平推进

在开展安全质量标准化工作的过程中，注重打造竞争机制，把质量标准化工作与“三创”活动结合起来，通过开展各类竞赛，促进井下各头面之间相互借鉴优点，及时查漏补缺，互相促进，共同提高。一是启动了每周一主题的安全质量整治活动，重点围绕提升运输、顶板管理、爆破施工、支护质量等环节，由各专业、各单位制定整治活动规划，由安监处牵头深入现场查找安全质量问题并跟踪抓督办落实。二是不定期在井下各采掘头面之间开展质量标准化观摩活动，及时总结经验，改进现场存在的问题。三是每月组织安全职能科室对井下作业的各个头面开展一次综合检查，通过评分排名，奖优罚劣，有效解决了井下采掘头面之间、采区之间安全质量标准化工作发展不平衡的问题。通过机制带动，全矿质量标准化水平整体提高，部分只注重生产、质量标准化程度不高的单位迎头赶上，由后进变先进，实现了由单一的重生产向生产、质量“两手抓、两手都硬”的转变。

五、动态考核，高目标要求

为了实现安全质量标准化工作由静态达标向动态达标延伸，我们真正将“检查当平时，平时当检查”，严格按照“常查、细抓、严管、真罚”的八字工作要求，进行检查考核。除了经常性开展综合式、解剖式、突袭式、分区式等类型的检查，重点加大了中夜班抽查力度，将过去的各专业自主检查改到安监处统筹安排检查，各专业每周至少组织一次中夜班安全质量检查，从时间上不重叠，地点上不漏检，检查问题整改后再复查，真正做到闭合循环。并且每次参加检查的人员都要写出一路行安全评价，安监处汇总后写出综合评价，在次日的早调会上进行通报。对于过程中暴露的典型质量问题、严重质量问题一律由安监处牵头分析及时上网揭示，通过信息共享，做到了举一反三防反弹。

山东能源龙矿集团梁家煤矿井下大巷

山东能源龙矿集团梁家煤矿集控室

山东能源龙矿集团梁家煤矿现代化综放工作面

六、严格奖惩，高效能激励

为了保证质量标准化建设效果，我们在工作中做到了有考核、有兑现、有挂钩、有奖罚，激发了各单位主动抓好质量标准化工作的积极性。一是矿、单位、班组、岗位层层考核，层层挂钩。矿每月从各单位工资总额当中拿出一定比例的切块结构工资对安全质量标准化工作进行考核，各单位也把对安全质量标准化的考核纳入对班组、对岗位的考核当中，实现了个人薪酬与安全质量责任相挂钩，有效地激发了员工上标准岗、干标准活的源动力，形成了压力和责任的有效传递。二是将现场的质量考核与安监队伍的考核相结合，实行“双向考核”。一方面安监员通过将作业现场的安全质量标准化情况填写在“风险评估表”上，对现场进行考核兑现；另一方面，为了增强安监队伍抓安全质量标准化工作的责任心，还将现场的质量情况与安监队伍的薪酬进行挂钩考核。凡是因监管不到位发生的质量问题，一律对相关的安监员追究责任，有效增强了安监员在安全质量标准化工作上的执法效力。

质量标准化工作没有最好，只有更好。我们将以本次现场观摩会为契机，认真落实集团公司和公司安全生产各部室的工作要求，吸取兄弟单位好的管理经验，不断创新推进质量标准化工作再上新台阶。

临沂矿业集团公司

提升安全质量标准化水平 构建安全生产长效机制

临沂矿业集团公司现有8对生产矿井，3对筹建矿井，年核定生产能力616万吨。矿井分布范围广，地质构造复杂，受水、火、瓦斯、冲击地压等各类自然灾害威胁严重，安全管理基础比较薄弱，安全管理难度相对较大。对此，我们始终把安全质量标准化作为加强安全生产、改善安全生产环境和状况的重要基础工作，提升境界，健全机制，扎实推进，推进安全管理水平不断提高，现场安全生产环境明显改善，安全生产呈现良好发展态势。集团公司8对生产矿井安全质量标准化全部达到国家一级标准，连续两年被省煤炭工业局表彰命名为“安全质量标准化集团公司”。

一、提升境界，高起点推进安全质量标准化建设

近年来，尽管我们始终坚持开展矿井质量标准化工作，但往往是标准低、管理粗放，效果不明显，工程质量不稳定、井下环境脏乱差的问题依然存在。分析造成这一现状的原因，关键是思想认识不到位，境界不高，没有牢固树立安全质量意识。对此，我们树立抓安全质量标准化首先抓干部职工思想的境界意识，坚持质量达

办公楼–鸟瞰图

现代化综采工作面

标首先思想达标，依靠思想境界的达标带动安全质量的达标，开展“双基”建设和安全质量标准化大讨论，查摆思想认识和工作中的差距和不足，引导树立“三破、三树”：破除注重追求产量指标的旧观念，树立安全第一、质量为本的意识；破除凑和、应付、临时工程的旧观念；树立干一辈子煤矿、搞一辈子质量标准化的终身质量意识；破除低标准、低水平、低要求的旧观念；树立高标准、高起点、严要求、精益求精、一丝不苟的精品品位意识。达成一个共识：抓好安全质量标准化是煤矿企业生存和发展的命脉，是实现安全生产的基础，也是煤矿一切工作的基础，是提高企业核心竞争力的关键。质量标准化搞不好，安全生产没有保证，企业生存发展就是一句空话。叫响一个口号：干一辈子煤矿、搞一辈子质量标准化。思想认识和境界的提升，促进了工作思路的不断开阔，从而为高起点扎实推进安全质量标准化工作奠定了基础。

二、健全机制，构筑安全质量标准化建设保障体系

在统一认识、提升境界的基础上，从健全机制入手，构建完善了确保安全质量标准化工作深入开展的四大保障体系。

一是建立健全组织保障体系。成立了由主要领导任组长、相关业务处室负责人为成员的安全质量标准化领导小组，具体负责、指导安全质量标准化工作的开展。各单位相应的成立了安全质量标准化工作机构，加强领导，落实职责，分工负责。古城煤矿落实“一把手”负责制，主要领导亲自包挂重点整改治理工程项目。株柏煤矿坚持每周一次办公会和两次协调会，及时调度安全质量标准化工作进展情况，安全质量标准化工作的责任做到了步步到位，安全质量标准化工作稳步提高。

二是建立健全安全质量标准化管理制度和标准体系。根据国家局制定颁发的《煤矿安全质量标准化标准及考核评级办法》，组织各专业制定了《临沂矿业集团公司安全质量标准化及考核评级实施细则》，拓展了安全质量标准化考核内容，将调度、火工品、救护、安全管理、职业危害防治等5个专业纳入安全质量标准化工作考核内容，使安全质量标准化建设更加符合安全管理实际，更具实效性。集团公司所属生产矿井、地面单位都围绕集团公司制定的标准、制度和办法，结合各自实际，修订完善了配套的安全质量标准化管理制度和办法，并汇编成册，严格执行，使安全

质量标准化工作走上了制度化、规范化、科学化管理的轨道。

三是建立健全目标责任体系。制定了“双基”建设和安全质量标准化达标规划，层层细化分解责任，明确各级人员的责任，形成了目标责任保证体系。将安全质量标准化工作纳入矿井领导班子成员安全考核目标，积极组织各专业会战和达标竞赛活动，对优胜专业按竞赛成绩分别给予不同的奖励，直接与单位和班子成员安全考核挂钩。我们规定，对安全质量标准化达到国家一级标准的矿井，每个季度奖励10万元；矿井领导班子季度安全奖与安全质量、“双基”建设、个人考核成绩挂钩，达到安全质量、“双基”建设、个人考核目标，以个人缴纳的风险金数额为奖励基数，质量、“双基”建设、个人考核分别占60%、20%和20%，按季度安全质量标准化、“双基”建设、个人考核成绩计发安全奖，一项达不到考核目标要求，取消该项奖金。

四是建立健全检查考评体系。安全质量标准化坚持采、掘、机、运、通等各专业质量班评估、旬检查月验收制度，从设计到施工，从每个环节、每道工序都高标准、严要求，严把质量关，确保现场文明生产面貌、质量标准化及“双基”建设水平不断提高。集团公司实行动态检查和季度验收相结合，对月度抽查发现的问题都要作为季度验收的扣分依据。坚持每季度召开一次安全质量标准化工作会议，及时总结经验，树立典型，表彰先进，为扎实有效的开展安全质量标准化工作提供了保证。

三、注重创新，推进安全质量标准化和“双基”建设向纵深开展

一是坚持岗位作业标准化，全面推行精细化管理。安全质量标准化不仅仅是工程质量标准化，更重要的内涵是岗位作业标准化。只有现场全方位、全过程、人、机、环境的和谐统一和达标，才是真正意义上的安全质量达标。对此，我们注重生产全过程的每个环节、每道工序的作业标准管理，把每项工作具体细化、量化到生产全过程，达到人人、事事、时时、处处有科学、严谨、规范的制度、行为标准去约束，使每个岗位的作业人员操作责任清晰、工序到位、行为规范、操作熟练，做到“上标准岗、干标准活”，有效地提高了广大职工的文明素养，促进了质量标准化水平的提高。二是搭建平台，大力开展安全质量标准化达标竞赛活动。围绕提升矿井整体形象，积极开展创建“闪光点”工程和精品工程。重点实施了“五个一”创建工程，即：创建

数字矿山指挥中心

一条标准化样板大巷、一座标准化样板机电硐室、一座标准化样板通风设施，一个样板掘进迎头和一个精品回采工作面，制定了采面“七条线” 和掘进“九条线”的创建标准。对达到“精品工程”的迎头，悬挂精品工程标志牌，集团公司每个季度给予表彰命名。近年来，集团公司共创建采煤、掘进、机电、运输等专业品牌示范点175个。

四、力求实效，全面提升安全质量标准化水平

安全工作重在落实，力求实效。工作中，我们注重坚持“四个结合”，整体推进，促进安全质量标准化全面提升。

一是与落实安全生产责任和管理制度相结合。 以“安全生产责任落实年”活动为契机，把制度建设、责任落实作为全年安全管理的重点，通过规范制度、责任落实不断提高安全保障水平。首先逐级签订安全目标责任状，层层落实、细化安全管理责任，健全了安全责任保证体系。其次强化制度建设，健全完善各项管理制度，由各单位主要领导负责，组织座谈讨论，对现行的管理制度进行修订完善，去虚存实，去粗存精，力求作到每一项制度不重不漏，简便易行，有监督、有考核、有奖惩。集团公司强化制度落实情况的监督检查，每个季度组织抽查一次，从制度制定、到现场执行情况，逐条进行剖析、检查，推动落实完善和整改。通过规范制度、强化责任落实，促进了安全管理水平的不断提高。二是与提升职工安全技术素质相结合。按照“干什么学什么、干什么会什么”的原则，对各单位作业岗位工种进行了划分、归类，规范、建立了各岗位工种培训内容和试题库，按岗位工种实行分批、分层次的全员安全脱产轮训，凡未参加强化培训或考试不合格的，一律不允许上岗，员工接受培训面达到100%。2011年以来，共组织全员安全教育培训班81期，培训79个岗位工种共计10218人次。为确保安全教育培训效果，集团公司建立了安全培训抽考制度，坚持不定时、不定人员、不打招呼、不出复习题，每到一矿，根据职工实际出勤，按一定比例随机抽取参加考试人员，包括分管安全生产矿级领导、科室（区队）管理人员、班组长、各岗位工种以及安检员、带徒师傅，都在抽考范围。仅2011年就组织抽考4次，抽考班组长以上的安全生产管理人员87人次（包括8名副矿级安全生产分管领导），各岗位工种人员412人次。这样以来，不仅调动了全员学习的积极性，也大大提高了安全教育培训的实际效果。三是与强化安全技术装备投入、提高安全技术装备水平相结合。按照“装备现代化、采掘机械化、系统自动化、监测数字化、管理信息化”总体目标要求，围绕打造现代化矿井管理平台，累计投入3.5亿元，完成提升、排水、通风、供电等590余项安全技改工程，更新淘汰落后陈旧设备870余台（件），采掘机械化水平提高了70%。古城煤矿重新装备了建筑面积达到1800平方米的调度指挥中心，实现了管控一体化要求，信息化技术达到省内领先水平。四是与强化现场监督检查相结合。要求各级管理人员到现场发现问题、解决问题，保证现场安全管理24小时不断档、无盲点，安全检查覆盖面达到100%。对重点头面、重点工程实行矿、区队管理人员和安监员现场盯班、重点监控。在检查方式上，实行全方位、全过程的动态安全监督检查；在检查手段上，配备了必要的检查仪器和设备，做到现场检查严格仔细、实测实量。每次检查都由检查人、陪检人、责任人、整改及验收人签字。因现场隐患问题诱发事故，事发当班及上一班所有到过现场的安全管理人员都要受到连带责任追究；对查出问题不按规定时间和要求整改或整改不彻底、同一问题反复出现的，隐患单位及有关责任人都要受到经济处罚，每年罚款都在200万元以上。

我们虽然做了一些工作，取得了一定成绩，但与上级要求，与兄弟单位相比还有很大的差距。在今后工作中，我们将认真学习兄弟单位先进经验，进一步强化措施，加大力度，全面提升安全质量标准化和“双基”建设水平，不断向精细化管理模式迈进，推进安全管理工作再创新水平，再上新台阶。

联 系 人：岳登松

通信地址：山东省临沂市罗庄区商业街69号

联系电话：0539-7108038　15969966106

电子信箱：yds8038@126.com

推行精细化管理 打造标准化矿井

——记古城煤矿安全质量标准化工作经验材料

矿长、党委书记 张传毅

山东东山古城煤矿有限公司是经国家计委批准建设的国有大型现代化矿井，位于山东省兖州市东郊，是临矿集团骨干矿井之一。1996年5月开工建设，2001年正式投入生产，设计年生产能力90万吨，核定年生产能力220万吨，现有职工2780人。与矿井生产能力相配套的有铁路专用线，年入洗量180万吨的精煤洗选厂和装机容量为24MW的综合利用电厂。

近年来，古城煤矿秉承“明德立新、包容超越”的核心价值观，铭记“奉献绿色能源、创造人本价值”的企业使命，以科学发展为主题，紧紧围绕创建“两型三化”矿井目标，以构建和谐矿区为指导，以安全质量标准化工作为总抓手，大力推进安全管理创新和科技创新，通过推行“精、严、细、实”工作法，有效地促进了矿井安全生产现状的根本好转，为打造本质安全型矿井迈出了坚实步伐。矿井先后荣获煤炭系统“双文明”单位、山东省文明单位、省级安全质量标准化矿井、国家级安全质量标准化井工煤矿、全国煤炭工业科技进步双十佳矿井、全国煤炭工业行业级高产高效矿井、全国文明煤矿，“四好领导班子”先进集体等荣誉称号。

在矿井安全质量标准化工作方面，我们将此定位在意识管理和规范管理上，有什么样的思想就有什么样的标准、有什么样的标准就有什么样的习惯，坚持“走出去、学进来、用上去”的理念，结合本矿实际，不断从管理体系、机制、技术上创新，从标准、投入、培训上规范，逐步形成了一套有效的管理模式。

一、注重管理体系、机制建设，建立安全质量标准化长效机制

为切实搞好煤矿安全质量标准化工作，我们从标准、目标、责任、措施、考核等环节入手，从完善体制、机制和安全投入上保证，逐步建立完善了安全质量标准化工作体系，并结合现场实际，不断进行补充完善。成立了以矿长为组长的安全质量标准化工作领导小组，在制定完善各项制度的基础上，狠抓了安全责任的现场落实，实行了隐患责任追究制度，明确各专业副总对本专业的安全生产全面负责。生产科室专业人员分工负责，对上级检查发现的重大问题，从生产班子逐级追究责任；矿领导在现场发现的重大问题自副总往下逐级追究责任；生产科室管理干部在现场发现的重大问题，追究区队干部、班组长、安监人员的责任，依法规范了安全生产行为，将各岗位的安全质量行为都纳入了法制化、制度化的管理轨道。为使各级安全管理人员责任制体现的更具体，对全矿各级安全管理人员实行了绩效考核，按照安全状况、工程质量、制止“三违”、安全学习、日常下井、管理创新等方面内容进行考核，增强了各级管理人员工作责任心，为矿井安全质量标准化建设提供了组织保障。

领导合影

集团公司领导井下指导工作

矿长在现场检查

自动化控制中心

二、强化标准培训学习，提高安全质量标准化意识

一是抓干部的思想、作风改变。针对干部中存在的“干惯了、看惯了、习惯了”的思想，在每周一的安全办公会议上大讲质量标准化与安全生产的重要性，并结合身边的以及周边矿的安全事故实例 讲质量、讲安全，讲安全与生产、安全与效益的关系，及时解决不利于开展质量标准化工作的因素。二是抓职工的质量意识教育。从抓安全教育入手，把事故与安全、事故与质量有机地结合起来，逐步形成一个理念：质量就是生命、质量就是安全、质量就是效益。三是抓质量标准学习。通过“每月一考”制度落实，系统学习煤矿安全质量标准化标准的各项具体规定，职工建立学习记录，月度抽查考试实行名次奖惩，从而大大增强了全矿干部职工学习的积极性，形成了人人学标准、人人懂标准，上标准岗、干标准活的浓厚氛围。四是强化专业培训。发挥安全技术培训中心作用，采取集中培训，特别注重抓好特种作业人员的资质培训。另外，利用知识讲座、技术比武、岗位练兵等多种形式，定期组织开展专业管理人员、区队长、班组长、特殊工种、安监员、质量验收员的培训，不断强化基层管理人员和特殊岗位人员的标准化知识和技能。

三、突出超前预防，着眼创新发展，筑牢安全生产基础

一是稳固基础，不断加大安全投入，提高安全装备技术水平，为安全生产创造条件。以创建一级煤矿安全质量标准化矿井为契机，立足加大安全投入和“科技兴安”战略相结合，从弥补历史安全欠帐、优化生产系统、改善环境条件上努力，对照标准进行集中整治，从装备、从质量、从面貌等方面，大到一个工作面、一条巷道、一个迎头，小到一台开关、一个螺丝都按标准进行，不断提升矿井的安全质量标准化水平。二是突出重点，强化隐患排查与治理，杜绝了各类重大事故的发生。根据上级一系列文件精神，矿及时制定和完善了隐患排查责任追究制度，并加大安全监督检查力度，从矿党政领导到分管副总和业务部门，及时排查分析管理范围内的重大隐患和薄弱环节，并对排查出的各类隐患实行分级管理，确保了隐患治理的落实到位。三是优化开拓布置，有序组织生产，合理生产接续。矿上将合理生产接续作为夯实现场安全质量标准化工作的一项主要任务对待，从工程设计和开拓布置上优化，从科学施工措施上落实，为合理生产接续、安全质量标准化创造条件。

四、坚持动态检查和综合检查相结合，促进现场安全质量动态达标

一是推行“三级验收”管理办法，对采掘安全质量标准化实行区队班验收、安监员班评估、业务科室联合旬检查月验收制度，评估分数与头面月度结算工资挂钩制，验收结果与管理人员工资考核挂钩制，工程质量终身制等，进一步强化了责任意识、生命工程意识、创新意识和法律意识。二是矿成立了安全质量标准化验收小组，每天对现场情况进行抽查，按照要求使用检查仪器和工具，进行布点、上线、测量，逐条逐项进行检查。三是落实检查责任，检查人员按照“谁检查、谁签字、谁负责”的原则，实事求是，认真填写安全质量标准化检查表，对检查发现存在严重问题或隐患的单位，通过罚款、黄牌警告、通告等多种形式限期整改，以此促进安全质量标准化扎实开展。

五、开展“树典型、选样板、评明星”达标竞赛活动，以点带面，稳步推进

以集团公司开展的“精品工程竞赛”活动为引导，以安全管理、工程质量、工程进度、单人效率、成本控制、科学施工及创新管理等为竞赛内容，创出了掘进“闪光点”工程、“精品回采工作面”“精品安装工程”“一通三防”示范化矿井等一批样板工程，以点带面，不断推动矿井安全质量标准化工作向纵深发展，从根本上促进了安全状况的稳定好转，在历次上级组织的安全质量达标验收活动中矿井全部达到一级标准要求。

现代化百万吨综采工作面

汶上义桥煤矿

汶上义桥煤矿位于山东省汶上县义桥乡境内，井田勘探面积31.4平方千米，地质储量9862万吨，可采储量4200万吨。煤矿始建于2003年6月，2006年1月正式生产，主采低灰、低硫、高发热的优质三层煤，采用一对立井单水平开拓，是一座年产百万吨的现代化生产矿井。

进入正式生产以来，全矿干部职工在市委市政府、县委县政府及集团公司的正确领导下，深入贯彻落实科学发展观，秉承“以人为本铸和谐、团结实干创一流”的理念，以安全文化建设为主线，积极推进精细化管理，树立了“行为规范化、工作标准化、工程精品化”的标准理念，摸索出了系统的安全管理模式，确保了安全生产形势的长期稳定。截至2011年年底，义桥煤矿已累计生产原煤533万吨，实现销售收入26亿元，实现利税12亿元，实现利润7亿元。其中，2011全年共生产原煤80万吨，但“减产不减收”，在原煤产量比去年减少10万吨的情况下，实现销售收入5.7亿元、利润1.3亿元、利税2.4亿元，比2010年分别增长了24%、35%、20%，为地方经济发展作出了重大贡献，被授予“济宁市功勋企业”“山东省功勋企业”荣誉称号。

在取得良好经济效益的同时，安全、管理、精神文明建设等各方面也取得了喜人成绩。近年来，接连被授予“首批全省煤矿安全文化建设示范企业”“煤矿安全程度评估A级矿井”“安全质量标准化一级矿井”“安全生产‘双基’建设先进单位”“‘一通三防’安全示范矿井”“省级煤矿安全培训先进单位”“济宁市安全生产一类矿井”“省级卫生先进单位”“省级花园式煤矿”“省级文明单位”“省级食堂卫生等级A级单位”“全省煤炭系统先进工会”“通过清洁生产审核评估验收重点企业”“山东省煤炭优秀职工思想政治工作工作”“质量管理优秀企业”“国家级质量标准化一级矿井”“全国煤矿瓦斯治理及安全生产‘双百’示范矿井”“全国质量标准化矿井”等荣誉称号。

在大力发展煤炭主业的同时，义桥煤矿积极响应中央、省市号召，大力发展低碳、绿色、环保、高科技项目。由汶上义桥煤矿有限责任公司投资兴建的山东佛都半导体照明有限公司成立于2009年11月16日，注册资金5000万元，占地186亩。主要产品有：各类光源、矿灯、井下巷道灯、井下景观照明灯、路灯、泛光灯、格栅灯、民用照明灯等。公司已经取得ISO 9001质量管理体系认证，现已建成了LED芯片封装车间、矿用灯生产车间、户内和户外照明灯生产车间以及产品研发中心和产品实验室等，引进4条国际先进LED封装生产线和10条LED照明应用产品生产线，公司于2010年7月正式生产。为紧跟半导体照明行业的发展形势，2011年公司在现有基础上向产品的上下游推进，双向拉长产业链，新上了外延片、芯片和灯杆、壳体生产线，抢占了行业发展制高点，在未来的竞争中获得了优势地位。公司计划三年时间装配10条外延片生产线（MOCVD）及芯片配套生产线，总投资6亿元，生产能力达到年产外延片66万片，年产大功率芯片9亿粒，全部投产后可实现年销售收入18亿元（含国内外销售），年利税4.5亿元。

目前，整个公司呈现出生产势头旺、安全形势稳、改革步伐快、精神面貌新、整体状态好的良好发展态势。我们相信，在各级领导的正确领导下，在各界朋友的大力支持下，义桥煤矿的明天将会更加灿烂辉煌。

巷道灯老化台

山东济宁运河煤矿有限责任公司

运河煤矿矿长　高立群

在济宁市任城区境内，有一座年核定生产能力110万吨的国有现代化矿井，矿井虽然不大，却颇负盛名，因为就是在这里，走出了运河管理模式，走出了运河企业文化，也走出了一批优秀的企业领航人。运河煤矿现任矿长高立群，就是其中的代表。近年来，在以高立群同志为核心的领导班子带领下，凭着执著和顽强、智慧和能力，运河煤矿广大干部职工围绕“减产不减效”中心工作，努力构建安全精细化管理体系，不断提高安全质量标准化水平。企业整体工作实现健康、和谐、可持续发展，目前已顺利实现安全生产八周年。

一、“精细管理”，构建本质安全型企业

在煤矿生产中，安全是天字号的大事，运河煤矿坚持安全精细化管理的思路，不断加大对各类的不安全因素的控制，努力构建本质安全型企业。

为确保安全生产工作万无一失，高矿长明确提出了“安全精细化管理”思路，将其作为年度安全生产工作主题。本着“继承发展、引入概念，突出特点，合理创新，逐步完善”的工作思路，遵循“精准定位、合理分工、细化目标、量化考核”的十六字“精细化管理”理念内核，有针对性地在加强安全监督管理、强化事故防范措施的同时，继承和发展安全管理的成功经验，借鉴和吸收先进的安全管理理念和方法，结合矿井安全管理发展现状，致力于建立环境与操作流程控制体系，强化安全预控机制，全面提高矿井安全生产精细化管理水平，实现安全管理由“防守到预防”的转变、“人治、法治到自治”的转变、“结果到过程”的转变、“物的因素到人的因素”的转变。

为加强煤矿事故预防和隐患治理，树立“把隐患当做事故来管理”的理念，在全矿推行隐患闭合流程管理。“隐患闭合”即在全矿每月各类专项检查和矿带班、值班等日常隐患排查中，对发现的问题隐患，不仅要指出问题，明确落实人员，还要按照时间期限进行隐患复查和隐患闭合签字，形成安全生产的闭环式管理。同时，还对排查治理隐患实施分级、档案化全过程管理，对排查出的隐患集中进行会诊、评估和梳理，利用专题安全会议、隐患排查会、安全例会等时间进行学习剖析。通过隐患闭合流程管理，做到了安全生产隐患排查治理工作的经常化、制度化、规范化，夯实了煤矿安全生产基础。

高矿长现场指导标准化

井下等候室

井下标准化巷道

二、“科技兴安”，提高质量标准化硬件水平

将“科技兴安”的理念体现在实际工作中，不断加大科技投入力度，把好质量关，最大限度地消除物的不安全状态，提高煤矿生产和管理现代化水平。

持续进行设备设施的升级，提高矿山硬件的科技含量。通过推进采掘生产机械化、辅助系统自动化、安全监测数字化建设，提高矿井通风、排水、供电、运输系统安全可靠运行的能力。特别是将互联网、信息技术延伸到井下安全监测系统，投入井下安全智能广播系统，通过井下工作面、主要巷道安装的自动监测探头、视频镜头等，对瓦斯、风量、温度、作业现场进行实时监测，及时发现并消除安全隐患。同时，不断优化安全保护设施，注重细节管理，根据现场实际鼓励开展小改小革活动，超前考虑现场动态及静态的安全隐患，促进了现场的安全管理。

注重科技创新和管理创新，引入现代管理方式。建立了“智能物资跟踪管理平台”，对设备交接手续，设备的附件、备件、工具和技术资料等实行跟踪网络化管理，特别是突出保险带、卸扣等易忽略设备的管理，确保每台设备都有自己的“身份证”。建立了安全可靠的设备运行“四级”防线，即操作人员日常巡检、维修人员的周期巡检、技术人员的精密巡检和设备技术诊断。不断加强对设备的巡回检查制度，实行“走动式”管理，现场发现问题及时解决，做到信息传达多渠道、工作衔接上无漏洞，确保各类设备长期处于安全运行的状态。

三、“文化强企”，构建安全发展软件环境

把诚信机制建设与矿井安全文化、安全生产有机融合，倡导构建全矿“大安全、大诚信”格局，让诚信建设体现于日常操作行为，针对矿井安全质量标准化建设的现状，树立“抓安全质量不提升就是倒退”的工作理念，着眼于向更高层次迈进。

严格培训规范人。突出抓好区队长、班组长、安监员、党安员、群监员、青安员、特殊工种“七个培训”，严格计划，严格落实，严格培训。各基层区队坚持定期与不定期的“安全一课”、“技能一考”等制度活动，增强了干部职工学技术业务、学规程的自觉性，对现场生产工艺流程、工序控制、安全质量标准等知识熟练掌握。

优化环境影响人。运河煤矿对工业广场、井下巷道、采掘工作面都进行了美化、亮化，高标准地制作了以“法规宣传、安全知识、亲情感化”为主要内容的安全文化牌板和灯箱。井下环境分段管理，管线分色刷漆，吊挂整齐划一，物料定置管理，排列有序，建立了寓意深远、宽敞明亮的安全文化长廊，让职工时时处处感受到了强烈的安全文化氛围，促进了规范操作行为的养成和工作质量标准的提高。

成绩来自勤奋，拼搏铸就荣誉。运河煤矿先后荣获全国煤炭工业先进集体、全国五一劳动奖状、国家煤炭行业一级安全高效矿井、省级企业文化建设示范单位、连年被授予煤矿安全程度评估A级矿井、连续两年荣获国家级安全质量标准化矿井。在成绩和荣誉面前，高立群带领运河煤矿人精益求精，在实效上再做新文章，从特色上再下深工夫，稳步推动安全周期不断延伸。

义马煤业集团股份有限公司

义马煤业集团股份有限公司是国有特大型煤炭企业（以下简称义煤集团），也是中国500强企业，以采选业、化工业、铝工业为三大主业，2010年煤炭业务资产成功实现上市。旗下目前拥有1个上市公司、12个分公司、10个全资子公司、15个控股公司、13个参股公司、14个专业性机构和3个筹建处。现有职工5万余人，资产总额300多亿元，矿区分布河南、新疆、青海、山西、内蒙古等五省区，原煤产能3000多万吨，所产焦煤、贫瘦煤、无烟煤和洗精煤广泛应用于发电、造气、工业锅炉、炼焦和建材等行业，产品广销国内20多个省区，同时还涉足煤机制造、发电、氧化铝、煤化工等领域。

2007年以来，义煤集团认真落实科学发展观，围绕“和谐友好科学发展，两大跨越又好又快；大型集团行业聚集，外向拓展相关多元；煤化基础结构升级，运转高效现代制度；企业增效职工富裕，本质安全平安义煤”的总体战略思想，大力实施“强势起步、科学跨越、乘势腾飞”三步走发展战略，企业呈现持续、快速、健康发展的良好态势。2010年10月15日，集团下属大有能源公司成功上市，标志着企业进入高速发展的新阶段。2011年，煤炭产量3362万吨，生产经营总额突破300亿元、利税49亿元，企业资产总量超过400亿元。

国内首创门式支架

地面瓦斯抽放泵站

职工更衣室

井底候车室

职工列队下井

井下候车室

井下中央泵房

集团公司领导深入井下

职工乘坐猴车

井下大断面“O”型棚支护巷道

井下变电所

井下医疗站

义煤集团充分发挥区位优势和资源优势，大力发展具有义煤特色的矿业循环经济，初步实现了企业与资源、企业与环境、企业与社会的协调发展；大力推进产业、产品结构调整，努力打造“采选、化工、铝”三大产业链，初步形成了产业互补、良性互动、协调发展的产业格局；积极实施“走出去”战略，加快对外合作步伐，近年来，通过合作、合资、联营等方式，投入数十亿元资金整合外部煤炭资源50亿吨，规划在青海、新疆、山西、内蒙古等省区建设5个千万吨级煤炭基地；与美国SES公司合作建设的日产1000万标方煤制气项目已进入设备安装阶段，河南开祥化工公司1，4-丁二醇项目一期顺利投产，二期开工，化工产业架构基本形成。

近年来，义煤集团先后荣获“河南省工业突出贡献奖”、“河南省改革开放30年卓越贡献国有企业”、全国“五一”劳动奖状等荣誉称号。

未来几年，义煤集团将加快产业结构调整和发展方式转变，大力发展三大主业，努力推动企业走资本化、国际化、产业化、高端化发展的道路，实现新的更大的跨越。

矿区公园

综采工作面

平顶山天安煤业三矿有限责任公司

三矿党委书记　王广民

三矿经理　李涛

平顶山天安煤业三矿有限责任公司（以下简称平煤股份三矿）位于平顶山市区西北部，距平顶山市中心5千米，北依黄山寨，南临平安大道，通过矿区专用铁路可直达漯宝铁路，进而连接京广、焦柳铁路干线，交通便利，位置优越，环境优美。

平煤股份三矿，始建于1955年10月，1957年12月31日投产，设计生产能力30万吨/年，主要生产低灰、高热量的优质动力煤和焦煤。经技术改造、矿井改建后，现核定生产能力达到68万吨/年。

近年来，平煤股份三矿全体干部职工在“敬业、拼搏、诚信、奉献”的企业精神激励下，深入贯彻落实科学发展观，以全面构建新型安全质量标准化矿井为目标，加大矿井技术改造力度，大力提升机械化装备水平和系统安全保障能力，同时积极致力于安全文化建设和民生改善，全矿呈现出了安全生产、质量达标、和谐稳定的良好态势，获得了“国家级安全质量标准化矿井”“河南省安全质量标准化一级矿井”“河南省文明单位”“省级五好基层党组织”“省安康杯竞赛优胜单位”等一系列荣誉称号。

2011年，按照集团规划目标达到国家级安全质量标准化矿井刚性要求，在全矿组织开展了“新起点、新标准、严要求、创一流”的群众性质量标准化创建活动。

三矿成立了由党政正职任组长，分管采、掘、机、运、通、地测、调度、爆破等生产系统的负责人任专业组长的安全质量标准化工作领导小组，加强对质量标准化工作的领导。围绕巩固国家级质量标准化矿井的目标，坚持把质量标准化项目计划与月度生产经营计划一并下达，把每一项质量达标工程作为干部绩效考核的重点。坚持做到每项活动有目标、有措施、有负责人、有考核奖惩。全年按吨煤5元作为安全质量标准化建设专项资金，认真编制矿井安全质量标准化建设费用计划和措施，指定专人负责，严格组织实施。为改善井下作业环境，矿投入大量人力、物力、财力，安排了专业队伍整修巷道、更换设备、调整更换轨道、规范管道线路、制作并安装了井下大巷安全文化宣传牌板，使井下面貌焕然一新。

矿领导班子成员

井下安全文化宣传

2011年，三矿规划安全质量标准化项目9项，提取资金475万元，项目资金集中使用于井下巷修、顶板管理、完善和改造矿井瓦斯检测系统、机电设备、安全防护和提升系统等。目前，已竣工完成质量标准化9项，竣工项目实际投入资金485.56万元；已建成示范化采煤工作面4个，示范化掘进工作面8个，精品硐室6个，精品线路1条。资金的投入使用，安全装备的完善，为矿井实现本质安全质量标准化矿井打下了坚实的基础。围绕制约生产的瓶颈问题，消除重大安全隐患，对矿井系统主要巷道部分地段顶板破碎、地鼓变形严重、日常维护困难等问题，矿领导下决心彻底解决，高标准、高起点重新扩维修，使用强度大的支护材料：轨道维修330米，支护由原来的工字钢支护更换为36#U型钢；已组专用回风巷维修368米，采用了锚网、锚索W型钢带相结合的支护形式；戊组轨道维修380米；井底大巷维修180米。通过对主要运输、进回通风巷道的翻新维修，加大了支护强度，扩大巷道断面，降低了风阻，有效地改善了矿井整体作业环境。

配备先进的配电房

标准化的运输大巷

为确保创建"示范工程"工作持续、健康、有序的开展，提高各战线、基层单位创建工作的积极性，矿加大了创建"示范工程"奖惩力度，规范了"示范工程"检查验收程序。对建成的示范工程首先由区队长组织副队长、技术员等管理干部进行自检，自检分数达到要求后，向所在战线申请；由该区队长所在战线组织战线副总、业务科室及科室人员对申报的区队进行检查，分数达到要求后，由战线向矿区申请；由矿区组织安全副经理、战线副经理、安全副总及安质科科长进行检查验收。对已建成示范采掘工作面、精品线路、硐室，及时组织各战线、区队管理干部召开现场会，交流学习，总结经验，做到完成一个、巩固一个，从而使安全质量标准化工作持续健康发展。

跨 越

——义海能源公司大煤沟矿

巍巍昆仑，绵延祁连，造就了青藏高原的大气磅礴；奔腾的三江之水，百折不回，奔涌着勇往直前的不懈追求。义海公司，用气吞山河的魄力和胆识，推动着青海煤炭发展的进程，在世界屋脊上续写着科学跨越的壮丽华章。

矿长　侯留月

朋友，把深情的目光投向柴达木，投向大柴旦，投向义海能源公司大煤沟这座现代化大型矿井吧！你看，她正沐浴着21世纪的朝阳蓬勃升起，放射着更加璀璨的光芒。

大煤沟矿，是河南省义煤集团响应国家西部大开发的号召，于2003年6月在青海省海西州大柴旦境内建设的一座现代化高原矿井，下设一个井工矿、一个露天矿。矿井主产优质长焰煤，低硫、低磷、低灰，发热量高，是良好的民用、动力及化工煤。现有员工836人，下设10个管理科室和6个基层区队，其中，中高级专业管理技术人员86人。

一、高原创业篇

大煤沟矿地处戈壁荒漠腹地，海拔达3500米，自然环境恶劣，地质条件复杂，且为地震多发区。2003年义海人刚来时，没有通信，住的是帐篷，吃的是方便面，饮用水要到25公里外的柴旦镇取用。但是，大家没有退缩，发扬义海人特有的”特别能吃苦、特别能忍耐、特别能战斗、特别能奉献、特别能进取”精神，坚强地挺过来了，经过九年的建设，现在的大煤沟发生了翻天覆地的变化。

“谁战四千米荒原，我以七尺躯拓疆。”从年生产30万吨的小煤窑到如今150万吨现代化采掘设备一应俱全的大型煤炭生产骨干矿井，从靠矿车运输到现在的强力皮带提升，从靠一部电话指挥到如今的信息化、自动化监控调度指挥中心，从低矮的平房到宽敞明亮的公寓楼，纵观义海的发展历程，可以清晰地看到义海公司大煤沟矿是如何沿着艰苦创业、和谐发展、创新管理的发展轨迹，实现从小到大、从弱到强的战略目标。它不仅是一部艰苦奋斗的创业史，更是一部以安全质量标准化为导向的发展史。义海公司大煤沟矿经过短短几年的发展壮大，已经从一个名不见经传的地方煤炭企业成为青海省第一个“一级质量标准化矿井”和“瓦斯治理示范工程”矿井，并连续三年获得了青海省安全生产先进企业荣誉称号，奠定了大煤沟矿在青海省煤炭企业质量标准化标杆矿井的地位并向树立“全国一流、青海第一”稳步迈进。

据不完全统计，自2003年以来，大煤沟矿累计完成建设投资5.6亿元。2005—2010年，共计生产原煤431.74万吨，产值5.4亿元，上缴税金9075.01万元。

这些数字的后面，是大煤沟做强做大，跨越式发展的最好见证，也是广大职工艰苦奋斗，奋力拼搏的结果。

二、平安建设篇

企业科学发展，首先是安全发展。大煤沟矿始终把打造本质安全型矿井作为企业发展的生命工程抓紧抓好。近年来，先后投入5000余万元，建立完善监测监控、人员定位、紧急避险、供水施救、通信联络井下安全避险六大系统。

投资450余万元，对井下大巷和井上、下各机电硐室、井下候车室进行了美化亮化和精品工程改造。把井下大巷和各主要机电硐室装扮成光线明亮、空气清新、风景如画的艺术画廊，娱乐职工身心，使职工在安全质量标准化创建中得到实惠。

运用了“制定标准、检查评比、评价考核、典型引路”四种安全质量标准化管理的有效手段，最终创造性地形成了大煤沟矿“闭环式”安全质量标准化工作理论体系。

实施安全质量标准化“星级管理”，在全矿范围开展“星级硐室”、“星级巷道”、“星级车场”、“星级开掘面”和“星级采煤面”为主的创建工作，对达到“五星级”标准的，进行挂牌管理，确保矿井安全质量标准化层次不断提高。

全矿还推行了以“手指口述、岗位描述”和“准军事化、标准化”为内容的“两述两化”工作。利用座谈、广播、标语、图片等多种宣传工具，采取举办学习班、千人签字、区队长访谈、知识竞赛等多种形式，在干部职工中广泛开展宣传教育活动。

以区队和班组为重点，开展了“每日一题、每周一课、每月一考”的安全质量标准化知识培训活动，使广大员工安全意识不断提高。

2010年3月，大煤沟矿顺利通过河南省工信厅组织的“五优”矿井创建验收，这是义煤集团在省外第一个“五优”矿井，也是青海省唯一的一个“五优”矿井。2010年11月，大煤沟井矿顺利通过青海省一级质量标准化和瓦斯治理示范工程验收，露天矿也通过二级质量标准化验收。同时，大煤沟矿井工矿是青海省唯一一座通过一级质量标准化和瓦斯治理示范工程双验收的矿井。

开拓创新的矿领导

矿领导在生产现场带班

公司、矿领导深入一线检查

公司领导来矿检查指导工作

三、精细管理篇

精细管理是企业科学发展的需要，大煤沟矿提出了“主体管理、区域管理、无缺陷管理”三种管理理念，确立了“有一必争、有冠必夺”的管理目标，推行“狼团队”精神，提出了多项管理法则，形成了大煤沟矿独特的管理文化，使精细化管理工作科学化、制度化、数字化、规范化、人文化。通过抓制度落实，提高了执行力，通过强化成本控制和预算管理，打造优秀团队，提高了企业管理水平。

制定完善了大煤沟矿各项工作流程。财务科从2010年元月以来，已运用NC财务系统实行网络化办公；展了“天天课堂”和准军事化训练活动；与地方银行系统进行协商，设立了自动取款机，方便了职工群众。

采取“借鸡下蛋”的办法，引进外部资金，统一布局、统一规划，在矿区建成了商业街，目前一部分店铺已经开业，可为职工提供餐饮、理发、娱乐、购买生活用品等服务，为职工创造了高雅娱乐、健康生活的生存环境，同时也美化提升了矿区环境。

目前、职工活动中心、理发室、矿区连接315国道通道已建成并投入使用。

四、和谐发展篇

“祁连环抱大煤沟，高原明珠扮绿洲。”建设绿色矿山是企业与自然和谐发展的必然要求，是大煤沟矿走资源开发与环境保护协调发展的“绿色矿业”之路。煤矿先后投入600多万元，在矿区及矿区周边种植了包括新疆杨、沙棘、红柳、沙柳、丁香、金叶龙、草坪等花草树木，矿区绿化面积31000平方米。投资1700万元的矿区生态园，也将建成投入使用，不久的将来，大煤沟矿区将成为荒漠戈壁上的“花园式矿井”。

煤矿投资建立了矿区人工湖，用于收集矿井生产过程中产生的工业废水，经过沉淀处理，并且利用人工湖的蓄水，改善矿区小环境；洒水除尘，防止煤尘飞扬，保护矿区的空气质量；生活污水集中生化处理后，满足排放标准后排放，真正使大煤沟矿区成为生态矿区、园林矿区、绿色矿区。

大煤沟矿现有青海籍职工和蒙古族、藏族、回族等少数民族职工198人。对于青海籍职工，公司尊重他们的民族习惯并与之签订了长期稳定的劳动合同，同工同酬，一视同仁。

为方便职工生活，我们在矿区设置了自动取款，建成了商业街，加强了“两堂一舍”的管理，真正实现“职工宿舍公寓化、职工食堂餐馆化、矿区环境园林化、一切工作标准化、管理工作精细化”的“五化”标准，改善了环境，提升了矿区生活品味。

2010年4月14日，玉树发生7.1级地震后，接到公司的命令后，大煤沟矿迅速组织救援队赶赴灾区，积极参加抗震救灾工作，受到灾区人民和各级领导的赞誉，被授予青海省民族团结先进集体称号，义海公司救援队被国家安监总局通报表彰。

五、企业文化篇

企业文化是企业的灵魂和潜在的生产力，是广大员工精神上的支柱和源泉。大煤沟矿采取多种形式，在矿区着力打造“感恩文化”“亲情文化”“励志文化”，矿领导通过为职工过集体生日、打亲情电话、定期谈心等形式，拉近了领导与基层职工的距离，提高了职工爱岗敬业的激情和责任心。

为了丰富企业文化内涵，成立了书法协会、美术摄影协会、音乐舞蹈戏曲协会、文学协会、读书协会，定期组织作品评比，丰富了职工的业余文化生活、陶冶了职工情操，提高了职工文化素质和修养。

利用每周一、周三、周五开展卡拉OK和舞会、锅庄舞、太极拳等文娱活动，举办大型节日文艺演出，受到领导和员工的好评。

按照“核心中心一条心、上下同心不变心、激情奉献要恒心、实现跨越有信心”的党委工作理念，不断加强企业党的建设，广泛开展“争先创优”和“文明创建”等活动，坚持以党建带动企业发展，促进了党组织建设和员工队伍建设。

“立马昆仑建精品，泛舟青海创一流。”近年来，大煤沟矿曾先后荣获“青海省促进就业先进单位”“青海省安全生产管理先进企业”“青海省模范劳动关系和谐企业”“青海省安全生产先进企业”等荣誉68项，国家、省、州、行委、集团公司等各级领导先后到矿区视察指导工作，新华社、中央电视台、人民日报社、青海卫视、河南卫视等各大新闻媒体先后进行了报道。

2009年7月，国家煤矿安监局局长赵铁锤来矿检查指导工作时，欣然为大煤沟矿题词：“高原明珠”“坚持安全发展、构建和谐矿区”，使大煤沟矿员工高原创业的干劲受到了巨大的激励和鼓舞。

通过矿井升级改造、二水平延伸等企业五年发展规划，大煤沟矿产能将达到180万吨，必将为青海省煤炭事业和柴达木循环经济试验区的发展，产生强大的推动作用。

正如大煤沟矿党委书记、矿长侯留月在一首名为《感怀》的诗中写道“发扬五特志，展翅昆仑巅。”今日的大煤沟，正如一只展翅的雄鹰，扶摇直上，翱翔蓝天。义海人一定会在不断的创新中追求卓越，凝聚崛起的力量，延续新的梦想，再创新的辉煌！

先进的现代化综放工作面

以安全管控为核心　以文化建设为先导 全面推进企业安全　健康　科学发展

陕西南梁矿业有限公司

陕西南梁矿业有限公司是由陕西榆林煤炭出口集团有限责任公司联合中国中煤能源股份有限公司、澳大利亚华光资源有些公司、中国铁道旅行社、宁波富兴电力燃料有限公司和陕西省煤炭运销集团等6家股东组建的首家陕西省煤炭行业中外合资企业。1998年12月经陕西省人民政府批准成立，注册资本24593万元，合资期限30年。公司现有总资产9.02亿元，员工55人。

董事长兼总经理　张光耀

党委书记兼副总经理　杨文清

南梁矿井位于陕北侏罗纪煤田神府地方开采区中部，始建于1987年。井田面积23.672平方公里（其中预留区5.9平方公里）,地质储量1.611亿吨（其中预留区0.46亿吨），可采储量约9600万吨（其中预留区2760万吨）。公司组建后，先后投入4.23亿元，完成了采煤方法升级改造工程，南梁煤矿也由当年年生产能力只有15万吨升级为一井一面高产高效型综合机械化中型矿井，年生产能力达180万吨。

公司成立后,大胆借鉴澳大利亚契约式管理经验，坚持中煤集团“四化”方向，遵循“五高”标准，实现契约化运行，精干化组织，专业化支撑，信息化管控，形成了一套比较适合中型以上煤矿的管理模式，即除经营管理外，煤炭生产、物资供应、矿井建设、后勤服务在坚持市场准则和股东利益最大化的原则下，均以契约的形式委托专业公司承担。契约化管理模式的应用，使南梁公司的管理人员和辅助人员不到100人，年人均效益在500万元以上，创造了陕西省煤炭生产经营企业资本金回收、资金周转利用率最快和经济效益最好的纪录。

公司自组建以来，始终把安全发展、科学发展作为第一要务，把安全文化作为建设本质安全型矿井的灵魂和重要保障，坚持“以安全塑文化、用文化保安全”的原则，立足实际，突出强规范、治隐患、重教育、打基础、抓创新，促和谐这一重点，全面吹响安全管理“集结号”，筑起安全隐患的防火墙，有效防范生产经营中的安全管理漏洞。截至2011年10月底，累计生产煤炭1052.44万吨，销售1278.82万吨，实现销售收入32.51亿元，利润10.517亿元，上缴税费10.08亿元，实现安全生产2184天。

公司在取得了骄人历史业绩的同时，也积淀了浓厚的、优良的企业文化，在充分尊重历史的基础上，总结提炼出南梁独特的“321”企业文化模式。“321”即“三园二本一核心”。“三园”是指家园、校园和事业园；二本是指以人为本和以管理为本；一核心是指以安全生产为核心，形成了“贡献社会、服务股东、发展南梁、装点人生”的企业宗旨和“以人为本”、“零伤害”的安全理念。公司在安全生产的同时，不忘企业的社会责任，做到企业效益、社会效益、生态效益相统一，支持地方发展，关注地方民生，积极参与地方慈善事业，累计为地方教育、扶贫、新农村建设等社会事业捐资4000余万元，树立了企业良好的社会形象。2011年2月发布了陕西煤企首份《社会责任报告》，为地方企业起到了示范作用。

公司成立至今，成绩显著，先后获得上百项荣誉，主要有“全国依法生产先进煤矿”“全国煤炭工业行业一级安全高效矿井”“国家级安全质量标准化煤矿”“陕西省绿色文明示范工程绿色企业”“陕西省先进集体”“陕西省煤矿安全生产先进集体”“中国中煤能源集团公司安全生产先进单位”“陕西省A级纳税人”“首届陕西能源矿产行业十大品牌”等。

目前，公司在张光耀同志的带领下，在科学发展观的指引下，以十七届六中全会精神为指针，顺应国家能源战略新要求，继续赶超，锐意进取，秉持“科学、安全、健康”理念，强化管理，夯实安全工作，凝聚公司上下的智慧和力量，以“为现代文明持续发展提供清洁煤炭”为使命，朝着“一流矿业、一流管理、一流效益、一流人才”的发展愿景稳步迈进，坚决贯彻和实现“零伤害”目标，集中力量推进 “本质安全型数字化煤矿”建设、继续深入推进精益化管理和4M管理，大力提升企业文化建设，为把南梁矿业建设成为安全、稳产、高效、低碳、和谐、文明的现代化示范煤矿而努力奋斗！

陕西陕煤黄陵矿业有限公司一号煤矿

矿长　唐恩贤

传承优秀企业文化 打造全国五精管理第一矿

陕西陕煤黄陵矿业有限公司一号煤矿位于延安市黄陵县店头镇，是国家“八五”重点建设项目和20项兴陕工程之一。一号煤矿于1991年12月开工建设，2010年3月通过了600万吨生产能力核准验收，与之配套建设的选煤厂年加工处理能力为600万吨，成为陕西煤业化工集团主力矿井之一。

一号煤矿在推进企业科学发展的过程中，深入贯彻落实国务院23号《通知》精神、国家安全监管总局有关安全建设的部署以及集团、公司两级安全工作会议精神，以打造全国“五精管理第一矿”为目标，大力实施“5233”安全管理模式和“369”质量标准化工作法，深入开展“五精管理”，逐步形成了独具一号煤矿特色的安全质量标准化管理体系，连续两年获得了国家级质量标准化矿井，实现了安全生产的可持续发展。截至2011年12月31日，累计安全生产1731天。煤矿先后获得了全国五一劳动奖状、国家级质量标准化煤矿、全国煤炭工业双十佳煤矿、全国煤炭行业特级安全高效矿井、全煤系统“五精”管理样板矿、煤炭工业科技创新示范矿、全国安全文化建设示范企业、全国企业文化品牌矿等荣誉称号。

黄陵矿业的各级领导希望在不久的将来能把一号煤矿打造成平安高效、文化示范、科技主导、富美和谐的中国一流矿井和全国五精管理第一矿。

一、精益求精，打造文化示范型矿井

安全文化是实现安全生产的根本性因素。通过总结20年来的管理经验和做法，形成一矿的九鼎文化品牌，以“鼎”象征一号煤矿安全基础牢固，以“鼎”为喻把一号煤矿建设得更加和谐。

通过整章建制，把“精细管理、精准确认、精确操作、精益经营、精美环境”的五精管理精髓融入安全文化，推动安全文化建设不断进步。一是抓好基层区队的班子建设和班组建设，完善了班组建设的内容和各项管理考检制度，使区队的管理、运行更加规范化。二是完善各种管理制度，减少过去定性化的考核分量，加大量化考检比重，使一号矿的制度体系能真正促进矿井的管理水平提升。三是坚持将精细化管理融合到矿井质量标准化工作中去，以创建精品工作面、精品硐室为载体，推动整个标准化上台阶。连续两年一号矿被评为全国煤炭工业安全质量标准化先进矿井。四是创新管理方法。总结出了适应一号矿的“369”质量标准化工作法，推行干部走动式管理、领导干部分片包队、包线、包面“三包”工作法、112256安全管理法、隐患全编码闭环管理分析评价管理软件系统等，这些方法的实施进一步夯实了一矿的各项基础管理工作，提升了一号矿安全管理水平。五是认真开展“五+五”岗位管理文化创建活动，通过评选五星级员工，创建一批示范岗位和岗位标兵，激发职工立足本职、干事创业的热情。

二、强基固本，打造平安高效型矿井

安全是煤矿生产的重中之重，是企业各项工作顺利开展的基石，是保护职工生命安全和发展生产力的重要工作，也是构建富美和谐型矿井的基础。

一号煤矿在建设发展中，坚定不移地以安全为中心，强基础、抓生产、促经营、增效益、壮规模，强力推动企业又好又快发展。始终坚持以瓦斯治理和防治水工作为重点，预防重特大事故；以隐患排查治理和规范职工操作行为为手段，控制零敲碎打事故；以安全文化建设和提高职工素质为根本，着力构建安全生产长效机制。坚持"不安全不生产"原则，合理安排月度生产，科学优化劳动组织，强化设备维护和检修，推行包机制度和强制检修制度，加强质量标准化建设，实现了稳产高效，保障了采掘平衡。

为了夯实安全管理基础，提升安全管理水平，一号煤矿不断加大安全投入，创新安全管理，增强安全意识，积极构建符合矿井科学发展的安全理念、安全愿景、安全宗旨和安全目标。建立健全了安全信息站管理办法、安全信息系统传递流程和安全生产责任制，推行了安全风险抵押金和职工安全账户制度，形成了科学合理的安全激励机制，实现了安全管理责、权、利的统一；推广应用了安全培训"四个一"（每日一题、每周一会、每月一考、每月一训）模式和安全宣传教育"十法"；编制了《职工群众安全作品》、《安全宣传教育手册》、《一号煤矿安全文化》宣传画册等；形成了'三力一控制"、"三保一规范"的安全规范；推行了"三员联签"安全确认开工制和"四位一体"施工过程的安全负责制。通过实施干部走动式管理，对作业现场、岗位操作实行全时空、全天候、全过程的走动式管理，做到安全生产有检查、有落实、有整改、有复查、有验收、有反馈，形成安全隐患闭合治理，达到管理无漏洞、走动无盲区、现场无隐患、作业无违章的目的；通过推行"三网"（安监网、群监网、家属协管网）联网互动工作法，实现群防群治、全员全过程参与管理；通过大力开展职工安全承诺、安全宣誓、区队长与职工一对一谈话、安全诚信教育等活动，增强了职工的安全意识；通过深入开展"岗位描述"、"手指口述"活动，使广大干部职工进一步熟悉了业务流程，规范了安全操作行为，大大减少了岗位误操作，降低了设备操作风险，增强了职工安全意识，夯实了安全管理基础，有效地促进了安全生产工作，同时涌现出一大批岗位操作行家里手。

安全培训是安全管理的一项重要内容。一号煤矿不断创新培训方法，加大硬件设施投入，充分利用四级培训站和井下实训基地，坚持做到全员培训与重点培训相结合、业余培训与脱产培训相结合、安全业务培训与新技术培训相结合，着力提高职工的"专业功力"和"作业功夫"。本着"干什么、学什么、缺什么、补什么"的原则，全面加强岗前培训、班前培训、现场培训和重点人员、关键岗位、特殊工种培训，实现培训工作自上而下全员化、分层分类个性化、形式灵活多样化。同时，充分利用技术比武、首席员工评选等活动的激励作用，激发职工学技术、学业务、学知识的热情，促使职工掌握专业技术技能，达到融会贯通，建设了一支结构合理、技术过硬、扎根矿山的职工队伍，为打造平安高效型矿井奠定了坚实的基础。

三、科技兴安，预防为主，建设本质安全型矿井

一号矿在安全生产管理工作中，以严格落实责任的"一成不变"来应对矿井自然灾害的"瞬息万变"，以始终如一的科学管理来应对作业场所"人、机、环"的各类挑战。一是加强干部走动管理，形成安全管理"处处有人管、事事有人管、管理靠闭环、闭环保安全"的管理体系。二是推行了安全隐患全编码分析评价管理。借助安全信息化管理平台，对隐患进行编码管理，从而实现生产过程"零"隐患的目标。三是推行菜单式"135"安全确认管理法。从"人、机、环、管"四方面来分析事故要素，避免错误操作，人为过错，达到了"人、机、环、管"和谐统一。四是强化现场管理，严格执行"三严、六有、五到位"的"365"领导下井带班机制，努力实现365天，天天安全。五是把安全和效益挂钩，实行全员安全风险抵押金沉淀机制，做到了风险共担，利益共享，调动起全员抓安全的积极性、创造性。六是加强安全基础考核项目示范单位创建评比工作，通过区队"联姻帮扶"、交流，做到优势项目有突破，薄弱项目有提高，打造各具特色的考核项目示范单位，夯实了安全基础。七是以人为本，科技强安，加强安全设施投入。在掘进工作面推广使用了交错迈步式超前支架，在回撤综采工作面使用了锚杆锚索挂网联合支护，提高了顶板安全防护性能，确保了安全生产。八是推广《5.4岗位作业风险预控》工作法，通过表格菜单方式对职工进行井下作业现场安全管理，落实职工岗位现场安全再确认，从而保证生产过程中降低或杜绝安全隐患，提升矿井安全防控能力。九是安全监测监控系统、通信联络系统、人员定位系统、紧急避险系统、供水施救系统、压风自救系统六大避险系统均符合国务院文件要求。

如今，一号煤矿1500余名干部职工不断改革创新，锐意进取，按照矿井科学发展战略规划阔步前进！

陕西陕煤韩城矿业象山矿井

矿长　张怀珠

党委书记　范武生

陕西陕煤韩城矿业有限公司象山矿井位于陕西省韩城市市区以西，距韩城市区2千米，西侯铁路穿矿而过，西禹高速距矿区4千米，交通十分便利。矿区东临黄河、西靠象山、南临司马迁祠、北望龙门古渡，是韩城矿业三大矿井之一，属国有煤炭企业，主产3#煤和5#煤，年核定生产能力165万吨，现经过系统升级改造后，矿井生产能力将达到每年240万吨。

井下安全文化长廊

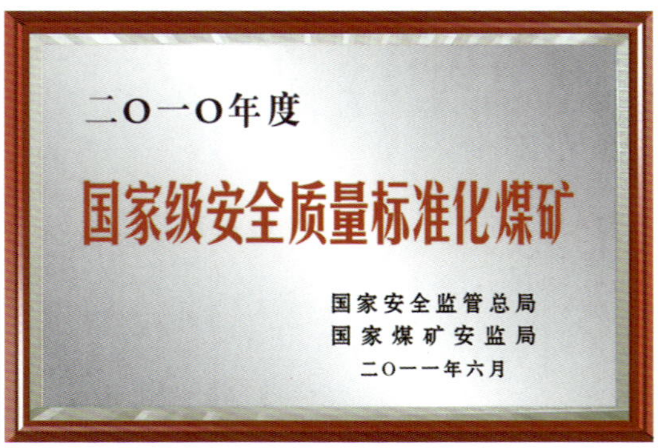

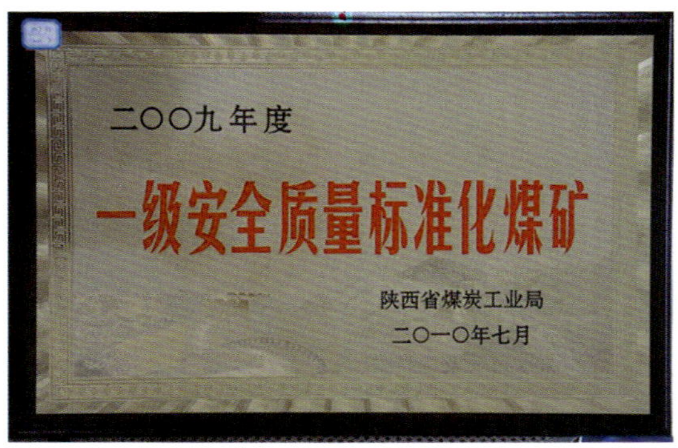

象山全景

2011年8月16日陕西陕煤化工集团董事长华炜来矿检查安全质量标准化工作

井下标准化变电所

多年来，象山矿井把安全质量标准化建设作为矿井安全生产的一项基础工作来抓，坚持“高起点、高标准、严要求”，通过制定严格标准，加大投入力度，强化管理措施，立足实际、着眼大局，制定了“典型引路、重点突破、整体推进”的标准化工作思路，不断创新工作方法，夯实安全基础管理，开创了矿井安全质量标准化发展新局面。矿井连续五年荣获陕西陕煤化工集团有限公司“安全质量标准化先进矿井”“安全先进矿井”荣誉称号。2009年被陕西省煤炭工业局评为“一级安全质量标准化煤矿”，2010年被评为“国家级安全质量标准化煤矿、全国煤炭系统文明煤矿”和全国企业文化建设百家贡献单位，2011年被陕西省煤炭生产安全监督管理局评为煤矿安全生产先进集体。通过安全质量标准化建设，有力地促进了矿井安全生产，截至2012年1月31日，象山矿井已实现连续安全生产1315天。

四川省安全生产监督管理局
四川煤矿安全监察局 安全技术中心

四川省安全生产监督管理局（四川煤矿安全监察局）安全技术中心是经过中编办、省编办批准成立的四川省重点建设的安全科技支撑单位。通过5年多的艰苦创业，已发展为现在集科研、技术服务、教育培训、安全文化等工作为一体的公益性、综合性科研机构。在“尚仁、守正、敬业、创新”工作理念的指引下，服务效果明显，事业收入逐年增加，建成了四川安全科技大厦，为四川安全生产工作提供了有力的技术支撑和保障。

中心现有职工700余人，固定资产达5.8亿元。单位还负责管理四川矿山安全技术培训中心、四川安全培训教育实训实习出江基地、煤炭工业四川建设工程质监站、四川省矿山安全计量仪器监督管理总站，负责四川省职业安全健康协会职业卫生分会的日常工作，中心控股和参股的公司有4家，依托中心还成立了中国矿大成都函授站和工程硕士教学点、四川省应急管理培训基地、《中国安全生产》四川记者站。

中心拥有国家安全生产检测检验、煤矿安全培训、煤炭建设工程质量监督、职业危害检测与评价、安全生产责任事故司法鉴定、安防和企业标准化考评等资质。

一、主要工作情况

近年来，我们服从服务安全发展需要，紧扣全省安全生产重点工作，开展了以下工作。

（一）以“管用实效”为原则，安全培训教育工作务实创新

形成了培训策划会、教学准备会、导学班会、学员座谈会、教学总结会的“一班五会”培训管理模式，把安全培训的“针对性、实用性、时效性、新颖性、先导性”落到了实处。中心至今共举办10余类380期培训班、培训近3万人次，学员对培训教学的满意率在90%以上；制订教学计划30多个，正式出版3部教材；开发了《安全生产哲学》和《煤矿安全管理心理学及其运用》等大受学员欢迎的课程。同时，为满足现实需要，成立了中国矿业大学成都函授站，开展煤矿主体专业专科、本科、工程硕士点三个层次的学历教育。

（二）以“解决问题”为目标，科研工作卓有成效

一是科研工作有提升。目前，已完成的30余项科研课题中《极薄煤层小煤矿提高抽采瓦斯效果关键技术研究》等成果取得了国内相关技术突破。《防坠器在水电施工领域的应用》研究取得了国家专利。二是标准研究有突破。拟定的《金属非金属地下矿山的在用主通风机系统安全检测检验规范》等4个地方标准已正式出台，填补了四川无安全生产地方标准的空白。三是建设了矿山实验室和职业危害检测与鉴定实验室两个省级中心实验室。高度重视安全生产领域物联网技术研究工作，形成了多部研究成果。

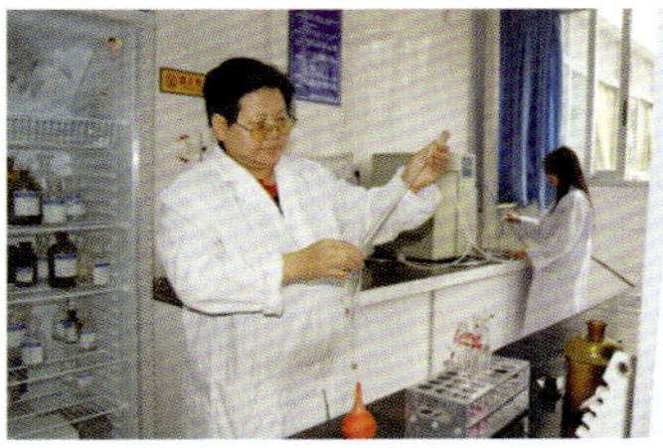
检测人员正在进行实验

（三）以“消除隐患”为目的，检测检验工作扎实到位

一是矿山设备安全性能检测工作。我们努力消除“物的不安全状态”，对全省1874家煤矿和非煤矿山企业的经2万余台（套、次）矿用安全设备设施进行了检测，排查隐患2.5万余处，有5000余台（套）不符合要求的设备设施整改合格，淘汰了近2000余台（套）不合格设备设施，保障了设备设施安全运行。二是职业危害因素检测与评价工作。开展了全省系统性的摸底调查，为全省5000多家矿山、制鞋、家具等企业提供检测与评价服务，及时发现了隐患。三是矿山建设工程质量监督服务工作。采取“差别化”模式，对全省400余个矿山项目建设实施质监和质量认证，发挥了源头治安的作用。四是劳动防护用品检测工作。为全省安全生产应急队伍和近200家企业开展了自救器等防护用品的检测，强制报废了近50台（套）不合格的装备。

现场记录数据

培训工作

（四）以“满足需要”为重点，技术服务工作全面推进

一是司法鉴定工作有开创意义。开展安全生产事故司法鉴定工作，能为事故原因调查分析提供有效的法定依据，是一项在全国具有开创意义的工作。我们正建设全国首家安全生产事故司法鉴定中心，已受委托鉴定了威远八田煤矿透水事故等疑难和有典型性的十余起事故，出具了科学的鉴定报告。二是项目服务工作有现实意义。受委托对全省瓦斯治理示范县和示范矿井开展了“一对一”的服务，全面分析了瓦斯治理现状，提出了针对性和操作性强的技术咨询方案；努力做好煤矿安全高效矿井建设咨询、矿图测绘、瓦斯等级鉴定、水患治理和矿井安全专篇审查，努力在源头上把好煤矿安全技术关。

质监所开展工作

（五）以“服务大局”为宗旨，政研宣传工作亮点频现

一是注重政策研究。出版的《非线性安全生产系统学导论》，填补了安全生产领域多学科综合交叉研究的空白，开启了一个学科体系；起草的《四川省安全生产“十二五”总体规划》（草案）和《安全产业发展建议》等一批研究成果均具有极强的现实开创意义。二是加强新闻宣传。创办了《四川安全生产》杂志、管理着省局网站，制作完成了多部教学宣传影视片。

二、重点抓好“五个工程”

“十二五”时期，为了更好地发挥科技对安全生产的作用，四川省以“十二五”安全生产专项规划的形式确定“五个工程”，全力推进“科技兴安”战略的实施。我们将按照“十二五”规划和省局的安排部署，狠抓落实，不断提高技术服务范围和领域，更好地发挥安全生产科技支撑作用。

一是以建设“西部第一、全国一流”的四川出江矿山灾变与救护重点实验室为目标，搞好出江基地的改造建设工程。二是大力发展安全产业，把成都（双流）物联网安全产业园区打造成为全国有影响力的安全产业园区。三是按照“标准统一、接口统一、管用实效”原则建设四川安全生产物联网综合监管平台。四是按照“横向到边、纵向到底”的原则，立足将政府的监管要求和企业的实际需求相结合，建设完善全省安全生产技术服务体系。五是建设国家级职业危害防护监测研究中心，从源头上做好职业健康工作，保护从业人员的安全健康。

科技兴安，重任在肩。我们将以“打造一流团队、建设一流安全技术服务机构”为目标，认真履职，为安全生产工作提供强有力的科技支撑和保障！

美联能源科技（集团）有限公司

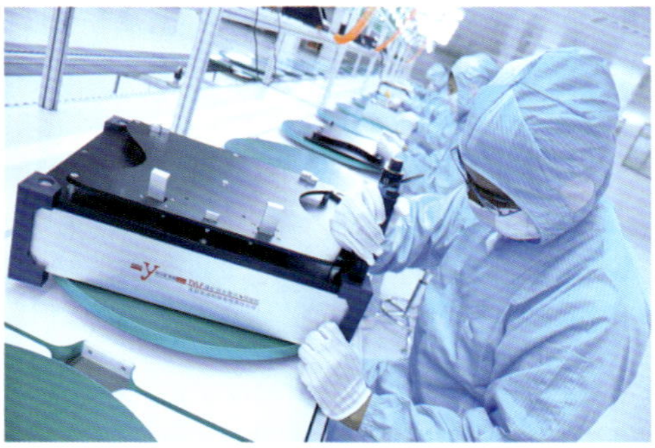

美联能源科技（集团）有限公司是百色市人民政府批准，由广西右江矿务局投资创办的全资子公司。公司以承接百色市人民政府、桂林电子科技大学、广西右江矿务局联合创办的美联科技园、桂林电子科技大学美联科技产业孵化园为基础，专业从事煤矿安全关键技术科研攻关、煤矿开采装备及矿井探测、通信、监控等安全仪器研发制造，矿井机械化开采成套设备集成创新和组合出口、矿井机械化开采及矿井安全装备技术展览、展示交易、交流，集产、学、研、科、工、贸一体的综合型高科技企业。公司主要下属机构有百色市政府和桂林电子科技大学、广西右江矿务局联合创办的百色市机电一体化技术研发中心、煤矿自动化采煤联合技术研究中心、矿山物联网技术应用研究院、美联科技研发中心、矿井信息化研究所、地球物探技术研究所、矿井通信技术研究所等；主要下属企业有美联天衡地质探测雷达制造有限公司、美联天力通信装备制造有限公司、美联煤矿机械制造有限公司、美联天宸地质探测工程咨询有限公司、北京美联通讯装备有限公司、南宁美康科农有限公司以及中国香港、墨尔本等分支机构。已建成投产了年产1万台美联天衡TVLF－煤矿探水雷达生产线、年产100万台美联天力矿用无线自组网应急救援系统生产线及美联煤机装备加工中心，正在建设美联科技展览中心。美联公司共有来自桂林电子科技大学、北京邮电大学、桂林理工大学的专职兼职博士、教授等研究人员178人，已获得52项国家重要发明专利。主要科研成果包括TVLF－煤矿探水雷达、矿用无线自组网应急救援系统、矿井无线信息（图像）传输系统、矿井救援机器人、矿工智能化头盔等具有国际先进水平的矿用安全装备。

主要产品介绍：

TVLF－煤矿探水雷达地面垂直探测深度达2200米，精准探测达1200米，井下掘进头精准超前探测达到150米。产品相关技术已获得22项国家专利。目前，该产品已正式投入生产。该项技术的推广，对于丰富我国煤矿井下物探技术、提前探明突水隐患、减少和杜绝恶性透水事故发生、保障矿井安全、推动煤炭工业的可持续发展具有突破性意义。此外，TVLF－煤矿探水雷达还在干旱地区寻找地下水、国家重点工程的地质勘察、断层探测、煤层的采空区探测、矿藏资源探测、地热开发等领域具有广泛的应用价值。

矿用无线自组网应急救援系统是美联公司的高科技矿用通信产品。采用无线跳频技术、无线自组网技术、动态路由、实时语音数据传输等先进技术，通过研制同时具有通信和组网、路由功能的通信设备，实现自动组网，多路径选择路由、多跳通信等功能，提高了煤矿应急救援通信系统的抗灾性能，而无线无中心自组网技术由于其具有无线传输、自动配置、自我修复,自我优化等特点，使其成为煤矿井下应急通信系统乃至煤矿井下无线通信系统的首选技术，这对于促进我国在矿山灾害预警及应急救援等领域的高新设备的研制有着十分重要的理论意义和实用价值，其成果可广泛应用于地下工程通信、地面大型项目通信、应急救援通信等。

无线多媒体视频传输系统广泛应用于远程监控，如工业生产现场监控、社区安防监控等场所。本系统使用无线传输，在实际应用中，无须布任何线路，部署方便。系统由摄像头、无线传输设备、无线信接收终端、外置独立5V电源等组成。摄像头的音频、视频H.264信号通过多个无线传输设备传递，由接收设备接收并解码后还原成音视频信号。

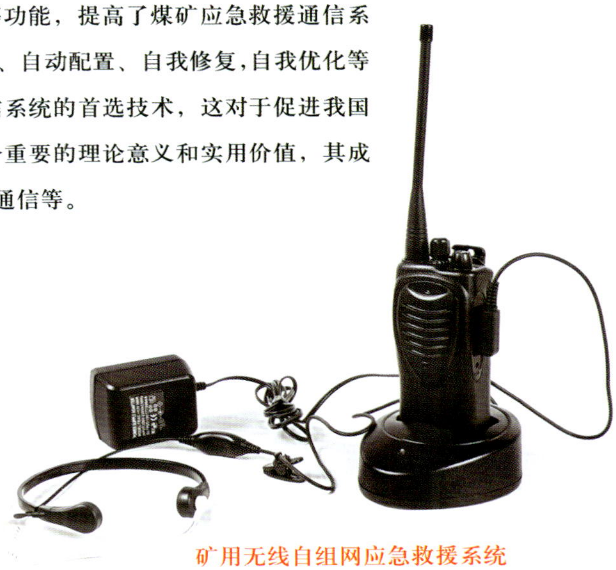

矿用无线自组网应急救援系统

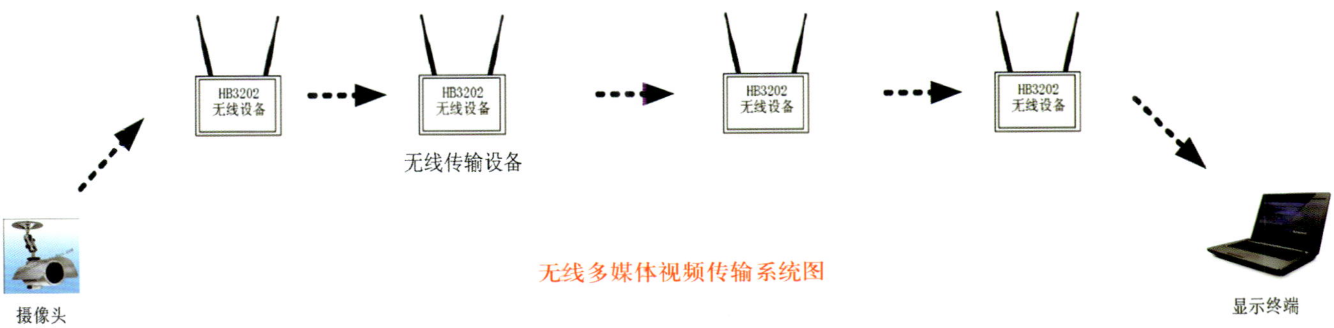

无线多媒体视频传输系统图

附　录

2010—2011年度国家级安全质量标准化煤矿名单

序号	煤矿名称	企业性质	生产能力（万吨/年）
	河北（20处）		
1	冀中能源峰峰集团有限公司梧桐庄矿	国有重点	210
2	冀中能源峰峰集团有限公司薛村矿	国有重点	145
3	冀中能源峰峰集团有限公司羊渠河矿	国有重点	130
4	冀中能源峰峰集团有限公司大淑村矿	国有重点	125
5	冀中能源峰峰集团有限公司新三矿	国有重点	95
6	冀中能源峰峰集团有限公司牛儿庄采矿有限公司	国有重点	87
7	冀中能源峰峰集团有限公司孙庄采矿有限公司	国有重点	30
8	冀中能源邯郸矿业集团有限公司云驾岭煤矿	国有重点	165
9	冀中能源邯郸矿业集团有限公司郭二庄煤矿	国有重点	160
10	冀中能源邯郸矿业集团有限公司康城煤矿	国有重点	50
11	冀中能源邯郸矿业集团亨健矿业有限公司	国有重点	42
12	冀中能源张家口矿业集团康保矿业有限公司张纪井	国有重点	30
13	冀中能源股份有限公司显德汪矿	国有重点	170
14	冀中能源股份有限公司章村矿	国有重点	126
15	冀中能源股份有限公司刑东矿	国有重点	125
16	开滦集团蔚州矿业有限责任公司崔家寨矿	国有重点	265
17	开滦集团蔚州矿业有限责任公司东欢坨矿业分公司	国有重点	255
18	开滦集团蔚州矿业有限责任公司林南仓矿业分公司	国有重点	115
19	开滦能源化工股份有限公司范各庄矿业分公司	国有重点	470
20	开滦能源化工股份有限公司吕家坨矿业分公司	国有重点	330
	山西（67处）		
21	中煤平朔煤业有限责任公司安太堡露天矿	中央企业	2200
22	中煤平朔煤业有限责任公司安家岭露天矿	中央企业	2000
23	中煤平朔煤业有限责任公司安家岭一号井工矿	中央企业	1000
24	中煤太原煤气化集团有限责任公司嘉乐泉煤矿	中央企业	100
25	中煤太原煤气化集团有限责任公司炉峪口煤矿	中央企业	84
26	中煤太原煤气化集团有限责任公司山西神州煤业	中央企业	84
27	中煤太原煤气化集团有限责任公司东河煤矿	中央企业	66
28	国家电网公司山西鲁能河曲电煤开发公司上榆泉煤矿	中央企业	300
29	中国国电集团阳泉市大阳泉煤炭有限责任公司	中央企业	120
30	山西焦煤集团西山煤电有限责任公司马兰矿	国有重点	400
31	山西焦煤集团西山煤电有限责任公司镇城底矿	国有重点	190
32	山西焦煤集团汾西矿业有限责任公司新柳煤矿	国有重点	300
33	山西焦煤集团汾西矿业有限责任公司双柳煤矿	国有重点	200
34	山西焦煤集团汾西矿业有限责任公司河东煤矿	国有重点	120
35	山西焦煤集团汾西矿业有限责任公司中兴煤业	国有重点	60

序号	煤矿名称	企业性质	生产能力（万吨/年）
36	山西焦煤集团霍州煤电有限责任公司辛置煤矿	国有重点	250
37	山西焦煤集团霍州煤电有限责任公司团柏煤矿	国有重点	210
38	山西焦煤集团霍州煤电有限责任公司李雅庄煤矿	国有重点	150
39	山西焦煤集团霍州煤电煤电有限公司方山店坪煤矿	国有重点	150
40	大同煤矿集团大唐塔山煤矿有限公司	国有重点	1500
41	大同煤矿集团有限责任公司四台矿	国有重点	500
42	大同煤矿集团有限责任公司云岗矿	国有重点	480
43	大同煤矿集团有限责任公司燕子山矿	国有重点	480
44	大同煤矿集团有限责任公司晋华宫矿	国有重点	450
45	大同煤业股份有限责任公司四老沟矿	国有重点	320
46	大同煤业股份有限责任公司同家梁矿	国有重点	300
47	大同煤矿集团永定庄煤业有限责任公司	国有重点	200
48	大同煤矿集团大斗沟煤业有限责任公司	国有重点	180
49	大同煤矿集团雁崖煤业有限责任公司	国有重点	150
50	大同煤矿集团轩岗煤电有限责任公司焦家寨煤矿	国有重点	150
51	大同煤矿集团挖金湾煤业有限责任公司	国有重点	130
52	大同煤矿集团王村煤业有限责任公司	国有重点	110
53	大同煤矿集团杏儿沟煤业有限责任公司	国有重点	90
54	阳泉煤业集团寿阳开元矿业有限责任公司	国有重点	120
55	潞安矿业集团环保能源股份有限公司王庄矿	国有重点	710
56	潞安矿业集团余吾煤业有限责任公司	国有重点	600
57	潞安矿业集团司马煤业有限公司	国有重点	150
58	潞安矿业集团郭庄煤业有限责任公司	国有重点	90
59	潞安矿业集团慈林山煤业有限公司夏店煤矿	国有重点	60
60	晋城无烟煤矿业集团成庄矿	国有重点	830
61	晋城无烟煤矿业集团蓝焰煤业有限公司凤凰庄矿	国有重点	400
62	晋城无烟煤矿业集团长平煤业有限责任公司	国有重点	210
63	晋城无烟煤矿业集团长平煤业有限公司王台铺矿	国有重点	210
64	晋城无烟煤矿业集团寺河矿二号井	国有重点	90
65	晋城无烟煤矿业集团沁秀煤业有限公司岳城煤矿	国有重点	90
66	山西煤炭进出口集团长治经坊煤业有限公司	国有重点	240
67	山西煤炭运销集团三元煤业股份有限公司	国有重点	220
68	山西煤炭运销集团长治有限公司马堡煤矿	国有重点	150
69	山西兰花煤炭实业集团有限公司东峰煤矿	地方国有	120
70	山西兰花科技创业股份有限公司伯方煤矿分公司	地方国有	180
71	山西兰花科技创业股份有限公司望云煤矿分公司	地方国有	90
72	山西科兴能源发展有限公司高平南阳煤矿	地方国有	120
73	山西科兴能源发展有限公司高平申家庄矿业	地方国有	60
74	山西襄矿能源投资管理有限公司晋平煤业	地方国有	240
75	山西凯嘉能源集团有限公司义棠煤业	地方国有	180

序号	煤矿名称	企业性质	生产能力（万吨/年）
76	山西天地王坡煤业有限公司	地方国有	150
77	太原东山煤矿有限责任公司	地方国有	150
78	山西省柳林同德焦煤有限公司	地方国有	120
79	山西省乡宁县地方国营台头煤矿	地方国有	90
80	山西长治县雄山煤炭有限公司第五矿	地方国有	90
81	古交市矾石沟煤焦有限公司矾石沟煤矿	地方国有	90
82	山西柳林金家庄煤业有限公司	乡镇煤矿	120
83	山西柳林兴无煤矿有限责任公司	乡镇煤矿	120
84	山西柳林寨崖底煤业有限公司	乡镇煤矿	120
85	山西吕梁东江煤业有限责任公司	乡镇煤矿	90
86	山西玉和泰煤业集团有限公司	乡镇煤矿	90
87	山西安泽玉华煤业有限公司	乡镇煤矿	90
	内蒙古（59处）		
88	神华准格尔能源有限责任公司黑岱沟露天煤矿	中央企业	2500
89	神华北电胜利能源有限公司胜利露天煤矿	中央企业	1500
90	神华乌海能源有限责任公司路天矿业	中央企业	210
91	神华乌海能源有限责任公司乌达五虎山矿业	中央企业	200
92	神华乌海能源有限责任公司平沟煤矿	中央企业	180
93	神华乌海能源有限责任公司乌达黄白茨矿业	中央企业	120
94	华能伊敏煤电有限责任公司露天矿	中央企业	1460
95	华能扎赉诺尔煤业有限责任公司灵泉煤矿	中央企业	205
96	华能扎赉诺尔煤业有限责任公司灵北煤矿	中央企业	84
97	华能扎赉诺尔煤业有限责任公司满洲里光明煤业	中央企业	30
98	中电投霍林河露天煤业股份有限公司北露天矿	中央企业	400
99	国家电网公司内蒙古大雁矿业集团公司第一煤矿	中央企业	210
100	国家电网公司内蒙古大雁矿业集团公司雁南煤矿	中央企业	180
101	中国国电内蒙古平庄能源股份有限公司元宝山露天矿	中央企业	800
102	中国国电内蒙古平庄能源股份有限公司西露天矿	中央企业	220
103	中国国电内蒙古平庄能源股份有限公司风水沟煤矿	中央企业	210
104	中国国电内蒙古平庄能源股份有限公司红庄煤矿二井	中央企业	180
105	中国国电内蒙古平庄能源股份有限公司老公营子煤矿	中央企业	120
106	中国国电内蒙古平庄能源股份有限公司六家煤矿	中央企业	120
107	中国国电内蒙古平庄能源股份有限公司古山煤矿三井	中央企业	70
108	中国国电内蒙古平庄能源股份有限公司古山煤矿一井	中央企业	45
109	华电内蒙古鄂尔多斯市金通煤炭有限责任公司	中央企业	90
110	大唐集团内蒙古锡东能源公司额吉露天煤矿	中央企业	300
111	鄂尔多斯市闫家渠煤炭有限责任公司闫家渠煤矿	乡镇煤矿	90
112	鄂尔多斯市正丰矿业有限责任公司双欣煤矿	乡镇煤矿	90
113	鄂尔多斯市裕隆富祥矿业有限公司裕隆富祥煤矿	乡镇煤矿	60
114	鄂尔多斯市乌兰煤炭有限责任公司满来壕煤矿	乡镇煤矿	30
115	内蒙古伊东集团宏鑫煤炭有限责任公司	乡镇煤矿	240

序号	煤矿名称	企业性质	生产能力（万吨/年）
116	内蒙古伊东煤炭有限责任公司窑沟扶贫煤矿	乡镇煤矿	240
117	内蒙古伊东集团沙咀子煤炭有限责任公司	乡镇煤矿	240
118	内蒙古伊东煤炭集团有限责任公司东圪堵煤矿	乡镇煤矿	180
119	内蒙古伊金霍洛旗新庙镇敬老院煤矿	乡镇煤矿	120
120	内蒙古伊金霍洛旗纳林陶亥镇安源煤矿	乡镇煤矿	60
121	内蒙古伊泰集团有限公司京粤酸刺沟煤矿	乡镇煤矿	1200
122	内蒙古伊泰集团有限公司宏景塔一矿	乡镇煤矿	500
123	内蒙古伊泰集团有限公司凯达煤矿纳林庙煤矿二号井	乡镇煤矿	500
124	内蒙古伊泰集团有限公司大地精煤矿	乡镇煤矿	240
125	内蒙古伊泰集团有限公司同达煤炭公司丁家沟煤矿	乡镇煤矿	180
126	内蒙古伊泰集团有限公司宝山煤矿	乡镇煤矿	180
127	内蒙古伊泰集团有限公司凯达煤矿纳林庙煤矿一号井	乡镇煤矿	180
128	内蒙古伊泰集团有限公司诚意煤矿	乡镇煤矿	120
129	内蒙古伊泰集团有限公司阳湾沟煤矿	乡镇煤矿	120
130	内蒙古伊泰集团有限公司凯达煤矿	乡镇煤矿	90
131	内蒙古伊泰煤炭股份有限公司富华煤矿	乡镇煤矿	60
132	内蒙古伊泰集团有限公司白家梁煤矿	乡镇煤矿	60
133	内蒙古准格尔旗昶旭煤炭有限责任公司	乡镇煤矿	400
134	内蒙古满世煤炭集团罐子沟煤炭有限责任公司	乡镇煤矿	300
135	内蒙古准格尔旗特弘煤炭有限公司官板乌素煤矿	乡镇煤矿	300
136	内蒙古北联电能源开发有限责任公司吴四圪堵煤矿	乡镇煤矿	240
137	准格尔旗云飞矿业有限责任公司串草圪旦煤矿	乡镇煤矿	240
138	内蒙古赛蒙特尔煤业有限责任公司赛蒙特尔煤矿	乡镇煤矿	150
139	内蒙古宝丰矿业有限责任公司	乡镇煤矿	120
140	内蒙古李家塔煤矿	乡镇煤矿	120
141	内蒙古伊丰矿业有限责任公司煤矿	乡镇煤矿	90
142	内蒙古鄂尔多斯煤炭有限责任公司阿尔巴斯二矿	乡镇煤矿	90
143	达拉特旗苏家沟煤炭有限责任公司	乡镇煤矿	90
144	内蒙古特弘煤电集团有限责任公司来叶沟煤矿	乡镇煤矿	60
145	内蒙古鄂尔多斯煤炭有限责任公司阿尔巴斯一矿	乡镇煤矿	45
146	内蒙古兴通煤业有限公司兴通煤矿	乡镇煤矿	45
	辽宁（12处）		
147	铁法煤业集团有限责任公司大平煤矿	国有重点	405
148	铁法煤业集团有限责任公司大隆煤矿	国有重点	295
149	铁法煤业集团有限责任公司小青煤矿	国有重点	253
150	铁法煤业集团有限责任公司晓南煤矿	国有重点	210
151	铁法煤业集团有限责任公司晓明煤矿	国有重点	195
152	铁法煤业集团有限责任公司大明煤矿	国有重点	180
153	沈阳煤业集团有限责任公司红阳三矿	国有重点	280
154	沈阳煤业集团有限责任公司蒲河煤矿	国有重点	150

序号	煤矿名称	企业性质	生产能力（万吨/年）
155	阜新矿业集团有限责任公司艾友煤业	国有重点	220
156	阜新矿业集团有限责任公司恒大煤业	国有重点	150
157	抚顺矿业集团有限责任公司西露天矿	国有重点	260
158	抚顺矿业集团有限责任公司东露天矿	国有重点	90
	黑龙江（8处）		
159	龙煤矿业集团鸡西分公司杏花煤矿	国有重点	200
160	龙煤矿业集团鸡西分公司新发煤矿	国有重点	70
161	龙煤矿业集团双鸭山分公司东荣二矿	国有重点	260
162	龙煤矿业集团双鸭山分公司新安煤矿	国有重点	210
163	龙煤矿业集团双鸭山分公司七星煤矿	国有重点	180
164	龙煤矿业集团双鸭山分公司东保卫煤矿	国有重点	80
165	龙煤矿业集团七台河分公司新建煤矿	国有重点	190
166	龙煤矿业集团七台河分公司新强煤矿	国有重点	140
	江苏（6处）		
167	中煤能源集团大屯能源股份有限公司徐庄煤矿	中央企业	180
168	中煤能源集团大屯能源股份有限公司孔庄煤矿	中央企业	150
169	中煤能源集团大屯能源股份有限公司龙东煤矿	中央企业	120
170	华润天能徐州煤电有限公司龙固煤矿	中央企业	110
171	徐州矿务集团夹河煤矿	国有重点	140
172	徐州矿务集团张集煤矿	国有重点	85
	安徽（9处）		
173	淮南矿业(集团)有限责任公司顾北煤矿	国有重点	300
174	皖北煤电集团有限责任公司任楼煤矿	国有重点	280
175	皖北煤电集团有限责任公司五沟煤矿	国有重点	150
176	皖北煤电集团有限责任公司刘桥第一煤矿	国有重点	140
177	淮北矿业(集团)有限责任公司朔里煤矿	国有重点	180
178	淮北矿业(集团)有限责任公司孙疃煤矿	国有重点	180
179	淮北矿业(集团)有限责任公司涡北煤矿	国有重点	150
180	淮北矿业(集团)有限责任公司童亭煤矿	国有重点	140
181	淮北矿业(集团)有限责任公司双龙煤矿	国有重点	66
	山东（44处）		
182	国家电网公司山东鲁能菏泽煤电公司彭庄煤矿	中央企业	110
183	山东能源淄博矿业集团有限责任公司唐口煤业有限公司	国有重点	500
184	山东能源淄博矿业集团有限责任公司许厂煤矿	国有重点	320
185	山东能源淄博矿业集团有限责任公司岱庄煤矿	国有重点	300
186	山东能源淄博矿业集团有限责任公司埠村煤矿	国有重点	120
187	山东能源新汶矿业集团新巨龙能源有限责任公司	国有重点	600
188	山东能源新汶矿业集团泰山能源有限责任公司协庄煤矿	国有重点	200
189	山东能源新汶矿业集团有限责任公司孙村煤矿	国有重点	140
190	山东能源新汶矿业集团有限责任公司鄂庄煤矿	国有重点	90

序号	煤矿名称	企业性质	生产能力（万吨/年）
191	山东能源新汶矿业集团新阳能源有限公司	国有重点	45
192	山东能源枣庄矿业集团有限责任公司高庄煤矿	国有重点	320
193	山东能源枣庄矿业集团有限责任公司新安煤业公司	国有重点	300
194	山东能源枣庄矿业集团有限责任公司柴里煤矿	国有重点	275
195	山东能源枣庄矿业集团有限责任公司蒋庄煤矿	国有重点	275
196	山东能源枣庄矿业集团付村煤业有限公司	国有重点	270
197	山东能源枣庄矿业集团有限责任公司田陈煤矿	国有重点	170
198	山东能源肥城矿业集团曹庄煤矿有限公司	地方国有	120
199	山东能源龙口煤电有限公司梁家煤矿	国有重点	280
200	山东能源临沂矿业集团东山古城煤矿有限公司	国有重点	220
201	山东能源临沂矿业集团东山新驿煤矿有限公司	国有重点	105
202	山东能源临沂矿业集团东山王楼煤矿有限公司	国有重点	90
203	兖州煤业股份有限公司东滩煤矿	国有重点	750
204	兖州煤业股份有限公司济宁三号煤矿	国有重点	700
205	兖州煤业股份有限公司兴隆庄煤矿	国有重点	660
206	兖州煤业股份有限公司鲍店煤矿	国有重点	640
207	兖州煤业股份有限公司济宁二号煤矿	国有重点	500
208	兖州煤业股份有限公司南屯煤矿	国有重点	400
209	兖州煤业股份有限公司杨村煤矿	国有重点	115
210	齐鲁新航集团有限责任公司七五生建煤矿	地方国有	120
211	齐鲁新航集团有限责任公司岱庄生建煤矿湖西矿井	地方国有	90
212	齐鲁新航集团有限责任公司里能鲁西矿业有限公司	地方国有	87
213	齐鲁新航集团有限责任公司里能里彦矿业有限公司	地方国有	84
214	齐鲁新航集团有限责任公司岱庄生建煤矿	地方国有	84
215	滕州辰龙能源集团东大矿业有限责任公司	地方国有	75
216	滕州辰龙能源集团郭庄矿业有限责任公司锦丘煤矿	地方国有	72
217	滕州辰龙能源集团金达煤炭有限责任公司	地方国有	69
218	山东济宁运河煤矿有限责任公司	地方国有	140
219	山东新查庄矿业有限责任公司	地方国有	140
220	山东鲁泰煤业有限公司鹿洼煤矿	地方国有	120
221	汶上义桥煤矿有限责任公司	地方国有	90
222	东泰矿业有限公司一号矿	地方国有	72
223	山东泰丰矿业集团有限公司王家寨煤矿	地方国有	63
224	山东明兴矿业集团有限公司小港煤矿	地方国有	42
225	山东新能泰山西周矿业有限公司	地方国有	21
	河南（43处）		
226	河南煤业化工集团有限责任公司城郊煤矿	国有重点	500
227	河南煤业化工集团有限责任公司陈四楼煤矿	国有重点	450
228	河南煤业化工集团有限责任公司东集煤矿	国有重点	280
229	河南煤业化工集团有限责任公司赵固一矿	国有重点	240

序号	煤矿名称	企业性质	生产能力（万吨/年）
230	河南煤业化工集团有限责任公司中泰矿业	国有重点	145
231	河南煤业化工集团有限责任公司古汉山矿	国有重点	140
232	河南煤业化工集团有限责任公司鹤壁煤业三矿	国有重点	135
233	河南煤业化工集团有限责任公司新桥煤矿	国有重点	120
234	河南煤业化工集团有限责任公司演马庄矿	国有重点	120
235	河南煤业化工集团有限责任公司马村煤矿	国有重点	115
236	河南煤业化工集团有限责任公司九里山矿	国有重点	100
237	河南煤业化工集团有限责任公司鹤壁煤业第八煤矿	国有重点	81
238	河南煤业化工集团有限责任公司鹤壁煤业二矿	国有重点	63
239	河南煤业化工集团有限责任公司鹤壁煤业五矿	国有重点	36
240	中平能化集团平顶山天安煤业二矿	国有重点	170
241	中平能化集团平顶山天安煤业三矿	国有重点	53
242	中平能化集团平顶山天安煤业四矿	国有重点	280
243	中平能化集团平顶山天安煤业五矿	国有重点	235
244	中平能化集团平顶山天安煤业六矿	国有重点	320
245	中平能化集团平顶山天安煤业七矿	国有重点	120
246	中平能化集团平顶山天安煤业八矿	国有重点	360
247	中平能化集团平顶山天安煤业九矿	国有重点	60
248	中平能化集团平顶山天安煤业十矿	国有重点	330
249	中平能化集团平顶山天安煤业十一矿	国有重点	300
250	中平能化集团平顶山天安煤业十二矿	国有重点	165
251	中平能化集团平顶山天安煤业瑞平公司张村矿	国有重点	115
252	中平能化集团平顶山天安煤业香山矿	国有重点	95
253	中平能化集团平顶山天安煤业瑞平公司庇山矿	国有重点	95
254	中平能化集团平顶山天安煤业天力公司吴寨矿	国有重点	45
255	中平能化集团平禹煤电有限责任公司二矿	国有重点	30
256	中平能化集团平禹煤电有限责任公司六矿	国有重点	29
257	义马煤业集团股份有限公司耿村煤矿	国有重点	400
258	义马煤业集团股份有限公司千秋煤矿	国有重点	210
259	义马煤业集团股份有限公司跃进煤矿	国有重点	150
260	义马煤业集团股份有限公司新安煤矿	国有重点	150
261	义马煤业集团股份有限公司正村煤矿	国有重点	120
262	郑州煤炭工业集团有限责任公司超化煤矿	国有重点	215
263	郑州煤炭工业集团有限责任公司杨河煤业	国有重点	205
264	郑州煤炭工业集团有限责任公司米村煤矿	国有重点	190
265	郑州煤炭工业集团有限责任公司白坪煤业	国有重点	180
266	郑州煤炭工业集团有限责任公司告成煤矿	国有重点	100
267	河南神火集团有限公司郭庄煤矿	地方国有	225
268	河南神火集团有限公司薛湖煤矿	地方国有	90

序号	煤矿名称	企业性质	生产能力（万吨/年）
	四川（5处）		
269	川煤集团华蓥山煤业股份有限公司李子垭煤矿	国有重点	120
270	川煤集团攀枝花煤业有限责任公司小宝鼎煤矿	国有重点	72
271	川煤集团达竹煤电有限责任公司金刚煤矿	国有重点	60
272	川煤集团达竹煤电有限责任公司斌郎煤矿	国有重点	50
273	川煤集团达竹煤电有限责任公司小河嘴煤矿	国有重点	45
	陕西（15处）		
274	中煤能源陕西南梁矿业有限公司	中央企业	120
275	陕煤集团黄陵矿业有限公司黄陵二号煤矿	国有重点	700
276	陕煤集团黄陵矿业有限公司一号矿井	国有重点	500
277	陕煤集团中能煤田有限公司	国有重点	300
278	陕煤集团韩城矿业有限公司象山矿井	国有重点	165
279	陕煤集团陕北矿业韩家湾煤炭有限公司	国有重点	150
280	陕煤集团澄合矿业有限公司王村煤矿	国有重点	150
281	陕煤集团铜川矿业有限公司王石凹煤矿	国有重点	120
282	陕煤集团铜川矿业有限公司金华山煤矿	国有重点	90
283	陕煤集团澄合矿业有限公司董家河煤矿	国有重点	62
284	陕煤集团蒲白矿业有限公司蒲白西固煤业	国有重点	30
285	陕西旬邑县旬东煤业有限责任公司长安煤矿	乡镇煤矿	60
286	旬邑虎豪黑沟煤业有限公司	乡镇煤矿	51
287	旬邑中达燕家河煤矿有限公司	乡镇煤矿	45
288	旬邑县宋家沟煤矿	乡镇煤矿	30
	甘肃（11处）		
289	华能集团甘肃华亭煤业集团有限责任公司砚北煤矿	中央企业	600
290	华能集团甘肃华亭煤业集团有限责任公司陈家沟煤矿	中央企业	150
291	华能集团甘肃华亭煤业集团有限责任公司马蹄沟煤矿	中央企业	120
292	华能集团甘肃华亭煤业集团有限责任公司东峡煤矿	中央企业	120
293	华能集团甘肃华亭煤业集团有限责任公司净石沟煤矿	中央企业	60
294	窑街煤电集团有限公司三矿	国有重点	200
295	窑街煤电集团有限公司海石湾煤矿	国有重点	150
296	窑街煤电集团天祝煤业有限责任公司	国有重点	100
297	靖远煤业集团有限责任公司大水头煤矿	国有重点	220
298	靖远煤业集团有限责任公司魏家地煤矿	国有重点	200
299	靖远煤业集团有限责任公司红会第四煤矿	国有重点	63
	宁夏（3处）		
300	神华宁夏煤业集团有限责任公司灵新煤矿	中央企业	320
301	神华宁夏煤业集团有限责任公司任家庄煤矿	中央企业	240
302	神华宁夏煤业集团有限责任公司白芨沟煤矿	中央企业	160
	吉林（5处）		
303	辽源矿业集团有限责任公司西安煤业公司125井	国有重点	204
304	辽源矿业集团有限责任公司梅河煤矿二井	国有重点	120

序号	煤矿名称	企业性质	生产能力（万吨/年）
305	辽源矿业集团有限责任公司梅河煤矿四井	国有重点	90
306	辽源矿业集团有限责任公司梅河煤矿一井	国有重点	39
307	通化矿业集团八宝煤业有限责任公司	国有重点	180
	贵州（6处）		
308	贵州盘江精煤股份有限公司土城矿	国有重点	300
309	贵州发耳煤业有限公司发耳煤矿	国有重点	180
310	永贵能源开发有限责任公司安顺煤矿	国有重点	60
311	黔西金坡煤业有限责任公司	国有重点	45
312	贵州湘能实业有限公司水城县神仙坡煤矿	国有重点	30
313	桐梓县大河煤矿	乡镇煤矿	30
	新疆（6处）		
314	神华新疆能源有限责任公司碱沟煤矿	中央企业	180
315	神华新疆能源有限责任公司小红沟煤矿	中央企业	160
316	神华新疆能源有限责任公司大洪沟煤矿	中央企业	125
317	中电投乌苏四棵树煤炭责任有限公司八号井	中央企业	120
318	宝钢集团新疆八钢公司焦煤集团一九三〇煤矿	中央企业	81
319	徐州矿务集团新疆天山矿业俄霍布拉克煤矿	国有重点	180